D0670683

COLLECTION

S·A·N·T·É

LE NOUVEAU
DICTIONNAIRE
DES ALIMENTS

Solange Monette

LE NOUVEAU
DICTIONNAIRE
DES ALIMENTS

É D I T I O N S   Q U É B E C / A M É R I Q U E

425, RUE SAINT-JEAN-BAPTISTE, MONTRÉAL (QUÉBEC) H2Y 2Z7 (514) 393-1450

Données de catalogage avant publication (Canada)

Monette, Solange
Le nouveau dictionnaire des aliments
Nouv. éd. mise à jour et augm.
(Collection Santé)
Comprend un index.
Publ. antérieurement sous le titre : Dictionnaire encyclopédique des aliments, c1989.

   ISBN 2-89037-889-6
   1. Aliments - Dictionnaires. 2. Cuisine - Dictionnaires. I. Titre.
II. Titre : Dictionnaire encyclopédique des aliments. III. Collection Santé
(Éditions Québec/Amérique).

TX349.M56 1996   641.3'003   C96-940682-7

*Les Éditions Québec/Amérique bénéficient du programme de subvention globale
du Conseil des Arts du Canada.*

Terminologies zoologique, botanique et composition nutritionnelle révisées :
Jean André Straehl

© **1996, Éditions Québec/Amérique inc.**

Dépôt légal : 4e trimestre 1996
Bibliothèque nationale du Québec
Bibliothèque nationale du Canada

Mise en page : Julie Dubuc

INTRODUCTION

Cette deuxième édition du *Nouveau Dictionnaire des aliments*, qui a exigé trois années de travail, a été entièrement revue, corrigée et augmentée. Le *Nouveau Dictionnaire des aliments* est plus facile à consulter parce que sa mise en pages est plus moderne, que ses textes sont allégés, et que la valeur nutritive est donnée sous forme de tableaux.

Un des objectifs du *Nouveau Dictionnaire des aliments* est de fournir de l'information claire et précise sur les aliments, non seulement en les décrivant, mais en expliquant comment les acheter et en donnant de précieux conseils sur leur préparation, leur cuisson, leur utilisation et leur conservation. On y trouve aussi une partie historique ainsi que des données sur leur valeur nutritive. Sont mentionnés leurs principaux éléments nutritifs de même que diverses propriétés médicinales. Je n'insiste pas outre mesure sur la valeur nutritive, car je ne veux pas contribuer à la médicalisation de l'alimentation, une attitude beaucoup trop fréquente de nos jours. Cette médicalisation fait que, trop souvent, on ne mange plus par plaisir mais plutôt pour absorber des nutriments ; ainsi, on ne mange plus un kiwi parce qu'on en aime le goût, mais parce qu'on veut ingérer de la vitamine C. Pourtant, s'alimenter peut être beaucoup plus facile et plus agréable que cela, et le *Nouveau Dictionnaire des aliments* veut y contribuer.

Le *Nouveau Dictionnaire des aliments* se distingue aussi par le fait qu'il contient des rubriques consacrées aux divers groupes d'aliments – algues, céréales, champignons, crustacés, épices, fines herbes, fromages, fruits, légumes, légumineuses, poisson, viande et volaille. Ces rubriques générales informent en profondeur sur ces aliments en indiquant et en expliquant leur spécificité ; elles en décrivent aussi la valeur nutritive, l'achat, la préparation, la cuisson, l'utilisation et la conservation, et incluent presque toujours une partie historique. Ces sections générales permettent également d'éviter des répétitions qui alourdiraient les textes. Elles donnent des informations qui concernent tous les aliments du groupe ; aussi est-il conseillé de s'y référer en plus de lire le texte sur chaque aliment. Le *Nouveau Dictionnaire des aliments* aide les lecteurs et les lectrices à améliorer leurs habitudes alimentaires en rendant accessibles les connaissances qui permettent d'y arriver.

Cette nouvelle édition comporte plus de vingt ajouts, comprenant le babaco, la châtaigne d'eau, la collybie à pied velouté, le durion, l'échalote chinoise, le ginkgo, le jaboticaba, le jaque, le jicama, le kiwano, le longane, le malanga, l'oreille-de-Judas, le pepino, la pomme-poire, le rapini, le rocou, le saint-pierre, la sapotille, le taro et le teff, ainsi que la cuisson au four à micro-ondes. La cuisson au four à micro-ondes est traitée en profondeur dans une rubrique à part, et elle est aussi mentionnée dans la plupart des rubriques qui expliquent les groupes d'aliments.

Le *Nouveau Dictionnaire des aliments* est un ouvrage unique en son genre sur le marché, en particulier parce que j'ai choisi une façon de transmettre l'information qui diffère passablement de celle qui existe en général dans la société. Au lieu de perpétuer une approche directive qui dit ce qu'il faut faire sans en donner les raisons, j'ai choisi une approche qui explique pourquoi et comment il est préférable d'agir de telle ou telle façon.

Parce que la langue anglaise fait partie de la réalité nord-américaine, le nom anglais de chaque aliment est indiqué au début de la rubrique qui le concerne. Sont aussi mentionnés le nom latin de l'aliment, la famille à laquelle il appartient, différentes espèces qui font partie de la même famille et divers noms sous lesquels l'aliment est aussi connu. L'abréviation latine **spp**, qui apparaît souvent après le nom latin de l'aliment, signifie *species* et désigne l'ensemble des espèces, qui, pour des raisons évidentes, ne peuvent être énumérées.

L'ancienne édition du *Dictionnaire des aliments* est épuisée, car elle a eu un très grand succès. Le *Nouveau Dictionnaire des aliments* devrait avoir un plus grand succès encore, car il est plus complet et plus facile à lire.

ABATS

Nom anglais : *variety meats*
Autre nom : *offal*

HISTORIQUE ◆ Les abats sont les parties comestibles, autres que la viande, des animaux tués. On distingue habituellement les abats rouges (cœur, foie, langue, poumons, rate et rognons) des abats blancs (cervelle, mamelle, moelle, pieds, tête et tripes). Certains abats sont plus recherchés (foie et ris de veau, cervelle, langue et rognons), ce qui en augmente le prix ; la plupart cependant ne sont guère prisés et coûtent relativement peu. Les poumons et la rate servent surtout pour alimenter les animaux ; on les mange parfois en temps de disette.

ACHAT ◆ Toujours s'assurer que les abats sont très frais, car ils sont beaucoup plus périssables que la viande.

UTILISATION ◆ La diversité des abats caractérise non seulement leur texture, leur saveur et leur valeur nutritive mais également leur utilisation. On se sert beaucoup des abats en charcuterie. Certains doivent être cuits à fond, telle la langue, d'autres très peu, notamment le foie et la cervelle.

La moelle, principalement de bœuf, peut être pochée seule ou dans l'os. Elle peut aussi être mise à fondre comme du beurre et servir à la cuisson de la viande et des légumes. La tête de veau est la plus appréciée et celle qui est apprêtée avec le plus de diversité. La tête de porc sert à fabriquer du fromage de tête. La tête des autres animaux est utilisée surtout dans la préparation d'autres mets (terrines, museau).

CONSERVATION ◆ Les abats sont très périssables, ils ne se conservent qu'un jour ou deux au réfrigérateur. Toujours s'assurer qu'ils sont bien frais et les apprêter le plus rapidement possible. La plupart se congèlent, mais il est préférable d'éviter la congélation, particulièrement pour le foie et les rognons.

ABRICOT

Prunus armeniaca, **Rosacées**
Nom anglais : *apricot*

HISTORIQUE ◆ Fruit de l'abricotier, un arbre originaire de Chine. Les Occidentaux ont d'abord pensé que l'abricotier venait d'Arménie et ils le baptisèrent *Prunus armeniaca.* Ils ont aussi cru pendant longtemps que les fruits de cet arbre étaient maudits et qu'ils provoquaient la fièvre. L'abricotier est connu en Chine depuis plus de 4 000 ans. Il semble avoir été introduit en Occident par Alexandre le Grand. Les Arabes le répandirent en Méditerranée. Le mot « abricot » est dérivé de l'arabe *al barquq,* qui signifie « précoce », et ce, parce que l'abricotier fleurit extrêmement tôt au printemps.

L'abricotier a des feuilles caduques et il peut atteindre 10 m de haut. Il produit de magnifiques fleurs odorantes qui ont l'étonnante caractéristique d'être fixées directement sur le tronc et les branches. Il existe plus de 40 variétés d'abricotiers. La plupart poussent sous les climats chauds, mais certains hybrides sont aussi acclimatés aux régions tempérées. Les producteurs les plus importants sont la Turquie, l'Italie et la Communauté des États indépendants. La majeure partie de la récolte américaine est mise en conserve.

Comparé à la pêche à laquelle il ressemble, l'abricot est plus petit et plus allongé. Sa peau comestible est légèrement duveteuse, sauf à maturité, où elle devient lisse. Cette peau, qui va du jaune pâle au jaune orangé, est parfois teintée de rose. Cela n'est pas un indice de qualité, c'est une caractéristique génétique. La chair tendre est sucrée et très parfumée. Pour des raisons de transport et à cause des délais de mise en marché, ce fruit délicat est souvent cueilli avant d'atteindre sa pleine maturité, de sorte que sa chair est parfois farineuse et moins savoureuse.

ACHAT ◆ Choisir des abricots intacts, ni trop fermes, ni trop mous, exempts de taches blanchâtres, de gerçures et de meurtrissures.

PRÉPARATION ◆ Pour peler l'abricot, le plonger 30 secondes dans de l'eau bouillante, puis le refroidir immédiatement à l'eau froide afin d'arrêter l'effet de la chaleur. Ne pas le laisser tremper. La chair de l'abricot brunit au contact de l'air. Pour l'empêcher de s'oxyder, la consommer ou la cuisiner immédiatement, ou l'arroser de jus de citron, de jus de lime ou d'alcool.

UTILISATION ◆ L'abricot est délicieux nature. On le mange tel quel ou on le met dans les salades de fruits.

VALEUR NUTRITIVE

L'abricot contient
Eau	86 %
Protéines	1,4 g
Matières grasses	0,4 g
Glucides	11 g
Fibres	0,6 g
48 calories/100 g	

D'une teneur très élevée en vitamine A, ce fruit est également riche en potassium et constitue aussi une source de vitamine C. On y trouve en outre des traces de niacine, d'acide pantothénique et de calcium. Lorsque l'abricot est déshydraté, la concentration de ses éléments nutritifs est plus élevée.

L'abricot sec contient
Eau	31 %
Protéines	3,7 g
Matières grasses	0,5 g
Glucides	62 g
Fibres	2,9 g
237 calories/100 g	

Il est riche en vitamine A, en potassium, en fer et en riboflavine. C'est également une bonne source de cuivre et de magnésium. En outre, l'abricot sec contient de la niacine, du phosphore, du zinc, de l'acide folique, de l'acide pantothénique et de la vitamine B_6. On y trouve aussi des traces de vitamine C, de calcium et de sodium. L'abricot déshydraté contient souvent un additif (anhydride sulfureux ou peroxyde d'hydrogène) qui lui est ajouté pour en aviver la couleur et augmenter sa durée de conservation.

On dit l'abricot antianémique, astringent et apéritif. L'abricot déshydraté est légèrement laxatif lorsqu'il est consommé en excès.

Il se prête bien à la cuisson, tout comme la pêche et la nectarine (ces trois fruits sont d'ailleurs interchangeables dans la plupart des recettes). On le met dans les tartes, les gâteaux, les sorbets, la crème glacée, le yogourt, les crêpes. On le cuit en confiture ou en chutney. L'abricot est transformé en compote ou en jus. Il est mis à macérer dans de l'alcool, il est confit, mis en conserve. L'abricot déshydraté est utilisé tel quel ou après avoir trempé dans de l'eau, du jus ou de l'alcool. Dans les pays arabes, on prépare une pâte d'abricot nommée *kamraddin*. De la purée d'abricot est mise entre des feuilles de toile ou de métal puis est séchée au soleil. On mange ensuite ces minces feuilles d'abricot telles quelles ou on s'en sert pour cuisiner. L'amande nichée dans le noyau de l'abricot contient de l'acide cyanhydrique, une substance toxique. On peut consommer l'amande mais en petite quantité.

CONSERVATION ◆ Manipuler les abricots avec soin, car ils se gâtent rapidement dès qu'ils sont meurtris. Ne les laver qu'au moment de les utiliser. Les étaler pour les conserver, car l'entassement les meurtrit et entraîne ainsi leur pourrissement et la contamination des fruits voisins. Laisser mûrir l'abricot à la température de la pièce. Placer l'abricot mûr au réfrigérateur, où il se conservera une semaine environ. Les abricots se congèlent facilement. Les blanchir 30 secondes afin de pouvoir les peler facilement, les dénoyauter car le noyau donne un goût amer. Lorsque les fruits sont très mûrs, les congeler en compote ou en purée. Ajouter du jus de citron ou de l'acide citrique pour empêcher les abricots de noircir.

ACHIGAN

Micropterus spp, **Centrarchidés**
Autre nom : *perche truitée*
Nom anglais : *freshwater bass*

HISTORIQUE ◆ L'achigan est un poisson difficile à prendre, qui vit dans les rivières et les lacs d'Amérique du Nord. *Achigan* est un mot algonquin qui fait référence à la combativité du poisson, car il signifie « celui qui se débat ». L'achigan atteint une longueur maximale de 65 cm. Ce poisson bossu a des nageoires dorsales épineuses, des écailles rugueuses et une tête effilée qui occupe le tiers de son corps. L'achigan a une chair blanche floconneuse très savoureuse. Les caractéristiques particulières des différentes espèces varient selon les endroits où elles vivent.

L'**achigan à petite bouche** *(Micropterus dolomieni)* a une forme allongée. Il mesure généralement de 20 à 38 cm de long et pèse en moyenne 1 ou 2 kg. Sa bouche est garnie de nombreuses petites dents et sa mâchoire inférieure est proéminente. Sa couleur varie selon l'environnement ; habituellement son dos est vert foncé, ses flancs sont dorés ou bronzés avec des rayures sombres, et ses nageoires rouges ou violettes.

L'**achigan à grande bouche** *(Micropterus salmonides)* a un corps un peu plus robuste que celui de l'achigan à petite bouche. Sa bouche se prolonge jusque derrière l'œil, ce qui la distingue de celle de l'achigan à petite bouche dont la mâchoire arrive à peine à la hauteur de l'œil. Son dos est vert foncé et ses flancs verdâtres ont des reflets argentés ; des bandes latérales ornent ses flancs, surtout chez les jeunes spécimens. Cet achigan préfère des eaux plus chaudes, il s'accommode plus volontiers des cours d'eau paresseux et des lacs vaseux. Il atteint une taille et un poids à peine supérieurs à ceux de l'achigan à petite bouche. On le nomme « perche truitée » en Europe.

 ACHAT ♦ Ce poisson de pêche sportive est rarement commercialisé.

PRÉPARATION ♦ Les écailles de l'achigan sont tenaces. Pour faciliter l'écaillage, on peut plonger le poisson quelques instants dans de l'eau bouillante citronnée avant l'opération. On peut aussi enlever la peau.

VALEUR NUTRITIVE	
L'achigan contient	
Protéines	19 g
Matières grasses	4 g
114 calories/100 g	

UTILISATION ♦ Ce poisson supporte tous les genres de cuisson. L'achigan de taille moyenne peut s'apprêter comme la truite tandis que le gros achigan peut se préparer comme la carpe ou l'alose, entier ou le plus souvent en filets. Ce poisson vit souvent dans de l'eau polluée. Sa contamination varie en fonction de son âge et de son habitat. Plus le poisson est âgé, donc gros, plus la concentration de polluants est élevée. Il est préférable de limiter sa consommation d'achigan, à moins de connaître la salubrité de son habitat.

AGNEAU ET MOUTON

Ovis, **Ovidés**

Noms anglais : *lamb, sheep, mutton*

HISTORIQUE ♦ L'agneau est le petit de la brebis, un animal relativement docile domestiqué depuis les temps anciens. En boucherie, le terme mouton s'applique au mâle adulte castré, au mâle non castré (bélier) et à la femelle. L'élevage du mouton a longtemps joué un rôle économique important dans les sociétés pastorales où les familles dépendaient de ces mammifères ruminants pour obtenir laine, cuir, viande et lait (avec lequel elles produisaient fromage, beurre et yogourt). L'agneau apparaît souvent comme symbole dans les religions (agneau pascal, Agneau de Dieu) ou le folklore.

La viande d'agneau provient d'un animal âgé de moins de 12 à 14 mois (les normes varient selon les pays). On distingue en général 3 catégories d'agneaux en fonction de leur âge : l'agneau de lait, l'agneau blanc et l'agneau gris. L'agneau de lait (ou « agnelet ») est tué avant sevrage à l'âge de 30 ou 40 jours, lorsqu'il pèse habituellement de 7 à 11 kg ; cette viande est très tendre et délicate. L'agneau blanc (« léger » ou « laiton ») est tué entre 5 et 12 semaines, alors qu'il pèse de 11 à 25 kg (le plus courant). Cette viande est rosée et tendre (quoique un peu ferme), avec du gras bien blanc. L'agneau gris (« lourd » ou « broutard ») est âgé de 6 à 9 mois et pèse entre 20 et 40 kg. Cette viande plus foncée, avec du gras grisâtre, a une saveur prononcée.

La viande de mouton provient d'animaux d'élevage ou de vieux animaux élevés pour la production de laine. Plus l'animal est âgé, plus la viande est rouge, dure, « persillée » de gras et de saveur prononcée. Les vieux animaux sont responsables de la mauvaise réputation de la viande de mouton, dont on dit parfois qu'elle « goûte la laine ».

L'agneau et le mouton se distinguent des autres animaux par la nature de leur gras, nommé « gras dur ». On l'appelle ainsi parce que ce gras fige rapidement dans l'assiette, acquérant une texture dure, ce qui rend désagréable la consommation de viande réfrigérée. Ce gras fond à une température plus basse que le gras des autres viandes. À haute température, il occasionne un plus grand dessèchement de la viande, causant une perte de saveur. Il rancit plus rapidement.

ACHAT ◆ La couleur, la texture et la saveur de la viande dépendent de la race, de l'âge, de l'alimentation et des conditions de vie de l'animal. L'état des os ainsi que la couleur du gras et de la chair permettent de distinguer l'agneau du mouton. Les articulations des membres antérieurs sont cartilagineuses chez l'agneau et osseuses chez le mouton, le gras est plus foncé chez le mouton et sa chair est dans les teintes de rouge, tandis qu'elle est dans les teintes de rose chez l'agneau.

L'os d'un gigot constitue environ 25 % du poids ; en tenir compte lors de l'achat pour éviter la désagréable surprise de cuire un gigot trop petit pour le nombre de convives.

VALEUR NUTRITIVE	
La viande maigre d'agneau renferme	
Protéines	28 g
Matières grasses	7 g
Cholestérol	100 mg
181 calories/100 g	

Plus il est âgé, plus l'agneau contient de gras et plus il est calorifique, tout en ayant un contenu en protéines légèrement moindre. L'agneau est riche en protéines, en zinc et en vitamines du complexe B, notamment en niacine, en riboflavine et en B_{12}. C'est aussi une bonne source de fer, de potassium et de phosphore.

CUISSON ◆ La viande d'agneau est à son meilleur encore rosée. Comme le bœuf, elle peut être mangée saignante (température interne entre 63 et 65 °C), à point (68 °C) ou bien cuite (autour de 80 °C). Comme elle s'assèche facilement, la saisir seulement pour une courte période et éviter de trop la cuire. La cuisson s'effectue presque toujours à découvert ; calculer environ 45 minutes par kilo à 165 °C pour un gigot. On cuit très souvent le mouton par braisage ou par pochage afin de l'attendrir et de masquer sa forte odeur. Le cuire à basse température pour fondre le gras doucement et éviter que la senteur ne se répande dans toute la maison.

UTILISATION ◆ Divers assaisonnements avantagent l'agneau et le mouton, dont le basilic, la menthe, le romarin, la sauge et le zeste de citron, de lime ou d'orange. Cette viande peut être mangée froide ; la réchauffer cependant si elle sort du réfrigérateur pour rendre le gras moins dur.

Le gigot d'agneau est un mets traditionnel du jour de Pâques dans plusieurs pays. Le méchoui, un agneau ou un mouton entier rôti à la broche sur les braises d'un feu de bois, fait partie des coutumes en Afrique du Nord et dans d'autres pays arabes. La cuisine arabe aime bien aussi incorporer l'agneau ou le mouton dans le couscous.

CONSERVATION ◆ Bien frais, l'agneau se conserve 3 jours au réfrigérateur (une seule journée s'il est haché). Au congélateur, il se conserve de 5 à 9 mois en morceaux et de 3 à 4 mois haché.

AGRUMES

Nom anglais : *citrus fruit*

HISTORIQUE ♦ Nom collectif donné aux fruits produits par les citrus, des arbres de la famille des Aurantiacées (parfois classés dans les Rutacées). Les citrus ont un feuillage persistant. Ils atteignent selon les espèces des tailles variables (autour de 5 m pour le limettier et 13 m pour pour certaines variétés d'orangers). Ils ne poussent que sous les climats où il ne gèle pas et où l'été est long et chaud. Le mot agrume vient du latin *acrumen* signifiant « saveur âcre ». Les agrumes comprennent notamment la bergamote, le cédrat, le citron, le citron vert, la clémentine, la lime, la limette, la mandarine, l'orange, le pamplemousse, le poméló, le tangélo, la tangerine et l'ugli. La consommation des agrumes a longtemps été peu accessible aux populations habitant loin des pays producteurs. Au début du XXᵉ siècle, un agrume était souvent un produit rare encore. Au Canada notamment, une orange dans les bas de Noël des enfants constituait un cadeau exotique. La consommation des agrumes a énormément augmenté dans la deuxième moitié du XXᵉ siècle, depuis que le marché international a pris de l'expansion.

Les agrumes sont des baies recouvertes d'une écorce plus ou moins épaisse, d'abord verte puis devenant jaune, rosée ou orange selon les espèces. Quelques espèces cependant restent vertes même à maturité. Leur chair juteuse et acidulée contient des pépins ou en est exempte, selon les variétés. Elle est recouverte d'une fine membrane et se divise plus ou moins facilement en quartiers. Les agrumes ne mûrissent plus une fois cueillis. Ce sont des fruits moyennement fragiles.

ACHAT ♦ Choisir des fruits intacts, exempts de taches noires, de moisissures et de points mous, avec une écorce lisse, ni trop épaisse ni trop terne. Une écorce très rugueuse est généralement épaisse et le fruit risque d'être petit et peu juteux. Des fruits légers pour leur taille manquent habituellement de fraîcheur et leur légèreté est signe de dessèchement. Au contraire, quand les agrumes sont lourds, c'est souvent parce qu'ils sont juteux. La façon idéale d'acheter les agrumes serait d'examiner un spécimen coupé en deux ; l'épaisseur de l'écorce et l'état de la pulpe sont alors visibles, ce qui évite les mauvaises surprises. C'est une pratique en vigueur dans de nombreux pays.

Comme beaucoup d'autres fruits, les agrumes sont classifiés par numéros. Ces chiffres font référence à la grosseur et dépendent du nombre de fruits qui entrent dans une boîte. Plus les fruits sont petits, plus le chiffre est élevé, car ces fruits prennent peu de place et sont donc plus nombreux dans le contenant ; une orange 113 est donc plus petite qu'une orange 88.

VALEUR NUTRITIVE

Les agrumes contiennent généralement

Eau	88 à 91 %
Protéines	0,6 à 1,1 g
Glucides	8 à 12 g
Matières grasses	traces
30 à 50 calories/100 g	

Ils sont une excellente source de vitamine C. Ils contiennent des bioflavonoïdes, surtout concentrés à l'intérieur de la peau et dans les membranes, éléments qui aident à l'absorption de la vitamine C. Ils sont également riches en acide folique, en biotine, en potassium, en calcium, en magnésium et en acide citrique, ce dernier étant responsable de leur saveur aigrelette. La teneur des divers éléments nutritifs varie selon les espèces et les variétés.

Ces fruits sont munis d'une membrane intérieure blanchâtre légèrement amère, qui contient divers éléments nutritifs, dont la pectine qui gélatinise confitures, gelées et marmelades. Lorsqu'on jette cette membrane intérieure blanchâtre, on se prive de ses nutriments et de son action bénéfique sur le système digestif, car elle facilite le transit intestinal.

L'écorce (le zeste) renferme de minuscules sacs remplis d'huile essentielle très aromatique, dont on se sert entre autres pour parfumer les aliments.

PRÉPARATION ◆ Pour peler un agrume, on se sert de ses doigts, d'une cuiller ou d'un couteau. Il est préférable de laver l'écorce des agrumes à l'eau chaude en la brossant légèrement si on la cuisine, car la plupart des agrumes entrent en contact avec diverses substances chimiques. Pour râper le zeste, toujours travailler quand le fruit est entier ; celui-ci se tient mieux et le risque de se râper les doigts est moindre. Quand on utilise l'écorce telle quelle, la pétrir quelques instants entre les doigts ; cela libère la saveur. Rouler l'agrume en le pressant avant d'en extraire le jus ; on obtient alors plus de jus car on rompt les capsules qui l'emprisonnent.

UTILISATION ◆ La popularité des agrumes en jus ou nature est bien connue. Ces fruits peuvent cependant être cuisinés de maintes façons, de l'entrée au dessert. Ils accompagnent viande, volaille et poisson, ils entrent dans les salades composées et dans une multitude de desserts.

Des pépins on tire de l'huile, de la peau blanche on extrait de la pectine, et de l'écorce, une huile essentielle. Cette écorce peut être cuite (marmelade), confite (friandise), râpée ou coupée en fines lamelles (zeste) pour aromatiser notamment desserts et tisanes.

CONSERVATION ◆ La plupart des agrumes peuvent êtres laissés à la température de la pièce, loin d'une source de chaleur, si on les conserve un court laps de temps. Font exception les plus fragiles, telles les mandarines, qui se rangent dans un endroit frais ou au réfrigérateur dans le bac à fruits. Réfrigérer les agrumes pour une conservation à plus long terme. Ne pas oublier de les sortir quelque temps avant de les consommer pour qu'ils soient plus savoureux.

Se méfier de la condensation qui se forme quand les agrumes sont dans un sac de plastique ou dans un récipient hermétique : elle accélère le pourrissement. Faire des trous dans les sacs ou laisser le contenant entrouvert. Le jus et le zeste des agrumes se congèlent. Le zeste peut être confit ou déshydraté. Le conserver à l'abri de l'air et des insectes, dans un endroit frais et sec.

AIL

Allium sativum, **Liliacées**
Nom anglais : *garlic*

HISTORIQUE ◆ Plante potagère annuelle originaire de l'Asie centrale ou de l'Inde. L'ail est connu depuis l'Antiquité ; il est parmi les plus anciennes plantes cultivées. Les Égyptiens donnaient une ration quotidienne d'ail aux esclaves qui construisaient les pyramides, car ils croyaient que l'ail augmentait la force et l'endurance tout en éloignant les maladies. Pour ces mêmes raisons, les athlètes grecs mangeaient de l'ail avant les compétitions et les soldats avant d'aller au champ de bataille. L'ail a une saveur particulièrement tenace qui laisse des traces persistantes dans l'haleine et qui imprègne la transpiration. Les Grecs, qui consommaient beaucoup d'ail, furent surnommés « ceux qui puent », et une haleine qui sentait l'ail finit par être associée à une origine modeste. Cette croyance s'est transmise au fil des siècles et semble être à l'origine de la mauvaise réputation que l'ail a encore souvent de nos jours.

Le bulbe ou «tête d'ail» est formé de caïeux, plus souvent nommés gousses; on en compte de 12 à 16 par tête. Le bulbe ainsi que chaque gousse sont recouverts d'une membrane blanchâtre extrêmement fine. À maturité, lorsque ses longues feuilles vertes et plates dépérissent, l'ail est prêt à être cueilli; il est très souvent mis à sécher mais peut se consommer frais. Il existe plus de 30 variétés d'ail, ce qui a une incidence sur la dimension, la couleur et la saveur. Parmi les variétés les plus courantes, on trouve l'ail commun (enveloppe extérieure blanche ou grisâtre) et l'ail rose ou rouge (seule l'enveloppe est colorée). L'ail éléphant *(A. ampeloprasum)* est en fait une variété de poireau, une espèce voisine; il est bulbé comme l'ail et a une saveur semblable, quoique plus douce.

ACHAT ◆ Choisir des bulbes intacts et fermes, exempts de germes et de taches. L'ail est disponible sous diverses formes : ail en flocons, ail en poudre, ail haché, ail en pâte, etc. Ces préparations sont pratiques, mais il est préférable de se servir d'ail frais si l'on désire conserver le maximum des propriétés médicinales de l'ail.

PRÉPARATION ◆ Pour peler facilement les gousses d'ail, les écraser légèrement avec le revers de la lame d'un couteau; la membrane s'enlève ensuite presque d'elle-même.

CUISSON ◆ La saveur de l'ail (ainsi que certaines propriétés médicinales) n'apparaît que lorsqu'il est coupé, écrasé ou haché. La rupture des membranes de l'ail libère des substances qui deviennent actives à l'air libre. L'intensité de la saveur dépendra de la façon dont on coupera l'ail; ainsi, plus l'ail est coupé finement, plus sa saveur sera prononcée. La cuisson modifie également la saveur de l'ail :

- pour obtenir un maximum de saveur, n'ajouter l'ail qu'en fin de cuisson, car une cuisson à feu vif ou une cuisson prolongée en atténue le goût;

- pour obtenir une saveur discrète qui rappelle la noisette et qui épargne l'haleine, laisser l'ail entier et le cuire sans l'éplucher ni le couper;

- éviter de frire l'ail jusqu'à ce qu'il brunisse, car cela détruit presque toute la saveur tout en rendant l'ail âcre, âcreté qui se transmet aux autres aliments.

UTILISATION ◆ L'ail peut être consommé comme légume et il est excellent, mais il est surtout utilisé comme condiment. Il aromatise un grand nombre

VALEUR NUTRITIVE	
L'ail contient	
Eau	59 %
Protéines	0,6 g
Matières grasses	0,1 g
Glucides	3 g
Fibres	0,14 g
144 calories/100 g	

C'est une des plantes qui contient le plus de soufre (environ 67 mg/ 100 g). Trois gousses d'ail (9 g) fournissent 36 mg de potassium, 16 mg de calcium, 14 mg de phosphore, 3 mg de vitamine C et 2 mg de magnésium. L'ail est aussi une excellente source de sélénium. Certaines personnes éprouvent de la difficulté à digérer l'ail; d'autres y sont allergiques, allergie qui se manifeste sous forme de rougeurs ou d'irritation de la peau.

L'ail est réputé pour ses diverses propriétés médicinales; il est depuis longtemps considéré comme une véritable panacée par plusieurs. On le dit notamment diurétique, carminatif, stomachique, tonique, antispasmodique, antiarthritique, antiseptique, vermifuge et anticancérigène. On s'en sert aussi pour soulager un grand nombre de maladies, entre autres fièvre, rhume, grippe, bronchite, goutte, hypertension et problèmes digestifs. Des recherches médicales ont confirmé certaines propriétés médicinales de l'ail. Ainsi, l'ail est connu pour être un antibiotique efficace depuis fort longtemps; on s'en est même abondamment servi lors de la Première Guerre mondiale. Des recherches médicales ont depuis confirmé qu'il contenait du sulfure d'allyle, un puissant antibiotique. Au Québec, on se sert de l'ail dans l'élevage des porcs depuis 1983 pour remplacer les antibiotiques chimiques. En 1984, on a découvert que l'ail contenait une substance nommée ajoene, qui aurait notamment la propriété d'éclaircir le sang, ce qui empêcherait la formation de caillots. Parce que l'ingestion de l'ail ne passe pas inaperçue, et qu'une consommation excessive d'ail cru peut causer des problèmes digestifs, les personnes intéressées par les propriétés médicinales de l'ail ingèrent souvent celui-ci en comprimés.

d'aliments (vinaigrettes, potages, légumes, tofu, viande, ragoûts, charcuterie, marinades, etc.).

- Pour transmettre une délicate touche aillée, frotter de l'ail coupé en deux à l'intérieur des plats à salade ou des plats à fondue.

- Pour parfumer de l'huile, y mettre quelques gousses d'ail ; plus les gousses resteront longtemps, plus la saveur sera prononcée.

- Se servir des tiges vertes de l'ail frais pour remplacer l'échalote ou la ciboulette.

- Pour rafraîchir l'haleine après l'ingestion d'ail, mâcher du persil, de la menthe ou des grains de café.

CONSERVATION ◆ L'ail n'a pas besoin d'être réfrigéré, d'ailleurs son odeur se transmettrait aux autres aliments. Il se conserve plusieurs mois à l'air ambiant dans un endroit sec, bien aéré et pas trop chaud. Dans un milieu chaud et humide, l'ail germe et moisit rapidement. La température idéale pour une conservation prolongée oscille autour de 0 °C avec au plus 60 % d'humidité. Les tiges de l'ail peuvent être tressées, ce qui permet de suspendre l'ail et ajoute une note décorative. L'ail se congèle tel quel, simplement débarrassé de sa membrane extérieure ; sa durée de conservation est d'environ 2 mois.

ALGUES

Noms anglais : *algae, seaweed*

HISTORIQUE ◆ Plantes aquatiques croissant dans les eaux salées et les eaux douces, les algues sont parfois appelées « légumes de mer ». Dans certaines parties du globe, on consomme les algues depuis les temps reculés. C'est le cas notamment chez les peuples côtiers du nord-ouest de l'Europe, à Hawaii, en Amérique du Sud, dans les îles du Pacifique, en Nouvelle-Zélande et en Asie. Au Japon en particulier, des découvertes archéologiques ont démontré qu'on mangeait des algues il y a 10 000 ans. C'est au Japon qu'il se consomme le plus d'algues par habitant. Le Japon est aussi le plus grand pays producteur et exportateur d'algues, ce qui explique pourquoi on connaît souvent les algues sous leur appellation japonaise (kombu, wakamé, hijiki, etc.).

Les algues sont dépourvues de feuilles, de tiges et de racines. Leur organe végétatif est appelé « thalle », du grec *thallos* signifiant « rameau », car il est non vascularisé. Ces végétaux vivaces ou annuels poussent dans les eaux chaudes, tempérées ou froides. Leur habitat influence considérablement leur taille et leur forme. Les algues des mers chaudes sont des herbes ou des buissons dépassant rarement 30 cm de hauteur, tandis que les algues des mers froides mesurent de 1 à 10 m de haut et forment souvent une végétation luxuriante. Les algues effectuent la photosynthèse de leurs glucides. La texture et la saveur des algues sont fort variables ; les algues sont notamment caoutchouteuses, tendres ou croquantes. Leur saveur est plus ou moins prononcée.

Il y aurait de 24 000 à 25 000 espèces d'algues. Toutes ne sont pas comestibles cependant ; de fait, très peu sont agréables à consommer (entre 40 et 50 espèces). Les algues utilisées comme aliments se divisent en 3 groupes, soit les algues brunes (Phéophycées), les algues vertes (Chlorophycées) et les algues rouges (Rodophycées). Une autre catégorie d'algues, les algues bleues-vertes (Cyanophycées), est constituée de végétaux primitifs microscopiques classés parfois avec les bactéries. La spiruline, souvent consommée comme supplément alimentaire, en fait partie. Quelques espèces d'algues sont cultivées : on se sert de feuilles, de tubes de plastique ou de cordes placés dans des réservoirs à température contrôlée ou en pleine mer, sur lesquels se nichent les spores qui donneront naissance aux algues.

La valeur nutritive des algues varie selon les espèces, les saisons et leur habitat. Le contenu en protéines est particulièrement variable ; ainsi, il oscille entre 6 à 9 g/100 g d'algues sèches pour l'aramé, l'hijiki et la kombu, et entre 13 à 20 g/100 g pour la laitue de mer, la wakamé, la nori et le dulse. La spiruline se distingue par sa teneur protéique très élevée, soit de 54 à 65 g/100 g, à l'état sec. Les acides aminés composant les protéines des algues sont plus équilibrés que ceux des plantes terrestres, mais moins que ceux des produits d'origine animale. La plupart des algues n'ont qu'une déficience en acides aminés soufrés. Les hydrates de carbone sont un important constituant des algues ; ils représentent généralement de 40 à 60 % de leur poids, quand elles sont sèches. Seulement de 5 à 10 % sont des glucides simples, la plupart étant des polysaccharides. On en connaît assez peu actuellement sur la digestibilité des polysaccharides des algues. On sait qu'ils sont difficilement dégradables par le système digestif, ce qui rendrait les algues peu calorifiques. Il semble cependant qu'une adaptation s'effectue quand la consommation des algues est constante, le système digestif développant des enzymes qui facilitent l'assimilation des polysaccharides.

Les algues sont pauvres en matières grasses (1 à 2 g/ 100 g, quand elles sont sèches) et en calories. Elles constituent une source importante de minéraux (5 à 20 % environ de leur poids, à l'état sec), notamment de calcium, de fer et d'iode. Elles contiennent plusieurs vitamines, dont de la vitamine A (sous forme de bêta-carotène), certaines vitamines du complexe B (thiamine, riboflavine et niacine notamment) et de la vitamine C.

Les algues ont de nombreuses propriétés médicinales. On dit par exemple qu'elles aident à prévenir l'artériosclérose, l'hypertension, l'obésité, la constipation, l'hyperthyroïdie et les tumeurs, qu'elles sont antibactériennes et vermifuges. Leurs propriétés médicinales sont mises à contribution en thalassothérapie, en algothérapie et en pharmacologie. On s'en sert notamment pour fabriquer des médicaments anticoagulants, anti-hypertenseurs et vermifuges.

PRÉPARATION ◆ Laver les algues avant de les utiliser, car elles contiennent souvent du sable. Les algues déshydratées sont presque toujours mises à tremper avant cuisson (15 à 60 minutes ou plus).

UTILISATION ◆ Les algues sont utilisées comme aliment, comme assaisonnement, comme garniture ou comme supplément alimentaire (en poudre ou en comprimé). On les mange froides ou chaudes. On peut les apprêter de multiples façons, notamment bouillies, frites, sautées ou marinées dans du vinaigre et du tamari. On sert les algues en entrées, avec les mets principaux, comme légumes, en desserts et en infusion. On les met notamment dans les hors-d'œuvre, les soupes, les salades et les pâtes alimentaires. Les algues séchées se consomment telles quelles, comme amuse-gueule, ou après avoir été réhydratées.

Les algues ont diverses autres utilisations; on les emploie entre autres comme engrais, comme fourrage, en photographie et pour fabriquer de la colle, de la poudre d'artillerie, du verre, des dentifrices, des produits de beauté et des additifs alimentaires.

CONSERVATION ◆ La plupart des algues fraîches se conservent quelques jours au réfrigérateur. Faire sécher les algues au soleil en les suspendant ou en les étendant sur l'herbe, une moustiquaire ou un linge propre. Placer les algues déshydratées dans un contenant hermétique et les conserver dans un endroit frais et sec. Conserver les algues cuites au réfrigérateur. La plupart des algues se congèlent (le varech toutefois supporte mal la congélation).

Chaque ordre d'algues présente des caractéristiques différentes.

Algues brunes
(Phéophycées)

Les algues brunes sont les plus nombreuses et les plus utilisées. Un pigment jaune masquant la chlorophylle est responsable de leur couleur brune. Au Japon, on récolte notamment l'aramé, la hijiki, la kombu et la wakamé. En Amérique du Nord, c'est surtout le varech.

L'**aramé** *(Eisenia bicyclis)* est une plante aux grandes frondes ciselées qui mesurent 30 cm de long et 3,75 cm de large. Elle est plus épaisse que les autres algues. Comme l'hijiki, l'aramé est cuite plusieurs heures avant d'être séchée, car elle est ferme. D'un brun jaunâtre lorsqu'elle est fraîche, elle devient noirâtre à la cuisson. L'aramé est plus tendre lorsqu'elle est jeune. Sa texture est légèrement moins croustillante que celle de l'hijiki et sa saveur est plus douce et plus sucrée.

VALEUR NUTRITIVE	
L'aramé contient	
Protéines	8,8 g
Matières grasses	0,1 g
Glucides	56 g
251 calories/100 g, sèche	
Elle est spécialement riche en iode et en calcium.	

L'aramé est surtout récoltée près de la péninsule de Isé, sur les rives orientales de la principale île du Japon. Elle pousse sur les rochers, sous le niveau de la mer.

PRÉPARATION ◆ Laver l'aramé deux fois dans de l'eau froide en la brassant pour bien déloger le sable. La mettre à tremper une quinzaine de minutes dans le récipient où elle cuira avec la quantité d'eau indiquée dans la recette. L'aramé double de volume en trempant.

UTILISATION ◆ L'aramé se marie bien avec le tofu et les légumes. On la met dans les soupes et les salades (elle est délicieuse cuite avec du vinaigre et du tamari). Elle est souvent frite.

L'**hijiki** *(Hizikia fusiforme)* pousse sur les rochers juste sous le niveau de la mer. Cette plante est formée de multiples brindilles cylindriques attachées à des tiges. Elle a la forme d'un arbuste et mesure environ 1 mètre de haut.

L'hijiki est séchée au soleil puis bouillie plusieurs heures afin d'être attendrie. Elle est ensuite de nouveau déshydratée. Les brindilles déshydratées sont d'un brun noirâtre, car elles ont réabsorbé le pigment brun qu'elles avaient perdu dans l'eau de cuisson. Minuscules lorsqu'elles sont séchées, elles augmentent environ 5 fois de volume lorsqu'elles sont mises à tremper. La texture de l'hijiki est légèrement croustillante et la saveur prononcée.

VALEUR NUTRITIVE	
L'hijiki renferme	
Protéines	8 g
Matières grasses	0,1 g
Glucides	56 g
263 calories/100 g, sèche	

Elle est surtout riche en fer, en calcium et en potassium.

 PRÉPARATION ◆ Tremper l'hijiki une quinzaine de minutes dans de l'eau tiède avant de la cuisiner.

 CUISSON ◆ L'hijiki est souvent cuite à la vapeur une vingtaine de minutes, puis sautée ou mijotée.

UTILISATION ◆ L'hijiki se marie bien avec les légumes racines. Elle est souvent mise dans les soupes, les sandwichs, les salades et les crêpes. On la sert comme légume ou on l'infuse.

Les **kombu** (*Laminaria spp*) sont de grandes algues aux frondes aplaties et lisses, plus ou moins larges et épaisses. On les consomme depuis l'Antiquité, tant en Asie que sur les côtes de l'Atlantique et du Pacifique. Au Japon, il y a des magasins spécialisés qui ne vendent que des kombu. Ils offrent plus de 300 produits, dont plusieurs ont des usages spécifiques, tels des condiments et des thés.

VALEUR NUTRITIVE	
La kombu contient	
Protéines	6 g
Matières grasses	1 g
Glucides	56 g
259 calories/100 g, sèche	

Elle est particulièrement riche en calcium, en fer et en potassium. Elle contient beaucoup d'iode. On attribue à la kombu une très grande valeur médicinale, la considérant presque comme une panacée. On la dit notamment bénéfique pour les muqueuses et le système lymphatique et efficace contre l'hypertention. Les Chinois l'utilisent depuis des siècles pour soigner le goître.

Les kombu sont riches en acide glutamique, une substance qui est activée au contact de l'eau et qui accentue la saveur. C'est de l'acide glutamique qu'on extrait le glutamate monosodique, une substance très utilisée dans la cuisine asiatique pour rehausser la saveur des aliments (aujourd'hui, le glutamate monosodique est souvent synthétisé chimiquement à partir de la mélasse). L'acide glutamique augmente aussi la digestibilité des aliments, dont il attendrit les fibres. La kombu est le compagnon idéal des légumineuses, dont elle raccourcit le temps de cuisson.

UTILISATION ◆ La kombu sert principalement à préparer des bouillons. Au Japon, le bouillon de kombu, appelé *dashi*, est la base de plusieurs plats. Il est préférable de très peu faire bouillir la kombu (10 à 15 minutes), car elle libère du magnésium inorganique, de l'acide sulfurique et du calcium qui confèrent une forte saveur aux aliments. Ne pas jeter la kombu après l'ébullition, elle peut entrer dans la préparation d'autres mets.

La **wakamé** (*Undaria pinnatifida*) pousse dans des profondeurs de 6 à 12 m. Elle ressemble à une grande feuille largement dentelée. Une épaisse nervure mucilagineuse est située au centre de la partie supérieure de l'algue. La wakamé mesure de 60 cm à 1,2 m de long et de 30 à 40 cm de large. Sa texture et sa saveur sont délicates.

✗ **UTILISATION** ◆ La wakamé est comestible sans cuisson, seulement après avoir trempé de 3 à 5 minutes. Elle est aussi souvent cuite (cuire seulement quelques minutes). Son utilisation est variée à cause de sa douce saveur.

La wakamé se marie bien avec le riz, les pâtes alimentaires, les légumes, le tofu, la viande, la volaille, le poisson et les fruits de mer. On la met dans les soupes et les salades.

VALEUR NUTRITIVE	
La wakamé contient	
Protéines	13 g
Matières grasses	2,7 g
Glucides	46 g
257 calories/100 g, sèche	

Elle est particulièrement riche en calcium.

Comme la kombu, la wakamé attendrit les fibres des aliments et raccourcit leur temps de cuisson. Elle est le compagnon idéal des légumineuses.

Le **varech**. Le varech est une algue qui croît très vite et qui atteint des tailles impressionnantes. Certaines espèces, dont le varech géant *(Macrocystis pyrifera)*, peuvent mesurer plus de 60 m de haut. Le varech pousse dans l'océan Pacifique sous la ligne de marée basse.

✗ **UTILISATION** ◆ Les grandes frondes du varech sont riches en alginate, une substance gélatineuse très utilisée comme additif par l'industrie alimentaire. L'alginate entre également dans une multitude de produits non alimentaires. Elle sert en particulier à la fabrication de médicaments, de papier, de tissus, de peinture et de cosmétiques.

VALEUR NUTRITIVE	
Le varech contient	
Protéines	1,7 g
Matières grasses	0,6 g
Glucides	10 g
xxx calories/100 g, cru	

Il est particulièrement riche en iode.

Le varech est séché, moulu puis pressé en capsules utilisées comme supplément alimentaire. Le varech moulu sert aussi de condiment.

Algues vertes
(Chlorophycées)

La chlorophylle de ces algues n'est pas recouverte d'un pigment d'une autre couleur, d'où la teinte verte. Les algues vertes comprennent notamment les Ulvas et les Caulerpas. Certaines Ulvas sont nommées «laitues de mer» *(U. lactuca* et *U. fasciata)*, car elles ressemblent aux feuilles de laitue.

VALEUR NUTRITIVE	
La laitue de mer contient	
Protéines	17 g
Matières grasses	0,9 g
Glucides	37 g
223 calories/100 g, sèche	

Elle est particulièrement riche en fer.

Elles sont aussi tendres et ont une saveur identique. Les Caulerpas sont appelées «raisins de mer» à cause de leur forme (elles aussi goûtent la laitue). La plupart des algues vertes ont une texture et une saveur délicates.

Algues rouges
(Rodophycées)

Les algues rouges ont un aspect fleuri et sont appelées «floridées», du latin *floridus*. La couleur rouge est donnée par un pigment rouge qui recouvre la chlorophylle. Les algues rouges constituent un groupe important qui comprend notamment les 30 espèces du genre *Porphyra*, le dulse *(Palmaria palmata)* et la mousse d'Irlande *(Chondrus crispus)*.

Les glucides de plusieurs espèces d'algues rouges sont des polysaccharides visqueux. On extrait de ces algues la carragheen et l'agar-agar.

Les **nori.** Les espèces du genre *Porphyra* sont surtout connues sous leur nom japonais de *nori,* car elles sont presque uniquement produites au Japon. Cette industrie importante emploie plus de 300 000 personnes. Toute la production provient d'algues cultivées. Ces algues rouges ou pourpres deviennent pourpre foncé ou noirâtres en séchant, et vertes lorsqu'elles sont rôties et cuites. Les nori sont vendus sous forme de minces feuilles qui ont l'apparence du papier.

 ACHAT ◆ Les nori sont commercialisés sous plusieurs formes, notamment en paquets de feuilles entières pliées en deux et mesurant 18 cm de large, en feuilles grillées et en morceaux. Les nori de qualité sont brillants et cassants, d'une couleur verte translucide lorsqu'on les expose à la lumière.

UTILISATION ◆ Les nori se mangent frais, séchés ou réhydratés. On les fait habituellement griller avant de les utiliser, ce qui les rend croustillants et plus savoureux, puis on les émiette ou on les pulvérise.

VALEUR NUTRITIVE	
Les nori contiennent	
Protéines	17 g
Matières grasses	0,8 g
Glucides	36 g
219 calories/100 g, secs	
Ils sont particulièrement riches en vitamine A.	

On se sert des nori pour enrouler du riz et du poisson cru coupé en morceaux (sushi). On met les nori dans les soupes, les salades, les entrées et les pains. On les cuit avec le poisson, le tofu, les légumes, les pâtes alimentaires et le riz. On les utilise comme condiment. On les infuse.

Dulse ou **rhodyménie palmé** *(Palmaria palmata).* Le dulse pousse dans les eaux froides et turbulentes des côtes rocheuses. Cette algue abondante dans l'océan Atlantique est consommée depuis des milliers d'années par les peuples côtiers d'Europe de l'Ouest.

VALEUR NUTRITIVE	
Le dulse contient	
Protéines	20 g
Matières grasses	3,2 g
Glucides	44 g
285 calories/100 g, sec	
Il est particulièrement riche en fer.	

Le dulse mesure de 15 à 30 cm de long et pousse sous la ligne de la marée basse. Ses frondes de couleur rouge pourpre ont une texture douce et une saveur prononcée.

UTILISATION ◆ Le dulse est utilisé comme les autres algues, qu'il peut remplacer dans la plupart des recettes. Il est délicieux dans les soupes et les salades.

Mousse d'Irlande *(Chondrus crispus).* La mousse d'Irlande est abondante dans l'Atlantique Nord, particulièrement près des côtes de l'Irlande. Cette algue pourpre n'est comestible qu'après cuisson. Elle contient une substance gélatineuse nommée **carragheen** (la carragheen est aussi extraite d'autres espèces d'algues). La carragheen est utilisée en Irlande depuis des siècles. Elle porte le nom d'un village côtier irlandais où la cueillette et

VALEUR NUTRITIVE	
La mousse d'Irlande crue contient	
Protéines	1,5 g
Matières grasses	0,2 g
Glucides	12 g
49 calories/100 g	

le commerce de cette algue sont importants. La carragheen a un grand pouvoir gélifiant. Elle enrobe les aliments et s'y intègre bien. Les Irlandais l'utilisent notamment pour épaissir les blancs-mangers et autres produits laitiers. L'industrie alimentaire utilise abondamment la carragheen comme émulsifiant, stabilisant, agent épaississant et gélifiant. Elle l'emploie notamment dans les produits laitiers et chocolatés (crème glacée, sorbets, fromages, lait au chocolat), dans les soupes instantanées, les gâteaux, les biscuits et les confiseries. Elle en extrait de l'alginate et la transforme en alginate de glycol propylénique, un additif alimentaire qu'elle obtient en réactivant l'alginate avec du glycol de propylène. Cet additif est utilisé notamment dans la fabrication de bière, de desserts congelés, de crème glacée et de vinaigrettes.

 UTILISATION ◆ La mousse d'Irlande se met dans les soupes et les plats mijotés ou se consomme comme légume.

L'**agar-agar** est une substance mucilagineuse transparente qu'on utilise comme la gélatine, qu'elle peut d'ailleurs remplacer. (L'agar-agar est aussi appelé **gélose** ou **kanten**, son nom en japonais). *Agar* est un mot malais signifiant « algue ».

On obtient l'agar-agar en faisant bouillir pendant plusieurs heures certaines espèces d'algues (généralement l'espèce *Gelidium*). L'ébullition permet de dissoudre les fibres riches en amidon (des polysaccharides visqueux) et d'éliminer la couleur et la forte saveur. Selon le procédé traditionnel, on intègre à l'eau de cuisson de l'acide acétique (du vinaigre). On obtient une eau gélatineuse qui est congelée, décongelée puis recongelée chaque jour pendant une ou deux semaines. Lors de la décongélation, l'eau s'écoule de la gelée. L'opération se termine lorsqu'il ne reste plus d'eau, seulement une barre légère ne contenant que les fibres d'amidon épurées.

La méthode industrielle extrait l'agar-agar avec de l'acide sulfurique, ce qui raccourcit et facilite la production. Elle permet l'obtention d'un produit plus blanc qu'avec la méthode artisanale mais moins pur. L'agar-agar est dépourvu d'odeur et de saveur.

 ACHAT ◆ L'agar-agar s'achète sous forme de poudre, de flocons, de bâtonnets ou de longs fils.

PRÉPARATION ◆ Contrairement à la gélatine, l'agar-agar n'est pas soluble dans l'eau mais il l'absorbe, ce qui le ramollit. On le fait fondre à feu doux avant de l'incorporer aux aliments. Il devient ferme rapidement à la température de la pièce.

VALEUR NUTRITIVE	
L'agar-agar contient	
Protéines	6 g
Matières grasses	0,3 g
Glucides	81 g
306 calories/100 g, sec	
Il est particulièrement riche en fer. L'agar-agar est légèrement laxatif. Il occasionne parfois des allergies.	

La quantité d'agar-agar à utiliser dépend des goûts personnels, selon qu'on préfère un produit plus ou moins ferme. Elle dépend aussi du produit que l'on intègre à l'agar-agar, car son acidité ou son alcalinité influencera la fermeté. Après quelques essais, on sait quelle quantité nous convient. On utilise généralement 1 l (4 tasses) de liquide (eau, jus ou bouillon) pour une barre d'agar-agar, 45 ml de flocons (3 cuillerées à soupe) ou 10 ml de granules (2 cuillerées à café). Lorsqu'on cuisine l'agar-agar en barre, la réduire en petits morceaux avant d'ajouter le liquide et de la faire fondre.

UTILISATION ◆ L'agar-agar est populaire auprès des végétariens, qui n'aiment pas se servir de la gélatine, laquelle est d'origine animale. L'industrie alimentaire utilise l'agar-agar entre autres comme stabilisateur et l'incorpore notamment dans les pâtés, la crème glacée, les confitures, les gelées, les garnitures à gâteaux et la crème fouettée.

Algues bleues-vertes
(Cyanophycées)

Une des algues bleues-vertes la plus connue est la spiruline *(Spirulina spp)*. Elle pousse dans des eaux alcalines trop salées pour être buvables ou pour servir à l'irrigation. Cette algue minuscule de forme spiralée existerait depuis trois milliards d'années. Elle se reproduit très rapidement, se divisant 3 fois en 24 heures. La spiruline était consommée par les Aztèques, qui l'appelaient *tecúitlatl*. Ils la récoltaient dans le lac Texcoco. Les Mexicains exploitent encore cet important lieu de production. La spiruline est aussi consommée en Afrique par les populations habitant les rives du lac Tchad, au centre de l'Afrique occidentale. Appelée *dihe*, cette algue est surtout utilisée pour fabriquer une épaisse sauce piquante à base de tomates et de piments. Cette sauce est similaire à la *chilmolli*, qui était consommée par les Aztèques. Depuis la deuxième moitié du XXe siècle, la spiruline suscite de l'intérêt. On a d'abord cru qu'elle pourrait constituer un aliment miracle à cause de sa haute valeur nutritive et contribuerait à diminuer le problème de la faim dans le monde. Cet espoir ne s'est pas réalisé. On a vanté ses mérites comme supplément alimentaire et cela a eu plus de succès. La spiruline fait maintenant partie des suppléments alimentaires facilement accessibles.

UTILISATION ◆ La spiruline est souvent dissoute dans du jus ou de l'eau. On la met aussi dans les soupes ou les sauces. Sa saveur et sa couleur ne plaisent pas toujours (elle colore de vert les aliments). Plusieurs personnes préfèrent ingérer la spiruline en comprimés.

VALEUR NUTRITIVE	
La spiruline contient environ	
Protéines	60 g
Matières grasses	6 g
Glucides	18 g
400 calories/100 g, sèche	

Elle est riche en chlorophylle et en plusieurs nutriments, notamment en bêta-carotène et autres caroténoïdes, en thiamine, en riboflavine, en magnésium, en fer et en protéines. Celles-ci renferment relativement peu de méthionine, un acide aminé esentiel. Bien que la qualité de ces nutriments soit inférieure à celle des produits d'origine animale (œufs, produits laitiers, viande), elle est supérieure à celle des céréales et des légumineuses, incluant le soya. La spiruline renferme également de l'acide gamma-linoléique, un acide gras que l'on retrouve uniquement dans le lait maternel. De plus, elle est pauvre en sodium (1 à 9 mg/g) et ne contient pas d'iode. La richesse en vitamine B_{12} de la spiruline demeure un sujet de controverse; en effet, des études prétendent que 95 % de la quantité de vitamine B_{12} présente dans la spiruline seraient inactifs chez l'humain. On dit la spiruline revitalisante. De plus, elle aurait un effet coupe-faim et diminuerait l'appétit.

ALKÉKENGE

Physalis spp, **Solanacées**
Autres noms et espèces : *physalis, groseille du Cap, amour en cage,*
coqueret, lanterne chinoise, cerise d'hiver
Nom anglais : *alkekengi*
Autres noms : *husk tomato, cape gooseberry,*
strawberry tomato, winter cherry, chinese lantern

HISTORIQUE ◆ Fruit d'une plante annuelle. L'origine de l'alkékenge est contestée. Certains botanistes désignent l'Amérique du Sud, d'autres l'Europe, la Chine et le Japon. L'alkékenge pousse facilement, on le retouve sur les cinq continents. Il appartient à la grande famille des Solanacées et s'apparente donc notamment à la tomate, à l'aubergine, au poivron et à la pomme de terre. On le cultive souvent pour son aspect décoratif dans les jardins et aussi pour en faire des bouquets de fleurs séchées. Ce fruit porte différents noms, par exemple « groseille du Cap », car il est cultivé intensivement au cap de Bonne-Espérance en Afrique du Sud depuis plus d'un siècle. On le nomme aussi « lanterne chinoise » parce qu'il est recouvert d'une fine membrane de la consistance d'une mince feuille de papier, comme les abat-jour chinois. Quant à son nom *physalis*, il vient de *phusalis*, du grec *phusan* qui signifie « gonfler » et fait référence à la membrane qui recouvre le fruit. L'alkékenge est une baie rouge, orangée ou jaune verdâtre, de la grosseur d'une tomate-cerise. De couleur orange brunâtre, sa fine membrane (calice) a la consistance d'une mince feuille de papier et n'est pas comestible. Peu juteux, l'alkékenge a une saveur aigrelette ; il renferme de nombreuses graines comestibles. Il existe une centaine de variétés de ce fruit.

 ACHAT ◆ Choisir des fruits fermes et exempts de moisissures, de coloration uniforme. S'il sont vendus avec leur calice, ce dernier devrait être cassant, signe que les fruits sont mûrs.

PRÉPARATION ◆ Enlever la membrane puis laver le fruit, en prenant soin de laver autour de la tige car il s'y loge une substance résineuse.

UTILISATION ◆ Le plus souvent, l'alkékenge est cuit, quoiqu'il puisse aussi se manger cru. On le consomme tel quel ou on le met dans les salades de fruits et les salades composées. On en fait des tartes, des sorbets et de la crème glacée. On le cuisine en confiture, en gelée ou en marinades. On le transforme en jus.

 CONSERVATION ◆ L'alkékenge se conserve au réfrigérateur, dans le bac à légumes. Il se congèle facilement, enlever seulement son calice.

VALEUR NUTRITIVE	
L'alkékenge contient	
Eau	85 %
Protéines	2 g
Matières grasses	0,7 g
Glucides	11 g
53 calories/100 g	

Il est une source de niacine, de fer et de vitamine A et contient aussi des traces de phosphore. On le dit fébrifuge, diurétique, antirhumatismal et laxatif.

ALOSE

Alosa spp, **Clupéidés**
Autres noms : *poisson de mai, chatte*
Nom anglais : *shad*
Autres noms : *white shad, Eastern shad, American shad*

HISTORIQUE ◆ L'alose est recherchée pour sa chair et ses œufs. C'est un des poissons les plus importants en Amérique du Nord. L'alose est aussi pêchée en Europe de l'Ouest et en Méditerranée. Son corps est comprimé latéralement comme celui du hareng, un proche parent. L'alose remonte les fleuves au printemps pour y frayer.

La chair blanche est grasse, tendre et floconneuse. Elle est très savoureuse chez certaines espèces, mais peu appréciée chez d'autres car elle contient beaucoup d'arêtes (360 pour l'espèce *sapidissima*). Une rangée d'arêtes parallèles à la grande arête est située de chaque côté de celle-ci, à environ 2 cm ; il est possible de la sentir avec les doigts, ce qui est utile pour lever les filets. L'alose femelle est plus appréciée que l'alose mâle parce que ses arêtes sont plus grosses, donc plus faciles à éviter, et que ses œufs sont délicieux.

Certaines espèces sont plus courantes :

L'**alose savoureuse** *(Alosa sapidissima)* habite l'Atlantique, du Labrador à la Floride. Elle est également présente dans le Pacifique depuis que celui-ci en fut ensemencé à la fin du XIXe siècle. L'alose savoureuse peut mesurer de 40 à 60 cm de long ; elle pèse en moyenne 3 kg. Son dos est d'un bleu-vert foncé et ses flancs argentés ont une ou plusieurs taches foncées derrière les branchies.

L'**alose feinte** *(Alosa finta)* est légèrement plus petite, atteignant une longueur maximale de 50 cm. Habitant l'Atlantique, elle est parfois présente également dans la mer Baltique. Son dos brillant est bleu-noir, ses flancs et son ventre sont blanc argenté. Les côtés de la tête sont dorés. L'alose feinte se caractérise par une rangée de 6 ou 7 taches foncées sur le haut de son dos.

La **grande alose** *(Alosa alosa)* atteint une longueur maximale de 70 cm. Son dos est bleu foncé et ses flancs blanc argenté. La grande alose a parfois une tache foncée derrière les ouïes. Elle est rare en Europe du Nord.

Le **mattowacca** *(Alosa mediocris)* atteint une longueur maximale de 60 cm. Il habite l'Atlantique, du Maine à la Floride. Son dos est vert grisâtre et ses flancs argentés. Cinq taches foncées ornent le haut de son dos.

Le **gaspareau** (ou gasparot, *Alosa pseudoharengus*) mesure habituellement de 25 à 30 cm de long et peut atteindre une longueur maximale de 38 cm. Son dos est vert grisâtre et ses flancs argentés. Une tache foncée orne le haut de son dos près des ouïes.

ACHAT ◆ L'alose est surtout commercialisée en filets.

CUISSON ◆ Quand on pêche soi-même l'alose, si on est peu habitué à lever les filets, on choisira de cuire l'alose entière. Si la cuisson est courte, les arêtes restent attachées à l'arête centrale.

UTILISATION ◆ L'alose est souvent apprêtée avec des ingrédients à haute teneur en acide telles l'oseille, la rhubarbe et les groseilles à maquereau, qui en facilitent la digestion et amollissent les arêtes. Elle peut remplacer le hareng et le maquereau dans la plupart des recettes. Cuisiner l'alose le plus tôt possible, car elle s'avarie rapidement.

VALEUR NUTRITIVE	
L'alose contient	
Protéines	17 g
Matières grasses	14 g
197 calories/100 g	

AMANDE

Prunus amygdalus ou *dulcis*, **Rosacées**
Nom anglais : *almond*

HISTORIQUE ◆ Fruit de l'amandier, un arbre qui serait originaire d'Afrique du Nord ou d'Asie. L'amande est appréciée depuis la plus haute antiquité. Elle est mentionnée dans les anciens écrits, notamment dans la Bible et l'Ancien Testament. Les premiers à la cultiver semblent avoir été les Grecs. Les Romains nommeront d'ailleurs l'amande la « noix grecque ». L'amande servit à des fins autant alimentaires que médicales.

L'amandier mesure généralement de 6 à 9 m de haut. Il ressemble beaucoup au pêcher, un arbre de la même famille. Son fruit est sec cependant, alors que la pêche est charnue. Très sensible au froid, l'amandier pousse dans les régions au climat méditerranéen. On le cultive notamment en Europe, en Amérique du Sud, en Californie et en Australie.

L'amande est composée d'une graine ovale (amande) de couleur blanchâtre. Recouverte d'une mince pellicule brunâtre, cette graine est nichée dans une coque plus ou moins dure selon les variétés (il y en a plusieurs centaines). Cette coque est couverte d'une enveloppe fibreuse et coriace, le brou, de couleur verte, qui éclate à maturité. Habituellement seule dans sa coque, l'amande peut avoir une sœur jumelle ; on parle alors d'amandes philippines. Les amandes se divisent en 2 groupes, les amandes amères et les amandes douces :

Amande amère *(P. amygdalus* var. *amara)*. L'amande amère ressemble à l'amande douce mais sa composition est différente. Elle renferme diverses substances plus ou moins toxiques, dont l'acide cyanhydrique, responsable de l'amertume. On en extrait une huile essentielle que l'on traite pour éliminer les éléments toxiques lorsqu'on la destine à des fins alimentaires. Cette huile incolore sert d'agent aromatisant (essence d'amande).

———————

Amande douce *(P. amygdalus* var. *dulcis)*. C'est l'amande comestible que l'on connaît bien. On la mange le plus souvent séchée, mais elle est comestible fraîche, lorsqu'elle est de couleur verte et que sa coque est ferme mais encore tendre.

ACHAT ◆ Les amandes sont vendues sous plusieurs formes : écalées ou non, émincées ou coupées en bâtonnets, moulues, nature, rôties, avec ou sans leur pellicule brune, salées, fumées. Les amandes non écalées étant protégées par leurs coquilles, elles se conservent plus longtemps sans rancir. Choisir des amandes avec des coques intactes. Préférer les amandes écalées conservées sous vide dans des pots en verre, des boîtes de conserve ou des sacs scellés, car ces contenants assurent un maximum de fraîcheur. Les acheter dans un magasin où le roulement est rapide.

PRÉPARATION ◆ On peut facilement monder les amandes (enlever la pellicule brune qui les recouvre) après les avoir blanchies. Mettre les amandes dans un bol, les recouvrir d'eau bouillante, couvrir le bol et laisser les amandes tremper 2 à 3 minutes, jusqu'à ce que leur pellicule gonfle. Égoutter les amandes, les passer sous l'eau froide pour arrêter l'effet de la chaleur, retirer les pellicules, puis sécher ou rôtir les amandes. Les amandes peuvent être rôties à sec ou à l'huile, au four ou sur un élément de la cuisinière. On peut rôtir les amandes entières, en morceaux, tranchées ou moulues, mondées ou non.

VALEUR NUTRITIVE	
L'amande douce séchée et non blanchie contient	
Eau	4,4 %
Protéines	9,9 g
Matières grasses	26 g
Glucides	10,2 g
Fibres	3,4 g
295 calories/50 g	

L'amande douce est nourrissante. Les matières grasses sont composées à 86 % d'acides non saturés (65 % d'acides monoinsaturés et 21 % d'acides polyinsaturés, voir Huile). L'amande est une excellente source de magnésium et de potassium, une bonne source de phosphore, de riboflavine, de cuivre, de niacine et de zinc ; elle contient de la folacine, du fer, du calcium et de la thiamine ainsi que des traces d'acide pantothénique.

- **Rôtir au four à sec.** Chauffer le four à 175 °C. Étaler les amandes sur une tôle à biscuits, les enfourner, les brasser de temps en temps jusqu'à ce qu'elles soient rôties uniformément. Le temps de cuisson dépend de la chaleur du four et du format des amandes.

  Sortir les amandes du four et les mettre dans un autre récipient pour qu'elles refroidissent.

- **Rôtir au four à l'huile.** Chauffer le four (100 à 140 °C). Étaler les amandes sur une tôle à biscuits, les enduire d'huile (15 ml par 250 g [1 cuillerée à soupe]), les enfourner et les remuer de temps en temps. Sortir les amandes du four lorsqu'elles sont rôties uniformément et les étendre sur un papier absorbant.

- **Rôtir dans un poêlon.** Rôtir les amandes avec un peu d'huile ou à sec si le poêlon a un revêtement antiadhésif. Chauffer à feu moyen et brasser les amandes continuellement.

UTILISATION ◆ L'utilisation des amandes est variée, car leur saveur douce se marie avec presque tous les aliments. On met les amandes dans une multitude de plats, tant salés que sucrés, en particulier dans les céréales, les potages, les salades, les gâteaux, les biscuits, les pâtisseries, la crème glacée et les bonbons. Elles accompagnent pâtes alimentaires, fruits de mer, volaille, tofu, poisson (à la meunière). Elles servent de substitut à la viande. Les amandes sont souvent mangées en collation ou servies en amuse-gueule, seules ou mélangées avec des fruits déshydratés, des graines et d'autres noix. Elles se marient particulièrement bien avec les dattes, le café et le chocolat. Moulues, les amandes se transforment en beurre crémeux qu'on emploie comme le beurre d'arachide, mais qui a une saveur beaucoup plus douce. Lorsqu'on lui incorpore du lait (ou de l'eau), cette préparation devient un lait d'amande qui sert à cuisiner divers mets. Ce lait est à la base de l'orgeat, un sirop rafraîchissant aromatisé à la fleur d'oranger. Moulues à sec, les amandes sont incorporées aux farces ou sont cuisinées en desserts variés. Dans certaines recettes, la poudre d'amande remplace la farine. Elle donne de délicieux gâteaux à la riche texture.

Parmi les nombreuses gâteries fabriquées avec les amandes se trouvent les dragées et les pralines (des amandes enrobées de sucre caramélisé), le nougat, le chocolat et le massepain (une petite pâtisserie à base d'amandes pilées). On tire des amandes douces une huile comestible. Cette huile, qui ne doit pas chauffer, est surtout utilisée dans les salades. Elle a aussi des usages non alimentaires, elle est employée notamment en pharmacologie, en cosmétologie et en massothérapie. L'essence d'amande aromatise de nombreux aliments, par exemple gâteaux, biscuits, flans, tartes, puddings et boissons. Elle aromatise également cette délicieuse liqueur qu'est l'amaretto.

CONSERVATION ◆ Conserver les amandes dans un récipient hermétique à l'abri du soleil et de l'humidité. Les amandes se congèlent dans leurs écales ou écalées.

AMARANTE

Amaranthus spp, **Amarantacées**
Nom anglais : *green amaranth*
Autre nom : *Inca wheat*

 HISTORIQUE ◆ Plante herbacée annuelle dont les feuilles rugueuses et les graines minuscules sont comestibles. L'amarante est surtout connue aujourd'hui comme plante ornementale, mais il n'en fut pas toujours ainsi. Au Mexique d'avant la Conquête, les Aztèques en faisaient la culture intensive ; plus de 10 000 acres lui étaient consacrés. L'amarante servait à des rites religieux, elle constituait un aliment de base, et les paysans étaient tenus de payer tribut avec une partie de leurs récoltes. Le conquistador Cortés fit détruire les champs et interdit la culture de l'amarante, coupant même les mains aux récalcitrants ou leur imposant la peine de mort. Ces mesures extrêmes réussirent et l'amarante disparut des tables pendant des siècles. Cette plante a été remise à l'honneur récemment à cause de sa grande valeur nutritive et de sa facilité d'adaptation à différents environnements ; elle résiste notamment à la sécheresse.

L'amarante serait originaire d'Amérique centrale. Cette plante aux feuilles d'un rouge flamboyant peut atteindre de 30 à 90 cm de haut. Ses petites fleurs rouges forment des épis serrés. Des graines de la grosseur d'une tête d'épingle sont enfermées dans des capsules individuelles disposées en épis

VALEUR NUTRITIVE	
Les graines d'amarante contiennent	
Eau	9,8 %
Protéines	10,8 g
Matières grasses	4,9 g
Glucides	49,6 g
Fibres	11,4 g
280 calories/75 g	
(variété cœur pourpre)	

L'amarante contient plus de protéines que la plupart des céréales, et ses protéines sont de meilleure qualité car ses acides aminés sont plus équilibrés. La lysine notamment est plus abondante, ainsi que la méthionine et le tryptophane. C'est un aliment qui complète bien les céréales, les légumineuses, les noix et les graines (voir Théorie de la

compacts. Un plant peut produire jusqu'à un demi-million de graines. Il en existe plusieurs variétés, dont seules les variétés à graines blanches sont cultivées comme aliment. Comme le sarrasin et le quinoa, l'amarante est une pseudo-céréale.

complémentarité). L'amarante est une excellente source de magnésium, de fer, de phosphore, de cuivre et de zinc et une bonne source de potassium et de folacine; elle contient de l'acide pantothénique, du calcium, de la riboflavine, de la vitamine B$_6$, de la vitamine C, de la thiamine et de la niacine. Elle contient deux fois plus de fer et quatre fois plus de calcium que le blé durum.

UTILISATION ◆ Les feuilles d'amarante sont utilisées comme l'épinard, qu'elles peuvent remplacer agréablement. Les grains peuvent être cuits tels quels (une trentaine de minutes dans 2 à 3 parties d'eau par partie d'amarante) et sont mangés comme céréale. Ils n'éclatent pas à la cuisson ni ne collent; leur saveur est légèrement épicée. On peut les souffler, les faire germer ou les moudre en farine. La farine d'amarante rend les pâtisseries plus humides et plus sucrées. Elle ne contient pas de gluten, aussi ne lève-t-elle pas à la cuisson. On l'utilise telle quelle pour préparer biscuits, crêpes ou gaufres notamment, mais il est nécessaire de la combiner à de la farine de blé pour confectionner pains et gâteaux levés. La saveur délicate du blé ne camoufle pas celle de l'amarante et la richesse en protéines de cette dernière augmente la valeur nutritive du blé.

CONSERVATION ◆ La farine d'amarante se conserve plus longtemps que la farine de blé. La ranger dans un contenant opaque à l'abri des insectes et des rongeurs, dans un endroit frais et sec. Les graines se conservent de la même façon. Les feuilles se conservent quelques jours au réfrigérateur ou se congèlent comme l'épinard.

ANANAS

Ananas comosus, **Broméliacées**
Nom anglais : *pineapple*

HISTORIQUE ◆ Fruit d'une plante herbacée originaire d'Amérique tropicale et subtropicale, probablement du Brésil. L'ananas appartient à la grande famille des Broméliacées, une famille qui comprend 50 genres et environ 2 600 espèces. Plusieurs de ces plantes poussent sur les arbres. L'ananas est le seul membre de la famille à produire des fruits comestibles. L'ananas est cultivé en Amérique du Sud et dans les Antilles depuis les temps anciens. Christophe Colomb découvrit ce fruit lors de son voyage en Guadeloupe en 1493. Il l'introduisit en Europe, où l'on tenta avec plus ou moins de succès de le cultiver en serre. Les Portugais et les Espagnols implantèrent l'ananas dans leurs colonies asiatiques. Vers 1800, on commença à cultiver commercialement l'ananas aux Açores, aux îles Canaries et à Hawaii. La Thaïlande et les Philippines sont aujourd'hui les plus importants producteurs. Le commerce de l'ananas resta longtemps marginal parce que ce fruit très fragile voyage mal, surtout lorsqu'il est mûr. Son essor est venu avec l'invention de la réfrigération et le développement des transports rapides. L'ananas est maintenant cultivé dans à peu près tous les pays tropicaux, non seulement en Amérique du Sud, en Amérique centrale et dans les Caraïbes, mais aussi au Mexique, en Australie, dans les îles du Pacifique et dans plusieurs pays d'Asie et d'Afrique. Le mot «ananas» est dérivé de *nanament*, qui signifie «fruit exquis» dans la langue parlée par les indiens Guarani. Les

Espagnols nommèrent ce fruit *piña* parce qu'il ressemble à une pomme de pin. La langue anglaise a également choisi cette référence en nommant le fruit *pineapple*. L'ananas pousse sur une plante herbacée vivace et produit un seul ananas la première année. Par la suite, on ne récolte les fruits que pendant 2 ou 3 ans, après quoi ils sont trop petits.

La plante mesure environ 1 m de haut et 1,2 m de large. Ses longues feuilles rigides et effilées ont des extrémités garnies d'aiguillons. Les fleurs pourpres, au nombre d'une centaine, s'épanouissent alternativement de bas en haut dans un motif en spirale. Elles fusionnent sans être fécondées et forment un seul fruit. Ce fruit est prêt à être cueilli entre 18 et 22 mois après la plantation. L'ananas est en réalité un amalgame de fruits individuels, des «yeux» soudés ensemble. Il est dépourvu de graines. Son épaisse écorce à motif d'écailles prend des teintes de jaune, de vert, de brun verdâtre ou de brun rougeâtre. Sa chair jaunâtre est fibreuse, juteuse et sucrée. Cette chair savoureuse est plus tendre, plus sucrée et plus colorée à la base du fruit. L'ananas est un fruit oblong dont le poids peut varier entre 1 et 4 kg. Son sommet est orné d'une touffe de feuilles semblables à des feuilles de cactus, d'un bleu-vert. Cette touffe de feuilles, qui peut servir à la reproduction, peut aussi devenir une plante d'intérieur. Couper la tête de l'ananas en laissant 1 cm de chair. Laisser cette partie sécher à l'air ambiant 48 heures. Déposer cette couronne dans un pot, couvrir de terre la partie séchée et parsemer un peu de terre à la base des bractées. Tenir le sol légèrement humide jusqu'à l'apparition de nouvelles feuilles puis arroser un peu plus.

Il existe de nombreuses variétés d'ananas dont quatre sont particulièrement importantes du point de vue commercial, soit :

• la **Cayenne**: un ananas de grosse taille à la chair jaune doré. Cette chair ferme et fibreuse est juteuse, acide et très sucrée ; c'est la variété la plus répandue ;

• la **Queen**: un ananas de petite taille à la chair jaune. Cette chair, plus ferme que celle de la variété Cayenne, est un peu moins juteuse, moins acide et moins sucrée ;

• la **Red Spanish**: un ananas de taille moyenne avec une écorce pourpre (d'où son nom) et une chair pâle. Cette chair acidulée et légèrement fibreuse est très parfumée ;

• la **Pernambuco**: un ananas à chair jaunâtre ou blanchâtre. Cette chair tendre et sucrée est modérément acide.

La mise en conserve de l'ananas constitue une industrie florissante. Certaines variétés s'y prêtent mieux que d'autres, notamment la Cayenne, réputée pour sa fermeté. Avec les sous-produits de l'ananas – la peau, le cœur et les extrémités – on fait de la compote, de l'alcool, du vinaigre et de la nourriture pour le bétail.

ACHAT ◆ Choisir un ananas lourd pour sa taille, qui dégage un parfum agréable et dont l'écorce est exempte de taches, de moisissures et de parties détrempées. Les feuilles du dessus doivent être d'un beau vert. Frapper légèrement l'ananas avec la paume de la main ; un son sourd annonce un fruit mûr alors qu'un son creux révèle qu'il manque de jus. Une odeur trop tenace est signe de fermentation. Des «yeux» noircis et des feuilles jaunies indiquent un manque de fraîcheur. Le moment de la cueillette est particulièrement important pour l'ananas, car sa teneur en sucre n'augmente plus une fois qu'il est récolté et il ne peut plus atteindre à la pleine saveur. Dans plusieurs pays, on vend deux catégories d'ananas, une qui est cueillie avant maturité afin de supporter le transport et les délais de mise en marché, l'autre qui est cueillie plus mûre et est mise en vente plus rapidement et à un prix plus élevé.

PRÉPARATION ◆ Pour être comestible, l'ananas doit être débarrassé de son écorce selon un choix de techniques :

- trancher les deux extrémités puis couper l'écorce le plus mince possible, de haut en bas. Retirer les «yeux» qui restent en creusant autour avec la pointe d'un couteau. Tailler l'ananas en tranches puis, si désiré, en cubes ou en dés. Il n'est pas nécessaire d'enlever le cœur si l'ananas est très mûr ;

- trancher les deux extrémités puis couper l'ananas en deux dans le sens de la hauteur. Séparer ensuite la chair de l'écorce avec un long couteau, enlever si désiré le cœur, puis tailler la chair. On peut également garder l'ananas intact et ne couper que le haut, puis on l'évide avec un couteau. Après avoir ainsi détaché la chair, on peut la remettre dans le fruit ;

- on peut aussi se servir d'un appareil cylindrique pour séparer la peau de la chair d'un seul coup. Cet appareil ne s'ajuste pas à la grosseur de l'ananas et cela occasionne donc une perte de chair plus ou moins importante. L'ananas perd du jus lorsqu'il est pelé et coupé. On peut récupérer ce jus en coupant le fruit dans une assiette creuse, par exemple.

UTILISATION ◆ L'ananas est excellent nature ou arrosé de rhum ou de kirsch. Il peut s'apprêter de diverses façons, tant cru que cuit, déshydraté, confit ou en jus. On le met notamment dans les sauces, les tartes, les gâteaux, les salades de fruits, le yogourt, la crème glacée, les sorbets, les bonbons et les punchs. Le gâteau renversé à l'ananas est une recette classique en Amérique du Nord. L'ananas accompagne souvent des mets salés. Il apparaît fréquemment dans des plats aigres-doux, en compagnie de fruits de mer, de canard, de poulet ou de porc. Le jambon à l'ananas est un apprêt classique au Canada et aux États-Unis. L'ananas se marie bien avec le fromage cottage, le riz et les salades de chou, de poulet ou de crevettes. L'ananas déshydraté peut être utilisé tel quel ou après avoir trempé dans de l'eau, du jus ou de l'alcool.

CONSERVATION ◆ L'ananas est très fragile. Il est sensible aux chocs, fermente facilement lorsqu'il est laissé à la température ambiante, et il se gâte à des températures inférieures à 7 °C. Le consommer le plus tôt possible. L'ananas se conserve à la température de la pièce 1 jour ou 2, ou au réfrigérateur de 3 à 5 jours. Il devient un peu moins acide mais pas plus sucré lorsqu'on le laisse à la température de la pièce. Le surveiller pour éviter qu'il ne s'altère et ne devienne immangeable. Mettre l'ananas réfrigéré dans un sac

VALEUR NUTRITIVE	
L'ananas contient	
Eau	87 %
Protéines	0,4 g
Matières grasses	0,5 g
Glucides	12 g
Fibres	0,5 g
50 calories/100 g	

Il contient de la vitamine C, du potassium, du magnésium et de la folacine. Il renferme aussi des traces de niacine, de phosphore et de calcium. On dit l'ananas diurétique, stomachique et désintoxicant. Comme le kiwi, l'ananas contient de la broméline, une enzyme qui a plusieurs propriétés lorsqu'elle vient en contact avec l'air. Elle digère les protéines, facilite la digestion, attendrit la viande, empêche la gélatine de prendre, fait «tourner» le lait (pas le yogourt cependant ni la crème glacée) et amollit les salades de fruits (sauf si l'ananas est ajouté au dernier moment). La cuisson fait disparaître ces propriétés, de sorte que l'ananas en conserve peut être utilisé avec la gélatine et dans les salades de fruits sans effets indésirables.

de plastique perforé. Le sortir une quinzaine de minutes avant de le consommer pour qu'il soit plus savoureux. Conserver l'ananas coupé au réfrigérateur. Le recouvrir de liquide et le mettre dans un contenant hermétique. Il se conservera plusieurs jours. L'ananas coupé peut se congeler, mais il perd de la saveur.

ANCHOIS

Engraulis encrasicholus, **Clupéidés**
Nom anglais : *anchovy*

HISTORIQUE ♦ L'anchois est un petit poisson au corps et à la tête comprimés latéralement. Il fait partie d'une famille qui contient 9 genres et plus de 80 espèces, comprenant notamment la sardine, le hareng et le sprat. L'anchois préfère les eaux chaudes et il est courant dans la Méditerranée, mais il habite aussi d'autres mers, dont le Pacifique. Du temps des Romains, l'anchois était un important ingrédient du *garum*, un condiment liquide semblable à la sauce de poissons des cuisines orientales, notamment au *nuoc mam* des Vietnamiens. La fabrication du *garum* se faisait dans des usines. On salait abondamment des anchois, divers autres poissons, dont des sprats et des maquereaux, et les entrailles de gros poissons, tel le thon. On ajoutait parfois des crevettes, des huîtres et des oursins. On laissait la préparation fermenter au soleil de 2 à 3 mois, puis le liquide foncé qui s'était formé était égoutté et mis dans de petites bouteilles.

L'anchois a des yeux proéminents, une bouche largement fendue et une mâchoire supérieure très avancée qui se termine par un museau arrondi. Son dos est bleu-noir ou gris, ses flancs et son ventre sont argentés. Ses flancs sont parfois ornés d'une bande argentée. L'anchois mesure de 12 à 20 cm de long ; il en faut habituellement 20 pour obtenir 1 kg.

ACHAT ♦ Très périssable, ce poisson est rarement vendu frais. Il est habituellement saumuré ou mis en conserve, entier ou en filets, mariné, salé ou fumé. Il est parfois congelé ou déshydraté. Il est aussi commercialisé en pâte, en beurre ou sous forme d'essence.

VALEUR NUTRITIVE	
L'anchois en conserve dans l'huile contient	
Protéines	29 g
Matières grasses	10 g
210 calories/100 g	
Il est gras et calorifique.	

PRÉPARATION ♦ Pour dessaler l'anchois, le passer délicatement sous l'eau froide. Il sera plus savoureux s'il a macéré de 30 à 90 minutes dans du lait, du vin sec ou du vinaigre de vin.

UTILISATION ♦ L'anchois est apprécié depuis fort longtemps des peuples méditerranéens, qui l'intègrent dans plusieurs mets (pissaladière, tapenade, anchoïade, salade). Son essence parfume potages et sauces. Le beurre et la pâte sont utilisés notamment pour badigeonner la viande et le poisson avant la cuisson et pour tartiner du pain bis.

ANDOUILLE

Nom anglais : *chitterling*

HISTORIQUE ◆ L'andouille est une charcuterie cuite à base d'intestins de porc ou de veau, dans laquelle on ajoute souvent la tête, le cœur, la poitrine, la gorge et la panse de l'animal. Les boyaux sont coupés en lanières, puis mis dans une partie du gros intestin. L'andouille est ficelée, puis séchée et fumée à froid. Elle peut aussi être d'abord fumée, puis ficelée et bouillie dans de l'eau, du bouillon ou du lait. L'andouille mesure de 25 à 30 cm de long et l'andouillette, qui est une petite andouille, de 10 à 15 cm. L'andouillette est parfois enrobée de chapelure, de gelée ou de saindoux.

UTILISATION ◆ L'andouille se mange froide, habituellement coupée en fines rondelles. L'andouillette se mange grillée ou poêlée, traditionnellement accompagnée de légumineuses, de choucroute, de chou rouge ou de frites, ce qui en fait un mets lourd à digérer.

CONSERVATION ◆ Cette charcuterie se conserve au réfrigérateur.

VALEUR NUTRITIVE	
L'andouille mijotée contient	
Protéines	10 g
Matières grasses	29 g
Cholestérol	143 g
303 calories/100 g	
Elle est très grasse et calorifique.	

ANETH

Anethum graveolens, **Ombellifères**
Autres noms : *aneth odorant, fenouil bâtard, fenouil puant*
Nom anglais : *dill*
Autre nom : *aneth*

HISTORIQUE ◆ Plante aromatique annuelle originaire de l'Europe méridionale et de l'Asie occidentale. L'aneth est apparenté au fenouil, avec lequel il est facilement confondu car il lui ressemble. Son nom est d'ailleurs dérivé du grec *anethon* signifiant «fenouil». Les fleurs jaunâtres de ces deux plantes sont similaires, tout comme leurs feuilles filiformes qui se terminent en ombelles. L'aneth est un aromate particulièrement apprécié en Scandinavie, en Russie, en Europe centrale et en Afrique du Nord. L'aneth est consommé depuis les temps les plus reculés. On en trouve mention dans d'anciens textes égyptiens. Il est cité dans la Bible. Dans l'Europe médiévale, l'aneth était reconnu pour ses propriétés médicinales, notamment pour soulager les coliques et la flatulence. On l'utilisait également comme charme contre les sorcières.

La racine de l'aneth donne rarement naissance à plus d'une tige, contrairement au fenouil qui en a plusieurs. La plante peut atteindre 60 cm de hauteur. Ses graines ressemblent à de petites pastilles striées et aplaties, bordées de minces ailes (celles du fenouil sont ovoïdes). Leur odeur douce et piquante évoque à la fois celles du fenouil, du carvi et de la menthe. Les fruits matures sont toxiques pour les oiseaux, qui évitent alors de les toucher.

ACHAT ♦ À l'achat de l'aneth frais, ne pas s'inquiéter si les feuilles sont molles, elles s'affaissent rapidement.

UTILISATION ♦ Les graines d'aneth aromatisent divers aliments, notamment vinaigres, soupes, poisson, cornichons, marinades, gâteaux et bonbons. L'aneth se marie particulièrement bien avec la tomate, le céleri-rave, la betterave, le concombre, le chou, la crème fraîche, la crème sure, les sauces blanches, le beurre fondu, les vinaigrettes, les pâtes alimentaires, les haricots secs, les œufs, les ragoûts, les fruits de mer et le poisson. Les feuilles, au goût plus léger, ne doivent pas bouillir (même séchées) car leur saveur disparaît. Les ajouter à la toute fin de la cuisson.

VALEUR NUTRITIVE	
Les graines d'aneth séchées contiennent	
Fibres	0,4 g
Potassium	25 mg
Calcium	32 mg
Magnésium	5 mg
Zinc/5ml (2 g)	0,11 mg

L'aneth a des propriétés médicinales ; on le dit notamment diurétique, carminatif, antispasmodique et légèrement stimulant. Toute la plante peut être infusée après avoir bouilli 2 ou 3 minutes (15 ml par tasse d'eau [1 cuillerée à soupe]).

CONSERVATION ♦ L'aneth frais est fragile, il se conserve environ 2 jours. Placer les tiges dans un bol d'eau ou envelopper les feuilles dans un papier légèrement humide, puis les réfrigérer. Il est préférable de congeler l'aneth frais au lieu de le déshydrater, il conserve ainsi plus de saveur. L'aneth supporte la déshydratation au four à micro-ondes : le sécher 2 minutes à la chaleur maximum *(High)*. Placer les graines séchées dans un contenant hermétique et les conserver dans un endroit sombre, frais et sec.

ANGÉLIQUE

Angelica spp, **Ombellifères**
Diverses espèces : *angélique officinale* (A. archangelica),
angélique sylvestre ou sauvage (A. sylvestris), *angélique américaine* (A. atropurpurea)
Nom anglais : *angelica*

HISTORIQUE ♦ Plante aromatique géante abondante dans le nord de l'Europe, d'où elle serait originaire. Une espèce voisine pousse dans la partie nordique du continent américain ; elle varie légèrement de forme mais a des propriétés similaires. L'angélique est beaucoup plus utilisée en Europe qu'en Amérique du Nord.

L'angélique ressemble un peu au céleri. Elle atteint de 30 cm à 2 m de hauteur ; plus elle est haute, plus elle est savoureuse. Ses grosses tiges violacées sont creuses. Ses grandes feuilles décoratives d'un beau vert émeraude sont découpées en dents de scie. Ses nombreuses petites fleurs blanchâtres ou jaune verdâtre forment de très larges ombelles comptant de 30 à 40 rayons. La plante est bisannuelle en ce sens que sa floraison s'effectue habituellement au bout de 2 ans. Elle dégage une odeur caractéristique, chaude et musquée.

UTILISATION ♦ L'angélique est très utilisée en pâtisserie où ses tiges confites aromatisent ou décorent principalement gâteaux, pains d'épice, puddings et soufflés. Elle peut assaisonner le poisson ou aromatiser le vinaigre. Mise à cuire avec des fruits acides, elle les rend plus sucrés. Les liquoristes se servent de son huile essentielle ou de ses

VALEUR NUTRITIVE
On dit l'angélique expectorante et carminative. On l'emploie contre l'asthme, la bronchite chronique, la toux des fumeurs et les rhumatismes. On peut en faire un excellent rince-bouche.

tiges macérées dans de l'alcool pour confectionner diverses boissons alcoolisées tels la chartreuse, le gin et le ratafia. L'angélique se prépare en tisane ; mettre 15 ml de racines (1 cuillerée à soupe) par tasse d'eau et faire bouillir 5 minutes ou mettre 15 ml de feuilles et de graines (1 cuillerée à soupe), faire bouillir 5 minutes, puis laisser infuser 10 minutes.

ANGUILLE

Anguilla spp, **Anguillidés**
Nom anglais : *eel*

HISTORIQUE ◆ L'anguille a un corps cylindrique recouvert d'écailles obliques coupantes. Ce poisson qui ressemble à un serpent peut mesurer jusqu'à 150 cm de long et peser plus de 4 kg (le mâle est plus petit que la femelle). Il existe une quinzaine d'espèces d'anguilles réparties dans plusieurs mers. On ne retrouve que l'anguille commune en Amérique du Nord *(Anguilla rostrata)*. L'anguille est courante près des côtes européennes, australiennes et néo-zélandaises. Elle est particulièrement appréciée en Europe et au Japon. L'anguille a une petite tête, de fortes mâchoires et des dents pointues, ce qui la distingue de la lamproie avec laquelle elle est souvent confondue. Sa couleur varie selon l'âge et l'habitat. Ses nageoires dorsale, caudale et anale forment une unique nageoire continue qui recouvre toute la moitié du corps.

L'anguille possède un cycle de vie passablement différent de celui des autres poissons, qui ne fut connu qu'au début du XXe siècle. Elle naît en mer, passe une grande partie de sa vie en eau douce et se reproduit en mer. L'anguille va frayer dans la mer des Sargasses, au large des côtes des Bermudes, dans les eaux tropicales de l'Atlantique. La femelle peut pondre jusqu'à 10 millions d'œufs. Les œufs deviennent des larves transparentes qui sont transportées par des courants ascendants. L'anguille prendra un an pour pénétrer les eaux douces du continent nord-américain et trois ans pour rejoindre les eaux douces européennes. L'anguille femelle vit de 10 à 15 ans en eau douce et l'anguille mâle de 8 à 10 ans. L'anguille femelle meurt après la ponte. Les anguilles naissent toutes femelles. Ce n'est qu'après quelque temps qu'un certain nombre d'entre elles changeront de sexe pour devenir mâles. À l'âge de 3 ans, l'anguille est appelée « civelle » ou « pibale ». Petite et savoureuse, elle est très appréciée ; il en faut près de 2 000 pour obtenir 1 kg. La chair de l'anguille est fine, ferme et grasse.

ACHAT ◆ L'anguille est commercialisée en filets, en tranches ou en morceaux, fraîche, fumée, marinée ou mise en conserve. Dans certains pays, elle est fréquemment conservée vivante dans des cuves d'eau courante jusqu'à la vente, car elle s'altère trop rapidement lorsqu'elle est morte.

PRÉPARATION ◆ Dépouiller l'anguille avant cuisson car sa peau est épaisse. On peut pocher l'anguille 1 ou

VALEUR NUTRITIVE	
L'anguille contient	
Protéines	18 g
Matières grasses	12 g
184 calories/100 g, crue	

Elle est riche en vitame A, en vitamine C et en matières grasses. On peut facilement dégraisser l'anguille, surtout lorsqu'elle est grosse, car une grande partie des matières grasses est logée entre la chair et la peau. Le sang de l'anguille est venimeux s'il est mis en contact avec des plaies. Il est cependant inoffensif après cuisson.

2 minutes dans de l'eau bouillante ou griller la peau, qui se boursoufle et s'enlève facilement.

UTILISATION ◆ L'anguille est souvent grillée, cuite au four, pochée, sautée ou cuisinée dans des ragoûts ou dans des soupes (matelote, bouillabaisse). Elle est excellente fumée. Éviter les apprêts qui augmentent sa teneur en matières grasses.

La chair de l'anguille étant ferme, la chaleur prend du temps pour la pénétrer. C'est une autre raison pour éviter de frire l'anguille car elle a tendance à brûler avant d'être cuite, surtout si elle pèse plus de 500 g. Si on désire absolument la frire, la pocher d'abord de 8 à 12 minutes dans de l'eau salée additionnée de 5 à 10 ml de jus de citron (1 à 2 cuillerées à café).

CONSERVATION ◆ L'anguille fraîche est très périssable et se conserve 1 ou 2 jours au réfrigérateur.

ANIS

Pimpinella anisum, **Ombellifères**
Autres noms : *anis vert, boucage, pimpinelle, petit anis, anis d'Europe*
Nom anglais : *anise*

 HISTORIQUE ◆ Plante aromatique annuelle originaire des pays de la Méditerranée orientale et d'Égypte, où elle pousse encore à l'état sauvage. L'anis est cité dans la Bible, et c'est une des plus anciennes épices consommées. Au Moyen-Âge, l'anis était utilisé comme drogue et comme aphrodisiaque. L'anis est particulièrement populaire en Europe, en Afrique du Nord et en Turquie. Il est cultivé intensivement dans le sud de la France.

La plante a des tiges creuses très ramifiées pouvant atteindre de 50 à 75 cm de haut. Les feuilles hautes sont plumeuses et bien découpées, tandis que les feuilles basses sont lobées. Les petites fleurs blanchâtres disposées en ombelles forment de nombreuses ombellules qui abritent les fruits, des graines dures à la saveur épicée légèrement sucrée. Ces graines vert brunâtre sont de forme ovale. Elles tombent très facilement lorsqu'elles sont mûres.

Une certaine confusion entoure cette épice du fait que plusieurs plantes possèdent à divers degrés sa saveur, soit le fenouil (parfois appelé « anis doux »), l'aneth, le carvi et le cumin (nommés « anis bâtards » ou « faux anis »). L'anis véritable provient d'une espèce appelée « anis vert » *(Pimpinella anisum)*. Comme les autres, il fait partie de la famille des Ombellifères, mais un arbuste de la famille des Magnoliacées produit un fruit appelé « badiane » ou « anis étoilé », qui a la même saveur et les mêmes propriétés.

Anis étoilé (**badiane** ou **anis de Chine**, *Illicium verum*). Le nom *Illicium*, qui signifie « appât » ou « attrait », vient de ce que l'anis étoilé était très utilisé au XVIᵉ siècle comme appât dans les pièges à souris. Le badanier est un arbre fortement ramifié qui mesure 8 m de haut. Originaire de Chine méridionale, il est très répandu en Asie centrale. Les feuilles lancéolées, brillantes et persistantes, ressemblent aux feuilles du laurier et du magnolia.

Les fleurs d'un jaune clair sont très aromatiques. Les fruits ligneux en forme d'étoile à 6 ou 8 branches sont d'un brun orangé. Chaque pointe des branches renferme une graine verte ovoïde striée longitudinalement. La saveur de ces graines est moins subtile que celle de l'anis vert, car elle est plus forte et plus poivrée. Un plat de taille considérable peut être parfumé par quelques graines seulement. L'anis étoilé conserve sa saveur plus longtemps que l'anis vert.

 ACHAT ◆ À moins d'utiliser l'anis à profusion, n'acheter qu'une petite quantité à la fois afin que les graines soient plus savoureuses.

UTILISATION ◆ Les feuilles, plus délicates que les graines, sont excellentes cuites ou crues. Elles assaisonnent salades, soupes, fromage à la crème, poisson, légumes et thé. Ce sont cependant les fruits (graines, étoiles) qui sont les plus employés. Ils assaisonnent aussi bien les mets sucrés que les mets salés. Ils aromatisent ou décorent compotes, gâteaux, biscuits, pains, salades, soupes, légumes, poisson et volaille. Les racines servent à la fabrication de vin. L'anis peut remplacer des épices telles la cannelle et la muscade dans les compotes, les gâteaux et les pains notamment. L'anis est très employé en confiserie (réglisse, bonbons) et en liquoristerie : le pastis et l'anisette (France),

VALEUR NUTRITIVE	
Les graines d'anis contiennent	
Potassium	30 mg
Calcium	14 mg
Phosphore	9 mg
Fer/5 ml (2 g)	0,78 mg

On dit l'anis diurétique, carminatif, digestif, antispasmodique, stomachique, expectorant et stimulant. On l'utilise pour tonifier le cœur, stimuler la digestion, combattre la flatulence et soulager la toux et l'asthme. Son huile essentielle contient de l'anéthol, une substance également présente dans le fenouil. En tisane, mettre 5 ml de graines écrasées (1 cuillerée à café), 4 à 5 étoiles ou quelques feuilles par tasse d'eau chaude, laisser bouillir 2 minutes puis infuser 10 minutes.

l'ouzo (Grèce) et le raki (Turquie) sont des boissons alcoolisées parfumées à l'anis. Cette épice est très utilisée dans les cuisines arabe et indienne. En Inde, l'anis est présent dans les currys et le garam masala. En Orient, l'anis étoilé assaisonne le porc, le poulet, le canard, le riz, le café et le thé.

ARACHIDE

Arachis hypogaea, **Légumineuses**
Autres noms ; *pistache de terre, cacahuète*
Nom anglais : *peanut*
Autres noms : *earthnut, goober, groundnut, monkey nut*

HISTORIQUE ◆ Fruit d'une plante annuelle dont on a longtemps cru qu'elle était originaire d'Amérique du Sud, possiblement du Brésil. La récente découverte en Chine d'arachides fossilisées vieilles de plus de 100 000 ans a remis cette théorie en question. L'arachide a longtemps occupé une place de choix dans l'alimentation des peuples d'Amérique du Sud. On en a retrouvé des vestiges dans des tombes incas. Les Portugais et les Espagnols découvrirent l'arachide lorsqu'ils colonisèrent l'Amérique. Ils devaient par la suite l'introduire en Afrique et aux Philippines. L'arachide gagna les États-Unis lors de la traite des esclaves africains. L'Inde et la Chine sont les deux plus importants pays producteurs. L'Afrique occidentale, l'Amérique du Sud et les États-Unis sont aussi de grands pays producteurs. On considère habituellement l'arachide comme une noix. C'est en fait une légumineuse appartenant à la même famille que les pois, les fèves et les haricots et pouvant être utilisée de la même façon. L'arachide est aussi appelée « cacahuète », de *tlacacahuatl*, le nom de cet aliment en nahuatl, la langue parlée par les Aztèques.

L'arachide préfère les climats tropicaux et subtropicaux, mais on arrive à la cultiver dans les régions tempérées. Elle pousse sur une plante grimpante ou buissonnante qui mesure 75 cm de haut. Curieusement, les tiges florales se courbent vers le sol après la pollinisation. Les fleurs jaunes s'enfouissent dans le sol à une profondeur de 3 à 8 cm et l'arachide se développe sous terre. Les gousses nervurées deviennent cassantes lorsqu'elles sont séchées. Elles mesurent habituellement de 3 à 4 cm de long et abritent de 1 à 6 graines d'un blanc jaunâtre, recouvertes d'une mince peau brunâtre comestible. La récolte s'effectue par l'arrachage de la plante entière, qui est laissée à sécher quelques jours dans les champs, après quoi les gousses sont retirées. Il existe une dizaine d'espèces d'arachides et de très nombreuses variétés.

 ACHAT ◆ L'arachide peut être contaminée par l'aflatoxine, une moisissure produite par l'*Aspergilus flavus*. Cette moisissure, invisible à l'œil nu, est soupçonnée d'être cancérigène pour l'être humain car elle a entraîné l'apparition de cancers chez des animaux de laboratoire. La plupart des aliments peuvent être contaminés par cette moisissure, mais l'arachide est particulièrement menacée car elle est exposée à la chaleur et à l'humidité. Les gouvernements ou les fabricants voient à la détection des arachides impropres à la consommation. Pour s'assurer de ne pas ingérer d'arachides contaminées, délaisser les arachides vieillies, tachées, noircies, rances ou moisies.

CUISSON ◆ L'arachide gonfle légèrement à la cuisson, demeure intacte et conserve une certaine fermeté, qu'elle perd cependant quand le mets est réchauffé. Pour que l'arachide reste croquante, ne l'ajouter, quand c'est possible, que dans la portion d'aliment qui sera consommée immédiatement. Son temps de cuisson est d'environ 30 minutes. L'arachide n'a pas besoin de tremper avant cuisson. La saveur de l'arachide cuite se rapproche plus de la saveur de la châtaigne d'eau que de celle des autres légumineuses.

UTILISATION ◆ L'arachide est laissée entière, pilée, moulue ou transformée en pâte. On la mange souvent grillée et salée, pelée ou non, en amuse-gueule ou en collation. Le beurre d'arachide – une excellente source de protéines – n'est pas une invention américaine, comme pourrait le faire croire l'importance de cet aliment en Amérique du Nord. Africains, Indiens d'Amérique du Sud et Indonésiens préparaient une pâte semblable il y a bien longtemps.

VALEUR NUTRITIVE

L'arachide crue contient

Eau	5,6 %
Protéines	13 g
Matières grasses	23,8 g
Glucides	9,3 g
Fibres	1,2 g
282 calories/50 g	

L'arachide est nourrissante car elle est riche en protéines, en matières grasses et en calories. Elle est une excellente source de thiamine, de niacine, de magnésium, de potassium, une bonne source d'acide pantothénique, de cuivre, de zinc, de phosphore et elle contient du fer ainsi que des traces de riboflavine et de calcium.

L'arachide rôtie à sec contient

Eau	1,4 %
Protéines	11,8 g
Matières grasses	24,8 g
Glucides	10,7 g
Fibres	3,9 g
293 calories/50 g	

Elle est une excellente source de magnésium, de niacine et de potassium et une bonne source de zinc, de cuivre, de thiamine, de phosphore ; elle contient de l'acide pantothénique, du fer et de la vitamine B_6 ainsi que des traces de folacine et de calcium. Elle est une source élevée de fibres.

Ses protéines sont dites incomplètes car elles sont déficientes en certains acides aminés (voir Théorie de la complémentarité). Ses matières grasses sont composées à 85,5 % d'acides non saturés dont 57 % d'acides monoinsaturés et 28,5 % d'acides polyinsaturés (voir Huile). L'arachide est souvent difficile à digérer, surtout lorsqu'elle est rôtie à l'huile. On peut acheter des arachides rôties à sec. Leur teneur en matières grasses n'est pas aussi élevée, mais elles contiennent souvent des additifs.

L'arachide occupe une place de choix dans la cuisine de ces pays, où elle accompagne viande, poisson et volaille et aromatise soupes, sauces, salades, plats mijotés et desserts. En Indonésie notamment, l'arachide est l'ingrédient de base de la **sauce satay**, une sauce piquante, et du **gado gado**, un plat de légumes assaisonnés d'une sauce contenant arachides, lait de coco et piments. Le monde occidental est plus familier avec les usages de l'arachide en friandises. Plusieurs centaines de produits, comprenant tablettes de chocolat, bonbons, gâteaux et amuse-gueule contiennent des arachides ou en sont ornés.

Cette graine oléagineuse donne une excellente huile de saveur neutre, capable de supporter de nombreuses fritures sans se dénaturer (voir Huile). Une grande portion des récoltes mondiales va à l'extraction de l'huile, notamment en Asie.

CONSERVATION ◆ L'arachide crue se détériore plus rapidement que l'arachide rôtie, aussi est-elle plus difficile à conserver et beaucoup plus rare sur le marché. La ranger au réfrigérateur dans un contenant hermétique. L'arachide rôtie se conserve à l'abri des insectes et des rongeurs dans un endroit frais et sec. L'arachide se congèle.

ARBOUSE

Arbustus unedo, **Ericacées**
Autres noms : *fraise en arbre, busserole*
Nom anglais : *arbutus berry*
Autre nom : *arbute*

HISTORIQUE ◆ Fruit de l'arbousier, un arbre originaire de la région méditerranéenne. L'arbousier mesure de 6 à 8 m de haut. Ses feuilles persistantes d'un vert intense sont lustrées et dentelées. Elles mesurent environ 9 cm de long. Ses fleurs blanches ou rosées ressemblent à de petits grelots. L'arbousier est parfois appelé « arbre aux fraises » ou « fraisier en arbre », car ses fruits ressemblent aux fraises. Cet arbre très décoratif est souvent cultivé pour son aspect ornemental depuis les temps anciens.

D'un rouge vif, l'arbouse ressemble à une grosse fraise qui aurait la chair de poule, sa peau étant légèrement granuleuse. L'arbouse mesure de 2 à 3 cm de diamètre. Sa chair jaunâtre contient de nombreuses graines comestibles. Farineuse et de saveur aigrelette, elle est un peu fade, surtout si elle est mangée crue. On dit l'arbouse diurétique, astringente et antiseptique.

UTILISATION ◆ L'arbouse est cuite en compote, en confiture ou en gelée.

On la met en conserve (que l'on peut se procurer dans diverses épiceries fines) ou on l'utilise en confiserie. On en fait de l'eau-de-vie, du vin et de la liqueur. En France, on nomme cette liqueur « crème d'arbouse ».

CONSERVATION ◆ Conserver l'arbouse au réfrigérateur.

ARROW-ROOT

Maranta arundinacea, **Marantacées**
Nom anglais : *arrowroot*

HISTORIQUE ◆ Fécule extraite originairement de la maranta, une racine tubéreuse probablement originaire d'Amérique du Sud. Le mot « arrow-root » en est venu graduellement à désigner aussi l'amidon tiré de diverses autres espèces de rhizomes, tel l'« arrow-root du Queensland » *(Canna edulis)*. Emprunté à l'anglais, ce mot signifie « racine *(root)* à flèche » *(arrow)*. Les étymologistes ne s'entendent pas sur son origine. Certains croient qu'il dérive de *araruta*, mot d'un dialecte indien signifiant « racine à farine » ; d'autres avancent qu'il fut inspiré par une pratique autochtone consistant à soigner les blessures des flèches empoisonnées avec cette substance ; d'autres enfin disent que c'est parce qu'on enduisait les flèches de certaines fécules faites à partir d'espèces vénéneuses. L'arrow-root est produit dans divers pays, notamment aux Antilles, en Australie, en Inde, en Asie du Sud-Est et en Afrique méridionale.

Les racines de la maranta mesurent de 20 à 30 cm de long et de 2,5 à 3 cm de diamètre. Ces rhizomes sont séchés, puis moulus, donnant une fine poudre blanche qu'on utilise de la même façon que la fécule de maïs ou la farine, qu'elle peut d'ailleurs remplacer. Il en faut presque deux fois moins que la farine pour obtenir le même résultat. Contrairement à la fécule de maïs, l'arrow-root laisse la transparence aux liquides clairs.

UTILISATION ◆ L'arrow-root épaissit soupes, sauces, puddings, crèmes et flans. Le délayer dans un peu de liquide froid avant de l'incorporer dans une préparation chaude. On le met dans les gâteaux et les biscuits, particulièrement les biscuits pour bébés.

CONSERVATION ◆ L'arrow-root se conserve à l'abri des insectes, à la température de la pièce.

VALEUR NUTRITIVE	
L'arrow-root contient	
Protéines	0,3 g
Matières grasses	0,1 g
Glucides	88,1 g
357 calories/100 g	
Il se digère aisément.	

ARTICHAUT

Cynara scolymus, **Composées**
Nom anglais : *artichoke*
Autres noms : *globe artichoke, French artichoke*

HISTORIQUE ◆ Capitule (regroupement de très nombreuses petites fleurs insérées les unes à côté des autres dans un réceptacle) d'une plante potagère originaire de la région méditerranéenne. L'artichaut fut un légume particulièrement apprécié des Grecs et des Romains. Il devint rare au Moyen-Âge, pendant lequel il acquit la réputation d'être aphrodisiaque. Il fut introduit en France par Catherine de Médicis, qui l'apporta de son Italie natale lorsqu'elle épousa le roi de France. L'artichaut est cultivé abondamment en Europe et dans le sud des États-Unis, notamment à Castroville, dans le sud de la Californie.

L'artichaut pousse sur une plante qui peut atteindre de 1 à 1,5 m de haut et dont les feuilles sont largement découpées. Il est comestible avant la floraison, c'est-à-dire avant l'apparition de fleurs violettes qui ressemblent à celles du chardon, un proche parent. Les parties comestibles sont le réceptacle (le fond) et la base charnue de ce que l'on prend pour des feuilles, mais qui sont en réalité des bractées. Le foin sur le fond, qui donne parfois naissance aux fleurs, ne se consomme pas. Il existe une quinzaine d'espèces d'artichaut, ce qui joue en ce qui concerne la forme (habituellement ronde et légèrement allongée) et la couleur (vert assez foncé tirant sur le bleu ou le violacé). L'artichaut préfère les climats chauds, où il est vivace ; ailleurs, il est souvent annuel.

ACHAT ◆ Choisir l'artichaut le plus compact et le plus lourd possible, avec des bractées charnues et serrées, d'un beau vert. À noter que la grosseur n'est pas un signe de qualité, car elle varie selon les variétés. Délaisser un artichaut dont les bractées sont décolorées, tachées ou étalées, car il manque de fraîcheur et sa saveur sera forte. On peut aussi acheter l'artichaut en conserve : il s'agit alors de cœurs d'artichaut prêts à manger, baignant dans de l'eau salée, de l'eau non salée ou de l'eau additionnée de vinaigre.

PRÉPARATION ◆ Pour laver l'artichaut, écarter les bractées afin de déloger les saletés. Éviter de toucher les extrémités, car elles se terminent par des piquants. On peut les enlever en coupant environ 1 cm de la tête. Si l'artichaut contient des insectes, le mettre à tremper dans de l'eau vinaigrée environ une demi-heure. Il est préférable de rompre la tige avec les mains au lieu de la couper avec un couteau, cela permet d'enlever quelques feuilles trop fibreuses. Égaliser ensuite la tige avec un couteau afin que l'artichaut puisse se tenir droit.

VALEUR NUTRITIVE
L'artichaut bouilli et égoutté contient

Eau	84 %
Protéines	3,5 g
Matières grasses	0,2 g
Glucides	11,2 g
50 calories/100 g	

Il est une excellente source de potassium et de magnésium et une bonne source de folacine ; il contient de la vitamine C, du cuivre, du fer, du phosphore, de la niacine, de la vitamine B_6, du zinc, de l'acide pantothénique et du calcium ainsi que des traces de vitamine A. Il contient de la cynarine, une substance qui stimule la sécrétion biliaire, de l'inuline, des tannins et des substances azotées. L'artichaut est reconnu pour posséder de nombreuses propriétés médicinales ; on le dit apéritif, dépuratif sanguin, reconstituant, antitoxique et diurétique ; il est excellent pour le foie. On obtient le maximum des effets thérapeutiques en laissant infuser les larges feuilles dentelées.

CUISSON ◆ On peut cuire l'artichaut de diverses façons, notamment au four, à l'eau ou à la vapeur. La cuisson à l'eau est la plus courante, mais elle a des désavantages (voir dans Légumes, *Cuisson à l'eau*) ; calculer de 20 à 35 minutes (cuire le moins longtemps possible pour éviter la perte de saveur et de valeur nutritive). Ne pas mettre trop d'eau et éviter d'ajouter du bicarbonate de soude ; cet élément alcalin rend l'artichaut d'un vert peu appétissant et diminue légèrement le contenu en vitamines. Éviter de cuire l'artichaut dans des casseroles en aluminium ou en fer, car il devient grisâtre au contact de ces métaux. Pour vérifier si l'artichaut est cuit, insérer la pointe d'un couteau dans le cœur ou retirer une bractée et y goûter. Avant de servir, égoutter l'artichaut quelques instants la tête en bas.

UTILISATION ◆ On peut manger l'artichaut cru, surtout s'il est jeune et bien frais. Cuit, on le consomme chaud, tiède ou froid. Retirer une à une les bractées et racler leur extrémité charnue avec les dents. Quand les bractées sont toutes enlevées, le cœur apparaît ; c'est la partie la plus charnue et la meilleure. Enlever le foin qui le recouvre avant de savourer le cœur. L'artichaut est souvent servi avec de la vinaigrette ou de la mayonnaise allégée, dans laquelle on trempe chaque bractée, puis le cœur. Fréquemment, le cœur seul est consommé; on le met notamment dans les salades et les hors-d'œuvre, on le farcit ou on le cuit au four. L'artichaut est délicieux arrosé de béchamel, de sauce hollandaise ou cuit à la niçoise.

CONSERVATION ◆ Placer l'artichaut au réfrigérateur sans le laver, il se conserve quelques jours. Le mettre dans un sac de plastique perforé. Ne pas le laisser longtemps à la température de la pièce lorsqu'il est cuit, car il se détériore rapidement.

ASPERGE

Asparagus officinalis, **Liliacées**
Nom anglais : *asparagus*

HISTORIQUE ◆ Plante potagère vivace dont l'origine est incertaine. On croit généralement qu'elle serait originaire de la région comprise entre l'est de la Méditerranée et l'Asie Mineure. L'asperge est consommée depuis plus de 2 000 ans. Elle fut d'abord appréciée pour ses vertus médicinales.

L'asperge est la jeune pousse qui apparaît au printemps lorsque la plante recommence à pousser. Appelée turion, elle est cueillie lorsqu'elle est jeune, tendre et charnue et que la tige mesure de 15 à 20 cm de haut. Sa tête est alors compacte. L'asperge n'est plus comestible à maturité, car la tige devient ligneuse et des feuilles non comestibles en forme de fougère se développent à partir de la tête. Il existe de 300 à 400 espèces d'asperges, dont une vingtaine seulement sont comestibles. Les asperges se divisent généralement en deux grands groupes, les asperges vertes et les asperges blanches. Les asperges blanches ont été cultivées à l'abri de la lumière et des rayons du soleil; on les recouvre de terre afin qu'elles ne verdissent pas. Elles sont plus tendres et de saveur plus délicate; leur coût est plus élevé, car leur culture nécessite un surcroît de travail.

ACHAT ◆ Choisir des asperges avec des tiges fermes et des têtes compactes, d'une belle couleur. Rechercher des asperges de même grosseur, car elles cuisent plus uniformément. Délaisser les asperges jaunâtres, avec des tiges molles et des têtes qui commencent à fleurir, car elles manquent de fraîcheur.

PRÉPARATION ◆ Avant de cuire l'asperge, rompre la tige en la pliant vers la base; elle devrait se casser à l'endroit où la tige devient fibreuse (on peut utiliser cette partie pour faire des potages si l'asperge n'est pas trop vieille). L'asperge n'a pas besoin d'être pelée. Bien la laver à l'eau froide pour la débarrasser du sable et de la terre. On peut même enlever les petites écailles sur la tige pour de meilleurs résultats.

VALEUR NUTRITIVE	
L'asperge crue contient	
Eau	92 %
Protéines	2,6 g
Matières grasses	0,3 g
Glucides	4,2 g
24 calories/100 g	

Elle est une excellente source de folacine et contient de la vitamine C, du potassium, de la thiamine, de la riboflavine, de la vitamine B$_6$, du cuivre, de la vitamine A, du fer, du phosphore et du zinc ainsi que des traces d'acide pantothénique. Son cheminement dans l'organisme ne passe pas incognito car l'asperge contient une substance sulfureuse qui « parfume » l'urine. L'asperge contient de l'asparagine, une substance acide qui lui confère sa saveur particulière et qui est diurétique. On dit aussi que l'asperge est laxative, reminéralisante et tonique.

CUISSON ◆ Éviter de trop cuire les asperges sinon elles ramollissent et perdent de la saveur, de la couleur et de la valeur nutritive. Une méthode traditionnelle de cuisson consiste à ficeler les asperges en bottes de 6 à 10 afin qu'elles ne s'endommagent pas. Placer les bottes debout dans une casserole étroite et haute, mettre environ 5 cm d'eau, couvrir et cuire de 5 à 10 minutes. Retirer les asperges dès que la cuisson est terminée. Arrêter la cuisson des asperges qui seront mangées froides en les plongeant immédiatement dans de l'eau froide. Ne pas les laisser tremper. On peut couper les asperges en tronçons de 2 cm et les cuire à la chinoise quelques minutes. On peut cuire les asperges non attachées en bottes dans très peu d'eau (2 cm), couvrir le poêlon et laisser mijoter quelques minutes. On peut aussi cuire les asperges non attachées dans le four à micro-ondes. Mettre très peu d'eau. Éviter de cuire les asperges dans une casserole en fer, car le tannin qu'elles contiennent en grande quantité réagit avec le fer, ce qui affecte leur couleur.

UTILISATION ◆ L'asperge peut se consommer crue, mais elle est plus souvent cuite. On la mange alors chaude ou froide. Elle est souvent servie arrosée de vinaigrette, d'un peu de beurre fondu et de jus de citron ou de mayonnaise légère. L'asperge ne sert pas uniquement de légume d'accompagnement, on la met aussi dans les salades, les potages, les quiches, les omelettes, les pâtes alimentaires. On la cuit à la chinoise, on la gratine. Elle est délicieuse nappée de sauce, particulièrement de sauce hollandaise.

CONSERVATION ◆ L'asperge est très fragile. La ranger au réfrigérateur, où elle se conservera 2 ou 3 jours. L'envelopper dans un linge humide pour prolonger sa fraîcheur, et la placer dans un sac de plastique perforé. L'asperge se congèle ; la blanchir 3 ou 4 minutes, selon la grosseur des tiges.

ASSA-FŒTIDA

Ferula assa-fœtida, **Ombellifères**
Autre nom : *férule*
Nom anglais : *asafœtida*
Autre nom : *hing*

HISTORIQUE ◆ Gomme résine provenant de la racine d'une plante vivace originaire d'Iran et d'Afghanistan. L'assa-fœtida est consommée depuis l'Antiquité. Il fut un temps où on la considérait comme une nourriture des dieux. Les Romains lui reconnaissaient la propriété de combattre la flatulence. L'assa-fœtida est surtout consommée en Asie. Elle pousse dans les régions désertiques rocailleuses ou sablonneuses d'Iran, d'Afghanistan et d'Asie centrale. Le mot *assa* serait la latinisation d'un mot persan signifiant « mastique » ou « gomme », tandis que *fœtida* signifie « fétide » en latin.

La plante ressemble au fenouil, une espèce de la même famille, avec ses fleurs en ombelles de couleur jaune. Sa racine charnue est surmontée d'une grosse tige mesurant de 1 à 2 m de haut. Toutes les parties de la plante contiennent un liquide laiteux qui se transforme en une substance résineuse cristalline d'un brun rougeâtre au contact de l'air.

On entaille habituellement la tige près de la racine. L'assa-fœtida a un goût amer prononcé et une odeur répugnante qui disparaissent à la cuisson.

 ACHAT ◆ L'assa-fœtida est vendue en granules ou moulue.

UTILISATION ◆ Très appréciée en Asie, l'assa-fœtida confère une saveur inégalable aux aliments. Elle aromatise notamment sauces, légumes, poisson, ragoûts et marinades. N'utiliser qu'une très petite quantité. En Iran et en Afghanistan, on consomme les feuilles et les tiges comme légume.

VALEUR NUTRITIVE	
L'assa-fœtida contient	
Huille essentielle	10 %
Résine	50 %
Gomme	25 %
On dit l'assa-fœtida antispasmodique, carminative, expectorante. Autrefois, on l'utilisait pour soigner jaunisse, bronchite, asthme, maladies nerveuses, maladies de l'estomac et tétanos.	

ASSAISONNEMENT AU CHILI

Noms anglais : *chili, chili powder, chilli*

HISTORIQUE ◆ Un mélange d'épices à base de piments déshydratés moulus. L'assaisonnement au chili peut contenir du poivre, du cumin, de l'origan, du paprika, du clou de girofle et de l'ail. Le piquant des piments employés détermine la force de l'aromate.

Le terme chili ou chile ne signifie pas que ces piments sont originaires de ce pays, ils proviennent en réalité du Mexique. *Chilli* est le mot que les Aztèques utilisaient pour désigner le piment.

ACHAT ◆ Acheter l'assaisonnement au chili dans un magasin où le roulement est rapide afin d'obtenir le maximum de saveur.

UTILISATION ◆ L'assaisonnement au chili aromatise et colore une grande variété d'aliments, de l'entrée aux plats principaux. Il donne de la saveur aux aliments fades tels les béchamels, le riz et les pâtes alimentaires.

VALEUR NUTRITIVE	
La poudre de chili fournit	
Vitamine A	91 ER
Potassium	50 mg
Sodium	26 mg
Phosphore	8 mg
Calcium	7 mg
Vitamine C/5 ml (2 g)	2 mg

AUBERGINE

Solanum melongena var. *esculentum*, **Solanacées**
Nom anglais : *eggplant*
Autre nom : *aubergine*

HISTORIQUE ◆ Fruit d'une plante qui serait originaire de l'Inde ou de Chine. L'aubergine est une baie consommée comme légume. Elle est connue en Asie depuis plus de 2 500 ans. Elle gagna l'Afrique du Nord, puis les Arabes l'introduisirent en Espagne lorsqu'ils conquirent ce pays au XIIe siècle. Les Européens l'apprécièrent d'abord pour ses vertus ornementales, car les premières variétés étaient très amères et ils croyaient qu'elles rendaient fou. La domestication de l'aubergine permit d'en améliorer la saveur. Il existe plusieurs variétés d'aubergines. La plupart préfèrent les climats chauds, mais certaines se sont adaptées aux climats tempérés. Pendant longtemps, la variété la plus connue, tant en Amérique du Nord qu'en Europe, fut l'aubergine pourpre foncé ressemblant à une grosse poire. Elle pousse sur une plante qui peut atteindre 1 m de haut et qui produit de magnifiques fleurs bleu-violet. Sa culture demande beaucoup d'eau. Plusieurs autres variétés sont maintenant disponibles ; elles sont souvent regroupées sous la catégorie des aubergines orientales.

L'aubergine peut être allongée, ronde ou ovale. Elle peut être aussi petite qu'un œuf, atteindre la taille d'un ballon ou être longue et effilée, selon les variétés fort nombreuses. La peau luisante, lisse et mince peut être pourpre foncé, lavande, jaune, crème, blanche, rose, verte ou orange tirant sur le rouge vif. Cette peau est comestible, mais dans certaines variétés elle a un goût amer. La chair, d'un blanc jaunâtre, est spongieuse ; elle contient des petites graines brunâtres, comestibles. Plus l'aubergine est jeune, moins elle contient de graines, et plus sa peau est tendre et non amère.

 ACHAT ◆ Rechercher une aubergine ferme et lourde, avec une peau lisse d'une belle couleur uniforme. Laisser de côté un fruit dont la peau est ratatinée, flasque ou parsemée de taches brunes ; le manque de fraîcheur le rend amer. Pour vérifier si l'aubergine est mûre, exercer une légère pression sur les côtés avec les doigts : si l'empreinte reste imprimée, l'aubergine est à point, si la chair rebondit, c'est qu'elle est immature.

VALEUR NUTRITIVE	
L'aubergine crue contient	
Eau	92 %
Protéines	1,2 g
Glucides	6,3 g
Fibres	1,5 g
27 calories/100 g	

L'aubergine crue contient Eau 92 %, Protéines 1,2 g, Glucides 6,3 g, Fibres 1,5 g, 27 calories/100 g. Elle est une bonne source de potassium, elle contient de la folacine, du cuivre, de la vitamine B_6, du magnésium ainsi que des traces de vitamine C, de fer, de calcium, de phosphore, de niacine, d'acide pantothénique et de vitamine A. On dit l'aubergine diurétique, laxative et calmante.

PRÉPARATION ◆ La chair de l'aubergine noircit rapidement lorsqu'elle est coupée, aussi est-il préférable de l'apprêter sans délai. De nombreuses recettes suggèrent de faire dégorger l'aubergine une trentaine de minutes en la couvrant de sel pour qu'elle perde une partie de son eau et de son amertume. Cette pratique est discutable sur le plan de la santé, car elle augmente la teneur en sel ; de plus, l'amertume des aubergines étant variable, cette opération n'est pas toujours nécessaire. La substance amère étant soluble à l'eau, mettre à tremper l'aubergine une quinzaine de minutes permet de diminuer considérablement l'amertume. On peut aussi peler l'aubergine, puisque la substance responsable de l'amertume est logée sous la peau, ou simplement la cuire telle quelle si c'est une variété peu amère.

CUISSON ◆ L'aubergine absorbe le gras comme une éponge. Si on préfère la frire tout en limitant l'absorption de gras, former une couche protectrice en trempant l'aubergine dans de la farine, de la panure ou dans un œuf battu avec un peu de lait. On peut cuire l'aubergine au four : la laisser entière (et non pelée si désiré), la trancher ou la couper en morceaux (les badigeonner d'un peu d'huile et, si désiré, les aromatiser). Lorsqu'elle est entière, taillader ou piquer l'aubergine sinon elle risque d'éclater. Le temps de cuisson varie de 30 à 60 minutes dans un four à 200 °C, selon la grosseur de l'aubergine. Celle-ci peut aussi être cuite à l'eau ou à la vapeur, ou on peut la blanchir quelques minutes avant de l'apprêter. Elle devient très molle à la cuisson. Éviter de la saler, surtout en début de cuisson.

UTILISATION ◆ L'aubergine est délicieuse chaude ou froide et s'apprête de plusieurs façons : farcie, grillée, gratinée, en casserole, en brochettes, en purée. Elle est indispensable dans la ratatouille et dans la moussaka. Certaines variétés peuvent se manger crues, en salade par exemple, surtout les variétés orientales.

CONSERVATION ◆ L'aubergine doit être manipulée avec soin, car elle se meurtrit facilement. Elle est extrêmement sensible aux changements de température. La pratique commerciale qui consiste à l'envelopper dans du papier cellophane l'empêche de respirer ; retirer le papier dès le retour à la maison, puis mettre l'aubergine dans un sac de plastique perforé avant de la réfrigérer. Elle se conserve environ 1 semaine au réfrigérateur. L'aubergine peut se congeler, mais les résultats seront plus satisfaisants si elle est cuite auparavant avec d'autres légumes.

AVOCAT

Persea gratissima (americana), **Lauracées**
Nom anglais : *avocado*
Autre nom : *alligator pear*

HISTORIQUE ◆ Fruit de l'avocatier, un arbre originaire d'Amérique centrale ou d'Amérique du Sud, où il est connu depuis des temps immémoriaux. Les Aztèques désignèrent ce fruit sous le nom de *ahua-galt*, terme que les Espagnols transformèrent en *ahuacate* puis en *aguacate* (encore utilisé), qui donna finalement lieu à l'appellation *avocado*. La popularité de l'avocat, tant en Amérique du Nord qu'en Europe, est récente.

L'avocatier croît sous les climats tropicaux et subtropicaux ; il peut atteindre 20 m de haut. Ses feuilles ovales et cireuses sont persistantes. Il en existe près d'une dizaine d'espèces qui produisent pour la plupart des grappes de petites fleurs blanchâtres ou jaune verdâtre très odorantes. La floraison, qui s'effectue en deux temps, ne donne qu'une faible proportion de fruits.

L'avocat est une baie qui peut varier de forme, de couleur, de poids et de texture, selon les variétés. Les variétés les plus courantes ressemblent à une poire plus ou moins arrondie. Plusieurs pèsent autour de 100 g ; certaines, plus de 2 kg. La peau de l'avocat peut être lisse ou granuleuse, de couleur verte, noirâtre, pourpre ou violacée. La chair jaune verdâtre est onctueuse ; dans certaines variétés, notamment la variété Hass, elle a un goût de noisette. Un gros noyau facilement détachable loge au centre de l'avocat ; il est recouvert d'un suc laiteux qui prend une teinte rougeâtre au contact de l'air et qui peut tacher les tissus.

ACHAT ◆ Choisir un avocat plutôt lourd pour sa taille, pas trop ferme et exempt de taches noires et de meurtrissures.

PRÉPARATION ◆ L'avocat est à point quand il cède à une légère pression des doigts. On le coupe habituellement en deux dans le sens de la longueur. S'il adhère au noyau, séparer les deux moitiés en les faisant pivoter doucement dans le sens contraire, puis enlever le noyau (mis à tiger, ce noyau peut donner une belle plante d'appartement). La pulpe noircit lorsqu'elle entre en contact de l'air ; l'arroser avec un ingrédient acide, du jus de citron ou du vinaigre, par exemple, pour retarder l'oxydation.

UTILISATION ◆ L'avocat se mange surtout cru, car il supporte mal la cuisson, une température élevée constante le rendant amer ; ne l'ajouter qu'en fin de cuisson et éviter l'ébullition. On le sert souvent tel quel, simplement coupé en deux, avec dans sa cavité de la vinaigrette, de la mayonnaise allégée ou du jus de citron assaisonné de sel et de poivre. L'avocat se met dans les sandwichs et les salades. On le cuisine en potages et en desserts (crème glacée, mousses, salade de fruits, etc.). On le farcit ou on le met en purée. Nommée *guacamole* par les peuples hispanophones, cette purée souvent très épicée est populaire au Mexique, en Amérique centrale et en Amérique latine.

CONSERVATION ◆ Laisser l'avocat mûrir à la température de la pièce, car il ne mûrira plus s'il est réfrigéré. Le placer dans un sac de papier si on veut qu'il mûrisse plus rapidement, car le gaz éthylène qui se dégage lors de la maturation est emprisonné, et cela accélère le processus. Ne pas l'exposer à une température inférieure à 6 °C sinon le froid l'endommage. Mettre l'avocat mûr ou entamé au réfrigérateur. L'avocat entamé se conserve 2 à 3 jours ; ne pas oublier d'arroser la partie exposée à l'air avec un ingrédient acide pour l'empêcher de noircir ou laisser le noyau dans la cavité. L'avocat peut se congeler ; le mettre en purée et ajouter du jus de citron.

VALEUR NUTRITIVE	
L'avocat provenant de Californie contient	
Eau	73 %
Protéines	2,1 g
Matières grasses	17,3 g
Glucides	7 g
177 calories/100 g	

Ses matières grasses se répartissent comme suit : 15 % de saturés, 65 % de monoinsaturés et 12 % de polyinsaturés (voir Huile).

L'avocat de Floride contient	
Eau	80 %
Protéines	1,6 g
Matières grasses	8,9 g
Glucides	8,9 g
112 calories/100 g	

Ses matières grasses se répartissent comme suit : 19 % de saturés, 55 % de monoinsaturés et 17 % de polyinsaturés.

Ces deux variétés sont une excellente source de potassium et de folacine, ils sont une bonne source de vitamine B_6 et contiennent du magnésium, de l'acide pantothénique, de la vitamine C, du cuivre, de la niacine, du fer, de la vitamine A et du zinc ainsi que des traces de calcium et de phosphore. L'avocat ne contient pas de cholestérol. L'avocat est très nutritif. Il se digère facilement malgré son contenu élevé en gras, car il contient de nombreuses enzymes qui facilitent la digestion des matières grasses. On le dit bénéfique pour l'estomac et l'intestin.

AVOINE

Avena sativa, **Graminées**
Nom anglais : *oats*

HISTORIQUE ◆ Céréale d'origine incertaine, probablement de Perse. L'avoine fut longtemps considérée comme une mauvaise herbe, particulièrement au temps des Grecs et des Romains. Il semble qu'on commença à la cultiver au début de l'ère chrétienne. Son usage principal fut de nourrir les animaux, sauf en Scandinavie et en Germanie, où cette céréale devint un aliment de base. On s'en servit aussi à des fins médicinales. L'avoine fut introduite en Amérique du Nord au début du XVIIe siècle par les premiers colons écossais. Aux États-Unis, maintenant le plus grand pays producteur mondial d'avoine avec la Communauté des États indépendants, l'avoine est la troisième céréale la plus consommée.

L'avoine préfère les climats tempérés et humides, mais elle s'adapte aisément à d'autres conditions. Elle pousse facilement dans des terrains pauvres, là où la culture de la plupart des autres céréales est impossible. Cette plante annuelle, qui peut atteindre de 60 cm à 1,5 m de haut, a des épis composés de 10 à 75 épillets semblables à ceux du millet et qui jaunissent à maturité. Il en existe plusieurs centaines de variétés, divisées en avoine d'hiver et en avoine d'été. Les grains peuvent être blancs, jaunes, gris, rouges ou noirs. Dans la plupart des variétés, ils sont recouverts de nombreux poils.

L'avoine est nettoyée par trempage, séchée, parfois rôtie, puis décortiquée. Le rôtissage lui confère une légère saveur de noisette et facilite le décorticage. Le décorticage consiste à enlever l'enveloppe extérieure du grain (balle), partie non digestible par le corps humain (des nouvelles variétés dépourvues de balle n'ont pas besoin d'être décortiquées). L'avoine est passée à la vapeur avant d'être décortiquée. La vapeur amollit le grain et désactive la lipase, une enzyme qui confère une saveur savonneuse aux aliments lorsqu'elle entre en contact avec certaines matières grasses. L'amande décortiquée est laissée telle quelle, transformée en flocons (en passant entre des lames d'acier) ou moulue ; souvent aussi, on retire le son. Le grain d'avoine est transformé en avoine roulée à l'ancienne, en avoine écossaise, en avoine roulée à cuisson rapide, en gruau prêt à servir, en son d'avoine et en farine d'avoine.

Avoine roulée à l'ancienne. L'amande entière est aplatie et non coupée, ce qui donne un gros flocon. Pour la cuisson, mettre deux à trois parties d'eau pour une partie d'avoine et cuire de 10 à 25 minutes.

Avoine écossaise *(steel-cut)*. L'amande passe entre des lames d'acier qui la coupent sur la longueur en tranches plus ou moins minces (habituellement 3 tranches). Plus elle est coupée finement, plus elle cuit rapidement. Mettre trois à quatre parties d'eau pour une partie d'avoine.

Avoine roulée à cuisson rapide. Le grain est traité comme dans le cas précédent, sauf qu'il s'agit de particules d'amande, ce qui donne des flocons petits et minces. La valeur nutritive de l'avoine à cuisson rapide est égale à celle de l'avoine à l'ancienne, mais sa saveur est moindre. Sa cuisson plus rapide s'effectue en 3 à 5 minutes dans deux parties et demie de liquide pour une partie d'avoine.

Gruau prêt à servir. Le grain est cuit à l'eau, séché, puis roulé très mince. Il est prêt à manger dès qu'il entre en contact avec un liquide. Ce produit est le moins intéressant du point de vue nutritif, car les traitements subis occasionnent des pertes d'éléments nutritifs. Il est presque toujours très sucré (jusqu'à 76 %) et salé (jusqu'à 1107 mg/100 g), en plus de contenir souvent des additifs.

Son d'avoine. Situé dans les couches extérieures du grain, le son d'avoine est plus étroit et plus long que le son du blé. Non cuit, il contient environ 5,4 g de protéines, 2,2 g de matières grasses, 20,5 g de glucides et 76 calories/30 g. Il est une excellente source de magnésium, de thiamine et de phosphore, et une bonne source de potassium ; il contient du fer, du zinc, de la folacine, de l'acide pantothénique et du cuivre ainsi que des traces de riboflavine et de vitamine B_6. Il peut être cuit comme le gruau ou être ajouté aux aliments comme le germe de blé.

Farine d'avoine. Le grain est moulu après avoir supporté les mêmes conditions thermiques que l'avoine roulée. Dépourvue de gluten, la farine d'avoine ne lève pas à la cuisson. On doit la combiner à de la farine de blé pour préparer pains et autres aliments levés; ces produits sont plutôt massifs.

UTILISATION ◆ Le gruau est probablement l'usage le plus connu de l'avoine (il peut être consommé non cuit; tremper l'avoine plusieurs heures). L'utilisation de cette céréale est cependant beaucoup plus variée. On met l'avoine entre autres dans les granolas, les mueslis, les ragoûts, la charcuterie, les muffins, les biscuits, les crêpes et le pain (elle doit alors être mélangée avec de la farine de blé à raison d'environ 960 ml [500 g] pour 240 ml [180 g] d'avoine). On se sert de l'avoine pour épaissir soupes, pains de viande, pâtés et puddings et pour confectionner carrés aux dattes, croustilles aux pommes, gâteaux, gelées, bières et boissons.

VALEUR NUTRITIVE

L'avoine contient en général

Eau	8,9 %
Protéines	4,3 g
Matières grasses	1,7 g
Glucides	18,1 g
Fibres	2,8 g

104 calories/30 g (sèche)

Contrairement à la plupart des céréales, l'avoine conserve pratiquement tous ses éléments nutritifs après le décorticage, car son bulbe de son et son germe adhèrent fortement à l'amande. Elle est très nourrissante. La qualité nutritionnelle des protéines est bonne. Cependant, comme dans toutes les céréales, certains acides aminés essentiels sont présents en petite quantité (voir Céréales). Le gruau est une bonne source de magnésium et de thiamine; il contient du phosphore, du potassium, du fer, de l'acide pantothénique et du cuivre. Il est également une source de fibres. L'avoine contient un anti-oxydant naturel qui la rend très résistante au rancissement. Elle renferme de l'acide phytique. On a longtemps soupçonné cet acide de nuire à l'absorption du calcium. Il semble plutôt que l'organisme s'adapte à l'ingestion d'acide phytique lorsqu'elle est continue. L'avoine est riche en lipase. Cette enzyme prend un goût savonneux lorsqu'elle est mise en contact avec certaines substances tels le bicarbonate de soude, l'huile de palme ou l'huile de coco. La lipase est inactivée quand le grain d'avoine subit un traitement thermique. L'avoine (surtout le son) réduirait le taux de cholestérol sanguin. Son contenu en auxine, une hormone de croissance, la rendrait bénéfique aux enfants et sa richesse en silice aurait un effet diurétique.

BABACO

Carica pentagona, **Caricacées**
Nom anglais : *babaco*

 HISTORIQUE ◆ Fruit probablement originaire d'Équateur. Le babaco est surtout cultivé en Nouvelle-Zélande et en Australie, où on le commercialise sous le nom de « fruit au goût de champagne ». Il est apparenté à la papaye.

Le babaco est de forme allongée ; il peut mesurer plus de 40 cm de long. Il est formé de 5 côtes accentuées. Sa peau cireuse de couleur jaune est comestible. Sa chair blanchâtre est légère et très juteuse. Elle est plaisante à consommer malgré le fait qu'elle soit très acidulée. La cavité centrale abrite une substance blanche fibreuse qui fond sous la langue.

 ACHAT ◆ Choisir un babaco à la peau luisante et bien colorée, exempte de meurtrissures.

UTILISATION ◆ Le babaco se mange tel quel ou se met dans les salades de fruits. Il est important qu'il soit bien mûr pour être savoureux. On le cuit en confiture ou on le met en conserve. En Amérique du Sud, on aime bien le mettre dans des gâteaux. Le babaco est rarement transformé en jus, ce jus étant trop acide pour être apprécié.

CONSERVATION ◆ Conserver le babaco au réfrigérateur.

VALEUR NUTRITIVE	
Le babaco contient	
Eau	94 %
Protéines	1,3 g
Matières grasses	0,1 g
Glucides	3 g
19 calories/100 g	

Il est riche en calcium, en magnésium, en potassium, en sodium, en vitamine C et en niacine. Comme tous les fruits de cette famille, le babaco contient de la papaïne, une enzyme qui a des propriétés comparables à celles de la trypsine et de la pepsine. Elle facilite la digestion et, comme l'actinidine du kiwi, attendrit la viande.

BABEURRE

Nom anglais : *buttermilk*

 HISTORIQUE ◆ Le babeurre est le liquide jaunâtre au goût aigrelet qui se sépare de la crème lors de la fabrication du beurre. Il est aussi appelé lait de beurre. Il a une consistance qui rappelle légèrement la crème. Au repos, il se sépare en deux couches, la plus légère constituée de lactosérum, la plus lourde faite de caséine coagulée en de fins grumeaux.

Sur le marché, un autre produit est nommé babeurre. Il s'agit de lait qui a fermenté sous l'action d'une bactérie qu'on lui a ajoutée. Ce lait est souvent sucré, aromatisé et stabilisé avec des additifs.

 ACHAT ◆ Vérifier la date de péremption inscrite sur l'emballage.

UTILISATION ◆ Le babeurre est un émulsifiant naturel très utilisé en boulangerie et en pâtisserie. Il entre notamment dans la fabrication de pains et de gâteaux, souvent sous forme de poudre. On le met dans la soupe, la crème glacée et certains fromages. On l'incorpore fréquemment à des fruits passés au mélangeur électrique pour obtenir de délicieuses boissons rafraîchissantes. On peut remplacer le babeurre (et le lait sur) dans la plupart des recettes par du lait frais auquel on ajoute 5 à 10 ml de vinaigre (1 à 2 cuillerées à café).

CONSERVATION ◆ Le babeurre non entamé se conserve une quinzaine de jours au réfrigérateur. Entamé, il se conserve environ 1 semaine. Bien refermer le contenant.

VALEUR NUTRITIVE	
Le babeurre obtenu par le barattage du beurre contient	
Protéines	8,6 g
Matières grasses	2,3 g
Glucides	12,4 g
Cholestérol	9 mg
Sodium	272 mg
105 calories/250 ml	

Il a une valeur nutritive semblable au lait écrémé ou partiellement écrémé, dont il provient. Il est une excellente source de potassium, de vitamine B$_{12}$, de calcium et de riboflavine et une bonne source de phosphore ; il contient du zinc, du magnésium, de l'acide pantothénique, de la niacine, de la thiamine, de la folacine et de la vitamine B$_6$ ainsi que des traces de vitamine A et de cuivre. Riche en acide lactique et en azote, il est pauvre en matières grasses. C'est un aliment qui convient bien aux personnes souffrant de troubles digestifs.

BACON

Nom anglais : *bacon*

HISTORIQUE ◆ Le bacon est du lard maigre salé généralement fumé, habituellement vendu en fines tranches. Il provient généralement du dos, de la poitrine ou de la longe de porc. Le mot « bacon » est dérivé de *bakko*, un vieux terme francique signifiant « jambon ». En Europe, le mot « baconique », maintenant désuet, désigna longtemps un repas de gala où le porc était à l'honneur. Le bacon fait souvent partie du repas matinal, notamment en Amérique du Nord.

CUISSON ◆ Le bacon est grillé ou frit. Il est préférable de le cuire à feu modéré et dans une pièce bien aérée, en égouttant le gras à mesure qu'il s'accumule, car la cuisson à feu vif accélère la formation des nitrosamines par suite d'une interaction complexe du gras avec la chaleur. Le gras obtenu après la cuisson du bacon peut contenir jusqu'à 3 ou 4 fois plus de nitrosamines que le bacon ; aussi vaut-il mieux ne pas le réutiliser. Égoutter le bacon sur du papier absorbant avant de le servir.

UTILISATION ◆ Le bacon se marie bien avec les œufs. Il est souvent mis dans les quiches, les omelettes et les

VALEUR NUTRITIVE	
Le bacon croustillant, frit ou grillé, contient	
Protéines	30 g
Matières grasses	49 g
Cholestérol	85 mg
576 calories/100 g	

Le bacon est un aliment gras et calorifique. Deux tranches moyennes cuites (16 g) contiennent 4 g de protéines, 6 g de matières grasses, 10 mg de cholestérol et 72 calories.

Le bacon est riche en sodium et il contient du nitrite de sodium, un additif qui donne du goût et de la couleur, et qui vise à empêcher le développement de bactéries qui causent le botulisme, une maladie grave. Les nitrites n'ont pas que des effets positifs cependant, car ils se

crêpes. Il existe des substituts de bacon à base de protéines de soya hydrolisées, généralement utilisés sous forme de granules, et contenant divers additifs qui leur confèrent couleur et saveur. Ils aromatisent notamment soupes, salades, vinaigrettes, trempettes et divers autres mets préparés.

CONSERVATION ◆ Le bacon se conserve environ 1 semaine au réfrigérateur. Il se congèle, mais perd un peu de saveur. Sa durée de conservation est réduite (1 à 2 mois), car le gras rancit facilement.

transforment en nitrosamines, des substances cancérigènes. Les fabricants de bacon sont maintenant en mesure de remplacer les nitrites par un mélange d'acide lactique et de sucre, mais ils sont lents à adopter ce nouveau procédé, appelé procédé wisconsin, du nom de la ville américaine où il fut créé, car le bacon n'a plus sa couleur habituelle. Ils craignent une réaction négative des consommateurs, ce qui entraînerait une baisse des ventes.

BANANE

Musa spp, **Musacées**
Nom anglais : *banana*

HISTORIQUE ◆ Fruit du bananier, une plante herbacée géante. La banane est probablement originaire du Sud-Est asiatique. Elle fut recensée pour la première fois en Inde quelque 500 ou 600 ans av. J.-C., mais elle existerait depuis un million d'années. Une légende indienne affirme que c'est le fruit qu'Ève tendit à Adam, ce qui explique pourquoi dans ce pays on l'appelle « fruit du paradis ». Cette croyance est aussi à l'origine du nom latin *paradisiaca* donné à la banane plantain. Le commerce de la banane resta longtemps marginal, car ce fruit fragile voyage mal. Son essor n'a véritablement démarré qu'au début du XXᵉ siècle avec le développement des transports et des techniques de conservation. De nos jours, on place les bananes dans d'immenses entrepôts où la température est contrôlée. On traite les bananes au gaz éthylène pour accélérer leur mûrissement au besoin. Le bananier atteint de 3 à 8 m de haut. Il est muni de grandes feuilles pouvant mesurer jusqu'à 60 cm de large et 3 m de long. Leur base épaisse s'entrecroise de façon régulière et serrée pour former un pseudo-tronc. Le bananier ne produit qu'une seule fois, après quoi la plante se dessèche et une nouvelle pousse apparaît ; il s'écoule près d'un an avant que les bananes soient prêtes à être cueillies. Le bananier croît sous les climats tropicaux et subtropicaux. Il est cultivé notamment en Amérique centrale, dans les Caraïbes, en Équateur, dans les îles Canaries, en Afrique, en Inde et en Australie.

Les bananes se développent sur la tige florale, après la floraison de grappes de fleurs pourpres. On appelle « régime » l'assemblage en forme de grappes des bananes et « main » le groupement en rangées de 10 à 25 bananes. Un régime comporte habituellement 25 mains, ce qui donne un total de 250 à 300 bananes. Un régime peut peser une trentaine de kilos. La tige sur laquelle se trouve le régime se dirige vers le sol sous le poids des bananes mûrissantes, tandis que les bananes poussent verticalement en direction du ciel. Il existe trois espèces distinctes de bananes, soit les bananes douces *(M. sapienta, M. nana)*, les bananes plantains *(M. paradisiaca)*, appelées aussi bananes à cuire, et les bananes non comestibles *(M. textilis, M. ensete)*. Il existe de nombreuses variétés de bananes douces. Dans la plupart des variétés, la peau est de couleur jaune. Elle peut cependant être rouge, rose ou pourpre. Cette peau n'est pas comestible. Certaines variétés de bananes sont très petites. Ces bananes naines sont plus fragiles ; elles furent longtemps disponibles surtout dans les pays producteurs. La saveur et la texture des bananes sont également variables, certaines variétés étant plus farineuses ou plus sucrées que d'autres. On récolte les bananes avant leur maturité complète, car elles sont plus savoureuses si elles ne mûrissent pas totalement sur le bananier.

ACHAT ◆ Le stade de maturation des bananes se décèle à la coloration de leur peau. Lorsqu'elles sont mûres à point, la peau des bananes jaunes est légèrement luisante, tachetée de noir ou de brun et dépourvue de vert. La peau des bananes rouges devient plus foncée. Choisir des bananes intactes, pas trop dures, car elles risquent alors de ne pas bien mûrir. Délaisser les bananes très vertes ou fendues, éviter aussi les bananes très molles, sauf si on les destine à la cuisson. La banane est également disponible sur le marché sous forme de farine ou de croustilles, des petites tranches jaunâtres particulièrement riches en calories car elles ont été frites.

PRÉPARATION ◆ La banane s'oxyde au contact de l'air. Il est préférable de la peler à la dernière minute. Quand ce n'est pas possible, l'arroser de jus de citron, de lime ou d'orange pour l'empêcher de brunir.

UTILISATION ◆ La banane se mange le plus souvent telle quelle. Elle peut aussi être cuite au four ou à l'étuvée, bouillie, sautée ou frite. On l'utilise comme fruit ou comme légume. La banane verte se défait moins et est moins sucrée que la banane mûre, ce qui est pratique lorsqu'on l'utilise comme légume. La banane est délicieuse saupoudrée de gingembre ou de cannelle, arrosée de cassonade délayée dans un peu de jus de citron ou de jus de lime, et flambée au rhum ou à la liqueur à l'orange ; on peut également cuire cette préparation au four une vingtaine de minutes. La banane se marie bien avec les produits laitiers. La banane royale *(banana split)* est une présentation classique. On met aussi la banane dans le yogourt, la crème glacée, les sorbets, le lait fouetté, le tapioca et les flans. On transforme la banane en purée que l'on consomme telle quelle ou que l'on met dans les tartes, les gâteaux, les muffins, les puddings et les beignets. Il n'est pas nécessaire de sucrer la purée, surtout si elle n'est pas consommée immédiatement, parce que son amidon se transforme en sucre. On tire de la banane une essence qui est particulièrement appréciée des Asiatiques ; elle aromatise de nombreux plats. La banane peut être déshydratée ou distillée. En Afrique centrale, on fabrique de la bière de banane.

CONSERVATION ◆ Malgré leur apparence, les bananes sont fragiles. Elles supportent mal les fluctuations subites de température ; exposées à des températures en dessous de 12 °C, surtout lorsqu'elles sont immatures, elles arrêtent de mûrir. Conserver les bananes à la température de la pièce. Pour accélérer leur mûrissement, les mettre dans un sac de papier ou dans du papier journal. Les ranger au réfrigérateur lorsqu'elles sont très

VALEUR NUTRITIVE	
La banane contient	
Eau	74 %
Protéines	1 g
Matières grasses	0,5 g
Glucides	23 g
92 calories/100 g	

Les glucides se transforment à mesure que la banane mûrit. D'abord présents sous forme d'amidon peu digestible, ils se convertissent graduellement en fructose, en glucose et en saccharose, des sucres rapidement assimilables. Cela explique pourquoi la banane blette est tellement sucrée et nourrissante. La banane constitue une excellente source de potassium et de vitamine B_6. Elle est aussi une source de vitamine C, de riboflavine, d'acide folique et de magnésium. De plus, elle renferme des traces de vitamine A, d'acide pantothénique, de phosphore et de calcium. Quelque peu constipante lorsqu'elle n'est pas mûre, la banane devient légèrement laxative quand elle est blette.

mûres, elles se conserveront quelques jours. Leur peau noircira mais pas leur chair. Pour plus de saveur, sortir les bananes quelque temps avant de les consommer. Les bananes peuvent se congeler (elles se conservent environ deux mois); les mettre d'abord en purée, puis incorporer un peu de jus de citron pour les empêcher de noircir et de prendre un mauvais goût. Les bananes décongelées peuvent être cuisinées en gâteaux, muffins ou autres desserts. Les mesurer par portion avant de les congeler facilite l'opération : deux ou trois bananes donnent 250 ml. Les bananes partiellement décongelées ont la curieuse propriété de mousser si elles sont fouettées, donnant ainsi un dessert ressemblant à de la crème glacée.

BANANE PLANTAIN

Musa paradisiaca, **Musacées**
Nom anglais : *plantain*

HISTORIQUE ◆ Fruit du bananier, une plante herbacée géante probablement originaire du Sud-Est asiatique. La banane plantain est apparentée à la banane douce. Elle est surnommée «banane à cuire» et «banane à farine». C'est un aliment de base dans plusieurs pays, notamment en Afrique, en Inde, en Malaysia, en Amérique du Sud et aux Antilles. L'Afrique est le plus grand pays producteur. La banane plantain est plus grosse que la banane, elle mesure de 30 à 40 cm de long. Sa peau verte est plus épaisse et sa chair est plus ferme et moins sucrée que celles de la banane. Cette peau jaunit puis noircit lorsque le fruit mûrit. La banane plantain n'est pas comestible crue, même mûre. Son amidon, qui est différent de celui de la banane, se transforme en sucre à mesure que la banane plantain devient mûre mais pas suffisamment pour que le fruit soit agréable à manger cru. La banane plantain mûre peut cependant être cuisinée comme fruit.

ACHAT ◆ Choisir des bananes plantains fermes et intactes. Le fait que la peau soit brunâtre ou noirâtre n'affecte pas la qualité de la chair.

CUISSON ◆ La banane plantain peut être cuite entière ou tranchée. Elle conserve sa forme à la cuisson. On la cuit à l'eau (environ 25 minutes) ou au grill (environ 45 minutes à 10 cm de la source de chaleur). Elle est très souvent frite. On peut la cuire au four sans la peler (bien laver la peau); compter environ 1 heure à 180 °C. On peut aussi sectionner les deux bouts et enlever la peau ou simplement inciser la peau sur toute sa longueur.

UTILISATION ◆ La banane plantain est très utilisée comme légume. Sa consistance ainsi que sa saveur

VALEUR NUTRITIVE	
La banane plantain contient	
Eau	65 %
Protéines	1,3 g
Matières grasses	0,4 g
Glucides	32 g
Fibres	2,3 g
122 calories/100 g	

Elle est riche en potassium et constitue une bonne source de vitamine C, de vitamine B_6 et de magnésium. Elle renferme également de la vitamine A et de l'acide folique ainsi que des traces de niacine, d'acide pantothénique, de sodium et de phosphore. Elle contient des tannins neutralisés par la cuisson.

rappellent un peu la patate douce ou, si elle est très mûre, la banane. On met la banane plantain dans les soupes et les ragoûts. Elle se marie bien avec les pommes, les patates et les courges. En Afrique de l'Est, notamment en Tanzanie et en Ouganda, on fabrique de la bière de banane.

CONSERVATION ◆ Conserver les bananes plantains à la température de la pièce. Les réfrigérer seulement quand elles sont très mûres. Les bananes plantains se congèlent facilement. Peler des fruits mûrs, les envelopper individuellement, puis les congeler.

BAR COMMUN

Disentrachus labrax, **Percidés**
Nom anglais : *sea bass*

HISTORIQUE ◆ Le bar est surnommé «loup» ou «loup de mer» parce qu'il est féroce et vorace. Il est redoutable pour les espèces plus petites qu'il, poursuit pour les manger. Il grimpe sur les filets des pêcheurs et les endommage. Le bar est abondant dans la Méditerranée. Il est absent des côtes américaines qui sont fréquentées par des espèces voisines, notamment par la perche blanche, appelée aussi petit bar *(Morone americana)*. Le bar ne se limite pas à la mer, il affectionne beaucoup les eaux saumâtres des estuaires et des baies ainsi que les fleuves.

Le bar a le corps comprimé latéralement et il est bossu; cette bosse diffère légèrement selon les espèces. Sa première nageoire dorsale est épineuse. Sa tête, de forme triangulaire, est importante, ses yeux sont proéminents et ses dents solides. Sa couleur varie tout comme sa taille qui, selon les espèces, peut atteindre jusqu'à 1 m de long.

La chair blanche est délicate et savoureuse. Elle est très recherchée, car elle est ferme, résiste bien à la cuisson et a peu d'arêtes.

PRÉPARATION ◆ Écailler le bar avec précaution, car sa peau est fragile. Si le bar est poché ou grillé entier, il est préférable de ne pas l'écailler. Une fois cuit, enlever tout simplement la peau, les écailles suivent et la chair est plus savoureuse parce qu'elle est moins sèche.

VALEUR NUTRITIVE	
Le bar contient	
Protéines	18 g
Matières grasses	2 g
96 calories/100 g, cru	

UTILISATION ◆ Cuire le bar le plus simplement possible afin de ne pas en masquer la finesse. Ce poisson est excellent froid.

BARBOTTE

Ictalurus spp, **Siluridés**
Nom anglais : *catfish*
Autre nom : *sheatfish*

HISTORIQUE ◆ Poisson nocturne de taille variable qui habite les rivières, les lacs et les eaux lentes d'Amérique du Nord et d'Amérique centrale. L'élevage de la barbotte est facile. La pisciculture de la barbotte est une industrie florissante aux États-Unis. La barbotte a un corps massif arrondi vers l'avant, qui va en s'aplatissant latéralement vers l'arrière. Sa peau sans écailles est douce. Sa grosse tête aplatie est munie de plusieurs barbillons qui lui servent d'antennes pour repérer la nourriture dans les eaux boueuses qu'elle affectionne. Ses nageoires dorsales et pectorales sont épineuses.

Diverses espèces vivent dans les eaux nord-américaines, dont la barbotte brune, la noire, la jaune, la barbotte des rapides et la barbue de rivière.

La **barbotte brune** *(Ictalurus nebulosis)* vit dans les lacs aux fonds vaseux. Elle mesure généralement de 20 à 35 cm de long. Son corps est élancé et sa queue carrée. Sa tête est lourde et sa mâchoire supérieure proéminente.

La **barbotte noire** *(Ictalurus melas)* fréquente les lacs vaseux et boueux. Elle est plus petite, plus massive et trapue, mesurant généralement de 12 à 18 cm de long. Elle se distingue aussi par une barre blanchâtre à la base de sa queue.

La **barbotte jaune** *(Ictalurus natalis)* a un corps massif et robuste plus ventru que les autres. Elle mesure de 20 à 30 cm de long. Sa tête est longue et sa queue légèrement arrondie.

La **barbotte des rapides** *(Notorus flavus)* préfère les rivières au courant fort ou les eaux peu profondes. Elle mesure généralement de 15 à 30 cm de long. Sa peau épaisse, de couleur plutôt pâle, est recouverte de mucus. Sa queue est arrondie. Ses lèvres sont charnues et sa mâchoire supérieure est quelque peu avancée. Les piqûres de ses épines peuvent être dangereuses et douloureuses, car on trouve à leur base une glande sécrétant du poison.

La **barbue de rivière** (ou **barbue d'Amérique,** *Ictalurus punctatus*) affectionne des eaux plus claires et plus fraîches. C'est la plus grosse des 5 espèces, mesurant parfois 60 cm de long. C'est la seule à avoir une queue fourchue.

La chair blanche, grasse et ferme est souvent floconneuse ; elle contient beaucoup d'arêtes. Elle est assez savoureuse sauf chez certaines espèces, dont la barbotte des rapides.

UTILISATION ◆ La barbotte est très souvent cuite au four, pochée, braisée ou frite. Les recettes de la carpe lui conviennent bien.

La barbotte est surtout consommée par les pêcheurs sportifs. Elle est très souvent contaminée par divers résidus. La contamination varie en fonction de l'âge du poisson et de son habitat. Plus un poisson est âgé, donc gros, plus la concentration de résidus est élevée. Il est préférable de limiter sa consommation de barbotte, à moins de savoir que ce poisson provient d'un habitat non pollué.

VALEUR NUTRITIVE	
La chair des barbottes contient	
Protéines	17,5 g
Matières grasses	3 g
103 calories/100 g	

BARDANE

Arctium lappa, **Composées**
Surnoms : *gratteron, teigne, herbe aux teigneux*
Nom anglais : *burdock*
Autres noms : *gobo, bur*

HISTORIQUE ◆ Plante bisannuelle probablement originaire de Sibérie. La bardane est cette plante dont les fruits sont des bractées piquantes terminées en petits crochets qui s'accrochent à tout ce qui les touche, notamment au poil des animaux et au linge. Elle pousse à l'état sauvage près des routes et dans les terrains vagues des régions tempérées, notamment en Asie, en Europe et en Amérique du Nord.

Les parties comestibles sont les jeunes pousses, les larges feuilles ovales vert pâle et les racines. Les racines mesurent de 30 à 60 cm de long. Leur chair blanchâtre est fibreuse et spongieuse. Elle est recouverte d'une mince peau brunâtre comestible. Les racines sont déterrées avant que la tige florale ait fait son apparition. Leur saveur rappelle celle du salsifis.

ACHAT ◆ Choisir des racines fermes, mesurant environ 2 cm de diamètre et pas plus de 40 cm de long, qui sont plus tendres et plus savoureuses.

PRÉPARATION ◆ On peut cuire la bardane avec sa peau, surtout lorsqu'elle est mince. Bien la nettoyer pour enlever toute trace de terre. La chair de la bardane noircit lorsqu'elle entre en contact avec l'air. Pour l'empêcher de noircir, la cuire immédiatement dès qu'elle est coupée, ou la mettre à tremper quelques minutes dans de l'eau froide légèrement vinaigrée ou citronnée (environ 15 ml de vinaigre ou de jus de citron [1 cuillerée à soupe]). Si on désire faire disparaître le léger arrière-goût amer que laisse la bardane, la faire tremper de 5 à 10 minutes dans de l'eau salée avant de la cuire. On choisit souvent de râper la bardane, car sa chair reste légèrement fibreuse après la cuisson. On peut aussi la couper en minces tranches ou en petits dés. Si désiré, attendrir les tranches avec un couteau avant de les cuire.

UTILISATION ◆ La bardane peut être utilisée comme légume ou comme assaisonnement, selon qu'on apprécie ou non sa saveur légèrement terreuse. On la met dans les soupes, les ragoûts et les marinades. On la braise ou on la cuisine à la chinoise. Ses feuilles peuvent être cuisinées comme n'importe quel légume feuillu, notamment comme la bette ou l'épinard.

CONSERVATION ◆ Envelopper la bardane dans un papier humide, la placer dans un sac de plastique perforé et la conserver au réfrigérateur, elle se gardera plusieurs jours.

VALEUR NUTRITIVE	
Les racines de bardane bouillies contiennent	
Eau	76 %
Protéines	2,1 g
Matières grasses	0,2 g
Glucides	21 g
88 calories/100 g	

Elles sont une excellente source de potassium, une bonne source de magnésium, elles contiennent du phosphore, du fer et du calcium ainsi que des traces de riboflavine, de thiamine et de niacine. La bardane est reconnue pour ses propriétés médicinales depuis les temps anciens. On la dit sudorifique, diurétique, dépurative et cholérétique ; elle a la réputation de purifier le sang. Les médecins chinois et indiens l'utilisaient pour traiter les infections de la gorge, les rhumes, la grippe, la pneumonie et les empoisonnements.

Pour préparer une infusion, mettre 15 ml (1 cuillerée à soupe) de feuilles et de fleurs par tasse d'eau et laisser infuser 10 minutes. Pour préparer une décoction avec les racines, mettre 5 ml (1 cuillerée à café) de racine par tasse d'eau et laisser bouillir 5 minutes.

BASILIC

Ocimum basilicum, **Labiacées**
Nom anglais : *basil*
Autre nom : *sweet basil*

HISTORIQUE ◆ Plante aromatique annuelle originaire de l'Inde. Très odorant, le basilic est depuis toujours une fine herbe fort appréciée. Les anciens Grecs notamment le tenaient en haute considération. Le terme pour désigner le basilic est d'ailleurs dérivé du grec *basilikon* signifiant «royal». Le basilic est utilisé abondamment par les cuisines méditerranéenne, thaïlandaise, vietnamienne et laotienne. Il existe environ 60 variétés de basilic. Cette plante trapue mesure de 20 à 60 cm de haut. Ses feuilles rondes ou lancéolées sont d'un vert plus ou moins foncé, rougeâtre ou pourpre. Fragiles, elles ont une saveur piquante qui est à son maximum avant que des épis de fleurs blanches apparaissent aux extrémités des tiges. La saveur diffère selon les variétés ; le basilic peut goûter notamment le citron, le camphre, le jasmin, le clou de girofle, l'anis ou le thym.

UTILISATION ◆ Le basilic est la fine herbe par excellence pour relever les tomates. Il aromatise également salades, œufs, fromage, légumes, poisson, fruits de mer, volaille et porc. Certaines variétés parfument desserts et boissons.

Le basilic est l'assaisonnement de base de la soupe au pistou de la cuisine méditerranéenne, où, avec de l'ail et de l'huile d'olive, il est transformé en pâte ajoutée à la fin de la cuisson. «Pistou» est d'ailleurs un mot provençal inspiré de *pistar* signifiant «piler», «broyer». En Italie, cette pâte *(pesto)* est agrémentée de fromage et parfois de pignons et accompagne les pâtes alimentaires. Les tiges et les feuilles du basilic aromatisent délicatement le vinaigre.

CONSERVATION ◆ Conserver le basilic frais au réfrigérateur. L'envelopper de papier absorbant légèrement humide pour retarder la perte de fraîcheur. Ne le laver qu'au moment de l'utiliser. On peut aussi conserver les feuilles fraîches en les recouvrant d'huile d'olive ou on peut les transformer en pâte en y ajoutant de l'huile d'olive et en les broyant à l'aide d'un mélangeur électrique ou d'un robot culinaire (5 tasses de basilic donnent 1 tasse de pâte). Conserver le basilic séché dans un contenant hermétique placé dans un endroit sec, à l'abri du soleil et de la chaleur. La congélation convient particulièrement bien au basilic, qui supporte mal la déshydratation. Le congeler entier ou haché. Le blanchiment n'est pas nécessaire. On peut le mettre dans des cubes à glaçons et le recouvrir d'eau ou de bouillon ; on ajoute par la suite ces cubes aux soupes, sauces et ragoûts. Utiliser le basilic non décongelé, il sera plus savoureux.

VALEUR NUTRITIVE	
Le basilic séché fournit	
Potassium	48 mg
Calcium	30 mg
Vitamine C	1 mg
Fer	0,59 mg
Vitamine A/5 ml (2 g)	13 ER
Le basilic frais fournit	
Potassium	24 g
Calcium	8 mg
Phosphore	4 mg
Magnésium	4 mg

Le basilic serait antispasmodique, antiseptique, tonique et stomachique. Il aiderait à combattre les migraines, la digestion difficile et les insomnies. En tisane, mettre 15 ml de feuilles (1 cuillerée à soupe) par tasse d'eau et laisser infuser 10 minutes. Placer un bouquet de basilic près des fenêtres aiderait à éloigner les moustiques.

BAUDROIE

Lophius spp, **Lophiidés**
Autres noms et surnoms : *lotte de mer, crapaud de mer, diable de mer*
Nom anglais : *angler*
Autre nom : *monkfish*

HISTORIQUE ◆ Poisson très laid qui habite les fonds vaseux des mers, en particulier de l'Atlantique et du Pacifique. La baudroie est experte dans le camouflage : elle s'enfouit dans le fond marin au point d'être confondue avec ce dernier. Elle agite les deux appendices attachés à sa mâchoire supérieure, attirant les petits poissons qu'elle avale gloutonnement. Cette activité a été comparée à la pêche à la ligne par les Américains, qui nomment ce poisson *angler* («pêcheur à la ligne»). La baudroie a une énorme tête aplatie. Sa bouche, non moins énorme, est garnie de plusieurs dents pointues. Sa peau visqueuse et flasque n'a pas d'écailles, mais elle est couverte d'épines et d'appendices. Son dos est brun olivâtre et son ventre grisâtre. La baudroie peut mesurer de 50 cm à 2 m de long. Elle est plus appréciée en Europe qu'en Amérique.

La chair blanche et maigre est ferme et savoureuse. Elle est souvent comparée à la chair du homard. Elle n'a pas d'arêtes, si ce n'est une grosse arête centrale.

ACHAT ◆ La baudroie est vendue fraîche, congelée ou fumée. Elle est toujours dépouillée et fréquemment coupée en steak.

VALEUR NUTRITIVE	
La baudroie contient	
Protéines	14 g
Matières grasses	1,5 g
75 calories/100 g	

CUISSON ◆ La baudroie est souvent braisée (30 minutes), pochée (20 minutes) ou grillée (20 minutes). L'arroser souvent lorsqu'elle est grillée pour l'empêcher de se dessécher.

UTILISATION ◆ La baudroie est souvent apprêtée comme le homard, qu'elle peut remplacer dans la plupart des recettes. Les sauces l'avantagent, car sa chair a tendance à sécher puisqu'elle demande un peu plus de cuisson que celle des autres poissons. La baudroie est excellente froide arrosée de vinaigrette. Sa tête aromatise la soupe.

BERGAMOTE

Citrus bergamia, **Rutacées**
Nom anglais : *bergamot*

HISTORIQUE ◆ Fruit du bergamotier, un arbre aux feuilles persistantes et aux fleurs très odorantes. La bergamote ressemble à une petite orange. Elle serait issue d'un croisement entre la lime et l'orange amère (bigarade). On la consomme depuis plusieurs siècles. La bergamote est surtout cultivée dans le sud de l'Europe, notamment en Sicile et en Calabre. Elle est légèrement piriforme. Sa chair verdâtre est divisée en sections. Elle est très juteuse, mais trop acide et trop amère pour être comestible. Son écorce jaunâtre, très riche en huile essentielle, dégage un parfum suave.

UTILISATION ◆ La bergamote est immangeable telle quelle. On utilise son zeste et son huile essentielle. Le zeste est employé surtout en pâtisserie et en confiserie. L'huile essentielle sert aussi en confiserie ainsi qu'en parfumerie (eau de Cologne) et en distillerie. La bergamote aromatise le thé Earl Gray. La ville de Nancy, en France, se spécialise depuis 1850 dans la production de sucre d'orge aromatisé à l'essence naturelle de bergamote.

BETTE

Beta vulgaris var. *cicla*, **Chenopodiacées**
Autres noms : *bette à carde, bette à côtes, bette poirée, blette, carde poirée, poirée*
Nom anglais : *chard*
Autres noms : *Swiss chard, seakale beet, silverbeet*

HISTORIQUE ◆ Plante potagère parente de la betterave. La bette est originaire de la région méditerranéenne. On la consomme depuis plus de 6 000 ans. Les Grecs et les Romains vantaient ses propriétés médicinales. Ce légume est parfois appelé incorrectement « charde suisse », une traduction littérale de l'anglais.

La bette pourrait se comparer à l'épinard, tout en étant de dimension plus imposante. Ses feuilles peuvent mesurer plus de 15 cm de large. Habituellement vertes, elles peuvent aussi être jaunâtres ou rougeâtres selon les variétés. Elles surmontent de longues tiges charnues, tendres et croustillantes, de couleur blanchâtre (parfois rougeâtre), qui atteignent jusqu'à 60 cm de haut.

ACHAT ◆ Rechercher des bettes avec des tiges fermes et des feuilles croquantes, bien colorées.

PRÉPARATION ◆ Bien laver la bette, car comme l'épinard, elle emprisonne souvent sable et terre. Si les tiges sont fibreuses, en couper la base et retirer les fibres, qui s'enlèvent comme des fils. Selon l'usage choisi, séparer les tiges des feuilles à l'aide d'un couteau ou d'un ciseau.

CUISSON ◆ Les tiges noircissent lorsqu'on les cuit, surtout si on utilise une casserole en aluminium ou en fer. On peut les blanchir d'abord dans de l'eau salée jusqu'à ce qu'elles s'attendrissent légèrement (1 ou 2 minutes) ou les arroser avec un ingrédient acide (jus de citron, vinaigre).

UTILISATION ◆ La bette se mange aussi bien crue que cuite. Crue, elle est délicieuse dans les salades, particulièrement les jeunes feuilles très chaîches. L'utiliser avec modération cependant, sinon sa saveur plutôt prononcée va dominer. On peut cuisiner la bette entière ou apprêter ses tiges comme l'asperge ou le céleri et ses feuilles comme

VALEUR NUTRITIVE	
La bette crue contient	
Eau	92,7 %
Protéines	1,8 g
Matières grasses	0,2 g
Glucides	3,7 g
Fibres	1,6 g
19 calories/100 g	

Elle est une excellente source de vitamine C, de vitamine A, de magnésium et de potassium ; elle contient du fer, du cuivre, de la folacine, de la riboflavine, de la vitamine B_6 et du calcium ainsi que des traces de phosphore, de zinc et de niacine.

La bette cuite contient	
Eau	92,7 %
Protéines	1,9 g
Matières grasses	0,1 g
Glucides	4,1 g
Fibres	2,1 g
20 calories/100 g	

Elle est une excellente source de potassium, de magnésium et de vitamine A, elle est une bonne source de vitamine C et de fer et contient du cuivre, de la riboflavine, du calcium et de la vitamine B_6 ainsi que des traces de folacine, de zinc, de phosphore et de niacine. Les feuilles de bette seraient laxatives et diurétiques.

l'épinard (elles nécessitent un peu plus de cuisson cependant, voir Épinard). La bette cuite se mange aussi bien froide que chaude. Elle est savoureuse arrosée de vinaigrette, enrobée de sauce, mise dans des soupes ou sautée (ne pas hésiter à lui incorporer ail, oignon, jus de citron ou vinaigre de vin, épices).

CONSERVATION ◆ La bette est fragile. La mettre dans un sac de plastique perforé et la placer au réfrigérateur, où elle se conservera quelques jours. Comme l'épinard, elle supporte la congélation après un blanchiment de 2 minutes.

BETTERAVE

Beta vulgaris, **Chenopodiacées**
Autre nom : *betterave potagère*
Nom anglais : *beet*
Autres noms : *beetroot, red beet*

HISTORIQUE ◆ Plante potagère à racine probablement originaire d'Afrique du Nord. La betterave était connue des Grecs, qui faisaient usage de ses feuilles et de ses racines. Ses racines étaient rouges ou blanches. La betterave n'est consommée en Amérique du Nord que depuis une centaine d'années. La betterave est de forme globulaire ou conique. Elle est plus ou moins charnue et sa mince peau est lisse. Sa chair, habituellement d'un rouge vif, peut aussi être jaune. Ses grandes feuilles très colorées, ondulées ou plissées, sont comestibles. Elles peuvent mesurer 35 cm de long et 25 cm de large. Il existe 2 autres espèces de betteraves, la betterave fourragère, qui sert à nourrir le bétail, et la betterave sucrière, qu'on transforme en sucre ou en alcool. La betterave doit sa coloration typique à la bétacyanine, un pigment de la famille des anthocyanines, extrêmement soluble à l'eau. La moindre meurtrissure fait « saigner » la betterave lorsqu'elle entre en contact avec un liquide. Cette caractéristique est exploitée dans la soupe bortsch, originaire de Russie, où les betteraves sont coupées très finement afin que la soupe soit le plus rouge possible. Le jus de la betterave tache facilement les doigts; un peu de jus de citron fera disparaître ces taches. Il peut aussi colorer urine et selles, ce qui n'est pas dangereux.

ACHAT ◆ Choisir des betteraves fermes et lisses, sans taches ni meurtrissures et d'une belle coloration rouge foncé. Rechercher des betteraves de même grosseur, car elles cuisent plus uniformément. Éviter les très grosses betteraves ou celles aux longues racines, car elles risquent

VALEUR NUTRITIVE	
La betterave cuite contient	
Eau	89 %
Protéines	2,6 g
Matières grasses	0,2 g
Glucides	5,5 g
Fibres	2,9 g
27 calories/100 g	

Elle est une excellente source de potassium et de vitamine A; elle est une bonne source de vitamine C, de magnésium, de riboflavine et contient du fer, du cuivre, du calcium, de la thiamine, de la vitamine B$_6$, de la folacine, du zinc et de la niacine.

Les feuilles de betterave cuites contiennent	
Eau	90,9 %
Protéines	1,1 g
Matières grasses	0,1 g
Glucides	6,7 g
Fibres	2,2, g
31 calories/100 g	

Les feuilles sont une excellente source de potassium; elles sont une bonne source de folacine et de magnésium et contiennent de la vitamine C et du fer ainsi que des traces de cuivre, de zinc, de phosphore, de thiamine, de niacine et de vitamine B$_6$. On dit la betterave apéritive et facilement digestible. Elle soulagerait les maux de tête et serait utile contre la grippe et l'anémie.

d'être fibreuses. Délaisser les betteraves dont les feuilles sont fanées (si elles sont encore présentes naturellement!), car elles manquent de fraîcheur.

CUISSON ◆ Laver la betterave à l'eau courante sans la meurtrir; si nécessaire, la brosser délicatement. Cuire la betterave entière, sans la peler ni la meurtrir, en laissant la racine et 2 ou 3 cm de tiges. La cuisson avive et même restaure la couleur de la betterave si on ajoute un ingrédient acide (jus de citron, vinaigre). Un ingrédient alcalin comme le bicarbonate de soude, par contre, bleuit la betterave, tandis que le sel la décolore; ne saler qu'en fin de cuisson. La betterave est longue à cuire, de 25 à 60 minutes pour la cuisson à l'eau et plus pour la cuisson à la vapeur; s'assurer que, durant tout ce temps, l'eau ne manque pas. La cuisson au four protège la saveur mais accentue la couleur. Pour vérifier le degré de cuisson, éviter de piquer la betterave avec une fourchette ou la pointe d'un couteau, sinon elle perdra de la couleur si la cuisson doit continuer. Passer plutôt le légume sous un filet d'eau froide : si la pelure s'enlève facilement, c'est qu'il est cuit.

UTILISATION ◆ La betterave peut être mangée crue ou cuite. Crue, la peler, la trancher ou la râper et, si désiré, l'assaisonner. Cuite, elle peut être mangée chaude ou froide ; elle est souvent arrosée de vinaigrette ou mise dans les salades. Ses feuilles sont délicieuses cuites et s'apprêtent comme l'épinard ou la bette. La betterave sert aussi de substitut au café; sa racine est séchée, grillée puis mise en poudre. Cette poudre est utilisée telle quelle ou mélangée avec d'autres ingrédients, dont la chicorée.

CONSERVATION ◆ La betterave est moyennement fragile; elle se conserve environ 2 à 4 semaines au réfrigérateur ou dans un endroit frais (près de 0 °C) et humide (90 à 95 %). Non lavée, on peut l'enfouir dans du sable, elle se conserve alors de 2 à 4 mois, parfois plus. Ses feuilles non lavées restent fraîches environ 1 semaine au réfrigérateur; les placer dans un sac de plastique perforé.

BEURRE

Nom anglais : *butter*

HISTORIQUE ◆ Le beurre est la substance grasse et onctueuse obtenue par le barattage du lait entier ou de la crème. Le barattage permet de séparer les matières grasses du liquide (la partie aqueuse qui reste est nommée babeurre). On peut fabriquer le beurre non seulement avec du lait de vache mais aussi avec le lait d'autres mammifères, tels les laits de chèvre, d'ânesse, de jument, de bufflonne et de chamelle. Ces beurres à saveur plus prononcée sont surtout produits en Asie, en Afrique et dans certaines régions d'Amérique du Sud. La plupart sont produits artisanalement.

Le mot beurre désigne également des substances onctueuses et riches en matières grasses extraites de divers végétaux; dans ce cas on mentionne le nom de l'aliment d'où il provient (ex. : beurre d'arachide, beurre de cacao, beurre d'amandes, beurre de noix de coco).

Le beurre est consommé depuis les temps anciens. Il est mentionné dans la Bible à plusieurs reprises. Le beurre était rare dans la Grèce et la Rome antiques. Il devint plus abondant au Moyen-Âge. En cette fin du XXe siècle, la production de beurre est tellement importante que plusieurs pays ont d'énormes surplus. Dans l'Antiquité, le beurre fut utilisé dans les cérémonies religieuses et, comme médicament, on s'en servait notamment en cataplasmes contre les infections de la peau et les brûlures (son efficacité est reliée à la présence de vitamine A). Le mot beurre apparaît dans plusieurs expressions, telles «assiette au beurre», «faire son beurre», «mettre du beurre dans les épinards» et «ça entre comme dans du beurre», dont plusieurs font référence à l'enrichissement.

Lors de la fabrication industrielle du beurre, la crème est d'abord pasteurisée. Elle est ensuite ensemencée par des ferments lactiques acidifiants qui vont permettre l'apparition de substances conférant au beurre son goût et son arôme particuliers, tel le diacétyl. Puis elle est barattée, ce qui donne le beurre, qui est lavé et malaxé afin que soient extraits les résidus d'eau et de lait qui risquent de lui conférer un goût aigre et acide. L'addition de sel et de colorant jaune est très courante bien que non essentielle; le sel joue cependant un rôle de préservation tout en permettant de masquer les saveurs indésirables et de rehausser le goût. Le colorant permet de produire un beurre de couleur uniforme tout au long de l'année, car l'alimentation des animaux a une influence sur la coloration du beurre et elle varie selon les saisons.

Vers 1980 est apparu sur le marché du beurre fouetté (ou mou). Ce beurre, un produit de la technologie, fut créé afin de concurrencer la margarine, facilement tartinable dès qu'elle est sortie du réfrigérateur, contrairement au beurre qui est dur et qui se travaille mal. Divers ingrédients que l'on ne retrouve pas dans le beurre naturel peuvent être présents dans ce succédané, dont du babeurre, de la lécithine, de la gomme de caroube, de l'acide citrique, des mono- et diglycérides et du sorbate de potassium.

Toujours en vue d'endiguer la baisse des ventes du beurre, les producteurs laitiers ont aussi mis sur le marché un beurre «allégé», moins riche en matières grasses, en cholestérol, en calories et en sel que le beurre régulier.

PRÉPARATION ◆ Mesurer le beurre n'est pas toujours une tâche facile dans les pays où les recettes sont conçues au volume et non au poids, comme au Canada et aux États-Unis. Une façon de faciliter l'opération consiste à mesurer le beurre dans de l'eau :

- remplir une tasse à mesurer d'une quantité précise d'eau fraîche ;

VALEUR NUTRITIVE

Le beurre régulier contient

Matières grasses (origine animale)	80 à 82 %
Eau	14 à 16 %
Sel	0 à 4 %
Lait caillé	0,1 à 1 %

Ses matières grasses sont constituées à 62 % d'acides gras saturés et elles contiennent 22 mg de cholestérol/10 g. Le beurre est un aliment énergétique fournissant 72 calories/10 g. Son contenu en protéines, en glucides, en vitamines et en sels minéraux est infime, exception faite de la vitamine A qui constitue une source ainsi que du sodium, qui est ajouté et qui atteint 2 % dans le beurre salé et 1 % dans le beurre demi-salé (appelé demi-sel en Europe). Le beurre non salé ne contient pas de sel.

Le beurre fouetté (ou mou) contient

Protéines	0,1 g
Matières grasses	7,8 g
Glucides	traces
Cholestérol	21 mg
Sodium	79 mg
69 calories/10 g	

Le beurre fouetté (ou mou) renferme légèrement moins de calories et de matières grasses que le beurre régulier. Il contient de la vitamine A.

Le beurre allégé contient

Protéines	0,37 g
Matières grasses	3,9 g
Glucides	0,6 g
Cholestérol	12 mg
Sodium	69 mg
39 calories/10 g (10 ml)	

Le beurre allégé contient deux fois moins de matières grasses et de calories que le beurre régulier, 46 % moins de cholestérol et 25 % moins de sel. Le beurre hypocalorique doit contenir un maximum de 39 % de matières grasses. Il peut contenir des agents émulsifiants, des stabilisants, des agents de conservation, du sel et du colorant alimentaire. On obtient un beurre à la consistance plus molle.

Le beurre salé contient

Protéines	traces
Matières grasses	8,2 g
Glucides	traces
Cholestérol	22 mg
Sodium	82 mg
72 calories/10 g (2 carrés)	

Il contient de la vitamine A.

- ajouter du beurre jusqu'à ce que le niveau de l'eau atteigne la hauteur désirée ; ainsi, s'il faut 125 ml de beurre, mettre 250 ml d'eau et arrêter d'ajouter le beurre quand le niveau aura atteint 375 ml ;

- égoutter le beurre.

On peut « clarifier » le beurre, c'est-à-dire le débarrasser de ses impuretés (le ghee de la cuisine indienne) ; il devient alors limpide comme l'huile et peut supporter la friture :

- fondre le beurre à feu très doux au four (135 °C) ou sur la cuisinière ; pendant que le beurre fond, une partie des impuretés remonte à la surface et l'autre partie se dépose au fond de la casserole ;

- chauffer le beurre jusqu'à ce que les impuretés brunissent ; elles vont former une couche sur le dessus ou vont adhérer au récipient ;

- couler le beurre dans une mousseline ou enlever les impuretés à l'aide d'une cuiller trouée, puis transvaser le beurre lentement, en prenant soin de laisser les impuretés dans la casserole ;

- placer le beurre clarifié maison au réfrigérateur ; il se conservera environ 2 mois. Le beurre clarifié industriel peut être laissé à la température de la pièce.

CUISSON ◆ Comme le beurre brûle beaucoup plus rapidement que l'huile et la margarine, éviter de le chauffer à feu vif. On peut l'utiliser en combinaison avec de l'huile ; ainsi, il se décompose moins rapidement (chauffer l'huile d'abord puis ajouter le beurre). Le beurre est plus digestible frais que fondu, alors qu'il est encore sous sa forme d'émulsion. Il se prête mal aux cuissons à haute température, car ses matières grasses se décomposent rapidement et ses vitamines diminuent. Le beurre ainsi chauffé (nommé beurre noir) brunit et forme de l'acroléine, une substance indigeste et nocive.

Le beurre fouetté (ou mou) inventé par les chimistes (pas le beurre à la température de la pièce) ne doit pas servir pour la cuisson, car il ne supporte pas la chaleur (en plus il change la texture des pâtisseries et autres mets du genre). On l'utilise pour tartiner.

UTILISATION ◆ Le beurre occupe une place de choix dans la cuisine de plusieurs pays, car il confère une saveur inégalable aux aliments. On le retrouve notamment dans les sauces (ex. : beurre manié, roux, sauce béarnaise, sauce hollandaise), les pâtisseries, les crèmes et les potages.

On peut ajouter divers ingrédients au beurre froid ; on obtient alors un « beurre composé », qui sert à assaisonner grillades, poisson, escargots, fruits de mer, canapés, légumes et potages. Les ingrédients, tels l'ail, l'échalote, le persil, le raifort, le caviar, la moutarde, le roquefort, les sardines, le cresson, le citron et les amandes sont hachés très

Le beurre non salé contient	
Protéines	traces
Matières grasses	8,2 g
Glucides	traces
Cholestérol	22 mg
Sodium	2 mg
72 calories/10 g (2 carrés)	

Il contient de la vitamine A.

Le beurre fabriqué avec de la crème non pasteurisée, dit « beurre fermier » en Europe, contient un peu plus de protéines et de lactose que le beurre commercial, et sa saveur est plus prononcée. Comme le lait cru, il a pratiquement disparu du marché, car il est facilement contaminé et porteur de bactéries qui peuvent causer des maladies graves. Il rancit vite et ne se conserve que de 8 à 14 jours.

Le beurre est un aliment controversé, défendu par les uns, particulièrement les producteurs, qui vantent le naturel de son contenu, décrié par les autres, qui dénoncent son contenu en acides gras saturés et en cholestérol. Les fabricants d'huile et de margarine constituent d'importants opposants. Comme dans les autres polémiques sur les aliments, les informations ne sont pas toujours objectives et d'énormes sommes d'argent sont en jeu. De toute façon, on devrait consommer le beurre modérément, car il constitue une source importante de matières grasses, d'acides gras saturés, de cholestérol et de calories, ce qui est peu adapté à la vie sédentaire, tellement courante maintenant.

finement ou mis en purée; certains sont cuits jusqu'à ce que l'eau qu'ils contiennent soit évaporée. Le beurre est d'abord travaillé en pommade à l'aide d'une cuiller ou d'une spatule de bois; on peut aussi se servir d'un appareil électrique, surtout lorsqu'on a une quantité importante à préparer. On ajoute ensuite les ingrédients choisis et on mélange le tout.

CONSERVATION ◆ Le beurre absorbe facilement les odeurs, s'oxyde rapidement, et peut acquérir une coloration trop prononcée causée par la déshydratation s'il est mal emballé, ce qui affecte sa saveur. Il peut aussi se couvrir de moisissures ou de taches dues à l'apparition de bactéries ou de champignons. Bien le couvrir, le tenir éloigné des aliments qui peuvent lui conférer un mauvais goût, et le réfrigérer. On peut aussi le garder au frais, mais il se conservera moins longtemps. Le beurre se congèle mais perd légèrement de la saveur. L'utiliser en dedans de 5 à 6 mois pour minimiser la perte de saveur.

BICARBONATE DE SODIUM

Autre nom : *bicarbonate de soude*
Nom anglais : *bicarbonate of soda*
Autres noms : *baking soda, sodium bicarbonate*

HISTORIQUE ◆ Le bicarbonate de sodium est une fine poudre blanche constituée d'un mélange de sels alcalins qui fait lever la pâte. Également appelé bicarbonate de soude, il a été commercialisé pour la première fois aux États-Unis vers le milieu du XIXᵉ siècle. Le bicarbonate de sodium chambarda les habitudes culinaires, car il facilitait le levage de la pâte. Il contribua à l'essor de la fabrication commerciale de gâteaux, de biscuits et de beignes. Au Canada, les francophones appellent souvent incorrectement cette substance «soda à pâte», une traduction littérale de l'anglais «baking soda».

On obtint d'abord le bicarbonate de sodium en traitant de la cendre de soude au gaz carbonique. Le procédé de fabrication le plus courant maintenant consiste à introduire de l'eau saumurée dans d'énormes réservoirs contenant de l'ammoniac; le mélange est ensuite mis en contact avec du gaz carbonique, ce qui crée le bicarbonate de sodium. Cette substance insoluble se précipite au fond des réservoirs, elle est ensuite filtrée, lavée à l'eau froide, séchée, puis moulue en une fine poudre.

Le bicarbonate de soude se décompose en carbonate de sodium, en eau et en gaz carbonique lorsqu'il est mis en contact avec un ingrédient acide et la chaleur, ce qui fait lever la pâte. La pâte dans laquelle on l'incorpore doit toujours contenir une quantité suffisante d'acidité pour le neutraliser, sinon le bicarbonate de soude confère une saveur désagréable aux aliments. Mélasse, miel, malt, chocolat, cacao, jus de citron, yogourt, babeurre ou vinaigre sont les ingrédients les plus couramment utilisés. Il arrive que le carbonate de sodium laisse malgré tout un arrière-goût aux aliments, car il est plutôt stable et nécessite une chaleur élevée pour se décomposer. Si une recette demande d'utiliser du lait sur ou du babeurre que l'on n'a pas sous la main, on peut les remplacer par :

* 240 ml de lait et 5 ml (1 cuillerée à café) de crème de tartre;

- ou 240 ml de lait dans lequel on ajoute 15 ml (1 cuillerée à soupe) de vinaigre ou de jus de citron .

UTILISATION ◆ Le bicarbonate de soude est souvent utilisé lorsque des fruits sont incorporés à la pâte, car il en neutralise l'acidité. Il est habituellement intégré dans les ingrédients secs. Le tamiser pour s'assurer qu'il n'est pas granuleux car, s'il n'est pas bien incorporé dans la pâte, on le retrouvera sous forme de taches jaunâtres lorsque l'aliment sera cuit, et cette partie aura une saveur très désagréable. Ne pas le délayer dans un liquide acide. Le bicarbonate de soude est parfois ajouté à l'eau de cuisson des légumes, dont il protège la couleur, et des légumineuses, dont il raccourcit le temps de cuisson. Cette pratique entraîne cependant une perte de valeur nutritive et donne facilement des légumes détrempés et trop cuits, car le bicarbonate agit rapidement sur la cellulose, qu'il amollit. Le bicarbonate de soude est efficace pour décoller les aliments qui ont brûlé dans le fond d'une casserole. Mettre un peu d'eau dans la casserole, saupoudrer du bicarbonate de soude, faire bouillir 1 ou 2 minutes et laisser refroidir. Le bicarbonate de soude aide à éteindre les feux qui peuvent survenir dans la cuisine.

CONSERVATION ◆ Le bicarbonate de soude se conserve à la température de la pièce, à l'abri de l'humidité.

BIGORNEAU

Littorina littorea, **Littorinidés**
Autres noms et espèces : *littorine, bourgot*
Nom anglais : *periwinkle*
Autre nom : *winkle*

HISTORIQUE ◆ Petit mollusque de la classe des Gastéropodes, abondant notamment dans l'Atlantique et le Pacifique. Le bigorneau ressemble à l'escargot, se meut comme lui et se déplace la nuit, temps idéal pour le pêcher. Il vit en colonies sur les rochers, dans les crevasses et sur les piliers des quais juste sous le niveau de la mer. Le bigorneau est pourvu d'une petite coquille spiralée, lisse et épaisse. Cette coquille est fermée par un opercule, une pièce cornée qui protège le mollusque. Selon les variétés, la coquille est brune ou grise, avec des bandes spiralées noirâtres ou rougeâtres. Le bigorneau devient intéressant à consommer quand il mesure 2 ou 3 cm de hauteur et de largeur.

PRÉPARATION ◆ Secouer les bigorneaux avant de les laver afin qu'ils rentrent dans leur coquille.

CUISSON ◆ Ne cuire que des bigorneaux encore en vie, dont la coquille est intacte. Les cuire dans de l'eau salée (15 ml de sel [1 c. à soupe] par litre), de l'eau de

VALEUR NUTRITIVE	
Le bigorneau contient	
Protéines	20 g
Matières grasses	2 g
100 calories/100 g	

mer ou un court-bouillon. Mettre les bigorneaux dans une casserole et les recouvrir du liquide. Couvrir la casserole et amener à ébullition. Cuire les bigorneaux 5 minutes (plus longtemps, ils deviennent coriaces et sont plus difficiles à extraire de leur coquille devenue très friable), puis les égoutter. Les retirer de leur coquille à l'aide d'une épingle, en ôtant tout d'abord l'opercule.

UTILISATION ◆ Les bigorneaux se mangent chauds ou froids. Leur chair maigre est similaire à celle des escargots terrestres et peut la remplacer dans la plupart des recettes. Les bigorneaux peuvent se manger tels quels, simplement arrosés de jus de citron ou de vinaigre. Ils sont souvent marinés. On les apprête de diverses façons, notamment en sauce ou au vin blanc. On les met dans les entrées et les salades, on les sert en plat principal. Ils sont délicieux grillés sur un feu de bois (éviter de les cuire trop).

CONSERVATION ◆ Les bigorneaux se conservent au réfrigérateur 1 jour ou 2. Ils se congèlent.

BLÉ

Triticum spp, **Graminées**
Nom anglais : *wheat*

HISTORIQUE ◆ Céréale probablement originaire d'Asie Mineure. Le blé occupe, avec le riz, une place très importante dans l'alimentation humaine, et ce, depuis les temps préhistoriques. Des découvertes archéologiques montrent qu'on le consommait il y a plus de 12 000 ans. Dans l'Antiquité, le blé aurait d'abord été cultivé au Moyen-Orient, puis se serait répandu en Europe. Depuis environ 6 000 ans, le développement de plusieurs civilisations a été lié aux progrès dans la culture du blé.

Le blé est également appelé « froment ». C'est une plante très adaptable qui pousse presque partout dans le monde. Elle résiste au froid mais nécessite un été assez long pour que ses fleurs puissent produire des grains. Depuis peu cependant, on a créé des hybrides qui croissent dans les régions nordiques, où l'été est très court.

Cette plante annuelle mesure de 60 cm à 1,2 m de hauteur. Elle développe des épis formés de groupes de fleurs (épillets) comportant chacun de 3 à 5 fleurs. Chaque épillet a 2 bractées stériles à sa base (glumes) et 2 bractées fertiles (glumelles). Après fécondation, la fleur, qui reste fermée à maturité, développe le grain (caryopse). Ce grain de forme ovale est plus ou moins bombé. Il est orné d'un profond sillon longitudinal. L'extrémité supérieure porte une barbe de petits poils et l'extrémité inférieure un germe minuscule, l'embryon, qui donnera éventuellement naissance à une nouvelle plante. Le grain varie de grosseur, de forme et de couleur, selon les variétés, fort nombreuses. Il existerait 14 espèces de blé et plusieurs milliers de variétés.

L'espèce *Triticum vulgare*, appelée « blé tendre » (ou « blé mou »), est la plus cultivée dans le monde (plus de 90 % du blé cultivé). L'espèce *Triticum durum*, nommée « blé dur », a une importance appréciable. Elle est très utilisée dans la fabrication des pâtes alimentaires, car elle résiste mieux à la cuisson et ne colle pas. Le blé durum est plus jaune que les autres variétés de blé. Il reste granuleux même moulu. L'**épeautre** *(T. speltum)* est un membre de la famille qui fut longtemps cultivé intensivement en Europe. Il est tombé graduellement dans l'oubli depuis le début du XXᵉ siècle. Les grains de l'épeautre sont petits et bruns. Ils adhèrent fortement à l'écorce. Ils peuvent être utilisés comme le riz, qu'ils remplacent avantageusement (ils cuisent en 1 heure). L'épeautre mélangé avec du blé dur est panifiable.

Le **kamut** *(T. polonicum)* est une espèce très ancienne qui serait originaire du Proche-Orient. Le mot kamut désignait le blé dans l'Égypte ancienne. Apparenté au blé durum, le kamut en serait l'ancêtre. Il a une structure génétique différente du blé moderne, car il contient 14 paires de chromosomes au lieu de 21. Cette caractéristique le rend plus facile à digérer, et les gens souffrant d'allergie au gluten du blé peuvent souvent consommer le kamut sans problème. Le kamut a une saveur de noisette. On peut remplacer la farine de blé par de la farine de kamut dans la plupart des recettes. Souvent l'aliment sera plus friable cependant, comme les crêpes ; il est alors préférable de remplacer seulement la moitié de la farine de blé.

Le grain de blé doit être décortiqué parce que son écorce extérieure (la balle) est indigeste pour l'être humain. Le grain décortiqué comporte trois parties principales : l'amande, le germe et le son.

• L'**amande** (ou endosperme) représente environ 83 % du poids du grain. Elle est constituée principalement de grains d'amidon (70 à 72 %) liés entre eux par le gluten. Le gluten est une substance protidique qui devient visqueuse et élastique lorsqu'elle est mise en contact avec un liquide (le mot « gluten » est d'ailleurs dérivé du latin *glu* signifiant « colle »). Le gluten a la propriété de retenir le gaz produit par la fermentation d'une pâte faite de farine et d'eau, ce qui fait lever la pâte (voir Pain). Le pétrissage ou un battage vigoureux activent l'action du gluten (c'est pourquoi il faut travailler très peu la pâte à tarte ou à muffins).

• Le **son** recouvre l'amande. Il est composé de plusieurs couches fibreuses, constituées principalement de lignine vers l'extérieur et de cellulose près de l'amande. Il représente 14,5 % du poids du grain. Il est riche en fibres, en protéines, en vitamines et en sels minéraux. Il contient 80 % de la niacine présente dans le grain ainsi qu'une grande partie des autres vitamines du complexe B. Le son a la propriété d'absorber les liquides.

• Le **germe** est l'embryon de la plante. Il est situé dans la partie inférieure du grain. C'est le germe de vie. Il ne représente qu'environ 2,5 % du poids du grain, mais c'est la partie qui contient le plus d'éléments nutritifs. Il est très riche en matières grasses (6 à 11 %), ce qui le rend très périssable. Ses matières grasses sont composées en grande partie d'acide linoléique (voir Huile). La lysine, un acide aminé essentiel (un important constituant des protéines), est particulièrement abondante dans le germe, ce qui est rare dans un produit céréalier.

VALEUR NUTRITIVE	
Le son de blé brut renferme	
Eau	9,9 %
Protéines	4,7 g
Matières grasses	1,3 g
Glucides	19,4 g
Fibres	12,7 g
64,8 calories/30 g (environ 125 ml)	

Il est une excellente source de magnésium, de potassium et de phosphore et une bonne source de niacine, de zinc, de fer, de vitamine B_6 et de cuivre ; il contient de la thiamine, de la riboflavine, de la folacine et de l'acide pantothénique. Le son de blé est une source très élevée de fibres.

Le germe de blé brut renferme	
Eau	11,1 %
Protéines	6,9 g
Matières grasses	2,9 g
Glucides	15,5 g
Fibres	4,5 g
108 calories/30 g (environ 60 ml)	

Il est une excellente source de thiamine, de zinc, de folacine, de magnésium et de niacine et une bonne source de phosphore, de potassium et de vitamine B_6 ; il contient du fer, du cuivre, de l'acide pantothénique et de la riboflavine. Le germe de blé est une source élevée de fibres.

UTILISATION ◆ Le grain de blé est transformé en farine et on en extrait le son et le germe. On connaît bien l'usage de la farine. On est souvent moins habitué à utiliser le germe et le son de blé. On ajoute du germe ou du son de blé dans les céréales à déjeuner. On les met dans les farces, les pâtés, les pâtisseries et le pain. On les intègre à la farine blanche pour lui redonner une partie de sa valeur nutritive (remplacer 60 ml de farine blanche [30 g] par 60 ml de germe de blé [30 g]). On saupoudre du germe de blé sur les légumes, les omelettes, les légumineuses et le yogourt. L'utilisation du blé ne se limite pas à la farine, au son et au germe. Le grain de blé peut être consommé sous diverses formes : entier, concassé, soufflé, en flocons, en semoule (couscous), en boulghour et en huile de germe.

Grains entiers. Grains simplement débarrassés de leur enveloppe extérieure. Les grains entiers peuvent être cuits tels quels ou être incorporés aux soupes, aux plats mijotés et aux légumineuses. Il est préférable de les mettre à tremper une douzaine d'heures dans de l'eau tiède avant de les cuire (environ 1 heure) ; utiliser le liquide de trempage pour la cuisson. Le blé dur nécessite de 720 à 960 ml de liquide par 240 ml (200 g) de grain, et le blé mou, 720 ml. Les grains peuvent être mangés crus, grossièrement moulus, après avoir trempé 12 heures. Ils sont habituellement ajoutés aux mueslis et aux granolas. Ils servent également à la fabrication d'alcool, de fécule et de glutamate monosodique. Ils peuvent aussi être mis à germer.

Blé concassé. Grains brisés en plusieurs morceaux, habituellement de 4 à 8. Le blé concassé est utilisé comme les grains entiers. Il cuit plus rapidement (15 à 25 minutes) et nécessite moins de liquide (de 480 à 840 ml par 240 ml de grains [150 g]). On ajoute parfois du blé concassé dans la pâte à pain.

Blé soufflé. Grain chauffé et soumis à une très forte pression, laquelle est ensuite réduite très rapidement. Cela entraîne une rapide expansion de la vapeur d'eau et fait éclater le grain. Le blé soufflé est surtout utilisé comme céréale à déjeuner et en confiserie.

VALEUR NUTRITIVE	
Le blé durum contient	
Eau	10,9 %
Protéines	10,2 g
Matières grasses	1,9 g
Glucides	53,3 g
254 calories/75 g (environ 100 ml)	

Comme dans plusieurs céréales, la principale déficience du blé dur en acides aminés essentiels est la lysine, ainsi que le tryptophane et la méthionine. Une alimentation variée permet de compléter cette carence (voir Céréales). Le blé dur est une excellente source de magnésium, de phosphore, de zinc, de niacine et de potassium ; il est aussi une bonne source de thiamine, de cuivre, de fer, de vitamine B_6 et de folacine ; il contient de l'acide pantothénique et de la riboflavine. Le blé cause de l'allergie chez certaines personnes. Les principaux symptômes peuvent toucher les systèmes suivants : gastro-intestinal (diarrhée, douleur abdominale, colique), respiratoire (asthme, toux), circulatoire, nerveux central (fatigue, migraine, irritabilité) et cutané (urticaire, eczéma). On parle alors d'allergie au gluten.

Flocons de blé. On trouve sur le marché des flocons cuits et des flocons crus. Les flocons cuits sont des céréales sèches prêtes à manger. Leur valeur nutritive est fort variable, car elle dépend du degré de raffinage et des procédés de fabrication. Les flocons crus sont fabriqués de la même façon que les flocons d'avoine, c'est-à-dire qu'ils sont écrasés par d'énormes rouleaux. Les mettre à tremper plusieurs heures avant de les cuire. Utiliser de 480 à 600 ml de liquide par 240 ml de flocons (140 g). Cuire environ une heure.

Semoule. Blé moulu en granules plus ou moins fins. Le terme semoule vient du latin *simila* signifiant «fleur de farine». Le mot semoule désigne soit la farine de blé durum dont on se sert pour fabriquer des pâtes alimentaires, soit le produit obtenu après la mouture de n'importe quelle variété de blé (ou d'autres céréales). La semoule est fabriquée habituellement à partir de l'amande (endosperme); le son et le germe en sont donc absents. L'amande est d'abord moulue finement puis délayée dans de l'eau. La pâte obtenue est ensuite façonnée en de minces fils, cuite à la vapeur, séchée puis granulée plus ou moins grossièrement. La semoule très fine est utilisée principalement comme céréale à déjeuner, dans les potages ou comme dessert (puddings, crèmes, soufflés).

La semoule est transformée en **couscous**, le nom d'un plat d'origine nord-africaine dont elle fait obligatoirement partie. Traditionnellement, le couscous est fabriqué à la main; c'est un travail qui demande du temps et de la patience. La semoule est saupoudrée de farine, aspergée d'eau, roulée entre les mains puis cuite. Le couscous peut être cuit seul et utilisé comme le riz ou toute autre céréale, qu'il remplace avantageusement. Il peut servir d'accompagnement de plats principaux, être mis dans les soupes et les salades, être cuisiné en dessert ou comme céréale à déjeuner. Il cuit rapidement, car il a déjà subi un début de cuisson. On le cuit souvent à la vapeur dans un couscoussier, une grande marmite munie d'une passoire. Recouvrir le couscous d'eau, le laisser tremper 15 minutes, puis l'égoutter. Le placer dans le haut du couscoussier, verser le liquide puis cuire à la vapeur de 15 à 30 de minutes. Séparer les grains 2 ou 3 fois avec une fourchette pour éviter qu'ils ne forment des grumeaux. S'ils sont trop secs, les asperger d'eau froide. Enrober les grains d'un peu d'huile ou de beurre en fin de cuisson pour qu'ils ne collent pas.

Boulghour (ou **bulghur**). Blé traité selon une méthode originaire du Proche-Orient et vieille de quelques milliers d'années. Traditionnellement, le blé est mis à tremper une douzaine d'heures. Il est ensuite égoutté sommairement puis mis à germer de deux à trois jours. Quand apparaît un minuscule germe, le blé est cuit environ une heure et demie, puis il est séché et concassé. Il en résulte une céréale au goût de noisette qui se prépare rapidement. Le boulghour est particulièrement riche en niacine, en acide folique, en fer, en phosphore et en potassium. Il existe deux façons de cuisiner le boulghour, par simple réhydratation ou par cuisson :

- si le boulghour est destiné à des plats froids, le mettre seulement à tremper dans du liquide bouillant (de 360 à 480 ml de liquide par 240 ml de céréale [140 g]). Amener le liquide à ébullition (eau, bouillon, jus), éteindre le feu, ajouter le boulghour puis couvrir. Le boulghour est prêt à manger après une trentaine de minutes. S'il n'est pas assez mou, ajouter un peu de liquide et attendre qu'il soit absorbé. S'il reste trop de liquide, l'égoutter;

- s'il est servi chaud, cuire le boulghour une quinzaine de minutes à feu doux. Tout surplus de liquide non absorbé est riche en éléments nutritifs et peut être utilisé pour cuisiner (soupe, fricassée, sauce).

Le boulghour se mange comme céréale le matin ou entre dans la composition d'une foule de mets. Le plus connu est sans doute le taboulé, une salade d'origine libanaise agrémentée de persil, de tomates, de menthe, d'huile et de jus de citron. Le boulghour peut être utilisé comme le riz, qu'il remplace agréablement. On le met entre autres dans les soupes, les salades et les farces. Il peut constituer un mets principal, accompagné de légumineuses, de graines ou de produits laitiers.

Huile de germe de blé. Huile obtenue par pressage des grains à froid ou à l'aide de solvants. Elle s'ajoute aux aliments ou sert de supplément vitaminique. Elle est coûteuse car chère à produire.

CONSERVATION ♦ Conserver les grains de blé entier à l'abri des insectes et des rongeurs, dans un endroit frais et sec. Réfrigérer les sous-produits du grain (boulghour, son, semoule) pour retarder leur rancissement et préserver leur valeur nutritive. Conserver le germe de blé au réfrigérateur lorsqu'il n'est pas dans un contenant sous vide, car il rancit très rapidement. L'idéal est de le congeler et de s'en servir non décongelé.

BLEUET ET MYRTILLE

Vaccinium spp, **Ericacées**
Noms anglais : *blueberry, bilberry, huckleberry*

HISTORIQUE ♦ Ces deux fruits font partie de la famille des airelles, qui comprend 150 espèces dont certaines ne sont pas comestibles. Le bleuet, originaire d'Amérique du Nord, est surtout cultivé au Canada et aux États-Unis. Il a été introduit récemment en Australie. Il est très rare en Europe. Il pousse à l'état sauvage dans les bois, les tourbières ou en montagne. Il en existe une trentaine d'espèces. La plupart sont des arbrisseaux mesurant moins de 30 cm de haut et produisant des fruits minuscules, de la taille des petits pois. Certaines variétés géantes sont des arbustes qui atteignent entre 2 et 5 m de hauteur et qui produisent des bleuets gros comme des billes. Les fleurs, d'un blanc rosé, sont en forme de clochette. Les fruits sont réunis en grappes. Le bleuet est une baie ronde, d'un bleu plus ou moins foncé, parfois noirâtre. Sa chair sucrée contient de très petites graines. Le bleuet nain est souvent plus sucré et plus savoureux que le bleuet géant. Une mince pellicule cireuse et naturelle, la pruine, recouvre fréquemment ce fruit et lui donne un aspect terne.

La myrtille est originaire d'Europe et d'Asie. Elle croît surtout à l'état sauvage, sur un arbrisseau atteignant entre 20 et 60 cm de hauteur et dont le feuillage vert devient rouge foncé à l'automne. Elle apparaît en petites grappes après la floraison de petites fleurs blanches. Son diamètre est d'environ 8 mm. Bien qu'elle ressemble beaucoup au bleuet, la myrtille provient d'une espèce différente.

ACHAT ♦ Choisir des fruits bien colorés, non ratatinés et exempts de moisissures.

PRÉPARATION ♦ Le bleuet et la myrtille sont fragiles. Si nécessaire, les laver brièvement juste avant de les consommer.

UTILISATION ♦ Ces fruits sont excellents nature. On les mange tels quels ou on les met dans les salades de fruits, les céréales, les crêpes et les gaufres. Comme toutes les baies, on les utilise pour confectionner de nombreux desserts, notamment muffins, tartes, gâteaux, crème glacée, yogourt

VALEUR NUTRITIVE	
Le bleuet et la myrtille contiennent	
Eau	85 %
Protéines	0,7 g
Matières grasses	0,4 g
Glucides	14 g
Fibres	2,3 g
56 calories/100 g	

Ils sont une source de vitamine C, de potassium, de sodium et de fibres. Ils renferment en outre plusieurs acides, notamment de l'acide oxalique, de l'acide malique, de l'acide citrique et des anthocyanides. On dit le bleuet et la myrtille astringents, antibactériens et antidiarrhéiques ; les anthocyanides seraient efficaces pour traiter les infections urinaires.

et sorbets. Ils sont délicieux en gelée ou en confiture. On les transforme en jus ou en boissons alcoolisées. On les déshydrate. Les Indiens du Canada avaient l'habitude de cuire les bleuets en pâte concentrée qu'ils faisaient ensuite sécher au soleil, ce qui leur permettait de manger ces fruits hors saison.

CONSERVATION ◆ Les bleuets et les myrtilles sont délicats. Les placer au réfrigérateur sans les laver, ils se conserveront quelques jours. Enlever les fruits endommagés, car ils font pourrir les autres. Ils se mettent en conserve ou se congèlent. Les congeler tels quels après les avoir lavés, triés et asséchés ; l'ajout de sucre n'est pas nécessaire. La congélation affecte la saveur et la texture, ce qui importe peu si les fruits sont utilisés pour la cuisson. Les cuisiner sans les laisser décongeler complètement, ils auront plus de saveur.

BŒUF

Bos, **Bovidés**
Nom anglais : *beef*

HISTORIQUE ◆ Le bœuf est un mammifère qui fut domestiqué en Macédoine et en Mésopotamie il y a 8 000 à 10 000 ans. Tant sauvage qu'apprivoisé, le bœuf a souvent été vénéré tout au long de l'histoire humaine, et il le demeure encore dans certaines parties du globe, en Afrique noire par exemple. La consommation de bœuf est souvent investie d'un pouvoir symbolique ; c'est notamment un signe de prospérité et un gage de santé.

Il existe plusieurs centaines de races de bœufs et un nombre incalculable de croisements. Environ une trentaine de races seulement sont destinées à la consommation humaine à cause de leur rendement élevé en viande et de la qualité de leur chair.

En boucherie, le terme bœuf désigne indifféremment la viande de génisse, de vache, de taureau, de taurillon, de bœuf ou de bouvillon, même si la tendreté et la saveur sont loin d'être identiques. L'âge de l'animal, ses conditions de vie et les méthodes d'élevage jouent un rôle important dans la qualité de la viande ; plus l'animal a travaillé fort et est âgé, plus la viande est dure, mais plus aussi elle a de la saveur.

Aussi étonnant que cela puisse paraître, une viande plus tendre est plus grasse qu'une viande dure ; ce gras est cependant peu visible, car il est logé dans les fibres musculaires. Ces fibres ont peu travaillé lorsque l'animal vivait, alors le gras n'a pas été éliminé. Un filet mignon est très bon au goût, mais il est plus gras qu'un steak de ronde, par exemple. Pour réduire l'ingestion de matières grasses :

- choisir des coupes maigres et des modes de cuisson sans gras ;

- enlever le gras visible ;

- dégraisser la sauce ;

- ne manger que le maigre (cela permet aussi d'abaisser l'ingestion de calories et de cholestérol).

 ACHAT ◆ Les méthodes de découpage du bœuf varient selon les pays, ce qui a une influence sur la nomenclature des morceaux. Un fait demeure constant cependant :

la carcasse comporte toujours des parties plus tendres que d'autres, parties dites « nobles ». Elles ne représentent qu'environ 30 % de l'animal et sont donc plus rares, plus en demande et plus coûteuses que les parties moins tendres. Les morceaux moins tendres peuvent donner d'aussi bons résultats s'ils sont bien apprêtés, c'est-à-dire s'ils sont marinés et cuits lentement.

L'usage projeté devrait guider l'achat de bœuf, car il est inutile de payer pour un morceau tendre s'il est mijoté longtemps. Choisir sa viande d'après le nom de la coupe et non pas d'après l'usage projeté est aussi un moyen d'économiser. Demander par exemple un haut de côtes ou du bifteck de jarret pour un pot-au-feu évitera de payer pour du talon de ronde ou toute autre coupe plus chère.

La valeur nutritive du bœuf est fort variable, car elle dépend de plusieurs facteurs, notamment de la race de l'animal, des méthodes d'élevage, de la coupe, du mode de cuisson et du fait qu'on enlève ou non le gras visible. Le bœuf est une excellente source de protéines, de potassium, de zinc et de certaines vitamines du complexe B, telles la niacine et la vitamine B_{12}. C'est aussi une bonne source de fer et de phosphore. Le bœuf peut aussi être une source importante d'acides gras saturés et de cholestérol. Le tableau ci-dessous indique la valeur nutritive de quelques coupes parmi les plus populaires.

VALEUR NUTRITIVE (PAR PORTION DE 100 G)				
Coupe	Calories (Kcal)	Protéines (g)	Matières grasses (g)	Cholestérol (mg)
Épaule, bœuf à ragoût ; mijoté				
• maigre seulement	227	33	9	82
• maigre et gras	230	33	10	81
Côtes, rôti de ; rôti				
• maigre et gras	288	25	20	68
• maigre seulement	220	29	11	67
Croupe, rôti de ; rôti				
• maigre et gras	231	29	12	75
• maigre seulement	199	30	8	74
Palette, rôti de ; braisé				
• maigre et gras	282	29	18	87
• maigre seulement	246	32	12	87
Ronde, rôti d'intérieur ; rôti				
• maigre et gras	223	29	11	69
• maigre seulement	193	30	7	68
Surlonge, bifteck de ; grillé				
• maigre et gras	213	27	11	72
• maigre seulement	186	29	7	72

Source : Fichier canadien sur les éléments nutritifs, Santé Canada, 1991.

CUISSON DU BŒUF				
Genre de coupe	temps approx. de cuisson en minutes/kilo	température externe du thermomètre	degré de cuisson	température interne de la viande
Bœuf/ coupes moins tendres	100 - 110 120 - 135 135 - 155	105 - 120°C	saignant médium bien cuit	60°C 65°C 110°C
Bœuf/ coupes tendres	40 - 45 45 - 55 60 - 65	150°C	saignant médium bien cuit	60°C 70°C 75°C

CUISSON ◆ Le bœuf partage avec l'agneau la caractéristique d'être consommable à divers degrés de cuisson. Il se mange bleu (cru à l'intérieur et légèrement réchauffé à l'extérieur), saignant, à demi saignant, à point ou bien cuit. Souvent, l'intervalle de temps qui sépare deux degrés de cuisson est très court, aussi une certaine vigilance est de mise. Une grande diversité existe aussi pour les températures de cuisson et plusieurs recettes se contredisent; en réalité, la température dépend du résultat désiré. Une température élevée permet l'obtention d'une croûte extérieure mais entraîne une plus grande perte de volume. Une basse température réduit la perte mais donne une viande sans croûte et cuite plus uniformément. Les températures intermédiaires donnent des résultats... intermédiaires.

UTILISATION ◆ Le bœuf se mange chaud ou froid et s'apprête de multiples façons. Il est parfois consommé cru, ce qui peut être une source d'infection, car la viande de bœuf est de plus en plus souvent porteuse de E Coli, une bactérie nocive. Le bœuf est particulièrement délicieux salé et fumé. Ingérer de 85 à 115 g de viande par repas suffit pour combler les besoins nutritifs. Cuisiner la viande à la manière orientale, en n'intégrant qu'une petite quantité de bœuf à des légumes et à des céréales (ex. : riz, nouilles, millet), constitue un excellent moyen de diminuer sa consommation de viande. Choisir des coupes maigres, enlever le gras visible et cuire avec très peu d'huile ou de beurre permet de diminuer l'ingestion de matières grasses.

On peut hacher le bœuf cru ou cuit, ce qui permet d'utiliser les restes, les parties moins tendres ou les parties peu présentables. Sur le marché, la qualité du bœuf haché est très variable, tout comme sa teneur en gras. La meilleure façon de contrôler la qualité, la fraîcheur et la teneur en gras du bœuf haché est de le hacher soi-même ou de demander au boucher de le hacher devant soi. L'utilisation projetée et le rendement désiré devraient guider l'achat du bœuf haché; ainsi, une viande cuisinée sans précuisson aura avantage à être plus maigre (pain de viande par exemple) puisqu'il n'est pas possible de la dégraisser après la cuisson. Le bœuf contenant plus de gras coûte moins cher mais a un rendement moindre, car une partie du gras fond sous l'action de la chaleur. Le bœuf haché peut être cuisiné de multiples façons. Il fait partie des mets les plus humbles comme il peut être apprêté avec raffinement. La viande fraîche perd de l'eau et du gras en cuisant; égoutter le liquide qui se forme permet de diminuer l'ingestion de matières grasses.

BOLET

Boletus spp, **Bolétacées**
Autres noms : *bolet comestible, cèpe, gros pied*
Nom anglais : *boletus*
Autre nom : *cepe*

HISTORIQUE ◆ Champignon comestible charnu également connu sous le nom de «cèpe». Le bolet est un champignon des régions tempérées. Il croît généralement dans les forêts de conifères mais affectionne aussi les forêts où poussent les chênes, les hêtres et les châtaigniers. On le retrouve notamment en Europe, en Amérique du Nord et en Australie. Il est relativement difficile à trouver si on ne sait pas trop précisément où le chercher. Choisir si possible les jeunes spécimens, plus tendres et plus savoureux. On n'a pas réussi à cultiver le bolet.

Il existe plusieurs dizaines d'espèces de bolets. Le cèpe de Bordeaux, qui appartient à l'espèce *Boletus edulis*, est particulièrement apprécié à cause de sa douce et délicate saveur de noisette. En Europe, ce champignon est parmi les plus estimés, après la truffe et la morille.

Le bolet est formé d'une longue tige charnue qui mesure parfois jusqu'à 25 cm de hauteur. La base de la tige comporte souvent un pied ferme et trapu. La partie supérieure est ornée d'un chapeau charnu, lisse ou écailleux, habituellement rond et convexe, de couleur variable (jaune, rouge, brunâtre, blanchâtre ou verdâtre). Ce chapeau mesure de 6 à 30 cm de diamètre. L'intérieur du chapeau est recouvert de tubes verticaux surnommés «foin», ce qui facilite l'identification du champignon, car cette partie est habituellement en lamelles chez les autres espèces.

ACHAT ◆ Les bolets sont habituellement commercialisés déshydratés.

PRÉPARATION ◆ Ces champignons sont généralement propres, sauf la base des tiges qui doit souvent être enlevée ou brossée. Retirer les tubes verticaux sous le chapeau s'ils sont visqueux, ils s'enlèvent facilement.

VALEUR NUTRITIVE	
Le cèpe de Bordeaux contient	
Eau	89 %
Protéines	3 g
Matières grasses	0,4 g
14 calories/100 g, cru	
Il est riche en potassium et est une bonne source de riboflavine.	

CUISSON ◆ Sauter ou griller les bolets de 5 à 7 minutes. Calculer de 20 à 30 minutes de cuisson lorsqu'ils sont cuits à l'étuvée et de 15 à 20 minutes lorsqu'ils sont cuits au four.

UTILISATION ◆ Les jeunes bolets peuvent être mangés crus, surtout les cèpes de Bordeaux. Les bolets sont utilisés comme les autres champignons, qu'ils remplacent avantageusement. Ne pas masquer leur saveur cependant avec des aliments au goût prononcé. Les bolets sont délicieux braisés ou cuits avec des échalotes, de l'ail ou du vin.

CONSERVATION ◆ Les bolets sont fragiles ; les consommer le plus rapidement possible. Les conserver au réfrigérateur, ils se garderont quelques jours. Ne pas les entasser dans un sac de plastique, les mettre plutôt dans un sac de papier ou dans une assiette recouverte d'un linge propre. Certaines espèces noircissent rapidement lorsqu'elles sont laissées à la température ambiante.

BOUDIN

Nom anglais : *blood sausage*
Autres noms : *black pudding, blood pudding*

HISTORIQUE ♦ Charcuterie à base de sang et de gras de porc (ou d'un autre animal). Le boudin est préparé depuis les temps lointains. On en trouve mention dans des textes vieux de plus de 5 000 ans.

Il existe un nombre incalculable de variétés de boudin ; on dit même qu'en France il y en a autant que de charcutiers, puisqu'on peut y ajouter les ingrédients de son choix (oignons crus, épinards, raisins, pommes, pruneaux, châtaignes, crème, eau-de-vie, semoule, mie de pain, flocons d'avoine, œufs, épices, fines herbes, etc.). Le mélange est mis dans une enveloppe, habituellement les boyaux de l'animal, puis il est cuit par ébullition. Ce boudin est appelé « boudin noir » afin de le distinguer du « boudin blanc », d'origine beaucoup plus récente puisqu'il a été inventé au Moyen-Âge. Un charcutier parisien s'inspira d'une coutume de Noël, la consommation après la messe de minuit d'une bouillie à base de lait, et imagina d'y incorporer œufs, viande blanche, lard gras et assaisonnements et de loger ce mélange dans des boyaux d'animal ; le « boudin blanc » était né. Encore aujourd'hui, on nomme ce boudin « à la parisienne ».

UTILISATION ♦ Le boudin noir est habituellement coupé en tranches, puis poêlé, poché ou grillé une dizaine de minutes. Il est souvent servi avec une purée de pommes de terre ou de pommes. Le boudin blanc est généralement poêlé doucement, grillé ou cuit au four en papillotes.

CONSERVATION ♦ Le boudin se conserve au réfrigérateur. Il s'altère vite, aussi doit-on le consommer le plus rapidement possible.

VALEUR NUTRITIVE	
Le boudin contient	
Protéines	15 g
Matières grasses	35 g
Cholestérol	120 g
378 calories/100 g	
Il est riche en fer et en vitamine B_{12} et contient une quantité relativement élevée de sodium (environ 700 mg/100 g). Il peut contenir des additifs.	

BOURRACHE

Borago officinalis, **Borraginacées**
Nom anglais : *borage*

HISTORIQUE ♦ Plante potagère annuelle probablement originaire de Syrie. La bourrache est une habituée des terrains vagues et des bords de routes, notamment en Amérique du Nord, en Amérique du Sud et en Europe. Ses feuilles, le plus souvent utilisées comme condiment, se consomment aussi comme légume, surtout lorsqu'elles sont jeunes et tendres.

Le plant de bourrache a de longues tiges qui mesurent généralement de 30 à 45 cm de haut, mais qui peuvent atteindre 1 m dans un sol propice. Ses larges et longues feuilles ridées, rugueuses et hérissées de longs poils blancs, sont très raides à maturité. Elles sentent un peu le concombre. Les fleurs décoratives en forme d'étoiles sont d'abord roses puis bleu vif ; elles contiennent une grande quantité de pollen dont les abeilles sont friandes.

UTILISATION ◆ La bourrache se mange crue ou cuite. Crues, les jeunes feuilles se mettent dans les salades, tout comme les feuilles moins tendres si on les fait mariner une trentaine de minutes dans de la vinaigrette. La bourrache peut aromatiser yogourt, fromage en crème ou vinaigrette. On cuit la bourrache et on l'apprête comme l'épinard, qu'elle peut remplacer dans la plupart des recettes. Éviter cependant la cuisson à l'eau, qui lui fait perdre beaucoup de saveur. Il est préférable d'utiliser les feuilles et les fleurs fraîches, car elles perdent rapidement leur parfum en séchant. Les fleurs sont souvent confites et décorent salades, gâteaux et autres desserts. Fraîches, on peut les infuser comme la menthe (qu'elles peuvent remplacer) ou les faire macérer dans des boissons, du vin et d'autres breuvages, qu'elles rafraîchissent.

VALEUR NUTRITIVE	
La bourrache cuite contient	
Eau	91,9 %
Protéines	2,1 g
Matières grasses	0,8 g
Glucides	3,6 g
25 calories/100 g	

Elle est une excellente source de vitamine C, de vitamine A, de potassium et de fer; elle est une bonne source de magnésium et contient de la riboflavine, du calcium et du phosphore ainsi que des traces de niacine. Sa teneur en mucilage en fait une plante efficace en infusion contre le rhume et les bronchites. On la dit diurétique, laxative, dépurative et sudorifique. Cette dernière vertu est d'ailleurs à la base de son appellation dérivée de l'arabe *abu rache*, signifiant « père de la sueur ».

CONSERVATION ◆ La bourrache se conserve au réfrigérateur. La placer dans un sac de plastique perforé et la laver uniquement au moment de l'utiliser.

BROCHET

Esox spp, **Ésocidés**
Nom anglais : *pike*

HISTORIQUE ◆ Le brochet est un mangeur vorace qui apprécie particulièrement les grenouilles, les canards et les petits mammifères. Il offre aux pêcheurs une féroce compétition. Il habite les rivières et les lacs d'Amérique du Nord, d'Europe et d'Asie. Le brochet a un corps comprimé latéralement. Sa tête alongée est volumineuse et son long museau est plat. Sa bouche très largement fendue renferme près de 700 longues dents pointues. Une nageoire dorsale fourchue est située très près de la queue. Cinq espèces de brochets vivent en Amérique du Nord.

Le **grand brochet** (ou **brochet du Nord**, *Esox lucius*) est le plus commun. Son corps très allongé, de couleur variable, est orné de mouchetures. Le grand brochet pèse de 0,9 à 9 kg et peut mesurer plus de 75 cm de long. Certains spécimens pèsent parfois de 16 à 24 kg et même plus.

VALEUR NUTRITIVE	
Le grand brochet contient	
Protéines	19 g
Matières grasses	0,7 à 1 g
88 calories/100 g, cru	

Le **brochet vermiculé** *(Esox americanus vermiculatus)* est souvent trop petit pour être agréable à manger. Son corps est plus court et sa tête plus longue que chez les autres brochets; il a une raie jaunâtre sur le dos. Son nom lui fut donné parce qu'une multitude de stries sinueuses (vermiculées) sont placées entre les larges barres verticales qui ornent son dos.

Le **brochet d'Amérique** *(Esox americanus)* ressemble au brochet vermiculé par sa forme mais n'a ni la raie, ni les barres, ni les stries.

———————

Le **brochet maillé** *(Esox niger)* est plutôt petit. Ses flancs colorés de vert sont ornés de motifs en forme de maille noire. Sa chair est très tendre.

———————

Le **maskinongé** *(Esox masquinongy)* porte un nom d'origine indienne. C'est le plus grand de toute la famille : il peut mesurer plus de 2 m et peser autour de 45 kg (ce qui est plutôt rare de nos jours cependant, les poissons capturés mesurant surtout de 70 cm à 120 cm et pesant entre 2 et 16 kg). Le maskinongé est toujours parsemé de rayures plus foncées que la couleur de fond. Sa couleur varie selon les habitats.

La chair blanche et maigre est ferme et floconneuse. Elle renferme de nombreuses petites arêtes. Les œufs et les laitances sont légèrement toxiques, surtout durant la période du frai.

PRÉPARATION ◆ La chair des brochets est parfois sèche ou a un goût de vase. Pour faire disparaître ce goût, mettre le brochet à tremper quelques heures dans de l'eau fraîche ou vinaigrée (5 à 15 ml de vinaigre [1 à 3 c. à café]).

CUISSON ◆ Le brochet peut être cuit sans être écaillé (retirer la peau avant de le servir). Il est préférable de ne pas trop le laver avant la cuisson, car son enduit visqueux le rend plus tendre.

UTILISATION ◆ Le brochet supporte tous les modes de cuisson.

Les petits brochets sont meilleurs que les gros, qui ont tendance à être fermes. Parce que les brochets contiennent une grande quantité de fines arêtes, ils sont souvent cuisinés en pâtés, en quenelles ou en pains de poisson.

BROCOLI

Brassica oleracea var. *italica* et *asparagoïdes*, **Crucifères**
Nom anglais : *broccoli*

HISTORIQUE ◆ Plante potagère originaire de la région méditerranéenne. Le brocoli est un légume fleur cultivé depuis l'Antiquité. Il fut développé par les Romains à partir du chou sauvage. Il était très apprécié des Romains et demeure associé à la cuisine italienne. Il fut d'abord nommé « asperge italienne » aux États-Unis et il est souvent appelé « chou-asperge » en France. Sa popularité en Amérique du Nord est récente.

Le brocoli est formé d'une épaisse tige (ou « bras ») surmontée d'une tête, qui a de multiples ramifications. Le mot « brocoli » fait réréfence à la forme du légume ; il est dérivé du latin *bracchium* signifiant branche (ou bras). Habituellement vert, le brocoli peut aussi être blanc ou pourpre. On le cueille avant l'éclosion de ses fleurs jaunes. Lorsqu'on coupe seulement la tige centrale, plusieurs petits brocolis repoussent (c'est parfois aussi le cas avec le chou-fleur). Il existe d'autres variétés de brocoli, notamment le «chou-brocoli» (var. *botrytis*), qui se rapproche du chou-fleur, et le «brocoli chinois» (var. *alboglara*), plus délicat que les variétés *italica* et *asparagoïdes*.

 ACHAT ◆ Rechercher un brocoli ferme et bien coloré, aux bourgeons compacts. Délaisser le brocoli fleuri, jauni, flétri, taché ou qui perd ses bourgeons, il n'est ni frais ni tendre.

PRÉPARATION ◆ Enlever les feuilles fanées et les feuilles fibreuses. Laisser les petites feuilles, car elles sont riches en vitamines et en sels minéraux. On peut ajouter les feuilles fibreuses aux soupes, ragoûts et divers mets du genre, qu'elles parfumeront. Laisser les têtes intactes ou les sectionner si elles sont très grosses, ce qui accélérera la cuisson et la rendra plus uniforme.

Laver le brocoli à l'eau courante et ne le mettre à tremper que si des vers sont présents, une quinzaine de minutes dans de l'eau additionnée de sel ou de vinaigre (15 à 30 ml [1 à 2 cuillerées à soupe] par litre d'eau).

CUISSON ◆ La tige cuit plus lentement que la tête. Selon le mode de cuisson choisi, par conséquent, il est parfois nécessaire de la traiter différemment. On peut choisir de la cuire seule quelques minutes, de la peler si elle est très fibreuse, ou encore de faire des incisions sur la longueur, ou même carrément de la couper (ce qui est indispensable si elle est très épaisse). Comme tous les légumes verts, le brocoli doit cuire le moins longtemps possible afin de conserver sa saveur et sa valeur nutritive (voir Légumes, *Cuisson, Légumes verts*). Calculer de 10 à 15 minutes pour la cuisson à l'eau du brocoli entier, et un peu plus pour la cuisson à la vapeur. Dans la marmite à pression (103 kPa), cuire de 50 à 55 secondes. Le brocoli restera plus vert si une très petite quantité de sucre est ajoutée.

UTILISATION ◆ Le brocoli se mange cru ou cuit. Cru, on le mange tel quel, on le sert en trempette, on le met dans les hors-d'œuvre ou dans les salades. Cuit, il peut être mangé chaud ou froid. On le cuit à l'eau, à la vapeur, à la chinoise, au four à micro-ondes. Il est délicieux arrosé de vinaigrette ou nappé de béchamel et gratiné. Il sert de légume d'accompagnement ou se met dans les soupes, les ragoûts, les omelettes, les quiches, les pâtes alimentaires. Les apprêts du chou-fleur lui conviennent bien. Ces légumes sont d'ailleurs interchangeables dans la plupart des recettes.

CONSERVATION ◆ Ce légume dépérit rapidement : ses feuilles se fanent, ses bourgeons fleurissent ou tombent et sa tige se durcit. Le ranger au réfrigérateur dans le bac à légumes, où il se conservera quelques jours. Le brocoli se congèle; le blanchir dans de l'eau bouillante 3 ou 4 minutes, selon sa grosseur.

VALEUR NUTRITIVE

Le brocoli cru contient
Eau	90,7 %
Protéines	2,9 g
Matières grasses	0,5 g
Glucides	5,2 g
Fibres	2,7 g
27 calories/100 g	

Il est une excellente source de vitamine C, de folacine et de potassium; il est une bonne source de vitamine A et contient du magnésium, de l'acide pantothénique, du fer, du phosphore et du zinc ainsi que des traces de calcium, de niacine et de cuivre.

Le brocoli cuit contient
Eau	90,6 %
Protéines	2,9 g
Matières grasses	0,4 g
Glucides	5,1 g
Fibres	2,6 g
28 calories/100 g	

Il est une exccelente source de vitamine C et de potassium ; il est une bonne source de folacine et contient de la vitamine A, du magnésium, de l'acide pantothénique, du fer et du phosphore ainsi que des traces de zinc, de calcium, de niacine et de cuivre. On le dit anticancérigène, comme les autres membres de la grande famille des choux, car il contient des bêta-carotènes.

BUCCIN

Buccinum spp, **Buccinidés**

Nom anglais : *whelk*

HISTORIQUE ◆ Gros mollusque univalve carnivore qui appartient à la classe des Gastéropodes et que l'on trouve principalement sur les rivages le long des côtes de l'Atlantique et du Pacifique. Le buccin est plus connu en Europe qu'en Amérique du Nord. Les Britanniques et les Italiens notamment en sont friands. Il existe plusieurs espèces de buccins. L'espèce commune *(Buccinum undatum)* se pêche avec des filets comme le crabe, mais les autres espèces se capturent en eaux plus profondes (4 à 6 m) ou sur les rives après une grosse tempête.

Le buccin ressemble au bigorneau mais en plus gros (8 à 10 cm, parfois 15 cm). Sa coquille brunâtre ou blanchâtre est conique et spiralée. Chez certaines espèces, l'intérieur est nacré.

CUISSON ◆ Ne cuire que des buccins encore en vie et dont la coquille est intacte. Bien les secouer avant de les laver pour qu'ils rentrent dans leur coquille. La cuisson exige une certaine attention, car la chair devient coriace à un moment donné, puis elle finit par s'attendrir

VALEUR NUTRITIVE	
Le buccin contient	
Protéines	24 g
Matières grasses	0,4 g
138 calories/100 g, cru	

si la cuisson continue. Le buccin commum est poché une quinzaine de minutes dans de l'eau salée (15 ml de sel [1 c. à soupe] par litre), de l'eau de mer ou un court-bouillon. Mettre les buccins dans une casserole et les recouvrir du liquide. Couvrir la casserole et amener à ébullition. Cuire les buccins 15 minutes puis les égoutter. Les retirer de leur coquille en se servant d'une épingle, en ôtant tout d'abord l'opercule. Les espèces plus grosses (15 à 30 cm) demandent une cuisson plus longue ; les pocher le temps de les faire sortir de leur coquille, les extraire, puis enlever la viscère molle qui relie le corps à la coquille et ne garder que la chair ferme, qu'il faut encore cuire.

UTILISATION ◆ Les buccins s'apprêtent comme les bigorneaux. Ils sont souvent mangés simplement arrosés de jus de citron ou marinés. Ils sont délicieux en salade.

CONSERVATION ◆ Les buccins se conservent au réfrigérateur jusqu'à 3 jours. Ils se congèlent.

CACAO

Theobroma cacao, **Malvacées**
Nom anglais : *cacao*

HISTORIQUE ◆ Produit extrait de la fève du cacaoyer (ou cacaotier), un arbre originaire d'Amérique tropicale. Le cacao est l'ingrédient de base du chocolat. Le mot cacao désigne aussi une boisson faite à partir de poudre de cacao.

Les mots « cacao » et « chocolat » seraient dérivés du nahuatl, la langue parlée par les Aztèques. « Cacao » viendrait de *cacahuatl*, mot qui désignait le cacaoyer, et « chocolat » serait dérivé de *xocoatl*, le nom d'un breuvage chocolaté très apprécié des Aztèques et signifiant « eau amère ». Ce breuvage fait avec les fruits séchés contenait également des piments, du poivre, de la vanille, du rocou (pour la couleur rouge) et parfois du maïs.

Le cacaoyer est cultivé depuis plus de 3 000 ans. Son fruit occupait une place importante dans plusieurs sociétés indiennes. Aztèques, Mayas et Toltèques l'utilisaient comme tribut et comme aliment. Ils lui attribuaient diverses propriétés. Une légende aztèque raconte qu'un prophète planta dans son jardin des graines de cacaoyer rapportées du paradis, et qu'il acquit connaissance et sagesse en consommant les fruits du cacaoyer. Cortés introduisit le cacao en Espagne en 1527. Il n'eut guère de succès, car les Espagnols n'appréciaient pas la saveur amère du breuvage aztèque. Ce n'est que lorsqu'on sucra cette boisson qu'elle fut acceptée. L'Espagne devait garder le secret de ce breuvage durant presque 100 ans. Le cacao fut introduit en Italie en 1606. Il devint populaire en France en 1660, après le mariage de Louis XIV avec la princesse Marie-Thérèse, fille du roi d'Espagne Philippe IV. Le cacao gagna l'Afrique vers 1822. Les plus grands pays producteurs viennent maintenant de ce continent (Côte-d'Ivoire, Ghana, Cameroun et Nigeria) ainsi que de l'Amérique du Sud (Brésil et Équateur). L'apparition sur le marché de la première tablette de chocolat (du chocolat noir) remonte à 1847. La firme anglaise Fry and Sons a la paternité de cette innovation : elle avait, en effet, eu l'idée de mélanger du beurre de cacao, de la liqueur de chocolat et du sucre. En 1876, les Suisses inventent le chocolat au lait. La Suisse, spécialisée dans la production de chocolat, devint reconnue pour l'excellence de son chocolat. Elle demeure encore le pays où la consommation de chocolat par habitant est la plus élevée ; en 1994, elle était de 10,9 kg par personne.

Il existe une vingtaine d'espèces de cacaoyers. Les cacaoyers sont généralement divisés en deux groupes, les cacaoyers qui produisent du cacao de qualité supérieure et qui poussent surtout en Amérique du Sud, et les cacaoyers qui donnent du cacao de qualité ordinaire, courants en Afrique. Le cacaoyer atteint sa taille maximum de 8 à 10 m vers sa dixième année. Ses longues feuilles mesurent jusqu'à 30 cm de long et de 7 à 12 cm de large. D'abord rose pâle, elles deviennent vert très foncé à maturité ; elles sont alors brillantes et prennent l'aspect du cuir. Le cacaoyer fleurit continuellement et produit des fruits à longueur d'année, mais les fleurs sont plus abondantes à deux reprises dans l'année. Ses petites fleurs, de couleur rose, jaune, blanc, rouge brillant ou safran clair teinté de rose selon les espèces, croissent en petites touffes sur le tronc et les branches basses. Un total de 30 à 40 fleurs seront pollinisées durant l'année.

Le fruit, appelé cabosse, est une baie plus ou moins oblongue mesurant jusqu'à 30 cm de long. Sa surface lisse ou bosselée durcit à mesure que le fruit mûrit et change de couleur, passant du vert au jaune, au vermillon, au rouge, à l'orange ou au mauve selon les espèces. La cabosse renferme une pulpe mucilagineuse rosâtre qui abrite de 30 à 40 graines (fèves) roses ou pourpre pâle. Ces graines mesurent de 25 à 37 mm de long et jusqu'à 2,5 cm de large. Elles sont composées d'une amande, d'un tégument et d'un germe. Seules les amandes sont consommées et uniquement après traitement, car elles sont très amères. Le procédé comporte plusieurs étapes : la fermentation, le triage, la torréfaction, le refroidissement, le concassage et le broyage.

• La **fermentation** occasionne un début de modification dans la composition des graines. Elle dure généralement de 3 à 9 jours ;

• Le **triage** sépare les corps étrangers (roches et débris de toutes sortes) ;

• La **torréfaction**, une étape très importante, fait éclater la coque qui recouvre l'amande, abaisse le taux d'humidité et transforme une partie des tannins, réduisant l'acidité et permettant le développement de la saveur et de la couleur ;

• Le **refroidissement** vise à arrêter l'action de la torréfaction ;

• Le **concassage** sépare le tégument, une enveloppe très mince qui recouvre l'amande) et le germe, une partie très dure difficilement pulvérisable, responsable du goût amer du cacao ;

• Le **broyage** transforme l'amande en une pâte rendue fluide par la chaleur du broyage et composée d'un mélange de gras fondu (le beurre de cacao) et de particules de fèves finement broyées : c'est cette pâte que l'on appelle la liqueur de chocolat, l'ingrédient de base des produits chocolatés. La poudre de cacao est obtenue par le broyage du tourteau, le résidu du traitement du beurre de cacao qui contient environ 18 % de beurre de cacao. L'emploi de solvants tels l'alcool éthylique et l'alcool isopropylique, de l'essence de pétrole et du trichloréthylène cyclohexane est courant lors de cette opération.

VALEUR NUTRITIVE	
La liqueur de chocolat contient environ	
Beurre de cacao (gras)	55 %
Glucides	18 %
Protéines	12 %
Tannins	6 %
Minéraux	3 %
Acides organiques	3 %
Eau	2 %
Caféine	traces
Théobromine	traces

Fabrication du chocolat

La fabrication du chocolat est un art complexe et difficile, car le sucre et le cacao ont des propriétés physiques dissemblables qui rendent ardue l'obtention d'une pâte homogène. La fabrication du chocolat comporte plusieurs étapes, dont le mélange du sucre et du cacao en une pâte homogène, le chauffage et l'agitation (conchage), puis le refroidissement (tempérage).

Un seul granule de sucre peut causer la cristallisation du chocolat, alors on utilise le sucre le plus fin possible. S'il n'y tombe qu'une seule goutte de liquide ou un corps étranger, aussi petit soit-il, même de la poussière, le chocolat cristallise. S'il est trop chauffé, même de quelques degrés, le chocolat se travaille difficilement, car il perd de la fluidité et il peut coller et brûler. Pour contourner cette difficulté, on cuit le chocolat à basse température, on se sert préférablement d'un thermomètre et on incorpore souvent de la lécithine. Le chocolat doit être brassé quand il est chauffé, quand il est refroidi et quand il est réchauffé ; si ces opérations ne sont pas faites correctement, on obtient un chocolat grisâtre et sans lustre.

Le cacao est difficilement soluble. Un Hollandais, C. J. Van Houten, inventa en 1828 un procédé facilitant sa solubilisation par l'ajout d'un élément alcalin (de la potasse avec parfois de l'ammoniac) qu'on nomma « procédé hollandais ». Le chocolat hollandais est plus foncé, moins acide et moins amer.

Il existe divers produits chocolatiers définis selon leur teneur en cacao et les ingrédients qu'on leur ajoute. La régulation de leur composition relève des gouvernements et chacun édicte des normes différentes. Les chocolats les plus courants sont le chocolat au lait, le chocolat semi-doux, le chocolat amer, le chocolat blanc et le chocolat à cuire :

• le **chocolat au lait** renferme une certaine quantité de poudre de lait. La poudre de lait, du sucre et des aromates sont mélangés au beurre de cacao, ce qui donne un chocolat de saveur douce et de texture onctueuse ;

• le **chocolat mi-doux** est moins sucré que le chocolat au lait. Sa saveur est à mi-chemin entre la saveur du chocolat au lait et celle du chocolat amer ;

• le **chocolat amer** a une saveur et une couleur prononcées, car il renferme plus de cacao. Il est moins sucré que le chocolat mi-doux ;

• le **chocolat blanc** est fait à partir du beurre de cacao, auquel on incorpore du lait très concentré ou du lait en poudre, du sucre et de l'essence de vanille. Ce chocolat a une saveur plus douce et une texture plus crémeuse que le chocolat brun.

• le **chocolat à cuire**, fréquemment appelé **chocolat de ménage** en Europe, est souvent du chocolat amer.

VALEUR NUTRITIVE

L'amande de cacao renferme diverses substances dont des protéines, des matières grasses (appelées beurre), des glucides, des xanthines (caféine et théobromine), des tannins, de la cellulose, de l'acide oxalique, des minéraux en petite quantité, notamment du phosphore, du potassium et du fer, et des vitamines A et B en quantité négligeable. Le cacao traité avec le procédé hollandais voit son contenu en potassium augmenter.

Le cacao et le chocolat contiennent entre 10 et 20 % de protéines. Le chocolat contient environ 50 % de matières grasses et le cacao de 10 à 22 %, selon le pourcentage de beurre de cacao qui en a été extrait. L'industrie retire fréquemment ce gras (utilisé en cosmétique notamment) et le remplace souvent par du beurre de coco ou de l'huile de palme.

Le cacao en poudre renferme
Protéines	5,4 g
Matières grasses	7,8 g
Glucides	15,6 g
Fibres	12 g
96 calories/90 ml (30 g)	

Le cacao en poudre à faible teneur en gras renferme
Protéines	6,6 g
Matières grasses	2,4 g
Glucides	19,2 g
Fibres	15 g
60 calories/90 ml (30 g)	

Ils sont tous les deux d'excellentes sources de cuivre, de potassium, de vitamine B_{12} et de fer et de bonnes sources de phosphore ; ils contiennent de la riboflavine, de l'acide pantothénique, de la niacine et de la thiamine ainsi que des traces de calcium et de vitamine B_6. Ils sont des sources élevées de fibres. Le nombre de calories varie cependant selon la composition du chocolat.

On fabrique aussi de nombreux substituts de chocolat ; quelques-uns contiennent une certaine quantité de cacao, les autres en sont dépourvus. On leur ajoute divers additifs afin d'imiter la couleur, la texture et la saveur du véritable chocolat.

ACHAT ◆ Du chocolat de qualité a une odeur agréable, se brise en laissant une fracture nette, miroite car il est riche en beurre de cacao et fond immédiatement dans la bouche ou au contact de la chaleur de la main. Délaisser le chocolat terne, grisâtre, blanchâtre ou cristallisé : il manque de fraîcheur, a été gardé dans de mauvaises conditions ou renferme du gras autre que du beurre de cacao. Si possible (et si désiré), vérifier la composition du chocolat pour s'assurer qu'il s'agit de véritable chocolat, et non d'un succédané.

PRÉPARATION ◆ La poudre de cacao a une haute teneur en amidon, ce qui la rend difficile à délayer. La mélanger tout d'abord avec un liquide froid (s'il est chaud, il se formera des grumeaux) ou lui incorporer du sucre, qui sépare les particules d'amidon. La cuisson augmente la digestibilité et la saveur du cacao, car elle transforme l'amidon.

UTILISATION ◆ Le cacao et le chocolat parfument une grande variété d'aliments (gâteaux, tartes, puddings, biscuits, sauces, glaçages, crème glacée, mousses, flans, pains, bonbons, sirops, lait, boissons, digestifs). Le chocolat en plaque peut contenir divers ingrédients, tels des arachides, des amandes, des noisettes, du caramel, des cerises, des biscuits, du nougat, de la pâte de fruits, de l'alcool.

Dans certains pays, en Espagne et au Mexique par exemple, on cuisine le chocolat avec des mets salés. Le chocolat assaisonne des sauces qui nappent fruits de mer, poulet, dinde, canard et lapin. De Suisse nous vient la fondue au chocolat, faite avec du chocolat aux amandes, au nougat et au miel que l'on fait fondre et dans lequel on incorpore de la crème et un soupçon d'alcool. On trempe ensuite fruits frais et biscuits secs dans ce délicieux chocolat.

CONSERVATION ◆ Le chocolat se conserve à la température de la pièce. Idéalement, la température ne devrait pas dépasser 16 ou 17 °C. On peut le conserver plusieurs mois s'il est bien enveloppé, s'il est tenu à l'abri de l'humidité et de la chaleur et si la température est constante. On peut aussi mettre le chocolat au réfrigérateur ou même au congélateur, mais il en résulte une légère perte de saveur.

Cacao et chocolat contiennent des excitants, soit de la théobromine et de la caféine. Ainsi, 90 ml (30 g) de cacao contiennent 617 mg de théobromine et 72 mg de caféine alors que 30 g de chocolat au lait fournissent 51 mg de théobromine et 7,5 mg de caféine. Le cacao hollandais contient quant à lui seulement 24 mg de caféine mais 790 mg de théobromine par 90 ml (30 g). Un carré de chocolat non sucré (30 g) contient 351 mg de théobromine et 59 mg de caféine, alors que le semi-sucré ne contient que 138 mg de théobromine et 18 mg de caféine dans la même quantité. La quantité de ces excitants est moindre que dans le café, ce qui en diminue l'intensité, mais leurs effets demeurent fondamentalement les mêmes (voir Café). Le chocolat est un aliment très concentré qui fournit une source d'énergie rapide, due à sa haute teneur en sucre (en général 60 %) et à la présence d'excitants. C'est pour cette raison qu'il est souvent recommandé aux sportifs et lors d'activités fatigantes. Le chocolat contient du phényléthylamine (un composant des protéines). On a constaté que le cerveau d'une personne amoureuse sécrète aussi cette substance et on dit que les personnes qui consomment du chocolat compenseraient ainsi instinctivement un manque d'amour.

CAFÉ

Coffea spp, **Rubiacées**
Nom anglais : *coffee*

HISTORIQUE ♦ Grain du caféier, un arbuste aux feuilles persistantes qui serait originaire de l'Éthiopie et de l'Afrique tropicale. Les grains de café servent à préparer une boisson dont l'origine est incertaine et qui a donné naissance à plusieurs légendes. Une version fait remonter la découverte du café vers 850 et la situe en Abyssinie, maintenant l'Éthiopie. Un berger aurait noté que ses chèvres étaient excitées après avoir mangé certaines baies. Il l'aurait dit à des moines, qui auraient eu l'idée de préparer une décoction. Étonnés par l'effet exaltant du liquide, les moines nommèrent cette boisson « kawa » en s'inspirant du nom du roi persan, Kavus Kai, qui serait monté aux cieux dans un char ailé. Une autre légende raconte qu'un moine, après avoir observé l'agitation des chèvres qui consommaient des baies, aurait eu l'idée de faire bouillir les grains afin d'obtenir une potion qui l'aiderait à demeurer éveillé les nuits de prière.

Les Arabes auraient commencé à cultiver le caféier vers 1575 ap. J.-C. Ils ont longtemps monopolisé le commerce du café, allant même jusqu'à ne vendre que des grains bouillis afin qu'on ne puisse pas les faire germer. La première brèche dans ce monopole eut lieu vers 1615 grâce aux Vénitiens. Les Européens plantèrent par la suite le caféier dans leurs colonies tropicales, notamment au Surinam, en Martinique, en Guadeloupe, au Brésil, à Java et au Ceylan. Cette action fut le prélude de l'expansion phénoménale de la culture du café dans le monde et de sa consommation comme breuvage. Aujourd'hui, le café est une denrée très répandue et son importance commerciale est telle qu'elle occupe le second rang derrière le pétrole dans les échanges mondiaux. C'est un produit coté à la Bourse. Il sert parfois de monnaie à la Banque Mondiale, et les pays producteurs l'échangent aux pays riches contre de l'aide extérieure. Le Brésil est le premier producteur mondial de café.

Le caféier peut atteindre selon les variétés de 4 à 6 m de hauteur. On rabat les espèces cultivées pour en faciliter la cueillette. Le caféier ne commence à produire des fruits qu'entre sa quatrième et sa sixième année. Ses fleurs blanches donnent naissance à des baies qui ressemblent à des cerises rouge foncé. Mesurant 1 ou 2 cm de diamètre, les fruits abritent deux petits grains vert pâle. Ils sont traditionnellement cueillis un à un manuellement, car leur maturation n'est pas uniforme. La cueillette peut s'étendre sur une période de 3 semaines jusqu'à plusieurs mois ; elle dure en moyenne 3 mois.

Les fruits sont nettoyés puis traités, soit avec une méthode sèche, soit avec une méthode humide. Dans la méthode sèche, les fruits sont mis à sécher, puis ils sont décortiqués. Dans la méthode humide, ils sont d'abord lavés, puis leur coque est enlevée et les grains sont mis à fermenter de 7 à 12 heures, après quoi ils sont rincés, dépulpés puis séchés. Les grains décortiqués seront obligatoirement torréfiés, car le café doit être grillé pour être buvable. La torréfaction s'effectue habituellement dans les pays consommateurs.

Il existe environ une cinquantaine d'espèces de caféiers. Deux espèces occupent à elles seules le gros du marché, soit l'arabica, la plus ancienne et la plus connue (environ 75 % de la production), et le robusta (plus ou moins 25 % de la production). Chaque espèce de café possède un goût, un arôme et des caractéristiques, telle la teneur en caféine, qui lui sont propres. Ainsi, les grains de l'arabica sont passablement gros et allongés. Ce café au goût doux et fin est un des plus appréciés ; son taux de caféine est peu élevé (0,8 à 1,3 %). L'arabica est surtout cultivé en Amérique latine et dans les Caraïbes. On le trouve aussi dans quelques régions montagneuses d'Asie et d'Afrique. Les grains du robusta, plus gros et plutôt irréguliers, ont un goût moins raffiné que ceux de l'arabica et leur teneur en caféine est beaucoup plus élevée (de 2 à 2,5 %). Appelé « robusta » parce qu'il est produit par des plants robustes et productifs, ce café, cultivé principalement en Afrique, est moins coûteux. Le café est nommé d'après la variété ou le lieu de culture (Brésil, Colombie, Java, Moka, etc.). Toutefois, cette appellation n'est pas exclusive, et le café peut venir d'autres parties du globe.

Le café vendu sur le marché international est vert, donc non torréfié, car il peut ainsi se conserver plusieurs années sans perte de saveur. La torréfaction, un procédé capital qui permet à la saveur et à l'arôme d'émerger, est souvent le moment où l'on procède au mélange des différentes espèces et variétés de café. Les proportions varient selon les torréfacteurs ; aussi, même si des mélanges de café portent des noms identiques, tel Moka-Java, leur saveur et leur arôme ne sont pas uniformes.

Torréfaction. Les grains sont rôtis à sec à haute température dans des fours cylindriques. Ils sont ensuite immédiatement refroidis afin que soit minimisée la perte des substances aromatiques. On les enrobe souvent d'une mince pellicule de résine, de gomme arabique ou de sucre, ce qui les rend brillants et aide à conserver la saveur. La torréfaction provoque toute une série de transformations dans le grain :

- la couleur change du vert au jaune, puis tourne au brun, dont l'intensité dépend de la température atteinte (qui ne doit pas dépasser 230 °C sous peine de donner un café trop noir et ayant perdu de la saveur) ;
- les grains gonflent jusqu'à 60 % de leur volume initial et perdent environ 20 % de leur poids d'humidité. Il se forme du dioxide de carbone et du cafféol, une huile essentielle extrêmement volatile responsable de l'arôme et de la saveur du café ;
- la teneur en caféine est affectée ; elle augmente avec la durée de la torréfaction.

Le café brun (préféré des Nord-Américains) nécessite de 15 à 17 minutes de torréfaction, le café mi-noir de 17 à 20 minutes et le café noir de 20 à 22 minutes.

Le café peut être transformé en poudre (café instantané) ou être décaféiné.

Le **café instantané** consiste en une poudre de café à laquelle il suffit d'ajouter de l'eau pour reconstituer immédiatement la boisson. Les grains qui donneront le café instantané sont généralement de qualité moindre, souvent de l'espèce robusta. Ils sont d'abord torréfiés et moulus, puis ils sont mis dans d'énormes percolateurs jusqu'à ce que le taux d'extraction atteigne 45 à 55 %. La solution de café est ensuite déshydratée par air chaud sous pression dans d'immenses fours, où la poudre de café s'accumule dans le fond. À cause du haut taux d'extraction, cette poudre contient plusieurs des composantes du café absentes de la boisson ordinaire, composantes qui sont loin de contribuer à la qualité de la saveur.

La poudre peut être vendue telle quelle, mais généralement elle est d'abord agglomérée. Ce procédé consiste à la façonner en particules plus grosses à l'aide d'eau ou de vapeur, en vue d'imiter la texture du café frais moulu. Le café instantané est parfois aromatisé à l'aide d'un extrait de café concentré.

Une autre méthode, le séchage à froid, produit un café instantané plus savoureux. La solution de café issue du percolateur est rapidement congelée, puis l'eau en est expulsée sous vide. Cette méthode est moins fréquente, car elle est plus dispendieuse, donc ce café est plus coûteux.

Le café instantané n'est pas aussi savoureux que le café infusé, mais il est très populaire parce qu'il est simple à préparer.

Le **café décaféiné** est du café dont on a retiré la majeure partie de la caféine. Les grains de café sont traités pendant qu'ils sont encore verts, c'est-à-dire avant la torréfaction. Dans la méthode la plus habituelle, on utilise des solvants contenant du carbone, dont le chlorure de méthylène, l'acétate d'éthyle et le bioxyde de carbone liquide. Cette méthode consiste à extraire la caféine par contact direct du grain avec le solvant. Les grains sont d'abord humidifiés à la vapeur jusqu'à ce qu'ils atteignent un taux d'humidité de 30 à 40 %, ce qui les ramollit et attire la caféine à leur surface. Ils sont ensuite plongés dans divers bains de solvants pendant 12 à 18 heures jusqu'à ce que 97 % environ de la caféine en soit extraite. Puis ils sont égouttés, passés à la vapeur pour que le solvant s'évapore, séchés à l'air chaud et grillés. Parfois on les moud immédiatement.

L'usage de solvants entraîne l'ingestion de résidus, car il reste toujours une certaine quantité de solvant dans le café. La quantité de résidus permise pour le chlorure de méthylène et l'acétate d'éthyle, tant au Canada qu'aux États-Unis, est de 10 parties par million. En général, la quantité de ces solvants est moindre.

Il existe une autre méthode, appelée procédé suisse, beaucoup moins répandue cependant car elle est plus coûteuse. Les grains sont mis à tremper dans de l'eau chaude jusqu'à ce que 97 % environ de la caféine soit dissoute. Le liquide est ensuite filtré à l'aide de charbon traité avec de l'acide formique et du sucrose, puis il est concentré et ajouté aux grains décaféinés. Les grains sont alors séchés, torréfiés puis moulus. Le procédé suisse ne laisse pas de résidus.

Le **succédané de café** est une substance exempte de caféine, qui sert à préparer des boissons dont le goût se rapproche de celui du café. Le succédané le plus fréquemment utilisé est la chicorée; l'orge et le seigle lui sont souvent mélangés. Il arrive que des producteurs de café intègrent ces céréales au café sans le mentionner afin de maximiser leurs profits.

ACHAT ◆ Le café perd rapidement son arôme et sa saveur, surtout s'il est moulu et placé dans un récipient non hermétique; aussi est-il préférable de l'acheter dans un empaquetage sous vide et dans un magasin où le roulement est rapide. L'achat d'une petite quantité qui répondra aux besoins immédiats est l'idéal.

Spécifier le type de cafetière auquel le café est destiné pour obtenir la mouture appropriée, car une mouture trop fine donne du café âcre et une mouture trop grosse du café qui goûte l'eau.

Acheter le café en grains et le moudre seulement avant de le préparer permet d'en tirer le maximum de saveur.

🥄 **PRÉPARATION** ◆ La préparation du café va du très simple, avec le café instantané, au très sophistiqué, quand on fait son propre mélange, qu'on moud le café au gré de ses besoins et qu'on se sert d'une cafetière. La quantité de café moulu nécessaire pour obtenir une tasse de café dépend de la mouture, de la variété de café et du goût recherché ; on calcule en général de 10 à 12 g, soit une cuillerée à soupe comble.

Du choix de la cafetière dépendra la saveur du café, car chaque procédé exige une mouture particulière. Plus la mouture est fine, plus le café est fort et plus il a de saveur ; plus il est économique aussi. Il existe divers modèles de cafetières qui fonctionnent selon des principes différents, notamment la cafetière-filtre, la cafetière espresso, le percolateur, la cafetière Bodum (ou Melior, la marque originale) et l'ibrik.

La **cafetière-filtre, tel le système Melitta**. Il existe plusieurs variantes de ce procédé, qui consiste à verser de l'eau bouillante sur du café placé dans un filtre, eau qui s'égoutte ensuite lentement. Un réceptacle conique déposé au-dessus d'une cafetière reçoit un filtre de papier ou de tissu (procédé Melitta) dans lequel on dépose du café moulu très finement. Prendre soin de réchauffer préalablement la cafetière pour que ce café savoureux soit très chaud. Verser de l'eau bouillante sur le café, en petite quantité au début pour qu'il s'humecte et qu'il gonfle (attendre une trentaine de secondes avant de continuer à verser l'eau).

La **cafetière espresso**. Ce procédé fonctionne à la vapeur. La cafetière comporte deux compartiments superposés : une base munie d'une valve dans laquelle on verse l'eau, et une partie supérieure qui se visse à la base et où se loge l'eau après avoir remonté sous forme de vapeur en infusant le café moulu finement. Placer la cafetière sur le feu, amener au point d'ébullition et baisser le feu. Retirer la cafetière quand cesse le bouillonnement, il se crée alors un vide et le café redescend. Ce café est corsé.

Le **percolateur**. Ce procédé très utilisé en Amérique du Nord fonctionne par « lessivage » du café. Il donne un café plus ou moins savoureux et souvent amer. Le café moulu moyennement est déposé dans un récipient qui est placé au sommet d'un petit cylindre,

VALEUR NUTRITIVE

Les grains de café renferment une centaine de substances, dont les plus importantes sont la caféine, des tannins (dont l'acide chlorogénique), des huiles et des matières azotées. La caféine est un stimulant qui fait partie des xanthines, comme la théobromine présente dans le thé et le cacao. Ses effets sur l'organisme sont nombreux et variés ; elle est entre autres diurétique, elle stimule le système nerveux central et le système respiratoire, elle dilate les vaisseaux sanguins, elle accélère le rythme cardiaque, elle accroît le travail des muscles striés et elle retarde la fatigue cérébrale et musculaire. Une trop grande consommation entraîne le caféisme, un état de dépendance qui est caractérisé par divers symptômes quand l'apport de caféine est arrêté, les plus fréquents étant un mal de tête et une sensation de dépression.

La quantité maximale idéale de café à ingérer quotidiennement dépend de la variété de café, du temps de torréfaction, du mode de préparation, de la tolérance personnelle (les personnes qui boivent rarement du café et les enfants sont particulièrement sensibles à la caféine et ont de plus grandes réactions que les personnes habituées) et de l'ingestion ou non d'autres substances contenant de la caféine, tels le thé, le cacao, des boissons gazeuses (colas) et certains médicaments, notamment les diurétiques, les analgésiques et plusieurs médicaments contre le rhume.

Une tasse moyenne de café régulier contient de 100 à 168 mg de caféine avec du café préparé au percolateur, de 146 à 180 mg avec du café-filtre, de 66 à 117 mg avec du café instantané et de 1 à 3 mg avec du café décaféiné.

dans lequel monte de l'eau portée à ébullition. Cette eau arrose le café puis retombe en s'égouttant lentement ; comme le processus se répète pendant 7 à 10 minutes, le café risque de bouillir.

La **cafetière de marque Bodum ou Melior**. Cafetière en verre, pourvue d'un piston que l'on presse pour retenir le marc, où le café est infusé puis filtré. Ébouillanter d'abord la cafetière, y mettre ensuite le café moulu finement, ajouter de l'eau bouillante, remuer une fois puis laisser infuser 5 minutes. Presser le piston avant de servir.

L'**ibrik**. Une cafetière qui sert à préparer le café turc, un café très corsé qu'il vaut mieux siroter si on ne veut pas avaler le marc (beaucoup d'amateurs consomment aussi le marc). Jeter du café moulu en poudre extrêmement fine dans de l'eau frémissante et porter à ébullition trois fois ; ajouter quelques gouttes d'eau froide pour précipiter le marc au fond et verser le café sans le filtrer.

Pour les amateurs, la préparation d'un bon café est un art régi par des règles bien précises :

- ne moudre le café qu'au dernier moment ;
- ne prendre que de l'eau fraîche, donc qui n'a pas été déjà chauffée ;
- laisser l'eau frémir seulement (90 à 95 °C), jamais bouillir, car elle perd son oxygène et devient plate ;
- éviter l'eau trop calcaire et trop chlorée, qui donne un mauvais goût ;
- surveiller le temps d'infusion, car la concentration de tannins augmente à mesure qu'il se prolonge ;
- ne jamais laisser bouillir le café ni le réchauffer ;
- ne pas se servir de cafetières ni de tasses en métal, qui donnent un café au goût métallique ;
- servir le café dans une tasse de grès ou de faïence, car elle conserve la chaleur plus que le verre ;
- bien laver la cafetière pour enlever l'huile laissée par le café, cette huile pouvant rancir et donner un goût désagréable au café, et bien la rincer pour faire disparaître le savon.

UTILISATION ◆ Le café peut être bu nature ou agrémenté de sucre, de lait, de crème, d'alcool, de grains de cardamome, de poudre de chocolat, de cannelle. Il est très utilisé en confiserie et pour confectionner divers desserts, notamment gâteaux moka, éclairs, glaçage et crème glacée. Pour que les aliments dans lesquels on l'ajoute aient plus de goût, on le prépare très fort en diminuant de moitié la quantité d'eau habituelle.

Le café sert aussi en distillerie, où il aromatise diverses liqueurs.

CONSERVATION ◆ La conservation du café est délicate puisque la perte de saveur commence dès la torréfaction et qu'elle devient considérable lorsque le café est moulu. Placer le café à l'abri de l'air et de la lumière, idéalement dans un contenant étanche, en verre ou en plastique opaque, ou en métal. Le conserver au réfrigérateur ou au congélateur.

CAILLE

Coturnix spp et *Colinus spp*, **Gallinacés**
Nom anglais : *quail*
Autres noms : *bob white, colin*

HISTORIQUE ◆ La caille est un oiseau migrateur qui serait originaire d'Asie ou d'Afrique, et qui serait apparu en Europe il y a plus de 10 000 ans. Les Égyptiens faisaient déjà l'élevage de la caille, facile à garder en captivité. Cette pratique est maintenant courante un peu partout dans le monde.

Il existe environ 200 espèces de cailles, le plus petit des Gallinacés. Certaines ont une touffe de plumes (huppe) sur la tête. La caille américaine *(Colinus virginianus)* est une espèce voisine plus grosse que les cailles européennes. Ce volatile fut nommé caille par les premiers émigrants européens à cause de sa ressemblance avec les cailles européennes. La caille est facile à attraper, car elle niche sur le sol et elle se déplace principalement en marchant, ne volant qu'un court instant si elle est menacée. La caille est un volatile rondelet qui a inspiré l'expression « rond comme une caille ». La caille domestiquée pèse entre 150 et 300 g. Sa chair est délicate et savoureuse. Les œufs de caille, souvent bleutés et tachetés de brun, sont comestibles malgré le fait qu'ils soient minuscules (ils pèsent environ 10 g).

UTILISATION ◆ La caille n'a pas besoin d'être faisandée, on la cuit dès qu'elle est tuée. Sa chair maigre et délicate se dessèche facilement, raison pour laquelle les recettes conseillent souvent de la barder (recouvrir de lanières de lard). Cette pratique n'est ni essentielle ni souhaitable : elle augmente l'ingestion de matières grasses et fait perdre de la finesse à la caille, qui absorbe la saveur du lard. Pour ne pas dessécher la caille, éviter de la cuire à trop forte température. Ce volatile est rôti, grillé, sauté ou braisé ; il est aussi préparé en pâtés ou en terrines. Les os, petits et délicats, peuvent être mangés, particulièrement lorsque la caille est bien cuite. Calculer 2 à 3 cailles par personne. Les œufs de caille sont souvent servis en amuse-gueule ou utilisés à des fins décoratives. Les cuisines chinoise et japonaise leur font une place de choix.

VALEUR NUTRITIVE	
La chair de caille crue contient	
Protéines	22 g
Matières grasses	5 g
Cholestérol	70 mg
134 calories/100 g	
Lorsqu'on inclut la peau, on obtient	
Protéines	20 g
Matières grasses	12 g
Cholestérol	76 mg
192 calories/100 g	
La caille est maigre et peu calorifique.	

CONSERVATION ◆ La caille fraîche est périssable. La conserver au réfrigérateur en la plaçant à l'endroit le plus froid. La cuire le plus tôt possible, dans les 2 ou 3 jours.

CALMAR

Loligo sp., **Loliginidés**
Autre nom : *encornet*
Nom anglais : *squid*
Autre nom : *calamary*

HISTORIQUE ◆ Le calmar est un mollusque dépourvu de coquille qui vit dans les profondeurs des mers ou en eaux peu profondes. Il se déplace avec une étonnante rapidité. Sa chair très savoureuse est appréciée depuis les temps anciens. Le calmar est particulièrement estimé en Europe et au Japon. Il a une grande importance commerciale au Canada. Le calmar se reproduit à trois ans et meurt après la ponte. La période de reproduction donne lieu à de gigantesques rassemblements de milliers de calmars. Aux États-Unis, on a estimé que 20 millions de calmars venaient au rendez-vous. La femelle fixe ses œufs au fond de la mer.

Le calmar a le corps allongé, de couleur variable parce qu'il s'adapte à son environnement. Il est souvent brun moucheté de rouge, de rose ou de pourpre. Ses yeux sont volumineux et sa bouche contient plusieurs dents. Il a dix bras ou tentacules munis de ventouses. Deux de ces tentacules sont trois fois plus longs que les autres. Le calmar utilise ses tentacules pour se nourrir ou pour se déplacer. Le corps du calmar contient un cartilage transparent appelé «plume». Près de la moitié arrière de son corps est recouverte d'une longue nageoire triangulaire, ce qui aide à le différencier de la seiche, une espèce voisine. Les nageoires sont courtes ou longues selon les espèces, au nombre d'environ 350. Les calmars atteignent des tailles fort variables selon les espèces. Les calmars commercialisés mesurent en général de 30 à 40 cm de long.

Les parties comestibles sont les tentacules et la poche qui forme le corps, ce qui représente environ 80 % de l'animal. Le calmar possède une glande qui produit un liquide noirâtre, la sépia, surnommé «encre». Il éjecte ce liquide lorsqu'il est attaqué, ce qui forme un nuage noirâtre et le soustrait à la vue de ses ennemis. Cette «encre», qui est comestible, est souvent utilisée en peinture. Le mot calmar vient d'ailleurs de *calamarius,* qui signifie «écriture». La chair blanche est maigre, ferme et légèrement caoutchouteuse. Contrairement à la chair du poulpe et à celle de la seiche, il n'est pas nécessaire de la battre avant la cuisson.

ACHAT ◆ Le calmar est commercialisé frais, congelé, en conserve ou séché. Frais (ou décongelé), il n'est pas toujours vendu nettoyé ni prêt à cuire et quand il l'est, il coûte plus cher (l'encre logée dans le corps, qui a la forme d'un sac allongé, en est presque toujours absente cependant). À l'achat du calmar frais, choisir un mollusque à la chair ferme sentant la mer.

VALEUR NUTRITIVE	
Le calmar contient	
Protéines	16 g
Matières grasses	1 g
Glucides	3 g
92 calories/100 g, cru	
Il est riche en riboflavine, en vitamine B_{12} et en cuivre.	

PRÉPARATION ◆ Pour préparer le calmar, séparer la tête du corps en tirant fermement mais sans brusquerie. Étendre les tentacules à plat, enlever la partie dure située au centre ainsi que les yeux. Laver les tentacules et retirer la peau qui les recouvre en grattant avec les ongles ; les garder entiers ou les sectionner. Ôter le cartilage logé dans le corps, les filaments et la peau. Laver le corps du calmar, l'essorer, le couper ou le laisser entier si on désire le farcir.

CUISSON ◆ Le calmar est souvent grillé ou frit. Il est aussi braisé, sauté, poché ou cuit à l'étuvée. Le cuire peu de temps pour l'empêcher de durcir et ne pas ruiner sa saveur. Le sauter ou le frire 1 ou 2 minutes à feu moyen ; en sauce cuire 10 minutes, au four (190 °C) de 15 à 20 minutes.

UTILISATION ◆ Le calmar se mange chaud ou froid. S'il est très petit, on peut le manger cru. Au Japon, on le cuisine en sashimi et en sushi. Le calmar se prépare de diverses façons. Il est mariné, farci, mis dans les soupes et les salades. Il est délicieux avec les pâtes alimentaires. L'encre est utilisée dans certaines recettes.

CONSERVATION ◆ Ce mollusque se conserve au réfrigérateur ou au congélateur. La durée de conservation au congélateur est d'environ 3 mois. Lorsqu'il est fraîchement pêché, laisser le calmar au réfrigérateur 1 jour ou 2 afin que sa chair s'attendrisse.

CANARD

Anas platyrhynchos, **Anatidés**
Nom anglais : *duck*

HISTORIQUE ◆ Le canard est un oiseau palmipède qui aurait été domestiqué en Chine il y a plus de 2 000 ans. Facile à apprivoiser et affectueux, le canard suit facilement ses maîtres, ce qui ravit notamment les enfants. Le canard vit en couple et est affecté par la mort de l'autre. En Chine, à cause de cette particularité, il a longtemps été un symbole de fidélité.

Le canard est très consommé en Europe, spécialement en France, le plus grand pays producteur européen, à cause notamment de la production de foie gras. Il occupe une place importante dans la cuisine asiatique, particulièrement la cuisine chinoise. Le canard d'élevage est plus charnu et plus savoureux que le canard sauvage.

Il existe environ 80 races de canards, ce qui se reflète dans la quantité de la chair, la saveur, qui est plus ou moins musquée, et la valeur nutritive, particulièrement la teneur en matières grasses. Le marché offre généralement des canetons âgés de 7 à 12 semaines qui pèsent entre 2 et 3 kg et dont la chair est tendre. Le canard est habituellement saigné, mais il arrive qu'il soit tué par étouffement ; le sang reste alors dans les chairs, qui prennent une teinte noirâtre. Ce procédé accentue la saveur mais favorise le développement de bactéries et de toxines si la volaille n'est pas cuite rapidement.

ACHAT ◆ Choisir un canard charnu à la peau souple d'un blanc crème, au bec et aux bouts des ailes flexibles. S'il est surgelé, ce qui arrive souvent, choisir un canard non desséché et de couleur uniforme. Délaisser un canard très jeune, donc pesant moins de 1,3 kg, car il manquera de saveur et donnera très peu de chair. Le meilleur canard pèse entre 1,4 et 2,2 kg.

CUISSON ◆ Le canard est la moins profitable des volailles, ce qui explique pourquoi sa cuisson est si souvent une expérience décevante. Prévoir environ 750 g de volaille crue par personne.

Le rôtissage permet d'obtenir une viande moins grasse si on prend soin de piquer le canard un peu partout avec une fourchette avant la cuisson (moins sur les cuisses, plus maigres) et si on le place sur une grille au-dessus d'une lèche-frite. On peut cuire le canard à 190 °C quelques heures, ou le précuire à 230 °C durant 30 minutes, puis terminer la cuisson à 180 ou 190 °C (de 45 à 60 minutes selon la grosseur), c'est une question de goût. Plus la chaleur est forte, plus le gras fond rapidement. Le gras en fondant rend la peau croustillante. Le canard adulte est moins tendre. Il est souvent cuisiné à la chaleur humide ou transformé en pâtés et en plats mijotés. On peut couper le canard en de fines tranches nommées « magrets » que l'on cuit comme un steak.

VALEUR NUTRITIVE	
La chair et la peau du canard d'élevage rôti contiennent	
Protéines	19 g
Matières grasses	28 g
Cholestérol	84 mg
337 calories/100 g	
La chair seule	
Protéines	24 g
Matières grasses	11 g
Cholestérol	89 mg
201 calories /100 g	

Le canard est riche en fer et en vitamines du complexe B. Il peut être difficile à digérer, surtout si sa peau est consommée.

La valeur nutritive du canard dépend des méthodes d'élevage et de la race. Le canard sauvage contient légèrement plus de protéines et beaucoup moins de matières grasses et de calories que le canard domestiqué.

UTILISATION ◆ Le canard est souvent cuisiné avec des fruits acides telles des oranges, des cerises et des pommes, qui masquent sa saveur prononcée. Le canard à l'orange est une recette française classique. Le canard est aussi fréquemment servi accompagné de marrons. En Chine, le canard de Pékin est une recette traditionnelle qui demande plusieurs heures de préparation.

Les œufs de canard, relativement peu consommés en Occident, sont fort appréciés des Asiatiques. Ils sont mangés cuits dur ou cuisinés, car ils contiennent souvent des bactéries qu'il est nécessaire de détruire par la cuisson.

CANNEBERGE

Vaccinium macrocarpom et *V. oxycoccus*, **Éricacées**
Autres noms : *atoca, ataca, airelle des marais*
Nom anglais : *cranberry*

HISTORIQUE ◆ Baie native d'Amérique du Nord. La canneberge fait partie d'une grande famille qui comprend notamment le bleuet, la myrtille, l'arbouse et la bruyère. Au Canada, on nomme souvent ce fruit « atoca » (ou « ataca »), un mot d'origine amérindienne. Le terme « canneberge » a une origine inconnue. Il est possible que ce soit une déformation du mot anglais *cranberries*, dérivé du terme *crane*, signifiant « grue ». Les Américains auraient donné un tel nom à cette plante parce que ses jolies fleurs roses, au début de leur développement, poussent vers le sol et ressemblent à la tête d'une grue. La canneberge est cultivée intensivement aux États-Unis, particulièrement dans l'État du Massachusetts. Au Canada, sa culture à des fins commerciales est plus modeste car plus récente. Ce fruit est peu connu en Europe, où il ne pousse qu'une variété sauvage assez petite. Les Indiens de l'Amérique du Nord se servaient des canneberges pour assaisonner le pemmican, une concoction de viande séchée.

La canneberge croît sur des arbustes qui affectionnent les terrains humides, sablonneux et bourbeux. Ces arbustes sont formés de plusieurs racines d'où émergent à la verticale des branches ligneuses, semblables à celles des framboisiers. Ils sont très sensibles au froid, on doit donc les arroser lorsqu'il y a risque de gel, ce qui exige une installation coûteuse. Les baies, qui n'apparaissent que la troisième année, ressemblent à des petites cerises. Elles mesurent généralement de 10 à 20 mm de diamètre. On les récolte habituellement en inondant les champs ; les fruits, détachés mécaniquement, flottent alors à la surface de l'eau. Les canneberges sont juteuses et très acides. Elles renferment de nombreuses petites graines comestibles.

ACHAT ◆ Choisir des canneberges charnues, fermes et lustrées. Délaisser les fruits mous, ratatinés, écrasés, avec des taches blanchâtres ou dont la peau est terne et décolorée.

PRÉPARATION ◆ Ne laver les canneberges qu'au moment de les utiliser. Retirer les tiges et les canneberges molles, ridées ou moisies.

CUISSON ◆ Cuire les canneberges avec une petite quantité d'eau dans une casserole couverte, car les baies gonflent sous l'effet de la vapeur et éclatent, à la manière du maïs soufflé.

UTILISATION ◆ Il est rare que l'on mange des canneberges nature parce qu'elles sont trop acides. On les utilise telles quelles dans des aliments qui vont cuire (muffins, pains, gâteaux) ou on les cuit très brièvement, juste le temps qu'elles éclatent, puis on les utilise pour confectionner notamment tartes, sorbets, mousses ou crêpes. Les canneberges sont aussi transformées en compote, en gelée, en confiture ou en chutney. Ces préparations accompagnent souvent la volaille. Canneberges et dinde sont une paire inséparable lors des traditionnels repas de l'Action de grâces et de Noël, tant au Canada qu'aux États-Unis. Les canneberges se marient bien avec les agrumes, les pommes et les poires. Leur jus est excellent. Elles assaisonnent pâtés, saucisses et terrines. Garnir de canneberges des pommes cuites au four ou farcir des courges avec de la confiture ou de la compote de canneberges.

CONSERVATION ◆ Éviter de laisser les canneberges à la température ambiante, car elles se gâtent rapidement. Les conserver au réfrigérateur. Les canneberges se congèlent facilement telles quelles, sans sucre. On peut les utiliser sans les décongeler, simplement après les avoir lavées. On peut aisément déshydrater les canneberges. Les mettre dans un four tiède dont la porte est entrouverte jusqu'à ce qu'elles soient sèches. Pour les réhydrater, les faire tremper plusieurs heures dans de l'eau, du jus ou de l'alcool.

VALEUR NUTRITIVE	
La canneberge contient	
Eau	87 %
Protéines	0,4 g
Matières grasses	0,2 g
Glucides	13 g
Fibres	1,4 g
48 calories/100 g	

Elle contient de la vitamine C et du potassium, et renferme également des traces de magnésium et de zinc. Elle renferme divers acides, notamment les acides oxalique, tannique, citrique, malique et benzoïque, responsables de son goût aigrelet. La canneberge est astringente. On la dit bénéfique pour la circulation sanguine, la peau et le système digestif. On s'en sert pour traiter des infections urinaires.

CANNELLE

Cinnamomum spp, **Lauracées**
Nom anglais : *cinnamon*

HISTORIQUE ◆ Écorce séchée du cannelier, un arbre appartenant à la même famille que le laurier et l'avocatier. La cannelle est l'une des plus anciennes épices connues. On mentionne son existence dans le plus vieux traité de botanique chinois datant de 2 800 ans avant notre ère. Des papyrus égyptiens et la Bible y font aussi référence. On obtient la cannelle en coupant des petites branches vieilles de 3 ans sur lesquelles on pratique 2 ou 3 incisions longitudinales. En séchant, l'écorce s'enroule sur elle-même, donnant des bâtons friables de 7 à 8 cm de long et d'environ 1 cm de diamètre. Il existe environ 100 espèces différentes de canneliers, aux propriétés aromatisantes plus ou moins semblables. Les deux plus importantes commercialement sont le cannelier de Ceylan et le cannelier de Chine.

Cannelier de Ceylan *(Cinnamomum zeylanicum).* Arbre de taille moyenne aux feuilles persistantes, originaire de Ceylan. Ce cannelier mesure de 10 à 13 m de haut. Il est cultivé dans plusieurs pays tropicaux, notamment en Inde, aux Seychelles, à la Jamaïque, en Guyane et au Brésil. Les grandes feuilles coriaces et luisantes ont leur face inférieure gris bleuté. De petites fleurs blanches ou jaunâtres poussent en grappes et les baies, qui ressemblent à celles du laurier, sont bleu foncé. La mince écorce lisse et fine, d'un brun clair mat, est la plus aromatique de toutes. Plus elle est pâle, meilleure est sa qualité.

Cannelier de Chine *(Cinnamomum cassia).* Arbre plus imposant qui atteint de 13 à 17 m de hauteur. Cette espèce, retrouvée à l'état sauvage en Indochine, est aussi cultivée en Indonésie et en Asie. Les longues feuilles foncées et brillantes sont presque cireuses. Les petites fleurs sont vert pâle. L'écorce appelée « casse » a une saveur plus forte et plus piquante que celle du cannelier de Ceylan. Elle coûte moins cher et occupe presque tout le marché nord-américain.

ACHAT ◆ La cannelle est commercialisée en bâton, en poudre ou en huile essentielle. La cannelle moulue a une saveur plus prononcée que la cannelle en bâton, mais elle s'altère plus rapidement.

UTILISATION ◆ La cannelle aromatise divers aliments et friandises, notamment gâteaux, biscuits, tartes, beignes, brioches, puddings, crêpes, compotes, yogourts, gommes et bonbons. Dans plusieurs pays, son usage est plus diversifié et la cannelle assaisonne soupes, viandes, sauces tomate, légumes, pot-au-feu, couscous, pâtes alimentaires, marinades et vins. En Orient, on utilise aussi les boutons floraux, les feuilles et les baies déshydratées. La cannelle est utilisée en pharmacie pour aromatiser diverses préparations, dont le dentifrice.

VALEUR NUTRITIVE
La cannelle moulue fournit
Calcium 28 mg
Potassium 11 mg
Fer/ 5 ml (2 g) 0,88 mg
On dit la cannelle antispasmodique, antiseptique, vermifuge et stimulante. De la cannelle en poudre ajoutée à du thé aiderait à soulager les troubles gastriques et à combattre la diarrhée. En tisane, mettre 1 à 2 g d'écorce par tasse d'eau et laisser infuser 10 minutes.

CONSERVATION ◆ Conserver la cannelle dans un récipient hermétique, à l'abri de la lumière et de l'humidité.

CÂPRE

Capparis spinosa, **Capparidacées**
Nom anglais : *caper*

 HISTORIQUE ◆ Bouton floral du câprier, un arbrisseau vivace et grimpant originaire de la région méditerranéenne.

Les câpres sont consommées depuis les temps les plus reculés. On en trouve mention dans l'Ancien Testament. Le câprier est très cultivé dans le sud de l'Europe. Il est extrêmement décoratif avec ses magnifiques fleurs aux grands pétales blancs teintés de rose et aux longues étamines au pollen violet. Ses tiges ligneuses s'accrochent aux murs et aux rochers. Le câprier peut atteindre 1 m de haut. Ses petites feuilles vertes de forme ovale sont épaisses, luisantes et touffues. On cueille les boutons floraux avant qu'ils éclosent ; ils sont alors de couleur vert olive.

 ACHAT ◆ Les câpres sont commercialisées confites au vinaigre, saumurées ou conservées au vin. Plus elles sont petites, plus leur saveur est délicate.

VALEUR NUTRITIVE
Les câpres contiennent de la capparirutine, un glucoside amer et irritant qui est tonique et diurétique. Les câpres seraient également apéritives et digestives.

UTILISATION ◆ La saveur aigrelette et amère des câpres s'accorde bien avec les aliments gras ou salés et relève le parfum des aliments fades et insipides. Les câpres aromatisent notamment sauces, hors-d'œuvre, moutarde, mayonnaise (sauce tartare), sandwichs, pizzas, riz, pâtes alimentaires, viande, poisson, fruits de mer et volaille. Pour un maximum de saveur, ajouter les câpres en fin de cuisson.

Les boutons floraux de la capucine, du sureau et de la renoncule donnent un produit semblable aux câpres. Il arrive parfois qu'on s'en serve pour remplacer frauduleusement les câpres.

 CONSERVATION ◆ Les câpres confites se conservent indéfiniment. Les placer au réfrigérateur lorsque le contenant a été ouvert.

CAPUCINE

Tropaeolum majus, **Tropaeolacées**
Nom anglais : *nasturtium*
Autre nom : *Indian cress*

 HISTORIQUE ◆ Plante ornementale originaire du Pérou, dont on consomme les feuilles, les fleurs et les boutons floraux. La capucine est vivace sous les climats tropicaux et pousse en annuelle sous les climats tempérés. Elle fut initialement appelée « cresson des Indes », cresson parce que son goût est piquant et des Indes parce qu'on avait confondu l'Amérique avec l'Inde. Il existe une centaine de variétés de capucines. Certaines variétés peuvent atteindre jusqu'à 3 ou 4 m de hauteur. L'espèce commune est basse et compacte ; elle dépasse rarement 30 cm de hauteur. Ses feuilles vertes sont plates et arrondies. Ses fleurs délicates prennent des teintes de jaune vif, d'orange ou de rouge.

ACHAT ◆ Acheter les feuilles et les fleurs de capucines dans les épiceries, car les capucines vendues par les fleuristes ne sont pas destinées à la consommation humaine et contiennent des produits chimiques nocifs.

UTILISATION ◆ Les jeunes feuilles et les fleurs ajoutent une note piquante et décorative aux salades ; incorporer la vinaigrette avant de déposer les fleurs afin qu'elles ne s'imbibent pas d'huile. Les fleurs peuvent aussi décorer soupes, légumes, volaille, poisson, viande, pâtisseries et boissons. Les boutons floraux sont confits dans le vinaigre et peuvent remplacer les câpres.

CONSERVATION ◆ Les feuilles et les fleurs de capucine sont fragiles. L'idéal est de les cueillir soi-même ou de les consommer dès qu'on les achète. Elles se conservent quelques jours au réfrigérateur.

VALEUR NUTRITIVE
La capucine a un certain nombre de propriétés médicinales ; on la dit diurétique, stimulante, expectorante, antiscorbutique et topique. Elle a des effets purgatifs, aussi est-il préférable de la consommer en petite quantité ; d'ailleurs, sa saveur piquante appelle la modération.

CARAMBOLE

Averrhoa carambola, **Oxalidées**
Autres noms et espèce : *fruit étoile, groseille de Cormandel, bilimbi* (Averrhoa bilimbe)
Nom anglais : *star fruit,*
Autres noms : *carambola, bilimbi*

HISTORIQUE ◆ Fruit originaire de Ceylan et des îles Moluques. La carambole est cultivée en Asie depuis fort longtemps. Elle croît sur un arbre qui mesure de 6 à 10 m de haut et qui produit des grappes de fleurs roses ou violacées à l'odeur suave. La carambole est cultivée un peu partout dans le monde, sous les climats tropicaux et subtropicaux, notamment au Brésil, en Malaysia, à Taiwan, en Chine, en Australie, en Israël, aux Antilles, à Hawaii et en Floride. Son apparition sur les marchés occidentaux est récente.

La carambole est une grosse baie jaune verdâtre de forme ovale. Elle mesure de 6 à 13 cm de long et de 3 à 6 cm de diamètre. Elle pèse généralement une centaine de grammes. Ce fruit a un aspect inusité, car il est formé de 5 côtes saillantes (parfois 4 ou 6) disposées en étoile. Lorsqu'elle est coupée transversalement, la carambole ressemble à une étoile, ce qui explique pourquoi on l'appelle aussi « fruit étoile ». Sa fine peau translucide est comestible ; d'aspect cireux, sa couleur passe du blanc jaunâtre au jaune orangé à maturité. Elle recouvre une pulpe translucide, croquante, juteuse et acidulée. De 2 à 12 graines plates sont logées dans les côtes saillantes. La saveur de la carambole diffère selon les variétés et le moment de la cueillette. Certaines variétés sont sucrées et légèrement acides, tandis que d'autres sont sures et de saveur aigre. Le contenu en sucre n'augmente plus après la récolte. Les variétés sucrées se prêtent mieux aux desserts que les variétés sures.

Le **bilimbi** appartient à une espèce voisine, originaire de la Malaysia. Il est surtout présent sur les marchés asiatiques. Il croît sur un arbre qui atteint généralement de 15 à 18 m de haut. Il pousse en grappes touffues, lesquelles prennent naissance sur le tronc et les branches. On le cultive surtout en Asie, en Australie, en Amérique centrale, en Amérique du Sud, en Floride et à Hawaii. Le bilimbi ressemble à un petit concombre. Il est un peu plus petit que la carambole : il mesure de 4 à 8 cm de long. L'aspect étoilé est presque inexistant, les 5 côtes étant à peine visibles. Sa chair juteuse, de couleur jaune verdâtre, est plus ferme et beaucoup plus acide que celle de la carambole. On le consomme rarement cru. Il renferme 6 ou 7 graines plates.

 ACHAT ◆ Choisir un fruit ferme, bien coloré, exempt de meurtrissures et si possible dégageant un arôme fruité.

PRÉPARATION ◆ Laver la carambole. Si les pointes des côtes sont noircies, les enlever avec un couteau ou un éplucheur. Retirer les graines. La carambole est très souvent coupée en tranches pour mettre en évidence son aspect étoilé.

UTILISATION ◆ La carambole se mange crue ou cuite. Elle peut être combinée aussi bien avec des fruits qu'avec des légumes. Elle est délicieuse arrosée de vinaigrette. Elle peut servir de légume d'accompagnement ou être cuite avec des fruits de mer et des légumes, à la façon orientale. La cuire très peu afin de préserver sa saveur. Coupée en fines tranches décoratives, la carambole peut remplacer les tranches de citron qui accompagnent fruits de mer et poisson ou qui garnissent les boissons gazeuses et les boissons alcoolisées. La carambole peut aussi décorer divers autres aliments, notamment les hors-d'œuvre, fromages, gâteaux et tartes. On cuit la carambole en marinade ou en gelée. On la met dans les sorbets ou les puddings. On en tire un jus rafraîchissant. Le bilimbi est généralement cuit. On en fait des marinades, des confitures ou de la gelée. On l'incorpore aux soupes, aux sauces ou aux mets aigres-doux. On le transforme en jus. Il remplace souvent la mangue dans les chutneys indiens.

CONSERVATION ◆ La carambole semble fragile, mais elle se conserve facilement. La laisser à la température de la pièce si on a l'intention de la consommer dans 1 jour ou 2, ou si elle n'est pas assez mûre. La réfrigérer pour une conservation plus longue, qui peut dépasser 15 jours si le fruit est en bon état.

VALEUR NUTRITIVE	
La carambole contient	
Eau	91 %
Protéines	0,6 g
Matières grasses	0,3 g
Glucides	7,8 g
Fibres	1,2 g
33 calories/100 g	

Elle possède une teneur élevée en vitamine C et représente une source de vitamine A et de potassium. On y trouve également des traces de magnésium, de sodium et de niacine. Elle contient plusieurs acides, les plus importants étant l'acide oxalique, l'acide tartrique et l'acide malique.

CARDAMOME

Elettaria cardamomum, **Zingiberacées**
Nom anglais : *cardamom*

HISTORIQUE ◆ Graine très parfumée croissant sur une plante vivace originaire d'Orient. La cardamome est apparentée au gingembre, elle a une fine saveur chaude légèrement poivrée. Elle était connue des Grecs et des Romains. Les soldats d'Alexandre le Grand l'introduisirent en Europe lorsqu'ils revinrent de l'Inde. La cardamome est utilisée plus couramment en Orient et dans les pays arabes que dans le monde occidental. Fait exception cependant la Scandinavie, où cette épice est particulièrement appréciée. Les plus importants pays producteurs sont l'Inde et le Guatemala. La cardamome est, de même que le safran et la vanille, une épice très coûteuse.

Il existe plusieurs variétés de cardamome. Les trois plus importantes commercialement sont la cardamome de Malabâr, la cardamome de Ceylan et la cardamome d'Indochine.

Cardamome de Malabâr *(Elettaria cardamomum)*. Petite graine noire produite par une plante vivace atteignant de 2 à 5 m de haut. Originaire de la côte de Malabâr, cette plante à rhizomes pousse à l'état sauvage, notamment dans le sud de l'Inde, sur des monts nommés Cardamon. Les longues feuilles vert foncé sont lancéolées. Les fleurs jaunâtres mêlées de bleu sont logées près du sol. Les fruits jaune verdâtre ou bruns sont en forme de capsule ovoïde. Ces capsules mesurant environ 1 cm de long renferment une quinzaine de graines très aromatiques. Ce sont les plus recherchées de toutes et les plus coûteuses.

Cardamome de Ceylan *(Elettaria major)*. Cette plante n'est pas toujours considérée comme étant différente de la précédente, car elle lui ressemble beaucoup. Sa taille est plus grande cependant et son fruit, plus gros et allongé, produit des graines de moindre qualité.

Cardamome ou **amome d'Indochine** *(Amomun kravanh)*. Plante d'une espèce voisine, fréquente au Cambodge et au Viêtnam. Cette plante mesure environ 3 m de haut. Les petites fleurs regroupées en de courtes grappes d'épis allongés sont denses et cylindriques. Les fruits ronds contiennent des graines similaires de forme et de saveur à celles de la cardamome de Malabâr.

ACHAT ◆ La cardamome se vend en gousses, écossée ou moulue. Il est préférable de l'acheter en gousses et de la moudre au besoin, elle conserve ainsi sa saveur plus longtemps. Cela permet aussi un usage plus étendu (car la cardamome peut être utilisée entière). On peut également éviter les falsifications (il arrive qu'on ajoute à la cardamome moulue d'autres épices moins coûteuses).

UTILISATION ◆ En Occident, on emploie la cardamome surtout pour parfumer gâteaux, biscuits, compotes de fruits, marinades, charcuteries, vins et liqueurs. En Orient, elle aromatise viande, currys indiens, poisson, riz, œufs, desserts, thé et café. La cardamome peut remplacer le gingembre ou la cannelle dans la plupart des recettes.

VALEUR NUTRITIVE	
La cardamome moulue fournit	
Potassium	22 mg
Calcium	8 mg
Fer	0,28 mg
Zinc/5 ml (2)	0,15 mg

On dit la cardamome apéritive, digestive, carminative et stimulante. Mâcher les graines permet de camoufler la mauvaise haleine. En tisane, mettre quelques graines dans de l'eau, faire bouillir légèrement 2 à 3 minutes et laisser infuser 10 minutes.

CARDON

Cynora cardunculus, **Composées**
Nom anglais : *cardoon*
Autre nom : *edible thistle*

HISTORIQUE ◆ Plante potagère vivace originaire de la région méditerranéenne. Le cardon est un proche parent de l'artichaut et du chardon. On le cultivait intensivement en Europe, au Moyen-Âge. Il est encore populaire en Italie, en Espagne et en France. Dans plusieurs pays, il pousse à l'état sauvage. Ce légume est presque inconnu en Amérique du Nord.

Le cardon est formé de longues tiges (cardes) semblables à celles du céleri, mais plus aplaties. Sa saveur rappelle l'artichaut et le céleri. Les tiges externes du cardon sauvage sont ligneuses et dures. On les jette presque toujours, ne conservant que les tiges internes, que l'on débarrasse du feuillage et des fils enfouis le long des nervures. Le cardon cultivé est plus tendre. Ses grandes feuilles supérieures sont enlevées lors de la récolte, ce qui fait brunir l'extrémité des tiges.

ACHAT ◆ Rechercher des cardons aux tiges fermes. Le cardon est surtout disponible dans les épiceries spécialisées.

CUISSON ◆ Le cardon est presque toujours blanchi avant d'être cuisiné. Couper les tiges en tronçons de 10 à 12 cm de long ; si désiré, arroser les tiges de jus de citron ou mettre 5 à 10 ml (1 ou 2 cuillerées à café) de vinaigre dans l'eau de blanchiment pour éviter qu'elles ne noircissent. Plonger les tiges dans de l'eau bouillante, laisser bouillir 10 à 15 minutes, égoutter, puis apprêter selon la recette choisie.

VALEUR NUTRITIVE	
Le cardon contient	
Eau	93,5 %
Protéines	0,8 g
Matières grasses	0,1 g
Glucides	5,3 g
22 calories/100 g	

Cuit, il est une excellente source de potassium, une bonne source de magnésium, il contient du calcium et du fer ainsi que des traces de vitamine C, de phosphore, de riboflavine, de thiamine et de niacine. Il aurait des propriétés calmantes.

UTILISATION ◆ Le cardon s'apprête comme le céleri ou l'asperge. Il est souvent cuisiné à la crème, gratiné ou rissolé. Il sert de légume d'accompagnement ou se met dans les soupes et les ragoûts. On le mange également froid avec de la vinaigrette ou de la mayonnaise.

CONSERVATION ◆ Enrouler un papier absorbant autour de sa base, placer le cardon dans un sac de plastique perforé et le ranger au réfrigérateur, préférablement dans le bac à légumes, où il se conservera 1 ou 2 semaines. On peut aussi entreposer le cardon dans une chambre froide, enfoui dans du sable.

CARI

Autres noms : *curry, carry*
Nom anglais : *curry*

HISTORIQUE ◆ Le mot cari désigne un mélange d'épices ainsi que les mets à base de poisson, de viande, de lentilles ou de légumes que cet assaisonnement agrémente. Le cari est originaire de l'Inde. Il constitue la base de la cuisine indienne, tant comme épice que comme mets principal. Le mélange d'épices varie selon les régions, les castes et l'usage. Le plus souvent, le cari est fabriqué à la maison, ce qui donne lieu à des variations quasiment illimitées. Le cari peut contenir aussi peu que 5 ingrédients ou autant qu'une cinquantaine.

Le cari comprend généralement du piment, de la coriandre, du cumin, du curcuma, du poivre, de la cardamome, du gingembre, du tamarin, du fenugrec, du carvi, de la muscade et du clou de girofle. On lui ajoute, selon la tradition ou l'inspiration du moment, de la cannelle, du macis, de l'anis, des amandes, de la noix de coco, des graines de moutarde, de l'oignon, de l'ail. Le piquant du cari dépend en grande partie de la quantité de piment utilisée.

Dans le commerce, le cari contient généralement de 15 à 20 ingrédients. On trouve des caris doux *(mild)*, semi-piquants *(medium hot)*, forts *(hot)* et brûlants *(very hot)*. La valeur nutritive des caris varie en fonction des ingrédients utilisés.

ACHAT ◆ Le cari est commercialisé en poudre ou en pâte. Plusieurs caris proviennent de l'Angleterre, pays qui a longtemps colonisé l'Inde.

UTILISATION ◆ Le cari a un usage varié, car il assaisonne aussi bien les plats principaux que les entrées, les soupes, les légumes, les pâtes alimentaires, le riz, les sauces et la mayonnaise.

CONSERVATION ◆ Placer le cari en poudre dans un contenant hermétique et le conserver dans un endroit frais et sec. Conserver le cari en pâte au réfrigérateur lorsque le contenant est entamé.

CAROTTE

Daucus carota var. *sativa*, **Ombellifères**
Nom anglais : *carrot*

HISTORIQUE ◆ Plante potagère à racines originaire de l'Afghanistan. La carotte est une bisannuelle cultivée en annuelle. Ce fut longtemps un légume ligneux surtout apprécié pour ses vertus médicinales. Originellement beige jaunâtre, la carotte n'acquit sa couleur orangée qu'au XIXe siècle, grâce à l'intervention d'agronomes français.

La carotte est plus ou moins allongée ou trapue, selon les variétés, qui dépassent la centaine. Elle mesure de 6 à 90 cm de long et a de 1 à 6 cm de diamètre. Sa couleur peut être orangée, blanche, jaune, rouge, pourpre ou noire.

ACHAT ◆ Choisir des carottes fermes et bien colorées.

Ce légume est habituellement vendu sans son feuillage (fanes), qu'on enlève à la cueillette pour diminuer la perte d'humidité. Si les fanes sont encore présentes, elles devraient être fermes et bien colorées. Délaisser les carottes amollies, aux parties détrempées ou qui ont commencé à tiger.

PRÉPARATION ◆ Laver ou brosser délicatement la carotte ; ne l'éplucher que si elle est vieille. Si la partie près de la tige est verte, c'est que la carotte a été exposée au soleil ; enlever cette partie parce qu'elle est amère. La carotte peut être laissée telle quelle, être coupée en bâtonnets ou en dés, être tranchée ou râpée.

CUISSON ◆ La carotte est facile à cuire et tous les modes de cuisson lui conviennent ; abréger sa cuisson pour conserver saveur et valeur nutritive. Quand les carottes sont vieilles, ajouter du jus de citron au liquide de cuisson (15 ml [1 cuillerée à soupe] pour 500 ml [250 g] de carottes) améliorera la saveur et empêchera les carottes de noircir ; cela pâlira cependant légèrement les carottes.

UTILISATION ◆ La carotte se mange crue ou cuite. Ses possibilités d'utilisation sont quasiment illimitées, allant du hors-d'œuvre au dessert, en passant par la fabrication de vin. Crue, on la consomme nature ou on la met dans les salades et les hors-d'œuvre. On l'intègre aussi dans la pâte à gâteaux et dans la pâte à biscuits. Cuite, la carotte sert de légume d'accompagnement, seule ou avec d'autres légumes. Elle est délicieuse pilée avec des pommes de terre. On incorpore aussi la carotte dans une foule de mets, notamment dans les soupes, les ragoûts, les quiches et les omelettes. Les fanes, riches en sels minéraux, font d'excellents potages ou s'ajoutent aux salades et aux sauces.

CONSERVATION ◆ Les carottes se conservent assez facilement. Les placer au réfrigérateur, où elles se garderont plusieurs semaines (2 semaines pour les carottes nouvelles). Prendre soin de les envelopper, car elles perdent beaucoup d'humidité lorsqu'elles sont laissées à l'air libre. Ne pas les mettre dans un sac hermétique, car il se crée de la condensation qui fait pourrir les carottes ; percer quelques trous dans le sac ou y mettre une feuille de papier absorbant. On peut stocker les carottes dans un endroit sombre, frais (préférablement 0 ou 1 °C), humide (93 à 98 %) et bien ventilé. Plus la température est basse, plus les carottes garderont leur saveur longtemps. Ne pas entreposer les carottes près des fruits ou des légumes qui dégagent beaucoup de gaz éthylène, telles les poires, pommes

VALEUR NUTRITIVE

La carotte crue contient

Eau	87,8 %
Protéines	0,9 g
Matières grasses	0,1 g
Glucides	10,1 g
Fibres	3,2 g
43 calories/100 g	

Elle est une excellente source de vitamine A et de potassium, elle contient de la vitamine C, de la vitamine B_6, de la thiamine, de la folacine et du magnésium ainsi que des traces de phosphore, de niacine, de fer, de riboflavine et de cuivre.

La carotte cuite contient

Eau	87,4 %
Protéines	1,2 g
Matières grasses	0,1 g
Glucides	10,5 g
Fibres	1,9 g
45 calories/100 g	

Elle est une excellente source de vitamine A, une bonne source de potassium, elle contient de la vitamine B_6, du cuivre, de la folacine et du magnésium ainsi que des traces de fer, de vitamine C, de zinc, de riboflavine, de thiamine et de calcium. Bien mastiquer la carotte crue permet d'assimiler une plus grande quantité des éléments nutritifs. On reconnaît de nombreuses propriétés médicinales à la carotte, notamment d'être diurétique, reminéralisante, antidiarrhéique, tonique, vermifuge et antianémique. Son rôle pour le maintien d'une bonne vision est bien connu. Crue et râpée, elle serait utile contre les brûlures. Son jus hautement régénérateur semble particulièrement bénéfique pour le foie et la vessie. Toute consommation exagérée de carottes colore la peau de jaune à cause de la présence de la carotène. Ce phénomène fréquemment observable chez les bébés est sans danger.

ou pommes de terre, car elles mûriront trop rapidement et deviendront amères. Une des meilleures façons d'entreposer les carottes consiste à les enfouir dans du sable sans les laver; elles se conserveront ainsi jusqu'à 6 mois. Les carottes peuvent hiberner dans le jardin, bien enterrées et recouvertes de paillis; on les récolte au besoin. Les carottes se congèlent facilement. Coupées, les blanchir 3 minutes; entières, les blanchir 5 minutes.

CAROUBE

Ceratonia siliqua, **Légumineuses-Césalpinacées**
Nom anglais : *carob*
Autres noms : *bokser, algarroba, locust bean, locust pod, St John's bread*

HISTORIQUE ◆ Fruit du caroubier, un arbre aux feuilles persistantes originaire de la région méditerranéenne. Le caroubier est cultivé depuis l'Antiquité. Il est apparenté au tamarinier. On le connaît parfois sous le nom de «pain de Saint-Jean», car une légende raconte que saint Jean-Baptiste se serait nourri de ses graines (il semble par ailleurs qu'il aurait plutôt mangé des sauterelles). L'industrie alimentaire utilise abondamment le caroube comme substitut du cacao et comme additif à cause de ses propriétés stabilisantes, liantes et gélifiantes. Le caroube sert aussi de succédané de café et de nourriture pour les animaux.

Le caroube fut un aliment populaire en Europe jusqu'au début du XXᵉ siècle, puis il tomba plus ou moins dans l'oubli. Il réapparut massivement sur le marché en 1979, notamment en Amérique du Nord, quand l'industrie alimentaire l'utilisa en remplacement du cacao, qui était rare et coûteux à la suite d'une pénurie; le bas prix du caroube permettait des profits intéressants.

Le caroubier peut vivre 100 ans. Il croît sous les climats chauds et atteint jusqu'à 12 m de haut. Cet arbre décoratif a des feuilles touffues, lisses et ovales. Ses petites fleurs rougeâtres donnent naissance à des fruits, de longues gousses brunes, qui mesurent de 10 à 30 cm de long. Elles renferment une pulpe sucrée et juteuse, au sein de laquelle s'aligne une rangée de 3 à 10 graines luisantes, de couleur brun rougeâtre. La culture du caroubier s'est étendue à plusieurs parties du monde; cet arbre pousse notamment au Mexique, dans le sud des États-Unis, aux Indes, en Afrique du Sud, en Australie et au Proche-Orient.

Le caroube est vendu sous forme solide, ou sous forme de poudre, de brisures ou de sirop. On obtient la poudre en séparant la pulpe des grains, pulpe qui est ensuite séchée, torréfiée puis moulue. Le degré de torréfaction affecte la couleur et la saveur; plus il est élevé, plus le caroube est foncé et plus il perd de sa saveur. Le caroube solide, le sirop et les brisures sont faits à partir de la poudre.

Certaines personnes consomment le caroube parce qu'elles sont allergiques au cacao ou parce qu'elles en apprécient le goût. La majorité cependant en mangent parce qu'elles surveillent leur poids, qu'elles veulent éviter les désagréments du cacao (notamment les excitants) et qu'elles croient ingérer un aliment meilleur pour la santé que le cacao et le chocolat. Or, le caroube ne possède pas tous ces avantages (voir les valeurs nutritives).

97

ACHAT ◆ Le caroube s'achète généralement dans les magasins d'alimentation naturelle.

UTILISATION ◆ Le caroube est utilisé comme le cacao et le chocolat ; on le met notamment dans les gâteaux, les biscuits, les boissons et les confiseries. On l'emploie tel quel ou combiné avec le cacao ou le chocolat. On peut substituer jusqu'à 25 ou 30 % de caroube dans la plupart des recettes. La proportion peut atteindre jusqu'à 50 % si l'ajout d'aromates et d'ingrédients à saveur forte masquent le goût du caroube. Quand la poudre de caroube remplace le cacao, diminuer d'environ le quart la quantité de sucre dans la recette, car cette poudre est plus sucrée que la poudre de cacao.

Le caroube est moins soluble que le cacao. Une certaine quantité reste en suspension dans les liquides, donnant une consistance moins limpide et créant un dépôt au fond du récipient. Délayer d'abord le caroube avec de l'eau chaude permet de mieux le dissoudre. Le caroube fond à une température plus basse que le chocolat et se liquéfie plus vite, ce qui peut causer des embêtements pour la préparation de mousses par exemple.

VALEUR NUTRITIVE	
La poudre de caroube contient	
Eau	3,6 %
Protéines	1,4 g
Matières grasses	0,2 g
Glucides	26,7 g
Fibres	3,7 g
99 calories/75 ml (30 g)	

Elle renferme beaucoup moins de protéines et de matières grasses que le cacao. Son contenu en vitamines et en minéraux est aussi différent ; ainsi, elle est beaucoup moins riche en phosphore, en potassium et en fer, mais elle est deux fois plus riche en calcium que le cacao. La poudre de caroube est une source élevée de fibres. Elle renferme des tannins mais pas de caféine ni de théobromine (voir Café) ; elle n'est pas allergène et se digère facilement.

La valeur nutritive des produits à base de caroube dépend des ingrédients qui les composent puisqu'on leur incorpore notamment du sucre (on en ajoute parfois plus que dans le chocolat), de l'huile végétale et de l'arôme artificiel.

CONSERVATION ◆ Conserver le caroube dans un récipient hermétique afin qu'il soit à l'abri de l'humidité, car il devient grumeleux lorsqu'il est humide.

CARPE

Cyprinus carpio, **Cyprinidés**
Nom anglais : *carp*

 HISTORIQUE ◆ La carpe aime les eaux chaudes peu profondes, elle habite les rivières, les lacs, les étangs et les canaux. Elle serait originaire d'Asie, probablement de Chine. On en fait l'élevage depuis des milliers d'années. Les Chinois auraient été les premiers à l'élever en captivité il y a 3 000 ans. Au Moyen-Âge, une région d'Europe centrale, la Bohême, devint célèbre pour la qualité de ses carpes de pisciculture. Les habitants de cette contrée accordent toujours une place de choix à ce poisson, particulièrement lors des festivités de Pâques et de Noël.

La carpe a un corps robuste comprimé latéralement, recouvert de grandes écailles épaisses (certaines espèces hybrides sont dépourvues d'écailles). Sa tête triangulaire est munie de deux paires de barbillons situés autour de la bouche, laquelle est démunie de dents. Sa mâchoire supérieure est légèrement proéminente. Une dure épine orne le devant de ses nageoires anale et dorsale. La carpe peut mesurer de 35 à 45 cm de long et pèse en général 7 kg ; certains spécimens peuvent peser jusqu'à 25 kg. La carpe commune est de couleur vert brunâtre, vert olive ou vert bleuté, avec des flancs jaune doré et un ventre plus pâle. Sa chair blanche est ferme.

 ACHAT ♦ La carpe est parfois commercialisée fumée.

 PRÉPARATION ♦ La saveur de la carpe est variable; les espèces sauvages goûtent souvent la vase. Pour faire disparaître ce goût de vase, mettre à tremper la carpe écaillée et vidée (prendre soin de retirer le fiel sous la tête) de 2 à 3 heures dans de l'eau légèrement vinaigrée, en changeant l'eau à l'occasion. La carpe s'écaille difficilement; la mettre quelques secondes dans de l'eau bouillante facilite la tâche.

UTILISATION ♦ La carpe peut être cuisinée entière, en filets ou en tronçons. Elle supporte bien tous les modes de cuisson. Elle est souvent cuite à l'étuvée, pochée, grillée ou frite. Les œufs, les joues et les lèvres sont très recherchés.

VALEUR NUTRITIVE	
La carpe contient	
Protéines	18 g
Matières grasses	5,6 g
127 calories/100 g, crue	

Elle constitue une excellente source de niacine, de phosphore et de vitamine B_{12}.

CARVI

Carum carvi, **Ombellifères**
Autres noms : *cumin des prés, cumin des montagnes, anis bâtard, anis des Vosges*
Nom anglais : *caraway*

HISTORIQUE ♦ Plante aromatique bisannuelle originaire d'Europe et d'Asie occidentale. Cette plante, qui mesure de 30 à 60 cm de hauteur, est très proche du fenouil et de l'aneth, avec lesquels elle est souvent confondue. Le carvi est particulièrement apprécié dans les pays arabes, en Inde, en Allemagne, au Danemark et en Russie. Dans la plupart des autres pays, il est souvent méconnu.

Les feuilles lancéolées sont découpées en de nombreuses lanières très étroites. De minuscules fleurs blanches, roses ou mauves sont groupées en ombelles. Les fruits (ou graines) oblongs, de couleur brunâtre, sont comprimés latéralement comme ceux du cumin. Très aromatiques, ces graines ont une saveur âcre et piquante, moins forte que celle du cumin et plus que celle de l'aneth.

ACHAT ♦ Il est préférable d'acheter les graines entières; elles ont plus de saveur que les graines moulues et se conservent plus longtemps.

PRÉPARATION ♦ Écraser et rôtir les graines pour dégager toute leur saveur. Si on veut que leur parfum soit plus délicat, les faire sauter brièvement dans un corps gras avant de les écraser.

VALEUR NUTRITIVE	
Les graines de carvi fournissent	
Potassium	28 mg
Calcium	14 mg
Phosphore	12 mg
Fer	0,34 mg
Zinc/5 ml (2 g)	0,12 mg

Les propriétés médicinales du carvi sont dites carminatives, stimulantes, vermifuges, antispasmodiques et stomachiques. Les graines qui assaisonnent souvent des plats lourds en faciliteraient la digestion. En tisane, mettre 5 ml (1 cuillerée à café) de graines écrasées dans une tasse d'eau, faire bouillir 2 minutes, puis laisser infuser 10 minutes.

UTILISATION ◆ Le carvi est une épice populaire dans de nombreux pays. En Inde, il accompagne divers plats, tels les currys, les lentilles et le riz. Dans les pays d'Europe de l'Est et en Allemagne, il assaisonne la charcuterie, la choucroute, les ragoûts, le poisson, les crustacés, la salade de pomme de terre, les pâtisseries et la compote de pomme. Le carvi est confit, décore le pain et aromatise divers fromages (gouda, livarot, munster) ainsi que des boissons, notamment le kummel et le schnaps. Avec le cumin, le fenouil et la coriandre, le carvi est une des quatre épices chaudes dont les Arabes sont friands et que l'on retrouve entre autres dans leurs salades, méchouis et brochettes. Les racines de la plante sont comestibles ; on peut les faire bouillir et les employer comme les carottes ou les panais. Les feuilles et les jeunes pousses assaisonnent agréablement salades, soupes et ragoûts.

CAVIAR

Nom anglais : *caviar*
Autre nom : *caviare*

HISTORIQUE ◆ Le véritable caviar est constitué uniquement d'œufs d'esturgeon salés. Les œufs de plusieurs autres espèces de poissons sont aussi comestibles (saumon, carpe, cabillaud, corégone, hareng, brochet, thon), mais ils doivent être commercialisés sous une autre appellation. Les œufs de saumon sont parfois appelés improprement « caviar rouge ». Les États-Unis furent un important pays producteur de caviar à la fin du XIXe siècle, mais l'exploitation excessive a dangereusement réduit la population d'esturgeons, détruisant pratiquement cette industrie.

Presque tout le caviar vendu dans le monde provient maintenant de la mer Noire et de la mer Caspienne ; l'ex-U.R.S.S. et, dans une moindre mesure, l'Iran contrôlent ce marché. Le caviar jouit d'un énorme prestige : c'est un aliment chargé de symbole, comme le champagne. Par nature, le caviar ne peut être que rare puisqu'il provient d'une seule espèce de poisson et qu'il n'est disponible que lors de la période de reproduction. Le caviar partage avec le safran et les truffes « l'honneur » d'être l'aliment le plus coûteux sur le marché.

Les œufs d'esturgeon sont récoltés chez les femelles vivantes avant le frai. Leur grosseur, leur saveur et leur couleur varient selon les espèces (béluga, ossetra, sévruga ou sterlet). Les œufs peuvent être dorés, noirs, bruns, vert foncé ou gris. Ils sont tamisés, lavés à l'eau froide puis classés selon leur grosseur, leur couleur, leur fermeté et leur saveur. Ils sont ensuite salés, mis à maturer, égouttés, placés dans des contenants et réfrigérés. Le salage est une opération qui détermine la qualité du caviar ; aussi la quantité de sel ajouté est-elle soigneusement contrôlée. Le caviar est commercialisé en grains ou pressé (il s'agit alors d'œufs immatures ou éclatés), dans des contenants en verre ou en métal. Le caviar de première qualité est appelé *malassol*, mot qui signifie « peu salé » en russe, et contient 5 % de sel. Le caviar pressé est appelé *payusnaya* et contient 10 % de sel.

UTILISATION ◆ Ne jamais cuire le caviar; le consommer frais mais non froid. Le placer au réfrigérateur à l'endroit le plus chaud et le sortir une quinzaine de minutes avant de le servir (placer le récipient sur de la glace). Le caviar se consomme tel quel, accompagné ou non de pain grillé, de beurre et d'une ou deux gouttes de jus de citron. Les Russes aiment bien l'étendre sur des blinis (petites crêpes de sarrasin) et l'accompagner de crème sure et de vodka.

VALEUR NUTRITIVE	
Le caviar contient habituellement	
Protéines	2 g
Matières grasses	1,8 g
Glucides	0,4 g
25 calories/10 g	
(deux cuillerées à café)	
Il est riche en vitamines A et B_{12}, en magnésium, en fer et en sodium. Il est maigre.	

CONSERVATION ◆ Le caviar non entamé se conserve quelques semaines à une température de 0 à 7 °C. Le caviar entamé se conserve quelques jours au réfrigérateur.

CÉDRAT

Citrus medica, **Rutacées**
Nom anglais : *citron*

 HISTORIQUE ◆ Fruit du cédratier, un arbre qui serait originaire de Chine. Le cédratier appartient à la grande famille des agrumes. Il est cultivé en Asie depuis la plus haute antiquité. En Égypte, des fouilles archéologiques et des documents révèlent que l'on cultivait le cédrat 300 ans av. J.-C. Dans la religion juive, on croit que le cédrat est le fruit de la connaissance dans lequel Adam aurait mordu. Le cédratier a des fleurs blanches teintées de pourpre. Ses rameaux sont épineux. On le cultive intensivement en Corse et, dans une moindre mesure, dans plusieurs autres pays méditerranéens, notamment en Grèce, en Italie et au Portugal.

Le cédrat ressemble à un immense citron difforme ayant un peu la forme d'une poire. Dans la plupart des variétés, le côté opposé à la tige se termine par un renflement qui a la fome d'un mamelon. Ce fruit mesure de 15 à 25 cm de long et de 5 à 10 cm de large. Il peut peser jusqu'à 4 kg. Très odoriférante et de couleur jaune verdâtre, son écorce est épaisse et souvent verruqueuse. Sa chair verte ou jaunâtre est acide et peu juteuse. Elle est divisée en plusieurs quartiers et contient beaucoup de pépins. Elle est recouverte d'une épaisse membrane blanche.

ACHAT ◆ Le cédrat est rarement vendu frais. Il est surtout disponible confit.

UTILISATION ◆ Confit, on mange le cédrat en friandise. On l'utilise aussi à des fins décoratives. On s'en sert en pâtisserie et en confiserie. On l'incorpore notam-

VALEUR NUTRITIVE
Le cédrat est riche en vitamine C, il est donc antiscorbutique. On dit le jus sudorifique, fébrifuge et digestif. Les graines écrasées sont vermifuges.

ment aux gâteaux, aux biscuits et aux puddings. Le cédrat est parfois utilisé avec des mets salés. En Corse, on se sert du cédrat pour préparer une liqueur nommée « cédratine », ainsi que des bonbons. Le cédrat frais parfume les pièces et les tiroirs.

CONSERVATION ◆ Conserver le cédrat confit au frais, à l'abri de l'air et des insectes.

CÉLERI

Apium graveolens var. *dulce,* **Ombellifères**

Nom anglais : *celery*

HISTORIQUE ◆ Plante potagère bisannuelle originaire de la région méditerranéenne. Le céleri fut d'abord utilisé pour ses vertus médicinales. Les Grecs servaient du vin de céleri à leurs athlètes victorieux. Un élixir de céleri fut consommé tout au long du Moyen-Âge pour soulager l'arthrite et pour faciliter la digestion. Originellement nommé «ache odorante» et poussant à l'état sauvage, le céleri ne fut cultivé que vers le XVIᵉ siècle. Pendant longtemps on le consomma cuit; ce n'est que vers le XVIIIᵉ siècle qu'on commença à l'apprécier cru.

Ce légume tige s'élève au-dessus de la terre à environ 30 ou 40 cm. Ses tiges charnues et côtelées sont soudées ensemble à la base, formant ce que l'on appelle un «pied», d'où partent les racines. Le sommet des tiges est orné de branches feuillues. L'intérieur du céleri, appelé cœur, constitue la partie la plus tendre.

Il existe plusieurs variétés de céleri aux tiges plus ou moins vertes ou blanchâtres. Les Européens préfèrent le céleri blanc, tandis que les Nord-Américains ont adopté le céleri vert, dont deux variétés occupent la quasi-totalité du marché, soit le Pascal, vert pâle et peu fibreux, et l'Utah. Lorsque le céleri est cultivé pour ses graines, il est laissé en terre, car il ne fleurira que l'année suivante. Des fleurs blanches disposées en ombelles apparaîtront, puis elles se transformeront en graines fortement aromatiques, couramment utilisées en cuisine. Le céleri est souvent cultivé en étant blanchi, c'est-à-dire recouvert de terre, de papier ou de planches, afin qu'il ne devienne pas trop vert ni de saveur trop prononcée. Certaines variétés améliorées n'ont pas besoin d'être blanchies.

ACHAT ◆ Choisir un céleri aux tiges lustrées et fermes, avec des feuilles d'un beau vert (si elles sont encore présentes naturellement). Éviter les tiges molles, endommagées, portant des cicatrices brunâtres ou ayant des feuilles jaunies.

PRÉPARATION ◆ Le céleri est facile à préparer : couper la base, laver les tiges à l'eau courante (se servir d'une brosse si nécessaire), puis sectionner les tiges à la longueur désirée. Il est possible d'enlever les fibres logées à la surface de la tige du céleri. Elles s'enlèvent facilement. Couper une mince couche du céleri à la base ou au haut des tiges et tirer sur les fibres, qui ont la forme d'un fil.

VALEUR NUTRITIVE

Le céleri cru contient

Eau	95 %
Protéines	0,8 g
Matières grasses	0,3 g
Glucides	3,8 g
Fibres	1,5 g
15 calories/100 g	

Il est une excellente source de potassium, il contient de la vitamine C, de la folacine et de la vitamine B₆ ainsi que des traces de thiamine, de calcium, de riboflavine, de fer et de cuivre.

Le céleri cuit contient

Eau	94 %
Protéines	0,8 g
Matières grasses	0,1 g
Glucides	4 g
17 calories/100 g	

Il est une bonne source de potassium, il contient de la vitamine C, de la folacine et de la vitamine B₆ ainsi que des traces de calcium, de riboflavine, de thiamine, de fer et de cuivre. Ce légume peu calorifique est utile pour calmer la faim lorsqu'on ne veut pas prendre de poids. On le dit apéritif, diurétique, dépuratif, stomachique, reminéralisant, antiscorbutique, antiseptique, antirhumatismal et tonique. Le jus de céleri aiderait à cicatriser ulcères et blessures lorsqu'il est appliqué directement. Les graines de céleri ont aussi plusieurs propriétés médicinales ; on les utilise pour traiter grippes, rhumes, insomnie, indigestion et arthrite. Le céleri contiendrait un principe actif susceptible d'abaisser la tension artérielle en diminuant le taux d'hormones du stress.

UTILISATION ◆ Le céleri se mange cru ou cuit. Cru, il est souvent servi comme hors-d'œuvre, tel quel ou farci de fromage. On le met aussi dans les salades et les sandwichs. Cuit, il parfume une grande variété de mets, notamment soupes, sauces, ragoûts, pâtes alimentaires, tofu, quiches, omelettes et riz. Il sert aussi de légume d'accompagnement. Il est délicieux braisé. Les feuilles du céleri ne devraient pas être jetées, car elles confèrent de la saveur aux aliments. Elles peuvent être hachées ou utilisées telles quelles, tant fraîches que séchées.

CONSERVATION ◆ Conserver le céleri au réfrigérateur dans un sac de plastique perforé ou dans un récipient fermé. Il se conservera environ 1 semaine. Ne pas laisser le céleri à la température de la pièce, car il contient beaucoup d'eau et il se déshydrate passablement rapidement. Éviter de conserver le céleri dans de l'eau, car le trempage entraîne une légère perte de valeur nutritive. Pour raffermir le céleri, l'humecter légèrement et le réfrigérer ; après quelques heures, il sera redevenu croustillant. On peut entreposer le céleri dans un endroit frais (0 °C) et très humide sans le laver, en lui laissant ses racines et en l'enveloppant dans un sac de plastique perforé. On peut aussi l'enfouir dans de la terre humide ; il se conservera quelques semaines ; ne pas verser d'eau sur le feuillage. Le céleri résiste mal à la congélation qui l'amollit, ce qui n'est pas un inconvénient majeur si on le destine à la cuisson.

CÉLERI-RAVE

Apium graveolens var. *rapaceum*, **Ombellifères**
Autres noms : *céleri-navet, céleri tubéreux*
Nom anglais : *celery root*
Autres noms : *celeriac, turnip rooted celery*

HISTORIQUE ◆ Plante potagère originaire de la région méditerranéenne. Le céleri-rave est apparenté au céleri. C'est un légume populaire sur le continent européen depuis plusieurs centaines d'années. Il est relativement peu connu en Amérique du Nord, en Amérique du Sud et en Australie.

Le céleri-rave est une grosse racine fortement bosselée ayant un peu la forme d'un rutabaga. Il mesure habituellement 10 cm de diamètre et pèse de 800 g à 1 kg. Sa peau brunâtre est rugueuse. Sa chair croquante, d'un blanc crème, a une saveur légèrement piquante, plus prononcée que celle du céleri. Se cultivant plus facilement que le céleri, le céleri-rave se conserve également plus aisément, ce qui en fait un excellent légume d'hiver. Une fois pelé, il aura perdu 55 % de son poids initial à cause de l'irrégularité de sa surface.

ACHAT ◆ Rechercher un céleri-rave lourd, ferme et intact, exempt de meurtrissures. Délaisser un céleri-rave qui sonne creux et qui mesure plus de 12 cm de diamètre, car il sera plus fibreux.

PRÉPARATION ◆ La préparation de ce légume est simple ; le laver puis le peler ou le peler après cuisson. La chair du céleri-rave noircit lorsqu'elle entre en contact avec l'air. Pour l'empêcher de s'oxyder, l'arroser de vinaigrette ou de jus de citron ou la cuire immédiatement.

CUISSON ◆ Il est préférable de cuire peu le céleri-rave, car sa chair se transforme facilement en une bouillie peu savoureuse. Calculer de 5 à 10 minutes pour la cuisson à l'eau et un peu plus longtemps pour la cuisson à la vapeur. L'ajout d'un ingrédient acide au liquide de cuisson (environ 5 ml [1 cuillerée à café] de jus de citron ou de vinaigre) permet d'éviter l'oxydation.

UTILISATION ◆ Le céleri-rave est habituellement mangé cru. Coupé en lamelles, en cubes ou râpé, il est généralement assaisonné de mayonnaise fortement moutardée (céleri rémoulade). Le céleri-rave peut être cuit seul ou combiné à d'autres légumes que l'on peut mettre en purée. Il parfume agréablement soupes et ragoûts. Le braisage lui convient particulièrement bien et il est délicieux nappé de sauce.

CONSERVATION ◆ Placer le céleri-rave au réfrigérateur, où il se conservera environ 1 semaine. Retirer ses feuilles (si elles sont encore présentes !) et mettre le céleri-rave dans un sac de plastique perforé, car il se déshydrate rapidement. On peut aussi conserver le céleri-rave à une température se situant autour de 0 °C. Le céleri-rave ne supporte pas mieux la congélation que le céleri.

VALEUR NUTRITIVE	
Le céleri-rave cru contient	
Eau	88 %
Protéines	1,5 g
Matières grasses	0,3 g
Glucides	9,2 g
39 calories/100 g	

Il est une excellente source de potassium, une bonne source de vitamine C, de phosphore, de vitamine B_6, de magnésium et de fer et contient des traces de calcium.

Le céleri-rave cuit contient	
Eau	92,3 %
Protéines	1,0 g
Matières grasses	0,2 g
Gucides	5,9 g
25 calories/100 g	

Il est une bonne source de potassium, il contient de la vitamine C, du phosphore, de la vitamine B_6 et du magnésium ainsi que des traces de fer et de calcium. On le dit apéritif, diurétique, dépuratif, stomachique, reminéralisant et tonique.

CÉRÉALES

Noms anglais : *grains, cereals*

HISTORIQUE ◆ Grains comestibles de plusieurs plantes. Les céréales ont constitué la base de l'alimentation humaine depuis l'émergence de l'agriculture, il y a plus de 8 000 ans. Leur importance était telle que le mot céréale fut composé à partir du nom de la déesse des moissons Cérès, vénérée par les Romains. Le rôle des céréales fut tel dans l'histoire qu'il y eut une concordance entre le développement de certaines civilisations et la culture de céréales. Chaque continent a eu sa céréale de prédilection : le riz en Extrême-Orient, le blé en Europe occidentale, le seigle et l'avoine en Europe orientale et en Europe septentrionale, le maïs en Amérique, le mil et le sorgho en Afrique. Le rôle des céréales dans l'alimentation humaine est en baisse depuis plus d'un siècle dans les pays industrialisés. Il demeure prépondérant dans le tiers-monde, où les céréales comptent encore pour plus de 90 % de l'apport énergétique, contre 25 % seulement dans les pays industrialisés.

Les céréales appartiennent toutes à la famille des graminées. Le sarrasin, souvent considéré comme une céréale, fait partie d'une autre famille, les polygonacées. La structure des grains est semblable d'une céréale à l'autre, seule l'importance respective des parties varie. Le grain des céréales (caryopse) est donc constitué d'une enveloppe extérieure, d'une amande, du son et d'un germe :

- l'**enveloppe extérieure** (écorce) est la partie qui recouvre le grain. Elle n'est pas digérée par le système digestif humain. Le grain doit donc être débarrassé de cette enveloppe (décortiqué) ;

- l'**amande** (endosperme) est l'élément le plus volumineux. Elle constitue la plus grande partie du grain. L'amande est composée principalement d'amidon, un glucide complexe. Ce sucre complexe est facile à digérer et rapidement absorbé par l'organisme ; son action s'étend sur une période relativement longue et il produit un sentiment de satiété ;

- le **son** (péricarpe) recouvre l'amande. Il est constitué de plusieurs épaisseurs de couches fibreuses. Le son est riche en vitamines et en minéraux ;

- le **germe** (embryon) est situé dans la partie inférieure du grain. C'est le germe de vie, qui donnera éventuellement naissance à une nouvelle plante. Il occupe peu de place, mais c'est la partie qui contient le plus d'éléments nutritifs. Il est très riche en matières grasses, ce qui le rend très périssable. Il contient aussi des vitamines, des minéraux et des protéines.

CUISSON ◆ On cuit les céréales dans de l'eau, du lait ou du bouillon. La cuisson s'effectue sur feu direct, au bain-marie ou plus rarement au four. Elle entraîne diverses transformations dans le grain, dont les plus importantes sont la gélatinisation de l'amidon, le ramollissement de l'écorce et le changement de saveur. La transformation de l'amidon a lieu s'il y a suffisamment de liquide ; aussi la plupart des céréales entières nécessitent-elles de 2 à 3 fois leur volume de liquide. Une trop grande quantité de liquide donne un grain mou et pâteux, alors qu'une quantité insuffisante laisse le grain plus sec et caoutchouteux. La texture finale des céréales sera différente selon qu'on les aura plongées dans un liquide en ébullition ou dans un liquide froid ; le liquide bouillant donne un grain plus léger et moins pâteux.

Plus le grain est petit, plus il cuit rapidement et plus il forme une masse collante. Pour réduire la propension à coller, délayer d'abord les grains dans un peu de liquide froid avant de les plonger dans un liquide bouillant. Griller les

VALEUR NUTRITIVE

Les céréales contiennent généralement de 8 à 15 % de protéines. Ces protéines renferment les 8 acides aminés dits essentiels, mais certains sont présents en petite quantité ; on les qualifie alors d'acides aminés limitants ; la lysine surtout est déficiente. Les protéines sont dites incomplètes (voir Théorie de la complémentarité).

Les céréales contiennent relativement peu de matières grasses (1 à 7 %). Ces lipides, principalement concentrés dans le germe, sont surtout composés d'acides gras polyinsaturés (voir Huile). Ils sont dépourvus de cholestérol.

Les céréales sont très riches en glucides (habituellement de 60 à 80 %), composés principalement d'amidon. Elles contiennent généralement de 330 à 390 calories/100 g.

Les céréales renferment également des minéraux. Les plus importants sont le fer (sauf dans le riz blanc, qui en contient très peu), le phosphore, le magnésium et le zinc.

Elles sont riches en vitamines du complexe B (niacine, thiamine et riboflavine) et en folacine. Les vitamines du complexe B sont surtout localisées à la périphérie du grain. Elles sont donc pratiquement absentes des produits transformés tels la farine blanche et le riz poli (sauf s'ils sont enrichis), car une grande partie disparaît lors du décorticage. La vitamine E, qui est surtout concentrée dans le germe, est aussi grandement absente des céréales raffinées, car le germe est retiré.

De l'acide phytique est présent dans les céréales, en quantité plus ou moins importante selon les espèces. On dit souvent que cet acide nuit à l'absorption du calcium, car il a tendance à se lier à ce dernier, avec lequel il forme un composé peu assimilable. Des recherches récentes laissent croire cependant que l'organisme s'adapterait à l'acide phytique, qui perdrait ainsi de sa nocivité. De plus, maintes céréales sont riches en phytase, une enzyme qui hydrolise l'acide phytique, neutralisant une partie de ses effets négatifs. La germination, le trempage à la température

grains à pendant sec 4 ou 5 minutes les empêche aussi de coller, augmente leur digestibilité et leur confère une légère saveur de noisette. Éviter de trop les griller, sinon la saveur sera âcre.

Le temps de cuisson des diverses céréales est variable. Il dépend du type de céréales, de leur fraîcheur et du degré de raffinage qu'elles ont subi. Afin que leur amidon soit plus digestible, il faut les cuire suffisamment. La plupart des céréales entières restent légèrement croquantes après cuisson. Laver les céréales entières à l'eau froide et les mettre à tremper de 12 à 24 heures permet de raccourcir le temps de cuisson, de réduire l'action de l'acide phytique et favorise un début de germination qui rendra les céréales plus faciles à digérer. Se servir de l'eau de trempage pour la cuisson. Cuire les céréales dans une casserole épaisse. Verser lentement les grains dans le liquide légèrement salé en brassant constamment. Laisser bouillir 1 à 2 minutes, baisser le feu, couvrir et laisser mijoter jusqu'à ce que le liquide soit

de la pièce (toute une nuit par exemple ou 2 heures à 40 °C) et la fermentation contribuent aussi à atténuer la force de l'acide phytique. Ainsi, il ne reste plus environ que 40 % d'acide actif après que la pâte à pain a levé.

Plusieurs substances composent les protéines des céréales; elles sont réparties inégalement dans les diverses céréales. C'est le cas notamment de la gliadine et de la gluténine qui forment le gluten. Le gluten est une substance qui devient visqueuse et élastique lorsqu'elle entre en contact avec un liquide (le mot « gluten » est dérivé du latin *glu* signifiant « colle »). C'est le gluten qui fait lever la pâte, car il a la propriété de retenir le gaz produit par la fermentation de la farine mouillée. Le gluten est présent en quantité suffisante pour la panification seulement dans le blé, le seigle et le triticale (ces deux dernières céréales sont plus difficilement panifiables cependant).

absorbé, tout en remuant à l'occasion. On peut aussi terminer la cuisson au bain-marie dès que la préparation commence à épaissir; le bain-marie élimine la nécessité de brasser. S'il reste du liquide, ne pas le jeter mais s'en servir pour cuisiner; il est riche en éléments nutritifs. Les céréales augmentent 3 à 4 fois de volume à la cuisson.

TEMPS DE CUISSON DES CÉRÉALES COMPLÈTES ET DES CÉRÉALES TRANSFORMÉES		
240 ml **(180 à 200 g)**	**Liquide** **(ml)**	**Cuisson**
avoine (grains)	600 à 720	1 heure
blé concassé	600 à 720	15 - 25 minutes
blé (grains)	720	1 heure après trempage
boulghour	240 à 480	verser eau bouillante, couvrir, laisser reposer 15 - 30 minutes
couscous	480 à 720	verser eau bouillante, laisser reposer 15 minutes, puis cuire à la vapeur 15 - 30 minutes
flocons d'avoine	480 à 720	5 minutes
flocons de blé	480	1 heure
flocons de seigle	480	1 heure
flocons de soya	480	1 heure
millet	480 à 720	15 - 20 minutes
orge (grains)	720	1 heure ou 30 - 40 minutes après trempage et grillage
orge mondé	720 à 960	1 heure
riz brun	480	35 - 45 minutes
riz sauvage	960	40 minutes ou 20 minutes après trempage
sarrasin (kasha)	480	15 - 20 minutes
semoule de maïs	960	25 - 30 minutes

UTILISATION ♦ Pour plusieurs personnes, le mot céréales évoque les céréales sèches prêtes à servir ingérées au repas du matin. Cet aliment est beaucoup plus que cela ; moulues ou concassées par exemple, les céréales occupent une place de choix dans l'alimentation humaine – on n'a qu'à penser aux pâtes alimentaires, à la farine, à la semoule et au boulghour. On connaît mieux les nombreux usages du riz, mais les autres céréales peuvent être utilisées de façon similaire. Des grains de blé, de triticale, d'orge ou de seigle dans un potage, par exemple, lui confèrent une saveur inhabituelle et augmentent sa valeur nutritive. On peut préparer les céréales en croquettes, les incorporer aux légumineuses, s'en servir pour accompagner les mets principaux, les apprêter avec des légumes, des fruits ou des épices. On peut les faire germer, elles acquièrent encore plus de valeur nutritive. On les met notamment dans les salades, les soupes et les ragoûts. On peut moudre les céréales germées et les intégrer dans la pâte à pain ou les cuire en galettes. Bien mastiquer les céréales germées lorsqu'elles sont crues pour faciliter leur digestion. Les céréales sont très utilisées dans la fabrication de boissons alcoolisées (bière, whisky, bourbon, saké [Japon], chicha [Amérique latine]).

CONSERVATION ♦ Placer les céréales dans un contenant hermétique et les conserver à l'abri de l'humidité et de la chaleur. Les réfrigérer ou les conserver à une température autour de 5 °C retarde le rancissement, le développement de moisissures et l'infestation par des insectes.

CERFEUIL

Anthriscus cerefolium, **Ombellifères**
Autres noms et espèces : *cerfeuil commun, cerfeuil bâtard, cerfeuil musqué*
Nom anglais : *chervil*

HISTORIQUE ♦ Plante potagère annuelle probablement originaire de Russie. Le cerfeuil ressemble au persil frisé, un proche parent. Il fut d'ailleurs nommé « persil de riches » en Europe au Moyen-Âge. Le cerfeuil est cependant plus fragile et d'un vert moins soutenu. Il occupe une place de choix dans la cuisine française.

Les fines feuilles du cerfeuil sont profondément incisées. De petites fleurs blanches en ombelles donnent naissance à de minces graines foncées de forme allongée. La plante, qui atteint de 20 à 70 cm de haut, est à son meilleur avant la floraison. Le cerfeuil a une subtile saveur légèrement anisée.

ACHAT ♦ À l'achat du cerfeuil frais, choisir des feuilles fermes exemptes de taches foncées. Délaisser les feuilles jaunies, brunies ou ramollies, car elles manquent de fraîcheur.

UTILISATION ♦ Le cerfeuil peut être utilisé comme le persil, qu'il remplace agréablement. Il aromatise notamment potages, vinaigrettes, sauces, salades, légumes, omelettes, ragoûts et poisson. Le cerfeuil perd son goût et ses propriétés lorsqu'il est séché ou ébouillanté, car son

VALEUR NUTRITIVE	
Le cerfeuil séché fournit	
Potassium	28 mg
Calcium	8 mg
Fer/5 ml (1 g)	0,19 mg

On le dit apéritif, dépuratif, diurétique et stomachique. En tisane, mettre 15 ml (1 cuillerée à soupe) de feuilles séchées par tasse d'eau et laisser infuser 10 minutes.

huile essentielle est très volatile. Il est préférable de l'utiliser le plus frais possible, de ne le couper qu'au dernier moment (de préférence avec des ciseaux) et de ne l'ajouter qu'en fin de cuisson.

CONSERVATION ◆ Le cerfeuil frais est fragile. Placer les tiges dans un bol d'eau ou envelopper le cerfeuil dans une feuille de papier légèrement humide, puis réfrigérer. Il est préférable de congeler le cerfeuil au lieu de le déshydrater, il conserve ainsi plus de saveur.

CERISE

Prunus spp, **Rosacées**
Nom anglais : *cherry*

HISTORIQUE ◆ Fruit du cerisier, arbre originaire d'Asie du Nord-Est. Le lieu d'origine du cerisier est difficile à identifier car la culture de cet arbre, dans de nombreuses régions, remonte à la préhistoire. Les oiseaux étant très friands des cerises, ils ont contribué à répandre le cerisier dans le monde au gré de leurs migrations. Lorsque l'été est très chaud et que les cerises bien mûres fermentent sur les branches, il arrive que des oiseaux s'enivrent et tombent autour des arbres. Le cerisier appartient à une grande famille qui comprend notamment l'abricotier, le pommier, le prunier et le pêcher. Il peut dépasser 20 m de hauteur. Les producteurs le maintiennent habituellement à des proportions plus modestes pour faciliter la cueillette. Tôt au printemps, le cerisier se couvre de magnifiques fleurs blanches. Les cerises sont des drupes arrondies, charnues et juteuses, à la peau lisse. Elles sont suspendues à de longs et fins pédoncules (queues), qui sont rattachés en grappes sur l'écorce. Les cerises sont divisées en cerises douces, en cerises acides et en cerises sauvages.

Cerise douce *(P. avium)*. La cerise douce est grosse, charnue et sucrée. Elle est parfois de couleur jaune, mais ses tons vont surtout du rouge clair au rouge foncé. Globulaire, en forme de cœur ou oblongue, elle a une peau fine. Il en existe plus de 500 variétés. La plus connue en Amérique du Nord est la **Bing**, qui porte le nom d'un jardinier chinois qui travaillait aux États-Unis. Cette cerise juteuse est de couleur rouge pourpré. En France, les cerises les plus répandues sont les **bigarreaux**, en forme de cœur, à la chair ferme et croquante, de couleur rouge ou jaune teintée de vermillon, et les **guignes**, rouges ou noires, à la chair molle, très sucrée et savoureuse. Le kirsch est produit à partir de certaines variétés de guignes.

Cerise acide ou **cerise surette** *(P. cerasus)*. Habituellement rouge foncé, la cerise acide pousse plus facilement sous les climats rigoureux. Il en existe environ 250 variétés, dont la **Montmorency**, grosse, acidulée, molle et rouge très foncé, et la **griotte**, plus petite. Ces cerises sont mangées plus souvent cuites que fraîches. Leur parfum délicat aromatise agréablement conserves, confitures, tartes, clafoutis et diverses liqueurs.

Cerise sauvage (*P. avium*). Cette cerise noirâtre, petite et peu charnue, laisse dans la bouche un goût pâteux, surtout si elle n'est pas assez mûre. Elle est produite par le cerisier de Pennsylvanie et le cerisier de Virginie. On la connaît aussi sous le nom de merise, particulièrement en Europe.

ACHAT ◆ Les cerises doivent être cueillies mûres, car elles cessent de mûrir après la récolte. Choisir des cerises charnues, fermes, luisantes et bien colorées, dont les queues ne sont pas desséchées. Délaisser les cerises dures, petites et pâles, car elles sont immatures, ou les cerises molles, meurtries, ratatinées ou tachées de brun, qui manquent de fraîcheur.

PRÉPARATION ◆ Laver les cerises sans les laisser tremper. Pour les dénoyauter, faire une incision avec la pointe d'un couteau et retirer le noyau, ou les couper en deux, ou encore utiliser un dénoyauteur.

UTILISATION ◆ Les cerises sont délicieuses nature. On les consomme aussi cuites, séchées, confites, en conserve ou macérées dans de l'alcool. On met les cerises dans les salades de fruits, les flans, les sorbets, les tartes, les clafoutis, la crème glacée, le yogourt. Elles sont indispensables dans les gâteaux aux fruits et le gâteau forêt-noire. On cuit les cerises en compote ou en confiture. On les transforme en vin ou en eau de vie (kirsch, marasquin, ratafia). Elles accompagnent le gibier et la volaille.

CONSERVATION ◆ Les réfrigérer dès qu'elles sont mûres, car elles sont fragiles et périssables. Les cerises se conserveront quelques jours au réfrigérateur si leur chair est molle et un peu plus longtemps lorsqu'elle est ferme. Éloigner les cerises des aliments à forte senteur, car elles absorbent facilement les odeurs, ce qui leur confère un mauvais goût. Les mettre dans un sac de plastique perforé, car elles se déshydratent rapidement. Les cerises se congèlent, dénoyautées ou non, recouvertes de sucre ou de sirop, mais les résultats sont souvent décevants. Les cerises déshydratées se conservent près de 1 an lorsqu'elles sont mises dans un récipient fermé et placées dans un endroit frais et sec.

VALEUR NUTRITIVE	
La cerise douce contient en général	
Eau	81 %
Protéines	1,2 g
Matières grasses	1 g
Glucides	17 g
Fibres	1,6 g
72 calories/100 g	

Elle est une bonne source de potassium et contient des fibres et du magnésium. Elle renferme également des traces de vitamine A, de phosphore et de niacine.

La cerise acide contient habituellement	
Eau	86 %
Protéines	1 g
Matières grasses	0,3 g
Glucides	12 g
Fibres	1,2 g
50 calories/100 g	

Elle possède une teneur élevée en potassium, elle contient des fibres et de la vitamine A et renferme également des traces de magnésium, de niacine et de calcium.

On dit la cerise diurétique, reminéralisante, antirhumatismale, antiarthritique et légèrement laxative. Elle est reconnue pour ses propriétés désintoxicantes. Utilisées en infusion, ses queues ont des propriétés diurétiques.

CERVELLE

Nom anglais : *brains*

HISTORIQUE ◆ En cuisine, la cervelle est le cerveau des animaux tués. Les cervelles les plus recherchées sont les cervelles d'agneau et de veau, qui sont d'un rose très pâle. La cervelle de bœuf, plus ferme et veinée de rouge, a moins d'adeptes, tandis que la cervelle de porc est rarement consommée.

VALEUR NUTRITIVE				
Cervelle /100 g	Protéines	Matières grasses	Cholestérol	Calories
de bœuf, mijotée	11 g	13 g	2054 mg	160
de veau, braisée	12 g	10 g	3100 mg	136
d'agneau, braisée	13 g	10 g	2040 mg	145

La cervelle est riche en vitamine B_{12} et en phosphore. C'est aussi une bonne source de potassium. Son contenu en cholestérol est très élevé, mais comme elle n'est pas consommée de façon fréquente, elle ne pose pas de problème pour la plupart des individus en santé.

 ACHAT ◆ Choisir des cervelles dodues, d'odeur agréable, exemptes de taches et de caillots de sang.

PRÉPARATION ◆ Mettre les cervelles à dégorger 1 heure ou 2 dans de l'eau très froide additionnée de 15 à 30 ml de vinaigre ou de jus de citron. Retirer délicatement la fine membrane qui les recouvre, faire dégorger encore 20 minutes dans une nouvelle eau, bien rincer, puis égoutter.

UTILISATION ◆ La cervelle est souvent cuite au court-bouillon froid (pocher 5 à 15 minutes et laisser la cervelle refroidir dans le bouillon), sautée (3 ou 4 minutes) ou frite (2 à 3 minutes). Les cervelles les plus tendres sont servies telles quelles ou en salade ; les autres entrent dans la préparation de gratins, de croquettes, de sauces, de farces, parfois de soupes.

CONSERVATION ◆ La cervelle est très périssable : elle se conserve seulement 1 jour au réfrigérateur. La blanchir si elle n'est pas consommée immédiatement. Utiliser une eau salée additionnée de vinaigre (15 à 30 ml) ou un court-bouillon vinaigré.

CHAMPIGNONS

Nom anglais : *mushrooms*

HISTORIQUE ◆ Végétaux qui se distinguent par le fait qu'ils sont dépourvus de racines, de feuilles, de fleurs et de chlorophylle. L'absence de chlorophylle force le champignon à tirer sa subsistance des matières organiques ; aussi le trouve-t-on niché dans des endroits extrêmement variés tels le bois, le verre sale, le métal rouillé, le fumier, l'humus ou des chiffons pourris.

Le champignon est connu depuis la nuit des temps. Il a mauvaise réputation, fort justifiée d'ailleurs, car il peut entraîner la mort. Sur les miliers d'espèces répertoriées, très peu cependant sont réellement vénéneuses. Par contre, de nombreuses variétés occasionnent des réactions physiologiques déplaisantes comme de la diarrhée, des maux de ventre et des vomissements. Il est donc particulièrement important de bien identifier les champignons quand on va en cueillir dans la nature.

Les pharaons associaient les champignons à une nourriture des dieux et en interdisaient la consommation au peuple. Les Romains croyaient que ces végétaux donnaient de la force et en nourrissaient leurs soldats. Tout au long de l'histoire, on se servit des champignons à des fins meurtrières qui passèrent souvent inaperçues. Plusieurs cas cependant sont célèbres, tels l'assassinat de l'empereur romain Claude par sa femme Agrippine en l'année 54 av. J.-C., celui du pape Clément VII en 1534 et celui de l'empereur Charles VI en 1740. Les champignons furent aussi associés à la sorcellerie, ce qui inspirait crainte et méfiance.

La grande famille des champignons recouvre plusieurs genres, notamment les moisissures et les levures. Il existe environ 50 000 espèces de champignons. Certaines espèces sont hallucinogènes, 1 ou 2 % sont vénéneuses et plusieurs sont utilisées pour leurs propriétés médicinales. Même si la plupart des champignons sont comestibles, peu sont agréables à consommer : ils sont souvent ligneux, gélatineux ou durs, ou encore ils sentent ou goûtent mauvais. Une vingtaine d'espèces seulement sont réellement savoureuses.

Plusieurs espèces de champignons peuvent être cultivées ; c'est le cas notamment du bolet, de la chanterelle, de la morille, du shiitake, de la truffe et du champignon de couche (le champignon communément commercialisé, aussi appelé psalliote des prés, champignon blanc et champignon de Paris).

Contrairement aux végétaux habituels qui croissent à partir de graines, les champignons se propagent par des spores unicellulaires. En se développant, ces spores minuscules produisent des filaments très fins appelés « mycélium ». C'est ce mycélium qu'utilisent habituellement les producteurs de champignons. Certains champignons, tel le champignon de couche, sont ensemencés sur du fumier naturel fermenté et pasteurisé ou du fumier synthétique à base de foin, de paille, de gypse et de phosphate ou d'épis de maïs. D'autres, tel le pleurote, sont ensemencés sur du bois.

ACHAT ◆ Les champignons sont commercialisés frais, séchés, congelés, en conserve ou blanchis et tranchés. À l'achat des champignons frais, choisir ceux qui sont fermes et intacts. Délaisser les champignons ratatinés, tachés et visqueux, dont la tête est fendue, le pied sec et la couleur altérée, car ils manquent de fraîcheur.

PRÉPARATION ◆ Ne nettoyer et préparer les champignons qu'au moment de les utiliser pour éviter qu'ils ne pourrissent et ne noircissent. Éviter de les laisser tremper, car ils se gorgent d'eau. Les laver rapidement à l'eau courante ou dans une eau légèrement vinaigrée (ce qui retarde l'oxydation) en se servant si désiré d'une brosse soyeuse (il en existe qui sont spécialement conçues à cette fin). On peut aussi seulement essuyer les champignons avec un linge ou un papier absorbant humide. Laisser les champignons entiers, les étêter, les trancher en quartiers ou en lamelles ou les hacher. Pour une cuisson uniforme, les couper d'égale grosseur.

VALEUR NUTRITIVE

Le champignon est composé en grande partie d'eau (environ 89 %). La plupart des variétés contiennent autour de 3 g de protéines et 6 g de glucides/100 g, crues. Sauf quand il est cuit dans un corps gras, le champignon renferme très peu de matières grasses (0,4 g/100 g) et il est peu calorifique (environ 30 calories/100 g). Le champignon est riche en potassium et en riboflavine. On attribue aux champignons de nombreuses propriétés médicinales. On les dit notamment laxatifs, antibiotiques, hypocholestérémiants et aphrodisiaques.

Certaines recettes conseillent de peler les champignons (surtout les champignons communs). Cela entraîne une perte de saveur et de valeur nutritive. Cette pratique est surtout indiquée avec des champignons vieillis (on peut aussi les gratter). Les tiges des champignons sont comestibles. Chez certaines espèces, elles sont coriaces. Plusieurs recettes suggèrent d'enlever les tiges, principalement pour des motifs esthétiques ou pour permettre de préparer un bouillon délicatement parfumé.

CUISSON ◆ Cuire si possible les champignons dans des casseroles en acier inoxydable, en verre, en fonte ou en terre cuite pour éviter l'oxydation. Ne saler les champignons qu'en fin de cuisson. Pour tirer le maximum de saveur des champignons, il est préférable de les incorporer seulement 15 minutes avant la fin de la cuisson dans les plats qui mijotent longtemps. On peut aussi les faire revenir à part dans un corps gras et les ajouter en dernier. Si possible, omettre les champignons dans les plats qui seront congelés et ne les intégrer qu'au moment de l'utilisation.

UTILISATION ◆ Les champignons sont souvent utilisés comme condiment, ils parfument agréablement une grande quantité de mets. On les met notamment dans les entrées, les trempettes, les soupes, les sauces, les omelettes, les ragoûts et les pizzas. Ils accompagnent viande, volaille, poisson et fruits de mer. On les utilise parfois sous forme d'extrait ou de farine. Quelques espèces de champignons peuvent être mangées crues (champignons de couche, cèpes de Bordeaux, vesses de loup, etc.). Elles sont excellentes telles quelles ou marinées. La plupart des champignons cependant ne sont comestibles qu'après cuisson. Presque tous les champignons sauvages demandent plus de cuisson que les variétés commerciales.

CONSERVATION ◆ Crus ou cuits, les champignons sont fragiles et s'altèrent rapidement. Les manipuler avec soin et les réfrigérer dès que possible. Placer les champignons frais dans un contenant non hermétique, préférablement un sac de papier, pour leur assurer une bonne circulation d'air. Percer l'emballage de plastique qui les recouvre, car le manque d'aération favorise le pourrissement et l'apparition d'une bactérie *(C. botulinum)*, qui se développe en milieu humide et qui peut causer une intoxication grave (le botulisme).

Les champignons se congèlent facilement : il suffit de les trancher et de bien les envelopper. Le blanchiment, qui les durcit, est inutile si on conserve les champignons moins de 3 mois. Si on prévoit les garder pour une période plus longue, les arroser avec du jus de citron dilué dans de l'eau puis les blanchir 2 min 30 sec. Les utiliser sans les décongeler. On peut déshydrater les champignons. Ils perdent jusqu'à 9/10 de leur volume initial et se conservent jusqu'à 1 an.

CHAMPIGNON DE COUCHE

Agaricus bisporus, **Agaricacées**
Autres noms : *psalliote cultivé, psalliote champêtre, agaric cultivé, champignon de Paris*
Nom anglais : *cultivated mushroom*

HISTORIQUE ◆ Champignon comestible familier commercialisé partout. On retrouve le champignon de couche en vente dans de très nombreux pays, notamment en Amérique du Nord, en Amérique du Sud, en Europe, en Australie et en Nouvelle-Zélande. Le champignon de couche se cultive facilement. Il est aussi connu en Europe sous le nom de «champignon de Paris» (car on le cultive intensivement dans des carrières désaffectées de la région parisienne depuis bientôt 200 ans).

La culture de ces champignons demande des conditions atmosphériques soigneusement contrôlées. Les producteurs de champignons étendent du mycélium sur du fumier naturel fermenté et pasteurisé ou sur du fumier synthétique à base de foin, de paille, de gypse et de phosphate ou d'épis de maïs. Le mycélium est constitué de filaments très fins qui proviennent des spores unicellulaires minuscules, le corps reproducteur des champignons. Cette opération se nomme « lardage ». Le mycélium utilisé pour la culture des champignons de couche est produit en laboratoire. Il a une forme solide après une incubation d'environ 2 semaines. Il faut au mycélium de 14 à 21 jours pour apparaître au-dessus du compost. Après au moins 3 semaines, les champignons sont prêts pour la récolte.

Le champignon de couche a un chapeau charnu blanchâtre qui peut mesurer jusqu'à 10 cm de diamètre. Il surmonte une tige plus ou moins courte de même couleur. Une autre variété, moins souvent commercialisée, est de couleur café ; les consommateurs ont tendance à délaisser ces champignons parce qu'ils croient qu'ils sont trop vieux, sans se douter qu'ils ont davantage de saveur que les champignons blancs.

 ACHAT ◆ Choisir des champignons intacts, fermes et charnus.

Délaisser les champignons ratatinés, détrempés, tachés ou dont les chapeaux sont fendus, car ils manquent de fraîcheur. Des champignons frais tranchés sont souvent commercialisés dans la section réfrigérée des magasins. Ces champignons se conservent 90 jours, car ils ont été blanchis brièvement, puis placés dans une solution de sel ou d'acide ascorbique. La saveur et la valeur nutritive de ces champignons se situent entre celles des champignons frais et celles des champignons en conserve.

VALEUR NUTRITIVE	
Le champignon de couche contient	
Eau	91 %
Protéines	3 g
Matières grasses	0,2 g
Glucides	0,3 g
14 calories/100 g, cru	
Il est riche en potassium et est une bonne source de riboflavine.	

PRÉPARATION ◆ Laver les champignons rapidement à l'eau courante ou dans une eau légèrement vinaigrée (ce qui retarde le brunissement) en se servant si désiré d'une brosse soyeuse (il en existe qui sont spécialement conçues à cette fin). Ne pas les laisser tremper, car ils se gorgent d'eau. On peut aussi seulement brosser les champignons délicatement ou les essuyer avec un linge ou un papier absorbant humide. La base de la tige doit souvent être enlevée. Laisser les champignons entiers, les couper en morceaux, en tranches ou en dés, ou les transformer en purée. Arroser les champignons coupés avec un ingrédient acide (jus de citron, vinaigre, vinaigrette) pour les empêcher de noircir s'ils sont mangés frais.

CUISSON ◆ Les champignons de couche rétrécissent et rendent de l'eau s'ils sont cuits à feu doux et longtemps. Les faire revenir quelques minutes à feu vif en les brassant continuellement. Les retirer du feu dès qu'ils commencent à rendre de l'eau. Ne pas jeter cette eau riche en saveur et en valeur nutritive, mais s'en servir pour parfumer sauces, soupes et ragoûts.

UTILISATION ◆ Les champignons de couche se mangent crus ou cuits. Ils sont délicieux dans les salades et les trempettes. Ils sont traditionnellement associés à la viande. Ils se marient particulièrement bien avec les oignons et le riz. Ils donnent du goût au tofu. On met les champignons dans une grande variété d'aliments, notamment les soupes, les sauces, les farces, les ragoûts et les quiches. On les apprête à la bourguignonne, comme les escargots.

CONSERVATION ◆ Placer les champignons de couche dans un sac de papier ou un linge propre et les réfrigérer. Ils se conserveront environ 1 semaine. Les champignons de couche se congèlent, se mettent en conserve ou se déshydratent.

CHANTERELLE

Cantharellus spp, **Cantharellacées**
Autre nom : *girolle*
Nom anglais : *chanterelle*

HISTORIQUE ◆ Champignon comestible qui croît surtout dans les forêts de conifères des régions tempérées. Une variété de chanterelles est aussi connue sous le nom de **girolle**. La chanterelle a une délicieuse saveur fort appréciée des gourmets, particulièrement en Europe. Elle est peu connue en Amérique du Nord et en Australie. La chanterelle a un chapeau en forme de coupe qui mesure de 2 à 10 cm de large. Selon les variétés, ce chapeau est de couleur jaunâtre, blanchâtre, gris brunâtre ou noirâtre, et sa face inférieure n'est pas formée de lamelles mais plutôt de plis irréguliers, contrairement à celle du chapeau de la plupart des autres champignons. Chez certaines espèces, la partie inférieure du chapeau se continue dans le pied peu volumineux, mesurant de 1 à 8 cm de long. Toutes les espèces de chanterelles sont comestibles. Certaines ont une chair molle. Les meilleures, telle la chanterelle ciboire (girolle), ont une chair ferme et fruitée, d'un blanc jaunâtre. La chair a souvent un goût poivré qui se perd à la cuisson.

ACHAT ◆ La chanterelle est commercialisée fraîche, déshydratée ou en conserve. À l'achat des chanterelles fraîches, choisir des champignons dont le chapeau est spongieux, ferme et charnu. Délaisser les chanterelles translucides, car elles sont toxiques.

VALEUR NUTRITIVE
La chanterelle (girolle) contient
Eau 92 %
Protéines 2 g
Matières grasses 0,5 g
10 calories/100 g, crue
Elle est riche en potassium et en fer.

PRÉPARATION ◆ Laver rapidement les chanterelles à l'eau courante pour éviter qu'elles ne se détrempent. Les égoutter immédiatement, puis les sécher sur une serviette propre ou du papier absorbant. On peut aussi seulement les brosser doucement si elles sont jeunes et peu souillées. Recouvrir d'eau tiède les chanterelles déshydratées et les laisser tremper environ 1 heure.

CUISSON ◆ Faire sauter ou griller les chanterelles de 3 à 5 minutes. Cuire de 15 à 20 minutes à l'étuvée et de 10 à 15 minutes au four.

UTILISATION ◆ Les chanterelles sont un accompagnement classique de la viande et des œufs. Elles sont délicieuses dans les soupes et les sauces, avec les pâtes alimentaires, le riz, le sarrasin et le millet.

CONSERVATION ◆ Les chanterelles fraîches se conservent environ 1 semaine au réfrigérateur ou 1 an au congélateur. Placer les chanterelles déshydratées dans un contenant hermétique et les ranger dans un endroit frais et sec.

CHAPON

Gallus gallus, **Gallinacés**
Nom anglais : *capon*

HISTORIQUE ◆ Le chapon est un coq qui a été châtré afin d'être engraissé plus rapidement. Cette technique pratiquée depuis l'Antiquité fut inventée par les Romains. Lente et coûteuse, elle est encore utilisée en Europe mais rarement en Amérique du Nord.

Le chapon devient 2 fois plus gras que le jeune poulet, mais sa chair reste tendre et succulente, car il se forme, entre les muscles, des poches graisseuses qui assurent la tendreté. Il contient une grande proportion de chair blanche. Il est à son meilleur quand il pèse autour de 4 kg.

VALEUR NUTRITIVE	
Le chapon cru (chair et peau) contient	
Protéines	19 g
Matières grasses	17 g
Cholestérol	75 mg
234 calories/100 g	

UTILISATION ◆ On cuisine habituellement le chapon de façon simple afin de ne pas masquer la délicatesse de sa chair. Il est généralement rôti, farci ou non.

CHARCUTERIE

Nom anglais : *cold cuts*

HISTORIQUE ◆ Le mot charcuterie fut utilisé à l'origine pour nommer un produit à base de viande et d'abats de porc. Il a maintenant une signification plus large et désigne aussi les aliments préparés avec d'autres viandes. Le mot charcuterie vient de «chaircutier», de «chair» et de «cuit», nom qui a longtemps désigné la personne qui préparait et qui vendait de la viande de porc. Il désigne également l'endroit où l'on vend la charcuterie et l'industrie qui la produit.

Le souci d'utiliser toutes les parties de l'animal, en particulier les moins appréciées comme les intestins, la tête, la gorge, l'œsophage et le sang, a inspiré la création de la plupart des charcuteries. La fabrication de la charcuterie selon des normes précises remonte au temps des Romains ; c'est à cette époque, en effet, qu'une loi nommée *porcella* définit la façon d'élever, de tuer, d'apprêter et de vendre le porc.

Le porc a longtemps constitué la principale source de viande des paysans. Dans les pays où les hivers longs et rigoureux rendaient le pâturage rare, on tuait le porc à la fin de l'automne, et la charcuterie (andouille, andouillette, bacon, boudin, cretons, galantine, foie gras, graisse de rôti, jambon, pâtés, saucisse, saucisson, rillettes, tête fromagée, terrines, tourtières) permettait de s'alimenter pendant plusieurs mois. Certaines préparations duraient même toute l'année. Considérée durant des siècles comme une nourriture modeste, la charcuterie acquit ses lettres de noblesse à la fin du XIXe siècle, principalement sous l'influence du charcutier parisien Louis-François Drone, surnommé le «Carême de la charcuterie» (du nom de Marie-Antoine Carême, célèbre cuisinier et gastronome). Il eut l'idée d'inclure la charcuterie dans les menus des festins.

Il existe de nombreux procédés de fabrication de la charcuterie. En Europe, il n'est pas rare de voir une région se distinguer par une recette spéciale. Une classification rigoureuse de la charcuterie n'est guère aisée tant la variété des matières premières et des traitements thermiques est grande. La viande est toujours traitée pour qu'elle se conserve ; elle est crue ou cuite, et peut être salée, fumée et séchée. Certains produits sont mangés tels quels (foie gras, saucissons, jambon cuit, rillettes, terrines), d'autres le sont après avoir été réchauffés (saucisses fumées) ou cuits (bacon, boudin).

UTILISATION ◆ La charcuterie jouit d'une grande popularité, car elle est presque toujours prête à servir. On la mange très souvent accompagnée de pain. C'est l'aliment idéal pour être mis dans les sandwichs.

CONSERVATION ◆ Conserver la charcuterie au réfrigérateur. Bien l'envelopper pour qu'elle ne s'assèche pas et qu'elle ne transmette pas sa saveur aux autres aliments. La placer dans le compartiment des viandes. Sa durée de conservation est d'environ 3 à 4 jours. Pour un maximum de saveur, sortir la charcuterie du réfrigérateur une quinzaine de minutes avant de la consommer.

VALEUR NUTRITIVE
Étant à base de viande, la charcuterie en contient les éléments nutritifs, mais en quantités moindres. Elle est cependant plus riche en gras, en cholestérol, en calories, en sodium et elle contient souvent des additifs (érythorbate de sodium, glutamate monosodique, phosphate de sodium, saveur de fumée, nitrate de sodium, nitrite de sodium, etc.). C'est un aliment qu'il est préférable de consommer modérément.

CHÂTAIGNE

Castanea spp, **Fagacées**
Nom anglais : *chestnut*

HISTORIQUE ◆ Fruit du châtaignier, un arbre majestueux qui serait originaire du bassin méditerranéen. La châtaigne est consommée depuis les temps préhistoriques, aussi bien en Asie Mineure qu'en Chine et dans la région méditerranéenne. Elle a longtemps joué un rôle de premier plan dans l'alimentation de plusieurs peuples, notamment dans le sud de la France, en Italie, en Corse et en Afrique du Nord, car elle est très nourrissante. On la mangeait surtout grillée, bouillie ou transformée en farine. Cette farine servait à fabriquer pain et galettes.

Le châtaignier est apparenté au chêne. Il mesure habituellement 15 m de haut, mais il peut atteindre 30 m et mesurer 1 m de diamètre. Ses longues feuilles caduques sont nervurées et dentelées. Son bois à grains fins est dur. Il est très recherché pour la parqueterie et la menuiserie. Il renferme beaucoup de tannins utilisés pour tanner le cuir. Il existe plus d'une centaine d'espèces de châtaigniers. Plusieurs produisent des grappes de 2 ou 3 graines cloisonnées se formant aux aisselles des feuilles. Ces graines sont logées dans une enveloppe hérissée de piquants (la bogue). La plupart des bogues contiennent 3 graines triangulaires et aplaties plutôt petites. Des espèces améliorées ne produisent qu'une seule graine, plus grosse donc plus charnue (mesurant de 2 à 3 cm de diamètre) et plus savoureuse. On nomme souvent la châtaigne « marron ». Ce terme identifie les variétés de châtaignes améliorées. C'est également le nom commercial des châtaignes. Le marron est aussi le fruit non comestible du marronnier d'Inde, une espèce appartenant à la famille des Térébinthales. La châtaigne est composée d'une graine (amande) fortement plissée, de couleur crème. Elle est enfermée dans une membrane dure (péricarpe) non comestible, de couleur brun rougeâtre. En français international, on se sert du mot « marron » pour identifier cette couleur particulière, alors qu'au Canada français on dit « brun », sous l'influence de l'anglais *brown* qui ne fait pas de distinction.

ACHAT ◆ Choisir des châtaignes lourdes et fermes, avec une écorce luisante bien tendue. Délaisser les châtaignes molles et légères, dont l'écorce est terne et ridée, car elles manquent de fraîcheur.

PRÉPARATION ◆ Décortiquer les châtaignes est une opération qui demande de la patience. Il faut enlever l'écorce et la mince pellicule brune qui recouvre les châtaignes, car celle-ci est amère. Il est plus facile de décortiquer les châtaignes lorsqu'elles sont cuites et encore chaudes. Faire une incision en forme de croix sur l'écorce avec la pointe d'un couteau avant de les cuire pour éviter que les châtaignes n'éclatent.

On peut cuire les châtaignes complètement ou non avant de les décortiquer. Plusieurs méthodes sont possibles. S'assurer de compléter ensuite la cuisson pour que les châtaignes soient plus digestibles.

- Mettre les châtaignes de 5 à 15 minutes dans de l'eau bouillante ou les cuire de 30 à 40 minutes ;

- Chauffer les châtaignes dans une très petite quantité d'eau dans un poêlon sur la cuisinière, ou dans le four à 230 °C de 10 à 30 minutes (les placer sur une tôle à biscuits) ;

- Éplucher les châtaignes après les avoir braisées ;

- Cuire les châtaignes à découvert au four à micro-ondes (puissance élevée) pendant 2 minutes. Les retourner et prolonger la cuisson 1 minute ou jusqu'à ce que les châtaignes soient tendres.

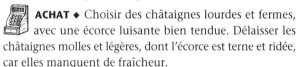

VALEUR NUTRITIVE

Le marron châtaigne d'Europe cru contient

Eau	52 %
Protéines	0,8 g
Matières grasses	0,6 g
Glucides	22,1 g
Fibres	10 g
98 calories/50 g	

Ses glucides sont composés à 40 % d'amidon. Ils en contiennent deux fois plus que la pomme de terre. La châtaigne fraîche est une bonne source de vitamine C et de potassium ; elle contient de la folacine, du cuivre, de la vitamine B_6, du magnésium et de la thiamine ainsi que des traces de fer, de niacine et d'acide pantothénique.

Le marron châtaigne d'Europe bouilli contient

Eau	68,2 %
Protéines	1,0 g
Matières grasses	0,7 g
Glucides	13,9 g
65 calories/50 g	

La châtaigne cuite est une excellente source de potassium ; elle contient de la vitamine C, du cuivre, du magnésium, de la folacine, de la vitamine B_6, du fer, de la thiamine et du phosphore ainsi que des traces de riboflavine, de niacine et d'acide pantothénique. On dit la châtaigne antianémique, antiseptique et stomachique. Elle peut causer des ballonnements et de la flatulence, surtout lorsqu'on la mange crue. Une bonne mastication permet d'atténuer ces effets.

UTILISATION ◆ Les châtaignes se consomment bouillies, étuvées, braisées ou grillées. On les incorpore dans les soupes, les farces et les salades. Elles sont mises en conserve, confites au sucre (marron glacé), mises dans de l'alcool, cuites en confiture ou en purée. La purée aromatise entre autres crème glacée, puddings, crèmes pâtissières, bavarois et tartes. Les châtaignes servent de légume d'accompagnement, et peuvent remplacer notamment les pommes de terre. En Europe, les châtaignes sont traditionnellement associées au gibier et à la volaille, surtout pendant la période de Noël et du Nouvel An. On moud les châtaignes en farine, que l'on met dans les gâteaux ou que l'on cuit en galettes (polenta), en crêpes, en gaufres, en bouillie ou en pain.

CONSERVATION ◆ Conserver les châtaignes dans un endroit frais et sec à l'abri des rongeurs et des insectes. Décortiquées et cuites, les châtaignes se conservent quelques jours au réfrigérateur. On peut congeler les châtaignes crues ou cuites, avec ou sans leur enveloppe.

CHÂTAIGNE D'EAU

Eleocharis dulcis, *Trapa spp*, **Cypéracées**
Autres noms : *liseron d'eau, macle, madi, macre, noix de jésuite*
Nom anglais : *water chestnut*
Autre nom : *chinese water chestnut*

HISTORIQUE ◆ Nom donné au tubercule de différentes espèces de plantes aquatiques. La châtaigne d'eau est consommée depuis des temps reculés, tant en Asie que dans certains parties d'Europe. Elle occupe une place importante dans les cuisines chinoise, japonaise et thaïlandaise. En Chine, on l'utilisa d'abord pour ses propriétés médicinales. En Amérique du Nord, on connaît surtout la châtaigne d'eau en conserve vendue dans les épiceries spécialisées. Cette espèce de châtaigne d'eau *(Eleocharis dulcis)* provient généralement de Chine, où elle est cultivée intensivement. On cultive l'espèce *Trapa natans* dans la rivière Potomac, dans le district de Columbia. La châtaigne d'eau pousse dans les eaux peu profondes des lacs, des ruisseaux et des marais. Comme le riz, elle a besoin de beaucoup d'eau. En Asie, on la cultive souvent dans des endroits où l'eau est trop profonde pour la culture du riz et pas assez profonde pour l'élevage du poisson.

Une espèce de châtaigne d'eau *(Eleocharis dulcis)* ressemble à la châtaigne commune. De forme arrondie, elle mesure généralement de 2,5 à 4 cm de diamètre. Son extrémité supérieure est légèrement aplatie et se termine par une petite touffe d'où germera une herbe si la châtaigne n'est pas récoltée. Le tubercule est emprisonné dans une rude écorce de la consistance du papier, de couleur brun noirâtre. Sa chair croustillante, juteuse et sucrée, est recouverte d'une mince peau brunâtre. La châtaigne d'eau cuite a une saveur qui rappelle celle du maïs en épis.

L'espèce *Trapa* comporte deux variétés. La variété *Trapa bicornis* est ornée de deux cornes courbées, tandis que la variété *Trapa natans* est formée de quatre cornes. Surnommée « noix de jésuite » parce qu'on se servait souvent des graines de cette plante pour fabriquer des rosaires, cette châtaigne d'eau fut autrefois un légume fort populaire en Europe. Elle est maintenant tombée dans l'oubli. Ces tubercules ne peuvent pas être consommés crus parce qu'ils contiennent des substances toxiques, qui disparaissent toutefois à la cuisson.

ACHAT ◆ Choisir des châtaignes d'eau fraîches très dures, exemptes de meurtrissures et de parties molles.

PRÉPARATION ◆ Laver soigneusement les châtaignes d'eau fraîches pour les débarrasser de toute trace de boue. Enlever toute partie molle ou brunie et jeter les châtaignes endommagées, facilement identifiables du fait qu'elles dégagent une forte senteur d'alcool ou de suri. On peut éplucher les châtaignes d'eau avant ou après la cuisson.

La perte est moins grande après la cuisson, mais la chair devient alors beige car elle absorbe une partie de la couleur de la peau. Se servir d'un couteau bien aiguisé facilite la tâche, qui est toujours longue. Pour les éplucher après la cuisson, faire d'abord une incision en forme de croix sur la partie plate des châtaignes d'eau. Mettre celles-ci dans une casserole, les recouvrir d'eau, amener à ébullition, puis laisser bouillir de 4 à 5 minutes. Laisser les châtaignes d'eau reposer dans l'eau bouillante le temps de les retirer une à une pour les éplucher et enlever leur mince peau brunâtre.

CUISSON ◆ La cuisson rend les châtaignes d'eau légèrement plus sucrées. Elle n'affecte pas la texture de la chair, qui reste toujours croustillante. La chair noircit cependant à la cuisson, sauf si on ajoute un peu de jus de citron à l'eau de cuisson. Cuire les châtaignes d'eau 10 minutes à l'eau ou 15 minutes à la vapeur. On peut aussi les cuire dans du bouillon ou dans un mélange moitié eau moitié lait. Lorsque les châtaignes d'eau seront cuites ultérieurement dans un autre mets, les cuire d'abord seulement 5 minutes à l'eau ou de 7 à 8 minutes à la vapeur. Arrêter la cuisson en plongeant les châtaignes d'eau dans de l'eau froide. Laisser les châtaignes d'eau entières, les couper en moitiés, en tranches, en dés ou en julienne, ou les mettre en purée.

UTILISATION ◆ Les châtaignes d'eau se mangent crues (espèce *Eleocharis dulcis*) ou cuites. Crues, on les met dans les hors-d'œuvre ou on les mange nature, notamment en collation. Cuites, les châtaignes d'eau sont délicieuses telles quelles, seulement enrobées de beurre comme le maïs en épi sucré. Elles ajoutent une note croquante inhabituelle à une grande quantité de mets, notamment aux soupes, salades composées et salades de fruits (en mettre peu, car elles sont nourrissantes), au tofu, aux légumes, pâtes alimentaires, quiches, à la viande, à la volaille et aux fruits de mer. Elles sont délicieuses cuites avec du riz et des épinards puis gratinées. La purée de châtaignes d'eau peut s'apprêter en soupe savoureuse. L'incorporer à un bouillon de poulet dans lequel on ajoutera oignons, pommes et crème légère. On peut aussi la combiner à une purée de pommes de terre, de patates douces ou de courges d'hiver.

CONSERVATION ◆ Les châtaignes d'eau sont passablement fragiles, aussi est-il préférable de les conserver non pelées. On peut mettre les châtaignes d'eau dans un récipient, les recouvrir d'eau et les placer au réfrigérateur, où elles se conserveront de 1 à 2 semaines. Cette méthode de conservation laisse les châtaignes d'eau fraîches et croustillantes, mais diminue légèrement leur saveur. On peut aussi mettre les châtaignes d'eau dans un sac de papier sans les laver et les placer à l'endroit le plus froid du réfrigérateur. Elles se conserveront également de 1 à 2 semaines. Il est nécessaire d'en vérifier l'état cependant, car elles peuvent commencer à sécher. Les châtaignes d'eau pelées se conservent au réfrigérateur 2 ou 3 jours. Réfrigérer tout restant de châtaignes d'eau en

VALEUR NUTRITIVE	
La châtaigne d'eau crue contient	
Eau	74 %
Protéines	1,5 g
Matières grasses	0,2 g
Glucides	24 g
107 calories/100 g	

Elle est une excellente source de potassium; elle contient de la riboflavine, du magnésium, de la vitamine C et du phosphore ainsi que des traces de fer et de niacine.

La châtaigne d'eau en conserve contient	
Eau	86 %
Protéines	0,9 g
Matières grasses	traces
Glucides	12 g
50 calories/100 g	

Elle contient du potassium et du fer ainsi que des traces de zinc, de vitamine C, de niacine, de riboflavine, de phosphore et de magnésium. On la dit tonique.

conserve dans de l'eau que l'on changera tous les jours. Les châtaignes d'eau peuvent se congeler crues ou cuites, pelées ou non pelées. Crues et non pelées, elles se conservent environ 6 mois. Cuites et en purée, elles se conservent environ 1 an. La purée peut se séparer à la décongélation ; la brasser jusqu'à ce qu'elle soit homogène de nouveau. On peut ajouter 15 ml (1 cuillerée à soupe) de beurre ou de miel avant de congeler la purée pour éviter qu'elle ne se sépare.

CHAYOTE

Sechium edule, **Cucurbitacées**
Autres noms : *poire végétale, pépinelle, mirliton, brionne, christophine (Antilles),
chouchoute (Madagascar et Polynésie), chou-chou, chayotte*
Nom anglais : *chayote*
Autres noms : *christophine, custard marrow, mirliton, choko, vegetable pear*

HISTORIQUE ◆ Fruit d'une plante potagère annuelle originaire du Mexique et de l'Amérique centrale. La chayote est une proche parente des courges, des concombres et des melons. Elle préfère les pays tropicaux et subtropicaux, mais peut être cultivée sous les climats tempérés quand la température reste chaude une bonne partie de l'automne. La chayote était cultivée par les Mayas et les Aztèques. Le mot chayote est d'ailleurs dérivé de *chayotl*, le nom de ce légume en nahualt, la langue parlée par les Aztèques.

La chayote ressemble à une grosse poire légèrement aplatie ; elle est ornée de quelques rainures profondes et mesure de 8 à 20 cm de long. Sa mince peau vert pâle, vert foncé ou blanc jaunâtre est comestible. Sa chair croustillante, de couleur blanchâtre, n'a pas beaucoup de saveur. Elle renferme un unique noyau comestible, long de 2 à 5 cm, qui a la propriété de germer à l'intérieur du fruit.

 ACHAT ◆ Choisir une chayote ferme et exempte de taches.

PRÉPARATION ◆ La peau de la chayote demeure ferme après la cuisson ; aussi la chayote est-elle presque toujours pelée. On peut la peler avant ou après la cuisson. Une substance mucilagineuse apparaît lorsqu'on pèle la chayote. Si on trouve cela déplaisant, on peut porter des gants de caoutchouc ou peler le légume sous un filet d'eau courante.

CUISSON ◆ De saveur douce, la chayote est meilleure si elle reste légèrement croquante après la cuisson ; calculer 10 à 15 minutes pour la cuisson à l'eau et un peu plus pour la cuisson à la vapeur.

UTILISATION ◆ La chayote se mange crue ou cuite. Crue, elle est souvent mise dans les salades (où elle peut remplacer le céleri puisqu'elle est très croustillante) ou elle est servie telle quelle, arrosée de vinaigrette. Cuite, elle est délicieuse nappée de sauce, gratinée ou cuite en compote ; cette compote fait même un excellent dessert si on la

VALEUR NUTRITIVE	
La chayote crue contient	
Eau	93 %
Protéines	0,6 g
Matières grasses	0,5 g
Glucides	5,1 g
Fibres	0,7 g
24 calories/100 g	

Elle est une bonne source de potassium, elle contient de la vitamine C, de la folacine, de la vitamine B_6, du cuivre et du magnésium ainsi que des traces de zinc, de phosphore, de niacine et de fer.

sucre et qu'on lui ajoute des assaisonnements (du jus de lime, de la cannelle et de la muscade, par exemple). La chayote se met dans les soupes et les ragoûts, elle peut être cuite à la chinoise, être farcie, incorporée dans les marinades et les chutneys, etc. Elle peut remplacer les courges d'été dans la plupart des recettes.

 CONSERVATION ◆ La chayote se conserve 2 ou 3 semaines dans le bac à légumes du réfrigérateur.

CHÉRIMOLE

Anona cherimola, **Anonacées**
Autres noms et variétés : *cherimoya, corossol, cachiman, pomme-cannelle,
anone cœur-de-bœuf, anone muriquée, anone réticulée*
Nom anglais : *cherimoya*
Autres noms : *chirimoya, custard apple, atemoya, cinnamon apple,
sugar apple, red anona, soursop, bullock's heart*

HISTORIQUE ◆ Fruit originaire des Andes et croissant dans les régions tropicales et subtropicales. La chérimole pousse sur un arbre chargé d'épines qui peut mesurer jusqu'à 9 m de haut. Ses fleurs sont odorantes. Elles attirent peu les insectes, aussi sont-elles souvent pollinisées manuellement pour qu'il y ait plus de fruits. La chérimole est cultivée dans de très nombreuses régions, notamment en Californie, au Mexique, au Chili, aux îles Canaries, en Espagne, en Lybie, en Égypte, en Israël, en Inde et en Australie. Le mot cherimoya est dérivé de *chirimoya* et signifie « graine froide » en quichua, la langue des Incas encore parlée par les Indiens du Pérou et de la Bolivie.

Il existe plus d'une cinquantaine de variétés de ces fruits. Appartenant à la famille de l'anone, ceux-ci sont désignés sous différents noms, ce qui crée parfois de la confusion. Selon les variétés, ces fruits sont ovales, coniques, sphériques ou en forme de cœur. Ces baies pèsent environ 100 g. Quelques variétés sont recouvertes de grandes écailles. Les autres variétés ont quand même un motif d'écailles imprimé sur leur peau. Cette peau verte très fragile n'est pas comestible, car elle est amère. Elle jaunit ou fonce en vieillissant, devenant même presque noire. La chair blanchâtre est juteuse, sucrée, un peu granuleuse (moins que celle de la poire), légèrement acidulée et très parfumée. Elle a la consistance d'un flan, caractéristique retenue en anglais pour nommer une variété (« custard apple »). Elle renferme de nombreuses graines dures non comestibles, faciles à enlever du fait qu'elles n'adhèrent pas à la chair. De couleur noire ou brune, ces graines mesurent environ 1 cm de long. Très parfumés à maturité, ces fruits dégagent souvent un parfum désagréable lorsqu'ils sont trop mûrs ; leur saveur laisse alors à désirer. On les cueille lorsqu'ils sont encore durs, car ils sont trop fragiles à maturité et supportent mal le transport. La chérimole est souvent considérée comme un des fruits les plus fins et les plus savoureux qui soient.

 ACHAT ◆ Choisir un fruit parfumé, intact et pas trop ferme. Le manipuler avec soin à cause de sa fragilité. Délaisser un fruit dont la peau est noircie ou meurtrie.

PRÉPARATION ◆ Laver brièvement la chérimole. La peler, puis la couper en deux ou en plusieurs sections. Jeter la fibre centrale uniquement si elle semble dure. Retirer les graines immédiatement ou en mangeant le fruit. Les enlever avant de mettre la chérimole en purée ou de la couper en morceaux.

UTILISATION ◆ La chérimole se consomme surtout crue, car la cuisson affecte beaucoup sa saveur. On la mange habituellement à la cuiller. Parce qu'elle s'oxyde une fois coupée, elle est souvent servie avec du jus d'orange, ce qui l'empêche de brunir ; au Chili, cette présentation est un dessert classique. On met la chérimole dans les salades de fruits, les sorbets, la crème glacée, le yogourt, les pâtisseries et les biscuits. On la cuit en compote, en confiture et en gelée. On la transforme en jus.

CONSERVATION ◆ Laisser mûrir la chérimole à la température de la pièce, car le froid arrête son mûrissement. La réfrigérer seulement lorsqu'elle est mûre. Elle se conservera 1 jour ou 2 au réfrigérateur. La chérimole supporte difficilement la congélation, même en purée. Elle doit être congelée seulement lorsque sa chair atteint un certain degré de maturité, difficile à établir. Congelée dans de bonnes conditions, la purée se conserve pendant 4 mois environ.

VALEUR NUTRITIVE	
La chérimole contient	
Eau	74 %
Protéines	1,3 g
Matières grasses	0,4 g
Glucides	24 g
94 calories/100 g	

C'est un fruit nourrissant, car son contenu en glucides est élevé. La chérimole contient de la vitamine C et de la niacine, et elle renferme également des traces de phosphore, de fer et de calcium.

CHEVAL

Equus caballus, **Équidés**
Nom anglais : *horse*

HISTORIQUE ◆ Le cheval est un mammifère domestiqué depuis fort longtemps et utilisé comme animal de trait et de transport. Il était rarement tué pour servir d'aliment parce qu'il était trop précieux vivant. Il fut d'abord consommé lors de disettes en Europe et ne fut commercialisé qu'au début du XIXe siècle en France.

La consommation du cheval demeure marginale ; elle est plus courante en Europe et en Asie qu'en Amérique du Nord. La viande chevaline a souvent mauvaise réputation du fait qu'au début elle provenait de bêtes âgées ayant beaucoup travaillé, donc à la chair dure et filandreuse. De nos jours, les boucheries chevalines s'approvisionnent auprès d'éleveurs spécialisés ou de propriétaires de chevaux d'équitation. La viande chevaline est tendre et savoureuse. Elle a un contenu plus élevé en glycogène que les autres viandes, ce qui lui confère un goût douceâtre. Elle est d'un rouge plus sombre que la viande de bœuf, car elle est plus riche en myoglobine.

UTILISATION ◆ La viande chevaline ressemble beaucoup au bœuf, suffisamment pour y être substituée

VALEUR NUTRITIVE	
La viande chevaline rôtie contient	
Protéines	28 g
Matières grasses	6 g
Cholestérol	68 mg
175 calories/100 g	

De façon générale, elle renferme un peu moins de cholestérol et de matières grasses que celle des autres animaux de boucherie (sauf le veau, qui contient moins de matières grasses). Le gras est apparent car il se trouve autour des muscles ; il est donc facile à enlever. Les protéines de la viande du cheval sont de qualité équivalente à celles de la viande des autres animaux de boucherie.

parfois de façon malhonnête par des marchands attirés par le gain facile (elle leur coûte moins cher). Les apprêts du bœuf lui conviennent bien. Le temps de cuisson est souvent plus long cependant, car la température de cuisson ne doit pas être trop élevée, la viande étant maigre et s'asséchant facilement. Un rôti saignant demande environ 40 à 45 minutes de cuisson par kilo. La viande de poulain est plus fragile, car elle est plus maigre. On la cuisine souvent comme le veau, à la chaleur humide.

CONSERVATION ◆ La viande chevaline s'oxyde et s'avarie très vite, particulièrement lorsqu'elle est hachée. La conserver au réfrigérateur.

CHÈVRE

Capra spp, **Caprinés**
Nom anglais : *goat*

HISTORIQUE ◆ La chèvre est un mammifère ruminant qui supporte une grande variété de conditions climatiques. Ce fut un des premiers animaux domestiqués. C'est en Iran qu'on trouve les traces les plus anciennes de cette domestication. La chèvre est élevée principalement pour sa production laitière. Environ les deux tiers de la population mondiale consomment du lait de chèvre ainsi que des produits fabriqués à partir de ce lait, surtout des fromages (voir Lait de chèvre). La chèvre est aussi élevée pour sa chair et on tanne sa peau, nommée cuir ou maroquin. La toison de la chèvre angora est transformée en mohair, poils soyeux dont on se sert pour tricoter ou pour tisser.

UTILISATION ◆ La chair de la chèvre est ferme et de saveur agréable malgré son odeur prononcée. La chair du mâle (bouc) est coriace, de saveur prononcée et d'odeur forte ; on la cuisine surtout dans des plats mijotés. Dans plusieurs pays, on ne la consomme qu'en période de disette. Le petit de la chèvre (chevreau) a une chair un peu molle et fade. En boucherie, on ne tue que les mâles, les femelles étant plus importantes pour la production laitière.

VALEUR NUTRITIVE	
La chair crue de la chèvre contient	
Protéines	21 g
Matières grasses	2 g
109 calories/100 g	
La chair rôtie contient	
Protéines	27 g
Matières grasses	3 g
Cholestérol	75 mg
143 calories/100 g	

CHICORÉE / SCAROLE

Cichorium intybus, Cichorium endiva var. *latifolia*, **Composées**
Noms anglais : *chicory, endive, escarole*

HISTORIQUE ◆ Plantes potagères annuelles probablement originaires de la région méditerranéenne. La chicorée et la scarole sont des proches parentes. Ces légumes furent d'abord consommés comme plantes médicinales. En France, la chicorée et la scarole ne commencèrent à être utilisées comme plantes alimentaires qu'au XIVe siècle.

La **chicorée sauvage** *(Cichorium intybus)* pousse un peu partout à l'état sauvage en Amérique du Nord, en Europe et dans les régions tempérées de l'Afrique du Nord. Elle est très amère. Ses tiges courtes sont formées de feuilles vertes très frisées. Ses racines blanchâtres et charnues mesurent de 25 à 35 cm de long. Des variétés moins amères ont été créées par hybridation, dont la Madgebourg, très consommée en salade, et la Brunswick, surtout utilisée comme substitut de café. La chicorée peut mesurer 45 cm de long et former un plant volumineux. Ses feuilles vertes, fortement dentelées, étroites et pointues poussent en rosette. Elles ont des nervures blanchâtres ou rougeâtres et sont passablement amères. Les feuilles du milieu, moins amères que les feuilles extérieures, sont jaunâtres ou blanchâtres. La racine de chicorée peut se transformer en un légume savoureux car il est moins amer, plus croquant et plus sucré. Baptisé *witloof* en flamand, ce qui signifie « feuille blanche », ce légume est plus connu sous le nom d'endive, mais porte également le nom de « chicorée-endive de Bruxelles » (voir Endive).

La **scarole** ou **chicorée scarole** *(Cichorium endiva* var. *latifolia)* a de larges feuilles moins frisées et moins amères que celles de la chicorée. Ondulées sur les bords et légèrement dentées, elles forment un plant moins volumineux. Les feuilles intérieures sont plus pâles et moins amères que les feuilles extérieures. La scarole souffre souvent d'une infection qui brunit le bout de ses feuilles, surtout au centre ; jeter les parties brunes.

 ACHAT ◆ Rechercher des légumes aux feuilles fermes, lustrées et croustillantes, ni détrempées, ni brunies.

PRÉPARATION ◆ Laver ces légumes seulement avant de les consommer, sinon leurs feuilles perdent leur belle apparence. Ne pas les mettre à tremper. Les laver rapidement à grande eau. Les mettre dans un récipient assez grand pour permettre de les recouvrir d'eau et de les secouer doucement ; changer l'eau si nécessaire. Ne couper et assaisonner ces légumes qu'au moment de les utiliser pour les empêcher de se détremper et pour diminuer les pertes de vitamines.

UTILISATION ◆ La chicorée et la scarole se mangent le plus souvent crues, mais on peut aussi les cuire. On les utilise comme la laitue ou l'épinard. Crues, elles sont surtout servies en salades, arrosées de vinaigrette ou de mayonnaise. Il est intéressant de les combiner à d'autres verdures ; le coup d'œil, la saveur et l'apport nutritionnel des salades en sont améliorés.

Ces légumes peuvent être braisés ou mis dans des soupes. Couper les feuilles finement et les ajouter dans la soupe en fin de cuisson, elles cuiront avec la chaleur du bouillon, qu'elles parfumeront délicatement (c'est un

VALEUR NUTRITIVE	
La chicorée sauvage crue contient	
Eau	92 %
Protéines	1,7 g
Matières grasses	0,3 g
Glucides	4,7 g
Fibres	4,0 g
23 calories/100 g	

Elle est une excellente source de folacine, de vitamine A et de potassium ; elle est une bonne source de vitamine C, d'acide pantothénique et de cuivre ; elle contient du magnésium, du calcium, du fer, de la riboflavine, de la vitamine B_6 et du zinc ainsi que des traces de phosphore et de niacine.

La scarole crue contient	
Eau	94 %
Protéines	1,2 g
Matières grasses	0,2 g
Glucides	3,4 g
17 calories/100 g	

Elle est une excellente source de folacine et de potassium et une bonne source de vitamine A ; elle contient de l'acide pantothénique, de la vitamine C, du zinc, du fer, du cuivre et du calcium ainsi que des traces de phosphore et de niacine. On dit ces légumes apéritifs, dépuratifs, diurétiques, stomachiques, vermifuges, cholagogues, reminéralisants et toniques.

excellent moyen d'utiliser des feuilles défraîchies ; délaisser les toutes premières feuilles, sauf s'il s'agit de légumes biologiques).

CONSERVATION ♦ Pour bien conserver la chicorée et la scarole, il est important de les empêcher de pourrir et de se déshydrater. Les laver avant de les réfrigérer si elles sont très mouillées ou si elles sont terreuses. Les mettre dans un sac de plastique perforé. Éviter de les emballer hermétiquement, car ces légumes pourriront s'ils ne peuvent plus respirer. Glisser 1 ou 2 feuilles de papier absorbant si les légumes ne sont pas bien asséchés, feuilles que l'on changera dès qu'elles seront détrempées. Ces légumes pourront redevenir croquants s'ils sont très légèrement mouillés. Glisser 1 ou 2 feuilles de papier absorbant dans le sac, elles enlèveront l'excès d'humidité. La chicorée et la scarole sont trop fragiles pour être congelées.

CHOU

Brassica oleracea, **Crucifères**
Autres noms : *chou pommé, chou cabus*
Nom anglais : *cabbage*
Autres noms : *head cabbage, headed cabbage*

HISTORIQUE ♦ Plante potagère rapportée d'Asie Mineure en Europe, il y a environ 2 500 ans. Le chou est reconnu pour ses nombreuses propriétés médicinales depuis les temps les plus reculés. Les Romains le considéraient comme une panacée, croyance que beaucoup partagent encore.

Le chou fait partie d'une grande famille qui comprend notamment le borécole, le brocoli, le chou cavalier, le chou de Bruxelles, le chou chinois, le chou-fleur, le chou frisé, le chou marin et le chou-rave. Il existe plus de 200 variétés de ces espèces, fort différentes tant par leur forme que par leur genre et parfois leur couleur. Certaines sont des fleurs (brocoli, chou-fleur), d'autres des racines (chou-rave), des tiges (borécole, chou cavalier, bok choy) ou des feuilles (chou frisé, chou pommé). Toutes les espèces partagent cependant certaines caractéristiques dans leur composition et leurs propriétés médicinales.

Le chou est formé d'une superposition de feuilles épaisses, pommées ou non pommées, lisses ou frisées, de couleur verte ou rouge. Les feuilles intérieures sont plus pâles que les feuilles extérieures, car la lumière ne les atteint pas. Les choux pèsent généralement de 1 à 3 kg et mesurent de 10 à 20 cm de diamètre. Il en existe une grande variété, ce qui affecte notamment leur temps de maturation. Certains choux sont hâtifs, on les appelle choux de printemps, d'autres sont des choux d'été, tandis que les plus tardifs sont des choux d'hiver, les meilleurs pour la conservation. La classification la plus courante tient compte de la diversité des choux ; elle comprend :

- les choux verts (var. *capitata*), parfois appelés choux cabus, de l'italien *cappuccio* signifiant *grosse tête*; ces choux à tête dure et aux feuilles lisses ont des teintes allant du vert foncé au bleu-vert ;
- les choux blancs (var. *capitata alba*), de couleur vert pâle ;

- les choux de Milan (var. *sabauda*), qui ont des feuilles pommées très frisées allant du vert olive au vert foncé;

- les choux rouges (var. *capitata rubra*), pommés et lisses.

ACHAT ◆ Choisir des choux lourds et compacts, aux feuilles bien croustillantes et colorées, exemptes de taches et de craquelures.

PRÉPARATION ◆ Les choux peuvent être piqués par les vers. Pour certains, c'est un bon signe, car cela signifie souvent qu'ils ont été cultivés sans insecticides chimiques. Il est facile de déloger les vers encore présents; mettre le chou à tremper une quinzaine de minutes dans de l'eau additionnée de sel ou de vinaigre (15 ou 30 ml [1 ou 2 cuillerées à soupe]). Les choux exempts de vers n'ont pas besoin de tremper; les laver après les avoir débarrassés de leurs feuilles extérieures les plus fibreuses ou endommagées.

CUISSON ◆ Une cuisson trop longue ou à grande eau décolore le chou, le rend pâteux et occasionne une perte de valeur nutritive et de saveur (et l'odeur de chou se répand dans toute la maison). Utiliser très peu d'eau (1 à 2 cm dans le fond de la casserole) et ne pas ajouter d'ingrédient acide (vinaigre, jus de citron) ni d'ingrédient alcalin (bicarbonate de soude). Plonger le chou dans l'eau uniquement quand celle-ci bout et cuire le moins longtemps possible (chou râpé de 3 à 8 minutes, en quartiers de 12 à 15 minutes).

Le chou rouge requiert aussi des soins particuliers si on veut éviter sa décoloration. On devrait le couper avec un couteau en acier inoxydable afin d'empêcher que ses pigments ne bleuissent. L'ajout d'un ingrédient acide à l'eau de cuisson avive sa couleur (voir Légumes rouges); trop d'eau le décolore.

UTILISATION ◆ Le chou peut être mangé cru, cuit ou fermenté (il s'agit alors de la choucroute). La fermentation est obtenue par l'action du sel sur le chou, ce qui active une bactérie d'acide lactique. Cette bactérie rend le chou plus digestible, transforme sa consistance et sa saveur, mais laisse son contenu en vitamines et en minéraux presque intact. Cru, le chou peut être râpé ou coupé; il est délicieux en salade. Une salade de chou sera plus savoureuse si elle a séjourné au moins 30 minutes au réfrigérateur. Le chou peut être cuit à l'étouffée, à la vapeur, être braisé, être sauté, etc. On le met dans les soupes et les ragoûts; on le farcit, on le cuit à la chinoise.

VALEUR NUTRITIVE

Le chou cru contient

Eau	93 %
Protéines	1,2 g
Matières grasses	0,2 g
Glucides	5,4 g
Fibres	1,8 g
24 calories/100 g	

Il est une excellente source de vitamine C et de folacine et une bonne source de potassium; il contient de la vitamine B_6 ainsi que des traces de calcium, de fer, de niacine, de zinc et d'acide pantothénique.

Le chou cuit contient

Eau	93,6 %
Protéines	1,0 g
Matières grasses	0,2 g
Glucides	4,8 g
Fibres	1,7 g
21 calories/100 g	

Il est une bonne source de vitamine C et de potassium; il contient de la folacine ainsi que des traces de vitamine B_6, de calcium, de fer, de phosphore, de zinc, de niacine et de cuivre.

Comme tous les légumes de cette famille, on dit que le chou est anticancérigène et que son jus est d'une grande efficacité pour le traitement des ulcères d'estomac. On le dit antidiarrhéique, antiscorbutique, antibiotique, reminéralisant et apéritif. En phytothérapie, on s'en sert pour traiter plus de 100 maladies. Le chou renferme une substance qui provoque souvent la flatulence ainsi que diverses substances soufrées responsables de sa saveur et de son odeur caractéristiques. Les substances soufrées sont libérées lorsqu'on coupe le chou; elles deviennent actives à l'air ambiant (processus identique à celui qui se passe avec l'ail et l'oignon). Ainsi, la senteur, semblable à celle des œufs durs, est produite par le sulfite d'hydrogène, un élément qui apparaît quand une enzyme, la myrosinase, entre en contact avec une molécule de sinigrine.

CONSERVATION ◆ Conserver les choux au réfrigérateur, dans le bac à légumes ou dans un sac de plastique perforé. Ils se conserveront environ 2 semaines. Les choux acquièrent une odeur plus prononcée en vieillissant, surtout s'ils sont coupés ; les couvrir et veiller à ne pas les placer près d'aliments auxquels ils pourraient communiquer leur odeur. Ils peuvent se conserver dans une chambre froide si les conditions sont idéales, soit 90 % à 95 % d'humidité et une température ne dépassant pas 3 °C et se situant si possible près de 0 °C. Les choux à croissance rapide se conserveront de 3 à 6 semaines et les choux à croissance lente de 4 à 6 mois. Les choux se congèlent après avoir été blanchis (1 minute pour les choux râpés, 2 minutes pour les choux coupés en pointes), mais ils perdent leur croquant. Ils supportent la déshydratation.

CHOU DE BRUXELLES

Brassica oleracea var. *gemmifera*, **Crucifères**
Nom anglais : *Brussels sprout*
Autre nom : *Baby cabbage*

HISTORIQUE ◆ Plante potagère dont l'origine est obscure. Le chou de Bruxelles aurait été développé en Belgique au XIIIe siècle, raison pour laquelle on lui aurait donné le nom de la capitale de ce pays.

Les choux de Bruxelles ressemblent à des choux verts miniaturisés. Ils se greffent en formation serrée sur une tige qui peut atteindre 1 m de haut et qui peut contenir de 20 à 40 choux. On les cueille habituellement lorsqu'ils mesurent 3 cm de diamètre, moment où ils sont le plus tendres.

ACHAT ◆ Choisir des choux de Bruxelles fermes et compacts, d'un beau vert et de même grosseur, car ils cuisent plus uniformément.

PRÉPARATION ◆ Enlever si nécessaire les feuilles défraîchies, puis bien laver les choux de Bruxelles à l'eau courante. Les mettre à tremper une quinzaine de minutes dans de l'eau additionnée de sel ou de vinaigre (15 ou 30 ml [1 ou 2 cuillerées à soupe]) seulement si des vers sont présents.

CUISSON ◆ Pour accélérer la cuisson des choux de Bruxelles et la rendre plus uniforme (on les cuit entiers), faire une incision d'environ 5 mm en forme de croix à la base des choux. La cuisson les rend souvent pâteux ; pour éviter ce désagrément, veiller à ce qu'elle soit la plus courte possible. Pour cuire les choux de Bruxelles à l'eau, ne mettre que 1 ou 2 cm d'eau et cuire de 8 à 12 minutes. À la vapeur ou par braisage, les cuire environ 15 minutes. Dans la marmite à pression (103 kPa), cuire de 50 à 60 secondes.

VALEUR NUTRITIVE	
Le chou de Bruxelles cuit contient	
Eau	87 %
Protéines	2,5 g
Matières grasses	0,5 g
Glucides	8,7 g
Fibres¬	4,3 g
39 calories/100 g	

Il est une excellente source de vitamine C, de folacine et de potassium ; il contient de la vitamine B$_6$, du fer, de la thiamine, du magnésium, de la vitamine A, du phosphore et de la niacine ainsi que des traces de cuivre, de zinc, d'acide pantothénique et de calcium. Comme tous les membres de cette famille il aurait des propriétés anticancérigènes.

UTILISATION ◆ Les choux de Bruxelles se mangent crus ou cuits. Crus, les râper et les mettre dans les salades. Cuits, on les sert comme légume d'accompagnement, seuls ou nappés de béchamel, et parfois gratinés. On les met dans les soupes et les ragoûts, on les cuit à la chinoise ou au four à micro-ondes.

CONSERVATION ◆ Les choux de Bruxelles se conservent quelques jours au réfrigérateur. Les placer dans un sac de plastique perforé ou dans le bac à légumes sans les laver. Les choux de Bruxelles se congèlent entiers ; blanchir les petits choux 3 minutes et les gros 5 minutes.

CHOU CAVALIER

Brassica oleracea var. *viridis,* **Crucifères**
Nom anglais : *collards*

HISTORIQUE ◆ Plante potagère originaire de l'est de la région méditerranéenne ou de l'Asie. Le chou cavalier appartient à la grande famille des choux. C'est un des plus anciens membres de la famille et un des plus résistants. Comme le borécole, un proche parent, il peut supporter des températures aussi basses que 15 °C au-dessous de zéro et il survit à des températures élevées. Le chou cavalier fut introduit en Amérique du Nord par les esclaves africains et pendant longtemps il fut consommé surtout dans le sud des États-Unis.

Le chou cavalier a de grandes feuilles épaisses et nervurées. Selon les variétés, elles sont aplaties ou frisées, de couleur vert foncé ou vert bleuté ; elles ne sont pas pommées. Les tiges blanchâtres sont dures et peu agréables à manger. Le chou cavalier a une forte saveur, qui est cependant plus douce que celle du borécole.

ACHAT ◆ Choisir des choux cavaliers aux feuilles fermes, bien colorées et relativement petites, exemptes de taches et de moisissures.

PRÉPARATION ◆ Bien laver le chou cavalier à l'eau courante, car souvent du sable et de la terre sont emprisonnés dans ses feuilles. Séparer chaque feuille de la tige centrale et jeter cette tige fibreuse, sauf si le chou cavalier est jeune et tendre.

UTILISATION ◆ Le chou cavalier frais ajoute une note piquante aux salades ; l'utiliser avec modération cependant, car sa texture et sa saveur peuvent déplaire. Le blanchir quelques minutes avant de le cuisiner si on désire que sa saveur soit moins prononcée. On le cuit à la vapeur (quelques minutes), à l'étuvée ou à la chinoise. Le chou cavalier se marie particulièrement bien avec l'orge, le riz brun, le kasha, les pommes de terre et les légumineuses. Il confère sa forte saveur aux soupes et ragoûts. Il est délicieux

VALEUR NUTRITIVE	
Le chou cavalier cru contient	
Eau	90,5 %
Protéines	1,6 g
Matières grasses	0,2 g
Glucides	7,1 g
31 calories/100 g	

Il est une excellente source de vitamine A et une bonne source de vitamine C ; il contient du potassium et de la folacine ainsi que des traces de vitamine B$_6$, de niacine, de calcium et de cuivre.

Le chou cavalier cuit contient	
Eau	91,9 %
Protéines	1,4 g
Matières grasses	0,2 g
Glucides	6,1 g
27 calories/100 g	

Il est une excellente source de vitamine A ; il contient de la vitamine C et du potassium ainsi que des traces de vitamine B$_6$, de folacine, de niacine, de calcium et de cuivre.

nappé de sauce et gratiné ou en purée, servie telle quelle ou mélangée avec de la purée de pommes de terre, de patates ou de légumineuses. Il peut s'apprêter comme l'épinard. Comme ce dernier, il se marie bien avec le lait, qui atténue son acidité, et les œufs. On le met notamment dans les omelettes et les quiches. On le cuit souvent à l'étuvée avec du porc fumé, jusqu'à ce que les feuilles deviennent molles ou restent légèrement fermes, selon la préférence de chacun.

CONSERVATION ◆ Placer le chou cavalier au réfrigérateur sans le laver. Le mettre dans un sac de plastique perforé. Il peut se conserver plusieurs jours, mais il est plus savoureux et moins amer lorsqu'il est consommé le plus rapidement possible. Le chou cavalier peut se congeler; le blanchir 2 à 3 minutes, le temps que les feuilles ramollissent légèrement.

CHOU CHINOIS

Brassica campestris, **Crucifères**
Nom anglais : *chinese cabbage*

HISTORIQUE ◆ Plante probablement originaire de Chine et d'Asie de l'Est. Au moins 33 variétés différentes de choux chinois ont été recensées en Asie, dont très peu sont connues en Occident. Certaines apparaissent graduellement sur le marché cependant. Une grande confusion existe dans leur classification tant scientifique que commune. Les variétés les plus connues en Occident sont le nappa, le pak-choï et le gai lon.

Nappa (var. *pekinensis*). Le nappa est originaire de Chine, où on le consomme depuis des milliers d'années. Dans le nord de la Chine, c'est un aliment de tous les jours, qu'on aime bien manger mariné. Le nappa est aussi appelé «chou chinois», «laitue chinoise», «céleri chinois», «pé tsai», «chow boy», «sui choy», «won bok» et «tientsin». C'est l'espèce qu'on connaît depuis le plus longtemps en Occident. La variété la plus fréquente est la Michihili, qui peut atteindre 45 cm de long et 10 cm de diamètre. Ce chou de forme cylindrique ressemble à une laitue romaine. Ses feuilles et ses tiges sont aplaties cependant. Les feuilles extérieures, d'un vert pâle, sont plus foncées que celles de l'intérieur, d'un blanc verdâtre. Le nappa est plus riche en eau que les autres variétés de chou, il est donc plus croquant et plus rafraîchissant. Il est aussi moins fibreux et de saveur moins prononcée.

ACHAT ◆ Rechercher un nappa avec des tiges compactes et fermes, exemptes de taches brunâtres. Les feuilles peuvent être légèrement molles, surtout si on destine le nappa à la cuisson.

UTILISATION ◆ Le nappa se mange cru, cuit ou mariné. Cru, il est délicieux dans les salades, où ses tiges croustillantes peuvent même remplacer le céleri. Cuit, il parfume délicatement les soupes, les plats mijotés, les pâtes alimentaires et les plats cuits à la chinoise. Mariné, il est particulièrement utile lorsque du chou frais n'est pas disponible. Hacher le nappa grossièrement, le saupoudrer de sel et le laisser dégorger quelques heures, en le brassant de temps en temps, jusqu'à ce qu'il soit légèrement ramolli. Égoutter soigneusement. Incorporer 2 ou 3 gousses d'ail écrasées, du gingembre râpé, des oignons verts hachés finement, du vinaigre de riz, de la sauce soya et une pincée de sucre, de sel et de poivre de Cayenne.

 CONSERVATION ◆ Le nappa se conserve au réfrigérateur. Le mettre dans un sac de plastique perforé, ou le laisser dans l'emballage de plastique dans lequel il est souvent vendu. Le placer dans le bac à légumes. Il peut se conserver environ 2 semaines, mais il est préférable de l'utiliser le plus rapidement possible, surtout si on le consomme cru car il a plus de saveur et de valeur nutritive.

Pak-choï (var. *chinensis*). Le pak-choï est originaire de Chine. Ce chou est aussi appelé «bok choy», «lei choy», «chou-blanc chinois», «chou moutarde», «moutarde chinoise», «céleri chinois» ou «bette chinoise». Il fut introduit aux États-Unis par les Chinois qui participèrent à la ruée vers l'or à la fin du XIXᵉ siècle. Le pak-choï ressemble à une bette qui aurait été croisée avec un céleri, car ses longues tiges forment un pied comme celles du céleri. Ses tiges blanchâtres sont juteuses, croustillantes et de saveur douce. Elles se terminent par des feuilles nervurées, d'un vert soutenu, de saveur moins prononcée que celle du chou pommé. Il en existe de nombreuses variétés; certaines ont de longues tiges, d'autres de courtes tiges.

ACHAT ◆ Rechercher un légume avec des tiges fermes et des feuilles croustillantes.

UTILISATION ◆ Le pak-choï se mange cru, cuit ou mariné. Il est délicieux cuit à la chinoise; cuire d'abord les tiges et n'ajouter les feuilles qu'à la toute fin, car elles nécessitent très peu de cuisson. On met le pak-choï dans les soupes, on le gratine, on l'intègre au riz ou on le sert comme légume d'accompagnement. On cuisine souvent ses tiges et ses feuilles séparément; les tiges peuvent remplacer le céleri, et les feuilles, les épinards ou la bette.

CONSERVATION ◆ Conserver le pak-choï au réfrigérateur, dans un sac de plastique perforé. Relativement fragile, il se conservera quelques jours. Le laver seulement au moment de l'utiliser.

Gai lon ou «brocoli chinois» (var. *alboglabra*). Cette variété ressemble au brocoli mais en plus fragile. Elle est aussi appelée «tsai shim», «chou frisé chinois» ou «borécole chinois». Ce légume tige se termine par de fines

Le nappa cru contient
Eau 94 %
Protéines 1,3 g
Matières grasses 0,3 g
Glucides 3,2 g
Fibres 0,6 g
16 calories/100 g

Il est une excellente source de folacine et une bonne source de vitamine C et de potassium; il contient de la vitamine A et du calcium ainsi que des traces de thiamine, de riboflavine, de zinc, de niacine, de fer et de cuivre.

Le nappa cuit contient
Eau 95 %
Protéines 1,5 g
Matières grasses 0,2 g
Glucides 2,4 g
13 calories/100 g

Il est une bonne source de vitamine C, de folacine et de potassium; il contient de la vitamine A ainsi que des traces de phosphore, de thiamine, de calcium, de riboflavine, de niacine, de zinc et de cuivre.

Le pak-choï cru contient
Eau 95 %
Protéines 1,5 g
Matières grasses 0,2 g
Glucides 2,2 g
Fibres 1,0 g
13 calories/100 g

Il est une excellente source de vitamine C, de vitamine A et de folacine, il est une bonne source de potassium, il contient de la vitamine B₆, du calcium, du magnésium et du fer ainsi que des traces de niacine, de phosphore et de cuivre.

Le pak-choï cuit contient
Eau 95,5 %
Protéines 1,6 g
Matières grasses 0,2 g
Glucides 1,8 g
Fibres 1,6 g
12 calories/100 g

Il est une excellente source de potassium et de vitamine A, il est une bonne source de vitamine C et de folacine, il contient de la vitamine B₆, du calcium et du fer ainsi que des traces de magnésium, de niacine, de phosphore et de cuivre.

tiges florales, comestibles même après la floraison des petites fleurs blanches. Les feuilles, petites et tendres, sont aussi comestibles. On a dit du gai lon qu'il constituait le légume au goût le plus fin de toute la famille. Un peu fragile, il s'est quand même adapté aux climats tempérés. Le gai lon est riche en vitamine A, en vitamine C, en calcium et en fer.

ACHAT ◆ Rechercher un gai lon aux tiges fermes et aux feuilles fraîches.

 UTILISATION ◆ Le gai lon se mange cru ou cuit. On le prépare et on l'utilise comme le brocoli (voir Brocoli) ; il nécessite moins de cuisson cependant.

 CONSERVATION ◆ Placer le gai lon dans un sac de plastique perforé et le conserver au réfrigérateur, où il se gardera quelques jours.

CHOU-FLEUR

Brassica oleracea var. *botrytis*, **Crucifères**
Nom anglais : *cauliflower*

 HISTORIQUE ◆ Plante potagère probablement originaire d'Europe. Des vestiges révèlent que ce légume est connu depuis plus de 2 500 ans. Le chou-fleur était cultivé en Égypte 400 ans av. J.-C. On en trouve mention en Angleterre à la fin du XVe siècle, et il fut introduit en Inde au XIXe siècle par les Britanniques.

Le chou-fleur est composé d'une tête compacte formée de plusieurs inflorescences non développées qui sont rattachées à une courte tige centrale. Ces inflorescences deviennent de petites fleurs jaunes peu savoureuses si on les laisse se développer. Le chou-fleur est habituellement blanc, mais certaines variétés sont teintées de pourpre (elles deviennent vertes en cuisant). Le chou-fleur pourpre se rapproche beaucoup du brocoli ; il cuit plus rapidement que le chou-fleur blanc et sa saveur est plus douce. Le chou-fleur est recouvert de plusieurs couches de feuilles vertes rattachées à la tige. Ces feuilles forment un écran qui empêche les rayons du soleil d'atteindre la tête. On les attache parfois pour que le chou-fleur conserve toute sa blancheur. Les feuilles extérieures sont longues, coriaces et d'un vert foncé. Les feuilles intérieures sont plus petites, plus tendres et d'un vert jaunâtre ; elles sont comestibles.

 ACHAT ◆ Choisir un chou-fleur à tête ferme et compacte, d'un blanc crémeux, possédant encore des feuilles d'un beau vert. Délaisser le chou-fleur décoloré, taché ou qui commence à fleurir.

PRÉPARATION ◆

- Enlever les feuilles extérieures et le trognon ; laisser les petites feuilles vertes remplies de vitamines et de sels minéraux ;

- Séparer les têtes de la tige principale, en laissant cependant une partie de la tige ;

- Laisser les têtes intactes ou les sectionner si elles sont très grosses, ce qui accélérera la cuisson et la rendra plus uniforme ;

- Laver à l'eau courante et ne mettre à tremper que si des vers sont présents (15 minutes dans de l'eau additionnée de sel ou de vinaigre,15 à 30 ml par litre d'eau [1 à 2 cuillerées à soupe]).

CUISSON ◆ Le chou-fleur cuit très rapidement. Surveiller sa cuisson attentivement, car il se défait et devient vite pâteux, ce qui lui fait perdre saveur et valeur nutritive. Il requiert les soins particuliers des légumes blancs (voir Cuisson des légumes).

UTILISATION ◆ Le chou-fleur se mange cru ou cuit. Cru, on le mange tel quel, on le sert en trempette, on le met dans les hors-d'œuvre ou dans les salades. Cuit, il peut être mangé chaud ou froid. On le cuit à l'eau, à la vapeur, à la chinoise, au four à micro-ondes. Il sert de légume d'accompagnement ou se met dans les soupes, les ragoûts, les pâtes alimentaires, les omelettes, les quiches. Il est délicieux recouvert de béchamel et gratiné. C'est aussi un ingrédient des marinades et des relishs. Les apprêts du brocoli lui conviennent bien. Ces légumes sont d'ailleurs interchangeables dans la plupart des recettes.

CONSERVATION ◆ Conserver le chou-fleur non lavé au réfrigérateur dans un sac de plastique perforé ; il se gardera une dizaine de jours. Cuit, le chou-fleur est plus fragile et ne se conserve que 2 ou 3 jours. Plus le chou-fleur vieillit, plus son odeur et sa saveur deviennent prononcées. Le chou-fleur se congèle après avoir été blanchi 3 minutes à l'eau bouillante. Sa texture est affectée cependant, et le chou-fleur est ramolli à la décongélation.

VALEUR NUTRITIVE	
Le chou-fleur cru contient	
Eau	92 %
Protéines	2 g
Matières grasses	0,2 g
Glucides	5 g
Fibres	1,8 g
24 calories/100 g	

Il est une excellente source de vitamine C, de folacine et de potassium ; il contient de la vitamine B$_6$ et de la niacine ainsi que des traces de phosphore, de fer, de zinc et de cuivre.

Le chou-fleur cuit contient	
Eau	92,5 %
Protéines	1,9 g
Matières grasses	0,2 g
Glucides	4,6 g
Fibres	1,8 g
24 calories/100 g	

Il est une excellente source de vitamine C et de potassium ; il est une bonne source de folacine ; il contient de la vitamine B$_6$ et du cuivre ainsi que des traces de niacine, de zinc, de phosphore et de fer. Il contient de l'acide citrique et de l'acide malique. C'est le plus digestible de la famille des choux. Comme tous les membres de cette famille, il aurait des propriétés anti-cancérigènes.

CHOU FRISÉ

Brassica oleracea var. *acephala f. sabellica*, **Crucifères**
Autre nom : *chou vert frisé*
Nom anglais : *kale*
Autres noms : *borecole, curly kale, curled kale*

HISTORIQUE ◆ Plante potagère originaire de l'est de la région méditerranéenne ou de l'Asie. Le chou frisé appartient à la grande famille des choux. C'est un des plus résistants de la famille ; il peut supporter des températures aussi basses que 15 °C au-dessous de zéro et il survit à des températures élevées. Parce qu'il résiste au froid et qu'il pousse facilement, le chou frisé fut longtemps un légume d'hiver fort populaire, particulièrement en Écosse, en Allemagne, en Hollande et en Scandinavie. On le consomme un peu partout dans le monde.

Le chou frisé a de grandes feuilles fibreuses, très frisées, de saveur forte. Leur couleur varie du vert pâle au vert foncé, parfois même au vert bleuté. Ces feuilles ne sont pas pommées, caractéristique qui est exprimée par le mot latin *acephala*, lequel décrit cette variété de chou et signifie « sans tête ». Ces feuilles surmontent de fines tiges blanchâtres très fibreuses, pouvant mesurer de 30 à 40 cm de haut. Le chou frisé est tellement décoratif qu'on en a developpé des variétés ornementales (voir Chou laitue).

 ACHAT ◆ Rechercher des choux frisés aux feuilles fermes, bien colorées et relativement petites, exemptes de taches et de moisissures.

PRÉPARATION ◆ Bien laver le chou frisé à l'eau courante, car souvent du sable et de la terre sont emprisonnés dans ses feuilles. Séparer chaque feuille de la tige centrale et jeter cette tige fibreuse, sauf si le chou frisé est jeune et tendre.

UTILISATION ◆ Le chou frisé frais ajoute une note piquante aux salades ; l'utiliser modérément cependant, car sa texture et sa saveur peuvent déplaire. On le cuit à la vapeur (quelques minutes), à l'étuvée ou à la chinoise. Il confère sa forte saveur aux soupes et ragoûts. Le blanchir quelques minutes avant de le cuisiner si on désire que sa saveur soit moins prononcée. Le chou frisé est délicieux nappé de sauce et gratiné ou en purée, servie telle quelle ou mélangée avec des pommes de terre.

CONSERVATION ◆ Placer le chou frisé au réfrigérateur sans le laver. Le mettre dans un sac de plastique perforé. Il peut se conserver plusieurs jours, mais il est plus savoureux et moins amer lorsqu'il est consommé le plus rapidement possible. Le chou frisé peut se congeler ; le blanchir 2 à 3 minutes, le temps que les feuilles ramollissent légèrement.

VALEUR NUTRITIVE	
Le chou vert frisé cru contient	
Eau	84,5 %
Protéines	3,3 g
Matières grasses	0,7 g
Glucides	10 g
Fibres	1,5 g
50 calories/100 g	

Il est une excellente source de vitamine C, de vitamine A et de potassium ; il est une bonne source de vitamine B_6 et de cuivre ; il contient de la folacine, du calcium, du fer, de la thiamine, de la riboflavine, de la niacine et du zinc.

Le chou vert frisé cuit contient	
Eau	91 %
Protéines	1,9 g
Matières grasses	0,4 g
Glucides	5,6 g
Fibres	2 g
32 calories/100 g	

Il est une excellente source de vitamine A et de vitamine C ; il est une bonne source de potassium ; il contient du cuivre, de la vitamine B_6, du calcium, du fer et de la folacine ainsi que des traces de riboflavine, de niacine, de thiamine et de zinc.

CHOU LAITUE / LAITUE SAVOY

Brassica oleracea, var. *acephala*, **Crucifères**
Autre nom : *salade Savoy*
Nom anglais : *kale flowering*
Autres noms : *flowering cole, salad Savoy, ornamental kale*

HISTORIQUE ◆ Légume feuille qui appartient à la grande famille des Crucifères. Le chou laitue est un proche parent du chou décoratif et du chou frisé. Dans le commerce, il est généralement connu sous les appellations « laitue Savoy » ou « salade Savoy ». Il est apparu récemment sur les marchés. Un producteur de légumes californien, John Moore, a contribué à sa commercialisation. Il a découvert cette plante dans un jardin de fleurs suédois et il fut tellement emballé par son magnifique aspect, qu'il décida d'en améliorer la saveur.

Le chou laitue est très décoratif. Ses feuilles frisées et non pommées sont très colorées. De couleur rose, pourpre ou crème, elles sont veinées de blanc, de rose ou de rouge et sont bordées de blanc ou de vert. Ces feuilles surmontent de courtes tiges. Le chou laitue est plus tendre que le chou mais plus ferme que la laitue.

 ACHAT ◆ Choisir un chou laitue aux feuilles fermes et bien colorées, exemptes de taches et de moisissures.

PRÉPARATION ◆ Séparer chaque feuille de la base. Couper et jeter la tige si elle est coriace. Laver le chou laitue à l'eau courante.

UTILISATION ◆ Le chou laitue se mange cru ou cuit. Cru, il ajoute une note croustillante et colorée aux salades. On le cuit à la vapeur, à l'étuvée, à la chinoise. Éviter une cuisson excessive afin de préserver la couleur, la saveur et la valeur nutritive. Ajouter un ingrédient acide (vinaigre, jus de citron) aide à conserver la couleur. Le chou laitue colore soupes, riz, légumineuses, pâtes alimentaires, omelettes, tofu. Il est très décoratif. On s'en sert comme d'une assiette pour contenir trempette, crudités, olives, fromage, salade de patates, salade de riz et salade de fruits.

CONSERVATION ◆ Placer le chou laitue au réfrigérateur sans le laver. L'envelopper dans un papier absorbant humide et le mettre dans un sac de plastique perforé. Il est plus savoureux quand il est consommé le plus rapidement possible.

VALEUR NUTRITIVE	
Le chou laitue cru contient	
Eau	92 %
Protéines	2,1 g
Matières grasses	0,4 g
Glucides	3 g
12 calories/100 g	
Il est riche en vitamine A, en vitamine C, en potassium, en phosphore, en calcium et en fer.	

CHOU MARIN

Crambe maritima, **Crucifères**
Autres noms : *crambé, crambe maritime, crambé maritime*
Nom anglais : *sea kale,*
Autre nom : *sea cole*

HISTORIQUE ◆ Plante originaire des côtes d'Europe de l'Ouest. Le chou marin est plus connu en Europe qu'en Amérique du Nord. C'est une espèce protégée en France, car elle a presque disparu des côtes bretonnes. On la cultive encore en France et en Angleterre.

Vivace et mesurant entre 15 et 60 cm de haut, le chou marin a des feuilles (pétioles) comestibles, que l'on recouvre souvent l'hiver pour en retarder le développement et obtenir seulement des côtes charnues. Il en existe de 20 à 30 variétés.

 CUISSON ◆ Les feuilles du chou marin nécessitent environ 10 minutes de cuisson à la vapeur.

VALEUR NUTRITIVE	
Le chou marin cuit contient	
Eau	95 %
Protéines	1,4 g
Matières grasses	traces
Glucides/100 g	0,8 g
Les feuilles de chou marin auraient des propriétés diurétiques.	

UTILISATION ◆ Le chou marin est particulièrement délicieux nappé de béchamel. On peut l'apprêter comme l'asperge ou le chou-fleur.

 CONSERVATION ◆ Le chou marin se conserve au réfrigérateur.

CHOU-RAVE

Brassica oleracea var. *gongylodes, Brassica caulorapa,*
Brassica oleracea var. *caulorapa,* **Crucifères**
Nom anglais : *kohlrabi*

HISTORIQUE ◆ Tubercule d'une plante apparemment originaire du nord de l'Europe. L'existence du chou-rave fut rapportée pour la première fois par un botaniste européen au XVIᵉ siècle. Ce légume est couramment consommé en Europe centrale, dans l'est de l'Europe et en Asie ; il est relativement peu connu en Amérique du Nord.

Le chou-rave a une forme très particulière ; sa base est bulbeuse mais pousse hors du sol. De nombreuses tiges minces orientées dans toutes les directions y sont attachées ; elles se terminent par de grandes feuilles comestibles. Le chou-rave peut être vert très pâle ou pourpre ; il est recouvert d'une mince peau comestible. Sa chair est sucrée et croquante. Le tubercule a une subtile saveur de navet, tandis que les tiges et les feuilles goûtent le chou.

ACHAT ◆ Choisir un chou-rave lisse, exempt de taches et ne dépassant pas 7 cm de diamètre afin d'éviter qu'il ne soit fibreux. Les feuilles, si elles sont encore présentes, doivent être fermes et bien colorées.

PRÉPARATION ◆ Le chou-rave peut être pelé avant ou après la cuisson (selon notamment la recette choisie), mais il est plus facile de le peler avant la cuisson. Enlever d'abord les tiges, puis peler en prenant soin d'enlever toute la couche fibreuse logée sous la pelure. On peut râper le chou-rave ou le couper en julienne, en dés, en tranches ou en morceaux.

UTILISATION ◆ Le chou-rave se mange cru ou cuit. Cru, il est délicieux tel quel, servi en trempette ou arrosé de vinaigrette ; il est souvent mis dans les salades également. Cuit, le chou-rave est servi comme légume d'accompagnement, il est mis dans les soupes et les ragoûts, est transformé en purée ou est farci. Il est délicieux nappé de sauce ou de crème sure, gratiné, ou assaisonné de gingembre, d'aneth, de basilic, d'échalote ou de ciboulette. On le rôtit, on le cuit à l'eau (une quinzaine de minutes), à la vapeur (une vingtaine de minutes), à l'étuvée, à la chinoise ou dans le four à micro-

VALEUR NUTRITIVE	
Le chou-rave cru contient	
Eau	91 %
Protéines	1,7 g
Matières grasses	0,1 g
Glucides	6,2 g
Fibres	1 g
27 calories/100 g	

Il est une excellente source de vitamine C et de potassium ; il contient de la vitamine B₆, de la folacine, du magnésium et du cuivre ainsi que des traces de phosphore, de fer et de niacine.

Le chou-rave cuit contient	
Eau	90 %
Protéines	1,8 g
Matières grasses	0,1 g
Glucides	6,7 g
29 calories/100 g	

Il est une excellente source de vitamine C et de potassium ; il contient de la vitamine B₆, du magnésium, du cuivre et de la folacine ainsi que des traces de phosphore, de fer, de niacine et de calcium. Ses feuilles sont riches en vitamine A.

ondes. Les apprêts du navet pour sa base et ceux du chou frisé pour ses feuilles lui conviennent bien. Ses feuilles nécessitent 2 ou 3 minutes de cuisson. Le chou-rave pourpre change de couleur à la cuisson.

CONSERVATION ◆ Le chou-rave se conserve environ 1 semaine au réfrigérateur. Enlever ses feuilles pour diminuer la perte d'humidité, puis mettre le chou-rave dans un sac de plastique perforé. Conserver les feuilles séparément, elles restent fraîches seulement 1 jour ou 2. La congélation ne convient pas vraiment à ce légume, car il perd sa consistance ; s'il est en purée, c'est la couleur qui en souffre.

CIBOULE / CIBOULETTE

Allium spp, **Liliacées**
Noms anglais : *scallion, chive*
Autres noms : *cibol, Welsh onion*

HISTORIQUE ◆ Plantes aromatiques originaires d'Orient. Appelées autrefois « cive » et « civette », ces plantes se ressemblent beaucoup et sont souvent confondues. Ce sont des proches parentes de l'ail, de l'oignon et du poireau. Il semble que la ciboule est originaire de Russie et que la ciboulette est consommée en Chine depuis plus de 5 000 ans.

Ciboule *(A. fistulosum).* La ciboule ressemble à un petit oignon vert ou à la ciboulette mais en plus gros. Elle a un bulbe développé et sa partie blanche est plus charnue et plus longue que celle de la ciboulette. Ses longues feuilles vertes sont étroites et creuses. On la cultive souvent en la recouvrant partiellement de terre afin que la partie blanche soit plus longue. Sa saveur légèrement piquante se situe entre celle de l'oignon et celle de la ciboulette. Il en existe plusieurs variétés.

Ciboulette *(A. schoenoprasum).* Cette plante vivace est la plus petite de la famille de l'oignon. Elle pousse facilement à l'état sauvage ou cultivée, tant en Amérique du Nord et en Amérique du Sud qu'en Europe et en Asie. Ses longues tiges vertes peuvent mesurer jusqu'à 15 cm de haut. Étroites, creuses et pointues, ces tiges sortent de minuscules bulbes blanchâtres à peine formés, réunis en touffes au ras du sol. Des capitules de fleurs violettes et blanches coifferont le sommet des tiges non récoltées. Les tiges durcissent lorsqu'elles sont fleuries ; on n'a qu'à les couper et il repoussera des tiges tendres. Contrairement

VALEUR NUTRITIVE	
La ciboule crue contient	
Eau	90,5 %
Protéines	1,9 g
Matières grasses	0,4 g
Glucides	6,5 g
Fibres	1,7 g
34 calories/100 g	

Elle est une bonne source de vitamine C et de potassium ; elle contient de la vitamine A, du fer, de la folacine, du zinc et du phosphore ainsi que des traces de vitamine B_6, de niacine, de cuivre et de calcium.

La ciboulette contient	
Eau	92 %
Protéines	0,1 g
Matières grasses	traces
Glucides	0,1 g
Fibres	0,1 g
1 calorie/3 g (15 ml)	

La ciboulette crue renferme	
Vitamine A	19 ER
Vitamine C	2 mg
Potassium	8 mg
Folacine	0,4 ug
Calcium	2 mg
Phosphore	2 mg

Le jus de la ciboule et celui de la ciboulette sont employés comme vermifuges.

aux autres alliacées, on n'arrache pas la ciboulette ; on la coupe avec des ciseaux et elle repousse continuellement. Elle a une saveur très douce.

 ACHAT ◆ Choisir de la ciboule et de la ciboulette aux feuilles fraîches, d'un vert soutenu.

PRÉPARATION ◆ Couper finement la ciboulette et les tiges de la ciboule avec des ciseaux ou les hacher avec un couteau.

UTILISATION ◆ La ciboulette et la partie verte de la ciboule sont souvent considérées comme des fines herbes et utilisées pour assaisonner une foule de mets, aussi bien chauds que froids. Elles aromatisent et décorent vinaigrettes, salades, trempettes, légumes, soupes, sauces, fromages, omelettes, pâtes alimentaires, tofu, poisson, fruits de mer, viande et volaille. Les ajouter en fin de cuisson pour qu'elles conservent leur saveur. La partie blanche de la ciboule est utilisée comme l'oignon.

CONSERVATION ◆ La ciboule et la ciboulette se conservent quelques jours au réfrigérateur, dans le bac à légumes. Elles se congèlent facilement sans blanchiment. Il est plus facile de conserver un plant de ciboulette dans la maison sans l'exposer au plein soleil que de déshydrater la ciboulette.

CIBOULETTE CHINOISE

Allium tuberosum, **Liliacées**
Autre nom : *gow toy*
Nom anglais : *chinese chive*
Autres noms : *garlic chive, kau tsoi*

HISTORIQUE ◆ Plante aromatique originaire d'Orient. La ciboulette chinoise est apparentée à l'ail, à la ciboulette, à l'oignon et au poireau. Elle est cultivée en Chine depuis plus de 2 000 ans. Elle occupe une place importante dans la cuisine asiatique. Elle a une saveur plus prononcée que la ciboulette cultivée en Occident.

La ciboulette chinoise diffère de la ciboulette occidentale. Elle pousse en touffe. Les plants sont pourvus de rhizomes qui portent des caïeux peu développés. Chaque bulbe contient 4 ou 5 feuilles plates et minces. La ciboulette chinoise est récoltée lorsque ses tiges mesurent de 35 à 45 cm de haut et environ 5 mm de large. À la fin de l'été, on blanchit souvent la ciboulette chinoise, c'est-à-dire qu'on la soustrait de la lumière en la recouvrant pour que ses tiges restent jaunâtres.

 ACHAT ◆ Choisir de la ciboulette chinoise aux feuilles fraîches, d'un vert soutenu.

UTILISATION ◆ La ciboulette chinoise est utilisée pour assaisonner et décorer une foule de mets, notamment salades, légumes, soupes, pâtes alimentaires, tofu, omelettes,

VALEUR NUTRITIVE	
La ciboulette chinoise crue contient	
Eau	92 %
Protéines	2,8 g
Matières grasses	0,6 g
Glucides	3,8 g
25 calories/100 g	

Elle est riche en vitamine A, en vitamines du complexe B, en vitamine C, en calcium, en potassium, en magnésium, en sodium et en fer.

137

poisson, fruits de mer, viande et volaille. L'ajouter en fin de cuisson pour qu'elle conserve sa saveur.

CONSERVATION ◆ La ciboulette chinoise se conserve quelques jours au réfrigérateur, dans le bac à légumes. Elle se congèle facilement sans blanchiment.

CITRON

Citrus limon, **Rutacées**

Nom anglais : *lemon*

HISTORIQUE ◆ Fruit du citronnier, un arbre qui serait originaire de Chine ou de l'Inde. Le citronnier est cultivé en Asie depuis au moins 2 500 ans. Il fut introduit en Europe par les Arabes, qui l'implantèrent en Espagne au XIᵉ siècle. Les Croisés, à leur retour de Palestine, contribuèrent à répandre le citron dans le reste de l'Europe au XIIIᵉ siècle. C'est seulement au XVᵉ siècle cependant que le citron délogea réellement le verjus (suc acide extrait de raisins immatures) dans les cuisines d'Europe de l'Ouest. Christophe Colomb aurait introduit le citron à Haïti en 1493, lors de son deuxième voyage en Amérique.

Le citronnier est un arbuste épineux aux feuilles persistantes. Il mesure de 3 à 6 m de haut. Ses fleurs blanches marbrées de pourpre ou de rouge sont très odorantes. Le citronnier fleurit continuellement, produisant des fruits à longueur d'année. Selon les variétés, le citron est de forme ovoïde plus ou moins allongée. Sa taille aussi est variable ainsi que sa teneur en acidité. Son écorce jaune est plus ou moins épaisse et rugueuse. Dans certaines variétés, le côté opposé à la tige est orné d'un renflement qui ressemble à un mamelon. La chair juteuse contient ou non des pépins. Les citrons cueillis à maturité sont sucrés et peu acidulés. Les citrons commercialisés sont donc cueillis verts, puis ils sont mûris artificiellement de 1 à 4 mois dans des entrepôts.

ACHAT ◆ Choisir des citrons fermes et lourds, dont l'écorce est légèrement lustrée et d'un beau jaune, avec des grains serrés. Des citrons avec des teintes de vert ont un degré d'acidité plus élevé. Une peau rugueuse sera probablement très épaisse et abritera peu de pulpe. Délaisser des citrons plissés, qui ont des sections durcies ou ramollies, ou dont la couleur est terne ou d'un jaune trop foncé : ils manquent de fraîcheur.

UTILISATION ◆ L'utilisation du citron est multiple. On s'en sert aussi bien comme ingrédient qu'à des fins décoratives. Le citron « réveille » la saveur des aliments et empêche certains fruits et légumes de noircir. Il décore assiettes de poisson et de fruits de mer, rafraîchissements et boissons alcoolisées. On se sert du citron pour parfumer notamment soupes, sauces, légumes, gâteaux, crèmes pâtis-

VALEUR NUTRITIVE	
Le citron contient	
Eau	89 %
Protéines	1 g
Matières grasses	0,3 g
Glucides	9,3 g
Fibres	2,1 g
29 calories/100 g	

Comme tous les agrumes, il est reconnu pour sa richesse en vitamine C. Il contient également du potassium et de l'acide folique ainsi que des traces de calcium. Le citron est très acide parce qu'il contient de 6 à 10 % d'acide citrique, ce qui le rend trop piquant pour être bu non dilué. Son essence contient environ 95 % de terpènes (térébenthène) qui lui confèrent des vertus expectorantes. C'est un antiseptique naturel des plus efficaces. Il est antiscorbutique et il calme les piqûres d'insectes. Il aurait de nombreuses autres propriétés médicinales ; on le dit notamment antirhumatismal, diurétique, fortifiant et vermifuge.

sières, crème glacée, sorbets. On en fait de la marmelade (qui est toutefois moins populaire que la marmelade d'orange) et de la gelée. Le citron peut remplacer le vinaigre dans la vinaigrette. Cette substitution permet d'augmenter légèrement la valeur nutritive de la vinaigrette puisque le citron est plus riche en éléments nutritifs que le vinaigre. Le citron peut être utilisé pour mariner et attendrir la viande, la volaille, le poisson et le gibier. C'est un ingrédient désaltérant avec lequel on fait de la limonade ou qu'on ajoute au thé. Le zeste de citron peut être râpé ou tranché. On le confit ou on le déshydrate. On l'utilise pour parfumer notamment sauces, viande et desserts.

CONSERVATION ◆ Le citron peut être gardé à la température de la pièce pendant environ 1 semaine. Pour une conservation prolongée, le placer au réfrigérateur. Le jus et le zeste se congèlent. Conserver le zeste confit ou déshydraté à l'abri de l'air et des insectes, dans un endroit frais et sec.

CŒUR

Nom anglais : *heart*

HISTORIQUE ◆ Le cœur est un muscle classé parmi les abats rouges. Manger le cœur d'un animal a souvent été un geste chargé de symbole. Ce geste avait une grande importance dans les sociétés primitives, qui croyaient que le cœur donnait du courage.

Le cœur est passablement fibreux et sa texture est un peu sèche après la cuisson. Le cœur de veau et le cœur d'agneau sont les plus recherchés, car ils sont petits et tendres. Les cœurs de porc et de poulet sont moyennement appréciés. Le cœur de bœuf est le plus volumineux, le plus ferme et celui dont la saveur est la plus prononcée.

ACHAT ◆ Choisir un cœur charnu d'un rouge vif. Délaisser tout cœur gris, car il manque de fraîcheur.

PRÉPARATION ◆ Enlever le gras autour du cœur, les fibres dures et les caillots de sang. Si nécessaire, faire tremper le cœur quelques heures dans de l'eau froide additionnée de 15 à 30 ml de vinaigre, pour faire disparaître les caillots. Bien rincer. Laisser le cœur entier, le trancher ou le couper en morceaux.

VALEUR NUTRITIVE				
Sa valeur nutritive varie selon les races :				
Cœurs de races diverses	Protéines	Matières grasses	Cholestérol	Calories/100 g
de bœuf, mijoté	29 g	6 g	193 mg	175
d'agneau, braisé	25 g	8 g	249 mg	185
de porc, braisé	24 g	5 g	221 mg	148
de veau, braisé	29 g	7 g	176 mg	186
de poulet, mijoté	26 g	8 g	242 mg	185

Le cœur est riche en protéines, en fer, en zinc, en cuivre et en vitamines du complexe B, en particulier la niacine et la vitamine B_{12}. C'est aussi une bonne source de phosphore et de potassium. Le cœur est plus riche en cholestérol que les viandes fraîches mais moins riche que d'autres abats tels le foie, les rognons et la cervelle.

UTILISATION ◆ Le cœur est sauté, grillé, rôti ou braisé. Le cuire lentement et éviter une cuisson excessive, qui le durcit. Le cœur de bœuf braisé entier nécessite de 3 à 4 heures de cuisson ; veiller à ce que la quantité de liquide soit abondante. Le cœur des jeunes animaux braisé entier demande de 2 à 3 heures de cuisson. Le cœur tranché et sauté est cuit en 5 à 7 minutes.

Le cœur est souvent cuisiné en ragoûts et en sauces, qu'il épaissit à cause de sa richesse en tissus cartilagineux.

Les Péruviens sont friands des *anticuchos*, des cœurs de bœuf marinés grillés, souvent cuisinés par des vendeurs ambulants.

CONSERVATION ◆ Le cœur se conserve 1 ou 2 jours au réfrigérateur et 3 mois au congélateur.

COING

Cydonia oblonga, **Rosacées**
Autres noms : *poire de Cydonie, pomme d'or*
Nom anglais : *quince*

 HISTORIQUE ◆ Fruit du cognassier, un petit arbre qui serait originaire d'Iran et qui ne pousse que sous les climats chauds. Le cognassier mesure généralement de 4 à 6 m de haut. Le coing fut apprécié des Grecs et des Romains. En Grèce, on croyait que le coing éloignait les mauvaises influences. Il était considéré comme un symbole d'amour et de fertilité. On s'en servait dans les rites du mariage. Les Romains utilisaient son huile essentielle en parfumerie. La confiture et la gelée de coing sont des apprêts traditionnels qui remontent à un passé très lointain. La richesse en pectine du fruit, une substance mucilagineuse épaississante, explique cet usage.

La confiture est particulièrement appréciée des peuples hispanophones, qui la nomment *dulce de membrillo*. « Marmelade » vient du mot portugais *marmelo*, qui signifie coing.

Le coing est un fruit à pépins, de forme arrondie ou légèrement allongée. Ses pépins contiennent en abondance un mucilage qui entrait autrefois dans la préparation d'un fixatif pour les cheveux. Sa mince peau, d'abord verte, devient jaune citron lorsque le fruit est mûr. Comme la poire, une proche parente, le coing ne mûrit pas bien sur l'arbre. On le cueille donc mature mais pas trop mûr, puis on le laisse mûrir à des températures oscillant entre 14 et 19 °C avec environ 85 % d'humidité.

Le coing a une chair très parfumée qui remplit la pièce d'une odeur suave. Il est cependant immangeable cru. Sa chair est ferme et sèche. Elle a un goût âpre causé par sa teneur élevée en tannin, mais l'âpreté disparaît à la cuisson. Elle s'oxyde rapidement lorsqu'elle est coupée. L'arroser de jus de citron ou la cuire immédiatement pour empêcher l'oxydation. La chair devient rose ou rouge à la cuisson. Il existe une variété américaine de coings, plus grosse et plus savoureuse que la variété européenne, et que l'on peut croquer comme une pomme.

ACHAT ◆ Choisir des coings charnus, fermes et intacts, avec la peau jaune. Des fruits très mûrs sont souvent tachés, ce qui n'a pas d'importance si on les cuit immédiatement. Délaisser des coings durs et très verts, car ils sont immatures.

VALEUR NUTRITIVE	
Le coing contient	
Eau	84 %
Protéines	0,4 g
Matières grasses	0,1 g
Glucides	15 g
Fibres	1,7 g
58 calories/100 g	

Bonne source de potassium, il contient aussi de la vitamine C et du cuivre ainsi que des traces de sodium et de magnésium. On dit le coing astringent et apéritif. Il serait bénéfique pour le système gastro-intestinal.

UTILISATION ◆ Le coing conserve sa forme et sa texture à la cuisson. Il est cuit comme la pomme, après avoir été paré (préparé pour la cuisson) et, si désiré, pelé. On en fait de la confiture, de la gelée, de la compote, du sirop, du vin. Il est délicieux combiné à des pommes, à des poires, à des fraises ou à des framboises. Les Européens apprécient particulièrement la pâte de coing : on cuit de la confiture de coing jusqu'à ce qu'elle épaississe ; elle est ensuite mise à sécher dans un four tiède jusqu'à ce qu'elle devienne ferme. En Europe de l'Est, au Proche-Orient et en Afrique du Nord, le coing est souvent associé à la viande et à la volaille. On le met dans des plats mijotés, on le sert en compote.

CONSERVATION ◆ Laisser mûrir le coing encore vert à la température ambiante. Réfrigérer le coing mûr, il se conservera plusieurs semaines s'il est en bonne condition. Le coing se congèle très bien en purée, sucrée ou non. La congélation lui réussit moins bien s'il est cru (le peler, le parer, le trancher et l'arroser de jus de citron ou d'acide ascorbique, substances qui empêchent le brunissement).

COLLYBIE À PIED VELOUTÉ

Flammulina velutipes, **Collybiacées**
Autres noms : *flammuline à pied velu, collybie à pied velu, patte de velours*
Nom anglais : *enokidake*
Autres noms : *velvet-stemmed agaric, golden mushroom*

HISTORIQUE ◆ Champignon comestible de saveur délicate. La collybie à pied velouté est formée d'un minuscule chapeau blanc et d'une longue et mince tige qui peut mesurer jusqu'à 10 cm de haut. Elle pousse en touffes sur les souches des arbres. Elle se cultive facilement et est prête à être récoltée 2 mois après avoir été ensemencée. Le champignon cultivé est de couleur plus pâle que le champignon sauvage. La collybie à pied velouté est très appréciée en Asie, la cuisine de plusieurs pays lui faisant une place de choix.

ACHAT ◆ La collybie à pied velouté fraîche est surtout commercialisée dans les épiceries asiatiques. Elle est vendue en bottes placées dans des sachets de plastique. Choisir des champignons au chapeau blanc, ferme et luisant. Délaisser les collybies à pied velouté dont la base est visqueuse ou brunie. Les collybies à pied velouté sont aussi vendues en bocaux ou en conserve.

VALEUR NUTRITIVE	
La collybie à pied velouté fraîche contient	
Eau	90 %
Protéines	2,4 g
Glucides	7 g
34 calories/100 g, crue	

PRÉPARATION ◆ Couper le pied, qui est coriace, ainsi que 3 à 5 cm de la base des tiges.

UTILISATION ◆ Les collybies à pied velouté sont délicieuses crues. Elles décorent et assaisonnent salades et sandwichs. On les met dans les soupes, les pâtes alimentaires, les légumes et les plats cuits à l'orientale. Les ajouter en fin de cuisson pour préserver leur délicate saveur.

CONSERVATION ◆ Les collybies à pied velouté fraîches se conservent au réfrigérateur, dans leur emballage, environ 1 semaine.

CONCOMBRE

Cucumis sativus, **Cucurbitacées**
Nom anglais : *cucumber*

HISTORIQUE ◆ Fruit d'une plante herbacée annuelle originaire des Indes. Le concombre est apparenté aux courges et aux melons. Il est utilisé depuis les temps reculés tant comme aliment que pour les soins de la peau, qu'il éclaircit, adoucit et dont il resserre les pores. Un jardinier du roi de France Louis XIV inventa la culture du concombre sous abri afin d'en avancer la récolte, car le roi était friand de ce légume. Les premiers colons introduisirent le concombre en Amérique du Nord.

Le concombre pousse sur une plante qui atteint de 1 à 3 m de long, et dont les tiges rampantes sont munies de vrilles qui leur permettent de grimper. Le fruit apparaît après la floraison de grosses fleurs jaunes ; il a une forme allongée et cylindrique et atteint de 8 à 60 cm de long. Il existe une quarantaine de variétés de concombres ; les variétés dites « anglaises » ou « européennes » sont les plus longues. Certaines variétés ont la peau lisse, tandis que d'autres ont des protubérances parfois épineuses. La plupart du temps, la peau est verte ; parfois elle est jaune ou blanchâtre. La chair blanchâtre contient une certaine quantité de graines comestibles ; des variétés en ont moins que d'autres. Les cornichons *(C. anguria)* sont des variétés cueillies avant leur pleine maturité ; ils servent habituellement à faire des marinades. Le concombre peut être difficile à digérer ; les variétés européennes et certaines variétés nouvelles se digèrent plus facilement.

ACHAT ◆ Choisir un concombre bien vert et ferme, non meurtri, sans teinte jaunâtre et pas trop gros. Plus le concombre est volumineux, plus il risque d'être amer, fade et de contenir de nombreuses graines dures.

PRÉPARATION ◆ Le concombre est mangé cru la plupart du temps, mais il peut aussi être cuit ; il s'apprête alors comme sa cousine la courgette, qu'il peut même remplacer dans la plupart des recettes. Enlever les graines lorsqu'elles sont dures. On peut laisser la pelure, surtout si le concombre est bien frais, pas trop volumineux et qu'il n'est pas enduit de cire. Plusieurs recettes demandent de

VALEUR NUTRITIVE	
Le concombre cru contient	
Eau	96 %
Protéines	0,5 g
Matières grasses	0,1 g
Glucides	2,9 g
Fibres	0,7 g
13 calories/100 g	

Le concombre est très rafraîchissant. Il est une excellente source de potassium, de vitamine C et de folacine et contient des traces de magnésium, d'acide pantothénique, de zinc et de fer. On le dit diurétique, dépuratif, rafraîchissant et calmant.

faire dégorger le concombre, c'est-à-dire de le saupoudrer de sel afin qu'il perde de l'eau (laisser le sel une heure ou deux, rincer, puis égoutter) ; ainsi le concombre ramollit, acquiert une saveur plus subtile et se digère plus facilement. Cela empêche aussi la préparation à laquelle il est ajouté de devenir trop aqueuse.

UTILISATION ◆ Râpé ou coupé en long, en tranches ou en dés, le concombre cru est souvent mangé tel quel, mais il peut aussi être accompagné de vinaigrette, de yogourt ou de crème sure. Le concombre peut aussi être cuit, confit, mariné ou farci. Il fait d'excellentes soupes, accompagne viande et poisson et se met dans les ragoûts ou les sauces. Il peut être sauté ou préparé à l'étuvée. Mis en purée, il peut remplacer jusqu'aux trois quarts l'huile d'une vinaigrette, ce qui diminue beaucoup les calories.

CONSERVATION ◆ Le concombre est sensible aux fluctuations de température. Le placer au réfrigérateur, où il se conservera environ 1 semaine. Lorsqu'il est coupé, bien l'envelopper, car il confère son goût aux aliments environnants. Le concombre résiste mal à la congélation, qui l'amollit.

CONGRE

Conger spp, **Congridés**
Autre nom : *anguille de mer*
Nom anglais : *conger*
Autre nom : *conger eel*

HISTORIQUE ◆ Le congre a la forme d'un gros serpent et sa morsure est redoutable. On le confond souvent avec l'anguille, un poisson appartenant à une autre famille. Le congre s'en distingue par une bouche largement fendue, une mâchoire supérieure proéminente et une peau nue sans écailles. Sa couleur varie selon l'habitat, mais elle est toujours plutôt unie.

Le congre peut mesurer plus de 3 m de long et peser jusqu'à 50 kg. En règle générale, les femelles sont plus développées que les mâles. Le congre habite la plupart des mers, notamment l'Atlantique, la Méditerranée et le Pacifique. Il est particulièrement abondant près des côtes chiliennes, où on le nomme *congrio*, et près des côtes européennes. On trouve 9 espèces de congres en Amérique du Nord, dont 8 dans l'Atlantique. Le congre noir, qui vit dans les rochers et cohabite souvent avec le homard, est considéré comme le meilleur.

La chair blanche et ferme est exempte d'arêtes, sauf près de la queue. Les avis diffèrent sur sa saveur, qui dépend des espèces et de leur taille ; les petits spécimens sont fades.

ACHAT ◆ Les gros congres sont vendus en tronçons ou en tranches.

UTILISATION ◆ Le congre supporte tous les modes de cuisson. Il est souvent présent dans la bouillabaisse et la matelote. La chair du milieu du corps jusqu'à la tête est la plus savoureuse.

VALEUR NUTRITIVE	
Le congre contient	
Protéines	20 g
Matières grasses	3 g
100 calories/100 g, cru	
Il est riche en potassium et en magnésium.	

COQUE

Cardium spp, **Cardiidés**
Nom anglais : *cockle*

HISTORIQUE ◆ La coque est un mollusque bivalve habitant les fonds sablonneux et vaseux près des côtes. Elle est facile à ramasser à marée basse. Traditionnellement, le nom coque désigne l'espèce européenne *Cardium edule*, présente principalement dans la Méditerranée, l'Atlantique et la Baltique. Il existe cependant plusieurs espèces de coques. Les coques ne jouissent pas d'une aussi grande réputation que les huîtres ou les moules parce qu'elles sont plus fermes et de saveur plus prononcée.

La coque a des coquilles épaisses et arrondies, ornées de plis rayonnants, au nombre variable selon les espèces. Leur couleur va du blanchâtre rayé de brun au roux ou au grisâtre. Les coquilles de la coque commune ont un diamètre d'environ 5 cm. La coque a un gros ligament externe et peut atteindre de 1 à 8 cm de long. La chair, de couleur pâle, est maigre.

PRÉPARATION ◆ Bien laver et brosser les coquilles et jeter les coques mortes. Si les coques sont pleines de sable (ce qui arrive souvent), les mettre à dégorger une heure ou plus dans de l'eau salée (20 à 25 mg de sel par litre). Si les coques trempent longtemps, changer l'eau,

VALEUR NUTRITIVE	
La chair de la coque contient	
Protéines	17 g
Matières grasses	1 g
81 calories/100 g, crue	

car elles vont mourir si elles manquent d'oxygène. Ouvrir les coques à l'aide d'un couteau, comme les huîtres, ou en les faisant chauffer quelques minutes dans une casserole sans eau ou au four à micro-ondes (30 secondes pour 6 coques à la chaleur maximum).

UTILISATION ◆ Les coques se mangent crues ou cuites, aussi bien chaudes que froides. Elles peuvent remplacer les moules et les palourdes dans la plupart des recettes. Elles sont délicieuses en chaudrée (une soupe épaisse d'origine américaine, appelée aussi *chowder*).

CONSERVATION ◆ Les coques se conservent au réfrigérateur. Les coques dans leur coquille se garderont 24 heures. Les coques écaillées se conserveront 1 ou 2 jours si elles sont recouvertes de leur liquide et placées dans un récipient hermétique. Les coques écaillées se congèlent. Leur durée de conservation est d'environ 4 mois.

CORÉGONE

Coregonus spp, **Salmonidés**
Autres noms et espèces : *corégone de lac, corégone atlantique, cisco, féra*
Nom anglais : *lake whitefish*
Autre nom : *Atlantic whitefish*

HISTORIQUE ◆ Le corégone est un des plus importants poissons d'eau douce du monde. Il est fréquent notamment en Amérique du Nord, en Asie et en Europe. Il fait partie d'un genre qui comprend environ 14 espèces, incluant la féra et les divers ciscos (ciscos de lac, des profondeurs, à grande bouche, à museau court, etc.). La plupart de ces poissons vivent dans les eaux douces, mais certaines espèces sont migratrices.

Le corégone a un corps allongé et massif qui se termine par une queue fourchue ; sa tête est peu volumineuse. Il a un museau arrondi et une petite bouche fragile, souvent démunie de dents. Sa peau, habituellement argentée sur les flancs et brun verdâtre sur le dos, est couverte de grandes écailles. L'identification des différentes espèces de corégones est assez problématique, car la forme, la taille, les écailles et le rythme de croissance varient d'un lac à l'autre. En général, les corégones mesurent environ 40 cm et pèsent de 900 g à 1,8 kg. Leur chair blanche floconneuse est recherchée, car elle est très savoureuse.

ACHAT ◆ Le corégone se vend frais ou congelé, entier ou en filets. Les ciscos sont souvent fumés. Les œufs, très appréciés, sont commercialisés sous le nom de « caviar doré ».

VALEUR NUTRITIVE	
Le corégone contient	
Protéines	19 g
Matières grasses	6 g
134 calories/100 g, cru	

UTILISATION ◆ Ces poissons s'apprêtent comme le saumon et la truite, qu'ils peuvent remplacer. Éviter d'en masquer la finesse. Ils sont délicieux fumés.

CORIANDRE

Coriandrum sativum, **Ombellifères**
Autres noms : *persil chinois, punaise arabe*
Nom anglais : *coriander*
Autres noms : *chinese parsley, cilantro*

HISTORIQUE ◆ Plante aromatique annuelle originaire de la région méditerranéenne. Les graines de coriande sont parmi les plus anciennes épices connues ; cette plante était en effet cultivée en Égypte il y a plus de 3 500 ans. La coriandre fraîche dégage une forte odeur pénétrante rappelant la punaise (insecte) ; le mot coriandre est d'ailleurs dérivé du grec *koris* signifiant « punaise ». Cette épice est très populaire en Amérique du Sud, en Amérique centrale et en Asie, spécialement en Inde, en Chine et en Thaïlande. Les Thaïlandais utilisent la plante entière.

La coriandre ressemble un peu au persil, mais ses feuilles sont plates. Sa mince tige fragile atteint 1 m de haut. Ses fleurs en ombelles, larges en périphérie et délicates au centre, ont des teintes de blanc, de rose ou de mauve. Ses fruits, qui ressemblent à des graines de plomb, sont ornés de stries minuscules et de rayures longitudinales. Ils sont formés d'une masse globuleuse brunâtre qui se sépare en deux petites sphères. Séchés, ces fruits dégagent une douce odeur musquée.

ACHAT ◆ À l'achat de la coriandre fraîche, choisir celle qui est ferme, croustillante et d'un beau vert. Délaisser des feuilles jaunies, brunies ou molles, car elles manquent de fraîcheur.

À l'achat des graines séchées, préférer celles qui sont entières ; elles ont plus de saveur que les graines moulues, qui perdent rapidement du goût.

PRÉPARATION ◆ Laver la coriandre fraîche au dernier moment, car elle est très fragile et perd rapidement sa saveur. La laver rapidement dans de l'eau fraîche en la secouant doucement. Pour réveiller l'arôme de la coriandre séchée, faire macérer les graines une dizaine de minutes dans de l'eau froide, puis les égoutter.

UTILISATION ◆ On utilise la coriandre fraîche comme le persil et le cerfeuil (qu'elle peut remplacer), tant comme assaisonnement qu'à des fins décoratives. On la met notamment dans les salades, les soupes, les sauces et les sandwichs. L'utiliser avec discrétion si on n'est pas familier avec sa saveur, qui peut déplaire ou tout au moins surprendre.

Les graines de coriandre assaisonnent une grande variété d'aliments, tels fruits de mer, poisson, riz, charcuteries, omelettes, pommes de terre, fromages, currys, marinades, chutneys, biscuits, gâteaux et pains. Elles se combinent avantageusement avec d'autres condiments tels le persil, le citron et le gingembre. En Inde, les graines de coriandre sont un ingrédient du curry et du garam masala, des mélanges d'épices essentiels à la cuisine indienne.

La coriandre entre dans la confection de l'eau de mélisse et de liqueurs, dont la chartreuse et l'Izarra, ainsi que dans la fabrication de cacao de qualité inférieure. La racine est délicieuse. Écrasée, elle peut servir de condiment avec l'ail ou pour remplacer celui-ci.

CONSERVATION ◆ La coriandre fraîche est très périssable. Elle se conserve plus facilement si ses racines sont encore présentes. Placer les racines dans de l'eau comme un bouquet de fleurs et recouvrir les feuilles d'un sac de plastique, puis réfrigérer ; la coriandre devrait se conserver 1 semaine. Lorsque les racines sont absentes, recouvrir la coriandre d'une serviette humide, la mettre dans un sac de plastique perforé, puis la réfrigérer. Elle se conservera de 2 à 3 jours. La coriandre fraîche se congèle facilement, car elle n'a pas besoin d'être blanchie. Elle perd cependant sa fermeté. L'utiliser sans la décongeler. Les feuilles de coriandre déshydratées perdent considérablement de saveur. Les conserver à l'abri du soleil et des insectes. Mettre les graines séchées dans un récipient hermétique et les placer dans un endroit sombre, frais et sec.

VALEUR NUTRITIVE	
Les feuilles de coriandre fraîches contiennent	
Vitamine A	11 ER
Potassium	22 mg
Calcium	4 mg
Fer/50 ml (4 g)	0,8 mg
Les graines séchées fournissent	
Potassium	23 mg
Calcium	13 mg
Phosphore	7 mg
Magnésium	6 mg
Fer/5 ml (2 g)	0,29 mg

La coriandre est réputée pour ses propriétés médicinales ; on la dit notamment carminative et stomachique. On s'en sert pour soulager rhumatismes, douleurs articulaires, grippe et diarrhée. En tisane, mettre 5 ml (1 cuillerée à café) de graines par tasse d'eau, laisser bouillir 2 à 3 minutes et infuser 10 minutes.

COURGE

Cucurbita spp, **Cucurbitacées**
Nom anglais : *squash*
Autres noms : *vegetable marrow, pumpkin*

HISTORIQUE ◆ Fruit d'une plante potagère annuelle apparentée au melon et au concombre et qui pousse de façon identique. Il existe une très grande variété de courges ; la plupart sont originaires d'Amérique du Sud ou d'Amérique centrale. La courge est consommée depuis les temps les plus reculés. Avec le maïs et le haricot, la courge est un aliment de base des Indiens d'Amérique du Nord, d'Amérique centrale et d'Amérique du Sud depuis plus de 10 000 ans.

La plupart des courges sont regroupées en deux grandes catégories : les courges d'été et les courges d'hiver. Cette division est basée sur le fait que les courges d'été se conservent peu de temps, tandis que les courges d'hiver se conservent une bonne partie de l'hiver, si les conditions d'entreposage sont favorables.

Courges d'été

Les courges d'été sont cueillies très jeunes, de 2 à 7 jours après la floraison. Leur peau est tendre et comestible tout comme leurs graines. Les courges d'été sont mangées aussi bien crues que cuites. Elles sont fragiles et se conservent peu de temps. Les courges d'été qui poussent jusqu'à maturité demeurent comestibles, mais leur chair est plus sèche, leurs graines sont dures et leur peau est épaisse.

La diversité des courges d'été est impressionnante (tout comme celle des courges d'hiver d'ailleurs) ; elle ne cesse de croître avec les nouvelles espèces créées par hybridation. Parmi les plus courantes se trouvent la courgette, la courge à moelle, la courge à cou tors, la courge à cou droit et le pâtisson.

La **courgette** *(C. Pepo)*. C'est sûrement la courge la plus connue. Il arrive qu'on la nomme « zucchini » en français, un emprunt à l'italien. Cette courge, qui a vu le jour en Italie, ressemble à un gros concombre. Dans certaines variétés, la base est plus volumineuse que l'extrémité supérieure. La mince peau verte et lisse est parfois rayée de jaune ou marbrée. La chair blanchâtre et aqueuse n'a pas beaucoup de saveur. La courgette est à son meilleur lorsqu'elle mesure entre 15 et 20 cm de long. Elle peut être presque aussi grosse et aussi longue qu'un bâton de baseball si on la cueille à maturité, ce qui affecte la saveur et la qualité de la chair.

La **courge à moelle**. Verte rayée de blanc, la courge à moelle fait penser à une pastèque qui aurait la forme d'un très gros concombre. La chair ressemble beaucoup à celle de la courgette.

La **courge à cou tors** ou **courge torticolis** et **courge à cou droit** (var. *melopepo* forme *torticolis*). Ces deux variétés de courges sont jaunes tant à l'intérieur qu'à l'extérieur. Elles sont couvertes de bosses et leur base est renflée. La courge à cou tors (appelée « courge d'Italie » en Europe) a un mince cou crochu et ressemble à une oie. Ces courges sont à leur meilleur lorsqu'elles mesurent entre 20 et 25 cm de long.

Le **pâtisson** (var. *melopepo* forme *clypeiformis*). Courge à forme inusitée, souvent comparée à une soucoupe, à une coquille de pétoncle ou à un chapeau de champignon. Cette particularité est à la source de ses nombreux noms : « bonnet de prêtre », « artichaut d'Espagne » ou « bonnet d'électeur ». La langue anglaise nomme cette courge *scallop* ou *patty pan*. La peau d'un vert très pâle, presque blanchâtre, est un peu moins tendre que celle de la courgette. Elle jaunit et devient franchement dure, comme celle des courges d'hiver, quand la courge est très mûre ; on doit alors l'enlever. La chair blanchâtre et ferme est moins aqueuse que celle de la courgette. Le pâtisson est à son meilleur lorsqu'il mesure 10 cm de diamètre.

ACHAT ◆ Rechercher des courges d'été fermes et intactes, avec une peau brillante. Délaisser les courges ternes, car elles manquent de fraîcheur, et les courges qui ont des taches, signe qu'elles ont souffert du froid. Les courges trop grosses sont fibreuses et amères, tandis que les courges très petites manquent de saveur et de valeur nutritive.

PRÉPARATION ◆ Laver les courges puis couper les extrémités. Laisser les courges entières, les râper ou les couper en deux, en dés, en julienne ou en tranches.

Riches en eau, les courges sont souvent mises à dégorger. Cette pratique n'est pas essentielle, mais elle est nécessaire si les courges risquent de déséquilibrer le mets par leur trop grande quantité d'eau. Deux méthodes sont possibles : par blanchiment ou par salage.

VALEUR NUTRITIVE	
Les courges d'été crues contiennent en général	
Eau	93,7 %
Protéines	0,9 g
Matières grasses	0,3 g
Glucides	4,3 g
Fibres	1,6 g
20 calories/100 g	

Elles sont une bonne source de potassium ; elles contiennent de la vitamine C, du magnésium, de la folacine et du cuivre. On les dit diurétiques, émollientes, pectorales, laxatives et sédatives. Leurs graines rafraîchissantes seraient vermifuges.

Le blanchiment s'effectue surtout avec les courges entières ou coupées en deux :

- blanchir ne signifie pas cuire entièrement ;

- mettre les courges dans de l'eau bouillante et cuire juste le temps nécessaire pour que la chair commence à ramollir (elle doit demeurer ferme) ;

- compter de 2 à 4 minutes pour les petites courges, environ 7 minutes pour les moyennes et au moins 10 minutes pour les grosses ;

- refroidir immédiatement les courges à l'eau courante puis les égoutter ; elles sont alors prêtes à être cuisinées.

La méthode au sel consiste à :

- d'abord couper ou râper les courges ;

- les mettre ensuite dans un égouttoir et les saler ;

- les laisser reposer de 15 à 30 minutes ;

- les rincer pour enlever le surplus de sel ;

- les égoutter, puis les apprêter selon la recette choisie.

Peler et enlever les graines des courges très mûres. Étant moins aqueuses, ces courges n'ont pas besoin d'être mises à dégorger. Elles nécessitent plus de cuisson. Leur saveur étant moins subtile, les utiliser où cela paraît le moins, notamment dans les soupes et les ragoûts ou en purée.

CUISSON ◆ Cuire les courges le moins longtemps possible pour qu'elles demeurent croustillantes.

La cuisson à l'eau n'est pas idéale, car les courges perdent le peu de saveur qu'elles ont ; mettre très peu d'eau (2 à 3 cm) pour limiter les pertes et cuire de 8 à 14 minutes. À la vapeur, calculer environ 15 minutes, et dans la marmite à pression (103 kPa), 1 ou 2 minutes selon la taille des courges. Ajouter les courges d'été en fin de cuisson, dans les soupes par exemple ou dans le wok, parce qu'elles cuisent rapidement.

UTILISATION ◆ Les courges d'été se mangent crues ou cuites. Crues, on les mange telles quelles ou en trempette, on les met dans les entrées, les salades ou les sandwichs, on les marine ou on les transforme en de délicieuses crêpes. Les courges d'été sont délicieuses cuites dans leur jus avec ail, oignons et tomates. On peut aussi les farcir, les gratiner, les braiser, les frire ou les griller. On les met dans les soupes, les ragoûts, les quiches et les omelettes. La courgette est indispensable dans la ratatouille. Pour en rehausser le goût, assaisonner les courges d'été d'épices ou de fines herbes : aneth et menthe leur conviennent particulièrement bien. Les courges d'été peuvent remplacer le concombre dans la plupart des recettes. Comme elles ont moins de goût, la saveur des mets sera plus douce. Les fleurs des courges d'été (et d'hiver) sont comestibles. De saveur délicate, elles parfument agréablement soupes, beignets, crêpes, omelettes, riz, fruits de mer, volaille. Elles sont souvent frites légèrement à feu vif ou farcies. Elles confèrent une note inhabituelle au menu. Les cueillir juste avant qu'elles éclosent.

CONSERVATION ◆ Manipuler les courges d'été avec soin, car une simple pression des doigts ou un coup d'ongle les abîme. Les placer dans un sac de plastique perforé et les réfrigérer ; elles se conserveront environ 1 semaine. Ne les laver qu'au moment de les utiliser. Les courges d'été se congèlent, mais leur chair est amollie à la décongélation. Les couper en tranches d'un centimètre d'épaisseur et les blanchir 2 minutes.

Courges d'hiver

Les courges d'hiver sont récoltées à pleine maturité. Elles sont de forme, de grosseur, de couleur et de saveur diverses. Leur chair orangée est plus sèche, plus fibreuse et beaucoup plus sucrée que celle des courges d'été ; elle devient moelleuse à la cuisson. Des graines parfaitement développées, donc coriaces, sont nichées dans une cavité à l'intérieur de la chair, comme dans les melons. Ces graines, une fois nettoyées, séchées et souvent même rôties, sont délicieuses et nourrissantes, comme les graines des citrouilles, plus connues. La peau des courges d'hiver est épaisse, dure et non comestible. Cette peau difficile à percer les protège efficacement durant une période qui varie de 30 à 180 jours, selon les variétés. La grande famille des courges d'hiver est en continuelle expansion. La courge musquée, la Hubbard, le courgeron, la courge-banane et la Mammouth, sans oublier la citrouille et le potiron, sont parmi les plus connues.

La **courge musquée** (*C. moschata*). Avec sa base renflée, cette courge, appelée *Butternut squash* en anglais, ressemble à une grosse poire. Elle est à son meilleur lorsqu'elle mesure de 20 à 30 cm de long et que sa base a une douzaine de centimètres de diamètre. La chair moelleuse est très orangée, car son contenu en carotène est particulièrement élevé. Elle est plus ou moins sucrée selon les variétés. La peau lisse, de couleur jaune crème tirant sur le chamois, se pèle facilement. Si la peau est verdâtre, c'est que la courge est immature.

La **courge Hubbard** *(C. maxima)*. Cette courge de forme arrondie, surtout à la base, pourrait se comparer à un petit « punching bag » ou à une grosse poire. La peau très dure est nervurée, moyennement ou fortement bosselée et de couleur vert foncé, gris-bleu ou rouge orangé. La chair épaisse et sèche est moins sucrée et parfois moins orangée que la chair de la plupart des autres courges d'hiver. La courge Hubbard verte pèse en général autour de 5 kg et la courge de Hubbard bleu-gris près de 6,5 kg ; la rouge orangé est plus petite. La courge de Hubbard se conserve 6 mois.

Le **giraumon turban** *(C. maxima* var. *turbaniformis)*. Courge en forme de globe aplati, plus petit à la base que sur le dessus. Le dessus est orné d'une excroissance arrondie plus ou moins bosselée, raison pour laquelle on nomme cette courge turban. La chair jaune orangé ou jaune doré est sèche, épaisse mais douce, très sucrée, avec une légère saveur de noisette. La cavité qui abrite les graines est petite. La peau vert bleuté ou orangé est mince et dure, striée ou parsemée de taches. La courge turban mesure à maturité de 15 à 20 cm de diamètre et pèse environ 1,5 kg.

La **courge Buttercup** *(C. maxima* var. *turbaniformis)* est aussi une courge en forme de turban, mais son excroissance est beaucoup plus petite. Cette courge est ornée de nervures. La chair orangée est moelleuse et sucrée ; elle ressemble à la chair de la courge musquée. La peau vert foncé ou orangé est épaisse. Dans certaines variétés, elle est tellement dure qu'un couteau ne réussit à la couper que si on le frappe avec un maillet en bois, un rouleau à pâte ou même un marteau. Le poids de la courge Buttercup est variable ; habituellement la courge pèse environ 1,4 kg, mais elle peut peser aussi peu que 700 g ou plus de 2,5 kg. Ces courges se conservent une trentaine de jours.

Le **courgeron** ou **courge poivrée**. Cette courge de forme globulaire est comparée dans la langue anglaise au gland du chêne *(Acorn)*. Ornée de profondes nervures qui compliquent l'épluchage, cette courge a une peau lisse et dure, d'un vert assez foncé, avec des teintes orangées si elle a été cueillie à maturité. La chair jaune orangé assez pâle contient moins de carotène que celle de la courge turban ; elle est fine et peu fibreuse. Cette courge est à son meilleur lorsqu'elle mesure une douzaine de centimètres de haut et de 15 à 20 cm de diamètre. Cette courge se conserve de 30 à 50 jours.

Certaines variétés de courges sont moins courantes telle la **courge-banane** *(C. maxima)*, ainsi nommée à cause de sa ressemblance avec ce fruit. Ses dimensions diffèrent cependant, car cette courge mesure de 50 à 60 cm de long et environ 15 cm de diamètre. La peau peut être de couleur ivoire ou rosée. La chair orangée est ferme et peu fibreuse. Comme la courge-banane est souvent vendue coupée, il est plus facile de juger de la qualité de sa chair. C'est aussi le cas de la variété **Mammouth**. Cette courge ressemble à la citrouille, sauf qu'elle est souvent blanche ; elle peut aussi être vert foncé, vert grisâtre, bleu-vert ou orangée. Elle peut peser plus de 65 kg.

La **citrouille** *(C. pepo)* et le **potiron** *(C. maxima)*. Ces deux courges sont souvent confondues, car elles se ressemblent beaucoup ; même les dictionnaires ne s'entendent pas sur leur description. Le terme citrouille est plus courant en Amérique du Nord, alors que celui de potiron est plus usuel en Europe. Ces courges sont volumineuses, et pour les distinguer vraiment, l'examen de leur pédoncule est nécessaire. Celui de la citrouille est dur et fibreux, avec 5 côtés anguleux et sans renflement à son point d'attache. Celui du potiron est tendre, spongieux, cyclindrique et évasé au point d'attache. Ces variétés de courges se distinguent par leur chair un peu plus épaisse et de saveur un peu plus prononcée que celle des autres courges d'hiver. Elles sont rarement utilisées comme simple légume ; on les cuit plutôt en soupe, en dessert ou en confiture. Elles peuvent peser 50 kg et mesurer plus de 1,7 m de circonférence. Leur peau lisse et dure est habituellement dans les teintes orangées ; celle du potiron est parfois jaune ou verte. Leur chair jaune orangé assez foncé est plus ou moins épaisse, sèche et sucrée. Leurs graines sont plus appréciées que celles des autres courges ; celles de la variété *Tripletreat* ont même l'avantage d'être dépourvues d'écales. Trop souvent achetée uniquement pour servir de décoration pour la fête de l'Halloween, la citrouille peut être substituée ou combinée aux autres courges.

ACHAT ◆ Vérifier soigneusement l'état de la courge d'hiver, car une courge immature sera peu savoureuse, et sa chair pâle contiendra moins de valeur nutritive, tandis qu'une courge trop vieille sera fibreuse et légèrement pâteuse. Choisir une courge intacte et ferme, lourde pour sa taille, avec une peau terne, signe qu'elle a été cueillie à pleine maturité. La courge devrait avoir le morceau de tige qui la reliait à la plante, ce qui ralentit sa déshydratation. Délaisser une courge d'hiver fendue, amollie ou dont la peau est luisante.

PRÉPARATION ◆ Laver la courge d'hiver, la peler et enlever les graines ainsi que les fibres qui les entourent de préférence avec une cuiller. Conserver les graines, qui sont excellentes séchées. Il est parfois plus facile de sectionner la courge en deux ou en quatre avant de la peler. Quand la recette le permet, laisser la peau (c'est même essentiel quand la courge est farcie ou lorsque la peau est très dure).

VALEUR NUTRITIVE	
Les courges d'hiver cuites contiennent en général	
Eau	89 %
Protéines	0,9 g
Matières grasses	0,6 g
Glucides	8,8 g
Fibres	2,8 g
39 calories/100 g	

Les courges d'hiver cuites sont plus calorifiques que les courges d'été, car elles renferment plus de glucides. Elles sont une excellente source de potassium et de vitamine A ; elles contiennent de la vitamine C, de la folacine, de l'acide pantothénique et du cuivre.

CUISSON ◆ Les courges peuvent être cuites notamment à l'eau, à la vapeur, au four, dans la marmite à pression et dans le four à micro-ondes.

La cuisson à l'eau donne les moins bons résultats, car elle atténue la saveur et rend les courges très aqueuses, surtout si on les cuit trop. Couper les courges en cubes de 2 à 4 cm, utiliser peu d'eau (3 à 5 cm) et cuire de 10 à 15 minutes.

On peut aussi cuire les courges entières et non pelées. Les piquer à quelques endroits avec une fourchette, les recouvrir d'eau et les faire bouillir environ 1 heure.

À la vapeur, couper les courges en cubes de 2 à 4 cm et cuire de 15 à 40 minutes.

151

Au four, non pelées et coupées en moitiés (ou en 4 si elles sont grosses), mettre un peu d'huile ou de beurre dans la cavité, saler et poivrer, saupoudrer de la muscade, de la cannelle ou tout autre assaisonnement préféré; verser un peu d'eau, de jus d'orange ou de jus de citron dans la cavité; placer les courges dans un récipient contenant de 2 à 5 cm d'eau et cuire jusqu'à tendreté, de 30 à 60 minutes. On peut aussi mettre un peu de cassonade, de miel ou de sirop d'érable dans la cavité, gratiner ou farcir les courges.

Pour la cuisson au four à micro-ondes, couper la courge en deux, retirer les graines de la cavité, recouvrir la courge d'une pellicule adhésive ou la placer dans un sac de plastique conçu pour la cuisson au four à micro-ondes, cuire environ 10 à 15 minutes (si la demi-courge pèse 500 g).

UTILISATION ◆ Les courges d'hiver se mettent dans les soupes, les ragoûts, les couscous, les caris et autres mets du genre. Cuites et réduites en purée, elles sont délicieuses combinées à des pommes de terre pilées. Elles font aussi d'excellents desserts (tartes, gâteaux, muffins, biscuits, puddings, soufflés, crèmes). Étant plutôt fades, les courges d'hiver gagnent à être bien assaisonnées. Elles peuvent être substituées aux patates dans la plupart des recettes.

CONSERVATION ◆ Les courges d'hiver se conservent entre 1 semaine et 6 mois (selon les variétés) si elles sont à l'abri du froid, de la chaleur et de la lumière. Le froid les endommage et la chaleur cause une transformation trop rapide de leur amidon. L'idéal est une température de 10 à 15 °C, un taux d'humidité de 60 % et une pièce bien aérée. Laisser le morceau de tige qui reliait les courges à la plante et enlever toute trace de terre. Ne réfrigérer les courges d'hiver que si elles sont coupées ou cuites. Les courges d'hiver se congèlent bien, surtout cuites et réduites en purée. Les congeler par portion est bien pratique lorsqu'on les utilise dans des recettes.

Graines de courges d'hiver séchées

PRÉPARATION ◆ Pour rôtir les graines :

- retirer délicatement toutes les graines ainsi que les filaments visqueux qui les enrobent; jeter les filaments, bien assécher les graines à l'aide d'un papier absorbant; ne pas les rincer;

- étendre les graines sur une tôle à biscuits et les laisser sécher à l'air libre quelques heures ou, si possible, toute une nuit;

- les mettre au four à 150 °C environ 30 minutes ou à 100 °C environ 90 minutes, jusqu'à ce qu'elles soient bien dorées; les secouer à quelques reprises durant l'opération; si désiré, les enduire d'un peu d'huile et de sel;

- retirer les graines du four et les enlever de la tôle pour arrêter la cuisson;

VALEUR NUTRITIVE	
Les graines de courges d'hiver contiennent	
Eau	7 %
Protéines	33 g
Matières grasses	42 g
Glucides	13,4 g
Fibres	13,8 g
522 calories/100 g	

Les graines de courges d'hiver sont très nourrissantes et énergétiques. Elles sont une excellente source de magnésium, de fer, de phosphore, de zinc, de cuivre, de potassium, de niacine et de folacine; elles sont une bonne source de riboflavine et de thiamine; elles contiennent de l'acide pantothénique ainsi que des traces de calcium et de vitamine A. Les graines rôties à l'huile contiennent généralement des acides saturés et sont encore plus calorifiques que les graines nature. On attribue diverses propriétés médicinales aux graines de courges; elles seraient diurétiques et elles aideraient à soigner les infections urinaires et les troubles de la prostate. Elles ont aussi la réputation d'être aphrodisiaques.

- s'assurer que les graines sont refroidies et bien séchées avant de les ranger, sinon elles moisissent facilement ;

- les conserver au frais dans un contenant fermé.

UTILISATION ♦ Les graines de courges peuvent être utilisées nature ou rôties, entières, hachées ou moulues. On les mange telles quelles ou mélangées à des noix, à des amandes, à des arachides ou à des fruits secs. Elles confèrent une note croustillante aux salades, pâtes alimentaire, sauces et légumes.

CONSERVATION ♦ Conserver les graines de courges d'hiver dans un endroit frais et sec, à l'abri des insectes et des rongeurs, ou les congeler. Les réfrigérer si elles sont hachées ou moulues.

COURGE SPAGHETTI

Cucurbita pepo, **Cucurbitacées**
Nom anglais : *spaghetti squash*
Autre nom : *vegetable spaghetti*

HISTORIQUE ♦ Fruit d'une plante potagère annuelle apparentée au melon et au concombre et qui pousse de façon identique. La courge spaghetti est originaire d'Amérique du Nord ou d'Amérique centrale ; son histoire demeure nébuleuse. Elle se distingue des autres courges par sa chair qui ressemble à des spaghetti lorsqu'on la sépare avec une fourchette après la cuisson. Cette particularité lui a valu le surnom de «spaghetti végétal».

La courge spaghetti a une forme sphéroïdale ; elle mesure habituellement de 20 à 35 cm de long et pèse environ 2 kg. Il arrive qu'on la confonde avec la courge musquée, qui a une forme et une couleur semblables. Sa peau blanchâtre ou jaunâtre est lisse et moyennement dure. Sa chair d'un jaune très pâle, tirant parfois sur le vert, a une saveur comparable à celle des courges d'été.

ACHAT ♦ Choisir une courge spaghetti dure, intacte, exempte de meurtrissures et non colorée de vert, indice d'un manque de maturité.

CUISSON ♦ On cuit la courge spaghetti au four ou à l'eau bouillante, en la laissant entière ou en la coupant en deux sur la longueur (enlever les graines logées dans la cavité centrale). Entière, la piquer à divers endroits avec les dents d'une fourchette ; en moitié, placer le côté coupé sur le dessus.

VALEUR NUTRITIVE	
La courge spaghetti cuite contient	
Eau	92,3 %
Protéines	0,7 g
Matières grasses	0,3 g
Glucides	6,5 g
Fibres	1,4 g
29 calories/100 g	
Elle contient du potassium, de la vitamine C et de l'acide pantothénique ainsi que des traces de magnésium, de niacine, de folacine, de fer et de zinc.	

Le temps de cuisson dépend de la température du four, de la grosseur de la courge, du fait qu'elle est entière ou coupée en moitiés et du degré de maturité ; plus la courge est mûre, plus le temps de cuisson est court. Si la courge est entière, calculer près de 1 heure de cuisson à 180 °C ; si elle est coupée en moitiés, de 30 à 45 minutes.

Pour la cuisson par ébullition, cuire la courge de 30 à 45 minutes si elle est entière et environ 20 minutes si elle est sectionnée. Vérifier la cuisson en piquant la courge entière avec une fourchette (elle est prête lorsqu'elle est molle) ou en vérifiant si la chair de la courge coupée se détache en filaments. Essorer la chair quelques instants si elle contient trop d'eau. Éviter une cuisson trop longue, qui rend la chair fade et molle; celle-ci est meilleure lorsqu'elle est plus ferme.

On peut également cuire la courge spaghetti au four à micro-ondes. Couper la courge en deux et retirer les graines. Placer chaque demi-courge dans une assiette, le côté coupé en dessous. Cuire chaque moitié séparément à température élevée de 6 à 8 minutes, ou jusqu'à ce que la chair se sépare facilement. Retirer la chair et apprêter selon la recette choisie.

UTILISATION ◆ La courge spaghetti peut remplacer le spaghetti dans la plupart des recettes, ce qui est particulièrement intéressant lorsqu'on surveille son poids. On peut aussi l'utiliser comme les autres courges, notamment dans les soupes et les ragoûts. Cuite et refroidie, on la met dans les salades ou on l'arrose de vinaigrette, de mayonnaise ou de sauce. On la mange et on la cuisine souvent crue et râpée. On doit presque toujours l'essorer pour enlever le surplus d'eau; l'essoreuse à salade est très efficace.

CONSERVATION ◆ La courge spaghetti se conserve à l'abri du froid, de la chaleur et de la lumière. Elle peut se garder jusqu'à 3 mois si elle est en bon état et si la température se situe entre 10 et 15 °C. Laisser le morceau de tige qui reliait la courge à la plante et enlever toute trace de terre. Réfrigérer la courge spaghetti lorsqu'elle est coupée ou cuite. La courge spaghetti se congèle crue et râpée ou cuite. Prévoir 125 ml de plus que la quantité nécessaire si on la congèle déjà mesurée et crue, car elle perd de l'eau à la décongélation et diminue de volume.

CRABE

Cancer spp, **Cancridés**
Autres noms et espèces : *tourteau, araignée de mer, étrille*
Nom anglais : *crab*
Autres noms : *king crab, giant crab, rock crab, spider crab*

HISTORIQUE ◆ Le crabe habite la mer, l'eau douce, l'eau saumâtre ou les plages. Il se cache sous les rochers, dans les algues et dans les crevasses. La plupart des crabes sont belliqueux. Habiles prédateurs, ils sont combatifs et foncent sur leurs proies. S'ils ont une patte coincée ou retenue par un ennemi, ils la laissent aller et, au bout de trois mues, elle a complètement repoussé. On ne devrait jamais laisser un crabe sur le dos, car il est incapable de se remettre à marcher et va mourir bêtement.

Le crabe a une carapace arrondie, presque en forme de cœur chez certaines espèces. Sa queue et son abdomen peu développés sont repliés sous sa carapace. Celle-ci peut être molle ou dure. Ce crustacé est muni de cinq paires de pattes, dont une plus développée qui se termine par des pinces puissantes. Il a des yeux proéminents. Les crabes sont femelles ou mâles. Les femelles se différencient des mâles par une palme beaucoup plus développée sous le ventre, car elle sert à retenir les œufs. Le crabe contient peu de chair. La chair des pinces, le foie ainsi que la substance crémeuse sous la carapace sont comestibles, ce qui représente environ le quart du poids. La chair blanche, maigre et filamenteuse, est savoureuse.

La famille des crabes comprend environ 4 000 espèces souvent fort diversifiées. Parmi les plus courantes se trouvent le crabe vert, le tourteau, l'étrille, l'araignée de mer, le crabe des neiges et le dormeur du Pacifique.

Le **crabe vert** *(Carcinus maenas)* est l'espèce la plus courante dans le monde et l'hôte habituel des plages. On appelle parfois ce crustacé «crabe enragé» à cause de sa façon bien particulière de se déplacer. Sa carapace verte est plus large en avant qu'en arrière. Assez petit, car il mesure seulement de 5 à 7 cm de long, le crabe vert contient peu de chair et il n'est pas commercialisé. Il est délicieux.

Le **tourteau** *(Cancer pagurus)* affectionne les fonds côtiers rocheux et peut descendre à plus de 100 m de profondeur. Sa carapace brun rougeâtre est lisse et ovale. Le tourteau mesure habituellement de 10 à 20 cm de diamètre, mais peut atteindre 40 cm. Sa chair est excellente.

L'**étrille** *(Necora puber)* mesure de 8 à 15 cm de large et a des pattes velues. Ses pattes de derrière sont aplaties et ressemblent à des nageoires. Sa carapace brun-rouge est tachée de bleu. Ses pinces sont puissantes. Sa chair est très recherchée.

L'**araignée de mer** *(Maïa squinado)* vit dans les fonds marins sablonneux jusqu'à 50 m de profondeur. De couleur jaune rosé, rose ou châtain-rouge, elle mesure de 10 à 20 cm de diamètre. Ses pattes longues et fines sont disposées comme celles de l'araignée. Sa carapace épineuse en triangle arrondi a presque la forme d'un cœur. Sa chair est fine. La chair de la femelle est plus savoureuse que celle du mâle.

Le **crabe des neiges** *(Chionoecetes opilio)* appartient à la famille des crabes-araignées. Son corps circulaire est un peu plus large à l'arrière. Sa carapace est souvent d'un brun orangé, mais la teinte peut varier, selon les espèces. Ses longues pattes sont légèrement aplaties. Le mâle est beaucoup plus gros que la femelle et il est seul capturé. Sa taille atteint en moyenne 13 cm de diamètre et son poids près de 1,25 kg. Le crabe des neiges vit dans les eaux froides et profondes (entre 20 et 700 m), ce qui a une influence bénéfique sur sa chair, unique et très recherchée. Le crabe des neiges a longtemps été considéré comme une nuisance par les pêcheurs nord-américains, car il emmêlait leurs filets et se vendait très peu. Il fut d'abord commercialisé sous le nom de «crabe royal», sans beaucoup de succès. Une opération de marketing lui donna le nom plus attirant de «crabe des neiges», terme déjà utilisé par les Asiatiques. Ce crabe est maintenant apprécié, il constitue même un mets de luxe.

Le **dormeur du Pacifique** ou **crabe dormeur** *(Cancer magister)* vit dans les eaux froides et appartient à la famille des crabes de roche, comme le tourteau. Il mesure de 50 à 60 cm de diamètre et possède des pattes qui peuvent atteindre 2 m de long. Sa carapace est de couleur brunâtre. Le dormeur du Pacifique est parfois commercialisé vivant, mais sa destination principale est la conserve ; il prend alors l'appellation de « crab meat ». Il est également surgelé. Sa chair est délicieuse.

ACHAT ◆ Le crabe est rarement commercialisé vivant. La chair est surtout vendue cuite, congelée ou en conserve. Le marché offre aussi de l'imitation de crabe (voir Kamaboko). N'acheter (et ne cuire) un crabe vivant que s'il replie ses pattes vigoureusement. Saisir le crabe par derrière pour éviter les pinces (surtout s'il est gros). À l'achat de crabe surgelé, délaisser celui qui est desséché ou couvert de neige, car il manque de fraîcheur.

VALEUR NUTRITIVE
Le crabe des neiges contient
Protéines 18 g
Matières grasses 1 g
89 calories/100 g, cru
La chair des crabes est riche en certaines vitamines du complexe B, telles que la vitamine B_{12} et la niacine, en cuivre et en zinc. Elle contient environ 60 mg de cholestérol/100 g, crue.

CUISSON ◆ Le crabe vivant se cuit comme le homard (voir Homard). Le temps de cuisson dépend de la taille du crustacé (de 5 à 20 minutes, parfois 30 si le crabe est très gros). Pour couper le crabe, faire une incision entre le ventre et la carapace. Prendre soin de ne pas abîmer cette dernière si on désire l'utiliser comme assiette pour servir le crabe. Détacher les pattes et les pinces, puis les casser avec un casse-noix ou le manche d'un couteau. Il ne reste plus qu'à retirer la chair.

UTILISATION ◆ Le crabe est délicieux chaud ou froid. Il s'apprête d'une multitude de façons et peut se substituer aux autres crustacés, tels la crevette et le homard, dans la plupart des recettes. On le met dans les hors-d'œuvre, les salades, les sandwichs, les soupes et les omelettes. Il est particulièrement savoureux en sauce ou avec des pâtes alimentaires. Il est souvent frit dans sa carapace.

CONSERVATION ◆ Le crabe meurt rapidement hors de son habitat naturel. Éviter de le laisser séjourner longtemps à la température de la pièce. Le cuire le plus rapidement possible, sinon le conserver au réfrigérateur. Placer le crabe cuit au réfrigérateur, où il se conservera 1 ou 2 jours. Le crabe se congèle uniquement quand il est cuit et jamais entier. Sa durée de conservation est d'environ 1 mois.

CRÈME

Nom anglais : *cream*

HISTORIQUE ◆ La crème est la matière grasse du lait qui remonte à la surface de celui-ci quand il n'est pas homogénéisé. De couleur blanc jaunâtre et de consistance onctueuse, la crème peut aussi être obtenue par centrifugation. Il faut 9 litres de lait pour obtenir 1 litre de crème. La crème est souvent fouettée. Les minuscules bulles d'air produites lors du battage rendent la crème légère ; elle double presque de volume et forme des pics. Lorsqu'on ajoute du sucre et de la vanille à la crème fouettée, on l'appelle crème chantilly. Chantilly est le nom d'un château dans le département de l'Oise, en France, où cette crème fut inventée.

La crème est commercialisée sous divers noms selon sa teneur en matières grasses, laquelle est variable ; chaque pays édicte ses normes.

Au Canada, la crème à fouetter contient entre 32 % et 40 % de matières grasses. Aux États-Unis, on distingue la crème à fouetter légère (de 30 à 36 %) de la crème à fouetter épaisse (plus de 36 %). En Europe, la crème à fouetter contient au moins 30 % de matières grasses.

Au Canada, on trouve également la crème épaisse ou crème champêtre, qui ne contient que 15 % de matières grasses tout en possédant la consistance de la crème à 35 % de matières grasses ; elle peut aussi être fouettée.

La crème plus légère, appelée aussi crème de table ou crème à café (crème fleurette en Europe), est plus claire et contient entre 15 et 18 % de matières grasses.

La crème moitié-moitié ou crème à céréales, qui est mélangée avec du lait puis homogénéisée, renferme de 10 à 12 % de matières grasses.

La double crème contient 40 % de matières grasses.

La crème déshydratée en contient de 40 à 70 %.

Succédanés de crème

Le marché offre des crèmes fabriquées artificiellement. Elles sont vendues déshydratées ou congelées, sous forme liquide ou en cannette pressurisée. Ces produits, qui comprennent des crèmes à café (ex. : Coffee-Mate, Coffee Rich, Cremora) et des crèmes fouettées (ex. : Dream Whip, Nutrifil, mousses à fouetter), sont faits à partir de graisses végétales ou animales hydrogénées, d'édulcorants (ex. : sucre, glucose) et d'additifs (ex. : alginate de sodium, cellulose méthyl-éthylique, stéroyl-2-lactylate de sodium, polysorbate 60, phosphate disodique, caséinate de calcium, hydroxyanisol butylé (BHA), carragheen, gomme de guar, couleur et arôme artificiels). Ces substances sont présentes en nombre et en quantité qui varient selon le procédé de fabrication.

Les succédanés de crème sont pratiques, mais leur valeur nutritive est discutable. En plus de contenir des additifs, ils sont presque tous dépourvus de vitamines, sauf de vitamine A qui est ajoutée. Ils sont plus riches en acides gras saturés que les produits qu'ils remplacent et leurs matières grasses sont hydrogénées. L'hydrogénation transforme la nature et la structure des acides gras, qui passent de « cis », leur forme initiale, à « trans », une nouvelle forme. Or, les acides gras « trans » se comportent comme les acides gras saturés, qui ont une influence sur l'incidence des maladies cardio-vasculaires.

ACHAT ◆ La crème est vendue pasteurisée (chauffée 20 secondes à 68 °C), ultra-pasteurisée (UHT, chauffée 3,5 secondes à 141 °C) ou crue (rarement). Vérifier la date de péremption inscrite sur l'emballage.

PRÉPARATION ◆ La crème à fouetter fraîche du jour ne donne pas de bons résultats ; si possible la laisser vieillir une journée. Il vaut mieux battre la crème au dernier moment, même si la crème battue peut se conserver au réfrigérateur. Utiliser de préférence des ustensiles refroidis ; les mettre au moins 30 minutes au réfrigérateur ou les placer au congélateur si le temps manque. N'incorporer des ingrédients (sucre, vanille) que lorsque la crème forme des pics et, de préférence, juste avant de servir.

UTILISATION ◆ La crème est très utilisée en cuisine, car elle confère aux aliments une saveur et une texture difficilement égalables. Elle est incorporée notamment dans le café, la vinaigrette, les potages, les sauces, les omelettes, les terrines, les desserts, la confiserie et les digestifs. La crème cède souvent sa place au yogourt et au lait depuis qu'on se préoccupe de diminuer sa consommation de matières grasses et de calories. Fouettée, la crème décore et enrichit pâtisseries, soufflés, tartes, glaces, charlottes, bavarois, sauces et fruits. Surie, la crème peut quand même être utilisée, surtout pour la cuisson. Elle ne donne pas de résultats aussi intéressants que la crème sure commerciale cependant, car sa saveur est plus aigre, ses acides lactiques ayant été affectés par la pasteurisation (voir Crème sure).

CONSERVATION ◆ La crème fraîche est un aliment très périssable sauf lorsqu'elle est dans un emballage stérile et qu'elle a été traitée à haute température (UHT). Comme le lait, elle est un lieu privilégié pour le développement des bactéries et elle s'altère quand elle est exposée à la chaleur et à la lumière. La conserver au réfrigérateur, où elle se garde une dizaine de jours. La crème UHT non entamée se conserve jusqu'à 45 jours à la température de la pièce. Ouverte, elle est aussi périssable que les autres produits laitiers et doit être réfrigérée. Conserver la crème fouettée au réfrigérateur. Elle garde sa consistance quelques heures. La crème congelée ne fouette plus.

VALEUR NUTRITIVE	
La crème à céréales à 10 % m. g. renferme	
Eau	81,9 %
Protéines	1 g
Matières grasses	3 g
Glucides	1,4 g
Cholestérol	10 mg
36 calories/30 ml	
La crème à café à 15 % m. g. contient	
Eau	77,5 %
Protéines	0,8 g
Matières grasses	4,6 g
Glucides	1,2 g
Cholestérol	16 mg
48 calories/30 ml	
La crème à fouetter à 35 % m. g. renferme	
Eau	59,6 %
Protéines	0,6 g
Matières grasses	10,6 g
Glucides	0,8 g
Cholestérol	38 mg
98 calories/30 ml	

La crème est énergétique car elle est plutôt riche en matières grasses, qui sont composées à 62 % d'acides gras saturés ; étant d'origine animale, elle renferme du cholestérol. Selon sa teneur en gras, la crème contient de 10 à 38 mg de cholestérol/30 ml. La crème à fouetter à 35 % de m. g. contient de la vitamine A.

CRÈME DE TARTRE

Nom anglais : *cream of tartar*

HISTORIQUE ◆ La crème de tartre est une fine poudre blanche employée comme agent levant. Le tartre est un sous-produit de la fabrication du vin. Des cristaux contenant du bitartrate de potassium se forment sur les parois des barils dans lesquels le vin fermente. Ces cristaux sont moulus, purifiés, déshydratés et moulus de nouveau en une poudre appelée crème de tartre.

La crème de tartre est depuis longtemps un ingrédient de la levure chimique, de même que le bicarbonate de soude. Elle réagit très vite en présence du bicarbonate de soude dès qu'elle est mise en contact avec un liquide, ce qui fait lever la pâte rapidement. Cette pâte perd cependant du volume en peu de temps si elle n'est pas enfournée immédiatement ; aussi les fabricants ont-ils développé des levures chimiques où la crème de tartre est remplacée par des substances à action plus lente, dont du phosphate monocalcique.

 PRÉPARATION ◆ On peut préparer sa propre levure chimique en mélangeant :

> **VALEUR NUTRITIVE**
>
> La crème de tartre contient du potassium, soit 3,8 % de son poids, soit 0,114 g de potassium/3 g de crème de tartre.

- 2 parties de crème de tartre ;

- 2 parties d'arrow-root ou de fécule de maïs ;

- 1 partie de bicarbonate de soude ou de bicarbonate de potassium (ce dernier est dépourvu de sodium, avantage pour les personnes qui surveillent leur ingestion de sel ; il s'achète en pharmacie).

 UTILISATION ◆ La crème de tartre est souvent utilisée pour stabiliser les blancs d'œufs battus dans les gâteaux des anges, les meringues et les soufflés, et pour empêcher la cristallisation du sucre en confiserie. On s'en sert aussi dans les omelettes et les biscuits.

CONSERVATION ◆ Conserver la crème de tartre à la température de la pièce, à l'abri de la chaleur et de l'humidité.

CRÈME GLACÉE

Nom anglais : *ice cream*

HISTORIQUE ◆ La crème glacée est un produit laitier solidifié sous l'effet du froid. On aurait tendance à croire que la crème glacée (appelée glace en Europe) est une invention récente rendue possible grâce à la congélation. C'est loin d'être le cas, car on fabriquait des glaces en Chine il y a près de 3 000 ans. D'abord refroidies par la neige ou la glace, ces aliments le furent ensuite à l'aide d'un mélange d'eau et de salpêtre, car les Chinois avaient découvert que cette combinaison abaissait la température de l'eau et provoquait la congélation. Les Arabes furent les premiers à connaître le procédé chinois et on raconte qu'ils préparaient des charbâts, boissons faites de sirops glacés ; ce mot serait à l'origine du terme sorbet. L'Europe connut les glaces au XIIIᵉ siècle grâce à Marco Polo, qui les introduisit en Italie après un voyage en Chine. Les produits glacés furent d'abord réservés aux tables royales, puis on commença à les vendre dans les cafés. Leur succès fut immédiat et cette popularité s'est perpétuée jusqu'à nos jours.

La crème glacée traditionnelle contient du lait, de la crème, du sucre, des arômes naturels et des œufs (pas toujours cependant). On bat la préparation après un début de congélation pour arrêter la formation de cristaux de glace, ce qui permet d'obtenir un produit léger et onctueux.

La crème glacée industrielle est généralement faite à partir de solides du lait et comprend du sucre, des émulsifiants, des stabilisateurs, des essences et des colorants, parfois naturels, mais le plus souvent artificiels. Les solides du lait peuvent provenir notamment du lait entier, écrémé, concentré ou reconstitué, de la caséine et du lactosérum.

Le sucre peut être présent sous forme de sucrose, d'édulcorants à base de maïs (du sirop de maïs, par exemple), parfois de miel et moins souvent de lactose. Une grande quantité de sucre doit entrer dans la fabrication de la crème glacée (15 à 16 %) parce que les papilles gustatives deviennent moins efficaces sous l'action du froid et perçoivent moins bien le sucré et parce que le sucre réduit la formation de cristaux de glace et qu'il empêche la crème glacée d'être trop dure. Le jaune d'œuf, un émulsifiant naturel grâce à son contenu en lécithine qui contribue à l'homogénéisation de la crème glacée, est presque toujours remplacé par des émulsifiants moins coûteux (mono et diglycérides, polysorbate 60 et 80, carraghéen, lécithine). Des agents stabilisateurs (ex. : carraghéen, gomme de guar, gomme de caroube) augmentent l'onctuosité, minimisent la formation de cristaux de glace et empêchent la crème glacée de fondre trop rapidement à la température de la pièce. Ces additifs prolongent aussi la durée de conservation.

Dans fabrication commerciale, le lait entrant dans la crème glacée est d'abord condensé, puis on lui ajoute les matières solides, le sucre et divers additifs. Le mélange est ensuite chauffé, pasteurisé et homogénéisé. La pasteurisation s'effectue à une température plus élevée que pour le lait, car le mélange est épais et visqueux, et une plus grande chaleur est nécessaire pour détruire les bactéries. Le mélange est ensuite refroidi, puis on lui ajoute arômes et colorants, on le fouette et on lui insuffle de l'air. On incorpore fruits, noix, raisins, bonbons et autres produits juste avant la congélation définitive, qui a lieu dans une chambre très froide (-32 °C) car elle doit s'effectuer rapidement. L'augmentation de volume d'un produit glacé peut être considérable ; plus elle est élevée, moins l'achat est économique. Le volume a augmenté de 100 % lorsque le taux de foisonnement est de 100 ; avec 1 litre, on a obtenu 2 litres. Dans les pays où la crème glacée se vend au volume et non au poids, et où la quantité d'air permise n'est pas réglementée, comme au Canada, les fabricants peuvent mettre la quantité d'air qu'ils veulent. Quand la loi et les étiquettes sont muettes sur ce sujet, les consommateurs sont lésés, car ils ignorent la proportion réelle de crème glacée qu'ils obtiennent. La crème glacée qui contient moins d'air est plus nourrissante. On peut avoir une idée de la teneur en air en pesant la crème glacée ; un litre non insufflé pèse environ 500 g.

VALEUR NUTRITIVE

La crème glacée à la vanille à 10 % de m. g. renferme

Eau	60,8 %
Protéines	2,6 g
Matières grasses	7,6 g
Glucides	16,8 g
Cholestérol	31,5 mg
142 calories/125 ml	

Elle est une bonne source de vitamine B_{12}; elle contient du potassium, de la riboflavine, du calcium, du zinc, de la vitamine A, du phosphore et de l'acide pantothénique ainsi que des traces de niacine.

La crème glacée à la vanille à 16 % de m. g. renferme

Eau	58,9 %
Protéines	2,2 g
Matières grasses	12,5 g
Glucides	16,9 g
Cholestérol	46,5 mg
185 calories/125 ml	

Elle contient de la vitamine B_{12}, de la vitamine A, du potassium, de la riboflavine, du calcium, du zinc et du phosphore ainsi que des traces d'acide pantothénique.

Le lait glacé à la vanille mou renferme

Protéines	3,7 g
Matières grasses	4 g
Glucides	20,5 g
Cholestérol	13 mg
129 calories/125 ml	

Il est une excellente source de vitamine B_{12}, une bonne source de potassium et de riboflavine ; il contient du calcium, du phosphore, de l'acide pantothénique et du magnésium ainsi que des traces de thiamine, de zinc et de la niacine.

Le lait glacé à la vanille ferme renferme

Protéines	2,8 g
Matières grasses	3 g
Glucides	15,3 g
Cholestérol	9,5 mg
97 calories/125 ml	

Il est une bonne source de vitamine B_{12}; il contient du potassium, de la riboflavine, du calcium, du phosphore et de l'acide pantothénique ainsi que des traces de magnésium et de vitamine A.

Le sorbet à l'orange renferme

Eau	66,1 %
Protéines	1,2 g
Matières grasses	2 g
Glucides	31,1 g
Cholestérol	7,5 mg
143 calories/125 ml	

À la maison, on peut préparer la crème glacée au malaxeur, mais les résultats sont plus satisfaisants avec une sorbetière. Jusqu'à ces dernières années, le principe des sorbetières ne variait pas; il y avait un récipient pour contenir la préparation, des palettes pour l'agiter, une cuve pour recevoir le gros sel, l'eau et la glace, et, dans le cas d'une sorbetière manuelle, une manivelle, et dans celui d'une sorbetière électrique, un moteur. Il existe maintenant des sorbetières qui fonctionnent sans eau et sans sel; on les met au congélateur au moins 7 heures, puis on verse la préparation et on actionne la manivelle. Divers facteurs contribuent à l'obtention de meilleurs résultats dans la fabrication maison de la crème glacée :

Il contient du potassium, du zinc et du calcium ainsi que des traces de vitamine B_{12}.

Le sorbet à la lime, glace à l'eau, renferme

Eau	66,9 %
Protéines	0,4 g
Matières grasses	aucune
Glucides	33,3 g
Cholestérol	aucun
131 calories/125 ml	

Il contient du zinc ainsi que des traces de magnésium.

- ne pas remplir la jarre plus qu'aux deux tiers, car la préparation prend de l'expansion à mesure qu'elle refroidit et qu'elle absorbe de l'air;

- battre le mélange seulement quand il commence à prendre sur le bord du récipient, car si on le fait trop tôt et que le mélange est à la température de la pièce, il peut se transformer en beurre. Le malaxer 2 ou 3 fois donne de meilleurs résultats;

- si la crème glacée ne durcit pas, ajouter plus de sel dans l'eau qui sert à refroidir et vérifier s'il y a suffisamment de glace;

- mettre beaucoup de sel dans l'eau accélère la congélation mais cause un problème, car on ne dispose pas d'assez de temps pour incorporer suffisamment d'air avant que la crème glacée durcisse, et il se forme de larges cristaux;

- l'ajout de fruits présente un problème particulier; les fruits congèlent plus rapidement que la crème glacée, car ils renferment une grande quantité d'eau; ils deviennent donc très durs, ce qui n'est pas très agréable quand on les croque; une solution consiste à les tremper préalablement dans un sirop sucré : ils congèleront à une température plus basse;

- plus la crème glacée contient de matières grasses, moins le risque de formation de cristaux est grand;

- plus le produit contient de sucre, plus il risque d'être granulé (sauf avec le miel et le sirop de maïs) et moins il congèle dur;

- une petite quantité de farine, de fécule de maïs ou de gélatine rend le mélange plus onctueux;

- si de la crème fouettée est ajoutée, elle doit être légèrement battue, car lorsqu'elle est trop fouettée elle prend la consistance du fromage en congelant.

Ne pas s'étonner si la crème glacée maison est plus dure dans le congélateur et plus molle dans l'assiette que la crème glacée industrielle, puisqu'elle est dépourvue d'additifs.

Il existe de nombreuses préparations congelées autres que la crème glacée, dont le lait glacé, le yogourt glacé (voir Yogourt), le sorbet, le granité et le tofutti.

Le lait glacé contient moins de matières grasses que la crème glacée (entre 3 et 5 g/ 100 g). Son contenu en sucre est souvent presque aussi élevé. Les matières grasses ayant une influence sur la texture, la saveur et la valeur nutritive, le lait glacé est donc légèrement moins onctueux, moins savoureux et moins calorifique (152 calories/100 g). Il est plus dense que la crème glacée, car on lui a ajouté moins d'air.

Le sorbet est traditionnellement fait avec du jus ou de la purée de fruits. Il peut aussi être à base de vin, de liqueur, d'alcool ou d'infusion. Il est très peu brassé ou ne l'est pas du tout. Il ne contient pas de jaune d'œuf mais peut renfermer du blanc d'œuf battu en meringue (sorbet italien) ou du lait, substances qui retardent la cristallisation et qui aident à l'obtention de cristaux plus fins. Le sorbet commercial n'est souvent qu'un mélange d'eau et de solides du lait (environ 5 %) aromatisé artificiellement, qui contient jusqu'à 2 fois plus de sucre que la crème glacée, et qui a un contenu en calories intermédiaire entre celui du lait glacé et celui de la crème glacée (175/100 g).

Le granité est un sirop peu sucré parfumé de fruits, de liqueur ou de café. Congelé à moitié, avant qu'il devienne trop dur, le granité a une consistance granulée (ce qui a inspiré son appellation).

Le tofutti ou **tofu glacé** est un produit à base de tofu, un aliment préparé avec du lait de soya, donc dépourvu de lactose. Le tofutti fut créé aux États-Unis en 1981 après plusieurs années de recherche. Son inventeur, David Mintz, voulait rendre accessible aux Juifs suivant les préceptes kasher – qui interdisent la consommation de produits laitiers et de viande au même repas – un aliment semblable à la crème glacée mais exempt de produits laitiers. Le tofutti devait par la même occasion faire le bonheur des nombreuses personnes allergiques au lactose (le principal glucide du lait). Comparé à la crème glacée, le tofutti est beaucoup moins gras, ses matières grasses contiennent très peu d'acides saturés et elles sont exemptes de cholestérol. Le tofutti a deux fois moins de protéines que la crème glacée et autant de calories, car le deuxième ingrédient en importance est le sucre (le tofutti à consistance ferme est plus sucré que le mou). Il contient des arômes naturels, des protéines de soya isolées, de la lécithine de soya et, comme la crème glacée, plusieurs stabilisateurs.

ACHAT ◆ Choisir des contenants fermement congelés et exempts de givre. Il est préférable d'acheter les produits glacés dans un magasin où le roulement est rapide pour s'assurer un maximum de saveur et de valeur nutritive, car celles-ci diminuent avec le temps (il est préférable de ne pas conserver la crème glacée plus de six semaines). Lire les étiquettes si on désire éviter les additifs chimiques, car certains produits en sont exempts et d'autres en contiennent moins que la moyenne.

UTILISATION ◆ La crème glacée et les autres produits congelés sont mangés en desserts et en collations. S'ils sont trop durs, les laisser quelques instants à l'air ambiant ou au réfrigérateur. La crème glacée est souvent nappée de sauce ou battue *(milk-shake)*. Elle accompagne fréquemment gâteaux, tartes, crêpes, gaufres, fruits et biscuits. Aussi surprenant que cela puisse paraître, la crème glacée peut aller au four sans fondre (omelette norvégienne, alaska) pourvu qu'elle soit totalement recouverte de meringue, car les blancs d'œufs forment une barrière impénétrable.

CONSERVATION ◆ Éviter de laisser inutilement les produits congelés à la température de la pièce, car ils perdent de la saveur et contiennent plus facilement des cristaux de glace s'ils sont recongelés (ne pas recongeler un produit qui a complètement dégelé). Bien refermer le contenant pour protéger la saveur.

CRÈME SURE

Autre nom : *crème aigre (Europe)*
Nom anglais : *sour cream*

HISTORIQUE ◆ La crème sure est de la crème dont la saveur est acide. La crème non pasteurisée devient aigre lorsqu'elle manque de fraîcheur. De nos jours, la crème sure est fabriquée commercialement à partir de culture bactérienne. Son ensemencement est rendu nécessaire parce que la crème est pasteurisée, ce qui détruit une grande partie de ses ferments naturels qui font surir la crème à mesure qu'elle vieillit. La crème est mise à fermenter de 12 à 14 heures, à la manière du yogourt. Elle est parfois stabilisée à l'aide d'additifs (ex. : gélatine, alginate de sodium, carragheen). Sa texture est épaisse.

UTILISATION ◆ La crème sure confère un goût acidulé aux aliments. Elle est très utilisée dans les cuisines allemande, anglo-saxonne et russo-polonaise ; elle assaisonne notamment soupes, trempettes, sauces, chou farci, goulasch, pains et gâteaux. Aux États-Unis, la pomme de terre cuite au four puis ornée de crème sure est une présentation classique. Lorsqu'on ajoute de la crème sure dans des aliments chauds, l'incorporer en fin de cuisson et réchauffer doucement sans bouillir. On peut remplacer la crème sure par du yogourt nature dans la plupart des recettes, ce qui permet de diminuer l'ingestion de calories et de matières grasses. Lorsque le yogourt est trop liquide, l'épaissir avec de la poudre de lait. On peut fabriquer de la crème sure à la maison en ajoutant du babeurre à de la crème fraîche qu'on laisse surir au moins 24 heures à la température de la pièce, sans y toucher. On peut aussi incorporer du jus de citron à de la crème, mais les résultats seront décevants si la crème est pasteurisée.

VALEUR NUTRITIVE	
La crème sure de culture à 14 % de m. g. contient	
Eau	78,1 %
Protéines	0,8 g
Matières grasses	4 g
Glucides	1,2 g
Cholestérol	12 mg
44 calories/30 ml	

Ses matières grasses sont composées à 63,5 % d'acides gras saturés.

La crème sure de culture à 18 % de m. g. contient	
Eau	74 %
Protéines	1 g
Matières grasses	5,2 g
Glucides	1,2 g
Cholestérol	12 mg
54 calories/30 ml	

Ses matières grasses sont composées à 62,7 % d'acides gras saturés.

CONSERVATION ◆ La crème sure se conserve de 2 à 3 semaines au réfrigérateur.

CRESSON

Nasturtium officinale, Lepidium sativum, **Crucifères**
Autres noms et espèces : *cresson de fontaine, cresson alénois*
Nom anglais : *watercress*
Autres noms : *garden cress, peppergrass*

HISTORIQUE ◆ Plante herbacée vivace probablement originaire de Perse. Le cresson est reconnu depuis l'Antiquité pour ses vertus médicinales. Le terme latin *nasturtium,* souvent utilisé pour décrire le cresson, est dérivé de *nasus tortus* signifiant « nez tordu », et fait allusion à la forte saveur poivrée du cresson qui fait grimacer et tordre le nez. Il existe plusieurs espèces de cresson, dont la plus populaire est le **cresson de fontaine**.

Le cresson de fontaine est une plante dont les racines poussent dans l'eau. Ses fines tiges peuvent atteindre de 20 à 50 cm de haut. Ses feuilles lustrées contiennent entre 3 et 11 petites feuilles (folioles) rondes ou allongées, d'un vert foncé. De minuscules fleurs blanches cruciformes apparaissent si la plante n'est pas cueillie.

ACHAT ◆ Choisir du cresson aux feuilles fraîches, tendres et bien vertes. Délaisser le cresson aux feuilles molles, jaunies ou tachées.

PRÉPARATION ◆ Enlever les racines. Laver le cresson soigneusement, car il emprisonne sable et terre. Le mettre dans un récipient assez grand pour permettre de le recouvrir d'eau et de la secouer doucement ; changer l'eau autant de fois que cela est nécessaire. Ne pas laisser tremper le cresson. Le laver seulement avant de le consommer, sinon les feuilles perdent leur belle apparence.

UTILISATION ◆ Le cresson se mange cru ou cuit. Il est délicieux en salade ou dans les sandwichs. Il est préférable de l'utiliser avec modération pour que sa forte saveur ne masque pas celle des autres aliments. Le cresson décore et assaisonne mayonnaises, trempettes, salades de patates, pâtes alimentaires et tofu. On le cuit et l'apprête comme l'épinard. Il est excellent en purée incorporée dans les potages ou les sauces.

VALEUR NUTRITIVE	
Le cresson de fontaine cru *Nasturtium officinale* contient	
Eau	95 %
Protéines	2,3 g
Matières grasses	0,1 g
Glucides	1,3 g
Fibres	2,3 g
11 calories/100 g	

Il est une excellente source de vitamine C, de vitamine A et de potassium ; il contient du calcium, du magnésium, de la riboflavine, de la vitamine B_6 et du phosphore ainsi que des traces d'acide pantothénique, de folacine, de cuivre et de niacine. On le dit stimulant, diurétique, apéritif, dépuratif, reminéralisant, tonique, anti-anémique, antiscorbutique et vermifuge.

CONSERVATION ◆ Très fragile, le cresson se conserve mal, même réfrigéré. Enrouler un papier humide autour de ses racines, mettre le tout dans un sac de plastique perforé et placer au réfrigérateur ; le cresson se conservera alors 1 jour ou 2. Le consommer le plus tôt possible. On peut prolonger la durée du cresson en mettant ses tiges dans un récipient contenant de l'eau fraîche que l'on change chaque jour.

CREVETTE

Pandalus spp, **Crustacés**
Autres noms ou espèces : *crevette nordique, bouquet, palémon, crevette grise*
Nom anglais : *shrimp*
Autre nom : *prawn*

HISTORIQUE ◆ La crevette est un petit crustacé habitant la mer, l'eau douce ou l'eau saumâtre. Elle vit dans les eaux tempérées, froides ou chaudes et elle est répartie un peu partout dans le monde. Il existe près de 160 espèces de crevettes classées dans 9 familles différentes. Toutes ne sont pas comestibles ou d'égale saveur. Certains pays, dont les États-Unis, le Japon, la Thaïlande et Taiwan, font la culture des crevettes. Les Américains sont les plus grands consommateurs de crevettes : ils en mangent près de 2,3 million de kilos par année.

Les crevettes ont 2 longues antennes et 5 paires de pattes. Dans certaines espèces, ces pattes sont d'égale grosseur et se terminent par des pinces, sauf la troisième paire qui en est dépourvue. Dans d'autres espèces, la paire de pattes pourvue de pinces est plus volumineuse. Les crevettes mesurent généralement de 4 à 30 cm de long. Elles sont plus petites et plus savoureuses en eau froide, car leur croissance y est plus lente. La crevette naît mâle puis devient femelle après avoir fécondé des œufs, habituellement entre 18 et 30 mois. Cette transformation peut cependant prendre jusqu'à 5 ans dans les eaux particulièrement froides, au Groenland par exemple. La chair translucide et ferme peut être rose, jaune, grise, brunâtre, rougeâtre ou rouge sombre, selon les espèces. Elle devient opaque et rosée à la cuisson. Sa saveur varie selon les espèces. Les crevettes les plus courantes sur le marché ont très bon goût.

En 1983, les Américains ont inventé une technologie qui produit des crevettes restructurées. De la chair de crevettes est pilée, hachée, puis injectée à haute pression dans un appareil qui la chauffe 6 secondes, faisant se dilater et s'agglomérer les protéines. Il en ressort de grosses crevettes qui sont par la suite panées (ça cache tout!) et congelées. Cette machine produit 38 000 crevettes à l'heure. Ces crevettes sont moins coûteuses.

ACHAT ◆ Les crevettes sont rarement vendues vivantes parce qu'elles sont trop fragiles ; elles sont immédiatement congelées ou recouvertes de glace sur les bateaux où elles sont pêchées. Elles sont commercialisées entières ou étêtées, crues, cuites ou fumées, décortiquées ou non. Elles peuvent être fraîches, congelées, séchées ou en conserve. Elles sont classifiées par grosseur, les plus grosses crevettes étant les plus chères.

À l'achat des crevettes fraîches, choisir des crustacés au corps ferme qui sentent la mer. Délaisser les crevettes visqueuses et molles qui sentent l'ammoniac ou qui sont parsemées de taches noires, particulièrement à l'endroit où la tête a été enlevée. À l'achat des crevettes congelées,

VALEUR NUTRITIVE	
La crevette crue contient	
Eau	76 %
Protéines	20 g
Matières grasses	2 g
Glucides	1 g
106 calories/100 g	

Elle est riche en certaines vitamines du complexe B telles que la vitamine B_{12} et la niacine. Elle renferme aussi du cholestérol (153 mg/100 g) et du sodium. Les crevettes sont presque toujours traitées pour qu'elles se conservent plus longtemps, car elles sont très fragiles. Le bisulfite de sodium est fréquemment utilisé, mais il laisse souvent un arrière-goût d'eau de Javel. Ce produit peut causer des réactions allergiques ; les personnes asthmatiques sont particulièrement vulnérables.

choisir des crustacés non recouverts de neige ni desséchés par la «brûlure» de la congélation. Pour un maximum de saveur, il est préférable de ne pas acheter de crevettes décongelées, car on ignore comment elles l'ont été et depuis combien de temps. Or, les crevettes sont meilleures si elles n'ont pas totalement décongelé ou si elles ont décongelé lentement au réfrigérateur.

PRÉPARATION ◆ Décortiquer une crevette, c'est lui ôter sa carapace. Quand la crevette est entière, une façon de procéder consiste à prendre la tête d'une main et le corps de l'autre, puis à tirer pour que la tête s'arrache en entraînant la carapace. Enlever ensuite les parties qui n'auraient pas suivi. Avec une crevette sans tête, on peut entailler la carapace avec des ciseaux avant de l'éplucher ou simplement l'éplucher telle quelle. Une crevette décongelée est moins facile à décortiquer; il vaut mieux procéder quand la crevette est encore légèrement congelée. Un kilo de crevettes ne donne que 500 g de chair cuite, car une crevette entière, crue et non décortiquée subit 50 % de perte : 25 % causée par la cuisson, 25 % par les parties enlevées.

La carapace donne un excellent bouillon qui peut servir pour cuire les crevettes. Recouvrir les carapaces d'eau bouillante et les faire mijoter une dizaine de minutes, puis filtrer le liquide avant d'y plonger les crevettes. Les carapaces non cuites peuvent aussi être moulues puis incorporées à du beurre, qu'elles aromatisent agréablement.

Les crevettes peuvent être mangées lorsqu'elles contiennent encore leur intestin, une veine foncée située sur son dos. Plusieurs personnes préfèrent cependant les crevettes déveinées (certaines crevettes sont vendues ainsi). Faire une petite incision parallèle à la veine sur la chair avec la pointe d'un couteau puis retirer l'intestin.

CUISSON ◆ Le corps des crevettes se courbe à la cuisson. Éviter de trop cuire les crevettes, sinon elles deviennent caoutchouteuses. Les crevettes, décortiquées ou non, sont très souvent cuites à l'eau ou au court-bouillon.

L'eau peut être de l'eau de mer ou de l'eau douce fortement salée (30 ml [2 cuillerées à soupe] de sel par litre).

Le court-bouillon peut consister simplement en de l'eau salée agrémentée d'une rondelle de citron et d'un peu de thym, tout comme il peut varier selon le goût et l'inspiration du moment.

Amener le liquide choisi à ébullition, ajouter les crevettes, couvrir la casserole, éteindre le feu, et laisser cuire de 3 à 5 minutes s'il s'agit de petites crevettes fraîches (le temps de cuisson des crevettes plus grosses ou non décongelées est plus long). Pour vérifier si la cuisson est à point, prendre une crevette, la passer sous l'eau froide, puis y goûter. Une fois la cuisson terminée, égoutter les crevettes immédiatement, puis les passer sous l'eau froide, ce qui arrête la cuisson et protège la saveur.

UTILISATION ◆ La crevette est délicieuse chaude ou froide. Elle s'apprête d'une multitude de façons. On la met dans les soupes, les sauces, les farces et les salades. On la sert en hors-d'œuvre, en entrées et en mets principaux, seule ou avec de la viande, de la volaille, des légumes ou des pâtes alimentaires. La crevette peut être substituée aux autres crustacés dans la plupart des recettes. Elle est un ingrédient important dans la cuisine des pays du Sud-Est asiatique. Elle est souvent saumurée, mise en pâte ou en poudre et utilisée comme condiment.

CONSERVATION ◆ Les crevettes se conservent environ 2 jours au réfrigérateur et 1 mois au congélateur.

CROSNE

Stachys sieboldii, Stachys affinis, Stachys tuberifera, **Labiacées**
Nom anglais : *crosne*
Autres noms : *chinese artichoke, chorogi,
japanese artichoke, stachys, knotroot*

 HISTORIQUE ◆ Tubercule d'une plante potagère vivace originaire de Mandchourie ou du Japon. Ce légume fut cultivé intensivement en France au début du siècle, dans un village nommé Crosne, nom qui lui resta. Il n'est plus guère consommé en Europe et il est très mal connu en Amérique du Nord. Il est beaucoup plus apprécié en Asie.

Le crosne pousse sur une plante formée de tiges qui atteignent de 30 à 45 cm de haut. Ces tiges sont ornées de grandes feuilles ovales, rudes et boursouflées, d'un vert terne. Les tubercules de couleur jaune crème sont noueux, plus ou moins cylindriques et une mince peau comestible les recouvre. Ils mesurent de 5 à 8 cm de long et ont entre 1,5 et 2 cm de diamètre. Leur goût très fin et légèrement sucré rappelle le salsifis ou l'artichaut (en anglais, on nomme ce légume «artichaut chinois» ou «artichaut japonais»). Le crosne se dessèche et perd facilement sa saveur ; il est meilleur fraîchement cueilli.

 ACHAT ◆ Rechercher des crosnes fermes, non ridés et aux extrémités de couleur uniforme.

PRÉPARATION ◆ Il est préférable de ne pas peler ce légume ; d'ailleurs il n'est pas facile à éplucher vu sa forme noueuse. Pour le nettoyer, la façon la plus pratique consiste à le mettre dans un sac ou un linge rempli de gros sel, à le secouer vigoureusement, puis à le rincer.

VALEUR NUTRITIVE	
Le crosne cru contient	
Protéines	2,7 g
Glucides	17,3 g
80 calories/100 g	

UTILISATION ◆ Le crosne est utilisé comme la pomme de terre, le topinambour ou le salsifis. On peut le faire bouillir, l'étuver, le frire, le confire dans le vinaigre ou le mettre en purée. On l'incorpore aux salades ou on le cuit avec d'autres légumes. Il est souvent blanchi (2 minutes) avant d'être cuisiné.

CONSERVATION ◆ Le crosne est assez fragile puisqu'il se dessèche rapidement. Éviter de le laisser séjourner longtemps à la température de la pièce. Le conserver au réfrigérateur.

CROSSE DE FOUGÈRE

Matteuccia struthiopteris, Pteridium pensylvanica, **Polypodiacées**
Nom anglais : *fiddlehead fern*
Autres noms : *bracken, brake*

HISTORIQUE ◆ Jeune pousse de fougère. La crosse de fougère a la forme d'une tête de violon, nom que retient l'anglais pour la désigner *(fiddle head)* ; cette appellation imagée est parfois utilisée incorrectement en français. On cueille les crosses de fougère au printemps, lorsqu'elles sont toutes enroulées et qu'elles mesurent de 10 à 15 cm de hauteur. Cet état dure environ 15 jours. Les crosses de fougère étaient consommées par les Indiens d'Amérique du Nord bien avant l'arrivée des Européens. Elles sont aussi connues depuis fort longtemps des Japonais et des aborigènes australiens et néo-zélandais.

Il existe plusieurs milliers d'espèces de fougères, mais seules les crosses de certaines espèces sont comestibles, dont celles de la **fougère-à-l'autruche** *(Matteuccia struthiopteris)* et de la **grande fougère** *(Pteridium aquilinum)*. Les crosses de la grande fougère contiennent une substance cancérigène cependant. Au Japon, où ce légume est particulièrement apprécié, on grille les crosses avant de les apprêter afin de neutraliser cette substance. Les crosses de la grande fougère poussent en solitaire et leur goût est plus amer que celui de la fougère-à-l'autruche.

Si on cueille soi-même les crosses de fougère, s'assurer de bien les reconnaître, car les espèces non comestibles occasionnent des intoxications alimentaires ; certaines sont même vénéneuses. Les crosses de fougère doivent être vertes et recouvertes de fines écailles d'un brun rouille. Éviter les endroits pollués. Il est très important de ne pas raser la plante complètement, car elle ne peut plus se reproduire ; ne récolter que 3 à 5 crosses par plante pour la fougère-à-l'autruche.

ACHAT ◆ Les crosses de fougère s'achètent fraîches, congelées ou en conserve. Les crosses de fougère fraîches ne sont disponibles qu'au printemps. Elles devraient être bien enroulées, fermes, d'un beau vert et posséder encore leurs écailles brunâtres.

PRÉPARATION ◆ Frotter les crosses de fougère avec les mains pour les débarrasser de leurs écailles. On peut aussi les mettre dans un sac ou dans un linge et les secouer. Les laver soigneusement, les assécher, puis les apprêter.

CUISSON ◆ Éviter de cuire les crosses de fougère à grande eau, de trop les cuire et d'ajouter du bicarbonate de soude à l'eau de cuisson, car cela affecte leur couleur. Ne pas se surprendre si l'eau de cuisson a tendance à brunir. La cuisson à la vapeur ou à l'étuvée donne de très bons résultats ; calculer de 5 à 10 minutes, selon la tendreté désirée.

VALEUR NUTRITIVE
Les crosses de fougère nature contiennent
Eau 62 %
Protéines 2,5 g
Matières grasses 0,3 g
Glucides 3,3 g
20 calories/100 g
Elles sont une bonne source de potassium ; elles contiennent de la vitamine C, de la niacine et du fer ainsi que des traces de calcium. Ce légume a une plus grande valeur nutritive que l'asperge à laquelle il est souvent comparé.

UTILISATION ◆ On consomme les crosses et une petite partie de la tige. Ne jamais manger les crosses de fougère qui ne sont plus enroulées, car elles ne sont plus comestibles. Les crosses de fougère se mangent généralement cuites, chaudes ou froides.

Elles sont délicieuses simplement arrosées de vinaigrette ou nappées de sauce hollandaise, de sauce au fromage ou de béchamel, gratinées ou non. Elles servent de légume d'accompagnement ou se mettent dans les soupes, les salades, les pâtes alimentaires, les omelettes, les ragoûts.

CONSERVATION ◆ Les crosses de fougère sont fragiles. Les réfrigérer le plus vite possible pour arrêter leur maturation et les mettre dans un contenant ouvert pour qu'elles ne fermentent pas. Elles se conservent quelques jours. Les crosses de fougère supportent bien la congélation. Les blanchir 1 ou 2 minutes dans de l'eau bouillante. Les cuire sans les décongeler.

CRUSTACÉS

Nom anglais : *shellfish*

HISTORIQUE ◆ Les crustacés comestibles sont des animaux aquatiques. La plupart (crabe, crevette, homard, langouste, langoustine) habitent la mer. Certains, telles l'écrevisse et quelques espèces de crevettes et de crabes, vivent en eau douce. Les crustacés sont recouverts d'une carapace plus ou moins rigide selon les espèces, carapace qui tombe à la mue quand l'animal grandit, puis qui repousse aussitôt. Les crustacés muent plusieurs fois au cours de leur vie.

Les crustacés sont munis de 5 paires de pattes. Chez la plupart (homard, crabe, écrevisse, langoustine), une paire est beaucoup plus développée et se termine d'un côté par un étau puissant, de l'autre côté par des pinces en dents de scie qui servent à broyer la nourriture. L'étau et les pinces sont placés indifféremment à gauche ou à droite. Les pattes de la crevette, de l'écrevisse et de la langouste sont généralement d'égale grosseur et se terminent par des pinces (des crochets pour la langouste). La cage thoracique des crustacés est soudée à la tête, les pattes y sont rattachées. La plupart des crustacés se déplacent en marchant au fond de la mer. Le crabe peut se mouvoir très vite, même latéralement. Certaines espèces s'aventurent sur les plages. L'écrevisse peut reculer, ce qui a donné l'expression « marcher comme une écrevisse ».

Les femelles se distinguent des mâles par une sorte de palme (ou nageoire) placée sous le coffre, qui sert à retenir les œufs. Chez le mâle, cette partie, qui n'a pas la forme d'une nageoire, est plus fine et plus rigide. Les œufs (« corail »), de couleur rouge, sont comestibles.

ACHAT ◆ Les crustacés vivants doivent être lourds, vigoureux (le homard marche, le crabe replie ses pattes énergiquement), d'odeur agréable et avoir une carapace intacte. Les crustacés conservés dans de la glace concassée doivent avoir une carapace exempte de taches verdâtres ou noirâtres, la chair ferme d'odeur agréable et la queue repliée, signe qu'ils étaient encore vivants lorsqu'ils ont été cuits. La fraîcheur des crustacés surgelés (crus, cuits ou cuisinés)

VALEUR NUTRITIVE

Les crustacés sont une excellente source de protéines, de vitamines (dont la niacine et la vitamine B_{12}) et de minéraux (notamment le zinc et le cuivre) tout en étant pauvres en matières grasses. Ils contiennent aussi du cholestérol, de 50 à 150 mg/100 g, crus. Comme les mollusques, ils ne sont comestibles que s'ils proviennent d'endroits non pollués. Ils peuvent causer de l'allergie à des personnes plus sensibles (voir Mollusques).

169

se vérifie par l'absence de neige, de cristaux de glace ou de dessèchement de la chair («brûlure» de congélation). Crus ou cuits, les crustacés peuvent avoir été décongelés. S'en assurer si ce n'est pas indiqué, car ils ne doivent pas être recongelés et ils se conservent moins longtemps.

CUISSON ◆ Les crustacés doivent être vivants jusqu'au moment de leur cuisson, sinon ils peuvent devenir toxiques. Quand c'est possible, il peut être plus intéressant de les cuire soi-même ; on sait ainsi s'ils sont réellement vivants avant la cuisson. Presque tous les crustacés changent de couleur et rosissent quand ils sont plongés dans de l'eau bouillante. L'effet de la chaleur fait ressortir le pigment rouge (carotène) qui n'était auparavant qu'un pigment parmi les autres. La cuisson à l'eau bouillante est très simple et demande peu de préparation, si ce n'est de remplir les éventuels trous sur la carapace des homards et des crabes avec de la mie de pain comprimée. Les avis diffèrent sur la façon de cuire les crustacés vivants par ébullition. Généralement, on les cuit en les plongeant la tête la première dans de l'eau bouillante pour les tuer instantanément (se méfier des éclaboussures, causées surtout par la queue qui se replie). On affirme que les crustacés sont plus savoureux. Certaines personnes trouvent cette méthode cruelle et affirment qu'elle durcit la chair. Elles préfèrent placer les crustacés une heure au congélateur, ce qui les engourdirait et les ferait mourir doucement, ou les mettre dans de l'eau fraîche. Elles cuisent ensuite les crustacés dans de l'eau fraîche portée lentement à ébullition (de l'eau de mer, de l'eau douce [ajouter 15 à 30 ml de sel par litre] ou un court-bouillon). Lorsque les crustacés sont cuits vivants, calculer le temps de cuisson à partir du moment où ils sont plongés dans l'eau bouillante. Lorsque les crustacés sont cuits dans de l'eau fraîche, calculer à partir du moment où l'ébullition commence. Toujours les cuire dans suffisamment d'eau pour les recouvrir complètement. Le temps de cuisson varie selon les espèces et leur grosseur. Veiller à ne pas dépasser le temps indiqué dans les recettes, sinon la chair de l'animal durcit et perd de la saveur.

Une technologie mise au point par les Japonais permet de fabriquer des succédanés de crustacés. On confectionne des imitations de crevette, de crabe et de homard, ainsi que de nombreux aliments préparés à partir de ces produits (voir Kamaboko).

UTILISATION ◆ Les crustacés se mangent chauds ou froids mais toujours après cuisson. Ils s'apprêtent d'une multitude de façons.

CONSERVATION ◆ Les crustacés se conservent au réfrigérateur ou au congélateur. Certains, tels le homard et le crabe vivants, sont placés dans des viviers dans des poissonneries et dans certains restaurants.

CUMIN

Cuminum cyminum, **Ombellifères**
Nom anglais : *cumin*

HISTORIQUE ◆ Plante aromatique annuelle originaire de la région méditerranéenne. Le cumin est consommé depuis des millénaires. Il fut et demeure populaire auprès des peuples du Moyen-Orient. Il est cité dans la Bible. En ancienne Égypte, on se servait du cumin lors de la momification des rois. Dans l'Europe du Moyen-Âge, les gens croyaient que le cumin rendait les amoureux fidèles et qu'il empêchait les poules de s'égarer.

La tige fragile et ramifiée du cumin atteint de 30 à 50 cm de haut. Les feuilles découpées en de fines lanières ressemblent à celles du fenouil, une espèce de la même famille. Les fleurs blanches ou rosées sont groupées en ombelles comportant 5 ou 6 rayons. Chacune donne 2 petites graines oblongues et striées recouvertes de petits poils durs de couleur brunâtre. Ces graines sont fréquemment confondues avec celles du carvi, une autre espèce de la même famille. Elles ont une forte odeur et une saveur chaude et pénétrante qui ne plaît pas toujours. Il faut souvent s'y habituer en utilisant les graines avec parcimonie.

 ACHAT ◆ Il est préférable d'acheter les graines entières, car elles ont plus de saveur que les graines moulues et se conservent plus longtemps.

PRÉPARATION ◆ Écraser et rôtir les graines pour qu'elles dégagent toute leur saveur. Si on désire que leur parfum soit plus délicat, les sauter brièvement dans un corps gras avant de les écraser.

UTILISATION ◆ Les cuisines arabe, indienne et mexicaine font un grand usage du cumin. Celui-ci aromatise notamment soupes, légumes, fromages, œufs, riz, légumineuses, saucisses, ragoûts, pâtés, bœuf, marinades, pâtisseries et pains. Le cumin est un des ingrédients de l'assaisonnement au chili et du cari. Les Arabes attribuent une valeur aphrodisiaque à une pâte liquide formée de ses graines broyées, accompagnées de poivre et de miel.

VALEUR NUTRITIVE	
Les graines de cumin fournissent	
Potassium	38 mg
Calcium	20 mg
Phosphore	10 mg
Magnésium	8 mg
Fer/5 ml (2 g)	1,39 mg

On dit le cumin carminatif, diurétique, digestif, vermifuge et sédatif. En tisane, mettre 15 ml (1 cuillerée à soupe) par tasse d'eau, faire bouillir 2 à 3 minutes, puis laisser infuser 10 minutes.

CURCUMA

Curcuma longa, **Zingiberacées**
Nom anglais : *turmeric*

HISTORIQUE ◆ Rhizome d'une plante herbacée vivace probablement originaire d'Indonésie et de Malaysia. Le curcuma est apparenté au gingembre. Il pousse dans les pays tropicaux et est cultivé notamment en Chine, en Inde, en Indonésie, aux Philippines, au Japon, à Haïti, en Jamaïque et au Pérou. Curcuma est un mot d'origine espagnole qui est dérivé de l'arabe *kourkoum* signifiant « safran ». Il arrive d'ailleurs qu'on nomme cette épice « safran des Indes » car le curcuma, qui est une épice de base dans ce pays, a une propriété colorante identique à celle du safran. La matière colorante est appelée « curcumine ». Le curcuma est consommé depuis des millénaires. Il fut introduit en Europe par des marchands arabes.

La plante atteint 1 m de haut. Les feuilles, longues et elliptiques, sont d'un vert brillant et les fleurs jaune pâle. La multiplication de la plante s'effectue par la bouture des rhizomes. Ces rhizomes noueux sont de couleur jaune or ou jaune citron, selon les variétés. Ils sont rarement commercialisés tels quels. Ils sont réduits en poudre après avoir été cuits et déshydratés. Le curcuma est une épice fortement aromatique au goût piquant un peu amer, passablement différente du safran.

 ACHAT ◆ La couleur du curcuma n'est pas un critère de qualité, car elle varie selon les variétés.

UTILISATION ◆ À cause de sa forte saveur, utiliser le curcuma modérément pour éviter qu'il ne masque le goût des autres aliments. Cette épice est populaire dans le Sud-Est asiatique, où elle colore et assaisonne une grande quantité de plats, notamment soupes, sauces, salades, lentilles, riz, œufs, poisson et crustacés. En Inde, le curcuma est l'un des principaux éléments des currys, des chutneys et du garam massala, un mélange d'épices. Les Anglais, qui ont colonisé l'Inde, ont intégré le curcuma dans leur cuisine. Le curcuma colore notamment moutardes, marinades, confiseries et produits laitiers. L'industrie alimentaire fait grand usage du curcuma. Elle s'en sert entre autres pour colorer beurre, margarines, fromages et graisses alimentaires.

VALEUR NUTRITIVE	
Le curcuma moulu fournit	
Potassium	56 mg
Phosphore	6 mg
Calcium	4 mg
Magnésium	4 mg
Fer/5 ml (2 g)	0,91 mg

On dit le curcuma antispasmodique, digestif et diurétique. Il est employé en application externe contre les rhumes, les engorgements laiteux, les plaies et les maladies de peau.

CYNORRHODON

Rosa spp, **Rosacées**

Nom anglais : *rose hip*

HISTORIQUE ◆ Fruit de l'églantier, un rosier sauvage. L'églantier se différencie des autres rosiers par ses fleurs qui donnent naissance à des fruits charnus, sphériques ou légèrement allongés, d'un rouge orangé. Il pousse dans de nombreux pays. Il en existe plusieurs variétés.

Le cynorrhodon est en réalité un faux fruit. C'est un réceptacle poilu qui contient une substance jaunâtre passablement sucrée, pleine de nombreuses graines (les akènes) qui sont les véritables fruits. Ces graines blanchâtres sont recouvertes de minuscules poils piquants (utilisés comme poil à gratter). On cueille habituellement le cynorrhodon après les gelées.

PRÉPARATION ◆ La préparation du cynorrhodon est longue, car il faut le débarrasser des graines et des poils. Le faire tremper préalablement au moins toute une nuit facilite l'opération. Le passer au presse-purée, puis le filtrer à l'aide d'un coton à fromage ou d'un fin tamis.

UTILISATION ◆ Le cynorrhodon est peu agréable à manger cru, car il a un goût fade et cotonneux. Il est transformé en confiture, en gelée, en sirop, en jus ou en eau de vie. On en fait des tisanes qu'il colore de rouge. Mettre 5 ml (1 cuillerée à café) de baies entières ou concassées par tasse d'eau et laisser bouillir 5 minutes.

CONSERVATION ◆ Le cynorrhodon se conserve au réfrigérateur.

VALEUR NUTRITIVE
Le cynorrhodon est très riche en vitamine C, il en contient autant qu'un citron. Son contenu en vitamine A, en calcium, en phosphore et en fer est appréciable. Les graines sont riches en vitamine E. On peut les moudre après avoir enlevé les poils par lavage ou par frottement et les utiliser comme supplément vitaminique. Le cynorrhodon renferme des tannins, ce qui le rend astringent. On le dit antidiarrhéique, antianémique, diurétique, tonique, calmant et vermifuge.

DATTE

Phoenix dactylifera, **Palmacées**
Nom anglais : *date*

 HISTORIQUE ◆ Fruit du dattier, un arbre originaire du Moyen-Orient. Le dattier fait partie de la grande famille des palmiers et pousse dans les pays chauds et humides. L'importance du dattier chez les peuples méditerranéens est considérable, et ce, depuis les temps reculés. On le nomma « arbre de vie » et il en est fait mention dans la Bible. Ses fruits, ses bourgeons et sa sève peuvent être consommés. Ses fibres entrent dans la fabrication de tissus et ses noyaux servent de combustible ou de tourteau qui alimente moutons et chameaux. Les États-Unis, l'Algérie, l'Irak et Israël sont de très importants pays producteurs.

Le dattier peut mesurer plus de 30 m de haut et produire chaque année un millier de dattes et même plus. Elles sont regroupées dans des régimes de 200 dattes pouvant peser jusqu'à 18 kg chacun. La datte a une forme allongée et étroite. Elle mesure de 2 à 6 cm de long et environ 2 cm de diamètre. Le mot datte fait référence à la forme du fruit ; il est dérivé du terme grec *daktulos* qui signifie « doigt ». La chair de la datte immature est verte ; elle devient ambrée ou brunâtre lorsqu'elle mûrit. Elle enrobe un petit noyau, qui est en fait un albumen corné. La saveur, la teneur en sucre et la consistance des dattes sont variables. Les dattes sont habituellement classées en dattes molles, semi-molles ou fermes. Il en existe plus de 100 variétés, dont seulement quelques-unes ont une importance commerciale. Aux États-Unis, ce sont la Deglet Noor, la Medjool, la Khadrawi, la Zahidi, la Halawi et la Bardhi. *Deglet Noor* signifie en arabe « datte de lumière » ; c'est une des variétés les plus appréciées mondialement ; elle représente environ 85 % de la production américaine.

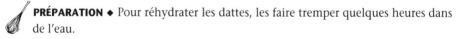 **ACHAT** ◆ Choisir des dattes dodues, molles et bien colorées. Délaisser les dattes ternes, desséchées, moisies ou fermentées. Les dattes se vendent avec ou sans noyau.

PRÉPARATION ◆ Pour réhydrater les dattes, les faire tremper quelques heures dans de l'eau.

UTILISATION ◆ Les dattes peuvent être mangées telles quelles ou entrer dans la préparation de nombreux aliments. En Amérique du Nord, elles sont surtout associées aux mets sucrés (gâteaux, biscuits, carrés, muffins, céréales, etc.). Ailleurs, dans les pays arabes par exemple, leur usage est plus diversifié. Elles sont notamment farcies, confites, distillées ou mises dans les salades et les couscous. En Inde, on cuit les dattes en chutney ou on les met dans les currys. Les dattes étant très sucrées, on peut diminuer considérablement et même supprimer le sucre prévu dans les recettes.

On peut transformer les dattes en sucre, qu'on utilise de la même façon que les autres sucres. Dénoyauter les dattes, les trancher, puis les mettre sans qu'elles se touchent sur une plaque à biscuits non graissée. Les placer dans un four à 250 °C de 12 à 15 heures, en ouvrant la porte de temps en temps pour que l'humidité s'échappe et pour vérifier l'état des dattes. Celles-ci sont prêtes quand elles sont devenues dures comme le marbre. Après refroidissement, les moudre, par exemple dans un mélangeur à vitesse faible ou modérée.

CONSERVATION ◆ Pour éviter que les dattes ne continuent à se déshydrater, les conserver à l'abri de l'air et du soleil dans un endroit frais et sec ; elles peuvent se garder de 6 à 12 mois, selon les variétés. Garder les dattes fraîches au réfrigérateur, où elles se conserveront au moins 2 semaines. Les envelopper afin qu'elles n'absorbent pas les odeurs. Ne pas congeler les dattes, car elles ont habituellement été congelées déjà lors du transport.

VALEUR NUTRITIVE	
Les dattes séchées contiennent	
Eau	23 %
Protéines	1,9 g
Matières grasses	0,5 g
Glucides	74 g
Fibres	5 g
275 calories/100 g	

Les dattes séchées sont nourrissantes, surtout à cause de leur haute teneur en glucides. Elles ont une teneur très élevée en potassium. Elles sont également une source de cuivre, d'acide pantothénique, de vitamine B_6, de niacine, de magnésium et de fer. Les dattes séchées contiennent aussi des traces de calcium, de phosphore et de sodium. On les dit reminéralisantes et toniques. Les dattes sont souvent sulfurées et il arrive qu'on les enduise de sirop (de maïs ou autre) pour les garder humides, ce qui augmente leur teneur en sucre, déjà très élevée.

DINDE

Meleagris gallopavo, **Gallinacés**
Nom anglais : *turkey*

HISTORIQUE ◆ La dinde est un oiseau de basse-cour dont la tête et le cou, de couleur rouge violacé, sont dépourvus de plumes et présentent plusieurs protubérances. Originaire d'Amérique du Nord, la dinde fut introduite en Europe par les Espagnols. Ils lui donnèrent le nom de « poule d'Inde », car ils crurent qu'ils étaient en Inde lorsqu'ils débarquèrent dans le Nouveau-Monde. À cette époque, le mot dinde désignait une pintade originaire d'Afrique de l'Ouest. En Europe, la dinde fut d'abord servie sur les tables royales. Elle se tailla une place de plus en plus importante dans la cuisine de plusieurs pays et finit même par remplacer l'oie de Noël, notamment en Angleterre. Les Jésuites furent les premiers à introduire la dinde en France, où ils en firent l'élevage intensif. On prit l'habitude de nommer la dinde « jésuite », terme encore utilisé de nos jours. Aux États-Unis et au Canada, la dinde farcie est le mets traditionnel non seulement de Noël mais aussi de l'Action de grâces. On la sert accompagnée de gelée ou de confiture d'atocas, une variété d'airelles rouges.

La dinde sauvage a peu de chair, contrairement à la dinde d'élevage devenue charnue par suite de nombreux croisements. La dinde domestiquée peut peser jusqu'à environ 18 kg. On trouve sur le marché du dindonneau (mâle ou femelle), de la dinde et du dindon. On nomme dindonneau une volaille âgée de moins de 15 semaines et qui ne pèse pas plus de 4,5 kg. La dinde est tuée quand elle a autour de 17 ou 18 semaines et le dindon entre 20 et 26 semaines. En cuisine, on fait rarement la différence entre la dinde et le dindon.

La chair de la dinde est moins fine et plus sèche que celle du poulet. Plus l'animal est gros, moins il est savoureux. Si le dindon coûte souvent plus cher, c'est parce qu'il est plus coûteux à produire, non parce qu'il est meilleur. Sa chair est moins tendre, plus sèche et de saveur plus prononcée.

ACHAT ◆ Ces volatiles sont généralement trop gros pour les besoins actuels, car les familles sont plus restreintes qu'auparavant. Devant une baisse de son marché, l'industrie de la dinde a réagi en inventant toute une gamme de produits. On trouve maintenant entre autres de la dinde désossée, hachée, coupée en escalopes ou en cubes, façonnée en rôti (que l'on nomme également roulé) ou incorporée à toute une série de produits transformés (saucisse, saucisson, pastrami, salami, Kiel, Kolbassa). La dinde désossée peut être vendue sans peau, peut ne contenir que de la viande blanche ou un mélange de viande blanche et brune ; elle peut aussi être cuite et fumée ou aromatisée à la saveur de jambon. Prêts à cuire ou à servir, ces produits sont surtout vendus congelés. Lire la liste des ingrédients qui les composent si on désire limiter sa consommation d'additifs, car un certain nombre en contiennent (ex. : glutamate monosodique, phosphate de sodium, colorants, aromatisants, édulcorants). La dinde est aussi vendue farcie ou injectée de corps gras. L'injection de gras dans les chairs ajoute jusqu'à 3 % du poids. La dinde injectée de corps gras coûte plus cher, et comme le mélange utilisé est souvent à base de matières grasses fortement saturées (huile végétale hydrogénée, beurre), cela peut occasionner des effets déplorables sur la santé. Ce gras n'est pas essentiel à l'obtention d'une dinde savoureuse. On peut obtenir de très bons résultats en cuisant la dinde à des températures pas trop élevées et en l'arrosant durant la cuisson. Si on préfère une dinde imprégnée de gras, on peut le faire soi-même, ce qui permet de choisir un produit moins saturé.

VALEUR NUTRITIVE

La chair crue de dinde (blanc et brun) contient

Protéines	22 g
Matières grasses	3 g
Cholestérol	65 mg
119 calories/100 g	

Si on inclut la peau

Protéines	20 g
Matières grasses	8 g
Cholestérol	68 mg
160 calories/100 g	

La chair blanche ou brune rôtie contient

Protéines	29 g
Matières grasses	5 g
Cholestérol	76 mg
170 calories/100 g	

Si on inclut la peau

Protéines	28 g
Matières grasses	10 g
Cholestérol	82 mg
208 calories/100 g	

La dinde est riche en fer, en protéines, en niacine, en vitamine B_6, en zinc et en potassium. C'est aussi une bonne source de vitamine B_{12} et de phosphore. Environ 40 % du poids de la volaille entière est comestible. La dinde a presque deux fois plus de chair blanche que de brune. La chair blanche est moins grasse, moins humide et généralement plus appréciée. On obtient environ 400 g de viande cuite pour chaque kilogramme de chair non cuite, dont 250 g peuvent se servir tranchés.

CUISSON ◆ Décongeler la dinde complètement avant de la cuire ; cela permet une cuisson plus uniforme et aide à détruire plus efficacement les bactéries nocives de salmonelles. La décongélation idéale s'effectue au réfrigérateur, calculer environ 5 heures par kilogramme, ou au four à micro-ondes (voir Volaille). Il n'est pas prudent de cuire la dinde à basse température, car les bactéries ne sont pas neutralisées assez rapidement. La température idéale se situe entre 150 et 160 °C.

CUISSON DE LA DINDE		
Durée de cuisson (four à 160 °C)	Poids (kg)	Durée de cuisson pour rôtir (h)
Dinde entière	3	3 h 30 à 4 h 15
	4	4 h à 4 h 45
	5	4 h 30 à 5 h 15
	7	5 h 15 à 6 h
	9	5 h 45 à 6 h 30
	11	6 h 15 à 7 h
Demi-dinde	2	2 h 30 à 3 h
	4	4 h à 4 h 30
	6	4 h 30 à 5 h
Quart de dinde	2	3 h à 3 h 30
	3	3 h 30 à 4 h
Pilons (6 morceaux)	1,3 à 1,5	1 h 30 à 1 h 45
Cuisses (6 morceaux)	1,7 à 1,9	1 h 30 à 1 h 45
Ailes (8 morceaux)	2 à 2,2	1 h 15 à 1 h 30
Demi-poitrine	0,8 à 1	1 h 45 à 2 h

UTILISATION ◆ La dinde est très souvent rôtie. Elle peut cependant être cuisinée de multiples autres façons. Elle s'apprête comme le poulet, qu'elle peut remplacer dans la plupart des recettes. Comme le poulet, elle est délicieuse froide, notamment dans les salades, les aspics et les sandwichs.

DOLIQUE

Vigna spp ou *Dolichos spp*, **Légumineuses**
Nom anglais : *cowpea*
Autres noms : *black-eyed pea, yard-long bean, lablab bean*

HISTORIQUE ◆ Nom commun des légumineuses du genre *Vigna*. Le terme « dolique » (ou « dolic ») vient du grec *dolikhos*, signifiant « haricot ». Il existe plusieurs variétés de doliques, dont le dolique à œil noir, le dolique asperge et le dolique d'Égypte.

Dolique à œil noir *(Vigna unguiculata* ou *Vigna sinensis)*. Appelé « cornille » dans l'ouest de la France et « blackeye pea » ou « cowpea » en anglais, le dolique à œil noir est probablement originaire de l'Inde, où il est cultivé depuis fort longtemps. Son nom lui vient du fait que son hile (point d'attache à la gousse) forme une tache foncée, habituellement noire, parfois brune, rouge ou pourpre foncé selon les variétés, qui lui donne l'aspect d'un œil. Ce hile disparaît à la cuisson.

Il existe environ 7 000 variétés de doliques à œil noir. Cela a une incidence notamment sur la couleur du haricot, qui peut être blanc, rouge, brun, noir, vert jaunâtre ou crème, uni, tacheté ou marbré. Le haricot pousse sur une plante annuelle qui peut mesurer plus de 80 cm de haut et qui croît dans les régions tropicales et subtropicales. Les gousses droites, spiralées ou courbées mesurent de 4 à 7 cm de long. Elles renferment de 2 à 12 graines lisses ou plissées, réniformes, globulaires ou légèrement rectangulaires.

CUISSON ◆ Le dolique à œil noir cuit très rapidement et n'a pas besoin de trempage. Il nécessite environ 45 minutes de cuisson. Éviter une cuisson excessive, car il se transforme facilement en purée. Dans la marmite à pression (à 103 kPa) :

- avec trempage, environ 10 minutes,
- sans trempage, de 10 à 20 minutes.

UTILISATION ◆ Les gousses immatures du dolique à œil noir sont comestibles et sont souvent servies comme légume vert. Les feuilles et les racines sont également comestibles. Le dolique à œil noir est très savoureux. On le met dans les soupes et les salades. On le cuit en beignets ou à la casserole. On le transforme en purée ou on le fait germer.

———————

Dolique asperge *(Vigna* ou *Dolichos sesquipedalis).* Le dolique asperge pousse sur une plante grimpante qui atteint de 2 à 4 m de haut. Ses très belles fleurs sont de couleur azur violacé. Le dolique asperge serait originaire de l'Inde, d'Afrique ou de Chine. Il est cultivé depuis les temps préhistoriques. Il pousse sous les climats tropicaux et subtropicaux. Il est particulièrement apprécié en Extrême-Orient, en Afrique et dans les Caraïbes.

Les gousses droites ou crochues atteignent de 30 cm à 1 m de long. Elles contiennent de 15 à 20 graines réniformes et allongées, habituellement noires ou brunes. Ces graines mesurent de 15 à 20 mm de long et de 8 à 12 mm de large. Leur saveur est à mi-chemin entre celles du haricot et de l'asperge.

UTILISATION ◆ Le dolique asperge se consomme principalement frais, comme le haricot vert. Il est moins juteux et moins sucré cependant. Sa saveur, plus prononcée, ressemble davantage à celle des haricots secs. La cuisson à l'orientale convient particulièrement bien au dolique asperge. Les graines s'apprêtent commes les graines des autres légumineuses.

———————

Dolique d'Égypte *(Lablac purpureus, Lablab niger, Lablab vulgaris* ou *Dolichos lablab).* Probablement originaire de l'Inde, où il est consommé depuis très longtemps, le dolique d'Égypte est aussi apprécié en Afrique, en Amérique centrale, en Amérique du Sud et en Asie. Il pousse sur une plante tropicale et subtropicale qui mesure le plus souvent de 2 à 3 m de haut, mais qui peut atteindre jusqu'à 6 m.

Les gousses souvent recourbées sont oblongues, plates ou enflées. Elles mesurent de 5 à 20 cm de long et de 1 à 5 cm de large. Elles contiennent des graines plates et allongées, aux bouts arrondis, presque aussi larges que

---

VALEUR NUTRITIVE

Le dolique à œil noir cuit contient
Eau	70 %
Protéines	7,7 g
Matières grasses	0,5 g
Glucides	20,8 g
Fibres	9,6 g
116 calories/100 g	

Il est une excellente source de folacine et une bonne source de potassium, de magnésium, de fer et de thiamine ; il contient du phosphore, du zinc, du cuivre, de la niacine, de l'acide pantothénique et de la vitamine B$_6$ ainsi que des traces de calcium. Les protéines sont dites incomplètes, car elles sont déficientes en certains acides aminés (voir Théorie de la complémentarité).

Le dolique asperge bouilli contient
Eau	68,8 %
Protéines	8,3 g
Matières grasses	0,5 g
Glucides	21,1 g
Fibres	2 g
118 calories/100 g	

Il est une excellente source de folacine, de magnésium et de potassium et une bonne source de fer, de phosphore et de thiamine ; il contient du zinc, du cuivre, de l'acide pantothénique et de la vitamine B$_6$ ainsi que des traces de riboflavine, de calcium et de niacine. Il est une source de fibres alimentaires

Le dolique d'Égypte séché contient
Eau	12 %
Protéines	22,2 g
Matières grasses	1,5 g
Glucides	61 g
Fibres	6,9 g
338 calories/100 g environ	

Il est une excellente source de thiamine, de phosphore et de fer ; bonne source d'acide pantothénique, il contient aussi de la riboflavine, de la niacine et du calcium.

Le dolique d'Égypte frais et bouilli contient
Eau	86,9 %
Protéines	2,9 g
Matières grasses	0,2 g
Glucides	9,2 g
Fibres	1,8 g
49 calories/100 g environ	

Il est une excellente source de cuivre et une bonne source de potassium et de magnésium ; il contient de la riboflavine, du fer et du phosphore ainsi que des traces de thiamine, de zinc, de calcium et de vitamine A. Il est une source de fibres alimentaires.

---

longues. Ces graines blanches, brunes, noires ou rouges sont unies ou mouchetées, selon les variétés, estimées à près de 50. Elles sont ornées d'un long hile blanc proéminent.

UTILISATION ◆ Le dolique d'Égypte est utilisé comme les autres légumineuses, qu'il peut remplacer dans la plupart des recettes. Séché puis moulu en farine, il est incorporé au pain ou sert à confectionner des boulettes cuites, comme le gruau. On le fait germer.

DORADE

Chrysophrys aurata, **Sparidés**
Autres noms et espèces : *dorade grise, dorade rose, dorade royale, daurade,*
Nom anglais : *sea bream*
Autres noms : *redbream, squire, gilt-poll*

HISTORIQUE ◆ La dorade est un poisson côtier fréquentant surtout les eaux tropicales de la Méditerranée, de l'Atlantique, de la mer Rouge et du Pacifique. Elle est particulièrement abondante en Europe, en Australie et en Nouvelle-Zélande.

La dorade a le corps ovale et des flancs aplatis. Elle donne l'impression d'être allongée alors qu'elle est plutôt trapue. Elle mesure généralement de 20 à 35 cm de long et pèse de 0,3 à 3 kg. Les épines de ses nageoires sont très dures. Sa peau rosée ou rougeâtre est parsemée de nombreuses petites taches bleues. Elle est couverte de nombreuses et grandes écailles. La dorade a une tête volumineuse, de gros yeux, un front busqué, une petite bouche et de fortes dents, dont elle se sert pour broyer les coquillages. Sa chair blanche et maigre est très savoureuse.

PRÉPARATION ◆ Les grandes écailles collantes sont désagréables à enlever, car elles volent dans toutes les directions (il faut souvent compléter le travail du poissonnier à la maison). Pour éviter d'écailler le poisson, lever les filets puis tirer sur la peau, qui vient facilement car elle est épaisse. Si on pêche soi-même la dorade, il est important de l'écailler le plus tôt possible. La dorade a beaucoup d'arêtes. Il est possible d'en enlever quand elle est dépouillée et mise en filets : repérer les arêtes avec les doigts et les retirer en prenant soin de ne pas endommager la chair.

VALEUR NUTRITIVE	
La dorade contient	
Protéines	16 g
Matières grasses	1 g
73 calories/100 g	
Elle est maigre.	

UTILISATION ◆ Ce poisson peut s'apprêter de toutes les manières, les plus simples étant les meilleures. Il est délicieux en sashimi et en ceviche ou fumé. Ses œufs sont excellents.

DORÉ / SANDRE

Stizostedion spp, **Percidés**
Nom anglais : *walleye*
Autres noms : *pike perch, zander*

HISTORIQUE ◆ Le doré habite les eaux fraîches des lacs et des grandes rivières. Son long corps est à peine aplati. Sa bouche est large, sa mâchoire robuste et sa dentition fournie. Le doré se distingue du brochet, avec lequel il est souvent confondu, par ses deux nageoires dorsales (le brochet n'en a qu'une).

Le doré noir et le doré jaune sont les espèces les plus courantes au Canada.

Le **doré noir** ou **sandre du Canada** *(Stizostedion canadense)* a un corps cylindrique plutôt robuste. Son museau est long et pointu, caractéristique des dorés. Ses joues sont couvertes d'écailles rugueuses. Le doré noir mesure généralement de 25 à 40 cm de long. Son dos est coloré de brun ou de gris et ses flancs sont jaunes, marbrés de brun foncé.

Le **doré jaune** *(Stizostedion vitreum)* a la tête plus haute et le corps moins mince que le doré noir. Ses yeux sont plus grands et plus foncés. Ses joues sont lisses. C'est le plus grand de la famille des perches. Il mesure généralement de 33 à 50 cm de long et peut peser de 1 à 2 kg. Sa peau brun olivâtre ou brun foncé est marbrée de jaune ou d'or et de lignes obliques plus ou moins floues.

La chair blanche et maigre est ferme et savoureuse. La chair du doré jaune est plus ferme et plus fine que celle du doré noir.

ACHAT ◆ Le doré est commercialisé entier ou en filets frais ou congelés.

UTILISATION ◆ Le doré est un poisson savoureux qui supporte tous les modes de cuisson. Il s'apprête comme la perche ou tout autre poisson à chair ferme.

VALEUR NUTRITIVE	
Le doré noir contient	
Protéines	17 g
Matières grasses	1 g
83 calories/100 g, cru	

DURION

Durio zibethinus, **Malvacées**
Autres noms : *dourian, durian*
Nom anglais : *durian*

HISTORIQUE ◆ Fruit d'un arbre originaire de Malaysia. Cet arbre peut atteindre 40 m de haut. Il est apparenté notamment au baobab, au cacaoyer, au cotonnier et à la mauve. Le durion est rarement cultivé hors d'Asie, car il s'acclimate difficilement. C'est un fruit volumineux de forme étrange. Il ressemble au jaque mais ne fait pas partie de la même famille que celui-ci. À maturité, il dégage une odeur repoussante. Ce fruit est cependant très apprécié dans les pays où on le cultive. Il est difficile à transporter à cause de sa taille, de ses épines et de son odeur. Le durion pèse de 2 à 10 kg et mesure de 20 à

30 cm de diamètre et environ 30 cm de long. Sa peau est marquée de quelques rainures qui craquent lorsque le fruit est mûr. On profite de ces parties faibles pour ouvrir le fruit. L'intérieur du durion est divisé en 5 ou 6 sections, séparées par une membrane blanche non comestible. Chaque section contient jusqu'à 6 graines comestibles luisantes, emprisonnées dans la chair. Cette chair jaunâtre est douce, crémeuse et compacte. Sa saveur très particulière se décrit difficilement mais ne laisse pas indifférent.

 ACHAT ◆ Choisir un durion à la peau intacte afin d'éviter le risque de contamination. Le jaunissement de la peau indique que le fruit est mûr.

PRÉPARATION ◆ Ouvrir le durion en introduisant un couteau bien aiguisé dans ses rainures. Retirer la chair à l'aide d'une cuiller et enlever les graines.

UTILISATION ◆ Une fois la répulsion face à l'odeur du durion passée, on découvre un fruit que plusieurs savourent avec plaisir. Le durion se mange souvent nature. On l'intègre au yogourt et à la crème glacée. On le cuit en confiture. En Asie, on aime bien le manger avec du riz gluant ou, comme en Chine, l'intégrer à des pâtisseries. Les graines du durion sont rôties ou grillées et utilisées comme les noix. On les pulvérise et la poudre ainsi obtenue sert à confectionner des confiseries.

CONSERVATION ◆ Laisser mûrir le durion à la température de la pièce. Puisque sa chair craque à maturité, éviter que le durion ne se contamine en le consommant rapidement ou en le réfrigérant. Bien l'envelopper et l'isoler des autres aliments. En Malayisia, on conserve le durion en saumure afin de pouvoir le consommer toute l'année.

VALEUR NUTRITIVE	
Le durion contient	
Protéines	2,3 g
Matières grasses	0,8 g
Glucides	15 g
Fibres	1,6 g
81 calories/100 g	

Il est riche en potassium et une bonne source de vitamine C. On dit le durion aphrodisiaque. Il est préférable de ne pas apprêter ce fruit dans de l'alcool et de ne pas consommer d'alcool quand on le mange, car le mélange de ces deux substances peut entraîner une fermentation désagréable.

ÉCHALOTE

Allium ascalonicum, **Liliacées**
Nom anglais : *shallot*

HISTORIQUE ◆ Plante potagère à bulbe, probablement originaire d'Asie. On dit souvent que le nom scientifique de l'échalote est dérivé d'une ville de l'ancienne Palestine nommée Ascalon, mais cela n'a pas été prouvé. L'échalote était très appréciée des Romains, qui la considéraient comme aphrodisiaque. Elle est particulièrement populaire en France, pays réputé pour la qualité de ses échalotes.

L'échalote est une proche parente de l'ail, du poireau et de l'oignon. Elle ressemble à un petit oignon et elle est formée de gousses comme l'ail. Elle contient moins de gousses cependant, généralement seulement 2 ou 3. C'est une plante vivace cultivée en annuelle. Sa saveur est plus parfumée et plus subtile que celle de l'oignon et moins âcre que celle de l'ail. Contrairement à l'ail et à l'oignon, elle « parfume » peu l'haleine. Les variétés les plus courantes sont :

• l'**échalote grise** ou **ordinaire**, petite, de forme ovale, à peau grise et à tête violacée, à chair ferme et piquante ;

• l'**échalote rose**, de forme oblongue, à pelure rosacée plus épaisse, à chair veinée et moins piquante ;

• l'**échalote cuivrée**, aux bulbes allongés, dont la couleur de la pelure rappelle celle de l'oignon.

ACHAT ◆ Rechercher des échalotes fermes avec la pelure bien sèche. Délaisser des échalotes germées, molles, ou dont la pelure est tachée.

UTILISATION ◆ L'échalote se mange crue ou cuite. Elle est plus souvent utilisée comme condiment que comme légume. On utilise beaucoup l'échalote pour donner une touche raffinée aux aliments (salades, sauces, vinaigrettes, soupes, beurres, légumes, poisson, etc.). Elle s'avère plus digestible, après la cuisson, que l'oignon. Les tiges vertes sont savoureuses et peuvent être utilisées au printemps comme la ciboulette. Les caïeux peuvent

VALEUR NUTRITIVE	
L'échalote crue contient	
Eau	80 %
Protéines	0,3 g
Matières grasses	traces
Glucides	1,7 g
Vitamine A	126 ER
Folacine	3,5 ug
Phosphore	6 mg
Calcium	4 mg
Potassium	34 mg
Vitamine C	1 mg
7 calories/10 g (15 ml)	

On la dit minéralisante, apéritive et stimulante. On s'en sert pour soulager brûlures et piqûres de guêpes.

aromatiser le vinaigre ou l'huile (c'est aussi un moyen de conservation, voir plus bas); les laisser macérer une quinzaine de jours avant de s'en servir.

CONSERVATION ◆ L'échalote se conserve environ 1 mois dans un endroit sombre, frais, sec et bien ventilé. Réfrigérée, elle se conserve une quinzaine de jours seulement. Lorsqu'elle est coupée, l'envelopper de papier cellophane ou la mettre dans un récipient, la recouvrir d'huile d'olive, puis la réfrigérer. Cette huile devient très aromatique et peut être utilisée pour cuisiner.

ÉCREVISSE

Astacus spp, **Crustacés**
Nom anglais : *crayfish*
Autre nom : *crawfish*

HISTORIQUE ◆ L'écrevisse est un petit crustacé d'eau douce qui habite les rivières, les lacs, les ruisseaux et les étangs. Elle aime bien se cacher sous les pierres et se déplace souvent à reculons. Elle est vorace et belliqueuse. Elle est particulièrement appréciée en Europe et dans le sud des État-Unis, surtout en Louisiane. Certains pays en font l'élevage.

Il existe environ 300 espèces d'écrevisses, mais toutes ne sont pas intéressantes à consommer. Certaines espèces sont identifiées par la coloration ou par la forme de leurs pattes («écrevisse à pattes blanches», «écrevisse à pattes rouges», «écrevisse à pattes grêles»). L'écrevisse mesure généralement de 6 à 14 cm de long. Certaines espèces vivant en Australie mesurent plus de 30 cm de long. Les écrevisses les plus couramment commercialisées mesurent environ 10 cm de long. L'écrevisse possède 5 paires de pattes, dont une paire plus volumineuse est munie de pinces. Elle a une longue paire d'antennes. Sa carapace peut être rouge, brune, verdâtre, pourpre, selon les espèces. La chair, d'un blanc rosé, est maigre et délicate. Elle est plus ou moins compacte selon les espèces.

ACHAT ◆ L'écrevisse est commercialisée vivante ou cuite, congelée ou en conserve. À l'achat des écrevisses cuites, choisir celles qui ont une odeur agréable et des pinces intactes.

VALEUR NUTRITIVE	
L'écrevisse contient	
Protéines	19 g
Matières grasses	1 g
89 calories/100 g, crue	

Elle est riche en niacine, en vitamine B_{12}, en phosphore, en potassium et en cuivre. Elle contient aussi du cholestérol, soit 139 mg/100g, crue.

CUISSON ◆ Avant de cuire les écrevisses, il est nécessaire de retirer leur intestin, qui confère à la chair un goût amer (sauf les écrevisses congelées, dont l'intestin est généralement enlevé). Tirer doucement sur la petite nageoire sous la queue, l'intestin devrait suivre; sinon l'enlever en faisant une incision longitudinale avec la pointe d'un couteau. Cette opération s'effectue seulement au moment de la cuisson, car si elle est faite trop tôt, les écrevisses perdent de la saveur.

Calculer de 5 à 8 minutes de cuisson lorsque les écrevisses entières sont cuites au court-bouillon. Cuire les queues à la vapeur de 10 à 12 minutes et les griller de 3 à 5 minutes.

UTILISATION ◆ On ne mange que la queue de l'écrevisse, ses pinces contenant trop peu de chair. Broyées, celles-ci peuvent cependant servir à aromatiser un court-bouillon ou du beurre. L'écrevisse s'apprête comme le homard et la crevette, qu'elle peut remplacer dans la plupart des recettes. Elle est souvent cuisinée en bisque ou en mousse, mise dans les salades ou gratinée.

CONSERVATION ◆ Les écrevisses vivantes se conservent environ 1 jour au réfrigérateur et les écrevisses cuites de 1 à 2 jours. La durée de conservation des écrevisses cuites congelées est de 1 à 2 mois.

ENDIVE

Cichorium intybus, **Composées**
Autres noms : *witloof, chicorée-endive de Bruxelles*
Nom anglais : *endive*
Autres noms : *Belgian endive, witloof*

HISTORIQUE ◆ Plante potagère qui fut créée par hasard au XIXᵉ siècle. En 1843, un jardinier belge découvrit accidentellement qu'il pouvait obtenir de la chicorée un légume plus savoureux, c'est-à-dire moins amer, plus croquant et plus sucré. Baptisé *witloof* en flamand, ce qui signifie «feuille blanche», ce légume est plus connu sous le nom d'endive, mais porte également le nom de «chicorée-endive de Bruxelles». Longtemps inconnue en Amérique du Nord, l'endive y est maintenant cultivée. La culture de l'endive est assez compliquée. On ne récolte dans un premier temps qu'un turion, le bourgeon formé à fleur de terre. Ce bourgeon est entreposé quelque temps au frais et à la noirceur, ce qui permet aux glucides d'augmenter si les conditions sont bonnes. Ce bourgeon est ensuite transplanté et il doit croître à l'abri de la lumière et des rayons de soleil pour que l'endive ne verdisse pas et que son âcreté soit minimale. Idéalement, l'endive doit mesurer de 12 à 20 cm de long et avoir un diamètre d'au moins 2,5 cm. Les feuilles croquantes sont d'un blanc crémeux devenant jaunâtre à la pointe.

Une nouvelle variété d'endive, l'endive rouge, est apparue récemment sur les marchés. Hybride de l'endive blanche et du radicchio rouge, l'endive rouge a des feuilles couleur crème avec des pointes rougeâtres. Sa saveur est plus douce que celle de l'endive blanche. Elle ne doit pas être cuite, sinon elle se décolore et perd sa saveur.

ACHAT ◆ Choisir des endives fermes avec des feuilles compactes d'un blanc crémeux. L'endive blanche constitue un meilleur achat si elle est cinq fois plus longue que large et si seulement deux feuilles extérieures sont visibles. Délaisser des endives molles aux feuilles vertes (elles seront amères) ou aux feuilles brunies.

PRÉPARATION ◆ On peut seulement essuyer les feuilles extérieures de l'endive avec un linge humide. Ne couper et n'assaisonner l'endive qu'au moment de l'utiliser pour qu'elle ne se détrempe pas. Laisser les feuilles

VALEUR NUTRITIVE	
L'endive crue contient	
Eau	95 %
Protéines	1 g
Matières grasses	0,1 g
Glucides	3,2 g
15 calories/100 g	

Elle est une excellente source de folacine et une bonne source de potassium ; elle contient de la vitamine C, de l'acide pantothénique, de la riboflavine et du zinc ainsi que des traces de fer, de niacine et de vitamine B₆. On la dit apéritive, dépurative, diurétique, digestive, cholagogue, reminéralisante et tonique.

de l'endive entières ou les hacher. Pour séparer les feuilles, couper une mince tranche à la base puis les retirer une à une.

UTILISATION ◆ L'endive se mange crue ou cuite. C'est un aliment recherché. Crue, elle est souvent servie en salade, arrosée de vinaigrette ou de mayonnaise. Il est intéressant de la combiner à d'autres verdures, le coup d'œil, la saveur et l'apport nutritionnel des salades en sont améliorés. L'endive est braisée (5 à 8 minutes), cuite au four (environ 30 minutes à 180 °C) ou étuvée. Pour qu'elle soit plus savoureuse, ne pas la blanchir ni la cuire à l'eau. L'endive est un ingrédient du gratin au jambon avec sauce blanche, une recette classique. Elle est délicieuse en potage.

CONSERVATION ◆ L'endive se conserve quelques jours au réfrigérateur, dans un sac de plastique perforé. Elle est meilleure très fraîche. La congélation ne lui convient pas.

ÉPERLAN

Osmerus spp, **Osmeridés**
Nom anglais : *smelt*

 HISTORIQUE ◆ L'éperlan est un petit poisson mince au corps allongé qui vit dans les eaux tempérées ou froides des mers et des lacs. Il mesure de 15 à 35 cm de long. Il a une grande bouche munie de fortes dents ; sa mâchoire inférieure est passablement proéminente. Sa peau fine et translucide est ornée d'une bande argentée et peut prendre diverses colorations ; elle est recouverte de minces écailles. Comme la truite ou le saumon, auxquels il ressemble beaucoup, l'éperlan va frayer dans les eaux douces. Lors du frai, les éperlans se déplacent en bancs tellement serrés qu'on peut les ramasser au panier ; leurs lieux de prédilection sont les plages, qu'ils envahissent surtout la nuit.

L'éperlan fait partie d'une famille qui compte plusieurs genres et espèces, notamment :

L'**éperlan d'Amérique** ou **éperlan arc-en-ciel** *(Osmerus mordax),* qui habite les côtes américaines de l'Atlantique, du golfe Saint-Laurent jusqu'en Virginie, et qu'on trouve aussi dans plusieurs lacs. L'éperlan d'Amérique mesure habituellement de 18 à 20 cm de long et peut atteindre une longueur maximale de 32 cm. Son dos est d'un vert translucide. Une large bande argentée orne ses flancs.

———————

L'**éperlan d'Europe** *(Osmerus eperlanus)* se trouve en Europe, dans l'Atlantique et la mer Baltique. Il est particulièrement apprécié dans le nord de la France. L'éperlan d'Europe peut atteindre une longueur maximale de 45 cm ; il mesure généralement 20 cm de long. Son dos est de couleur vert olive pâle. Des rayures argentées ornent ses flancs.

———————

Le **capelan atlantique** *(Mallotus villosus)* atteint une longueur maximale de 23 cm. Ce poisson est différent du capelan qui vit dans la Méditerranée *(Trisopterus minutus)* et qui appartient à la famille des Gadidés. Son dos est d'un vert olive ou vert bouteille translucide.

La chair blanche est fine, savoureuse et plutôt grasse. Elle sent le concombre.

ACHAT ◆ L'éperlan est commercialisé frais, congelé, légèrement fumé, salé ou séché. Le capelan est plus rare, car on l'utilise beaucoup comme fourrage.

UTILISATION ◆ Tout dans ce poisson se mange : la tête, les arêtes, la queue, les œufs et les gonades. Fréquemment, l'éperlan est simplement cuit à la poêle et consommé entier après avoir été vidé. Il est souvent mariné une dizaine de minutes dans du jus de citron salé et poivré, ou trempé dans du lait puis de la farine, avant la cuisson. Les gros spécimens sont plus faciles à cuisiner de façon élaborée.

VALEUR NUTRITIVE	
L'éperlan arc-en-ciel contient	
Protéines	18 g
Matières grasses	2 à 2,5 g
98 calories/100 g, cru	
Il est maigre.	

ÉPICES ET FINES HERBES

Noms anglais : *herbs, spices*

HISTORIQUE ◆ Les épices sont des substances aromatiques provenant de plantes qui poussent dans les régions tropicales. Les fines herbes sont des plantes herbacées des régions tempérées cultivées couramment dans les potagers. Les mots «aromate», «assaisonnement» et «condiment» sont souvent employés indistinctement pour désigner les épices ou les fines herbes.

Les épices et les fines herbes sont utilisées depuis l'Antiquité. Il fut un temps où le mot épice désignait toute substance exotique rare venant d'Orient (girofle, sucre, café, etc.). Les Européens ne découvrirent les épices qu'au début du Moyen-Âge, mais ils en devinrent rapidement de fervents consommateurs. Les épices étaient fort utiles pour masquer le goût déplaisant des aliments qui résistaient mal aux conditions précaires de conservation. On croyait également en leurs propriétés médicinales et on les appréciait parce qu'elles relevaient la saveur des aliments et parfois les coloraient. Certaines épices aromatisaient également des parfums.

S'approprier les lieux où poussaient les épices fut le motif de diverses expéditions navales et plusieurs guerres eurent pour origine le désir de contrôler le marché des épices. Plusieurs populations autochtones furent exploitées de façon éhontée par des nations européennes qui voulaient s'assurer le monopole de ce marché. Les Hollandais et les Portugais notamment traitèrent sans merci les autochtones des Indes orientales (la «terre des épices») et de Ceylan.

Les épices peuvent provenir des fruits de la plante (piment de la Jamaïque, poivre), des graines (cardamome, cumin, muscade), des racines (curcuma, gingembre), des boutons floraux (clou de girofle) ou de l'écorce (cannelle).

Les fines herbes ont des feuilles généralement vertes. La plupart sont divisées en 2 grandes familles comprenant les Labiées ou Labiacées (basilic, marjolaine, mélisse, menthe, origan, romarin, sarriette, sauge, thym), qui doivent leur nom au fait que l'ensemble de leurs pétales forme 2 lobes qui ressemblent à des lèvres, et les Ombellifères (aneth, anis, carvi, cerfeuil, coriandre, cumin, fenouil, persil), qui ont des fleurs en ombelles.

Le nom latin des fines herbes met souvent en évidence un aspect particulier de la plante. Ainsi, *fragans* et *odorata* s'appliquent aux plantes aromatiques, *officinale* aux plantes manipulées par les apothicaires, *tinctoria* aux plantes colorantes et *sativus* aux plantes cultivées par opposition aux plantes sauvages.

ACHAT ◆ Les épices sont vendues entières ou moulues. Il vaut mieux les acheter entières, elles conservent ainsi leur pouvoir aromatique beaucoup plus longtemps. Ne les moudre qu'au moment de les utiliser.

Les fines herbes sont commercialisées fraîches ou séchées. Les fines herbes séchées sont disponibles entières, émiettées ou en poudre. Il est préférable de les acheter entières ou émiettées, car en poudre elles s'éventent plus rapidement (et elles peuvent plus facilement contenir des matières étrangères). Pour s'assurer le maximum de fraîcheur, acheter les épices et les fines herbes dans un magasin où le roulement de la marchandise est rapide. Délaisser les mélanges de sel aux fines herbes : ils sont coûteux et, sauf exception, ils contiennent plus de sel que d'assaisonnement.

Cueillir les fines herbes avant l'apparition des fleurs. Le matin est le moment idéal, après que la rosée s'est évaporée et avant que le soleil soit trop chaud.

PRÉPARATION ◆ Couper les fines herbes fraîches finement, elles transmettent ainsi plus de saveur aux aliments. Se servir d'un ciseau ou d'un couteau. Écraser brièvement les fines herbes séchées entre les paumes des mains avant de les utiliser ; la chaleur réveille leur saveur. On peut aussi faire tremper les fines herbes séchées (et les épices) environ 1/2 heure dans de l'eau, du lait, de l'huile ou du bouillon. En Inde, on grille d'abord les épices avant de les utiliser, croyant que cela les rend plus digestibles. Les épices et les fines herbes broyées ont une saveur plus prononcée, car le broyage libère leur huile essentielle. Un mortier facilite l'opération.

UTILISATION ◆ Il n'y a presque aucune limite quant à l'utilisation des fines herbes et des épices, sinon les goûts et préférences de chacun. Ne pas craindre d'innover, de sortir des sentiers battus. Même si certaines herbes sont traditionnellement associées à des aliments, par exemple le basilic à la tomate, l'estragon au vinaigre et au poulet, la menthe aux pois et à l'agneau, ces usages ne sont pas exclusifs. Au début, une certaine prudence est de mise jusqu'à ce que l'on connaisse bien les différents parfums et les dosages qui nous conviennent.

Les herbes fraîches ont une saveur moins concentrée que les herbes séchées. Elles aromatisent de 2 à 3 fois moins que les herbes entières ou émiettées. Elles aromatisent de 3 à 4 fois moins que les herbes moulues. Dix (10) ml (2 cuillerées à soupe) d'herbes fraîches équivalent à 4 ou 5 ml (environ 1 cuillerée à café) de fines herbes émiettées. Dix

VALEUR NUTRITIVE

Épices et fines herbes contiennent divers éléments nutritifs en quantité variable. Plusieurs constituent une source intéressante de calcium, de potassium et de phosphore (notamment l'anis, le carvi, l'estragon moulu, le persil séché, la cannelle moulue, le basilic moulu, le clou de girofle, l'origan, le paprika, la sarriette ainsi que toutes les épices et fines herbes sous forme de graines telles que le cumin, l'aneth, le fenouil, le fenugrec, la moutarde, le pavot, le céleri et la coriandre). Les épices contiennent légèrement plus de matières grasses et de glucides que les fines herbes.

De nombreuses propriétés médicinales sont attribuées aux épices et aux fines herbes. Quelques-unes sont incontestées, d'autres sont moins certaines. Des observations effectuées au fil des siècles font partie de l'héritage qui se transmet oralement de génération en génération. La science ne reconnaît guère cette sagesse populaire. Il arrive assez souvent cependant qu'elle confirme des croyances quand elle se penche sur le sujet. La phytothérapie a fait sienne cette connaissance séculaire et soigne par les plantes, surtout sous forme d'infusions et de décoctions. En cuisine, parce qu'on utilise généralement les épices et les fines herbes en petite quantité, leurs propriétés médicinales ainsi que leur apport nutritionnel sont minimes.

(10) ml (2 cuillerées à soupe) d'herbes fraîches équivalent à 2 ml (1/2 cuillerée à café) de fines herbes en poudre.

La température des plats auxquels on ajoute les fines herbes est un facteur important lorsqu'on veut obtenir le maximum de saveur. La chaleur libère les huiles essentielles, donc la saveur et l'arôme, mais elle les fait ensuite disparaître rapidement. Pour la plupart des fines herbes, une cuisson prolongée est donc à déconseiller, surtout à forte ébullition et à découvert. Ajouter plutôt les fines herbes en fin de cuisson. Faire exactement le contraire avec les plats froids ; incorporer les assaisonnements longtemps à l'avance afin qu'ils aient le temps de transmettre leur parfum, car le froid retarde le développement des arômes et en diminue l'intensité. La plupart des épices peuvent être incorporées au début de la cuisson. Épices et fines herbes peuvent aider à diminuer l'utilisation du sel, tant lors de la cuisson que lors du repas. On peut par exemple remplacer le sel par une fine herbe ou un mélange de fines herbes, dont la saveur compensera l'absence de cet assaisonnement.

CONSERVATION ◆ Déshydrater les fines herbes loin du soleil. Bien les étaler en une seule rangée sur une moustiquaire ou un filet de nylon afin que l'air circule bien tout autour. Ne conserver que les feuilles très sèches, sinon elles vont moisir. Si nécessaire, terminer le séchage au four (60 °C) une quinzaine de minutes.

Sécher les fines herbes au four à micro-ondes donne de très bons résultats, particulièrement pour les herbes difficiles à sécher, tels le basilic, le persil, le fenouil, la coriandre, le laurier et le genièvre. Étendre uniformément les fines herbes sur une double épaisseur de papier essuie-tout, environ 1 tasse à la fois. Chauffer environ 2 minutes à *High* et laisser reposer de 2 à 3 minutes. Remettre au four les feuilles insuffisamment déshydratées et vérifier aux 30 secondes si elles sont bien sèches. Ne conserver que des feuilles bien déshydratées.

Les fines herbes séchées et les épices se conservent dans des contenants hermétiques placés dans un endroit sec, à l'abri du soleil et de la chaleur ; le verre opaque est idéal. La pratique courante qui consiste à les ranger près du four est décorative, mais la chaleur cause une perte de saveur.

Conserver les fines herbes fraîches au réfrigérateur. Ne les laver qu'au moment de les utiliser afin de ne pas abîmer les feuilles, sauf si elles sont souillées de terre ou de sable. Envelopper les fines herbes dans un papier humide pour retarder la perte de fraîcheur. Si elles ont encore leurs racines, les mettre à tremper dans de l'eau.

Les fines herbes se congèlent facilement entières ou hachées, lavées ou non (si on les lave, il faut les essorer soigneusement). Aucun blanchiment n'est nécessaire. La congélation convient particulièrement bien aux fines herbes qui supportent mal la déshydratation, tels le basilic, la ciboulette, le cerfeuil, le fenouil, la coriandre et le persil. Utiliser de préférence les fines herbes non décongelées, elles ont alors plus de saveur. On peut congeler les fines herbes dans le bac à glaçons en les recouvrant d'eau ou de bouillon ; on ajoute par la suite les cubes aux soupes, sauces et ragoûts.

Une ancienne méthode de conservation consiste à recouvrir les herbes fraîches (entières ou hachées) de sel. Mettre dans des contenants de verre ou de grès fermant hermétiquement des rangées d'herbes, puis les recouvrir de saumure ; placer ensuite les contenants dans un endroit frais. Éviter de saler les plats auxquels on ajoute cet assaisonnement.

Une pratique simple combine une méthode de conservation et une façon d'aromatiser : il s'agit de conserver des herbes fraîches dans du vinaigre, de l'huile ou de l'alcool. Le liquide absorbe la saveur de l'herbe qu'il transmet aux aliments, ce qui permet d'avoir facilement sous la main un assaisonnement quand la fine herbe n'est plus disponible ou qu'elle est coûteuse.

ÉPINARD

Spinacia oleracea, **Chénopodiacées**
Nom anglais : *spinach*

HISTORIQUE ◆ Plante potagère annuelle probablement originaire de Perse. L'épinard était inconnu des civilisations gréco-romaines. Il semble qu'il fut introduit en Espagne par les Arabes, après quoi il se répandit dans toute l'Europe. Depuis que Catherine de Médicis quitta Florence en 1533 pour épouser le roi de France, les mets à base d'épinard prennent souvent le nom de « florentins », car la reine, qui adorait ce légume, avait amené avec elle des cuisiniers italiens qui l'apprêtaient à toutes les sauces.

L'épinard croît dans la plupart des régions tempérées. La récolte s'effectue lorsque les feuilles sont jeunes, avant qu'elles deviennent coriaces et qu'une tige florale apparaisse. Selon les variétés, les feuilles d'un vert foncé sont froissées ou plates, ovales, rondes ou triangulaires.

ACHAT ◆ Choisir des épinards frais d'un beau vert foncé. Délaisser des épinards ternes, jaunis, mous ou détrempés.

PRÉPARATION ◆ La préparation de l'épinard doit être soignée, car ce légume feuille emprisonne sable et terre (il est souvent vendu prélavé cependant). Le laver seulement avant de le consommer, sinon les feuilles perdent leur belle apparence. Ne pas le mettre à tremper. Le laver rapidement à grande eau, dans un récipient assez grand pour permettre de le recouvrir d'eau et de le secouer doucement ; changer l'eau si nécessaire. Si les tiges sont grosses, les enlever ou les sectionner, car si elles sont entières elles cuiront plus lentement que les feuilles.

CUISSON ◆ L'eau qui reste dans les feuilles lavées et secouées légèrement est généralement suffisant pour cuire les épinards. Les cuire rapidement (1 à 3 minutes) à feu vif dans une casserole couverte. Ce légume réduit considérablement de volume à la cuisson. Dans les plats mijotés, les ajouter en fin de cuisson.

La cuisson dans la marmite à pression n'est pas souhaitable parce que l'épinard y cuit trop. Pour éviter l'oxydation

VALEUR NUTRITIVE	
L'épinard cru contient	
Eau	91,6 %
Protéines	2,9 g
Matières grasses	0,3 g
Glucides	3,5 g
Fibres	2,6 g
22 calories/100 g	

Il est une excellente source de folacine, de vitamine A, de potassium et de magnésium ; il est une bonne source de vitamine C et de fer et il contient de la riboflavine, de la vitamine B$_6$, du calcium, du cuivre, du zinc, de la niacine et du phosphore.

L'épinard cuit contient	
Eau	91,2 %
Protéines	3 g
Matières grasses	0,3 g
Glucides	3,8 g
Fibres	2,7 g
23 calories/100 g	

Il est une excellente source de vitamine A, de potassium, de magnésium et de fer ; il est une bonne source de riboflavine ; il contient de la vitamine C, de la vitamine B$_6$, du calcium, du cuivre, du zinc, de la thiamine, du phosphore et de la niacine. On le dit reminéralisant, antiscorbutique et antianémique.

de l'épinard, utiliser des casseroles en verre ou en acier inoxydable ; éviter l'aluminium non traité et la fonte.

UTILISATION ◆ L'épinard se mange cru ou cuit. Cru, il est excellent dans les salades et les sandwichs. Cuit, il est mangé tel quel, accompagné d'un peu de beurre, arrosé de sauce ou encore gratiné. Il est aussi mis en purée ou pilé avec des pommes de terre. Se mariant bien avec le lait, qui atténue son acidité, et les œufs, il leur est souvent associé. On le met notamment dans les omelettes et les quiches, souvent nommées florentines.

CONSERVATION ◆ Garder les épinards au réfrigérateur, où ils se conserveront 4 ou 5 jours. Ne les laver qu'au moment de les utiliser, car les épinards mouillés fermentent rapidement. Les épinards cuits sont difficiles à conserver. L'idéal est de consommer les épinards crus ou cuits le plus tôt possible. Les épinards se congèlent facilement pourvu qu'ils soient bien frais ; les blanchir 2 minutes. La décongélation les laisse très ramollis ; si possible, éviter de les décongeler complètement avant de les apprêter.

ESCARGOT

Helix spp, **Mollusques**
Nom anglais : *snail*

HISTORIQUE ◆ L'escargot est un animal terrestre herbivore logé dans une coquille spiralée. Ce mollusque gastéropode est consommé depuis les temps les plus reculés. Il aurait été un des premiers animaux à faire partie de l'alimentation humaine. Du temps des Romains, on l'affectionnait tant qu'on en fit la culture (héliciculture). De nos jours, la France est un très grand pays producteur et consommateur. On y consomme principalement l'escargot de Bourgogne *(Helix pomatia)*, long de 40 à 45 mm et enroulé dans une coquille dont les tons vont du jaune grisâtre au gris rougeâtre, et l'escargot petit-gris *(Helix aspersa)*, mesurant de 25 à 30 mm de long et habitant une coquille brunâtre.

La chair de l'escargot est plus ou moins ferme et délicate selon les espèces. On fait souvent jeûner les escargots sauvages une dizaine de jours avant de les apprêter, pour améliorer leur saveur. En Provence, on remplace ce jeûne par un régime spécial au thym afin d'aromatiser la chair de l'escargot.

 ACHAT ◆ L'escargot est vendu surgelé, en conserve ou cuisiné. Dans certains pays, dont la France, il est aussi commercialisé vivant.

Préparation des escargots vivants

VALEUR NUTRITIVE	
La chair d'escargot crue contient	
Protéines	16 g
Matières grasses	1,5 g
Glucides	2 g
90 calories/100 g	

- Laver les escargots à l'eau froide ;

- Enlever si nécessaire la cloison calcaire qui bouche l'orifice de la coquille ;

- Faire dégorger les escargots quelques heures dans un mélange de gros sel (une poignée), de vinaigre (120 ml [10 cl]) et de farine (15 ml [1 cuillerée à soupe]) (ces proportions valent pour 3 ou 4 douzaines d'escargots) ; certaines personnes omettent toutefois cette opération en disant qu'elle change la qualité de la chair;

- Couvrir le récipient et mettre un poids dessus pour empêcher que les escargots ne s'échappent;
- Retirer les escargots du sel et bien les laver à l'eau froide pour que disparaissent les mucosités;
- Placer les escargots dans une casserole et les recouvrir d'eau froide;
- Amener l'eau à ébullition et faire bouillir lentement 5 minutes;
- Découquiller les escargots et enlever le bout noir (cloaque);
- Laisser les glandes et le foie, parties savoureuses et nourrissantes;
- Cuire selon la recette choisie.

UTILISATION ◆ L'escargot est souvent cuit dans une escargotière, une assiette munie de 6 ou 12 petites cavités. Il s'apprête de multiples façons : il peut être grillé, sauté, cuit en sauce, en brochette ou logé dans des champignons. L'escargot servi brûlant et baignant dans un beurre à l'ail est une recette classique.

CONSERVATION ◆ L'escargot frais ou cuisiné se conserve au réfrigérateur; il peut aussi être congelé.

ESPADON

Xiphias gladius, **Xiphiidés**
Autres noms : *poisson-épée, poisson-sabre*
Nom anglais : *swordfish*

 HISTORIQUE ◆ L'espadon est un poisson de forme très particulière dont la longue mâchoire supérieure ressemble à une épée. Il vit dans la plupart des océans. On le trouve notamment dans l'Atlantique, le Pacifique, la mer du Nord et la Méditerranée. Il aime à s'ébattre au soleil et se tient donc près de la surface de l'eau, où il batifole en faisant des plongeons, ce qui permet de repérer sa présence car sa queue ou son dos sortent de l'eau. La vélocité et la force de ce poisson sont légendaires; l'espadon peut se déplacer à une vitesse de 100 km/h.

L'espadon a une grande bouche dépourvue de dents. Son corps sans écailles est musclé, ce qui le rend rapide. Sa peau prend des teintes de bleu, de bleu-gris ou de brun sur le dos et de blanc ou d'argent sur le ventre. Sa nageoire dorsale est très longue et plutôt pointue. L'espadon mesure généralement de 2 à 3 m de long et pèse de 90 à 160 kg. Il peut atteindre une longueur maximale de 4,5 m et peser plus de 500 kg.

La chair blanche et ferme est toujours striée. Elle est savoureuse et très recherchée. La queue et les ailerons sont comestibles.

ACHAT ◆ L'espadon est rarement vendu frais sur le marché nord-américain, car depuis 1971 il a été banni à cause de sa haute teneur en mercure. Il peut s'acheter congelé, fumé ou en conserve.

UTILISATION ◆ L'espadon frais devient plus digestible s'il est poché de 10 à 15 minutes avant d'être apprêté. On le cuisine à la façon des poissons à chair ferme, tels le flétan, l'esturgeon et le thon. Éviter une cuisson excessive, qui l'assèche. Il est délicieux grillé, braisé ou cuit à la poêle, après avoir été on non mariné. Griller darnes ou filets de 5 à 7 minutes de chaque côté, les braiser de 20 à 30 minutes ou les sauter de 4 à 6 minutes de chaque côté.

VALEUR NUTRITIVE	
L'espadon contient	
Protéines	20 g
Matières grasses	4 g
121 calories/100 g, cru	
Il est riche en vitamine B_{12}, en niacine, en potassium et en phosphore. Il est maigre.	

ESTRAGON

Artemisia dracunculus, **Composacées**
Nom anglais : *tarragon*

HISTORIQUE ◆ Plante aromatique vivace originaire d'Asie et de Russie. L'estragon est parfois nommé «petit dragon» ou «dragone», peut-être parce que sa racine ressemble à un amas de petits serpents recroquevillés ou qu'il était réputé pour soigner les morsures d'animaux. L'estragon est une herbe fine qui occupe une place de choix dans la cuisine française.

La plante peut mesurer jusqu'à 1 m de haut. Ses étroites feuilles lancéolées dégagent une forte odeur. L'estragon se récolte avant la floraison des petites fleurs blanchâtres ou jaunâtres afin qu'il ait plus de saveur. Ses graines sont rarement fertilisables, de sorte que la multiplication s'effectue plutôt par la division des racines.

Il existe une variété d'estragon dite de Russie *(Artemisia dracunculoides)*, qui est plus fade que l'estragon courant. Cette plante plus grande et plus robuste que la variété occidentale produit d'abondante graines.

ACHAT ◆ L'estragon frais a une saveur plus fine que l'estragon séché.

UTILISATION ◆ L'estragon aromatise œufs, poisson, fruits de mer, dinde, salades, sauces, farces, moutarde et vinaigre. Avec sa chaude saveur légèrement anisée, contenant un petit quelque chose d'amer, il est fort utile pour assaisonner les aliments fades. L'estragon est fréquemment associé au poulet et c'est un élément indispensable de la sauce béarnaise. L'estragon séché risque de masquer le goût des autres aliments si on l'emploie trop abondamment.

VALEUR NUTRITIVE	
L'estragon moulu fournit	
Potassium	48 mg
Calcium	18 mg
Magnésium	6 mg
Phosphore	5 mg
Fer/5 ml (2 g)	0,52 mg
On dit l'estragon stimulant, diurétique, antiseptique, carminatif, emménagogue, vermifuge, apéritif, digestif et antispasmodique. Son huile essentielle a une saveur de térébenthine et un parfum anisé. En tisane, mettre 5 ml (1 cuillerée à café) par tasse d'eau et laisser infuser de 5 à 10 minutes.	

ESTURGEON

Acipenser spp, **Acipenseridés**
Autres variétés : *béluga, sterlet*
Nom anglais : *sturgeon*

HISTORIQUE ◆ L'esturgeon est un imposant poisson migrateur de forme très allongée. Il peut peser plus d'une tonne et mesurer 4 m de long. C'est le seul survivant d'un groupe de poissons qui existaient il y a plus de 100 millions d'années. Il existe 25 espèces d'esturgeons classées dans 4 genres, comprenant notamment l'esturgeon blanc, l'esturgeon noir, l'esturgeon à museau court, l'esturgeon vert, l'esturgeon de lac, l'esturgeon étoilé, le béluga et le sterlet. Certaines espèces vivent uniquement dans les eaux douces, d'autres vivent dans la mer mais remontent les fleuves et les rivières pour frayer. L'esturgeon est le plus gros poisson d'eau douce et celui qui vit le plus longtemps, plus de 150 ans.

L'esturgeon habite l'hémisphère Nord. Il est présent notamment dans l'Atlantique Nord, le Pacifique Nord, l'océan Arctique, la mer Caspienne, la mer Noire et de nombreux fleuves, rivières et lacs, dont la rivière Delaware, le Rhin, la Garonne, l'Elbe, la Volga, le Danube et le lac Ladoga. Sa population a dangereusement diminué, car il est depuis longtemps l'objet d'une pêche intensive : il est en effet très recherché pour sa chair et surtout pour ses œufs, qui constituent le véritable caviar. L'élevage de certaines espèces remédie à la dépopulation.

L'esturgeon a un squelette cartilagineux comme la raie et le requin (les autres poissons ont un squelette osseux). Son corps presque cylindrique est couvert de 5 rangées de plaques osseuses. Sa peau cuirassée dépourvue d'écailles est rugueuse. Sa coloration varie selon les espèces, l'âge et l'habitat. Sa queue est fourchue. Sa bouche est démunie de dents. L'esturgeon a un long museau pointu d'où pendent 4 barbillons. La chair contient très peu d'arêtes. Elle est plus ou moins humide, ferme et savoureuse, selon les espèces. Blanche veinée de bleu lorsqu'elle est fraîche, elle devient rose veinée de brun ou de jaune en perdant de la fraîcheur.

ACHAT ◆ L'esturgeon est commercialisé frais (c'est rare), congelé ou en conserve ; il peut être fumé, salé ou mariné.

PRÉPARATION ◆ Comme la chair est plutôt ferme, il est préférable de la laisser vieillir 48 heures quand l'esturgeon est frais pêché. C'est également pour l'attendrir qu'on la fait mariner avant de la cuire. Pour dépouiller l'esturgeon ou pour le rendre plus digestible, le pocher quelques minutes.

VALEUR NUTRITIVE	
L'esturgeon contient	
Protéines	16 g
Matières grasses	4 g
106 calories/100 g, cru	

Il est riche en niacine, en vitamine B_{12}, en phosphore et en potassium. Il est maigre.

UTILISATION ◆ Souvent comparée à la chair des animaux terrestres, la chair de l'esturgeon est apprêtée de la même façon. Les recettes d'espadon et de thon lui conviennent bien. L'esturgeon est délicieux froid et fumé. La moelle épinière séchée est utilisée en Russie pour confectionner des pâtés et des farces.

FAÎNE

Fagus spp, **Fagacées**
Nom anglais : *beechnut*

HISTORIQUE ◆ Fruit du hêtre commun, un arbre gigantesque et robuste. Le hêtre croît dans les forêts des régions tempérées de l'hémisphère Nord. Il en existe une dizaine d'espèces. Les hêtres produisent une grande quantité de noix une fois tous les 3 ans environ. La faîne sert principalement à nourrir le bétail. Les humains l'ont consommée surtout en temps de guerre et de disette, la transformant alors en farine à pain et s'en servant aussi comme substitut de café.

La faîne ressemble à une petite châtaigne. De couleur blanchâtre, elle a une saveur qui rappelle la noisette, une espèce voisine. Deux ou trois graines sont enfermées dans une cupule charnue et épineuse (un assemblage de bractées qui forme une coupe), de forme pyramidale. À maturité, la coupe brunâtre s'ouvre en 4 segments découvrant la faîne.

VALEUR NUTRITIVE	
La faîne contient	
Eau	7 %
Protéines	3 g
Matières grasses	25,4 g
Glucides	17 g
Fibres	1,9 g
293 calories/50 g	
Les matières grasses sont composées à 75 % d'acides non saturés (voir Huile).	

UTILISATION ◆ Les faînes peuvent être mangées crues, mais elles sont meilleures rôties, car elles sont moins astringentes. Elles sont très grasses et on en extrait une excellente huile comestible. Cette huile se caractérise par sa longue durée de conservation. Sa saveur et ses qualités de cuisson sont semblables à celles de l'huile d'olive.

CONSERVATION ◆ Conserver les faînes dans un contenant hermétique à l'abri de la chaleur et de l'humidité.

FAISAN

Phasianus colchicus, **Phasianidés**
Nom anglais : *pheasant*

HISTORIQUE ◆ Le faisan est un oiseau non aquatique originaire de Chine, et qui fut introduit en Europe au Moyen-Âge. Il a un plumage magnifique tirant souvent sur le roux et parsemé de noir. Depuis toujours cet oiseau fait la joie des chasseurs, le mâle surtout, particulièrement recherché pour la beauté de son plumage éclatant et de sa longue queue. Au Moyen-Âge, la chasse au faisan était réservée à la noblesse. On a tué le faisan sans se préoccuper de sa survie, ce qui a décimé la race. L'élevage du faisan est venu apporter un certain correctif à la dépopulation.

Le faisan fut introduit aux États-Unis à la fin du XVIIIe siècle. Le faisan sauvage n'a pas pu s'acclimater au Canada, l'hiver étant trop rigoureux et l'oiseau étant particulièrement vulnérable au verglas, qui l'enduit de glace et le paralyse. On y chasse tout de même le faisan, mais il s'agit de faisan d'élevage.

Élever le faisan n'est pas de tout repos, car l'oiseau est sensible au stress et il se laisse mourir s'il n'est pas heureux. Le cannibalisme est un problème fréquent, que l'on contrôle en munissant les volatiles de lunettes aveuglantes, ce qui élimine les combats. Les éleveurs ont aussi dû trouver le moyen de susciter à l'année la ponte, qui ne s'effectue naturellement qu'au printemps. Le faisan peut être élevé en captivité ou dans une volière. Le faisan de volière a un plus beau plumage, et un certain nombre est destiné à la chasse. Le faisan d'élevage est plus charnu et plus lourd que le faisan sauvage ; sa saveur est moins musquée. Tué vers 22 semaines, le faisan d'élevage pèse alors entre 800 g et 1,1 kg. Un faisan de 1 kg peut nourrir 3 ou 4 personnes, surtout s'il est farci.

PRÉPARATION ♦ La coutume veut que l'on faisande ce volatile (suspendre l'animal afin que s'effectue un commencement de décomposition des protéines, ce qui attendrit la chair et lui confère du fumet) de 4 à 12 jours, selon la saison. Cette pratique est moins souvent observée maintenant, surtout si le faisan est jeune ; on se contente de le cuire 48 heures après qu'il a été tué.

UTILISATION ♦ Jeune, le faisan est généralement rôti. Parce que sa chair est plutôt sèche, on l'agrémente souvent d'une farce humide (n'ajouter celle-ci qu'à la dernière minute pour éviter le risque d'empoisonnement, les bactéries y proliférant facilement). Le faisan âgé est plus sec et moins tendre. Il gagne à être recouvert de bardes (lanières de lard), à être braisé ou préparé en terrines ou en pâtés. Le vin et l'alcool conviennent particulièrement bien à ce volatile.

VALEUR NUTRITIVE	
La chair crue du faisan contient	
Protéines	24 g
Matières grasses	4 g
Cholestérol	66 mg
133 calories/100 g	
Lorsqu'on inclut la peau, on obtient	
Protéines	23 g
Matières grasses	9 g
Cholestérol	71 mg
181 calories/100 g	
Le faisan est maigre et peu calorifique.	

CONSERVATION ♦ Le faisan frais est périssable. Le conserver au réfrigérateur en le plaçant à l'endroit le plus froid. Le cuire le plus tôt possible, dans les 2 ou 3 jours.

FARINE

Nom anglais : *flour*

HISTORIQUE ♦ Produit de la mouture des céréales. Toute céréale peut être considérée comme une farine potentielle. En général, le terme farine est néanmoins associé au blé, et on précise la nature de la farine lorsqu'il s'agit d'une autre céréale (farine d'avoine, de seigle, de sarrasin, etc.).

Le procédé consistant à moudre des grains semble être connu depuis plus de 10 000 ans. C'est du moins ce que laisse croire la découverte de certains objets trouvés en Syrie. Initialement, le produit grossier de la mouture, obtenu par l'écrasement des grains au moyen d'un mortier, ne permettait pas d'obtenir une farine blanche, le son et le germe restaient incorporés à la farine. Vers l'an 3 000 av. J.-C., les Égyptiens commencèrent à moudre les grains entre deux pierres, ce qui rendit possible la séparation du son et du germe au moyen de tamisages (blutages). Les Romains perfectionnèrent le procédé, qui atteignit un degré de sophistication jamais égalé auparavant. Ils produisirent plusieurs qualités de farine, dont une plus blanche. Elle était tout de même loin d'être aussi blanche que celle qui est disponible aujourd'hui. Son prix élevé fit que seuls les riches pouvaient s'en procurer. La farine blanche devint un symbole de haut rang social et de richesse, début du culte de la blancheur.

L'utilisation de meules actionnées par le vent, l'eau ou par la force animale facilita la mouture jusqu'au XIXe siècle. Vint ensuite la révolution industrielle, qui donna naissance aux gigantesques meuneries. On inventa des appareils de plus en plus sophistiqués, qui permirent le broyage et la pulvérisation plus poussés des grains avec des rouleaux d'acier et non plus des meules. On put séparer plus efficacement le germe et le son. La farine obtenue est plus blanche mais aussi plus pauvre, puisqu'elle a perdu plus d'éléments nutritifs. Cette technologie permet d'augmenter les profits, car le son et le germe sont vendus séparément (ils servent notamment à nourrir le bétail). De plus, la farine raffinée et les produits fabriqués avec cette farine peuvent rester sur les tablettes beaucoup plus longtemps puisqu'ils rancissent moins vite.

Il existe sur le marché toute une gamme de farines, dont la farine de blé entier, la farine tout usage, la farine à gâteaux, la farine préparée, la farine blanche non blanchie, la farine graham et la farine de gluten.

Farine de blé entier. Farine qui comprend le germe et le son du grain, ce qui lui confère une couleur brunâtre. Certaines farines de blé entier sont moulues à l'ancienne entre des pierres. Dans plusieurs pays, elle est surtout vendue dans les magasins d'aliments naturels. Il arrive souvent que la farine de blé entier ne soit que de la farine blanche à laquelle on a ajouté du son. Il est important de

VALEUR NUTRITIVE

La farine de blé entier contient

Eau	10,3 %
Protéines	13,7 g
Matières grasses	1,9 g
Glucides	72,6 g
Fibres	12,6 g
339 calories/100 g	

Elle est une excellente source de magnésium, de niacine, de thiamine, de potassium, de zinc, de phosphore et de fer ; elle est une bonne source de folacine, de vitamine B$_6$ et de cuivre ; elle contient de l'acide pantothénique et de la riboflavine ainsi que des traces de calcium.

La farine blanche tout usage contient

Eau	11,9 %
Protéines	10,3 g
Matières grasses	1 g
Glucides	76,3 g
Fibres	3,1 g
364 calories/100 g	

Elle est une excellente source de thiamine, de niacine et de fer et une bonne source de riboflavine ; elle contient de la folacine, du phosphore, du potassium, du magnésium, du zinc, du cuivre et de l'acide pantothénique ainsi que des traces de vitamine B$_6$ et de calcium.

La farine de gluten renferme

Eau	8,5 %
Protéines	41,4 g
Matières grasses	1,9 g
Glucides	47,2 g
378 calories/100 g	

Elle est une excellente source de niacine ; elle contient du phosphore, de la folacine et du potassium ainsi que des traces de calcium, de fer et de thiamine.

La valeur nutritive de la farine dépend de divers facteurs, tels la céréale utilisée, le degré de vieillissement de la farine et surtout le taux d'extraction. Le taux d'extraction indique la portion du germe et du son encore présente après la mouture du grain ; un taux de 100 % désigne une farine complète. Les pertes de valeur nutritive sont directement reliées au taux d'extraction : plus le chiffre est bas, plus le grain a perdu de ses éléments nutritifs. Ainsi, avec un taux d'extraction de 60 à 72 %, taux courant de la farine blanche dans les pays industrialisés, les pertes de vitamines et de sels minéraux atteignent en moyenne de 70 à 80 %. Vers la moitié du XXe siècle, les meuneries ont commencé à enrichir la farine

lire l'étiquette si on veut éviter un tel achat. La farine de blé entier peut remplacer la farine blanche dans la plupart des recettes (mettre environ 30 ml de farine [2 cuillerées à soupe] de moins cependant). Le produit obtenu sera plus nourrissant mais sa couleur, sa saveur et souvent son volume ne seront pas tout à fait les mêmes ; la couleur sera plus foncée, la saveur plus prononcée et le volume moindre. La concentration plus élevée en son est responsable de la perte de volume, car le son renferme de la glutinase, une enzyme qui fait perdre de l'élasticité au gluten.

blanche pour compenser les pertes survenues lors du raffinage. Elles lui ajoutent maintenant de la niacine, de la riboflavine, de la thiamine, du fer et parfois du calcium et de la vitamine D. Les nutriments restitués ne constituent cependant qu'une infime partie des éléments nutritifs enlevés et la farine reste appauvrie. L'enrichissement de la farine s'effectue couramment dans certains pays, dont le Canada, les États-Unis et la Grande-Bretagne. Il n'est pas permis dans d'autres, dont la France.

Pour obtenir des produits légers, tamiser la farine à quelques reprises avant de l'utiliser, en prenant soin de réintégrer dans la farine le son recueilli par le tamis. Lors de la préparation de sauces, il est important de cuire la farine de blé entier deux ou trois minutes dans le corps gras avant d'ajouter le liquide afin qu'elle perde sa saveur âcre.

Farine tout usage. Farine blanche provenant de la mouture de diverses variétés de blé dur, de diverses variétés de blé mou, ou d'un mélange de blé dur et de blé mou. Comme son nom l'indique, la farine tout usage sert à tout, pour fabriquer tant le pain que les pâtisseries. Pour des résultats optimaux cependant, délaisser la farine tout usage et utiliser plutôt de la farine de blé dur pour le pain et de la farine de blé mou pour les pâtisseries et les gâteaux.

Farine à gâteau. Farine blanche faite exclusivement de blé mou moulu très finement. La farine à gâteau est très douce au toucher, presque satinée. Elle provient pratiquement toujours des dernières moutures, elle est donc très raffinée. Moins riche en protéines, donc en gluten, elle donne des gâteaux très légers. Elle peut servir pour remplacer la farine tout usage ; utiliser cependant 10 % de farine de plus.

Farine préparée (auto-levante). Farine tout usage qui comprend du sel et des agents levants, habituellement du bicarbonate de sodium accompagné d'acide pyrophosphate de sodium ou de monocalcium de phosphate. Ces substances chimiques augmentent le contenu en sel. La farine préparée vise à simplifier le travail. Selon la recette choisie, elle élimine ou réduit l'ajout de levure chimique ou de bicarbonate de sodium et de sel ; 240 ml de farine préparée (125 g) contiennent 7 ml de levure chimique (1 cuillerée à café et demie) et 2 ml de sel (une demi-cuillerée à café). La farine préparée n'est pas recommandée pour les pains à levure.

Farine blanche non blanchie. Farine non blanchie artificiellement. La farine non blanchie est un peu moins nourrissante que la farine de blé entier. Elle donne un produit plus léger et de couleur moins foncée.

Farine graham. Farine qui porte le nom d'un américain, le Révérend Sylvester Graham, qui, au XIXe siècle, fit croisade sur le rôle essentiel du son pour le maintien d'une bonne

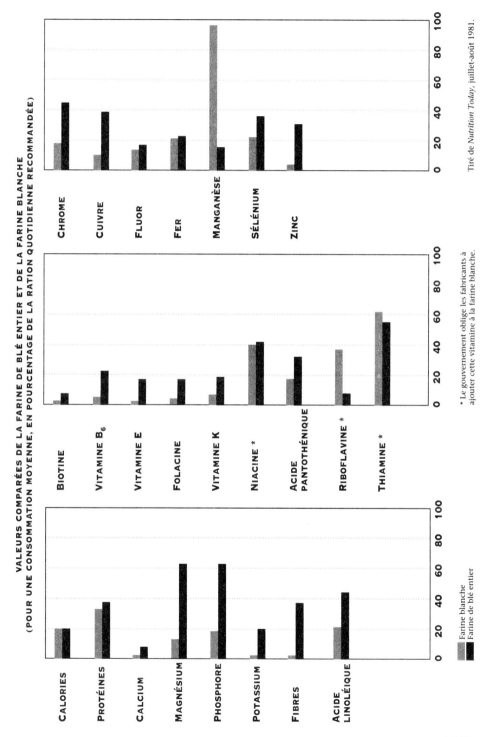

VALEURS COMPARÉES DE LA FARINE DE BLÉ ENTIER ET DE LA FARINE BLANCHE
(POUR UNE CONSOMMATION MOYENNE, EN POURCENTAGE DE LA RATION QUOTIDIENNE RECOMMANDÉE)

CHROME
CUIVRE
FLUOR
FER
MANGANÈSE
SÉLÉNIUM
ZINC

BIOTINE
VITAMINE B₆
VITAMINE E
FOLACINE
VITAMINE K
NIACINE *
ACIDE PANTOTHÉNIQUE
RIBOFLAVINE *
THIAMINE *

CALORIES
PROTÉINES
CALCIUM
MAGNÉSIUM
PHOSPHORE
POTASSIUM
FIBRES
ACIDE LINOLÉIQUE

Farine blanche
Farine de blé entier

Tiré de *Nutrition Today*, juillet-août 1981.

* Le gouvernement oblige les fabricants à ajouter cette vitamine à la farine blanche.

197

santé. La farine graham contient des flocons de son moulus plus ou moins finement, et parfois d'autres parties du grain. Le germe est généralement enlevé afin que la farine se conserve plus longtemps. Cette farine est utilisée seule ou combinée avec d'autres farines.

––––––––––––

Farine de gluten. Farine de blé entier débarrassée de son amidon et contenant un taux élevé de gluten. Pour obtenir de la farine de gluten, on lave de la farine de blé dur à haute teneur protéinique pour lui enlever son amidon, on l'assèche, puis on la moud de nouveau. La farine de gluten peut être utilisée avec de la farine de blé entier ou avec de la farine à faible teneur en gluten (seigle, orge, avoine).

ACHAT ◆ Acheter la farine dans des magasins où le roulement est rapide pour s'assurer un maximum de fraîcheur. Il faut habituellement aller dans les magasins d'alimentation naturelle pour acheter de la véritable farine de blé entier et, même là, il est préférable de lire les étiquettes, car toutes les farines n'ont pas la même valeur.

UTILISATION ◆ La farine a de multiples usages. On s'en sert en boulangerie, en pâtisserie et en cuisine pour préparer une grande variété d'aliments (crêpes, gaufres, brioches, beignes, tartes, puddings, muffins, biscuits, tempura). L'action épaississante de la farine est mise à contribution pour donner de la consistance à plusieurs aliments, notamment aux fondues au fromage, à des sauces, des soupes, des sirops et des crèmes pâtissières. La farine a aussi des usages non alimentaires, en artisanat par exemple, où on la mélange avec de l'eau pour en faire une pâte que l'on modèle.

CONSERVATION ◆ La farine de blé entier moulue sur pierre doit être conservée au réfrigérateur afin que soient retardés la destruction de la vitamine E et le rancissement. Elle peut se congeler. À la décongélation, la mettre dans un sac de papier, car un contenant hermétique ou un sac en plastique retiennent l'humidité, ce qui la fait pourrir. Les autres farines se conservent dans un endroit frais et sec, à l'abri de la lumière, des insectes et des rongeurs.

FEIJOA

Feijoa sellowiana, **Myrtacées**
Autre nom : *goyave-ananas*
Nom anglais : *feijoa*
Autre nom : *pineapple guava*

HISTORIQUE ◆ Fruit d'un arbuste originaire d'Amérique du Sud. Cet arbuste a des feuilles persistantes. Il porte de magnifiques fleurs d'un rouge brillant et dont la forme rappelle une brosse à nettoyer les bouteilles. Certaines variétés sont cultivées à des fins décoratives. Ce fruit appartient à la même famille que la goyave, le clou de girofle et l'eucalyptus ; il porte le nom du naturaliste espagnol J. da Silva Feijó.

Le feijoa mesure de 5 à 8 cm de long et environ 4 cm de diamètre. Il ressemble à un gros œuf allongé. De couleur vert feuille, sa peau est à la fois fine et résistante, trop amère pour être consommée. Sa chair d'un blanc crème a une texture légèrement granuleuse comme celle de la poire. Le centre du fruit est légèrement gélatineux et renferme de minuscules graines noires. Ce fruit très parfumé a parfois une saveur aigrelette, selon son degré de maturité.

ACHAT ◆ Rechercher un feijoa parfumé, tendre au toucher et exempt de taches. Délaisser un fruit très ferme, car il est immature et donc acide, parfois même amer.

PRÉPARATION ◆ La chair du feijoa noircit lorsqu'elle n'est pas consommée immédiatement. Pour l'empêcher de s'oxyder, l'arroser d'un peu de jus de citron, de lime ou d'orange.

UTILISATION ◆ Le feijoa se consomme nature ou cuit. On le mange tel quel ou on l'incorpore aux salades de fruits, yogourts et autres desserts. Il n'est pas nécessaire d'en mettre beaucoup, car ce fruit est très parfumé.

VALEUR NUTRITIVE	
Le feijoa contient	
Eau	87 %
Protéines	1,2 g
Matières grasses	0,8 g
Glucides	10,6 g
50 calories/100 g	

Il est une bonne source d'acide folique, il contient de la vitamine C et du potassium ainsi que des traces de magnésium et d'acide pantothénique.

On cuit le feijoa en confiture ou en gelée. On le transforme en purée pour aromatiser crème glacée, sorbets, flans et puddings. Le feijoa se marie bien avec les pommes et les bananes. Il peut aussi les remplacer dans la plupart des recettes.

CONSERVATION ◆ Laisser le feijoa à la température de la pièce jusqu'à ce qu'il soit mûr. Le consommer dès qu'il est à point, moment où il est le plus savoureux. Il peut se conserver au réfrigérateur pendant quelques jours. Le feijoa se congèle nature ou cuit.

FENOUIL

Foeniculum vulgare, **Ombellifères**
Autres noms et espèces : *fenouil commun, fenouil doux (ou de Florence),*
fenouil italien
Nom anglais : *fennel*
Autres noms : *ordinary fennel, sweet fennel, Italian fennel*

HISTORIQUE ◆ Plante potagère originaire de la région méditerranéenne. Le fenouil est vivace lorsque le sol et le climat sont favorables, sinon il est bisannuel. Il est utilisé pour ses propriétés médicinales, comme aromate et comme légume depuis les temps les plus reculés. Il fut particulièrement apprécié par les Grecs et les Romains. Une légende dit que les anciens Grecs appelaient le fenouil *marathon* et qu'ils auraient donné son nom à un village où le fenouil poussait abondamment. Les Romains croyaient que le fenouil donnait de l'acuité à la vue, et ils lui accordaient une place de choix dans leur cuisine. Le fenouil est toujours un ingrédient important dans la cuisine italienne. Il a une douce saveur d'anis et il est parfois appelé à tort anis ou aneth.

Le bulbe charnu de couleur vert pâle ou blanchâtre est surmonté de plusieurs tiges robustes légèrement striées de couleur vert pâle. Dans la variété la plus courante, le fenouil commun, ces tiges mesurent de 1 à 2 m de haut. Elles sont ornées d'une multitude de feuilles plumeuses, découpées en lanières plutôt allongées et très étroites, d'un vert assez foncé. Ces feuilles sont supportées par de très petites tiges. De minuscules fleurs jaunes sont regroupées en ombelles de 5 à 10 rayons. Elles donnent naissance à 2 graines légèrement ovales mesurant jusqu'à 1 cm de long. Ces graines de couleur jaune brunâtre ou verdâtre sont ornées de côtes saillantes.

ACHAT ◆ Choisir un bulbe ferme, odorant, bien coloré et exempt de taches. Les feuilles sont parfois vendues seules; choisir des feuilles fraîches, d'un beau vert.

UTILISATION ◆ Le bulbe et les tiges du fenouil se mangent crus ou cuits, après avoir été débarrassés des feuilles dures. Les cuire le moins possible pour éviter la perte de saveur. Le fenouil est délicieux avec de la crème ou du yogourt. On peut le mariner, le braiser, l'étuver et le gratiner. Il accompagne légumes, légumineuses, lapin, porc, agneau, bœuf, fruits de mer et poisson. Il aromatise fromage, pain, potages, sauces, pâtisseries ou vin. En Provence, au sud de la France, le loup de mer au fenouil est une spécialité.

Les feuilles peuvent être utilisées comme assaisonnement ou comme garniture. On les met dans les salades, les sauces, les soupes et les vinaigrettes. Elles sont traditionnellement associées au poisson. Elles assaisonnent particulièrement oignons et crucifères (chou, chou-fleur, chou de Bruxelles, brocoli) parce qu'elles combattent la flatulence.

Les graines aromatisent fromages, marinades, saucisses, choucroutes, sauces, pains, biscuits et pâtisseries. On en extrait une huile essentielle utilisée en liquoristerie et en parfumerie.

CONSERVATION ◆ Le fenouil se conserve au réfrigérateur. Il peut se congeler, mais sa saveur y perd beaucoup. Conserver les feuilles fraîches au réfrigérateur ou les congeler. Sécher les feuilles au four à micro-ondes (de 30 secondes à 2 minutes) pour de meilleurs résultats, car elles se déshydratent difficilement.

VALEUR NUTRITIVE	
En tant que légume, le fenouil fournit	
Eau	90,2 %
Protéines	1,3 g
Matières grasses	0,2 g
Glucides	7,2 g
31 calories/100 g	
Les graines de fenouil fournissent	
Potassium	34 mg
Calcium	24 mg
Phosphore	10 mg
Magnésium	8 mg
Fer/5 ml (2 g)	0,37 mg

On dit le fenouil apéritif, diurétique, expectorant, antispasmodique, laxatif, stimulant, carminatif, emménagogue, galactogène et digestif. Il aiderait à réduire l'appétit, à soulager la toux et l'asthme, à assimiler les aliments gras et indigestes et à combattre la flatulence. Son huile essentielle contient de l'anéthol, une substance également présente dans l'anis. En tisane, mettre 5 ml de graines (1 cuillerée à café), les faire bouillir de 2 à 3 minutes et laisser infuser 10 minutes.

FENUGREC

Trigonella fœnumgræcum, **Papilionacées**
Autres noms : *trigonelle, foin-grec*
Nom anglais : *fenugreek*

HISTORIQUE ◆ Fruit d'une plante herbacée annuelle originaire d'Europe du Sud-Est et d'Asie occidentale. Le mot «fenugrec» vient du latin *fenumgræcum* signifiant «foin grec». Le fenugrec est connu depuis les temps anciens. Dans l'Antiquité, on l'utilisait plus pour ses propriétés médicinales et comme condiment que comme légume. Les Égyptiens s'en servaient comme fébrifuge. En Inde, le fenugrec est depuis toujours un assaisonnement du cari.

La plante mesure de 40 à 60 cm de haut. Les fleurs jaune clair, souvent légèrement violettes, poussent à l'aisselle des feuilles. Les fruits, de fines gousses mesurant de 8 à 15 cm de long et de 4 à 6 cm de large, abritent de 10 à 20 minuscules graines. Ces graines quadrangulaires et légèrement aplaties sont de couleur jaune brunâtre. Plante et graines dégagent une forte odeur épicée. Les graines ont une saveur légèrement amère. Elles laissent un arrière-goût de caramel et de sirop d'érable. Cette caractéristique est utilisée par l'industrie alimentaire, qui se sert du fenugrec pour préparer un arôme artificiel imitant le sirop d'érable.

 ACHAT ◆ Le fenugrec est habituellement vendu dans les magasins d'alimentation naturelle ou dans les épiceries spécialisées.

 UTILISATION ◆ Les graines de fenugrec s'utilisent séchées, entières, moulues, concassées ou germées, grillées ou non. Elles sont plus savoureuses lorsqu'elles sont grillées et moulues. On les cuit à la manière du gruau ou on les utilise comme condiment. Elles aromatisent notamment soupes, légumes, fromages, chutneys et plats mijotés.

Les graines germées se mangent en salade ou se mettent dans les sandwichs.

Les graines, les feuilles et les jeunes pousses sont employées en tisane. Les feuilles et les jeunes pousses sont consommées comme légumes dans certains pays d'Afrique et en Inde.

CONSERVATION ◆ Placer le fenugrec dans un contenant hermétique et le conserver dans un endroit frais et sec, à l'abri du soleil.

VALEUR NUTRITIVE	
Les graines de fenugrec contiennent	
Eau	7,5 %
Protéines	0,9 g
Matières grasses	0,24 g
Glucides	2,2 g
12 calories/4 g (5 ml)	

Elles sont riches en mucilage (jusqu'à 40 %) et fournissent 28 mg de potassium, 11 mg de phosphore, 7 mg de magnésium, 6 mg de calcium, 2 mg d'acide folique et 1,24 mg de fer par 5 ml (4 g). On dit le fenugrec vermifuge, émollient, diurétique, tonique et antihypertensif. On l'utilise pour soigner maux d'estomac, lèvres gercées et abcès, pour gagner du poids ou en cataplasme. Les feuilles servent comme expectorant, émollient, astringent et diurétique.

FÈVE-GOURGANE

Vicia faba, **Légumineuses**
Autres noms : *fève des marais, grosse fève*
Nom anglais : *fava bean*
Autres noms : *broad bean, Windsor bean, horse bean*

HISTORIQUE ◆ Fruit d'une plante herbacée annuelle probablement originaire de la région méditerranéenne. La fève est appelée « gourgane » au Québec, nom qui avait cours en Normandie au XVIIIᵉ siècle. C'est une des plus anciennes légumineuses ; sa culture remonte à la préhistoire. La fève constitua un aliment important pour les Grecs et les Romains. Ce fut longtemps la seule légumineuse connue en Europe, jusqu'à ce que les Espagnols introduisent le haricot rapporté d'Amérique du Sud *(Phaseolus vulgaris)*.

Les anciens Grecs utilisaient les fèves comme bulletin de vote et ils croyaient que les âmes pouvaient se réincarner dans les fèves. Dans la Rome antique, la fève servait de jeton pour désigner le roi du banquet lors des Saturnales. Cette coutume semble être à l'origine de la fève dans le gâteau des rois.

La fève pousse sur une plante pouvant atteindre de 30 cm à 2 m de haut. Elle préfère les températures fraîches et croît dans les régions tempérées, ou en altitude dans les régions tropicales. Les gousses robustes mesurent de 15 à 25 cm de long et ont une extrémité qui se termine en pointe. Leur intérieur est tapissé d'une couche duveteuse blanchâtre qui abrite de 5 à 10 graines plates aux bouts arrondis. Ces graines sont de couleur verte, rougeâtre, brunâtre ou violacée selon les variétés, fort nombreuses. Elles mesurent habituellement de 2 à 5 cm de long.

CUISSON ◆ On cuit les fèves avec ou sans leur peau ; c'est une question de préférence, selon qu'on apprécie ou non la saveur amère qu'elle donne. Pour enlever la peau, plonger d'abord les fèves quelques minutes dans de l'eau bouillante, les égoutter puis les rafraîchir en les passant sous l'eau froide. La peau s'enlève aussi après un trempage de 12 à 24 heures (changer l'eau quelques fois).

La fève sèche nécessite 1 heure et demie à 2 heures de cuisson. La fève fraîche environ 20 minutes.

Dans la marmite à pression (pression à 103 kPa) :

- avec trempage, environ 20 minutes ;
- sans trempage, environ 25 minutes.

UTILISATION ◆ La fève est farineuse et de saveur prononcée. Lorsqu'elle est jeune et fraîche, on la mange parfois crue, en jetant la peau épaisse qui contient des tannins donnant un goût amer. Fraîche ou séchée, elle est délicieuse dans les soupes et les plats mijotés, entière ou en purée. On peut faire sauter la fève et la manger en amuse-gueule, un peu à la manière du maïs soufflé. La fève cuite peut être consommée froide, entière ou en purée. On la met notamment dans les hors-d'œuvre, les salades et les sandwichs. Les gousses immatures sont comestibles, on les utilise comme les haricots verts.

VALEUR NUTRITIVE	
La fève bouillie contient	
Eau	71,5 %
Protéines	7,6 g
Matières grasses	0,4 g
Glucides	19,6 g
Fibres	5,1 g
109 calories/100 g	

Les protéines sont dites incomplètes parce qu'elles sont déficientes en certains acides aminés (voir Théorie de la complémentarité). La fève est une excellente source de folacine et une bonne source de potassium et de magnésium ; elle contient du cuivre, du phosphore, du zinc, du fer, de la thiamine et de la riboflavine ainsi que des traces de vitamine B_6, de calcium et de niacine. Elle est une source élevée de fibres.

FIGUE

Ficus spp, **Moracées**
Nom anglais : *fig*

HISTORIQUE ◆ «Fruit» du figuier, un arbre majestueux qui serait originaire de la région méditerranéenne. Botaniquement, la figue n'est pas véritablement un fruit mais un réceptacle charnu qui contient un grand nombre de petites graines croquantes, nommées akènes, qui sont les vrais fruits.

La figue a une longue histoire. Dès l'Antiquité, on vante ses vertus thérapeutiques et nutritives. Elle sert aussi bien d'aliment (fraîche, grillée ou séchée) que de médicament ou d'agent sucrant (elle a servi d'édulcorant bien avant que le sucre soit connu). La figue fut particulièrement appréciée des Grecs et des Romains. Ces derniers répandirent sa culture en Europe. Les conquistadors et les missionnaires espagnols introduisirent la figue en Amérique. L'influence des missionnaires se fait encore sentir, car certaines variétés de figues sont appelées «mission». La figue est cultivée dans de nombreux pays, notamment au Portugal, en Espagne, en France, en Italie, en Grèce, en Turquie, en Afrique du Nord, en Afrique du Sud, en Californie et en Australie. La Californie et la Turquie sont deux très importants pays producteurs. Le figuier peut vivre plus de cent ans. Il peut atteindre jusqu'à 30 m de hauteur. Il ne mesure guère plus de 5 m lorsqu'il est cultivé car on le taille. Ses grandes feuilles palmées sont d'un vert sombre. Son tronc et ses branches contiennent du latex. Dans la Grèce antique, les bergers utilisaient des branches de figuier pour brasser le fromage, parce que le latex en accélérait la coagulation.

Il existe plus de 150 variétés de figues. Elles peuvent être blanches, vertes, brunes, rouges, violettes, presque noires parfois. Du point de vue commercial, les plus importantes sont la figue noire, la figue verte et la figue violette :

la **figue noire** est ronde, sucrée et plutôt sèche ; c'est la moins fragile des trois ;

la **figue verte** est en forme de poire ; sa chair est juteuse et sa peau fine ;

la **figue violette**, aussi en forme de poire mais plus petite, est la plus sucrée, la plus juteuse, la plus fragile et la plus rare.

Les figues fraîches sont très périssables, c'est pourquoi elles sont surtout séchées ou mises en conserve. Le séchage s'effectue avec des séchoirs ou par exposition au soleil. Les figues sont parfois trempées dans du sucre ou dans de l'eau pour en augmenter le poids et les humidifier. Trois kilos de figues fraîches donnent un kilo de figues séchées.

 ACHAT ◆ À l'achat des figues fraîches, choisir des figues molles, dodues et dont la queue est encore ferme. Délaisser les figues détrempées, meurtries, moisies ou qui sentent le sur : elles sont trop mûres. Les figues séchées doivent exhaler une bonne odeur et ne pas être trop dures.

PRÉPARATION ◆ Laver doucement et brièvement les figues fraîches avant de les utiliser.

VALEUR NUTRITIVE
La figue fraîche contient

La figue fraîche contient	
Eau	79 %
Protéines	0,8 g
Matières grasses	0,4 g
Glucides	19 g
Fibres	3,3 g
74 calories/100 g	

La figue fraîche est nutritive. Elle est riche en potassium et est considérée comme une bonne source de fibres ; elle contient également des traces d'acide pantothénique, de calcium et de niacine.

La figue séchée contient	
Eau	28 %
Protéines	3 g
Matières grasses	1,2 g
Glucides	65 g
Fibres	9,3 g
255 calories/100 g	

La figue séchée est un aliment encore plus nourrissant, car ses éléments nutritifs sont concentrés. Riche en potassium, elle constitue aussi une bonne source de magnésium, de fer et de cuivre. Elle contient du calcium, de la vitamine B_6, du sodium, du phosphore, de l'acide pantothénique, de la riboflavine, du zinc et de la thiamine ainsi que des traces de niacine, d'acide folique, de vitamine C et de vitamine A.

La figue est diurétique, émolliente et laxative. Le latex des branches et du tronc du figuier permettrait de se débarrasser des cors et durillons.

Utiliser les figues séchées telles quelles ou après les avoir réhydratées dans de l'eau, du jus ou de l'alcool.

UTILISATION ◆ La figue est souvent mangée telle quelle, fraîche ou déshydratée. On la met dans les salades de fruits ou les hors-d'œuvre. Elle accompagne le fromage et le jambon. La figue sèche peut être cuisinée de multiples façons. On la farcit d'amandes, de noix et de morceaux d'orange. On la met dans des desserts. On la cuit en confiture. On la transforme en compote. La figue se marie bien avec le lapin, la volaille et le gibier. Elle peut remplacer les pruneaux dans la plupart des recettes. La figue sert de succédané du café, comme l'orge et la chicorée. En Afrique du Nord, la figue sert à préparer la *boukha*, une eau de vie très appréciée. La figue est délicieuse pochée ou marinée dans du whisky, du porto ou du sherry moyennement sec.

CONSERVATION ◆ Les figues fraîches sont très fragiles. Les placer au réfrigérateur, elles se conserveront 1 jour ou 2. Les envelopper afin qu'elles n'absorbent pas les odeurs. Conserver les figues séchées à l'abri des insectes, dans un endroit frais et sec.

FIGUE DE BARBARIE

Opuntia ficus-indica, **Cactacées**
Nom anglais : *prickly pear*
Autres noms : *Indian fig, tunba, nopal*

HISTORIQUE ◆ Fruit du figuier de Barbarie, un cactus originaire d'Amérique tropicale. La figue de Barbarie est consommée par les Indiens depuis les temps anciens. Les Espagnols l'introduisirent en Espagne. Ils la nommèrent d'abord «tuna», nom qui la désignait en Amérique du Sud. Les Maures la nommèrent «figue de chrétien». Ils l'ont introduite en Afrique du Nord quand on les a chassés d'Espagne. Le figuier de Barbarie est aussi connu sous les noms d'oponce et d'opuntia. Ses longues tiges aplaties en forme de palettes sont recouvertes de piquants. En saison, elles sont ornées de belles fleurs qui donnent naissance à des fruits savoureux. La figue de Barbarie est maintenant cultivée un peu partout dans le monde, notamment dans les pays méditerranéens, en Amérique du Sud, au Mexique, en Californie, en Arizona, à Hawaii, en Afrique et en Asie. En Israël, c'est le fruit national et on le nomme «fruit de Sharon».

La figue de Barbarie est une baie charnue de forme ovale qui mesure de 5 à 10 cm de long. Sa peau rougeâtre ou verte est épaisse et irrégulière. Elle est recouverte dans ses parties renflées de petites épines, souvent invisibles, qui se logent facilement dans les mains des personnes qui les touchent. Sa chair est jaune orangé, verte ou rouge assez foncé ; elle est juteuse, acidulée, passablement sucrée et parfumée. Elle renferme de nombreux pépins croquants qui sont comestibles. Elle est parfois nommée incorrectement «poire de cactus», une traduction littérale de l'appellation anglaise *prickly pear*.

ACHAT ◆ La plupart des fruits ont été débarrassés de leurs épines avant d'être mis en vente. Si ce n'est pas le cas, les manipuler avec précaution. Choisir des figues de Barbarie intactes, non ratatinées et exemptes de taches.

PRÉPARATION ◆ La figue de Barbarie est mûre lorsqu'elle cède sous une légère pression des doigts. Pour la peler, couper une rondelle à une extrémité, puis pratiquer des incisions peu profondes dans la peau sur toute sa longueur et tirer dessus. Si la figue de Barbarie a encore ses épines, les enlever avant de la couper en la frottant avec un linge ou du papier épais, ou encore en la brossant sous un jet d'eau. On peut aussi se protéger les mains avec des gants.

VALEUR NUTRITIVE	
La figue de Barbarie contient	
Eau	88 %
Protéines	0,8 g
Matières grasses	0,5 g
Glucides	10 g
41 calories/100 g	

Elle est très riche en magnésium et possède une teneur élevée en potassium. Elle est également une source de calcium, de vitamine C et de sodium. La figue de Barbarie est astringente.

UTILISATION ◆ La figue de Barbarie est souvent mangée telle quelle ou arrosée d'un filet de jus de citron ou de lime. Si elle est cuite, il est préférable de la tamiser, car ses nombreuses graines ne sont pas toujours appréciées, d'autant plus qu'elles durcissent sous l'action de la chaleur. La figue de Barbarie aromatise sorbets, yogourts, salades de fruits et divers autres desserts. Elle ajoute une note surprenante aux salades. On transforme la figue de Barbarie en jus ou en purée. On la cuit en confiture.

Ses longues palettes sont comestibles. Elles se mangent crues ou on peut les cuire comme un légume. Enlever les épines. Cuire les palettes à la vapeur quelques minutes, les sauter ou les cuire à l'étuvée. Les Mexicains aiment bien les mettre dans les salades, les omelettes et les purées de haricots. Les ajouter dans la soupe une dizaine de minutes avant la fin de la cuisson.

CONSERVATION ◆ Laisser mûrir la figue de Barbarie à la température de la pièce. La consommer dès qu'elle est mûre ou la placer au réfrigérateur, où elle se conservera quelques jours.

FOIE

Nom anglais : *liver*

HISTORIQUE ◆ Le foie est un abat rouge comestible, tant celui des animaux de boucherie que celui de la volaille, du gibier et de certains poissons (morue, lotte, raie). Le foie des animaux jeunes est plus tendre et plus savoureux; le plus recherché est le foie de veau. Les foies d'agneau, de génisse et de lapin sont à peu près équivalents au foie de veau. Les foies de bœuf, de mouton, de porc et de volaille ont une saveur plus prononcée et sont plus pâteux après la cuisson; le foie de porc est utilisé surtout en charcuterie. Le foie de morue est souvent fumé. On en tire aussi une huile riche en vitamines, huile que de nombreuses générations d'enfants ont dû avaler souvent contre leur gré, n'appréciant guère son goût peu plaisant.

ACHAT ◆ La couleur du foie varie du brun rosé au brun rougeâtre selon l'âge de l'animal et sa race. Choisir un foie qui dégage une bonne odeur.

PRÉPARATION ◆ Enlever la fine membrane qui recouvre le foie, pour empêcher que la chair ne se déforme à la cuisson, et retirer le tissu conjonctif. Couper le foie en tranches d'égales grosseurs pour qu'il cuise uniformément.

VALEUR NUTRITIVE				
Contenus du foie (par 100 g)				
	Protéines	Matières grasses	Cholestérol	Calories/ 100 g
Veau, braisé	22 g	7 g	561 mg	165
Poulet, mijoté	24 g	6 g	631 mg	157
Porc, braisé	26 g	4 g	355 mg	165
Bœuf, braisé	24 g	5 g	389 mg	161
Agneau, braisé	31 g	9 g	501 mg	220

Le foie est un aliment que la médecine et la diététique traditionnelles recommandent de manger régulièrement à cause de sa teneur élevée en protéines et en vitamines et minéraux divers, notamment en fer, en vitamine A, en vitamine B (particulièrement en acide folique et en vitamine B_{12}), en vitamine C, en phosphore, en zinc et en cuivre. On le prescrit notamment pour combattre l'anémie. Le foie est cependant une glande qui sécrète de la bile et qui filtre les éléments indésirables présents dans les aliments ingérés par l'animal ; une partie de ces substances reste dans le foie sous forme de résidus. Et le foie contient du cholestérol.

 UTILISATION ◆ Le foie ne doit pas être mangé saignant, éviter cependant une cuisson prolongée, qui le durcit. Le foie tendre est surtout grillé ou sauté (5 à 8 minutes). Utiliser le moins de matières grasses possible pour éviter d'augmenter la teneur en gras. Cuire lentement le foie moins moelleux.

CONSERVATION ◆ Cuisiner le foie le plus rapidement possible, car il est très périssable. Il se conserve 1 jour ou 2 au réfrigérateur ou se congèle.

FOIE GRAS

Noms anglais : *foie gras, liver pâté*

HISTORIQUE ◆ Le foie gras est un pâté fait avec des foies d'oie ou de canards hypertrophiés ; l'hypertrophie des foies est provoquée par gavage. Le gavage des oies est une pratique très ancienne. Une scène gravée sur un tombeau égyptien datant de 2 500 ans av. J.-C. laisse à penser qu'il existait déjà à cette époque. On sait par ailleurs que les Grecs gavaient les oies avec du froment écrasé et mélangé à de l'eau, et que les Romains se servaient de figues. De nos jours, on utilise surtout une bouillie à base de maïs, de saindoux, de fèves et de sel. Le foie d'oie atteint en moyenne 700 à 900 g et le foie de canard 300 à 400 g. Le gavage a ses opposants, qui dénoncent le sort que l'on fait subir aux animaux : on les nourrit à l'aide d'un tube, et on les tue quand ils manquent de souffle parce qu'ils ne peuvent plus digérer.

L'expression « foie gras » est définie légalement dans plusieurs pays, notamment en France, le plus grand pays producteur et consommateur, afin d'éviter la confusion et de combattre les falsifications. Quand le produit contient des foies et de la chair d'autres animaux, l'expression « foie gras » est accompagnée d'un autre mot, comme « pâté »,

VALEUR NUTRITIVE		
Les foies gras contiennent en général		
Protéines		10 à 15 g
Matières grasses		40 à 45 g
400 à 500 calories/100 g		

La valeur nutritive du foie gras et des produits semblables est des plus variées car elle dépend des ingrédients utilisés, tels que foie d'animaux non gavés incluant le porc, le veau et le poulet, abats, gras, assaisonnements, farine, gélatine, poudre de lait, truffes, sucre, blancs d'œuf et divers additifs. Ce sont presque toujours des aliments gras, salés et calorifiques qu'il vaut mieux consommer avec modération.

«terrine» ou «galantine». Les procédés de fabrication du foie gras sont variés. Le foie gras de fabrication artisanale a presque disparu du marché, remplacé par des produits industriels.

UTILISATION ◆ Cet aliment est prêt à manger. Il est habituellement servi en hors-d'œuvre et accompagné de pain grillé, ou en canapés.

CONSERVATION ◆ Le foie gras est périssable et se conserve de 3 à 4 jours au réfrigérateur. Bien l'envelopper pour éviter qu'il ne sèche et ne confère un mauvais goût aux aliments environnants. Le mettre à la température ambiante environ 15 minutes avant de le consommer pour qu'il soit plus savoureux.

FOUR À MICRO-ONDES

HISTORIQUE ◆ La possibilité de cuire des aliments par micro-ondes fut découverte par hasard (comme beaucoup d'inventions d'ailleurs) en 1945. Un chercheur s'aperçut que des bonbons laissés près de l'endroit où il travaillait avec des micro-ondes avaient fondu. L'observation de ce simple fait devait faciliter la vie dans la cuisine et donner naissance à une industrie florissante

La cuisson au four à micro-ondes a plusieurs avantages sur la cuisson au four conventionnel. Elle est beaucoup plus rapide, nécessitant généralement entre un tiers et un quart moins de temps. Elle permet aussi d'économiser de l'énergie, car il n'est pas nécessaire de préchauffer le four, et comme le temps de cuisson est plus court, on utilise également moins d'électricité. En plus, comme le four ne devient pas chaud, cela est très pratique l'été, car ainsi on ne réchauffe pas toute la maison.

La cuisson au four à micro-ondes permet de décongeler rapidement les aliments (ce qui est pratique lorsqu'on a oublié de les sortir à l'avance du congélateur). Elle permet également de réchauffer promptement et facilement les aliments et de diminuer la quantité de vaisselle à laver, car souvent on peut cuire les aliments dans le plat dans lequel on les servira. Elle aide aussi à conserver la saveur, la couleur et la valeur nutritive des aliments. C'est particulièrement évident avec les légumes et les fruits. Une autre caractéristique du four à micro-ondes améliore la valeur nutritive : de nombreux aliments peuvent y être cuits sans l'addition de matières grasses ; ils cuisent dans leur propre jus ou dans très peu d'eau ou de bouillon. Et comme les aliments ne collent pas, l'ajout d'une matière grasse est inutile.

La cuisson par micro-ondes s'effectue au moyen de radiations infrarouges concentrées. Les micro-ondes ont trois caractéristiques de base : elles sont transmises, absorbées ou réfléchies. Ces ondes d'énergie électromagnétique sont transmises par un tube magnétron, elles sont absorbées par les aliments et elles sont réfléchies par le métal, rebondissant comme une balle sur un mur. Lorsqu'elles pénètrent les aliments, les micro-ondes provoquent la rotation intense des molécules. Lors de cette rotation, les molécules se heurtent les unes aux autres, et cette friction produit de la chaleur qui cuit les aliments rapidement. La chaleur part du centre et se répand vers l'extérieur des aliments.

Les molécules continuent de vibrer pendant un certains temps après que le four à micro-ondes est éteint, ce qui prolonge la cuisson. Dans tous les modes de cuisson, les aliments continuent de cuire même s'ils ne sont plus en contact avec la source de chaleur, mais ce phénomène est encore plus important dans la cuisson au four à micro-ondes à cause du mode d'action de ces micro-ondes ; il faut donc en tenir compte en calculant le temps de cuisson.

CUISSON ♦ Il est nécessaire d'utiliser des contenants destinés spécialement à la cuisson au four à micro-ondes, car les micro-ondes ne peuvent pas pénétrer n'importe quels récipients. Elles passent au travers du verre, de la porcelaine, du papier et du plastique, mais elles sont réfléchies par le métal (en plus, le métal peut endommager le four). Les sacs à congélation et les sacs pour la cuisson au four de la cuisinière conventionnelle peuvent servir dans le four à micro-ondes. Ne pas les fermer avec des attaches en métal cependant, utiliser des élastiques. Les sacs et les contenants en plastique non destinés à la cuisson au four à micro-ondes ne conviennent pas. Ils contiennent des substances toxiques activées par les micro-ondes, et une partie de ces substances se transmet aux aliments. Les poteries ou les plats en céramique doivent être glacés à l'intérieur pour être utilisables dans le four à micro-ondes, sinon ils absorbent l'humidité des aliments. En plus, les micro-ondes vont chauffer le plat non glacé tout autant que les légumes, ce qui augmente le temps de cuisson.

Pour vérifier si un récipient laisse passer les radiations infrarouges, verser une tasse d'eau dans le récipient, le placer dans le four à micro-ondes, puis faire fonctionner le four à pleine puissance pendant une minute. Si l'eau est chaude et le plat est froid, le récipient laisse passer les micro-ondes, donc il convient à la cuisson au four à micro-ondes. Si le récipient est plus chaud que l'eau, il n'est pas apte pour la cuisson au four à micro-ondes, car il ne laisse pas passer ces dernières.

Du papier d'aluminium peut être utilisé pour ralentir la cuisson, pour empêcher les aliments de carboniser ou pour les empêcher de durcir ; l'utiliser avec précaution cependant. Il est important de ne pas recouvrir le plat complètement : il faut laisser plus de la moitié des aliments à découvert. Ne jamais mettre le papier d'aluminium en contact avec les parois du four, car il les endommagerait.

Temps de cuisson

Le temps de cuisson ne peut être qu'approximatif, car il dépend de plusieurs facteurs. Il varie en fonction de la puissance en watts du four, de la dimension du four, de la quantité d'aliments à cuire, de la teneur en eau, en matières grasses et en sucre des aliments, de leur grosseur, de leur température interne, de la façon dont ils sont disposés dans le four, et de la quantité d'eau ajoutée (dans cet ouvrage, le temps de cuisson est donné pour un four de 600 à 650 watts).

- Lire attentivement les instructions fournies par le manufacturier, car il existe de grandes différences dans la puissance en watts des fours à micro-ondes. Un four de 800 watts cuit plus rapidement qu'un four de 400 watts ;

- le temps de cuisson dépend également des dimensions du four : plus le four est petit, plus les aliments cuisent vite ;

- plus les aliments contiennent d'eau, de matières grasses ou de glucides, plus ils cuisent rapidement ;

- plus il y a d'eau ajoutée dans le récipient, plus le temps de cuisson est long ;

- plus les aliments sont coupés finement, plus ils cuisent rapidement, car l'énergie les pénètre plus facilement ;

- les aliments à la température de la pièce nécessitent moins de cuisson que les aliments froids ou congelés ;

- pour cuire deux fois plus d'aliments que la quantité indiquée dans la recette, doubler aussi le temps de cuisson ;

- pour cuire la moitié des aliments, couper de moitié le temps de cuisson ;

- le milieu du four constitue l'endroit où l'énergie est distribuée le plus également. Les aliments cuisent mieux s'ils sont placés au centre du four et s'ils sont élevés ;

- couper les aliments en morceaux d'égale grosseur pour une cuisson uniforme ;

- lorsque l'on cuit dans le même plat des aliments qui nécessitent un temps de cuisson différent, placer les aliments qui demandent le plus de cuisson au bord du plat (les fruits de mer, la viande brune de la volaille et les carottes, par exemple), et mettre les aliments demandant moins de cuisson au centre (le blanc de la volaille, le poisson, les champignons et les poivrons, par exemple) ;

- si le four n'est pas muni d'un bras rotatif, retourner le plat de cuisson une ou deux fois durant la cuisson et remuer les aliments de l'extérieur vers l'intérieur à mi-cuisson.

UTILISATION ◆ Le four à micro-ondes peut servir à blanchir les légumes avant la congélation. Cela permet d'économiser du temps, en plus de donner de très bons résultats. Le blanchiment est essentiel pour presque tous les légumes. Pour que les résultats soient optimaux, blanchir des légumes de grosseur uniforme, et ne pas blanchir une trop grande quantité à la fois. Verser 75 ml d'eau sur 2 tasses de légumes. Couvrir le récipient ou, si on se sert d'un sac à congélation, le fermer avec un élastique (ne pas de servir de métal). Cuire durant le temps recommandé par le manufacturier. Retirer les légumes du four, les plonger dans de l'eau glacée, les égoutter, les assécher, les envelopper, les étiqueter, puis les congeler.

Assaisonner les aliments en fin de cuisson. Réduire la quantité de fines herbes et d'épices, surtout si leur saveur est prononcée, car elle n'est pas diminuée par la cuisson. Au contraire, la saveur de la plupart des assaisonnements devient vite prononcée, surtout lorsque les assaisonnements touchent à un liquide. Ajouter aussi en fin de cuisson les aromates qui contiennent de l'alcool (tels la vanille, le sherry et le vin), mais cette fois-ci parce qu'ils perdent leur saveur très rapidement.

Pour conserver le maximum de saveur et de valeur nutritive, interrompre la cuisson un peu plus tôt que le temps suggéré (une ou deux minutes) et goûter pour vérifier si la cuisson est suffisante. Cuire un peu plus longtemps si nécessaire.

Ne pas oublier de tenir compte du temps de repos puisque les aliments continuent de cuire lorsqu'ils sont hors du four. S'ils ne sont pas mangés immédiatement, arrêter la cuisson légèrement plus tôt.

Recouvrir presque complètement le plat dans lequel cuiront les aliments avec une pellicule de plastique. Faire attention de ne pas se brûler avec la vapeur qui s'échappera lorsque l'on retirera la pellicule en fin de cuisson. Percer la pellicule avec la pointe d'un couteau avant la cuisson, lorsque le plat est déjà recouvert du papier cellophane.

Ne pas se surprendre si le récipient est chaud lorsqu'on le retirer du four; il a été chauffé par les aliments. Se protéger les mains pour ce faire.

FRAISE

Fragaria spp, **Rosacées**
Nom anglais : *strawberry*

HISTORIQUE ♦ Fruit du fraisier, une plante vivace des régions tempérées d'Europe, certaines variétés seraient également originaires de l'Amérique du Nord et de l'Amérique du Sud. C'est un des fruits les plus répandus dans le monde. La fraise a toujours fasciné par sa saveur exquise; le mot fraise vient d'ailleurs du latin *fragum* signifiant « parfum ». La fraise des bois est l'ancêtre de la fraise cultivée. Elle est petite, juteuse, plus savoureuse et plus parfumée que la fraise cultivée.

Le fraisier est une plante basse généralement à stolons, ces tiges qui courent sur le sol et qui s'y enracinent, produisant de nouveaux plants. Botaniquement, la fraise n'est qu'un réceptacle floral qui devient charnu, tendre et parfumé après la floraison. En réalité, ce sont les petits grains jaunes disséminés à la surface, les akènes, qui sont les vrais fruits.

Il existe plus de 600 variétés de fraises, ce qui se répercute notamment sur leur taille, leur texture, leur couleur, leur saveur, le moment de la récolte et leur utilisation. Des variétés nommées quatre-saisons produisent plus d'une fois par année. Les fraises sont plus ou moins grosses, rouges, juteuses, acides, sucrées et parfumées. Certaines variétés sont meilleures pour la congélation, d'autres sont plus savoureuses nature ou supportent mieux la cuisson. Ces caractéristiques sont difficiles à déterminer cependant, car elles sont rarement révélées au moment de l'achat.

ACHAT ♦ Choisir des fraises fermes, brillantes et bien colorées. La couleur est un signe de fraîcheur, même s'il est parfois difficile d'utiliser cet indice étant donné que certaines variétés sont plus ternes que d'autres. Cependant, la grande majorité des fraises sur le marché sont d'un rouge brillant, de sorte que plus elles sont ternes, moins elles sont fraîches. La fraise supporte très mal la chaleur, les manipulations et le transport. Le moindre choc la meurtrit, elle pourrit alors très rapidement et contamine les autres. Délaisser les fraises molles, ternes et moisies. Vérifier l'état des fraises au fond des casseaux. Lorsqu'on achète des fraises qui seront transvasées, s'assurer qu'elles seront manipulées avec soin.

PRÉPARATION ◆ Laver les fraises avant de les équeuter car l'équeutage cause une blessure d'où s'écoule du jus. Les laver seulement au moment de les utiliser, car les fraises sont très fragiles et elles pourriront. Utiliser de l'eau froide et ne pas les laisser tremper, sinon elles se gorgent d'eau et perdent de la saveur. Les manipuler délicatement.

UTILISATION ◆ Les fraises sont utilisées de multiples façons. Elles sont très souvent mangées nature, entières, coupées ou écrasées. On les sucre, on les agrémente de yogourt ou de crème glacée, on les arrose de crème fraîche ou d'alcool. Pour aviver la couleur des fraises quand elles sont cuites, en purée ou en coulis, incorporer un peu de jus de citron, de lime ou d'orange. On met les fraises dans les salades de fruits, la crème glacée ou les sorbets. On les cuisine en tartes, en biscuits, en mousses, en soufflés, en flans, en puddings, en gâteaux. Le shortcake aux fraises est un gâteau recouvert de crème chantilly et de fraises. On peut laisser macérer les fraises dans de l'alcool (vin, champagne, kirsch, etc.). On en fait du jus, des confitures, de la gelée, de la compote, du coulis ou du vin. On les met dans les omelettes. Elles sont délicieuses dans la fondue au chocolat. On utilise les fraises à des fins décoratives, pour garnir hors-d'œuvre ou assiettes de fromages. Les fraises aromatisent agréablement le vinaigre.

VALEUR NUTRITIVE	
La fraise contient	
Eau	92 %
Protéines	0,6 g
Matières grasses	0,4 g
Glucides	7 g
Fibres	2,6 g
30 calories/100 g	

Elle constitue une excellente source de vitamines C, une bonne source de potassium, une source d'acide folique, d'acide pantothénique et de magnésium. Elle contient des acides malique, citrique, ascorbique et tartrique. On dit la fraise tonique, dépurative, diurétique, reminéralisante et astringente. Certaines personnes ont une réaction allergique lorsqu'elles consomment des fraises. Cette allergie se manifeste sous forme d'éruption cutanée bénigne et disparaît relativement rapidement lorsque cesse la consommation des fraises.

CONSERVATION ◆ Les fraises sont très périssables. Éviter de les exposer au soleil et de les laisser longtemps à la température de la pièce. Réfrigérées, elles se conservent environ 2 jours. Elles se garderont plus facilement si elles ne sont ni entassées, ni lavées, ni équeutées, et si on a pris soin d'enlever les fraises abîmées. Les couvrir pour empêcher que leur odeur ne se communique aux aliments environnants. Pour conserver des fraises déjà lavées ou défraîchies, les sucrer légèrement.

Les fraises se congèlent facilement (éliminer cependant les fruits peu ou trop mûrs). Les congeler entières, tranchées, en quartiers ou écrasées, avec ou sans sucre. Les fraises entières perdent moins de leur valeur nutritive que les fraises coupées ou écrasées, car moins de parties sont exposées à l'air. La perte de valeur peut cependant être restreinte si on recouvre les fraises de jus de citron ou de pomme. L'ajout du sucre n'est pas indispensable, mais il contribue à diminuer légèrement la perte de couleur. Quand on sucre les fraises, il faut diminuer la quantité de sucre dans les recettes qui seront utilisées. Pour congeler les fraises individuellement, les étendre en une seule couche sur une plaque à biscuits et les congeler environ une heure avant de les empaqueter. Les fraises seront meilleures si elles sont décongelées lentement au réfrigérateur. Elles garderont leur forme si on évite de les décongeler complètement.

FRAMBOISE

Rubus spp, **Rosacées**
Nom anglais : *raspberry*

HISTORIQUE ◆ Fruit du framboisier, une ronce probablement originaire de l'Est de l'Asie. Des vestiges retrouvés dans des sites préhistoriques révèlent que la framboise existe à l'état sauvage depuis des temps immémoriaux. Les premières framboises rouges furent découvertes par les croisés aux environs du mont Ida en Turquie, d'où leur nom, *rubus idaeus*. Ce n'est qu'au XVIIᵉ siècle qu'un Anglais, John Parkinson, développa la culture de cette plante qui pousse facilement en climat tempéré. Par la suite, la culture s'est généralisée.

Le framboisier a des tiges ligneuses garnies d'épines. Elles mesurent de 90 cm à 1,75 m de haut. Ses délicates fleurs blanches donnent naissance aux framboises, qui ressemblent à des billes ovoïdes ou coniques. Les framboises ont une cavité dans leur centre, à l'endroit par lequel elles sont attachées à la plante (le réceptacle central). Elles sont composées de nombreux petits fruits juteux reliés les uns aux autres et nommés «drupéoles», car chacun contient une petite graine appelée drupe. Les framboises sont de grosseurs variables. Les framboises sauvages ont la taille d'un pois tandis que celles qui sont cultivées peuvent mesurer 2 cm de long.

Les framboises sont souvent rouges, mais elles peuvent aussi être noires (sans être des mûres), jaunes, orange, ambrées ou blanches. Sucrées et d'un parfum suave, elles sont moyennement acidulées et plus fragiles encore que les fraises. Des croisements entre la mûre et la framboise ont donné des fruits qui portent souvent le nom de leur créateur, telles la baie de Logan, la baie de Boysen.

 ACHAT ◆ Les framboises sont fragiles, elles supportent mal la chaleur, les manipulations et le transport. Elles pourrissent rapidement et contaminent les autres. Choisir des framboises fermes et brillantes. Délaisser les framboises molles, ternes ou tassées : elles manquent de fraîcheur et se conservent très mal. Pour les personnes qui en ont la possibilité, l'idéal est de cueillir les framboises soi-même. Le meilleur temps est le matin, car les framboises sont plus sucrées et elles se conserveront plus longtemps.

PRÉPARATION ◆ Les framboises supportent mal d'être lavées, car elles se gorgent d'eau et ramollissent. Ne les laver que si c'est absolument nécessaire ; procéder alors délicatement, rapidement et seulement au moment de les utiliser. Lorsqu'elles sont fraîchement cueillies, il peut s'avérer nécessaire de secouer légèrement les framboises afin de déloger les insectes qui se logent parfois dans leurs cavités, la punaise des framboises en particulier.

VALEUR NUTRITIVE	
La framboise contient	
Eau	87 %
Protéines	0,9 g
Matières grasses	0,6 g
Glucides	12 g
Fibres	4,7 g
49 calories/100 g	

Elle est une bonne source de vitamine C et elle contient du potassium et du magnésium, ainsi que des traces de calcium et de vitamine A. On la dit diurétique, tonique, dépurative, apéritive, sudorifique, stomachique et laxative. Elle soulagerait entre autres les aigreurs d'estomac et la constipation. Les feuilles et les fleurs de framboisier utilisées en infusion ou en décoction auraient des propriétés astringentes, diurétiques, emménagogues et laxatives. Au printemps, on peut manger crues les tendres pousses pelées des framboisiers sauvages.

 UTILISATION ◆ Les framboises sont utilisées comme les fraises (ces fruits sont d'ailleurs interchangeables dans la plupart des recettes). Pour éviter le craquement agaçant des graines sous la dent, il suffit de tamiser les framboises une fois qu'elles sont cuites, mises en purée ou décongelées. Pour aviver la couleur des framboises lorsqu'elles sont cuites ou en coulis, incorporer un peu de jus de citron, de lime ou d'orange. Le coulis de framboises est intégré à divers aliments, notamment aux gâteaux, aux puddings, à la crème glacée, aux sorbets, aux flans et aux bavarois; on s'en sert aussi pour napper divers aliments auxquels il confère une saveur exquise.

Délicieuses nature, les framboises sont aussi souvent servies accompagnées de crème glacée, de yogourt ou de crème fraîche. On les met dans les salades de fruits, les céréales et les crêpes. On les met à macérer dans de l'alcool (vin, champagne, kirsch, etc.). On en fait des confitures, de la gelée, de la compote, du vin, de l'eau-de-vie et de la bière. Les framboises aromatisent agréablement le vinaigre.

CONSERVATION ◆ Les framboises sont très périssables. Éviter de les exposer au soleil et de les laisser longtemps à la température de la pièce. Réfrigérées, elles se conservent quelques jours. Elles se garderont plus facilement si elles ne sont pas entassées ni lavées, et si on a pris soin d'enlever les fruits abîmés. Les sucrer légèrement pour les conserver un peu plus longtemps. Les framboises se congèlent facilement telles quelles ou en coulis, sucrées ou non sucrées. Entières, elles perdent moins de leur valeur nutritive du fait qu'elles sont moins exposées à l'air. La perte de valeur peut cependant être restreinte si on recouvre les framboises de jus de citron. L'ajout de sucre n'est pas indispensable mais permet de diminuer légèrement la perte de couleur. Si on sucre les framboises, il faudra réduire d'autant la quantité de sucre dans les recettes où ces framboises seront utilisées. Pour congeler les framboises individuellement, les étendre en une seule couche sur une plaque à biscuits et les congeler environ une heure avant de les empaqueter. Les framboises seront meilleures si elles sont décongelées lentement au réfrigérateur.

FROMAGE

Nom anglais : *cheese*

HISTORIQUE ◆ Le fromage est le produit qui apparaît après la coagulation et l'égout-tage du lait, de la crème ou d'un mélange des deux. La découverte du fromage fut probablement le fait du hasard; on n'en connaît pas l'origine précise, mais on sait, grâce à des découvertes archéologiques, qu'il est fabriqué depuis plus de 10 000 ans. Une légende raconte qu'un nomade arabe, transportant du lait dans une poche faite avec l'estomac d'un mouton, aurait découvert en cours de route que son lait avait caillé. Le caillage devint et est demeuré un procédé pratique de conservation du lait. À l'époque romaine, la fabrication du fromage avait atteint un haut degré de sophistication et les Romains diffusèrent cette connaissance dans l'Empire. Avec la chute de l'Empire romain, graduellement les monastères devinrent d'importants centres de fabrication de fromages. Plusieurs fromages ont encore des noms évoquant une telle origine (saint-paulin, tête-de-moine, trappiste, munster).

Il existe une très grande diversité de fromages, qui varie souvent d'un pays à l'autre. On estime à plus d'un millier les variétés de fromages. La qualité, la valeur nutritive et les caractéristiques du fromage dépendent de multiples facteurs, notamment de la sorte de lait utilisé (de vache, de chèvre, de brebis, de jument, de renne, de yack, de bufflonne) et du procédé de fabrication. Le développement de la technologie a permis la création d'usines hautement mécanisées qui peuvent traiter plus de 400 kg de lait à la fois. L'uniformisation des méthodes de production, incluant la pasteurisation presque systématique du lait, banalisent souvent la saveur des fromages.

La fabrication du fromage comporte 4 étapes principales, soit la coagulation, l'égouttage, le salage et l'affinage.

La **coagulation** (le caillage) est la phase où le caillé se forme, alors que la caséine (les protéines du lait ou de la crème) se sépare du lactosérum (le liquide appelé aussi petit-lait). La coagulation s'effectue naturellement lorsque les bactéries lactiques présentes dans le lait se développent sous l'effet de la chaleur ou elle est accélérée par l'ajout d'un coagulant. Traditionnellement, le coagulant était de la présure, une enzyme extraite de la caillette de jeunes ruminants, la quatrième partie de leur estomac. La présure étant maintenant rare et coûteuse, elle est souvent remplacée par la pepsine, un agent coagulant prélevé dans l'estomac des porcs, ou par des cultures bactériennes.

Certains fromages, dont le cottage, sont caillés uniquement par l'action de cultures lactiques, un peu comme le yogourt. La coagulation s'effectue grâce aux ferments naturels du lait ou avec l'aide de ferments lactiques cultivés. Des plantes contenant des substances coagulantes, tels l'artichaut sauvage, le chardon ou l'ortie, peuvent aussi être utilisées. La fraîcheur, l'acidité et la température du lait sont des facteurs qui influencent la coagulation ; ainsi le manque de fraîcheur augmente l'acidité du lait, qui coagule plus facilement.

Lors de la fabrication industrielle du fromage, le lait est pasteurisé afin que soient détruits les germes pathogènes et pour neutraliser les ferments lactiques qui fermentent souvent de façon imprévue (mais qui confèrent au fromage un goût et une texture particuliers). La pasteurisation a aussi pour effet de rendre le calcium inopérant en le «fixant» ; or le calcium est indispensable pour la formation du caillé, alors on le remplace par du chlorure de calcium.

L'**égouttage** consiste à enlever le lactosérum afin de rendre le caillé plus ferme. Il dure plus ou moins longtemps selon le résultat désiré. Il peut être accompagné de malaxage, de pressage et de cuisson. Certains caillés sont même lavés pour que disparaisse tout résidu de lactosérum susceptible de provoquer une fermentation lactique non désirée. Plus l'élimination du lactosérum est lente, plus elle entraîne une perte de vitamines et de sels minéraux ; ainsi le cottage peut perdre jusqu'à 80 % du calcium et du phosphore.

Le **salage**. Le caillé obtenu est prêt à être salé. Le salage agit comme antiseptique, il favorise le développement de certaines bactéries par rapport à d'autres. Il peut être fait en surface ou à l'intérieur de la pâte, par bain de saumure ou par saupoudrage. La pâte est ensuite mise dans des moules puis la plupart du temps affinée.

L'**affinage** (ou maturation) est la période pendant laquelle la pâte se transforme sous l'action biochimique des diverses bactéries contenues dans le fromage. C'est l'étape cruciale pendant laquelle se développent la consistance, l'odeur, la saveur et, si désiré, la croûte (les fromages à pâte fraîche ou les fromages fondus ne sont pas affinés). Un certain nombre de conditions sont nécessaires pour que le fromage puisse mûrir convenablement. La pâte a besoin d'une certaine neutralisation, car elle est plus ou moins acide ; on peut l'ensemencer de moisissures à la surface (camembert, brie), introduire une moisissure à l'intérieur (bleu, roquefort), provoquer le développement d'une moisissure par les conditions atmosphériques (humidité) ou à l'aide d'une substance enrobante (cendre de bois, poudre de charbon de bois, herbes ou foin) ou par macération (eau salée, bière, sérum, cidre, huile, vin blanc, etc.). L'affinage s'effectue à une température et à une humidité contrôlées. Il peut être plus ou moins long (de 24 heures à plus de 3 ans). Plus il est long, plus la pâte est égouttée et plus le fromage est dur et de saveur forte. Les fromages forts sont habituellement plus coûteux parce qu'ils nécessitent une période de maturation plus longue.

La classification des fromages est compliquée du fait de leur très grande variété. Elle peut être basée sur divers facteurs. La classification qui suit tient compte des caractéristiques de la pâte, des procédés de fabrication et de la sorte de lait utilisé. On a donc les fromages frais, les fromages à pâte molle, les fromages à pâtes demi-ferme, les fromages à pâte ferme, les fromages bleus, les fromages fondus, les succédanés de fromages et les fromages de chèvre.

Les **fromages frais** (à **pâte fraîche, fromages blancs**) ont coagulé seulement sous l'action des ferments lactiques. Ils ne sont ni cuits, ni affinés, seulement égouttés (ex. : cottage, ricotta, petit suisse, quark). Faits de lait ou de crème pasteurisés (cottage) ou de lactosérum (ricotta), ils ne sont pas vieillis et doivent être consommés rapidement. Les fromages frais sont lisses ou granuleux, de saveur douce ou légèrement acidulée. Ils sont laissés nature ou ils sont assaisonnés de légumes, de fruits ou d'épices.

Les fromages frais contiennent entre 60 et 82 % d'eau. Ils sont généralement maigres (moins de 20 % de matières grasses) et peu calorifiques (55 calories/100 g). Ils deviennent gras et calorifiques lorsqu'ils sont fabriqués avec de la crème (jusqu'à 70 % de matières grasses). Plusieurs contiennent des additifs, notamment du colorant bleu ou vert pour faire ressortir la blancheur, des épaississants et des agents de conservation.

Les **fromages à pâte molle** sont des fromages affinés mais non malaxés et non cuits, égouttés et moulés. Ils sont recouverts de moisissures et acquièrent une croûte plus ou moins veloutée. Ils subissent une fermentation importante qui va de l'extérieur de la pâte vers l'intérieur.

Les fromages à pâte molle se répartissent en 2 catégories définies par l'aspect de la croûte :

les **fromages à croûte fleurie**, recouverts d'une mince couche de duvet blanc, d'aspect velouté (ex. : camembert, brie, neufchâtel, saint-marcellin) ;

les **fromages à croûte lavée**, soumis à des lavages. Ces fromages sont un peu plus secs que les précédents, car les moisissures ne peuvent se développer à leur surface et il se forme une croûte lisse de couleur orangée qui combat la déshydratation de la pâte (ex. : munster, pont-l'évêque, livarot).

Pour assurer un taux d'humidité interne convenable et une fermentation adéquate, ces fromages sont placés dans une atmosphère humide dans des toiles humectées d'une solution (saumure, vin et épices, bière ou eau-de-vie).

Les **fromages à pâte demi-ferme** sont des fromages à pâte pressée non cuite qui subissent une période d'affinage assez longue dans une atmosphère fraîche et très humide. Le caillé est réduit en petits grains, malaxé, moulé, puis soumis à une pression qui accélère et complète l'égouttage. Depuis 1986, on a découvert le moyen de réduire d'un tiers le temps de maturation de certains fromages, dont le cheddar, en introduisant dans la pâte une souche de bactéries spéciales.

Les fromages à pâte demi-ferme (cheddar, cantal, reblochon, saint-paulin, gouda, stilton, fontina, tilsil) ont une consistance dense.

Les **fromages à pâte ferme** (ou **dure**) sont des fromages à pâte pressée, non cuits comme tels mais chauffés pendant plus d'une heure lors de l'affinage, souvent fort long. La chaleur déshydrate et assouplit le caillé, qui deviendra une pâte compacte après le pressage. Ces fromages (gruyère, emmenthal, comté, beaufort, parmesan, romano) sont ornés ou non d'une croûte résistante, qui est parfois enduite d'huile pour empêcher la déshydratation. Leur longue fermentation active l'action des bactéries. Dans certains cas, il se forme des gaz carboniques qui ne peuvent s'échapper de la pâte, entraînant la formation de trous (yeux), de grosseur et en nombre variables, propres à chaque variété de fromage. La texture de la pâte peut être parfois très granuleuse. Certaines meules de ces fromages pèsent entre 40 et 130 kg.

Les **fromages bleus** (à pâte persillée) sont des fromages ni cuits ni pressés, dont le caillé est d'abord émietté, salé, puis ensemencé de moisissures déposées dans la pâte à l'aide de longues aiguilles. La fermentation s'effectue à l'inverse de celle des pâtes molles, soit de l'intérieur vers l'extérieur. Tout un réseau de veinures bleu-vert se constitue sous l'action des moisissures, réseau qui se densifie avec le temps. Ces fromages (bleu de Bresse, roquefort [fait avec du lait de brebis], gorgonzola) ont un goût fort et piquant.

Les **fromages fondus** sont des fromages fabriqués à partir de fromages déjà existants (jeunes, à point ou passés) refondus, pasteurisés à haute température et hydrogénés afin notamment que leur vieillissement soit ralenti. On ajoute à la pâte, selon le produit désiré, des agents stabilisateurs, des émulsifiants, du sel, des produits laitiers (lait, beurre, crème, caséine ou sérum), des colorants, des édulcorants (sucre, sirop de maïs) et des assaisonnements (fines herbes, épices, fruits, noix, kirsch). On obtient une texture plus ou moins molle et élastique. En Amérique du Nord, ces fromages sont surtout faits à base de cheddar tandis qu'en Europe l'emmenthal et le gruyère prédominent.

Les fromages fondus portent des noms différents selon la quantité de fromage qu'ils contiennent (fromage fondu, préparation de fromage fondu, fromage à tartiner), mais leurs emballages sont habituellement fort semblables et il n'est guère facile de s'y retrouver. Chaque pays édicte ses normes sur le contenu de ces fromages. Ainsi au Canada :

- le « fromage fondu » contient plus de fromage que d'eau (44 % d'humidité) et il doit renfermer jusqu'à 28 % de matières grasses ;
- le « fromage fondu écrémé » peut contenir jusqu'à 55 % d'humidité et 27 % de gras ;
- la « préparation de fromage fondu » contient jusqu'à 46 % d'humidité et 22 ou 23 % de gras ;
- le « fromage fondu à tartiner » contient jusqu'à 60 % d'humidité et 20 % de gras.

Les **succédanés de fromage** sont des simili-fromages. Il existe toute une gamme de fromages autres que les fromages fondus nés de l'intervention des chimistes. L'intérêt de ces fromages réside dans leur bas prix.

Une formule type de la composition du simili-fromage ne comprend qu'un seul constituant du lait, soit la caséine, auquel on ajoute divers produits chimiques, dont le Mattrin M 100, le Pro-Fam 90/HS, des émulsifiants, des arômes et des colorants artificiels. On incorpore aussi certains ingrédients naturels (soya, maïs) dont la structure moléculaire a été modifiée.

Les fabricants affirment que ces fromages sont de valeur nutritive égale ou supérieure aux fromages naturels. On peut en douter quand on examine les produits qu'ils contiennent.

Les **fromages de chèvre** peuvent être fabriqués à 100 % de lait de chèvre (pur chèvre) ou être mélangés à du lait de vache (mi-chèvre s'il contient au moins 25 % de lait de chèvre). Le fromage de chèvre existe sous forme de pâte fraîche et de pâte molle à croûte fleurie, à l'occasion sous forme de pâte dure. Il est plus blanc que le fromage de vache, plus facile à digérer et de saveur plus prononcée. L'intensité de la saveur dépend de la race et de l'alimentation de l'animal, de la saison et des procédés de fabrication.

Les fromages de chèvre sont souvent très salés, et ce, pour que se prolonge leur durée de conservation. L'hiver, ces fromages sont presque toujours fabriqués à partir de lait congelé, ce qui donne un fromage à saveur plus douce. Les fromages de chèvre portent souvent des noms évocateurs (chabichou, crottin et chevrotin, cabécou).

Voici un tableau adapté du *Guide to Natural Cheese* publié par le Food Learning Center, qui résume les principales caractéristiques des fromages les plus courants en Amérique du Nord.

Nom et origine	Couleur	texture	saveur	Usages	Variétés similaires	Type de lait	Temps de maturation	Commentaires
Bleu (France)	blanc crémeux marbrures ou points bleus	s'émiette semi-molle	piquante un peu poivrée	salades vinaigrettes biscuits boules de fromage	gorgonzola stilton roquefort	vache	2 à 6 mois	Le fromage est injecté avec une moisissure spéciale, *Penicillium roqueforti*, ce qui cause la couleur bleue et la saveur distincte.
Brick (États-Unis)	jaune pâle	semi-molle petits trous	douce à piquante	sandwichs hors-d'œuvre gratins	munster	vache	2 à 4 mois	John Jossi, de Richwood, au Wisconsin, a développé ce fromage en 1876.
Brie (France)	jaune à l'intérieur blanc ou brun en surface	molle onctueuse	douce à piquante	biscuits desserts	camembert	vache	4 à 8 semaines	Le nom provient de la Brie. Ses moisissures sont similaires à celles du camembert.
Camembert (France)	jaunâtre à l'intérieur surface brune ou blanche mince	onctueuse très molle	douce à piquante	avec fruits sandwichs collations desserts	brie	vache	4 à 8 semaines	Le nom provient d'un village de France. Mme Jeanne Harel a développé ce fromage en 1791.
Cheddar (Angleterre)	blanchâtre à orange foncé	semi-molle à ferme trous occasionnels	douce à forte	tout usage	colby	vache ou chèvre	1 à 12 mois	Premier fromage fait en usine, il comporte maintenant beaucoup de variétés.
Colby (États-Unis)	jaune pâle à orange	molle à semi-molle petits trous	plus douce que celle du cheddar	biscuits sandwichs pâtes alimentaires collations	cheddar monterey jack	vache	1 à 3 mois	Ce fromage, une variété de cheddar, a été développé en 1882 par Ambrose Steinwand, près de Colby, au Wisconsin.
Cottage (Inconnue)	blanc	petits granules ou crémeuse	douce laiteuse	salades gâteaux au fromage sandwichs, etc.	ricotta	vache, écrémé ou avec crème	non mûri	Ce fromage contient peu de gras et est le plus facile à fabriquer. Le fromage cottage en crème contient de la crème, il a donc au moins 4 % de matières grasses.
Crème (États-Unis)	blanc	crémeuse molle	douce	sandwichs trempettes gâteaux au fromage glaçages, etc.	neufchatel	vache, crème	non mûri	La crème est utilisée au lieu de lait. Le procédé ressemble à celui du fromage cottage.

Nom (Pays)	Couleur	Texture	Saveur	Utilisation	Similaire	Lait	Maturation	Remarques
Édam (Pays-Bas)	jaune à orange	semi-molle petits trous irréguliers	veloutée	sandwichs hors-d'œuvre salades sauces desserts	gouda	vache, partiellement écrémé	2 à 3 mois	Populaire aux Pays-Bas, il ressemble au cheddar et au gouda. Il contient moins de gras que le gouda puisque le lait partiellement écrémé est utilisé.
Emmenthal	voir Suisse	—	—	—	—	—	—	Le nom vient de la vallée Emmenthal en Suisse.
Feta (Grèce)	blanc	s'émiette	piquante, acide, salée	salades sandwichs hors-d'œuvre omelettes pâtisseries	—	chèvre ou vache ou les deux	non mûri	Un fromage mariné, salé mais plaisant. On croit qu'il serait le premier fromage créé.
Gorgonzola (Italie)	blanc crémeux marbrures ou points bleus	semi-molle s'émiette	piquante	salades vinaigrettes trempettes hors-d'œuvre	bleu roquefort stilton	vache	3 à 12 mois	La version italienne du fromage bleu (voir bleu).
Gouda (Pays-Bas)	jaune	semi-molle à ferme petits trous	crémeuse	sandwichs sauces gratins	édam	vache	2 à 6 mois	Originaire de Gouda, aux Pays-Bas. Il contient plus de gras que l'édam.
Gruyère	voir Suisse							
Havarti (Danemark)	jaunâtre	semi-molle petits trous	douce à piquante	sandwichs hors-d'œuvre	brick munster	vache	2 à 4 mois	Le nom provient d'une ferme du Danemark.
Jarlsberg (Norvège)	jaunâtre	ferme gros trous	sucrée à saveur de noisette	sandwichs sauces hors-d'œuvre	suisse	vache	3 à 9 mois	Un fromage qui ressemble aux fromages suisses, en plus sucré et de saveur moins prononcée.
Limburger (Belgique)	jaune blanchâtre	molle onctueuse petits trous	forte odorante	sandwichs hors-d'œuvre	brick mûri	vache	4 à 8 semaines	La levure mycoderma et l'agent de mûrissement bacterium linens expliquent son goût et sa saveur distincts.
Monterey Jack (États-Unis)	blanc	molle petits trous	douce	sandwichs sauces gratins	colby	vache	non mûri	Originaire du comté de Monterey, en Californie. Semblable au cheddar.

Nom et origine	Couleur	Texture	Saveur	Usages	Variétés similaires	Type de lait	Temps de maturation	Commentaires
Mozzarella (Italie)	blanc	semi-molle à ferme filante	douce	pizzas goûters sandwichs gratins	scamorza provolone	vache	non mûri	Après la coagulation, les granules sont étirés sous l'eau chaude jusqu'à ce qu'ils deviennent filants, puis ils sont mis dans des moules ou moulus à la main.
Munster (Allemagne)	blanchâtre, avec surface jaunâtre	molle petits trous	douce à légèrement piquante	hors-d'œuvre biscuits sandwichs	brick	vache	1 à 8 semaines	Fait pour la première fois près d'un village en Alsace allemande.
Parmesan (Italie)	blanchâtre à jaune	dure ou granuleuse	forte	pizzas soupes salades pâtes alimentaires	romano	vache, écrémé	1 à 2 ans	Vendu en meule ou râpé, il est appelé *Parmigiano-Reggiano* en Italie, noms des provinces italiennes où il fut inventé vers l'an 1300 av. J.-C.
Provolone (Italie)	jaunâtre parfois à surface dorée	ferme onctueuse	douce salée	sandwichs hors-d'œuvre goûters soufflés	mozzarella	vache	2 à 12 mois, parfois plus	Fait de la même façon que le mozzarella quoique vieilli; peut être fumé.
Ricotta (Italie)	blanc	molle en granules humides ou ferme	légèrement sucrée	lasagnes desserts salades collations	cottage	vache, petit-lait ou écrémé	non mûri	La ricotta contient moins de gras et de calories que le fromage cottage. Séchée, elle peut être râpée.
Romano (Italie)	blanchâtre surface vert-noir	dure granuleuse	piquante	râpé pour assaisonner pains soupes sauces	parmesan	vache ou chèvre	5 à 12 mois	Également nommé *Pecorino Romano* en Italie, ce qui indique qu'il est fait de lait de chèvre.
Roquefort (France)	blanc crémeux marbrures ou points bleus	pâteuse ou en miettes	forte légèrement poivrée	salades goûters hors-d'œuvre tartines	bleu gorgonzola stilton	chèvre	2 à 5 mois, ou plus	Provient de Roquefort, une région de France (voir Bleu).
Suisse (Suisse)	blanchâtre à jaune foncé	ferme gros trous	mi-sucrée douce à robuste	sandwichs hors-d'œuvre fondues	emmenthal gruyère jarlsberg	vache	3 à 9 mois	Les «yeux» proviennent de l'action des bactéries *propionibacterium shermanii*, qui produisent des bulles de gaz et qui donnent un goût sucré.

ACHAT ◆ Vérifier la date inscrite sur l'emballage sous l'indication « meilleur avant » et délaisser les fromages laissés à la température de la pièce. Rechercher les caractéristiques particulières de la catégorie à laquelle le fromage appartient.

Les **fromages à pâte molle** doivent être mous à l'intérieur comme à l'extérieur. Ils sont à point (faits) lorsque la pâte est crémeuse, homogène et de couleur uniforme, remplissant pleinement la croûte ornée de pigmentation rougeâtre ou brunâtre, due aux ferments caséiques.

Éviter les fromages dont le centre est massif, ferme et d'un blanc crayeux, indiquant un défaut de fabrication ou un manque de maturation. Une croûte dure et une pâte sèche trahissent un fromage mal conservé.

Les **fromages à pâte demi-dure** ne doivent être ni trop desséchés ni trop friables. Leur saveur ne doit pas être rance ou piquante.

Les **fromages à pâte dure** doivent être de couleur et de consistance uniformes et avoir une croûte ferme. Éviter les fromages desséchés ou bombés, pâteux ou trop granuleux, et dont la croûte est fissurée, signes qu'ils continuent à fermenter. Leur saveur ne devrait être ni trop salée, ni trop amère.

Les **fromages bleus** doivent avoir des veines plus ou moins abondantes, selon les variétés, veines réparties uniformément dans la pâte. Cette pâte, habituellement blanchâtre, ne doit pas être friable, ni trop sèche, ni trop salée.

Certains défauts facilement identifiables permettent de repérer les fromages à éviter :

- une odeur d'ammoniac, due à la dégradation des protéines, car elle signifie un manque de fraîcheur ;

- de la condensation dans l'emballage, indication que le fromage a été exposé à une température trop élevée (la saveur risque de s'en ressentir) ;

- une pâte blanche quand elle devrait être jaunâtre (elle possède généralement une saveur acidulée) ;

- un fromage bosselé, indication qu'il a passé trop de temps sous presse.

Le fromage est un aliment nourrissant. Sa valeur nutritive est variable, influencée notamment par la teneur en matières grasses du liquide utilisé (lait, crème) et par le procédé de fabrication. Plus le fromage est ferme, plus il est concentré et plus il possède une proportion importante d'éléments nutritifs.

La teneur en protéines du fromage est élevée. La qualité ainsi que le taux d'assimilation de ces protéines sont excellents. La teneur en glucides est généralement minime tandis que le contenu en matières grasses et en calories varie beaucoup. Contrairement à ce que l'on croit souvent, les fromages mous ne sont pas nécessairement les plus gras, au contraire.

Les matières grasses sont surtout composées d'acides saturés et elles contiennent du cholestérol (en moyenne entre 66 et 100 mg/100 g. Le fromage frais ne contient que de 7 à 20 mg de cholestérol/100 g ; les fromages à la crème peuvent en avoir jusqu'à 110 ou 120 mg et les fromages bleus de 85 à 150 mg).

Plus un fromage contient d'humidité, moins il est calorifique (le pourcentage d'humidité diminue à mesure que le fromage vieillit). Le fromage frais contient entre 65 et 80 % d'humidité, le fromage à pâte molle 50 %, le fromage à pâte mi-dure 35 % et le fromage à pâte dure 30 %.

La teneur en sels minéraux dépend en partie des procédés de fabrication. Les fromages à coagulation lactique, tels le cottage et la ricotta, ont moins de calcium et de phosphore que les fromages durs, car ils en perdent à l'égouttage. À quantité égale, le fromage contient donc moins de sels minéraux que le lait, mais il en demeure une bonne source. Le sodium est habituellement présent en quantité considérable ; c'est surtout du sel ajouté en cours de préparation.

La vitamine C et une bonne partie des vitamines du complexe B ne résistent pas à la fabrication. La vitamine A est plus stable et reste en quantité appréciable, sauf dans les fromages frais et écrémés.

Une consommation importante de fromage entraîne un apport considérable de matières grasses, de calories et de sel, sauf si on choisit des fromages écrémés et peu salés. Elle peut aussi occasionner l'ingestion d'additifs (ex. : caséinate de sodium, alginate de sodium, chlorure de calcium, gomme de guar, gomme

PRÉPARATION ◆ Seuls les fromages à pâte dure peuvent être râpés. Le fromage froid se râpe plus facilement que le fromage à la température de la pièce.

UTILISATION ◆ Le fromage est mangé tel quel lors de repas ou de collations, et il est utilisé abondamment en cuisine, comme ingrédient de base ou comme condiment. Il s'apprête avec les mets salés (salades, sauces, soupes, croquettes, pizzas, pâtes alimentaires, crêpes, soufflés, omelettes) aussi bien que sucrés (gâteaux, tartes, beignets); c'est surtout le fromage frais qui est employé en pâtisserie. Le fromage étant la plupart du temps très salé, diminuer ou omettre le sel dans les aliments dans lesquels on l'ajoute.

Le fromage est l'ingrédient principal de nombreux plats (fondue, raclette, flamiche, welsh rarebit, croûtes).

de caroube, carragheen, arôme de fumée), car des agents modificateurs de texture, des agents de conservation, des arômes et des colorants artificiels sont parfois ajoutés. Certains de ces produits, dont les colorants, ne jouent qu'un rôle esthétique, donc non indispensable; la seule différence entre un cheddar blanc et un cheddar jaune réside dans le colorant ajouté.

Le fromage peut causer de la constipation, car il est riche en lipides et en protéines tout en étant dépourvu de fibres. La quantité de fromage ingérée, la nature du fromage, la façon dont la personne métabolise les aliments, l'ensemble de son alimentation et son mode de vie vont influencer l'effet du fromage sur le transit intestinal.

Ne pas craindre de remplacer un fromage par un autre du même genre, comme par exemple du gruyère et de l'emmenthal par de l'edam, du brick ou du jarlsberg. Pour diminuer l'ingestion de matières grasses, remplacer les fromages gras par des fromages maigres ou les combiner (cela permet en outre de varier les saveurs).

Le fromage fond plus facilement à la cuisson s'il est émietté, râpé ou coupé finement. Le cuire à feu doux et éviter l'ébullition, car il durcit, se sépare ou s'effiloche à haute température à cause de sa haute teneur en protéines (le fromage à pâte dure supporte les températures élevées). Retirer le fromage du feu dès qu'il est fondu.

 CONSERVATION ◆ Les fromages plus humides se conservent moins longtemps que les fromages fermes.

Les **fromages frais** ne se conservent que 1 semaine ou 2 et doivent être réfrigérés; les placer dans un emballage ou un contenant hermétique.

Les **fromages à pâte molle** se conservent peu de temps une fois qu'ils sont à point, car ils coulent et leur croûte fonce et devient poisseuse en surface. Les fromages à point dégagent une odeur ammoniacale et leur goût est fort et piquant (une fois coupés, ils ne fermentent presque plus).

Les **fromages durs** se conservent plusieurs semaines.

Tous les fromages peuvent se conserver au réfrigérateur. Bien les envelopper dans une feuille de plastique ou d'aluminium et les placer à l'endroit le moins froid (certains, dont les fromages à pâte molle, subissent une perte de saveur). On peut aussi conserver les fromages à une température oscillant entre 10 et 12 °C.

Les fromages sont plus savoureux si on les retire du réfrigérateur environ 30 minutes avant de les consommer. Éviter de les laisser trop longtemps à l'air ambiant cependant car ils se dessèchent et peuvent être contaminés.

Si de la moisissure s'est développée à la surface d'un fromage ferme, retirer 1 à 2 cm autour et sous la partie gâtée, et se servir d'un autre papier d'emballage. Avec les fromages frais et à pâte molle, il est préférable de les jeter, car les risques d'empoisonnement sont élevés. Si les fromages sont desséchés, on peut les râper et les utiliser pour cuisiner (même les fromages bleus). Pour éviter le dessèchement des bleus, les envelopper dans un linge humide.

La plupart des fromages se congèlent, mais leur saveur est souvent diminuée, et presque tous deviennent plus friables, ce qui complique la tâche pour les couper. Bien les emballer et les congeler de préférence en segments ne dépassant pas 2 cm d'épaisseur. Les fromages secs supportent mieux la congélation que les fromages humides; les consommer en dedans de 2 1/2 à 3 mois. Décongeler les fromages au réfrigérateur.

FRUIT DE LA PASSION

Passiflora spp, **Passifloracées**
Autres noms : *grenadille, maracuya*
Nom anglais : *passion fruit*
Autres noms : *granadilla, maracuya*

HISTORIQUE ◆ Fruit produit par une liane originaire du Brésil. Ce fruit fut baptisé « fruit de la passion » (passiflore) par les Espagnols qui débarquèrent en Amérique du Sud. Ils trouvaient que la forme des magnifiques fleurs bleues striées de blanc et de pourpre évoquaient la passion du Christ : couronne d'épine, clous, marteaux.

Le fruit de la passion est cultivé dans la plupart des régions tropicales. Il en existe environ 400 variétés. Seulement une trentaine sont comestibles et très peu sont commercialisées. Les variétés les plus courantes sur le marché ont la grosseur d'un œuf, mais il y en a aussi qui peuvent atteindre la taille d'un petit melon. Le fruit de la passion est formé d'une épaisse peau non comestible, lisse et brillante, de couleur jaune, pourpre ou orangée dans les variétés qu'on trouve dans le commerce. Cette peau s'amincit et plisse quand le fruit arrive à maturité. Elle renferme une substance mucilagineuse jaune, verte, orangée ou blanchâtre qui enrobe de multiples petites graines noirâtres. Ces graines croquantes sont comestibles. La substance mucilagineuse constitue la pulpe. Elle est sucrée, acidulée, très aromatique et rafraîchissante. Elle est très acide quand le fruit n'est pas assez mûr.

ACHAT ◆ Choisir des fruits plissés, exempts de meurtrissures et le plus lourd possible.

UTILISATION ◆ Le fruit de la passion se consomme bien mûr, lorsqu'il est plissé. On le mange tel quel à la cuiller. Le fruit de la passion est tellement parfumé qu'une toute petite quantité confère beaucoup de saveur aux aliments. Il aromatise salades de fruits, flans, crêpes, yogourts, crème glacée, sorbets, gâteaux, puddings, boissons. Passer la pulpe au tamis si on veut se débarrasser des graines. On cuit le fruit de la passion en gelée ou en confiture. On le transforme en boisson alcoolisée.

VALEUR NUTRITIVE	
Le fruit de la passion contient	
Eau	73 %
Protéines	2,2 g
Matières grasses	0,7 g
Glucides	23 g
97 calories/100 g	

Une excellente source de vitamine C, de potassium et de sodium, il constitue également une source de fer, de magnésium, de niacine, de vitamine A et de phosphore. On le dit antispasmodique et narcotique. Ses graines seraient vermifuges.

223

⧗ **CONSERVATION** ◆ Placer le fruit de la passion au réfrigérateur, il se conservera environ 1 semaine. Il se congèle tel quel ou débarrassé de sa peau. Congeler la pulpe dans un bac à glaçons est pratique. Bien enveloppée, elle se conservera plusieurs mois.

FRUITS

Nom anglais : *fruits*

HISTORIQUE ◆ Au sens botanique du terme, le fruit est ce qui se développe lorsque l'ovaire de la fleur a été fécondé et qui protège les ovules devenus des graines. L'usage courant du mot fruit désigne des aliments sucrés que l'on mange principalement en dessert. Certains végétaux cependant, tels que l'aubergine, la tomate, la courge, l'olive, l'avocat et l'amande, sont aussi des fruits.

Les fruits sont consommés depuis les temps préhistoriques, aussi bien par les êtres humains que par les animaux. En saison, ils constituaient une partie importante de l'alimentation des peuples primitifs. Puis les êtres humains apprirent à déshydrater les fruits et purent ainsi les consommer pendant une plus longue période durant l'année. Jusqu'au XVIIIᵉ siècle, les légumes étaient aussi considérés comme des fruits, étant inclus dans ce que l'on appelait « les fruits de la terre ».

Jamais dans toute l'histoire de l'humanité a-t-on vu une aussi grande diversité de fruits sur les marchés. Plusieurs facteurs expliquent ce changement :

- l'amélioration des procédés de conservation permet d'offrir une plus grande variété de fruits ainsi que des fruits plus frais tout au long de l'année ;
- le développement du commerce international a rendu possible la mise en marché de nombreux fruits exotiques ;
- leur disponibilité constante est assurée grâce à la diversité des sources d'approvisionnement. En effet, les fruits proviennent maintenant de divers pays dont certains ont un cycle de saisons inversé. Par exemple, lorsque l'Amérique du Nord et l'Europe sont enneigées, l'Amérique du Sud et l'Australie sont en pleine saison estivale.

On peut ranger les fruits dans deux catégories, à savoir les fruits charnus et les fruits secs.

Parmi les fruits charnus on distingue :

- les baies (bleuet, cassis, fraise, framboise, etc.) ;
- les fruits à noyau (abricot, cerise, nectarine, prune, etc.) ;
- les fruits à pépins (coing, poire, pomme, etc.) ;
- les agrumes ou fruits acides (citron, orange, pamplemousse, etc.) ;
- les fruits exotiques (ananas, banane, carambole, grenade, kiwi, papaye, tamarillo, etc.) ;
- les cucurbitacées (cantaloup, melon, pastèque, etc.).

Quant aux fruits secs, ils comprennent entre autres : amande, arachide, châtaigne, noisette, noix, pistache ; il y a aussi les noix de cajou, de coco, du Brésil et de pacane.

On peut également classifier les fruits en trois groupes bien distincts, soit :

- les fruits riches en eau (fraise, pamplemousse, ananas, etc.) ;

- les fruits riches en glucides (datte, pruneau, fruits séchés, etc.) ;

- les fruits riches en lipides et pauvres en eau (noix, noisette, amande, etc.).

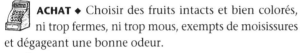

ACHAT ◆ Choisir des fruits intacts et bien colorés, ni trop fermes, ni trop mous, exempts de moisissures et dégageant une bonne odeur.

PRÉPARATION ◆ Laver les fruits avant de les consommer, sauf certains qui sont très fragiles, telles les framboises et les mûres. Les laver rapidement à l'eau courante. Ne pas les laisser tremper.

La chair de plusieurs fruits brunit quand elle n'est pas consommée ou cuite immédiatement (abricot, banane, pomme, poire, pêche, nectarine). Cette réaction appelée oxydation survient quand la chair entre en contact avec l'air. Pour empêcher ce phénomène, préparer les fruits au dernier moment ou arroser les fruits coupés avec un liquide acide (jus d'agrume ou de pomme, vinaigre, vinaigrette ou alcool, selon l'usage que l'on fera des fruits). Plus le degré d'acidité est élevé, plus les fruits résistent longtemps au brunissement. La réfrigération ralentit l'oxydation ; la cuisson l'arrête complètement. Il faut réduire le plus possible la cuisson afin de préserver la saveur et la valeur nutritive.

UTILISATION ◆ L'utilisation des fruits est des plus variées. On les mange crus, cuits, déshydratés, confits, en conserve ou macérés dans de l'alcool. On les transforme en compote, en coulis, en gelée, en confiture, en beurre, en jus, en vinaigre et en boissons alcoolisées.

On cuisine les fruits en desserts ou avec des aliments salés. On les met notamment dans les sauces, les soupes, les salades de fruits, les salades composées, les gâteaux, les muffins, les crêpes, les flans, les strudels, les clafoutis et les puddings. On les cuit au four à micro-ondes. Les fruits

VALEUR NUTRITIVE

Chaque fruit est composé de divers éléments nutritifs dans une concentration qui lui est propre. En tant que groupe d'aliments cependant, les fruits partagent certaines caractéristiques :
- la plupart des fruits sont riches en eau (de 80 à 95 %), ils sont donc désaltérants ;
- ils renferment habituellement de 13 à 23 g glucides, ce qui les rend nourrissants ;
- ils contiennent généralement peu de calories (entre 24 et 80/100 g) ;
- la plupart sont pauvres en protéines et en matières grasses (de l'état de traces jusqu'à environ 1 g de matières grasses/100 g). Font exception les oléagineux tels les fruits secs, l'avocat et l'olive avec un contenu de 16 à 70 g de matières grasses/100 g ;
- ils contiennent divers sels minéraux et vitamines ; les fruits sont généralement riches en vitamine A, en vitamines B, en vitamine C, en potassium, en calcium, en fer, en magnésium. Les agrumes (citron, orange, lime, etc.) sont particulièrement riches en vitamine C ;
- les fruits contiennent de nombreux acides organiques (notamment les acides citrique, tartrique, malique, acétique, oxalique et tannique). Le taux de tannins est plus élevé quand le fruit n'est pas assez mûr, ce qui lui confère un goût amer. Les acides ont divers effets sur l'organisme. Ils produisent notamment des sels alcalins qui augmentent la sécrétion des sucs digestifs ;
- les fruits sont riches en fibres, ce qui contribue à faciliter le transit intestinal, entre autres.

Il est important de consommer des fruits crus, car leurs éléments nutritifs n'ont pas été diminués ou transformés par la cuisson. Certaines personnes ont de la difficulté à digérer les fruits crus, ce problème peut être résolu en mangeant les fruits avant les repas ou en collation.

Plusieurs facteurs influencent la saveur et le contenu nutritif des fruits avant, pendant et après la récolte. Certains sont incontrôlables, telles les conditions climatiques. Cependant, la plupart de ces facteurs dépendent de l'intervention humaine. Ils ont vu leur importance croître durant le XXe siècle, alors que se développaient les méthodes de culture industrielles. La plupart des fruits entrent en contact avec des produits

se marient particulièrement bien avec les fromages, le jambon, les crustacés, les poissons fumés, le porc et la volaille.

⧖ **CONSERVATION** ◆ Les fruits sont fragiles. Ils continuent de vivre après la cueillette ; on dit qu'ils respirent. La température ambiante a une grande influence sur le rythme de respiration. Plus elle est élevée, plus les fruits respirent, ce qui entraîne une perte d'eau et accélère le mûrissement. Cependant, tous les fruits ne sont pas aussi fragiles ; ainsi l'orange se conserve plus facilement que la fraise. Les fruits ont besoin d'humidité pour rester frais plus longtemps ; plus l'air ambiant est humide, plus leur déshydratation est retardée. Laisser les fruits à la température ambiante et à l'abri des rayons du soleil lorsqu'ils ont besoin de mûrir. Les surveiller pour qu'ils ne deviennent pas trop mûrs, car certains se gâtent très vite. Les fruits sont mûrs lorsqu'ils cèdent sous une légère pression des doigts. Les conserver au réfrigérateur lorsqu'ils sont mûrs. Les fruits produisent en abondance de l'éthylène, un gaz qui accélère le mûrissement. Mettre les fruits dans un sac emprisonne ce gaz et accélère leur maturation. Retirer les fruits du sac dès qu'ils sont à point sinon ils deviendront

chimiques durant leur croissance et après la cueillette (engrais, herbicides, insecticides, cire, teinture, etc.). Une partie de ces substances demeure dans les fruits sous forme de résidus, soit à l'intérieur du fruit (contamination systémique), soit à la surface (contamination topique). Les consommateurs sont de plus en plus réticents à consommer des aliments contenant des résidus chimiques. On assiste présentement à un retour à une agriculture moins agressante pour les aliments et pour l'environnement. De nombreuses recherches visent à trouver des produits et des techniques naturelles pour remplacer les substances chimiques.

Presque tous les fruits sont cueillis avant qu'ils atteignent leur pleine maturité afin qu'ils puissent supporter le transport et les longs délais de mise en marché. La plupart des fruits sont placés en chambre froide ou dans des entrepôts à atmosphère contrôlée (AC) pendant un temps plus ou moins long. Dans la majorité des fruits, le contenu en sucre n'augmente plus après la cueillette, mais la texture et la teneur en acidité continuent à se transformer, ce qui améliore légèrement la saveur.

trop mûrs. Ne pas placer les fruits dans un contenant en plastique hermétique, car le plastique retient l'air et l'humidité, ce qui fait pourrir les fruits. Conserver les fruits et les légumes séparément parce que le gaz éthylène dégagé par les fruits fait « passer » les légumes. Le gaz éthylène peut cependant être utilisé pour stimuler la floraison de plantes qui ne fleurissent pas. Mettre la plante dans un sac avec un fruit, une pomme ou une banane notamment, favorisera la floraison. Manipuler les fruits avec soin, car toute meurtrissure accélère le processus de maturation. Les tenir éloignés des aliments à odeur forte pour éviter qu'ils ne l'absorbent. Presque tous les fruits peuvent être congelés.

FRUITS CONFITS

Nom anglais : *candied fruits*

🗍 **HISTORIQUE** ◆ Fruits imprégnés de sucre. La confection de fruits confits remonte aux temps les plus reculés. Des documents révèlent que des fruits confits étaient consommés en Égypte il y a environ 4 000 ans. L'art de confire des fruits se développa réellement en Europe au XVᵉ siècle, lorsque le sucre blanc devint une denrée plus facilement accessible.

Le procédé traditionnel consiste à blanchir les fruits pour les attendrir. On les fait ensuite macérer dans des sirops de plus en plus concentrés, qui imprègnent la chair de sucre sans l'endommager. La durée de l'opération varie selon les fruits et les procédés ; elle peut prendre aussi peu que 6 jours ou se prolonger jusqu'à 1 ou 2 mois. Après l'égouttage, les fruits sont séchés. Ils sont ensuite parfois glacés au sucre, ce qui les rend moins collants et plus faciles à conserver. La plupart des fruits peuvent être confits ; on les confit entiers ou en morceaux. On confit aussi l'écorce des agrumes ainsi que les tiges et les pétales de certaines plantes (angélique, violette).

Les fruits confits sont calorifiques, car ils sont riches en sucres.

UTILISATION ◆ Les fruits confits sont utilisés principalement à des fins décoratives ou en pâtisserie. Ils sont indispensables dans les puddings anglais et dans les gâteaux aux fruits. En Italie, ils sont souvent intégrés à la crème glacée.

CONSERVATION ◆ Conserver les fruits confits dans un endroit frais et sec, à l'abri de l'air et des insectes.

FRUITS DÉSHYDRATÉS

Autre nom : *fruits séchés*
Nom anglais : *dried fruits*

HISTORIQUE ◆ Fruits dont on a extrait une partie de l'eau. La déshydratation est l'un des procédés de conservation les plus anciens. Les êtres humains découvrirent ce procédé en observant que les fruits oubliés ou laissés sur les branches restaient comestibles. Pendant des siècles, ils firent délibérément sécher des fruits au soleil. De nos jours, la déshydratation commerciale est hautement mécanisée et s'effectue à une chaleur contrôlée.

ACHAT ◆ Les fruits secs s'achètent en vrac ou préemballés. Le vrac n'assure pas automatiquement un meilleur achat, car le prix n'est pas forcément plus avantageux. De plus, il y a souvent absence d'information permettant de vérifier si les fruits contiennent ou non un additif. Les fruits sans additifs sont souvent plus secs et de couleur plus prononcée que les fruits avec additifs. Acheter les fruits déshydratés dans un magasin où le roulement est rapide pour s'assurer un maximum de fraîcheur. Délaisser les fruits durcis qui ont été traités aux additifs, car ils manquent de fraîcheur.

PRÉPARATION ◆ Pour réhydrater les fruits secs, les mettre à tremper dans de l'eau, du jus ou de l'alcool jusqu'à ce qu'ils gonflent et s'attendrissent. Les laisser de 6 à 8 heures dans un liquide froid, et au minimum une trentaine de minutes dans un liquide chaud.

UTILISATION ◆ Les fruits déshydratés sont consommés tels quels ou après avoir été réhydratés, cuits ou non.

VALEUR NUTRITIVE

Les fruits sont généralement déshydratés à 80 % et plus, ce qui concentre leurs éléments nutritifs. À poids égal avec des fruits frais, ils contiennent habituellement de 4 à 5 fois et demie plus de nutriments, ce qui les rend hautement calorifiques. L'énergie qu'ils produisent est vite disponible, car leurs glucides se métabolisent rapidement. Les fruits déshydratés collent facilement aux dents, ce qui peut provoquer des caries étant donné leur haute teneur en sucre.

Des additifs sont souvent ajoutés aux fruits déshydratés afin d'en prolonger la durée de conservation et empêcher la décoloration, le durcissement ainsi que le développement de moisissures et de bactéries. De l'acide sorbique et du sorbate de potassium (surtout dans le cas des pruneaux) sont des substances considérées comme peu toxiques, contrairement à l'anhydride sulfureux, un additif à base de sulfites. Utilisé couramment pendant longtemps, l'anhydride sulfureux est maintenant interdit dans plusieurs pays, dont le Canada et les États-Unis.

On les mange tels quels, en dessert ou en collation. On les transforme aussi en purée. On met les fruits déshydratés dans les céréales, les salades de fruits, les salades composées, les sauces, les farces, le riz, les gâteaux, les biscuits, les puddings et les pâtisseries. Parce qu'ils sont très sucrés, il faut parfois diminuer la quantité de sucre des plats dans lesquels on ajoute les fruits secs.

CONSERVATION ◆ Conserver les fruits déshydratés à l'abri de l'air et des insectes, dans un endroit frais et sec. La durée de conservation varie de 6 à 12 mois, selon les variétés. Les fruits déshydratés se congèlent facilement tels quels.

GENIÈVRE

Juniperus communis, **Cupressacées**
Nom anglais : *juniper berry*

HISTORIQUE ◆ Fruit du genévrier, un arbre originaire des régions boréales de l'hémisphère Nord. Le genévrier ressemble un peu à un sapin, et comme ce dernier il appartient à l'ordre des coniférales. Il a des aiguilles persistantes raides et piquantes de couleur gris-vert ou bleu-vert. Il pousse à l'état sauvage sur les sols secs, sableux ou rocailleux, tant en Amérique du Nord qu'en Asie et dans l'Europe tout entière. Les baies de genièvre sont reconnues pour leurs propriétés médicinales depuis les temps anciens.

Le genévrier atteint des dimensions variables selon les lieux où il croît. Il peut être élevé et dense (jusqu'à 12 m de hauteur), de taille moyenne ou encore n'être qu'un arbrisseau très compact et massif. Les fleurs produisent de petites baies charnues de couleur bleu-noir ou violette, qui ressemblent à des bleuets. Les baies arrivent à maturité au bout de 2 à 3 ans. Toutes les parties de l'arbre ont une forte odeur. Les baies dégagent un parfum résineux que l'on retrouve dans leur saveur douce-amère.

ACHAT ◆ Préférer des baies entières, car elles ont plus de saveur. Acheter des baies noirâtres exemptes de moisissures. Les baies peuvent être légèrement ratatinées.

UTILISATION ◆ Les baies de genièvre peuvent être utilisées entières ou concassées. Elles sont populaires dans le nord de l'Europe. Elles aromatisent le gibier, la volaille, le porc, le lapin, la choucroute, les marinades, la charcuterie et les courts-bouillons.

Les baies de genièvre sont un élément indispensable du gin. Elles entrent aussi dans la fabrication de certaines bières scandinaves, de quelques schnaps allemands et d'un vin français.

GINGEMBRE

Zingiber officinale, **Zingibéracées**
Nom anglais : *ginger*

 HISTORIQUE ◆ Rhizome tubéreux d'une plante vivace originaire d'Asie. Le gingembre est cultivé dans la plupart des pays tropicaux. Il peut aussi pousser dans les régions chaudes des climats tempérés.

Le gingembre est reconnu pour ses propriétés aromatiques et médicinales depuis les temps anciens. Il est cité dans d'antiques écrits chinois et indiens. Il était connu des Grecs et des Romains. Au Moyen-Âge, il devint très recherché en Europe. En France, il tomba ensuite graduellement dans l'oubli.

La partie aérienne de la plante peut atteindre 1,5 m de haut. Elle est ornée de longues feuilles lancéolées. Les fleurs jaune verdâtre sont regroupées en épi. La multiplication de la plante s'effectue par la division des rhizomes. Les rhizomes charnus sont de grosseur et de couleur variables (sable doré, jaune, blanc ou rouge) selon les variétés, fort nombreuses. Leur pulpe aromatique est piquante et poivrée. Elle est recouverte d'une mince peau comestible lorsque le rhizome est jeune et frais.

ACHAT ◆ Le gingembre est commercialisé frais, séché ou en conserve ; il est moulu, confit, cristallisé ou mis dans le vinaigre. À l'achat du gingembre frais, choisir un rhizome ferme et non ratatiné, exempt de moisissures.

CUISSON ◆ Le gingembre frais est tranché, râpé, haché ou coupé en fins bâtonnets. Comme celle de l'ail, l'intensité de sa saveur change selon le moment où on incorpore le gingembre durant la cuisson. Elle sera à son maximum si on ajoute le gingembre en fin de cuisson et sera plus discrète s'il est intégré en début de cuisson.

UTILISATION ◆ Le gingembre est un aliment de base des cuisines asiatiques. Il assaisonne aussi bien des aliments salés que sucrés. Il aromatise entre autres sauces, viande, volaille, poisson, fruits de mer, légumes, riz, tofu, marinades, fruits, gâteaux et boissons. On en fait de la confiture et des friandises confites. Au Japon, le gingembre mariné est un accompagnement classique des sushi et des sashimis.

VALEUR NUTRITIVE	
Le gingembre fournit	
Potassium	46 mg
Magnésium	5 mg
Phosphore	3 mg
Vitamine C	1 mg
/5 tranches (11 g)	
Le gingembre moulu fournit	
Potassium	24 mg
Magnésium	3 mg
Phosphore	3 mg
Fer/5 ml (2 g)	0,21 mg

Le gingembre a diverses propriétés médicinales. On le dit tonique, antiseptique, stomachique, aphrodisiaque, diurétique, fébrifuge et apéritif. Il stimulerait la digestion, combattrait la flatulence et serait efficace contre les rhumes, la toux et les douleurs rhumatismales. Il peut irriter le système digestif, aussi est-il préférable de l'utiliser avec modération. En tisane, mesurer environ 5 ml de racine (1 cuillerée à café) par tasse d'eau et faire bouillir environ 3 minutes.

En Occident, le gingembre est moins employé. Certains usages sont cependant classiques, tel l'assaisonnement du pain d'épice et d'une boisson gazeuse (Ginger Ale). On utilise aussi le gingembre pour aromatiser biscuits, fruits et compotes. Le gingembre se marie particulièrement bien avec les pommes et les bananes.

Le gingembre frais peut difficilement être remplacé par du gingembre déshydraté, car sa saveur est différente et les résultats sont souvent décevants.

CONSERVATION ◆ Le gingembre frais se conserve au réfrigérateur 2 ou 3 semaines. Ne le peler qu'au moment de l'utiliser.

Le gingembre se congèle facilement tel quel. Il peut être pelé et coupé non décongelé.

Le gingembre confit se conserve indéfiniment. Le gingembre en conserve doit être réfrigéré lorsque le contenant est ouvert.

Placer le gingembre moulu dans un contenant hermétique et le conserver dans un endroit sombre, frais et sec.

GIROFLE (CLOU DE)

Eugenia caryophyllata, **Myrtacées**
Nom anglais : *clove*

 HISTORIQUE ◆ Bouton floral du giroflier, un arbre à feuilles persistantes originaire des îles Moluques dans l'archipel indonésien. Cette épice, à la saveur tenace, âcre et piquante, ressemble à un petit clou d'environ 12 mm de long, orné d'une tête de 4 mm de diamètre.

Le clou de girofle est utilisé en Asie depuis plus de 2 000 ans. En Chine, les courtisans devaient avoir dans leur bouche des clous de girofle lorsqu'ils s'adressaient à l'empereur afin de parfumer leur haleine.

L'utilisation du clou de girofle est plus récente en Europe, où elle ne devint vraiment fréquente qu'au Moyen-Âge. Pendant un bon moment, cette épice fut aussi estimée que le poivre. Le clou de girofle permettait de masquer la saveur souvent indésirable des aliments altérés par des méthodes de conservation peu adéquates. La culture du giroflier fut longtemps confinée presque exclusivement à l'Indonésie et elle était contrôlée par les Hollandais. Au début du XVIIᵉ siècle, les Hollandais en créèrent une pénurie artificielle, afin d'augmenter leurs profits en détruisant la culture des girofliers sur la plupart des îles indonésiennes, sauf sur deux d'entre elles.

Le giroflier atteint de 12 à 15 m de hauteur. Il pousse sous les tropiques et préfère les climats maritimes car il est fragile. Ses longues feuilles ovales sont épaisses, lisses et luisantes. Les boutons floraux sont de couleur rose foncé. Ils apparaissent pour la première fois lorsque l'arbre a 4 ou 5 ans. Les fleurs ont des pétales cramoisis ou violet clair. L'arbre commence à porter des fruits seulement vers sa septième ou sa huitième année d'existence. Les feuilles, les boutons floraux et les fleurs sont très odoriférants et embaument l'air.

Le giroflier atteint rarement la floraison, car les boutons floraux sont cueillis avant l'apparition des pétales, lorsqu'ils commencent à peine à être rosés. Ils sont alors séchés jusqu'à ce qu'ils brunissent. Les clous de girofle sont particulièrement robustes et difficiles à pulvériser.

 ACHAT ◆ Il est préférable d'acheter les clous de girofle entiers, car les clous moulus perdent rapidement leur saveur et se conservent moins longtemps.

Pour vérifier la qualité d'un clou de girofle, s'assurer que la tige du bouton contient encore un peu d'huile en la pinçant entre les ongles.

UTILISATION ◆ Le clou de girofle entier est associé traditionnellement à la cuisson du jambon. Il orne aussi les oignons braisés, les oignons bouillis et les oranges. Il assaisonne les compotes de fruits, les marinades et le café fait au percolateur.

Moulu, le clou de girofle aromatise une grande variété d'aliments. Il épice notamment farces, boudin, charcuterie, bœuf, agneau, pot-au-feu, pains de viande, fromage de tête, cornichons, marinades, soupes, légumes, gâteaux, biscuits, tartes, puddings, compotes, jus et vins chauds. C'est un des condiments du pain d'épice. Le clou de girofle est souvent associé à la cannelle et à la muscade.

VALEUR NUTRITIVE	
Le clou de girofle moulu fournit	
Potassium	23 mg
Calcium	14 mg
Magnésium	6 mg
Vitamine C	2 mg
Fer/ 5 ml (2 g)	0,18 mg

Son huile essentielle contient 85 % d'eugénol, ce qui correspond à 16, et parfois jusqu'à 20 % du poids du clou.

On dit le clou de girofle tonique, stomachique, antinévralgique, antispasmodique, antiseptique et carminatif. Il contient des agents stimulants qui, à forte dose, peuvent irriter le système digestif.

En tisane, mettre 2 ml de clous (2 cuillerées à café) par tasse d'eau et laisser infuser 10 minutes.

L'huile essentielle est extraite des boutons floraux, des feuilles et des tiges. Elle entre dans la fabrication de la vanilline. Elle est aussi utilisée dans des parfums, des savons, des médicaments, des rince-bouche et de la gomme à mâcher.

GOMBO

Hibiscus esculentus, **Malvacées**
Autre nom : *okra*
Nom anglais : *okra*
Autres noms : *lady's finger, gumbo*

HISTORIQUE ◆ Fruit d'une magnifique plante potagère probablement originaire d'Afrique. Le gombo est apparenté à l'hibiscus, à la mauve et au coton. Il pousse dans les régions tropicales et les régions tempérées assez chaudes. Son nom angolais *ngombo* est à la source de son appellation française. Le gombo est beaucoup consommé en Afrique, aux Indes, au Moyen-Orient, aux Antilles, en Amérique du Sud et dans le sud des États-Unis. Il fut introduit aux États-Unis par les esclaves africains, et pendant longtemps il fut considéré comme un aliment de pauvres dans ce pays.

Le gombo est une gousse allongée d'un vert vif, légèrement pointue à une extrémité. Sa mince peau comestible peut être lisse ou légèrement duveteuse, selon les variétés. L'intérieur du gombo est divisé en 5 sections (parfois plus) qui renferment de nombreuses graines comestibles, de couleur verte ou brunâtre. Ce fruit-légume contient une substance mucilagineuse qui le rend particulièrement intéressant pour épaissir soupes et ragoûts. Sa saveur subtile s'apparente à celle de l'aubergine, aliment qu'il peut avantageusement remplacer.

Le gombo croît sur une plante qui mesure généralement 90 cm de haut, mais qui peut atteindre 3 m. Il apparaît après la floraison de belles fleurs couleur moutarde. Il peut mesurer de 22 à 25 cm de long, mais on le cueille avant qu'il soit complètement mature, 4 à 6 jours après son apparition. Il mesure alors de 5 à 10 cm de long, ses graines sont petites et il est très tendre.

ACHAT ◆ Choisir des gombos bien colorés, tendres mais pas mous, exempts de taches et de meurtrissures.

CUISSON ◆ Frotter doucement les gombos qui ont du duvet avec une brosse à légume ou un papier absorbant. Laver les gombos puis les égoutter.

Ne couper que le bout du capuchon si on cuit les gombos entiers.

Couper les gombos finement si on veut qu'ils épaississent efficacement les recettes liquides. Les cuisiner rapidement pour empêcher que se perde le mucilage qui s'en écoule. Éviter de les cuire dans une casserole en aluminium, en fer ou en cuivre, car ils noircissent au contact de ces métaux.

VALEUR NUTRITIVE	
Le gombo cru contient	
Eau	90 %
Protéines	1,9 g
Matières grasses	0,2 g
Glucides	7,2 g
Fibres	32 g
32 calories/100 g	

Il est une excellente source de potassium ; il est une bonne source de magnésium et de folacine ; il contient de la vitamine C, de la thiamine, de la vitamine B_6, du zinc, de la vitamine A, du calcium, du phosphore et de la niacine ainsi que des traces de cuivre, de fer et d'acide pantothénique. Il est facilement digestible et légèrement laxatif. Il a des propriétés émollientes.

UTILISATION ◆ Le gombo se mange cru ou cuit. Il peut être préparé comme l'asperge ou l'aubergine, qu'il peut remplacer dans la plupart des recettes (diminuer cependant le temps de cuisson). Le braiser, le cuire à la vapeur, le bouillir, le frire, le mariner. On peut le cuire seul (3 à 5 minutes à la vapeur) ou avec d'autres légumes et le servir comme légume d'accompagnement. Il se marie bien avec les tomates, les oignons, les poivrons et l'augergine ainsi qu'avec plusieurs assaisonnements, tels le cari, la coriandre, l'origan, le citron et le vinaigre. Il est particulièrement utile pour épaissir soupes et ragoûts ; l'ajouter environ 10 minutes avant la fin de la cuisson. Il est délicieux froid, arrosé de vinaigrette ou incorporé à une salade. Le gombo est parfois séché et transformé en farine. On tire de ses graines une huile comestible. Séchées et torréfiées, ces graines servent aussi de substitut au café.

CONSERVATION ◆ Le gombo est fragile, il se conserve quelques jours au réfrigérateur. Le réfrigérer sans le laver. Le placer dans un sac de papier ou l'envelopper dans du papier absorbant avant de le mettre dans un sac de plastique perforé. Le gombo se congèle ; le blanchir entier 4 minutes.

GOYAVE

Psidium spp, **Myrtacées**
Nom anglais : *guava*

HISTORIQUE ◆ Fruit du goyavier, un arbre originaire d'Amérique tropicale. Le goyavier fait partie d'une grande famille qui comprend notamment la cannelle, la muscade, le clou de girofle, l'eucalyptus, le feijoa, le jambose et la pomme-rose. Il fut cultivé intensivement par les Incas et demeure fort populaire en Amérique du Sud. Les Espagnols l'introduisirent aux Philippines et les Portugais en Inde. Le goyavier croît maintenant dans plusieurs autres pays tropicaux et subtropicaux, notamment à Hawaii, en Afrique, en Australie et dans le sud des États-Unis.

Le goyavier peut atteindre jusqu'à 9 m de haut. Ses fleurs dégagent un parfum suave. Il existe plus de 150 variétés de goyaviers, et donc la forme, la taille, la couleur et la saveur des goyaves sont très diversifiées. La goyave généralement commercialisée a la forme d'une poire et la taille d'une pomme. Elle mesure habituellement de 5 à 8 cm de diamètre. Sa mince peau comestible est blanche, jaune, rouge ou verte. Elle est parfois tachée de noir ou de rose. Sa chair blanche, jaune, rose orangé ou rouge est très parfumée et légèrement acidulée, ce qui la rend rafraîchissante. Elle renferme de nombreuses petites graines dures comestibles. La goyave a une saveur prononcée qui peut surprendre la première fois qu'on y goûte.

ACHAT ◆ Choisir une goyave lisse et non meurtrie, ni trop molle ni trop dure. Un fruit trop mûr dégage une odeur peu attirante, tandis qu'un fruit immature est immangeable, car il est astringent.

PRÉPARATION ◆ La goyave est prête à manger quand elle cède sous une délicate pression des doigts. Laisser ou enlever la peau ; couper le fruit en deux puis, si désiré, l'épépiner.

UTILISATION ◆ La goyave se mange crue ou cuite. Elle entre dans la préparation de mets sucrés ou salés. On la cuit en confiture, en gelée ou en chutney. On la met dans les sauces, les salades de fruits, les tartes, les puddings, le tapioca, la crème glacée, le yogourt et les boissons. Au Mexique, goyave et patates douces sont une combinaison très appréciée.

CONSERVATION ◆ Laisser la goyave à la température de la pièce jusqu'à ce qu'elle soit mûre. Pour accélérer le processus, la placer dans un sac de papier. Ne pas la réfrigérer avant qu'elle soit mûre, car cela arrête le mûrissement. La goyave se conserve quelques jours au réfrigérateur.

VALEUR NUTRITIVE	
La goyave contient	
Eau	86 %
Protéines	0,8 g
Matières grasses	0,6 g
Glucides	12 g
Fibres	5,6 g
50 calories/100 g	

Elle est une excellente source de vitamine C et de potassium, elle contient de la vitamine A et de la niacine ainsi que des traces de phosphore et de calcium. La goyave est astringente et laxative.

GRAINE DE TOURNESOL

Helianthus annuus, **Composées**
Nom anglais : *sunflower seeds*

HISTORIQUE ◆ Fruit d'une plante annuelle probablement originaire du Mexique. Les peuples autochtones d'Amérique utilisent les diverses parties du tournesol depuis plus de 5 000 ans, aussi bien les graines oléagineuses, les tiges, les fleurs que les racines. Le tournesol fut introduit en Europe au XVᵉ siècle par les Espagnols et gagna par la suite de nombreux pays.

Le tournesol a acquis une grande importance commerciale, car on extrait de ses graines une huile comestible riche en acides polyinsaturés, ses feuilles fournissent une substance qui permet de soigner la malaria et les pétales de ses fleurs servent en teinturerie. La CÉI est le plus grand pays producteur de tournesol.

Le tournesol est souvent connu sous le nom de « soleil ». Il est aussi appelé « hélianthe », du grec *hêlios* signifiant « soleil » et de *anthos* « fleur », car il se tourne vers le soleil et suit ses déplacements. Cette plante magnifique est ornée d'une imposante fleur jaune qui coiffe une longue tige épaisse. Les capitules peuvent atteindre plus de 50 cm de diamètre et les plants plus de 3 m de haut. Les fleurs (jusqu'à 20 000) sont insérées côte à côte dans un capitule. Elles donnent naissance à des graines vert grisâtre ou noires selon les variétés, emprisonnées dans une mince écale grise ou noire, parfois striée de noir et de blanc. Un nectar très apprécié par les abeilles les recouvre. Les graines de tournesol ont une saveur douce qui ressemble légèrement à celle du topinambour, une espèce cousine.

ACHAT ◆ Les graines de tournesol sont commercialisées avec ou sans écales, crues, rôties, salées ou non. Acheter les graines de tournesol dans un magasin où le roulement est rapide afin de s'assurer un maximum de fraîcheur. À l'achat des graines crues écalées, délaisser les graines jaunies, car elles manquent de fraîcheur et sont souvent rances.

PRÉPARATION ◆ Écaler manuellement les graines de tournesol demande du temps et une grande patience. On peut les écaler avec un moulin à grains ou un mélangeur électrique. L'opération est délicate. Dans le moulin à grains, passer les graines par la plus grande ouverture, la plupart des écales devraient s'ouvrir sans trop endommager les graines. Pour se débarrasser des écales, plonger le tout dans de l'eau fraîche, les écales vont flotter et s'enlever facilement, car elles sont plus légères. Égoutter rapidement les graines puis les assécher. Dans le mélangeur électrique, mettre peu de graines à la fois et actionner l'appareil quelques secondes. Séparer ensuite les graines des écales par flottaison. Cette méthode entraîne plus de pertes, car les graines sont plus facilement pulvérisées, d'où l'importance de faire fonctionner l'appareil le moins longtemps possible.

CUISSON ◆ Sur le marché, les graines de tournesol sont habituellement rôties à l'huile saturée. Elles sont grasses, souvent trop cuites, trop salées et elles contiennent des additifs (gomme arabique, glutamate monosodique, etc.). On peut facilement rôtir les graines à la maison. Les

VALEUR NUTRITIVE	
La graine de tournesol séchée contient	
Eau	5,4 %
Protéines	17,1 g
Matières grasses	37,2 g
Glucides	14,1 g
Fibres	9,9 g
428 calories/75 g	

La graine de tournesol a une grande valeur nutritive. Ses matières grasses sont composées à 85 % d'acides non saturés (19 % d'acides monoinsaturés et 66 % d'acides polyinsaturés. (voir Huile). La graine de tournesol séchée est une excellente source de thiamine, de magnésium, de folacine, d'acide pantothénique, de cuivre, de phosphore, de potassium, de zinc, de fer, de niacine et de vitamine B_6; elle contient de la riboflavine et du calcium. Elle est une source très élevée de fibres.

La graine de tournesol rôtie à l'huile contient	
Eau	2,6 %
Protéines	16,1 g
Matières grasses	43,1 g
Glucides	11 g
Fibres	5,1 g
461 calories/75 g	

Elle est une excellente source de folacine, de phosphore, d'acide pantothénique, de cuivre, de zinc, de magnésium, de fer, de vitamine B_6, de niacine et de potassium ; elle est une bonne source de thiamine ; elle contient de la riboflavine ainsi que des traces de calcium. Elle est une source élevée de fibres.

La graine de tournesol est diurétique grâce à sa haute teneur en potassium alliée à une faible teneur en sodium. On la dit expectorante et on l'utilise pour soulager rhume, toux et asthme. On s'en sert aussi pour traiter l'anémie, les ulcères gastro-duodénaux et pour améliorer la vision.

mettre dans un poêlon à feu moyen et brasser constamment (l'ajout d'huile n'est pas nécessaire) ou les rôtir dans le four (100 °C) en les remuant de temps en temps. On peut enrober les graines avec une petite quantité d'huile (15 ml) lorsque la cuisson est terminée, si on veut que le sel colle aux graines.

UTILISATION ◆ Les graines de tournesol peuvent être utilisées nature ou rôties, entières, hachées, moulues ou germées. Elles peuvent se combiner à presque tous les aliments. Elles augmentent considérablement la valeur nutritive des mets, mais elles les rendent aussi plus gras et plus calorifiques. Entières, les graines de tournesol ajoutent une note croustillante inhabituelle aux salades, farces, pâtes alimentaires, sauces, légumes, gâteaux, yogourts. Moulues, on les combine à de la farine pour confectionner crêpes, biscuits et gâteaux. Les graines verdissent souvent lors de la cuisson. Cette réaction non dangereuse est due à une interaction de l'acide chlorogénique et des acides aminés.

Les boutons floraux peuvent être mangés comme les artichauts.

CONSERVATION ◆ Conserver les graines de tournesol dans un endroit frais et sec, à l'abri des insectes et des rongeurs. Si elles sont moulues, hachées ou en beurre, les ranger au réfrigérateur pour retarder le rancissement. Les graines de tournesol se congèlent.

GRENADE

Punica granatum, **Punicacées**
Autre nom : *pomme-grenade*
Nom anglais : *pomegranate*

HISTORIQUE ◆ Fruit du grenadier, un arbuste probablement originaire de Perse. La grenade existe depuis les temps préhistoriques. En Iran, sa culture remonte à environ 4 000 ans. La grenade était très estimée en Mésopotamie et en Égypte ; elle occupe toujours une place importante dans la cuisine iranienne. En Occident, elle fut assez populaire jusqu'au XIXᵉ siècle, après quoi elle perdit de son importance en tant que fruit frais. La grenade est mentionnée dans l'Ancien Testament et dans la Bible. Elle est le symbole de plusieurs mythes, tels ceux de la fécondité ou de la fertilité ; le prophète Mahomet en recommandait la consommation pour chasser la tentation. En Chine, ce fruit apparaît dans les anciennes peintures. Dans l'Égypte ancienne, on enterrait la grenade avec les morts.

La grenade croît dans la plupart des pays tropicaux et subtropicaux. Elle s'adapte facilement à diverses conditions climatiques et à divers terrains, mais elle préfère les endroits où les hivers sont froids et les étés très chauds. Les plus importants pays producteurs de grenade sont l'Iran, l'Inde et les États-Unis. Le grenadier peut atteindre de 6 à 7 m de haut. Lorsqu'il est cultivé, on le taille à une hauteur de 2 à 4 m. Ses feuilles oblongues sont persistantes sous les tropiques et caduques sous les climats subtropicaux. Ses grandes fleurs écarlates sont en forme de trompette. Ses fruits sont généralement cueillis 5 à 7 mois après la floraison. Ils ne mûrissent plus après la cueillette, il est donc important qu'ils soient récoltés à maturité.

La grenade ressemble à une grosse pomme légèrement sphérique. En anglais on l'appelle *pomegranate*, du latin *pome* qui signifie « pomme » et *granate* « nombreux grains ». Ce fruit mesure environ 7 cm de diamètre. Épaisse de 2 à 3 mm, sa peau coriace n'est pas comestible. Habituellement rouge brillant, elle est jaunâtre dans certaines variétés. À l'intérieur, des membranes épaisses emprisonnent une multitude de petites graines comestibles. Ces membranes très amères, de couleur jaunâtre ou blanchâtre, ne sont pas comestibles. Chaque graine est enrobée d'une pulpe charnue (le tégument), de couleur rouge foncé, rose foncé ou rosée, selon les variétés. Cette pulpe très juteuse est à la fois sucrée et surette. Elle renferme de nombreux pépins. Certains consommateurs préfèrent ne manger que la pulpe et rejettent les graines.

 ACHAT ◆ Choisir une grenade colorée, lourde pour sa taille et exempte de taches. Délaisser un fruit ridé, dont la peau est terne ou décolorée.

PRÉPARATION ◆ Couper l'extrémité supérieure de la grenade, en prenant soin de ne pas entailler les graines pour éviter la perte du jus. Peler la grenade, l'ouvrir délicatement, puis manger les baies directement ou les mettre dans un bol afin de les manger à la cuiller. Enlever les membranes où se logent les baies car elles ont un goût amer. Éviter de couper la grenade avec un couteau sinon il y a risque de se tacher avec le jus. On peut aussi rouler la grenade en l'écrasant légèrement, on obtient alors du jus que l'on recueille à la paille après avoir pratiqué un trou dans la peau, ou en pressant le fruit. Ce jus a cependant une saveur amère, car une partie des tannins présents dans les membranes et la peau passent dedans.

VALEUR NUTRITIVE	
La grenade contient	
Eau	81 %
Protéines	1 g
Matières grasses	0,3 g
Glucides	17 g
Fibres	0,2 g
68 calories/100 g	

Elle est une bonne source de potassium, elle contient de la vitamine C et de l'acide pantothénique ainsi que des traces de sodium et de niacine. La saveur acidulée de la grenade lui vient de ses nombreux acides, notamment l'acide citrique. On dit la grenade astringente, cardiotonique et ténifuge.

UTILISATION ◆ Les baies de grenade se mangent souvent telles quelles. Dans la cuisine de plusieurs pays tropicaux, on les utilise aussi bien comme ingrédient que comme condiment. Elles décorent et assaisonnent les salades de fruits, les salades composées, les soupes, les sauces, les fromages, les légumes, la volaille, le poisson ou les fruits de mer. En Europe, c'est surtout sous forme de jus et de sirop que l'on connaît la grenade. On se sert du sirop de « grenadine » pour préparer notamment apéritifs, boissons rafraîchissantes, crème glacée, sorbets et autres desserts.

CONSERVATION ◆ Laisser la grenade à la température ambiante. La placer au réfrigérateur si elle n'est pas consommée immédiatement. Elle se conservera plusieurs semaines si elle est en bonne condition. La grenade se congèle facilement ; simplement retirer les graines et les congeler telles quelles.

GRENOUILLE

Rana spp, **Batracien**

Nom anglais : *frog*

 HISTORIQUE ◆ La grenouille est un animal amphibien sauteur et nageur aux pattes palmées, vivant dans les eaux douces et les lieux humides. On ne mange que les cuisses de la grenouille, qui ont une chair blanche tendre et de saveur délicate, souvent comparée à celle du poulet. Les cuisses de grenouilles sur le marché proviennent généralement de grenouilles d'élevage.

En Europe, plus de 20 espèces sont consommées, quoique la grenouille verte et la grenouille rousse occupent la plus grande part du marché. En Amérique du Nord, on consomme principalement trois espèces aux cuisses volumineuses.

 ACHAT ◆ Les cuisses de grenouilles sont commercialisées dépouillées, fraîches, congelées ou en conserve. À l'achat des cuisses de grenouilles fraîches, choisir des cuisses dodues et humides, légèrement rosées.

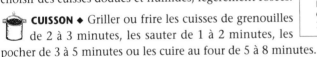

VALEUR NUTRITIVE	
La chair crue des cuisses de grenouilles contient	
Protéines	16 g
Matières grasses	0,3 g
Cholestérol	50 mg
73 calories/100 g	

 CUISSON ◆ Griller ou frire les cuisses de grenouilles de 2 à 3 minutes, les sauter de 1 à 2 minutes, les pocher de 3 à 5 minutes ou les cuire au four de 5 à 8 minutes.

UTILISATION ◆ Les cuisses de grenouilles sont fréquemment sautées ou apprêtées à la provençale. On les cuisine aussi en potage, en omelette et en tourte.

CONSERVATION ◆ Les cuisses de grenouilles se conservent au réfrigérateur 2 ou 3 jours ou se congèlent. Bien les envelopper, car elles s'assèchent facilement.

GRONDIN

Trigla spp, **Triglidés**

Nom anglais : *gurnard*

Autre nom : *sea robin*

UTILISATION ◆ Ce poisson est appelé grondin parce qu'il gronde quand il est hors de l'eau, bruit produit par les vibrations de son diaphragme perforé logé dans la vessie. Il habite principalement l'Atlantique, la Méditerranée et le Pacifique, notamment près des côtes australiennes, néo-zélandaises, japonaises et sud-africaines.

Le grondin a une grosse tête couverte de plaques osseuses et des yeux hauts et obliques qui lui donnent un air particulier peu attirant. Son corps allongé, souvent rouge ou rose, est couvert de grandes écailles. Le grondin a de nombreuses nageoires épineuses qui ressemblent à des ailes d'oiseaux. Il marche sur le fond de la mer avec ses nageoires pectorales, qu'il utilise aussi pour remuer le sable afin de se nourrir et pour se cacher. Le grondin est souvent rejeté à la mer, probablement à cause de sa forme ou parce qu'il a peu de chair par rapport à son poids. Sa chair rosée légèrement floconneuse est délicieuse.

Il existe diverses espèces de grondins, comprenant notamment le grondin gris, le grondin rouge et le grondin d'Amérique.

Le **grondin gris** *(Eutrigla gurnardus)* atteint une longueur maximale d'environ 50 cm. Son dos parsemé de nombreuses taches pâles est grisâtre ou parfois teinté de rouge. L'aire d'habitation du grondin gris s'étend des côtes de l'Islande et de la Norvège jusque dans la Méditerranée. Ce poisson a une chair ferme savoureuse.

Le **grondin rouge** *(Aspitriglia cuculus)* mesure habituellement 30 cm de long. Comme son nom l'indique, il est de couleur rouge. Il habite surtout la Méditerranée, l'Atlantique et le Pacifique. Étant peu charnu, le grondin rouge est souvent cuisiné en soupe.

Le **grondin d'Amérique** (ou prionote du nord, *Prionotus carolinus*) peut atteindre 37 cm de long. Ce poisson est présent près des côtes américaines de l'Atlantique. Sa chair maigre et ferme est savoureuse.

PRÉPARATION ♦ Retirer les nageoires épineuses le plus tôt possible pour éviter de se blesser. Laisser le poisson entier ou le couper en filets ou en tronçons. La peau s'enlève aisément.

CUISSON ♦ Éviter de cuire le grondin à la chaleur trop vive qui l'assèche. S'il est grillé avec la peau, bien la badigeonner d'huile ou de marinade, car elle est fragile.

UTILISATION ♦ Le grondin est souvent mis dans la bouillabaisse et la matelote. Il est délicieux cuit au four, poché, frit ou fumé.

VALEUR NUTRITIVE	
Le grondin cru contient	
Protéines	17 g
Matières grasses	3 g
100 calories/100 g	
Il est riche en potassium et en calcium.	

GROSEILLE

Ribes spp, **Saxifragacées**
Autres noms : *groseille à maquereau, cassis, gadelle blanche*
ou *groseille blanche à grappes*
Nom anglais : *gooseberry*
Autres noms : *currant, black currant, red currant, white currant*

 HISTORIQUE ♦ Fruit du groseillier, un arbuste touffu pouvant atteindre plus de 1 mètre de hauteur. Le groseillier a des branches ornées de piquants. Ses feuilles sont légèrement palmées. Les groseilliers sont souvent l'hôte d'un champignon qui s'attaque au pin blanc. À la fin du XIXe siècle, en Amérique du Nord, des millions de pins furent décimés. C'est la raison pour laquelle les groseilles ne sont plus beaucoup cultivées sur ce continent et qu'elles y sont rarement disponibles fraîches. Il existe environ 150 variétés de groseilles. On classe les fruits en 2 grandes catégories qui comprennent l'immense groupe des «groseilles à grappes» et celui de la «groseille à maquereau».

Groseille à grappes *(R. rubrum, R. sativum, R. vulgare)*. Ce fruit serait originaire d'Europe du Nord et d'Asie. La groseille à grappes est nommée «gadelle» au Québec, un mot qui s'apparenterait à «gradilles», le nom utilisé dans l'ouest de la France au XVIᵉ siècle. La groseille à grappes est une baie ronde de couleur blanche ou rouge qui ne dépasse pas 5 mm de diamètre. Une variété noire qui ressemble à un bleuet est nommée **cassis** *(R. nigrum)*. Sa culture débuta en Europe vers le XVIIᵉ siècle. Le cassis n'est pas cultivé en Amérique du Nord. Tous ces fruits sont recouverts d'une mince peau translucide semblable à celle des raisins. Leur chair juteuse et acidulée renferme de minuscules graines, les akènes.

Groseille à maquereau *(R. grossularia)*. Fruit qui serait originaire d'Europe, où il est particulièrement apprécié. Les Français en font une sauce aigre-douce pour accompagner le maquereau; cette recette classique aurait donné son nom à la groseille. Les Anglais lui font également une place de choix dans leur cuisine. La groseille à maquereau se distingue par le fait qu'elle pousse sur un arbuste épineux, qu'elle s'y développe en solitaire et non en grappes et qu'elle est plus grosse. Elle ressemble à un gros raisin qui, selon les variétés, est jaunâtre, verdâtre, blanchâtre ou rougeâtre. Elle est striée verticalement. Sa peau est duveteuse ou lisse selon les variétés. Sa chair remplie de minuscules graines comestibles est acide. Elle laisse souvent un arrière-goût âcre.

ACHAT ◆ Rechercher des fruits intacts et bien colorés.

PRÉPARATION ◆ Pour égrener les groseilles à grappes, se servir de ses doigts, d'une fourchette ou d'un peigne à larges dents.

CUISSON ◆ Cuire les fruits lentement dans une petite quantité de jus ou d'eau, juste assez pour les empêcher de coller. Les sucrer après la cuisson.

UTILISATION ◆ Les groseilles à grappes (gadelles) se consomment crues ou cuites, mais on les mange plus souvent cuites que crues parce qu'elles sont surettes. On les met dans les salades de fruits, les puddings, les gâteaux et les tartes. Elles se marient bien avec les poires, les prunes et les ananas. Les groseilles à grappes sont délicieuses en compote, en gelée, en confiture, en sirop et en vin. Le jus de groseille peut remplacer le vinaigre. Il est excellent dans la vinaigrette. La groseille à maquereau a une utilisation plus variée. On la met notamment dans les soupes, les farces et les sauces. Le cassis est surtout transformé en

---

VALEUR NUTRITIVE

La groseille à grappes contient
Eau	84 %
Protéines	1,4 g
Matières grasses	0,2 g
Glucides	14 g
Fibres	4,3 g
55 calories/100 g	

Elle est riche en vitamine C et en potassium, elle contient du fer et du magnésium ainsi que des traces de phosphore, de calcium et de sodium. Les groseilles à grappes sont riches en acide citrique (responsable de leur saveur aigrelette) et en pectine. On les dit apéritives, digestives, diurétiques et dépuratives. Elles sont aussi laxatives, particulièrement le cassis, qui doit d'ailleurs son nom à la «casse», pulpe de la gousse de cassier longtemps populaire en Europe pour ses vertus purgatives.

Le cassis contient
Eau	82 %
Protéines	1,4 g
Matières grasses	0,4 g
Glucides	15 g
Fibres	5,4 g
64 calories/100 g	

Il est une excellente source de vitamine C et de potassium, il contient du fer, du magnésium, de l'acide pantothénique, du phosphore et du calcium ainsi que des traces de vitamine A. Il contient plus de vitamine C que l'orange.

La groseille à maquereau contient
Eau	88 %
Protéines	0,9 g
Matières grasses	0,6 g
Glucides	10 g
Fibres	4,3 g
45 calories/100 g	

Elle est une bonne souce de vitamine C et de potassium, elle contient également des traces d'acide pantothénique, de vitamine A et de phosphore Elle serait apéritive, laxative, dépurative et diurétique.

---

purée, en sirop, en confiture, en gelée et en liqueur. On le déshydrate, il ressemble alors au raisin de Corinthe, qu'il peut remplacer.

CONSERVATION ◆ Ces fruits se conservent facilement. Placés au réfrigérateur, ils se conserveront de 2 à 3 jours. Ne les laver qu'au moment de les utiliser. Ils se congèlent facilement entiers, avec ou sans sucre. Les utiliser sans les laisser décongeler complètement, ils auront plus de saveur.

HARENG

Clupea harengus, **Clupéidés**
Nom anglais : *herring*

HISTORIQUE ◆ Le hareng est le poisson de mer le plus abondant et le plus pêché après la morue. Des gravures préhistoriques illustrant sa capture révèlent qu'il fut consommé très tôt dans l'histoire humaine. Le hareng vit en bancs et fut autrefois tellement abondant que des bancs couvraient une grande partie des océans Atlantique et Pacifique. La pêche intensive a malheureusement eu des conséquences néfastes sur sa population ; le hareng demeure malgré tout l'une des prises les plus importantes pour beaucoup de pays.

Le hareng mesure généralement de 15 à 30 cm de long et peut atteindre une longueur maximale de 43 cm. Il pèse de 250 à 750 g. Sa forme varie légèrement selon les espèces et leur habitat. Son corps fuselé est beaucoup plus haut qu'épais. Sa tête est petite, ses yeux gros et sa bouche grande. Sa mâchoire inférieure fait légèrement saillie. Son corps, recouvert de grandes écailles molles qui s'enlèvent facilement, se termine par une queue très fourchue. Son dos bleuté ou bleu noirâtre devient argenté sur les flancs. Les œufs ont cette particularité intéressante d'être plus lourds que l'eau ; ils tombent donc au fond de la mer et se fixent aux algues.

La chair blanche est grasse et savoureuse. Elle contient beaucoup d'arêtes qui s'enlèvent facilement.

ACHAT ◆ Le hareng est commercialisé entier ou en filets, généralement en conserve, mais également frais ou congelé.

PRÉPARATION ◆ Pour écailler le hareng, un simple essuyage est presque suffisant. On peut vider le hareng par les ouïes ou en sectionnant la colonne vertébrale derrière la tête.

VALEUR NUTRITIVE
Le hareng de l'Atlantique cru contient
Protéines 18 g
Matières grasses 9 g
158 calories/100 g
Il est riche en vitamines du complexe B, en phosphore, en potassium et en matières grasses.

UTILISATION ◆ Le hareng frais est délicieux grillé ou cuit au four. Il supporte mal d'être cuit à la vapeur ou poché, car il est trop fragile. Il peut remplacer le maquereau dans la plupart des recettes. Éviter de trop le cuire. Le hareng est réduit en farine et en huile. On l'utilise aussi comme appât pour la pêche.

Le hareng est très souvent mariné, fumé et mis en conserve. Il est commercialisé principalement sous le nom de hareng mariné, hareng fumé, hareng saur, bloater (ou bouffi), buckling (ou bornholmère) ou kipper.

Hareng mariné : hareng entier débarrassé de ses arêtes, frit et baignant dans une marinade (huile, vin, tomate ou vinaigre). Au Canada, ce que l'on appelle sardine est en réalité du hareng.

_____

Hareng fumé : hareng fumé à chaud (il est alors exposé directement à la chaleur et cuit légèrement) ou à froid (il est fumé loin du feu et plus longtemps).

_____

Hareng saur : « saur » est un vieux mot français désignant la couleur brun roux que prend le hareng quand il est fumé à froid pendant une longue période. Le hareng saur est également salé (2 à 6 jours) et il peut être vidé ou non. Entier, il est vendu à la pièce et il est conservé dans des barils ou des caisses de bois. En filet, il se vend en conserve ou en paquets. Il peut également être commercialisé mariné. Le hareng saur se garde de 12 à 15 jours. Ses œufs fumés sont vendus en conserve.

_____

Bloater (ou **bouffi**) : hareng habituellement entier, non vidé et blond, car il est à peine salé et à demi fumé (à chaud ou à froid). Le bloater se conserve environ 5 jours.

_____

Buckling (ou **bornholmère**) : hareng légèrement saumuré, fumé à chaud, donc partiellement cuit, et qui peut être mangé sans plus de cuisson. Ce procédé est surtout utilisé en Allemagne et en Hollande. Le buckling se conserve environ 4 jours.

_____

Kipper : grand hareng décapité débarrassé de ses arêtes, fendu en deux le long du dos, aplati, à peine fumé (à froid) et plus ou moins salé. Le kipper peut se manger tel quel ou être cuit quelques instants. Il est vendu en conserve. Sa durée de conservation est de 4 jours une fois la boîte de conserve ouverte.

HARICOT AZUKI

Phaseolus angularis, **Légumineuses**
Autres noms : *aduki ou adzuki*
Nom anglais : *adzuki bean*
Autre nom : *azuki*

HISTORIQUE ◆ Fruit d'une plante herbacée annuelle originaire d'Asie, probablement du Japon ou de Chine, où elle est cultivée depuis des siècles. Il existe plus de 60 variétés d'azuki. Cette légumineuse minuscule et savoureuse est très populaire en Asie. En Chine, on croit que le haricot azuki porte chance, et il doit faire partie du menu lors des festivités.

Le haricot azuki pousse sur une plante souvent buissonnante, atteignant de 25 à 90 cm de haut. Les gousses cylindriques mesurent de 6 à 12,5 cm de long et 5 mm de diamètre.

Elles renferment de 4 à 12 graines, le plus souvent rectangulaires, aux deux bouts arrondis. Ces graines minuscules mesurent de 5 à 7 mm de long et de 4 à 5,5 mm de large. De couleur habituellement rouge brunâtre, elles peuvent aussi être noires, jaune clair, vertes ou grises. Elles sont unies ou tachetées et ornées d'un hile blanchâtre.

CUISSON ◆ Le haricot azuki peut être cuit sans avoir trempé. Le cuire 1 heure et demie à 2 heures s'il n'a pas trempé et environ 1 heure après trempage (le tremper 2 ou 3 heures est suffisant).

Dans la marmite à pression (103 kPa) :

- avec trempage, environ 15 minutes,

- sans trempage, de 20 à 25 minutes.

UTILISATION ◆ Les gousses immatures du haricot azuki sont comestibles et peuvent être utilisées comme le haricot vert. Séché, le haricot azuki est utilisé comme les autres légumineuses ; sa saveur est délicate. Il est fréquemment servi avec le riz. Les Asiatiques transforment souvent le haricot azuki en pâte qui entre dans la confection de divers mets, aussi bien salés que sucrés. Cette pâte peut remplacer la pâte de tomate. Le haricot azuki sert de substitut au café. Il peut aussi être soufflé comme le maïs ou mis à germer.

VALEUR NUTRITIVE	
Le haricot azuki bouilli contient	
Eau	66 %
Protéines	7,5 g
Matières grasses	0,09 g
Glucides	25 g
Fibres	8 g
128 calories/100 g	

Il est une excellente source de potassium et une bonne source de magnésium, de zinc, de phosphore et de cuivre ; il contient du fer et de la thiamine ainsi que des traces de riboflavine, de niacine et de calcium. Il constitue une source très élevée de fibres. Ses protéines sont dites incomplètes, car elles sont déficientes en certains acides aminés (voir Théorie de la complémentarité).

HARICOT D'ESPAGNE

Phaseolus coccineus, **Légumineuses**
Nom anglais : *scarlet runner*

HISTORIQUE ◆ Fruit d'une plante herbacée probablement originaire du Mexique ou d'Amérique centrale, possiblement des deux endroits. Des découvertes archéologiques ont démontré que ce haricot était cultivé au Mexique il y a plus de 7 000 ans.

Il existe plusieurs variétés de haricots d'Espagne, dont une particulièrement populaire en Amérique du Nord. Ses fleurs décoratives de couleur écarlate ne passent pas inaperçues. Une autre variété très appréciée en Europe produit des haricots qui ressemblent aux haricots de Lima. On les nomme souvent « haricots éléphants ».

Le haricot d'Espagne pousse sur une plante annuelle dans les régions tempérées et vivace sous les tropiques. Elle peut atteindre plus de 4 m de haut. Les gousses teintées de rose mesurent de 10 à 40 cm de long. Elles contiennent de 6 à 10 graines convexes, aplaties ou oblongues de couleur blanche, brune, crème, noire, pourpre ou rosée et tachetée de rouge. Ces graines mesurent de 18 à 25 mm de long et de 12 à 16 mm de large.

CUISSON ◆ Tremper les haricots d'Espagne plusieurs heures, puis les cuire environ 1 heure.

Dans la marmite à pression (103 kPa) :

- avec trempage, 10 à 15 minutes,
- sans trempage, 15 à 20 minutes.

UTILISATION ◆ Les graines matures se consomment fraîches ou séchées. On les cuit et on les prépare comme les graines des autres légumineuses, qu'elles peuvent remplacer dans la plupart des recettes. Le haricot d'Espagne se marie bien avec les oignons, les tomates et le thon.

Les gousses immatures sont comestibles. On les prépare et on les utilise comme les haricots verts.

VALEUR NUTRITIVE	
Le haricot d'Espagne cuit contient	
Eau	12 %
Protéines	23 g
Matières grasses	2 g
Glucides	70 g
Fibres	5 g
385 calories/100 g	
Les protéines sont dites incomplètes, car elles sont déficientes en certains acides aminés (voir Théorie de la complémentarité).	

HARICOT FRAIS ET HARICOT SEC

Phaseolus vulgaris, **Légumineuses**
Noms anglais : *bean, dried bean*

HISTORIQUE ◆ Fruit de plantes originaires d'Amérique centrale et d'Amérique du Sud. Le mot haricot désigne à la fois le fruit, la graine à l'intérieur des gousses et la plante qui les produit. Il est dérivé de *ayacotl*, le nom de ce légume dans la langue parlée par les Aztèques, et ne fut créé qu'au XVIIᵉ siècle. Des vestiges retrouvés au Pérou démontrent que les Indiens cultivaient le haricot il y a 7 000 ans. Les Espagnols découvrirent ce légume lorsqu'ils conquirent l'Amérique du Sud et ils l'introduisirent en Europe.

Il existe environ 200 espèces de haricots, ce qui a une incidence notamment sur leur forme, leur couleur, leur saveur et leur valeur nutritive. Immatures, les gousses de la plupart des variétés de haricots peuvent être mangées fraîches, comme les variétés de haricots verts ou jaunes que l'on connaît bien. Plus avancées, les gousses sont écossées, car elles ne sont plus comestibles ; les graines peuvent être utilisées fraîches ou déshydratées (haricots secs) et toujours cuites.

Haricot frais

Le haricot frais provient généralement d'espèces naines. Il est cultivé dans toutes les régions du monde. Les gousses peuvent être vertes (parfois striées de pourpre ou de rouge), jaunes ou pourpres (ces dernières deviennent vertes en cuisant). Elles sont longues et étroites, droites ou légèrement recourbées. Dans certaines variétés, elles sont exemptes de fils. Les gousses mesurent généralement de 8 à 20 cm de long et de 1 à 1,5 cm de large. Elles renferment de 4 à 12 graines dans les teintes de blanc, vert, jaune, pourpre, rose, rouge, brun ou noir. Ces graines unies, tachetées ou rayées sont réniformes ou globulaires et mesurent de 7 mm à 1 cm de long.

ACHAT ◆ Rechercher des haricots fermes et cassants, d'une belle couleur, exempts de meurtrissures et de taches. Si une goutte apparaît lorsqu'on les casse, c'est que les haricots sont frais.

CUISSON ◆ Laver les haricots seulement au moment de les cuire; prendre soin tout d'abord de casser les 2 extrémités et de faire suivre les fils (si nécessaire). La cuisson des haricots verts et pourpres demande un certain soin, car ils perdent facilement leur couleur (voir Cuisson des légumes). La durée de cuisson est variable et dépend notamment du mode de cuisson, de la grosseur des haricots et du fait qu'ils sont entiers, coupés en tronçons ou effilés (coupés sur la longueur). Les cuire le moins longtemps possible, car ils sont plus savoureux, plus nutritifs et plus colorés lorsqu'ils sont encore croquants. Calculer de 5 à 15 minutes pour la cuisson à l'eau et un peu plus de temps pour la cuisson à la vapeur.

VALEUR NUTRITIVE	
Le haricot vert ou jaune frais contient	
Eau	90,3 %
Protéines	1,8 g
Matières grasses	0,1 g
Glucides	7,1 g
Fibres	1,8 g
31 calories/100 g	

Il est une bonne source de potassium et de folacine; il contient de la vitamine C, du magnésium, du fer, de la vitamine A et du cuivre ainsi que des traces de calcium, de zinc et de niacine. On le dit diurétique, dépuratif, tonique et anti-infectieux.

UTILISATION ◆ Le haricot frais se mange plus souvent cuit que cru. Cuit, on le mange chaud ou froid. Il sert beaucoup comme légume d'accompagnement, mais son utilisation peut être plus variée; on le met dans les salades, les soupes, les ragoûts et les marinades. On le cuit à la chinoise. Il est délicieux gratiné ou arrosé de sauce ou de vinaigrette; tomate, thym, origan, romarin, menthe, marjolaine, moutarde, anis, muscade et cardamome lui conviennent particulièrement bien.

CONSERVATION ◆ Conserver les haricots frais au réfrigérateur sans les laver, ils se garderont plusieurs jours. Les placer dans un sac de plastique troué afin qu'ils puissent respirer. Les haricots frais se congèlent, mais leur saveur résiste assez mal à une congélation prolongée. Les blanchir 3 minutes s'ils sont coupés et 4 minutes s'ils sont entiers.

Haricot à écosser

Haricot dont on retire les graines matures fraîches ou séchées. Les graines fraîches sont cuites telles quelles, les graines déshydratées, après trempage (voir Cuisson des Légumineuses).

Parmi les nombreuses variétés de haricots à écosser, quelques-unes des plus connues en Amérique du Nord ou en Europe sont le haricot blanc, le haricot canneberge, le haricot pinto, le haricot romain, le haricot rouge et le flageolet.

Le **haricot blanc**. De nombreuses variétés de haricots blancs entrent dans cette catégorie, parmi lesquelles on trouve :

- le **haricot blanc** (*white kidney bean* en anglais), en forme de rognon, assez gros et carré aux deux bouts;

- le **haricot blanc fin** (*small white bean*), qui ressemble au haricot blanc mais en plus petit, et qui est d'un blanc très franc;

- le **haricot Great Northern**, de dimension moyenne, moins réniforme que le haricot blanc, plus rond et aux bouts arrondis;

- le **haricot «cannellini»** (une variété très populaire en Italie), légèrement réniforme et carré aux deux bouts;

- le **petit haricot blanc** (*navy bean* ou *white pea bean*), de la grosseur d'un pois et de forme ovale.

- le **haricot canneberge**, gros, rond et peu farineux, de couleur blanc crème, tacheté de rose ou de brun, est très populaire en Europe, où on le nomme haricot coco (il est très utilisé dans les ragoûts et le cassoulet).

Tous ces haricots sont interchangeables dans la plupart des recettes. De saveur moins prononcée que les haricots rouges, ils prennent plus facilement la saveur des aliments avec lesquels ils cuisent.

Le **haricot pinto**. Haricot de grosseur moyenne, plutôt plat et réniforme, de couleur beige, tacheté de brun clair. Le terme *pinto* signifie « peint » en espagnol et fait référence au fait que le haricot est délicatement bariolé. Ses taches disparaissent toutefois à la cuisson et le haricot prend alors une coloration rose. Le haricot pinto est savoureux et sa texture devient crémeuse à la cuisson. Il remplace avantageusement le haricot rouge. Comme ce dernier, il ajoute une note colorée aux plats. Il est très bon en purée.

Le **haricot romain**. Haricot en forme de rognon de couleur brunâtre (certaines variétés sont beiges), plus ou moins moucheté, qui ressemble au haricot pinto tout en étant souvent plus gros et plus foncé. Cette variété de haricot est très populaire en Italie, où on le nomme *fagiolo romano*, nom qui a inspiré l'appellation française et anglaise. Cet excellent haricot devient uni à la cuisson. Sa texture est douce. Il absorbe facilement les saveurs des aliments avec lesquels il cuit. On peut l'utiliser comme les autres haricots, qu'il peut remplacer dans la plupart des recettes.

Le **haricot rouge**. En forme de rognon (*red kidney bean*), ce haricot est l'un des plus connus. Rouge uni, sa grosseur et la densité de sa couleur diffèrent selon les variétés. De texture et de saveur douces, il est très utilisé dans les plats mijotés, dont il absorbe les saveurs. Il entre dans la composition du « chili con carne », un mets très nourrissant. Il est souvent mis en conserve, car il conserve bien sa forme.

Le **flageolet**. Vert pâle, mince et aplati, le flageolet est moins farineux que la plupart des autres légumineuses. Souvent nommé «fayot» en Europe, il est particulièrement estimé en France, où il accompagne traditionnellement le gigot d'agneau. Le flageolet se récolte différemment des autres haricots. On arrache les plants avant qu'ils soient complètement secs, puis on les laisse sécher sur place; on recueille les graines quand il ne reste plus que les gousses attachées à la tige des plants. Le flageolet est surtout disponible séché ou en conserve.

 ACHAT ◆ Les haricots secs sont commercialisés dans la plupart des magasins d'alimentation, mais c'est dans les magasins d'aliments naturels qu'on trouvera la plus grande variété.

bonne source de fer et de magnésium; il contient du phosphore, de la thiamine, du cuivre, du zinc, de la niacine et de la vitamine B$_6$ ainsi que des traces de calcium et riboflavine.

Le haricot rouge pâle sec bouilli contient

Eau	66,9 %
Protéines	9,1 g
Matières grasses	0,1 g
Glucides	22,4 g
124 calories/100 g	

Il est une excellente source de potassium et de folacine; une bonne source de fer, de magnésium et et cuivre; il contient du phosphore, de la thiamine, de la niacine, du zinc, du calcium et de la vitamine B$_6$ ainsi que des traces de riboflavine.

CUISSON ◆ Le temps de cuisson de ces nombreuses variétés de haricots est semblable, environ 1 heure et demie à 2 heures après trempage.

Les graines fraîches n'ont pas besoin de trempage et nécessitent environ 30 minutes de cuisson.

Le temps de cuisson des haricots secs dans la marmite à pression (103 kPa) :

• avec trempage, environ 15 minutes,

• sans trempage, de 20 à 25 minutes.

UTILISATION ◆ Les haricots se mangent chauds ou froids, entiers ou en purée. On les met dans les soupes, les salades et les plats principaux. On les cuisine parfois en dessert. La purée de haricots peut servir comme aliment d'accompagnement ou peut être la base de mets principaux, en croquettes et en beignets par exemple. La purée de haricots pintos est très utilisée dans la cuisine mexicaine. En Amérique du Sud, on prépare un gâteau aux haricots qui se mange tiède ou froid.

HARICOT DE LIMA

Phaseolus lunatus, **Légumineuses**
Nom anglais : *Lima bean*
Autre nom : *butter bean*

HISTORIQUE ◆ Fruit d'une plante herbacée annuelle originaire d'Amérique du Sud, probablement du Pérou. La culture du haricot de Lima est très ancienne. On a retrouvé au Pérou des vestiges de cette légumineuse datant de plus de 7 000 ans. Le haricot de Lima était cultivé jusqu'en Amérique du Nord avant l'arrivée des Espagnols. Ces derniers l'introduisirent en Europe puis en Asie. Il existe plusieurs variétés de ce haricot souvent nommées d'après leur lieu de culture, surtout en Europe (haricot de Madagascar, haricot du Cap, haricot du Tchad).

Le haricot de Lima pousse sur une plante buissonnante ou grimpante qui peut atteindre de 0,6 à 4 m de haut. Les gousses plates et oblongues mesurent entre 5 et 10 cm de long et jusqu'à 2,5 cm de large. Elles contiennent de 2 à 4 graines lisses plus ou moins réniformes et plates, aux bouts arrondis. Leur grosseur est variable ; dans certaines variétés, les graines sont minuscules, dans d'autres elles peuvent mesurer jusqu'à 6 mm d'épaisseur. Les haricots peuvent être blancs, rouges, pourpres, brunâtres ou noirâtres, unis ou tachetés ; les plus courants sont crème ou verts. Ils sont savoureux et leur texture est farineuse. Des variétés sauvages poussent encore en Amérique du Sud. Ce sont les seules qui contiennent des glycosides cyanogénétiques, substances toxiques que la cuisson neutralise.

CUISSON ◆ Le haricot de Lima a tendance à se transformer rapidement en bouillie dès qu'il est amolli, d'où l'importance d'éviter une cuisson trop longue. Il forme aussi beaucoup d'écume à la cuisson, ce qui est dangereux dans la marmite à pression car la soupape et la valve de sécurité peuvent bloquer (voir Cuisson des légumineuses).

Cuisson : haricot frais 15 à 25 minutes,

haricot séché environ 1 heure et demie.

Dans la marmite à pression (103 kPa) (cuisson peu recommandable à cause de l'écume) :

- avec trempage, 10 minutes (petits), 15 minutes (gros),
- sans trempage, de 15 à 20 minutes.

UTILISATION ◆ Immature, le haricot de Lima peut être mangé frais, avec ou sans sa gousse ; il est souvent servi comme légume. Il est aussi fragile que le petit pois et perd rapidement de sa saveur s'il est laissé à la température de la pièce. Toutes les préparations conviennent au haricot de Lima. Sa saveur douce permet de l'utiliser dans les recettes où les autres légumineuses à saveur plus prononcée viendraient masquer la finesse du plat. Le haricot de Lima peut être mis en purée, il remplace alors agréablement les pommes de terre. On peut aussi le faire germer.

VALEUR NUTRITIVE	
Le haricot de Lima à gros grains bouilli contient	
Eau	69,8 %
Protéines	7,8 g
Matières grasses	0,4 g
Glucides	20,9 g
Fibres	7,2 g
115 calories/100 g	
Le haricot de Lima à petits grains bouilli contient	
Eau	67,2 %
Protéines	8 g
Matières grasses	0,4 g
Glucides	23,3 g
126 calories/100 g	

Dans les deux cas, il s'agit d'excellentes sources de folacine et de potassium et de bonnes sources de magnésium et de fer ; ils contiennent de la thiamine, du phosphore, du zinc, du cuivre, de la niacine et de l'acide pantothénique. Ils sont aussi des sources très élevées de fibres. Les protéines sont dites incomplètes, car elles sont déficientes en certains acides aminés (voir Théorie de la complémentarité).

HARICOT MUNGO

Phaseolus aureus ou *Vigna radiata*, **Légumineuses**
Nom anglais : *green gram*
Autres noms : *mung bean, golden gram*

HISTORIQUE ◆ Fruit d'une plante herbacée annuelle originaire de l'Inde. Le haricot mungo occupe une place importante en Inde et dans plusieurs autres pays asiatiques. Il est cultivé depuis les temps les plus reculés. En Occident, on l'utilise surtout germé, c'est l'ingrédient de base du chop suey.

Le haricot mungo pousse sur une plante atteignant de 30 cm à 1,2 m de haut. Les gousses longues, minces et légèrement chevelues, mesurent de 2,5 à 10 cm de long et de 4 à 6 mm de large. Elles contiennent de 10 à 20 graines naines ayant de 3,2 à 5 mm de long et environ 3 mm de large. La variété la plus courante est vert mousse, mais il existe plus de 200 variétés qui peuvent être jaune doré *(golden gram)*, brunes, vert olive et brun violacé, unies ou tachetées.

CUISSON ◆ Le haricot mungo est cuit entier ou concassé. Il n'a pas besoin de trempage, quoique le trempage diminue le temps de cuisson. Il nécessite de 45 à 60 minutes de cuisson.

Dans la marmite à pression (103 kPa) :

- avec trempage, 5 à 7 minutes,
- sans trempage, une dizaine de minutes.

UTILISATION ◆ Le haricot mungo est utilisé comme n'importe quelle légumineuse, qu'il peut remplacer ou avec laquelle il peut se combiner. En Asie, on le transforme fréquemment en purée ou en farine. En Chine, cette farine sert notamment à fabriquer des nouilles. Le haricot mungo germé est l'ingrédient de base du chop suey. On le met aussi dans les salades ou dans une variété de plats cuisinés à l'orientale. Les gousses immatures sont comestibles. On les prépare et les cuisine comme les haricots verts.

VALEUR NUTRITIVE	
Le haricot mungo germé cru contient	
Eau	90,4 %
Protéines	3,1 g
Matières grasses	0,19 g
Glucides	5,9 g
Fibres	41,5 g
30,8 calories/100 g	

Le haricot mungo est une excellente source de folacine ; il contient de la vitamine C, du potassium, du magnésium, du cuivre, de la riboflavine, du fer, de la thiamine, de l'acide pantothénique, de la vitamine B_6, du phosphore et du zinc ainsi que des traces de calcium.

Le haricot mungo bouilli contient	
Eau	72,7 %
Protéines	7 g
Matières grasses	0,39 g
Glucides	19,2 g
Fibres	2,5 g
105 calories/100 g	

Il est une excellente source de folacine et une bonne source de potassium et de magnésium ; il contient de la thiamine, du fer, du zinc, du phosphore, du cuivre et de l'acide pantothénique ainsi que des traces de vitamine B_6, de riboflavine, de niacine et de calcium. Il constitue une excellente source de fibres. Les protéines sont dites incomplètes, car elles sont déficientes en certains acides amminés (voir Théorie de la complémentarité).

HARICOT MUNGO À GRAINS NOIRS

Phaseolus mungo ou *Vigna mungo*, **Légumineuses**
Autre nom : *haricot noir*
Nom anglais : *black gram*
Autres noms : *urd, urd bean*

HISTORIQUE ◆ Fruit d'une plante annuelle originaire d'Asie. Le haricot mungo à grains noirs est particulièrement populaire en Inde, en Birmanie et au Pakistan. Il est plus gros que le haricot mungo *(P. aureus)*; on le nomme parfois «pois mungo». Le haricot mungo à grains noirs croît sous les climats tropicaux secs.

Le haricot mungo à grains noirs pousse sur une plante qui mesure de 20 à 90 cm de haut. Les gousses droites très duvetées mesurent de 4 à 7 cm de long et 6 mm de large. Elles renferment de 4 à 10 graines assez petites, légèrement réniformes, aux bouts un peu carrés. Ces graines mesurent de 4 à 5 mm de long et de 3,5 à 4 mm de large. Habituellement noires ou grisâtres, elles peuvent aussi être brunâtres ou vert foncé. Elles ont un hile blanc qui mesure de 1 à 2 mm de long. Elles sont de couleur blanc crème à l'intérieur.

CUISSON ◆ Le haricot mungo à grains noirs nécessite environ 1 heure et demie de cuisson. Ne pas s'étonner, l'eau de cuisson noircit sous l'effet de la chaleur.

Dans la marmite à pression (103 kPa) :

- avec trempage, 15 minutes,

- sans trempage, 20 à 25 minutes.

UTILISATION ◆ Les gousses immatures sont comestibles, on les utilise beaucoup comme légume. Matures, leurs longs poils les rendent immangeables. De texture douce et de saveur prononcée, le haricot mungo à grains noirs s'apprête comme les autres légumineuses, qu'il peut remplacer dans la plupart des recettes. En Asie, le haricot mungo à grains noirs est l'élément de base d'une sauce noire très appréciée. En Inde, le haricot mungo à grains noirs est habituellement décortiqué et fendu. On le moud aussi en farine qu'on utilise pour confectionner des friandises, des galettes et des pains.

VALEUR NUTRITIVE	
Le haricot mungo à grains noirs bouilli contient	
Eau	72,5 %
Protéines	7,6 g
Matières grasses	0,55 g
Glucides	18 g
Fibres	1 g
105 calories/100 g	

Les protéines sont dites incomplètes, car elles sont déficientes en certains acides aminés (voir Théorie de la complémentarité). Le haricot mungo à grains noirs bouilli est une excellente source de folacine et de magnésium et une bonne source de potassium ; il contient du phosphore, du fer, de la thiamine, du zinc, du cuivre, de la niacine, de l'acide pantothénique, de la riboflavine et du calcium ainsi que des traces de vitamine B_6.

HARISSA

Nom anglais : *harissa*

 HISTORIQUE ◆ Condiment à base de piment fort. Le harissa est particulièrement apprécié au Moyen-Orient et en Afrique du Nord. C'est le condiment national des Tunisiens.

Le harissa contient des piments rouges, de l'huile, de l'ail et diverses épices dont de la coriandre, du cumin, de la menthe ou de la verveine, et parfois du carvi.

 ACHAT ◆ Ce condiment est commercialisé en tube ou en conserve. Le harissa est généralement disponible dans les épiceries spécialisées.

UTILISATION ◆ Le harissa est indispensable au couscous. Il relève plusieurs autres aliments, notamment potages, salades, viande, poisson, ragoûts, riz, sauces, mayonnaises et œufs. On l'utilise tel quel ou délayé dans du bouillon, ou de l'huile d'olive mélangée avec du jus de citron. Il serait sage de l'utiliser en petite quantité si on n'est pas habitué à sa forte saveur.

CONSERVATION ◆ Conserver le harissa au réfrigérateur lorsque le contenant est entamé.

HOMARD

Homarus americanus (Amérique), *Homarus vulgaris* (Europe), **Crustacés**
Nom anglais : *lobster*

HISTORIQUE ♦ Crustacé au corps allongé recouvert d'une carapace dure. Le homard vit dans les eaux profondes de la mer. Il se meut habituellement en marchant sur les fonds rocheux, ce qui rend sa capture à l'aide de cages facile. Il se déplace la nuit. Le homard habite principalement l'Atlantique. Il a presque disparu des côtes européennes et il est vendu en Europe à des prix exorbitants. En Amérique du Nord, le homard était tellement abondant au début de la colonie qu'on le considérait avec mépris. Il devint plus apprécié cependant et fut pêché à l'excès. Il est maintenant beaucoup plus rare. Dans plusieurs pays, on réglemente la pêche au homard afin d'assurer la survie de l'espèce.

Le homard qui habite les côtes de l'Amérique du Nord diffère légèrement de forme et de couleur de l'espèce qui vit près des côtes européennes (la carapace de l'espèce américaine est verdâtre ou brun rougeâtre avec des teintes sombres, tandis que celle de l'espèce européenne est noir bleuté avec des reflets violacés). Le homard est muni de 5 paires de pattes. Une paire beaucoup plus développée se termine d'un côté par une pince redoutable et de l'autre côté par des tenailles en dents de scie, dont le homard se sert pour broyer sa nourriture. Selon les individus, cette patte plus grosse que l'autre est placée à gauche ou à droite. Le homard possède une queue passablement développée formée de 7 anneaux. En forme d'éventail, l'extrémité de la queue est une nageoire puissante. La tête pointue ornée d'yeux proéminents se termine en un rostre épineux (une partie saillante), auquel 6 antennes sont attachées, dont 4 petites et 2 très longues.

La femelle se différencie du mâle par ses petites nageoires sur les côtés à l'endroit où la queue et le corps se joignent. Elles sont minces et palmées, car elles servent à retenir les œufs. Chez le mâle, elles sont piquantes, plus longues et plus rigides. Plusieurs personnes affirment que la chair de la femelle est meilleure, surtout lors de la ponte ; aussi est-elle plus recherchée. Heureusement, la manger à cette époque ne constitue plus la même menace qu'auparavant pour l'espèce car les homards proviennent souvent de homarderies, d'immenses parcs où on en fait l'élevage. Le homard mue à mesure qu'il grandit. À 5 ans, il aura mué 12 fois, c'est-à-dire qu'il aura changé de carapace chaque fois. Il pèse alors environ 500 g et mesure en moyenne 30 cm de long. Les parties comestibles du homard sont la queue, les pattes (même les minuscules d'où on extrait la chair en les mordillant), les œufs et le foie verdâtre. La chair ne représente que 30 % du poids total environ. Cette chair blanche et rosée est maigre, ferme, délicate et très savoureuse.

ACHAT ♦ À l'achat d'un homard vivant, s'assurer que l'animal est bien en vie en le soulevant (le tenir sur le dessus par les côtés) : il devrait replier brutalement sa queue sous son corps. Les pinces sont presque toujours neutralisées par un élastique ou une cheville de bois, sinon s'en méfier car elles saisissent fermement. Un homard cuit

VALEUR NUTRITIVE	
Le homard cru contient	
Eau	77 %
Protéines	19 g
Matières grasses	1 g
Cholestérol/100 g	95 mg
91 calories/100 g	

La composition de la chair varie selon les saisons et la partie du corps d'où elle provient ; ainsi la queue contient plus d'éléments nutritifs que les pinces. Il est riche en potassium, en zinc, en cuivre, en vitamine B_{12} et en niacine.

devrait avoir l'œil noir et brillant, une chair ferme et une bonne odeur. S'assurer qu'il était bien vivant avant la cuisson en tirant sur sa queue, elle devrait se replier d'elle-même. Le homard s'achète aussi surgelé ou en conserve ; dans ce dernier cas, il est en pâté prêt à être tartiné ou en morceaux.

PRÉPARATION ◆ Boucher les trous sur la carapace avec de la mie de pain frais préalablement comprimée entre les doigts si le homard est cuit par ébullition ; il sera plus savoureux. Pour couper le homard en deux, sectionner la colonne vertébrale en appuyant le homard sur son ventre et en introduisant le couteau sur le dessus de la carapace, à l'intersection du corps et de la queue. Finir l'opération en fendant le homard sur la longueur. Enlever les intestins situés sous la queue et les poches à la naissance de la tête.

CUISSON ◆ Le homard peut être cuit à l'eau, au court-bouillon, à la vapeur ou au gril. Les avis diffèrent sur la façon de le cuire. Généralement, on recommande de cuire le homard vivant en affirmant qu'il est alors plus savoureux. Lorsqu'il est cuit par ébullition, on le plonge la tête la première dans un liquide bouillant pour le tuer instantanément (se méfier des éclaboussures, causées surtout par la queue qui se replie). Plusieurs personnes trouvent cette méthode cruelle et affirment qu'elle durcit la chair. Elles préfèrent placer le homard une heure au congélateur, ce qui l'engourdit et le ferait mourir doucement, ou elles le mettent dans de l'eau fraîche. Elles cuisent ensuite le homard dans de l'eau portée lentement à ébullition (de l'eau de mer, de l'eau douce [ajouter 15 à 30 ml de sel par litre, soit 1 à 2 cuillerées à soupe] ou un court-bouillon). Dans les deux méthodes de cuisson, calculer 8 minutes de cuisson par 500 grammes, en ajoutant 3 minutes par 125 grammes additionnels. Lorsque le homard est cuit vivant, calculer à partir du moment où le homard est plongé dans l'eau bouillante. Lorsque le homard est cuit dans l'eau fraîche, calculer à partir du moment où l'ébullition commence. Toujours cuire les homards dans suffisamment de liquide pour les recouvrir complètement. Avant de servir le homard, faire un trou à la tête pour que le liquide sous la carapace s'écoule.

Pour griller le homard, le couper en deux dans le sens de la longueur. Badigeonner la chair d'huile, de jus de citron et, si désiré, de poivre moulu, puis griller doucement environ 10 minutes.

Ne pas décongeler un homard cuit, il sera plus savoureux s'il est seulement réchauffé 2 minutes dans de l'eau bouillante.

UTILISATION ◆ Le homard se mange chaud ou froid, mais toujours après cuisson. Il est très apprécié avec du beurre à l'ail ou au citron, de la mayonnaise ou même nature. Pour libérer la chair des pinces, un outil est de rigueur. L'idéal (et le plus élégant !) est un casse-noisettes, mais une pince ou même un marteau peuvent faire l'affaire pourvu qu'ils soient propres. Le homard est apprêté de plusieurs façons. On le cuit en bisque, en soufflés ou en sauces, on le gratine. Le homard Thermidor, à l'américaine (ou armoricaine) et à la Newburg sont des présentations classiques. Froid, on met le homard dans les salades, les sandwichs et les aspics. On le mange en pâté.

La carapace peut servir pour aromatiser bisques, ragoûts et sauces. Elle peut aussi être pulvérisée ou hachée finement puis être ajoutée à du beurre fondu ; dans ce dernier cas, il faut ensuite filtrer le beurre. Ce beurre sert à cuisiner des sauces et des bisques, à beurrer des sandwichs ou à cuire du poisson.

CONSERVATION ◆ Le homard peut vivre de 3 à 5 jours hors de son habitat naturel s'il est placé dans un vivier d'eau salée. Après l'achat, éviter de le laisser séjourner longtemps à la température de la pièce. Le cuire le plus rapidement possible, sinon le placer dans un endroit frais ou le mettre au réfrigérateur. Placer le homard cuit au réfrigérateur, il se conservera environ 1 ou 2 jours. Pour congeler le homard, tout d'abord le cuire, l'égoutter, puis le laisser tel quel ou retirer la chair de la carapace. Refroidir la chair au réfrigérateur, puis l'envelopper hermétiquement et la placer au congélateur.

HUILE

Nom anglais : *oil*

HISTORIQUE ◆ L'huile est une matière grasse onctueuse, insoluble à l'eau et, la plupart du temps, liquide à la température de la pièce. L'huile est utilisée depuis les temps les plus reculés. Elle n'avait pas que des fins alimentaires, on s'en servait aussi notamment pour s'éclairer. Les premières huiles à être pressées furent probablement l'huile de sésame et l'huile d'olive.

En alimentation, on se sert surtout d'huile végétale obtenue des légumineuses (soya, arachides), des graines (tournesol, citrouille), des céréales (maïs), des olives, des noix, des noisettes, des pépins de raisins et du coton. Il existe aussi des huiles animales (ex. : de baleine, de flétan, de morue, de phoque), surtout considérées comme des suppléments alimentaires, et des huiles minérales (des hydrocarbures), dont seule l'huile de paraffine est comestible (elle ne doit jamais être chauffée).

L'extraction de l'huile végétale fut longtemps effectuée de façon artisanale ; elle est maintenant réalisée par une industrie puissante, complexe et diversifiée. Cette industrie a imposé de nouvelles méthodes d'extraction, a popularisé des huiles presque inconnues au siècle dernier en Occident, dont l'huile de soya, et a eu une incidence jusque sur l'élevage des animaux, fréquemment nourris maintenant avec les résidus de pressage (tourteaux de pression).

L'**extraction**. Une première étape précède l'extraction proprement dite quand certaines des matières oléagineuses doivent être nettoyées et décortiquées (ex. : arachides, graines de tournesol, amandes, noisettes). Vient ensuite le broyage, qui transforme la substance en pâte. Cette pâte peut alors subir l'extraction par pressage ou au moyen d'un solvant. Le pressage est dit à froid ou à chaud.

Le **pressage à froid** s'effectue à l'aide de presses hydrauliques sans l'utilisation de chaleur. Il fut longtemps le seul procédé utilisé. Il est aujourd'hui très rare ; en réalité, l'expression «pressage à froid» porte à confusion, car maintenant presque aucune huile n'est extraite sans qu'une quantité minimale de chaleur soit utilisée (entre 50 à 130 °C, parfois plus). Si le pressage à froid est moins courant, c'est qu'il laissait environ un tiers d'huile dans les résidus, alors que l'utilisation de la chaleur diminue les pertes à environ

5 % et que l'ajout d'un solvant l'abaisse jusqu'à 1 %. Le solvant le plus courant est une solution d'hexane (hexane, acétone et eau), mais d'autres solvants pétroliers, dont le naphte, sont aussi utilisés.

Le **pressage à chaud** s'effectue mécaniquement par le passage de la pâte dans des presses à vis chauffées. L'huile ainsi obtenue est de l'huile brute (aussi appelée huile crue, huile non raffinée et parfois huile naturelle), et le résidu est nommé tourteau de pression; il sera aussi traité avec un solvant. L'huile brute peut être tout simplement filtrée puis mise sur le marché; plus fréquemment, elle subit une longue série de traitements. On lui incorpore souvent l'huile extraite à l'aide de solvants et elle doit être traitée pour que le solvant s'évapore.

Commence ensuite le **raffinage**, qui vise notamment à enlever les substances qui font brunir l'huile lorsqu'elle est chauffée à haute température et qui contribuent à son oxydation, ce qui confère à l'huile un goût et une odeur prononcés en plus de la rendre nocive pour la santé. L'oxydation est une réaction chimique qui s'effectue quand un corps gras non saturé entre en contact avec l'oxygène. Elle commence dès que les graines oléagineuses sont décortiquées et s'accentue quand l'huile est pressée. Un antioxydant naturel, la vitamine E, est présent dans l'huile. Il y en a beaucoup plus dans l'huile pressée à froid que dans l'huile pressée à chaud, mais comme elle doit neutraliser une plus grande quantité d'éléments oxydants, elle n'est pas efficace longtemps. Le raffinage comporte diverses étapes, soit la démucilagination, la neutralisation, la décoloration, la désodorisation, le traitement contre l'oxydation, souvent l'hydrogénation et parfois la recoloration de l'huile.

> **Démucilagination** : l'huile est mélangée à de l'eau chaude (32 à 49 °C) ou de l'acide sulfurique, puis elle est passée à la centrifugeuse pour que cires, mucilages et phosphatides (dont la lécithine) disparaissent.

> **Neutralisation** : on incorpore une substance alcaline (souvent de la soude caustique) afin de changer les acides gras libres de l'huile en savon. Le savon sera extirpé par centrifugation, puis on lavera l'huile pour enlever les traces de savon.

> **Décoloration** : l'huile est mélangée à des terres décolorantes, du charbon actif ou du bioxyde de chlore, puis elle est chauffée, agitée et filtrée.

> **Désodorisation** : l'huile est chauffée sous vide (entre 180 et 250 °C) puis refroidie; cela enlève les dernières substances susceptibles de la faire rancir, dont des peroxydes et des pigments.

> **Traitement contre l'oxydation** : il consiste le plus souvent dans l'ajout d'antioxydants synthétiques (notamment BHA [hydroxyanisol butylé], BHT [hydroxytoluène butylé], gallate de propyle, citrate d'isopropyle, acide citrique). On se sert aussi parfois de l'azote, qui remplace l'oxygène atmosphérique lors de l'embouteillage, ce qui empêche l'oxydation aussi longtemps que le contenant demeure scellé (l'azote ne représente pas pour la santé les mêmes risques que les antioxydants synthétiques).

> **Hydrogénation** : consiste à ajouter de l'hydrogène. Celle-ci stabilise l'huile, peut la solidifier, augmente sa résistance au rancissement et élève son point de fusion.

L'hydrogénation a cependant un effet moins bénéfique. Elle modifie la configuration des acides gras de l'huile, qui passent de « cis », leur forme initiale, à « trans », une forme inhabituelle rarement présente dans les aliments. Les acides gras « trans » ont une structure chimique semblable aux acides gras saturés, considérés comme peu bénéfiques pour la santé car on a noté qu'ils ont une influence sur l'apparition des maladies cardio-vasculaires notamment (voir Margarine).

Les huiles non raffinées sont plus foncées que les huiles raffinées et leur saveur est plus prononcée, à tel point que les personnes non averties croient souvent qu'elles sont rances, étant déroutées par ce goût inhabituel, pourtant parfaitement naturel. Les huiles vierges sont souvent appelées huiles vivantes et les huiles raffinées huiles mortes, car le raffinage poussé que subissent ces dernières détruit une grande partie de leur valeur nutritive. Le raffinage agit sur la nature et sur la quantité des acides gras, sur la teneur en vitamines et en sels minéraux ainsi que sur la couleur, la saveur et les qualités de cuisson de l'huile. Une huile hydrogénée, par exemple, peut perdre la moitié de ses acides gras polyinsaturés, ce qui diminue son acide gras linoléique, acide essentiel que le corps ne peut fabriquer.

ACHAT ◆ Le marché offre une très grande variété d'huiles. Certaines sont exemptes d'additifs, les autres en contiennent quelques-uns. Leur nombre varie d'une marque à l'autre. Vérifier la liste des ingrédients qui apparaissent sur l'étiquette si on désire éviter les additifs.

CUISSON ◆ Certaines huiles, dont l'huile de noix, l'huile de noisette et l'huile de paraffine, ne supportent pas la chaleur . Il est préférable de ne pas chauffer les huiles de première pression. Éviter de cuire l'huile à une température trop élevée, sinon elle fume et se décompose. La nature des acides gras de l'huile détermine le point de fumée, ce qui influence les possibilités d'utilisation. Les acides gras polyinsaturés, par exemple, ne supportent pas très bien les hautes températures ni les fritures répétées ; ils s'oxydent et se détériorent, produisant des substances toxiques telle l'acroléine. La consommation pendant une longue période d'une huile décomposée peut provoquer une décalcification et des lésions du myocarde.

Le point de fumée est la température à laquelle une mince fumée apparaît au-dessus de l'huile chauffée, indice que l'huile peut prendre feu incessamment. Quand cela se produit, les flammes peuvent atteindre plus de 30 cm de hauteur. Plus le point de fumée est élevé, plus l'huile résiste

VALEUR NUTRITIVE

L'huile est dépourvue de protéines et de glucides. Elle contient des matières grasses, des calories et des vitamines A, D et E. Les huiles végétales sont dépourvues de cholestérol. L'huile est calorifique puisqu'elle est composée principalement de matières grasses, et les matières grasses fournissent beaucoup plus de calories par poids que les protéines et les glucides, soit 9 calories par gramme (les protéines et les glucides contiennent 4 calories par gramme). Ainsi, 15 ml d'huile contiennent 122 calories et 14 g de lipides.

Une grande consommation de matières grasses peut avoir des répercussions sur la santé ; elle peut notamment élever le taux de cholestérol sanguin et contribuer à l'apparition de l'obésité et des maladies cardio-vasculaires. Chaque huile renferme une combinaison de plusieurs acides gras dans des proportions qui lui sont propres. Les acides gras peuvent être saturés ou insaturés (monoinsaturés ou polyinsaturés). Les acides gras insaturés sont considérés comme meilleurs pour la santé que les acides gras saturés. L'huile de palme et l'huile de coco sont surtout composées d'acides gras saturés et sont solides à la température ambiante (tout comme les graisses animales). La plupart des huiles végétales (d'arachide, de carthame, de canola, de maïs, de lin, de noix, de sésame, de soya, de tournesol) sont constituées en grande partie d'acides gras polyinsaturés et sont liquides à la température de la pièce. L'huile d'olive et l'huile de noisette sont surtout composées d'acides gras monoinsaturés. On a longtemps cru que les acides gras polyinsaturés étaient meilleurs pour la santé. Des recherches récentes indiquent que les acides gras monoinsaturés seraient plus bénéfiques, ce qui explique pourquoi la consommation de l'huile d'olive est de plus en plus souvent recommandée.

Sorte d'huile	Acides saturés g/100 g	Acides monoinsaturés g/100 g	Acides polyinsaturés g/100 g	Point de fumée	Oxydation	Usages	Remarques
arachide	16,9	46,2	32,0	élevé 230 °C	lente	tout	supporte forte chaleur
carthame	9,1	12,1	74,5	élevé plus de 220 °C	très rapide	tout surtout à froid	non raffinée: couleur jaune ambré foncé, douce saveur de noisette; raffinée: jaune très pâle, saveur neutre
colza (nommée canola anciennement)	7,2	55,5	33,3	moyen	lente	tout	à haute chaleur, dégage odeur désagréable car riche en acide linoléique
coprah (noix de coco)	86,5	5,8	1,8	élevé	très lente	tout	très employée par l'industrie alimentaire
maïs	12,7	24,0	58,7	170 °C si non raffinée 230 °C si raffinée	moyenne lente	tout	non raffinée: couleur ambre à or foncé, souvent saveur de maïs soufflé; raffinée: ambre pâle
noix	9,1	22,8	63,3	—	rapide	à froid seulement	goût marqué
olive	13,5	73,7	8,4	élevé	lente	tout	très employée par l'industrie alimentaire
palme	49,3	37,0	9,3	200-210 °C	lente	à froid cuisson	non raffinée: couleur jaune ouverte, saveur prononcée. Supporte forte chaleur mais odeur tenace
pépins de raisins	9,6	16,1	69,9	—	rapide	à froid seulement	goût marqué
sésame	14,2	39,7	41,7	plus de 230 °C	moyenne	table	à haute chaleur, dégage odeur désagréable
soya	14,4	23,3	57,9	plus de 230 °C	moyenne	table cuisson	non raffinée: saveur et couleur prononcées, riche en vitamine B; raffinée: blanchâtre, saveur plus douce
tournesol	10,1	45,2	40,1	210-220 °C	très rapide	tout surtout à froid	non raffinée: couleur ambre, saveur prononcée; raffinée: blanchâtre, saveur neutre

à la chaleur. Parce que le point de fumée est variable, il devrait toujours être indiqué sur le contenant. Toute friture abaisse le point de fumée et détériore l'huile, qui devient impropre à la consommation après un nombre plus ou moins élevé de fritures, nombre qui varie selon la nature de l'huile. Certaines conditions doivent être remplies pour que l'huile puisse être réutilisée sans danger :

- ne pas dépasser le point de fumée ;
- filtrer l'huile après usage ;
- conserver l'huile dans un contenant opaque et hermétique dans un endroit frais ;
- ne pas conserver l'huile plus de 3 mois ;
- éviter les ustensiles en cuivre, en fer et en aluminium, qui peuvent favoriser la détérioration de l'huile ; utiliser de préférence l'acier inoxydable ;
- ne pas égoutter les aliments qui ont frit au-dessus du bain de friture ;
- jeter toute huile qui a fumé, qui est trop foncée, qui ne bouillonne pas lorsqu'on ajoute les aliments ou qui mousse.

Il vaut mieux se débarrasser ou réduire l'utilisation de l'huile qui a servi à frire des aliments panés, des beignets et de la viande, car elle se détériore rapidement. Ne pas ajouter d'huile fraîche dans une huile qui a servi, elle ne peut pas régénérer adéquatement l'huile détériorée. Égoutter ou bien essorer les aliments avant de les frire.

Le thermomètre à cuisson est un outil précieux : il permet de connaître précisément le meilleur moment pour plonger les aliments dans l'huile, de contrôler la chaleur durant la cuisson et d'éviter d'atteindre le point de fumée. Ne pas cuire une trop grande quantité d'aliments à la fois, car la température de l'huile baisse lorsque les aliments sont ajoutés ; ces aliments absorbent alors plus de gras parce que l'huile n'est pas assez chaude et ils ne sont pas aussi savoureux. Il est préférable de hausser le feu pour compenser la baisse de température, mais il faut surveiller le bain de friture afin de ne pas atteindre le point de fumée ; baisser le feu quand l'huile est assez chaude (un thermomètre permet de connaître le moment exact).

UTILISATION ♦ L'huile végétale a plusieurs usages. Elle remplace souvent le beurre, aussi bien pour faire revenir les aliments que pour confectionner un grand nombre d'aliments (ex. : sauces, gâteaux, muffins, biscuits). Elle change parfois la saveur et la texture des aliments cependant.

L'huile est l'ingrédient principal de la vinaigrette. Oser varier la sorte d'huile utilisée permet de diversifier la saveur de la vinaigrette.

L'huile entre dans les marinades qui attendrissent la viande, la volaille, le poisson et le gibier. On l'utilise pour badigeonner les aliments grillés ou cuits au barbecue. Elle sert d'agent de conservation, lorsqu'elle recouvre par exemple de l'ail en purée et des fines herbes.

L'huile est émulsifiable lorsqu'elle est battue ; c'est de cette façon qu'on obtient de la mayonnaise. Pour une émulsion efficace, les ingrédients entrant dans la mayonnaise doivent être à la température de la pièce. Choisir une huile au goût peu prononcé afin de ne pas masquer la saveur de l'œuf et du vinaigre (ou du jus de citron).

Pour cuisiner en diminuant l'apport des matières grasses, cuire à la vapeur au lieu de rissoler, de frire ou de sauter les aliments. On peut aussi remplacer l'huile par du bouillon, de la sauce tamari ou du jus de tomate.

CONSERVATION ◆ Conserver l'huile à l'abri de l'air, de la lumière et de la chaleur. Le contenant idéal est en verre coloré ; on peut recouvrir d'un sac brun le verre blanc ; éviter le métal. Réfrigérer l'huile entamée, surtout l'huile vierge, car elle rancit rapidement à la température ambiante. Cette huile se conserve de 3 à 4 semaines.

HUÎTRE

Ostrea spp et *Crassostrea spp*, **Ostréidés**

Nom anglais : *oyster*

HISTORIQUE ◆ Mollusque bivalve dont les écailles grisâtres ou brunâtres sont épaisses, rugueuses et irrégulières. La face de l'écaille supérieure est plus grande et plus aplatie que la face inférieure, qui est concave. Les huîtres sont plates ou creuses. Les huîtres plates sont plus fréquentes en Europe. L'huître est appréciée depuis les temps préhistoriques. Romains, Celtes et Grecs notamment la consommaient abondamment. Dans la Grèce antique, l'huître était plus qu'un aliment : on se servait des écailles pour compter les votes, les gens y gravant leur choix. L'huître peut facilement être cultivée. L'ostréiculture existe depuis plus de 2 000 ans. Les Romains et les Gaulois furent de grands producteurs d'huîtres. L'Europe demeure toujours un important centre de production, plus de 100 000 tonnes métriques d'huîtres y étant produites annuellement. L'ostréiculture est pratiquée dans plusieurs pays, notamment au Canada, aux États-Unis, en Australie, en Nouvelle-Zélande, au Japon, en Afrique du Sud et aux Philippines.

L'huître est reconnue pour sa capacité de produire de magnifiques perles nacrées qui, contrairement aux perles des autres mollusques, sont assez grosses pour être utilisées en joaillerie. Ces perles se forment quand un grain de sable ou un ver s'introduit dans l'huître, qui sécrète alors un liquide nacré dans le but d'isoler ce corps étranger. Pour les perles de culture, on introduit délibérément une petite perle que l'huître se charge de compléter. Les perles les plus belles sont produites par une espèce vivant dans les mers chaudes *(Pinctadine)*.

L'huître est hermaphrodite, c'est-à-dire à la fois mâle et femelle. Elle se fixe sur les rochers ou sur tout objet pouvant la recueillir, non pas en sécrétant un liquide filamenteux comme la moule mais en se cimentant aux autres. Les huîtres forment ainsi des colonies qui se nourrissent de plancton et qui, pour la plupart, vivent en profondeur (8 à 40 m). Comme tous les mollusques, elles sont sensibles à la pollution (voir Mollusques). Les huîtres habitent les mers chaudes ou froides. Les huîtres vivant dans les eaux froides croissent plus lentement que les huîtres des eaux chaudes. Elles prennent de 4 à 7 ans pour atteindre 8 cm, tandis qu'en eau chaude elles n'ont besoin que de 2 ans. Ces huîtres sont souvent réputées pour leur saveur.

L'huître est charnue. Sa chair luisante prend des teintes de blanc grisâtre en passant par le gris perle et le beige ; elle peut aussi avoir une touche verdâtre lorsque l'huître se nourrit d'algues. Sa consistance change durant la période de reproduction (de mai à août dans l'hémisphère Nord) : elle devient laiteuse et molle. C'est ce qui explique pourquoi on dit que l'huître n'est comestible que durant les mois en « r ». Cette restriction ne s'applique plus toujours, tout au moins pour les huîtres de culture, car des chercheurs américains ont inventé un nouveau procédé génétique qui rend les huîtres stériles, éliminant ainsi la période où elles ont moins de goût.

En Amérique du Nord, on nomme souvent les huîtres d'après leur aire d'habitation. Dans l'est du Canada, la Caraquet (d'une baie du même nom située au Nouveau-Brunswick) et la Malpèque (cultivée à l'Île-du-Prince-Édouard) sont réputées. Aux États-Unis, la Blue Point et la Cape Cod sont très appréciées, et en Australie, la Sydney rock oyster.

ACHAT ◆ N'acheter les huîtres fraîches en écailles que si elles sont encore vivantes, si leurs écailles sont intactes et si elles n'ont pas perdu leur eau. Délaisser les huîtres inertes, qui ne sont plus comestibles. Pour déterminer si une huître entrouverte est encore vivante, la frapper fortement, elle se refermera immédiatement si elle vit encore. Les huîtres dans leurs écailles se vendent à la douzaine ou à la caisse. Les huîtres sont également vendues fraîches et écaillées, au poids. Elles doivent être fermes et baigner dans un liquide limpide et non laiteux. Les huîtres écaillées coûtent plus cher, mais la perte est inexistante.

VALEUR NUTRITIVE	
L'huître de l'Atlantique contient	
Eau	85 %
Protéines	7 g
Matières grasses	3 g
Glucides	4 g
Cholestérol/100 g	55 mg
69 calories/100 g, crue	

Elle est riche en vitamine B_{12}, en fer, en zinc et en cuivre. L'huître est reconnue pour être un aliment régénérateur, revivifiant et nourrissant. On la dit aphrodisiaque.

Les huîtres sont généralement classées selon leur taille et leur forme. La classification ne tient pas compte de la saveur. Au Canada, les huîtres sont classées en quatre catégories : de fantaisie (très grosses et d'égale grosseur), de choix (un peu moins grosses et de grosseur presque uniforme ; elles représentent 70 % des ventes au Québec), régulière (grosseur moins constante) et commerciale (grosseur variée).

PRÉPARATION ◆ Ouvrir une huître n'est pas facile. Il vaut mieux ne pas utiliser un couteau de cuisine, car les risques de se couper sont trop grands et par surcroît le couteau peut se briser. Il existe un couteau spécialement conçu pour ouvrir les huîtres, il a une poignée solide et une lame épaisse. Utiliser un instrument en acier inoxydable, car les autres donnent à l'huître un goût de métal. Tenir l'huître fermement d'une main, côté bombé en dessous ; on perd ainsi moins de liquide. Insérer la lame du couteau entre les écailles près du point de jonction. Faire pivoter la lame pour sectionner le ligament, l'huître se relâche et on peut couper facilement le muscle adducteur et séparer les écailles. Il ne reste plus qu'à retirer les éclats d'écailles (si nécessaire). Si désiré, protéger la main avec un gant ou un papier épais au cas où le couteau glisserait.

L'huître s'ouvre aussi après avoir été mise au four moyennement chaud de 30 à 60 secondes, ou après avoir été passée quelques secondes à la vapeur ou au four à micro-ondes, ce qui aide à ramollir le muscle adducteur.

S'il faut laver l'huître (ce qui n'est pas souhaitable), le faire uniquement avant de la consommer, sinon elle meurt. Ne jamais laisser l'huître tremper dans l'eau car elle s'ouvre, perd son jus et meurt. C'est seulement lorsqu'elles sont ouvertes qu'on peut évaluer la fraîcheur des huîtres. Consommer uniquement les huîtres au corps ferme et dodu, qui baignent dans un liquide limpide et dont l'odeur est agréable.

CUISSON ◆ Les huîtres peuvent être cuites, mais elles deviennent rapidement caoutchouteuses puis pâteuses si la cuisson se prolonge. Ajouter les huîtres au dernier moment dans un liquide bouillant, retirer la casserole du feu, puis laisser les huîtres reposer quelques minutes. Si on désire que les huîtres soient un peu plus cuites, les faire mijoter quelques minutes à feu très doux, sans les faire bouillir toutefois car elles vont durcir, se recroqueviller, perdre leurs vitamines et devenir indigestes. Le temps de cuisson ne devrait jamais dépasser 5 minutes. Dès que les bords des huîtres commencent à frisotter, la cuisson doit cesser.

UTILISATION ◆ Les huîtres se mangent très souvent crues, assaisonnées ou non d'un peu de jus de citron ou d'un soupçon de poivre. Cuites, elles sont délicieuses chaudes ou froides. On peut aussi les cuisiner de diverses façons, notamment en soupe, en bisque, en pâté, en sauce ou au gratin. Les huîtres achetées écaillées peuvent être mangées crues, surtout si elles sont très fraîches. Elles sont souvent moins savoureuses que les huîtres en écailles cependant. Elles sont parfaites pour la cuisson. Les huîtres fumées en conserve sont prêtes à manger, mais on peut les rincer et les faire mariner.

CONSERVATION ◆ Conserver les huîtres au réfrigérateur. Les huîtres écaillées peuvent se conserver une dizaine de jours selon leur fraîcheur au moment de l'achat. Les consommer le plus tôt possible. Les huîtres en écailles se conserveront plusieurs semaines si elles reçoivent des soins particuliers. Ne jamais mettre les huîtres dans un sac ou dans un contenant fermé hermétiquement, car elles ne peuvent plus respirer. Les envelopper dans un linge humide pour éviter leur dessèchement, leur côté plat sur le dessus afin qu'elles gardent leur eau. Les réfrigérer ou les placer dans un endroit où la température est à 1 °C. Les huîtres ne supportent pas les températures plus basses que 1 °C ou plus hautes que 14 °C. Ne pas congeler les huîtres non écaillées.

IGNAME

Dioscorea spp, **Dioscoréacées**
Nom anglais : *yam*

HISTORIQUE ◆ Tubercule d'une plante grimpante géante. Le pays d'origine de l'igname est inconnu. L'igname est un des aliments les plus consommés dans le monde. Elle constitue un aliment de base dans plusieurs pays, notamment en Amérique du Sud et dans les Antilles. L'igname est botaniquement différente de la patate douce, avec laquelle on la confond souvent en Amérique du Nord. Elle fait partie d'une tout autre famille qui comprend environ 200 espèces. Elle pousse principalement dans les régions tropicales et subtropicales ; une seule variété *(D. batata)* croît en région tempérée.

L'igname est allongée comme la patate douce ou arrondie. Sa chair blanche, jaune, ivoire, rosée ou rose brunâtre contient une substance mucilagineuse qui la rend glissante. Elle devient crémeuse à la cuisson ou reste ferme, selon les variétés. Sa peau épaisse, de couleur brunâtre, noirâtre ou rose brunâtre, peut être velue ou rugueuse. L'igname peut peser jusqu'à 20 kg et mesurer 50 cm de diamètre. Son goût est voisin de celui de certaines variétés de patates douces, quoique plus terreux.

ACHAT ◆ Choisir des ignames fermes et intactes, exemptes de moisissures et de parties molles.

 UTILISATION ◆ L'igname se consomme cuite comme la pomme de terre, car comme cette dernière elle contient une grande quantité d'amidon non digestible, qui se transforme en sucre sous l'effet de la cuisson. On la coupe en cubes, puis on la met dans les potages et les ragoûts. On la râpe et on la cuisine en gâteaux ou en pains. L'igname bouillie ou mise en purée a peu de saveur ; aussi ce légume est-il rarement servi tel quel dans les pays où il constitue un aliment de base. On lui ajoute des épices, on la cuit en compagnie d'autres aliments, on l'arrose de sauce. L'igname est délicieuse frite. Elle s'assèche énormément lorsqu'elle est cuite au four et gagne à être servie nappée de sauce. Elle peut être substituée à la patate douce et à la pomme de terre dans plusieurs recettes. Seules les plus petites ignames peuvent être cuisinées avec leur peau.

VALEUR NUTRITIVE	
L'igname contient	
Eau	70 %
Protéines	1,5 g
Matières grasses	0,1 g
Glucides	27,6 g
Fibres	3,9 g
116 calories/100 g	

Elle est une excellente source de potassium ; elle contient de la vitamine C, de la vitamine B_6, de la thiamine, du cuivre, de la folacine, du magnésium et du phosphore ainsi que des traces d'acide pantothénique, de fer, de niacine et de zinc. Elle contient plus d'amidon que la pomme de terre, ce qui la rend plus farineuse. Certaines variétés sauvages d'igname renferment un stéroïde utilisé par l'industrie pharmaceutique.

CONSERVATION ◆ Conserver l'igname dans un endroit sombre, frais, sec et bien aéré. Plus la température est élevée, moins l'igname se garde longtemps. Éviter de la mettre dans un sac de plastique, car cela favorise le moisissement.

JABOTICABA

Myrciaria cauliflora, **Myrtacées**

Nom anglais : *jaboticaba*

HISTORIQUE ◆ Fruit d'un arbre originaire du Brésil. Cet arbre croît dans les régions tropicales fraîches et les régions subtropicales chaudes. Il mesure jusqu'à 13 m de haut. Ses feuilles lancéolées sont persistantes. Elles mesurent de 2 à 10 cm de long. Ses fleurs blanches sont petites. Cet arbre peut produire 5 ou 6 récoltes dans une année. Les opinions diffèrent sur la classification du jaboticaba et le nom latin de ce fruit fut longtemps *Eugenia*. Le jaboticaba est très apprécié au Brésil mais encore peu connu hors de ce pays. Il a été introduit en Amérique du Sud, en Floride, à Hawaii et récemment en Australie.

Le jaboticaba pousse sur le tronc de l'arbre et sur les grosses branches. Il ressemble à un gros grain de raisin noir. Il mesure de 1,5 à 3,5 cm de diamètre. Sa peau noire ou pourpre est épaisse. Elle recouvre une chair translucide de couleur blanchâtre ou rosâtre. Cette chair juteuse et sucrée est savoureuse. Elle contient de 1 à 4 graines mesurant de 0,6 à 1 cm de long.

 ACHAT ◆ Choisir des jaboticabas fermes, intacts, luisants et bien colorés.

UTILISATION ◆ Le jaboticaba se mange tel quel, comme le raisin. On le met dans les salades de fruits. Il décore assiettes de fromage et hors-d'œuvre. Il est excellent en gelée, en confiture, en jus et en vin.

VALEUR NUTRITIVE	
Le jaboticaba contient	
Eau	87 %
Protéines	traces
Matières grasses	traces
Glucides	13 g
46 calories/100 g	
C'est un fruit nourrissant, car il est très sucré. Il est riche en vitamine C.	

 CONSERVATION ◆ Conserver le jaboticaba au réfrigérateur, dans un sac de plastique perforé ; il s'y gardera environ 2 semaines.

JAMBON

Nom anglais : *ham*

HISTORIQUE ◆ Le jambon est de la viande de porc (parfois de sanglier) traitée par salage et souvent par fumage. Il fut pendant longtemps un mets royal ou réservé aux occasions spéciales. Chez les Romains, le jambon ne figurait que sur les tables impériales. Dans l'Europe du Moyen-Âge, il était souvent associé aux célébrations de la semaine sainte, coutume qui s'est transmise jusqu'à nos jours.

Le véritable jambon provient de la cuisse de porc. On tire de l'épaule et de l'échine des produits semblables (soc roulé, jambon picnic, etc.), qui n'atteignent cependant ni la même saveur ni la même tendreté. Le jambonneau est pris dans le jarret avant ou arrière, juste au-dessous du jambon.

Les jambons sont vendus sous forme de jambons à cuire (ils ont déjà subi une cuisson minimale à 58 °C) et de jambons prêts à servir (cuits ou «crus», certains sont commercialisés dans des boîtes de conserve).

Les jambons à cuire doivent être mis à tremper s'ils sont très salés. La durée du trempage dépend de la grosseur du morceau et de son degré de salinité; elle peut se prolonger toute une nuit.

Les jambons prêts à servir ont été cuits à une température interne de 67 °C. Plusieurs personnes préfèrent les recuire afin de les assaisonner à leur goût et de les rendre plus tendres et plus savoureux.

Les jambons crus sont en fait des jambons séchés, saumurés par salage ou par frottage et parfois fumés. Parmi les plus connus se trouvent les jambons de Bayonne, de Parme, de Prague, de Westphalie, des Ardennes, le jambon polonais et le prosciutto (certaines des appellations sont contrôlées, ce qui garantit une constance dans la qualité).

Les méthodes modernes de salage et de fumage du jambon diffèrent des méthodes ancestrales. Les procédés actuels permettent d'obtenir du jambon en aussi peu que 3 ou 4 jours au lieu de 6 à 10 mois comme auparavant. On injecte dans la viande une solution comprenant entre autres aromates, sel, sucre, polyphosphates, nitrates, nitrites et arôme de fumée, au lieu d'immerger la viande plusieurs semaines dans une saumure, puis de la fumer naturellement. Les polyphosphates ont pour caractéristique de retenir l'eau, ce qui affecte la saveur et entraîne une dépense inutile pour les consommateurs, le poids de l'eau étant inclus dans le prix du jambon. Quant aux nitrates et aux nitrites, qui donnent de la couleur et servent d'agents de conservation, leur utilisation est controversée, car elle peut avoir des répercussions sur la santé (voir Légumes).

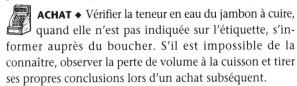

ACHAT ◆ Vérifier la teneur en eau du jambon à cuire, quand elle n'est pas indiquée sur l'étiquette, s'informer auprès du boucher. S'il est impossible de la connaître, observer la perte de volume à la cuisson et tirer ses propres conclusions lors d'un achat subséquent.

CUISSON ◆ La cuisson du jambon peut être simple ou assez élaborée; le jambon apprêté à l'ananas ou en croûte sont des recettes classiques. Si le jambon est recouvert de couenne, y pratiquer quelques incisions.

Cuire le jambon à découvert dans un four à 160 °C et amener à une température interne de 75 °C pour du jambon frais et de 55 °C pour du jambon déjà cuit. Laisser reposer une dizaine de minutes avant de servir pour que le jus se répartisse également.

VALEUR NUTRITIVE
Le maigre du jambon cuit au four contient

Protéines	25 g
Matières grasses	6 g
Cholestérol	55 mg
157 calories/100 g	

Le jambon à cuire est plus gras et plus calorifique que le jambon cuit (nommé jambon blanc en Europe). Ne consommer que le maigre du jambon abaisse l'ingestion de matières grasses et de calories.

Le contenu en sel du jambon est généralement élevé (entre 1 000 et 1 500 mg de sodium/100 g), trop pour que la consommation du jambon sur une base régulière soit recommandable.

DURÉE DE CUISSON

Rôtis de jambons à cuire

Découpe	Poids (kg)	Durée de cuisson
Jambon entier	6,0 – 7,0	5 h 15 – 5 h 45
— désossé	4,0 – 5,5	4 h 30 – 5 h
Demi-jambon		
jambonneau ou croupe	2,5 – 3,5	3 h 30 – 4 h 30
— désossé	2,5 – 3,0	2 h 15 – 3 h 15
Épaule picnic		
— avec os	2,0 – 3,0	3 h 15 – 4 h
— désossé	1,5 – 2,5	2 h 15 – 3 h 15
Soc roulé ordinaire	1,0 – 2,0	2 h 30 – 3 h
Soc roulé saumure douce	2,0 – 3,0	3 h – 3 h 45
Jambons prêts à manger		
Jambon entier	6,0 – 7,0	2 h 15 – 5 h 30
— désossé	4,0 – 5,5	2 h 15 – 3 h
Demi-jambon		
— jambonneau	2,5 – 3,5	1 h 45 – 2 h
— croupe	2,5 – 3,5	2 h – 3 h
— désossé	2,5 – 3,0	1 h 15 – 2 h 15
Quartier de jambon		
— jambonneau	1,5 – 2,0	1 h 15 – 1 h 45
Épaule picnic		
— avec os	2,5 – 3,5	2 h – 2 h 45
— désossé	1,0 – 2,0	1 h 15 – 1 h 45
Soc roulé ou en saumure douce	1,5 – 2,5	1 h 30 – 2 h

Les durées ont été calculées en fonction d'une viande à la température du réfrigérateur (4 °C) au début de la cuisson à 160 °C.

Source : Agriculture Canada

UTILISATION ◆ Le jambon peut être mangé aussi bien chaud que froid. On le sert comme pièce principale d'un repas ou intégré à d'autres aliments (quiches, omelettes, croquettes, gratins, croque-monsieur, crêpes, salades composées, sandwichs, canapés, aspics). L'os permet de préparer de délicieuses soupes aux pois.

CONSERVATION ◆ Le jambon cuit entier se conserve une dizaine de jours au réfrigérateur et le jambon cuit prêt à servir de 3 à 5 jours. Le jambon se congèle, mais la congélation entraîne une perte de saveur et rend le jambon plus difficile à trancher.

JAQUE

Artocarpus heterophyllus, **Moracées**
Nom anglais : *jackfruit*
Autres noms : jack, jak

HISTORIQUE ◆ Fruit du jaquier, un arbre aux feuilles persistantes probablement originaire de l'Inde et de Malaysia. Le jaque est maintenant cultivé dans la plupart des pays tropicaux. Il constitue un aliment de base dans plusieurs pays asiatiques. Sa popularité a longtemps été limitée aux régions où on le cultive. Son importance commerciale est maintenant à la hausse, mais elle est limitée par la relative fragilité du fruit et par sa grosseur qui complique son emballage. Le jaque est un proche parent du fruit de l'arbre à pain. Contrairement à ce dernier, qui est seulement utilisé comme légume, le jaque se consomme aussi comme fruit. Le jaquier est un arbre très décoratif qui atteint de 10 à 15 m de haut. Comme tous les arbres de cette famille, il sécrète un liquide blanchâtre visqueux. Les grandes feuilles vert foncé mesurent de 10 à 20 cm long et de 5 à 10 cm de large. Un certain nombre de fleurs sont attachées au tronc, les autres aux branches. La floraison dure environ 4 mois et la période de récolte de 4 à 5 mois. Les fruits sont suspendus au tronc ou aux branches par une longue tige ligneuse mesurant de 90 à 180 cm de long.

Le jaque est allongé ou ovoïde. Ce fruit imposant mesure de 30 à 90 cm de long et de 25 à 50 cm de diamètre, selon les variétés, fort nombreuses. Il pèse généralement de 7 à 15 kg, mais certaines variétés pèsent jusqu'à 30 kg. Son épaisse peau, d'un vert pâle ou vert jaunâtre, jaunit en mûrissant. Elle est entièrement couverte de protubérances hexagonales pointues.

Les nombreuses variétés de jaques sont divisées en 2 groupes : les variétés à chair tendre, juteuse et sucrée, et les variétés à chair ferme, moins juteuse et moins sucrée. La chair fibreuse de couleur blanchâtre ou jaunâtre devient jaune doré à maturité. Elle renferme de très nombreuses grosses graines blanches (de 50 à 500 par fruit selon les variétés). Ces graines comestibles sont en fait des akènes, les véritables fruits. Elles mesurent de 2 à 4 cm de long et de 1 à 2 cm d'épais. La chair du jaque représente en moyenne 30 % du poids du fruit et les graines 11 %. Les parties non comestibles comprennent l'écorce, le cœur et l'enveloppe des graines (le péricarpe). Elles servent habituellement à nourrir le bétail. Les fleurs fertilisées sont comestibles. Comme la banane, le jaque continue de mûrir après la cueillette ; aussi sa saveur n'est-elle guère affectée s'il est récolté un peu trop tôt.

ACHAT ◆ Choisir un jaque à la peau intacte. Un fruit mature dégagera une forte odeur. Délaisser cependant un fruit qui sent le fermenté. Le jaque est souvent vendu coupé à cause de sa taille imposante.

PRÉPARATION ◆ Peler et couper le jaque peut être une opération peu agréable, surtout la première fois, lorsqu'on n'est pas familier avec ce fruit dont la sève visqueuse colle aux doigts et au couteau. Se huiler les doigts et huiler le couteau afin que la sève ne colle pas. Couper le fruit en tranches ou en morceaux, puis retirer les graines et la chair qui les recouvre.

UTILISATION ◆ Le jaque se mange cru ou cuit, coupé en tranches, en morceaux ou hâché. Il est consommé

VALEUR NUTRITIVE	
Le jaque contient	
Eau	72 %
Protéines	1,5 g
Matières grasses	0,3 g
Glucides	24 g
Fibres	1 g
94 calories/100 g	

Il est riche en potassium, est une bonne source de magnésium, contient de la vitamine C et du cuivre ainsi que des traces de phosphore, de calcium et de vitamine A.

Les graines fraîches contiennent	
Eau	73 %
Protéines	1,5 g
Matières grasses	0,3 g
Glucides	24 g
Fibres	1 g
94 calories/100 g	

Séchées, elles contiennent	
Protéines	19 g
Matières grasses	1 g
Glucides	74 g
Fibres	4 g
383 calories/100 g	

Elles sont riches en vitamines du complexe B, en calcium, en potassium, en magnésium, en phosphore, en fer et en soufre.

comme fruit ou comme légume. On le met dans les salades de fruits et la crème glacée. On le transforme en jus, on le cuit en purée, en confiture et en chutney. Bouilli, frit ou cuit à l'étuvée, le jaque est cuisiné seul ou en compagnie d'autres légumes. On le met dans les currys et les ragoûts. Dans les pays producteurs, le jaque est souvent mis en conserves salées ou sucrées. Dans les conserves salées, le jaque est mariné dans de l'huile ou du vinaigre sucré, du vinaigre acide ou saumuré, ou bien il est cuit en curry. Les conserves sucrées contiennent habituellement d'autres fruits qui atténuent la forte saveur du jaque. La pelure est cuite en gelée ou confite. On en extrait de la pectine. Les graines, le plus souvent bouillies, sont utilisées comme légume. On les fait aussi rôtir et on les mange commes les arachides. On les met en conserve, seules ou avec d'autres légumes, en saumure ou dans de la sauce tomate. On les déshydrate et les moud en farine. En Inde, cette farine sert à confectionner les chapatis et les papadums.

CONSERVATION ◆ Le jaque se conserve de 3 à 10 jours à la température de la pièce. Le réfrigérer lorsqu'il est mûr ou coupé. Le jaque supporte la congélation lorsqu'il est recouvert d'un sirop contenant moitié eau, moitié sucre et de l'acide citrique.

JICAMA

Pachyrhizus erosus et *Pachyrhizus tuberosus,* **Légumineuses**
Nom anglais : *jicama*
Autre nom : *yam bean*

HISTORIQUE ◆ Tubercule de plantes originaires du Mexique, du nord de l'Amérique centrale et de l'Amérique du Sud. Le jicama était connu des Aztèques, qui utilisaient ses graines comme médicament. Le mot jicama est d'ailleurs dérivé de *xicamatl,* le nom de ce légume dans la langue des Aztèques. Le jicama fut transplanté aux Philippines au XVIIᵉ siècle par des explorateurs espagnols. Par la suite, la culture de ce légume se répandit un peu partout en Asie et dans les pays du Pacifique. Le jicama fait partie de la grande famille des légumineuses, il est donc apparenté aux pois et aux haricots. Il pousse sur une plante vivace grimpante qui produit de grandes fleurs blanches ou bleues, qui donneront naissance à un ou plusieurs tubercules.

Il existe 2 variétés de jicama. La plus imposante *(Pachyrhizus tuberosus)* pousse dans les régions tropicales et tempérées de l'Amérique. Elle est cultivée intensivement au Mexique. On la récolte lorsqu'elle mesure de 20 à 30 cm de long et 2,5 cm de diamètre. À maturité, elle peut cependant mesurer 30 cm de diamètre, mais elle n'est plus comestible parce qu'elle contient une substance toxique, la roténone, très utilisée comme insecticide. Extrêmement juteuse, cette variété de jicama est presque toujours mangée crue. L'autre variété *(Pachyrhizus erosus)* est plus petite : elle mesure de 15 à 20 cm de long. Très cultivée en Amérique du Sud, elle est consommée crue ou cuite.

Selon les variétés, le jicama ressemble à un navet dont les deux extrémités sont légèrement aplaties ou il est en forme de lobe. Sa mince peau brun pâle n'est pas comestible. Elle recouvre une chair blanchâtre juteuse, croquante et sucrée, de saveur douce.

ACHAT ♦ Choisir un jicama ferme, de grosseur moyenne ou petite, avec une peau mince, exempt de meurtrissures. Un jicama volumineux et à la peau épaisse risque d'être fibreux et peu juteux. Faire une petite incision dans la peau avec l'ongle pour vérifier si la peau est mince et si la chair est bien juteuse.

VALEUR NUTRITIVE	
Le jicama cru contient	
Eau	93 %
Protéines	0,9 g
Matières grasses	traces
Glucides	11 g
22 calories/100 g	
Il est riche en niacine, en potassium, en fer, en sodium et en magnésium.	

PRÉPARATION ♦ Il est plus facile de peler le jicama avec un couteau qu'avec un éplucheur à légumes. Un fois pelé, râper le jicama ou le couper en dés, en julienne ou en tranches.

UTILISATION ♦ Le jicama se mange cru ou cuit. Cru, on le met dans les salades, les trempettes et les hors d'œuvre. Il est souvent coupé en minces tranches et saupoudré de sucre. Le jicama reste croustillant même après la cuisson. Il ajoute une note croquante inhabituelle à une grande quantité de mets, notamment aux soupes, légumes, riz, tofu, quiches, viande, volaille, fruits de mer et salades de fruits. Il est délicieux dans les ragoûts et dans les plats aigres-doux, car il absorbe les saveurs sans amollir. Il peut remplacer les pousses de bambou ou les châtaignes d'eau dans la plupart des recettes.

CONSERVATION ♦ Conserver le jicama dans le bac à légumes du réfrigérateur sans l'envelopper; il se gardera environ 3 semaines. On peut le conserver environ 1 semaine au réfrigérateur lorsqu'il est coupé. Le mettre dans un sac de plastique perforé.

JONC ODORANT

Cymbopogon citratus spp, **Graminées**
Autre nom : *citronnelle indienne*
Nom anglais : *lemon grass*
Autres noms : *citronella, fever grass, takrai, sereh*

HISTORIQUE ♦ Plante herbacée vivace probablement originaire de Malaysia. Le jonc odorant a une douce saveur citronnée. Il existe une soixantaine de plantes herbacées qui dégagent une odeur de citron, dont la mélisse, qui appartient cependant à une autre famille. Plusieurs plantes sont appelées, parfois à tort, citronnelle. Le jonc odorant est cultivé depuis les temps anciens pour son huile essentielle utilisée dans les parfums et les cosmétiques. Le jonc odorant pousse dans la plupart des pays tropicaux et subtropicaux. Il aide à combattre l'érosion des sols grâce à ses racines tenaces. En Afrique de l'Ouest et en Asie du Sud-Est, le jonc odorant est utilisé pour soigner la malaria, ce qui explique pourquoi on le nomme parfois *fever grass* (herbe à fièvre) dans la langue anglaise.

Les tiges du jonc odorant mesurent environ 60 cm de long. Ces tiges rigides de couleur vert jaunâtre sont bulbeuses. La base des tiges, de couleur crème, constitue la partie la plus tendre.

L'huile essentielle du jonc odorant contient du géraniol et du citral, qui lui donnent son odeur citronnée.

ACHAT ◆ Le jonc odorant est commercialisé frais, séché ou en conserve. Il est souvent intégré dans des tisanes.

PRÉPARATION ◆ Peler les tiges puis couper de 6 à 7 cm de tige à partir de la base, cette partie la plus tendre est comestible. L'extérieur des tiges ainsi que la partie supérieure sont trop fibreux pour être mangés, mais ils aromatisent bouillons, sauces, soupes, ragoûts, poisson, volaille et tisanes. Les jeter après la cuisson.

UTILISATION ◆ Le jonc odorant frais est plus savoureux que le jonc odorant déshydraté. Une tige fraîche équivaut à 10 ml de jonc odorant déshydraté (2 cuillerées à café). Utiliser le jonc odorant avec modération, surtout au début, lorsqu'on n'est pas familier avec sa saveur. Le jonc odorant se marie bien avec le gingembre, le chili et la noix de coco. Il est particulièrement populaire dans les cuisines du Sud-Est asiatique, où il assaisonne une grande variété d'aliments, notamment soupes, légumes, currys, volaille, fruits de mer, poisson et marinades. Il est souvent infusé.

 CONSERVATION ◆ Conserver le jonc odorant frais au réfrigérateur. Le jonc odorant se congèle facilement sans blanchiment. Congeler la base et les hauts des tiges séparément.

JUJUBE

Ziziphus spp, **Rhamnacées**
Autres noms : *datte chinoise, datte rouge*
Nom anglais : *jujube*
Autre nom : *Chinese date*

HISTORIQUE ◆ Fruit du jujubier, un arbre originaire de Chine. Le jujubier *(Z. jujuba)* croît sous les climats tropicaux ou subtropicaux. Il peut atteindre de 8 à 10 m de haut. Ses branches sont épineuses. Il en existe de nombreuses variétés, dont le « jujubier lotus » *(Z. lotus)*, bien connu des Asiatiques. Depuis l'Antiquité, le jujube est utilisé pour ses vertus médicinales. Le jujube est l'un des principaux fruits en Chine. Il est relativement rare en Europe et il est peu connu en Amérique du Nord, où il n'a fait son apparition qu'au XIXᵉ siècle. La Californie en produit une petite quantité. Les Nord-Américains connaissent mieux les bonbons du même nom et qui sont faits à partir de pâte de jujube.

Selon les variétés, le jujube a la taille d'une olive ou d'une datte. Il peut être rond ou oblong. Il contient un long noyau très dur comprenant 2 parties, dont une seule renferme une graine huileuse. Sa peau lisse, ferme et brillante passe du vert au rouge brunâtre en mûrissant. Sa chair blanchâtre ou verdâtre n'est pas très juteuse. Elle est légèrement farineuse, mais sa texture est croquante. Elle est sucrée, aigrelette et mucilagineuse. Déshydraté, le jujube devient un peu spongieux et encore plus sucré.

VALEUR NUTRITIVE	
Frais, le jujube contient	
Eau	78 %
Protéines	1,2 g
Matières grasses	0,2 g
Glucides	20 g
Fibres	1,4 g
70 calories/100 g	

Le jujube frais est une excellente source de vitamine C et une bonne source de potassium. Il contient des traces de magnésium, de niacine, de cuivre et de fer. Le jujube séché aurait des propriétés expectorantes, émollientes, calmantes et diurétiques.

ACHAT ◆ Choisir des jujubes fermes et intacts. Les jujubes déshydratés devraient être ridés et lourds. Les épiceries fines offrent ces fruits en conserve.

UTILISATION ◆ On consomme le jujube frais ou séché, nature ou cuit. On l'utilise comme la datte, qu'il peut remplacer, non seulement tel quel mais dans les desserts, les soupes, les farces et les plats mijotés. On cuit le jujube en compote, en confiture ou en pâte. On le marine ou on le transforme en jus.

CONSERVATION ◆ Les jujubes frais se conservent au réfrigérateur. Mettre les jujubes désydratés dans un contenant hermétique et les placer à l'abri de la lumière et de la chaleur ; ils se conserveront indéfiniment.

KAKI

Diospyros spp, **Ébénacées**
Autres noms : *plaquemine, fruit de Sharon, abricot du Japon,*
coing de Chine, figue caque
Nom anglais : *persimmon*
Autre nom : *kaki*

HISTORIQUE ◆ Fruit du plaqueminier, un arbre probablement originaire de Chine. Le plaqueminier fait partie de la grande famille des bois durs comprenant l'ébène ; il est cependant le seul à produire un fruit comestible. Il existe plusieurs centaines de variétés de ce fruit, connu sous divers noms. Le terme « kaki » est d'origine japonaise. Le kaki est d'ailleurs le fruit national du Japon. Il est connu en Asie depuis les temps anciens. Une variété américaine pousse à l'état sauvage dans le sud-est des États-Unis. Les Amérindiens avaient l'habitude de sécher le kaki afin de pouvoir le consommer au besoin.

Le kaki est un fruit d'hiver ; il pend encore aux branches après que les feuilles sont tombées. Il ressemble à une grosse tomate. Habituellement rond, il peut être légèrement aplati ou conique, selon les variétés. Vert ou jaune lorsqu'il est immature, il passe au rouge vermillon en mûrissant. Sa mince peau lisse est comestible, surtout lorsque le fruit est bien mûr. Sa chair jaune orangé peut contenir de 1 à 8 graines dures ou en être exempte. Dans certaines variétés, dont la Hachiya, le kaki n'est bon à manger que lorsqu'il est bien mûr, presque blet, même qu'on aurait tendance à le jeter s'il s'agissait d'une tomate. À ce moment il n'est plus âpre et ne laisse plus la bouche pâteuse, car son contenu en acide tannique est moins élevé. À point, la chair de ces variétés devient sucrée, presque liquide, légèrement visqueuse, non acide, passablement fragile et très parfumée. D'autres variétés, dont la Fuyu, ne contiennent pas de tannin et se mangent lorsqu'elles sont encore fermes. Israël est un important pays producteur de cette variété.

ACHAT ◆ S'informer de la variété et ne pas se fier à la couleur, qui ne constitue pas un signe de maturation, le kaki étant généralement très coloré. Choisir des kakis intacts.

UTILISATION ◆ Le kaki est délicieux nature. Le couper en 2 ou enlever le dessus comme un capuchon et

VALEUR NUTRITIVE	
Le kaki contient	
Eau	80 %
Protéines	0,6 g
Matières grasses	0,2 g
Glucides	19 g
Fibres	1,6 g
70 calories/100 g	

Il est une bonne source de vitamine A ; il contient aussi du potassium, de la vitamine C et du cuivre ainsi que des traces d'acide folique et du phosphore. On le dit légèrement laxatif.

manger le fruit à la cuiller. On croque la variété ferme comme une pomme. Le kaki peut être mis en purée. Incorporer quelques gouttes de jus de citron afin qu'il ne se décolore pas. Il nappe notamment crème glacée, gâteaux, bavarois et crêpes. Le kaki décore salades de fruits, salades de riz, salades de fruits de mer ou de volaille. Il aromatise le yogourt, les flans et autres desserts. On le cuit en confiture, on le déshydrate ou on le met en conserve.

CONSERVATION ◆ Laisser le kaki à l'air ambiant s'il a besoin de mûrir. Pour accélérer le processus, placer le fruit dans un sac de papier. Pour l'activer encore plus, y mettre aussi une pomme mûre ou une banane. Conserver le kaki mûr au réfrigérateur. Le kaki se congèle facilement. Le laisser entier ou le mettre en purée, mais ajouter alors 30 ml (2 cuillerées à soupe) de jus de citron pour prévenir la décoloration.

KAMABOKO

Nom anglais : *kamaboko*

HISTORIQUE ◆ Mot japonais désignant des succédanés de fruits de mer faits à partir de surimi, une pâte de protéines de poisson purifiées. Le procédé de fabrication du surimi est connu au Japon depuis près de 900 ans. La recherche d'une méthode pour conserver le poisson est à l'origine de sa découverte. Les Japonais fabriquent avec le surimi plus de 2 000 produits tels que des imitations de fruits de mer (crabe, crevette, homard, pétoncle, etc.), de la saucisse de poisson, des boulettes, des pains et des nouilles de poisson.

On obtient le surimi en faisant subir aux poissons plusieurs transformations qui détruisent des enzymes et certains acides aminés responsables de leur détérioration. Les poissons (la plupart du temps du lieu noir, appelé goberge au Québec) passent dans divers réservoirs en acier inoxydable pour être dépouillés, émincés et lavés. Ils sont ensuite tamisés, puis la chair purifiée est placée dans un réservoir rempli d'eau salée. Elle subit un début de déshydratation, après quoi d'autres tamis séparent la chair blanche de la chair rosée (qui représente environ 5 % d'un poisson). La chair blanche est déshydratée en profondeur. Elle passe ensuite dans un dernier réservoir rempli de sucre, de sorbitol et de phosphates ; puis, selon l'usage projeté, on lui ajoute du sel, du sorbate de potassium, du glutamate de sodium ou de l'amidon, substances qui aideront à prolonger la période pendant laquelle la pâte peut être congelée. À la fin de ce processus, le surimi n'a plus aucune saveur ; ce n'est que de la fibre de poisson concentrée, des protéines pures.

Le kamaboko est préparé à partir du surimi. Sa forme finale dépendra de la recette choisie. Pour obtenir de la chair de crabe, le surimi est d'abord haché, puis divers ingrédients lui sont ajoutés, dont de l'amidon de pomme de terre, des blancs d'œufs et de la saveur naturelle ou artificielle. Le tout est bien mélangé. Cette pâte est ensuite partiellement cuite et passée dans divers appareils qui lui donnent sa forme définitive (rouleau, chair émiettée, etc.). Elle subit une dernière cuisson, puis elle est pasteurisée et stérilisée. Il arrive qu'on ajoute au surimi une petite quantité de véritables fruits de mer. La saveur du produit final est parfois assez proche de la saveur du produit imité pour qu'on s'y trompe facilement. Le kamaboko est moins coûteux que le produit naturel et il le remplace souvent, notamment dans les restaurants.

Il s'avère souvent difficile de différencier les similis fruits de mer des véritables fruits de mer. Quelques indices peuvent aider à les distinguer :

- la forme des similis fruits de mer est en général trop parfaite, tous les spécimens ayant le même diamètre et la même longueur ;

- la texture des fibres est régulière ;

- on peut parfois noter une couleur rosée ou rouge, due à l'ajout de colorant.

VALEUR NUTRITIVE

Le kamaboko est riche en protéines et pauvre en matières grasses et en calories. Il contient moins de vitamines et de sels minéraux que les véritables fruits de mer, mis à part le sodium, qui est jusqu'à 3 ou 4 fois plus abondant puisqu'il a été ajouté lors de la fabrication. Le kamaboko est dépourvu de cholestérol si aucun véritable fruit de mer n'a été incorporé à la pâte de surimi. Il peut provoquer des réactions allergiques chez certaines personnes à cause de la présence du glutamate monosodique.

UTILISATION ♦ Le kamaboko est mangé chaud ou froid. Parce qu'il est précuit, on peut l'utiliser tel quel, par exemple dans les salades, les sandwichs et les canapés. Il peut remplacer les véritables fruits de mer dans la plupart des recettes.

CONSERVATION ♦ Le kamaboko se conserve au réfrigérateur. Il se congèle.

KIWI

Actinidia chinensis, **Actinidiacées**
Autres noms : *groseille de Chine, groseille chinoise, actinidia, souris végétale*
Nom anglais : *kiwi*
Autres noms : *actinidia, Chinese gooseberry*

 HISTORIQUE ♦ Fruit originaire de Chine. Le kiwi est connu en Chine sous le nom de *yang tao*. Il a d'abord été appelé « groseille de Chine » par les Occidentaux. Il a été introduit en Nouvelle-Zélande en 1906. Les Néo-Zélandais ont beaucoup amélioré ce fruit et en 1937 ils en commencèrent l'exploitation commerciale. La première livraison outre-mer eut lieu en 1952. Ces fruits résistants arrivèrent en Angleterre juste à point, ce qui prouvait qu'ils pouvaient être facilement exportés. Pendant de très nombreuses années, les Néo-Zélandais auront le monopole du marché. Aux États-Unis, le succès commercial de cette « groseille de Chine » laissait à désirer à cause de l'anticommunisme d'alors, qui faisait rejeter tout ce qui évoquait le communisme. En 1953, des experts de mise en marché suggérèrent de donner à ce fruit le même nom que l'oiseau national de la Nouvelle-Zélande (le kiwi ou aptéryx est un oiseau coureur ; il est presque dépourvu d'ailes et ses plumes ressemblent à des crins). Le succès commercial espéré se matérialisa, et ce fruit ne cesse de gagner en popularité depuis.

Le kiwi pousse sur une liane arbustière. Comme la vigne, cette liane est sarmenteuse. On la taille généralement pour qu'elle ne mesure pas plus de 2 à 3 m de long. Le kiwi est cultivé dans de nombreux pays, notamment aux États-Unis, au Chili, en France, en Espagne, en Italie, en Israël, en Russie, en Afrique du Sud, en Inde, au Viêtnam et en

Australie. Il en existe une dizaine de variétés. La Hayward est la plus courante en Amérique du Nord.

Le kiwi est une baie ovale qui mesure jusqu'à 8 cm de long et qui pèse entre 50 et 120 g. Il ressemble à un œuf, à un citron, voire même, avec un peu d'imagination, à une souris, ce qui explique pourquoi il est parfois appelé «souris végétale». Sa chair, d'un beau vert émeraude, est juteuse, sucrée et légèrement acidulée. Elle renferme de petites graines noires comestibles, disposées fort joliment autour d'une partie jaunâtre logée au centre du fruit. Elle est recouverte d'une fine peau brunâtre, légèrement duveteuse. Cette peau est comestible mais elle est plus agréable à manger si le fruit est bien mûr et s'il a été lavé, ce qui le débarrasse de son duvet.

ACHAT ◆ Le kiwi est cueilli mature mais encore ferme. Contrairement à la plupart des fruits, il devient plus sucré lorsqu'il mûrit à la température de la pièce. Choisir des kiwis intacts et exempts de taches. Délaisser les kiwis très mous ou endommagés : ils n'ont plus autant de saveur ni de valeur nutritive.

UTILISATION ◆ Le kiwi est délicieux nature ; le peler et le manger tel quel ou le couper en deux et le manger à la cuiller. On met le kiwi dans les céréales, le yogourt, la crème glacée, les sorbets, les salades de fruits (l'ajouter au dernier moment pour qu'il n'amollisse pas les autres fruits). Il décore hors-d'œuvre, assiettes de fromages, gâteaux, tartes et bavarois. Il se marie bien avec la viande, la volaille et le poisson. On le met dans les soupes et les sauces. Le cuire le moins possible pour qu'il conserve sa couleur et sa délicate saveur. Il est délicieux dans les salades composées. On transforme le kiwi en jus. Éviter de trop broyer les petites graines, car elles donnent au jus une saveur amère.

CONSERVATION ◆ Laisser mûrir le kiwi à la température de la pièce jusqu'à ce qu'il cède sous une légère pression des doigts. Mettre le kiwi dans un sac pour accélérer le processus. Si on désire que le kiwi mûrisse encore plus rapidement, glisser une pomme ou une banane dans le sac.

VALEUR NUTRITIVE	
Le kiwi contient	
Eau	83 %
Protéines	1 g
Matières grasses	0,4 g
Glucides	15 g
Fibres	3,4 g
61 calories/100 g	

Il constitue une excellente source de vitamine C et de potassium, il contient du magnésium ainsi que des traces de phosphore, de fer et de vitamine A. C'est un des fruits les plus riches en vitamine C : il en contient plus que l'orange et le citron.

Le kiwi est diurétique, antiscorbutique et laxatif. Il contient de l'actinidine et de la broméline, des enzymes qui, au contact de l'air, confèrent au kiwi diverses propriétés, entre autres celle d'attendrir la viande. Il peut aussi ramollir lui-même quand il n'est pas assez mûr et qu'il est pelé et laissé un court moment à l'air libre (cette action devient indésirable dans une salade de fruits, par exemple, car tous les fruits ramollissent alors). Il empêche la gélatine de prendre et il fait «tourner» le lait (pas le yogourt cependant, ni la crème glacée).

Conserver le kiwi mûr au réfrigérateur ; il se gardera jusqu'à 3 semaines. On peut réfrigérer 2 ou 3 semaines le kiwi non mûr et le mettre à mûrir à la température de la pièce selon les besoins.

KUMQUAT

Fortunella spp, **Aurantiacées**
Hybrides : *limequat, calamondin, lemonquat, orangequat*
Nom anglais : *kumquat*

HISTORIQUE ◆ Fruit d'un arbuste originaire de Chine. Cet arbuste qui mesure de 5 à 6 m de haut est souvent planté à des fins décoratives. Il a longtemps été appelé «citronnier du Japon». Le kumquat fut classé parmi les agrumes jusqu'en 1915 *(Citrus japonica)*, après quoi on lui assigna une place à part *(Fortunella)* pour souligner ses différences génétiques. Il reçut le nom du botaniste britanique Robert Fortune, qui introduisit le kumquat en Europe en 1846. Le mot kumquat vient du chinois cantonais *kin kü* signifiant «orange dorée». Le kumquat est cultivé notamment en Californie, en Floride, au Pérou, au Brésil, au Japon, en Chine, en Indonésie, en Israël et dans le bassin méditerranéen. On l'a croisé avec plusieurs fruits, notamment avec la lime (limequat), la mandarine (calamondin), le citron (limonquat) et l'orange (orangequat).

Le kumquat ressemble a une très petite orange légèrement allongée ou ronde, selon les variétés. Il mesure généralement 2,5 cm de diamètre. Son écorce orange foncé ou jaune est comestible, car elle est tendre, mince, sucrée et parfumée. Sa chair, divisée en 5 ou 6 quartiers, est agréablement acidulée. Elle contient quelques pépins.

ACHAT ◆ Choisir des kumquats fermes, exempts de taches et de meurtrissures, dont l'écorce est brillante. Délaisser les kumquats mous, car ils se détériorent rapidement. Les kumquats sont parfois vendus encore attachés à leur branche, à laquelle on a laissé quelques petites feuilles vertes très décoratives.

PRÉPARATION ◆ Laver soigneusement l'écorce. Si désiré, blanchir le kumquat une vingtaine de secondes pour l'attendrir.

VALEUR NUTRITIVE	
Le kumquat contient	
Eau	82 %
Protéines	1,1 g
Matières grasses	aucune
Glucides	16 g
Fibres	3,7 g
63 calories/100 g	
Il est riche en vitamine C, il est une bonne source de potassium et contient du cuivre ainsi que des traces de calcium et de vitamine A.	

UTILISATION ◆ Le kumquat est meilleur s'il est légèrement pétri, ce qui libère les essences de l'écorce. Il peut être mangé tel quel, écorce incluse. On le met dans les salades de fruits et les salades composées. On s'en sert à des fins décoratives. On le met dans les farces, les sauces, les gâteaux et les muffins. Il glace sorbets, crème glacée et gâteaux. Le kumquat est souvent confit, mariné ou cuit en confiture ou en marmelade. Il se marie bien avec le poisson, le porc et la volaille, particulièrement avec le canard.

CONSERVATION ◆ Les kumquats sont plus fragiles que les oranges, car leur peau est plus mince. Les laisser à la température de la pièce si on a l'intention de les consommer rapidement ; ils se conservent de 5 à 6 jours. Les placer au réfrigérateur pour une conservation plus longue, c'est-à-dire de 3 à 4 semaines.

LAIT

Nom anglais : *milk*

HISTORIQUE ◆ Le lait est le fluide sécrété par les glandes mammaires des mammifères femelles en vue de nourrir les nouveau-nés. Les êtres humains ne se limitent pas seulement à cet usage, ils considèrent le lait des animaux comme un aliment consommable tout au long de la vie. Le lait de vache est le plus utilisé, mais les laits de brebis, de chèvre (voir Lait de chèvre), d'ânesse, de jument, de zébu, de bufflonne et de renne sont aussi consommés. À certaines époques, le lait de plusieurs de ces animaux (brebis, zébu, ânesse, bufflonne) fut considéré comme sacré.

La consommation massive du lait de vache et des produits laitiers est courante dans nombre de pays, notamment au Canada, aux États-Unis, dans plusieurs pays d'Europe, en Australie et en Nouvelle-Zélande. La consommation de lait est beaucoup moins fréquente en Asie et en Afrique.

De 5 à 10 % des Occidentaux et presque 70 % de la population en général qui ne consomment pas de lait sur une base régulière, notamment les Orientaux, les Noirs et les Amérindiens, ne peuvent pas digérer le lactose (le principal glucide du lait). Cette incapacité est causée par une déficience en lactase, une enzyme habituellement présente dans le système digestif et qui convertit le lactose en une substance assimilable. Ces personnes souffrent de divers maux après l'ingestion du lait, notamment de douleurs abdominales, de diarrhée, de rétention de gaz et de crampes. Certaines peuvent cependant consommer du lait sans problème si la quantité est minime (moins de 175 ml, soit un peu moins qu'un verre). Les malaises apparaissent rarement lors de l'ingestion de yogourt et de fromage, car le lactose est prédigéré dans le yogourt et il est absent dans le fromage. On trouve maintenant sur le marché du lait plus facilement digestible, parce que 90 % du lactose a subi un traitement.

 ACHAT ◆ Le lait de vache est surtout commercialisé pasteurisé, homogénéisé ou cru, entier, partiellement écrémé, stérilisé, concentré, aromatisé et en poudre.

Le **lait pasteurisé** est chauffé sous le point d'ébullition pour que bactéries et microbes soient détruits, puis il est refroidi rapidement. La pasteurisation, qui fut inventée par Louis Pasteur, le célèbre chimiste et microbiologiste français, permet de prolonger la conservation du lait. La température et la durée de la pasteurisation peuvent varier, mais la température excède rarement 74,4 °C. Avec une méthode dite rapide, le lait est chauffé à 72 °C durant 15 secondes, puis il est rapidement refroidi à 44,4 °C. Une façon plus

VALEUR NUTRITIVE

La composition du lait n'est pas uniforme; elle varie selon la race, l'alimentation et la santé des vaches, les saisons et les traitements que subit le lait. Cela entraîne une certaine variation de la saveur et de la valeur nutritive.

Lait de vache

Sortes de lait	protéines (g)	matières grasses (g)	glucides (g)	cholestérol (mg)	calories / 250 ml
3,25 % m.g.	8,5	8,6	12,0	35	158
2,0 % m.g.	8,6	5,0	12,4	19	128
1,0 % m.g.	8,5	2,7	12,3	10	108
écrémé	8,8	0,5	12,6	5	90

Le goût riche du lait provient des matières grasses. Elles sont parmi les graisses alimentaires les plus facilement digestibles à cause de la finesse de leur émulsion. Elles comptent pour 49 % des calories du lait entier. Les matières grasses sont composées de 62 % d'acides gras saturés, de 29 % d'acides monoinsaturés et de 3,7 % d'acides polyinsaturés. Le lait renferme de 5 à 35 mg de cholestérol/250 ml; le lait entier en contient plus (35 mg par verre, 250 ml) que le lait écrémé (5 mg/250 ml).

Les protéines du lait sont de très bonne qualité. Elles contiennent principalement de la caséine (2,7 à 2,9 % du volume total), et les protéines du lactosérum (appelées aussi petit-lait), qui comprennent les lactalbumines et les lactaglobulines. Les protéines représentent 38 % des solides non gras du lait. La caséine représente 82 % des protéines du lait; la caséine ne se retrouve que dans le lait, c'est elle qui lui donne sa couleur blanche. Le lactosérum ou petit-lait est le liquide restant après l'extraction du gras et de la caséine du lait. Le petit-lait est composé de grosses molécules de lactalbumines et de lactoglobulines. La caséine caille lorsqu'elle est mise en contact avec un ingrédient acide. Les lactoglobulines et les lactalbumines coagulent à la chaleur et forment la peau du lait bouilli. Tous les acides aminés essentiels sont présents dans le lait dans des proportions adéquates pour bien jouer leur rôle. La lysine est particulièrement abondante, ce qui fait du lait un bon complément des aliments qui en sont peu pourvus, telles les céréales, les noix et les graines (voir Théorie de la complémentarité).

Le lactose est presque le seul glucide présent dans le lait (97 % des glucides); c'est un disaccharide qu'on trouve uniquement dans ce liquide. C'est le moins sucré des sucres. Il constitue le principal solide du lait, auquel il confère sa subtile saveur sucrée. Il compte pour 30 à 56 % des calories.

Le lait est riche en calcium, en phosphore et en potassium. Le sodium y est présent en quantités moyennes. C'est un des rares aliments à fournir autant de calcium. Le rapport calcium/phosphore est proche de 1,39 (125/90), ce qui est favorable à l'absorption intestinale du calcium. Le lait renferme une bonne quantité de vitamines A et B. La concentration de vitamines est fort variable cependant, surtout celle de la vitamine A, qui est à son plus bas l'hiver. Très peu de vitamine D est présente. En Amérique du Nord et dans plusieurs pays d'Europe, on ajoute au lait de la vitamine D et de la vitamine A, afin notamment de combattre le rachitisme. Le lait est pauvre en fer et en vitamine C; cette dernière est presque totalement absente du lait traité. La carotène est le pigment responsable de la coloration jaunâtre du lait, plus notoire dans le beurre.

Le lait de vache a ses partisans et ses opposants. Les partisans affirment qu'il est un aliment indispensable parce que facilement accessible, peu coûteux et très nourrissant, étant une excellente source de protéines, de vitamines et de sels minéraux. Son apport en calcium est particulièrement vanté; on souligne notamment le fait qu'il assure une bonne formation des dents, favorise la croissance des os et diminue les risques d'ostéoporose.

Les opposants soutiennent que ce lait est fait pour nourrir les veaux, des animaux qui croissent rapidement et qui atteignent des tailles imposantes (environ 35 kg à la naissance et 225 kg à six mois), des caractéristiques qui ne s'appliquent pas aux êtres humains. Ils font remarquer que le lait est prévu pour nourrir les nouveau-nés et que les animaux adultes dans la nature ne se nourrissent pas de lait. Ils sont aussi préoccupés par la présence fréquente de résidus, particulièrement de résidus médicamenteux, des substances qui peuvent avoir des répercussions nocives sur la santé (voir Viande).

Une nouvelle cause d'inquiétude pour les opposants aux produits laitiers est l'utilisation d'une hormone stimulant de 10 à 20 % la production laitière des vaches. Connue scientifiquement sous le nom de sometribove (rb ST), cette hormone est communément appelée somatropine bovine (BST). L'approbation par le USDA (United States Department of Agriculture) de cette substance très controversée prit plusieurs années, car beaucoup s'y opposaient, principalement pour des raisons médicales mais également pour des raisons économiques, parce que l'introduction de cette hormone provoquera la faillite de plusieurs petits producteurs, et parce qu'il est ridicule d'augmenter la production laitière alors que tant de pays accusent d'immenses surplus.

Depuis 1987, des sommes d'argent considérables ont été dépensées pour persuader les opposants. Ainsi aux États-Unis, pendant l'année 1990, le National Dairy Promotion and Research Board a dépensé 80 millions de dollars. Mais tous ne sont pas convaincus de l'innocuité de cette hormone, et en 1994 la Communauté européenne a banni son utilisation jusqu'en 1999, parce que trop de questions concernant ses conséquences sur la santé restent encore sans réponses.

lente, habituellement utilisée dans les laiteries de moindre envergure, consiste à chauffer le lait à 62 °C pendant au moins 30 minutes avant de le refroidir.

———————

Le **lait homogénéisé** est du lait entier ou semi-écrémé traité sous pression. La pression fractionne les globules gras en de très petites particules, car le lait passe au travers de minuscules orifices. Les particules sont entourées d'un mince film de protéines qui empêchent leur réunification et elles se trouvent dispersées en suspension dans le lait. Les matières grasses ne s'accumulent plus au-dessus du lait et le lait se digère plus facilement.

———————

Le **lait cru** est du lait non traité. La vente du lait cru est illégale au Canada, dans plusieurs États américains et dans de nombreux pays d'Europe, car les autorités considèrent que sa consommation présente un risque important pour la santé. Effectivement, le lait peut facilement être contaminé, contamination qui provient de l'animal, des récipients et des moyens de conservation. Ainsi, juste le fait de laisser le lait à la température de la pièce entraîne une contamination rapide, car la chaleur favorise la multiplication de bactéries.

Le lait cru serait à la source de neuf maladies bactériennes, la plupart très graves, dont la tuberculose, la diphtérie, la fièvre typhoïde et la brucellose. Il cause aussi souvent de la diarrhée, des crampes d'estomac et des infections streptococciques de la gorge. La pasteurisation permet de détruire la presque totalité des agents pathogènes.

———————

Le **lait entier** contient généralement 3,5 % matières grasses. Au bout de quelques heures, les matières grasses montent à la surface du lait pasteurisé et forment une couche de crème. Cette couche de crème est absente du lait homogénéisé parce que la crème est en suspension dans le lait.

———————

Le **lait partiellement écrémé** contient 1 ou 2 % de matières grasses. Il a presque la même valeur nutritive que le lait entier, à l'exception naturellement des matières grasses, ce qui entraîne une diminution des vitamines liposolubles et des calories. Son goût est légèrement moins riche que celui du lait entier.

———————

Le **lait écrémé** contient un maximum de 0,3 % de matières grasses. Des vitamines A et D lui sont habituellement ajoutées pour compenser les pertes causées par le retrait des matières grasses. D'une coloration tirant légèrement sur le bleu, ce lait a un goût différent du lait entier.

———————

Le **lait UHT** a été traité à la chaleur. Le lait peut subir un traitement thermique à haute température ou à ultra-haute température : on le nomme alors **lait UHT**. Les procédés sont variables ainsi que les températures utilisées. On expose fréquemment le lait à une température de 100 °C pendant quelques secondes, avant de le stériliser en autoclave de

30 secondes à 30 minutes, selon la pression utilisée. On chauffe généralement le lait UHT 1 ou 2 secondes à une température de 132 à 150 °C.

La stérilisation détruit les organismes présents dans le lait mais laisse presque intacts la plupart des éléments nutritifs ; seules les vitamines A, B et C subissent des baisses marquées. La saveur de ces laits ne fait pas l'unanimité chez les consommateurs.

Le lait UHT est empaqueté dans des contenants aseptiques, scellés après avoir été rapidement refroidi à 20 °C. Il peut se conserver dans son emballage à la température de la pièce au moins 3 mois. Une fois l'emballage ouvert, on doit traiter ce lait comme du lait ordinaire, avec plus de précautions même car il est plus périssable, étant plus vulnérable au développement de colibacilles. Il est préférable de consommer le lait UHT plus rapidement que les autres laits (24 à 36 heures), car il est plus difficile de déceler s'il est impropre à la consommation puisqu'il ne caille pas s'il n'est plus frais, et que son odeur et son goût ne se détériorent pas.

Le **lait concentré** (ou **évaporé**) est du lait entier, partiellement écrémé ou écrémé, dont environ 60 % de l'eau a été enlevée. Le lait est d'abord homogénéisé, puis il est évaporé, mis dans un contenant (boîte, tube ou berlingot) et stérilisé.

Le lait concentré ne contient pas moins de 7,5 % de matières grasses et pas moins de 25,4 % de solides du lait. Le lait évaporé a une coloration un peu plus foncée que le lait régulier et une saveur caramélisée, dues à une réaction entre les protéines et le lactose lorsqu'ils sont exposés à la chaleur élevée.

Le lait concentré perd jusqu'à 40 % de sa viscosité après quelques jours d'entreposage ; c'est pourquoi on lui ajoute des stabilisants (carragheen, phosphate disodique, citrate de sodium, bicarbonate de sodium ou chlorure de calcium). Il est nourrissant et calorifique (182 calories/125 ml pour le lait entier, 123 calories pour le lait demi-écrémé et 106 calories pour le lait écrémé), car tous ses éléments nutritifs sont plus concentrés.

Ne pas acheter le lait concentré si la boîte est bombée.

Le lait concentré caille peu à la cuisson et il permet de préparer des sauces et des puddings épais. On peut le fouetter s'il est entier et très froid, mais seulement avant de le servir, car il s'affaisse rapidement. Parce qu'il est plus sucré, diminuer la quantité de sucre suggérée dans les recettes.

Le **lait concentré sucré** (**condensé**) est à peu de choses près du lait évaporé auquel on a ajouté du sucre ; il est moins chauffé cependant. Le lait est réduit au tiers environ de son volume initial. Il contient de 40 à 45 % de sucre (et renferme pas moins de 8,0 % de matières grasses et pas moins de 28 % de solides du lait). Il peut également avoir reçu des agents stabilisateurs. La pasteurisation de ce lait s'effectue avec l'évaporation ; aucune stérilisation n'est nécessaire ensuite car le sucre agit comme préservatif. À l'exception du fer et de la vitamine C, presque disparus, tous les éléments nutritifs sont concentrés. Ce lait est particulièrement calorifique (519 calories/125 ml) et riche en matières grasses.

Le lait concentré sucré sert à la préparation de multiples desserts, de friandises et de garnitures à gâteaux. Comme pour le lait concentré, diminuer la quantité de sucre suggérée dans les recettes si on désire rendre la préparation moins riche en calories.

Le lait concentré sucré épaissit et caramélise lorsqu'il est bouilli de 2 à 3 heures. Le faire bouillir dans sa boîte de conserve scellée et n'ouvrir la boîte que lorsque la préparation est refroidie, sinon la pression éjectera le lait bouillant, le dégât sera énorme et on se brûlera. Ce lait caramélisé est délicieux dans les desserts et sur des toasts.

Les **laits aromatisés** sont des laits auxquels on a ajouté un ingrédient qui leur confère de la saveur. Le plus connu des laits aromatisés, parce qu'il est le plus ancien, est sans doute le lait au chocolat. Il existe plusieurs autres laits aromatisés, dont les laits maltés, les laits à saveur de fruits ou de vanille et les boissons au lait contenant du jus de fruits.

La valeur nutritive des laits aromatisés dépend en grande partie du lait utilisé, de la quantité de sucre ajoutée et de l'absence ou de la présence d'additifs. Le lait malté, qui contient de l'orge et du blé moulu, peut être vendu nature, aromatisé ou déshydraté. La plupart des laits aromatisés sont fabriqués avec le procédé UHT (ultra-haute température).

Le **lait en poudre** est du lait déshydraté qui ne contient habituellement que de 2,5 à 4 % d'eau. Le lait en poudre est commercialisé instantané ou non instantané, entier ou écrémé. On produit surtout de la poudre de lait écrémé, car elle se conserve plus facilement que la poudre de lait entier, dont les matières grasses s'oxydent si la poudre n'est pas scellée sous vide.

Généralement, le lait est chauffé entre 75 et 115 °C jusqu'à ce qu'il atteigne une concentration de 35 % de solides. Plus il atteint une température élevée, plus il acquiert un goût de brûlé, et plus il perd d'éléments nutritifs. Le lait est ensuite déshydraté. Deux méthodes de séchage peuvent être utilisées. La plus usuelle consiste à pulvériser le lait à l'air chaud (160 à 180 °C) afin qu'il sèche instantanément et devienne une poudre très fine de valeur nutritive équivalente au lait écrémé (ce lait est parfois appelé lait atomisé). L'autre méthode sèche le lait sur des cylindres chauffés à 140 °C; moins courant, ce procédé produit de la poudre grossière et difficilement soluble qui recouvre les cylindres en séchant, et qu'on enlève au couteau. Il occasionne la perte d'environ 30 % de lysine et de vitamine B_6.

On obtient la poudre de lait instantané en faisant absorber de l'air aux particules de lait pendant leur évaporation ; ces particules sont donc plus grosses et offrent une surface de contact spongieuse plus grande, qui favorise la dissolution.

La poudre de lait entier contient 26 g de matières grasses/100 g, la poudre semi-écrémée 9,5 g et la poudre écrémée, 0,8 g.

Préparer le lait en suivant les instructions indiquées sur l'étiquette ; il faut habituellement mélanger de 90 à 120 ml de poudre par 240 ml d'eau pour la poudre instantanée et de 45 à 60 ml de poudre pour la poudre non instantanée. Délayer la poudre de lait non instantané dans un mélangeur électrique ou en utilisant de l'eau tiède.

La poudre de lait n'est pas une matière inerte, elle peut être contaminée par des bactéries (staphylocoque et salmonelle), qui occasionnent souvent des dérangements intestinaux. La plupart des gouvernements réglementent la mise en marché du lait en poudre. Au Canada par exemple, la vente du lait en poudre en vrac est illégale, car le risque de contamination est trop grand.

On peut utiliser la poudre de lait non instantané telle quelle dans les recettes pour en augmenter la valeur nutritive ou pour accroître la viscosité (sauces, puddings). Ne pas se servir de poudre instantanée pour cet usage, car elle ne se dissout plus lorsqu'elle est ajoutée à des ingrédients secs, qui deviennent alors grumeleux. La poudre de lait instantanée s'incorpore facilement à l'eau, aux céréales et aux boissons.

La poudre de lait peut remplacer la crème fouettée puisqu'elle s'émulsifie lorsqu'elle est battue : 125 ml de poudre battue avec 125 ml d'eau glacée donnent 720 ml de lait fouetté. Ne la battre qu'au moment de servir, car elle s'affaisse rapidement.

Reconstitué, le lait en poudre peut être utilisé comme tout autre lait. Le mélanger avec du lait frais permet souvent de s'habituer à son goût.

 CUISSON ◆ La cuisson du lait doit s'effectuer selon certaines règles si on désire protéger la valeur nutritive, la saveur et la consistance du lait :

- il est préférable de chauffer le lait à feu lent, si possible au bain-marie, car il monte et déborde rapidement dès que l'ébullition est atteinte, et il colle facilement au fond de la casserole, formant alors un précipité qui tend à roussir ;

- une peau apparaît à la surface du lait quand il est chauffé sans couvercle ou sans être brassé (ou après la cuisson quand il refroidit), pellicule semblable au yuba du soya et qui peut être utilisée de la même façon (voir Yuba) ;

- les protéines du lait coagulent non seulement sous l'effet de la chaleur mais aussi lorsqu'elles entrent en contact avec un ingrédient acide ou des enzymes. Pour empêcher le caillage quand une substance acidulée est ajoutée, combiner de la fécule de maïs à une des deux parties, puis cuire doucement ;

- l'homogénéisation change les propriétés de cuisson du lait, le lait caille plus rapidement, le temps de cuisson est augmenté car la chaleur prend plus de temps à pénétrer les particules de gras, et le produit obtenu est plus crémeux qu'avec du lait cru ou pasteurisé.

UTILISATION ◆ Le lait occupe une place importante dans la cuisine de plusieurs pays, particulièrement des pays occidentaux. On l'utilise comme boisson ou on le cuisine. Il entre dans la composition d'une multitude d'aliments, notamment de soupes, sauces, crêpes, gâteaux, pâtisseries, desserts, purée et de certains plats cuisinés. On le transforme en yogourt et en fromage. On peut remplacer des produits laitiers riches en matières grasses par des produits écrémés dans la plupart des recettes.

CONSERVATION ◆ La chaleur et la lumière affectent la saveur et la teneur en vitamines du lait ; ainsi, les vitamines hydrosolubles du complexe B disparaissent rapidement quand le lait est exposé à la lumière. Réfrigérer le lait le plus rapidement possible, acheter si possible le lait dans un contenant opaque et bien refermer le contenant après usage avant de ranger le lait. Ne jamais remettre du lait non utilisé dans le contenant original car il contaminerait le tout ; le conserver à part dans un récipient fermé.

Réfrigéré, le lait frais se conserve environ une semaine, mais sa valeur nutritive diminue progressivement. Le lait en poudre reconstitué devient aussi périssable que le lait frais et se conserve également au réfrigérateur.

La poudre de lait se conserve environ 6 mois à la température de la pièce lorsque l'empaquetage est scellé. La conserver au frais et à l'abri de l'air et de la lumière lorsque le contenant est ouvert, car laissée à l'air libre elle absorbe facilement l'humidité, devient grumeleuse et moins savoureuse.

LAIT DE CHÈVRE

Nom anglais : *goat's milk*

HISTORIQUE ♦ Le lait de chèvre est plus blanc que le lait de vache et de saveur plus prononcée. Ce lait est consommé par les êtres humains depuis la nuit des temps. Le lait de chèvre n'a pas besoin d'être homogénéisé, car ses globules gras sont de très petit diamètre.

ACHAT ♦ Le lait de chèvre est moins facilement disponible que le lait de vache. On l'achète généralement dans les magasins d'alimentation naturelle.

UTILISATION ♦ On utilise le lait de chèvre comme le lait de vache, auquel il peut souvent être substitué. On le boit tel quel et on s'en sert pour cuisiner. On le transforme en fromage, en yogourt et en beurre.

CONSERVATION ♦ Conserver le lait de chèvre au réfrigérateur.

VALEUR NUTRITIVE	
Le lait de chèvre contient	
Eau	87 %
Protéines	9,2 g
Matières grasses	10,7 g
Glucides	11,5 g
Cholestérol	29 mg
Sodium	128 mg
177 calories/250 ml	

Ses matières grasses contiennent moins de cholestérol que celles du lait de vache entier et les proportions d'acides gras sont sensiblement les mêmes : 64 % d'acides gras saturés, 26,7 % d'acides gras monoinsaturés et 3,6 % d'acides gras polyinsaturés pour le lait de chèvre contre 62 % d'acides gras saturés, 29 % d'acides gras monoinsaturés et 3,7 % d'acides gras polyinsaturés pour le lait de vache entier. Ses matières grasses sont émulsifiées très finement, ce qui rend le lait facile à digérer et donne un caillé à texture très fine.

Le lait de chèvre est riche en calcium, en potassium et en phosphore ; il est une bonne source de riboflavine et il contient de la vitamine A, du magnésium, de la niacine, de l'acide pantothénique, de la thiamine, du zinc, de la vitamine B_{12}, de la vitamine B_6 et du cuivre ainsi que des traces de fer et de folacine.

LAIT DE SOYA

Nom anglais : *soy milk*

HISTORIQUE ♦ Liquide ressemblant à du lait, tiré du haricot de soya, la seule légumineuse dont on peut extraire un tel liquide. Le lait de soya, qu'on utilise comme le lait de vache, est consommé en Asie depuis plusieurs siècles. En Occident, on s'est longtemps contenté de l'employer comme lait de substitut pour les nourrissons. On sait maintenant que ses possibilités d'utilisation sont beaucoup plus vastes.

Le lait de soya a un goût prononcé qui lui vient d'une enzyme libérée lors du broyage des haricots. L'intensité de cette saveur est directement influencée par la méthode de fabrication. Broyer les haricots avec de l'eau bouillante l'atténue grandement.

Pour obtenir du lait de soya, les haricots sont d'abord lavés, trempés, puis broyés. Le liquide est ensuite filtré et chauffé, dans un ordre qui dépend du procédé de fabrication. Le lait est finalement presque toujours pasteurisé ou stérilisé. Ce liquide peut aussi se préparer à partir de la farine de soya (mélanger 240 ml de farine avec 720 ml d'eau puis procéder comme avec les haricots en chauffant et en égouttant). Le lait de soya est commercialisé en liquide (souvent aromatisé artificiellement et très sucré) ou en poudre. La fabrication du lait de soya donne naissance à un résidu comestible nommé okara (voir Okara).

Fabrication maison du lait de soya

- Laver 240 ml de haricots (180 g), les recouvrir d'eau en quantité suffisante pour permettre leur expansion ;

- laisser tremper toute la nuit ou au moins 10 heures ;

- chauffer 120 ml d'eau dans une grande casserole ;

- entre-temps, réduire les haricots en purée en ajoutant de 600 à 720 ml d'eau ;

- verser le mélange dans la casserole, amener à ébullition (ne pas laisser le liquide sans surveillance, car il mousse et déborde aussi rapidement que le lait de vache). Baisser le feu, laisser mijoter de 12 à 25 minutes (30 minutes pour du lait à saveur plus douce) ;

- verser cette préparation dans un sac de toile grossière déposé dans un égouttoir placé au-dessus d'un récipient ;

- presser le sac contre l'égouttoir pour extraire le plus de liquide possible, le tordre ou le frapper avec une cuiller de bois ou un récipient ;

- ouvrir le sac et verser 120 ml d'eau (chaude ou froide) ;

- refermer le sac et bien le tordre de nouveau.

VALEUR NUTRITIVE	
Le lait de soya contient	
Eau	93,3 %
Protéines	7 g
Matières grasses	4,8 g
Glucides	4,6 g
84 calories/250 ml	

Il est une excellente source de thiamine et de potassium et une bonne source de magnésium et de cuivre ; il contient du phosphore, de la riboflavine, du fer, de la niacine et de la vitamine B_6 ainsi que des traces de zinc, d'acide pantothénique, de folacine, de calcium et de vitamine A. Les protéines du lait de soya sont d'excellente qualité mais elles sont pauvres en méthionine, un acide aminé (voir Théorie de la complémentarité). Les matières grasses sont composées en grande partie d'acides non saturés, elles sont dépourvues de cholestérol et contiennent de la lécithine. Contrairement au lait de vache, le lait de soya ne contient pas de lactose, substance souvent cause d'allergie (voir Lait).

Le lait de soya possède de nombreuses propriétés médicinales. On le dit alcalinisant et bénéfique pour le système digestif. Il serait efficace pour combattre l'anémie et pour stimuler la production d'hémoglobine, car il est riche en fer. Sa haute teneur en lécithine en fait un allié efficace pour combattre les maladies cardiovasculaires et l'hypertension. Si on fait un usage exclusif ou très poussé du lait de soya, on peut développer des carences en calcium et en vitamine B_{12}. Ces carences sont évitables si le lait est fortifié, si on mange d'autres aliments riches en calcium et en vitamine B_{12} ou si on ingère un supplément de ces éléments nutritifs.

UTILISATION ♦ L'utilisation du lait de soya est des plus variées. Comme le lait de vache, on s'en sert notamment pour confectionner soupes, sauces, yogourts, sorbets, crèmes glacées, puddings, boissons et pâtisseries. Coagulé, le lait de soya se transforme en tofu, un aliment nourrissant souvent comparé au fromage (voir Tofu).

CONSERVATION ♦ Le lait de soya liquide se conserve plusieurs jours au réfrigérateur. On peut le congeler, mais il se sépare une fois décongelé. La poudre, étant très pauvre en matières grasses, se conserve à la température de la pièce dans un contenant hermétique.

LAITUE

Lactuca sativa, **Composées**
Nom anglais : *lettuce*

HISTORIQUE ♦ Plante potagère originaire de l'est de la Méditerranée et de l'Asie occidentale. Fortement implantée dans le bassin méditerranéen, la laitue fut très appréciée des Grecs et des Romains. Elle se répandit par la suite dans l'Europe tout entière et fut introduite en Amérique du Nord à la fin du XVe siècle. Le mot laitue vient du latin *lactuca*, dérivé de *lactus* signifiant « lait », parce qu'une substance laiteuse s'écoule de ses tiges entaillées.

La laitue est une plante annuelle. Il en existe plus de 100 variétés ; certaines préfèrent le froid, d'autres la chaleur. Leurs feuilles tendres et croquantes sont habituellement vertes, mais peuvent aussi être rouges. Leur forme et leur saveur diffèrent selon les variétés. Les principales variétés de laitues sur le marché sont la laitue pommée, la laitue beurre, la frisée, la romaine et la laitue asperge.

Laitue pommée (var. *capitata*). Cette laitue est plus connue en Amérique du Nord sous le nom de « Iceberg ». Cette appellation s'est imposée au début de la commercialisation à haute échelle de la laitue en question parce qu'on la recouvrait de glace avant qu'elle entreprenne le long voyage qui l'amenait sur des marchés lointains (c'était la seule variété de laitue sur le marché). Les feuilles croquantes, lisses ou cloquées, forment une boule ronde plus ou moins compacte. Vertes à l'extérieur, elles deviennent graduellement jaunâtres ou blanchâtres à mesure qu'elles se rapprochent du centre, vu que le soleil ne les atteint pas.

Laitue beurre (var. *capitata*). La laitue Boston et la Bibb, une hybride créée par un major nommé John Bibb, sont les deux sortes de laitue beurre. Il existe au sein de ces deux groupes une certaine variation, tant dans les teintes et la taille que dans l'apparence. Ces laitues se distinguent par la tendreté de leurs larges feuilles dentelées, légèrement pommées mais non compactes, qui se séparent très facilement. La laitue du type Boston a les feuilles plus larges et d'un vert plus pâle que la laitue Bibb, dont certaines variétés sont teintées de rouge. Les feuilles du centre sont jaunâtres. Très populaire en Europe, cette laitue est partout appréciée pour sa finesse, tant de texture que de goût.

Laitue frisée (var. *crispa*). Laitue non pommée aux feuilles frisées et ondulées. Il existe plusieurs variétés de laitue frisée qui ont toutes en commun de larges et longues feuilles tendres et savoureuses, dans les teintes de vert, parfois de rouge ou simplement ornées de rouge dans leur partie supérieure. Certaines variétés ont une légère saveur de noisette.

Laitue romaine (var. *longifolia* et var. *romana*). Cette laitue non pommée a de longues feuilles fermes et cassantes d'un vert foncé et une nervure blanchâtre particulièrement cassante. Les feuilles de l'intérieur, d'un vert plus pâle et avec une nervure jaunâtre, sont plus tendres que celles de l'extérieur.

Laitue asperge (var. *angustana* et var. *asparagina*). Cette laitue est un croisement de céleri et de laitue. Sa saveur rappelle ces deux légumes. Appelée *celtuce* en anglais et plutôt rare en Amérique du Nord, la laitue asperge est surtout connue en Orient. Ses tiges peuvent être mangées crues ou cuites comme le céleri, tandis que ses feuilles sont surtout utilisées cuites.

ACHAT ◆ Rechercher de la laitue aux feuilles lustrées, fermes et croustillantes; cette dernière qualité est surtout nécessaire pour la romaine et la pommée. Délaisser la laitue molle, terne, détrempée, rouillée ou jaunie, dont les extrémités sont desséchées ou brunies.

PRÉPARATION ◆ Plonger les feuilles dans une bonne quantité d'eau fraîche, les secouer doucement; renouveler l'eau au besoin. Ne pas laisser les feuilles tremper. Les égoutter soigneusement (un égouttoir rotatif facilite la tâche). Plus la laitue est égouttée, plus l'assaisonnement adhère aux feuilles. Déchiqueter la laitue à la main plutôt qu'au couteau, qui la fait rouiller. Ne sortir la laitue du réfrigérateur et ne l'assaisonner qu'au moment de servir pour minimiser les pertes de vitamines et l'empêcher de se détremper. Quand la laitue est trop amère, on peut la blanchir en la plongeant quelques minutes dans de l'eau bouillante.

UTILISATION ◆ La laitue se mange le plus souvent crue, mais on peut aussi la cuire. Comme le persil, c'est un aliment que l'on peut mettre presque partout.

VALEUR NUTRITIVE

La laitue est riche en eau (94 à 96 %) et pauvre en calories (8 à 22/100 g). Elle est généralement riche en folacine. Son contenu en vitamines et en sels minéraux change selon les variétés. Plus la laitue est verte, plus elle en renferme. On la dit apéritive, analgésique, émolliente et calmante; elle est recommandée contre l'insomnie, la toux et l'excitation nerveuse ou sexuelle. Les moines du Moyen-Âge étaient tenus d'en manger afin de conserver leur chasteté.

La laitue pommée renferme
Eau	95,9 %
Protéines	0,6 g
Matières grasses	0,1 g
Glucides	1,2 g
13 calories/100 g	

Cette laitue, moins colorée que les autres, contient moins d'éléments nutritifs.

La laitue Boston contient
Eau	95,6 %
Protéines	0,7 g
Matières grasses	0,1 g
Glucides	1,3 g
Fibres	0,6 g
13 calories/100 g	

Elle est une bonne source de folacine; elle contient du potassium, de la vitamine C et de la vitamine A ainsi que des traces de calcium, de fer et de cuivre.

La laitue frisée contient
Eau	94 %
Protéines	0,8 g
Matières grasses	0,2 g
Glucides	2,1 g
Fibres	0,9 g
18 calories/100 g	

La laitue romaine contient
Eau	94,9 %
Protéines	1 g
Matières grasses	0,1 g
Glucides	1,4 g
Fibres	1 g
16 calories/100 g	

Elle est une excellente source de folacine et une bonne source de potassium et de vitamine A; elle contient de la vitamine C et du fer ainsi que des traces de phosphore et de zinc.

La laitue asperge contient
Eau	94,5 %
Protéines	0,9 g
Matières grasses	0,3 g
Glucides	3,7 g
22 calories/100 g	

Crue, elle est surtout servie en salade, arrosée de vinaigrette ou de mayonnaise, ou elle est mise dans les sandwichs. Il est intéressant de combiner plusieurs variétés dans une salade ; le coup d'œil, la saveur et l'apport nutritionnel en sont améliorés.

> Elle est une excellente source de vitamine A et de potassium et une bonne source de vitamine C ; elle contient du magnésium ainsi que des traces de fer, de calcium et de phosphore.

La laitue est souvent braisée ou mise dans des soupes. Couper finement les feuilles et les ajouter dans la soupe en fin de cuisson, elles cuiront avec la chaleur du bouillon qu'elles parfumeront délicatement (c'est un excellent moyen d'utiliser un restant de laitue ou des feuilles défraîchies ; délaisser les toutes premières feuilles sauf s'il s'agit de laitue biologique). Mises en purée, ces feuilles font aussi un excellent potage.

CONSERVATION ◆ Pour bien conserver la laitue, il est important de l'empêcher de pourrir et de se déshydrater. Laver la laitue frisée et la laitue romaine avant de les réfrigérer afin de les débarrasser de la terre, des insectes et très souvent d'un surplus d'humidité qui les détériorent. Ne laver la laitue Boston, la laitue Bibb et la laitue pommée qu'au moment de les utiliser, car elles sont très fragiles. Mettre la laitue dans un sac de plastique perforé. Éviter de l'emballer hermétiquement, car elle pourrira si elle ne peut plus respirer. Glisser 1 ou 2 feuilles de papier absorbant si la laitue n'est pas bien asséchée, feuilles que l'on changera dès qu'elles seront détrempées. Ainsi traitée, la laitue peut se conserver environ 1 semaine. Une laitue pourra redevenir croustillante si elle est très légèrement mouillée. Éloigner la laitue des fruits ou des légumes produisant de l'éthylène en quantité (pommes, poires, bananes, cantaloups et tomates), car ce gaz fait rouiller les feuilles. La laitue pommée réfrigérée se conserve près de 2 semaines ; les autres variétés, environ 1 semaine.

La laitue est trop fragile pour être congelée.

LAMPROIE

Petromyzon spp, **Pétromyzonidés**
Autres noms : *lamproie marine, lamproie de rivière, lamproie de fleuve*
Nom anglais : *lamprey*
Autres noms : *sea lamprey, freshwater silver lamprey, Pacific lamprey*

HISTORIQUE ◆ La lamproie ressemble à un serpent, comme l'anguille, le congre et la murène. Ce poisson est l'un des seuls survivants des vertébrés cyclostomes, des animaux dépourvus de mâchoire inférieure, avec une bouche ronde qui sert de ventouse et une langue couverte de dents cornées. La plupart des lamproies ont une vie parasitaire, se fixant sur d'autres poissons et se nourrissant de leur chair et de leur sang. Elles vivent dans la mer, les rivières, les fleuves et les lacs, car elles quittent la mer pour aller se reproduire dans les eaux douces. La lamproie est particulièrement appréciée des Européens et des Amérindiens de la côte du Pacifique.

Il existe une trentaine d'espèces de lamproies réparties en 8 genres. On trouve 4 espèces en Amérique du Nord. Une espèce courante des deux côtés de l'Atlantique est la lamproie de mer (ou grande lamproie, *P. marinus*), qui mesure de 50 à 90 cm de long. La lamproie de rivière *(Lampetra fluviatilis)* habite les côtes européennes jusque dans les eaux froides de Sibérie. Plus petite, elle mesure de 30 à 45 cm de long. La lamproie du Pacifique *(Lampetra tridentata)* est courante près des côtes américaines.

La lamproie a une peau nue, lisse et glissante. Sa couleur change selon le degré de développement sexuel. Elle est souvent gris bleuâtre, gris brunâtre ou vert olive et parsemée de taches. Derrière la tête se trouvent 7 paires de branchies, en forme de trous. La lamproie mesure de 50 cm à 1 m de long.

UTILISATION ◆ La chair de la lamproie est dépourvue d'arêtes. Elle est plus délicate que la chair de l'anguille et s'apprête de la même façon. La lamproie de mer est plus fine que la lamproie de rivière et les mâles sont meilleurs. La lamproie est souvent grillée, cuite en matelote ou en pâté. La lamproie à la bordelaise, cuite dans du vin rouge, est une célèbre recette gastronomique française.

VALEUR NUTRITIVE	
La lamproie contient	
Protéines	21 g
Matières grasses	18 g
252 calories/100 g, crue	

LANÇON

Ammodytes spp, **Ammodytidés**
Autres noms et espèces : *lançon d'Amérique, équille, lançon du Nord*
Nom anglais : *sand-eel*
Autre nom : *sand lance*

HISTORIQUE ◆ Poisson effilé qui ressemble à une toute petite anguille. Le lançon mesure de 12 à 25 cm de long. Il habite les fonds sableux marins, en particulier ceux de l'Atlantique, du Pacifique et de la mer du Nord. Il se déplace en bancs et envahit les plages où il s'enfouit dans le sable pour se protéger. Il y creuse des trous, qui peuvent avoir plus de 30 cm de profondeur, à l'aide de son museau pointu formé par sa mâchoire inférieure proéminente. Sa nageoire dorsale est très longue et sa queue, fourchue. Sa couleur varie selon les espèces, le dos étant plus foncé que les flancs et le ventre. Sa chair est délicate

UTILISATION ◆ Il est préférable de consommer le lançon le plus rapidement possible, car il s'avarie facilement. Les gros poissons se préparent comme l'éperlan et les petits, comme le poulamon.

VALEUR NUTRITIVE	
Le lançon contient	
Protéines	18,5 g
Matières grasses	0,3 g
79 calories/100 g, crue	

LANGOUSTE

Palinarus, Panulirus et *Jasus spp*, **Palnuridés**
Nom anglais : *crawfish*
Autres noms : *rock lobster, spiny lobster*

HISTORIQUE ◆ Crustacé qui ressemble au homard mais dont la carapace est piquante. La langouste est d'ailleurs désignée en anglais notamment sous le nom de *spiny lobster* (« homard épineux »). Elle est moins agressive que le homard. Elle habite les fonds rocheux des mers, préfère les eaux chaudes ou tempérées et aime se cacher dans les algues. La langouste est présente entre autres dans l'Adriatique, la Méditerrannée et le Pacifique, en particulier près des côtes californiennes, chiliennes, australiennes, néozélandaises et sud-africaines.

Il existe plusieurs espèces de langoustes, qui prennent des couleurs différentes selon l'endroit où elles vivent. La langouste peut être rose (dite du Portugal), rouge, brun violacé ou verte. Elle peut atteindre 50 cm de long et peser jusqu'à 7 kg, surtout quand elle est âgée. Elle a une paire de longues antennes. Elle est dépourvue de pinces volumineuses. Sa queue est plus longue que son coffre. Sa chair blanche est légèrement moins savoureuse que la chair du homard.

ACHAT ◆ La langouste est rarement vendue vivante ou entière. Habituellement, seule la queue est commercialisée, crue ou cuite, généralement congelée.

CUISSON ◆ Éviter de trop cuire la langouste, car sa chair devient rapidement caoutchouteuse. Calculer environ 15 minutes lorsqu'elle est cuite par ébullition et environ 5 minutes lorsqu'elle est grillée.

VALEUR NUTRITIVE	
La langouste contient	
Protéines	21 g
Matières grasses	2 g
Glucides	2,4 g
Cholestérol	70 mg/100 g
112 calories/100 g, crue	
Elle est riche en niacine, en vitamine B_{12} et en zinc.	

UTILISATION ◆ Il est préférable de cuisiner la langouste simplement afin de ne pas masquer sa fine saveur. Elle peut être substituée au homard dans la plupart des recettes. Elle est souvent simplement arrosée de beurre à l'ail. Elle est délicieuse dans les salades.

CONSERVATION ◆ La langouste se conserve environ 1 ou 2 jours au réfrigérateur et 1 mois au congélateur.

LANGOUSTINE

Nephrops norvegicus, **Nephropidés**
Autre nom : *scampi*
Nom anglais : *Norway lobster*
Autres noms : *scampi, Dublin Bay prawn*

HISTORIQUE ◆ Crustacé qui habite les profondeurs de la mer. La langoustine ressemble à un petit homard ou à une grosse crevette. Ce n'est pas une petite langouste comme son nom peut donner à penser. « Langoustine » est en fait l'appellation commerciale du homard de Norvège. Ce crustacé est souvent connu sous son nom italien de *scampi*. La langoustine habite surtout les côtes de l'Atlantique, de la Scandinavie à l'Afrique du Nord. Des espèces voisines vivent dans le Pacifique.

La langoustine mesure de 8 à 25 cm de long. Elle a de grands yeux protubérants, une paire d'antennes très longue, un corps mince et une longue queue. Comme le homard, la langoustine a une paire de pattes plus volumineuses. Elles se terminent cependant en de longues et minces pinces contenant peu de chair. Ses autres pattes aux bouts blancs sont plus longues et plus effilées que les pattes du homard. La carapace est dans les teintes de blanc rosé, de rouge saumon, de rouge brique ou de rose-gris, selon les espèces. Elle est parfois parsemée de taches rougeâtres ou brunâtres. Contrairement aux autres crustacés, la langoustine change très peu de coloration à la cuisson. Sa chair, plus délicate que la chair du homard, est excellente.

ACHAT ◆ La langoustine est rarement commercialisée vivante, car elle se conserve très peu longtemps hors de l'eau. Elle est vendue crue (étêtée et congelée ou conservée dans de la glace concassée) ou cuite. Choisir des langoustines fermes et sans odeur d'ammoniac.

VALEUR NUTRITIVE
La langoustine crue contient
Protéines 17 g
Matières grasses 2 g
Glucides 0,5 g
91 calories/100 g
Elle est riche en calcium, en phosphore et en fer.

CUISSON ◆ La langoustine peut être cuite comme la crevette ou la langouste. Éviter la cuisson excessive qui amollit la chair et lui fait perdre de la saveur. Cuire de 3 à 5 minutes par ébullition et de 6 à 7 minutes à la vapeur. Lorsqu'elle est grillée, cuire 3 minutes chaque côté.

UTILISATION ◆ La langoustine est souvent servie accompagnée de beurre à l'ail. La plupart des recettes de crustacés lui conviennent. La langoustine remplace souvent la crevette géante (si elle est crue, la décortiquer comme la crevette, voir Crevette). Éviter de masquer sa saveur délicate.

CONSERVATION ◆ La langoustine se conserve environ 1 ou 2 jours au réfrigérateur et 1 mois au congélateur.

LANGUE

Nom anglais : *tongue*

HISTORIQUE ◆ La langue est un organe charnu et musculeux de couleur rosée ou grisâtre. Elle est recouverte d'une muqueuse rêche et épaisse qui s'enlève facilement après la cuisson. La langue de bœuf est la plus épaisse et la plus grosse (elle peut peser plus de 2 kg). Ses papilles sont nombreuses et volumineuses, surtout sur la face supérieure. La langue de veau est la plus tendre, la plus savoureuse et celle qui cuit le plus vite. La langue de porc est douce au toucher. Les langues d'oiseaux sont également comestibles tout comme les langues de certains poissons, dont celle de la morue.

PRÉPARATION ◆ Faire dégorger la langue des animaux de boucherie avant de la cuire. La mettre à tremper au moins 4 heures dans de l'eau froide mais de préférence 12 heures (toute une nuit par exemple).

UTILISATION ◆ La langue est souvent pochée puis braisée. La langue de bœuf est pochée 2 heures puis braisée 4 heures, les langues de veau, d'agneau ou de porc sont pochées 45 minutes et braisée 2 heures. On peut retirer la peau de la langue cuite ou de la langue pochée (attendre qu'elle soit refroidie). La langue est aussi panée et frite, fumée ou marinée. Elle peut se manger froide. Elle est délicieuse assaisonnée de moutarde, arrosée de vinaigrette ou saumurée. On la met dans les salades et les sandwichs.

CONSERVATION ◆ La langue se conserve 1 ou 2 jours au réfrigérateur. La cuisiner sans délai. Elle s'altère très rapidement, en particulier si elle séjourne longtemps à la température de la pièce dans son liquide de cuisson. Elle se congèle ; sa durée de conservation est de 3 à 4 mois.

VALEUR NUTRITIVE	
La langue de bœuf mijotée contient	
Protéines	22 g
Matières grasses	21 g
Cholestérol	107 mg
283 calories/100 g	
La langue de porc braisée contient	
Protéines	24 g
Matières grasses	19 g
Cholestérol	146 mg
271 calories/100 g	
La langue de veau braisée contient	
Protéines	26 g
Matières grasses	10 g
Cholestérol	238 mg
202 calories/100 g	

La langue est riche en vitamine B_{12}, en zinc et, pour les langues de bœuf et de porc, en fer.

LAPIN

Oryctolagus, **Léporidés**
Nom anglais : *rabbit*

HISTORIQUE ◆ Le lapin est un mammifère qui serait originaire d'Afrique. Il est souvent plus apprécié pour sa chair que comme animal, surtout quand il se régale dans le potager. Très prolifique, le lapin est un symbole de fécondité. La lapine est fécondable à partir de 5 mois et elle a des portées d'une douzaine de petits ; durant sa vie, elle donne naissance à environ 200 lapins. Le lapin sauvage inflige souvent d'immenses dommages à la végétation et peut causer des problèmes presque insurmontables lorsque son nombre est élevé. En Australie notamment, on estime que la population de lapins sauvages atteint les 300 millions ; jusqu'à maintenant les tentatives pour en diminuer le nombre ont échoué. Le lapin est un parent du lièvre, une espèce sauvage considérée comme du gibier et dont la chair est plus foncée et de saveur plus prononcée. Le lapin de garenne, probablement l'ancêtre du lapin domestique, a une chair maigre et foncée qui a un goût de gibier. La chair du lapin ressemble à celle du poulet.

L'élevage du lapin (cuniculture) est une pratique ancienne, car cet animal est facile à domestiquer. Le mot cuniculture est dérivé de « connil » et de « couvin », mots avec lesquels on désignait le lapin avant le XVᵉ siècle. Le lapin ne coûte pas cher à nourrir, car il se contente de très peu de céréales et de beaucoup de verdures ; on le considère comme un semi-ruminant. L'élevage artisanal a longtemps été le seul existant. Depuis le début du XXᵉ siècle, l'élevage industriel s'est imposé ; le lapin y est engraissé plus vite, on le tue vers 3 mois et non plus entre 4 à 6 mois comme auparavant. Sa chair est un peu plus grasse et un peu plus fade. Le lapin est généralement tué lorsqu'il pèse de 2,3 à 2,7 kg. Il peut nourrir 4 ou 5 personnes, car la perte à la cuisson est minime. Le lapin est intéressant non seulement pour sa chair mais pour sa fourrure aux teintes diverses et parce qu'il est une bonne source d'engrais.

ACHAT ◆ Le lapin est commercialisé frais ou congelé, entier ou coupé en 4 ou 6 morceaux, selon sa grosseur. Il est presque toujours dépouillé et vidé. S'il est frais et entier, la flexibilité de ses pattes est un signe de fraîcheur. Choisir un lapin à la chair luisante et légèrement rosée, au foie bien rouge et exempt de taches, aux rognons bien visibles, et au gras situé autour des reins d'un blanc franc. Délaisser un lapin gélatineux ou à la chair foncée : il manque de fraîcheur et n'a pas été saigné convenablement.

PRÉPARATION ◆ Pour découper le lapin, détacher les 4 pattes, puis sectionner le râble (la partie inférieure du dos, charnue et plus blanche, souvent considérée comme la meilleure). Si désiré, quand le lapin est assez gros, couper les cuisses de derrière en 2 (ce sont les plus charnues). Laver immédiatement un lapin frais tué ; le mettre à tremper dans de l'eau fraîche légèrement salée si on veut blanchir la chair et atténuer la saveur.

VALEUR NUTRITIVE
Le lapin domestique rôti contient
Protéines 29 g
Matières grasses 8 g
Cholestérol 82 mg
197 calories/100 g
Il est riche en protéines, en potassium, en zinc et en niacine, en vitamine B_6 et en vitamine B_{12}. C'est aussi une bonne source de fer et de phosphore. La faible teneur en matières grasses rend le lapin facile à digérer. Elle est aussi responsable du fait qu'il est légèrement insipide, puisque le gras confère de la saveur, et que le lapin est plus difficile à cuire que la volaille, sa chair s'asséchant facilement.

On ne faisande pas le lapin et le lièvre, car ils s'altèrent rapidement. On peut cependant les mariner, cela humidifie et blanchit la chair tout en améliorant la saveur. La marinade doit contenir un ingrédient acide (vin rouge ou blanc, jus de citron ou vinaigre) et de l'huile ; on y ajoute légumes et aromates au choix.

UTILISATION ◆ Le lapin se compare avantageusement au poulet. Comme ce dernier, il supporte un grand nombre de modes de cuisson, et le choix des ingrédients et des assaisonnements qui l'accompagnent est considérable. Il demande un peu plus de soins cependant vu que sa chair s'assèche facilement ; c'est pourquoi on le cuit souvent dans un liquide. Il nécessite environ 1 heure de cuisson. Éviter les températures élevées. Si on rôtit ou si on grille le lapin, l'arroser durant la cuisson. Le lapin âgé est moins tendre et gagne à être cuit à la chaleur humide ; il est souvent mis en pâté ou en terrine.

Le lièvre s'apprête comme le lapin. Il est souvent accompagné de fruits acides ou de sauce aigre-douce ou corsée, ce qui en atténue le goût.

CONSERVATION ◆ Le lapin (et le lièvre) frais tué se conserve 1 semaine au réfrigérateur. Frais ou cuit, il supporte la congélation, qui lui fait cependant perdre de la saveur. Pour y remédier, ajouter plus d'aromates lors de la cuisson.

LAURIER

Laurus nobilis, **Lauracées**
Autres noms : *laurier noble, laurier d'Apollon, laurier-sauce*
Nom anglais : *bay leaf*
Autre nom : *laurel*

 HISTORIQUE ◆ Arbre dont les feuilles persistantes et lancéolées d'un vert foncé sont utilisées comme condiment. Originaire du bassin méditerranéen, le laurier occupa une place importante dans la Grèce antique. Il fut dédié au dieu de la lumière, Apollon. Des couronnes de laurier étaient données aux héros, aux vainqueurs et aux artistes reconnus. C'est de cette pratique que nous viennent les termes «lauréat», dérivé du latin *laureatus* signifiant «couronné de laurier», et «baccalauréat», de *bacca laurea* qui signifie «baie de laurier».

Plusieurs arbres et arbustes reçoivent l'appellation de laurier, dont le laurier-cerise et le laurier-rose, mais ils n'appartiennent pas à la famille des Lauracées. Le véritable laurier est un arbre qui mesure souvent de 3 à 6 m de hauteur, mais qui peut atteindre 15 m. Ses feuilles ovales, lisses, fermes et luisantes mesurent de 5 à 10 cm de long. Le laurier produit de petites fleurs ombellées vert jaunâtre qui donnent des baies luisantes bleu noirâtre.

 ACHAT ◆ À l'achat des feuilles séchées, choisir des feuilles bien colorées.

UTILISATION ◆ Les feuilles de laurier sont utilisées entières ou émiettées, fraîches ou séchées. Elles sont très parfumées. Les utiliser avec parcimonie, surtout quand on ne connaît pas leur saveur. Plus elles cuisent longtemps quand elles touchent à un liquide, plus elles confèrent de la saveur au mets. Les feuilles de laurier aromatisent sauces, soupes, ragoûts, viande, volaille, poisson, légumes, légumineuses, terrines, pâtés, marinades, bref presque tout. Elles sont un élément essentiel du bouquet garni.

En tisane, mettre quelques feuilles dans une tasse d'eau, faire bouillir de 2 à 3 minutes, puis laisser infuser 10 minutes.

VALEUR NUTRITIVE	
Les feuilles de laurier émiettées fournissent	
Vitamine A	4 ER
Calcium	5 mg
Potassium	3 mg
Fer/5 ml (1 g)	0,26 mg

Les baies et les feuilles de laurier sont reconnues pour posséder plusieurs propriétés médicinales ; on les dit antiseptiques, digestives, expectorantes, antirhumatismales et antispasmodiques. L'huile essentielle est efficace en pommade pour soulager les entorses et les ecchymoses. Elle contient divers éléments amers et des tannins qui peuvent s'avérer toxiques à haute dose.

CONSERVATION ◆ Les feuilles fraîchement cueillies doivent être séchées à l'obscurité pour conserver leur saveur. Garder les feuilles séchées à l'abri de l'air et de la lumière.

LÉGUMES

Nom anglais : *vegetables*

HISTORIQUE ◆ Nom donné aux plantes potagères utilisées dans l'alimentation. Les légumes sont nombreux et variés. Leur grande diversité de couleurs, de saveurs, de textures et de valeurs nutritives apporte de la variété dans nos menus. La place des légumes dans l'alimentation humaine n'a pas toujours été la même selon les époques et les cultures. En compagnie des céréales, les légumes ont longtemps constitué la base de l'alimentation. Puis dans la plupart des pays occidentaux, les légumes furent traités en parents pauvres. On les consommait peu. Souvent, on ne s'en servait que pour accompagner les plats principaux. En Asie et au Moyen-Orient par contre, les légumes ont toujours occupé une place importante. En Amérique du Nord, la consommation des légumes est à la hausse depuis plusieurs années. La population est devenue plus consciente de leurs bienfaits. Elle est de plus en plus informée de leur valeur nutritive et de l'importance de les consommer pour être en bonne santé. La plus grande diversité de légumes disponibles contribue à l'augmentation de la consommation.

La grande variété des légumes complique leur classification. La façon la plus pratique consiste à regrouper les légumes selon la partie de la plante qui est consommée ; on a donc les légumes :

- bulbes : ail, ciboule, ciboulette, échalote, oignon, poireau ;
- feuilles : bardane, chicorée, chou, cresson, épinard, laitue, chou laitue, mâche, moutarde, ortie, oseille, pissenlit, salade de Trévise ;
- fleurs : artichaut, brocoli, chou-fleur ;
- fruits : aubergine, avocat, chayote, concombre, courge, gombo, poivron, tomate ;
- gousses : haricot, pois, soya ;
- racines : betterave, carotte, céleri-rave, navet, panais, radis, raifort, rutabaga, salsifis ;
- tiges : asperge, bette, cardon, céleri, crosse de fougère ;
- tubercules : crosne, igname, jicama, manioc, patate, pomme de terre, taro, topinambour.

ACHAT ◆ L'état des légumes est un indice de leur fraîcheur, mais ce facteur est souvent faussé du fait que plusieurs légumes sont enduits de cire (aubergine, concombre, courge, navet, patate douce, panais, piment, poivron, rutabaga, tomate). Rechercher des légumes fermes, intacts et bien colorés, exempts de moisissures et de parties molles. Éviter les légumes fragiles laissés à l'air ambiant, les légumes épluchés et les légumes déjà cuits.

PRÉPARATION ◆ La préparation, l'utilisation et la conservation des légumes influencent leur saveur, leur valeur nutritive, leur texture et leur apparence. Tout comme les fruits, les légumes sont affectés par l'air et la chaleur, car ils continuent de vivre même après la cueillette ; on dit qu'ils respirent. Une seule heure passée à la température ambiante les détériore deux fois plus vite que s'ils sont réfrigérés, car le rythme de respiration et de mûrissement est alors accéléré (l'épinard, par exemple, va se dégrader 13 fois plus vite à 27 °C qu'à 2 °C).

En préparant les légumes, éviter une exposition prolongée à l'air, à la chaleur et à l'eau :

- ne pas mettre les légumes à tremper, ni avant de les couper ni après, car ils perdent certains éléments nutritifs. Bien les laver mais le faire le plus rapidement possible. Pour les légumes cultivés sans pesticides et qui peuvent contenir des vers (chou, brocoli, chou-fleur, etc.), on peut les mettre à tremper dans de l'eau fraîche salée environ 1/2 heure ;

- éviter de laisser les légumes à la température de la pièce, tant avant de les préparer qu'après (et même une fois cuits). Les préparer à la dernière minute et, s'il faut le faire plus tôt, les remettre au réfrigérateur;

- couper d'égale grosseur les légumes destinés à la cuisson : ils cuiront uniformément et garderont plus de nutriments. La taille des légumes a une influence sur la valeur nutritive; plus les légumes sont coupés finement, plus ils sont exposés à l'air et plus la perte de nutriments est grande. Par contre, le temps de cuisson est raccourci vu la taille réduite des légumes, ce qui limite d'une certaine façon les pertes d'éléments nutritifs.

CUISSON ◆ Tous les légumes ne peuvent pas être mangés crus. Certains, dont la pomme de terre, riche en amidon, ont besoin de la cuisson pour être mieux assimilés par le système digestif. D'autres, comme le taro, contiennent des substances irritantes ou nocives, que la cuisson détruit.

La cuisson transforme l'amidon en glucides, attendrit la cellulose, libère les substances entreposées entre les fibres et dissout les pectines contenues dans les légumes. Elle peut aussi rendre les légumes insipides et détrempés, et elle fait perdre une certaine quantité de vitamines et de sels minéraux. Il est donc important que la cuisson soit la plus courte possible, car plus elle se prolonge, plus les légumes perdent d'éléments nutritifs; ainsi, après 25 minutes de cuisson à l'eau, le chou a perdu 50 % de vitamine C et après 90 minutes, 90 %.

Le meilleur mode de cuisson vise à minimiser les pertes d'éléments nutritifs tout en donnant des légumes savoureux, croustillants, colorés et peu gras. La couleur du légume influencera le choix du mode de cuisson, car les légumes verts, les légumes jaunes, les légumes rouges et les légumes blancs réagissent différemment à la cuisson.

Légumes verts (artichaut, asperge, brocoli, chou, céleri, cresson, poivron, etc.). Les légumes verts sont difficiles à cuire, car ils se décolorent rapidement. La chlorophylle leur donne leur couleur verte, mais elle complique la cuisson parce qu'elle réagit aux acides contenus dans les légumes lorsque la chaleur les libère, et cela affecte leur couleur (voir Cuisson à l'eau).

VALEUR NUTRITIVE

Chaque légume est composé de divers éléments nutritifs, dans une concentration qui lui est propre. Comme groupe d'aliments cependant, les légumes partagent certaines caractéristiques :

- ils sont une source de vitamines et de minéraux, particulièrement de vitamine A sous forme de carotène, de vitamine B_6, de vitamine C, de folacine ainsi que de potassium, de fer et de magnésium et de calcium;

- ils sont riches en eau, soit entre 80 à 95 %;

- ils fournissent des fibres solubles et insolubles;

- ils sont pauvres en matière grasses, à l'exception de l'avocat et de l'olive;

- ils sont généralement pauvres en protéines;

- la plupart sont pauvres en calories;

- ils ne contiennent pas de cholestérol, puisqu'ils sont d'origine végétale.

Divers facteurs influencent la saveur et le contenu nutritif des légumes, avant, pendant et après la récolte. Certains sont impondérables, comme les conditions climatiques. La plupart cependant relèvent de l'intervention humaine. Leur importance a augmenté durant le XXe siècle à mesure que se développaient les méthodes de culture industrielles. Ainsi, la majorité des légumes vient en contact avec des produits chimiques et une partie de ces substances demeurent sous forme de résidus. Ces résidus peuvent se loger à l'intérieur du légume (contamination systémique) ou rester en surface (contamination topique). On assiste actuellement au retour à une agriculture moins agressante pour les aliments et l'environnement. De nombreuses recherches s'emploient à trouver des produits et des techniques naturelles pour remplacer les substances chimiques. Pour ingérer le moins de résidus possible, laver soigneusement les légumes ou les peler (on perd cependant les éléments nutritifs logés sous et dans la peau). La consommation de légumes cultivés biologiquement est une autre solution, qui demeure actuellement une mesure à la portée d'une minorité seulement. Cela est déplorable, car les aliments biologiques ont une plus grande concentration d'éléments nutritifs.

Légumes jaunes (carotte, citrouille, courge, maïs, navet, patate, rutabaga, etc.). Les légumes jaunes sont les plus faciles à cuire. Ils sont riches en carotène (que le corps transforme en vitamine A), substance peu soluble à l'eau, stable à la chaleur et non affectée par l'acidité des légumes.

Légumes rouges (betterave, chou rouge, oignon rouge, radis). Les légumes rouges contiennent de l'anthacyanine, un pigment à l'origine de leur couleur rouge, tirant parfois sur le bleu. L'acidité avive la couleur des légumes rouges. Ces légumes perdent de la couleur en cuisant, surtout lorsqu'ils sont coupés.

Légumes blancs (chou-fleur, oignon, navet, salsifis, topinambour, etc.). L'anthoxanthine est le pigment qui colore les légumes blancs; l'acidité ne l'affecte pas. Éviter une cuisson trop longue qui jaunit les légumes blancs ou qui les brunit. Les légumes blancs ont la fâcheuse tendance à réagir au fer et à l'aluminium du couteau ou de la casserole et deviennent alors brunâtres, verdâtres ou jaunâtres. Pour éviter cet inconvénient, utiliser de préférence l'acier inoxydable ou le verre. Certains légumes, dont le céleri-rave, le panais, le salsifis et le topinambour, s'oxydent dès qu'ils sont épluchés, sauf si on les trempe immédiatement dans une solution acide (jus de citron, eau vinaigrée, vinaigrette).

Non seulement la couleur des légumes mais divers autres facteurs sont à considérer lorsqu'on décide du mode de cuisson, si on désire conserver le plus d'éléments nutritifs possible. On verra leur importance lors de l'analyse des principaux modes de cuisson.

Cuisson à l'eau

La cuisson à l'eau est simple – les légumes bouillent dans de l'eau – mais elle occasionne une baisse importante de la saveur et de la valeur nutritive, surtout lorsque l'on cuit trop les légumes et que l'on jette l'eau de cuisson. C'est la méthode la plus couramment employée et la plus mal utilisée. Plusieurs facteurs augmentent ou diminuent la perte de nutriments :

- la quantité d'eau utilisée;
- la température de l'eau lorsqu'on ajoute les légumes;
- l'ajout de bicarbonate de soude, d'un ingrédient acide ou de sel;
- l'utilisation ou la non-utilisation d'un couvercle;
- le temps de cuisson.

Beaucoup ou peu d'eau. Il est préférable d'utiliser le moins d'eau possible (sauf pour les légumes verts, voir plus loin). Conserver l'eau de cuisson, elle est riche en vitamines et en sels minéraux que les légumes ont perdu en cuisant (l'employer pour cuisiner soupes et sauces). Se servir d'une casserole permettant une cuisson uniforme et surveiller le niveau d'eau pour empêcher que les légumes ne collent.

Avec les légumes verts qui perdent facilement couleur, fermeté et saveur, une plus grande quantité d'eau se justifie. Plus il y a d'eau dans la casserole, plus l'ébullition reprend tôt lorsque les légumes sont mis à cuire et plus la chaleur les pénètre rapidement. Le temps de cuisson est alors diminué, les légumes ont meilleur goût et le changement de couleur est moindre, car les acides qui réagissent avec la chlorophylle sont davantage dilués.

Avec ou sans couvercle. Les légumes contiennent des substances volatiles qui s'échappent si la casserole est découverte, ce qui provoque une perte de vitamines et de saveur. Il est donc préférable de cuire les légumes couverts, sauf les légumes verts qui demandent des soins particuliers. L'idéal consiste à cuire d'abord les légumes verts à découverts 3 ou 4 minutes, puis à terminer la cuisson en mettant le couvercle. Ne pas mettre le couvercle permet l'évaporation des acides, qui deviennent moins efficaces pour s'attaquer à la chlorophylle, ce qui fait que les légumes peuvent rester plus verts.

Eau chaude ou eau froide. L'importance de plonger les légumes dans de l'eau bouillante ne s'applique pas seulement aux légumes verts, ce procédé est bénéfique à tous les légumes, quel que soit la quantité d'eau choisie. Il permet de neutraliser rapidement les enzymes qui détruisent les vitamines ; la perte est par la suite très ralentie. Après avoir mis les légumes dans l'eau bouillante, laisser le feu au maximum afin que l'ébullition reprenne le plus vite possible, puis baisser le feu. Les légumes ne cuisent pas plus vite si le feu est vif, car l'eau qui bout reste toujours à 100 °C. En plus, les bulles qui éclatent créent de la vapeur qui transforme le mode de cuisson, et la turbulence causée par une forte ébullition peut endommager les légumes.

Avec ou sans bicarbonate de soude. Le bicarbonate de soude (soda à pâte) est parfois ajouté à l'eau de cuisson dans le but de préserver la couleur. C'est inutile pour les légumes jaunes, cela décolore les légumes rouges qui peuvent devenir pourpres, bleutés ou verdâtres, et cela jaunit les légumes blancs s'ils cuisent trop longtemps. C'est efficace pour les légumes verts, mais cette pratique n'est pas souhaitable, car le bicarbonate de soude s'attaque aux cellules des légumes qui deviennent détrempés, il altère aussi la saveur et détruit la vitamine B_1. Pour contrôler la décoloration des légumes verts, raccourcir plutôt le temps de cuisson ou choisir un autre mode de cuisson.

Ajouter ou non un ingrédient acide. Ajouter un ingrédient acide (vinaigre, jus d'agrume, crème sure, vin sec, cidre) peut être utile, nuisible ou inutile, selon la couleur du légume.

- Un ingrédient acide permet aux légumes rouges ou blancs de rester fermes et il préserve leur couleur, allant même jusqu'à l'aviver et la restaurer, pour les betteraves par exemple.

- Il est nocif pour les légumes verts, car il s'attaque aux molécules de la chlorophylle, qui change de couleur et qui devient d'un vert peu appétissant.

- Il est inutile pour les légumes jaunes, qui n'en ont pas besoin parce qu'ils sont stables.

Avec ou sans sel. Une des propriétés du sel est de capter l'humidité ; c'est pourquoi il attendrit les légumes. Quand il est ajouté en début de cuisson, il fait s'écouler les sucs des légumes, ce qui entraîne une perte de valeur nutritive. Une recherche a démontré que des épinards salés ont perdu jusqu'à 47 % de leur contenu en fer tandis que la perte ne fut que de 19 % lorsqu'on les a cuits sans sel. Un autre désavantage du sel est qu'il se concentre à mesure que la cuisson se prolonge. Il est contre-indiqué avec les légumes ayant une forte teneur en eau (champignons, concombres, tomates, etc.) et peu souhaitable avec plusieurs autres (choux rouges, poivrons, etc.) auxquels il fait perdre saveur et fermeté. Si on tient absolument à saler, ajouter le sel en fin de cuisson.

Le temps de cuisson. Il est important de cuire les légumes le moins longtemps possible. Des légumes encore croustillants ont plus de saveur et de valeur nutritive. Lorsque la cuisson à l'eau est terminée, égoutter les légumes dans une passoire et récupérer le liquide pour cuisiner. Certains, dont le chou, gagnent à être légèrement comprimés s'ils contiennent trop d'eau. Chauffer les légumes quelques instants à feu doux s'il faut les assécher davantage. Écourter la cuisson si les légumes doivent recuire ou s'ils sont servis froids, car la cuisson continue tant qu'ils restent chauds. Il est possible d'arrêter la cuisson en passant les légumes sous l'eau froide, mais cette pratique entraîne une légère perte de nutriments.

Cuisson à la vapeur

Les légumes cuisent par la chaleur créée lors du bouillonnement d'une petite quantité d'eau. Ce mode de cuisson entraîne moins de perte d'éléments nutritifs que la cuisson à l'eau. Il est essentiel cependant que les légumes ne touchent pas à l'eau pour éviter les désavantages de la cuisson à l'eau, surtout si la cuisson se prolonge et si on jette l'eau de cuisson. On peut se servir d'une étuveuse ; il en existe en métal avec les bords mobiles (marguerite) ou en bambou et étagée, ce qui est très pratique pour cuire des légumes qui n'ont pas le même temps de cuisson. Tout autre ustensile qui peut remplir la même fonction fait l'affaire (passoire, support). Un bon couvercle est essentiel.

La cuisson à la vapeur convient particulièrement bien aux légumes fragiles, tels le chou-fleur, le brocoli et l'asperge. Il est préférable de ne pas couper les légumes trop finement et de ne pas les peler.

- Mettre environ 2 cm d'eau dans une casserole, y placer le support choisi et amener l'eau à ébullition.

- Déposer ensuite les légumes puis placer le couvercle. Dès que le couvercle commence à vibrer ou qu'il laisse échapper de la vapeur, baisser le feu pour que l'eau bouillonne doucement.

- Éviter de soulever le couvercle, car cela ralentit la cuisson et occasionne une perte de vitamines. Si le couvercle n'est pas bien ajusté ou si le feu est trop fort, il faudra parfois ajouter de l'eau (l'arrêt du bouillonnement est un bon signal).

- Le temps de cuisson est un peu plus long qu'avec la cuisson à l'eau.

Cuisson à l'étuvée

Ce mode de cuisson (braisage, à l'étouffée) ressemble beaucoup au précédent, à ceci près que les légumes cuisent par l'évaporation de l'eau qu'ils contiennent.

- Ajouter seulement 15 ou 30 ml (1 ou 2 cuillerées à soupe) de liquide (eau, vin, sauce tomate, fond de veau, etc.) en début de cuisson pour amorcer le processus.

- La cuisson s'effectue à feu très lent, ce qui permet de bien marier les arômes et d'éviter que les légumes ne collent au fond de la casserole.

- On n'a plus à se préoccuper de réutiliser l'eau de cuisson puisqu'il se forme en général très peu de liquide, sauf avec les légumes à haute teneur en eau (courges, champignons, tomates), et que la riche saveur du bouillon la transforme en une sauce très appréciée.

- Pour épaissir la sauce, on peut agir en début de cuisson en ajoutant de la farine (pourvu que la cuisson dure au moins 40 minutes, ainsi le goût pâteux disparaît), ou en fin de cuisson en ajoutant des jaunes d'œufs, de la crème ou un peu des deux ; la sauce ne doit plus bouillir ensuite, sinon l'œuf va coaguler et la crème se séparer.

- Ce mode de cuisson n'est pas recommandé pour la pomme de terre, qui a besoin d'eau.

Cuisson dans la marmite à pression

Il s'agit encore une fois d'une méthode de cuisson à la vapeur, mais celle-ci reste enfermée dans la casserole à cause de l'étanchéité du couvercle ; il se crée alors une pression et les légumes cuisent plus vite. Ce procédé économise temps et énergie, mais il a le grand défaut de souvent trop cuire les légumes, car quelques secondes représentent plusieurs minutes de cuisson ordinaire. Un strict minutage du temps de cuisson est nécessaire pour un résultat optimal ; se servir si possible d'un chronomètre ou calculer le temps avec soin. Il est souvent nécessaire de diminuer le temps de cuisson proposé par le manufacturier ; soustraire quelques secondes la première fois et raccourcir encore les autres fois, jusqu'au maximum acceptable. Il est essentiel de passer la marmite à pression sous l'eau froide dès que la cuisson est terminée afin d'arrêter immédiatement celle-ci ; ne pas ouvrir la marmite tant qu'il y a de la pression. Même effectué dans des conditions idéales, ce mode de cuisson ne préserve pas la valeur nutritive autant que le vante la publicité.

Cuisson à la chaleur sèche

Comme son nom l'indique, cette méthode n'utilise ni vapeur ni eau mais s'effectue au four ou au barbecue. Ce procédé élimine la nécessité d'ajouter un ingrédient acide ou alcalin ; il rend les légumes tendres, juteux et savoureux. Les pertes de valeur nutritive sont limitées quand les légumes ne sont pas épluchés, car moins de parties sont exposées à l'air. Certains légumes, dont la pomme de terre et l'aubergine, risquent d'éclater sous l'augmentation de la pression interne ; il vaut mieux les piquer ou les fendre légèrement. Toujours enfourner les légumes dans un four préchauffé ; s'ils sont coupés, les badigeonner d'un peu d'huile pour diminuer la perte de vitamine C.

Cuisson au wok

Cuisson par friture légère et rapide *(stir-fry)*, ou à la vapeur, ou par une combinaison des deux procédés. La friture légère consiste à saisir les légumes en les enrobant d'huile chaude le plus rapidement possible, puis à les cuire très peu, ce qui permet d'emprisonner les éléments nutritifs et de conserver couleur, texture, saveur et valeur nutritive.

- Couper les légumes le plus finement possible, idéalement en diagonale, et de la même grosseur pour que la cuisson soit uniforme.

- Regrouper les légumes d'après leur durée de cuisson (ceux qui demandent plus de cuisson, tels brocolis et choux-fleurs, gagnent à être préalablement blanchis).

- Préparer tous les légumes avant d'entreprendre la cuisson, car elle ne doit pas être interrompue.

- Chauffer le wok à feu vif, verser de l'huile (15 à 30 ml [1 ou 2 cuillerées à soupe]); veiller à ce que l'huile ne fume pas (pas plus de 175 °C), sinon elle devient nocive.

- Ajouter les légumes en commençant par les plus longs à cuire (oignon, gingembre, céleri, etc.); les remuer continuellement avec une spatule en bois ou en métal et laisser s'écouler environ 30 secondes entre chaque ajout.

- Quand tous les légumes sont enrobés d'huile, baisser légèrement le feu et verser si nécessaire un peu de liquide (eau, sauce tamari, bouillon, etc.) dans lequel on aura, si désiré, délayé de la fécule de maïs.

- Si nécessaire, continuer la cuisson en brassant ou mettre le couvercle et cuire quelques minutes.

Friture

Cuisson à haute température par l'immersion des légumes dans un bain de matières grasses, très souvent de l'huile. L'huile doit pouvoir supporter les hautes températures. L'utilisation d'un thermomètre à cuisson permet de mieux contrôler cette dernière.

Bien essuyer les légumes ou les recouvrir d'une pâte à cuire, sinon l'eau s'évapore immédiatement au contact de l'huile et provoque des éclaboussures d'huile bouillante. La pâte à cuire permet aussi de réduire l'assèchement des légumes (la pomme de terre n'en a pas besoin). Les légumes seront meilleurs s'ils ont été marinés. Les plus longs à cuire (brocoli, chou-fleur) auront avantage à être préalablement blanchis.

Le temps de cuisson de chaque légume est très variable. Il dépend du légume, de sa qualité, de sa fraîcheur, de sa grosseur, de la casserole, de la source de chaleur (gaz, électricité) et de son intensité. Cuire le moins longtemps possible; quand plusieurs légumes sont cuits ensemble, commencer par ceux qui demandent plus de cuisson.

La friture rend les légumes très gras; ainsi, les pommes de terre frites contiennent 13 fois plus de matières grasses que les pommes de terre nature. De très nombreuses recherches ont démontré le rôle nocif du gras dans l'alimentation quand il est consommé en grande quantité; il est donc préférable de limiter l'ingestion d'aliments frits.

Cuisson au four à micro-ondes

La cuisson des légumes au four à micro-ondes donne de très bons résultats. Elle permet plus facilement que tout autre mode de cuisson de conserver la couleur et la saveur des légumes. Ces avantages sont dus au fait que les légumes ont un haut pourcentage d'eau et que les micro-ondes cuisent rapidement. Les légumes doivent cependant être le plus frais possible pour que les résultats soient optimaux.

Temps de cuisson. Le temps de cuisson ne peut être qu'approximatif, car il dépend de plusieurs facteurs. Il varie en fonction de la puissance en watts du four, de la dimension de ce dernier, de la quantité des aliments, de la teneur en eau, en matières grasses et en sucres des légumes, de la quantité d'eau ajoutée, de la grosseur des légumes, de leur température interne, de la façon dont ils sont disposés dans le four et des caractéristiques du four :

- plus les légumes contiennent d'eau, de matières grasses ou de glucides, plus ils cuisent rapidement ;

- plus il y a d'eau dans le récipient, plus le temps de cuisson est long ;

- plus les légumes sont coupés finement, plus ils cuisent rapidement, car l'énergie les pénètre plus facilement ;

- si on cuit deux fois plus de légumes que la quantité indiquée dans la recette, doubler aussi le temps de cuisson. Si on ne cuit que la moitié, couper de moitié le temps de cuisson ;

- les légumes à la température de la pièce nécessitent moins de cuisson que les légumess froids ou congelés ;

- disposer les légumes nécessitant plus de cuisson au bord du plat de cuisson (tiges de brocoli, chou-fleur, carottes) et placer les légumes demandant moins de cuisson au centre (tomate, poivron, pois, champignons). Additionner le temps de cuisson requis pour chaque légume que contient le plat, puis écourter légèrement le temps de cuisson. Vérifier le degré de cuisson, cuire plus longtemps si nécessaire ;

- pour conserver le maximum de saveur et de valeur nutritive, interrompre la cuisson un peu plus tôt que le temps suggéré (une ou deux minutes) et goûter pour vérifier si la cuisson est suffisante. Cuire un peu plus longtemps si nécessaire ;

- NE PAS OUBLIER de tenir compte du temps de repos puisque les légumes continuent de cuire lorsqu'ils sont hors du four ;

- si les légumes ne sont pas mangés immédiatement, arrêter la cuisson lorsqu'ils sont encore fermes. Il est d'ailleurs toujours préférable de cuire les légumes le moins longtemps possible afin de conserver le maximum de valeur nutritive.

PRÉPARATION ◆ On peut cuire les légumes entiers ou coupés. Choisir des légumes de même calibre ou couper les légumes en morceaux d'égale grosseur pour une cuisson uniforme. Les légumes cuits entiers dont la peau est ferme ou épaisse (aubergines, manioc, pommes de terre, courges, tomates) doivent être piqués à quelques endroits à l'aide d'une fourchette ou d'un couteau avant d'être enfournés. Cela permet à la vapeur de s'échapper, sinon les légumes risquent d'éclater, ce qui cause un dégât indescriptible. Ne pas envelopper les légumes dans du papier d'aluminium.

Toujours couvrir le récipient lorsqu'on cuit des légumes pelés ou tranchés pour empêcher qu'ils ne se déshydratent. Se servir du couvercle du récipient ou recouvrir le plat avec un papier cellophane. Percer le papier à 2 ou 3 endroits avec une fourchette pour permettre à la vapeur de s'échapper ou ne pas couvrir le récipient complètement. Ne saler et n'assaisonner qu'en fin de cuisson, car le sel décolore et durcit les légumes, tandis que les aromates perdent de la saveur. N'ajouter qu'une petite quantité d'eau pour cuire les légumes frais, car un surplus d'eau augmente le temps de cuisson et occasionne une perte de valeur nutritive.

UTILISATION ◆ Presque tous les légumes peuvent être mangés crus. Il est important de manger des légumes crus parce que leurs éléments nutritifs ne sont pas transformés, diminués ou détruits par la cuisson. Leur apport nutritionnel est donc différent de celui des légumes cuits. Les possibilités d'utilisation des légumes sont quasiment illimitées, allant de l'entrée au dessert en passant par la fabrication de vin (voir chaque légume).

CONSERVATION ◆ Il existe plusieurs façons de conserver les légumes (réfrigération, entreposage en chambre froide, congélation, mise en conserve, déshydratation, etc.). Plus les légumes sont sains et fermes, plus ils se conservent longtemps. Certains légumes, tels la courge d'hiver, l'ail, l'oignon, le malanga, la pomme de terre et le taro, se conservent à l'air ambiant. La plupart des légumes doivent cependant être réfrigérés le plus rapidement possible. L'air est plus chaud et le degré d'humidité plus élevé dans le bac à légumes que sur les tablettes du réfrigérateur. Le bac à légumes est idéal pour les légumes fragiles. Sur les tablettes, les légumes sont exposés à l'air qui circule tout autour. Cet air est passablement sec (surtout dans les réfrigérateurs sans givre), ce qui assèche les légumes. Il est donc préférable de recouvrir presque tous les légumes mis sur les tablettes.

Pour plusieurs légumes, une distinction s'impose entre la conservation d'été et la conservation d'hiver. Ainsi carotte, chou, navet, panais et betterave sont des légumes qui peuvent se conserver un certain temps au frais, dans une chambre froide par exemple, non lavés et enfouis dans du sable, de la mousse ou de la sciure de bois (le chou n'a pas besoin de ce traitement). L'été cependant, il est préférable de consommer ces légumes immédiatement, de n'acheter que la quantité consommable dans un court laps de temps et de conserver le surplus au réfrigérateur.

Les légumes nécessitent des soins différents selon leurs caractéristiques. Pour plus de facilité, les principaux légumes ont été divisés en 3 groupes :

groupe 1 : bette, chicorée, chou frisé, cresson, épinard, laitue, mâche, moutarde, oseille, pissenlit, romaine, scarole.

Les laver avant de les réfrigérer s'ils sont souillés ou s'ils sont mouillés, car la terre, les insectes et le surplus d'humidité peuvent les faire pourrir.

groupe 2 : artichaut, asperge, aubergine, betterave, brocoli, chou, chou-fleur, choux de Bruxelles, chou-rave, concombre, courge d'été, endive, haricot vert, jicama, navet, panais, pois verts, rapini, salsifis, tomate.

Réfrigérer sans les laver, car l'eau risque plus de les endommager que la saleté.

groupe 3 : ail, citrouille, courge d'hiver, malanga, oignon, patate douce, pomme de terre, taro.

Conserver à l'air ambiant, idéalement à une température se situant entre 11 et 15 °C. Laisser l'air circuler entre les courges et mettre les pommes de terre à l'abri de la lumière.

Il est préférable de ne pas conserver les légumes dans de l'eau froide et de ne pas les mettre à tremper s'ils sont défraîchis, car cela occasionne une perte d'éléments nutritifs. Pour que les légumes amollis redeviennent croustillants, ajouter plutôt un peu d'humidité dans le récipient, en mettant un papier mouillé, par exemple ou en aspergeant légèrement les légumes. Ne pas fermer le récipient hermétiquement, car les légumes peuvent fermenter.

Plusieurs légumes voient leur teneur en nitrites augmenter lorsqu'ils sont laissés à la température de la pièce ou quand ils sont entreposés en milieu humide et hermétique, dans les sacs de plastique par exemple. Réfrigérer ces légumes le plus tôt possible : légumes-feuilles (épinard, laitue, choux, bette), légumes-racines (betterave, carotte, radis), légumes-fruits (aubergine, concombre) et légumes-gousses (haricot vert) et éviter de les placer dans des sacs de plastique non perforés.

Congélation

La congélation est une méthode de conservation très utilisée pour les légumes, et la plupart la supportent bien. Ce procédé est avantageux, car il permet d'avoir accès aux légumes à longueur d'année. Faite dans de bonnes conditions, la congélation conserve une grande partie de la couleur, de la texture, de la saveur et de la valeur nutritive des légumes.

La congélation n'améliore pas les aliments. Pour de meilleurs résultats, congeler des légumes bien frais, bien mûrs et bien tendres. Congeler les légumes le plus vite possible après la récolte ou l'achat, sinon les mettre en attente au réfrigérateur. La congélation n'arrête pas la détérioration des aliments, elle ne fait que la ralentir. Il est nécessaire de blanchir les légumes pour retarder leur détérioration. Le blanchiment agit sur les enzymes contenues dans les aliments. Ces enzymes transforment les glucides en amidon même lorsqu'ils sont congelés, ce qui affecte principalement la saveur. En blanchissant les légumes, la chaleur désactive les enzymes, lesquels agissent beaucoup plus lentement. Seuls quelques légumes protégés par leur haut taux d'acidité, tels le poivron et l'oignon, n'ont pas besoin d'être blanchis.

Le blanchiment consiste à passer les légumes quelques minutes à l'eau bouillante ou dans le four à micro-ondes, la durée dépendant de la nature et de la grosseur des légumes. Pour être efficace, le blanchiment doit s'effectuer dans de bonnes conditions, car si les légumes sont insuffisamment blanchis, ils se détérioreront rapidement ; s'ils sont trop blanchis, ils seront presque cuits en plus d'avoir subi tous les désavantages de la cuisson à l'eau. Il faut donc calculer le temps de blanchiment très attentivement et refroidir les légumes rapidement.

Pour blanchir à l'eau bouillante :

- mettre à bouillir une bonne quantité d'eau ;
- déposer les légumes dans un panier, une passoire ou un coton à fromage afin de pouvoir les retirer le plus rapidement possible ;
- les immerger quand l'eau bout à gros bouillons ;
- couvrir la casserole ;
- commencer à minuter (le feu reste toujours au maximum) ;

- une fois le temps écoulé, retirer les légumes et les plonger immédiatement dans de l'eau très froide (10 °C) et les laisser juste le temps nécessaire à leur refroidissement (les légumes ne doivent pas tremper inutilement);
- l'eau du robinet est rarement assez froide. Congeler quelques jours à l'avance plusieurs contenants remplis d'eau et se servir de cette glace pour refroidir l'eau du robinet;
- égoutter les légumes (l'essoreuse à salade est tout indiquée);
- bien emballer les légumes et enlever l'air du contenant pour retarder la décoloration, le dessèchement et la perte de saveur et de valeur nutritive. Seuls les sacs de plastique prévus pour la congélation et certains contenants possèdent l'étanchéité voulue;
- ne pas mettre les légumes acides dans des contenants de métal;
- indiquer sur le contenant le nom du légume, la date et, si désiré, la quantité congelée.

La rapidité avec laquelle les légumes sont congelés est un élément primordial pour bien réussir. Elle permet d'éviter la formation de gros cristaux qui endommagent les cellules des légumes, cristaux qui diminuent le temps de conservation et qui laissent les légumes flasques et beaucoup moins valables sur le plan nutritif lors de la décongélation.

Déposer les légumes refroidis dans l'endroit le plus froid du congélateur.

Éviter de les empiler.

S'abstenir de surcharger le congélateur, ne mettre que la quantité qu'il peut congeler en 24 heures, soit entre 1 et 1,5 kg par 27 litres d'espace; des petits paquets se congèleront plus rapidement.

La décongélation totale ou partielle n'est pas toujours nécessaire avant de cuire les légumes. Il est même préférable de l'éviter quand c'est possible, car cela limite les pertes de saveur et de valeur nutritive. Lorsque c'est essentiel, décongeler au réfrigérateur; l'aliment est ainsi meilleur. Prévoir plusieurs heures, car cette décongélation prend plus de temps qu'à la température de la pièce. Éviter la décongélation complète.

Pour cuire, toujours ajouter les légumes quand le liquide de cuisson est bouillant, couvrir, attendre que l'ébullition reprenne puis baisser le feu. La cuisson est plus courte qu'avec des légumes frais, les légumes ayant déjà cuit légèrement lors du blanchiment.

Mise en conserve

La mise en conserve est un procédé beaucoup plus ancien que la congélation. L'industrie de la conserve a longtemps été florissante; elle a décliné avec l'apparition du surgelé. La valeur nutritive des légumes en conserve est souvent moindre que celle des légumes frais ou congelés. La perte de vitamines et de minéraux est augmentée lorsqu'on jette le liquide dans lequel baignent les légumes (une pratique fréquente).

Les conserves peuvent contenir des additifs (E.D.T.A., glutamate de calcium, divers sels de calcium) utilisés pour saler, conserver la couleur, raffermir, donner de la saveur, etc. Vérifier la liste des ingrédients sur l'étiquette lorsqu'on désire éviter l'ingestion d'additifs.

Ne jamais acheter une conserve bombée ou bosselée, car son contenu risque d'être contaminé. Toujours jeter, sans même y goûter, le contenu d'une conserve dont le liquide jaillit lors de l'ouverture, qui contient de l'écume, de la moisissure ou qui dégage une odeur bizarre.

À la maison, les légumes mis en conserve doivent être chauffés jusqu'à 116 °C car, comme tous les aliments peu acides (viande, fruits de mer, etc.), ils peuvent devenir très toxiques s'ils ne sont stérilisés que dans un bain d'eau bouillante. Seule la tomate est assez acide pour supporter le bain d'eau bouillante; les autres légumes ont besoin de la stérilisation sous pression.

LÉGUMINEUSES

Autre nom : *légumes secs*
Nom anglais : *legumes*
Autre nom : *seed vegetables*

HISTORIQUE ◆ Le terme « légumineuses » désigne à la fois le fruit en forme de gousses et la famille des plantes qui les produisent. Les légumineuses constituent une très vaste famille comprenant plus de 600 genres et plus de 13 000 espèces. Les lentilles *(Lens)*, les haricots *(Phaseolus)*, les fèves *(Vicia)*, les soyas *(Glycine)* et les arachides *(Arachis)* appartiennent à cette grande famille. Les légumineuses sont classées comme un sous-ordre des Papilionacées, ou comme un ordre distinct. Certaines variétés de légumineuses du genre *Vicia* sont appelées « doliques » (ou « dolics »), d'autres désignées dans plusieurs pays sous le terme de « fava » (ou de « faba ») se nomment « fèves » en Europe et « gour-ganes » au Québec. Au Québec, on appelle depuis toujours « fève » la variété *Phaseolus* nommée « haricot » en Europe. L'usage du mot haricot s'impose graduellement, mais le changement n'est pas sans entraîner une certaine confusion, en particulier parce qu'il est difficile de changer l'appellation d'un plat traditionnel nommé « fèves au lard » depuis plus de 200 ans par « haricots au lard »; on a alors l'impression de parler d'une réalité différente.

La consommation des légumineuses remonte aux temps les plus anciens; elles furent parmi les premières plantes à être cultivées. Certaines civilisations les tenaient en haute estime tandis que d'autres les méprisaient. Dans l'Égypte ancienne, on croyait que les légumineuses avaient une âme; elles étaient l'objet d'un culte et leur consommation était interdite. Les Grecs et les Romains les considéraient au contraire avec mépris, pensant qu'elles favorisaient la démence. Pythagore était un fervent ennemi des légumineuses. Les légumineuses occupent une place importante dans l'alimentation de plusieurs peuples, notamment en Afrique du Nord, en Amérique du Sud, en Amérique centrale et en Asie. Elles sont souvent considérées comme une nourriture de pauvres en Amérique du Nord et en Europe.

La plupart des légumineuses sont annuelles. Elles poussent sur des plantes buisson-nantes, naines ou géantes (qui peuvent atteindre selon les variétés plus de 2 m de haut). Ces plantes portent souvent des vrilles qui s'agrippent à tout ce qui les entoure. Certaines, comme les pois et les gourganes, préfèrent des températures fraîches et peuvent même être semées avant la fin du gel. La grande majorité cependant a besoin de plus de chaleur. Après l'apparition d'attrayantes fleurs de couleur variable selon les espèces (lavande, blanche, rose, rouge), se développent des gousses qui atteignent habituellement de 8 à 20 cm de long. Elles renferment de 4 à 12 graines, dont la forme ressemble souvent à un rein et dont la taille et la couleur (verte, noire, brune, blanche, rouge, jaune) varient. La plupart sont unies. Plusieurs variétés sont utilisées aussi bien fraîches que séchées; souvent les gousses immatures sont comestibles (dolique, haricot azuki, haricot de Lima, lentille, soya, etc.). Les haricots frais se récoltent avant qu'ils atteignent leur pleine maturité et deviennent trop fibreux et amidonneux. Les haricots secs restent sur les plants jusqu'à ce que les gousses soient décolorées et desséchées. La récolte s'effectue avant que les gousses éclatent et laissent échapper les graines durcies.

 ACHAT ◆ Choisir des légumineuses intactes, lisses (sauf les variétés bosselées comme les pois chiches), de couleur vive et de grosseur uniforme. Délaisser les graines ternes, ridées ou trouées par des insectes : elles sont vieilles, ont subi des conditions d'entreposage déficientes et se réhydrateront plus difficilement.

CUISSON ◆ La cuisson des légumineuses est souvent perçue comme une longue corvée. Effectivement, la plupart des légumineuses doivent être réhydratées avant d'être mises à cuire et la durée de cuisson est passablement longue (sauf si la marmite à pression est utilisée). Par contre, la préparation des légumineuses est simple et consiste, outre le trempage, en l'ajout des ingrédients qui les assaisonneront. Et la cuisson s'effectue facilement sans qu'il soit nécessaire de brasser.

VALEUR NUTRITIVE

Les légumineuses cuites contiennent généralement
Protéines de 6 à 9 g
(sauf le soya 16,6 g)
Matières grasses 0,1 à 0,7 g
(sauf le soya 9,0 g
le pois chiche 2,6 g
et l'arachide 47,6 g)
Glucides 18 à 28 g
(sauf le soya 9,9 g)
Fibres 5 à 8 g
105 à 140 calories/100 g
(sauf le soya et le pois chiche : 164 calories/100 g)

Les légumineuses sont nourrissantes. Leurs protéines diffèrent des protéines de la viande. On les dit incomplètes car certains de leurs acides aminés, soit la méthionine, la cystine et le tryptophane, sont dits limitants, c'est-à-dire en quantité moindre par rapport aux autres. Ces protéines peuvent néanmoins être facilement complétées; par exemple, les légumineuses accompagnent les céréales de façon idéale. Malgré cela, les légumineuses peuvent remplacer la viande (voir Théorie de la complémentarité). La plupart des légumineuses sont d'excellentes sources de folacine et de potassium; elles sont pour la plupart de bonnes sources de fer et de magnésium et contiennent également de la thiamine, du zinc et du cuivre. De plus, les légumineuses constituent généralement une source très élevée de fibres alimentaires. Fraîches ou germées, elles possèdent en outre de petites quantités de vitamine C. Pour obtenir une assimilation maximale du fer contenu dans les légumineuses, il est préférable de servir au même repas un aliment riche en vitamine C, tels un agrume, du poivron ou un légume de la famille des choux. Éviter de boire du thé, car son tannin diminue de beaucoup l'absorption du fer.

Trempage

Le trempage vise à redonner aux légumineuses l'eau qu'elles ont perdue. Certaines peuvent s'en passer, dont les lentilles, les pois cassés, les haricots mungo et les haricots azuki. Le trempage doit durer au moins de 6 à 8 heures, et c'est pourquoi on l'effectue souvent la nuit. Il peut cependant être abrégé, on parle alors de trempage rapide, ou il peut être omis lorsqu'on utilise la marmite à pression. On peut y faire tremper une grande quantité de légumineuses et en congeler une partie, ce qui abrégera la prochaine préparation. Les congeler égouttées ou dans leur eau de trempage (ce qui raccourcira leur cuisson).

Trempage la veille. Trier et laver les légumineuses. Enlever les légumineuses tachées et craquelées, les pierres et les débris divers. Il est plus facile de trier les légumineuses en les étendant sur une plaque à biscuits. Les laver plusieurs fois à l'eau froide sans les laisser tremper. Ôter les impuretés et les légumineuses qui flottent à la surface, car ces dernières sont souvent attaquées par les vers (l'opération est facilitée par l'utilisation d'un tamis). Placer les légumineuses dans un grand bol, les recouvrir de 3 à 4 fois leur volume d'eau. Les laisser tremper toute la nuit au frais ou au réfrigérateur si la pièce est trop chaude, sinon elles vont fermenter.

Trempage rapide. Trier et laver les légumineuses. Les mettre dans une casserole, verser de 720 à 960 ml d'eau froide pour 240 ml de légumineuses (180 g), couvrir, puis amener lentement au point d'ébullition. Laisser mijoter 2 minutes, retirer du feu et laisser reposer une heure sans découvrir.

On peut faire tremper les légumineuses dans le four à micro-ondes. Placer les légumineuses dans un plat suffisamment grand pour les contenir lorsqu'elles gonfleront. Les recouvrir d'eau froide et les cuire à la chaleur maximum de 8 à 10 minutes ou jusqu'à ce que l'eau bouille. Continuer l'ébullition 2 minutes, puis laisser reposer une heure.

Certaines précautions sont à prendre lorsqu'on veut combattre la flatulence :

- ne pas utiliser l'eau de trempage pour la cuisson. Les personnes très sensibles peuvent choisir de cuire les légumineuses une trentaine de minutes puis de changer l'eau de cuisson. Cela affecte la valeur nutritive cependant puisqu'une certaine quantité des éléments nutritifs reste dans l'eau de cuisson. En ajoutant, au moment de servir, 30 ml (2 cuillerées à soupe) de levure alimentaire (Torula, levure de bière, etc.), les pertes sont compensées ;

- consommer des légumineuses décortiquées ;

- cuire lentement et complètement (une cuisson complète est aussi importante pour maximiser l'absorption des éléments nutritifs) ;

- bien mastiquer ;

- ne pas terminer le repas par un dessert sucré.

CUISSON ◆ La cuisson s'effectue sur la cuisinière, au four, dans la marmite à pression ou dans le four à micro-ondes. Traditionnellement, elle s'accomplissait dans le fourneau des poêles à bois. Les légumineuses placées dans des pots en terre cuite mijotaient jusqu'à 48 heures, ce qui leur donnait une saveur inégalable. La cuisson s'effectue maintenant beaucoup plus rapidement, généralement sur la cuisinière (la plupart des légumineuses cuisent en 2 heures). Recouvrir les légumineuses d'eau froide, les amener à ébullition et cuire à feu doux.

La cuisson est encore plus rapide dans la marmite à pression. D'une part, le temps de cuisson est très raccourci, d'autre part, la tâche est simplifiée car le trempage n'est plus nécessaire. La saveur est cependant différente, car les légumineuses cuites dans la marmite à pression n'ont guère le temps d'absorber le goût des aliments qui les accompagnent.

La cuisson dans la marmite à pression comporte certains risques, surtout avec les légumineuses qui forment passablement d'écume tels les soyas, les haricots de Lima et les pois. Afin d'obtenir de bons résultats :

- ajouter un peu d'huile à l'eau de cuisson pour éviter que la soupape à pression et la valve de sécurité ne se bloquent ;
- ne pas cuire une trop grande quantité de légumineuses ;
- ne pas cuire à feu trop vif ;
- passer la marmite sous l'eau froide dès que la cuisson est terminée ;
- toujours bien laver la soupape et la valve après utilisation pour prévenir leur éventuel blocage ;
- si la valve de sécurité ou la soupape à pression bloquent, passer immédiatement la marmite sous l'eau froide, bien nettoyer la valve et la soupape et ôter les peaux qui flottent sur l'eau de cuisson ;
- rester à proximité lorsque la cuisson est en cours pour être en mesure d'intervenir rapidement.

La cuisson dans le four à micro-ondes donne des légumineuses légèrement plus fermes que la cuisson conventionnelle. Pour cuire des légumineuses qui ont trempé, recouvrir celles-ci d'eau chaude, couvrir presque complètement et cuire 8 à 10 minutes à 100 % (*High*), brasser, puis cuire 20 à 30 minutes à 70 % (*Medium-High*), selon la variété. Laisser reposer 10 minutes en fin de cuisson. Pour cuire des légumineuses qui n'ont pas trempé, cuire 20 minutes à 100 % (*High*), puis entre 90 et 100 minutes à 50 % (*Medium*), ou jusqu'à ce que les légumineuses soient tendres ; les brasser après 45 minutes de cuisson. Laisser reposer 10 minutes en fin de cuisson.

Les légumineuses prennent de l'expansion en cuisant ; 240 ml (180 g) de la plupart des légumineuses donnent le double ou le triple après cuisson (sauf les pois cassés, les lentilles et les haricots de Lima, qui donnent un peu moins). Cuire les légumineuses dans une grande casserole afin qu'elles aient l'espace pour gonfler. L'ajout de bicarbonate de soude à l'eau de cuisson ou de trempage est souvent conseillé dans les livres de recettes pour abréger le temps de cuisson et attendrir les légumineuses. Cette pratique très ancienne détruit cependant une partie de la thiamine, rend les acides aminés moins assimilables et modifie souvent la saveur des légumineuses. L'addition d'un peu d'algues raccourcit légèrement la cuisson, attendrit les légumineuses et augmente la valeur nutritive. Le sel et les ingrédients acides (tomates, vinaigre, jus de citron) ne doivent être ajoutés qu'à la fin de la cuisson, car ils prolongent celle-ci et font durcir les légumineuses. Brasser les légumineuses durant la cuisson les ferait coller au fond du chaudron. S'il est nécessaire d'ajouter de l'eau en cours de cuisson, verser de l'eau bouillante.

Le lard ou l'huile figurent souvent dans les recettes de légumineuses, et ce depuis les époques les plus reculées. Il fut un temps où cet apport de gras était essentiel, car les gens mangeaient très peu de matières grasses. Ce n'est plus le cas aujourd'hui puisque la plupart des personnes en consomment trop. Il est préférable d'éliminer le gras à la cuisson ou de le diminuer, et de n'ajouter un peu d'huile qu'au moment de servir.

On peut facilement remplacer une légumineuse par une autre dans la plupart des recettes. On peut aussi combiner plus d'une variété. Il est cependant difficile de cuire ensemble deux variétés (ou une même variété achetée à un moment ou à un endroit différent), même si elles ont en théorie un temps de cuisson identique. Trop de facteurs influencent leur contenu en eau, ce qui rend leur cuisson rarement uniforme. Il est préférable de les cuire séparément. Il est important de bien cuire les légumineuses, car la plupart contiennent certaines substances qui en diminuent l'apport nutritionnel, mais ces substances disparaissent à la cuisson.

Plusieurs ingrédients conviennent particulièrement bien aux légumineuses, dont la moutarde, la sauce tamari, le vinaigre, le laurier, le thym, la sarriette, la sauge, la tomate, l'ail, l'oignon, le céleri, la mélasse et le miel. La sarriette leur est souvent associée, car elle en facilite la digestion.

UTILISATION ◆ Les légumineuses se mangent chaudes ou froides, entières ou en purée. Elles peuvent aussi être rôties ou mises en farine. Certaines sont mises à germer. Cette liste peut même s'allonger substantiellement lorsque l'on parle du soya. On s'en sert pour fabriquer le miso, le tamari, la lécithine, le tempeh, le natto et de nombreux autres produits, dont le tofu (parce que c'est la seule légumineuse dont on peut extraire un liquide semblable au lait).

On utilise les légumineuses en entrées, comme collation (à la manière des arachides), dans les salades, les soupes, les plats principaux et les desserts. Plusieurs variétés sont réduites en farine avec laquelle on prépare crêpes, quiches, pains plats, gâteaux et friandises. Les Asiatiques se servent des haricots azuki et des haricots mungo pour confectionner divers desserts sous forme de gelée sucrée très appréciée.

La purée de légumineuses peut servir de mets d'accompagnement ou elle peut être l'ingrédient de base de mets principaux, comme les tacos et les burritos mexicains et les falafels, boulettes frites d'origine libanaise.

CONSERVATION ◆ Les légumineuses se conservent facilement presque indéfiniment sans perte importante de valeur nutritive. Ce qui augmente avec le temps, c'est la quantité d'eau nécessaire pour les réhydrater et le temps de cuisson. Placer les légumineuses dans un contenant hermétique et les ranger dans un endroit frais et sec. Ne pas mettre dans un même contenant des légumineuses achetées à des moments ou à des endroits différents.

Les légumineuses cuites se conservent quelques jours au réfrigérateur et plusieurs mois au congélateur. Il est souvent plus pratique de les égoutter avant de les congeler.

LENTILLE

Lens esculenta ou *Lens culinaris*, **Légumineuses**
Nom anglais : *lentil*

HISTORIQUE ◆ Fruit d'une plante herbacée annuelle probablement originaire de la région méditerranéenne. La lentille est consommée depuis les temps préhistoriques. Ce fut un des premiers aliments à être cultivé. Les Égyptiens cultivaient la lentille il y a 8 000 ou 10 000 ans. En Inde, on la nomme *dhal* et c'est depuis toujours un aliment de base. On mentionne la lentille dans la Genèse. Il est écrit qu'Esaü, le petit-fils d'Abraham, troqua son droit d'aînesse contre « du pain et une soupe aux lentilles » (et non pas contre « un plat de lentilles », comme on le dit généralement).

La lentille pousse sur une petite plante touffue à tiges très fines et anguleuses, qui atteignent de 35 à 45 cm de haut. Les gousses courtes, plates et oblongues, mesurent rarement plus de 1,5 cm de long. Elles contiennent 1 ou 2 graines. Les lentilles sont divisées en 2 groupes selon leur grosseur : la variété *macrospermae* (grosse lentille) et la variété *microspermae* (petite lentille). Il existe des dizaines de variétés à l'intérieur de ces groupes. Une des plus connues en Occident est la lentille ronde en forme de disque biconvexe, de couleur verte ou brunâtre. La lentille peut cependant être plus ou moins arrondie, plus ou moins ovale, plate ou en forme de cœur. Elle est de couleur noire, jaune, rouge ou orange. Certaines se vendent entières, d'autres décortiquées, séparées alors en deux demies comme les pois cassés. La texture et la saveur varient selon les espèces ; ainsi, la lentille orange (aussi nommée « lentille d'Égypte » en Europe) est assez fade.

PRÉPARATION ◆ Les lentilles n'ont pas besoin de tremper. Les laver avec soin, car elles contiennent souvent des pierres.

CUISSON ◆ Plonger les lentilles dans de l'eau bouillante faciliterait leur digestion. Éviter une cuisson trop longue qui transforme les lentilles en purée.

Cuisson : 60 minutes pour la lentille brune, 15 à 20 minutes pour la lentille orange.

Dans la marmite à pression (103 kPa) :

- avec trempage : une dizaine de minutes pour la lentille brune, 3 à 5 minutes pour la lentille orange,

- sans trempage : 15 à 20 minutes pour la lentille brune, environ 5 minutes pour la lentille orange.

UTILISATION ◆ Les gousses des lentilles immatures sont comestibles et peuvent être utilisées comme les haricots verts. Séchées, les lentilles ne servent pas uniquement à préparer des soupes nourrissantes, elles se mettent aussi dans les salades et les mets principaux. On en fait de la purée avec laquelle on prépare notamment des croquettes. En Inde, lentilles et riz sont souvent associés, ce qui

VALEUR NUTRITIVE	
La lentille sèche bouillie contient	
Eau	69,6 %
Protéines	9 g
Matières grasses	0,4 g
Glucides	20 g
Fibres	3,9 g
116 calories/100 g	

Les protéines sont dites incomplètes, car elles sont déficientes en certains acides aminés (voir Théorie de la complémentarité). La lentille est une excellente source de folacine et de potassium et une bonne source de fer et de phosphore ; elle contient du magnésium, du zinc, de la thiamine, du cuivre, de la niacine, de la vitamine B_6 et de l'acide pantothénique ainsi que des traces de calcium. Elle est une source élevée de fibres.

rend ces aliments plus nourrissants car leurs acides aminés se complètent. On cuisine ainsi les lentilles en currys, sorte de ragoûts consistants très aromatisés.

On peut faire germer les lentilles ou les transformer en farine, utilisée notamment pour confectionner des galettes.

LEVURE

Nom anglais : *yeast*

HISTORIQUE ♦ La levure est un champignon microscopique généralement unicellulaire. On utilise la levure principalement dans la fabrication de la bière, du vin, du cidre et du pain. On connaît environ 350 espèces différentes de levures. La levure *Saccharomyces cerevisiae* est la plus fréquemment employée. Elle est aussi appelée levure de bière et levure de boulanger. La levure ne doit pas être confondue avec la levure chimique, une substance constituée de plusieurs ingrédients et utilisée pour faire lever gâteaux, biscuits, crêpes, gaufres, muffins et puddings (voir Levure chimique). Le champignon se développe rapidement lorsqu'il entre en contact avec une solution sucrée, transformant le sucre en alcool et en gaz carbonique. Lorsque la levure est ajoutée à de la farine riche en gluten, le gaz carbonique reste emprisonné dans le gluten, ce qui fait lever la pâte. Bien que la fermentation alcoolique soit connue depuis des temps immémoriaux, ce n'est qu'au XVIIe siècle que l'existence des levures fut détectée. Louis Pasteur, le célèbre chimiste et microbiologiste français, découvrit 200 ans plus tard que la levure était responsable de la fermentation.

La levure est aussi consommée comme supplément alimentaire : c'est le cas de la levure de bière et de ce que l'on nomme la fausse levure. La levure Torula *(Torulopsis utilis* ou *Candida utilis)* fait partie de ce groupe. Cette substance a meilleur goût que la levure de bière.

ACHAT ♦ La levure vivante est commercialisée compressée ou séchée. La levure compressée est généralement vendue au poids. La levure séchée est régulière ou à action rapide. Vérifier la date de préemption inscrite sur l'étiquette. La levure utilisée comme supplément alimentaire est vendue en poudre ou sous forme de comprimés.

UTILISATION ♦ La levure compressée et la levure séchée peuvent être utilisées de façon identique. Elles agissent le mieux entre 25 et 28 °C. Plus la température est fraîche, plus la levure prend de temps à lever, tandis qu'une température trop élevée (plus de 54 °C) la détruit. La levure utilisée comme supplément alimentaire ne peut

VALEUR NUTRITIVE

La levure a une grande valeur nutritive parce qu'elle est riche en protéines, en vitamines (notamment du complexe B), en minéraux et en oligo-éléments et en enzymes. Ainsi, 30 ml de levure de bière en poudre ou de levure Torula (1 cuillerée à soupe, 8 g) contiennent 3,5 g de protéines, 3 g de glucides et 23 calories. Les levures de bière et Torula sont particulièrement riches en vitamines du complexe B, en acide folique, en fer, en potassium et en phosphore. De la vitamine B_{12} peut également leur être ajoutée. La levure Torula sèche est une excellente source de protéines de haute qualité (jusqu'à 62 % de protéines), de minéraux et de vitamines B incluant la vitamine B_{12}. La levure Torula n'a pas de goût, contrairement à la levure de bière qui a une saveur amère. La levure étant riche en phosphore, il est préférable d'augmenter ou de maintenir l'ingestion de calcium, car une trop grande absorption de phosphore peut entraîner une déficience en calcium. Éviter de consommer de la levure active comme supplément alimentaire, car cette levure vivante appauvrit l'organisme du fait qu'elle se nourrit de vitamines du complexe B.

être employée comme agent levant. On délaye la poudre dans du jus, de l'eau ou du bouillon, ou on l'incorpore aux soupes, ragoûts, pains et salades. Ne commencer qu'avec une petite quantité, surtout avec la levure de bière, afin de s'habituer à son goût.

CONSERVATION ♦ La levure compressée se conserve au réfrigérateur environ 1 semaine. La levure séchée a une durée de conservation plus longue, qui peut aller jusqu'à près d'un an. La réfrigérer ou la conserver dans un endroit frais. La levure utilisée comme supplément alimentaire se conserve à la température de la pièce.

LEVURE CHIMIQUE

Autre nom : *levure artificielle*
Nom anglais : *baking powder*

HISTORIQUE ♦ La levure chimique est une fine poudre blanche qui réagit au contact d'un liquide et de la chaleur, formant du gaz carbonique qui fait lever la pâte. Elle consiste en un mélange de sels alcalins et de sels acides. Elle peut être composée notamment :

- de phosphate monocalcique, de bicarbonate de sodium, de sulfate d'aluminium et de sodium et de fécule de maïs ;
- de sulfate d'aluminium et de sodium, de carbonate de calcium, de phosphate monocalcique et de bicarbonate de sodium ;
- de phosphate monocalcique anhydreux et de bicarbonate de sodium ;
- de bicarbonate de sodium, de sulfate de calcium, de phosphate monocalcique, de fécule de maïs et de sulfate d'aluminium et de sodium.

La levure chimique fut inventée vers la fin du XIXᵉ siècle, un peu après le bicarbonate de soude. Elle est plus efficace que ce dernier car elle agit à une température plus basse, et elle ne laisse pas d'arrière-goût, sauf si on en met trop. On trouve sur le marché de la levure chimique à action rapide, de la levure chimique à action lente, de la levure chimique à double action et de la levure chimique à faible teneur en sodium.

La **levure chimique à action rapide** contient du phosphate monocalcique monohydrate. Elle agit dès qu'elle entre en contact avec un liquide, produisant du gaz carbonique. Près de 90 % de son action s'effectue en quelques minutes ; il est donc nécessaire de travailler la pâte rapidement, et de la cuire dès que tous les ingrédients sont incorporés pour qu'elle conserve le gaz produit et qu'elle lève bien. Cette levure chimique est plutôt rare maintenant, car elle est remplacée par des produits plus stables.

La **levure chimique à action lente** est à base de phosphate monocalcique anhydreux, de phosphate de sodium et d'aluminium ou de sulfate de sodium et d'aluminium. Le phosphate est constitué de minuscules particules recouvertes d'une substance insoluble qui retarde son action. Sa production maximale de gaz s'effectue dans le four sous l'effet de la chaleur. Comme la production de gaz est presque inexistante hors du four chaud, la pâte peut se conserver au réfrigérateur jusqu'au lendemain.

La **levure chimique à double action** contient 2 acides qui agissent à des moments différents : le phosphore monocalcique monohydrate agit surtout à la température de la pièce et ce, très rapidement, tandis que le phosphate d'aluminium ou le sulfate d'aluminium et de sodium agit lentement et seulement dans le four. Cette levure donne un produit plus léger car il est mieux levé.

La **levure chimique à faible teneur en sodium** contient des sels de potassium au lieu des sels de sodium. Elle est destinée aux personnes qui doivent restreindre leur ingestion de sodium.

 PRÉPARATION ◆ On peut fabriquer de la levure chimique à la maison en combinant :

- 2 parties de crème de tartre ;
- 1 partie de bicarbonate de sodium ;
- 2 parties de fécule de maïs ou d'arrow-root.

UTILISATION ◆ La levure chimique s'utilise pour faire lever gâteaux, puddings, muffins, crêpes, gaufres et biscuits. On ajoute habituellement 7 ml de levure chimique (1 cuillerée à café et demie) par 240 ml de farine (250 g). Tamiser la levure chimique avec la farine et le sel.

 CONSERVATION ◆ La levure chimique se conserve à la température de la pièce, à l'abri de l'humidité et de la chaleur.

LIME

Citrus aurantifolia, **Rutacées**
Nom anglais : *lime*

HISTORIQUE ◆ Fruit du limettier, un arbuste épineux probablement originaire de l'Inde. Le limettier fut implanté en Europe au XIIIᵉ siècle par les Croisés. Les Portugais l'introduisirent en Amérique au XVIᵉ siècle. Les marins britanniques faisaient une grande consommation de limes, d'où leur surnom «limeys». Le limettier a des feuilles persistantes. Ses petites fleurs blanches teintées de rouge sont très odorantes. Le limettier fleurit continuellement et produit des fruits à longueur d'année. Il est cultivé notamment au Brésil, dans les Caraïbes, au Mexique, aux États-Unis, en Israël et en Australie. La lime est ronde ou ovale. Elle mesure habituellement de 3 à 6 cm de diamètre. Son écorce fine et adhérente recouvre une chair juteuse, très acide et très parfumée. La chair et l'écorce sont de couleur verte, tirant sur le jaune lorsque le fruit est mûr. La chair contient ou non des pépins, selon les variétés. Certaines variétés de limes sont connues sous le nom de «limettes», de «citrons-limettes» ou de «citrons-verts».

ACHAT ◆ Choisir des limes fermes et lourdes pour leur taille, avec une écorce lisse et lustrée, d'un vert assez foncé. Délaisser des fruits ternes, desséchés ou ramollis.

UTILISATION ◆ La lime peut être utilisée comme le citron. Ces deux fruits sont d'ailleurs interchangeables dans la plupart des recettes. Diminuer cependant la quantité de lime car sa saveur est plus prononcée. Ce fruit entre autant dans les plats principaux que dans les boissons, les potages, les vinaigrettes, les sauces, les gâteaux, les bavarois, la crème glacée, les sorbets. La lime est un ingrédient de base dans plusieurs pays, notamment en Amérique du Sud, dans les Caraïbes, en Afrique, en Inde et en Polynésie.

VALEUR NUTRITIVE	
La lime contient	
Eau	88 %
Protéines	0,8 g
Matières grasses	0,2 g
Glucides	10,6 g
Fibre	2,1 g
30 calories/100 g	

Même si la lime est une excellente source de vitamine C, elle en contient moins que le citron. La lime contient également du potassium ainsi que des traces de fer, d'acide folique et de calcium. Les propriétés médicinales de la lime sont similaires à celles du citron.

CONSERVATION ◆ Manipuler la lime avec soin, car elle est plus fragile que le citron. La lime peut être gardée à la température de la pièce environ 1 semaine. Pour une conservation prolongée, la placer au réfrigérateur. La lime aura tendance à jaunir si elle est exposée à une forte lumière, ce qui affectera sa qualité, car la saveur perd alors de son acidité caractéristique. Le jus et le zeste se congèlent. Conserver le zeste confit ou déshydraté à l'abri de l'air et des insectes, dans un endroit frais et sec.

LITCHI

Litchi chinensis, **Sapindacées**
Autres noms : *cerise de Chine, letchi*
Nom anglais : *litchi*
Autres noms : *lychee, litchi nut*

HISTORIQUE ◆ Fruit d'un arbre originaire du sud de la Chine. Cet arbre majestueux aux feuilles persistantes atteint de 12 à 20 m de hauteur. Il peut produire entre 100 et 150 kg de fruits par année. Le litchi est cultivé en Asie depuis plus de 2 000 ans. On le considère souvent comme le fruit le plus exquis qui soit. Il est très vulnérable au froid. On le cultive dans de nombreux pays, notamment en Chine, en Inde, en Thaïlande, en Afrique du Sud, en Australie, en Israël, au Mexique et dans le sud des États-Unis.

Le litchi est rond ou légèrement allongé. Il mesure généralement de 2 à 5 cm de diamètre. Il est recouvert d'une coque rugueuse et cassante, plutôt mince, dont l'intérieur est lisse et qui s'enlève très facilement. À maturité, cette coque est rouge ou rosée ; puis elle ternit et brunit rapidement. La chair translucide, d'un blanc nacré, est juteuse, croquante, sucrée et très parfumée. Elle enrobe une grosse graine brunâtre lisse, dure, non adhérente et non comestible.

La saveur du litchi évoque à la fois la fraise, la rose et le muscat. Elle varie selon le degré de maturité. Non mûr, le litchi est gélatineux et peu savoureux et il perd également de sa saveur quand il devient trop mûr. Ce fruit ne mûrit plus après la cueillette. Il supporte plutôt mal le transport et les délais de la mise en marché, ce qui explique pourquoi il est si souvent brunâtre et peu savoureux sur les marchés occidentaux.

ACHAT ◆ Les litchis s'achètent frais, en conserve, séchés ou confits. Ils sont parfois vendus en grappes. Lorsqu'ils sont frais, choisir des fruits non craquelés et le plus colorés possible.

PRÉPARATION ◆ Le litchi se pèle aisément. Fendre sa coque délicatement avec les doigts ou un couteau, en évitant de couper la chair, puis la peler. Selon l'usage projeté, dénoyauter le litchi à l'avance ou laisser ce soin à la personne qui le mangera.

CUISSON ◆ Cuire le litchi le moins possible afin qu'il conserve sa délicate faveur. L'ajouter en fin de cuisson.

VALEUR NUTRITIVE	
Le litchi contient	
Eau	82 %
Protéines	0,8 g
Matières grasses	0,4 g
Glucides	16,5 g
Fibres	0,5 g
66 calories/100 g	

Il est riche en vitamine C, il est une bonne source de potassium et il contient du cuivre et du magnésium ainsi que des traces de phosphore et de niacine.

UTILISATION ◆ Le litchi est un dessert délicieux. Il est savoureux tel quel. Il confère une note exotique à une salade de fruits. Il accompagne ou parfume riz, légumes, farces ou sauces. On peut le pocher ou le cuisiner à l'orientale.

CONSERVATION ◆ Conserver les litchis au réfrigérateur dans un sac de plastique perforé. Glisser une feuille de papier essuie-tout qui absorbera l'humidité. Les litchis se conservent quelques semaines, mais ils sont plus savoureux lorsqu'ils sont frais. Les litchis se congèlent tels quels dans leur coque.

LONGANE

Euphoria longana, **Sapindacées**
Autre nom : *œil-de-dragon*
Nom anglais : *longan*
Autres noms : *lungan, dragon's eye*

HISTORIQUE ◆ Fruit d'un arbre probablement originaire de l'Inde. Cet arbre majestueux aux feuilles persistantes atteint une taille imposante. Le longane est un proche parent du litchi et du rambutan. Ce fruit des régions tropicales est consommé en Asie depuis des millénaires. On le cultive principalement en Chine, mais également dans d'autres pays asiatiques et aux États-Unis. En Chine, on se sert des graines de longanes pour confectionner des shampooings, car elles sont riches en saponine.

Les longanes poussent en grappes. Ils sont généralement un peu plus petits que les litchis. Ils sont recouverts d'une coque lisse, plutôt mince, de couleur orange à maturité, et qui brunit lorsque le fruit vieillit. La chair translucide est blanchâtre, juteuse et sucrée. Cette chair est un peu moins parfumée que celle du litchi. Une grosse graine brunâtre lisse, dure et non comestible est logée au centre du fruit. Cette graine est marquée d'une tache blanche qui ressemble à un œil, d'où le nom «œil-de-dragon».

ACHAT ◆ Choisir des fruits non craquelés et le plus colorés possible.

PRÉPARATION ◆ Débarrasser le longane de sa coque, qui s'enlève facilement. Selon l'usage projeté, dénoyauter le longane à l'avance ou laisser ce soin au dégustateur.

CUISSON ◆ Cuire le longane le moins possible pour qu'il conserve sa délicate saveur. L'ajouter en fin de cuisson.

VALEUR NUTRITIVE	
Le longane contient	
Eau	83 %
Protéines	1,3 g
Matières grasses	0,1 g
Glucides	15 g
Fibres	0,4 g
60 calories/100 g	

Il est une excellente source de vitamine C et de potassium et contient aussi du magnésium et du cuivre.

UTILISATION ◆ Le longane est délicieux tel quel. Il ajoute une note exotique à une salade de fruits. On l'incorpore au riz, aux légumes, aux salades ou aux sauces. On peut le pocher ou le cuisiner à l'orientale.

CONSERVATION ◆ Conserver les longanes au réfrigérateur dans un sac de plastique perforé. Glisser une feuille de papier essuie-tout qui absorbera l'humidité. Ils devraient se conserver 2 à 3 semaines. Les consommer le plus rapidement possible pour profiter du maximum de saveur. Les longanes se congèlent tels quels dans leur coque.

LUPIN

Lupinus spp, **Légumineuses**
Nom anglais : *lupine*

HISTORIQUE ◆ Fruit d'une plante herbacée probablement originaire de la région méditerranéenne. Le lupin est cultivé en Europe depuis plus de 2 000 ans. Grecs et Romains le cultivèrent intensivement. Les Romains le considéraient comme un aliment de pauvre. Ils cuisaient d'énormes chaudronnées de lupins lors de festivités et de fêtes religieuses et les distribuaient gratuitement.

Le lupin pousse dans les pays chauds. Il est surtout consommé en Italie, au Moyen-Orient et en Amérique du Sud. Il est peu connu en Amérique du Nord. Il en existe plus de 400 espèces. La plupart contiennent des alcaloïdes toxiques qui leur confèrent une saveur amère ; elles ne sont comestibles qu'après une longue préparation.

Le lupin blanc *(L. albus)* est probablement le plus consommé maintenant, car depuis 1930 des variétés exemptes de substances toxiques ont été créées. Le lupin blanc pousse sur une plante annuelle qui peut atteindre 1 m 20 de haut. Les gousses droites mesurent de 6 à 10 cm de long et de 3 à 5 cm de large. Elles renferment de 3 à 6 graines d'un jaune pâle terne, mesurant de 8 à 14 mm de diamètre. Ces graines lisses et légèrement rectangulaires sont généralement comprimées.

PRÉPARATION ◆ On doit traiter la plupart des lupins afin de neutraliser les alcaloïdes qui les rendent amers :

- recouvrir les lupins d'eau puis les laisser tremper 12 heures ;

- les égoutter, les rincer puis les recouvrir d'eau fraîche ;

- cuire doucement les lupins jusqu'à ce qu'ils soient tendres (environ 2 heures). Comme leur chair reste ferme, vérifier si les lupins sont cuits en se servant de la pointe d'un couteau ;

- égoutter les lupins, les recouvrir d'eau froide et les laisser reposer jusqu'à refroidissement complet ;

- égoutter de nouveau, recouvrir encore une fois les lupins d'eau froide, ajouter 30 ml de sel (2 cuillerées à soupe) et brasser ;

VALEUR NUTRITIVE	
Le lupin blanc bouilli contient	
Eau	71 %
Protéines	15,5 g
Matières grasses	2,9 g
Glucides	9,9 g
Fibres	0,67 g
119 calories/100 g	

Le lupin blanc est très nourrissant. Ses protéines sont dites incomplètes, car elles sont déficientes en certains acides aminés (voir Théorie de la complémentarité). Le lupin blanc est une bonne source de magnésium, de potassium et de zinc ; il contient du phosphore, du cuivre, de la thiamine, du fer et du calcium ainsi que des traces de riboflavine.

- placer les lupins dans un endroit frais (pas au réfrigérateur) ;

- les laisser tremper de 6 à 7 jours en changeant l'eau salée 2 fois par jour ;

- quand il ne reste plus aucune trace d'amertume, conserver les haricots au réfrigérateur dans de l'eau salée et dans un contenant hermétique ;

- pour servir les lupins, égoutter la quantité nécessaire.

UTILISATION ◆ On mange souvent les lupins tels quels ou arrosés de jus de citron, avec ou sans leur peau. On les sert surtout en amuse-gueule.

On transforme les lupins en farine que l'on met notamment dans les soupes, les sauces, les biscuits, les pâtes alimentaires et les pains.

LUZERNE

Medicago sativa, **Légumineuses**
Nom anglais : *alfalfa*
Autre nom : *lucerne*

HISTORIQUE ◆ Fruit d'une plante herbacée vivace qui serait originaire du Sud-Ouest asiatique. La luzerne est beaucoup plus connue comme plante servant à nourrir le bétail que comme un aliment pour la consommation humaine. Son utilisation comme fourrage remonte aux temps préhistoriques. Les humains consomment surtout les graines germées. La germination augmente la valeur nutritive en rendant la luzerne plus facilement digestible et en haussant la teneur de divers nutriments. Les jeunes feuilles servent parfois comme légume ou pour préparer des infusions.

La luzerne pousse sur une plante passablement ramifiée qui peut atteindre de 30 à 80 cm de haut. Elle croît dans les régions chaudes des pays tempérés et aux endroit frais des régions subtropicales. Les gousses spiralées mesurent de 3 à 9 mm de diamètre. Elles abritent de 6 à 8 minuscules graines réniformes ou ovoïdes, de couleur brunâtre ou jaunâtre.

ACHAT ◆ Acheter les graines sèches vendues spécialement pour la germination, car les graines utilisées pour les semences sont souvent traitées chimiquement. Il n'est pas nécessaire d'acheter une grande quantité à la fois, à moins de produire des graines germées industriellement, car les graines sont petites et légères et leur rendement est élevé.

À l'achat des graines germées, choisir des germes fermes, avec leurs petites feuilles bien colorées de vert. Éviter les germes détrempés, décolorés et qui sentent le moisi.

Germination dans un bocal de verre

- Mesurer 10 à 15 ml de graines de luzerne sèches (environ 1 cuillerée à soupe) ;

- mettre les graines à tremper dans de l'eau toute une nuit ;

- égoutter et bien rincer ;

- placer les graines dans un grand bocal de verre au large goulot ;

- couvrir l'ouverture du bocal avec du coton à fromage, du chiffon J ou de la moustiquaire, puis serrer à l'aide d'un anneau de métal ou d'une bande élastique ;

- renverser le bocal puis le placer dans un endroit sombre et chaud (une armoire de cuisine par exemple) ;

- 2 fois par jour pendant 3 ou 4 jours, rincer les graines à l'eau tiède, puis les égoutter et replacer le bocal dans l'armoire (il est important que les graines ne s'assèchent pas) ;

- lorsque les germes atteignent de 4 à 5 cm de long, les exposer une journée à la lumière du jour pour que les petites feuilles verdissent ;

- servir ou réfrigérer.

UTILISATION ◆ Contrairement aux germes de haricot mungo, les germes de luzerne peuvent être mangés crus, car ils sont très fins et leur goût est délicat. On les met dans les salades, les sandwichs et les hors-d'œuvre. On les ajoute au moment de servir dans les plats cuisinés tels les soupes, les ragoûts, les omelettes, les légumes et les tacos.

CONSERVATION ◆ Les germes de luzerne se conservent presque 1 semaine au réfrigérateur. Les graines séchées se conservent environ 1 an dans un endroit frais et sec. Les placer dans un contenant hermétique.

MÂCHE

Valerianella locusta, Valerianella olitoria,
Valerianella locusta var. *olitoria,* **Valérianacées**
Autres noms : *valérianelle potagère, doucette, clairette,*
salade de blé, mâche commune, raiponce, oreille-de-lièvre
Nom anglais : *lamb's lettuce*
Autre nom : *corn salad*

HISTORIQUE ◆ Plante annuelle probablement originaire de la région méditerranéenne. La mâche est cultivée et consommée comme la laitue. C'est une plante
résistante au gel. Elle est appréciée des Européens depuis lontemps à cause de la délicate
saveur de ses tendre feuilles. Elle est peu connue en Amérique du Nord.

La mâche est une proche parente de la valériane, une fleur qui attire les chats et qui
est surnommée « herbe-aux-chats ». Il en existe plusieurs variétés ; toutes forment au ras
du sol des touffes de feuilles qui mesurent de 10 à 30 cm de haut. Selon les variétés, ces
feuilles, au bout rond ou pointu, sont larges ou étroites et d'un vert moyen ou foncé.
Certaines variétés ont une saveur de noisette. Très tendre (d'où le nom de doucette), la
mâche a une fine saveur, sauf si elle est vieille, car elle devient alors amère.

ACHAT ◆ La mâche est habituellement vendue en
petits bouquets et avec ses racines. Choisir de la
mâche aux feuilles fraîches et lustrées, d'un beau vert.
Délaisser les feuilles amollies, d'un vert douteux.

PRÉPARATION ◆ Enlever les racines. Laver soigneusement la mâche, car elle est habituellement cultivée en
sol sablonneux. Procéder délicatement, changer l'eau si
nécessaire et ne pas laisser les feuilles tremper. Les assécher
soigneusement. N'assaisonner la mâche qu'au moment de
servir pour qu'elle reste tendre et savoureuse.

UTILISATION ◆ La mâche est délicieuse seule en salade
ou combinée à des laitues tendres comme la Boston et

VALEUR NUTRITIVE	
La mâche crue contient	
Eau	92,8 %
Protéines	2 g
Matières grasses	0,4 g
Glucides	3,6 g
21 calories/100 g	

La mâche crue est une excellente
source de vitamine A, de vitamine
C et de potassium ; elle est une
bonne source de fer et de vitamine
B$_6$; elle contient du cuivre, du zinc,
de la folacine, du magnésium et du
phosphore ainsi que des traces de
calcium et de niacine. On la dit
diurétique, revitalisante et laxative.

la Bibb. Prendre soin de ne pas masquer sa douce saveur avec des légumes ou une
vinaigrette au goût prononcé. Un filet d'huile de noisette, quelques gouttes de jus de
citron, une pincée de sel, et la salade de mâche devient un mets inoubliable. La mâche
décore et enrichit les potages ; la couper en petits morceaux et l'ajouter en fin de cuisson.

Elle sert souvent à des fins décoratives; elle colore notamment omelette, salade de pommes de terre ou salade de riz. Ne l'ajouter qu'au moment de servir pour obtenir le maximum d'effet.

⧖ **CONSERVATION** ◆ La mâche est très périssable. Elle se conserve quelques jours au réfrigérateur; l'envelopper dans un papier absorbant et la placer dans un sac de plastique perforé. Il est préférable de la consommer le plus tôt possible pour profiter au maximum de la finesse de sa saveur.

MAÏS

Zea mays, **Graminées**
Autre nom : *blé d'Inde*
Nom anglais : *corn*
Autres noms : *maize, Indian corn*

📜 **HISTORIQUE** ◆ Plante originaire d'Amérique, probablement du Mexique ou d'Amérique centrale. Le maïs a constitué la base de l'alimentation des civilisations précolombiennes depuis les temps reculés, et ce, sur presque tout le continent. On a retrouvé au Mexique des vestiges démontrant qu'on y cultivait du maïs il y a plus de 7 000 ans. Le maïs occupait une place importante dans la culture des Mayas, des Aztèques et des Incas. Il servait de nourriture, plusieurs mythes y font référence, il figurait dans les cérémonies religieuses et servait de monnaie d'échange, de bijou, de combustible, de matériau de construction et de tabac (ses soies).

La culture du maïs se répandit jusqu'en Amérique du Nord, et cet aliment devint aussi important pour les Indiens nord-américains, notamment pour les Hopis, les Zunis, les Pueblos, les Navajos et les Amérindiens habitant la côte est. Le maïs demeure toujours populaire dans les Amériques. Les francophones le nomment souvent «blé d'Inde», réminiscence du temps où l'on crut découvrir les Indes en abordant ce continent. Les explorateurs européens découvrirent le maïs lorsqu'ils débarquèrent en Amérique. Christophe Colomb fut le premier à rapporter l'existence de cette plante lorsqu'il visita Cuba en 1492. Il aurait introduit le maïs en Europe. Les Portugais firent connaître le maïs en Afrique occidentale et aux Indes orientales, d'où il gagna l'Asie. En Europe, on désigna longtemps le maïs sous le nom de «blé turc», possiblement parce qu'à une certaine époque on appelait «turc» ce qui venait de l'étranger.

Le maïs est une céréale que l'on sert souvent comme légume. En Amérique du Nord, on aime bien manger le maïs directement sur l'épi. En saison, on organise des épluchettes de blé d'Inde, des fêtes où l'on sert du maïs en épi. Très souvent les invités épluchent eux-mêmes le maïs, surtout lorsque deux épis marqués d'un signe distinctif et cachés avec les autres maïs désigneront le roi et la reine de la soirée.

Le maïs croît sur une plante annuelle atteignant de 2 à 3 m de haut. Cette plante aux longues feuilles tombantes porte des fleurs mâles et des fleurs femelles. Les grains de maïs se développent sur des épis atteignant souvent de 15 à 30 cm de long. La pollinisation s'effectue à l'aide de longs fils nommés « styles » ou « soies de maïs ». Ces fils sortent de l'enveloppe à l'extrémité de l'épi, et ils sont reliés aux fleurs qui se transformeront en grains. On compte plusieurs centaines de grains par épi, et ces grains sont disposés en rangées plus ou moins régulières. Ils peuvent être blancs, orange, jaunes, rouges, pourpres, bleus, noirs ou bruns, selon les variétés. Un épi comporte de 8 à 24 rangées de grains. Cette céréale n'a pas toujours possédé des épis aussi gros ni aussi bien enveloppés ; ils mesuraient à l'origine de 3 à 5 cm de long. Le grain de maïs comporte 3 parties principales : le péricarpe (l'enveloppe), l'endosperme (la partie qui contient environ 90 % d'amidon), et l'embryon (le germe, riche en éléments nutritifs, et qui peut renfermer jusqu'à 85 % d'huile).

Il existe plusieurs espèces de maïs ; seulement au Pérou, on en a recensé 30. La première importante commercialement sert surtout à alimenter les animaux ; les grains d'un jaune soutenu sont fermes, farineux et peu sucrés. Les États-Unis en sont le plus grand pays producteur. La deuxième espèce en importance est le maïs pour la consommation humaine ; les grains, d'un jaune plus pâle ou blancs, sont tendres, laiteux et sucrés. Parmi les autres variétés se trouvent le maïs à souffler, peut-être le plus connu (voir Maïs soufflé), et le maïs décoratif, qui n'est pas comestible. À l'intérieur de ces espèces, les différences sont nombreuses ; ainsi, les grains sont plus ou moins sucrés, fermes, huileux et savoureux.

ACHAT ◆ L'achat du **maïs frais** requiert certaines précautions si on veut obtenir le maximum de saveur. Examiner les grains : s'ils sont bien frais, un coulis de jus blanc s'en écoule sous une simple pression des doigts ; s'ils sont décolorés ou ratatinés, c'est qu'ils manquent de fraîcheur. La perte de fraîcheur se voit également par l'état des soies devenues foncées et sèches, ainsi que par le manque d'éclat des feuilles. Délaisser le maïs exposé aux rayons du soleil ou aux températures élevées, car la chaleur accélère le processus qui le rend farineux. Une seule journée passée à 30 °C lui fait perdre jusqu'à 50 % de son sucre ; à 20 °C, la perte est de 26 %.

CUISSON ◆ L'épi de maïs peut être cuit avec ou sans ses feuilles ; le maïs épluché est parfois enveloppé de papier d'aluminium. La cuisson s'effectue à l'eau, à la vapeur, à la chaleur sèche (four, barbecue) ou au four à

VALEUR NUTRITIVE

Le maïs frais bouilli contient
Eau	69,9 %
Protéines	3,3 g
Matières grasses	1,3 g
Glucides	25,1 g
Fibres	3,7 g
108 calories/100 g	

Ses principales matières grasses sont composées d'acides gras polyinsaturés (46 %), d'acides gras monoinsaturés (28 %) et d'acides gras saturés (15 % ; voir Huile). La composition des glucides diffère selon les variétés ; l'amidon est abondant dans les variétés farineuses, ce qui donne des grains peu sucrés. Les variétés sucrées contiennent plus de sucre. Un gène retarde la transformation de ce sucre en amidon, transformation qui commence dès que le maïs est cueilli et entraîne en quelques heures une perte de saveur. On dit souvent à la blague que, pour manger un maïs savoureux, il faut mettre à bouillir l'eau qui servira à sa cuisson avant de le récolter. Cette précaution est moins nécessaire maintenant avec les nouvelles variétés améliorées, car l'apparition de l'amidon est retardée.

Le **maïs frais sucré bouilli** est une bonne source de folacine, de potassium et de thiamine ; il contient du magnésium, de l'acide pantothénique, de la vitamine C, du phosphore, de la niacine, du zinc et de la riboflavine, ainsi que des traces de fer et de vitamine B_6. Il est une source élevée de fibres.

Le maïs sucré en crème renferme
Eau	78,7 %
Protéines	1,7 g
Matières grasses	0,4 g
Glucides	18,1 g
Fibres	1,3 g
72 calories/100 g	

Il est une bonne source de folacine ; il contient du potassium, de la vitamine C, du magnésium, du zinc, de la niacine et du phosphore ainsi que des traces de vitamine B_6, de riboflavine et de fer.

Le maïs séché contient
Eau	11 %
Protéines	10 g
Matières grasses	4 g
Glucides	74 g
Fibres	2 g
361 calories/100 g	

Qu'il soit frais, bouilli ou séché, le maïs est déficient en lysine et en tryptophane, des acides aminés qui composent les protéines. Une alimentation variée permet de com-

micro-ondes. Éviter de le saler et de trop le cuire, car le maïs durcit et perd de la saveur. Pour relever la saveur, laisser quelques feuilles sur l'épi et ajouter un peu de lait ou de bière à l'eau de cuisson. Plonger les épis dans l'eau bouillante et cuire une dizaine de minutes (moins s'il est très jeune). Dans la marmite à pression, mettre 240 ml de liquide et calculer de 3 à 5 minutes (à 103 kPa). Dans le four, calculer environ 35 minutes à 200 °C. Dans le four à micro-ondes, calculer 3 minutes à haute température pour un épi. Si le maïs doit être réchauffé, il est préférable de dégarnir l'épi de ses grains.

Le maïs en grains peut être cuit tel quel (calculer une vingtaine de minutes à la vapeur) ou être intégré aux aliments (soupes, macédoine, ragoûts, relishs).

UTILISATION ♦ L'utilisation du maïs est variée. On consomme le maïs comme légume ou comme céréale. On le mange tel quel sur l'épi (il est assaisonné de sel et de beurre), on l'égrène ou on le transforme en maïs lessivé. On le déshydrate puis on le moud en farine ou en semoule. On en extrait la fécule, le germe et l'huile. On transforme le maïs en flocons séchés. Le maïs entre dans la fabrication de bière, de bourbon (whisky), de gin et de chicha (boisson des Indiens d'Amérique du Sud).

pléter cette carence (voir Théorie de la complémentarité). Le maïs est la seule céréale (variété jaune) à contenir de la vitamine A; ainsi, la semoule et la farine du maïs jaune à grains entiers en contiennent 47 ER/100g. Les personnes qui se nourrissent presque exclusivement de maïs souffrent souvent de pellagre, une maladie due à une déficience en niacine et qui affecte le système nerveux, le système digestif, les muqueuses de la bouche et la peau. Le mot pellagre vient de l'espagnol *pella agra* qui signifie «peau rugueuse». La pratique ancestrale qui consiste à incorporer au maïs de la chaux, de la soude caustique ou des cendres (substances qui apportent certains des nutriments manquants) fut un geste instinctif pour pallier les déficiences de cette céréale, car bien que le maïs contienne de la niacine, 50 à 80 % de cette niacine se présente sous une forme qui n'est pas assimilable par le corps humain. L'addition de chaux ou de potasse au maïs rendrait sa niacine assimilable. Une alimentation basée uniquement sur le maïs serait aussi déficiente en protéines, notamment pour combler les besoins des enfants.

Le **maïs en grains** est souvent servi seul comme légume d'accompagnement. On l'ajoute également dans plusieurs préparations telles les soupes, les salades composées et les jardinières.

Le **maïs lessivé** (ou bouillie de maïs) est du maïs traité selon un vieux procédé indien utilisé comme moyen de conservation (on nomme ce maïs *hominy* en anglais). Le maïs (surtout la variété blanche) est mis à tremper 25 minutes dans une solution de soude caustique, ce qui ramollit et fait gonfler son enveloppe. On le rince par la suite en le faisant tremper 40 minutes dans de l'eau bouillante, puis on le met dans une solution de bisulfite de sodium pour que disparaisse le plus possible de soude caustique, et on le remet à tremper dans de l'eau chaude. Souvent mis en conserve, le maïs subit alors pendant environ 1 h 30 un traitement à la chaleur.

La **farine de maïs** est une fine poudre jaunâtre obtenue par la mouture des grains. Le germe a généralement été enlevé afin que la farine puisse se conserver plus longtemps. On se sert de la farine de maïs pour épaissir soupes, sauces et tartes. On la met dans les crêpes, les gâteaux, les muffins, les biscuits et les pains. Pour obtenir des aliments qui lèvent (gâteaux, muffins, pains), on doit la mélanger à de la farine de blé car elle est déficiente en gluten. L'industrie alimentaire utilise la farine de maïs pour épaissir une grande variété d'aliments, notamment mélanges à gâteaux, biscuits, gaufres, crêpes, puddings, crème glacée, aliments pour bébés, soupes et sauces.

La **fécule de maïs** (*cornstarch* en anglais) est obtenue par l'extraction de l'amidon de l'endosperme. Cette fine poudre a des propriétés gélifiantes et est utilisée comme la farine de blé pour épaissir les aliments. Elle donne un produit plus translucide que la farine. Avant d'ajouter la fécule de maïs à un mélange chaud, la délayer dans un liquide froid pour éviter qu'elle ne forme des grumeaux. La cuire au moins une minute afin que disparaisse sa saveur peu agréable. L'industrie alimentaire se sert de la fécule de maïs pour épaissir une multitude de produits (sauces, desserts, vinaigrettes, crème sure, beurre d'arachide, aliments pour bébés, etc.). La plupart du temps, elle traite d'abord la fécule, notamment par hydrolyse, pour en contrôler l'action, modifiant ainsi les propriétés de la fécule. Cette fécule est appelée « amidon modifié ».

Des édulcorants (sirops, glucose, dextrose) sont extraits de la fécule de maïs. Un édulcorant fut créé à la fin des années 60 et a donné naissance à une industrie florissante. Le HFCS *(High Fructose Corn Syrup)* est un sirop qui possède un pouvoir sucrant plus élevé que le sucre blanc et le sirop de maïs (l'ancêtre des édulcorants à base de maïs). Il est économique, et l'industrie alimentaire s'en sert dans de nombreux produits, dont la liste ne cesse de s'allonger (pâtisseries, confitures, desserts congelés, conserves, marinades, boissons gazeuses, vins). Ce sirop est considéré comme un additif, car la fécule a subi divers traitements chimiques qui modifient sa structure. Les gouvernements canadien et américain l'ont classé dans la catégorie « GRAS » (généralement reconnu comme sécuritaire).

La fécule a aussi des usages non alimentaires ; elle est mise notamment dans les cosmétiques et les médicaments. Son importance commerciale est considérable.

La **semoule de maïs** (*cornmeal* en anglais) est obtenue par la mouture en granules plus ou moins fins des grains de maïs. La semoule provient presque toujours de grains dégermés, car elle rancit moins vite. La semoule donne une consistance légèrement croquante aux aliments (biscuits, muffins, gâteaux, pains). On la cuit en bouillie (polenta), on l'ajoute aux soupes et aux sauces qu'elle épaissit, on en fait des tamales, des tortillas et des croustilles. Elle se travaille plutôt mal et donne souvent un produit friable. Cuire de 30

VALEUR NUTRITIVE

La farine de maïs jaune à grains entiers renferme

Eau	10,9 %
Protéines	6,9 g
Matières grasses	3,9 g
Glucides	76,8 g
Fibres	13,4 g
361 calories/100 g	

Elle est une excellente source de magnésium, de potassium et de phosphore ; elle est une bonne source de vitamine B_6, de thiamine, de zinc et de fer ; elle contient de la niacine, du cuivre, de la folacine, de l'acide pantothénique, de la riboflavine et de la vitamine A. Elle est une source très élevée de fibres.

Le son de maïs renferme

Eau	4,8 %
Protéines	2,5 g
Matières grasses	0,24 g
Glucides	25,7 g
Fibres	25,4 g
67 calories/30 g (90 ml)	

Il contient du magnésium et du fer ainsi que des traces de zinc, de cuivre, de niacine et d'acide pantothénique. Il est une source très élevée de fibres.

La semoule de maïs à grains entiers renferme

Eau	10,3 %
Protéines	8,1 g
Matières grasses	3,6 g
Glucides	76,9 g
Fibres	11 g
362 calories/100 g	

Elle est une excellente source de magnésium, de thiamine, de fer et de potassium ; elle est une bonne source de phosphore, de zinc, de niacine et de vitamine B_6. Elle contient de la riboflavine, de la folacine, du cuivre, de l'acide pantothénique et de la vitamine A. Elle est une source très élevée de fibres.

La semoule de maïs jaune dégermé renferme

Eau	11,6 %
Protéines	8,5 g
Matières grasses	1,6 g
Glucides	77,7 g
Fibres	5,2 g
366 calories/100 g	

Elle est une bonne source de folacine et de magnésium ; elle contient de la vitamine B_6, du potassium, de la niacine, de la thiamine, du zinc, du fer et du phosphore ainsi que des traces d'acide pantothénique et de vitamine A.

à 40 minutes 1 partie de semoule dans 4 parties de liquide en brassant constamment.

Le **germe de maïs** (*corngerm* en anglais) est l'embryon qui donnera éventuellement naissance à une nouvelle plante. Le germe de maïs renferme plusieurs éléments nutritifs, et 46 % des calories proviennent des matières grasses qu'il contient ; c'est pourquoi il rancit rapidement. Le germe est presque toujours retiré des grains afin que les produits extraits du maïs (farine, semoule) et les aliments préparés avec cette farine et cette semoule se conservent plus longtemps. Plus gros que le germe de blé, le germe de maïs a une texture croustillante et une saveur qui rappelle la noisette. On l'utilise tel quel avec du lait comme une céréale froide ou on le met dans les aliments, qu'il enrichit (salades, légumineuses, plats mijotés). Très périssable, le germe de maïs est souvent vendu dans un emballage scellé hermétiquement, qu'on range au réfrigérateur une fois qu'il est ouvert.

Le germe de maïs renferme	
Protéines	4,8 g
Matières grasses	7 g
Glucides	11,8 g
137 calories/100 g	

Il est une excellente source de magnésium, de phosphore, de thiamine, de potassium et de zinc ; il est une bonne source de vitamine B_6 et de fer, et il contient de la riboflavine, de la folacine et du cuivre ainsi que des traces de niacine et de vitamine A.

L'**huile de maïs** est de couleur ambre à or foncé lorsqu'elle n'est pas raffinée et ambre pâle lorsqu'elle est raffinée. Elle contient principalement des acides gras polyinsaturés et elle a des usages variés (voir Huile).

Les **flocons de maïs** (Corn Flakes) sont prêts à manger. Le procédé de fabrication de cette céréale sèche fut découvert par hasard en 1894 par deux frères Kellogg. Ces frères travaillaient dans la cuisine d'un sanatorium de l'Église adventiste américaine où l'on préparait de la nourriture végétarienne. Un jour, des grains de maïs séjournèrent plus longtemps que prévu dans leur eau de cuisson. Lorsque cette préparation passa entre des rouleaux, comme on le faisait chaque jour, elle donna des flocons au lieu des habituelles fines feuilles, et leur bon goût surprit. Les Corn Flakes furent à l'origine un aliment de santé fait de grains entiers. De nos jours, on ne se sert que de la partie amidonneuse du grain, ce qui donne un produit appauvri.

CONSERVATION ◆ Le maïs en épi perd rapidement sa saveur. Il est préférable de le consommer le plus vite possible, de préférence le jour de l'achat. Si le maïs doit attendre, le mettre au réfrigérateur et ne l'éplucher qu'au dernier moment. Le maïs se met en conserve ou se congèle. Il se congèle sur l'épi après avoir été blanchi (de 7 à 11 minutes selon la grosseur) ou égrené (le blanchir d'abord sur l'épi 4 minutes puis l'égrener).

Placer la farine et la semoule de maïs dans des contenants hermétiques et les conserver dans un endroit frais et sec. La semoule et la farine complètes rancissent rapidement, car elles contiennent le germe. Les conserver au réfrigérateur dans des contenants hermétiques. On peut aussi les congeler ; elles se conserveront 1 à 2 ans.

MAÏS SOUFFLÉ

Zea mays var. *everta*, **Graminées**
Nom anglais : *popcorn*

 HISTORIQUE ◆ Maïs éclaté sous l'effet de la chaleur. Le maïs à souffler est produit par une variété de maïs dont l'épi et les grains sont petits et durs. Ce maïs est très ancien. On en a trouvé datant de plus de 5 000 ans lors de fouilles archéologiques au Mexique. Sa peau luisante et ferme emprisonne une plus grande quantité d'endosperme que les autres variétés de maïs. L'endosperme est une substance amidonnée blanchâtre qui se trouve à l'intérieur du grain. Lorsque le maïs est exposé à une grande température, l'eau contenue dans son endosperme se transforme en vapeur. La pression ainsi créée fait éclater le grain, expulsant vers l'extérieur l'amidon transformé, devenu croustillant.

Il existe 3 grandes variétés de maïs à souffler. Le maïs blanc, petit et sucré, le jaune, plus gros, et une variété hybride donnant du maïs soufflé très gros et souvent plus tendre. Cette variété atteint jusqu'à 40 fois son volume initial contre 25 à 30 fois pour les autres variétés.

ACHAT ◆ Acheter le maïs à souffler dans un magasin où le roulement est rapide afin de s'assurer qu'il soit frais. Le maïs frais gonfle mieux et a meilleur goût.

PRÉPARATION ◆ Le maïs soufflé se prépare dans un récipient hermétique (pour que la vapeur ne s'échappe pas). L'ajout d'huile n'est pas vraiment nécessaire, surtout si le maïs n'est pas trop vieux. On peut en ajouter une fois la cuisson terminée, en n'en versant qu'une petite quantité ; ainsi le maïs est moins gras (et le sel y adhère). Cuire le maïs à feu moyen, en secouant souvent le récipient pour que tous les grains soient chauffés également. La cuisson est terminée quand plus rien n'éclate. Retirer le maïs du feu et le transvider rapidement pour qu'il ne brûle pas.

UTILISATION ◆ Le maïs soufflé se mange tel quel ou enrobé de beurre, assaisonné ou non de sel ou d'épices. On le recouvre aussi de sucre caramélisé.

CONSERVATION ◆ Il est important de conserver le maïs non soufflé dans un contenant hermétique pour que les grains gardent toute leur humidité, car trop déshydratés ils n'éclatent pas. On peut réhydrater le maïs à souffler en ajoutant une petite quantité d'eau dans le contenant (15 ml par kilo [1 cuillerée à soupe]) ou en y plaçant un linge humide. Il faut compter quelques jours pour que les grains regagnent suffisamment d'humidité.

MALANGA

Xanthosoma sagittifolium, **Aracées**
Autres noms : *yautia, tayove, chou caraïbe*
Nom anglais : *malanga*
Autres noms : *yautia, tannia*

HISTORIQUE ◆ Tubercule d'une plante originaire d'Amérique tropicale. Le malanga pousse dans les régions tropicales et subtropicales. C'est un aliment de base dans les Antilles. « Malanga » est le nom avec lequel on désigne ce légume à Cuba tandis que « yautia » est le nom utilisé à Puerto Rico. Le malanga appartient à une famille de plantes décoratives ; il est apparenté au philodendron et au dieffenbachia. Il en existe une quarantaine d'espèces. Certaines, tel le malanga jaune, ressemblent à s'y méprendre au taro, une espèce voisine. Leur saveur permet de les différencier ainsi que les feuilles des plantes, ce qui n'est guère utile lors de l'achat ! Pour compliquer encore plus la chose, la variété appelée « malanga isleña » est classée avec les taros. Le plant de malanga peut atteindre 2 m de haut. Ses imposantes feuilles peuvent mesurer plus de 1 m de long. Elles sont comestibles, mais rarement disponibles sur les marchés occidentaux.

Les tubercules, de forme irrégulière, mesurent de 18 à 25 cm de long et pèsent généralement entre 250 g et 1 kg. Ils sont recouverts d'une mince peau qui peut être lisse, velue ou ornée de radicelles, selon les variétés. Cette peau brunâtre recouvre sans la cacher totalement une chair ferme et croustillante, légèrement visqueuse. Cette chair peut être blanchâtre, orangée, jaunâtre, rose ou rougeâtre. Sa saveur prononcée est légèrement terreuse et rappelle vaguement la noisette. Comme la pomme de terre, le malanga contient beaucoup d'amidon.

ACHAT ◆ Rechercher des malangas très fermes, exempts de moisissures et de parties molles. Faire une petite incision avec l'ongle dans la chair pour vérifier si cette dernière est bien juteuse. Idéalement, un malanga devrait être coupé en deux afin qu'on puisse juger de la qualité de la chair.

VALEUR NUTRITIVE	
Le malanga cru contient	
Eau	65,9 %
Protéines	1,7 g
Matières grasses	0,3 g
Glucides	30,9 g
132 calories/100 g	

Il contient de la thiamine, de la vitamine C, du fer et du phosphore ainsi que des traces de niacine et de calcium. Plusieurs variétés de malanga contiennent des substances âcres et irritantes qui disparaissent à la cuisson.

PRÉPARATION ◆ Peler le malanga, puis le recouvrir d'eau fraîche s'il n'est pas utilisé immédiatement. Le malanga contient un liquide âcre et collant qui peut irriter la peau. Mettre des gants de caoutchouc pour le peler ou s'enduire les mains d'huile si on est très sensible.

UTILISATION ◆ Le malanga se consomme cuit parce qu'il est riche en amidon non digestible et que les substances acides irritantes qu'il contient sont détruites par la cuisson. Éviter de trop le cuire, car il devient très mou et se désagrège. Il est souvent cuit à l'eau une vingtaine de minutes, comme la pomme de terre, et servi tel quel comme légume d'accompagnement ou est mis en purée. On le râpe et on le cuit en crêpes. On le met dans les soupes et les ragoûts. L'utiliser avec précaution, car sa forte saveur peut masquer celle des autres aliments. Il est délicieux frit ou nappé de sauce. Les feuilles peuvent être cuisinées comme les épinards ou servir pour envelopper des aliments qui seront cuits au four. Elles aussi contiennent une substance âcre détruite par la cuisson.

On transforme le malanga en amidon, qu'on utilise dans la fabrication d'alcool.

CONSERVATION ◆ Le malanga est fragile, il sèche et ramollit rapidement. Il se conserve quelques jours à l'air ambiant ou au réfrigérateur. Les feuilles se conservent plusieurs jours au réfrigérateur. Les essuyer avec un linge humide et les placer dans un sac de plastique perforé.

MANDARINE

Citrus reticulata ou *C. nobilis*, **Rutacées**
Nom anglais : *tangerine*
Autres noms : *mandarin, mandarin orange*

HISTORIQUE ◆ Fruit du mandarinier, un arbrisseau originaire de Chine. La mandarine a longtemps été connue exclusivement en Asie. Elle devrait son nom au fait que sa peau est de la même couleur que la robe de soie portée par les mandarins qui étaient les hauts fonctionnaires de l'Empire chinois. La mandarine fut introduite en Europe au XIXᵉ siècle. Sa culture resta confinée au bassin méditerranéen pendant de nombreuses années.

La **mandarine** *Citrus reticulata* ressemble à une petite orange légèrement aplatie. Sa peau se pèle très facilement. Sa chair sucrée, parfumée et délicate, est moins acide que celle de la plupart des agrumes. Elle peut contenir plusieurs pépins ou en être exempte, selon les très nombreuses variétés. Ses quartiers assez petits sont facilement détachables.

Au début du XXᵉ siècle, un missionnaire français, le père Clément, créa une nouvelle variété appelée «clémentine». Il croisa une mandarine avec une bigarade (orange amère). De nombreux autres hybrides ont été produits, tels la Dancy, la Satsuma, la Malaquina, la Ellendale, la Kinnow, la Minneola, le tangelo, l'orange-temple et l'ugli. Certains hybrides sont appelés **tangerines** (tangerine Fairchild, tangerine au miel).

———————

La **clémentine** est sphérique. Sa fine peau est d'un orange rougeâtre. Sa chair juteuse et acidulée est légèrement moins parfumée que celle de la mandarine. La clémentine est très cultivée en Europe (Corse, Espagne, Italie), en Afrique du Nord (Algérie, Maroc) et en Israël. Il en existe plusieurs variétés (ordinaire, Montréal, Oroval). Certaines ont peu ou pas de pépins, d'autres en ont jusqu'à 20.

———————

La **tangerine** *Citrus reticulata X Citrus aurantium*, dont le nom est dérivé de «Tanger», le port marocain qui fut longtemps le principal lieu d'embarquement des cargaisons de mandarines destinées à l'exportation, est issue du croisement de l'orange amère et de la mandarine.

———————

L'**orange-temple** *Citrus nobilis* est le résultat d'un croisement entre la tangerine et l'orange douce. L'orange-temple est aussi appelée «tangor», de l'anglais *tangy* qui signifie «goût piquant». Elle ressemble à l'orange. Elle se pèle facilement. Sa chair est à la fois mi-acide et mi-sucrée.

Le **tangelo** *Citrus paradisi X Citrus reticulata* est issu d'un croisement de la mandarine et du pomélo. Ce nom est d'origine américaine et s'inspire encore une fois du mot *tangy*, par référence au goût acidulé. Ce fruit est souvent identifié par le nom de la variété (Minneola, Seminole, Orlando). Cet agrume assez gros ressemble plus à une mandarine qu'à un pomélo. Dans certaines variétés, le côté opposé à la tige est orné d'un début d'excroissance qui ressemble à un mamelon. La pulpe juteuse et parfumée est moins acidulée et plus sucrée que celle d'un pomélo. Elle contient beaucoup de pépins. L'écorce est très colorée.

L'**ugli** est une variété étonnante découverte en Jamaïque au début du XXe siècle. L'origine de l'ugli est incertaine. Certains disent que le fruit est issu du croisement d'une mandarine et d'un pamplemousse (ou d'un pomélo), voire de l'orange amère. Ce fruit délicieux est difforme. Son apparence peu attirante est soulignée par son nom, puisque «ugli» vient de l'anglais *ugly* qui signifie «laid». L'ugli a une peau ridée et épaisse qui se pèle facilement. Selon les variétés, elle est rouge jaunâtre, orange foncé ou verte, tachetée de jaune ou d'orange. Elle recouvre une pulpe juteuse jaune orangé, plus sucrée que celle d'un pomélo, légèrement acide et presque dépourvue de pépins. L'ugli peut avoir la taille d'un gros pamplemousse ou d'une orange.

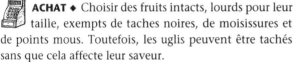

ACHAT ◆ Choisir des fruits intacts, lourds pour leur taille, exempts de taches noires, de moisissures et de points mous. Toutefois, les uglis peuvent être tachés sans que cela affecte leur saveur.

UTILISATION ◆ La mandarine et ses hybrides sont très souvent mangés tels quels. Ils constituent un dessert ou une collation pratique et rafraîchissante. On peut les utiliser de la même façon que l'orange. On les met dans les salades de fruits, les sauces, les plats aigres-doux. Ils

VALEUR NUTRITIVE	
La mandarine contient	
Eau	88 %
Protéines	0,6 g
Matières grasses	0,2 g
Glucides	11 g
Fibres	1 g
44 calories/100 g	
Elle est une excellente source de vitamine C et contient du potassium, de la vitamine A et de l'acide folique.	

décorent gâteaux, puddings, bavarois, tartes. Ils ajoutent une touche inhabituelle aux salades de riz, de poulet ou de fruits de mer. Ils sont délicieux avec de la crème glacée, arrosés ou non de Grand Marnier, ou dans la fondue au chocolat. L'écorce de la mandarine a une saveur fine et exotique. Comme elle est plus mince que celle de l'orange, exercer moins de pression en la râpant ou en extrayant le jus.

CONSERVATION ◆ Garder les mandarines au réfrigérateur, elles s'y conserveront 1 ou 2 semaines.

MANGOUSTAN

Garcinia mangostana, **Guttiféracées**
Autre nom : *mangouste*
Nom anglais : *mangosteen*
Autre nom : *mangostan*

HISTORIQUE ◆ Fruit du mangoustanier, un arbre originaire de Malaysia, des Philippines et d'Indonésie. Le mangoustanier est aussi appelé «mangoustier» ou «mangoustan»; il n'est pas apparenté au manguier. Le mot mangoustan est dérivé du malais. Le mangoustanier est souvent cultivé à des fins décoratives, car ses grosses fleurs rosées sont magnifiques. Il met de 10 à 15 ans avant de commencer à produire des fruits. Cet arbre des régions tropicales est difficile à cultiver hors de son milieu naturel. Il a été introduit dans les Antilles vers le milieu du XIXᵉ siècle. Il en existe plus d'une centaine de variétés.

Le mangoustan est un fruit arrondi de la grosseur d'une mandarine. Sa peau épaisse et ferme de couleur brun rougeâtre n'est pas comestible. Elle durcit à mesure que le fruit vieillit et change de couleur, devenant violacée. Elle recouvre une épaisse membrane rougeâtre non comestible qui enveloppe la chair. Cette chair d'un blanc perlé est juteuse, sucrée et d'une saveur particulièrement exquise qui rappelle à la fois l'abricot, l'ananas et l'orange. La chair se divise en 5 ou 6 quartiers, dont certains contiennent un noyau rosé comestible; elle ne représente que 26 % du poids du fruit.

ACHAT ◆ Choisir des mangoustans qui cèdent sous une légère pression des doigts et dont la peau est devenue pourprée, moment où ils sont le plus savoureux. Délaisser des fruits dont la peau est très dure : ils sont trop mûrs.

VALEUR NUTRITIVE	
Le mangoustan contient	
Eau	84 %
Protéines	0,5 g
Matières grasses	0,3 g
Glucides	14,7 g
Fibres	5 g
57 calories/100 g	
Il contient du potassium et de la vitamine C ainsi que des traces de fer et de niacine.	

PRÉPARATION ◆ Une façon de peler le mangoustan consiste à inciser l'écorce circulairement avec un couteau pointé vers le milieu du fruit, en prenant soin de ne pas entailler la chair (couper environ 1 cm de profondeur). Imprimer un léger mouvement de rotation et retirer l'écorce, qui s'enlève comme un chapeau.

UTILISATION ◆ Le mangoustan est meilleur nature, car la cuisson atténue sa délicate saveur. On le mange tel quel à la manière d'une orange, après l'avoir pelé et divisé en sections. Ce fruit est délicieux accompagné d'un coulis de fraises ou de framboises. On en fait du jus et parfois du vinaigre. On le met en purée qui aromatise yogourt, crème glacée, sorbets, gâteaux ou puddings.

CONSERVATION ◆ Le mangoustan est un fruit fragile. Le laisser à la température ambiante 2 ou 3 jours ou le placer au réfrigérateur, où il se conservera environ 1 semaine. Le consommer le plus tôt possible. Le mangoustan supporte mal la congélation.

MANGUE

Mangifera indica, **Anacardiacées** ou **Térébinthacées**
Surnom : *pêche des tropiques*
Nom anglais : *mango*

HISTORIQUE ♦ Fruit du manguier, un arbre qui serait originaire de l'Inde. La mangue est cultivée depuis environ 6 000 ans. Pendant longtemps elle fut connue seulement en Asie. Les explorateurs portugais l'introduisirent au Brésil, puis elle se répandit graduellement dans le monde. Le nom portugais « manga » est dérivé du tamoul *man-gay*, une langue parlée dans le sud-est de l'Inde. Le manguier est apparenté au pistachier et à l'anacardier (acajou) et pousse sous les climats tropicaux. Il peut atteindre 30 m de haut mais mesure en moyenne 15 m. Son feuillage persistant a la caractéristique d'être souvent rouge lorsqu'il est jeune, puis de verdir en vieillissant. Ses petites fleurs roses sont odorantes. Chaque manguier peut produire près d'une centaine de fruits par année.

La mangue peut être ronde, ovale ou réniforme, selon les variétés (plus de 1 000). Elle peut avoir la taille d'une prune, d'une poire ou d'un petit melon. Sa peau lisse et mince peut être verte, jaune ou écarlate. Elle est teintée de rouge, de violet, de rose ou de jaune orangé. Sa chair jaune orangé est souvent douce comme celle de la pêche, d'où le surnom de « pêche des tropiques » donné à la mangue. Elle est plus ou moins onctueuse, juteuse, sucrée et parfumée selon les variétés. Elle recouvre un assez gros noyau adhérant, de forme allongée et aplatie. Son goût légèrement acide ou épicé peut surprendre la première fois. Dans certaines espèces, surtout les sauvages, la chair de la mangue est peu abondante et elle laisse souvent un arrière-goût de térébenthine.

ACHAT ♦ La mangue est mûre lorsqu'elle cède sous une légère pression des doigts et qu'un arôme délicat s'en dégage. Sa peau est souvent ornée de taches noires. Cueillie trop tôt, la mangue est ridée, fibreuse, très acide, d'une saveur peu agréable et privée de sa valeur nutritive. Délaisser une mangue qui sent le sur, car elle a commencé à fermenter.

PRÉPARATION ♦ La peau étant irritante pour la bouche, il est préférable de l'enlever avant de manger la mangue. Par exemple, couper la mangue en deux en longeant le noyau, puis séparer en quartiers et retirer la peau. Si la mangue est charnue, on peut découper la chair en cubes avant de retirer la peau.

VALEUR NUTRITIVE	
La mangue contient	
Eau	82 %
Protéines	0,5 g
Matières grasses	0,3 g
Glucides	17 g
65 calories/100 g	

Elle constitue une excellente source de vitamines A et C, elle est une bonne source de potassium et elle contient du cuivre ainsi que des traces de niacine et d'acide pantothénique. La mangue serait laxative si elle n'est pas assez mûre. Sa peau peut irriter la peau et la bouche chez certaines personnes.

UTILISATION ♦ La mangue se mange nature ou on l'incorpore dans les macédoines de fruits, les céréales, les crêpes, la crème glacée, le yogourt, les sorbets. On la transforme en jus, en coulis ou en compote. On la cuit en confiture. Dans les tropiques, la mangue se consomme aussi lorsqu'elle est immature. On s'en sert comme légume et on la cuisine de multiples façons. On la met dans les potages et les sauces. Elle accompagne la volaille, le porc, le poisson et les légumineuses. En Inde, elle est un ingrédient de base des chutneys. Elle parfume une boisson à base de yogourt. En Thaïlande, on fait sécher au soleil de la purée de mangue, qui devient une pâte nourrissante très estimée.

⌛ **CONSERVATION** ◆ La mangue est moyennement périssable. La laisser à la température de la pièce jusqu'à ce qu'elle soit mûre. La placer dans un sac de papier si on désire accélérer le mûrissement. Consommer la mangue dès qu'elle est à point, le moment où elle est le plus savoureuse. Conserver la mangue mûre au réfrigérateur, elle se gardera 1 ou 2 semaines. Éviter de conserver la mangue immature à des températures au-dessous de 13° C, car elle ne mûrit plus. La mangue se congèle cuite dans un sirop ou mise en purée, additionnée ou non de sucre et de jus de lime ou de citron.

MANIOC

Manihot esculenta et *M. dulcis*, **Euphorbiacées**
Autres noms : *cassave, yuca*
Nom anglais : *manioc*
Autres noms : *cassava, yuca*

📜 **HISTORIQUE** ◆ Tubercule d'une plante originaire du centre du Brésil. Le manioc pousse dans les régions tropicales et subtropicales. Il occupe une place importante dans l'alimentation de plusieurs peuples d'Afrique, d'Asie, d'Amérique du Sud et d'Amérique centrale. Dans certaines parties du monde on le nomme yuca (ne pas confondre avec le yucca, une plante ornementale de la famille des Liliacées). C'est du manioc qu'on tire le tapioca.

Le manioc pousse sur un arbuste buissonnant qui atteint de 1 à 3 m de haut. Ses grandes feuilles sont palmées. Les tubercules de couleur blanchâtre, jaunâtre ou rougeâtre sont de forme conique ou cylindrique ; ils ressemblent aux patates douces. On les récolte entre 6 mois et 1 an, lorsqu'ils mesurent de 20 à 40 cm de long et de 4 à 10 cm de diamètre. En Afrique, on les laisse parfois dans les champs plusieurs années (jusqu'à 6 ans) en prévision d'une éventuelle disette. Ils peuvent alors mesurer 1 m de long et peser 25 kg. Les tubercules sont très périssables et voyagent mal.

Il existe plusieurs variétés de manioc ; toutes contiennent de l'acide cyanhydrique, une substance toxique qui disparaît à la cuisson ou à la déshydratation. On les classifie habituellement en manioc amer et en manioc doux, d'après leur contenu en acide cyanhydrique.

Manioc amer *(M. esculenta)*. Manioc au goût amer parce qu'il contient une grande quantité d'acide cyanhydrique. Ce manioc est comestible seulement après traitement. C'est de cette variété très riche en amidon que l'on obtient le tapioca. Le mot tapioca est dérivé de *tipiak* ou *tipiok*, le nom de cet aliment dans la langue tupi. Il faut environ 4,55 tonnes métriques de tubercules pour obtenir 1 tonne métrique de tapioca avec des méthodes d'extraction efficaces.

Fabrication du tapioca

Les tubercules sont lavés, épluchés et râpés. Ils sont ensuite mis à macérer, tamisés, égouttés, séchés, puis légèrement chauffés. L'amidon obtenu (le tapioca) a la forme d'une grosse bille ; on doit le faire tremper de 45 à 75 minutes avant de le cuire.

Le tapioca peut être transformé en flocons, en farine ou en granules très petits; on obtient alors le «tapioca minute». Le tapioca minute a été cuit presque complètement avant d'être commercialisé et ne nécessite qu'une dizaine de minutes de cuisson additionnelle.

Le tapioca peut aussi être transformé en farine.

UTILISATION ◆ Le tapioca est insipide. Il est très utile pour épaissir soupes, sauces, ragoûts, tartes, fruits et puddings, car il prend la saveur du mets. Cuit dans du lait, il donne de délicieux desserts. Sa cuisson est facile, mais il est nécessaire de brasser le tapioca minute pour empêcher la formation de grumeaux. Le tapioca est utilisé par l'industrie des pâtes et papiers où il entre dans la confection du papier gaufré; il sert également à fabriquer la colle des timbres.

Manioc doux *(M. dulcis* ou *utilissima).* Manioc consommé tel quel, à la manière de la pomme de terre ou de la patate, qu'il peut remplacer dans la plupart des recettes. Au Brésil, de la farine de manioc *(farinha de mandioca)* grillée est saupoudrée généreusement sur leur plat national. Ce plat, appelé *feijoada*, est à base de fèves noires, d'oignons et de saucisse. On extrait du manioc doux une farine utilisée pour la confection de sauces, pains, ragoûts, galettes et gâteaux ainsi que du jus qui sert à la préparation de boissons alcoolisées.

PRÉPARATION ◆ Toujours peler le manioc doux avant de le cuisiner. Ne pas se servir d'un couteau éplucheur, qui donne de pauvres résultats. Couper plutôt le tubercule en 2 ou 3 tronçons, les sectionner dans le sens de la longueur, puis détacher l'écorce à l'aide d'un couteau.

ACHAT ◆ Rechercher un tubercule exempt de moisissures et de parties gluantes. L'écorce est rarement intacte mais choisir le légume le moins endommagé possible. Délaisser un tubercule qui sent l'ammoniac ou le suri ou qui a des parties gris-bleu.

CONSERVATION ◆ Les tubercules sont fragiles. Un haut taux d'humidité et des températures dépassant 20 °C les endommagent. Les placer au réfrigérateur, ils s'y conserveront quelques jours. On peut les congeler tels quels, simplement pelés et coupés en gros morceaux.

VALEUR NUTRITIVE	
Le tapioca minute sec fournit	
Protéines	0,2 g
Glucides	15,6 g
64 calories/30 g (18 ml)	
(52 % de ses calories sont sous forme de glucides)	

Il contient des traces de potassium, de calcium et de phosphore.

Le tapioca perlé sec fournit	
Protéines	0,06 g
Glucides	26,6 g
Fibres	0,35 g
102 calories/30 g (44 ml)	
(dans ce cas-ci, 89 % des calories sont sous forme de glucides)	

Il contient des traces de fer, de folacine, de potassium et de calcium. Il se digère facilement.

Le manioc cru contient	
Eau	68,5 %
Protéines	3,1 g
Matières grasses	0,4 g
Glucides	26,9 g
Fibres	0,1 g
120 calories/100 g	

Il renferme plus de calories que la pomme de terre car il est plus riche en glucides. Il est une excellente source de vitamine C, de potassium, de fer et de magnésium; une bonne source de thiamine et de vitamine B6; il contient de la folacine, de la niacine, du cuivre, du calcium, du phosphore, de la riboflavine et de l'acide pantothénique ainsi que des traces de zinc.

MAQUEREAU

Scomber spp, **Scombridés**
Autre espèce : *thazard*
Nom anglais : *mackerel*
Autres noms : *Atlantic mackerel, king mackerel*

HISTORIQUE ◆ Très beau poisson marin au corps élancé qui habite la plupart des mers, en particulier le Pacifique, l'Atlantique et la Méditerranée. Parfois appelé scombre, ce poisson fait partie de la famille des Scombridés, du mot grec *skombros* signifiant «maquereau». L'été, les maquereaux s'approchent des côtes canadiennes et américaines mais repartent à l'automne vers des eaux plus chaudes. Ces poissons n'ont pas de vessie natatoire et ils doivent nager sans cesse pour éviter de sombrer. Très rapides, ils se déplacent en bancs souvent immenses, qui s'étendent sur plusieurs kilomètres. Ils accompagnent fréquemment les bancs de harengs et la légende dit qu'on les aurait appelés maquereaux parce qu'ils servent d'«entremetteurs».

Le maquereau est une espèce apparentée au thon, tout comme le **thazard** *(kingfish* en anglais, *Scomberomorus cavalla)*, une espèce voisine qui est classée parfois avec le thon, parfois avec le maquereau. Parmi les espèces de maquereaux les plus courantes se trouvent le maquereau commun et le maquereau espagnol.

Le **maquereau commun** *(Scomber scombrus)* mesure généralement de 30 à 50 cm de long et pèse près de 0,5 à 1 kg; il peut atteindre une longueur maximale de 55 cm et un poids de 2 kg. Son corps fusiforme, de couleur bleu acier sur la partie supérieure et nacré sur le ventre, est recouvert de très minces écailles (plus longues sur le tronc qu'aux extrémités) qui lui confèrent une certaine douceur. Le haut de son dos est orné de 23 à 33 stries ondulées et foncées semblables à celles du tigre. Il se distingue par le fait que ses 2 nageoires dorsales sont espacées. Sa mince queue est fourchue. Le maquereau commun est l'espèce la plus courante en Amérique du Nord. Une espèce similaire *(Scomber australasicus)* vit dans les eaux chaudes du Pacifique, du Japon jusqu'en Australie.

———————

Le **maquereau espagnol** *(Scomber japonicus)* atteint une longueur maximale de 50 cm. Il ressemble au maquereau commun, mais ses yeux sont plus grands, les stries sur son dos sont moins apparentes et des taches foncées ornent son ventre. Il habite la Méditerranée, la mer Noire et le Pacifique.

Les maquereaux ont une chair blanchâtre savoureuse, passablement grasse. Comme celle du thon, elle est formée d'une bande grasse plus foncée vers le milieu, ce qui en accentue la saveur et la rend plus difficile à digérer. Enlever cette bande, faire mariner la chair ou la cuire en la badigeonnant avec une marinade diminuent cet inconvénient.

ACHAT ◆ Le maquereau est vendu entier ou en filet, frais ou congelé. Il est aussi commercialisé en conserve au naturel, au vin blanc ou à l'huile. Comme le hareng, il est salé ou fumé et vendu sous le nom de «buckling». À

VALEUR NUTRITIVE	
Le maquereau de l'Atlantique contient	
Protéines	19 g
Matières grasses	14 g
205 calories/100 g, cru	

l'achat du poisson frais, choisir un poisson ferme et rigide, car sa rigidité, de courte durée (24 heures), est un signe de fraîcheur, avec un ventre bombé et bien blanc (le poisson n'est plus comestible si son ventre est éclaté).

PRÉPARATION ◆ Pour lever les filets, tenir compte des arêtes qui jaillissent au milieu des côtes ; en atteignant cet endroit, passer le couteau entre la chair et les arêtes afin de bien les séparer.

UTILISATION ◆ Consommer le maquereau le plus tôt possible, car sa chair se décompose rapidement ; une courte exposition à la chaleur suffit pour la rendre amère et avariée. Lorsqu'on pêche le maquereau soi-même, le mettre au frais le plus tôt possible.

Le maquereau s'apprête de toutes les façons ; éviter cependant d'en augmenter la teneur en gras. Il peut être mangé aussi bien froid que chaud, il est délicieux fumé ou mariné. Il est très apprécié en *ceviche* ; s'assurer toutefois qu'il est exempt de parasites. La cuisson au four, au court-bouillon, au gril ou en papillote l'avantage. Le maquereau peut être transformé en farine ou en huile. Il sert aussi d'appât pour diverses pêches (homard, crabe des neiges, thon).

CONSERVATION ◆ Le maquereau perd beaucoup de saveur à la congélation.

MARGARINE

Nom anglais : *margarine*

HISTORIQUE ◆ La margarine est une substance inventée en France en 1869 pour remplacer le beurre, qui était rare et coûteux. Le mot margarine vient du grec *margaron* signifiant « perle ». C'est l'inventeur du produit, le chimiste Hippolyte Mège-Mouriès, qui l'aurait créée en s'inspirant de la couleur de la substance. La margarine fut d'abord faite avec du suif raffiné, puis on se servit de plus en plus souvent d'huiles végétales après que fut découvert un procédé qui retardait l'oxydation de ces huiles. Elle est composée en grande partie de gras végétal utilisé seul ou combiné (les plus employés sont l'huile de soya, de maïs, de tournesol, de coton, d'arachide, de carthame, de palme, de coprah et de colza). Elle peut contenir du gras animal (suif, saindoux et huile de poisson). Le gras animal et certaines huiles, telles l'huile de coprah, l'huile de palme et l'huile de palmiste, sont fortement saturés. Des margarines destinées spécialement aux industries ont une composition et une consistance en fonction des besoins spécifiques de ces industries.

La margarine ne connut pas un succès instantané, mais au fil des ans elle remplaça graduellement et de plus en plus souvent le beurre, tant dans les maisons, les institutions, les restaurants que dans l'industrie alimentaire, ce qui fit chuter de façon importante les ventes du beurre. Son bas prix et le fait que la publicité la présentait comme meilleure pour la santé que le beurre expliquent cette popularité. Cette publicité bien orchestrée mettait l'accent principalement sur le fait que la margarine contient des acides gras polyinsaturés, des acides considérés comme bénéfiques pour la santé. Mais l'huile entrant dans la composition de la plupart des margarines est hydrogénée. L'hydrogénation consiste en l'ajout d'atomes d'hydrogène aux molécules d'acides gras, ce qui solidifie les huiles, élève leur point de fusion, retarde le rancissement et améliore la consistance des aliments fabriqués avec des gras hydrogénés; par exemple, les puddings sont plus crémeux et les biscuits plus croustillants. L'hydrogénation transforme cependant la nature et la structure des acides gras, qui passent de «cis», leur forme initiale, à «trans», une forme nouvelle rarement présente dans les aliments (certaines margarines sont traitées par fractionnement au lieu d'être hydrogénées, ce qui n'entraîne pas la formation des acides «trans»).

L'hydrogénation, qui devint un procédé courant dans les années 1950, a introduit dans la chaîne alimentaire des acides gras «trans» sans qu'on sache exactement comment ils étaient métabolisés et quelles étaient leurs conséquences sur la santé. En 1969, une recherche démontra pour la première fois que les acides gras «trans» avaient une structure chimique similaire aux acides gras saturés, ces acides considérés depuis plusieurs années comme peu bénéfiques pour la santé, car ils contribuent notamment à l'apparition des maladies cardio-vasculaires.

En 1990, une recherche hollandaise confirma que les acides gras «trans» se comportent comme les acides gras saturés. Inquiète des conséquences de tels résultats, la puissante et bien organisée industrie de l'huile végétale a pressé le Département de l'agriculture américain (USDA) d'entreprendre une recherche, espérant que cette dernière contredirait les résultats de la recherche hollandaise. Mais la recherche américaine est arrivée aux mêmes conclusions. Le USDA a cependant décidé de suspendre la publication des résultats afin de ne pas nuire à l'industrie. L'information sur l'action nocive des acides gras «trans» n'a réellement touché le grand public qu'en 1991. La population fut donc privée de cette information durant plus de 20 ans, fait révoltant mais qui n'étonne pas quand on sait que d'énormes intérêts commerciaux sont en jeu. Les ventes de margarine représentent des milliards de dollars.

Comme le beurre, la margarine est un aliment riche en matières grasses et en calories qu'il est préférable de consommer modérément. Elle renferme la même quantité de gras et de calories que le beurre naturel, soit 11 g de matières grasses et 100 calories/15 ml. Contrairement au beurre, la margarine faite exclusivement d'huile végétale est dépourvue de cholestérol.

ACHAT ♦ La margarine peut être dure, molle, liquide ou fouettée, salée ou non salée. Il existe des margarines régulières, des margarines à tartiner et des margarines diététiques. Il est souvent difficile de connaître la valeur nutritive d'une margarine, en particulier lorsque l'étiquette ne mentionne que «huile végétale» sans en préciser la nature. Préférer une margarine où la nature de l'huile est indiquée.

VALEUR NUTRITIVE

La margarine régulière contient
Matières grasses 82 %
Eau 16 %

Il existe des margarines diététiques dans lesquelles la quantité de matières grasses est moins importante (environ 40 %) et l'eau plus abondante (55 à 59 %). Toute une gamme d'autres ingrédients entre dans la fabrication de la margarine, dont des solides du lait, des colorants, des agents de préservation, des émulsifiants, des anti-oxydants, des agents aromatisants, des édulcorants, des vitamines (A et D), de l'amidon modifié et du sel. Tous ces ingrédients ne sont pas toujours présents, car la composition de la margarine est variable. Le sel, qui est souvent présent en grande quantité, sert à améliorer la saveur et à prolonger la fraîcheur. Il peut être remplacé par plusieurs autres substances, tels le chlorure de potassium, le benzoate de sodium, le carbonate de potassium et le EDTA de calcium disodique, ou leur être combiné. Les anti-oxydants, le citrate d'isopropyl, le citrate de stéaryle, le BHT (hydroxytoluène butylé) et le BHA (hydroxyanisol butylé) retardent le rancissement et protègent la saveur. Les émulsifiants, les mono et diglycérides et la lécithine empêchent la séparation de l'eau et des corps gras et diminuent les éclaboussures lorsque la margarine est chauffée. L'édulcorant, du sucre, sert à brunir les aliments lorsqu'on les fait revenir dans un poêlon.

Lire la liste des ingrédients sur l'étiquette lorsqu'on recherche une margarine non hydrogénée ou qui est le moins hydrogénée, donc ayant un pourcentage d'huile liquide élevé et qui contient le moins d'additifs possible.

UTILISATION ◆ Les margarines diététiques et la margarine à tartiner ne conviennent pas à la cuisson, on ne les emploie qu'à froid. Les utiliser sans tenir compte de cette spécificité entraîne bien des déceptions, les mets étant souvent gâchés. La margarine régulière a une utilisation plus vaste et peut se substituer au beurre dans presque toutes les recettes ; les résultats ne sont pas toujours identiques cependant, surtout au point de vue de la saveur. Comme le beurre, elle n'est pas adaptée pour la grande friture. On l'emploie par contre pour la cuisson, sauf si elle est riche en acides polyinsaturés. Pour éviter que la margarine ne brunisse et ne brûle trop rapidement à la cuisson, utiliser de préférence une margarine démunie de poudre de lait ou de lactosérum.

CONSERVATION ◆ La margarine se conserve au réfrigérateur ou au congélateur. S'assurer que le contenant ferme hermétiquement ou bien envelopper la margarine, car elle absorbe les odeurs des aliments. Ne pas l'exposer à la chaleur.

MARJOLAINE / ORIGAN

Origanum spp, **Labiacées**
Autres noms : *marjolaine douce, marjolaine des jardins, grand origan*
Noms anglais : *marjoram – oregano*
Autres noms : *sweet marjoram, pot marjoram*

HISTORIQUE ◆ Plantes aromatiques probablement originaires de la région méditerranéenne. Il existe une trentaine de variétés de marjolaine, dont une sauvage nommée **origan** *(Origanum vulgare)*. Ces plantes sont vivaces sous un climat propice, comme celui de la région méditerranéenne. En Amérique du Nord, elles sont généralement annuelles, car elles ne résistent même pas aux hivers doux. La marjolaine est consommée depuis les temps les plus anciens. On a longtemps cru qu'elle empêchait le lait de tourner. Les Grecs et les Romains considéraient la marjolaine comme un symbole de bonheur. Ils mettaient une couronne de marjolaine sur la tête des amoureux. Les Grecs plantaient cette fine herbe dans les cimetières afin d'assurer la paix éternelle aux défunts.

Les plants de ces fines herbes sont ramifiés. Leurs tiges carrées mesurent de 30 à 70 cm de haut. Leurs petites feuilles ovales sont vert grisâtre. De petites fleurs blanches ou roses (celles de l'origan sont rouges) en forme d'épi ovoïde apparaissent au sommet des tiges. Elles produisent de minuscules graines brun pâle ressemblant à de toutes petites noix.

 ACHAT ◆ À l'achat de la marjolaine et de l'origan frais, choisir des fines herbes aux tiges fermes.

VALEUR NUTRITIVE	
La marjolaine séchée fournit	
Calcium	12 mg
Potassium	9 mg
Vitamine A	5 ER
Magnésium	2 mg
Fer/5 ml (2 g)	0,5 mg

On dit la marjolaine et l'origan antispasmodiques, antiseptiques, bactéricides, expectorants, calmants, carminatifs, stomachiques et apéritifs. Ces fines herbes favoriseraient la digestion, aideraient le système respiratoire et soulageraient les migraines et les bronchites. En tisane, mettre 5 ml de feuilles (1 cuillerée à café) par tasse d'eau et laisser infuser 10 minutes.

UTILISATION ◆ La marjolaine et l'origan peuvent être utilisés frais ou séchés. La marjolaine a une saveur légèrement plus douce que l'origan. Ces fines herbes sont indispensables dans la cuisine méditerranéenne. Elles aromatisent non seulement les mets à la tomate mais également les vinaigrettes, les sauces, les farces, les légumes (particulièrement oignons, épinards, courgettes et aubergines), les poissons, les fruits de mer, les légumineuses, les œufs, la viande, la volaille, la charcuterie, bref à peu près tout.

MÉLISSE

Melissa officinalis, **Labiacées**
Autre nom : *citronnelle*
Nom anglais : *balm*
Autres noms : *lemon balm, balm mint, garden balm*

HISTORIQUE ◆ Plante aromatique vivace originaire du sud de l'Europe. La mélisse est apparentée à la menthe et pousse aussi facilement. Elle est cultivée dans de nombreux pays. Le mot mélisse est dérivé du grec *mellissophyllon* signifiant « feuille à abeille », du fait que cette plante attire ces insectes. La mélisse est également connue sous le nom de « citronnelle » parce que ses feuilles dégagent une odeur de citron. On frotte les ruches avec de la mélisse afin d'empêcher les abeilles d'essaimer.

La mélisse est formée de tiges denses atteignant de 30 à 90 cm de hauteur. Ses feuilles ovales et nervurées, de couleur jaune verdâtre, sont recouvertes de minuscules poils sur la partie supérieure. De petites fleurs blanchâtres, jaunâtres ou bleutées poussent aux aisselles des feuilles et donnent naissance à de longues graines ovales. On cueille la mélisse avant la floraison pour obtenir un maximum de saveur.

ACHAT ◆ À l'achat de la mélisse fraîche, choisir celle qui a des tiges et des feuilles fermes, exemptes de taches foncées.

UTILISATION ◆ La mélisse peut être utilisée fraîche ou séchée. Elle est particulièrement adaptée à l'accompagnement d'aliments âcres. Elle est beaucoup plus utilisée dans les pays asiatiques que dans les pays occidentaux. Elle aromatise notamment les currys indiens, les soupes et les sauces. La mélisse assaisonne aussi salades composées, farces, pâtisseries, salades de fruits, compotes, jus de fruits et thé. Elle entre dans la fabrication de nombreuses liqueurs, dont la bénédictine et la chartreuse. Aux Pays-Bas, elle aromatise certaines marinades de harengs et d'anguilles.

VALEUR NUTRITIVE
On dit l'huile essentielle de la mélisse carminative, tonique, stomachique, sudorifique, vermifuge, antibactéricide, antispasmodique et digestive. Une croyance populaire attribue à la mélisse des pouvoirs de longévité. En infusion, la mélisse serait efficace contre le mal de tête, les troubles gastriques mineurs et l'insomnie (faire bouillir 1 à 2 minutes 15 ml de feuilles [1 cuillerée à soupe] par tasse d'eau, puis laisser infuser 10 minutes). Une poudre de feuilles et de racines broyées sert à soigner le diabète dans la médecine traditionnelle ouest-africaine. Le principal composant de l'huile essentielle est le citrol ; cette huile essentielle sert à parfumer divers produits, dont des crèmes désodorantes, des pommades et des insecticides.

MELON

Cucumis melo, **Cucurbitacées**
Nom anglais : *melon*

HISTORIQUE ◆ Fruit qui serait originaire de l'Inde ou de l'Afrique. On cultive le melon en Inde depuis les temps reculés. Le fruit fut probablement introduit en Europe au début de l'ère chrétienne. Il est maintenant cultivé dans de très nombreux pays. Les Israéliens et les Japonais, notamment, ont créé plusieurs hybrides. Le melon est un proche parent des courges et du concombre. Il pousse de façon identique, mais il nécessite plus de chaleur et de soleil. Il en existe un nombre considérable de variétés, dont certaines poussent sous les climats tempérés.

Les melons sont regroupés en melons d'été et en melons d'hiver. Le cantaloup et le melon brodé sont des melons d'été. Les melons d'hiver se conservent plus longtemps. Ils comprennent notamment le melon miel honeydew, le melon prince, le melon casaba, le melon persan, le melon juan canari, le melon d'Ogen, le melon galia et le melon santa claus.

Melon cantaloup, *Cucumis melo* var. *cantaloupensis* (noms anglais : *cantaloupe, rock melon*). Le véritable cantaloup est une variété qui doit son nom au domaine des papes à Cantalupo en Italie, où il était cultivé vers 1700. Ce melon à la chair orangée a des côtes saillantes et une écorce rugueuse jaune verdâtre. Ce que les Nord-Américains nomment cantaloup est en fait une variété de melon brodé.

Melon brodé, var. *reticulatus* (noms anglais : *muskmelon, netted melon*). Ce melon doit son nom à son écorce qui est recouverte de lignes sinueuses rappelant une broderie en relief. Il est rond et démuni de côtes. Plusieurs hybrides combinent les caractéristiques du cantaloup et du melon brodé (allongés, brodés, avec ou sans côtes), ce qui constitue une source de confusion pour leur classification. Tous ces melons fort savoureux ont une chair couleur rose saumon ou jaune orangé. Ils portent souvent le nom de leur lieu de culture (notamment Cavaillon, Charente et Touraine en France).

Melon miel honeydew, var. *inodorus* (nom anglais : *honeydew melon*). Ce melon a une écorce lisse et ferme qui passe du vert pâle au jaune crème en mûrissant. Il pèse en général entre 1,5 et 3 kg. Sa forme est plus allongée que ronde. Sa chair sucrée est de couleur vert lime.

Melon prince. Ce melon de forme arrondie ressemble au melon honeydew mais possède une chair orangée.

Melon casaba. De forme arondie ou ovale, ce melon pèse généralement entre 2 et 3 kg. Son écorce ridée, jaune ou orangée, demeure habituellement verte près de la tige. Sa chair blanchâtre est crémeuse mais souvent moins parfumée que celle des autres melons.

Melon persan. De forme arrondie, ce melon pèse généralement environ 3 kg. Son écorce verte est ornée à maturité d'une fine broderie brunâtre. Sa chair orangée est ferme.

_____

Melon canari (ou **melon brésilien**). De forme oblongue, ce melon a une écorce lisse de couleur jaune canari. Sa chair blanchâtre très savoureuse est colorée d'un soupçon de rose près de la cavité centrale.

_____

Melon d'Ogen. Ce petit melon rond est un hybride créé dans un kibboutz israélien dans les années 60. Son écorce tachetée de jaune verdâtre est dure et côtelée. Sa chair très juteuse est rose foncé ou vert pâle.

_____

Melon galia. Cet autre hybride provient également d'Israël. Son écorce brunâtre est côtelée et recouverte de lignes sinueuses. Sa chair vert pâle est très parfumée.

_____

Melon santa claus (ou **melon christmas**). Ce melon de forme allongée ressemble à un petit melon d'eau. Cependant, son écorce striée de noir et de vert est jaune doré, et sa chair est vert pâle.

ACHAT ◆ Acheter un melon vraiment savoureux n'est guère facile, car les melons sont presque toujours cueillis matures mais non mûrs, et ce, afin qu'ils puissent supporter le transport et les délais de mise en marché. Vérifier l'endroit où le melon était relié à la plante (la partie supérieure du melon), surtout pour le melon brodé et le cantaloup. Si cette partie est très dure et colorée inégalement, ou qu'une portion de queue verdâtre est encore présente, c'est signe que le melon est immature. Cette partie s'assouplit quand le melon est mûr, mais il est difficile de se fier à cet indice car plusieurs personnes peuvent avoir déjà testé le melon. Sentir la partie opposée à la tige : elle devrait dégager un arôme délicat si le melon est mûr. Un melon arrivé à maturité émet un son creux quand on le frappe délicatement avec la paume de la main. Choisir un melon lourd, exempt de meurtrissures, de taches et de parties amollies. Délaisser un melon mou, qui dégage une forte odeur et qui n'a plus sa couleur habituelle : il est devenu trop mûr et il est en train de fermenter.

VALEUR NUTRITIVE	
Les melons contiennent environ	
Eau	90 %
Protéines	0,5 à 0,9 g
Matières grasses	traces
Glucides	8 à 9 g
35 calories/100 g	

Les melons à chair pâle ou blanche sont une excellente source de potassium, une bonne source de vitamine C et d'acide folique et contiennent des traces de vitamine A et de niacine. Les melons à chair orangée constituent une excellente source de vitamine A, de vitamine C et de potassium et contiennent de l'acide folique ainsi que des traces de niacine. On dit le melon apéritif, diurétique et laxatif.

Aux personnes qui ont de la difficulté à le digérer, les diététistes suggèrent de manger le melon seul, en collation par exemple.

PRÉPARATION ◆ Couper le melon dans le sens de la longueur. Enlever les graines logées au centre, mais laisser les graines dans la partie qui n'est pas consommée, car elles protègent la chair. Servir le melon tel quel ou tailler la chair en cubes ou, encore, retirer la chair en boules à l'aide d'une cuiller à melon.

UTILISATION ◆ Le melon se mange fréquemment tel quel. On le sert souvent en entrée en remplissant chacune des deux moitiés avec du Porto après qu'on a enlevé les graines. Cette coutume remonte aux papes, qui utilisaient cependant un vin plus sucré. Le melon est délicieux assaisonné de gingembre, de jus de citron, de jus de lime ou de xérès. On le met dans les céréales et les salades de fruits. On le transforme en jus ou en purée qui parfument notamment sorbets et crème glacée. On cuit le melon en confiture, en marmelade ou en chutney. Le melon se marie bien avec le prosciutto, le jambon, la charcuterie, le poisson fumé et le fromage. Il accompagne la viande, la volaille ou les fruits de mer. Il ajoute une note inhabituelle aux salades de légumes, de riz ou de poulet. On déshydrate le melon, on le marine, on le confit et on le distille.

CONSERVATION ◆ Malgré leur apparence, les melons sont très fragiles parce que leur écorce les protège peu et ils se gâtent vite. Laisser mûrir le melon à la température de la pièce jusqu'à ce qu'il dégage un doux arôme. Le tenir éloigné des fruits et des légumes parce qu'il produit du gaz éthylène en abondance, ce qui accélère leur mûrissement et leur confère souvent un mauvais goût. Conserver le melon à point au réfrigérateur. Le couvrir pour éviter que sa forte odeur n'imprègne les aliments environnants. Ne pas oublier de le sortir du réfrigérateur quelque temps avant de le consommer pour qu'il ait plus de saveur. Le melon peut se congeler, mais sa chair est molle lorsqu'elle est décongelée. Enlever l'écorce et les graines, couper la chair en tranches, en boules ou en cubes, puis la sucrer (120 ml par litre de fruits [125 g]) ; si désiré, l'arroser de jus de citron.

MELON À CORNES

Cucumis metuliferus, **Cucurbitacées**
Autres noms : *concombre à cornes africain, melon en gelée*
Nom anglais : *african horned melon*
Autre nom : *kiwano*

HISTORIQUE ◆ Fruit originaire d'Afrique australe. Le melon à cornes appartient à la grande famille des Cucurbitacées, qui comprend entre autres le melon et le concombre. Il fut introduit en Nouvelle-Zélande vers 1930. On le cultiva d'abord surtout à des fins décoratives. Il n'est commercialisé en Amérique du Nord et en Europe que depuis quelques années. Les Néo-Zélandais ont créé le mot « kiwano » en s'inspirant du nom de leur oiseau national, le kiwi, qui devint aussi, en 1953, le nom de ce fruit et dont l'exportation connaît maintenant beaucoup de succès.

Le melon à cornes est de forme ovale. Il mesure environ 10 cm de long et 6 cm de large. Il pèse entre 250 et 400 g. Sa peau ferme et non comestible est hérissée de protubérances épineuses qui ont la forme de petites cornes. Cette peau de couleur orange vif est marbrée de jaune. Plus la couleur orangée est éclatante, plus le fruit est mûr. Sa chair juteuse vert émeraude ressemble à celle du concombre. Elle renferme de nombreuses graines tendres et comestibles. Sa saveur rappelle à la fois le melon et le concombre, avec une touche de lime et de banane.

ACHAT ◆ Choisir un melon à cornes ferme et coloré, avec une peau intacte. Délaisser un fruit terne et taché.

UTILISATION ◆ Le melon à cornes est un fruit qui étonne par sa forme inusitée. On peut l'utiliser à des fins décoratives. Comme il contient de nombreuses graines, on le transforme souvent en jus. Passer la chair et les graines au mélangeur, puis la tamiser si désiré. Ce jus peut remplacer le vinaigre dans la vinaigrette. Pour obtenir une boisson désaltérante, ajouter quelques gouttes de jus de lime ou de citron et un peu de sucre au jus de melon à cornes ; y verser si désiré de la liqueur d'orange. Le melon à cornes est incorporé aux sauces, soupes, salades, sorbets, soufflés, mousses, flans et yogourts.

CONSERVATION ◆ Le melon à cornes peut se conserver plusieurs semaines au réfrigérateur. Il est cependant préférable de le consommer dans les 2 semaines qui suivent l'achat afin de profiter au maximum de sa saveur.

VALEUR NUTRITIVE	
Le melon à cornes contient	
Eau	90 %
Protéines	0,9 g
Matières grasses	traces
Glucides	3,1 g
24 calories/100 g	
Il est riche en vitamine C et il contient du fer et du potassium.	

MELON AMER

Momordica charantia, **Cucurbitacées**
Autres noms : *margose, poire balsam*
Nom anglais : *bitter melon*
Autres noms : *balsam pear, bitter gourd*

HISTORIQUE ◆ Fruit d'une plante potagère annuelle originaire de l'Asie. Le melon amer est apparenté à la courge, au melon et au concombre, et il pousse de façon identique. Il croît sous les climats tropicaux et subtropicaux. On le consomme depuis des centaines d'années en Asie. On l'apprécia d'abord pour ses propriétés médicinales, l'utilisant pour purifier le sang. Il est consommé principalement en Inde, en Indonésie et en Asie du Sud-Est. Il est relativement nouveau sur les marchés occidentaux.

Le melon amer pousse sur une plante qui atteint de 7 à 10 m de long, et dont les tiges rampantes sont munies de vrilles qui leur permettent de grimper. Le fruit, d'un vert très pâle, ressemble à un gros concombre, mais il est orné de sillons et sa peau est hérissée de petites boursouflures. Il mesure de 7 à 25 cm de long et de 1,5 à 6 cm de large. Sa chair épaisse et charnue est meilleure lorsque le fruit est immature, car elle est moins amère. On peut distinguer le degré de maturation par la coloration du melon, car il devient jaune ou orangé à maturité.

VALEUR NUTRITIVE	
Le melon amer cru contient	
Eau	94 %
Protéines	1 g
Matières grasses	0,2 g
Glucides	3,7 g
Fibres	1,4 g
17 calories/100 g	
Il est riche en vitamine A, en vitamine C, en niacine, en folacine, en potassium et en sodium.	

 ACHAT ◆ Choisir un melon ferme et vert. Délaisser le melon jaune ou orangé, car sa chair est plus amère.

 PRÉPARATION ◆ Couper le melon amer en deux dans le sens de la longueur et retirer les graines et la partie blanche qui les abrite. Couper la chair en morceaux de même grosseur pour qu'ils cuisent uniformément.

Si on désire réduire l'amertume du melon amer, le blanchir quelques minutes dans de l'eau bouillante après l'avoir coupé en deux dans le sens de la longueur, ou le peler, le saler et le laisser dégorger de 30 à 60 minutes, puis le rincer à l'eau fraîche.

UTILISATION ◆ Le melon amer a une utilisation plutôt limitée, à cause de son amertume, et il est trop amer pour être mangé cru. On le met principalement dans les soupes ou les mets braisés. Dans la cuisine chinoise, il est souvent cuit dans un plat qui contient porc, oignon, gingembre et sauce aux haricots noirs. En Inde, on aime bien le servir en début de repas, seul ou combiné avec des lentilles ou des pommes de terre, assaisonné de curcuma et de cumin. Il est souvent mariné.

CONSERVATION ◆ Le melon amer se conserve 1 semaine au réfrigérateur. Le mettre dans le bac à légumes sans l'envelopper. Il résiste mal à la congélation, qui l'amollit.

MELON D'HIVER CHINOIS

Benincasa hispida, **Cucurbitacées**
Nom anglais : *waxgourd*
Autres noms : *Chinese preserving melon, Mo Kwa, Chinese fuzzy gourd*

 HISTORIQUE ◆ Fruit d'une plante potagère annuelle originaire de l'Asie du Sud-Est. Le melon d'hiver chinois est apparenté à la courge, au melon et au concombre, et il pousse de façon identique. Il croît sous les climats tropicaux et subtropicaux. Il occupe une place de choix dans l'alimentation de plusieurs peuples, notamment en Inde et dans l'Asie du Sud-Est. Il est relativement nouveau sur les marchés occidentaux.

Le melon d'hiver chinois pousse sur une plante qui mesure plusieurs mètres de long. De forme sphérique ou cyclindrique, il est habituellement plus large que long. Il mesure généralement de 20 à 35 cm de long et de 15 à 25 cm de diamètre ; il peut peser plus de 40 kg. Sa peau vert pâle épaissit à mesure que le fruit mûrit et elle se recouvre d'un mince duvet ciré. Ce duvet blanchâtre, qui épaissit avec le temps, continue à se former même après la récolte. La chair blanche est ferme, douce et savoureuse. Des graines semblables aux graines de concombres sont logées dans sa cavité.

 ACHAT ◆ Le melon d'hiver chinois est souvent vendu en morceaux, car plusieurs variétés sont volumineuses. Choisir un melon ferme, exempt de meurtrissures.

PRÉPARATION ◆ Enlever l'écorce et retirer la partie fibreuse qui contient les graines. Couper la chair en morceaux de même grosseur afin qu'ils cuisent uniformément.

VALEUR NUTRITIVE	
Le melon d'hiver chinois cuit contient	
Eau	96 %
Protéines	0,5 g
Matières grasses	0,2 g
Glucides	2,9 g
Fibres	0,8 g
13 calories/100 g	
Il contient de la vitamine C ainsi que des traces de fer, de calcium, de phosphore, de niacine et de potassium.	

344

UTILISATION ◆ Le melon d'hiver chinois est surtout mis dans les potages ou cuit à la chinoise. On l'utilise comme la courge ou la citrouille, qu'il peut souvent remplacer. Il est parfois confit.

CONSERVATION ◆ Le melon d'hiver chinois se conserve plusieurs semaines s'il est placé dans un endroit frais et sec, à l'abri de la lumière. Il peut se conserver plus de 6 mois si les conditions sont idéales, par exemple sur une tablette où les fruits ne sont pas entassés, où la température atteint 13 à 15 °C et où l'humidité ne dépasse pas 70 à 75 %. Il résiste mal à la congélation, qui l'amollit.

MENTHE

Mentha spp, **Labiacées**
Autres noms : *menthe verte, menthe poivrée,*
*menthe citronnée (*ou *bergamote), menthe aquatique, baume*
Nom anglais : *mint*
Autres noms : *peppermint, bergamint*

HISTORIQUE ◆ Plante aromatique vivace originaire de la région méditerranéenne. La menthe est reconnue pour ses nombreux usages, et ce, depuis des temps immémoriaux. Elle est citée dans la Bible. On se servait de la menthe non seulement à des fins médicinales et culinaires mais également pour parfumer temples et maisons.

La menthe est abondante dans les régions tempérées ; elle pousse facilement et peut même devenir très envahissante. Il existe 25 espèces de menthe. Leur saveur plus ou moins prononcée est variable ; ainsi, certaines menthes goûtent la pomme, d'autres le citron. La menthe poivrée et la menthe verte sont parmi les espèces les plus courantes, car elles sont très aromatiques.

Menthe poivrée *(Mentha piperata).* Les feuilles ovales et lancéolées sont rattachées à une tige vert mauve, coloration qui se retrouve jusque dans les veines des feuilles. Le dessus des feuilles est d'un vert plus foncé que le dessous. De petites fleurs violettes poussent aux extrémités des branches. La menthe poivrée a une odeur forte et pénétrante. Une petite quantité suffit amplement à parfumer les aliments.

Menthe verte *(Mentha spicata, viridis* ou *crispa).* Les tiges mesurent de 30 à 60 cm de haut. Les feuilles très odorantes, d'un vert gris brillant, sont presque rondes et presque démunies de duvet. Les fleurs sont blanches ou violacées.

ACHAT ◆ Les feuilles de menthe séchées sont habituellement d'un vert noirâtre, à moins qu'elles n'aient été déshydratées dans le four à micro-ondes. Pour un maximum de saveur, les acheter dans un magasin où le roulement est rapide.

UTILISATION ◆ La menthe peut être utilisée fraîche ou séchée. Elle assaisonne notamment soupes, sauces, certains légumes (aubergine, chou, concombre, pois, tomate), salades de pommes de terre, viande, gibier, poisson et crème glacée. La menthe est délicieuse mélangée au citron ; elle aromatise agréablement vinaigrettes et mayonnaises. Dans les pays anglo-saxons, elle est associée à l'agneau, qu'elle accompagne sous forme de gelée. Les cuisines arabes et indiennes font un grand usage de la menthe. La menthe aromatise notamment currys, chutneys, shish kebab, yogourt, salades, sauces et thé.

L'huile essentielle de la menthe parfume gommes à mâcher, liqueurs, dentifrices, médicaments, cigarettes et cosmétiques.

CONSERVATION ◆ La menthe fraîche se conserve quelques jours au réfrigérateur. Séchée et placée dans un contenant hermétique à l'abri du soleil et de l'humidité, la menthe conserve sa saveur plus d'un an.

MIEL

Nom anglais : *honey*

HISTORIQUE ◆ Le miel est une substance sucrée fabriquée par les abeilles pour se nourrir et utilisée par les êtres humains depuis les temps anciens.

En Occident, le miel fut pendant des millénaires le seul édulcorant connu alors qu'en Orient on cultivait la canne à sucre et on savait comment en extraire le jus (lequel, cependant, fermentait rapidement). Tout au long de l'histoire, une mythologie s'est développée autour du miel, vantant ses nombreuses propriétés médicinales (on dit le miel notamment purificateur, antiseptique, tonifiant, sédatif, fébrifuge, apéritif et digestif) et l'érigeant en symbole de vie et de richesse. Au début, le miel était rare et fut d'abord réservé au culte religieux, aux dirigeants et à des utilisations médicinales. On s'en servait entre autres pour vénérer les dieux, pour baptiser, pour nourrir les animaux sacrés, pour soigner, pour embellir la peau, pour embaumer les morts et comme tribut.

La production du miel par les abeilles est fascinante. Elle comporte un certain nombre d'étapes. D'abord les abeilles doivent collecter le nectar, un suc sécrété et filtré par les nectaires des fleurs. Pour ce faire, elles peuvent parfois patrouiller jusqu'à 12 km de distance. Au moment de la collecte, les abeilles, qui commencent à travailler dès la troisième semaine de leur existence, peuvent effectuer de 7 à 24 voyages par jour, chaque voyage durant de 25 minutes à 2 heures 30 et permettant la visite de 1 à 1 400 fleurs.

Les abeilles transforment le nectar en miel en le digérant, c'est-à-dire en lui ajoutant des sécrétions acides provenant d'une glande située à la base de leur langue, jusqu'à ce que le sucrose (saccharose) soit converti en glucose et en fructose, et que le nectar soit suffisamment concentré en sucre. Le nectar ainsi transformé en miel est finalement régurgité dans des alvéoles de cire, où il est recouvert d'une mince couche de cire (opercule) et ventilé s'il y a un excès d'eau. Les abeilles produisent également un miel spécial sécrété par les glandes du pharynx des jeunes abeilles et destiné à nourrir la reine ; on le nomme gelée royale et sa valeur nutritive est élevée.

L'extraction du miel des alvéoles peut s'effectuer de deux façons. La première, la plus courante, consiste à sectionner les opercules qui recouvrent les alvéoles, ou à écraser les alvéoles, puis à égoutter le tout dans une centrifugeuse. La deuxième consiste tout simplement à laisser s'égoutter les alvéoles écrasées, puis à filtrer le miel pour que soient éliminés les résidus de cire.

La quantité et la qualité du miel sont déterminées par des facteurs comme la topographie des lieux, la nature et la richesse du sol, l'exposition des plantes au soleil et à la pluie. Les abeilles ont tendance à collecter une seule sorte de nectar lorsqu'elles patrouillent, ce qui contribue à la production de miels distincts, à la saveur spécifique. Il existe une très grande variété de miels. Ils sont divisés en miels spécifiques, faits à partir du nectar d'une seule variété de plantes, et en miels mélangés, soit que les abeilles ont butiné plusieurs espèces de plantes, soit que le commerçant a combiné plus d'une variété de miel. L'origine du nectar influence la couleur du miel, sa saveur et sa viscosité. La couleur du miel varie du blanc au presque noir, en passant par les teintes de brun, de roux et de blond. La saveur diffère autant que la couleur. Plus le miel est foncé, plus sa saveur est prononcée. Parmi les miels les plus courants, les miels de trèfle, d'acacia et de luzerne sont pâles et de saveur modérée, le miel de sarrasin est foncé et de saveur forte.

ACHAT ◆ Le miel est commercialisé liquide ou crémeux. Le miel crémeux a été fouetté. Ne pas s'étonner s'il est recouvert d'une mince couche blanchâtre ou s'il renferme des traînées blanchâtres, elles proviennent de bulles d'air restées prisonnières. On observe ces phénomènes dans le miel non pasteurisé, qui conserve intacte toute sa valeur nutritive puisqu'il n'a pas subi le traitement thermique qu'impose la pasteurisation. À l'achat, s'assurer que le miel est pur à 100 % en lisant l'étiquette.

PRÉPARATION ◆ Le miel non pasteurisé a tendance à se solidifier quand il n'est pas utilisé rapidement. Il redevient liquide s'il est mis en contact avec de la chaleur. Pour ce faire, mettre le récipient contenant le miel dans de l'eau chaude (50 à 60 °C). Ne pas faire bouillir l'eau quand le récipient est présent, car cela diminue la valeur nutritive du miel. Refaire l'opération si le miel se solidifie de nouveau.

UTILISATION ◆ Le miel entre dans une variété presque infinie de mets, tant sucrés (pâtisseries, pain d'épice, gâteaux, flans, crèmes, yogourts, biscuits, bonbons, nougats, sirops, sauces) que salés (poulet, charcuterie, agneau, canard, couscous). On le met sur les tartines, dans le thé, le café et les tisanes.

VALEUR NUTRITIVE	
Le miel contient	
Eau	14 à 20 %
Protéines	0,3 à 0,5 %
Glucides	76 à 80 %
une quinzaine d'acides organiques en petite quantité	
	(0,6 % environ)
Minéraux	traces
Vitamines	traces

Les glucides contiennent en moyenne 5 % de saccharose, 25 à 35 % de glucose, 35 à 45 % de fructose et 5 à 7 % de maltose. Le pouvoir sucrant du miel est de 120 à 135 tandis que celui du sucre, la mesure de référence, est de 100. À volume égal, le miel renferme plus de calories que le sucre : 5 ml de miel donnent 64 calories et 15 ml de sucre, 48 calories, tandis qu'au poids il en contient moins : 21 g (15 ml) de miel donnent 64 calories alors que 21 g (25 ml) de sucre donnent 84 calories. Cette différence provient de son contenu en eau.

On peut souvent remplacer le sucre blanc par du miel. Procéder graduellement pour s'habituer à la saveur plus prononcée du miel :

- dans les recettes, remplacer 240 ml de sucre (200 g) par 180 ml de miel (250 g) et réduire la quantité de liquide de 45 ml ;
- surveiller le temps de cuisson et diminuer la température de cuisson de 10 °C pour les pâtisseries, car le miel tend à faire brunir plus rapidement les aliments ;
- le miel peut remplacer jusqu'à 25 % du sucre dans les confitures et les gelées. Cela affecte très peu la consistance et la couleur mais influence la saveur. Les confitures et les gelées de fruits à saveur douce goûtent plus le miel en vieillissant, tandis que les confitures et gelées de fruits à saveur prononcée goûtent moins.

Le miel se mesure plus facilement quand il est tiède et si on le verse dans un récipient huilé (l'huile l'empêche de coller). Dans les recettes qui demandent de l'huile et du miel, mesurer l'huile en premier. Le miel est l'élément de base de l'hydromel, une boisson très estimée dans les temps anciens, dont on a dit qu'elle provenait des dieux. Il peut être transformé en vin et en vinaigre. Le miel entre dans la fabrication d'une multitude de produits non alimentaires, notamment de médicaments et de produits de beauté.

CONSERVATION ◆ Le miel se conserve presque indéfiniment s'il est bien scellé et placé dans un endroit frais et sec, car le sucre agit comme agent de conservation. Le froid épaissit le miel et le cristallise, tandis qu'une température élevée change sa texture et peut affecter sa couleur, la rendant plus foncée. Le miel se congèle. Ne pas conserver le miel dans des contenants en métal car ses acides attaquent ce dernier.

MILLET

Setaria italica, Panicum miliaceum, etc., **Graminées**
Nom anglais : *millet*

HISTORIQUE ◆ Nom donné à plusieurs espèces de céréales. Le millet est originaire d'Asie et d'Afrique. Il est cultivé depuis les temps préhistoriques. En Afrique tropicale, on appelle souvent « mil » ou « petit mil » cette céréale, qui occupe une place de choix dans l'alimentation. Le millet fut couramment consommé en Europe jusqu'au XVIIe siècle ; il le demeure aujourd'hui surtout en Europe de l'Est. En Amérique du Nord et en Angleterre, on cultive le millet presque exclusivement pour nourrir les oiseaux et le bétail.

Le millet est sensible au froid, mais il peut croître dans des sols pauvres et il résiste à la sécheresse. La plupart des espèces sont à panicules et non pas à épis comme la majorité des autres céréales. Plusieurs atteignent de 50 cm à 1 m 20 de hauteur. Les grains de millet sont petits et ronds. Ils peuvent être de couleur grise, jaune paille, rouge, blanche ou brun rougeâtre. Ils sont décortiqués puis laissés tels quels, mis en flocons ou moulus.

VALEUR NUTRITIVE	
Le millet contient en général	
Eau	71,4 %
Protéines	3,5 g
Matières grasses	1 g
Glucides	23,7 g
119 calories/100 g	

Il est une bonne source de magnésium ; il contient du zinc, du phosphore, de la niacine, de la folacine, de la thiamine, du cuivre, de la vitamine B$_6$, du potassium, de la riboflavine et du fer. La qualité de ses protéines est généralement supérieure à celle des protéines du

CUISSON ◆ Cuire le millet une vingtaine de minutes dans deux ou trois parties de liquide par partie de grains. Le mettre à tremper préalablement ou le rôtir à sec ou avec un peu d'huile changent légèrement sa saveur. Rôti, le millet acquiert un goût de noisette. Le rôtir environ 5 minutes à feu moyen en brassant continuellement pour empêcher les grains de brûler. Continuer la cuisson en versant un liquide bouillant. Faire attention aux éclaboussures.

UTILISATION ◆ Le millet peut être substitué à la plupart des autres céréales ; sa saveur prononcée n'est pas toujours appréciée cependant. On l'incorpore entre autres dans les potages, les omelettes, les croquettes, les tourtières, les puddings, le muesli et les granolas. Le millet est dépourvu de gluten, de sorte que les pains au millet ne lèvent pas ; ces pains plats sont surtout consommés en Afrique et en Asie. On cuit le millet comme le gruau ou on le transforme en boisson alcoolique. On peut également le mettre à germer comme la luzerne. On se sert du millet germé moulu pour enrichir des aliments ; on l'intègre notamment aux pains, tartes, muffins et biscuits.

blé, du riz et du maïs. Le millet est toutefois déficient en lysine ainsi qu'en tryptophane. C'est une des rares céréales alcalinisantes, elle est peu allergène et très facile à digérer. La haute teneur en silice du millet serait à l'origine de sa saveur particulière. Elle aurait un effet positif sur le taux de cholestérol sanguin et sur les os. On croit que le millet est légèrement laxatif et qu'il prévient la formation de calculs biliaires, d'ulcères d'estomac et de colites. Il possède une substance mucilagineuse qui serait bénéfique pour la vessie, les reins et tout le système gastro-intestinal.

MISO

Nom anglais : *miso*

HISTORIQUE ◆ Pâte fermentée habituellement très salée, mais pouvant aussi être sucrée, faite à partir des haricots de soya. Principalement utilisé comme condiment, le miso est originaire d'Asie. Il est connu en Chine depuis environ 2 500 ans. Au Japon, on le fabriqua à partir du VIIe siècle. La fabrication du miso relève d'un art complexe dont l'importance est souvent comparée à celle du fromage et du vin pour les Occidentaux.

« Miso » est un terme japonais. Les Chinois appellent cette pâte *chiang* et les Vietnamiens *chao do*. Les procédés de fabrication du miso sont nombreux et diffèrent légèrement d'un pays à l'autre, ce qui entraîne des variations de saveur, de couleur et de texture. Seulement au Japon, des boutiques spécialisées, qui ne vendent que du miso et des produits marinés au miso, offrent de 40 à 50 variétés de miso. Le miso de riz y est le plus populaire, à tel point que l'appellation « miso » désigne généralement le miso de riz, à moins de spécification contraire. La popularité actuelle de ce miso s'explique en partie par le fait que le riz fut longtemps réservé à l'aristocratie.

Traditionnellement, le miso est préparé dans des barils de cèdre mesurant environ 2 m de hauteur. On incorpore aux haricots de soya du sel, un ferment *(Aspergillus oryzae)* et, selon le résultat désiré, du riz ou de l'orge. La fermentation s'effectue en 2 étapes ; dans un premier temps, la céréale est mise à tremper toute une nuit, puis elle est cuite. Une fois refroidie, on l'ensemence et on laisse le tout fermenter environ 45 heures dans une pièce chaude et humide. À cette étape, la céréale est recouverte de moisissures et on la nomme *koji*. Dans un deuxième temps, le *koji* est émietté puis incorporé aux haricots de soya cuits. On ajoute un peu de leur eau de cuisson, du sel et une petite quantité de miso provenant d'une fermentation antérieure. Ce mélange final est broyé plus ou moins grossièrement, puis il est entassé dans les barils de cèdre pour la fermentation finale.

Le miso est disponible sous sa forme naturelle traditionnelle et sous une forme «rapide» d'invention plus récente. Trois principes gouvernent la fabrication du miso naturel : une lente fermentation qui dure de 6 mois à 3 ans, l'utilisation d'ingrédients exclusivement naturels, donc sans substituts chimiques (sauf dans quelques cas où l'alcool éthylique sert d'agent de conservation), et pas de pasteurisation. Les misos naturels sont très savoureux et ont une texture consistante. Ils contiennent souvent des morceaux de haricots de soya et de koji.

Le miso «rapide» est très peu fermenté, au maximum 3 semaines, parfois 3 jours, souvent moins. Cela ne lui permet pas de développer une saveur, un arôme et une coloration de façon aussi complète. Cela diminue aussi sa durée de conservation. On lui incorpore diverses substances chimiques, dont des agents de blanchiment, des colorants, du glutamate monosodique, de l'alcool éthylique et de l'acide ascorbique. La fermentation s'effectue dans une atmosphère contrôlée, puis le miso est pasteurisé afin que soient neutralisés les micro-organismes qui émettent des gaz, lesquels font parfois gonfler et rompre l'empaquetage de polyéthylène dans lequel le miso est souvent vendu. La disparition de ces micro-organismes diminue les propriétés médicinales du miso. La texture du miso rapide est plus fine, car la pâte est broyée à deux occasions dans les barils pour réduire le temps de fermentation, ainsi que lors de la pasteurisation pour renforcer son effet. Ce miso est plus sucré parce qu'il contient une plus grande proportion de koji et peu de sel (toujours dans le but d'accélérer la fermentation).

Chaque miso possède une couleur, une texture, une saveur, un arôme et une valeur nutritive caractéristiques. La couleur peut varier du brun très foncé au jaune pâle en passant par des tons de rouge ou de beige. Un miso foncé sera généralement plus fermenté, donc plus salé. À l'inverse, un miso pâle a moins fermenté et est plus sucré. L'orge donne généralement un miso plus foncé que le riz et plus pâle que le soya. La texture du miso est plus ou moins humide et plus ou moins lisse.

Le Japon a fait connaître le miso au monde occidental, qui a adopté l'appellation japonaise le désignant. Dans ce pays, le miso est souvent classé en 3 catégories comprenant le miso régulier, le miso spécial et le miso moderne.

Miso régulier. C'est le plus ancien et le plus courant. Il y en a 3 types : le miso de riz, le miso d'orge et le miso de soya. Chacun comprend des variétés regroupées selon leur couleur (rouge, jaunâtre ou blanchâtre) et selon le fait qu'elles sont salées ou sucrées.

Les meilleurs misos de riz salés sont obtenus par une longue fermentation naturelle. Le riz, par sa richesse en glucose et en d'autres sucres naturels, sert aussi de base au koji dans la plupart des misos sucrés et doux. On trouve donc une grande variété de misos de riz.

Le miso d'orge régulier est généralement plus foncé et plus salé que le miso de riz. Le miso d'orge possède le plus souvent une texture où des morceaux de koji ou de soya sont bien identifiables. Il prend plus de temps à fermenter que le miso de riz, car l'orge est moins sucrée.

Le miso de soya renferme moins de glucides et nécessite une période de fermentation plus longue, qui varie entre 8 mois et 3 ans, selon les variétés. Le « hatcho miso » possède une couleur foncée, un goût modérément salé et un arôme inégalable qui sont obtenus grâce à un ensemencement spécial et une longue fermentation qui dure au moins 16 mois.

Miso spécial. Cette catégorie regroupe 2 variétés de misos, soit le *namemiso* (littéralement « miso à lécher ») et le *nerimiso* (« miso sucré et mijoté »). Ces misos se distinguent par le fait qu'ils sont passablement sucrés, qu'on les cuit rarement, les utilisant plutôt comme garniture ou comme assaisonnement (des céréales, des légumes, du tofu, etc.), et qu'ils se conservent plus difficilement (très peu de temps à la température de la pièce et jusqu'à 1 mois au réfrigérateur).

Le namemiso contient 15 % de haricots de soya, environ 10 % de légumes marinés finement hachés et 75 % d'un koji particulier fait habituellement d'orge ou de blé. Ce miso de couleur brun pâle est sucré à cause de la grande quantité de koji à base de céréales. Sa texture ressemble à celle d'une compote de pomme granuleuse. Il en existe diverses variétés.

Le nerimiso est un miso régulier auquel on ajoute un édulcolorant (miel ou sucre), un peu d'eau ou de saké, des noix, des graines, des légumes, des fruits de mer et des épices. Cette pâte est mise à cuire doucement jusqu'à ce qu'elle redevienne aussi épaisse qu'un miso régulier. Ce miso n'est jamais utilisé dans les soupes.

Miso moderne. Cette catégorie regroupe les misos créés depuis 1945. Elle comprend le miso déshydraté *(kanso miso* ou *kona miso)*, le miso sans sel ou partiellement salé *(gen-en miso* et *mu-en miso)*, des mélanges de misos *(chogo* ou *awasé miso)* et des misos inventés aux États-Unis *(promiso* et *savarex)*.

Ces misos peuvent contenir divers ingrédients, entre autres des légumes, des algues, des assaisonnements et des produits chimiques. Aux États-Unis, on a innové quant aux ingrédients utilisés : lentilles, pois chiches, haricots azuki, haricots noirs, pois et de nombreuses variétés de haricots du genre *Phaseolus vulgaris* remplacent les haricots de soya. On incorpore également de l'okara, du natto et du koji de millet, de blé, de maïs ou de sarrasin.

VALEUR NUTRITIVE

La valeur nutritive des misos est très variable ; elle dépend des ingrédients et des procédés de fabrication. Le miso de soya contient 41 % d'eau, 11,8 g de protéines, 6,1 g de matières grasses, 28 g de glucides, 2,5 g de fibres et 206 calories/100 g. Il est une excellente source de zinc et une bonne source de fer, de riboflavine et de folacine ; il contient de la vitamine B_6, de la thiamine et du calcium ainsi que des traces de niacine. Il est une source de fibres.

Le miso non pasteurisé a une grande valeur nutritive. Comme le yogourt et les autres produits fermentés, c'est un aliment vivant. Il renferme des bactéries d'acide lactique (0,5 à 1 %), des enzymes, des levures et divers autres micro-organismes dont les effets bénéfiques sur la santé sont nombreux. Ses protéines sont d'une grande qualité à cause de la richesse des protéines de soya, et parce que les protéines des haricots et des céréales se complètent et que la fermentation les améliore. Ses matières grasses sont pour la plupart non saturées. Le processus de fermentation traditionnel agit sur les divers éléments nutritifs qu'il transforme en formes plus simples ; le corps humain n'a donc pas besoin de fournir autant de travail pour les digérer et il les assimile mieux. Le miso traditionnel est riche en sodium (10 à 14 %).

Les Japonais attribuent au miso des vertus innombrables. À l'instar des Occidentaux qui disent qu'« une pomme par jour éloigne le médecin », ils affirment qu'un bol de soupe de miso par jour a le même effet. Parmi ses nombreuses propriétés médicinales, on dit que le miso est bénéfique pour le système digestif (un breuvage ou une soupe au miso aideraient à restaurer la flore intestinale détruite par les antibiotiques), qu'il a la propriété d'aider l'organisme à se débarrasser des éléments toxiques, dont les métaux lourds, et qu'il protège contre la pollution et les maladies, et ce, grâce à un alcaloide.

ACHAT ◆ Le miso est habituellement vendu dans un sac hermétique en polyéthylène. Il est aussi commercialisé en vrac, dans des tubes de plastique ou dans des contenants en verre. À l'achat du miso, lire attentivement l'étiquette pour vérifier de quoi il est composé, s'il a été pasteurisé et s'il contient des additifs.

CUISSON ◆ Éviter de cuire le miso puisque la cuisson détruit les micro-organismes qu'il contient. L'ajouter en fin de cuisson lorsque l'ébullition est terminée. De préférence, délayer le miso à part dans un peu de bouillon ou d'eau chaude.

UTILISATION ◆ Le miso rehausse la saveur et la valeur nutritive des aliments. Il peut remplacer le sel et le tamari dans la plupart des recettes. Son emploi rend superflu et même non souhaitable l'ajout de sel. L'utilisation du miso est des plus variées. On met le miso dans presque tout (potages, sauces, bouillons, vinaigrettes, pizzas, céréales, pâtes alimentaires, salades composées, légumes, tofu, fruits de mer, viande, volaille, œufs, crêpes, marinades).

Les misos sucrés sont utilisés plus volontiers avec les légumes, les sauces, les pâtes à tartiner, les crêpes et les desserts. Le miso peut remplacer le café du matin ; la soupe au miso fait partie du déjeuner d'environ 75 % des Japonais. Cet aliment nourrissant est aussi un excellent stimulant dépourvu des effets nocifs du café.

CONSERVATION ◆ Tenir le miso à l'abri de l'air. Le miso sucré se conserve au réfrigérateur. Le miso salé peut se garder à la température de la pièce, sauf quand il fait très chaud ; la réfrigération empêche cependant la formation de moisissures qui apparaissent sur le miso non pasteurisé et exempt d'additifs. Ces moisissures ne sont pas dommageables cependant, il suffit de les enlever.

MOLLUSQUES

Autres noms : *coquillages, fruits de mer*
Nom anglais : *molluscs*

HISTORIQUE ◆ Animaux dépourvus de squelette (invertébrés). Les mollusques appartiennent à une grande famille divisée en 3 branches : les gastéropodes, les bivalves (ou lamellibranches) et les céphalopodes. Les gastéropodes et les bivalves sont souvent désignés sous le nom de coquillages.

Les **gastéropodes** (bigorneau, buccin, ormeau) sont recouverts d'une coquille unique (univalve). Cette coquille est en forme de colimaçon chez le bigorneau et le buccin. Les gastéropodes se déplacent à l'aide d'un « pied » aplati.

Les **bivalves** (huître, palourde, coquille Saint-Jacques, pétoncle, moule, praire, vanneau, coque, clovisse, mye) sont appelés ainsi parce qu'ils ont deux coquilles. Leurs branchies ressemblent à des lamelles (d'où leur appellation maintenant vieillie de lamellibranche). La plupart sont sédentaires : ils restent posés sur le fond de la mer, se nichent sur des rochers ou autres aspérités ou s'enfouissent dans le sable. Le pétoncle, la coquille Saint-

Jacques et le vanneau peuvent nager en se propulsant par la fermeture brusque de leurs coquilles qui expulsent alors de l'eau, ce qui les fait avancer.

Les **céphalopodes** (calmar, poulpe, seiche, sépiole) n'ont pas de carapace extérieure. Elle est remplacée par un cartilage interne ou même un os dans le cas de la seiche. Les céphalopodes sont munis de nombreux «bras» ou tentacules (8 à 10) qui se terminent par des ventouses, dont ils se servent pour saisir leurs proies ou pour se déplacer.

Les coquillages ne sont pas toujours propres à la consommation. Ils deviennent toxiques lorsque l'eau dans laquelle ils vivent est polluée ou lorsque apparaissent dans leur entourage des algues plantoniques toxiques dont ils se nourrissent, en particulier la *Gonyaulax tamarensis*. Cette toxine, surtout présente dans les coques, les myes et les moules, cause une intoxication paralysante. Les principaux symptômes de cette intoxication consistent en un engourdissement et un picotement des lèvres, de la figure et des doigts, des crampes abdominales, des vomissements et de la diarrhée. Les engourdissements peuvent s'étendre aux bras et aux jambes, puis être suivis de faiblesse généralisée, de respiration ardue, de paralysie et finalement d'étouffement. Cette toxine se loge surtout dans le système digestif et les branchies des mollusques. Sauf pour les mollusques vendus en magasin ou par des personnes fiables, ne jamais consommer de ces animaux si on ignore leur provenance, la salubrité de leur habitat ou s'ils ont été exposés à des périodes prolongées de marées basses (surtout l'été).

 ACHAT ◆ Les coquillages doivent rester vivants jusqu'au moment où ils sont consommés ou cuits, sinon ils deviennent toxiques. À l'achat, choisir ceux qui sentent bon et dont les coquilles sont intactes. Si les bivalves sont entrouvertes, les frapper pour qu'elles se referment et laisser de côté celles qui demeurent béantes. On peut aussi tenter de faire glisser les coquilles : si elles

> **VALEUR NUTRITIVE**
>
> Les mollusques sont riches en protéines et en minéraux. Ils contiennent peu de matières grasses, de cholestérol et de calories. Ils sont parfois cause de réactions allergiques (urticaire, douleurs abdominales, etc.) chez des personnes plus sensibles.

résistent, c'est qu'il y a de la vie. Les coquilles devraient encore contenir de l'eau. Les mollusques enroulés dans leurs coquilles devraient émettre un son sourd lorsqu'on les frappe. Les poulpes, calmars et seiches frais devraient être fermes, d'un blanc laiteux, de préférence recouverts de leur enduit visqueux et conservés sur de la glace.

Tous les mollusques, sauf l'huître, doivent être lavés à l'eau courante avant d'être cuits ou mangés crus. Quand ils sont remplis de sable, les faire tremper une heure ou deux dans de l'eau très salée. Seul le pétoncle doit être lavé après que ses coquilles se sont ouvertes.

Pour ouvrir les mollusques vivants, introduire un couteau entre les coquilles puis séparer les coquilles (il est parfois nécessaire de couper le muscle adducteur qui retient les coquilles ensemble), ou profiter du moment où les bivalves sont entrouvertes pour séparer les coquilles (c'est plus facile mais aussi plus long). On peut aussi faire chauffer les mollusques quelques minutes dans une casserole sans eau ou les mettre dans le four à micro-ondes (30 secondes pour 6 mollusques à la chaleur maximum).

 UTILISATION ◆ Plusieurs mollusques peuvent être mangés aussi bien crus que cuits (huître, pétoncle, palourde, clovisse, praire), alors que d'autres ne se consomment qu'après cuisson (bigorneau, buccin). Ne pas trop cuire les mollusques, car ils deviennent recroquevillés et coriaces ou, s'ils sont cuits dans un bouillon, mous et pâteux. La croyance populaire selon laquelle il ne faut pas manger les mollusques que durant les mois en « r » vient du fait que c'est durant cette période que la chair est la meilleure parce que l'eau est la plus froide et que les bactéries se développent le moins facilement.

CONSERVATION ◆ Les mollusques se conservent quelques jours au réfrigérateur.

MORILLE

Morchella spp, **Morchellacées**
Nom anglais : *morel*
Autre nom : *sponge mushroom*

 HISTORIQUE ◆ Champignon comestible relativement rare. La morille est un champignon de printemps très recherché, car elle est particulièrement savoureuse. Elle pousse sous les climats tempérés. Elle est facilement reconnaissable, ce qui en fait un des champignons sauvages les plus facile à cueillir. On a réussi à la cultiver, mais cette culture demeure marginale.

La morille a un chapeau globuleux ou conique, orné de multiples alvéoles qui lui donnent une apparence poreuse. Ce chapeau jaune ocre, brun ou blanchâtre mesure de 3 à 12 cm de haut. Il surmonte un pied assez large. Ce pied, de la même couleur que le chapeau, est généralement aussi long. Il existe une dizaine d'espèces de morilles.

 ACHAT ◆ La morille est généralement commercialisée déshydratée ou en conserve.

PRÉPARATION ◆ Ce champignon se nettoie difficilement, car ses alvéoles retiennent de la terre et des petits insectes. Le laver délicatement et rapidement dans plusieurs eaux. Si nécessaire, nettoyer les cavités avec un petit pinceau. Ne pas laisser tremper la morille, car elle perd de sa saveur. L'assécher dès qu'elle est lavée avec un linge propre ou du papier absorbant.

VALEUR NUTRITIVE	
La morille contient	
Eau	90 %
Protéines	2 g
Matières grasses	0,3 g
9 calories/100 g, crue	
Elle est riche en potassium.	

Recouvrir d'eau tiède les morilles déshydratées et les laisser tremper 2 ou 3 minutes.

CUISSON ◆ Cuire les morilles à feu doux. Calculer de 5 à 7 minutes lorsqu'elles sont revenues dans du beurre ou de l'huile, et de 15 à 20 minutes lorsqu'elles sont mijotées dans une sauce, une soupe ou un ragoût.

UTILISATION ◆ La morille devrait toujours être consommée cuite, car crue elle est irritante pour l'estomac. La morille est délicieuse en sauce. Elle est souvent associée à la crème, qui la met en valeur. Elle accompagne la viande, la volaille, le gibier et le poisson. On la met dans les soupes et les ragoûts. On la cuisine avec le riz, les pâtes alimentaires et les œufs.

 CONSERVATION ◆ Les morilles fraîches se conservent 2 ou 3 jours au réfrigérateur.

MORUE

Gadus spp, **Gadidés**
Autres noms : *cabillaud, morue verte*
Nom anglais : *cod*

HISTORIQUE ◆ La morue vit dans les eaux froides et profondes de l'Atlantique Nord *(Gadus morhua)* et du Pacifique *(Gadus macrocephalus)*. Elle se déplace en bancs importants, surtout lors de la période de reproduction. Très prolifique, la femelle pond environ 5 millions d'œufs flottants. La morue est un des poissons les plus pêchés dans le monde, et ce, depuis fort longtemps. Au Moyen-Âge, l'importance commerciale de la morue était considérable en Europe. Étant facile à sécher, à fumer et à saler, la morue était accessible à un grand nombre de personnes, car elle supportait le transport et se conservait bien. La morue fut longtemps abondante près des côtes canadiennes et américaines. Aux États-Unis, dans l'État du Massachusetts, un cap célèbre porte le nom de ce poisson, *Cape Cod*. On a estimé que durant de nombreuses années environ 400 millions de morues furent pêchées dans l'Atlantique. La population de cette espèce a maintenant dangereusement diminué à cause de la pêche intensive.

La morue a une grosse tête, une bouche largement fendue et un mince barbillon proéminent sous la mâchoire inférieure. Elle mesure généralement de 40 à 80 cm de long et pèse de 2 à 4 kg. Elle a trois grandes nageoires dorsales, deux nageoires anales et une queue presque carrée. Son long corps lourd et charnu est couvert de petites écailles. La couleur de sa peau est très variable, car elle s'adapte à l'environnement. Une ligne latérale plus pâle va de la tête à la queue.

En Europe, la morue est connue sous divers noms. À l'état frais, on la nomme « cabillaud ». Quand elle est décapitée, vidée, débarrassée de son arête principale et salée sur le bateau, on l'appelle « morue verte ». Le terme « morue » s'applique aux filets, salés ou non. La morue est aussi congelée, mise en conserve, fumée (« stockfish »), salée (« kippers ») ou séchée. Ses œufs sont consommés frais, fumés ou salés. Sa langue, ses joues et son foie sont également comestibles.

La grande famille des Gadidés comprend environ 60 espèces. On trouve notamment l'églefin (ou aiglefin), le lieu jaune, le lieu noir, la lingue, la lotte, le merlan, le merlu, le merlu argenté, la merluche, la motelle à trois barbillons, la mostelle de roche, le poulamon et le poutassou. La plupart de ces poissons ont une chair similaire et on peut les interchanger dans presque toutes les recettes. Parmi les espèces les plus courantes se trouvent l'églefin, le lieu noir, le merlan, le merlu, le merlu argenté et le poulamon.

L'**églefin** (ou **aiglefin**, *Melanogrammus aeglefinus*) ressemble à la morue mais est plus petit. Il mesure de 38 à 63 cm et pèse de 1 à 2 kg. Sa mâchoire supérieure est légèrement proéminente et sa bouche petite. Sous sa mâchoire inférieure pend un petit barbillon très court. Son dos gris brun a une ligne latérale noire. Une grosse tache foncée orne chaque nageoire pectorale. L'églefin habite les deux côtés de l'Atlantique. Sa chair blanche et maigre est savoureuse. Elle est plus douce que celle de la morue. Plus fragile que la morue, l'églefin est plus souvent fumé que salé ; il prend alors le nom de haddock.

Le **lieu noir**, ou **goberge** au Québec *(Pollachius virens)*, mesure généralement de 50 à 90 cm de long et atteint une longueur maximale de 1,5 m. Il habite les deux côtés de l'Atlantique. Son dos vert olive est parfois presque noir, ce qui explique le nom de ce poisson. Le lieu noir est très important en Europe, particulièrement en Angleterre où on utilise 57 noms différents pour le désigner, plusieurs noms décrivant des distinctions de grosseur. La chair blanche, de qualité inférieure, est ferme.

Le **merlan** *(Merlangius merlangus)* mesure généralement de 30 à 40 cm de long et peut atteindre une longueur maximale de 60 à 70 cm. Son dos est vert grisâtre ou vert olive. Ses flancs blanc crème sont ornés de bandes irrégulières de couleur jaune. Le merlan habite l'Atlantique, la Méditerranée, la mer Noire et parfois la Baltique. Sa chair très savoureuse s'émiette facilement.

Le **merlu** *(Merluccius spp)* est un poisson vorace qui vit à 200 ou 300 m de profondeur, parfois même d'avantage. Plusieurs espèces portent le nom de merlu ou parfois de merluche. L'espèce *(Merluccius merluccius)* habite les côtes européennes de l'Atlantique, de la Norvège au Portugal. Elle est particulièrement abondante au Portugal et en Espagne. Son corps allongé est de couleur gris métallique ou bleuté. Sa mâchoire inférieure proéminente est dépourvue de barbillon. L'intérieur de sa bouche est gris-noirâtre. Le merlu mesure généralement de 30 à 70 de cm long et atteint une longueur maximale de 1,2 m. Sa chair est savoureuse.

Le **merlu argenté** *(Merluccius bilinearis)* habite les côtes nord-américaines de l'Atlantique, de Terre-neuve jusqu'au nord de la Caroline. Il mesure généralement de 23 à 35 cm de long, mais il peut atteindre jusqu'à 80 cm. Son corps a des reflets argentés. Sa chair, tendre et floconneuse, est très savoureuse.

Le **poulamon** *(Microgadus tomcod)* mesure généralement de 20 à 30 cm de long et excédant rarement 35 cm. Il fréquente les côtes ouest de l'Atlantique, du Labrador jusqu'en Virginie, et fraye dans les fleuves l'hiver; il aime les eaux salées ou saumâtres. C'est un habitué du fleuve Saint-Laurent, et au Québec on le connaît mieux sous le nom de «poisson des chenaux». Facilement identifiable par ses longues nageoires ventrales filamenteuses et sa queue ronde, le poulamon a un corps cylindrique vers l'avant, qui se comprime latéralement dans sa portion arrière. Il a trois nageoires dorsales et deux ventrales. Sa chair blanche et maigre est très recherchée. Le poulamon est souvent frit à cause de sa petitesse.

PRÉPARATION ♦ Pour dessaler la morue salée, la mettre dans une passoire, le côté recouvert de la peau sur le dessus (si la peau est présente!) afin que le sel ne puisse s'accumuler entre la chair et la peau. Mettre la passoire dans un grand récipient rempli d'eau, le sel va s'accumuler au fond de la casserole et le poisson n'y touchera pas. On peut aussi mettre la casserole dans le lavabo et faire couler un mince filet d'eau, cela permet au sel de disparaître au fur et à mesure que l'eau déborde. La morue salée et desséchée doit tremper au moins une nuit.

VALEUR NUTRITIVE·

On tire du foie de morue une huile, source importante de vitamine D. La chair floconneuse, d'un blanc laiteux, est maigre, délicate et ferme, quoique sa fermeté dépende de la fraîcheur et de la grosseur de la morue (plus la morue est petite, plus la chair est tendre).

	Protéines	Matières grasses	Calories
morue, 100 g	18 g	0,3 g	78
églefin, 100 g	19 g	0,7 g	87
lieu noir, 100 g	19 g	1 g	92
merlan, 100 g	18 g	1,3 g	91
merlu, 100 g	17 g	0,9 g	76
poulamon, 100 g	17 g	0,4 g	77

UTILISATION ◆ La morue supporte tous les modes de cuisson. Lorsqu'elle est pochée, veiller particulièrement à ce qu'elle ne bouille pas, la laisser frémir 8 minutes dans un court-bouillon ou l'ajouter après que le liquide a bouilli, puis enlever immédiatement la casserole du feu, mettre le couvercle et laisser reposer 15 minutes. La morue est particulièrement délicieuse en sauce.

Les langues de morue sont souvent pochées avant de recevoir l'apprêt choisi (sauce, farine, etc.). Les mettre dans un liquide froid et les retirer au début de l'ébullition.

MOULE

Mytilus edulis, **Mytilidés**
Nom anglais : *mussel*

HISTORIQUE ◆ Mollusque bivalve qui vit dans la mer près des côtes. Les moules s'accrochent en grappes et se fixent sur les bancs de sable, les rochers ou tout autre objet grâce à leur capacité de sécréter un liquide filamenteux appelé «byssus». On trouve la moule dans les mers du monde entier, quoiqu'elle préfère les eaux froides. Elle est très vulnérable à la pollution, car elle filtre jusqu'à 68 litres d'eau par jour. La culture de la moule permet d'obtenir des moules non polluées, exemptes de sable et de parasites (source des petites perles grises si souvent présentes). La plupart des moules sur le marché sont cultivées. Il existe diverses méthodes de culture. Une méthode appelée bouchot aurait été découverte par hasard au XIIIe siècle par Patrick Walton, un Irlandais naufragé sur les côtes françaises. Il planta des pieux pour installer un filet afin de capturer des oiseaux pour se nourrir. Une partie du filet devant être immergée dans la mer, il découvrit après un certain temps que des moules avaient recouvert les pieux.

La moule a deux minces valves oblongues d'égale grosseur. Habituellement lisses mais parfois striées concentriquement, ces coquilles sont de couleur noir bleuâtre, avec souvent des parties érodées pourprées. Les deux coquilles de la moule cultivée sont convexes, tandis que chez la moule sauvage l'une est concave. L'intérieur des coquilles est poli, luisant et irisé de blanc ou de gris pâle, tandis que leurs bords sont plus foncés ou tout simplement pourpres. La moule atteint habituellement de 3 à 10 cm de long. Les ligaments qui la maintiennent fermée ressortent à l'extérieur. La chair de la moule adulte est de couleur orange, celle de la moule plus jeune est blanchâtre. Elle est plus ou moins charnue et ferme selon les espèces, fort nombreuses. La chair de la moule d'élevage est plus tendre et de couleur plus pâle. Les moules sauvages sont laiteuses de mars à mai, puis deviennent coriaces en juin après avoir pondu. Elles sont donc à leur meilleur en dehors de la période de laitance, ce qui correspond aux mois qui contiennent des « r », comme le dit la sagesse populaire.

ACHAT ◆ Les moules sont commercialisées vivantes ou en conserve. N'acheter des moules vivantes que si leurs coquilles sont fermées ou si elles se referment lorsqu'on les touche. Les moules en conserve sont disponibles sous plusieurs formes, notamment au naturel, à l'huile, à la tomate, au vin blanc ou fumées.

VALEUR NUTRITIVE
La moule bleue contient
Protéines 12 g
Matières grasses 2 g
86 calories/100 g, crue
Elle est riche en certaines vitamines du complexe B, telles la riboflavine, la niacine, l'acide folique et la vitamine B_{12}, ainsi qu'en phosphore, en fer et en zinc.

PRÉPARATION ◆ Laver et brosser les moules. Il n'est pas nécessaire d'enlever tous les filaments car, si on en apprécie le goût, cela ajoute de la saveur au bouillon de cuisson. Éliminer les moules ouvertes et sans vie ou avec des valves endommagées : elles ne sont plus comestibles. Des moules particulièrement lourdes peuvent être remplies de boue ou de sable. Les jeter ou les mettre à tremper 1 heure ou plus dans de l'eau salée (60 à 75 ml de sel [4 à 5 cuillerées à soupe] par litre d'eau). Si on désire que les moules soient plus gonflées et plus blanches, ajouter dans l'eau de trempage 15 ml (1 cuillerée à soupe) de farine ou de flocons d'avoine par litre d'eau. Il arrive qu'après avoir trempé ou avoir été grattée, la moule laisse échapper à l'extérieur son muscle adducteur et semble morte. Pour s'assurer qu'elle est encore vivante, essayer de faire glisser les deux valves l'une sur l'autre ; si elles ne bougent pas, c'est que la moule est en vie, sinon la jeter.

UTILISATION ◆ Les moules sont rarement mangées crues, sauf parfois lorsqu'elles sont pêchées en pleine mer, qu'elles sont très fraîches et non polluées. Cela demeure toujours risqué cependant, car les moules causent souvent des allergies et peuvent provoquer une intoxication.

Les moules s'apprêtent de multiples façons : la recette des moules marinières (cuites dans leurs coquilles avec vin, beurre, échalotes, persil et poivre) est peut être la plus connue (compter environ l kg par personne pour un repas principal). Les moules peuvent aussi être grillées, gratinées, frites, cuites en brochette, marinées ou farcies. On les met notamment dans les potages, les sauces, les hors-d'œuvre, les salades, les ragoûts et les omelettes.

Selon la recette choisie, chauffer les moules le temps qu'elles s'ouvrent (2 à 5 minutes suffisent généralement) afin de pouvoir les détacher facilement, puis les cuire comme cela est indiqué. Jeter les moules qui demeurent fermées après la cuisson.

Les moules en conserve se mangent telles quelles, froides ou chaudes. Certaines sont cuisinées.

CONSERVATION ◆ Les moules vivantes se conservent jusqu'à 3 jours au réfrigérateur. Ne pas les placer dans un contenant hermétique, car elles ne peuvent pas respirer. Les moules écaillées, baignant dans leur liquide et placées dans un contenant fermé hermétiquement se conservent de 24 à 48 heures au réfrigérateur. Il est toujours préférable de les manger le plus tôt possible. Les moules se congèlent. Leur durée de conservation est alors de 3 mois.

MOUTARDE

Brassica spp, **Crucifères**
Nom anglais : *mustard*

HISTORIQUE ◆ Plante herbacée originaire du bassin méditerranéen. La moutarde est consommée depuis des temps immémoriaux. Le mot moutarde est dérivé de l'expression « Moût ardent », qui fait référence à la forte saveur de ce légume. La moutarde est surtout connue comme condiment, mais c'est aussi une plante aux feuilles comestibles appartenant à la grande famille des choux.

Il y a 40 espèces différentes de moutarde dont les plus communes sont la moutarde noire *(B. nigra)*, la moutarde jaune *(S. alba)*, la moutarde brune *(B. juncea)* et la moutarde sauvage ou sénevé *(B. arvensis)*. Les espèces les plus courantes sont la moutarde noire et la moutarde jaune.

Moutarde noire. Cette plante annuelle a des feuilles lobées, rudes et poilues, qui mesurent de 1 à 2 m de haut. Elle produit de petites fleurs jaunes, qui donnent naissance à des graines lisses et arrondies, devenant brun foncé à maturité. Ces graines ont une saveur extrêmement riche et piquante, plus forte que celles de la moutarde jaune.

Moutarde jaune. Cette plante annuelle mesure environ 30 à 38 cm de haut. Cette moutarde est appelée moutarde blanche en Europe (d'où son appellation latine), car les conditions climatiques font que ses fleurs sont plus pâles qu'en Amérique. Ses fleurs sont plus grosses que celles de la moutarde noire. Ses graines ont un goût amer.

Moutarde brune. La moutarde brune est surtout cultivée pour ses feuilles. C'est une plante indigène de l'Asie et de l'Europe. Selon les variétés, ses feuilles sont frisées ou plates, vert pâle ou vert foncé. Cette moutarde est particulièrement appréciée des Chinois, qui l'utilisent comme l'épinard.

ACHAT ◆ Choisir de la moutarde aux feuilles fraîches et bien colorées. Délaisser des feuilles sèches, jaunies ou aux tiges épaisses car elles sont fibreuses.

UTILISATION ◆ Les feuilles de moutarde peuvent être mangées crues ou cuites. Elles s'apprêtent comme l'épinard, qu'elles peuvent remplacer dans la plupart des recettes ; leur saveur est plus forte cependant. Les feuilles de moutarde sont délicieuses dans les soupes ou mises en purée, surtout lorsqu'on les combine à de la purée de pommes de terre ou de légumineuses, qui diminuent leur saveur piquante. Éviter de les cuire dans une casserole en aluminium ou en fer, car elles noircissent au contact de ces métaux.

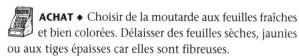

VALEUR NUTRITIVE	
Les feuilles de moutarde contiennent	
Eau	91 %
Protéines	2,7 g
Matières grasses	0,2 g
Glucides	5 g
Fibres	1,1 g
26 calories/100 g	

Ce légume-feuille est une excellente source de vitamine C, de vitamine A, de fer et de potassium. On dit la moutarde apéritive, stimulante, digestive, désinfectante, antiseptique, laxative et vomitive. Elle favorise la sécrétion des sucs gastriques et des glandes salivaires, stimulant l'appétit et facilitant la digestion si elle est utilisée modérément, autrement elle est irritante. On se sert de la moutarde pour en faire des bains de pieds ou des cataplasmes afin de décongestionner la tête (les sinus) ou les poumons (soigner notamment la pneumonie et les bronchites).

La saveur piquante de la moutarde provient de la myrosine et du myronate. Le myronate est absent de la moutarde jaune, ce qui explique pourquoi elle est moins forte.

Les graines peuvent être utilisées entières, moulues ou transformées en pâte ; on en tire aussi une huile fortement aromatique. Entières, les graines peuvent être employées telles quelles ou rôties. En Inde, on a coutume de les faire revenir dans de l'huile très chaude ; elles éclatent alors, un peu à la manière du maïs soufflé (les cuire peu de temps, car elles brûlent facilement et deviennent amères). On se sert des graines pour aromatiser une grande variété d'aliments, notamment des marinades, légumineuses, sauces, currys.

En poudre, la moutarde peut être ajoutée à la vinaigrette ou à la mayonnaise. On s'en sert aussi pour assaisonner le jambon à cuire. On peut également la délayer pour en faire une pâte qui a un usage semblable à celui de la moutarde préparée.

En pâte, c'est la moutarde familière prête à servir qui aromatise à peu près tout.

Fabrication de la moutarde en pâte

Il existe plusieurs recettes pour fabriquer la moutarde en pâte. Le procédé de base consiste premièrement à mettre les graines à tremper plusieurs heures, car leur saveur ne se développe que lorsqu'elles sont mouillées. Ensuite, on les broie et on les assaisonne. La variété des graines employées, le liquide ainsi que les assaisonnements utilisés déterminent la couleur et la saveur de la moutarde. La moutarde peut être plus ou moins forte, aromatisée à l'ail, à l'estragon, au paprika, aux fines herbes, au citron, au poivre noir, etc.

En France, important pays producteur de moutarde, plusieurs régions se distinguent par le liquide que les producteurs utilisent. Ainsi à Dijon, on se sert de verjus (suc de raisin) et de vin blanc, à Bordeaux, de moût (jus) de raisin, à Orléans et à Meaux, de vinaigre. Ce que l'on nomme la moutarde anglaise, se différencie de la moutarde française par son goût plus doux et par le fait qu'elle se prépare à partir de poudre et non de graines. On assaisonne cette poudre avec du gingembre et du curcuma (parfois aussi avec de la coriandre et de la cardamome).

CONSERVATION ◆ Les feuilles sont fragiles ; les placer dans un sac de plastique perforé et les réfrigérer sans les laver ; elles se conservent quelques jours. Elles se congèlent comme l'épinard. La moutarde en pâte se conserve au réfrigérateur dans un récipient bien fermé, car elle s'affadit à la température de la pièce. La poudre de moutarde et les graines entières se rangent au sec et à l'abri de la chaleur. L'huile de moutarde se conserve au réfrigérateur ou dans un endroit frais.

MULET

Mugil spp, **Mugilidés**
Autre nom : *muge*
Nom anglais : *mullet*

HISTORIQUE ◆ Poisson fréquent le long des côtes de l'Atlantique, de la Méditerranée et du Pacifique où l'eau est chaude. Le mulet aime également s'aventurer par bancs dans les eaux saumâtres ou douces. Il a la curieuse habitude d'introduire dans sa bouche de la boue qu'il filtre et qu'il rejette après en avoir extrait les particules assimilables. C'est pourquoi il lui arrive d'avoir un goût de vase quand il est pêché en eau douce. Le mulet fait partie d'une famille comprenant environ 13 genres et plus de 95 espèces, souvent difficiles à différencier. L'espèce la plus répandue mondialement est le **mulet cabot** *(Mugil cephalus)*. Le mulet cabot a un corps fuselé recouvert d'écailles. Son dos est gris argenté ou gris bleuté. Ce poisson mesure généralement de 30 à 40 cm de long et peut atteindre une longueur maximale de 100 cm. Sa grosse tête courte est aplatie. Il a une petite bouche renfermant peu de dents. La chair savoureuse est moyennement grasse, ferme et floconneuse. Elle est blanche aux deux tiers, ayant une bande plus foncée et plus grasse qui s'émiette facilement et qu'il est préférable d'enlever si on congèle le poisson ou si on veut diminuer l'ingestion de matières grasses. Les œufs sont excellents.

UTILISATION ◆ Le mulet se mange chaud ou froid et il est délicieux fumé. On peut le cuire non vidé lorsqu'il est petit. Il supporte tous les modes de cuisson. Les œufs séchés, pressés et salés sont appelés « poutargue », un aliment délicat très recherché. En Grèce, les œufs de mulet sont à la base du *taramasalata*, une savoureuse pâte onctueuse et rosée.

VALEUR NUTRITIVE	
Le mulet cabot contient	
Protéines	19 g
Matières grasses	4 g
116 calories/100 g, cru	

MÛRE

Rubus spp, **Rosacées**
Autre nom : *mûron*
Nom anglais : *blackberry*
Autre nom : *bramble*

HISTORIQUE ◆ Fruit d'une ronce appartenant à la même famille que le framboisier et le fraisier. Les ronces poussent dans les jardins, les champs et les bois. Elles grimpent sur les murs et tout ce qu'elles rencontrent. Elles donnent des fruits appelés « mûres » (parfois « mûrons »). Ne pas les confondre avec les mûres produites par le mûrier *(Morus spp)*, un arbre de la famille des Urticacées (c'est dans cet arbre que vivent les vers à soie). La mûre est indigène des régions tempérées. Elle pousse notamment en Amérique du Nord, en Amérique du Sud, en Europe, dans les îles britanniques et en Australie. La plupart des ronces sont vivaces, d'autres sont bisanuelles. Leurs tiges ligneuses sont généralement armées d'épines. Leurs délicates fleurs blanchâtres ou rosâtres poussent en grappes. Il existe plus d'un millier de variétés de mûres. La grande majorité poussent à l'état sauvage.

La mûre est une baie semblable à la framboise. Comme cette dernière, elle est composée de nombreux petits fruits juteux agglutinés les uns aux autres. Ces petits fruits sont nommés « drupéoles », car chacun contient une petite graine appelée drupe. La mûre est noire, rouge pourpre ou parfois blanc jaunâtre. La mûre noire présente une difficulté particulière lorsqu'il s'agit de la récolter du fait qu'elle devient noire avant d'être mûre. La cueillir seulement lorsqu'elle est molle et qu'elle se détache facilement, moment où elle est le moins acide et le plus sucrée. La mûre peut être aussi petite qu'un pois ou grosse comme une bille. Il existe plusieurs croisements de la mûre avec la framboise ; ces nouveaux fruits portent souvent le nom de leur créateur (mûre de Logan, mûre de Boysen, mûre de Young).

 ACHAT ♦ Les mûres sont fragiles, elles supportent mal la chaleur, les manipulations et le transport. Elles pourrissent rapidement et contaminent les autres. Choisir des mûres fermes et brillantes.

Délaisser les mûres molles, ternes, tassées ou moisies : elles manquent de fraîcheur et se conserveront très mal. L'idéal est de cueillir les mûres soi-même, lorsque c'est possible ; le meilleur moment est le matin, car les mûres sont alors plus sucrées et elles se conserveront plus longtemps.

PRÉPARATION ♦ Les mûres supportent mal d'être lavées, car elles se gorgent d'eau et ramollissent. Ne les laver que si c'est absolument nécessaire. Procéder délicatement, rapidement et seulement au moment de les utiliser. Lorsqu'elles sont fraîchement cueillies, il peut être nécessaire de secouer légèrement les mûres afin d'en déloger les insectes qui pourraient s'y être logés.

UTILISATION ♦ Les mûres peuvent être utilisées comme les framboises. Elles sont délicieuses nature. Souvent aussi on les sert accompagnées de crème glacée, de yogourt ou de crème fraîche. On les met dans les salades de fruits, les céréales, les crêpes ou les tartes. On en fait des confitures, de la gelée, du jus, du vin ou de l'eau-de-vie. On les transforme en coulis qu'on intègre à divers aliments, notamment aux gâteaux, aux puddings, à la crème glacée, aux sorbets, aux flans et aux bavarois, ou qui sert à les napper. Pour préparer un coulis, passer les mûres au mélangeur électrique, puis les tamiser afin d'éliminer les nombreux petits grains. On peut déshydrater les mûres. Les Amérindiens faisaient sécher les mûres entières. Ils préparaient aussi une pâte de mûres à partir de fruits écrasés puis séchés au soleil ou sur le feu.

CONSERVATION ♦ Les mûres sont très périssables. Éviter de les exposer au soleil et de les laisser longtemps à la température de la pièce. Réfrigérées, elles se conservent quelques jours. Elles se garderont plus facilement si elles ne sont pas entassées ni lavées, et si on a pris soin d'enlever les mûres gâtées. Sucrer les mûres légèrement permet de les conserver un peu plus longtemps. Les mûres se congèlent facilement telles quelles ou en coulis, sucrées ou non sucrées. Entières, elles perdent moins de valeur nutritive, car elles sont moins exposées à l'air. Cette perte peut cependant être restreinte si on recouvre les mûres écrasées de jus de citron. L'ajout du sucre n'est pas indispensable, mais il contribue à diminuer légèrement la perte de couleur. Quand on sucre les mûres, diminuer la quantité de sucre dans les recettes où ces mûres seront utilisées. Pour congeler les mûres individuellement, les étendre en une seule couche sur une plaque à biscuits et les congeler environ une heure avant de les empaqueter. Les mûres seront meilleures si elles sont décongelées lentement au réfrigérateur.

VALEUR NUTRITIVE	
La mûre contient	
Eau	86 %
Protéines	0,7 g
Matières grasses	0,4 g
Glucides	13 g
Fibres	4,6 g
51 calories/100 g	

Elle est une bonne source de vitamine C et de potassium ; elle contient du magnésium et du cuivre ainsi que des traces d'acide pantothénique, de calcium, de phosphore, de niacine et de vitamine A. On la dit astringente, dépurative et laxative.

MURÈNE

Muraena helena, **Muraenidés**
Nom anglais : *moray*

HISTORIQUE ◆ Poisson qui a la forme d'un serpent aplati et peut mesurer 150 cm de long. La murène est dépourvue de nageoires. Elle fait partie d'une famille comprenant 8 genres. Elle habite les mers tropicales, et on la trouve notamment dans le Pacifique et la Méditerranée. Ce poisson territorial se cache dans les cavernes et les crevasses. Il est très vorace.

La murène a une peau nue très visqueuse, souvent brun sombre marbré de jaune et de noir, toujours très bariolée. Sa petite tête est comprimée. Sa bouche est munie de longues dents tranchantes. Les plongeurs sous-marins redoutent la morsure de la murène, car elle est douloureuse.

UTILISATION ◆ La chair grasse et fine de la murène est dépourvue d'arêtes, sauf dans la queue. Sa saveur ne fait pas l'unanimité : certaines personnes l'apprécient énormément alors que d'autres la trouvent fade. La murène s'apprête comme le congre ou l'anguille. Elle est souvent pochée (8 à 12 minutes) et mangée froide, assaisonnée de mayonnaise à l'ail.

VALEUR NUTRITIVE	
La murène contient	
Protéines	16 g
Matières grasses	12 g
176 calories/100 g, crue	

MUSCADE

Myristica fragrans, **Myristicacées**
Nom anglais : *nutmeg*

HISTORIQUE ◆ Fruit du muscadier, un arbre aux feuilles persistantes qui serait originaire des îles Moluques dans l'archipel indien. Les Hollandais ont longtemps eu le monopole du commerce de la muscade. Celle-ci est recouverte d'une mince membrane ligneuse de couleur rouge vif, l'arille, qui est surtout connu sous le nom de **macis**. À l'époque coloniale, le marché du macis était plus lucratif que celui de la muscade. La petite histoire est parfois amusante ; ainsi, des chroniques hollandaises et anglaises de l'époque révèlent que des colonisateurs, ignorant ce fait, ordonnèrent à leurs colonies de Grenade et d'Indonésie de détruire les muscadiers et de se concentrer uniquement sur « la culture du macis ».

Le muscadier pousse sous les climats tropicaux. Il mesure jusqu'à 10 m de hauteur. Ses longues feuilles odorantes sont vert foncé et ses petites fleurs sont jaunes. Son fruit, de couleur jaune or, ressemble à un abricot. Il se sépare en deux lorsqu'il est mûr, dévoilant une coquille qui renferme la noix. La noix muscade mesure habituellement de 2 à 3 cm de long et de 1,5 à 2 cm de diamètre. L'arille, c'est-à-dire le macis, prend une couleur orangée lorsqu'il est séché. Le macis a une saveur moins piquante et moins prononcée que la noix de muscade, qui est chaude et épicée ; il est commercialisé en lames ou réduit en poudre.

ACHAT ◆ La muscade moulue perd rapidement sa saveur. Il est préférable d'acheter une noix muscade et de la râper au fur et à mesure des besoins. La noix muscade est souvent blanchie à la chaux pour être protégée des insectes. À l'achat, choisir une noix dure et lourde sans trous d'insecte. Pour vérifier la fraîcheur de la noix, la couper légèrement, une mince pellicule huileuse devrait apparaître. Acheter le macis et la muscade en poudre dans un magasin où le roulement de la marchandise est rapide afin d'obtenir le maximum de fraîcheur.

UTILISATION ◆ La muscade a une utilisation variée, tant avec les aliments sucrés qu'avec les aliments salés. Elle aromatise notamment gâteaux, puddings, tartes, compotes, pommes de terre, choux, épinards, œufs, fromages, sauces, soupe à l'oignon, escargots, viande et marinades. Elle parfume liqueurs, punchs, vin chaud et plusieurs autres breuvages. La muscade se marie particulièrement bien avec les produits laitiers.

Le macis est très utilisé dans les pâtisseries, la charcuterie et dans les mélanges d'épices. Il peut cependant remplacer agréablement la muscade et créer ainsi une diversité dans la saveur obtenue.

VALEUR NUTRITIVE	
La muscade moulue fournit	
Matières grasses	0,8 g
Potassium	8 mg
Phosphore	5 mg
Calcium	4 mg
Magnésium	4 mg
Fer/5 ml (2 g)	0,07 mg
12 calories	
Le macis moulu fournit	
Matières grasses	0,6 g
Potassium	8 mg
Calcium	4 mg
Magnésium	3 mg
Phosphore	2 mg
Fer/5 ml (2 g)	0,24 g
8 calories	

On dit la muscade digestive, stimulante et carminative. Elle contient une substance narcotique, la myristine, qui est toxique si elle est prise à forte dose.

NATTO

Nom anglais : *natto*

 HISTORIQUE ◆ Nom japonais d'un condiment fait à partir de haricots de soya fermentés. La fabrication du natto remonterait à au moins 1 000 ans. Elle consiste à cuire à la vapeur des haricots de soya préalablement trempés jusqu'à ce qu'ils soient tendres. Les haricots sont ensuite égouttés, refroidis, puis ensemencés avec une bactérie *(Bacillus natto)* ou avec 10 à 20 % d'une préparation antérieure. Le tout est tradition-nellement enveloppé de paille de riz et mis à fermenter de 15 à 24 heures dans une atmosphère chaude et humide (40 °C).

La texture du natto est quelque peu gluante et visqueuse. Les haricots, d'un brun foncé, sont enchevêtrés de filaments tenaces ; plus ces filaments s'allongent lorsqu'on tente d'isoler les grains de soya, meilleur est le natto. La saveur du natto est forte tout comme son odeur, qui rappelle celle du fromage. Le natto ne plaît pas à tout le monde.

UTILISATION ◆ Le natto ne nécessite pas de cuisson supplémentaire. Il est généralement utilisé pour assai-sonner soupes, riz, nouilles, légumes et salades. Au Japon, on le sert souvent à l'occasion de fêtes.

CONSERVATION ◆ Le natto est fragile et se conserve peu de temps.

VALEUR NUTRITIVE	
Le natto contient	
Eau	55 %
Protéines	18 g
Matières grasses	11 g
Glucides	14 g
Fibres	3,2 g
213 calories/100 g	
Il est riche en calcium, en magné-sium, en phosphore, en potassium, en fer, en sodium, en manganèse et en zinc.	

NAVET

Brassica rapa, Brassica campestris var. *rapa,* **Crucifères**
Autre nom : *rabiole*
Nom anglais : *turnip*

HISTORIQUE ◆ Plante potagère à racine, originaire d'Europe. Le navet appartient à une grande famille qui comprend notamment le chou, la moutarde et le radis. Il fut très apprécié des Grecs et des Romains. Il était encore très consommé en Europe au Moyen-Âge.

Le navet a une forme ronde ou légèrement allongée. La chair blanche est recouverte d'une mince peau généralement blanchâtre, dont la partie supérieure forme un collet de couleur souvent très vive (rouge ou pourpre). Ses fanes (son feuillage) légèrement velues sont comestibles. Le navet est souvent confondu avec une espèce voisine à chair jaune, le rutabaga.

ACHAT ◆ Rechercher un navet ferme, lourd et non ridé, exempt de meurtrissures et de taches. Délaisser un gros navet, car il risque d'être amer et fibreux. Les fanes, si elles sont présentes, devraient être fermes et d'un beau vert. Ce légume s'achète en vrac ou en bottes.

CUISSON ◆ Il n'est pas nécessaire d'éplucher le navet s'il est très frais, peu volumineux et non ciré. Il est préférable de cuire le navet le moins possible, car alors il se digère mieux et conserve plus de valeur nutritive, et son odeur se répand moins dans la maison. Le navet nécessite un peu plus de cuisson que la carotte ; calculer de 10 à 20 minutes pour la cuisson à l'eau, et un peu plus pour la cuisson à la vapeur, selon la grosseur du légume. Le navet absorbe facilement les graisses, aussi devient-il très calorifique lorsqu'il est frit.

UTILISATION ◆ Le navet se mange cru ou cuit. Il est délicieux dans les soupes et les ragoûts ou mis en purée. Lorsqu'il est tendre, le navet est souvent cuisiné à la crème, à la sauce Mornay ou au gratin ; on peut aussi le mettre dans les salades, cru ou cuit. Ses fanes sont savoureuses et s'apprêtent comme les épinards.

CONSERVATION ◆ Le navet se conserve quelques semaines au réfrigérateur. Enlever les fanes et placer le navet dans un sac de plastique perforé sans le laver.

Les fanes se conservent 4 à 5 jours au réfrigérateur, placées dans un sac de plastique perforé. On peut enfouir le navet dans du sable, comme la carotte. Le navet se congèle facilement après un blanchiment de 2 minutes ou cuit en purée.

VALEUR NUTRITIVE	
Le navet cru contient	
Eau	92 %
Protéines	0,9 g
Matières grasses	0,1 g
Glucides	6,2 g
Fibres	1,8 g
27 calories/100 g	

Il est une bonne source de vitamine C et de potassium ; il contient de la folacine ainsi que des traces de magnésium, de cuivre, de zinc, d'acide pantothénique, de calcium, de niacine et de fer. Ses substances soufrées peuvent causer de la flatulence, surtout si le navet est gros, s'il est creux à l'intérieur et s'il est trop cuit. Ses fanes sont riches en vitamines A, B et C, en potassium et en magnésium. On dit le navet revitalisant, diurétique, antiscorbutique, rafraîchissant, émollient et pectoral.

NECTARINE / BRUGNON

Prunus persica var. *nectarina*, **Rosacées**

Nom anglais : *nectarine*

HISTORIQUE ◆ Fruits originaires de Chine. La nectarine et le brugnon ressemblent à la pêche et ils appartiennent à la même famille. On reconnaît la nectarine (forme *scleronucipersica*) par son noyau libre et le brugnon (forme *aganonucipersica*) par son noyau adhérent. Les Américains ne font pas de distinction entre les deux variétés et le terme nectarine désigne chez eux les deux espèces. Ils ont d'ailleurs inventé le mot nectarine en s'inspirant de « nectar », à cause de la saveur exquise du fruit. Au Québec, l'influence américaine a longtemps prévalu et le terme « brugnon », courant en Europe, n'est apparu que récemment.

On croit habituellement que le brugnon et la nectarine viennent d'un croisement de la pêche et de la prune et qu'ils seraient une création relativement nouvelle. Des découvertes récentes tendent à prouver qu'ils existaient en Chine il y a plus de 2 000 ans. Ils auraient précédé la pêche ou en seraient une mutation. Il existe plusieurs variétés de ces fruits. Aux États-Unis seulement, 85 variétés ont été créées depuis la Deuxième Guerre mondiale. Leur période de maturation s'étend du printemps à l'automne. La nectarine et le brugnon se distinguent de la pêche par leur peau lisse plus colorée et leur chair un peu plus savoureuse. Leur chair blanche ou jaune peut être rouge près du noyau. Elle est ferme, juteuse, sucrée et légèrement aigrelette.

ACHAT ◆ Les nectarines et les brugnons sont très fragiles; on les cueille souvent lorsqu'ils sont matures mais encore durs. Choisir des fruits parfumés et pas trop durs, exempts de taches, de gerçures et de meurtrissures. Délaisser les fruits verdâtres, car ils ont été récoltés trop tôt et mûriront mal. De plus, des fruits cueillis immatures ne peuvent pas atteindre leur pleine saveur parce que la cueillette arrête la formation de leurs glucides.

VALEUR NUTRITIVE	
La nectarine contient	
Eau	86 %
Protéines	0,9 g
Matières grasses	0,4 g
Glucides	12 g
Fibres	1,6 g
49 calories/100 g	

Elle est une bonne source de potassium et contient de la vitamine C et de la vitamine A ainsi que des traces de niacine, de cuivre et d'acide pantothénique.

PRÉPARATION ◆ La chair de ces fruits brunit si elle n'est pas consommée immédiatement. Pour l'empêcher de s'oxyder, la consommer ou la cuisiner immédiatement, ou l'arroser d'un peu de jus de citron ou de lime, de vin, de vinaigre ou de vinaigrette, selon l'usage que l'on fera des fruits. Il n'est pas nécessaire de peler les nectarines et les brugnons; si toutefois on désire le faire, les plonger environ 1 minute dans de l'eau bouillante, puis les refroidir immédiatement à l'eau froide afin d'arrêter l'effet de la chaleur. Ne pas les laisser tremper.

UTILISATION ◆ Ces fruits sont excellents nature. Ils peuvent aussi être cuits, déshydratés, mis en conserve, confits ou congelés. Ils s'apprêtent comme la pêche, qu'ils peuvent remplacer dans la plupart des recettes. On les met notamment dans les tartes, les salades de fruits, les gâteaux, le yogourt, la crème glacée, les sorbets et les crêpes. On les transforme en gelée, en confiture, en marinade, en jus, en liqueur et en eau-de-vie. On peut déshydrater ces fruits lorsqu'ils sont en purée. Cuire d'abord les fruits dénoyautés dans une petite quantité d'eau, puis les passer au mélangeur électrique ou dans une passoire. Étendre la purée sur une plaque à biscuits légèrement huilée ou recouverte d'une feuille de papier paraffiné, puis la mettre à sécher au soleil ou dans un four à 55 °C. On mange ensuite cette mince feuille de pâte de fruits telle quelle ou on s'en sert pour cuisiner. Les nectarines et les brugnons déshydratés peuvent être utilisés tels quels ou après avoir trempé dans de l'eau, du jus ou de l'alcool.

CONSERVATION ◆ Manipuler les nectarines et les brugnons avec soin, car ils se gâtent rapidement dès qu'ils sont meurtris. Les laver uniquement avant de les utiliser. Les conserver non entassés pour éviter qu'ils ne soient meurtris. Laisser les fruits à la température de la pièce s'ils ont besoin de mûrir. Les mettre dans un sac de papier si on désire accélérer le processus. Les surveiller pour qu'ils ne pourrissent pas. Les nectarines et les brugnons se conservent quelques jours à la température de la pièce et un peu plus longtemps réfrigérés. Les sortir du réfrigérateur quelque temps avant de les consommer pour qu'ils soient plus savoureux. Ces fruits résistent bien à la mise en conserve et à la congélation. Enlever cependant le noyau, qui donne un goût amer. Les blanchir une minute afin de pouvoir les peler facilement. Lorsque les fruits sont très mûrs, les congeler en compote ou en purée. Ajouter du jus de citron ou de l'acide citrique pour les empêcher de noircir.

NÈFLE DU JAPON

Eriobotrya japonica, **Rosacées**
Autres noms : *bibasse, loquat*
Nom anglais : *loquat*
Autres noms : *biwa, Japanese medlar, Chinese medlar, Japanese plum, nispero*

HISTORIQUE ◆ Fruit d'un arbre originaire de Chine et du Japon. On nomme ce fruit nèfle du Japon parce que ce sont les Japonais qui l'ont popularisé ; ils le cultivent depuis très longtemps et l'ont beaucoup amélioré. La nèfle du Japon pousse dans les régions subtropicales. De nombreux pays en font maintenant la culture, notamment Israël, la plupart des pays méditerranéens, l'Afrique du Nord, l'Inde, l'Australie, les États-Unis, le Chili et le Brésil. Le néflier du Japon fut introduit en Europe à la fin du XVIIIe siècle. On l'a d'abord cultivé à des fins décoratives. Le magnifique bois du néflier du Japon est recherché par les luthiers. Le néflier du Japon a des feuilles persistantes et il atteint environ 7 m de haut. Il fait partie de la grande famille des Rosacées, à laquelle appartiennent entre autres le poirier, le pêcher et le pommier. Dans les pays tempérés, en particulier en Europe, croît une espèce voisine *(Mespilus germanica)* nommée simplement néflier. Il produit une petite nèfle qui n'est comestible que lorsqu'elle est très mûre ; elle n'est plus beaucoup consommée.

La nèfle du Japon pousse en grappes et apparaît très tôt au printemps. Elle ressemble à une petite poire. Elle mesure environ 8 cm de long et 4 cm de diamètre dans sa partie la plus renflée. Sa mince peau comestible a une teinte jaunâtre qui peut aussi tirer sur le brun. Elle est parfois couverte d'un léger duvet. Elle enveloppe une chair blanchâtre ou orangée, peu abondante. Cette chair aigrelette, juteuse et passablement sucrée, est rafraîchissante. Elle peut être très acide lorsque le fruit n'est pas mûr. Elle contient environ 4 à 10 pépins noirâtres, lisses et durs, non comestibles. Très périssable, la nèfle du Japon voyage mal, ce qui rend sa commercialisation difficile.

ACHAT ◆ Choisir une nèfle du Japon tendre et lisse. Aussi étonnant que cela puisse paraître, un fruit couvert de taches brunes est à son meilleur.

UTILISATION ◆ La nèfle du Japon est délicieuse nature ou cuite ; le pochage lui convient particulièrement

VALEUR NUTRITIVE	
La nèfle du Japon contient	
Eau	87 %
Protéines	0,4 mg
Matières grasses	0,2 g
Glucides	12 g
47 calories/100 g	

Elle est une bonne source de potassium et de vitamine A, elle contient du magnésium ainsi que des traces de phosphore, de fer et de vitamine C. On la dit diurétique et tonique.

bien. On met la nèfle du Japon dans les salades de fruits ou les tartes. On la cuit en confiture ou en gelée. On la transforme en boisson alcoolisée. On peut aussi la confire ou la mettre en conserve. Les graines entières ou moulues sont utilisées comme aromate.

CONSERVATION ◆ La nèfle du Japon étant très périssable, la consommer le plus tôt possible ou la conserver au réfrigérateur.

NOISETTE

Corylus spp, **Bétulacées**
Autre nom : *aveline*
Nom anglais : *hazelnut*
Autres noms : *cobnut, filbert*

 HISTORIQUE ◆ Fruit du noisetier. Le noisetier est un petit arbre très décoratif. Il pousse facilement sous les climats humides et tempérés. Des espèces seraient originaires d'Europe, d'autres d'Asie de l'Ouest et d'Amérique du Nord. Le noisetier est cultivé depuis les temps les plus reculés. Grecs et Romains appréciaient la noisette comme aliment et pour ses propriétés médicinales. Le nom générique de la noisette, *corylus*, vient du grec *korys* et fait référence à la forme de l'enveloppe extérieure du fruit, qui ressemble à un casque ou à un capuchon.

Il existe une centaine de variétés de noisetiers. Certaines sont appelées « aveliniers ». Avelinier vient de Avellano, une ville italienne qui fut pendant plusieurs siècles le plus grand centre de production de ce fruit. L'aveline est légèrement plus grosse que la noisette. Le noisetier est parfois appelé « coudrier », un ancien mot français.

Les noisettes sont des akènes rondes ou oblongues, qui se développent par paires ou en groupes de trois. Toutes sont recouvertes, ne serait-ce que partiellement, d'une enveloppe verte (involucre) qu'il faut enlever avant de pouvoir casser la noix. La graine loge dans une coquille plus ou moins dure selon les variétés. De couleur jaunâtre, elle est recouverte d'une mince pellicule brune. Les noisettes sont cueillies à pleine maturité, généralement lorsqu'elles sont tombées sur le sol. Elles sont ensuite lavées, séchées, puis souvent écalées. On les blanchit lorsqu'on veut les débarrasser de la mince pellicule brune qui les recouvre.

ACHAT ◆ Les noisettes sont vendues en écales ou écalées, avec ou sans leur pellicule brune, entières ou moulues, nature, rôties ou salées. Choisir des noisettes aux écales non fissurées et non percées par des vers. Se procurer les noisettes écalées conservées sous vide dans des pots en verre ou dans des boîtes de conserve : ces contenants assurent un maximum de fraîcheur. Les acheter dans un magasin où le roulement est rapide.

VALEUR NUTRITIVE	
La noisette contient	
Eau	5 %
Protéines	6,6 g
Matières grasses	32 g
Glucides	8 g
Fibres	3 g
320 calories/50 g	

Les matières grasses sont composées à 88 % d'acides non saturés (voir Huile). La noisette est une excellente source de magnésium et de cuivre ; elle est une bonne source de thiamine, de potassium, de vitamine B_6 et de folacine ; elle contient du phosphore, du zinc, du fer, du calcium et de l'acide pantothénique ainsi que des traces de riboflavine et de niacine. Elle constitue une source de fibres.

PRÉPARATION ◆ Pour rôtir les noisettes, les étaler sur une tôle et les mettre au four (100 à 140 °C) jusqu'à ce qu'elles soient rôties, en les brassant de temps en temps.

Pour monder les noisettes (enlever la pellicule brune qui les recouvre), procéder comme pour les rôtir ; laisser les noisettes moins longtemps cependant, juste le temps nécessaire pour que la pellicule s'enlève lorsqu'on la frotte avec un linge épais. Rôtir, moudre ou couper les noisettes accentue leur saveur.

UTILISATION ◆ Les noisettes peuvent être utilisées entières, moulues ou hachées. Elles sont délicieuses fraîches ou séchées. On les mange souvent en amuse-gueule ou en collation. On met les noisettes dans les céréales, les salades, les sauces, les gâteaux, les biscuits, les muffins, les puddings et la crème glacée. On transforme les noisettes en pâte similaire à la pâte d'amande et qu'on utilise de la même façon. Les noisettes sont souvent mises dans le nougat et sont fréquemment associées au chocolat.

On tire des noisettes une huile très fine qui ne doit pas chauffer et qui est excellente dans les salades.

CONSERVATION ◆ Les noisettes fraîches sont très périssables, surtout lorsqu'elles sont écalées. Les consommer le plus tôt possible. Les noisettes sont moins grasses et ne rancissent pas aussi rapidement que les pacanes, les noix du Brésil et les noix de macadamia. Par contre, elles deviennent facilement amères et souvent elles ratatinent. Les conserver à la température de la pièce, à l'abri du soleil et des insectes. Non écalées, les noisettes peuvent se conserver 1 mois dans un lieu frais et sec. Une fois décortiquées, elles se conservent de 3 à 4 mois au réfrigérateur ou 1 an au congélateur.

NOIX

Juglans spp, **Juglandacées**
Nom anglais : *walnut*

HISTORIQUE ◆ Fruit du noyer, un arbre cultivé depuis des miliers d'années. Dans plusieurs langues, dont le français, le mot « noix » désigne avant tout le fruit du noyer, ayant relégué au second rang le sens général du terme qui définit les fruits secs de divers arbres. Il existe plusieurs espèces de noyers de diverses origines. Le noyer fut introduit en Europe il y a plus de 3 000 ans. Les Grecs le cultivèrent intensivement. Les Romains le considéraient comme un arbre sacré. Le noyer fut longtemps un arbre important, particulièrement dans les campagnes. Ses noix nourrissantes étaient précieuses l'hiver lorsque la variété d'aliments était restreinte. On en tirait une huile comestible qui servait aussi à s'éclairer. Ses feuilles étaient utilisées pour leurs propriétés médicinales. Son brou servait à préparer des liqueurs et donnait une teinture utilisée en ébénisterie et en teinturerie. Il existe de nombreuses espèces de noyers. Une des plus courantes *(J. regia)* est originaire de Perse (Iran). Ce noyer peut vivre de 300 à 400 ans. Il mesure généralement de 10 à 25 m de haut. Ses feuilles atteignent parfois 60 cm de long. Ce noyer est aussi appelé « noyer royal » ou « noyer anglais ». Les Britanniques furent d'importants producteurs de cette variété de noix et ils l'implantèrent dans de nombreux pays, où on l'appela « noix anglaise ».

Le noyer noir *(J. nigra)* et le noyer blanc *(J. cinerea)* sont 2 espèces abondantes en Amérique du Nord, leur lieu d'origine. Le noyer noir est un arbre magnifique qui mesure généralement de 30 à 40 m de haut. Son écorce profondément fissurée est très foncée. Il en existe de nombreuses variétés. Sa noix a une coque très dure, difficile à casser, de saveur très prononcée. Au Québec, on appelle « noix de Grenoble » toutes les variétés de noix produites par les noyers, à l'exception des noix blanches, nommées « noix longues ». Cette habitude s'est imposée parce qu'à un moment donné les seules noix sur le marché venaient de Grenoble, endroit réputé mondialement pour leur qualité.

La noix est composée d'une graine (amande) appelée cerneau lorsqu'elle est verte. Fortement bosselée, cette graine est formée de 2 parties, dont le tiers environ est soudé ensemble, le reste étant séparé par une membrane. De couleur blanchâtre, elle a une saveur prononcée. Elle est enfermée dans une coque bombée plus ou moins lignifiée, de forme arrondie ou oblongue. Cette coque est recouverte d'une enveloppe verte, lisse et collante, le mésocarpe, nommé « brou ».

La récolte des noix s'effectue soit manuellement, on ramasse les noix qui sont tombées, soit mécaniquement, une machine secoue les arbres et ramasse les noix qui tombent. Les noix récoltées sont ensuite traitées ; on leur enlève le brou et on les sèche. Les coques sont souvent blanchies au chlore ou à l'anhydride sulfureux.

ACHAT ◆ Les noix sont sujettes à une détérioration rapide lorsqu'elles sont exposées à l'humidité, à la chaleur, à l'air et à la lumière. À l'achat des noix non écalées, rechercher celles qui semblent relativement lourdes et pleines, avec des écales intactes, ni fendues, ni percées par les vers. Les noix écalées doivent être cassantes. Éviter les noix molles, moisies, ratatinées ou rances. Préférer les noix conservées sous vide dans des pots en verre ou dans des boîtes de conserve : ces contenants assurent un maximum de fraîcheur. Les acheter dans un magasin où le roulement est rapide.

UTILISATION ◆ Les noix se consomment entières, hachées ou moulues, nature ou rôties. Elles sont souvent mangées en collation ou servies en amuse-gueule. On met les noix aussi bien dans les desserts (sucre à la crème, gâteaux, brioches, muffins, tartes, biscuits, crème glacée) que dans les sauces, les sandwichs, le fromage et les plats principaux (omelettes, légumineuses, mets à l'orientale).

VALEUR NUTRITIVE

La noix (var. *regia*) contient

Eau	3,6 %
Protéines	7,2 g
Matières grasses	31 g
Glucides	9,2 g
Fibres	2,4 g
321 calories/50 g	

Les matières grasses sont composées à 86 % d'acides non saturés (voir Huile). La noix est une excellente source de cuivre, de potassium, de vitamine B$_6$, de folacine et de thiamine : elle contient du phosphore, de la niacine, du fer, de la riboflavine et de l'acide pantothénique ainsi que des traces de calcium et de vitamine A. Elle est une source de fibres. Depuis toujours on attribue à la noix diverses propriétés médicinales. Séchée, la noix serait légèrement laxative et vermifuge. On a longtemps cru qu'elle guérissait les maux de tête, à cause de sa forme que l'on comparait au cerveau humain. Les feuilles de noyer contiennent une substance antibiotique qui leur donne une action bactéricide.

Vertes, les noix peuvent être confites dans du vinaigre ou être ajoutées aux confitures et aux marinades. On tire des noix une huile coûteuse d'une saveur plus prononcée que celle de l'huile d'olive. On l'utilise surtout dans les salades. Le brou entre dans la préparation de liqueurs (ratafia, brou de noix), car il renferme du fuglon, une substance aromatique.

CONSERVATION ◆ Conserver les noix dans un contenant hermétique, à l'abri de la chaleur et de l'humidité. Placer les noix écalées au réfrigérateur pour retarder leur rancissement. Les noix se congèlent, écalées ou non.

NOIX DE CAJOU

Anacardium occidentale, **Anacardiacées** (appelées aussi **Térébinthacées**)
Autres noms : *noix d'acajou, anacarde*
Nom anglais : *cashew*

HISTORIQUE ◆ Fruit de l'anacardier, un arbre originaire du Brésil. Il existe environ 10 espèces d'anarcadiers, un parent du pistachier et du manguier. Cet arbre croît principalement en Afrique et en Inde, où il a été amené par les Portugais au XVIᵉ siècle. Le commerce de la noix de cajou n'a réellement pris son essor qu'au début du XXᵉ siècle. Les pays producteurs les plus importants sont l'Inde, le Brésil, le Mozambique, le Kenya et la Tanzanie. L'Inde est le plus grand pays exportateur, contrôlant environ 90 % de la production mondiale. L'anacardier atteint de 10 à 12 m de haut. Il a un feuillage persistant vert pâle et un bois rougeâtre très dur. Ses fleurs roses ont une odeur suave. L'anacardier est aussi connu sous le nom de «pommier d'acajou», car sa noix est fixée sous un pédoncule charnu, un faux fruit que l'on nomme pomme, mais qui ressemble à une poire. Chaque pomme ne produit qu'une seule noix. Le mot anacardier vient de *kardia*, terme grec signifiant «cœur» et qui décrit la forme de la noix. Le terme cajou vient de *acaïou*, mot de la langue tupi parlée par une tribu brésilienne, et fait référence à l'effet des noix crues dans la bouche.

La pomme de cajou est molle et très juteuse (jus laiteux qui tache le linge). De couleur jaune ou rouge vif, elle mesure de 5 à 10 cm de long et de 4 ou 5 cm de large. Sa chair jaune est très riche en vitamine C, beaucoup plus que l'orange. Elle se consomme crue ou cuite. Elle est surtout transformée en jus, qui sert le plus souvent à la préparation de boissons alcoolisées. La pomme de cajou se conserve difficilement, car elle fermente rapidement. Dans les pays où l'on cultive l'anacardier, on préfère souvent la pomme à la noix, jetant même parfois cette dernière.

La noix de cajou mesure environ 3 cm et a la forme d'une grosse virgule. Elle est recouverte de 2 coquilles : une coquille extérieure lisse et fine, qui change de couleur à mesure que le fruit se développe, passant du vert olive au rouge brunâtre; une coquille intérieure très dure, qui se casse difficilement. Entre les deux coquilles se loge une huile résineuse très caustique, appelée «baume de cajou» (ou «cardol»). Cette substance cause des brûlures et des ampoules sur les doigts et sur les lèvres si on essaie d'extraire la noix manuellement ou en la mordillant. Ce fluide corrosif est utilisé notamment pour fabriquer des vernis et des résines qui protègent le bois contre les termites, des produits imperméabilisants, de l'encre et des insecticides.

Les pommes de cajou sont cueillies manuellement après qu'elles sont tombées des arbres. Les noix sont enlevées et mises à sécher 2 jours au soleil. Elles ne sont pas vendues en écales et elles sont toujours traitées avant d'être commercialisées. Ce traitement est assez élaboré. Les noix passent entre des cylindres rotatifs pour être nettoyées. On les plonge ensuite dans un bain d'eau afin que les coquilles éclatent et que le baume entre les coquilles soit libéré. Les noix peuvent alors être rôties et le baume enlevé. Plusieurs techniques sont possibles. L'une des plus efficaces consiste à mettre les noix dans d'immenses cuves rotatives trouées et chauffées. Le baume toxique s'écoule par les trous. On les traite également dans des cuves remplies d'huile très chaude. Lorsque l'huile caustique a été enlevée, les noix sont prêtes à être écalées. L'opération est souvent mécanisée. Les noix sont rôties en deux fois, et entre les deux opérations on les arrose d'une solution composée de gomme d'acacia, de sel et d'eau.

 ACHAT ◆ Les noix de cajou rancissent rapidement. Choisir des noix conservées sous vide dans des pots en verre ou dans des boîtes de conserve : ces contenants assurent un maximum de fraîcheur. Les acheter dans un magasin où le roulement est rapide. Délaisser les noix très ratatinées ou qui sentent le rance.

UTILISATION ◆ Les noix de cajou peuvent être utilisées entières, en morceaux, hachées ou moulues, nature ou rôties. Moulues, elles se transforment en beurre crémeux qu'on emploie comme le beurre d'arachide, mais qui a une saveur beaucoup plus douce. Les noix de cajou sont très souvent mangées en collation ou servies comme amuse-gueule, seules ou avec des fruits déshydratés, des graines et d'autres noix. Elles sont incorporées à divers mets, notamment aux salades, au riz, aux pâtes alimentaires, aux gâteaux, aux biscuits, aux puddings et aux plats cuits à l'orientale. Elles sont moins souvent utilisées pour la cuisson que les autres noix cependant, car elles ramollissent plus facilement.

VALEUR NUTRITIVE	
La noix de cajou rôtie à sec contient	
Eau	1,7 %
Protéines	7,7 g
Matières grasses	23,2 g
Glucides	16,4 g
Fibres	0,9 g
287 calories/50 g	

C'est la moins grasse des noix. Les matières grasses sont composées à 76 % d'acides non saturés (60 % d'acides monoinsaturés et 16 % d'acides polyinsaturés, voir Huile). La noix de cajou est une excellente source de cuivre, de magnésium et de zinc ; elle est une bonne source de potassium, de phosphore, de fer et de folacine ; elle contient de la niacine, de l'acide pantothénique, de la thiamine, de la vitamnie B$_6$ et de la riboflavine ainsi que des traces de calcium.

CONSERVATION ◆ Conserver les noix de cajou au réfrigérateur sinon elles rancissent rapidement. Les placer dans un contenant hermétique afin qu'elles n'absorbent pas la saveur des aliments environnants.

NOIX DE COCO

Cocos nucifera, **Palmacées**
Nom anglais : *coconut*

HISTORIQUE ◆ Fruit du cocotier, un arbre probablement originaire de Malaysia. Le cocotier appartient à la grande famille des palmiers. Il pousse dans à peu près tous les pays tropicaux. Il croît aussi bien à l'état sauvage que cultivé. Il a plusieurs usages. Son bois est utilisé en ébénisterie et en charpenterie. Ses grandes feuilles donnent des fibres qui servent entre autres à fabriquer cordages, paniers, brosses, tapis et tissus. Sa coque est utilisée comme récipient. Sa sève est transformée en boisson alcoolique. Son lait et sa pulpe sont des aliments très appréciés.

Le cocotier est un grand arbre élancé qui peut atteindre plus de 30 m de haut. Il est coiffé d'un bouquet d'énormes palmes. Ses fruits, des drupes, se développent en grappes, habituellement au nombre de 5 ou 6, contenant une douzaine de noix chacune. Sur l'arbre, la noix de coco est entourée d'une enveloppe fibreuse (le péricarpe) ayant de 5 à 15 cm d'épaisseur. Sous l'enveloppe fibreuse se trouve une mince coque brune très dure, qu'il faut casser pour parvenir à la pulpe (noix), laquelle adhère à la coque. Au centre du fruit, une cavité abrite un liquide clair, sucré et rafraîchissant que l'on nomme «eau de coco» (ne pas confondre avec le lait de coco, qu'on obtient en broyant la pulpe). Cette eau est de l'albumen qui se transformera petit à petit, tout au long de la maturation, en une chair blanc ivoire. Les parties comestibles sont cette chair appelée «coprah» ou «noix de coco» et l'eau qui reste dans la cavité; cette eau est très rafraîchissante.

VALEUR NUTRITIVE

La valeur nutritive de la noix de coco varie selon qu'il s'agit de la pulpe fraîche, de la pulpe déshydratée, du lait ou de l'eau :

	protéines (g)	matières grasses (g)	glucides (g)	fibres (g)	calories
pulpe fraîche (50 g)	1,7	16,8	7,6	4,5	177
pulpe séchée, sucrée et râpée (50 g)	1,7	16,1	23,8	2,7	237
pulpe séchée, non sucrée et râpée (50 g)	3,5	32,3	12,2	2,6	330
lait de coco (250 ml)	4,6	48,2	6,3	—	445
eau de coco (250 ml)	1,8	0,5	9,4	2,8	48
crème de coco sucrée (250 ml)	8,4	55,4	26,1	6,9	601

La noix de coco fraîche est une bonne source de potassium; elle contient du cuivre, du fer, du magnésium, de la folacine, du zinc et du phosphore ainsi que des traces de niacine, de vitamine C et d'acide pantothénique. Elle est une source élevée de fibres. La noix de coco séchée non sucrée est une bonne source de potassium, de cuivre et de magnésium; elle contient du fer, du zinc, du phosphore, de la viamine B_6 et de l'acide pantothénique ainsi que des traces de niacine, de riboflavine, de folacine et de vitamine C. Elle est une source de fibres. On dit la noix de coco laxative et diurétique. L'eau de coco serait vermifuge.

ACHAT ◆ Choisir une noix de coco non fêlée, contenant encore de l'eau (ce qu'on peut vérifier facilement en secouant la noix), avec des «yeux» intacts, fermes et exempts de moisissures. La noix de coco est aussi commercialisée séchée, râpée ou en flocons. Elle est souvent sucrée, ce qui la rend plus calorifique. On peut se procurer de la noix de coco non sucrée, surtout dans les magasins d'alimentation naturelle.

PRÉPARATION ◆ Pour ouvrir une noix de coco, percer d'abord les parties molles sur le dessus (les «yeux») à l'aide d'une broche, d'un tire-bouchon ou de tout autre instrument. Recueillir dans un récipient l'eau qui s'en écoule. Frapper ensuite la noix avec une pierre, un marteau ou un autre outil pour fendre la coque extérieure. Retirer la chair qui adhère plus ou moins à la coque selon le degré de maturité de la noix. On peut aussi mettre la noix dans un four chaud (180 °C) 30 minutes, ce qui la fera éclater et permettra d'enlever la chair plus facilement. Il arrive que la chair soit rance, ce qui n'est décelable qu'une fois la noix ouverte.

UTILISATION ◆ La noix de coco est un ingrédient de base des cuisines asiatique, africaine, indienne, indonésienne et sud-américaine. On se sert de la pulpe fraîche ou séchée ainsi que du lait et de la crème. On utilise la pulpe comme ingrédient ou à des fins décoratives. Elle entre dans la préparation d'une multitude de mets, tant sucrés que salés (entrées, soupes, mets principaux, desserts, collations).

Le lait a un usage tout aussi varié, qui se compare à celui du lait de vache. On s'en sert pour préparer soupes, sauces et marinades, pour cuire riz, viande, volaille, fruits de mer, ragoûts, caris (indiens), flans et puddings, et pour fabriquer des boissons. Pour obtenir du lait, mettre 240 ml (125 g) de pulpe râpée (ou plus si on désire un lait plus concentré) dans la jarre d'un mélangeur électrique et verser 1 tasse d'eau chaude. Actionner l'appareil quelques instants, puis laisser le mélange refroidir une trentaine de minutes. Égoutter le mélange dans un coton à fromage. On peut aussi recommencer l'opération puis mélanger les deux laits obtenus ; le premier lait est plus concentré que le deuxième. Si le lait repose un moment, il se formera sur le dessus un dépôt nommé « crème » ; le retirer à la cuiller ou le mélanger de nouveau au lait selon les besoins.

On extrait de la noix de coco une huile végétale nommée aussi coprah (voir HUILE). On s'en sert telle quelle ou on la transforme en beurre. Cette huile contient une grande proportion d'acide laurique, qui a la propriété de rester liquide à la température ambiante. Elle est très utilisée par l'industrie alimentaire. Elle est souvent un ingrédient de lait artificiel.

CONSERVATION ◆ La noix de coco non ouverte se conserve à la température de la pièce 2 à 4 mois. La pulpe fraîche et le lait doivent être rangés au réfrigérateur ; couvrir d'eau la pulpe pour éviter son dessèchement. La pulpe se congèle facilement et dégèle rapidement. Conserver la noix de coco séchée dans un endroit frais, à l'abri de l'air et des insectes.

NOIX DE GINKGO

Ginkgo biloba, **Ginkgoacées**
Nom anglais : *ginkgo*
Autre nom : *ginko*

HISTORIQUE ◆ Fruit d'un arbre originaire d'Asie. Le ginkgo est un arbre très décoratif qui peut mesurer jusqu'à 50 m de haut. C'est le dernier survivant d'espèces qui existaient il y a plusieurs centaines de millions d'années. Il n'a survécu à l'état sauvage qu'en Chine. Il est souvent planté dans les parcs et près des temples bouddhistes. Le ginkgo est un arbre qui résiste à la sécheresse et aux grands froids. Il fut introduit en Europe au XVIIIe siècle et son aspect fort différent des autres arbres éveilla la curiosité. Il est maintenant aussi cultivé notamment aux États-Unis et en Australie. La noix de ginkgo est pratiquement inconnue en Occident, car elle est rarement commercialisée.

La noix de ginkgo est recouverte d'une enveloppe pulpeuse de couleur jaunâtre. Cette enveloppe est retirée avant la mise en marché, car elle dégage rapidement une odeur rance après la cueillette. Elle recouvre une coquille lisse très dure de forme ovale et de couleur crème. Cette coquille abrite une graine (amande) vert-jaune de la taille d'une petite prune. Cette amande est recouverte d'une pellicule brune. Elle a une douce saveur résineuse.

ACHAT ◆ Choisir des noix lourdes pour leur taille.

PRÉPARATION ◆ Pour peler facilement les noix de ginkgo, les plonger quelques secondes dans de l'eau frémissante.

UTILISATION ◆ Les noix de ginkgo sont habituellement rôties et mangées telles quelles ou cuisinées. On les cuit à l'orientale, avec des légumes, du poisson, des fruits de mer, du porc ou de la volaille. On les met dans les soupes.

CONSERVATION ◆ Conserver les noix de ginkgo dans un contenant hermétique, à l'abri de la chaleur et de l'humidité.

VALEUR NUTRITIVE	
La noix de ginkgo séchée contient	
Eau	12,5 %
Protéines	5,2 g
Matières grasses	1,1 g
Glucides	37 g
Fibres	0,3 g
177 calories/50 g	

Elle est une excellente source de potassium et de niacine et une bonne source de thiamine ; elle contient de la vitamine C, du cuivre, du phosphore, du magnésium, de l'acide pantothénique, du fer, de la riboflavine et de la vitamine A ainsi que des traces de zinc cet de calcium.

NOIX DE KOLA ou COLA

Cola spp, **Sterculiacées**
Autres noms : *noix du Sénégal, café du Soudan, gourou*
Noms anglais : *cola, kola nut*

HISTORIQUE ◆ Fruit du kolatier, un arbre probablement originaire d'Afrique. Le kolatier a des feuilles persistantes et sa cime est couronnée. Il pousse surtout en Afrique et en Amérique du Sud. Il atteint généralement de 15 à 20 m de hauteur en Afrique, alors qu'on ne le retrouve que sous forme d'arbuste en Amérique du Sud. C'est un proche parent du cacaotier. Il en existe environ 50 espèces. Parmi elles, 2 ont une grande importance commerciale, soit le *Cola nitida* et le *Cola acuminata*, car on les utilise pour fabriquer les boissons de kola.

Le fruit capsulaire est formé de 3 à 10 graines amères de forme irrégulière, mesurant de 2,5 à 4 cm de long. Roses, rouges ou jaune verdâtre lorsqu'elles sont fraîches, les graines brunissent et durcissent une fois séchées. C'est d'ailleurs à cause de cette caractéristique qu'on nomme ces graines noix.

UTILISATION ◆ Les graines de kola sont beaucoup utilisées par plusieurs populations indigènes, notamment en Afrique. Les gens les mâchent parce qu'elles ont plusieurs effets, entre autres ceux d'apaiser la faim et la soif, de faire disparaître la fatigue et de donner de l'énergie. On emploie aussi les graines de kola pour préparer des breuvages. Les Américains ont fait connaître les graines de kola au grand public lorsqu'ils ont créé en 1886 le Coca-Cola, une boisson gazeuse contenant de l'extrait de kola.

VALEUR NUTRITIVE
Les graines de kola contiennent de la caféine (jusqu'à 2 %), de la théobromine et de la colanine, des stimulants qui ont divers effets sur l'organisme (voir Café). Elles peuvent contenir plus de caféine que le café. L'action du kola est plus douce et plus prolongée que celle du café. La noix de kola aurait des propriétés diurétiques et aphrodisiaques.

NOIX DE MACADAMIA

Macadamia integrifolia, **Protéacées**
Autre nom : *noix de macadam, noix du Queensland*
Noms anglais : *macadamia nut, Queensland nut*

HISTORIQUE ◆ Fruit du macadamia, un arbre originaire d'Australie, probablement de l'État du Queensland dans le Nord-Est du pays. La noix de macadamia est consommée par les aborigènes australiens depuis les temps les plus reculés. Un Européen, Ferdinand van Mueller, découvrit cette noix vers 1850 et lui donna le nom de macadamia, en l'honneur de son ami le Dʳ John MacAdam. Les Européens qui émigrèrent en Australie adoptèrent rapidement cette noix. Son essor commercial vint cependant d'Hawaii au début du XXᵉ siècle, après que la noix de madacamia y fut introduite avec succès. Les Australiens se mirent à cultiver intensivement la noix de macadamia plusieurs décennies plus tard. L'Australie est devenue un important pays producteur. La noix de macadamia est maintenant cultivée notamment en Amérique du Sud, en Amérique centrale, dans le sud de la Californie, dans le Sud-Est asiatique et en Afrique du Sud.

Il existe une demi-dizaine d'espèces de macadamia. Le macadamia a besoin de beaucoup d'humidité et il est sensible au froid et aux variations de température. Il mesure jusqu'à 20 m de haut. Ses feuilles coriaces et persistantes sont de couleur vert sombre. Ses fleurs blanches ou rosées poussent en grappes. Elles produisent de petites noix (une vingtaine par grappe) ayant de 2 à 3 cm de diamètre. La noix de macadamia est formée d'une amande blanchâtre enfermée dans une coque brunâtre lisse, épaisse et très dure. Des variétés avec une coque moins dure ont maintenant été développées. Cette coque est recouverte d'une enveloppe verte et charnue, qui se fissure à maturité et que l'on doit enlever avant de pouvoir casser la coque. Les noix tombent sur le sol à maturité, ce qui est pratique car c'est la seule façon valable de savoir si elles sont mûres, moment où elles sont croustillantes, plus savoureuses et supportent mieux la cuisson. Leur consistance est semblable à celle des noix du Brésil. Selon les variétés, les noix sont plus ou moins grasses, moelleuses, sucrées et savoureuses. La saveur dépend en bonne partie de la teneur en huile. À mesure que la teneur en huile diminue, les noix deviennent plus lourdes, plus foncées et moins savoureuses. Les noix plus grasses sont généralement dodues, lisses et de couleur claire. On trie les noix par flottaison.

Les noix sont séchées naturellement à l'air, puis une partie est écalée et cuite. Deux méthodes de cuisson sont employées selon la teneur en gras. Les noix les plus huileuses sont rôties à sec tandis que les autres sont plongées dans de l'huile chaude, ce qui en améliore l'apparence mais non la valeur nutritive, ces noix étant déjà très grasses.

ACHAT ◆ Les noix de macadamia sont souvent vendues écalées, crues ou rôties, nature, salées ou enrobées de chocolat ou de caroube. La texture et la couleur indiquent l'état de fraîcheur des noix de macadamia nature. Choisir des noix dodues et croustillantes, de couleur claire.

VALEUR NUTRITIVE	
La noix de macadamia contient	
Eau	2,9 %
Protéines	4,3 g
Matières grasses	37,3 g
Glucides	6,9 g
Fibres	1,3 g
355 calories/50 g	

Elle est calorifique car elle est très riche en matières grasses. Les matières grasses sont composées à 81 % d'acides gras non saturés (voir Huile). La noix de macadamia est une bonne source de magnésium et de potassium ; elle contient de la thiamine, du zinc, du fer, du cuivre, du phosphore et de la niacine ainsi que des traces de riboflavine et de calcium.

Les noix conservées sous vide dans des pots en verre ou dans des boîtes de conserve gardent leur fraîcheur plus longtemps. Acheter les noix de macadamia dans un magasin où le roulement est rapide.

PRÉPARATION ◆ La noix de macadamia étant très dure à casser, un casse-macadamia a été inventé pour faciliter la tâche. On peut aussi se servir d'un marteau ou d'une grosse pierre (attention aux doigts!).

UTILISATION ◆ Les noix de macadamia ajoutent une note croquante inhabituelle aux mets. On les met notamment dans les sauces, les salades, les légumes, le riz, les biscuits, les gâteaux et la crème glacée. Elles peuvent remplacer les noix du Brésil. On moud les noix de macadamia en beurre crémeux qu'on utilise comme le beurre d'arachide.

CONSERVATION ◆ Les noix de macadamia rancissent moins rapidement que les autres noix grasses. Conserver cependant les noix écalées au réfrigérateur afin de retarder leur rancissement. Placer les noix dans un contenant hermétique afin qu'elles n'absorbent pas la saveur des aliments environnants. Les noix de macadamia en écales se conservent environ 1 an à la température de la pièce.

NOIX DU BRÉSIL

Bertholletia excelsa, **Lécythidacées**
Nom anglais : *Brazil nut*
Autres noms : *paranut, cream nut*

HISTORIQUE ◆ Fruit d'un arbre originaire du Brésil. Cet arbre immense peut atteindre jusqu'à 45 m de hauteur et plus de 1 à 2 m de diamètre. Ses feuilles peuvent mesurer 60 cm de long. Il croît à l'état sauvage dans les forêts tropicales d'Amazonie, de la Guyane, du Venezuela, de la Bolivie, du Pérou et de l'Équateur. Il est rarement cultivé, les tentatives ayant été généralement infructueuses. Il ne commence à produire substantiellement des noix que vers 12 à 15 ans.

La noix du Brésil est composée d'une graine (amande) croquante et savoureuse de couleur jaunâtre. Cette amande est recouverte d'une mince pellicule brunâtre. Elle adhère à une coque rude, fibreuse et dure, de couleur brun rougeâtre. Cette coque mesure de 8 à 20 cm de diamètre. Elle possède 3 faces irrégulières formant un motif de triangle (elle ressemble un peu à un quartier d'orange). La noix est entassée en compagnie de 12 à 20 autres noix dans une sorte de capsule qui ressemble quelque peu à une noix de coco. Cette capsule mesure de 7,5 à 20 cm de diamètre et pèse de 1 à 2 kg. Les noix sont maintenues en place par une substance fibreuse qui sèche à mesure que les fruits mûrissent. Cette substance se casse lorsque les capsules tombent sur le sol, libérant les noix à l'intérieur de la capsule. Cette capsule très dure est extrêmement difficile à ouvrir.

La récolte ne s'effectue que par temps clément. Les travailleurs sillonnent la forêt, ramassant les noix tombées. Ils ne peuvent ni secouer l'arbre ni y grimper, les premières branches étant situées entre 13 et 16 m du sol. Les jours de vent ou de pluie, ils évitent de sortir, car la chute des fruits peut s'avérer fatale ; les fruits tombent avec tant de force qu'ils s'enfoncent dans la terre. Ces jours sont passés à ouvrir les fruits à la machette ou à la hache. Les noix du Brésil sont difficiles à écaler. Les producteurs les mettent à tremper environ 24 heures dans de vastes cuves remplies d'eau. Puis ils les font bouillir de 3 à 5 minutes et les égouttent. Les noix sont alors prêtes à être écalées par des machines opérées manuellement. L'opération est délicate à cause de la forme irrégulière des noix, qui ne doivent pas être endommagées.

ACHAT ◆ Lors de l'achat de noix du Brésil écalées, préférer des noix conservées sous vide dans des pots en verre ou dans des boîtes de conserve : ces contenants assurent un maximum de fraîcheur. Les acheter dans un magasin où le roulement est rapide.

PRÉPARATION ◆ Pour écaler les noix du Brésil plus facilement, on peut les soumettre à un bain de vapeur quelques minutes ou les congeler et les casser après une légère décongélation. L'idéal consiste cependant à leur faire subir le moins de traitements possible.

UTILISATION ◆ Les noix du Brésil se consomment entières, tranchées, hachées ou moulues. On les mange souvent en amuse-gueule ou en collation. On les met dans les gâteaux aux fruits, les biscuits, les salades, les farces, la crème glacée. On les utilise en confiserie. Les noix du Brésil peuvent remplacer la noix de coco et les noix de macadamia, dont elles se rapprochent par la texture et la saveur.

VALEUR NUTRITIVE	
La noix du Brésil séchée non blanchie contient	
Eau	3,3 %
Protéines	7,2 g
Matières grasses	33,1 g
Glucides	6,4 g
Fibres	5,7 g
328 calories/50 g	

C'est une des noix les plus riches en matières grasses. Ce gras est composé à 71 % d'acides non saturés (voir Huile). La noix du Brésil est une excellente source de magnésium, de cuivre, de thiamine, de phosphore, de potassium et de zinc ; elle contient de la niacine, du fer, du calcium et de la vitamine B_6 ainsi que des traces de riboflavine et d'acide pantothénique. Elle est une source très élevée de fibres.

On extrait des noix du Brésil une huile de couleur jaune pâle. Coûteuse à produire, cette huile est surtout utilisée dans les salades.

CONSERVATION ◆ Conserver les noix du Brésil écalées au réfrigérateur, car elles rancissent rapidement. Les placer dans un contenant hermétique afin qu'elles n'absorbent pas la saveur des aliments environnants. Ranger les noix non écalées dans un endroit frais et sec, à l'abri des insectes. Elles se conservent 2 mois.

NOIX ET GRAINES

Nom anglais : *nuts and seeds*

HISTORIQUE ◆ Les noix sont consommées depuis des millénaires. Elles constituaient un aliment de base des peuples chasseurs-cueilleurs. Elles sont toujours populaires, parce qu'elles sont nourrissantes et nécessitent un minimum de préparation. On les consomme entières, hachées ou moulues, nature ou rôties, salées ou non, enrobées de chocolat ou de caroube. On les cuisine de multiples façons ou on s'en sert comme décoration.

UTILISATION ◆ Les noix et les graines se mangent en collation, en amuse-gueule ou en remplacement de la viande. Les noix recouvertes de leur pellicule ont une saveur plus prononcée que les noix mondées. On cuisine les noix et les graines avec des aliments salés aussi bien que sucrés. On en extrait de l'huile savoureuse. On transforme les noix en beurre.

CONSERVATION ◆ Les noix en écales se conservent plus facilement que les noix écalées, coupées, hachées ou moulues du fait qu'elles sont protégées par leur coque. Les mettre dans un récipient hermétique et les placer à l'abri de la lumière, de la chaleur et de l'humidité. La plupart se conservent environ de 2 à 3 mois. Les noix en écales se congèlent facilement telles quelles. Leur durée de conservation est de 1 an.

Laisser à la température de la pièce les noix et les graines écalées, coupées, hachées ou moulues si elles sont dans un emballage hermétique. Lorsque l'emballage est ouvert, les mettre dans un récipient hermétique et les placer dans un lieu frais, sec et sombre pour une conservation de courte durée. Les réfrigérer ou les congeler pour une conservation à plus long terme.

VALEUR NUTRITIVE

Les noix et les graines contiennent une grande quantité de matières grasses et de calories. Leur valeur nutritive varie cependant selon les espèces. Les écarts peuvent être importants.

Les noix et les graines contiennent généralement

Protéines	3 à 10 g
Matières grasses	17 à 37 g

(à l'exception de la noix de ginkgo et de la châtaigne, qui n'en contiennent respectivement que 1,1 g et 0,6 g)

Glucides	8 à 16 g

(à l'exception de la châtaigne et de la noix de ginkgo, qui en contiennent respectivement 22 g et 37 g)

175 à 355 calories/50 g

(à l'exception de la châtaigne, qui ne fournit que 98 calories/ 50 g).

Les matières grasses sont principalement composées d'acides monoinsaturés et d'acides polyinsaturés; cependant, la noix de coco contient surtout des acides saturés (voir Huile). Les noix et les graines ne contiennent pas de cholestérol, car ce sont des végétaux. Elles sont de façon générale des sources de fibres alimentaires, mais la noix du Brésil et la graine de tournesol en sont des sources très élevées. Les noix et les graines sont généralement d'excellentes sources de magnésium, de cuivre et de potassium; elles sont aussi de bonnes sources de thiamine et de folacine; elles contiennent généralement du fer, de l'acide pantothénique et de la riboflavine.

À cause de leur haute teneur en matières grasses et en calories, et parce que les noix et les graines sont souvent salées, il est préférable de les consommer modérément. Elles se digèrent plus facilement lorsqu'elles sont bien mastiquées ou moulues finement.

ŒUF

Nom anglais : *egg*

HISTORIQUE ◆ Corps de grosseur variable, dont le but ultime est d'assurer la reproduction de l'espèce. L'œuf entouré d'une coquille est pondu par plusieurs espèces animales, notamment par les oiseaux et les reptiles (caille, cane, dinde, oie, perdrix, autruche, crocodile, etc.). L'usage habituel du mot œuf désigne l'œuf de poule ; quand il s'agit d'œufs d'autres espèces, le nom de celles-ci est toujours mentionné. L'œuf n'a pas toujours été consommé aussi couramment que maintenant. Ce n'est qu'avec la modernisation des méthodes d'aviculture qu'on est arrivé à élever des poules qui pondent suffisamment d'œufs pour répondre aux besoins de consommation et de reproduction.

L'œuf est considéré depuis les temps les plus reculés comme un symbole de fertilité. Il fut aussi longtemps l'objet de cultes, tant païens que religieux, dont l'influence se fait sentir encore aujourd'hui. Ainsi, dès l'Antiquité on colorait les œufs. Cette coutume existait en particulier chez les Égyptiens, les Chinois, les Perses et les Grecs. On l'observe encore aujourd'hui notamment chez les Ukrainiens. L'œuf était rare à la fin de l'hiver, moment où les poules pondaient très peu (la production industrielle est venue chambarder ce rythme naturel) ; la reprise de la ponte coïncidait avec le retour du printemps, deux événements qui donnaient lieu à une fête. Les chrétiens, qui fêtent Pâques à cette époque, associèrent aussi l'œuf à cette célébration.

L'œuf est constitué de divers éléments dont les principaux sont la coquille, les membranes, le blanc et le jaune. La coquille représente environ 10 % du poids de l'œuf, le blanc 58 % et le jaune 32 %.

Coquille. Enveloppe poreuse assez fragile, possédant de multiples orifices minuscules qui laissent passer l'air, l'humidité et les odeurs. Une coquille d'œuf moyen peut compter de 6 000 à 8 000 pores. Elle est composée de carbonate de calcium (94 %), de carbonate de magnésium (1 %), de phosphate de calcium (1 %) et de matières organiques (4 %). Sa couleur dépend de la race des poules. Son épaisseur relève de facteurs héréditaires et de l'alimentation des poules. Plus une poule est bonne pondeuse, plus sa coquille est mince. Comme les poules qui pondent des œufs blancs sont plus prolifiques que les poules à œufs bruns, les coquilles des œufs blancs sont souvent plus fragiles. On enduit fréquemment la coquille d'une couche d'huile minérale inodore à base de paraffine pour bloquer partiellement les pores. Cela minimise les pertes d'humidité, prolonge la fraîcheur et empêche la pénétration d'odeurs indésirables. La coquille constitue une excellente source de calcium.

Elle peut être transformée en une fine poudre que l'on ajoute aux aliments (très souvent aux potages). Elle sert également d'engrais pour les plantes d'appartement et pour le jardin.

Membranes. Deux membranes faites de fils entrelacés tapissent l'intérieur de la coquille et servent de protection contre des éléments indésirables venus de l'extérieur (moisissures, bactéries, gaz). Elles ne constituent cependant pas une barrière infranchissable. La membrane extérieure est plus épaisse que la membrane intérieure. Les deux semblent de couleur blanchâtre, mais elles possèdent en réalité une teinte rosée, due aux pigments de porphyre présents en grand nombre. Elles sont constituées de 2 ou 3 fines couches de fibres protéiques qui adhèrent presque à la coquille, ne laissant qu'un endroit libre au gros bout de l'œuf où se trouve la chambre à air.

Lors de la ponte, cette chambre à air est encore inexistante, l'œuf étant totalement habité par son contenu. À mesure que le temps passe, l'œuf se contracte, et il se forme une poche à son extrémité arrondie, endroit où la coquille est plus poreuse. Quelques rares fois, la chambre à air apparaît ailleurs, quand les membranes s'écartent et accueillent l'air. La taille de la chambre à air est fonction du degré d'évaporation ; elle est donc liée aux conditions d'humidité et de chaleur environnante. Elle fournit des indications sur la fraîcheur de l'œuf car plus elle est grande, plus l'œuf est pondu depuis longtemps.

Blanc. Appelé aussi albumen, le blanc est composé de 87 % d'eau et de 12,5 % d'albumine, substance faisant partie du groupe des protéines. L'albumine se présente en 4 couches de différentes épaisseurs. La première couche, très mince mais de consistance dense, entoure le jaune d'œuf et donne naissance à 2 chalazes, des filaments d'albumine opaques. Ces chalazes, disposés de part et d'autre du jaune, ont pour fonction de maintenir le jaune dans le centre. On trouve ensuite successivement une mince couche d'albumine, une couche épaisse et une dernière mince couche. Dans un œuf fraîchement pondu, la couche épaisse a une apparence laiteuse, blanchâtre, presque opaque, notable surtout une fois que l'œuf est refroidi. Le blanc est alors constitué d'un plus grand pourcentage de matières denses. Lorsque l'œuf vieillit, le blanc s'éclaircit. Cette transformation est accélérée si l'œuf est laissé à la température de la pièce. Dans certains blancs d'œuf, on peut remarquer une coloration verdâtre due à la quantité de riboflavine (vitamine B_2) présente dans l'albumine. La présence de sang, causée par la rupture d'un vaisseau sanguin (souvent sous l'effet d'un stress), et la présence de chair, une parcelle de tissu qui se glisse dans l'œuf, n'affectent pas la valeur de celui-ci.

Jaune. Le jaune est constitué de plusieurs couches superposées d'une matière appelée «vitellus», alternativement de couleur jaune clair et jaune foncé. Le jaune est protégé par une membrane transparente (membrane vitelline). À la surface du jaune des œufs non fertilisés se trouve un disque germinal qui se présente comme une petite tache pâle de forme irrégulière. La couleur globale d'un jaune d'œuf peut être plus ou moins foncée, selon la race et l'alimentation de la poule. Une alimentation riche en blé produit des jaunes très pâles, tandis qu'une alimentation où le maïs domine donne un jaune plus foncé. Le double jaune est le résultat d'une double ovulation ; ce phénomène arrive surtout chez les poulettes qui commencent à pondre. Avec le vieillissement de l'œuf, le jaune augmente de volume, car il absorbe par osmose l'eau produite à la suite de l'éclaircissement du blanc. La membrane du jaune d'œuf s'étire et devient moins efficace, ce qui explique pourquoi certains jaunes d'œufs se brisent plus facilement. Le jaune contient environ 50 % de solides, autour de 16 % de protéines et environ 30 % de lipides.

L'élevage industriel des poules diffère passablement de l'élevage traditionnel. On sélectionne des races de poules plus prolifiques (une poule produira en moyenne 240 œufs par année alors qu'en 1930, par exemple, elle n'en pondait que 95). Les poulaillers peuvent contenir de 10 000 à plus de 100 000 poules parfois. Les poules n'ont plus qu'un espace réduit et elles sont confinées à leur cage où elles ne peuvent ni bouger, ni se coucher. À certains moments, elles doivent subir l'éclairage artificiel 24 heures par jour. Elles reçoivent presque toujours des hormones (pour stimuler la ponte) et des antibiotiques (pour enrayer les maladies, plus fréquentes à cause de l'immobilité). Une partie de ces substances se retrouve dans les œufs et ne disparaît pas à la cuisson, ce qui peut avoir des répercussions sur la santé (voir Viande, *résidus*).

Après la ponte, les œufs sont acheminés dans une chambre d'emballage où leur qualité tant externe qu'interne est contrôlée. Les œufs fêlés sont mis de côté et les autres sont «mirés», c'est-à-dire placés au-dessus d'une lumière intense afin que soient vérifiées la position du jaune, la taille de la chambre à air et la présence ou non de taches de sang et de morceaux de viande. Ils sont ensuite lavés, calibrés, puis emballés.

ACHAT ◆ S'assurer que la coquille des œufs est intacte. Préférer les œufs réfrigérés, car ils demeurent frais plus longtemps. Vérifier la date inscrite sur l'emballage, elle indique la période pendant laquelle les œufs sont à leur meilleur. Passé le délai indiqué, les œufs demeurent comestibles quelque temps, mais leur qualité diminue.

CUISSON ◆ À cause de sa haute teneur en eau (75 %) et en protéines (13 %), il est préférable de cuire l'œuf peu de temps et à basse température. Une cuisson prolongée effectuée à une température trop élevée diminue la valeur nutritive (jusqu'à près de la moitié de l'acide folique est perdue, par exemple) et rend l'œuf caoutchouteux.

L'œuf seul peut être cuit de multiples façons et chacune d'elles a ses particularités :

VALEUR NUTRITIVE

L'œuf a une grande valeur nutritive, ce qui n'est pas étonnant puisqu'il sert à reproduire la vie. En diététique, il sert de modèle pour mesurer la valeur biologique des autres aliments. Il existe peu de différences nutritives entre l'œuf blanc et l'œuf brun. La quantité totale des éléments nutritifs dépend de la taille du jaune et de la grosseur de l'œuf. Ainsi, un jaune un peu plus gros contient légèrement plus de vitamine A et de cholestérol.

Un gros œuf (50 g) contient
Protéines	6,3 g
Matières grasses	5 g
Glucides	0,6 g
75 calories	

Les protéines contenues dans l'œuf sont dites complètes parce qu'elles renferment les 8 acides aminés essentiels. Ceux-ci sont nécessaires à l'organisme, qui ne peut les fabriquer lui-même; ils doivent donc être fournis par l'alimentation. Puisque l'œuf contient les 8 acides aminés essentiels dans des proportions équilibrées, l'œuf est utilisé comme référence pour évaluer la teneur et la qualité en protéines des autres aliments. Ses matières grasses sont composées de 32 % d'acides gras saturés, 38 % d'acides gras monoinsaturés et 14 % d'acides gras polyinsaturés et on y trouve environ 5 % de cholestérol, soit 213 mg pour un gros œuf. L'œuf contient plusieurs vitamines et minéraux. Un œuf de 50 g est riche en vitamines B_{12}; il est une bonne source de riboflavine; il contient de la vitamine D, de la folacine, de l'acide pantothénique, du phosphore, du zinc, du fer et du potassium. Les éléments nutritifs de l'œuf se répartissent inégalement entre le blanc et le jaune. Le blanc fournit un peu plus de la moitié des protéines et la plus grande partie du potassium et de la riboflavine alors que le jaune contient les vitamines A et D, la plupart des autres vitamines et minéraux, les trois quarts des calories et la totalité des matières grasses.

Le blanc d'œuf cause parfois des allergies alimentaires; c'est assez fréquent chez les jeunes enfants (c'est pourquoi on recommande de n'introduire le blanc d'œuf dans l'alimentation qu'après un an). Cru, il peut occasionner des carences, car il contient de l'avidine, une protéine qui se lie à la biotine, une vitamine dont elle bloque l'absorption. Le blanc d'œuf renferme aussi des protéines qui inhibent la trypsine, une enzyme gastrique sécrétée par le pancréas

Œuf à la coque, œuf mollet, œuf cuit dur

Œufs cuits à l'eau dans leur coquille. Le procédé est identique dans les trois cas, seul change le temps de cuisson qui détermine la fermeté de l'œuf.

- L'œuf à la coque cuit de 3 à 5 minutes, le jaune reste liquide mais le blanc coagule.

> (cette action n'a pas lieu avec l'œuf cuit, car la trypsine est inactivée par la chaleur).
> L'œuf fécondé est comestible. Sa valeur alimentaire n'est guère changée si ce n'est de la présence d'une petite quantité d'hormones (cet œuf par contre se conserve moins longtemps).

- L'œuf mollet cuit de 5 à 8 minutes, ce qui permet au jaune d'épaissir tout en restant encore coulant.

- L'œuf cuit dur nécessite de 15 à 30 minutes de cuisson ; le blanc et le jaune deviennent fermes.

La cuisson peut débuter à l'eau froide ou à l'eau chaude. Avec les deux procédés, il vaut mieux utiliser des œufs à la température de la pièce puisqu'ils auront moins tendance à craquer (si le temps manque, réchauffer les œufs quelques instants en les passant sous un filet d'eau tiède). On peut aussi faire un trou avec une épingle ou un appareil conçu à cet effet dans la partie arrondie de l'œuf, cette ouverture permet à l'air de s'échapper et prévient l'éclatement de la coquille. L'ajout d'une bonne quantité de sel, de vinaigre ou de jus de citron est important, car il permet de limiter les dégâts si l'œuf craque : le blanc coagule immédiatement au bord de la coquille qu'il scelle, ce qui l'empêche de se répandre. Mettre 30 ml de sel (2 cuillerées à soupe) par litre d'eau ou 60 ml d'un ingrédient acide. Pour diminuer la quantité de sel, il est possible d'utiliser à la fois du sel et un ingrédient acide.

Cuire des œufs âgés d'environ une semaine, car leur coquille s'enlève plus facilement. Des œufs trop vieux seront moins savoureux et auront tendance à flotter. Éviter à tout prix l'ébullition à gros bouillons, car il est important de cuire l'œuf doucement : la coquille risque moins de casser et le blanc ne devient pas caoutchouteux. L'eau de cuisson refroidie peut servir pour arroser les plantes puisqu'elle est riche en éléments nutritifs.

Début de cuisson à l'eau froide. C'est la meilleure méthode, car la température de l'œuf augmente graduellement. Cela donne à l'air plus de temps pour s'échapper et rend moins fréquente la rupture de la coquille. Déposer l'œuf dans une casserole, verser suffisamment d'eau froide pour qu'il y ait au moins 3 cm d'eau au-dessus de l'œuf. Saler, vinaigrer ou citronner. Porter au point d'ébullition sans l'atteindre, couvrir, éteindre le feu ou le mettre très bas. Minuter à partir de ce moment :

- 3 minutes pour l'œuf à la coque ;

- de 5 à 6 minutes pour l'œuf mollet ;

- de 10 à 15 minutes pour l'œuf dur.

Quand l'œuf cuit dur est prêt, le passer immédiatement sous l'eau froide pour arrêter la cuisson et prévenir la formation d'un cerne noirâtre ou verdâtre. Toujours retirer immédiatement les œufs de l'eau chaude.

Début de cuisson à l'eau chaude. Remplir une casserole avec suffisamment d'eau pour qu'il y ait au moins 3 cm d'eau au-dessus de l'œuf. Amener l'eau à ébullition, saler ou ajouter un ingrédient acide. Déposer délicatement l'œuf dans l'eau bouillante, retirer la casserole du feu et mettre le couvercle. Laisser reposer jusqu'à l'obtention de la consistance désirée :

- de 4 à 5 minutes pour l'œuf à la coque ;
- de 6 à 8 minutes pour l'œuf mollet ;
- de 20 à 25 minutes pour l'œuf dur.
- Passer l'œuf dur sous l'eau froide.

Œuf poché

Œuf sans coquille cuit dans un liquide bouillant (très souvent de l'eau) passablement salé, vinaigré ou citronné (15 ml de sel par demi-litre d'eau [1 cuillerée à soupe] ou 30 ml d'un ingrédient acide). Il s'agit toujours de permettre la coagulation rapide du blanc pour éviter qu'il ne se répande. Cette méthode permet de gagner du temps (il n'y a plus besoin d'écaler l'œuf) et elle évite les pertes occasionnées par la chair qui adhère à la coquille ou qui s'en échappe. Casser l'œuf dans un récipient (une tasse fait très bien l'affaire). Quand l'eau arrive à ébullition, approcher la tasse près de la surface de l'eau et faire glisser l'œuf. Couvrir la casserole, baisser ou éteindre le feu et laisser cuire de 3 à 5 minutes, le temps que le jaune acquière la consistance désirée. Retirer l'œuf avec une écumoire, l'égoutter quelques instants ou le déposer sur un papier absorbant, puis servir rapidement.

Il est préférable de cuire les œufs un par un pour empêcher qu'ils ne s'agglutinent et pour ne pas mettre trop d'eau (2 à 3 cm suffisent), sinon le jaune tombe au fond de la casserole et se sépare du blanc. L'œuf poché peut être consommé froid. Il est possible de le conserver au chaud dans un liquide à 70 °C.

Œuf brouillé

Œuf brièvement liquéfié avec une fourchette avant la cuisson. On lui ajoute du lait, de l'eau ou de la crème, parfois des fines herbes, et on bat légèrement. On cuit le mélange au bain-marie ou à feu très doux dans un poêlon contenant un corps gras, en remuant constamment. Lorsque l'œuf commence à prendre, on peut lui ajouter des légumes, des champignons, du jambon, de la volaille ou des fruits de mer. Ne saler et poivrer qu'en fin de cuisson.

Œuf au miroir – œuf sur le plat

L'œuf au miroir, appelé aussi œuf sur le plat, est cuit individuellement à feu doux ou au four avec très peu de matière grasse, dans un plat minuscule (ramequin) ou dans une poêle de petite taille. L'instrument doit être petit pour éviter que le blanc ne s'étale trop, ce qui empêche le jaune de cuire adéquatement. À la cuisson le jaune se couvre d'une mince pellicule translucide qui le fait miroiter, d'où le nom d'œuf au miroir. On peut même cuire d'abord le blanc seul jusqu'à ce qu'il prenne, puis déposer le jaune au centre. Éviter de saler le jaune avant la cuisson, sinon il se formera des points blancs ; saler (et poivrer) plutôt le fond du plat avant de déposer l'œuf.

Œuf filé

Œuf battu en omelette, que l'on plonge dans un liquide bouillant en le faisant tout d'abord passer au travers d'une fine passoire. Les minces filaments qui s'échappent de la passoire figent instantanément au contact du liquide chaud. Cette préparation est très utilisée pour garnir des potages.

Omelette

Œufs battus cuits à la poêle. Les omelettes se préparent avec des ingrédients salés ou sucrés. Certaines sont très élaborées, telle l'omelette norvégienne qui est fourrée de crème glacée, décorée de meringue, dorée au four (les blancs d'œufs forment un écran qui empêche la chaleur d'atteindre la crème glacée) et flambée. L'omelette peut être consistante (telle la tortilla espagnole), baveuse et farcie (à la française) ou légère (comme les foo yung chinois) ; dans cette dernière, l'œuf sert surtout à lier la garniture. On peut lui incorporer de l'eau (l'omelette est plus légère) ou du lait. On la cuit à feu doux dans une poêle chaude, qui sert de préférence uniquement pour les omelettes.

Blancs d'œufs en neige

Des œufs montés en neige sont des blancs d'œufs fouettés jusqu'à ce qu'ils deviennent épais et mousseux. Les blancs battus peuvent augmenter jusqu'à 8 fois de volume, particulièrement si on les bat dans un bol en cuivre, car il se produit une interaction entre une protéine abondante dans le blanc (conalbumine) et ce métal. La protéine absorbe une petite quantité de cuivre, ce qui renforce les parois des bulles qui se forment lorsque les œufs sont battus et permet aux blancs de retenir plus d'eau. Les blancs d'œufs deviennent plus volumineux, plus humides et plus fermes.

Monter des blancs en neige exige certaines précautions pour qu'ils ne deviennent pas compacts et aqueux :

- utiliser des blancs à la température de la pièce ;
- se servir d'ustensiles bien propres ;
- éviter d'utiliser des ustensiles en plastique parce qu'ils retiennent les graisses, et tout corps gras réduit le pouvoir moussant des blancs d'œufs ;
- éviter d'utiliser un bol en aluminium, qui peut rendre les blancs grisâtres ;
- utiliser de préférence un bol en cuivre ;
- veiller à ce qu'aucune trace de jaune ne soit mêlée au blanc. Parce que le jaune est constitué d'environ 35 % de matières grasses, une seule goutte fait passer le volume de 135 ml à 40 ml. Pour plus de sécurité, séparer les œufs dans un bol à part et ne transvider le blanc que s'il est intact ;
- ajouter une pincée de sel ou de crème de tartre augmente légèrement le temps de battage mais protège les œufs contre un excès d'humidité et l'affaissement. On peut ajouter du sucre avant de battre, mais l'expansion des blancs sera moindre et, surtout,

il faudra deux fois plus de temps pour obtenir un résultat satisfaisant. L'idéal est de sucrer lorsque les blancs sont en neige ;

- prendre soin de ne pas battre trop longtemps, car même 2 ou 3 coups de trop peuvent faire toute la différence, détruisant l'élasticité. Arrêter de battre lorsque les blancs en neige sont suffisamment fermes pour former des pointes lorsqu'on les soulève avec le fouet ;

- procéder délicatement en intégrant des ingrédients aux blancs en neige afin que l'air accumulé reste dans les blancs. Utiliser une spatule, une cuiller de bois ou une fourchette. Partir du fond du bol, soulever et rabattre doucement les blancs sur le dessus.

Cuisson au four à micro-ondes

Le jaune cuit plus rapidement que le blanc parce qu'il est riche en matières grasses ; aussi le temps de repos en fin de cuisson est-il particulièrement important, car il permet de terminer la cuisson du blanc sans durcir le jaune. Ne jamais cuire un œuf dans sa coquille, car il risque d'éclater sous l'effet de la pression qui se forme à l'intérieur. D'ailleurs, la cuisson est plus rapide et les résultats sont plus satisfaisants lorsque les œufs à la coque, les œufs mollets et les œufs cuits durs sont cuits sur la cuisinière.

La cuisson des œufs brouillés est facilitée dans le four à micro-ondes, et elle donne de très bons résultats car les œufs sont plus légers. Cuire à 100 % *(High)* de 45 à 60 secondes (temps donné pour un œuf), en brassant à la mi-cuisson. Brasser aussi avant de servir.

Pour cuire des œufs pochés, mettre 30 ml d'eau dans un ramequin et ajouter 1,25 ml (1/4 de cuillerée à café) de vinaigre, puis réchauffer à 100 % *(High)* 1 ou 2 minutes jusqu'à ce que l'eau bouille. Casser un œuf dans le ramequin, et percer le jaune et le blanc avec un cure-dent pour les empêcher d'éclater. Couvrir et cuire à 70 % *(Medium-High)* 45 secondes (ajouter 30 secondes pour chaque œuf additionnel).

PRÉPARATION ◆ En cassant des œufs, on a parfois la désagréable surprise de découvrir un œuf pourri. Pour éviter qu'il ne vienne gâcher les œufs déjà cassés ou la préparation à laquelle on le destinait, casser chaque œuf à part dans une tasse et le joindre à mesure aux autres. On peut aussi rompre la coquille doucement, en se donnant le temps de vérifier la fraîcheur et en prenant soin qu'aucune partie ne s'écoule. Sortir de préférence l'œuf du réfrigérateur de 30 à 45 minutes avant de l'utiliser. C'est particulièrement important si l'œuf est mis à cuire dans de l'eau chaude (sinon il risque de craquer), pour monter le blanc en neige (froid, il monte moins) et pour faire de la mayonnaise (on la rate moins souvent).

UTILISATION ◆ L'œuf se mange tel quel ou est incorporé à d'autres aliments (crêpes, quiches, gâteaux, pâtisseries, crème glacée, boissons). On l'utilise aussi tant pour épaissir et lier les aliments que pour les rendre onctueux (sauces, soupes, farces, flans, crème pâtissière, crème anglaise, puddings, purées, croquettes, pâtes alimentaires). On l'emploie pour dorer les aliments (pains de viande, chapelure, pains, brioches, tartes), on l'émulsionne (mayonnaises, sauces) et on le met en neige (mousses, meringues, soufflés).

Ne jamais ajouter d'œufs directement dans un liquide chaud (soupe, crème anglaise, crème pâtissière, etc.), surtout des jaunes, car il se formera des grumeaux. Réchauffer lentement les œufs en leur incorporant une partie du mélange chaud et en les battant. Verser cette préparation dans le restant du liquide chaud également en battant, puis terminer la cuisson. Trop de chaleur et trop de cuisson font cailler les crèmes (crème anglaise, crème pâtissière), aussi est-il préférable de les cuire dans un bain-marie. Le bain-marie assure un plus grand intervalle entre le moment où la crème est cuite et celle où elle caille. Refroidir immédiatement la crème dès qu'elle est cuite en la changeant de bol ou en mettant le fond de la casserole dans de l'eau froide. La crème anglaise se prépare avec des œufs entiers ou seulement les jaunes. Les crèmes sont plus onctueuses et plus fines lorsqu'elles sont préparées seulement avec les jaunes.

Des œufs fêlés ou tachés ne devraient jamais être consommés crus, car ils risquent de contenir des micro-organismes nocifs que seule la cuisson permettra de détruire. Utiliser les œufs le plus frais possible quand la saveur est importante, pour des œufs pochés par exemple. Pour vérifier la fraîcheur des œufs, les mettre dans de l'eau froide : les œufs manquant de fraîcheur flotteront, car leur chambre à air est plus grande que celle des œufs frais, qui se déposeront au fond du récipient.

CONSERVATION ◆ Les œufs laissés à la température de la pièce perdent en une journée autant de fraîcheur qu'en une semaine au froid. Mis au réfrigérateur, ils peuvent se conserver plus de 1 mois. Les tenir éloignés des fortes odeurs. Les œufs à coquille épaisse se conservent plus longtemps que les œufs à coquille mince, car l'évaporation y est réduite. L'idéal consiste à conserver les œufs dans leur emballage ou à les placer dans un contenant fermé. La porte du réfrigérateur n'est pas un bon endroit malgré son usage généralisé, car le fait d'ouvrir la porte entraîne des variations de température. Placer les œufs la pointe en bas pour éviter que la chambre à air ne soit comprimée et afin que le jaune demeure bien centré.

Éviter de laver les œufs, car cela enlève leur pellicule protectrice et favorise la pénétration des germes. Essuyer les œufs souillés avec un linge sec. Il est possible de conserver les blancs ou les jaunes séparément. Les blancs peuvent être placés au réfrigérateur dans un contenant fermé (ils s'y conserveront au moins 1 semaine) ou ils peuvent être congelés tels quels (non battus) ; leur durée de conservation est alors de 9 mois. Les jaunes se conservent au réfrigérateur quelques jours s'ils sont entiers et recouverts d'eau froide (qui les empêche de sécher). Les égoutter avant de les utiliser. Les jaunes peuvent se congeler seuls ou battus avec le blanc. Ne pas congeler l'œuf entier, car sa coquille éclate sous l'effet du froid. Congeler les œufs le plus frais possible et ne pas trop les battre afin de ne pas incorporer un excès d'air. Pour éviter que les jaunes ne deviennent gélatineux, leur ajouter un peu de sel, de sucre ou de miel ; l'ingrédient choisi dépendra de l'usage ultérieur prévu. Calculer 1 ml de sel (1/4 de cuillerée à café) ou 5 ml de sucre (1 cuillerée à café) pour quatre jaunes ou pour quatre œufs entiers. Pour corriger la viscosité à la décongélation, il est possible d'ajouter un peu d'eau. Congeler les œufs en petites quantités, si désiré les mettre dans des cubes à glace. Les utiliser rapidement après la décongélation, car ils se détériorent rapidement.

OIE

Anser anser, **Anatidés**
Nom anglais : *goose*

HISTORIQUE ◆ L'oie est un oiseau palmipède au long cou. Les oies sauvages forment des volées migratoires qui font la joie des chasseurs. L'oie est domestiquée depuis le néolithique. On a commencé à la gaver dans l'Antiquité, le gavage permettant d'obtenir un foie énorme transformé en foie gras (voir Foie gras). Les oies s'accouplent toute leur vie avec le même partenaire, et elles demeurent longtemps sans se reproduire si un des partenaire vient à mourir.

Tuer l'oie lors du solstice d'hiver est une vieille tradition qui existait en Europe et en Asie centrale. L'oie est beaucoup moins consommée maintenant lors des célébrations de fin d'année ou de fêtes ; elle est souvent détrônée par la dinde. Elle demeure cependant une tradition en Allemagne, en Angleterre, en Europe centrale et en Scandinavie.

Il existe de nombreuses espèces d'oies aux tailles variables. Certaines races petites sont élevées pour leur chair tendre et savoureuse ; on les tue en général lorsqu'elles pèsent entre 3 et 5 kg. Les races plus grosses servent pour le gavage ; elles atteignent alors de 10 à 12 kg (et leur foie en moyenne de 400 g à 1 kg).

ACHAT ◆ Choisir une oie de taille moyenne (autour de 3 kg), à la chair rose ou rouge clair, et aux pattes claires et lisses. Plus l'oie est âgée, plus ses pattes sont velues et rouges, plus son bec est rigide et plus sa chair contient des tendons.

CUISSON ◆ Pour que l'oie soit moins grasse, la piquer à plusieurs endroits avant la cuisson, la placer sur une grille au-dessus d'une lèchefrite et dégraisser la sauce. Pour rôtir une oie de 3 kg, calculer environ 90 minutes de cuisson à 160-175 °C.

UTILISATION ◆ L'oie peut être comme les autres volailles, sauf l'oie sauvage, dont la chair est tendineuse et qu'il est préférable de braiser ou d'apprêter en pâtés au lieu de la rôtir. Les apprêts de la dinde et du canard lui conviennent particulièrement bien. Prévoir de 500 à 750 g de volaille crue par personne. En Europe, l'oie farcie aux marrons et accompagnée de pommes ou servie avec de la choucroute sont des classiques. La chair de l'oie âgée ou très grosse est transformée en confits, en pâtés et en rillettes, ou elle est cuisinée en ragoûts.

On tire de l'oie de la graisse, une substance blanchâtre pâteuse à l'air ambiant, qu'on utilise comme le beurre. Les connaisseurs aiment bien s'en servir pour dorer des pommes de terre.

VALEUR NUTRITIVE	
La chair crue de l'oie domestique contient	
Protéines	23 g
Matières grasses	7 g
Cholestérol	84 mg
160 calories/100 g	
Si on inclut la peau	
Protéines	16 g
Matières grasses	34 g
Cholestérol	80 mg
370 calories/100 g	
Rôtie, la chair contient	
Protéines	29 g
Matières grasses	13 g
Cholestérol	96 mg
238 calories/100 g	
Si on inclut la peau	
Protéines	25 g
Matières grasses	22 g
Cholestérol	91 mg
305 calories/100 g	

L'oie a une valeur nutritive qui se rapproche de celle du canard. Comme ce dernier, c'est un volatile gras et calorifique. Plus l'oie est grasse, plus elle est difficile à digérer.

OIGNON

Allium cepa, **Liliacées**
Nom anglais : *onion*

HISTORIQUE ◆ Plante potagère originaire d'Asie. L'oignon est à la fois un légume et un condiment très apprécié, en plus de posséder de très nombreuses propriétés médicinales. Sa culture remonte à la plus haute Antiquité. Il fut particulièrement apprécié des Égyptiens, qui le vénéraient comme une divinité. On le trouve sculpté sous forme d'offrande d'adieu sur le tombeau de Toutânkhamon. Nous tenons des Gaulois la croyance selon laquelle il peut prédire le temps et qu'une pelure épaisse annonce un hiver rigoureux.

L'oignon est un légume bisannuel cultivé comme un annuel. Il est composé de feuilles disposées en couches concentriques. Charnues et juteuses, ces feuilles blanchâtres sont emprisonnées par une dernière couche de feuilles qui prennent des colorations diverses quand l'oignon est séché, allant du blanc au pourpre, en passant par le jaune, le brun et le rouge, selon les variétés. L'oignon peut être rond, sphérique, aplati ou même allongé, car il n'est pas toujours bulbeux. Sa grosseur aussi est variable tout comme sa saveur, qui va de douce à très forte. L'oignon espagnol est un des plus doux ; sa saveur n'est pas uniforme cependant et il arrive qu'il soit presque aussi piquant que l'oignon jaune, selon le sol et les conditions climatiques. L'oignon rouge est plus sucré. Certaines variétés nommées « oignons verts » ou « oignons nouveaux » sont vendues fraîches et en bottes. Certaines personnes ont de la difficulté à digérer l'oignon, surtout lorsqu'il est cru ; parfois, à la longue, leur organisme finit par mieux le tolérer. L'oignon signale son passage dans l'organisme en imprégnant l'haleine ; on peut la rafraîchir en mâchant quelques brins de persil, un peu de menthe ou des grains de café.

ACHAT ◆ À l'achat des oignons séchés, rechercher des oignons fermes, exempts de germes et de moisissures, avec une pelure extérieure bien sèche et lisse, et le collet le plus petit possible. Les oignons sont souvent traités contre la germination, soit chimiquement, ce qui est rarement indiqué sur l'emballage, soit par irradiation, ce que la loi de la plupart des pays oblige à mentionner. Les oignons achetés au début de l'automne peuvent avoir été moins traités, car ils n'auront pas à demeurer dans les entrepôts.

L'oignon est aussi disponible déshydraté, sous forme de flocons ou de poudre vendue telle quelle ou assaisonnée (sel à l'oignon par exemple). Ces préparations sont pratiques, mais les poudres assaisonnées ne constituent pas toujours un bon achat, car certaines contiennent plus de sel que d'oignon.

PRÉPARATION ◆ La préparation de l'oignon est souvent une corvée, car elle s'accompagne de larmes. Celles-ci apparaissent quand on coupe l'oignon ; l'action libère des substances sulfurées qui entrent

VALEUR NUTRITIVE	
L'oignon cru contient	
Eau	89,7 %
Protéines	1,2 g
Matières grasses	0,2 g
Glucides	8,6 g
Fibres	1,6 g
38 calories/100 g	

L'oignon contient du potassium, de la vitamine C, de la folacine et de la vitamine B_6 ainsi que des traces de magnésium, de cuivre, de zinc, de phosphore, de calcium et de niacine. L'oignon cuit contient sensiblement les mêmes proportions de vitamines et de minéraux. L'oignon est presque une panacée tellement on lui attribue de propriétés médicinales ; on le dit notamment diurétique, antibiotique, antiscorbutique, stimulant et expectorant. On l'utilise aussi entre autres pour traiter la grippe, les parasites intestinaux, les calculs biliaires, la diarrhée et les rhumatismes.

en contact avec l'air ambiant, créant ainsi une nouvelle molécule, du sulfate d'allyle, qui irrite l'œil. Plus l'oignon est fort, plus il pique les yeux. Divers trucs sont supposés empêcher de pleurer, mais ils n'ont pas tous la même efficacité :

- tenir entre les dents une allumette éteinte à moitié consumée. Ce truc part du principe que le charbon de bois absorbe les gaz. Il faudrait plus d'une ou deux allumettes cependant pour que la technique soit réellement efficace, et avoir sous le nez l'odeur du soufre d'une allumette fraîchement éteinte n'est pas très agréable ;

- mettre dans sa bouche un cure-dents serait une variante déformée et inefficace de l'allumette ;

- utiliser un couteau bien coupant et se tenir le plus loin possible de l'oignon, donc rester debout pour le couper, diminue les larmes ;

- refroidir l'oignon une heure au réfrigérateur ou une quinzaine de minutes au congélateur sont aussi des trucs efficaces ;

- de même que se protéger les yeux avec des lunettes de ski ou de plongée sous-marine ;

- et couper l'oignon sous un filet d'eau froide, car les molécules irritantes sont solubles à l'eau.

Quand la pelure de l'oignon est difficile à enlever, ébouillanter l'oignon quelques instants, puis le refroidir à l'eau courante. L'oignon peut être laissé entier, tranché, haché ou coupé en anneaux. Pour que ses feuilles se séparent, enlever complètement la partie fibreuse de la base. Plus l'oignon est haché finement, plus il cuit rapidement, mais plus il perd de saveur et de valeur nutritive. Un oignon coupé perd du jus ; éviter de le préparer longtemps à l'avance et de le laisser en attente sur le comptoir, et surtout sur une planche à dépecer en bois, qu'il imbibera. Pour enlever l'odeur de l'oignon sur les mains, les frotter avec du jus de citron.

UTILISATION ◆ L'utilisation de l'oignon est quasiment illimitée ; ce légume est presque indispensable partout, sauf dans les desserts ! On l'emploie aussi bien cru que cuit, surtout quand il est doux. On peut atténuer la saveur de l'oignon cru coupé en l'ébouillantant quelques minutes (le passer à l'eau froide pour arrêter l'action de la chaleur) ou en le mettant à tremper dans de l'eau froide ou dans du vinaigre ; cela entraîne cependant une légère perte de valeur nutritive. La cuisson rend l'oignon plus sucré et lui fait perdre ses enzymes sulfurées, ce qui l'adoucit. Faire revenir brièvement l'oignon dans un peu de corps gras, en le laissant croustillant et sans le faire brunir ; il aura plus de goût et de valeur nutritive. L'oignon peut être farci, braisé, mariné, mis dans les sauces, les soupes et les ragoûts. La soupe à l'oignon est un classique de la cuisine française, tout comme la croûte et la quiche à l'oignon.

CONSERVATION ◆ La plupart des oignons séchés entrent dans une période dormante après la cueillette ; c'est pourquoi ils se conservent plusieurs semaines sans germer. Leur durée de conservation dépend des variétés ; un oignon à forte saveur et pas trop riche en eau, tel l'oignon jaune, se conserve mieux. Conserver les oignons séchés dans un endroit aéré, sec et le plus frais possible, idéalement suspendus dans un filet. Ne pas les garder au réfrigérateur, car leur odeur se communique aux autres aliments. Les tenir éloignés des pommes de terre parce qu'ils absorbent leur humidité, ce qui les fait pourrir et germer. Éviter de conserver un oignon entamé : il perd ses vitamines et peut devenir nocif. Placer l'oignon frais au réfrigérateur, il se conservera environ 1 semaine. L'oignon se congèle, mais la congélation l'amollit et lui fait perdre de la saveur ; une plus grande quantité est alors nécessaire pour parfumer les plats. L'éplucher et le hacher ; il n'est pas nécessaire de le blanchir.

L'oignon se déshydrate facilement ; le couper en tranches minces, le placer sur une tôle, l'exposer au soleil 2 ou 3 jours, puis le passer au four à 90 °C environ 10 minutes, ou le mettre dans un déshydrateur quelques heures (65 à 70 °C) ou dans un four.

OKARA

Nom anglais : *okara*

HISTORIQUE ♦ Pulpe égouttée des haricots de soya. L'okara est un résidu de la fabrication du lait de soya. De couleur beige, il a une fine texture émiettée qui rappelle la noix de coco fraîchement râpée.

UTILISATION ♦ On se sert de l'okara pour enrichir les aliments, leur donner de la consistance et les épaissir. L'okara améliore la texture des pains et des pâtisseries, qui deviennent plus légers et qui se conservent plus longtemps car ils sèchent plus lentement. L'okara absorbe facilement les saveurs et peut être ajouté dans une grande variété d'aliments (céréales, pâtes à frire, crêpes, muffins, biscuits, hamburgers, croquettes, ragoûts).

On l'utilise aussi comme substitut de la viande, comme chapelure et pour épaissir les soupes (sauf les consommés, qui deviennent brouillés) et les sauces.

VALEUR NUTRITIVE	
L'okara contient	
Eau	82 %
Protéines	3,3 g
Matières grasses	1,8 g
Glucides	12,6 g
Fibres	4,1 g
77 calories/100 g	
Il est une bonne source de potassium ; il contient du magnésium, du fer, du calcium et du phosphore ainsi que des traces de niacine. Il est une source élevée de fibres. Sa richesse en cellulose le rend précieux pour combattre la constipation.	

On utilise l'okara humide ou séché. Son degré d'humidité dépend du degré d'extraction du lait et il influence son mode d'utilisation. On peut le sécher au soleil, dans un déshydrateur, au four (120 à 235 °C) ou sur un radiateur ou la cuisinière. Le brasser de temps à autre. Pour obtenir un mélange plus fin, le passer ensuite au mélangeur.

CONSERVATION ♦ L'okara séché se conserve presque indéfiniment dans un endroit frais et sec, à l'abri des insectes et des rongeurs. L'okara humide se conserve environ 1 semaine au réfrigérateur.

OLIVE

Olea europaea, **Oléacées**
Nom anglais : *olive*

HISTORIQUE ◆ Fruit de l'olivier, un arbre qui peut être plusieurs fois centenaire. Présent un peu partout dans le bassin méditerranéen, l'olivier est probablement originaire du Moyen-Orient. Symbole de paix et de sagesse, il occupe une place importante dans la mythologie ; Égyptiens, Grecs et Romains le vénérèrent. L'olivier permit à des populations entières de se nourrir de ses fruits et de son huile, de s'éclairer et de se soigner avec celle-ci. Encore aujourd'hui, l'économie de plusieurs pays méditerranéens repose en bonne partie sur la culture de l'olive.

Pouvant atteindre 15 m de haut, l'olivier a un feuillage persistant lancéolé, de couleur vert grisâtre. Il produit en abondance des fruits (drupes) dont la taille et la chair diffèrent selon les variétés, le climat et les méthodes de culture. La chair recouvre un noyau ligneux. Atteignant leur poids maximal de 6 à 8 mois après la floraison, les olives sont immangeables telles quelles. Elles contiennent un glucoside très amer qui irrite le système digestif ; elles doivent macérer et subir divers traitements qui durent plusieurs mois. Certaines ne sont que saumurées, d'autres sont préalablement baignées dans une solution de soude caustique, de chaux ou de potasse ; il s'ensuit une lacto-fermentation grâce à une réaction entre l'acide lactique des olives et la saumure.

Il existe 3 principales méthodes de traitement des olives : la méthode espagnole utilise les olives immatures, lorsqu'elles sont d'un jaune verdâtre ; la méthode américaine traite les olives rougeâtres, car elles sont alors à moitié mûres, et la méthode grecque attend que les olives soient matures, donc noires. Chaque méthode a ses spécificités, par exemple pour la composition de la saumure (eau, huile, vinaigre et huile, sel sec) et la durée de la macération. Une fois prêtes pour la consommation, les olives sont laissées dans des barils ou mises dans des contenants ; certaines sont dénoyautées et farcies, notamment de piment, d'oignon, d'amande ou d'anchois.

ACHAT ◆ L'olive s'achète en vrac, en pots ou en sachets. S'assurer que les olives en vrac sont manipulées avec soin.

UTILISATION ◆ L'olive est souvent servie en hors-d'œuvre, mais son utilisation est beaucoup plus variée. Elle se met dans les salades et elle accompagne viande et volaille. Elle entre dans la composition d'une foule de plats cuisinés, notamment dans la tapenade, la pizza, les paupiettes et les apprêts à la niçoise. Pour diminuer l'âcreté ou la teneur en sel des olives, les ébouillanter une quinzaine de minutes (elles perdront cependant un peu de leur

VALEUR NUTRITIVE	
L'olive verte marinée contient	
Protéines	0,28 g
Matières grasses	2,5 g
Glucides	0,26 g
Fibres	0,88 g
23 calories/20 g	

Elle contient des traces de fer, de cuivre, de magnésium, de calcium et de potassium.

L'olive noire contient	
Protéines	0,16 g
Matières grasses	2,5 g
Glucides	1,5 g
Fibres	0,5 g
25 calories/20 g (5 olives)	

Elle contient du fer ainsi que des traces de cuivre, de calcium et de zinc. L'olive est très riche en matières grasses, de 12 à 30 %, selon la période de l'année et la variété ; on en tire d'ailleurs une huile à la saveur remarquable (voir Huile). L'olive verte mûre contient un peu plus de matières grasses (12,7 g/ 100 g) et de calories (116/100 g) que l'olive noire (10,7 g et 115 calories). L'olive contient également quelques vitamines et minéraux, surtout à l'état de traces. L'olive est laxative à cause de son contenu en cellulose, et on la dit apéritive et cholagogue.

parfum). On peut aussi remplacer totalement ou partiellement le liquide dans lequel les olives baignent par de l'eau ou un mélange d'eau et de vinaigre, que l'on peut assaisonner (ail, thym, origan, etc.).

CONSERVATION ◆ Les olives peuvent se conserver environ 1 an lorsqu'elles sont dans un contenant scellé. Les olives vertes et les olives noires séchées au sel sec, qui restent souvent un peu amères et qui conservent leur goût fruité, se gardent moins longtemps. Conserver les olives au réfrigérateur lorsqu'elles ne sont plus dans un contenant scellé. Placer les olives achetées en vrac dans un récipient fermé.

ORANGE

Citrus spp, **Aurantiacées**
Nom anglais : *orange*

HISTORIQUE ◆ Fruit de l'oranger, un arbre originaire de Chine. L'orange est cultivée en Asie depuis plus de 4 000 ans. Les Arabes ont introduit les orangers en Perse, en Égypte, en Espagne et en Afrique du Nord. Le mot « orange » est dérivé de l'arabe *narandj*, lui-même issu du terme sanscrit *nagarunga*. L'orange fait partie des 4 ou 5 fruits les plus importants dans le commerce mondial.

Les oranges sont classées en 2 grands groupes comprenant les oranges amères et les oranges douces. Il existe plusieurs variétés à l'intérieur de ces groupes.

Orange amère *(C. amara* ou *C. chimotto).* L'orange amère est l'ancêtre des oranges douces. On la nomme aussi « bigarade » ou « orange de Séville », car les Maures la culti-vèrent intensivement près de Séville et le nom lui resta. Le bigaradier est un arbrisseau épineux aux feuilles persistantes, ovales et luisantes. Ses fleurs blanches ou roses sont très odorantes.

L'orange amère a une épaisse écorce rugueuse, teintée de vert ou de jaune. Sa chair peu juteuse est très amère. Elle est surtout mise en conserve ou cuite (marmelade, confiture, gelée, sirop, sauce). Les feuilles sont utilisées en médecine, particulièrement en infusions calmantes. Des fleurs, on extrait l'essence de Néroli et l'eau de fleur d'oranger. Du zeste, on tire aussi de l'essence, dite parfois de bigaradier. Le Cointreau, le Curaçao et le Grand Marnier doivent leur saveur d'orange au zeste de la bigarade.

Orange douce *(C. sinensis).* C'est l'orange juteuse, sucrée et acidulée que tout le monde connaît. Il semble que ce soient les Arabes qui l'importèrent de Chine au Xe siècle. L'oranger est un arbre qui peut atteindre 10 m de haut. Ses fleurs dégagent un parfum suave. Dans plusieurs pays méditerranéens, elles symbolisent la virginité et le mariage.

Il existe de très nombreuses variétés d'oranges douces. Les principales variétés exploitées commercialement sont l'orange de Valence, l'orange Navel et l'orange sanguine.

Orange de Valence. Cette variété d'orange porte le nom d'une ville d'Espagne où on la cultivait intensivement. Elle fut introduite aux États-Unis vers 1870. Elle représente environ 50 % de la production américaine. L'orange de Valence est maintenant cultivée dans plusieurs autres pays, notamment en Amérique du Sud, en Australie et en Afrique du Sud.

L'orange de Valence est arrondie ou légèrement ovale. Sa grosseur est moyenne. Sa peau orange doré est lisse. Sa chair juteuse et très sucrée contient souvent peu de pépins. L'orange de Valence est l'orange à jus par excellence.

Orange Navel. L'orange Navel est apparue pour la première fois au Brésil. Elle fut introduite aux États-Unis vers 1600. On la cultive également dans plusieurs pays, particulièrement en Italie, en Espagne, en Israël, en Australie, en Amérique du Sud, en Afrique du Sud.

L'orange Navel possède du côté opposé à la tige un renflement qui ressemble à un nombril, d'où le terme « navel » qui signifie *ombilic* en anglais. Elle est grosse et ronde. Son écorce orangée est épaisse, rugueuse et facile à enlever. Sa chair croquante et sucrée est particulièrement savoureuse et presque toujours démunie de pépins.

Orange sanguine. L'orange sanguine est un hybride qui est apparu en Europe vers 1850. Sa chair est rouge. Quand elle n'est que parsemée de filets fortement pigmentés de rouge, on la nomme demi-sanguine. Ces oranges sont surtout cultivées en Espagne, en Italie et en Afrique du Nord. Certaines variétés ont une forme légèrement allongée. L'écorce est plus ou moins rougeâtre et plus ou moins lisse. La pulpe est sucrée, juteuse et très parfumée. L'orange sanguine est habituellement dépourvue de pépins.

Une pratique commerciale est à l'origine du fait que des oranges sont identifiées par un nom générique, par exemple « Sunkist », « Jaffa » ou « Outspan ». « Sunkist » est le nom commercial d'une coopérative d'agrumiculteurs américains qui regroupe environ 8 000 membres en Californie et en Arizona. « Jaffa » est une appellation choisie par le gouvernement d'Israël, tandis que « Outspan » est un nom choisi par le gouvervement d'Afrique du Sud. Plusieurs variétés d'oranges sont regroupées sous les noms génériques, pourvu qu'elles répondent à certaines normes (qualité, grosseur, etc.) fixées par ces organismes.

 ACHAT ◆ Choisir des oranges fermes et lourdes pour leur taille, avec une peau lisse exempte de parties molles, de taches noires et de moisissures.

UTILISATION ◆ L'utilisation de l'orange est très variée. On mange l'orange telle quelle, on la cuisine, on la transforme en jus ou en boissons alcoolisées. On la cuit en marmelade. On confit son zeste et sa chair. On en tire de l'huile essentielle et de l'essence utilisées en pâtisserie, en confiserie, en cosmétologie, en pharmacie et même en chimie. On distille ses fleurs.

On met l'orange dans les salades de fruits, les soufflés, les flans, les crêpes, la crème glacée, les sorbets, les punchs.

L'orange ajoute une touche inhabituelle aux sauces, aux vinaigrettes, aux légumes, aux salades de riz, de poulet ou de fruits de mer. Elle se marie bien également avec le poisson, le canard, le bœuf et le porc.

Les oranges sanguines servent souvent à des fins décoratives car elles sont très colorées.

L'eau de fleur d'oranger aromatise notamment crêpes, flans, sirops, pâtisseries et tisanes.

CONSERVATION ◆ L'orange peut être gardée à la température de la pièce environ 1 semaine. Pour une conservation prolongée, la placer au réfrigérateur.

Le jus et le zeste se congèlent.

Conserver le zeste confit ou déshydraté à l'abri de l'air et des insectes, dans un endroit frais et sec.

VALEUR NUTRITIVE

L'orange contient

Eau	87 %
Protéines	0,9 g
Matières grasses	traces
Glucides	12 g
Fibres	0,4 g
47 calories/100 g	

Elle est reconnue pour sa haute teneur en vitamine C. Elle est riche aussi en vitamine A, en potassium et en calcium.

L'orange est diurétique, cholagogue, tonique et légèrement laxative. Ses fleurs sont antispasmodiques et l'eau de ses fleurs facilite le sommeil.

OREILLE-DE-JUDAS

Auricularia auricula-judae, **Auriculariales**
Autres noms : *auriculaire, champignon noir*
Nom anglais : *Jew's ear*
Autre nom : *wood ear*

HISTORIQUE ◆ Champignon comestible qui pousse sur les troncs morts des arbres, particulièrement des sureaux. On le nomme «oreille» parce que sa forme aplatie ressemble à une oreille et «Judas» parce, que selon la tradition, Judas se serait pendu à un sureau.

Ce champignon de forme irrégulière est dépourvu de pied. Sa chair brunâtre ou beige est translucide, de texture gélatineuse et légèrement croustillante. L'oreille-de-Judas est particulièrement appréciée en Asie.

 ACHAT ◆ Les oreilles-de-Judas sont souvent commercialisées fraîches dans les épiceries asiatiques, habituellement dans un sac de plastique.

PRÉPARATION ◆ Laver rapidement les oreilles-de-Judas à l'eau froide. Retirer les parties collantes. Recouvrir d'eau tiède les oreilles-de-Judas déshydratées et les laisser tremper une vingtaine de minutes. Ces champignons déshydratés augmentent considérablement de volume en trempant, jusqu'à 5 fois.

VALEUR NUTRITIVE

L'oreille-de-Judas contient

Eau	93 %
Protéines	0,5 g
Matières grasses	0,04 g
Glucides	7 g
25 calories/100 g	

Elle est riche en fer, en magnésium et en potassium; elle est une bonne source de riboflavine.

 CUISSON ◆ Sauter ou griller les oreilles-de-Judas de 3 à 5 minutes. À l'étuvée ou à la vapeur, cuire de 10 à 15 minutes.

UTILISATION ◆ Les oreilles-de-Judas se mangent crues, blanchies (1 minute) ou cuites. Elles confèrent une texture inhabituelle aux aliments, en particulier aux soupes, aux légumes, aux ragoûts et aux pâtes alimentaires. Elles absorbent le liquide de cuisson et la saveur des aliments avec lesquels on les combine.

![hourglass icon] **CONSERVATION** ◆ Conserver les oreilles-de-Judas fraîches au réfrigérateur. Elles se gardent environ 1 mois, mais il est préférable de les utiliser dans la semaine qui suit l'achat. Les oreilles-de-Judas se congèlent facilement telles quelles.

ORGE

Hordeum vulgare, **Graminées**
Nom anglais : *barley*

HISTORIQUE ◆ Une des plus anciennes céréales cultivées. La culture de l'orge serait antérieure au néolithique (plus de 10 000 ans). On trouve mention de l'orge tout au long de l'histoire. Cette céréale est probablement originaire d'Asie. On la cultiva intensivement ainsi que le blé en Asie, en Europe, au Moyen-Orient et en Ancienne Égypte. Durant de nombreux siècles, on se nourrit d'orge crue ou grillée. On fabriquait aussi des pains d'orge, pains nourrissants mais lourds, secs et difficiles à digérer. Dans la Grèce antique, ces pains étaient méprisés, on les jugeait bons pour les esclaves.

L'orge est une plante annuelle au cycle végétatif court. C'est la céréale qui s'adapte le mieux aux différents climats ; elle est très résistante au froid, au manque d'eau et à la pauvreté des sols. La plante atteint habituellement de 1 à 2 m de hauteur et développe des rangées de 2, 4 ou 6 grains, disposés le long d'un axe principal. Il existe environ 20 variétés divisées en orge d'été et en orge d'hiver. Les plus grands pays producteurs d'orge sont la CÉI, l'Allemagne, les États-Unis, la France, la Grande-Bretagne et le Canada. Au Canada, cette céréale est la troisième en importance. Seulement un peu plus du tiers de la production mondiale est destiné à la consommation humaine et sert principalement à fabriquer bière et whisky ; le reste sert à nourrir les animaux.

Le grain d'orge est de forme elliptique et de couleur blanc laiteux. Pour être comestible, il doit être séparé de son enveloppe extérieure. La façon dont il est décortiqué détermine sa valeur nutritive, car les nutriments sont plus nombreux près de l'enveloppe. On obtient l'orge mondé, l'orge écossaise et l'orge perlé.

L'**orge mondé** (*hulled barley* en anglais) est de l'orge simplement débarrassée de son enveloppe extérieure. Ce grain est le plus nourrissant car il a perdu très peu d'éléments nutritifs.

___

L'**orge écossaise** (*scotch barley* ou *pot barley* en anglais) a subi trois opérations de polissage effectuées par abrasion. Le grain a perdu divers nutriments, surtout des vitamines et des minéraux.

___

L'**orge perlé** (*pearl barley* en anglais) a supporté six abrasions ; c'est l'équivalent du riz blanc. Le grain a perdu son germe ainsi qu'une certaine quantité de vitamines, de minéraux, de fibres, de matières grasses et de protéines.

L'orge est également commercialisée sous forme :

- d'**orge concassée**, consistant en des grains d'orge entiers décortiqués, rôtis puis cassés en six ou huit morceaux ;

- de **flocons d'orge**, qu'on obtient et qu'on utilise comme les flocons d'avoine ;

- et de **farine d'orge**, une farine plus ou moins raffinée.

Certaines variétés d'orge constituent l'ingrédient principal du **malt**. Le malt sert surtout à la fabrication de la bière et du whisky. Pour obtenir le malt, on fait d'abord germer les grains d'orge, après quoi ces derniers sont séchés, grillés puis moulus. Quand cette farine est mise à fermenter, l'amidon qu'elle contient se transforme en sucres divers puis en alcool. Plus le malt est grillé longtemps, plus la bière obtenue est foncée.

CUISSON ◆ L'orge mondé cuit en 1 heure environ à feu doux ; mettre 720 ml de liquide par 240 ml de grains (200 g). De préférence mettre l'orge à tremper plusieurs heures avant la cuisson (utiliser le liquide pour cuire). Si désiré, égoutter l'orge puis la griller avant de la cuire.

UTILISATION ◆ L'orge est souvent mise dans les soupes et les ragoûts. Elle a cependant un usage plus étendu. Elle peut être utilisée comme les autres céréales. La cuire telle quelle ou en même temps que le riz (s'il s'agit d'orge perlé) ou l'incorporer aux pâtés, croquettes, puddings et desserts. La texture légèrement caoutchouteuse de l'orge apporte une touche inhabituelle aux salades composées. L'orge entre souvent dans la fabrication du miso (voir Miso). Torréfiée et broyée, l'orge sert de succédané de café.

La farine d'orge épaissit soupes et sauces. Elle confère un léger goût sucré aux aliments. On la met notamment dans les biscuits, le pain, les crêpes et les gâteaux. Elle manque de gluten, aussi doit-on la combiner avec de la farine de blé si on veut qu'elle lève.

VALEUR NUTRITIVE	
L'orge perlé cuit contient	
Eau	68,8 %
Protéines	2,3 g
Matières grasses	0,4 g
Glucides	28,2 g
Fibres	6,5 g
123 calories/100 g	

Comme toutes les céréales, l'orge a des protéines dites incomplètes (voir Céréales). L'orge perlé cuit contient de la niacine, du fer, du zinc, du magnésium, du potassium, de la folacine, de la vitamine B_6, de la thiamine, du cuivre et du phosphore ainsi que des traces de riboflavine et d'acide pantothénique. L'orge est une excellente source de fibres solubles et, de façon plus générale, une source élevée de fibres. On dit l'orge fortifiante, émolliente, régénératrice, bénéfique pour le système respiratoire et antidiarrhéique. Elle est facile à digérer. En tisane, on l'utilise depuis fort longtemps pour soulager la toux.

L'orge est un aliment de base des Tibétains, qui se nourrissent de *tsampa*, une épaisse bouillie faite avec de la farine rôtie, et qui boivent du *chang*, une boisson alcoolisée à base d'orge.

Le malt sert non seulement pour fabriquer de la bière, du whisky et du succédané de café, mais aussi pour enrichir certains aliments ou comme sirop.

ORMEAU

Haliotis spp **Haliotidés**
Autres noms : *haliotide, oreille de mer*
Nom anglais : *abalone*

HISTORIQUE ◆ Mollusque gastéropode que l'on trouve principalement dans le Pacifique et l'océan Indien. L'ormeau est pêché notamment en Californie, en Australie, en Nouvelle–Zélande, au Chili, au Japon et en Afrique du Sud. Les Japonais sont très friands de l'ormeau et ils achètent la plus grande partie de la production mondiale.

L'ormeau est formé d'un muscle, appelé aussi «pied», qui se fixe sur les rochers. Chaque ormeau est pêché individuellement. Il est détaché facilement s'il est pris par surprise, mais il adhère fortement au rocher lorsqu'il se sent attaqué. La pêche est souvent effectuée par des plongeurs. Cette pêche est dangereuse, car des requins rôdent fréquemment dans les parages. La pêche est aussi faite à l'aide de perches. Dans plusieurs pays, elle est réglementée parce que l'ormeau est menacé de disparition. L'ormeau loge dans une coquille qui a la forme d'une oreille, c'est pourquoi on l'a surnommé «oreille de mer». De nombreux petits trous ornent la bord de sa coquille, qui a souvent des teintes de rouge ou de rose. L'intérieur de la coquille est nacré ; ce nacre est très utilisé en bijouterie. Il existe plus de 100 espèces d'ormeaux. Les ormeaux matures mesurent en moyenne de 10 à 25 cm de diamètre.

La chair de l'ormeau est habituellement blanche. Ferme et compacte, elle est très savoureuse. Sa forme est semblable à celle du pétoncle, mais sa dimension est plus imposante. L'ormeau se raidit lorsqu'il est pêché et son muscle demeure contracté, même après avoir été retiré de sa coquille. Pour obtenir une chair non caoutchouteuse, il est important de la battre avant de la cuire, car même la cuisson ne l'attendrit pas. L'ormeau est souvent commercialisé battu.

ACHAT ◆ L'ormeau est surtout vendu en conserve, déshydraté ou congelé. Il est habituellement disponible dans les boutiques spécialisées. Il est rare et coûteux.

PRÉPARATION ◆ Bien laver l'ormeau cru afin de déloger le sable qui s'infiltre dans les replis de sa chair ; utiliser une petite brosse si nécessaire. Le laisser entier ou le couper en tranches. Pour battre l'ormeau, le placer entre deux linges propres et l'aplatir à l'aide d'un rouleau à

VALEUR NUTRITIVE	
L'ormeau contient	
Protéines	17 g
Matières grasses	0,1 g
Glucides	3,6 g
105 calories/100 g, cru	

Il est riche en vitamines du complexe B tels la vitamine B_{12}, la niacine et l'acide pantothénique.

pâtisserie, d'un maillet, d'une roche ou de tout autre objet lourd. On peut également le mettre dans un sac résistant et le frapper sur le sol quelques minutes. On peut aussi attendrir les ormeaux en les cuisant dans la marmite à pression. Mettre 1/2 litre d'eau et cuire 20 minutes, puis laisser les ormeaux refroidir dans le liquide. Les apprêter selon la recette choisie.

CUISSON ◆ L'ormeau peut être bouilli, grillé, braisé ou frit. Éviter de le cuire trop longtemps car il durcira et perdra de sa saveur. De minces tranches cuites à feu vif nécessitent environ 30 secondes de cuisson de chaque côté. N'ajouter l'ormeau qu'au dernier moment dans les mets qui sont cuisinés et ne saler qu'en fin de cuisson.

UTILISATION ◆ L'ormeau se mange aussi bien cru que cuit. Il est excellent dans les entrées, les salades, les soupes et les mets cuits à l'étuvée. L'ormeau à la mayonnaise est une présentation classique au Chili (où il est appelé *loco*).

CONSERVATION ◆ L'ormeau se conserve 2 ou 3 jours au réfrigérateur. S'il est frais pêché, le mettre d'abord dans de l'eau salée pendant 2 jours, en changeant l'eau plusieurs fois, afin que le contenu de l'estomac soit expulsé. L'ormeau se congèle. Sa durée de conservation est d'environ 3 mois.

ORTIE

Urtica dioïca, **Urticacées**
Nom anglais : *stinging nettle*
Autres noms : *bigstring, dog nettle, small nettle*

HISTORIQUE ◆ Plante herbacée urticante originaire d'Eurasie. L'ortie croît dans la plupart des régions tempérées et on la retrouve le long des routes, au bord de l'eau et dans les terrains vagues. Elle n'a pas bonne réputation, mais c'est une plante comestible à saveur plus ou moins piquante, selon les espèces, au nombre d'une centaine. Les espèces les plus courantes sont la grande ortie et la petite ortie.

Grande ortie *(U. dioïca)*. Plante annuelle appelée parfois «ortie dioïque» ou «ortie commune». La grande ortie atteint entre 50 cm et 1,5 m de hauteur; sa longue tige cannelée et hérissée de poils se rigidifie en vieillissant. Ses larges et longues feuilles ovales d'un vert foncé sont recouvertes de poils. Ses fleurs verdâtres se forment en grappes à l'aisselle des feuilles supérieures. Elles contiennent un liquide retenu dans un petit réservoir logé à leur extrémité, liquide qui cause des démangeaisons heureusement de courte durée.

Petite ortie *(U. urens)*. Plante annuelle appelée parfois «ortie romaine» ou «ortie brûlante». La petite ortie mesure environ 50 cm de haut. Ses feuilles lisses, très dentelées et plus arrondies que celles de la grande ortie, provoquent une irritation plus forte.

UTILISATION ◆ L'ortie se récolte avant que ses tiges durcissent. On peut se munir de gants, mais ce n'est pas nécessaire si on évite de toucher au sommet des feuilles. Celles-ci perdent leur caractère irritant en cuisant (à environ 60 °C) ou en séchant. On utilise l'ortie comme l'épinard. Elle est particulièrement délicieuse en soupe, avec des pommes de terre, du poireau, du cresson, du chou ou des légumineuses. On la cuit souvent à l'étuvée avec de l'oignon, de l'ail et de la muscade. Les feuilles plus tendres et les variétés moins piquantes peuvent être utilisées crues, hachées finement. Contenant beaucoup de chlorophylle, elles resteront d'un beau vert si elles cuisent peu longtemps.

VALEUR NUTRITIVE	
L'ortie crue contient	
Protéines	5,5 g
Matières grasses	0,7 g
Glucides	7 g
57 calories/100 g	

Elle est riche en fer, en calcium, en potassium, en magnésium et en vitamines A et C. On la dit astringente, tonique, digestive, galactogène, dépurative, antirhumatismale et diurétique. On s'en sert en gargarismes pour prévenir les problèmes d'infection de la bouche ou en décoction contre la chute des cheveux ou les problèmes de pellicules.

L'ortie peut aussi servir à préparer des tisanes. Faire bouillir 2 minutes 15 ml (1 cuillerée à soupe) de feuilles par tasse d'eau ou faire bouillir 5 minutes 15 ml (1 cuillerée à soupe) de racines, puis laisser infuser 10 minutes.

 CONSERVATION ♦ L'ortie est fragile et se conserve au réfrigérateur. La placer sans la laver dans un sac de plastique perforé.

OSEILLE / PATIENCE

Rumex spp, **Polygonacées**
Noms anglais : *sorrel, dock, patience*

 HISTORIQUE ♦ Plantes potagères vivaces originaires d'Europe. L'oseille et la patience sont 2 variétés d'une même espèce qui croît à l'état sauvage ou qui est cultivée un peu partout sous les climats tempérés. Elles sont apparentées à la rhubarbe, et comme cette dernière elles ont une saveur piquante et acidulée. Le mot oseille fait d'ailleurs référence à cette caractéristique, il est dérivé de l'ancien français *surele*, signifiant « sur ». L'oseille est populaire en Europe depuis très longtemps. Les cuisines françaises et anglaises notamment lui font une place de choix.

L'**oseille** a des feuilles larges et tendres, d'un vert brillant. Plus ou moins dentelées selon les variétés, au nombre d'une centaine, ces feuilles ont légèrement la forme de pointes de flèches et mesurent habituellement de 15 à 20 cm de long. Les tiges florales produisent des grappes de fleurs rougeâtres en forme de clochettes.

La **patience** est plus grande que l'oseille et ses feuilles arrondies sont rugueuses ; ses grappes de fleurs sont vertes. Elle est souvent considérée comme une mauvaise herbe. Ses feuilles sont moins savoureuses.

ACHAT ♦ Rechercher de l'oseille aux feuilles fermes et luisantes, d'un beau vert, avec des tiges fines car elles sont moins fibreuses.

PRÉPARATION ♦ Laver l'oseille seulement avant de la consommer, sinon les feuilles perdent leur belle apparence. Ne pas la mettre à tremper.

La laver à grande eau, dans un récipient assez grand pour permettre de la recouvrir d'eau et de la secouer doucement ; changer l'eau si nécessaire. L'oseille est habituellement cuite sans ses tiges. Pour retirer la tige, plier la feuille en deux dans le sens de la longueur et tirer sur la tige, qui s'en séparera facilement.

UTILISATION ♦ L'oseille peut être mangée crue ou cuite. Sa saveur aigrelette ajoute une note rafraîchis-

VALEUR NUTRITIVE

L'oseille crue contient

Eau	92,9 %
Protéines	1,9 g
Matières grasses	0,8 g
Glucides	3,1 g
28 calories/100 g	

L'oseille est une excellente source de vitamine C, de magnésium, de vitamine A et de potassium ; elle est une bonne source de fer et contient des traces de phosphore. L'oseille cuite contient sensiblement les mêmes proportions de vitamines et de minéraux que l'oseille crue. Comme l'épinard et la rhubarbe, l'oseille et la patience renferment une bonne quantité d'acide oxalique, il est donc préférable de les consommer avec modération. On les dit diurétiques, revitalisantes, rafraîchissantes, apéritives, digestives, antiscorbutiques et légèrement laxatives.

sante aux salades. On la cuit et l'apprête comme l'épinard. Elle est particulièrement délicieuse dans les soupes et dans les sauces. Le potage à l'oseille est un classique dans plusieurs cuisines européennes, depuis la France jusqu'en Russie. La sauce à l'oseille se marie bien avec le poisson, la volaille, le veau, les œufs et les quiches. Mise en purée, l'oseille se mélange bien à une purée de pomme de terre ou de légumineuses. Pour atténuer l'acidité de l'oseille, on peut l'apprêter avec des feuilles de laitue ou l'arroser de crème. Éviter de cuire l'oseille et la patience dans une casserole en aluminium ou en fonte, car elles noircissent au contact de ces métaux.

CONSERVATION ◆ Ces légumes sont fragiles, les consommer le plus tôt possible. Ils se conserveront quelques jours au réfrigérateur, placés dans un sac de plastique perforé. Les laver uniquement au moment de les utiliser.

OURSIN

Stongylocentrotus spp, **Échinodermes**
Autres noms et espèces : *hérisson de mer, châtaigne de mer*
Nom anglais : *sea urchin*
Autres noms : *sea hedgehog, sea hog, sea egg, kina* (en Nouvelle-Zélande)

HISTORIQUE ◆ Petit animal marin qui habite près des côtes. L'oursin est présent dans la plupart des mers. Il a une consistance et une saveur très particulières, difficilement définissables. L'oursin déplaît souvent la première fois qu'on y goûte, ou tout au moins il surprend. Certains le considèrent comme un mets délicat. Pour les personnes qui ont eu le malheur de mettre le pied sur cet animal, l'oursin est plutôt une nuisance. Il existe près de 500 variétés d'oursins parmi lesquelles plusieurs ne sont pas comestibles.

L'oursin a une carapace sphérique plus ou moins aplatie selon les espèces et atteint généralement de 7 à 8 cm de diamètre. Cette carapace est recouverte de piquants longs d'environ 2 cm chez les espèces les plus courantes, mais pouvant atteindre de 10 à l5 cm (d'où ses surnoms de « hérisson de mer » et de « châtaigne de mer »). Quelques piquants sont fixes, d'autres munis de ventouses sont mobiles, permettant à l'oursin de se déplacer. Un certain nombre de piquants se terminent en pinces afin que l'oursin puisse se nourrir. Certaines espèces ont des piquants vénéneux. Le dessus de la carapace est totalement recouvert de piquants et abrite seulement l'anus, placé au milieu. La bouche, munie de 5 dents et entourée d'une zone exempte de piquants, est placée en dessous de la carapace. La bouche en forme de lanterne est curieusement appelée « lanterne d'Aristote ». Sous la bouche se trouve la partie comestible, soit les 5 glandes sexuelles (ovaires ou gonades, car l'oursin est unisexué) appelées « corail » et le liquide dans lequel elles baignent. Le corail est de couleur orangée comme celui de la moule et celui du pétoncle.

ACHAT ◆ Les oursins sont commercialisés vivants ou prêts à servir, souvent emballés dans de petites boîtes en bois. Ils sont très périssables. À l'achat des oursins vivants, choisir ceux qui ont leurs piquants dressés, signe de fraîcheur.

VALEUR NUTRITIVE	
L'oursin contient	
Protéines	12 g
Matières grasses	4 g
126 calories/100 g, cru	

PRÉPARATION ◆ Pour ouvrir l'oursin, se munir d'un chiffon épais ou d'un bon gant. Prendre l'oursin de façon à pouvoir pratiquer une ouverture près de la bouche et tout autour de la partie dépourvue de piquants en se servant de ciseaux. Jeter les viscères noirâtres. Retirer le corail avec une cuiller et verser le liquide dans un bol, puis enlever les débris de carapace qui ont pu y tomber.

UTILISATION ◆ L'oursin est le plus digestible de tous les fruits de mer. Les manières de le préparer sont assez limitées. On mange souvent l'oursin cru, avec ou sans le liquide dans lequel il baigne, agrémenté d'un peu de jus de citron ou de lime, d'échalote et de sel, avec du pain beurré ou déposé sur des canapés. L'oursin aromatise sauces, mayonnaises et trempettes. On l'incorpore aux omelettes, aux œufs brouillés ou aux crêpes. Il sert également à cuisiner un délicieux potage. On peut le cuire quelques minutes dans de l'eau bouillante salée, comme un œuf à la coque.

CONSERVATION ◆ L'oursin se conserve 1 jour ou 2 au réfrigérateur.

PACANE

Carya spp, **Juglandacées**
Autre nom : noix de pacane
Nom anglais : *pecan*

HISTORIQUE ◆ Fruit du pacanier, un arbre imposant originaire des États-Unis. La pacane était un aliment de base des Amérindiens avant l'arrivée des Européens. Elle est toujours populaire aux États-Unis, particulièrement dans le sud du pays. Elle est cultivée intensivement dans les États du Texas, de l'Oklahoma, de Georgie et de la Floride. Le Texas a déclaré le pacanier son arbre national.

Il existe plus de 300 variétés de pacaniers, dont une adaptée au climat plus froid et que l'on retrouve jusqu'au Canada. Le pacanier fut greffé pour la première fois en 1846 par un esclave nommé Antoine. Cet esclave, qui vivait sur une plantation en Louisane, greffa en tout 126 arbres. Ces arbres furent appelés « centennials » à la fin de la guerre de Sécession. Le pacanier fut introduit en Australie vers 1980.

Le pacanier vit longtemps. Il n'est pas rare de trouver des arbres centenaires, et certains ont environ 1 000 ans. Le pacanier peut mesurer plus de 2 m de circonférence et jusqu'à 55 m de hauteur. Très décoratif, il porte des fleurs en chatons comme les noisetiers, une espèce de la même famille. Il produit environ 200 kg de noix par année. Dans les grandes plantations, la récolte est complètement mécanisée. Elle s'effectue à l'aide de machines qui brassent les arbres ou d'hélicoptères qui font tomber les noix et d'appareils qui aspirent ces dernières.

La pacane est composée d'une graine (amande) formée de 2 lobes qui ressemblent à la noix. Ces graines de couleur blanchâtre sont recouvertes d'une mince pellicule brun foncé. Elles sont logées dans une coque ovale et lisse, facile à casser, de couleur brunâtre. Elles se dégagent facilement de la coque. Celle-ci est entourée d'une enveloppe charnue de couleur verte qui éclate en 4 parties lorsque le fruit est mûr. Sa partie extérieure est plutôt terne. Les producteurs en changent souvent l'aspect pour mousser les ventes. Ils lavent les pacanes, les sablent, les teignent en brun on en rouge, les cirent et les polissent. La taille de la pacane est très variable. Plusieurs variétés mesurent de 3 à 4 cm de long et 2 cm de large. Il n'y a pas de corrélation entre la grosseur et la qualité ; une petite variété de pacanes est aussi savoureuse qu'une grosse. La saveur de la pacane fraîche s'améliore dans les 3 semaines qui suivent la récolte, après quoi la pacane commence lentement à rancir, car son contenu en matières grasses est très élevé. La pacane a une saveur légèrement moins prononcée que la noix.

ACHAT ◆ Choisir des pacanes non écalées relativement lourdes, qui semblent pleines si on les secoue. Les noix écalées ont souvent une saveur qui laisse à désirer ou sont franchement rances. Les acheter dans un magasin où le roulement est rapide. Préférer les pacanes conservées sous vide dans des pots en verre ou dans des boîtes de conserve, ces contenants assurant un maximum de fraîcheur.

UTILISATION ◆ Les pacanes se consomment entières, moulues ou hachées. Elles entrent dans la préparation de nombreux mets, aussi bien salés que sucrés. En Amérique du Nord, un apprêt traditionnel est la tarte aux pacanes. On met les pacanes dans les biscuits, les gâteaux et les bonbons. On les recouvre de chocolat.

On extrait des pacanes une huile transparente de saveur douce, de qualité égale à l'huile d'olive. Cette huile dispendieuse à produire est utilisée surtout dans les salades.

CONSERVATION ◆ Les pacanes non écalées se conservent environ 3 mois à la température de la pièce, environ 6 mois à une température de 10 °C et environ 1 an à 1 °C. Les pacanes écalées absorbent facilement les odeurs et rancissent rapidement. Les placer dans un récipient hermétique et les conserver au réfrigérateur. Les pacanes se congèlent écalées ou non.

VALEUR NUTRITIVE

La pacane séchée contient

Eau	4,8 %
Protéines	3,9 g
Matières grasses	33,8 g
Glucides	9,1 g
Fibres	2,6 g
334 calories/50 g	

Les matières grasses sont composées à 87 % d'acides non saturés (62 % d'acides monoinsaturés et 25 % d'acides polyinsaturés – voir Huile). La pacane et une excellente source de thiamine, de zinc, de cuivre et de magnésium et une bonne source de potassium ; elle contient du phosphore, de l'acide pantothénique, de la niacine, de la folacine, du fer et de la vitamine B_6 ainsi que des traces de riboflavine, de calcium et de vitamine A. Elle est une source de fibres.

La pacane rôtie à l'huile contient

Eau	4 %
Protéines	3,5 g
Matières grasses	35,6 g
Glucides	8,1 g
Fibres	3,6 g
343 calories/50 g	

La pacane rôtie à l'huile est une excellente source de zinc, de cuivre et de magnésium et une bonne source de potassium ; elle contient du phosphore, de l'acide pantothénique, de la thiamine, de la folacine, de la niacine, du fer et de la vitamine B_6 ainsi que des traces de riboflavine, de calcium et de vitamine A. Elle est une source élevée de fibres. La pacane rôtie à sec a une teneur en gras moins élevée.

PAIN

Nom anglais : *bread*

HISTORIQUE ◆ Aliment fait essentiellement de farine, d'eau et de sel et cuit au four. Le pain peut contenir un ferment – levain ou levure – qui le fait gonfler ou il peut en être dépourvu ; c'est alors un pain non levé (nommé pain « pita » au Moyen-Orient, « chapati » en Inde, etc.).

La découverte du pain fut sûrement le fruit du hasard. On aura laissé plusieurs heures à l'air ambiant une bouillie de céréales, forme sous laquelle on ingérait les céréales avant de connaître le pain. Ce mélange aura fermenté et levé sous l'action de la flore présente dans la farine et dans l'air.

Au Moyen-Orient et en Europe, l'importance du pain fut considérable, tant comme aliment que comme symbole. Dans la religion catholique, le pain représente le corps du

Christ. Dans la religion juive, il commémore la fuite en Égypte (lors de cet événement, les Hébreux durent cuire du pain non levé – « pain azyme »). Toute une série d'expressions découlent de l'importance accordée au pain, notamment « avoir du pain sur la planche », « manger son pain blanc le premier », « ôter le pain de la bouche » et « se vendre comme des petits pains chauds ».

Les Égyptiens auraient inventé le four à pain. Ils furent les premiers à cuire une grande variété de pains, près d'une cinquantaine, ce qui leur valut d'être parfois surnommés « mangeurs de pain ». Les Grecs furent probablement les meilleurs boulangers de l'Antiquité. Ils produisirent une farine plus fine et ils intégrèrent divers ingrédients au pain, dont des fines herbes, des épices, de l'huile, du fromage, des fruits, de la purée de pois, du pavot et du sésame. Dans la Rome antique, les boulangeries n'apparurent qu'au milieu du IIe siècle av. J.-C. La fabrication commerciale du pain devait plus tard être régularisée et devenir un métier défini par des règles strictes. Les Romains firent connaître l'art de cuire des pains levés dans le reste de l'Empire. En Europe, la fabrication du pain fut longtemps artisanale, surtout dans les campagnes. Le développement de la technologie transforma radicalement cette situation.

La consommation du pain a diminué en Occident au XXe siècle, parce que le pain fut accusé de causer de l'embonpoint. Depuis quelques années, on tente de réhabiliter cet aliment nourrissant, dont le contenu en calories est modéré, en suggérant de mieux choisir les aliments qui l'accompagnent et d'éviter notamment le beurre, les charcuteries et le chocolat.

La fermentation spontanée de la pâte (lorsque de la farine et de l'eau séjournent à la température de la pièce) est un processus long et imprévisible. Aussi apprit-on très tôt à se servir de levain, une portion de pâte fermentée non cuite prélevée d'une préparation précédente. Le levain est constitué de levures et de bactéries. Il est acide, ce qui empêche le développement de bactéries pathogènes. Dans le langage populaire, on nomme le levain « pâte aigrie ». Le levain s'altère s'il n'est pas utilisé en moins de 8 jours et il est nécessaire de lui ajouter farine et eau tiède si on veut le conserver plus longtemps. Le levain est beaucoup moins utilisé depuis une centaine d'années, car il doit être réactivé avant d'être panifié et cette opération est longue et pénible. Il a été remplacé par la levure de boulanger (appelée aussi levure de bière), beaucoup plus facile à utiliser, qui agit plus rapidement et plus uniformément, tout en permettant d'accélérer et d'augmenter la production. La levure est constituée de champignons microscopiques *(saccharomyces cerevisiae)*; comme le levain, c'est une culture vivante. On la produit industriellement en ensemençant des moûts de céréales ou une solution de mélasse, d'acide phosphorique et d'ammoniac. Lorsque les champignons ont cessé de croître, ils sont centrifugés, lavés, puis compressés ou déshydratés.

La levure se nourrit de sucre, soit du sucre ajouté à la pâte, soit celui qui provient de l'amidon de la farine lorsqu'il est transformé en sucres simples sous l'action d'une enzyme libérée par la levure. Elle convertit ce sucre en gaz carbonique et en alcool, des substances qui restent emprisonnées dans le gluten. Le gluten est une matière de nature protidique qui devient visqueuse et élastique lorsqu'elle est mise en contact avec un liquide. Il a la propriété de retenir le gaz produit par la fermentation de la pâte, ce qui fait lever celle-ci.

À la cuisson, l'alcool s'évapore et les bulles de gaz restent emprisonnées dans la pâte, formant des alvéoles. Le gaz des bulles sera délogé des alvéoles par l'air ambiant lorsque le pain refroidira.

Le levain transforme aussi l'amidon, mais parce qu'il contient des bactéries lactiques en plus grand nombre, la formation d'alcool est réduite. Il se distingue également de la levure en ce qu'il libère la phytase, une enzyme qui neutralise l'acide phytique (voir Céréales). Le pain au levain diffère du pain à la levure sur plusieurs autres points ; il lève moins, sa mie a des alvéoles irrégulières et plus petites, il est légèrement acide, plus savoureux, plus digestible et il se conserve mieux.

Fabrication du pain

La panification comporte 4 opérations principales : le délayage, le pétrissage, la fermentation et la cuisson.

Le **délayage** consiste à incorporer le liquide à la farine, au sel, au ferment et aux autres ingrédients qui pourront constituer le pain (sucre, raisins, noix, etc.).

Le **pétrissage** vise à répartir également les ingrédients, à activer les ferments et à permettre qu'une certaine quantité de gaz carbonique s'évapore pour restreindre le levage de la pâte. Ce travail long et fatigant s'est longtemps effectué à la main ou à l'aide des pieds. Au Moyen-Âge, on appelait « geindre » (ou « gindre ») l'ouvrier affecté à cette tâche. Le pétrissage est maintenant mécanisé et il est presque toujours raccourci par l'action d'additifs chimiques.

La **fermentation** est l'étape cruciale pendant laquelle les ferments font lever la pâte. Elle doit s'effectuer à l'abri des courants d'air et à une température se situant entre 23 et 32 °C, car trop de chaleur tue le ferment et trop de froid retarde son action. La température idéale pour la panification maison est de 26 à 29 °C. De la fermentation dépendront notamment le volume, la légèreté et la saveur du pain. Si elle est écourtée ou prolongée, le pain sera compact et massif. Souvent, si elle a trop duré, le pain aura un goût sur. La pâte lèvera d'abord dans le bol plusieurs heures, puis 1 ou parfois 2 autres fois dans le moule à pain, 2 ou 3 heures après avoir été retravaillée et façonnée (une pâte levée 3 fois donne un pain léger, de texture fine). Pour vérifier si la fermentation est suffisante, insérer 2 doigts dans la pâte ; si leurs empreintes restent imprimées, il est temps de passer à la cuisson, si la pâte les efface, la fermentation est incomplète.

La **cuisson** entraîne plusieurs transformations : elle arrête notamment l'action des ferments, rend l'amidon gélatineux, développe la saveur et permet au gaz de prendre de l'expansion. Elle s'effectua très longtemps dans des fours à bois. Elle se fait maintenant surtout dans des fours chauffés à l'électricité, au gaz ou au mazout. Dès qu'elle est terminée, le pain est placé dans un endroit aéré, à l'abri des courants d'air. Il doit « ressuer », c'est-à-dire refroidir doucement pour que s'abaisse son taux d'humidité. C'est à ce moment qu'une partie du gaz carbonique s'échappe par la croûte et est remplacé par de l'air.

Durant le XXᵉ siècle, la fabrication du pain s'est industrialisée, ce qui a donné naissance à une industrie puissante et hautement mécanisée qui fait grand usage de farine blanche et d'additifs chimiques divers. Les additifs simplifient et accélèrent la panification, tout en permettant d'augmenter la marge de profits. Ils agissent de multiples façons :

- le stéaryl-2-lactylate de sodium et le stéaryl-2-lactylate de calcium donnent de la consistance à la pâte, qui peut résister aux manipulations mécaniques et ne pas souffrir d'un léger surplus de pétrissage. Ils retardent aussi le rancissement et permettent d'économiser sur les ingrédients ; ainsi, il est possible d'utiliser 5 % de plus d'eau, jusqu'à 50 % de moins de matières grasses et jusqu'à 20 % de moins de levure ;

- le sulfate de calcium et le chlorure d'ammonium servent de nourriture à la levure et agissent sur la texture du pain ;

- le bromate de potassium est un oxydant qui accélère le vieillissement de la farine et écourte la fermentation, qui peut s'effectuer en seulement 2 minutes ;

- les mono et diglycérides influencent le volume et la texture du pain et prolongent sa conservation ;

- le propionate de calcium retarde le développement des moisissures et des bactéries.

L'usage des additifs est une pratique discutable, car il risque d'entraîner des répercussions sur la santé. Tous les pains ne contiennent pas d'additifs cependant, ce qu'il est possible de vérifier en consultant la liste des ingrédients sur l'étiquette.

Le blé est la céréale panifiable par excellence à cause de la nature de son gluten. Celui-ci se travaille plus facilement et donne un pain plus léger et plus savoureux que celui des autres céréales. Le seigle et le triticale ont un gluten suffisamment élastique pour être panifiés seuls, mais les résultats ne sont pas aussi satisfaisants qu'avec le blé. Les autres céréales doivent être combinées au blé pour lever suffisamment.

Le pain peut contenir des céréales en grain et divers autres ingrédients, dont de la bière, des noix, des légumes, des fruits et des épices. Il peut être modelé à volonté (tresse, baguette, miche, couronne, etc.). La fabrication commerciale du pain a longtemps été divisée en 2 secteurs distincts ; d'une part, le pain fabriqué par la grande industrie, d'autre part, le pain boulangé traditionnellement (et surtout distribué dans le réseau des magasins d'aliments de santé). Depuis quelques années, un nouveau concept dans la commercialisation du pain tend à se généraliser. Le pain est cuit sur place dans les magasins (épiceries, fruiteries) et l'odeur quasi irrésistible du pain chaud génère de nombreux achats, majoritairement impulsifs. Parmi toute la gamme de pains offerts, certains occupent une place prépondérante, dont le pain blanc, le pain brun et le pain de seigle.

Pain blanc. Le pain de blé fait de farine blanche raffinée et contenant des additifs accapare la plus grande part du marché. La grande industrie offre également du pain blanc dans lequel elle ajoute des fibres. Elle cherche à satisfaire la demande depuis qu'une partie de la population est sensibilisée aux conséquences d'une alimentation pauvre en fibres (mauvais transit intestinal, maladies du système digestif, etc.). Cette solution est imparfaite, car elle ne tient pas compte des autres éléments nutritifs contenus dans le grain et disparus lors du raffinage (voir Farine).

Du pain blanc artisanal à la mie jaunâtre, fait avec de la farine non blanchie et sans l'ajout d'additifs, est également disponible, surtout dans les magasins d'alimentation naturelle.

Pain brun (nommé « pain complet » en Europe). La grande industrie fabrique toute une gamme de pains bruns au taux d'extraction variable (voir Farine). Certains contiennent des additifs, d'autres en sont exempts. Il arrive que le pain brun soit fait de farine blanche raffinée à laquelle on a ajouté son, germe, mélasse et colorant.

Le pain brun artisanal est habituellement fait de farine entière et est dépourvu d'additifs ; il est plus dense, plus massif et de saveur plus prononcée.

Pain de seigle. Pain dense et compact, car le gluten du seigle est moins élastique que celui du blé et lève moins. Le pain de seigle se conserve plus longtemps que les pains de blé parce qu'il se dessèche moins rapidement.

Le pain fait avec de la farine peu ou pas raffinée donne un pain presque noir, à saveur prononcée. Il est souvent moins apprécié qu'un pain plus léger, aussi fabrique-t-on des pains faits de farine de seigle raffinée ou d'un mélange de farine de seigle et de farine de blé.

 ACHAT ◆ Quel pain acheter ? Il n'est pas facile de répondre à cette interrogation, car plusieurs facteurs peuvent être pris en considération. Ainsi, on peut aborder le

VALEUR NUTRITIVE						
	% eau (g)	protéines (g)	glucides (g)	matières grasses (g)	fibres	calories
pain blanc (28 g par tranche)	35,8	2,4	14,1	0,9	0,5	75
pain blé concassé (25 g/tr.)	34,9	2,2	13,0	0,6	1,0	66
pain blé entier (28 g/tr.)	36,4	2,5	13,8	0,7	1,6	67
pain seigle foncé (32 g/tr.)	34	2,9	17,0	0,4	1,7	79
pain seigle pâle (25 g/tr.)	35,5	2,3	13,0	0,3	0,7	61

Le contenu en vitamines, en minéraux et en fibres est par contre très différent d'un pain à l'autre.

Le pain blanc est une bonne source de thiamine, de niacine, de fer et de folacine ; il contient de la riboflavine, du phosphore, du potassium, du calcium et de l'acide pantothénique.

Le pain de blé concassé est une bonne source de magnésium, de thiamine, de niacine, de fer et de zinc ; il contient de la riboflavine, de la folacine, du phosphore, du cuivre, du potassium, de l'acide pantothénique et du calcium.

Le pain de blé entier contient de la folacine, du phosphore, de la thiamine, du fer, du potassium et de la niacine ainsi que des traces d'acide pantothénique et de vitamine B_6.

Le pain de seigle foncé contient du potassium, du phosphore, du magnésium, du fer, de la thiamine, du cuivre et du zinc ainsi que des traces de niacine et de folacine.

Le pain de seigle pâle contient de la thiamine et de la folacine ainsi que des traces de niacine, de fer et de phosphore.

Le pain complet constitue l'aliment le plus nourrissant. Il est cependant plus difficile à digérer que le pain blanc. Il est intéressant d'introduire de la diversité dans sa consommation de pain en choisissant entre les nombreux pains de céréales complètes. Cela permet non seulement d'ingérer une plus grande variété de nutriments, car chaque céréale apporte une combinaison différente d'éléments nutritifs, mais aussi de varier les saveurs.

sujet du point de vue de la saveur, de l'utilisation ou de la valeur nutritive. La question de la valeur nutritive est complexe, car elle comporte plusieurs aspects. Ainsi :

La teneur en protéines, en glucides, en matières grasses et en calories est relativement semblable d'une variété à l'autre, comme le montre le tableau.

PRÉPARATION ◆ Il est préférable de ne tailler le pain qu'au moment de l'utiliser pour en retarder le dessèchement. Lorsque le pain est rassis, le mettre au four (60 °C) une dizaine de minutes, il redeviendra comme frais.

UTILISATION ◆ Le pain peut être mangé avec presque tout et son utilisation est variée. Il est présent sur la table de l'entrée au dessert (par exemple, les Européens aiment bien recouvrir une tranche de pain de morceaux de chocolat). Le pain est indispensable dans les sandwichs et plusieurs autres mets (fondue au fromage, croûtes). Il est très populaire le matin, rôti ou non. On le cuisine en pudding (nommé pain perdu en Europe) quand il est rassis, on le déshydrate (biscottes), on le transforme en croûtons et en chapelure, on le met dans les farces, on le prépare en canapés.

Il est préférable de ne pas consommer le pain immédiatement lorsqu'il sort du four, car il se digère alors difficilement. Attendre même au lendemain s'il s'agit d'un gros pain de campagne au levain.

La grillade du pain fait diminuer la valeur nutritive, réduisant par exemple de 15 à 20 % la teneur en thiamine et de 5 à 10 % la teneur en lysine (un acide aminé). Plus le pain est grillé, plus la perte est élevée.

CONSERVATION ◆ Le pain se conserve à l'abri de l'air. Le pain traditionnel peut séjourner plusieurs jours dans une boîte à pain s'il est conservé au frais. Ne pas le mettre dans un sac de plastique ; s'il est entamé, poser la face coupée à plat. Le pain se congèle facilement, peut-être trop même car il arrive que, une fois décongelé, il soit vendu pour du pain frais.

PALOURDE

Venus spp, **Vénéridés**
Autres noms et espèces : *mye, clam, clovisse, praire, vénus, couteau, mactre, quahog*
Nom anglais : *clam*
Autres noms : *quahog, steamer, razor clam*

HISTORIQUE ◆ La palourde est un mollusque bivalve appartenant à une imposante famille composée d'espèces qui parfois se ressemblent beaucoup. Une même espèce est souvent identifiée par plusieurs noms ou le même nom désigne plus d'une espèce. Cela crée une certaine confusion, pas très grave cependant, puisque la chair des mollusques est très souvent comparable. Ces mollusques préfèrent les eaux peu profondes. Ils s'enfouissent profondément dans les fonds sablonneux ou vaseux à l'aide d'un siphon extensible. Ce siphon permet aussi aux mollusques de se nourrir et d'expulser les déchets lorsqu'ils sont enfoncés dans le sable. Ils habitent les mers du monde entier. Dans l'Atlantique, ils sont disséminés dans un territoire allant du Labrador jusqu'au Mexique. Ces mollusques sont consommés depuis la nuit des temps. Les anthropologues trouvent souvent des traces de cette consommation dans des sites préhistoriques. On fait la culture de certaines espèces.

Certains de ces mollusques ont des coquilles très dures. Le nom *quahog*, donné à l'espèce *Arctica islandica*, est d'ailleurs dérivé d'un terme algonquin signifiant «coquille dure». Le nom latin de la **mactre d'Amérique**, *Spisula solidissima*, fait aussi référence à la fermeté de la coquille. La propriété de la coquille est également prise en considération par la langue anglaise, qui désigne les clams du nom de *hardshell* (ou de *softshell,* selon les cas). Plusieurs espèces ont des coquilles lisses (la **mactre d'Amérique**, le **couteau**), tandis que d'autres espèces, telle la **praire**, ont des valves striées. Les coquilles sont de couleur, de forme et de grosseur variables. Elles ont souvent des teintes de brun, de gris pâle ou de blanc crayeux. Les **couteaux** (ou **rasoirs**) sont minces et allongés. Leurs coquilles 6 fois plus longues que larges sont assez effilées pour couper la peau, d'où le nom évocateur donné à ce mollusque. La plupart des autres espèces sont cependant de forme elliptique. La plus volumineuse, la **mactre d'Amérique**, peut mesurer jusqu'à 18 cm de long (sa taille moyenne est d'environ 15 cm). Le **quahog nordique** atteint jusqu'à 13 cm, la **praire** de 5 à 7 cm. Les autres espèces sont assez petites (2 à 6 cm). La chair de ces mollusques varie de couleur selon les espèces, allant du blanc crème au gris et à l'orange foncé.

ACHAT ◆ Ces mollusques sont commercialisés vivants, cuits, congelés ou en conserve. À l'achat de mollusques vivants, choisir ceux dont les coquilles sont fermées, qui se referment immédiatement lorsqu'on les touche ou qui laissent jaillir un peu d'eau quand on les presse légèrement entre le pouce et l'index. Délaisser les mollusques qui dégagent une odeur d'ammoniac.

VALEUR NUTRITIVE	
La palourde contient	
Protéines	13 g
Matières grasses	1 g
Glucides	3 g
74 calories/100 g, crue	
Elle est riche en vitamine B_{12}, en potassium et en fer. Sa chair est maigre.	

PRÉPARATION ◆ Les mollusques vivants doivent être consommés assez rapidement après l'achat, car ils ne vivent pas longtemps. Ils contiennent presque toujours du sable, aussi est-il préférable de les faire tremper avant la cuisson. Utiliser de l'eau de mer ou de l'eau salée (60 à 75 ml [4 à 5 cuillerées à soupe] de sel par litre d'eau). Ajouter une généreuse dose de flocons d'avoine si on désire attendrir la chair et rehausser sa saveur. Laisser tremper de 1 à 6 heures. Changer l'eau de temps en temps, car si les mollusques trempent longtemps, le manque d'oxygène dans l'eau les fera mourir. Ces mollusques sont difficiles à ouvrir. On peut se faciliter le travail en les laissant reposer un certain temps au réfrigérateur : le muscle adducteur se détend alors et la lame d'un couteau pourra entrer plus facilement entre les valves. Essayer de ne pas abîmer les coquilles, de conserver l'eau qu'elles contiennent. On peut aussi les ouvrir en les exposant quelques minutes à la chaleur sèche (four, barbecue), en les mettant une trentaine de secondes dans le four à micro-ondes ou en les chauffant à la vapeur. Avant d'ouvrir ou de cuire les mollusques, bien les frotter puis les rincer pour faire disparaître toute trace de sable ou de lichen.

CUISSON ◆ Éviter de trop cuire ces mollusque car ils durcissent très rapidement. Cuire de 3 à 4 minutes lorsqu'ils sont grillés, de 1 à 2 minutes lorsqu'ils sont frits et de 5 à 6 minutes lorsqu'ils sont cuits à l'étuvée.

UTILISATION ◆ Les petits mollusques peuvent être mangés crus ou cuits. Ils sont excellents nature, arrosés de jus de citron. Les gros mollusques étant plus coriaces, on les consomme plus souvent cuits. Ils sont fréquemment hachés et mis dans les sauces et les chaudrées. Aux États-Unis, le *clam chowder* est une soupe très appréciée. Ces mollusques se marient particulièrement bien avec l'échalote, les tomates, le vin blanc et le thym. On les met dans les trempettes, les sauces, les salades, les croquettes, les soufflés, les quiches et les ragoûts. On les farcit et on les marine. En Italie, on aime préparer les spaghetti *alle vongole*. Les diverses espèces de palourdes sont interchangeables et peuvent aussi remplacer les autres mollusques (huîtres, moules, pétoncles) dans la plupart des recettes.

CONSERVATION ◆ Les mollusques dans leur coquille se conservent de 3 à 4 jours. Les placer dans un endroit frais ou au réfrigérateur. Les mollusques écaillés se conservent de 1 à 2 jours au réfrigérateur. Ces mollusquent se congèlent. Leur durée de conservation est d'environ 3 mois. Les cuisiner sans les décongeler, ils auront plus de saveur.

PAMPLEMOUSSE

Citrus grandis, **Rutacées**
Autres noms : *shaddock, chadèque*
Nom anglais : *pomelo*
Autres noms : *pummelo, shaddock*

HISTORIQUE ◆ Fruit du pamplemoussier, un arbre qui serait originaire d'Asie. Le pamplemoussier peut atteindre plus de 15 m de haut. Il est cultivé en Asie depuis plus de 4 000 ans. Le pamplemousse est très populaire dans plusieurs pays asiatiques, notamment en Chine, en Thaïlande et en Indonésie. Il est rarement commercialisé frais dans les pays occidentaux. Le mot pamplemousse date du XVIIe siècle et vient du néerlandais *pompelmoes* qui signifie « gros citron ». Le pamplemousse est aussi appelé « shaddock », du nom d'un capitaine anglais qui aurait introduit la culture de ce fruit dans les Caraïbes au début du XVIIIe siècle. On le nomme « chadèque » dans la langue créole, en Guadeloupe et en Martinique.

Le pamplemousse est le fruit de l'arbre *C. grandis* et on le nomme « pomelo » en anglais. Mais l'usage courant du mot pamplemousse désigne improprement une autre espèce d'agrume, le « pomélo », fruit de l'arbre *C. Paradisi*, et que la langue anglaise nomme « grapefruit » (le fruit consommé couramment au petit déjeuner). Le fait que la terminologie française soit à l'inverse de la terminologie anglaise cause de la confusion.

Le pamplemousse est rond ou en forme de poire. Il atteint généralement une dimension imposante, ce qui lui a valu l'appellation *grandis*. Il mesure souvent de 10 à 30 cm de diamètre et peut peser plus de 6 kg. Son écorce épaisse, de couleur verdâtre, jaunâtre ou rosée, se pèle facilement. Selon les variétés, sa pulpe peut être insipide ou savoureuse, très acide ou très sucrée, elle peut contenir des pépins ou en être exempte.

 ACHAT ◆ Choisir des pamplemousses lourds pour leur taille et relativement fermes. Certaines marques sur la peau, telles des cicatrices ou des plaques dures, n'affectent pas la qualité des fruits. Délaisser les fruits trop mous, dont l'écorce est terne ou qui cèdent trop facilement sous la pression des doigts.

UTILISATION ◆ Le pamplemousse est rarement mangé à la cuiller comme le pomélo. Il est surtout cuisiné et confit.

CONSERVATION ◆ Le pamplemousse est protégé par son épaisse peau. Il se conserve plusieurs semaines à la température ambiante. Le jus et le zeste se congèlent.

VALEUR NUTRITIVE

Le pamplemousse contient
Eau	89 %
Protéines	0,7 g
Matières grasses	traces
Glucides	9,6 g
Fibres	0,4 g
37 calories/100 g	

Il est riche en vitamine C, il est une bonne source de potassium et il contient des traces de phosphore et de niacine. Il est reconnu pour être apéritif, digestif et stomachique.

PANAIS

Pastinaca sativa, **Ombellifères**
Nom anglais : *parsnip*

HISTORIQUE ◆ Plante potagère à racine originaire de l'est de la région méditerranéenne. Le panais fut largement utilisé par les Grecs et les Romains. En Europe, à une certaine époque, il était aussi populaire que la pomme de terre en Amérique du Nord de nos jours. C'est présentement un légume fort méconnu.

Le panais ressemble à une grosse carotte blanche, mesurant de 18 à 30 cm de long et de 5 à 8 cm de diamètre. Sa texture rappelle celle du navet et ses fanes sont semblables à celles du céleri (tous des légumes de la même famille). Sa chair fruitée a presque un goût de noisette. Elle devient plus sucrée si le panais subit un peu de gel lorsqu'il est encore en terre, car le froid transforme son amidon en sucre.

ACHAT ◆ Choisir des panais fermes, lisses, sans meurtrissures et assez petits, car ils sont plus tendres.

PRÉPARATION ◆ On ne pèle pas le panais, sauf s'il est ciré, ce qui est souvent le cas. Comme la carotte, on le brosse. Sa peau très mince s'enlève comme un charme après la cuisson, surtout si le panais est cuit entier. La chair du panais noircit lorsqu'elle entre en contact avec l'air. Pour l'empêcher de noircir, la cuire immédiatement dès qu'on la coupe ou la mettre à tremper dans une eau acidulée (15 ml [1 cuillerée à soupe] de vinaigre ou de jus de citron par litre d'eau). Il peut s'avérer nécessaire de retirer le cœur d'un panais vieux ou volumineux, car il est souvent dur, fibreux et sans saveur.

VALEUR NUTRITIVE

Le panais cuit contient
Eau	77,7 %
Protéines	1,3 g
Matières grasses	0,3 g
Glucides	19,5 g
Fibres	4 g

Le panais se distingue par sa haute teneur en glucides qui dépasse largement celle de la carotte, ce qui le rend sucré et passablement calorifique. Il est une excellente source de potassium et d'acide folique ; il contient de la vitamine C, du magnésium, de l'acide pantothénique, du cuivre, du phosphore et de la vitamine B_6. On le dit désintoxicant, emménagogue, antirhumatismal et diurétique. Il faciliterait la digestion.

UTILISATION ◆ Le panais s'apprête comme la carotte, le salsifis ou le navet, qu'il peut remplacer dans la plupart des recettes. Ne pas craindre de le consommer cru ou de le mettre dans les soupes ou les ragoûts. Il a plus de saveur s'il est cuit entier et peu longtemps.

CONSERVATION ◆ Le panais se conserve et se congèle facilement. Le placer au réfrigérateur, il s'y gardera environ 4 semaines. Prendre soin de l'envelopper, car il perd beaucoup d'humidité lorsqu'il est laissé à l'air libre. Ne pas le mettre dans un sac hermétique parce qu'il se crée alors de la condensation qui le fait pourrir ; percer quelques trous dans le sac ou y mettre une feuille de papier absorbant. Congeler le panais entier ou coupé. Entier, le blanchir 5 minutes ; coupé, le blanchir 3 minutes.

PAPAYE

Carica papaya, **Caricacées**
Surnom : *melon tropical*
Nom anglais : *papaya*
Autres noms : *pawpaw, papaw*

HISTORIQUE ◆ Fruit du papayer, un arbre probablement originaire du Mexique et d'Amérique centrale. Le papayer mesure habituellement de 2 à 10 m de hauteur. Ce n'est pas un arbre dans le sens traditionnel du mot, car son long tronc n'est pas aussi ligneux et il n'est orné de feuilles qu'à son sommet. Ses grandes feuilles découpées mesurent jusqu'à 60 cm de large. Elles sont reliées à des tiges qui ont 60 cm de long. Les papayes sont regroupées au faîte de l'arbre. La papaye est appréciée depuis fort longtemps par les Indiens d'Amérique centrale et d'Amérique du Sud. Les Espagnols et les Portugais contribuèrent à répandre sa culture dans le monde. Ce fruit est maintenant cultivé dans la plupart des régions tropicales et subtropicales, notamment en Amérique centrale, en Amérique du Sud, au Mexique, en Floride, à Hawaii, en Australie, dans le Sud-Est asiatique et en Afrique.

Le papayer se propage facilement et il fleurit continuellement, donnant des fruits durant toute l'année. Il produit un liquide blanchâtre et inodore qui contient de la papaïne, une enzyme qui a des propriétés comparables à celles de la trypsine et de la pepsine. Elle facilite la digestion et, comme l'actinidine du kiwi, attendrit la viande. Ce suc dissolvant est présent dans le tronc, les tiges, les feuilles et les fruits, surtout immatures. On l'utilise en médecine et dans diverses industries (alimentation, cuir, soie, brasserie et laine).

Il existe une cinquantaine d'espèces du genre *Carica*, mais la plupart ne sont pas comestibles. La papaye commune est l'espèce la plus fréquente. La « papaye de montagne » *(Carica candamarcensis)* et le babaco *(Carica pentagona)* sont plus rares. On qualifie souvent la papaye de « melon tropical ». Le fruit est de forme sphérique ou cylindrique. Il mesure de 10 à 55 cm de long et son poids varie de quelques centaines de grammes à plus de 9 kilos. Les variétés commercialisées sont généralement petites. La variété hawaiienne nommée *solo* est une des plus courantes. Elle fut créée dans les années 1970 pour répondre à la demande des consommateurs qui désiraient se procurer des petites papayes. La papaye a une mince peau lisse non comestible de couleur jaune orangé, jaune rougeâtre ou vert jaunâtre. Sa chair juteuse, généralement de couleur jaune orangé plus ou moins foncé, peut aussi être jaune ou rougeâtre. Sa texture, semblable à celle du melon du genre cantaloup, est plus moelleuse. De nombreuses graines noirâtres enrobées de mucilage

415

sont logées dans la cavité centrale. Ces graines comestibles ressemblent à de gros grains de poivre ; leur saveur est piquante. La papaye a une saveur douce, plus ou moins sucrée et parfumée selon les espèces.

ACHAT ◆ Choisir une papaye dont la peau cède sous une légère pression des doigts. Ne pas se préoccuper si la papaye a des taches noires, cela n'affecte pas sa saveur. Délaisser les papayes dures et très vertes : elles ont été cueillies trop tôt et leur saveur sera décevante. Laisser également de côté les papayes très molles ou très meurtries.

UTILISATION ◆ La papaye est délicieuse mangée à la cuiller comme le melon, avec ou sans sucre, arrosée si désiré d'un peu de jus de citron ou de lime, de porto ou de rhum. On la met dans les salades de fruits (juste au moment de servir, afin d'éviter que les autres fruits ne ramollissent), le yogourt, les puddings, les sorbets et la crème glacée. On transforme la papaye en jus ou en purée. On la cuit en

VALEUR NUTRITIVE	
La papaye contient	
Eau	89 %
Protéines	0,6 g
Matières grasses	0,14 g
Glucides	10 g
Fibres	0,9 g
39 calories/100 g	

Elle est une excellente source de vitamine C et une bonne source de potassium et de vitamine A ; elle contient des traces de magnésium, d'acide pantothénique et de calcium. On la dit stomachique et diurétique. Les graines peuvent être utilisées comme vermifuge.

confiture, en chutney ou en ketchup. Comme le melon, la papaye se marie bien avec le jambon et l'antipasto. Elle est délicieuse farcie de salades de fruits, de poulet ou de fruits de mer. On utilise la papaye verte comme la courge d'hiver, qu'elle peut remplacer dans la plupart des recettes. On peut l'arroser de vinaigrette, la farcir, la cuire en fricassée ou en ratatouille, la mariner. Les graines de papaye peuvent être broyées et utilisées comme du poivre. Certaines personnes aiment les croquer lorsqu'elles mangent de la papaye.

CONSERVATION ◆ La papaye est moyennement fragile. La laisser à la température ambiante si elle a besoin de mûrir. La placer dans un sac de papier si on désire accélérer le processus. Consommer la papaye dès qu'elle est à point, moment où elle est à son meilleur. Éviter de placer la papaye immature à des températures au-dessous de 7 °C , sinon elle ne mûrira plus. Conserver la papaye mûre au réfrigérateur, où elle se gardera environ 1 semaine.

PAPRIKA

Capsicum annuum, **Solanacées**
Nom anglais : *paprika*

HISTORIQUE ◆ Poudre de piments rouges doux déshydratés. Le paprika est originaire de Hongrie ; *paprika* est d'ailleurs un mot hongrois qui s'est imposé dans plusieurs langues. Cette épice est souvent associée à la cuisine hongroise puisqu'elle y est très utilisée (elle est indispensable dans le goulasch, un ragoût de bœuf). Le paprika ne provient pas seulement de Hongrie cependant ; divers pays en produisent, dont l'Espagne, le Portugal et les États-Unis. La couleur et la saveur de cette épice sont plus ou moins prononcées. Elles dépendent des variétés de piments rouges utilisées et de sa composition : on peut ne moudre que la chair des piments ou également leur tige, leur cœur et leurs graines.

ACHAT ◆ Le paprika est toujours moulu. Il est préférable de n'acheter qu'une petite quantité à la fois afin d'obtenir le maximum de saveur, de couleur et de valeur nutritive.

UTILISATION ◆ Le paprika assaisonne de nombreux aliments et leur confère de la couleur, particulièrement les aliments fades et peu colorés, tels le riz, les pâtes alimentaires, les béchamels, les salades de pommes de terre, les œufs, la volaille, les fruits de mer, la mayonnaise et les trempettes au fromage.

CONSERVATION ◆ Le paprika est l'une des rares épices qu'il est préférable de conserver au réfrigérateur, car sa saveur, sa couleur et sa valeur nutritive (la vitamine C entre autres) se détériorent rapidement. Le placer dans un récipient hermétique.

VALEUR NUTRITIVE	
Le paprika moulu fournit	
Vitamine A	127 ER
Potassium	49 mg
Phosphore	7 mg
Calcium	4 mg
Magnésium	4 mg
Vitamine C	1 mg
Fer/5 ml (2 g)	0,5 mg

Le paprika contient de la capsicine, un alcaloïde volatil stimulant qui fait saliver et qui agit sur le système digestif en activant la digestion. Il en contient moins que les piments forts, sa saveur est donc moins piquante.

PASTÈQUE

Citrullus vulgaris, Citrulus lanatus, **Cucurbitacées**
Autre nom : *melon d'eau*
Nom anglais : *watermelon*

HISTORIQUE ◆ Variété de melon qui serait originaire d'Afrique. La pastèque est aussi appelée « melon d'eau » à cause de son contenu très élevé en eau, soit 93 % à 95 %, ce qui la rend très rafraîchissante. Depuis des temps immémoriaux, la pastèque est abondamment consommée et particulièrement appréciée dans les pays chauds. Elle y joue souvent un rôle de premier plan lorsque l'eau se fait rare ou qu'elle est polluée. En Égypte, il y a plus de 5 000 ans, les paysans étaient tenus d'offrir de la pastèque aux voyageurs assoiffés. Comme tous les melons, la pastèque pousse sur une plante annuelle qui préfère les climats chauds. Elle nécessite encore plus de chaleur que les autres melons. Certains hybrides croissent cependant dans les régions tempérées. Il existe plus de 50 variétés de pastèques.

La pastèque peut être ronde, oblongue ou sphérique. Selon les variétés, elle peut peser jusqu'à 40 kg. Son écorce épaisse mais fragile est d'un vert plus ou moins foncé, elle est souvent tachetée ou rayée. Sa chair généralement rouge peut aussi être jaune ou rosée. Elle abrite de nombreuses graines noires et lisses. Seules certaines variétés sont exemptes de graines. Parfois, elles contiennent quelques petites graines blanches, qui sont comestibles parce qu'elles sont peu développées. La chair de la pastèque est plus friable, plus aqueuse, plus croustillante et désaltérante que la chair des autres espèces de melons.

ACHAT ◆ Il est difficile de savoir si une pastèque sera savoureuse. La façon idéale de s'en assurer consiste à couper la pastèque et à goûter la chair, mais cela est rarement possible. On peut cependant vérifier certains indices. Choisir une pastèque ferme, d'apparence légèrement cireuse sans être terne. L'endroit où se trouvait la tige devrait être brunâtre (parfois il est encore vert et le fruit est pourtant mûr). Rechercher sur l'écorce une partie plus pâle tirant sur le jaune ; c'est la partie qui touchait le sol et qui a jauni pendant que le fruit mûrissait. Si cette partie pâle est absente, c'est que la pastèque a été cueillie trop tôt. Frapper légèrement la pastèque avec la paume de la main (un coup fort peut la fendre) : un son sourd indique qu'elle est gorgée d'eau et donc mature. Délaisser une pastèque craquelée ou avec des parties molles.

VALEUR NUTRITIVE	
La pastèque contient	
Eau	92 %
Protéines	0,6 g
Matières grasses	0,4 g
Glucides	7 g
31 calories/100 g	

Elle contient de la vitamine C et du potassium ainsi que des traces de magnésium, de vitamine A et de cuivre. La pastèque est dépurative.

UTILISATION ◆ La pastèque se mange surtout nature, tranchée ou en quartiers, parfois coupée en morceaux ou en boules. On la met dans les salades de fruits et les sorbets. On la cuit en confiture. On la transforme en purée ou en jus. Ce jus donne un vin délicieux. Immature, la pastèque est utilisée comme la courge d'été. Les graines de pastèque sont comestibles. Dans certaines régions d'Asie et de Chine, elles sont mangées telles quelles, grillées ou salées, parfois même moulues (en pseudo-céréales) pour entrer dans la fabrication du pain. L'écorce de la pastèque peut être marinée ou confite.

CONSERVATION ◆ La pastèque est sensible au froid et des températures au-dessous de 10 °C l'endommagent. On peut la laisser à la température ambiante ou la réfrigérer. La chaleur accélère cependant le mûrissement et la chair devient rapidement farineuse et fibreuse. La pastèque se conserve plus longtemps lorsqu'elle est réfrigérée, et elle est plus rafraîchissante. Placer la pastèque entamée au réfrigérateur et la recouvrir d'une pellicule de plastique. La consommer le plus tôt possible.

PATATE

Pomoea batatas, **Convolvulacées**
Nom anglais : *sweet potato*
Autres noms : *batata, boniato*

HISTORIQUE ◆ Tubercule d'une plante originaire d'Amérique centrale. La patate et la pomme de terre sont deux légumes différents ; il n'est donc pas nécessaire de qualifier la patate de « douce » ou de « sucrée », une fâcheuse habitude qui vient de l'anglais ; en effet, l'anglais utilise le même nom, *potato*, pour nommer les 2 légumes, et a donc besoin de l'adjectif afin de les distinguer. La patate est consommée depuis les temps préhistoriques. Elle est un aliment de base dans plusieurs parties du monde, tant en Asie qu'en Amérique centrale et en Amérique du Sud. Elle est aussi très appréciée dans le sud des États-Unis, où sa culture ne fut implantée que vers le XVIe siècle. Elle demeure relativement peu connue au Canada et dans le nord des États-Unis.

La patate est vivace dans les régions tropicales et subtropicales et annuelle dans les régions tempérées, où elle pousse plus difficilement. Sa partie aérienne est composée de longues tiges rampantes atteignant jusqu'à 5 m de long et ornées de feuilles cordiformes. Ses fleurs ont la forme de clochettes et la patate est classée avec les plantes qui ont cette caractéristique, dont les gloires du matin.

La patate a la taille d'une grosse pomme de terre. Ses extrémités, souvent fuselées, peuvent aussi être arrondies, selon les variétés qui dépassent les 400. Sa mince peau comestible, lisse ou rugueuse, est blanche, jaune, orange, rouge ou pourpre. Sa chair est blanche, jaunâtre ou orangée. La texture de sa chair peut être sèche ou humide. Cette distinction ne fait pas référence au contenu en eau. En réalité, la patate à chair sèche , une teneur en eau plus élevée. Cette distinction est basée sur le fait que la patate à chair humide est plus sucrée et plus molle après la cuisson, car son amidon se transforme davantage en sucre et elle est plus farineuse. La patate à chair sèche est souvent confondue avec l'igname.

ACHAT ◆ Rechercher des patates fermes, exemptes de taches molles, de fissures et de meurtrissures. Délaisser les patates réfrigérées, car le froid les endommage.

CUISSON ◆ La patate est souvent cirée et teinte, ce qui peut influencer notre décision de la peler ou non. La chair de la patate douce noircit lorsqu'elle entre en contact avec l'air. Dès qu'elle est coupée, mettre la patate dans de l'eau froide jusqu'au moment de l'utiliser ou la cuire le plus rapidement possible (la recouvrir complètement d'eau). La patate peut être préparée et cuite comme la pomme de terre ; son temps de cuisson est à peu près identique.

Micro-ondes :

- piquer à quelques endroits la patate entière et non pelée pour qu'elle n'éclate pas ;

- l'envelopper dans du papier absorbant ;

- la cuire à chaleur élevée de 5 à 7 minutes ;

- retourner la patate douce une fois pendant la cuisson ;

- la laisser reposer 2 minutes avant de la servir.

UTILISATION ◆ La patate se mange cuite comme la pomme de terre. Étant plus sucrée que cette dernière, elle a aussi une utilisation plus variée. Elle peut remplacer la courge d'hiver dans la plupart des recettes : elle entre dans la confection de gâteaux, de tartes, de biscuits et de muffins. On peut aussi la cuire dans du lait. Légèrement sucrée, elle se tranforme en un souper léger ou en un succulent dessert si on l'assaisonne de muscade, de cannelle, de gingembre, de piment de la Jamaïque, de zeste et du jus d'une orange, de lait de coco, de quelques noisettes de beurre, et, si désiré, de fruits. La patate est particulièrement délicieuse cuite au four : la laisser entière, ne pas la peler, la piquer à quelques endroits pour qu'elle n'éclate pas et la cuire une quarantaine de minutes. Elle peut aussi être séchée et transformée en flocons ou en croustilles. On en tire de l'alcool, de la fécule et de la farine.

CONSERVATION ◆ Manipuler la patate avec soin, car elle est plus fragile que la pomme de terre. La conserver dans un endroit frais, sombre et aéré, où elle se gardera quelques

VALEUR NUTRITIVE	
La patate cuite bouillie sans pelure contient	
Eau	73 %
Protéines	1,6 g
Matières grasses	0,3 g
Glucides	24,3 g
Fibres	2,5 g
105 calories/100 g	

Elle est une excellente source de vitamine A et une bonne source de potassium ; elle contient de la vitamine C, de la vitamine B_6, de la riboflavine, du cuivre, de l'acide pantothénique et de la folacine ainsi que des traces de niacine, de magnésium, de fer et de zinc. Plus elle est colorée, plus elle contient de vitamine A. Elle est plus riche en amidon que la pomme de terre (jusqu'à 18 % selon les variétés), mais contient sensiblement le même nombre de glucides.

jours. Éviter si possible de la conserver à une température supérieure à 16 °C, car elle germe, fermente, et parfois, dans certaines variétés, une partie de la chair devient ligneuse et le reste même après la cuisson. Ne pas la réfrigérer, car le froid l'endommage. La patate se congèle, cuite et en purée.

PÂTES ALIMENTAIRES

Nom anglais : *pasta*

HISTORIQUE ◆ Produits faits essentiellement de céréales moulues et d'eau. Les pâtes alimentaires sont originaires de Chine. On en trouve mention dans des écrits datant d'environ 3 000 ans av. J.-C. Certaines sources affirment qu'elles furent introduites en Italie à la fin du XIIIᵉ siècle par Marco Polo, après son périple en Chine. Or, la découverte en Italie d'un bas-relief étrusque, datant du IIIᵉ siècle av. J.-C., a jeté un doute sur cette croyance. Cette sculpture où sont représentés un rouleau, une planche et une roulette, trois outils associés à la préparation des pâtes, a remis en question le rôle de Marco Polo.

En Occident, les pâtes alimentaires de bonne qualité sont préparées avec du blé durum, car le gluten de ce blé est plus dur que celui du blé mou. Il reste granuleux même moulu, ce qui donne une pâte qui résiste mieux à la cuisson, parce qu'elle reste plus ferme et peu collante (voir Blé). Les pâtes peuvent aussi êtres faites avec de la farine de blé mou, un mélange de blé dur et de blé mou, de la farine de sarrasin, de la farine de riz ou de la farine de maïs (rare). Elles peuvent contenir divers autres ingrédients, dont une petite quantité de farine de soya ou de sésame, des légumes (épinards, tomates, betteraves, carottes), du gluten, du lactosérum, des arômes, des fines herbes, des épices et des colorants. En Asie, le riz, le blé mou et le sarrasin sont plus fréquemment utilisés. Dans certains pays, dont le Canada, quand le blé mou est utilisé, on enrichit les pâtes de quelques vitamines du complexe B (thiamine, riboflavine et niacine) et parfois de fer.

La fabrication industrielle des pâtes alimentaires a lieu dans de grandes usines automatisées. Les ingrédients sont mélangés, puis pétris. La pâte passe ensuite entre différents rouleaux qui la transforment en minces feuilles. Ces feuilles seront coupées selon la forme désirée. La pâte peut aussi être tréfilée, c'est-à-dire passée au travers de filières qui la façonnent de différentes manières (coudes, coquilles, alphabet, macaroni, etc). Ces appareils peuvent produire plus de 200 formes de pâtes. Certaines pâtes sont farcies (tortellini, ravioli, cannelloni). Les pâtes sont ensuite prêtes pour la mise en vente (pâtes fraîches) ou pour le séchage. Le séchage s'effectue à l'aide d'un courant d'air chaud et humide qui abaisse graduellement la teneur en eau jusqu'à environ 12 %. La déshydratation est une opération délicate : si elle est effectuée trop lentement, les pâtes peuvent moisir, si elle est trop rapide, les pâtes peuvent se fissurer ou devenir cassantes.

Le choix d'une forme de pâtes est, bien sûr, une question de goût, mais il dépend aussi de l'usage projeté. Ainsi, les pâtes fines ne retiennent pas les sauces, on les utilise donc surtout pour les soupes et les potages. Les pâtes courbées, tordues ou en tubes sont parfaites pour les sauces, qu'elles emprisonnent.

ACHAT ◆ Choisir des pâtes intactes, de couleur uniforme, exemptes de taches noires ou blanches. Les pâtes fraîches devraient avoir une bonne odeur ; les pâtes qui sentent le suri manquent de fraîcheur.

CONSERVATION ◆ Comment cuire les pâtes ? Que de controverses autour de cette question. Tantôt on préconise la cuisson à pleine ébullition, tantôt on vante les mérites de la cuisson par frémissement, tantôt on prône l'ajout d'eau froide durant la cuisson. Certains principes font l'unanimité :

- les pâtes doivent être saisies en étant plongées rapidement en pluie dans une eau en pleine ébullition ; ainsi elles pourront rester fermes. Les remuer délicatement à mesure qu'elles ramollissent ;

- elles doivent pouvoir circuler librement dans la casserole pour cuire uniformément et ne pas coller. Utiliser une casserole de grande dimension car les pâtes gonflent (les pâtes déshydratées de bonne qualité quadruplent de volume). Mettre une grande quantité d'eau (environ 2 litres par kilo).

C'est ensuite que les avis diffèrent : poursuivre la cuisson à feu vif et à découvert ou à feu lent et en mettant le couvercle sur la casserole. Le choix appartient à chacun.

Le degré de cuisson est aussi une question de goût, mais la cuisson *al dente* à l'italienne (pâtes encore fermes et élastiques) est préférable (vérifier le degré de cuisson un peu avant la fin pour éviter de trop cuire). Ne pas arrêter la cuisson trop tôt, car des pâtes peu cuites gonflent dans l'estomac. Le temps de cuisson varie selon la composition des pâtes, leur forme et leur teneur en humidité :

- la farine de blé dur prend plus de temps à cuire que la farine de blé mou ;

- les pâtes fraîches cuisent plus rapidement (2 à 3 minutes) que les pâtes déshydratées (4 à 15 minutes) ;

- les pâtes coupées cuisent plus vite que les longues, les farcies plus lentement que les creuses. Les pâtes fraîches remontent à la surface de l'eau quand elles sont cuites.

Quelques trucs peuvent faciliter la cuisson et l'obtention de pâtes savoureuses :

VALEUR NUTRITIVE

Les pâtes alimentaires ont la mauvaise réputation d'être engraissantes. Ce ne sont pas les pâtes elles-mêmes qui font grossir cependant (sauf si on en mange des portions démesurées) mais plutôt ce qu'on leur ajoute, notamment du beurre, de la crème et du fromage.

Cuites et nature, les pâtes de blé dur contiennent généralement

Protéines	4,8 g
Matières grasses	0,7 g
Glucides	28,3 g
141 calories/100 g	

Leur teneur en sodium est minime, sauf si du sel est ajouté à l'eau de cuisson. La valeur nutritive varie en fonction des ingrédients qui composent les pâtes (céréales entières, œufs, poudre de lait, légumes) et du degré de cuisson. Des pâtes très cuites contiennent légèrement moins de nutriments que des pâtes fermes, une plus grande quantité d'éléments nutritifs ayant passé dans l'eau de cuisson.

Les pâtes sont nourrissantes, peu grasses et moyennement calorifiques. Les glucides, présents en quantité importante, sont surtout composés de glucides complexes. Ces glucides complexes sont faciles à digérer, rapidement absorbés par l'organisme, leur action s'étend sur une période relativement longue et ils produisent un sentiment de satiété. Ces particularités expliquent pourquoi les pâtes alimentaires sont recommandées aux personnes qui ont besoin d'une énergie rapidement disponible (les sportifs par exemple).

Des spaghetti enrichis de protéines, et cuits, renferment

Eau	59,7 %
Protéines	8,1 g
Matières grasses	0,2 g
Glucides	31,7 g
164 calories/100 g	

Ils sont une excellente source de riboflavine et une bonne source de thiamine et de niacine ; ils contiennent du magnésium, du fer, du zinc, de la folacine et du phosphore ainsi que des traces d'acide pantothénique et de vitamine B_6.

Des spaghetti à grains entiers cuits renferment

Eau	67,2 %
Protéines	5,3 g
Matières grasses	0,5 g
Glucides	26,5 g
124 calories/100 g	

Ils contiennent du magnésium, du zinc, de la thiamine, de la niacine,

- ajouter un peu d'huile pendant la cuisson prévient le débordement de l'eau, qui renverse facilement à mesure que l'amidon se dégage des pâtes si on cuit à pleine ébullition (s'il se forme une grande quantité d'écume, c'est que les pâtes sont de piètre qualité) ;

- couvrir la casserole seulement si la cuisson s'effectue à feu doux, car à feu élevé l'eau va déborder ;

- réduire le temps de cuisson des pâtes qui subiront une deuxième cuisson ou qui seront congelées ;

- égoutter les pâtes dès que la cuisson est terminée ; si elles restent dans l'eau de cuisson, elles continueront à cuire et deviendront très molles ;

- le rinçage est nécessaire :

  - si on a mis trop de sel dans l'eau de cuisson (le sel n'est d'ailleurs pas essentiel) ;

  - si les pâtes sont riches en amidon (blé mou par exemple), car elles vont coller ;

  - si on veut refroidir immédiatement les pâtes ou en arrêter la cuisson (pour une salade ou dans le cas où les pâtes serviront à la confection de plats cuisinés nécessitant une nouvelle cuisson) ;

- rincer à l'eau chaude (sauf pour refroidir et arrêter la cuisson), sinon les pâtes perdent leur chaleur ;

- il est possible de ne pas cuire préalablement les pâtes qui vont au four (lasagne, manicotti, etc.) si on augmente passablement la quantité de liquide dans la sauce ;

- pour réchauffer des pâtes nature déjà cuites, les mettre dans de l'eau bouillante environ 3 minutes (ne pas les porter à ébullition, sinon elles deviendront très molles). Réchauffer les autres pâtes lentement et veiller à ce qu'elles ne cuisent pas (le bain-marie est tout indiqué). L'ajout d'un peu de liquide est souvent nécessaire pour empêcher les pâtes de coller.

UTILISATION ◆ Les pâtes alimentaires sont économiques et faciles à préparer. On peut les apprêter de multiples façons, aussi bien simplement que de manière élaborée. Elles sont aussi bonnes chaudes que froides. On les emploie dans les entrées, les potages, les salades composées, les plats principaux et même les desserts. On s'en

du phosphore, du cuivre, du fer et de l'acide pantothénique ainsi que des traces de vitamine B_6 et de potassium.

Des spaghettis enrichis cuits renferment

Eau	66 %
Protéines	4,8 g
Matières grasses	0,7 g
Glucides	28,3 g
Fibres	1,6 g
141 calories/100 g	

Ils sont une bonne source de riboflavine et de thiamine ; ils contiennent du fer, de la niacine, du magnésium, du zinc, du cuivre et du phosphore ainsi que des traces de folacine et de potassium.

Des spaghetti aux épinards cuits renferment

Eau	68,1 %
Protéines	4,6 g
Matières grasses	0,6 g
Glucides	26,1 g
130 calories/100 g	

Ils sont une excellente source de magnésium ; ils contiennent du zinc, de la niacine, du cuivre, du phosphore, de la thiamine, du fer, de la riboflavine, de la folacine, de la vitamine B_6 et du potassium ainsi que des traces de calcium, d'acide pantothénique et de vitamine A.

Des nouilles aux œufs cuites renferment

Eau	68,7 %
Protéines	4,8 g
Matières grasses	1,5 g
Glucides	24,8 g
Fibres	2,2 g
133 calories/100 g	

Elles contiennent du magnésium, du zinc, du phosphore, de la niacine, et de la vitamine B_{12} ainsi que des traces de fer, de cuivre et de folacine.

Des nouilles aux œufs enrichies cuites renferment

Eau	68,7 %
Protéines	4,8 g
Matières grasses	1,5 g
Glucides	24,8 g
Fibres	2,2 g
133 calories/100 g	

Elles sont une bonne source de magnésium ; elles contiennent de la riboflavine, du fer, de la niacine, du magnésium, du zinc, du phosphore et de la vitamine B_{12} ainsi que des traces de cuivre et de folacine.

Des nouilles aux œufs enrichies aux épinards et cuites renferment

Eau	68,5 %
Protéines	5 g

sert pour accompagner viande, volaille et fruits de mer. En Asie, on aime bien les rôtir.

Matières grasses	1,6 g
Glucides	24,2 g
132 calories/100 g	

Elles sont une bonne source de riboflavine et de thiamine; elles contiennent de la niacine, du magnésium, de la folacine, du fer, du zinc, de la vitamine B_{12}, de la vitamine B_6 et du phosphore ainsi que des traces de cuivre, d'acide pantothénique et de potassium.

Le choix des ingrédients qui peuvent être incorporés aux pâtes est immense (outre les très connues sauces à la tomate ou à la crème, il y a notamment le jambon, la volaille, la viande hachée, les champignons, les anchois.). Pour diminuer l'ingestion de calories, remplacer les sauces riches et grasses par des légumes, des fines herbes ou des sauces plus légères; remplacer la crème par du yogourt ou du lait écrémé; se servir le plus souvent possible de fromages maigres (cottage, ricotta) et diminuer l'utilisation des fromages gras (pour gratiner par exemple); diminuer la quantité de viande incorporée dans les sauces et choisir de préférence de la volaille; remplacer le beurre par de l'huile d'olive pour diminuer la consommation d'acides gras saturés (voir Huile).

CONSERVATION ◆ Les pâtes fraîches et les pâtes cuites se conservent au réfrigérateur (fraîches, 1 ou 2 jours, cuites, 3 à 5 jours) ou se congèlent. Bien les couvrir pour qu'elles n'absorbent pas les odeurs environnantes. Les pâtes sèches se conservent à la température de la pièce (6 mois les pâtes aux œufs, 1 an les autres), dans un endroit sec, à l'abri de l'air, des insectes et des rongeurs.

PAVOT

Papaver somniferum, **Papavéracées**
Nom anglais : *poppy seed*

HISTORIQUE ◆ Plante annuelle qui serait originaire d'Europe. Le pavot est surtout connu parce qu'on en extrait l'opium. Sa culture était déjà répandue durant l'Antiquité tant chez les Chinois, les Égyptiens et les Grecs que chez les Romains.

Le pavot fait partie d'une grande famille qui comprend plusieurs espèces ornementales, dont le coquelicot. Il atteint de 30 à 120 cm de hauteur. Ses grandes fleurs blanchâtres teintées de mauve donnent naissance à de minuscules graines noires bleutées. Cueillies avant maturité, ces graines possèdent de puissantes propriétés narcotiques; on en extrait l'opium sous forme d'un suc laiteux. Ce suc a également une utilisation médicale puisqu'il sert notamment à produire la morphine et la codéine.

ACHAT ◆ Les graines de pavot sont commercialisées dans la plupart des épiceries. Les acheter dans un magasin où le roulement est rapide afin d'obtenir le maximum de saveur.

UTILISATION ◆ Les graines de pavot ont une douce saveur de noisette. On s'en sert notamment pour aromatiser pains, gâteaux, pâtisseries, légumes, pâtes alimentaires,

VALEUR NUTRITIVE	
Les graines de pavot entières fournissent	
Calcium	41 mg
Phosphore	24 mg
Potassium	20 mg
Magnésium	9 mg
Zinc	0,29 mg
Fer/5 ml (3 g)	0,26 mg

Elles perdent leur pouvoir narcotique lorsqu'elles sont mûres, tandis que les graines immatures et le latex que l'on extrait des capsules encore vertes auraient des effets sédatifs, calmants, antispamodiques et hypnotiques.

salades de pommes de terre, fromages et marinades. On en extrait une huile comestible dite d'«œillette», qui peut remplacer l'huile d'olive. Les feuilles s'apprêtent comme les épinards.

PÊCHE

Prunus persica, **Rosacées**
Nom anglais : *peach*

HISTORIQUE ◆ Fruit du pêcher, un arbre originaire de Chine. Les Occidentaux auraient découvert la pêche en Perse lors de la conquête d'Alexandre le Grand. Ils crurent qu'elle était originaire de ce pays où elle se trouvait en abondance, et ils lui donnèrent le nom latin *persica*. Mais les Chinois cultivaient la pêche déjà bien avant. Fascinés par la douceur et la saveur exquise de ce fruit, ils ont créé de nombreuses légendes et superstitions à son sujet. Ils ont notamment attribué à la pêche le pouvoir de rendre immortel. Le pêcher appartient à une grande famille qui comprend entre autres le poirier, le prunier et le pommier. Il peut mesurer de 5 à 8 m de haut. Ses feuilles sont caduques et il produit de magnifiques fleurs roses. Il préfère les climats chauds, mais certains hybrides supportent des conditions plus fraîches. On en dénombre quelque 300 variétés.

La pêche est un fruit rond ou légèrement ovale. Sa peau comestible est plus ou moins mince, duveteuse et jaunâtre. Dans certaines variétés, elle est teintée de cramoisi, même avant d'être mûre. Cela n'est pas un indice de qualité, c'est une caractéristique génétique. La chair de la pêche est jaune ou blanc verdâtre. La variété à chair verdâtre est plus fragile mais très savoureuse. Elle occupe environ 30 % du marché en France, tandis qu'elle est rarement commercialisée en Amérique du Nord. La chair juteuse, sucrée et parfumée est plus ou moins ferme. Elle entoure un noyau ovale et ligneux qui mesure environ 3 cm de long. Ce noyau peut être adhérent, semi-adhérent ou libre, selon les variétés. Certaines variétés de pêches sont hâtives tandis que d'autres sont tardives.

ACHAT ◆ Les pêches pourrissent facilement, même quand elles ne sont pas mûres. Il est préférable de n'acheter que la quantité nécessaire dans l'immédiat. Choisir des pêches parfumées et pas trop dures, exemptes de taches, de gerçures et de meurtrissures. Délaisser les pêches verdâtres, car elles ont été récoltées trop tôt et mûriront mal. De plus, des fruits cueillis immatures ne peuvent pas atteindre leur pleine saveur parce que leur teneur en sucre cesse d'augmenter après la cueillette.

PRÉPARATION ◆ Pour peler les pêches, les plonger 1 minute dans de l'eau bouillante, puis les refroidir immédiatement à l'eau froide afin d'arrêter l'effet de la chaleur. Ne pas les laisser tremper. Pour faciliter l'opération, mettre les pêches dans une passoire ou un panier à salade. La chair des pêches brunit lorsqu'elle est exposée à l'air. Pour l'empêcher de s'oxyder, la consommer ou la cuisiner immédiatement, ou l'arroser de jus de citron, de jus de lime ou d'alcool.

UTILISATION ◆ Très savoureuse nature, la pêche peut aussi être cuite, déshydratée, mise en conserve, confite ou congelée. Elle s'apprête de diverses façons, elle entre notamment dans la préparation de tartes, de crêpes, de gâteaux, de salades de fruits, de yogourt, de crème glacée et de sorbets. La pêche Melba est un dessert classique. Il fut créé en 1892 par Escoffier, le réputé chef français de l'hôtel Savoy à Londres, en l'honneur de la non moins célèbre cantatrice australienne Nellie Melba : une demi-pêche cuite est dressée dans une coupe de crème glacée à la vanille, nappée de sirop de framboise et entourée de crème chantilly. On transforme aussi la pêche en gelée, en confiture, en marinade, en jus, en compote, en liqueur et en eau-de-vie. La pêche accompagne des mets salés, notamment les fruits de mer, la volaille et le porc. Elle est délicieuse arrosée de vinaigrette. L'amande nichée dans le noyau de pêche contient de l'acide cyanhydrique, une substance toxique ; on peut quand même consommer l'amande mais en petite quantité.

On peut déshydrater les pêches lorsqu'elles sont en purée. Cuire d'abord les pêches dénoyautées dans une petite quantité d'eau, puis les passer au mélangeur électrique ou dans une passoire. Étendre la purée sur une plaque à biscuits légèrement huilée ou recouverte d'une feuille de papier paraffiné, puis la mettre à sécher au soleil ou dans un four à 55 °C. On mange ensuite cette mince feuille de pâte de pêche telle quelle ou après l'avoir fait tremper dans de l'eau, du jus ou de l'alcool ; on s'en sert aussi pour cuisiner.

 CONSERVATION ◆ Manipuler les pêches avec soin, car elles se gâtent rapidement lorsqu'elles sont meurtries. Les laver seulement au moment de les utiliser. Les conserver non entassées pour éviter qu'elles ne pourrissent et ne contaminent les autres. Laisser les pêches à la température de la pièce si elles ont besoin de mûrir. Les mettre dans un sac de papier si on désire accélérer le processus. Les surveiller pour qu'elles ne pourrissent pas. Les pêches se conservent quelques jours à la température de la pièce et un peu plus longtemps si elles sont réfrigérées. Pour plus de saveur, les sortir du réfrigérateur quelque temps avant de les consommer.

Les pêches résistent bien à la mise en conserve et à la congélation. Enlever cependant le noyau, qui donne un goût amer. Blanchir les pêches une minute afin de pouvoir les peler facilement. Lorsque les fruits sont très mûrs, les congeler en compote ou en purée. L'ajout de jus de citron ou d'acide citrique empêche les pêches de noircir.

VALEUR NUTRITIVE

La pêche contient

Eau	88 %
Protéines	0,7 g
Matières grasses	0,1 g
Glucides	11 g
Fibres	1,6 g

43 calories/100 g

Elle est une bonne source de potassium et elle contient de la vitamine C, de la vitamine A, de la niacine ainsi que des traces d'acide pantothénique. La pêche est très souvent enduite d'une très mince pellicule de cire par les producteurs afin de prolonger sa durée de conservation. Elle se digère facilement sauf si elle est immature. On la dit diurétique, stomachique et légèrement laxative.

La pêche séchée contient

Eau	31 %
Protéines	3,6 g
Matières grasses	0,8 g
Glucides	61 g
Fibres	8,2 g

240 calories/100 g

Lorsque la pêche est déshydratée, ses éléments nutritifs sont concentrés. Elle est riche en potassium et en fer ; elle est une bonne source de vitamine A, de niacine, de cuivre, de magnésium et de riboflavine ; elle contient du phosphore, de la vitamine C et du zinc ainsi que des traces de vitamine B_6 et de calcium. La pêche déshydratée contient souvent un additif (anhydride sulfureux ou peroxyde d'hydrogène) qui lui est ajouté pour en aviver la couleur et en augmenter la durée de conservation.

PEPINO

Solanum muricatum, **Solanacées**
Noms anglais : *pepino, melon pear, tree melon*

 HISTORIQUE ◆ Fruit d'une plante originaire du Pérou. Le pepino est cultivé dans la région andine depuis les temps les plus reculés. Il est relativement nouveau sur les marchés occidentaux. *Pepino* est le nom espagnol de ce fruit, ce qui explique pourquoi on l'écrit sans accent aigu, et il signifie concombre. Cette appellation est trompeuse cependant, car ce fruit est fort différent du concombre et ressemble plutôt à un petit melon.

Le pepino pousse sur un arbrisseau qui atteint 1 m ou plus de hauteur. Cet arbrisseau aux feuilles persistantes est orné de magnifiques fleurs violettes. Le pepino est légèrement allongé et mesure de 10 à 15 cm de long. Sa mince peau satinée passe du vert pâle au jaune crème en mûrissant. Elle est toujours rayée de pourpre. Sa chair orangée ou jaunâtre renferme en son centre de tendres graines comestibles. Un peu farineuse, la chair est légèrement plus sucrée que celle du melon.

ACHAT ◆ Choisir un pepino ferme et intact, délicatement parfumé.

PRÉPARATION ◆ Laver le pepino et le couper en deux, puis le servir tel quel ou retirer la chair avec une cuiller. On peut aussi peler le pepino puis le trancher.

UTILISATION ◆ Le pepino immature est souvent cuit. Il s'apprête comme la courge. Mature, on le sert fréquemment comme le melon, simplement coupé en deux. Plusieurs le préfèrent lorsqu'il sort du réfrigérateur. Il est délicieux assaisonné de gingembre, arrosé de jus de citron ou de lime, de Grand Marnier ou de Cointreau.

VALEUR NUTRITIVE	
Le pepino contient	
Eau	93 %
Protéines	0,6 g
Matières grasses	0,1 g
Glucides	5 g
Fibres	1 g
22 calories/100 g	

Il est riche en vitamine A, en vitamine C, en niacine et en potassium. On le dit antirhumatismal. On s'en sert pour soigner la bronchite et divers problèmes cutanés.

On met le pepino dans les hors-d'œuvre, les salades de fruits et les salades composées. On le transforme en purée qu'on utilise pour confectionner de la crème glacée, des sorbets ou des boissons. On le fait macérer dans de l'alcool.

CONSERVATION ◆ Laisser mûrir le pepino à la température de la pièce. Le placer dans le bac à légumes du réfrigérateur lorsqu'il est mûr, il se conservera un jour ou deux.

PERCHE

Perca spp, **Percidés**
Autre espèce : *perchaude*
Nom anglais : *perch*

 HISTORIQUE ◆ La perche est un des rares poissons à vivre aussi bien dans l'eau douce que dans l'eau salée. On la trouve partout dans le monde et plusieurs pays, dont les États-Unis, en font la culture. Elle fait partie d'une famille comportant 9 genres et environ 120 espèces, comprenant le doré et la perchaude.

La perche a un corps allongé légèrement comprimé latéralement. Sa tête effilée occupe un bon tiers du corps. Sa grande bouche est garnie de nombreuses dents minces. Sa première nageoire dorsale est épineuse, de même que les deux premiers rayons de sa nageoire anale. La perche a deux nageoires dorsales contiguës d'un brun-vert, alors que ses autres nageoires sont rouges ou orangé. Elle mesure de 25 à 50 cm de long et peut peser jusqu'à 4 kg ; son poids moyen se situe habituellement autour de 500 g cependant. Sa peau couverte de petites écailles rugueuses est habituellement olivâtre sur le dos, jaunâtre sur les flancs et blanche sur le ventre. Ses flancs sont ornés de 6 à 8 bandes verticales foncées. La perche renferme beaucoup d'arêtes, qui ont tendance à entrer facilement dans la muqueuse de la bouche. Sa chair blanche, maigre et ferme a un goût délicat.

ACHAT ◆ La perche est rarement commercialisée.

PRÉPARATION ◆ Il est préférable d'écailler la perche dès sa sortie de l'eau sinon la tâche se complique et il faut souvent enlever la peau. On peut cependant la pocher ou la plonger quelques instants dans de l'eau bouillante avant de l'écailler. Prendre garde aux épines des nageoires.

VALEUR NUTRITIVE	
La perche contient	
Protéines	19,5 g
Matières grasses	0,9 g
91 calories/100 g, crue	

Elle est riche en niacine, en vitamine B_{12}, en phosphore et en potassium.

UTILISATION ◆ La perche peut être cuite entière on en filets. Elle est souvent pochée ou cuite à la meunière. Éviter de masquer la finesse de sa chair. Les recettes de carpe ou de truite lui conviennent bien.

PERSIL

Petroselinum spp, **Ombellifères**
Nom anglais : *parsley*

HISTORIQUE ◆ Plante aromatique originaire d'Europe orientale. Au fil des siècles, on a attribué au persil des pouvoirs maléfiques ou de grandes propriétés médicinales. En Grèce par exemple, cette plante était associée à la mort. Dans l'Europe médiévale, on croyait que le persil appartenait au diable et il ne devait être semé que le vendredi saint.

Le persil est une plante bisannuelle. Il en existe 3 espèces : une espèce aux feuilles frisées, une autre aux feuilles lisses appelée persil italien et une troisième, du type Hambourg, surtout cultivée pour ses racines blanches, qui mesurent habituellement 15 cm de long et 5 cm de large. Le persil frisé a de longues tiges qui peuvent atteindre 30 cm de haut. Ces tiges se terminent par des feuilles finement découpées d'un vert foncé. Le persil italien mesure jusqu'à 45 cm de haut. Sa saveur rappelle le céleri. Les racines de la variété Hambourg ressemblent au salsifis.

ACHAT ◆ Choisir du persil ferme et d'un beau vert. Délaisser des feuilles jaunies, brunies ou molles car elles manquent de fraîcheur.

PRÉPARATION ◆ Laver le persil avec une attention particulière car, tout comme l'épinard, il a tendance à retenir sable et terre. Le plonger dans de l'eau fraîche en le secouant doucement jusqu'à ce qu'il soit propre. Éviter de le laisser tremper. Changer l'eau si nécessaire.

UTILISATION ◆ Le persil a un emploi presque illimité. On l'utilise frais, séché, congelé ou mariné. Le persil frais a plus de valeur nutritive et de saveur. L'ajouter à la dernière minute aux aliments cuits, il conserve plus de fermeté, de couleur, de saveur et de valeur nutritive. Les tiges comme les feuilles sont comestibles. Le persil est un des composants du bouquet garni. Parmi les usages du persil auxquels on pense moins souvent figurent son incorporation aux sandwichs et sa transformation en salade. Au Liban, le persil est l'ingrédient principal du taboulé, un plat froid qui contient également blé concassé, huile d'olive, oignon, tomate, ail, jus de citron et menthe. Les racines de persil se préparent comme le navet ou la carotte; on les utilise surtout dans les soupes et les ragoûts.

VALEUR NUTRITIVE	
Le persil frais fournit	
Vitamine A	52 ER
Potassium	55 mg
Acide folique	15 mg
Calcium	14 mg
Vitamine C	13 mg
Phosphore	6 mg
Fer/10 g (10 brins)	0,62 mg
Le persil séché fournit	
Vitamine A	30 ER
Potassium	49 mg
Calcium	19 mg
Phosphore	5 mg
Vitamine C	2 mg
Fer/5 ml (1 g)	1,27 mg

On dit le persil antiscorbutique, diurétique, stimulant, dépuratif, stomachique, apéritif et vermifuge. Il rafraîchit l'haleine.

CONSERVATION ◆ Le persil se conserve au réfrigérateur, dans un sac de plastique perforé. Le laver d'abord s'il est terreux, sablonneux ou très humide. S'il est défraîchi, l'asperger légèrement d'eau avant de le placer au réfrigérateur ou, si on vient de le laver, ne pas l'égoutter complètement. Le persil se congèle facilement, car il n'a pas besoin d'être blanchi. Il perd cependant sa fermeté. L'utiliser préférablement sans le décongeler. Le persil peut être déshydraté. Le conserver dans un récipient hermétique placé dans un endroit sombre, frais et sec.

PÉTONCLE

Pecten spp, **Pectinidés**
Autres noms : *coquille Saint-Jacques, vanneau, peigne*
Nom anglais : *scallop*

HISTORIQUE ◆ Le pétoncle est un mollusque bivalve habitant la mer. Il se déplace par l'impulsion qu'il crée en expulsant l'eau quand il referme brusquement ses coquilles. Sédentaire quand il n'est pas menacé, le pétoncle repose sur les fonds marins dans le varech, ce qui le rend presque invisible. Le pétoncle a une croissance relativement lente, influencée par la température de l'eau où il vit. Plus l'eau est froide, plus le pétoncle a besoin de temps pour devenir adulte (entre 4 et 7 ans). On calcule son âge en comptant les anneaux sur sa coquille supérieure. Les Japonais ont été les premiers à réussir la culture de ce mollusque.

La grande famille des Pectinidés comprend plus de 300 espèces, toutes comestibles. Les espèces les plus connues en Europe sont la coquille Saint-Jacques (aussi connue sous forme de mets) et le vanneau. En Amérique du Nord, le pétoncle est le plus courant. Ces espèces sont assez semblables par leur chair, mais se différencient principalement par leur grosseur et leur aspect extérieur.

La **coquille Saint-Jacques** *(Pecten maximus* ou *Pecten Jacobeus)* vit en Europe, dans l'Atlantique et la Méditerranée. C'est une variété de pectinidés abondante le long des côtes française et espagnole. Elle fut baptisée «coquille Saint-Jacques» parce que les pèlerins qui allaient à Saint-Jacques-de-Compostelle, populaire lieu de pèlerinage en Espagne au Moyen-Âge, se servaient des coquilles vides pour manger et pour mendier. Ils les portaient aussi suspendues à une corde autour de leurs épaules. Ces coquilles devinrent le symbole de ce lieu et toute personne qui y était allée avait le droit de les utiliser. Les plus pauvres installaient une coquille bien en vue au-dessus du pas de leur porte tandis que les riches l'incluaient dans leurs armoiries.

La coquille Saint-Jacques est formée de deux grandes coquilles à plis rayonnants non identiques, l'une bombée et l'autre plutôt plate. Une oreillette ressort de chaque côté de la charnière, retenue par un ligament. La couleur des coquilles varie selon l'habitat (rosée, rougeâtre, brunâtre ou jaunâtre). La coquille Saint-Jacques mesure de 9 à 15 cm de diamètre et son poids moyen atteint 115 g, dont seulement 30 proviennent des coquilles.

Le **vanneau** *(Chlamys opercularis)* est souvent confondu avec le pétoncle, car il lui ressemble beaucoup. Assez petit (4 à 7 cm), il a des coquilles blanchâtres tachetées de brun. Ces coquilles ont plusieurs plis rayonnants assez larges et 2 oreillettes de grosseur inégale.

Le **pétoncle** possède deux coquilles bombées ornées de plusieurs plis rayonnants. Certaines espèces se caractérisent par des oreillettes de tailles différentes. La chair ressemble à celle de la coquille Saint-Jacques. Trois espèces sont particulièrement communes le long des côtes nord-américaines de l'Atlantique : le pétoncle géant, le pétoncle de baie et le pétoncle d'Islande.

Le **pétoncle géant** (ou **pétoncle de haute mer**, *Placopecten magellanicus*) est le plus gros de la famille. Le pétoncle géant peut atteindre de 15 à 30 cm de diamètre. Sa valve supérieure légèrement bombée est recouverte de nombreuses petites côtes saillantes de couleur brun rougeâtre. Sa valve inférieure de couleur blanche ou crème est plutôt plate et lisse. Ses oreillettes sont d'égale grandeur.

Le **pétoncle de baie** *(Aequipecten irradians)* est assez petit (5 à 8 cm). Ses coquilles striées d'environ 18 côtes arrondies sont de couleur brun gris, gris pourpre ou noirâtre. Ses oreillettes sont identiques.

Le **pétoncle d'Islande** *(Chlamys islandicus)* a des coquilles convexes ornées d'une cinquantaine de côtes petites et irrégulières. Habituellement de couleur beige, ces coquilles peuvent aussi être dans les teintes de jaune, de rouge ou de pourpre. Le pétoncle d'Islande a une oreillette beaucoup plus grande que l'autre.

Les parties comestibles de ces mollusques sont la «noix», chair délicate et savoureuse qui est en fait le grand muscle blanc qui ouvre et ferme les coquilles, et le corail, une partie plus friable de couleur orangée qui correspond aux glandes sexuelles. Plus la période de ponte est proche, plus la teinte orangée du corail est foncée. Comme ces mollusques n'arrivent pas tous en même temps à leur maturité sexuelle, on en trouve continuellement avec des coraux de couleur différente. Le corail n'est presque jamais consommé en Amérique du Nord.

ACHAT ◆ Les pétoncles étant très périssables, ils sont souvent écaillés dès leur capture, lavés, puis recouverts de glace ou immédiatement congelés. À l'achat des pétoncles frais, s'assurer que la chair est blanche, ferme et sans odeur. S'informer s'il s'agit de pétoncles décongelés, si cela n'est pas indiqué, car on ne doit pas les congeler de nouveau (et si on croit acheter des pétoncles frais parce qu'on préfère leur saveur, on sera déçu !)

VALEUR NUTRITIVE	
Le pétoncle contient	
Protéines	17 g
Matières grasses	1 g
88 calories/100 g, cru	
Il est riche en vitamine B_{12} et en potassium.	

PRÉPARATION ◆ Pour ouvrir les pétoncles, procéder comme pour les huîtres, après avoir rincé les coquilles fermées sous l'eau froide. Détacher la noix à l'aide d'un couteau et enlever la petite poche noire et les barbes (qui peuvent être utilisées dans un fumet de poisson). Couper le petit muscle coriace sur le côté de la noix. Laver avec soin noix et corail.

CUISSON ◆ Les petits pétoncles peuvent être cuisinés entiers. Couper les gros pétoncles en morceaux ou en tranches. Les pétoncles nécessitent très peu de cuisson, car ils ratatinent, durcissent, se dessèchent et perdent rapidement de la saveur (2 à 3 minutes suffisent).

UTILISATION ◆ Les pétoncles se mangent crus ou cuits. Ils sont délicieux arrosés d'un peu de jus de citron, en sashimi ou en ceviche. Ils s'apprêtent d'une multitude de façons : grillés, pochés, gratinés, étuvés, frits, farcis ou marinés.

Les coquilles de ces mollusques ont un usage varié. Elles servent notamment d'assiettes (elles supportent la chaleur du four), de cendrier ou de bordure de jardin.

CONSERVATION ◆ Les pétoncles frais se conservent 1 jour ou 2 au réfrigérateur. Les placer dans un récipient fermé. Les pétoncles congelés se conservent 3 mois. Pour les décongeler, les plonger dans du lait bouillant hors du feu ou les mettre au réfrigérateur. Il est cependant préférable de les cuire sans les décongeler, ils sont alors plus savoureux.

PIGEON

Columba spp, **Gallinacés**
Nom anglais : *pigeon*

HISTORIQUE ◆ Le pigeon est un oiseau aux ailes courtes, au bec grêle et au plumage attrayant. Il s'accouple toute sa vie avec le même partenaire et il demeure longtemps sans se reproduire si son ou sa partenaire vient à mourir. Le pigeon sauvage est présent sur les cinq continents. Certaines espèces sont domestiquées.

La chair du pigeon sauvage est appréciée depuis des temps immémoriaux. Elle est plus foncée et de saveur plus prononcée que celle du pigeon domestique. Le pigeon d'élevage est habituellement tué très jeune, vers 4 semaines, avant qu'il commence à voler ; il pèse alors autour de 350 g et sa chair est très tendre. Le pigeon est très souvent tué par étouffement ; sa peau et sa chair sont alors teintées par le sang qui n'a pu s'écouler.

CUISSON ◆ On cuit le pigeon comme les autres volailles. Il est fréquemment rôti ou grillé lorsqu'il est jeune et tendre. S'il est adulte, la cuisson à la chaleur humide donne de meilleurs résultats. Saisir le pigeon de 10 à 20 minutes à une température d'environ 235 °C, puis terminer la cuisson à 170 °C.

Le foie ne contenant pas de fiel, on peut le laisser dans le pigeon durant la cuisson.

VALEUR NUTRITIVE	
La chair crue du pigeon contient	
Protéines	17,5 g
Matières grasses	7,5 g
142 calories/100 g	
Si on inclut la peau, on obtient	
Protéines	18,4 g
Matières grasses	23,8 g
294 calories/100 g	

UTILISATION ◆ Le pigeon est servi traditionnellement accompagné de petits pois. Calculer environ 350 g de volaille crue non désossée par personne.

PIGNON

Pinus spp, **Conifères**
Autre nom : *pigne*
Nom anglais : *pine kernel*
Autres noms : *pine nut, pignoli, pignolia, pine seed, pinon*

 HISTORIQUE ◆ Graine produite par plusieurs espèces de pins, dont le pin pignon, appelé également pin parasol *(P. pinea)*. Le pignon loge entre les écales de la pomme de pin, également appelée pigne ou cône. Les pins qui le produisent poussent principalement dans la région méditerranéenne, du Portugal jusqu'en Turquie. On en trouve également au Japon, en Chine *(P. koraiensis)*, dans le sud des États-Unis et au Mexique. Le pignon coûte souvent très cher, surtout en dehors des pays producteurs. Il est consommé depuis les temps les plus anciens. On en a retrouvé des vestiges à Pompéi. Les Romains l'appréciaient particulièrement, intérêt qui s'est perpétué jusqu'à nos jours : la cuisine italienne utilise toujours le pignon. Au Mexique et dans le sud des États-Unis, le pignon fut longtemps un aliment de base de plusieurs tribus indiennes.

Petit, oblong et de couleur crème, le pignon mesure habituellement de 1 à 2 cm de long. Sa texture est molle. Il a une saveur délicate plus ou moins résineuse selon les variétés. Il est protégé par une coque dure. Un gros cône peut contenir près d'une centaine de graines. Certaines graines sont tellement petites qu'il en faut environ 3 300 pour obtenir un kilo. Les pignons sont récoltés manuellement ou mécaniquement à l'automne, lorsque les pommes de pins matures s'entrouvrent. L'araucaria *(Araucaria araucana)* est une espèce qui produit de grosses graines. Elles mesurent environ 4 cm de long et 2 cm de large. Elles sont recouvertes d'une fine enveloppe légèrement ligneuse, teintée de rouge. Elles se mangent surtout cuites, le plus souvent par ébullition (30 minutes). Le terme araucaria est tiré du mot *Arauco*, une région du Chili d'où ces arbres sont originaires. Les araucarias sont classés avec les Araucariacées, probablement la plus ancienne famille de conifères.

ACHAT ◆ Les pignons sont presque toujours vendus écalés. Les acheter dans un magasin où le roulement est rapide, car ils rancissent rapidement. Choisir des pignons qui ne sentent pas le rance.

UTILISATION ♦ Les pignons se consomment entiers, moulus ou hachés, crus ou rôtis. Le rôtissage diminue grandement leur saveur résineuse. On peut les rôtir au four (10 minutes à 180 °C) ou sur la cuisinière. Les pignons servent aussi bien d'ingrédient que de décoration. On les met dans les salades, les farces, les sauces, les pâtes alimentaires (c'est un ingrédient important du pesto italien), les puddings et les biscuits. Ils décorent et assaisonnent flans, gâteaux, pâtisseries, viande et poisson. On les transforme en farine qu'on utilise en confiserie. Les cuisines de plusieurs pays leur font une place de choix, notamment celles du Moyen-Orient, de l'Inde, du sud de la France et du sud des États-Unis.

VALEUR NUTRITIVE	
Le pignon séché contient	
Eau	6,7 %
Protéines	18 g
Matières grasses	38 g
Glucides	10,7 g
Fibres	10,7 g
386 calories/75 g	

Ses matières grasses sont composées à 80 % d'acides non saturés (38 % d'acides monoinsaturés et 42 % d'acides polyinsaturés, voir Huile). Le pignon est une excellente source de magnésium, de fer, de cuivre, de potassium, de phosphore, de zinc et de niacine et une bonne source de folacine ; il contient de la riboflavine et de la vitamine B$_6$ ainsi que des traces d'acide pantothénique et de calcium. Il est une source très élevée de fibres.

CONSERVATION ♦ Les pignons écalés commencet souvent à rancir dès le troisième mois après la cueillette. Les conserver au réfrigérateur, dans un récipient hermétique, pour retarder ce phénomène. Les pignons non écalés se conservent environ 3 ans. Les pignons se congèlent, écalés ou non.

PIMENT ou PIMENT FORT

Capsicum spp, **Solanacées**

Noms anglais : *pepper, pimento, hot red pepper, capsicum*

HISTORIQUE ♦ Fruit de plantes originaires d'Amérique du Sud et d'Amérique centrale. Le piment appartient à une grande famille qui conprend notamment l'aubergine, l'alkékenge, la pomme de terre, le tamarillo et la tomate. Ce fut l'une des premières plantes à être cultivée en Amérique du Sud ; elle l'est depuis environ 9 000 ans. On utilisait les piments pour leurs propriétés médicinales, comme condiment ou comme légume. Les piments ne furent introduits en Europe qu'à la fin du XVe siècle, après un des voyages de Christophe Colomb. S'adaptant très facilement, ils se sont propagés rapidement. On les cultive maintenant sur tous les continents.

Le piment est vivace dans les régions tropicales et annuel dans les régions tempérées. C'est une gousse plus ou moins charnue qui renferme de multiples graines blanchâtres dans sa cavité intérieure. Le piment pousse sur un plant pouvant atteindre 1,5 m de haut.

Il existe de nombreuses variétés de piments forts (*Capsicum frutescens, C. pubescens, C. baccatum*, etc.), ce qui se reflète dans la taille, la forme, la couleur et la saveur. Cette dernière peut être très piquante, brûlante même. Ces piments sont beaucoup plus petits et pointus que les piments doux (voir Poivrons). Ils mesurent généralement de 2 à 15 cm de long et ont de 1 à 5 cm de diamètre. Ils sont plus abondants dans les pays chauds. Au Mexique seulement, on en dénombre au moins 15 variétés. Certains piments sont verts

(Jalapeño, Serrano, Poblano), d'autres sont cuivrés, pourpres ou rouges (Ancho, Cascabel ou piment cerise, piment de Cayenne, Japone, Hontaka, Pasilla), d'autres encore sont jaunes (Carribe, Guero). Certains piments sont tellement forts qu'on en pleure seulement à les couper (Guero, Habanero, Japone).

Voir aussi Piment de Cayenne, Piment de la Jamaïque, Paprika, Harissa, Assaisonnement au chili, Sauce tabasco.

ACHAT ◆ Les piments forts sont souvent ridés, ce qui est normal. Choisir des piments bien colorés, exempts de taches et de parties molles.

PRÉPARATION ◆ En coupant les piments, éviter de se passer les mains sur le visage, les lèvres et les yeux, sinon ceux-ci se mettront à brûler. Se savonner les mains à l'eau chaude dès qu'on a fini l'opération, pour faire disparaître la substance irritante. Si la peau des mains est très sensible ou si elle est blessée, porter des gants de caoutchouc pour manipuler les piments. Si on désire diminuer le piquant des piments, ne pas consommer les graines et la partie de la chair qui touche aux graines. On peut aussi mettre les piments à tremper dans de l'eau froide environ une heure (mais cela diminue la valeur nutritive).

UTILISATION ◆ Le piment fort est beaucoup plus un condiment qu'un légume. Il est souvent mariné ou cuit puis mis en purée, forme sous laquelle il s'incorpore plus uniformément aux aliments. Il assaisonne une grande variété d'aliments.

CONSERVATION ◆ Conserver les piments au réfrigérateur sans les laver. Les mettre dans un sac de plastique perforé et les placer dans le bac à légumes, où ils se garderont environ 1 semaine. Les piments se congèlent après avoir été grillés, puis blanchis (3 minutes); ne pas enlever la peau, qui les protège. Les piments peuvent être marinés ou séchés. Ils sont faciles à déshydrater et se conservent au moins 1 an.

VALEUR NUTRITIVE	
Les piments forts frais entiers renferment	
Eau	88 %
Protéines	2 g
Matières grasses	0,2 g
Glucides	9,6 g
Fibres	1,8 g
40 calories/100 g	

Ils contiennent plus de vitamine C que les oranges. Toutefois, les quantités utilisées sont souvent minimes et la plupart du temps le piment est cuit, ce qui diminue l'apport en vitamine C. Si on enlève les graines des piments frais, leur contenu en fibres diminue de moitié.

La proportion des divers éléments nutritifs dépend de la variété. Ainsi, les piments rouges contiennent généralement plus de vitamine A et de vitamine C que les piments verts.

La saveur piquante des piments provient de la capsicine, un alcaloïde tellement puissant qu'il serait encore détectable après avoir été dilué mille fois. Cette substance fait saliver et agit sur le système digestif en activant la digestion. Pour atténuer son effet piquant dans la bouche, on a tendance à boire de l'eau, ce qui est inefficace car la capsicine se dissout dans l'huile, non dans l'eau. Ingérer un produit laitier, du yogourt par exemple, comme font les Indiens, est plus efficace, ou manger du pain ou du riz.

PIMENT DE CAYENNE

Capsicum frutescens, **Solanacées**
Autre nom : *poivre de Cayenne*
Nom anglais : *Cayenne pepper*
Autre nom : *red pepper*

HISTORIQUE ◆ Poudre de piments rouges déshydratés à saveur brûlante. Le piment de Cayenne peut contenir une ou plusieurs variétés de piments rouges. Il serait originaire de Cayenne en Guyane française. On nomme aussi cette épice «poivre de Cayenne» parce que sa saveur est piquante comme celle du poivre. Cependant, et bien que l'Office de la langue française tolère cette expression, le piment de Cayenne n'appartient pas à la famille des Pipéracées et n'est donc pas du poivre à proprement parler. Le piment de Cayenne est très utilisé dans divers pays, notamment au Mexique, en Amérique centrale, en Amérique du Sud et en Inde.

 ACHAT ◆ Pour obtenir le maximum de saveur, acheter le piment de Cayenne dans un magasin où le roulement est rapide.

 UTILISATION ◆ Le piment de Cayenne doit être utilisé avec modération, car il est très piquant. Une pincée est habituellement suffisante pour assaisonner tout un plat. Le piment de Cayenne aromatise une grande variété de mets, surtout les entrées, les soupes, les sauces et les plats principaux.

CONSERVATION ◆ Placer le piment de Cayenne dans un récipient hermétique et le conserver dans un endroit sombre, sec et frais.

VALEUR NUTRITIVE	
Le piment de Cayenne, sous sa forme moulue, fournit	
Vitamine A	75 ER
Potassium	36 mg
Phosphore	5 mg
Calcium	3 mg
Fer/5 ml (2 g)	0,14 mg

PIMENT DE LA JAMAÏQUE

Pimenta dioica (anciennement *P. officinalis*), **Myrtacées**
Autres noms : *piment des Anglais, toute-épice, cinq-épices*
Nom anglais : *allspice*
Autres noms : *Jamaica pepper, bayberry, pimento*

HISTORIQUE ◆ Fruit très aromatique utilisé comme épice. Le piment de la Jamaïque est produit par le myrte piment, un arbre originaire des Antilles et du Mexique. La Jamaïque est le plus important pays producteur de cette épice. Le piment de la Jamaïque est consommé depuis les temps les plus reculés. Les Aztèques notamment l'utilisaient pour parfumer le chocolat. On nomme souvent le piment de la Jamaïque «toute-épice» ou «cinq-épices» parce que sa saveur rappelle à la fois la cannelle, le girofle, le poivre, la muscade et le gingembre. Cela cause de la confusion, car un mélange d'épices chinois porte aussi le nom de «cinq-épices».

Le myrte piment pousse sous les climats tropicaux. Cet arbre aux feuilles persistantes mesure 3 m de haut. Il est apparenté au giroflier. Ses feuilles luisantes et coriaces sont très odoriférantes. Ses petites fleurs blanches donnent naissance à des grappes de fruits, des baies rondes de la grosseur d'un pois. Les fruits sont cueillis matures mais non mûrs, lorsqu'ils sont verts. Ils sont séchés au soleil ou artificiellement et deviennent brunâtres.

VALEUR NUTRITIVE	
Le piment de la Jamaïque moulu fournit	
Potassium	20 mg
Calcium	13 mg
Magnésium	3 mg
Fer/5 ml (2 g)	0,13 mg
Le piment de la Jamaïque possède des propriétés médicinales similaires à celles du clou de girofle. Son huile essentielle contient de l'eugénol.	

ACHAT ◆ Le piment de la Jamaïque se vend en grains ou moulu. Il est préférable de l'acheter en grains et de le moudre au besoin, il conserve ainsi sa saveur plus longtemps. Il est facile à pulvériser.

UTILISATION ◆ Utiliser le piment de la Jamaïque avec parcimonie afin de ne pas masquer le goût des aliments. Cette épice aromatise les mets salés aussi bien que sucrés. Elle a le même usage que le clou de girofle, qu'elle peut remplacer dans la plupart des recettes. Le piment de la Jamaïque aromatise entre autres les sauces, la compote de pommes, les gâteaux aux fruits, les flans, le riz, les oignons, le chou, les marinades et la volaille.

PINTADE

Numida meleagris, **Phasianidés**
Nom anglais : *guinea fowl*

HISTORIQUE ◆ La pindate est un volatile au cri perçant originaire d'Afrique. Elle fut introduite en Europe il y a plus de 7 000 ans. Les Romains nommaient la pintade « poule de Numidie » ou « poule de Carthage », d'après les régions d'où elle venait. Les Européens la désignent encore parfois sous le nom de « faisan de Bohême », car les Tziganes la remirent à l'honneur vers le XIVe siècle.

Il existe plus de 20 races de pintades, dont plusieurs ont été domestiquées. La plus courante est la *Numida meleagris* au plumage gris argenté parsemé de taches claires. La pintade est difficile à domestiquer cependant, car elle ne pond pas si elle est confinée dans un endroit restreint. La pintade domestiquée a la taille d'un petit poulet et une chair légèrement musquée. Elle est à son meilleur jeune (pintadeau), lorsqu'elle pèse entre 1 et 1,5 kg.

CUISSON ◆ La faible teneur en matières grasses de la pintade fait qu'elle se dessèche facilement à la cuisson ; on y remédie en l'arrosant souvent. On peut aussi la badigeonner de gras ou la barder, mais cela augmente la teneur en matières grasses.

UTILISATION ◆ La pintade est généralement rôtie ou braisée. On la cuisine comme le faisan, la perdrix et le poulet, qu'elle peut remplacer. Calculer de 350 à 450 g de volaille crue par personne.

VALEUR NUTRITIVE
La chair de pintade crue contient

Protéines	20,6 g
Matières grasses	2,5 g
Cholestérol	63 mg
110 calories/100 g	

Si on inclut la peau, on obtient

Protéines	23,4 g
Matières grasses	6,4 g
Cholestérol	74 mg
158 calories/100 g	

La pintade est maigre et peu calorifique.

PISSENLIT

Taraxacum officinale, **Composées**
Nom anglais : *dandelion*
Autre nom : *cow parsnip*

HISTORIQUE ◆ Plante vivace qui serait originaire d'Europe. Le pissenlit est cette plante familière aux fleurs jaune or en capitules qui pousse un peu partout, et qui est maintenant considéré surtout comme une mauvaise herbe. Il fut cependant recherché pendant plusieurs siècles pour ses vertus médicinales et culinaires, particulièrement en Europe. Il est encore passablement populaire en France. Son action hautement diurétique lui a valu le nom de pisse-en-lit. Des médecins arabes furent les premiers à reconnaître cette propriété médicinale, au Xe siècle.

Le pissenlit est aussi appelé «dent-de-lion» parce que ses feuilles sont dentées. Celles-ci sont d'un vert vif, sauf si elles ont été cultivées à l'abri de la lumière comme les endives et les asperges; elles sont alors blanchâtres. Elles mesurent environ 30 cm de hauteur. Elles ont de longues et minces tiges blanchâtres, qui contiennent un suc laiteux, tout comme les tiges des fleurs. Les racines du pissenlit sont longues et charnues. Le pissenlit a une saveur amère. Les variétés cultivées sont plus tendres et moins amères que les variétés sauvages. La cueillette des pissenlits s'effectue lorsque les feuilles sont très jeunes, avant la formation des tiges florales, moment où elles sont plus tendres et moins amères. Délaisser les plantes exposées à la pollution, celles au bord des routes par exemple.

ACHAT ◆ Rechercher des pissenlits aux feuilles fraîches, idéalement ayant encore leurs racines car elles se conservent plus longtemps.

Délaisser les pissenlits aux feuilles séchées, ternes ou molles.

PRÉPARATION ◆ Laver soigneusement les pissenlits à l'eau courante. Ne pas les faire tremper. Les laver rapidement dans un récipient assez grand pour permettre de les recouvrir d'eau et de les secouer; changer l'eau si nécessaire. Les laver seulement avant de les consommer, sinon les feuilles perdent leur belle apparence.

UTILISATION ◆ Les pissenlits se mangent crus ou cuits. Crus, on les met dans les salades, particulièrement les jeunes feuilles fraîches. De l'huile et du vinaigre au goût prononcé, comme de l'huile de noisette, de l'huile d'olive, du vinaigre à la framboise et du vinaigre de vin, se marient bien avec la saveur amère des pissenlits. Ceux-ci sont délicieux arrosés d'une vinaigrette chaude, car la chaleur amollit légèrement la texture fibreuse des feuilles et adoucit leur amertume. Les betteraves sont les compagnes idéales des pissenlits. On peut blanchir les pissenlits 1 ou 2 minutes

VALEUR NUTRITIVE

Les feuilles de pissenlit cru contiennent

Eau	85,6 %
Protéines	1,6 g
Matières grasses	0,4 g
Glucides	5,3 g
Fibres	2,0 g
26 calories/58 g (250 ml)	

Elles sont une excellente source de viamine A et une bonne source de vitamine C et de potassium; elles contiennent du fer, du calcium, de la riboflavine, de la thiamine, du magnésium, de la vitamine B$_6$, de la folacine et du cuivre ainsi que des traces de phosphore, de niacine et de zinc. On dit le pissenlit dépuratif, diurétique, tonique, apéritif, antiscorbutique et digestif. Des substances amères, telle la taraxacine, sont responsables de son action dépurative. On utilise le pissenlit depuis les temps anciens pour soigner bronchite, rhume, pneumonie, ulcères, hépatite et démangeaisons. Le pissenlit peut causer une réaction allergique chez les personnes sensibles, allergie qui se manifeste sous forme d'éruption bénigne à la surface de la peau.

dans de l'eau bouillante avant de les apprêter, si on désire diminuer leur amertume. On les met ensuite dans les soupes, les quiches, les omelettes et les pâtes alimentaires ; on les nappe de sauce ou on les fait gratiner. Les pissenlits sont souvent braisés avec du porc (jambon, lardons ou bacon). En France notamment, les pissenlits aux lardons et décorés de croûtons grillés sont une recette classique. Ils sont aussi fréquemment cuits quelques minutes dans de l'huile d'olive, avec de l'ail et du piment de Cayenne, jusqu'à ce qu'ils deviennent tendres. Les boutons floraux des pissenlits sont souvent marinés, les fleurs transformées en vin, et les racines servent de substitut au café comme les racines de la chicorée.

CONSERVATION ◆ Placer les pissenlits au réfrigérateur dans un sac de plastique perforé ; ils se conserveront quelques jours. Ne les laver qu'au moment de les consommer. Il est préférable de les consommer le plus rapidement possible, car ils sont plus savoureux lorsqu'ils sont bien frais. Les pissenlits se congèlent facilement ; les blanchir 2 minutes. La décongélation les laisse très ramollis. Si possible, éviter de les décongeler complètement avant de les apprêter.

PISTACHE

Pistacia vera, **Anacardiacées**
Nom anglais : *pistachio nut*

HISTORIQUE ◆ Fruit du pistachier, un arbrisseau à feuilles caduques originaire d'Asie Mineure. La pistache est très populaire dans les contrées arabes, où on la cultive depuis plus de 8 000 ans. Elle fut introduite en Europe, dans la région méditerranéenne, au début de l'ère chrétienne. Le pistachier est apparenté à l'anacardier (acajou). Il atteint de 5 à 10 m de haut et pousse sous les climats secs, surtout en altitude. On le trouve à l'état sauvage dans les régions montagneuses de la Russie et du Turkestan. On le cultive dans la plupart des pays du Proche-Orient et d'Asie centrale, en Europe dans la région méditerranéenne et aux États-Unis, surtout en Californie. La Turquie et la Syrie sont d'importants pays producteurs.

La pistache pousse en grappes. Elle est composée d'une petite graine (amande) arrondie de couleur verdâtre et de saveur douce. Cette graine est recouverte d'une mince pellicule brunâtre. Elle loge dans une mince coque moyennement dure qui s'ouvre souvent à une extrémité lorsque le fruit est mûr. D'une couleur tirant sur le crème, cette coque devient rosée en séchant, phénomène repris par l'industrie alimentaire qui la teint souvent en rose rouge.

ACHAT ◆ Les pistaches sont souvent vendues rôties et salées dans leurs écales. Les acheter dans un magasin où le roulement est rapide afin qu'elles soient plus fraîches. Si on préfère les pistaches écalées, choisir celles qui sont emballées sous vide dans des pots en verre ou dans des boîtes de conserve, ces contenants assurant un maximum de fraîcheur.

VALEUR NUTRITIVE	
La pistache séchée contient	
Eau	4 %
Protéines	10,3 g
Matières grasses	24,2 g
Glucides	12,4 g
Fibres	5,4 g
289 calories/50 g	

PRÉPARATION ◆ Pour monder les pistaches (enlever la pellicule brunâtre), les recouvrir d'eau puis amener à ébullition. Dès que l'eau bout, retirer la casserole du feu, égoutter les pistaches, puis les recouvrir d'eau froide pour arrêter l'effet de la chaleur. Égoutter de nouveau, retirer les pellicules et sécher les pistaches.

UTILISATION ◆ Les pistaches se consomment entières, moulues ou hachées. On les met notamment dans les salades, les sauces, les farces, les terrines, les pâtés, les céréales, les gâteaux, la crème glacée, les puddings et les pâtisseries. Elles entrent souvent dans la fabrication du nougat. Les pistaches servent aussi à des fins décoratives, pour garnir entre autres les flans et de nombreux autres desserts. Les cuisines méditerranéenne et orientale leur font une place importante, les utilisant notamment avec la viande et la volaille.

CONSERVATION ◆ Conserver les pistaches dans un récipient hermétique à l'abri de l'humidité, de préférence au réfrigérateur.

Les matières grasses sont composées à 83 % d'acides non saturés (68 % d'acides monoinsaturés et 15 % d'acides polyinsaturés, voir Huile). La pistache séchée est une excellente source de potassium, de magnésium, de thiamine et de cuivre et une bonne source de fer et de phosphore ; elle contient de la folacine, de la niacine, de l'acide pantothénique, du zinc, de la vitamine B$_6$, du calcium, de la vitamine C et de la riboflavine ainsi que des traces de vitamine A. Elle est une source élevée de fibres.

La pistache rôtie à sec contient	
Eau	2,1 %
Protéines	7,5 g
Matières grasses	26,4 g
Glucides	13,8 g
Fibres	2,9 g
303 calories/50 g	

Elle est une excellente source de potassium, de cuivre et de magnésium et une bonne source de phosphore et de thiamine ; elle contient de la folacine, du fer, de la niacine, de l'acide pantothénique, de la riboflavine, du zinc, de la vitamine B$_6$ et de la vitamine C ainsi que des traces de calcium et de vitamine A. Elle est une source de fibres.

PLEUROTE

Pleurotus spp, **Polyporées**
Nom anglais : *pleurotus*
Autre nom : *oyster fungus*

HISTORIQUE ◆ Champignon formé d'un chapeau souvent de grande dimension, qui ressemble à une grande oreille ou à un cornet acoustique. Le pleurote pousse sur les arbres ou sur le bois mort. Il est parfois muni d'un pied inséré sur le côté. Ce champignon se cultive, la plupart du temps sur des bûches de bois. Contrairement au champignon de couche (psalliote des prés ou champignon de Paris), le pleurote est toujours propre, car on ne le cultive pas avec du fumier.

Il existe plus d'une centaine d'espèces de pleurotes, dont environ 40 sont excellentes, et une dizaine toxiques. Ces champignons sont de couleur blanc, crème, jaune clair ou tirant sur le roux. Leurs courtes tiges sont blanchâtres. Les pleurotes sont très estimés, en particulier l'espèce en forme d'huître (*P. ostreatus*), aussi connue sous le nom de « pleurote en coquille ». Le pleurote est une bonne source de niacine, de riboflavine et de fer.

 ACHAT ◆ Choisir des pleurotes non visqueux de couleur uniforme, exempts de taches noires.

 PRÉPARATION ◆ Il n'est généralement pas nécessaire de laver ces champignons cultivés.

CUISSON ◆ Sauter ou griller les pleurotes de 3 à 5 minutes. Cuire de 10 à 15 minutes à l'étuvée ou de 10 à 15 minutes au four. Les pieds plus coriaces nécessitent un peu plus de cuisson.

UTILISATION ◆ Les pleurotes sont particulièrement délicieux. Ne pas masquer leur saveur avec des aliments au goût prononcé ou en les cuisant dans une grande quantité de matière grasse. La chair habituellement ferme est plus savoureuse chez les jeunes champignons. Les pleurotes se mettent dans les soupes et les sauces. Ils se marient particulièrement bien avec le riz, les pâtes alimentaires, les œufs, le tofu, la volaille et les fruits de mer.

CONSERVATION ◆ Les pleurotes sont très périssables et absorbent facilement la saveur des aliments environnants. Les consommer le plus rapidement possible. Les conserver au réfrigérateur dans un sac de papier ou dans une assiette recouverte d'un linge propre ; ils se garderont alors quelques jours. Retirer le linge si les pleurotes deviennent humides ou le mouiller légèrement s'ils se dessèchent.

POIRE

Pyrus communis, **Rosacées**
Nom anglais : *pear*

HISTORIQUE ◆ Fruit du poirier, un arbre qui serait originaire d'Asie de l'Ouest et d'Europe. La poire est cultivée depuis des milliers d'années. Égyptiens, Grecs, Romains et Chinois en firent l'éloge. Il en existe un très grand nombre de variétés. Le poirier fait partie de la grande famille des Rosacées. Il est apparenté notamment au pommier, à l'amandier et à l'abricotier. Comme le pommier, il pousse dans la plupart des pays tempérés, mais il est plus fragile au chaud et au froid.

La poire est un fruit à pépins caractérisé par un renflement de grosseur variable à sa base, surmonté d'un cou plus ou moins long et effilé. Sa peau comestible est jaune doré, verte, brun roux tirant sur le jaune, vert jaunâtre, jaune brunâtre ou rouge. Dans certaines variétés, elle est colorée de rose ou de rouge. Cette peau est habituellement mince. La poire a une fine chair blanchâtre ou jaunâtre. Elle est souvent légèrement granuleuse, surtout vers le centre, près du cœur du fruit, qui ressemble à celui de la pomme. La chair est plus ou moins juteuse, fondante, vineuse et aromatique selon les variétés. Certaines variétés sont récoltées l'été, d'autres l'automne ou même l'hiver dans les régions plus chaudes.

La poire se distingue par le fait qu'elle ne mûrit pas bien dans l'arbre, sa chair devenant très granulée, parfois même graveleuse ou ligneuse. On la cueille donc mature mais pas assez mûre. On la place dans des entrepôts frigorifiques ou à atmosphère contrôlée (AC) et on la fait mûrir au besoin. L'amidon se transforme en sucre et le fruit peut rester ferme.

Parmi les nombreuses variétés de poires, la poire Anjou, la poire Bartlett, la poire Bosc, la poire comice, la poire conférence, la poire Packham, la poire passe-crassane et la poire Rocha sont parmi les plus connues.

La **poire Anjou** est originaire de France. De grosseur moyenne, elle est presque dépourvue de col. Sa peau est vert pâle ou vert jaunâtre. Sa chair très juteuse est onctueuse.

La **poire Bartlett** est une poire anglaise connue en Europe sous le nom de poire williams. Elle fut introduite aux États-Unis par Enoch Bartlett de Dorchester, au Massachusetts. Cette poire est en forme de cloche. Sa peau devient jaune doré à maturité. Sa chair blanche non graluneuse est très aromatique. Une variété à la peau rouge a aussi été créée aux États-Unis. La Bartlett rouge ressemble à la Bartlett jaune et a une saveur semblable.

La **poire Bosc** a un col effilé et une peau brun roux tirant sur le jaune. Sa chair blanche est juteuse, granuleuse et très parfumée.

La **poire comice** est originaire de France. C'est une grosse poire presque ronde au col très court. Sa tendre peau jaune verdâtre a souvent des reflets roses ou bruns lorsque le fruit est mûr. Sa chair blanc jaunâtre est très juteuse, très sucrée et très parfumée.

La **poire conférence** a ainsi été nommée parce qu'elle a gagné le premier prix à la Conférence internationale de la poire tenue à Londres en 1885. C'est une longue poire effilée avec une mince peau jaune verdâtre, tirant sur le brun. Sa chair blanc crémeux est juteuse, sucrée et rafraîchissante.

La **poire Packham** est originaire d'Australie. Elle fut créée en 1896 par Charles Henry Packham lorsqu'il croisa une poire williams (Bartlett) avec une poire Yvedale Saint-Germain. La poire Packham ressemble à la Bartlett par sa couleur et sa saveur, mais sa forme est moins régulière. Cette grosse poire ronde a un petit cou. Sa peau verte jaunit légèrement lorsque le fruit est mûr. Sa chair blanche est juteuse et sucrée.

La **poire passe-crassane** est originaire de France. Elle fut créée en 1855 lorsque l'arboriculteur normand Louis Boisbunel croisa une poire avec un coing. Cette grosse poire dodue a une peau épaisse et rugueuse de couleur bronze doré. C'est la poire d'hiver par excellence, car elle se conserve facilement. Sa chair blanche légèrement granuleuse est très juteuse et savoureuse, elle fond dans bouche.

La **poire Rocha** est originaire du Portugal. C'est une poire ronde avec un très petit col brunâtre. Sa peau jaune est plus ou moins mouchetée de vert. Sa chair, d'abord ferme et croquante, devient moelleuse et fondante à maturité.

 ACHAT ◆ Choisir des poires lisses, fermes mais pas trop dures, exemptes de meurtrissures et de moisissures.

PRÉPARATION ◆ La chair des poires brunit lorsqu'elle entre en contact avec l'air. Pour l'empêcher de s'oxyder, la consommer ou la cuisiner immédiatement, ou l'arroser de jus de citron, de lime ou d'orange, ou d'alcool.

UTILISATION ◆ L'utilisation de la poire est presque aussi diversifiée que celle de la pomme. On mange la poire nature, cuite, déshydratée ou confite. On la transforme en compote, en coulis, en gelée, en confiture, en jus, en vinaigre, en liqueur (Poiré, Poire Williams, une eau-de-vie faite avec la variété williams). La poire se marie bien avec les pommes, les coings et le chocolat. Elle est souvent cuite en compote ou pochée au vin ou au sirop. On la met dans les salades de fruits, les sorbets, les yogourts, les soufflés et les tartes. On met la poire dans les chutneys et les marinades. Elle confère une touche inhabituelle aux salades composées. Elle est délicieuse avec des oignons doux et des légumes légèrement amers tels le cresson, le radicchio, le pissenlit et l'endive. La poire accompagne le fromage, spécialement le brie, le camembert, le cheddar et le fromage de chèvre.

CONSERVATION ◆ Les poires sont fragiles. Elles se conservent difficilement, car leur chair pourrit rapidement lorsque les fruits sont mûrs. Elle devient alors aigrelette et goûte le fermenté. Laisser les poires à la température de la pièce si elles ont besoin de mûrir. Les surveiller pour qu'elles ne pourrissent pas. Les conserver au réfrigérateur lorsqu'elles sont à point, elles se garderont alors quelques jours. Les consommer le plus tôt possible. Ne pas entasser les poires et éviter de les mettre dans un sac ou un récipient fermé, car le gaz éthylène qui se dégage lors du mûrissement les détériore vite. Les tenir éloignées des pommes, oignons, pommes de terre, choux et autres aliments à forte odeur, qu'elles absorbent facilement.

Les poires supportent mal la congélation, sauf si elles sont cuites.

VALEUR NUTRITIVE	
La poire contient généralement	
Eau	84 %
Protéines	0,4 g
Matières grasses	0,4 g
Glucides	15 g
Fibres	2,6 g
59 calories/100 g	

Elle est une source élevée de fibres et elle contient du potassium et du cuivre ainsi que des traces d'acide folique et de fer. Immature, la poire peut être indigeste et laxative. Lorsqu'elle est à point, on la dit diurétique et sédative.

La poire déshydratée contient	
Eau	27 %
Protéines	1,9 g
Matières grasses	0,6 g
Glucides	70 g
262 calories/100 g	

Ses éléments nutritifs sont beaucoup plus concentrés. Elle est riche en potassium; elle est une bonne source de cuivre et de fer; elle contient du magnésium, de la vitamine C, du phosphore et du sodium ainsi que des traces de zinc et de calcium.

POIREAU

Allium porrum, **Liliacées**
Nom anglais : *leek*

HISTORIQUE ◆ Plante potagère bisannuelle probablement originaire de la région méditerranéenne. Le poireau est cultivé depuis plus de 3 000 ans. Il fut particulièrement apprécié des Grecs et des Romains, tant pour sa délicate saveur que pour ses propriétés médicinales.

Le poireau a une saveur subtile et délicate, plus douce et plus sucrée que celle de l'oignon, un proche parent. Il existe plusieurs variétés de cette plante formée d'une partie aérienne vert foncé et d'une base blanchâtre. La base en forme de cylindre constitue la partie tendre (blanc de poireau), souvent la seule consommée. Elle donne aux plats une touche subtile qui les rehausse sans en camoufler la saveur. Les parties vertes servent surtout pour parfumer potages, bouillons et plats mijotés. Le poireau atteint 50 cm à 1 m de haut ; on le récolte lorsque sa base mesure environ 3 ou 4 cm de diamètre.

ACHAT ◆ Choisir un poireau ferme et intact, exempt de taches brunâtres et dont les feuilles sont d'un beau vert. Délaisser un poireau mou, avec une base craquelée ou renflée, dont les feuilles sont séchées et décolorées, ou qui a commencé à monter en graine.

PRÉPARATION ◆ Le poireau nécessite un lavage soigneux afin d'être débarrassé de la terre et du sable emprisonnés entre ses feuilles, tant vertes que blanches.

- Couper la partie filamenteuse de la racine ainsi que la partie supérieure des feuilles, en laissant un peu de vert si désiré, puis enlever les feuilles extérieures si elles sont défraîchies ;

- Faire quelques incisions à égale distance dans le sens de la longueur jusqu'à 2 ou 3 cm de la base (ainsi le poireau se défait moins), puis écarter les feuilles et les laver soigneusement à l'eau fraîche.

VALEUR NUTRITIVE	
Le poireau cru contient	
Eau	83 %
Protéines	1,5 g
Matières grasses	0,3 g
Glucides	14 g
Fibres	1,8 g
61 calories/100 g	

Il est une excellente source de folacine et une bonne source de potassium et de fer ; il contient de la vitamine C, de la vitamine B₆, du magnésium, du cuivre et du calcium ainsi que des traces de phosphore, de niacine, de zinc et de vitamine A. On le dit laxatif, antiarthritique, antiseptique, diurétique et tonique. Il est reconnu pour nettoyer le système digestif.

CUISSON ◆ Comme l'oignon, le poireau possède des substances qui font pleurer quand on le coupe, mais qui sont moins fortes. Le poireau ne nécessite pas beaucoup de cuisson car il devient rapidement pâteux et mou. Pour une cuisson uniforme, choisir des poireaux de même grosseur. Calculer de 10 à 15 minutes s'ils sont cuits à l'eau (mettre 3 ou 4 cm d'eau) et de 20 à 25 minutes s'ils sont braisés. Les poireaux entiers continuent de cuire même s'ils sont hors du feu. Si on désire arrêter rapidement la cuisson, égoutter brièvement les poireaux, les plonger dans de l'eau froide, puis les égoutter de nouveau immédiatement.

UTILISATION ◆ Le poireau se mange cru ou cuit. Cru et finement haché, il est souvent mis dans les salades. Le poireau remplace souvent l'oignon ou lui est associé. Surnommé «l'asperge du pauvre» en Europe, il est souvent cuit et apprêté comme l'asperge. Il est excellent avec de la vinaigrette, de la crème ou des pommes de terre. Poireaux et pommes de terre sont d'ailleurs combinés dans la vichyssoise, cette délicieuse soupe traditionnellement servie froide. Le poireau peut remplacer l'endive dans les recettes au gratin. Ses feuilles aromatisent bouillons, ragoûts et autres mets du genre, et elles peuvent remplacer la ciboulette ou l'échalote.

CONSERVATION ◆ Le poireau se conserve au réfrigérateur, où il se gardera environ 2 semaines. Il est possible de l'entreposer non lavé de 1 à 3 mois au frais, avec 90 à 95 % d'humidité. Les personnes qui ont la chance de posséder un potager peuvent y laisser le poireau jusqu'au printemps, bien recouvert de paillis, et le cueillir au besoin. Cuit et réfrigéré, le poireau risque de devenir nocif et indigeste après 2 jours. Le poireau ne supporte pas très bien la congélation, car il perd sa texture et une partie de sa saveur. S'il est coupé en tranches, le congeler sans le blanchir ; s'il est entier, le blanchir 2 minutes. Le cuire sans le décongeler pour qu'il soit plus savoureux.

POIS

Pisum sativum, **Légumineuses**
Nom anglais : *pea*
Autres noms : *sugar pea, snow pea, sugar snap, dried pea, split pea*

HISTORIQUE ◆ Fruit d'une plante herbacée annuelle probablement originaire de l'Inde. Le pois est cultivé depuis plus de 8 000 ans. On le consomma longtemps sous forme de purée obtenue à partir des pois séchés, aliment qui constitua la base alimentaire de nombreux peuples. En Europe, ce n'est qu'à la Renaissance que le peuple commença à consommer le pois comme légume frais. Auparavant, les pois frais étaient un luxe réservé aux rois et à la noblesse.

Le pois pousse sur une plante buissonnante ou grimpante, qui peut atteindre de 30 cm à 1,5 m de haut. Il préfère les climats frais ; on peut donc le semer tôt au printemps. Les gousses vertes et lisses sont droites ou légèrement incurvées, bombées ou aplaties. Elles mesurent de 4 à 15 cm de long. Elles abritent de 2 à 10 graines de grosseur variable, de forme arrondie mais pouvant être légèrement carrée. Habituellement vertes, ces graines peuvent aussi être grisâtres, blanchâtres ou brunâtres. Fraîches, on les nomme petits pois, alors que séchées, on les appelle pois secs ; les pois secs sont vendus entiers ou fendus (on les appelle alors pois cassés).

Il existe plus de 1 000 variétés de pois, comprenant les pois lisses, les pois ridés et les pois mange-tout (appelés «pois gourmands» en Europe). Les pois lisses poussent mieux sous les climats froids. Ils sont plus farineux que les pois ridés ; ce sont les préférés de l'industrie de la congélation. Les pois ridés sont plus sucrés ; on les utilise beaucoup pour la mise en conserve.

Les pois mange-tout (var. *saccharatum* et *macrocarpon*) se distinguent par le fait que leurs gousses sont comestibles. Chez les pois mange-tout traditionnels, seules les gousses aplaties sont comestibles. Elles deviennent fibreuses et immangeables lorsqu'elles sont bombées. Ce n'est pas le cas avec les pois «sugar-snap», une variété relativement nouvelle, dans laquelle les gousses restent savoureuses même quand les petits pois sont bien formés.

ACHAT ◆ Les petits pois frais deviennent rapidement farineux et perdent de la saveur car leurs glucides se transforment en amidon. Ils sont plutôt rares sur le marché et sont assez coûteux. La plus grande partie de la récolte est congelée ou mise en conserve. Les pois mange-tout sont plus fréquemment commercialisés. Choisir des pois aux gousses fermes et intactes, d'un beau vert brillant. Éviter les gousses molles, plissées, jaunies ou tachées.

PRÉPARATION ◆ Écosser les pois frais au dernier moment seulement ; ils ont ainsi plus de saveur, car la transformation de l'amidon est retardée. Avant de les écosser, les passer brièvement à l'eau fraîche, puis casser la partie supérieure des cosses et tirer sur le fil qui se loge à la jonction des deux cosses (certaines variétés n'ont pas de fil). Répéter l'opération avec l'autre bout, séparer les cosses et extraire les pois. Les petits pois n'ont pas besoin d'être lavés.

CUISSON ◆ Il faut cuire le moins possible les petits pois pour éviter la perte de couleur et de saveur. Calculer de 7 à 15 minutes pour la cuisson des petits pois à l'eau, selon la grosseur. Les petits pois peuvent aussi être cuits à la vapeur ou être braisés. Une façon intéressante de les braiser consiste à les déposer entre deux couches de laitue non essorée. Les pois mange-tout peuvent être cuits et apprêtés comme les haricots verts ; leur temps de cuisson est plus court cependant, 1 ou 2 minutes. Si les petits pois ne sont plus très frais, les saupoudrer d'un peu de sucre aidera à restaurer la saveur ; le sucre sert aussi à conserver la couleur.

Les pois secs entiers nécessitent environ 1 h 30 de cuisson. Les pois cassés de 50 à 60 minutes (les pois cassés n'ont pas besoin de tremper avant la cuisson). Les pois cassés se transforment en purée en cuisant. Pour cuire les pois entiers dans la marmite à pression (103 kPa) :

- avec trempage, environ 3 minutes ;

- sans trempage, de 4 à 6 minutes.

Il est préférable de ne pas cuire les pois cassés dans la marmite à pression, car il se forme trop d'écume, ce qui peut bloquer la soupape et la valve de sécurité (voir Légumineuses, *Cuisson*).

UTILISATION ◆ Les pois « sugar-snap » et les petits pois très jeunes et très frais peuvent être mangés crus ; la cuisson les rend cependant plus sucrés. Les petits pois ne sont pas utilisés seulement comme légume d'accompagnement, on les met aussi notamment dans les potages, la macédoine, les salades et les quiches. Les pois mange-tout sont utilisés comme le haricot, qu'ils peuvent remplacer dans la plupart des recettes. Ils sont presque indispensables dans la cuisine chinoise.

Les pois secs entiers sont surtout cuisinés en soupes, traditionnellement avec un os de jambon et du jambon en cubes. Les pois cassés sont habituellement cuisinés en purée. On les utilise dans les soupes, les sauces et les mets principaux. On nomme souvent « saint-germain » des apprêts à base de pois cassés verts.

CONSERVATION ◆ Réfrigérer les petits pois frais le plus vite possible pour retarder la transformation des glucides en amidon. Les placer dans un récipient non hermétique ou dans un sac perforé, ils se conserveront alors quelques jours. Ne les laver qu'au moment de les utiliser. Les petits pois et les pois mange-tout supportent très bien la congélation, après un blanchiment de 1 ou 2 minutes, selon la grosseur.

VALEUR NUTRITIVE

Les petits pois verts cuits contiennent

Eau	77,9 %
Protéines	5,4 g
Matières grasses	0,2 g
Glucides	15,6 g
Fibres	6,7 g
84 calories/100 g	

Ils sont une bonne source de folacine, de potassium, de thiamine et de magnésium ; ils contiennent de la vitamine C, du zinc, de la vitamine B_6, de la niacine, du fer et du phosphore ainsi que des traces de riboflavine, de cuivre et de vitamine A.

Les pois mange-tout cuits contiennent

Eau	88,9 %
Protéines	3,3 g
Matières grasses	0,2 g
Glucides	7 g
Fibres	2,8 g
42 calories/100 g	

Ils sont une excellente source de vitamine C et une bonne source de potassium ; ils contiennent du fer, de la folacine, du magnésium, de la thiamine, de l'acide pantothénique, de la vitamine B_6 et du phosphore ainsi que des traces de niacine, de zinc, de cuivre et de calcium.

Les pois secs cuits contiennent

Eau	69,5 %
Protéines	8,4 g
Matières grasses	0,4 g
Glucides	21,1 g
Fibres	4 g
118 calories/100 g	

Leurs protéines sont dites incomplètes parce qu'elles sont déficientes en certains acides aminés (voir Théorie de la complémentarité). Les pois secs sont une excellente source de potassium et de folacine et une bonne source de thiamine ; ils contiennent du magnésium, du zinc, du fer, du cuivre, du phosphore et de l'acide pantothénique ainsi que des traces de niacine, de riboflavine et de calcium.

POIS CHICHE

Cicer arietinum, **Légumineuses**
Nom anglais : *chick-pea*
Autre nom : *garbanzo*

HISTORIQUE ◆ Fruit d'une plante herbacée annuelle probablement originaire du Sud-Ouest asiatique ou du Moyen-Orient. Le pois chiche est un aliment important dans plusieurs pays, notamment en Afrique du Nord, en Inde, en Espagne et dans le sud de la France et ce, depuis les temps lointains. Le terme latin désignant le pois chiche, *arietinum,* signifie petit bélier et renvoie à la forme irrégulière du pois, qui ressemble à une tête de bélier. Aux États-Unis, on utilise souvent le terme espagnol *garbanzo.*

Le pois chiche pousse sur une plante d'aspect buissonnant qui peut atteindre de 20 cm à 1 m de haut et qui croît sous les climats chauds et secs. Les gousses courtes et enflées mesurent de 1,4 à 3,5 cm de long et de 0,8 à 2 cm de large. Elles contiennent 1, 2 ou parfois 4 graines plus ou moins arrondies et bosselées, qui mesurent environ 1 cm de diamètre. Il en existe plusieurs variétés, ce qui a une incidence sur la couleur (crème, verdâtre, jaunâtre, rougeâtre, brunâtre ou noirâtre), la consistance, qui est plus ou moins pâteuse, et la saveur ; certains goûtent la noisette.

CUISSON ◆ Les pois chiches sont longs à cuire. Ils nécessitent généralement environ 2 heures de cuisson, parfois plus de 3 heures. Les mettre à tremper de 12 à 16 heures avant de les cuire. On peut aussi les tremper au moins 3 heures puis les congeler dans leur eau de trempage, cela permet d'écourter la cuisson.

La cuisson dans la marmite à pression (103 kPa) :

* avec trempage, de 20 à 25 minutes ;

* sans trempage, de 35 à 40 minutes.

UTILISATION ◆ Les pois chiches cueillis lorsque leurs gousses sont immatures peuvent être préparés et cuisinés comme les haricots verts. Les graines matures, fraîches ou séchées, s'apprêtent comme les graines des autres légumineuses qu'elles peuvent remplacer dans la plupart des recettes. Les pois chiches sont, avec les haricots, les légumineuses dont l'utilisation est la plus variée. On les sert en entrées, on les met dans les soupes et les plats principaux. Ils sont délicieux froids dans les salades composées ou en purée. Deux spécialités libanaises, « l'hommus », une purée qui se mange froide, et les « falafels », des boulettes frites, sont à base de pois chiches.

On transforme les pois chiches en farine, on les fait rôtir ou germer. La farine sert surtout à préparer pâtes à frire, pains non levés et galettes. Elle est très utilisée en Inde. Les pois chiches rôtis, salés ou non, se mangent souvent en collation, à la manière des arachides.

VALEUR NUTRITIVE	
Le pois chiche bouilli contient	
Eau	60 %
Protéines	8,9 g
Matières grasses	2,6 g
Glucides	27,4 g
Fibres	3,5 g
164 calories/100 g	

Les protéines sont dites incomplètes parce qu'elles sont déficientes en certains acides aminés (voir Théorie de la complémentarité). Le pois chiche est une excellente source de folacine, une excellente source de bonne source de fer, de magnésium, de cuivre, de zinc et de phosphore ; il contient de la thiamine, de la niacine, de la vitamine B$_6$ et du calcium ainsi que des traces d'acide pantothénique et de riboflavine. Il est une source de fibres. On dit le pois chiche diurétique, stomachique et vermifuge.

POISSONS

Nom anglais : *fish*

HISTORIQUE ◆ Les poissons sont des animaux vertébrés qui vivent dans l'eau. Ils sont consommés depuis la nuit des temps. Tout au long de l'Histoire, ils ont joué un rôle important dans l'alimentation des êtres humains, tout particulièrement celle des populations côtières. Les poissons ont longtemps constitué une ressource abondante. Cette situation s'est radicalement transformée au XXᵉ siècle, au cours duquel le nombre d'individus de maintes espèces a dangereusement diminué. Divers facteurs ont contribué à ce dramatique changement, dont la pêche intensive, la pollution des cours d'eaux et le développement de la technologie sur les bateaux. L'élevage des poissons aide à combattre leur rareté. Cette industrie florissante est en continuelle expansion. L'élevage des poissons existe depuis des milliers d'années. Il consista initialement à garder des poissons en captivité. Ce n'est qu'en 1733 qu'un Allemand réussit pour la première fois à faire en sorte que des poissons se reproduisent en captivité (des truites). De nos jours, de nombreuses autres espèces sont élevées, dont le saumon, le poisson-chat, la barbotte et l'esturgeon.

Il existe plus de 20 000 espèces de poissons. L'immense majorité vit dans la mer, un certain nombre habite les eaux douces (rivières, fleuves, lacs, ruisseaux). Certaines espèces quittent la mer pour aller frayer en eau douce (tel le saumon), d'autres (dont l'anguille) vont se reproduire en mer. Les poissons ont des nageoires dorsales qui sont parfois épineuses et qui leur servent de défenses, des nageoires anales qui leur servent de gouvernail, des nageoires latérales qui ont une fonction stabilisatrice et une queue qu'ils utilisent pour se propulser. Ces caractéristiques varient beaucoup d'une espèce à l'autre, tout comme la forme, la taille et la couleur du poisson, la texture de sa chair et sa saveur.

La chair du poisson diffère de la chair des animaux terrestres de plusieurs façons :

- elle contient de 70 à 80 % d'eau (la chair des poissons maigres en ayant plus que celle des poissons gras) ;

- la proportion de muscles est plus élevée, car il n'y a que 3 % de tissu conjonctif (tissu qui unit les muscles) ; dans la viande, la proportion est de 13 % ;

- les fibres des muscles sont plus courtes, ce qui rend la chair plus tendre ;

- la chair demande peu de cuisson et se digère facilement, d'où la réputation du poisson de laisser une sensation de faim après le repas, surtout s'il est maigre ;

- la chair contient beaucoup moins de vaisseaux sanguins, elle est donc presque toujours blanche ;

- les matières grasses du poisson sont composées en grande partie d'acides gras polyinsaturés omega-3 (alors que la viande contient surtout des acides gras saturés). Depuis la fin du XXᵉ siècle, de nombreuses recherches ont démontré que les acides gras polyinsaturés omega-3 sont bénéfiques pour la santé, ralentissant notamment le processus de coagulation du sang et réduisant le risque de maladies coronariennes ;

- parce que le gras polyinsaturé s'oxyde plus vite que le gras saturé, le poisson se conserve moins longtemps que la viande. Plus le poisson est gras, plus il se détériore rapidement;

- les sucs aromatiques et les essences du poisson sont moins denses que ceux de la viande, ce qui a un effet sur le «jus» qui s'écoule à la cuisson et donne des sauces plus claires et de saveur moins prononcée.

 ACHAT ◆ L'achat du poisson s'effectue selon des critères qui diffèrent légèrement selon que le poisson est frais et entier, frais et coupé, congelé, salé ou fumé.

Poisson frais et entier

- Les ouïes sont humides et rougeâtres;

- Les yeux pleins et brillants sont à fleur de tête et les paupières sont lisses;

- La peau luisante, nacrée et tendue, adhère à la chair;

- La chair est ferme et élastique; elle n'est pas tachée, ne retient pas l'empreinte des doigts et ne se sépare pas facilement des arêtes;

- Les écailles sont adhérentes mais s'enlèvent facilement, car elles ne collent pas entre elles;

- Le ventre n'est ni gonflé ni terne, et la senteur est douce et agréable (une forte odeur de poisson indique un manque de fraîcheur);

- Une odeur de vase ne signifie pas que le poisson n'est plus frais; elle imprègne tout simplement divers poissons selon le lieu où ils vivent.

Poisson frais en filets (morceaux de chair coupée le long de la colonne vertébrale), en darnes (tranches épaisses) ou en morceaux.

- La chair ferme, élastique et brillante adhère, bien aux arêtes et sent bon;

- Elle ne doit être ni brunâtre, ni jaunâtre, ni desséchée.

La loi canadienne sur l'étiquetage exige que soit clairement indiqué si le produit vendu a été décongelé, car il est souvent difficile, voire même impossible, de le différencier d'un produit frais. Cette information est importante, car la congélation modifie légèrement la saveur et la texture; de plus, le poisson doit être consommé le plus vite possible et, surtout, il ne doit pas être recongelé.

VALEUR NUTRITIVE

Les poissons sont divisés en poissons maigres (moins de 5 % de matières grasses, de 75 à 125 calories/100 g, cru), en poissons semi-gras (entre 5 et 10 %, de 125 à 150 calories) et en poissons gras (plus de 10 %, plus de 150 calories). Les poissons maigres constituent la majorité. La plupart des poissons contiennent entre 15 et 20 % de protéines, lesquelles sont dites complètes (voir Théorie de la complémentarité). Ils sont riches en certains minéraux et en vitamines, notamment en phosphore, en magnésium, en fer, en zinc, en sélénium et en vitamines du groupe B. Dans le cas des poissons gras, ils sont aussi de bonnes sources de vitamine D (absente chez les animaux terrestres). Le calcium manque à l'appel, sauf si on mange les arêtes des poissons en conserve.

La chair du poisson est moins bonne durant la période de frai car sa texture n'est plus tout à fait la même. Cette période varie selon les espèces, mais s'étend en général du mois de janvier au moins de juin dans l'hémisphère Nord. Les poissons n'échappent pas à la pollution. Les cours d'eau étant de plus en plus contaminés, la chair de plusieurs poissons contient divers produits toxiques dont certains, tels le DDT, les BPC (biphényles polychlorés) et le mercure, sont à l'origine de graves maladies lorsque leur concentration est élevée. La contamination varie en fonction de l'âge du poisson et de son habitat. Plus un poisson est âgé, donc gros, plus la concentration de résidus est élevée. Généralement, les poissons de mer sont moins contaminés que les poissons d'eau douce. Les poissons prédateurs ou à chair grasse sont particulièrement touchés par la pollution; ainsi l'achigan, le brochet, le doré, l'espadon, le flétan, le maskinongé et le thon sont souvent fortement contaminés. Il est préférable de limiter sa consommation de poissons qui vivent dans des eaux polluées.

Poisson congelé

- La chair, d'apparence ferme et luisante, doit être exempte de taches et de brûlures de congélation ;
- Elle doit aussi être solidement congelée, exempte de neige et de cristaux de glace et être placée dans un emballage étanche et intact.

Poisson salé

- La chair, d'une belle couleur, doit avoir une bonne odeur et ne pas être desséchée.

Poisson fumé

- La chair doit avoir une bonne odeur ;
- Elle ne doit pas perdre son jus ni être légèrement vernissée.

Le poisson est également commercialisé en conserve (entier, en filets, en tranches, émietté) et dans diverses préparations (au naturel, à l'huile, au vinaigre, au vin blanc, à la tomate, en sauce). Il est aussi vendu congelé sous forme de croquettes, de bâtonnets et de portions panées et en sauce.

 PRÉPARATION ◆ Le poisson nécessite une certaine préparation avant d'être cuit, préparation qui varie selon que le poisson est frais ou congelé.

Poisson frais. Le poissonnier peut aider à raccourcir la préparation du poisson frais en l'écaillant, en le vidant et, si désiré, en levant les filets. Il n'est pas nécessaire d'enlever la tête, car les yeux et les joues sont comestibles et la laisser limite l'écoulement du jus à la cuisson. Si le poisson sent la vase, le mettre à tremper 1 heure ou 2 dans de l'eau vinaigrée (20 à 30 ml de vinaigre par 240 ml d'eau [5 à 6 cuillerées à café par tasse d'eau]), que l'on renouvellera quelques fois, ou verser 15 ml (1 cuillerée à soupe) de vinaigre dans la bouche du poisson et fermer les ouïes afin qu'il ne s'écoule pas, ou ajouter un peu de vin blanc ou de vinaigre lors de la cuisson.

Il est plus facile d'écailler le poisson s'il n'est pas évidé, car les parois ventrales sont alors bombées. L'écaillage peut s'effectuer avec un couteau spécial appelé écailleur, le dos d'un couteau, une fourchette ou un couteau émoussé (sinon on risque de se couper) ; si on se coupe, faire saigner la plaie abondamment puis la désinfecter. Bien tenir le poisson par la queue puis détacher les écailles en plaçant l'instrument choisi à 45 degrés et en remontant vers la tête. Mettre le poisson sous un filet d'eau empêche les écailles de se répandre partout. Lorsqu'on veut cuire le poisson avec la peau, éviter de la briser. Si on dépouille le poisson, il n'est pas nécessaire de l'écailler.

Plusieurs méthodes sont possibles pour éviscérer le poisson, c'est-à-dire le vider en enlevant les entrailles. La plus facile consiste à procéder par le ventre, en faisant une incision de l'anus jusqu'aux ouïes avec la pointe d'un bon couteau ou des ciseaux ; décoller les viscères puis les retirer. Cette méthode a le désavantage d'ouvrir les flancs du poisson, ce qui le déforme et le rend plus difficile à farcir. On peut aussi le vider en effectuant une petite incision de 1 ou 2 cm de long près des ouïes et en enlevant les viscères avec l'index ou à l'aide d'une cuiller. La tête peut être coupée à la base des ouïes, puis on la pousse par en arrière assez délicatement pour que les viscères suivent. Les gros poissons vivants (flétan, turbot, barbue) doivent tout d'abord être saignés complètement avant d'être vidés; les sectionner près de la queue. Parfois, dans certaines espèces, le foie, les rogues (poches à œufs) ou la laitance sont comestibles.

Pour ébarber le poisson, c'est-à-dire enlever les nageoires, couper celles-ci à contresens. Il n'est pas essentiel d'enlever les nageoires, particulièrement les nageoires dorsales qui aident à retenir la chair à la cuisson.

On effectue la levée des filets généralement après l'éviscération, pour éviter de souiller la chair. L'opération peut être décevante les premières fois, mais on acquiert de l'habileté avec la pratique.

- Coucher le poisson sur un côté, pratiquer une incision sur le dos, à partir de la queue jusqu'à la base de la tête, le long de la colonne vertébrale;

- Couper la chair en biais sous les branchies, puis glisser la lame du couteau entre la chair et les arêtes, de haut en bas, de façon à la détacher;

- Quand le premier côté est terminé, on peut soit retourner le poisson et recommencer l'opération, soit retirer les arêtes en soulevant l'arête principale à partir de la queue jusqu'à la tête;

- S'il s'agit d'un poisson plat, les filets, au nombre de 4, seront souvent levés individuellement, ce qui implique qu'on pratique une incision latérale de la tête à la queue.

Bien laver le poisson à l'eau courante avant de l'apprêter en procédant rapidement; si la cavité ventrale n'est pas ouverte, y faire pénétrer de l'eau avec force.

Poisson congelé. La préparation du poisson congelé est réduite au minimum, car le poisson est déjà vidé, écaillé, ébarbé, lavé, presque toujours dépouillé et souvent coupé en filets; bref, il ne reste plus qu'à prévoir la cuisson et parfois la décongélation. Si possible, décongeler le poisson juste ce qu'il faut pour être en mesure de détacher les filets ou les morceaux, car le poisson est alors plus savoureux. Si le poisson est mince, le cuire congelé; s'il est épais, le décongeler partiellement, car le dessus cuira trop alors que l'intérieur restera cru. Décongeler le poisson complètement si on veut le griller ou le frire. La meilleure façon de décongeler le poisson consiste à le mettre au réfrigérateur de 12 à 18 heures. Il peut aussi être laissé à la température de la pièce, c'est plus rapide, car il décongèle en quelques heures, mais s'il reste trop longtemps à la température ambiante, il deviendra très mou, baignera dans son eau et perdra de la saveur. Si le temps presse, faire tremper le poisson de 15 à 30 minutes dans de l'eau froide ou légèrement tiède, mais jamais chaude, sinon il cuira.

CUISSON ◆ Le poisson est généralement consommé cuit. Il peut être cuit entier, en morceaux, en tranches ou en filets. La cuisson doit être de courte durée, sinon le poisson devient sec et insipide. Il est difficile d'en fixer le temps avec précision parce que plusieurs facteurs entrent en ligne de compte, dont la forme du poisson, sa grosseur et sa teneur en matières grasses. Pour avoir une certaine idée, mesurer le poisson dans sa partie la plus épaisse et cuire de 5 à 6 minutes par centimètre d'épaisseur pour le poisson frais cuit dans un four à 220 °C et de 15 à 20 minutes pour le poisson solidement congelé. La chair est cuite lorsqu'elle atteint 70 °C; elle devient opaque, d'une couleur uniforme (d'un blanc laiteux si elle est blanche) et se défait facilement. Elle continuera à cuire si elle est mise en attente, car elle est très sensible à la chaleur. Diminuer légèrement le temps de cuisson si le poisson n'est pas servi immédiatement. Pour éviter qu'il ne se recroqueville à la cuisson, effectuer de légères incisions sur la peau ou sur la fine pellicule nerveuse, visible quand la peau est enlevée.

Le poisson peut être cuit de multiples façons. Les principaux modes de cuisson utilisent la chaleur sèche, la chaleur humide ou la friture.

Chaleur sèche

Au four.

- Tailler le poisson entier à quelques endroits afin que la chaleur puisse bien le pénétrer et, si désiré, mettre dans sa cavité des assaisonnements tels des tranches d'oignons, des gousses d'ail, du thym, du poivre, du gingembre;

- Déposer le poisson dans un plat, y parsemer des noisettes de beurre ou l'arroser légèrement d'huile, le recouvrir si désiré de légumes coupés finement et de rondelles de citron (ou le coucher sur un lit de légumes), l'arroser de sauce, de vin blanc ou de crème;

- Régler le four à 230 °C. Si le poisson est recouvert de sauce contenant du lait, des œufs ou du fromage, cuire à une température plus basse (180 °C) pour empêcher les protéines de se séparer ou de durcir;

- Si le poisson se dessèche, le recouvrir;

- Éviter de trop le cuire.

Au gril. Le poisson déposé sur un gril ou enfilé sur une brochette est exposé directement à la chaleur.

- Enfariner les poissons maigres, qui ont tendance à se dessécher;

- Taillader les gros poissons pour accélérer la cuisson;

- Badigeonner le poisson d'huile, de beurre ou de sauce et l'assaisonner avant et pendant la cuisson;

- Déposer les poissons fragiles (dépouillés, tranchés, en filets) sur un gril très chaud et même légèrement huilé, ce qui les empêchera de coller;

- Cuire le côté sans peau des filets en premier pour éviter qu'il ne se recroqueville;

- Placer le poisson à 10 ou 15 cm de l'élément chauffant (15 à 20 cm pour les gros poissons);

- Retourner le poisson épais à la mi-cuisson mais non le poisson mince, qui se briserait;

- Lorsqu'on fait griller le poisson dans le four, laisser la porte entrouverte.

Chaleur humide

Poché au court-bouillon. Le poisson est poché quand il cuit doucement dans un liquide frémissant. Ce mode de cuisson convient particulièrement bien aux filets fermes et aux petits poissons entiers.

- Ne jamais cuire le poisson à pleine ébullition, car la turbulence causée par le bouillonnement émiette la chair et cause une perte de saveur;

- Le liquide doit idéalement contenir un élément acide (vinaigre, vin sec, bière ou jus de citron), ce qui favorise une réaction chimique qui réduit au minimum la forte senteur de poisson qui se dégage à la cuisson. Cela permet aussi le développement des molécules donnant la saveur et fait coaguler la chair, qui reste ainsi ferme;

- Le liquide (court-bouillon, lait) peut contenir des légumes et des assaisonnements (tels ail, céleri, oignons, carottes, thym, fenouil, cari). Un court-bouillon au lait convient particulièrement bien aux poissons fumés, au turbot, à la raie et au poisson gratiné;

- Si on cuit un poisson salé, omettre le sel dans le court-bouillon. Si un poisson doit pocher longtemps, réduire le sel, sinon la concentration sera trop forte;

- Pour corser davantage le court-bouillon, le cuire d'abord seul une vingtaine de minutes (plus longtemps, il devient âcre), puisque l'ébullition est à proscrire quand le poisson est dedans;

- L'idéal est de pocher le poisson dans tout juste assez de liquide pour le recouvrir, puis d'utiliser ce bouillon pour préparer une sauce, car il contient plusieurs éléments nutritifs;

- Déposer le poisson entier dans un court-bouillon froid; ainsi, la température s'élève graduellement et la chair peut cuire plus également. S'il est mis dans un liquide bouillant, l'extérieur est saisi et cuit trop rapidement, avant que l'intérieur soit prêt;

- Le poisson dont la chair est à nu (filets, tranches) peut cuire dans un court-bouillon chaud. La chaleur permet une coagulation rapide de la couche extérieure, ce qui emprisonne les sucs, préserve la saveur et empêche la chair de s'émietter;

- raccourcir de quelques minutes le temps de cuisson du poisson qui sera servi froid; laisser refroidir le poisson dans son court-bouillon;

- Le poisson sera plus facile à retirer s'il est placé sur une grille ou dans un coton à fromage avant d'être cuit.

À la vapeur. Le poisson est cuit par la vapeur se dégageant de l'ébullition d'un liquide qui recouvre le fond d'une casserole. Il ne doit pas toucher au liquide. La cuisson à la vapeur est une méthode très simple parce qu'elle évite d'avoir à farcir ou à envelopper le poisson, mais la saveur de celui-ci peut être fade. Pour y remédier, déposer des assaisonnements sur ou sous le poisson (fines herbes, épices, gingembre, échalotes, sauce tamari, algues). Comme pour le pochage, le liquide de cuisson doit contenir un élément acide.

- Déposer le poisson sur une grille, le mettre dans un panier ou le suspendre dans un coton à fromage afin qu'il ne touche pas au liquide;

- Amener le liquide à ébullition, déposer le poisson puis couvrir ;
- Le temps de cuisson est habituellement de 3 à 10 minutes.

Au bleu. La cuisson au bleu consiste à pocher, dans un liquide dont la concentration en vinaigre est élevée, des petits poissons (carpes, truites, perches, brochets) encore vivants ou morts seulement depuis 2 heures. Il est important que les poissons soient encore recouverts de limon, donc non écaillés (mais vidés). En cuisant, ils deviennent bleus sous l'effet d'une réaction chimique entre le vinaigre et le limon.

- Arroser le poisson des 2 côtés avec environ 100 ml de vinaigre, puis le cuire dans un court-bouillon très vinaigré ;
- On peut, si désiré, arroser le poisson dans la casserole qui servira à le cuire ; le vinaigre s'incorporera au court-bouillon vinaigré, ce qui donnera une saveur plus acide ;
- Cuire de 8 à 10 minutes.

En papillotes. Le principe de ce mode de cuisson est d'emprisonner hermétiquement le poisson afin qu'il cuise dans son propre jus et dans celui des légumes, des assaisonnements et du liquide ajoutés. Le poisson en papillote est généralement enveloppé dans une feuille d'aluminium.

- Déposer le poisson sur des légumes tranchés minces et des assaisonnements ou parsemer les légumes et les assaisonnements sur le poisson ;
- Ajouter un peu de liquide (vin, sauce soya, court-bouillon, sauce, crème ou eau) ;
- Déposer si désiré des tranches de citron et quelques noisettes de beurre ;
- Bien replier la feuille d'aluminium pour que la papillote soit étanche.
- Déposer la papillote dans un plat allant au four ;
- Cuire à 230 °C ;
- Le service s'effectue à table, directement de l'empaquetage.

Braisage. Le braisage est une cuisson douce à l'abri de l'air. Il convient bien aux poissons à chair ferme.

- Déposer le poisson dans une casserole ou une poissonnière dont le fond aura été tapissé de divers légumes et fines herbes (s'il est gros, le taillader pour que la chaleur pénètre bien) ;
- Ajouter un liquide (fumet, vin ou court-bouillon) jusqu'à mi-hauteur seulement du poisson afin d'éviter de le cuire par ébullition ;
- Couvrir et cuire à petit feu sur le dessus de la cuisinière ou dans le four ;
- Servir le poisson tel quel ou épaissir d'abord la sauce. Pour ce faire, retirer le poisson, filtrer la sauce et la réduire légèrement sur le feu, ou y ajouter un mélange de beurre et de farine (15 ml [1 cuillerée à soupe] de chacun), 1 ou 2 jaunes d'œufs ou encore un peu de crème.

Friture

C'est la méthode la plus populaire mais aussi la plus déplorable. Elle augmente la teneur en matières grasses du poisson, enfume la pièce et répand une forte odeur de poisson dans toute la maison. Deux façons de procéder sont possibles : la grande friture ou la friture légère. Toutes deux fonctionnent sur le même principe : le poisson doit tout d'abord être enfariné, pané ou enrobé de pâte à frire. Cela permet la formation d'une couche protectrice qui limite l'absorption du gras et qui empêche l'eau du poisson de s'échapper, car quand l'eau s'écoule, la chaleur s'abaisse et le poisson devient détrempé et graisseux.

Grande friture. La grande friture consiste à cuire le poisson par immersion dans un corps gras bouillant.

- Si on ne cuit qu'une petite quantité de poisson ou si le poisson est de petit format, utiliser seulement quelques centimètres d'huile (il faut alors mettre peu de poisson à la fois et le retourner souvent) ;

- Faire tremper le poisson 5 minutes dans du lait salé, ou le passer dans de l'œuf qui aura été battu avec 15 ml (1 cuillerée à soupe) d'eau, ou encore le faire tremper dans du jus d'agrumes (l'y laisser 30 minutes, la saveur sera étonnante) ;

- Égoutter le poisson légèrement puis bien le recouvrir de farine, de panure ou de pâte à frire agrémentées ou non d'assaisonnements ou de fromage, ce qui le protège de la chaleur vive et réduit l'absorption de graisse ;

- Pour faciliter l'opération, mettre tous les ingrédients secs dans un sac de plastique, bien les secouer pour les mélanger, ajouter les morceaux de poisson un à un et agiter le sac pour les enrober complètement.

Le beurre et la margarine ne sont pas adaptés pour la grande friture parce qu'ils contiennent de l'eau et brûlent rapidement. Utiliser de la graisse ou de l'huile. L'huile doit avoir un point de fumée élevé (voir Huile). L'utilisation d'un thermomètre est très utile pour éviter de surchauffer le corps gras et pour savoir exactement quand y plonger le poisson. La température doit atteindre entre 160 et 180 °C ; si elle est plus basse, la croûte ne pourra pas se former et le poisson sera spongieux et gras ; si elle est plus haute, l'huile se dénature et le poisson risque de brûler. Pour de meilleurs résultats, ajouter peu de poisson à la fois afin d'éviter une baisse subite de la température du corps gras. Quand la cuisson est terminée, égoutter le poisson puis le déposer sur du papier absorbant avant de le servir.

Petite friture (à la poêle, à la meunière).

- Utiliser très peu de matière grasse. On peut se servir du beurre, surtout s'il est clarifié (fondu et filtré), car il brûle moins facilement, puisqu'il a été débarrassé de ses impuretés (voir Beurre) ;

- Paner ou enfariner le poisson (il n'est plus essentiel de le tremper dans un liquide) ;

- La matière grasse doit être chaude mais non brûlante. Si le poisson colle, c'est que le poêlon n'était pas assez chaud, ce qui a empêché la formation d'une couche protectrice ;

- Ne retourner le poisson qu'une seule fois ;
- Égoutter le poisson après la cuisson en le déposant sur du papier absorbant.

Au lieu d'être cuit à la poêle, le poisson peut être cuit au four. Cela permet d'utiliser encore moins de matière grasse, le poisson cuit plus vite et plus également, et il n'est pas nécessaire de le retourner à la mi-cuisson. Régler le four à 260 °C.

Cuisson au four à micro-ondes.

Le poisson cuit au four à micro-ondes conserve plus son humidité que le poisson cuit avec des méthodes traditionnelles. La cuisson est rapide, car le poisson contient peu de matières grasses. Les résultats seront plus satisfaisants si on ne cuit qu'une seule couche de poisson à la fois. Si le poisson entier est trop grand pour le récipient, le courber ou couper sa tête et sa queue. Recouvrir le récipient avec un papier cellophane à moins d'indication contraire dans la recette.

- Déposer le poisson dans un plat, y parsemer des noisettes de beurre ou l'arroser légèrement d'huile, le recouvrir si désiré de légumes coupés finement, d'épices ou de fines herbes et de rondelles de citron (ou le coucher sur un lit de légumes et d'assaisonnements), l'arroser de sauce, de vin blanc ou de crème ;
- Taillader la peau des gros poissons à quelques reprises pour qu'elle ne fende pas à la cuisson ;
- Taillader la peau des filets si elle est épaisse afin d'empêcher les filets de se déformer ;
- Cuire les minces filets de 2 à 3 minutes à la chaleur maximale (*High*);
- Cuire les filets épais (aiglefin, morue, flétan) 4 minutes en les retournant à la mi-cuisson ;
- Cuire le poisson coupé en steak ou en morceaux, et dont la chair est dense (thon, congre, espadon), de 5 à 6 minutes en le retournant à la mi-cuisson ;
- Cuire le poisson entier (750 g) de 9 à 11 minutes en le retournant à la mi-cuisson ;
- Laisser reposer le poisson quelques minutes dans le four avant de servir ;
- Ne pas frire le poisson dans le four à micro-ondes.

UTILISATION ◆ Le poisson peut être mangé cru, comme dans les sushi et les sashimi des Japonais et le *ceviche* des Sud-Américains. Il est laissé tel quel ou mariné dans du jus de citron. Ce genre de préparation ne convient pas à tous les poissons cependant, certains sont trop gras, d'autres trop pollués ou infestés de parasites qui ne disparaissent qu'à la cuisson. Le poisson s'apprête d'une multitude de façons : il peut être mariné, fumé, farci, cuit en sauce, en mousses, en quenelles, en pâtés, en terrines, en rillettes et en paupiettes. La quantité de poisson nécessaire pour nourrir une personne dépend de divers facteurs dont l'espèce, l'apprêt, les mets qui composent le repas et l'appétit de la personne. On calcule habituellement 500 g par personne si le poisson est entier et de grosseur moyenne, 250 gr par personne s'il est paré (vidé et débarrassé de ses nageoires, de sa tête, de ses ouïes, de sa queue et de ses écailles), et 200 g s'il s'agit de filets ou de darnes.

⏳ **CONSERVATION** ◆ Les poissons de mer se conservent plus facilement que les poissons d'eau douce. Bien envelopper les poissons frais et les réfrigérer le plus rapidement possible en les plaçant à l'endroit le plus froid ; ils se garderont 2 ou 3 jours. Au cours d'une excursion de pêche, déposer le poisson dans une glacière ou dans de la mousse à l'abri du soleil, ou le recouvrir d'un linge imbibé d'eau vinaigrée et le mettre au frais. Éviscérer le poisson et le consommer le plus tôt possible.

On peut aussi fumer ou saler le poisson. Pour le fumer, on l'expose à la fumée dégagée par la combustion lente de bois non résineux ou d'autres produits ligneux comme de la tourbe. Le poisson devient partiellement déshydraté et acquiert un goût de fumée. Il peut être fumé à chaud ou à froid. Pour le fumer à chaud, on l'expose à une chaleur ne dépassant pas 120 °C. Ses protéines se coagulent et une cuisson ultérieure du poisson est inutile. Le poisson fumé à froid est simplement mis dans un endroit enfumé loin de la source de chaleur. Il est moins fin et moins savoureux que le poisson fumé à chaud, mais il se conserve plus longtemps, surtout s'il est fumé lentement (3 à 4 semaines). Le poisson peut être très légèrement fumé (sur une très courte période) et il peut être salé avant d'être fumé ; on le dit alors sauré. Selon le procédé utilisé, on peut consommer le poisson tel quel ou après cuisson. Le poisson peut être salé à sec ou en saumure. Le poisson salé à sec est d'abord tranché puis entassé en couches en alternance avec le sel, de telle sorte que la saumure qui se forme puisse s'écouler librement. Le poisson en saumure baigne dans le sel. Comme il existe diverses méthodes de salage, la teneur en sel du poisson est variable. Les poissons fumés et salés se conservent au réfrigérateur.

Le poisson se congèle facilement. Bien l'envelopper et le maintenir à une température constante, égale ou inférieure à -18 °C. Le poisson maigre supporte une plus longue congélation (2 ou 3 mois) que le poisson gras (1 ou 2 mois), car il rancit moins rapidement. Il est préférable de congeler du poisson uniquement si on l'a pêché soi-même. Ne pas acheter du poisson frais pour le congeler parce que la congélation maison n'est pas aussi efficace que la congélation industrielle, du fait qu'elle est beaucoup moins rapide. Le poisson se congèle toujours vidé et le plus frais possible. Quatre méthodes sont possibles : en bloc de glace, avec glaçage, imbibé de citron ou dans un emballage imperméable ; cette dernière méthode est la moins durable, alors que celle qui comporte du citron est très efficace.

Congélation en bloc de glace. Laver le poisson à l'eau salée (15 ml [1 cuillerée à soupe]) par litre, puis le mettre dans un récipient et le recouvrir d'eau fraîche, en arrêtant à 2 cm au moins du bord. Couvrir et congeler.

Congélation avec glaçage. Laver le poisson, puis le congeler sans l'envelopper. Lorsqu'il est congelé, le plonger dans de l'eau glacée puis le remettre au congélateur. Répéter cette opération plusieurs fois jusqu'à ce que le poisson soit recouvert d'une couche de glace de 4 à 5 mm. Une fois cette épaisseur atteinte, emballer le poisson hermétiquement. Avec un poisson en darnes ou en filets, enlever la peau, rincer le poisson à l'eau froide, puis mettre les tranches ou les filets dans un récipient en les séparant d'une feuille de papier d'aluminium ou de cellophane. Les recouvrir d'eau et les congeler comme précédemment.

Poisson imbibé de citron. Recouvrir un bol ou le fond d'une assiette de jus de citron, y déposer le poisson le temps que la chair s'humecte de jus, retourner le poisson, refaire l'opération puis bien emballer et congeler.

Poisson emballé hermétiquement. Laver le poisson puis l'envelopper soigneusement dans une feuille d'aluminium épaisse ou dans un emballage à congélation, en prenant soin de bien expulser l'air. Congeler le poisson rapidement à basse température (-18 °C ou plus bas si possible).

POISSONS PLATS

Pleuronectidés
Nom anglais : *flat-fish*

HISTORIQUE ◆ Les poissons plats font partie de la grande famille des Pleuronectidés, qui comprend environ 500 espèces, dont la barbue, la fausse limande, le flet, le flétan, la limande, la plie, la sole et le turbot. Ces poissons habitent principalement l'Atlantique, la Méditerranée, la mer du Nord, la Baltique et le Pacifique. Certains, dont le flet, peuvent entrer dans l'embouchure de grandes rivières. Les poissons plats aiment s'enfouir dans le sable et changent de couleur pour s'adapter à leur environnement. Assez étrangement, ils naissent identiques aux autres poissons, puis à un moment de leur développement (variable selon les espèces), ils se couchent sur un côté, s'aplatissent, deviennent plus ou moins ovales et leur œil du côté couché va rejoindre celui du côté dégagé ; ils demeurent ainsi le reste de leur vie. Les poissons plats se couchent différemment selon les espèces, soit à droite (le turbot, la fausse limande et souvent aussi la plie) ou à gauche (la barbue, le flet, le flétan, la limande, la plie, la sole). Le côté où ils se couchent est toujours blanchâtre tandis que l'autre côté est coloré. Tout le contour de leur corps est recouvert de nageoires. Selon les espèces, les nageoires dorsales peuvent contenir de 60 à 115 rayons et les nageoires anales de 35 à 63 rayons. La chair des poissons plats est blanche, maigre, délicate et, dans la plupart des variétés, très savoureuse.

Flétan
Hippoglossus spp, **Pleuronectidés**
Nom anglais : *halibut*

HISTORIQUE ◆ Le plus grand des poissons plats, en fait un des plus grands poissons de mer. Le flétan recherche les eaux froides des mers nordiques et il est abondant dans l'Atlantique, près de Terre-Neuve et du Groenland et dans le Pacifique.

Le flétan a une peau lisse recouverte d'écailles rondes. Son côté aveugle est blanc ou gris et son côté exposé est dans les teintes de brun devenant presque noir avec l'âge. Ce poisson a une grande bouche et une queue fourchue. Il mesure de 50 cm à 140 m de long et il peut peser plus de 300 kg. La surexploitation commerciale a eu pour effet de raréfier les gros spécimens. La chair fine, ferme et floconneuse, contient très peu d'arêtes.

Plie

Pleuronectes spp
Nom anglais : *plaice*
Autres noms : *dab, flounder*

HISTORIQUE ◆ La plie est abondante dans l'Atlantique et le Pacifique. Elle est souvent confondue avec la sole, mais la véritable sole vit uniquement près des côtes européennes. On a tenté, il y a quelques années, d'acclimater la sole au froid de l'ouest de l'Atlantique, mais ce fut peine perdue ; c'est regrettable, car sa chair très fine est inégalable.

Au Canada, les filets de sole sur le marché (et dans les restaurants) sont habituellement des filets de plie, de flet ou de limande. Dans plusieurs pays, dont les États-Unis et l'Australie, plusieurs variétés de poissons plats sont commercialisées sous le nom de flet. Ces poissons mesurent rarement plus de 60 cm de long et leur poids se situe habituellement entre 0,5 et 2 kg.

La **plie canadienne** ou **balai de l'Atlantique** *(Hippoglossoides platessoides)* est abondante au Canada et en Nouvelle-Angleterre. Elle atteint une longueur maximale d'environ 60 cm. Sa peau est recouverte d'écailles rugueuses. Son côté exposé est grisâtre ou brun rougeâtre. Une ligne latérale presque droite orne son corps. Le bout de ses nageoires dorsale et anales est blanc.

———————

La **plie commune** ou **carrelet** *(Pleuronectes platessa)* mesure habituellement 50 cm de long et atteint une longueur maximale de 90 cm. C'est le plus important poisson plat des côtés européennes. Son côté exposé brunâtre est parsemé de taches orangées ou rouges. Son côté aveugle est blanc perlé.

———————

La **plie rouge** *(Pseudopleuronectes americanus)* mesure généralement 45 cm de long et atteint une longueur maximale de 60 cm. Elle est spécialement abondante dans le golfe Saint-Laurent et en Nouvelle-Angleterre, mais son aire d'habitation va du Labrador à la Georgie. La plie rouge est de couleur variable selon l'habitat, mais elle est souvent rouge brunâtre, d'où son nom. La ligne latérale au milieu de son dos est droite. C'est la plus charnue des plies.

———————

La **plie grise** *(Glyptocephalus cynoglossus)* peut mesurer 60 cm de long. Elle ressemble à la plie rouge, dont elle se différencie par sa couleur gris brunâtre et par le fait que ses nageoires dorsales et anales comportent plus de rayons. Elle est présente des deux côtés de l'Atlantique.

———————

La **limande commune** *(Limanda limanda)* mesure habituellement de 20 à 25 cm de long et atteint une longueur maximale d'environ 40 cm. Cette espèce habite les côtes européennes de l'Atlantique, notamment les côtes françaises. Son dos noir est souvent couvert de taches rousses. Sa chair est moins savoureuse que la chair des plies.

La **limande à queue jaune** *(Limande ferruginea)* atteint une longueur maximale de 60 cm. Son corps presque ovale est mince et sa bouche petite. Son côté exposé est vert olive ou brun rougeâtre parsemé de larges taches rouille. Sa queue est jaune. La limande à queue jaune est fréquente du Labrador à la baie de Chesapeake.

La **limande sole commune** *(Microstomus kitt)* atteint une longueur maximale de 65 cm. Sa tête et sa bouche sont petites. Son côté exposé habituellement brun a de nombreuses taches de grosseur irrégulière et de diverses couleurs. La limande sole habite les côtes européennes de l'Atlantique, de la France jusqu'à l'Islande. Elle est particulièrement abondante près des côtes françaises. Sa chair est fade et filandreuse.

Le **cardeau d'été** *(Paralichthys dentatus)* atteint une longueur maximale de 1 m. Il a une grande bouche et des dents pointues. Son côté exposé est généralement brun ou gris, mais peut aussi être noirâtre ou vert. Il est parsemé de quelques taches foncées. Le cardeau d'été est abondant aux États-Unis, des côtes du Maine jusqu'aux côtes de la Caroline du Sud.

Le **flet commun** *(Platichthys flesus)* mesure généralement de 30 à 40 cm de long et atteint une longueur maximale de 60 cm. Sa peau de couleur brunâtre, brun grisâtre ou verdâtre est parsemée de taches plus pâles et moins orangées que celles de la plie. Une ligne latérale légèrement courbée près de la nageoire pectorale orne le milieu de son dos. Son côté aveugle est habituellement blanc. Ce flet, spécialement abondant dans la Baltique, se pêche jusque dans la Méditerranée. Sa chair est légèrement moins savoureuse que celle de la plie.

Sole
Solea spp, **Soleidés**
Nom anglais : *sole*

HISTORIQUE ◆ La sole habite les fonds sablonneux de la mer, notamment de la Manche, de l'est de l'Atlantique, de la Méditerranée, de la mer du Nord et du Pacifique. Elle est absente des côtes canadiennes et américaines, contrairement aux plies, très abondantes, et que l'on nomme souvent incorrectement soles. Elle mesure généralement de 20 à 45 cm de long et atteint une longueur maximale de 70 cm. La coloration de son côté exposé (le droit) est variable.

La sole est toujours très savoureuse ; sa délicatesse dépend de l'espèce et de l'endroit où elle est pêchée. La plus recherchée est la sole de Douvres *(Solea solea)*. Cette sole ne vit pas seulement près des côtes anglaises cependant, car on la trouve aussi dans la Méditerranée et jusqu'aux côtes de la Norvège, mais Douvres est un endroit où on la pêchait en abondance et ces soles étaient identifiées par leur lieu d'origine sur le marché. La sole de Douvres est facilement reconnaissable à son museau en lobe qui fait penser à un bec de perroquet. Elle est souvent grise ou brun grisâtre ; elle est toujours parsemée d'une ou de plusieurs taches foncées.

Turbot
Psetta maxima, **Scophthalmidés**
Nom anglais : *turbot*

HISTORIQUE ◆ Le turbot mesure généralement de 40 à 50 cm de long. Il atteint une longueur maximale de 100 cm et peut peser plus de 25 kg. Il habite la Méditerranée, l'Atlantique jusqu'aux côtes de la Norvège, la mer du Nord et le Pacifique. En Amérique du Nord, on désigne souvent incorrectement le flétan du Groenland *(Reinhardtuis hippoglossoides)* sous le nom de turbot du Groenland.

Le turbot a un corps ovale qui a inspiré la création d'un récipient appelé turbotière, destiné à la cuisson du turbot entier. Sa peau dépourvue d'écailles a de nombreuses protubérances. Parsemée de petites taches noires et blanches, elle est habituellement de couleur brunâtre ou gris jaunâtre du côté exposé et gris sombre du côté aveugle. Ce poisson a de puissantes dents. Sa chair blanche et ferme est très savoureuse.

ACHAT ◆ Les plies, les flets et les limandes renferment beaucoup d'arêtes et sont habituellement vendus en filets (frais ou congelés). Le flétan est commercialisé en tranches ou en morceaux, parfois à l'état frais, le plus souvent congelé. Il est aussi vendu fumé ou séché. Le turbot est surtout commercialisé en filets dépouillés. Il est parfois vendu entier ou coupé en tronçons.

PRÉPARATION ◆ Il n'est pas nécessaire de dépouiller les poissons plats pour les cuire ; il faut cependant les écailler.

UTILISATION ◆ Il est préférable d'apprêter les poissons plats le plus simplement possible afin de ne pas masquer leur finesse. Les cuire avec ou sans la peau, selon sa préférence et le mode de cuisson ; ainsi, les filets cuits à la poêle se briseront moins si on laisse la peau :

VALEUR NUTRITIVE	
Le flétan contient	
Protéines	21 g
Matières grasses	2,4 g
109 calories/100 g, cru	
La plie contient	
Protéines	19 g
Matières grasses	1,2 g
92 calories/100 g, crue	
Elle est maigre.	
La sole contient	
Protéines	18 g
Matières grasses	1,4 g
77 calories/100 g, crue	
Elle est maigre.	
Le turbot contient	
Protéines	16 g
Matières grasses	3 g
95 calories/100 g, cru	

- la plie s'accommode bien de la grillade ou de la friture ;

- la sole s'apprête de nombreuses façons, car tous les modes de cuisson lui conviennent ;

- le flétan est délicieux chaud ou froid ; ses joues sont particulièrement appréciées. Il peut être grillé ou poché. On extrait de son foie de l'huile aux propriétés identiques à celles l'huile de foie de morue ;

- le turbot est généralement poché ou grillé.

POIVRE

Piper nigrum, **Pipéracées**
Nom anglais : *pepper*

HISTORIQUE ◆ Fruit du poivrier, une plante grimpante originaire de la région indo-malaise. Le poivre est consommé depuis des temps immémoriaux. Il a joué un rôle important tout au long de l'histoire : il a servi d'offrande aux dieux, d'impôt, de monnaie et de rançon. Il rehaussait le goût des aliments et il était fort utile pour masquer la saveur des aliments manquant de fraîcheur, notamment la viande faisandée, ce qui arrivait fréquemment avant l'apparition des réfrigérateurs et des congélateurs. Sa recherche incita des explorateurs à prendre la mer et amena la découverte de continents. On se battit pour conserver le monopole du marché.

Le poivrier pousse sous les climats tropicaux. Il en existe plusieurs centaines d'espèces. Les tiges ligneuses et lisses peuvent atteindre jusqu'à 10 m de hauteur. Le tronc et les tiges sont pourvus de racines aériennes qui peuvent se fixer sur les arbres. Les feuilles ovales, en forme de palmes, sont vert foncé. De petites fleurs blanches, regroupées en épis allongés, donnent naissance à des grappes de petits fruits globuleux qui passent du vert au rouge puis au brun en mûrissant. Le poivrier fleurit toute l'année.

Le **poivre noir** provient de fruits cueillis avant maturité puis mis à sécher, qui deviennent alors ridés et de couleur noirâtre. Le poivre noir est le plus piquant et le plus aromatique des poivres.

———————

Le **poivre blanc** provient de fruits cueillis très mûrs. On fait bouillir ces fruits pour pouvoir enlever leur enveloppe extérieure, puis on les fait sécher. Le poivre blanc est plus doux que le poivre noir.

———————

Le **poivre vert** provient de fruits cueillis très tôt, lorsqu'ils sont encore verts. Il est peu piquant et très fruité.

———————

Le **poivre gris** est du poivre noir à peine lavé et possédant encore son enveloppe. Il est assez rare sur le marché et toujours moulu. Il peut aussi consister en un mélange de poivre noir et de poivre blanc. Le poivre gris est plutôt doux.

———————

Le **poivre rose** ou **rouge** provient d'une espèce différente (*Schinus terebinthifolius* ou *S. molle)*, un sous-arbrisseau de la famille de l'herbe à puce (Anarcadiacées). Comme cette dernière, il semble qu'il peut causer de l'allergie. C'est une baie lyophilisée de saveur délicate et parfumée et qui s'altère rapidement.

———————

ACHAT ◆ Le poivre est commercialisé entier, concassé ou moulu, nature ou assaisonné (poivre à l'oignon, à l'ail, au céleri, au citron, etc.). Le poivre vert est vendu saumuré, vinaigré ou séché. Pour obtenir le maximum de saveur, il est préférable d'acheter le poivre en grains et de le moudre au fur et à mesure de nos besoins. Choisir des grains lourds, compacts, peu friables et d'une coloration uniforme. Le poivre moulu peut contenir des impuretés, être moisi ou être adultéré, c'est-à-dire avoir été mélangé avec un aromate moins coûteux. L'acheter de préférence dans un endroit où le roulement est rapide pour obtenir un maximum de saveur et choisir une marque digne de confiance.

UTILISATION ◆ Le poivre est une des épices les plus employées dans le monde. On l'ajoute à presque tous les aliments : sauces, légumes, viandes, charcuteries, vinaigrettes et même certains desserts. Le poivre blanc assaisonne souvent les aliments dans lesquels il peut passer inaperçu, tels les sauces blanches, la volaille et le poisson. Les grains entiers aromatisent les marinades, les pâtés, la charcuterie, les fromages et les mets qui cuisent longtemps, tels les soupes et les ragoûts. Ajouter le poivre moulu à la toute fin de la cuisson pour éviter qu'il ne devienne amer. La saveur du poivre s'accentue lorsque les aliments sont congelés.

CONSERVATION ◆ Le poivre entier se conserve indéfiniment à la température de la pièce. La durée de conservation idéale du poivre moulu est de 3 mois.

VALEUR NUTRITIVE	
Le poivre noir moulu fournit	
Potassium	26 mg
Calcium	9 mg
Phosphore	4 mg
Magnésium	4 mg
Fer/5 ml (2 g)	0,61 mg
Le poivre blanc moulu fournit	
Calcium	6 mg
Phosphore	4 mg
Potassium	2 mg
Magnésium	2 mg
Fer/5 ml (2 g)	0,34 mg

On dit le poivre tonique, stimulant, carminatif et antibactérien. Il contient de la pipérine, un alcaloïde qui irrite la muqueuse de l'estomac mais qui active la salivation et qui aide la digestion. À forte dose, le poivre devient irritant et échauffant.

POIVRON ou PIMENT DOUX

Capsicum annuum, **Solanacées**
Nom anglais : *bell pepper*
Autres noms : *green pepper, sweet pepper, red pepper, capsicum*

HISTORIQUE ◆ Fruit du piment doux, une plante originaire d'Amérique du Sud et d'Amérique centrale. Le poivron appartient à une grande famille qui comprend notamment l'aubergine, la pomme de terre, la tomate, l'alkékenge et le tamarillo. Ce fut l'une des premières plantes à être cultivées en Amérique du Sud, culture qui remonte à environ 5 000 ans. Le poivron ne fut introduit en Europe qu'après un des voyages de Christophe Colomb. S'adaptant très facilement, il s'est vite propagé. Le poivron est vivace dans les régions tropicales et annuel dans les régions tempérées. C'est une gousse plus ou moins charnue qui renferme de multiples graines blanchâtres. Le poivron pousse sur un plant pouvant atteindre 1 m de haut. Il en existe des dizaines de variétés aux tailles, formes, couleurs et saveurs différentes.

Le poivron est charnu et sa chair douce est délicatement sucrée. Il mesure en général de 7 à 16 cm de long et de 5 à 12 cm de diamètre. La variété la plus populaire en Amérique du Nord a 4 lobes, ce qui lui donne une forme légèrement carrée. En anglais, on nomme ce poivron « bell pepper » tandis qu'en France on parle de « poivron d'Amérique ». Certaines variétés de poivrons ont 3 lobes tandis que d'autres en sont dépouvues et sont plutôt effilées. La plupart des variétés de poivrons sont d'abord vertes, puis elles se colorent de jaune, de rouge, d'orangé, de brun, de pourpre ou de noir à mesure que le fruit mûrit. Le poivron devient alors plus sucré et plus parfumé.

ACHAT ◆ À l'achat de poivrons frais, choisir ceux qui sont fermes, luisants et charnus, exempts de taches et de parties molles. Leur chair devrait céder sous une légère pression des doigts.

PRÉPARATION ◆ Le poivron peut être coupé en rondelles, en lanières, en morceaux ou en dés. Enlever d'abord la tige, puis retirer le cœur et les graines. Pour farcir un poivron, couper délicatement autour de la tige et retirer cette partie. Enlever soigneusement les graines (c'est plus facile en faisant couler de l'eau fraîche dans le poivron) et le cœur, bien égoutter, farcir, puis replacer la tige. Pour accélérer la cuisson du poivron farci, on peut le blanchir avant de l'évider et de le remplir. Amener de l'eau à ébullition, faire bouillir le poivron une minute, puis le plonger dans de l'eau froide pour arrêter l'effet de la chaleur. Si on désire enlever la peau des poivrons, les placer sous le gril dans le four et les rôtir (de 4 à 7 minutes dans un four à 290 °C) en les tournant souvent. On peut aussi griller les piments sur une cuisinière à gaz en les tournant jusqu'à ce que la peau soit noircie partout; il faut prendre soin cependant de ne pas brûler la chair ni de se brûler les mains. Refroidir les poivrons en les plongeant dans de l'eau froide ou en les enveloppant dans un linge mouillé froid. Lorsqu'ils sont refroidis, les peler en les mettant sous un mince filet d'eau froide.

VALEUR NUTRITIVE	
Le poivron cru contient	
Eau	92,2 %
Protéines	0,9 g
Matières grasses	0,2 g
Glucides	6,4 g
Fibres	2 g
27 calories/100 g	

Les poivrons rouge et vert sont une excellente source de vitamine C et de vitamine A et une bonne source de potassium. Ils contiennent de la vitamine B_6 et de l'acide folique. Crus ou cuits, leur valeur nutritive est semblable. À poids égal, ils contiennent plus de vitamine C que les oranges. La proportion des divers éléments nutritifs est fortement influencée par les variétés. Ainsi, le poivron rouge contient beaucoup plus de vitamine A et de vitamine C que le poivron vert.

Le poivron a diverses propriétés médicinales; on le dit notamment stomachique, diurétique, stimulant, digestif et antiseptique. Certaines personnes ont de la difficulté à le digérer; ce problème diminue ou disparaît lorsqu'on pèle le poivron.

CUISSON ◆ La cuisson rend le poivron plus sucré. Éviter une cuisson excessive, qui le décolore et lui fait perdre de la saveur et de la valeur nutritive. La cuisson verdit les poivrons bruns, noirs ou pourpres.

UTILISATION ◆ Le poivron se consomme cru ou cuit. Cru, il est souvent mangé tel quel, servi en trempettes ou en hors-d'œuvre, ou mis dans les salades. Le poivron est couramment intégré aux soupes, aux omelettes, au tofu, aux ragoûts, aux brochettes, au riz, aux pâtes alimentaires et aux pizzas. Il est indispensable dans le gaspacho et la ratatouille. Il entre aussi dans la confection de marinades. Il est souvent mariné ou farci, puis cuit.

CONSERVATION ◆ Conserver les poivrons au réfrigérateur sans les laver. Les mettre dans un sac de plastique perforé et les placer dans le bac à légumes, où ils se garderont environ 1 semaine. Les poivrons se congèlent facilement sans blanchiment, simplement lavés. Pour conserver le maximum de saveur et de valeur nutritive, il est préférable de les laisser entiers. Les poivrons sont faciles à déshydrater et se conservent au moins 1 an lorsqu'ils sont séchés. On peut aussi les mariner.

POMÉLO

Citrus paradisi, **Rutacées**
Nom anglais : *grapefruit*

HISTORIQUE ◆ Fruit couramment et improprement appelé pamplemousse (c'est le *grapefruit* de la langue anglaise, et le mot *grapefruit* évoque le fait que ce fruit pousse en grappes). Par contre en anglais, le mot *pomelo* désigne le véritable pamplemousse *(C. grandisi)*, ce qui entraîne une certaine confusion. Le pomélo serait originaire de la Jamaïque. On ignore s'il est une mutation du pamplemousse ou s'il est le résultat d'un croisement de ce dernier avec une orange douce.

Le pomélo est produit par un arbre qui peut atteindre de 8 à 9 m de haut. Plus ou moins rond, le pomélo atteint de 8 à 14 cm de diamètre. Son écorce plutôt mince peut être jaune ou teintée de rose. Sa pulpe jaune, rosée ou rouge est plus ou moins douce, acidulée, sucrée et parfumée (la jaune l'est moins que les autres). Elle abrite habituellement des pépins. Ce fruit est cueilli avant d'être complètement mûr parce qu'il a tendance à tomber de l'arbre et à perdre sa saveur acidulée lorsqu'il a atteint sa pleine maturité. Quand son écorce est encore verdâtre, on expose souvent le pomélo au gaz éthylène pour lui faire perdre sa couleur verte. La commercialisation du pomélo est relativement récente : elle date de la fin du XIXe siècle. Les États-Unis sont le plus grand pays producteur de cet agrume. Environ la moitié de la récolte est destinée au jus ou à la mise en conserve, l'autre moitié est vendue fraîche.

ACHAT ◆ Choisir des pomélos lourds pour leur taille et relativement fermes. Certaines marques sur la peau, telles des cicatrices ou des plaques dures, n'affectent pas la qualité des fruits. Délaisser les fruits trop mous, dont l'écorce est terne ou qui cèdent trop facilement sous la pression des doigts. Vérifier si l'extrémité où se trouvait la tige est décolorée : c'est un signe que le fruit est passé.

VALEUR NUTRITIVE	
Le pomélo contient	
Eau	91 %
Protéines	0,6 g
Matières grasses	0,1 g
Glucides	8 g
Fibres	0,6 g
30 à 33 calories/100 g selon qu'il est blanc, rose ou rouge.	

Il a légèrement moins de valeur nutritive que l'orange. Le pomélo est riche en vitamine C, il contient du potassium et de l'acide folique ainsi que des traces de cuivre et de vitamine A (le pomélo rouge ou rose contient un peu plus de vitamine A que le pomélo blanc). Il est reconnu pour être apéritif, digestif, stomachique, antiseptique, tonique et diurétique.

UTILISATION ◆ Le pomélo est souvent coupé en deux et mangé à la cuiller, saupoudré ou non de sucre (sa consommation est plus aisée quand les quartiers sont préalablement détachés à l'aide d'un couteau-scie ou quand on se sert d'une cuiller dentelée). Laver le pomélo avant de le couper. Le pomélo, qui peut être grillé, accompagne bien certains plats principaux (canard, poulet, porc, crevettes). On le met dans les salades composées. Le pomélo entre aussi dans la composition de desserts (gâteaux au fromage, flans, salades de fruits, sorbets). Il peut se substituer à l'orange et à l'ananas dans plusieurs recettes. Le jus de pomélo est très rafraîchissant. L'écorce peut être confite.

CONSERVATION ◆ Le pomélo peut être gardé à la température de la pièce pendant 1 ou 2 semaines. Pour une conservation prolongée, le placer au réfrigérateur. Le jus et le zeste se congèlent.

POMME

Malus spp, **Rosacées**
Nom anglais : *apple*

HISTORIQUE ◆ Fruit du pommier, un des plus anciens arbres fruitiers et un des plus répandus. Le pommier serait originaire d'Asie du Sud-Ouest. Des découvertes archéologiques indiquent que sa culture est très ancienne. Au VIe siècle av. J.-C. les Romains connaissaient 37 variétés de pommes, ce qui est considérable pour l'époque. Il y eut depuis un nombre incalculable de mutations et de croisements. Il existe maintenant plusieurs milliers de variétés de pommes. Le mot pomme vient du latin *pomum* qui signifie « fruit ». Le terme « pommade » fait référence aux pommes. Il fut créé à la fin du XVIe siècle et désignait originellement un onguent aux pommes. Le pommier croît sous les climats tempérés. Certaines espèces peuvent endurer un froid approchant -40 °C. Le pommier atteint des hauteurs variables, surtout depuis la création d'hybrides nains. Il produit de jolies grappes de fleurs roses ou blanches très odorantes et décoratives. Un pommier en fleur constitue un spectacle ravissant.

Le nombre de variétés de pommes étant très grand, cela joue sur la forme, la couleur, la saveur, la texture, la valeur nutritive, le moment de la récolte, l'utilisation et la conservation des pommes. Celles-ci sont généralement rondes ou légèrement aplaties à une extrémité. Leur peau est rouge, jaune, verte, brun rougeâtre ou jaune verdâtre. Certaines variétés sont striées ou tachetées. La chair des pommes est plus ou moins ferme, croquante, acidulée, juteuse, sucrée et parfumée. Certaines variétés sont dites d'été, d'autres d'hiver. Les pommes d'été se conservent mal et doivent être consommées rapidement. Les pommes d'hiver se gardent plus longtemps.

Divers facteurs influencent l'utilisation que l'on fait des pommes : leur fermeté, leur teneur en cellulose, en pectine et en sucre, leur degré d'acidité, et la rapidité avec laquelle leur chair brunit lorsqu'elle entre en contact avec l'air. Certaines variétés supportent mal la cuisson (c'est la raison pour laquelle tant de tartes maison baignent dans un surplus d'eau). D'autres deviennent amères quand elles sont cuites au four. Généralement, on recherche pour croquer, une pomme ferme, juteuse et savoureuse ; pour les tartes, une pomme peu aqueuse et légèrement acidulée ; pour cuire au four, une pomme sucrée qui se déforme peu ; pour les gelées, une pomme à peine mûre, acidulée, juteuse et riche en pectine ; pour la compote, une pomme qui conserve sa couleur. Les impératifs du marché font que relativement peu d'espèces sont commercialisées. Au Canada, la mcIntosh a longtemps dominé le marché. Elle perd graduellement sa place, plusieurs variétés lui faisant concurrence, notamment la granny smith, la délicieuse et la cortland. Aux États-Unis, 8 variétés accaparent une grande partie du marché, soit les délicieuses rouges et jaunes, la McIntosh, la rome beauty, la jonathan, la winesap, la york et la stayman. En Europe, la délicieuse jaune est très populaire.

Le tableau qui suit indique les principales variétés de pommes et leurs caractéristiques :

PRINCIPALES VARIÉTÉS DE POMMES		
Variété	Origine et description	Utilisation
Cortland	Croisement avec la mcIntosh, grosse, globuleuse, aplatie, rouge vif, peau striée, chair très blanche et parfumée, ne brunit pas; plus de qualité que la spartan	Tout usage, parfaite pour tartes, cuisson au four, compotes
Délicieuse jaune	Créée aux États-Unis, moyennement allongée, rétrécissant vers le bas, a 5 renflements caractéristiques, peau jaune, chair semi-ferme, juteuse, sucrée, fine, peu acide	À croquer, tartes
Délicieuse rouge	Mêmes caractéristiques que la jaune sauf que la chair est plus croquante	À croquer
Empire	Originaire des États-Unis, croisement entre la mcIntosh et la délicieuse rouge, a sensiblement la même saveur que la mcIntosh, est plus résistante aux meurtrissures, se conserve plus longtemps	Tout usage
Gala	Créée en Nouvelle-Zélande, un croisement entre la cox's orange pippin, la délicieuse rouge et la golden, peau jaune crème tachetée de rose, chair juteuse, croquante, sucrée et très parfumée	Excellente à croquer, bonne pour la cuisson
Golden	Créée aux États-Unis en 1912	À croquer
Granny Smith	Originaire d'Australie, fut cultivée pour la première fois en 1868 par une grand-mère nommée Smith, grosseur moyenne, peau verte, chair ferme, juteuse et acidulée	À croquer
Idared	Grosse, rouge foncé tachée de vert-jaune, chair ferme, juteuse, parfumée, ne se déforme pas	Tout usage, excellente pour la cuisson au four
McIntosh	Créée en 1796 à Dundelwa en Ontario, au Canada, par John McIntosh, chair ferme, juteuse et croquante	Excellente à croquer, bonne pour la cuisson au four, compote
Melba	Grosseur moyenne, peau jaune verdâtre, chair juteuse et tendre, devient vite farineuse	À croquer, excellente en compote
Rome Beauty	Grosse, ronde, striée de rouge et tachée de petits points, brillante, chair ferme, juteuse, acidulée et aromatique	Tout usage
Russet	Moyenne ou petite, globuleuse, peau rugueuse brun jaunâtre, marquée de roussissement, chair jaune, très savoureuse; se conserve mal	À croquer
Spartan	Croisement d'une mcIntosh et d'une yellow newton, plus croquante, colorée et sucrée que la mcIntosh, moyenne à grosse, globuleuse, peau rouge foncé tachetée de petits points blancs	Tout usage

ACHAT ◆ Les pommes fraîches sont disponibles à l'année. Cela est possible depuis que l'approvisionnement s'est diversifié et que la technologie s'est beaucoup développée. Les pommes proviennent de divers pays et elles sont conservées dans des entrepôts frigorifiques ou dans des entrepôts à atmosphère contrôlée (AC). Dans les entrepôts frigorifiques, les pommes sont gardées à une température approchant 0 °C avec 85 à 90 % d'humidité. Elles continuent cependant de mûrir, consommant de l'oxygène et produisant du bioxyde de carbone. Elles demeurent agréables à manger nature pendant 3 ou 4 mois, après quoi elles perdent leur lustre et deviennent pâteuses. En atmosphère contrôlée (AC), les pommes « hivernent ». On retire l'oxygène de l'air tout en augmentant le bioxyde de carbone ; le mûrissement est alors ralenti et les pommes peuvent se conserver jusqu'à 1 an. Ces pommes sont mises en marché après les pommes frigorifiées.

Les pommes sont presque toujours cueillies non mûres afin qu'elles résistent au transport et à la longue attente en entrepôt. Lorsqu'elles sont cueillies à maturité, leur chair devient vite farineuse et des sections brunes peuvent se développer à l'intérieur, autour du cœur. Un fruit immature ou trop mûr est terne. Cet indice est souvent faussé cependant, car la plupart des pommes sont « maquillées ». Elles ne brillent que parce qu'elles ont été recouvertes de cire (cire d'abeille, paraffine ou gomme laque d'origine animale) ou qu'elles ont été frottées. Vérifier le degré de maturité en donnant une chiquenaude près de la queue : un son sourd indique que la pomme est mûre, tandis qu'un son creux signifie qu'elle devient blette. Choisir des pommes fermes, bien colorées et exemptes de meurtrissures (les parties endom-

VALEUR NUTRITIVE	
La pomme contient	
Eau	84 %
Protéines	0,2 g
Matières grasses	0,4 g
Glucides	15 g
Fibres	2,2 g
59 calories/100 g (pomme de grosseur moyenne pesant environ 150 g).	

Elle est une source de potassium et de vitamine C et contient des traces de cuivre et d'acide folique. Les propriétés médicinales de la pomme sont nombreuses, à tel point qu'un dicton populaire dit « une pomme par jour éloigne le médecin ». La pomme est notamment diurétique, laxative, antidiarrhéique, tonique, musculaire, antirhumatismale, stoma-chique, digestive et décongestion-nante hépatique. Crue, elle nettoie les dents et masse les gencives.

magées font pourrir la pomme et les autres pommes autour). Il est préférable d'acheter les pommes dans un étalage réfrigéré, à moins de connaître le moment de leur cueillette, car elles mûrissent très vite à la température de la pièce.

Les pommes sont classées selon leur forme, leur grosseur et leurs qualités. Les pommes exemptes de défauts sont les plus chères. Elles constituent un achat inutile lorsqu'on les destine à la cuisson. Les pommes moins parfaites sont surtout utilisées par l'industrie.

PRÉPARATION ◆ La chair des pommes brunit lorsqu'elle entre en contact avec l'air. Pour l'empêcher de s'oxyder, la consommer ou la cuisiner immédiatement, ou l'arroser de jus d'agrume (citron, lime, orange), de vinaigre ou de vinaigrette, selon l'usage que l'on fera de ces fruits.

CUISSON ◆ Pour que les pommes cuites conservent leur forme, choisir une variété moins aqueuse, cuire les pommes doucement et utiliser peu de liquide, c'est-à-dire juste assez pour empêcher les pommes de coller. Pour cuire les pommes au four, les évider sans les transpercer complètement, en laissant un fond qui retiendra les ingrédients déposés dans le centre des pommes (raisins, noix de coco, noix, miel, tahini, etc.). Pour cuisiner de la compote rapidement, couper des pommes en dés et les cuire 2 minutes dans le four à micro-ondes, en les couvrant. Une compote peut très bien se passer de sucre. Pour s'y habituer, diminuer progressivement la quantité de sucre ajouté. Pour créer de la diversité, cuire de nouvelles variétés de pommes, combiner diverses variétés ou y ajouter des fraises ou de la rhubarbe.

UTILISATION ◆ L'utilisation de la pomme est presque infinie. On mange la pomme nature, cuite, déshydratée et confite. On la transforme en compote, en gelée, en confiture, en jus, en vinaigre, en eau-de-vie (calvados), en cidre, en beurre. On la cuisine en desserts, notamment dans les gâteaux, les muffins, les crêpes, les flans, les strudels, les clafoutis et les puddings. La pomme peut accompagner des aliments salés, particulièrement le fromage, la viande, la volaille, le gibier et l'andouillette. On la met dans les soupes et les salades. On la cuit avec des légumes.

CONSERVATION ◆ Les pommes se conservent quelques semaines au réfrigérateur. Les placer dans le tiroir à fruits ou dans un sac perforé. Pour conserver des pommes plus longtemps, les mettre dans un endroit obscur, très frais (0 à 4 °C) et très humide (85 à 90 %). Pour retarder la déshydratation des pommes, les asperger légèrement d'eau de temps en temps et les recouvrir d'une feuille trouée. Enlever les pommes trop mûres et endommagées. Ne pas entasser les pommes, car dès qu'elles sont meurtries, elles mûrissent rapidement et font mûrir et pourrir les autres pommes. Si elles ne sont pas assez mûres, les laisser à la température de la pièce. Les surveiller cependant puisqu'elles mûrissent dix fois plus vite qu'au froid.

Les pommes se congèlent très bien en purée, sucrée ou non sucrée. La congélation leur réussit moins bien si elles sont crues. Les peler, les parer, les trancher et les arroser de jus de citron ou d'acide ascorbique, substances qui empêchent le brunissement.

POMME DE TERRE

Solanum tuberosum, **Solanacées**
Nom anglais : *potato*
Autre nom : *Irish potato*

HISTORIQUE ◆ Tubercule d'une plante originaire d'Amérique du Sud, probablement du Chili. La pomme de terre est un aliment de base des sociétés andines depuis des temps lointains. Les Espagnols la découvrirent lorsqu'ils envahirent l'Amérique du Sud. Ils l'introduisirent en Europe, où on la considéra d'abord avec méfiance parce que la pomme de terre avait une saveur âcre et qu'on croyait qu'elle transmettait la lèpre. La culture de la pomme de terre se répandit graduellement mais ne s'imposa réellement qu'après les famines qui frappèrent durement la France en 1769 et l'Allemagne en 1771. De nos jours, les plus grands pays producteurs sont l'ex-URSS, la Pologne, l'Allemagne et les États-Unis.

Le Français Antoine Auguste Parmentier (1737-1813) donna son nom à ce légume, car il contribua à le faire accepter par ses compatriotes. Il fit planter des champs de pommes de terre dans la banlieue parisienne et il y plaça des gardiens durant le jour pour faire croire combien ce légume était précieux et inciter ainsi la population à venir le voler pendant la nuit. Il gagna aussi un concours institué par le gouvernement français pour trouver un aliment pouvant remplacer le pain, devenu une denrée rare, en créant un plat de pommes de terre qui porte encore son nom aujourd'hui. Louis XV baptisa ce légume «pomme de terre» pour en rehausser l'image. En Irlande, la pomme de terre en vint à occuper une place importante dans l'alimentation de la population. Une maladie décima les récoltes en 1845 et 1846 et causa une terrible famine qui dura plusieurs années, entraînant la mort de milliers de personnes. Un grand nombre d'Irlandais émigrèrent vers l'Amérique du Nord, faisant ainsi retraverser l'Atlantique à la pomme de terre.

La pomme de terre pousse sur une plante vivace cultivée en annuelle, qui comporte une partie aérienne constituée de tiges atteignant parfois 1 m de haut. Ces tiges sont ornées de feuilles oblongues. On récolte les pommes de terre après la floraison, lorsque les plants jaunissent. Il existe plusieurs centaines de variétés de pommes de terre, ce qui joue non seulement sur la forme, la couleur et la grosseur mais également sur la saveur et le contenu en amidon. Seuls les tubercules, parties renflées enfouies sous la terre, sont comestibles. Leur chair blanchâtre ou jaunâtre est recouverte d'une peau de couleur rougeâtre, brunâtre, jaunâtre ou bleu violacé. Plus ou moins ronds, allongés et lisses, les tubercules sont ornés de petits « yeux ». C'est de ces « yeux » que sortiront éventuellement les bourgeons. Les pommes de terre sont fragiles et s'endommagent facilement.

VALEUR NUTRITIVE

La pomme de terre a souvent mauvaise réputation, car on la croit calorifique. C'est lorsqu'on la noie sous une couche de crème sure, qu'on la pile avec du beurre et de la crème ou qu'on la fait frire qu'elle est riche en calories. Bouillie, elle contient 76 calories/100 g ; c'est 2 à 4 fois plus que beaucoup de légumes mais pas plus qu'une tranche de pain blanc. Le tableau ci-dessous permet de constater à quel point la valeur nutritive des pommes de terre varie selon le mode de cuisson et la préparation :

par 100 g	crue	au four (entière)	bouillie (entière)	bouillie (pelée)	frites (grande friture)	croustilles
protéines	2,1 g	2,3 g	1,9 g	1,7 g	4,0 g	6,6 g
glucides	18 g	25,2 g	20,1 g	20 g	39,6 g	48,5 g
matières grasses	0,1 g	0,1 g	0,1 g	0,1 g	10,6 g	35,4 g
calories	79	109	87	86	315	539
fibres	1,5 g	2,3 g	1,5 g	1,4 g	0,8 g	1,4 g
vitamine C	19 mg	13 mg	13 mg	7 mg	11 mg	58 mg

La pomme de terre crue contient 79,4 % d'eau. Elle est une excellente source de potassium et une bonne source de vitamine C ; elle contient de la vitamine B_6, du cuivre, de la niacine, du magnésium, de la folacine, du fer et de l'acide pantothénique ainsi que des traces de zinc, de phosphore et de calcium. La vitamine C disparaît graduellement avec le temps, cependant ; après 3 mois d'entreposage, par exemple, il n'en reste plus que la moitié et après 6 mois, seulement un tiers.

La pomme de terre aurait plusieurs propriétés médicinales ; on la dit notamment antispasmodique, diurétique et cicatrisante. Elle serait utile contre les ulcères. Crue et tranchée ou transformée en fécule, elle sert àsoigner les inflammations, les coups de soleil, les brûlures et les gerçures. Son jus cru peut être utilisé comme cicatrisant des muqueuses, calmant, diurétique et antiacide. Il semble toutefois que les personnes souffrant d'arthrite voient leur état soulagé si elles cessent leur consommation de pommes de terre et des autres légumes de la famille des Solanacées, tels l'aubergine, le poivron et la tomate.

La pomme de terre verdit lorsqu'elle est exposée au soleil et à la lumière. La couleur verte est causée par l'apparition de la chlorophylle ainsi que par la formation d'un glycoalcaloïde toxique, la solanine. À petite dose, la solanine peut causer des crampes d'estomac, des maux de tête ou de la diarrhée ; à forte dose, elle peut affecter le système nerveux. La chlorophylle n'est pas toxique, mais comme elle est associée à la solanine que la cuisson ne détruit pas, il faut enlever toute trace de vert sur la pomme de terre. Il est aussi nécessaire d'ôter les germes et les « yeux », car les alcaloïdes s'y accumulent.

ACHAT ◆ Choisir des pommes de terre fermes et intactes, exemptes de germes et de parties vertes. Délaisser les pommes de terre vendues dans un sac de plastique : leur pourrissement est accéléré par un manque de ventilation, et elles sont souvent vertes : elles ne sont pas protégées de la lumière. Un sac de papier opaque n'a pas ces défauts, mais il ne permet pas de voir l'état des pommes de terre, et il est toujours risqué d'acheter des pommes de terre sans vérifier leur qualité. Il devrait toujours y avoir un sac ouvert à l'étalage pour permettre au client de vérifier.

Des pommes de terre sont parfois vendues prélavées ; leur conservation est plus difficile, car elles ont perdu leur couche protectrice et elles deviennent vulnérables aux bactéries. Ces pommes de terre coûtent plus cher, ce qui représente souvent une dépense inutile car puisqu'on les relave presque toujours. S'assurer qu'elles n'ont pas verdi, car elles sont souvent vendues en vrac, non protégées de la lumière.

PRÉPARATION ◆ Jeter toute pomme de terre verte à plus de 50 % ainsi qu'une pomme de terre amère et qui brûle la langue, car elles ne sont plus comestibles. Bien brosser la pomme de terre si on la cuit avec sa peau. La pomme de terre nouvelle n'a pas besoin d'être pelée ; la cuire telle quelle ou la gratter ; enlever toute chair verte. La chair de la pomme de terre noircit lorsqu'elle entre en contact avec l'air. Pour empêcher le noircissement, la cuire immédiatement dès qu'elle est coupée ou la mettre dans de l'eau froide jusqu'au moment de l'utiliser. Ce bref trempage permet aussi de prévenir l'effritement de la pomme de terre si on n'utilise pas l'eau de trempage pour la cuisson.

CUISSON ◆ La variation dans la teneur en amidon fait que toutes les pommes de terre ne réagissent pas de la même manière à la cuisson. Ainsi :

- la pomme de terre riche en amidon a une chair farineuse qui s'effrite lors de la cuisson à l'eau, l'amidon se gorgeant d'eau ; la friture, la cuisson au four et les purées lui conviennent mieux ;

- la pomme de terre pauvre en amidon se prête bien à la cuisson à l'eau, car elle reste ferme et cireuse et elle est plus sucrée. Elle est idéale pour les salades mais moins pour la friture, car son sucre se cristallise au contact de l'huile chaude, avec pour conséquence que la pomme de terre raidit avant de cuire tout en brunissant trop rapidement ;

- la pomme de terre nouvelle n'est pas une variété spéciale, elle n'est qu'immature. Elle se distingue par le fait qu'elle est sucrée puisque son amidon n'a pas encore eu le temps de se développer. La friture lui réussit mal tandis que la cuisson à l'eau donne de meilleurs résultats si la casserole est découverte et que l'ébullition est rapide.

Pour déterminer le contenu en amidon de la pomme de terre, plonger celle-ci dans un litre d'eau froide salée (110 ml de sel [125 g]), car si elle est riche en amidon, elle flottera, si elle est pauvre en amidon, elle coulera ; si elle contient autant de sucre que d'amidon, elle se tiendra entre deux eaux.

Les emballages indiquent rarement les caractéristiques particulières des pommes de terre. En général, les pommes de terre commercialisées sont surtout des variétés tout usage. En Amérique du Nord, les variétés les plus courantes se réduisent à une vingtaine, divisées en deux grandes catégories, les pommes de terres allongées et les pommes de terre rondes. Grosso modo, on peut se faire une idée de la texture de la pomme de terre d'après sa forme ; l'allongée est ferme alors que la ronde est farineuse. Lorsque l'on veut une pomme de terre ferme et sucrée, l'entreposer quelque temps au froid (au-dessous de 7 °C), tandis que pour la rendre farineuse et amidonnée, la laisser à la température ambiante (21 °C).

La pomme de terre supporte divers modes de cuisson ; elle peut notamment être cuite à l'eau, à la vapeur ou au four, être frite, rissolée ou mise en purée.

Cuisson à l'eau ou **à la vapeur.** L'idéal est de cuire dans le moins d'eau possible et de ne pas jeter l'eau de cuisson (l'utiliser dans les soupes et les sauces). Couvrir la casserole et veiller à ce que les pommes de terre ne collent pas. Il arrive parfois que les pommes de terre noircissent, cette oxydation est due à leur plus grande concentration en fer ; l'addition de jus de citron à l'eau de cuisson prévient ce phénomène. Entières, les pommes de terre doivent cuire entre 30 et 40 minutes à l'eau (30 à 45 minutes à la vapeur) tandis que sectionnées, elles nécessitent de 15 à 25 minutes (15 à 30 minutes à la vapeur) de cuisson.

Cuisson au four. Toujours piquer les pommes de terre à quelques endroits à l'aide d'une fourchette avant de les enfourner, pour permettre à la vapeur de s'échapper, sinon elles risquent d'éclater, occasionnant un dégât très désagréable. Il n'est pas nécessaire d'envelopper les pommes de terre dans du papier d'aluminium ; non enveloppées, elles sont cependant plus sèches. Les pommes de terre enveloppées nécessitent une cuisson plus longue pour compenser la chaleur perdue par la réflexion sur le papier d'aluminium. Leur peau reste tendre et leur chair est humide, car la cuisson s'effectue aussi par la chaleur qui reste emprisonnée dans le papier. Le temps de cuisson dépend de la température du four et de la taille des pommes de terre. Pour une pomme de terre de taille moyenne, compter de 40 à 50 minutes dans un four à 220 °C. Le temps double presque si la température est réduite à 160 °C ; n'est pas forcément un inconvénient, car on peut facilement cuire les pommes de terre en même temps que la viande ; c'est même très pratique et cela réduit le travail.

Friture. Les pommes de terre contenant le moins d'humidité possible sont les meilleures.

- On peut cuire les pommes de terre sans les peler ;
- Les couper en lanières plus ou moins fines mais ne pas dépasser 1 cm d'épaisseur, sinon les frites seront très grasses ;
- Les tailler d'égale grosseur pour une cuisson uniforme ;
- Les rincer pour enlever l'amidon en surface ; cela les conservera blanches, les empêchera de coller et les rendra croustillantes ;
- Veiller à ne pas imbiber les pommes de terre d'eau, ce qui les rendrait huileuses et détrempées ;
- Bien les assécher pour éviter les éclaboussures dangereuses lorsqu'on les plonge dans l'huile bouillante ;
- On peut aussi seulement éponger les pommes de terre.

Le bain de friture devrait être constitué d'un corps gras pouvant supporter une chaleur élevée sans brûler :

- le niveau d'huile devrait atteindre 20 cm afin que chaque pomme de terre puisse flotter librement et ne pas rester collée aux autres ;
- chauffer préalablement le bain de friture et utiliser si possible un thermomètre afin de connaître exactement le bon moment pour y plonger les pommes de terre (170 - 180 °C) et de ne pas dépasser le point de fumée qui rend l'huile nocive (généralement entre 210 et 230 °C, selon l'huile utilisée). L'huile qui grésille quand on ajoute les pommes de terre est assez chaude ;

- ne plonger qu'une petite quantité de pommes de terre à la fois afin de ne pas trop refroidir le bain de friture, hausser le feu pour compenser la baisse de température, mais surveiller la cuisson pour être en mesure de baisser le feu lorsque la chaleur est revenue au point maximal.

Deux méthodes de cuisson sont possibles, en une fois ou en deux fois ; cette deuxième pratique présenterait l'avantage de rendre les frites plus croustillantes. Cuire les pommes de terre une première fois de 7 à 10 minutes (150 à 160 °C), les retirer avant qu'elles soient dorées, les égoutter, puis les remettre 2 ou 3 minutes dans l'huile plus chaude (170 à 180 °C) afin de les dorer.

Le bain de friture doit être en bon état, sinon il devient nocif. Le filtrer avant de le ranger au réfrigérateur ou dans un endroit frais, car les restes de pomme de terre accélèrent sa dégradation. Le jeter s'il est très foncé, s'il sent le rance, s'il fume avant d'atteindre 150 °C ou s'il écume. Il est préférable de ne pas ajouter d'huile fraîche lorsque le niveau d'huile est trop bas parce que l'huile nouvelle se dénature très vite au contact de l'huile oxydée.

On peut frire les pommes de terre au four ; elles sont alors moins grasses :

- les enrober d'huile (environ 30 ml [2 cuillerées à soupe]) pour 3 ou 4 pommes de terre moyennes ;

- les cuire à 230 °C environ 8 minutes ;

- baisser la chaleur à 190 °C et cuire jusqu'à tendreté ;

- ou les griller de 15 à 20 minutes à 8 cm de la source de chaleur en les brassant de temps en temps.

Les frites congelées peuvent être cuites en grande friture ou au four ; la cuisson au four les laisse souvent molles, graisseuses, pas suffisamment cuites et insipides. Les frites congelées sont rarement aussi bonnes au goût que les frites maison ; de plus elles contiennent souvent des additifs, tels des sulfates, de l'arôme artificiel, du BHA et du glutamate monosodique. Vérifier la liste des ingrédients sur l'étiquette si on désire éviter l'ingestion d'additifs. Les croustilles (chips) sont aussi des pommes de terre frites, mais elles sont coupées en tranches très minces ; on les a fait tremper dans de l'eau afin qu'elles perdent l'amidon qui les empêche d'être croustillantes.

Purée. Pommes de terre pilées après la cuisson. Pour obtenir une purée onctueuse, le temps de battage et la quantité de lait ou de crème ajoutée sont importants ; plus il y a de lait ou de crème et plus on bat les pommes de terre longtemps, plus la purée est légère.

Micro-ondes.

- Piquer à quelques endroits la pomme de terre entière et non pelée pour qu'elle n'éclate pas ;

- La cuire à la chaleur élevée de 6 à 8 minutes (si plusieurs pommes de terre sont cuites simultanément le temps de cuisson doit être augmenté) ; retourner la pomme de terre une fois pendant la cuisson ;

- La laisser reposer 2 minutes avant de la servir.

UTILISATION ◆ La pomme de terre se consomme cuite, car elle est composée à près de 20 % d'amidon non digestible, qui se transforme en sucre sous l'effet de la cuisson. C'est beaucoup plus qu'un légume d'accompagnement; on la met dans les potages, les salades, les omelettes et les ragoûts. On la cuisine en beignets et en crêpes. C'est un ingrédient de base des croquettes, des quenelles et des gnocchis. On la broie en fécule qui entre dans la préparation de pâtisseries, de charcuteries, de puddings et qui sert pour lier et épaissir. On la congèle, on la déshydrate et on en fait des conserves.

On pense souvent que la pomme de terre est un aliment de pauvre. On oublie qu'elle peut entrer dans la préparation de plats élaborés et raffinés comme le gratin dauphinois, les pommes duchesse et les soufflés. C'est l'ingrédient de base de la vodka.

CONSERVATION ◆ Après la cueillette, les pommes de terre restent dans une période de repos qui dure de 4 à 15 semaines, selon les variétés. Elles entrent ensuite dans une période de dormance puis elles commencent à germer. Les conditions d'entreposage vont déterminer la durée de conservation; dans des conditions appropriées, on peut garder les pommes de terre jusqu'à environ 9 mois.

Mettre les pommes de terre dans un endroit sombre, sec, aéré et frais, idéalement où la température oscille entre 7 et 10 °C; elles s'y garderont environ 2 mois. Plus la température est élevée, moins les pommes de terre se gardent longtemps. La pratique qui consiste à les placer sous l'armoire n'est pas adaptée, car elle favorise la germination et la déshydratation. Éviter les sacs de plastique qui provoquent le moisissement; s'il faut employer à tout prix de tels sacs, les perforer. Le réfrigérateur convient aux pommes de terre nouvelles ou très vieilles; les placer loin des aliments à forte saveur tels les oignons. Les pommes de terre nouvelles se conservent peu de temps tout comme les pommes de terre cuites, qui acquièrent un goût désagréable, surtout si elles sont bouillies ou en purée.

POMME-POIRE

Pyrus ussuriensis, *Pyrus pyrifolia*, **Rosacées**
Autres noms : *poire asiatique, poire orientale,*
shali (nom chinois), nashi (nom japonais)
Nom anglais : *Asian pear*
Autres noms : *nashi, apple pear, salad pear, sand pear*

HISTORIQUE ◆ Fruit d'un arbre originaire d'Asie. La pomme-poire n'est pas un croisement entre une poire et une pomme. Elle est probablement l'ancêtre de la poire et fait partie de la même famille. La pomme-poire est consommée en Asie depuis les temps anciens. Elle est encore relativement peu connue dans la plupart des marchés occidentaux. Elle ne fut introduite aux États-Unis qu'à la fin du XIXᵉ siècle, par les Asiatiques qui participèrent à la ruée vers l'or. Les principaux pays producteurs sont le Japon, la Chine, Taïwan, la Corée, les États-Unis, la Nouvelle-Zélande et le Brésil.

Il existe plus de 1 000 variétés de pommes-poires. La plupart sont rondes et ont la taille d'une pomme. Seules quelques-unes sont en forme de poire. Leur peau lisse et comestible peut être de couleur jaune, verte ou brun doré. Leur chair très juteuse et croquante est légèrement sucrée et peu acide. Selon les variétés, elle est parfois granuleuse. Sa saveur est douce. Contrairement à la poire, la pomme-poire est cueillie prête-à-manger.

ACHAT ◆ Choisir une pomme-poire parfumée, exempte de taches et relativement lourde pour son poids, signe qu'elle est juteuse. Ce fruit reste ferme même mûr. Il coûte plus cher que la plupart des autres fruits.

PRÉPARATION ◆ On tranche souvent la pomme-poire en rondelles pour mettre en évidence son cœur en forme d'étoile. On la mange fréquemment pelée afin de mieux goûter la chair, de saveur peu accentuée.

CUISSON ◆ La pomme-poire conserve sa forme à la cuisson, car elle reste toujours un peu ferme. Elle nécessite un peu plus de cuisson que la poire. Sa grande teneur en eau fait qu'elle est plus savoureuse pochée ou cuite au four.

UTILISATION ◆ La pomme-poire se mange surtout nature parce que sa saveur est facilement masquée par les autres aliments. On la met dans les salades de fruits et les salades composées. Elle confère une texture inhabituelle aux mets. L'ajouter aux plats cuits à l'orientale. Elle se marie bien avec le fromage à la crème et le yogourt. Son jus est rafraîchissant.

CONSERVATION ◆ Les pommes-poires se conservent plusieurs jours à la température de la pièce et quelques semaines au réfrigérateur si elles sont en bonne condition. Les mettre dans un sac de plastique perforé et les placer dans le bac à légumes. Glisser un papier absorbant dans le sac pour les protéger. Les fruits à la peau brune se conservent plus longtemps que les fruits à la peau verte. Les fruits à la peau jaune sont les plus fragiles. Les pommes-poires supportent très mal la congélation.

PORC

Sus, **Suidés**

Nom anglais : *pork*

HISTORIQUE ◆ Le porc est un mammifère dont la domestication remonte à environ 9 000 ans. Son ancêtre est le sanglier. On nomme le mâle « verrat », la femelle « truie », et le jeune « cochonnet », « porcelet » ou « goret ». Un animal de 3 à 4 semaines est nommé « cochon de lait ». Le mot « porc » désigne la bête vivante ainsi que la viande. Le porc occupe depuis toujours une place importante dans l'alimentation humaine. Dans certaines parties du globe, aujourd'hui aussi bien qu'hier, « tuer le cochon » constitue une fête rituelle qui permet de rassembler parents et amis.

Le porc est prolifique et plus facile à élever que les autres bêtes de boucherie, car il est plus paisible et se nourrit d'à peu près n'importe quoi. Il a longtemps partagé le même espace que ses éleveurs, occupant l'étage inférieur des maisons ou se promenant près des habitations ; ces conditions d'élevage existent encore dans certaines parties du monde. Sa valeur vient du fait que non seulement il fournit de la viande, mais que toutes ses parties sont utilisées, telles la graisse fondue (saindoux), les oreilles, les soies, les pattes et les entrailles, ce qui permet de fabriquer une charcuterie extrêmement variée.

Le porc est souvent perçu comme un éboueur à cause de sa façon de s'alimenter. Il est tabou dans les religions juive et musulmane. On croit généralement que l'interdiction de consommer le porc eut pour cause le fait que le porc rendait fréquemment les gens malades. On ignorait en ce temps-là que la cause de la maladie (la trichinose) vient de ce que le porc est très souvent porteur de vers *(trichinella spiralis)* non visibles à l'œil nu, qu'une cuisson en profondeur détruit. Les principaux symptômes de cette maladie sont la gastro-entérite, la fièvre, les vomissements, les douleurs musculaires, l'œdème des paupières et les maux de tête. Des experts pensent que l'interdiction du porc eut plutôt pour motif le fait que l'élevage des porcs représentait une menace pour l'environnement, les ressources ayant dangereusement diminué dans les régions désertiques où florissaient ces religions, par suite d'une augmentation notable de la population.

L'irradiation du porc permet aussi de détruire les parasites. Son utilisation est problématique cependant, car le gras du porc est très sensible à la radiation et il devient lui-même émetteur de rayons gamma pendant 24 heures, ce qui cause un grave problème de production de radicaux libres, des substances nocives pour la santé.

Il existe diverses races de porc, dont l'asiatique, la celtique et la napolitaine, qui ont donné lieu à de nombreux croisements. Les méthodes d'élevage actuelles diffèrent énormément des méthodes anciennes. Même l'anatomie des bêtes a changé ; les porcs bas sur pattes et presque sphériques à cause de leur obésité ont presque disparu. La demande pour de la viande moins grasse a suscité le développement de races plus hautes sur pattes et moins grasses. Les méthodes modernes d'élevage n'ont pas que de bons côtés toutefois ; les porcs sont très souvent confinés dans des endroits restreints et ils deviennent très vulnérables aux maladies. On leur administre des médicaments pour éviter les pertes monétaires dues à une très grande mortalité. Or une partie des médicaments n'est pas éliminée et reste dans la chair sous forme de résidus (voir Viande). Le stress causé par les conditions de vie affecte parfois la qualité de la viande et il arrive qu'elle exsude, ce qui amène les bouchers à dire qu'elle « pisse ».

La découpe de la carcasse du porc est probablement celle où l'on note le plus de différences entre l'Amérique du Nord et l'Europe. Les Européens ont une plus longue tradition, qui fut établie bien avant que le souci de rentabilisation devienne prédominant, tandis qu'en Amérique du Nord on a développé des coupes faciles à effectuer au rythme accéléré imposé par la chaîne de production.

La viande fraîche la plus tendre provient de la longe, dont on tire des filets, des rôtis et des côtelettes. L'épaule est moins tendre, on la consomme fraîche ou fumée ; le jambon « picnic » est tiré de l'épaule, certaines côtelettes aussi. Le jambon provient principalement de la cuisse, parfois de l'échine. Le lard gras (bardes et lardons), constitué de graisse dorsale située entre la chair et la couenne, provient de l'épaule. Le lard maigre entremêlé de tissu maigre est pris dans la poitrine. Le saindoux est de la graisse de porc fondue.

VALEUR NUTRITIVE

Le porc se distingue par son contenu en thiamine (surtout), en riboflavine et en niacine (des vitamines B). Il est également riche en zinc et en potassium et il est une bonne source de phosphore. La digestibilité de la viande de porc est affectée par sa teneur en matières grasses ; ainsi, une viande maigre est plus facile à digérer qu'une viande grasse.

La valeur nutritive du porc varie en fonction des coupes et selon que l'on inclut ou non le gras visible. Le tableau ci-dessous indique la valeur nutritive (par portion de 100 g) de quelques-unes parmi les coupes les plus populaires :

Coupe	Calories (Kcal)	Protéines (g)	Matières grasses (g)	Cholestérol (mg)
Épaule, soc d'; rôti				
• maigre seulement	238	28	13	74
• maigre et gras	294	26	21	74
Longe, bout du filet ; rôti				
• maigre seulement	227	31	11	75
• maigre et gras	278	28	18	75
Jambon désossé ; rôti (croupe)				
• maigre seulement	145	21	6	53
• maigre et gras	165	22	8	57
Longe, milieu de ; rôti				
• maigre seulement	226	28	12	62
• maigre et gras	291	26	20	63
Épaule picnic ; rôtie				
• maigre seulement	204	29	9	68
• maigre et gras	282	25	19	68
Longe, bout des côtes ; rôti				
• maigre seulement	245	28	14	63
• maigre et gras	303	26	21	66
Longe, côtes levées de dos ; grillées				
• maigre seulement	258	29	15	70
• maigre et gras	360	24	29	68
Cuisse, croupe ; rôtie				
• maigre seulement	203	31	8	72
• maigre et gras	264	28	16	72
Longe, filet ; rôti	166	29	5	69

Source : Fichier canadien sur les éléments nutritifs, 1991

CUISSON ◆ Le porc est relativement insipide, aussi gagne-t-il à être assaisonné avant la cuisson ou à être mariné. C'est particulièrement important si le gras visible a été enlevé, car celui-ci confère de la saveur et il attendrit la chair. La cuisson est l'unique moyen de tuer les parasites (mise à part l'irradiation) ; ils meurent quand la température interne atteint 59 °C. Pour plus de sûreté, cuire jusqu'à 80 °C. La cuisson devrait s'effectuer à feu doux afin que la viande puisse cuire en profondeur sans se dessécher ni carboniser. Se méfier de la cuisson au four à micro-ondes qui peut cuire le porc inégalement, laissant des parties infectées. Les directives des manufacturiers de fours à micro-ondes induisent souvent les acheteurs en erreur en indiquant un temps de cuisson insuffisant pour détruire les trichines.

Le rissolage rapide ne convient pas au porc, sauf s'il est coupé en tranches très minces, car ce mode de cuisson ne détruit pas les parasites. On peut rissoler des morceaux épais, mais il faut saisir la viande, puis baisser le feu pour cuire en profondeur. La cuisson peut nécessiter jusqu'à 30 minutes selon l'épaisseur. Couvrir le poêlon si désiré pour éviter l'évaporation du jus qui s'écoule et pour garder la viande moelleuse.

Huiler la viande ou la barder seulement pour la cuisson au gril, qui la dessèche, sinon la dégraisser le plus possible et utiliser très peu de matière grasse, car le gras du porc fond sous l'effet de la chaleur et empêche la viande de coller. Une température élevée permet d'éliminer plus de gras qu'une basse température; veiller cependant à ce que la viande puisse atteindre 80 °C sans être calcinée.

UTILISATION ♦ Le rôti de porc se mange chaud ou froid et toujours cuit. Ne jamais manger de porc saignant (sauf s'il est irradié) à cause du risque d'infection.

CONSERVATION ♦ Le porc se conserve au régrigérateur ou au congélateur. Toutes les parties du porc ne supportent pas d'égale façon la congélation cependant, car plus elles contiennent de gras, moins leur durée de conservation est longue étant donné que le gras rancit. Les côtelettes et les rôtis se conservent de 8 à 10 mois, la saucisse de 2 à 3 mois, le bacon de 1 à 2 mois, et la charcuterie non enrobée de gélatine 1 mois. Il est préférable de décongeler le porc avant de le cuire, sinon doubler le temps de cuisson afin de s'assurer que les éventuels parasites seront détruits.

POULE

Gallus gallus, **Gallinacés**
Nom anglais : *hen*

HISTORIQUE ♦ Nom de la femelle du coq. Le mot poule désigne également la femelle de divers autres gallinacés; dans ce cas il est suivi d'un autre terme : poule faisane, poule des bois et poule d'eau. La poule est élevée pour la ponte et n'est tuée qu'à la fin de sa vie, quand elle ne produit plus d'œufs, habituellement entre 12 et 24 mois. Elle est à son meilleur lorsqu'elle pèse moins de 2 kg.

UTILISATION ♦ La chair de la poule est toujours ferme et un peu grasse; elle nécessite une cuisson lente et prolongée à la chaleur humide. Elle permet de cuisiner d'excellentes soupes. On peut la rôtir après l'avoir braisée environ 1 heure dans très peu de liquide.

VALEUR NUTRITIVE	
La chair et la peau de la poule bouillie contiennent	
Protéines	27 g
Matières grasses	19 g
Cholestérol	7,9 mg
285 calories/100 g	
La chair seule contient	
Protéines	30 g
Matières grasses	12 g
Cholestérol	83 mg
237 calories/100 g	
La poule est riche en protéines et en niacine; c'est une bonne source de vitamine B_6, de phosphore, de zinc et de potassium.	

POULET

Gallus gallus, **Gallinacés**
Nom anglais : *chicken*

HISTORIQUE ♦ Le poulet est le petit de la poule, un volatile domestiqué en Asie du Sud-Est il y a plus de 4 000 ans. Il est facile à élever et peu exigeant quant à sa nourriture, car il peut s'alimenter avec des déchets de table et en grattant le sol. Le poulet est consommé presque universellement. Cette consommation a connu des fluctuations tout au long de l'histoire. À certaines époques, le poulet fut considéré comme un mets de luxe figurant seulement aux menus des festivités et des repas dominicaux, tandis qu'à d'autres périodes il tombait dans l'oubli. Jamais cependant le poulet n'a été aussi populaire que depuis la Seconde Guerre mondiale. Le développement de la technologie a facilité la reproduction sélective ainsi qu'une production de masse, ce qui a permis d'offrir le poulet à des prix abordables pour la plupart des gens. L'intérêt pour le poulet s'est aussi accru lorsque des recherches ont démontré qu'il est meilleur pour la santé que la viande rouge. Les méthodes modernes d'élevage n'ont cependant pas que des aspects positifs, elles entraînent aussi des changements qui peuvent avoir des répercussions négatives sur la santé (voir Volaille).

Le poussin est rarement consommé avant 6 semaines car il manque de chair et de saveur. Entre 6 et 8 semaines, on le nomme «broiler» en jargon du métier, c'est le «poulet à rôtir». Âgé de 9 à 12 semaines, c'est le «poulet à griller». Le «poulet de Cornouailles» (croisement de la femelle Cornish et du poulet anglais) est une espèce naine, habituellement tuée quand elle pèse 700 g à 1 kg.

Certains poulets sont dits «de grain» («fermiers» ou «de marque» en Europe). Idéalement, ces poulets sont élevés d'après les méthodes ancestrales, en liberté et sans recevoir de médicaments, mais ce n'est pas toujours le cas. Il arrive souvent qu'ils ne soient nourris aux grains qu'à la fin de leur vie, habituellement les 2 dernières semaines, ou qu'ils ne le soient pas du tout. Le poulet de grain peut être plus jaune que le poulet «industriel», couleur qui lui vient de son alimentation et des méthodes d'abattage. Ce poulet ne reste qu'une vingtaine de secondes dans de l'eau chaude (entre 65 et 71 °C) avant d'être plumé, tandis que le poulet industriel séjourne 2 minutes dans de l'eau moins chaude (entre 49 et 57 °C); la chaleur accentue légèrement le jaunissement. Il faut plus de temps au poulet nourri exclusivement au grain pour atteindre le même poids à la fin de sa vie que le poulet «industriel». Il coûte plus cher, mais la différence de prix n'est pas toujours aussi élevée qu'elle le paraît, car ce poulet est moins gras (du moins le véritable poulet de grain) et il absorbe moins d'eau lors du plumage, donc la perte est moindre. Si le poulet perd de l'eau, c'est qu'il n'a pas été nourri au grain.

ACHAT ◆ Le poulet ne constitue pas un achat aussi avantageux qu'il paraît à première vue, car la perte est importante; elle provient de la cuisson (29 % du poids à l'achat), des os (14 %), de la peau (7,6 %) et du jus qui s'écoule (3,7 %). La chair comestible disponible après la cuisson varie selon les parties; la poitrine fournit en chair comestible environ 45 % du poids à l'achat, la cuisse 41 %, le haut de cuisse 43 % et le pilon (partie inférieure de la

VALEUR NUTRITIVE

Le contenu en matières grasses et en calories est très variable puisqu'il dépend de divers facteurs, notamment des méthodes d'élevage, de l'âge du poulet et du mode de cuisson. Un poulet jeune est moins gras qu'un vieux. Dégraissé et cuit sans corps gras, le poulet est plus maigre que le bœuf et le porc.

La chair crue d'un poulet à griller contient

Protéines	21g
Matières grasses	3 g
Cholestérol	70 mg
119 calories/100 g	

Si on inclut la peau, on obtient

Protéines	19 g
Matières grasses	15 g
Cholestérol	75 mg
215 calories/100 g	

La chair rôtie d'un poulet à griller contient

Protéines	29 g
Matières grasses	7 g
Cholestérol	89 mg
190 calories/100 g	

En incluant la peau, on obtient

Protéines	27 g
Matières grasses	14 g
Cholestérol	88 mg
239 calories/100 g	

Le poulet contient à peu près la même proportion d'acides gras saturés et de cholestérol que le maigre des animaux de boucherie. Il est riche en protéines, en niacine et en vitamine B_6; il est une bonne source de vitamine B_{12}, de zinc, de phosphore et de potassium.

cuisse) 39 %. Calculer qu'un poulet de 1,4 kg donne environ 6 portions de 50 g. Pour obtenir 1 portion de 90 g, prévoir 195 g de poitrine, 210 g de haut de cuisse, 220 g de cuisse et 230 g de pilons.

UTILISATION ◆ Le poulet se mange aussi bien chaud que froid. Il supporte tous les modes de cuisson et il peut être accompagné d'une multitude d'ingrédients et d'assaisonnements. Le poulet est délicieux rôti, grillé ou sauté. Le mariner quelques heures ou le farcir le rendent plus savoureux. Plus le poulet est gros, moins la cuisson sèche lui convient ; il est alors préférable de le cuire lentement à la chaleur humide.

POULPE

Octopus spp, **Octopodidés**
Autre espèce : *pieuvre*
Nom anglais : *octopus*

HISTORIQUE ◆ Le poulpe est un mollusque dépourvu de coquille qui habite la plupart des mers. Il se cache dans les trous et les crevasses, où il se fait tout petit s'il est attaqué. Il est apparenté au calmar et à la pieuvre. C'est le membre de la famille le plus laid avec son immense nez. C'est aussi le plus gros ; il peut en effet atteindre près de 9 m. Certaines espèces sont toxiques, dont une en particulier qui habite notamment les côtes australiennes. Le poulpe fut particulièrement apprécié des Grecs et des Romains. Ces derniers croyaient qu'il était aphrodisiaque. Ce mollusque occupe toujours une place importante dans les cuisines grecque et italienne. Il est beaucoup moins apprécié dans d'autres parties du monde. Dans plusieurs pays, dont les États-Unis et l'Australie, le poulpe sert surtout d'appât pour la pêche. Les Japonais en font la culture. Le poulpe a 8 tentacules munis de 2 rangées de ventouses. Son bec pointu et recourbé, qui ressemble à un bec de perroquet, est situé au milieu de son corps. Tous les organes sont logés dans la tête, dont une glande qui sécrète un liquide brun foncé nommé « encre ». Le poulpe éjecte ce liquide pour couvrir sa fuite lorsqu'il est attaqué. Pour éviter que cette encre indélibile ne tache leur linge, les pêcheurs tuent généralement le poulpe en le maintenant sous l'eau. Le poulpe peut avoir des teintes allant du gris au noir en passant par le rose et le brun, car il prend la couleur de son environnement pour passer inaperçu.

Sa chair est ferme et savoureuse, surtout lorsque le poulpe est petit. Elle est coriace quand le poulpe est gros, de sorte qu'il faut la battre avec un maillet avant de la cuire ou de la congeler. Le battage n'est pas nécessaire pour les poulpes mesurant moins de 10 cm. Les pêcheurs attendrissent souvent les poulpes en les battant sur les rochers.

ACHAT ◆ Choisir des poulpes à la chair ferme dégageant une bonne odeur de mer.

PRÉPARATION ◆ On vend habtiuellement le poulpe nettoyé et battu ; s'il ne l'est pas, couper et jeter la tête, retourner le sac ventral et retirer les intestins. Enlever les yeux, localiser le bec au centre du poulpe et l'enlever, puis dépouiller le poulpe. Le

VALEUR NUTRITIVE	
Le poulpe contient	
Protéines	15 g
Matières grasses	1 g
73 calories/100 g, cru	

poulpe battu est plus facile à dépouiller que le poulpe non attendri. Blanchir le poulpe de 5 à 10 minutes facilite aussi son dépouillement tout en diminuant la teneur en sel. Les petits poulpes peuvent être grillés ou frits avec leur peau.

 CUISSON ◆ Le poulpe peut être grillé, poché, sauté, frit ou cuit à l'étuvée. Éviter de trop le cuire. Plusieurs recettes disent de le faire mijoter 3 heures, ce qui est beaucoup trop long. Si le poulpe a été préalablement blanchi, 45 minutes suffisent (si le poulpe pèse 1 kg ou plus). S'il n'est pas blanchi, le cuire de 1 heure à 1 heure 30. Le poulpe rend de l'eau à la cuisson. Pour que l'eau s'évapore, sauter le poulpe à feu doux dans un poêlon à sec faire, puis l'apprêter selon la recette choisie.

UTILISATION ◆ Le poulpe est délicieux mariné, cuit à l'orientale ou cuit à l'étuvée. Il se marie particulièrement bien avec l'ail, la tomate, l'oignon, le citron, le gingembre, l'huile d'olive, la crème, le vin et la sauce soya.

CONSERVATION ◆ Le poulpe se conserve 3 jours au réfrigérateur et 3 mois au congélateur. Le laver avant de le réfrigérer ou de le congeler.

POURPIER

Portulaca oleracea, **Portulacées**
Nom anglais : *purslane*
Autre nom : *pursley*

 HISTORIQUE ◆ Plante vivace très commune dans les pays chauds, où elle pousse souvent au bord des routes et dans les terrains vagues. Il existe une centaine d'espèces de cette plante très décorative dont l'origine est inconnue. Le pourpier est utilisé depuis plus de 3 500 ans, tant comme légume que pour ses propriétés médicinales. Le pourpier atteint environ 5 à 10 cm de haut. Ses tiges ramifiées ont une consistance caoutchouteuse. Elles se gorgent d'eau, tout comme ses feuilles épaisses et charnues, de couleur vert jaunâtre. On cueille le pourpier avant qu'apparaissent de petites fleurs jaunes, qui ne s'ouvrent que pendant la matinée. Il a une saveur légèrement acide et piquante.

ACHAT ◆ Choisir du pourpier aux tiges et aux feuilles fermes.

UTILISATION ◆ Le pourpier se mange cru ou cuit. On peut l'apprêter comme l'épinard ou le cresson, avec une certaine modération cependant, surtout au début, quand on ne connaît pas sa saveur. Ses feuilles sont plus tendres près du sommet de la tige. Le pourpier parfume et décore soupes, sauces, omelettes et ragoûts. Il est excellent avec des carottes râpées ou des pommes de terre pilées. Il se marie bien avec la laitue et les tomates. Ses tiges peuvent être marinées dans du vinaigre.

 CONSERVATION ◆ Le pourpier est fragile, il faut donc l'utiliser le plus tôt possible. Le conserver au réfrigérateur.

VALEUR NUTRITIVE	
Le pourpier contient	
Eau	93 %
Protéines	1,6 g
Matières grasses	0,1 g
Glucides	3,6 g
17 calories/100 g, cru	

Il est une excellente source de potassium et de magnésium et une bonne source de vitamine A; il contient de la vitamine C, du calcium et du fer ainsi que des traces de phosphore et de niacine. Il contient des mucilages et des antioxydants. Il peut apaiser la soif à cause de sa teneur élevée en eau. On le dit diurétique, vermifuge, dépuratif et émollient.

POUSSE DE BAMBOU

Phyllostachys edulis, **Graminées arborescentes**
Nom anglais : *bamboo shoot*

HISTORIQUE ◆ Plante vivace originaire d'Asie. Le bambou croît dans les régions tropicales. On consomme les pousses de bambou en Asie depuis des milliers d'années. Sont aussi comestibles les feuilles, le cœur du fruit et le liquide sucré qui s'écoule des tiges entaillées à leur base. La plante ne produit qu'un seul fruit puis elle meurt.

Il existe près de 200 espèces de cette plante aux feuilles caduques ou persistantes. Leurs tiges ligneuses peuvent atteindre 30 m de haut et mesurer 1 m de circonférence. Toutes les espèces ne sont pas comestibles. On récolte les pousses de bambou dès qu'elles sortent de terre, quand elles mesurent environ 10 cm de haut. Elles sont d'un blanc ivoire parce qu'elles poussent à l'abri de la lumière et des rayons du soleil; on les recouvre de terre afin qu'elles ne verdissent pas. Elles ne sont pas comestibles crues, car elles contiennent des substances toxiques, qui disparaissent cependant à la cuisson.

ACHAT ◆ Dans les pays occidentaux, les pousses de bambou sont surtout disponibles séchées ou en conserves vendues dans les épiceries spécialisées. On trouve parfois des pousses de bambou fraîches dans les marchés asiatiques.

VALEUR NUTRITIVE	
Les pousses de bambou en conserve contiennent	
Eau	94 %
Protéines	1,8 g
Matières grasses	0,4 g
Glucides	3,2 g
19 calories/100 g	
Elles contiennent du potassium ainsi que des traces de fer, de phosphore, de thiamine, de riboflavine et de vitamine C.	

UTILISATION ◆ Les pousses de bambou en conserve sont comestibles sans autre cuisson, mais on peut les cuire de nouveau (les braiser, les sauter, etc.). Les pousses de bambou sont très souvent cuites à la chinoise, mais on peut aussi les utiliser dans les hors-d'œuvre, les soupes et les plats mijotés. Lorsqu'elles sont crues, elles peuvent être coupées en bâtonnets, en dés ou en tranches. Les cuire dans de l'eau légèrement salée jusqu'à ce qu'elles soient tendres, soit environ 30 minutes, puis les apprêter selon la recette choisie.

CONSERVATION ◆ Conserver au réfrigérateur toute portion de pousses de bambou en conserve non utilisée. Les mettre dans un récipient hermétique et les recouvrir d'eau fraîche ; changer l'eau chaque jour ou aux deux jours. Les pousses de bambou fraîches se conservent plusieurs semaines au réfrigérateur.

PROTÉINES VÉGÉTALES TEXTURÉES

Nom anglais : *Textured Vegetable Protein (TVP)*

HISTORIQUE ◆ Protéines extraites (isolées) de certains végétaux par un processus chimique. Les protéines végétales texturées entrent dans une multitude de produits alimentaires et servent principalement de substitut à la viande. Le procédé chimique pour isoler les protéines a été mis au point dans la dernière moitié du XXᵉ siècle. On s'y est tout d'abord intéressé parce que l'on croyait que ce pourrait être une solution efficace pour remplacer la viande et régler le problème de la faim dans le monde. Le coût de production de ces protéines est modique et le contenu en protéines est élevé. Ce bel idéal ne s'est cependant pas concrétisé, leur acceptation étant beaucoup plus lente que prévue. Les protéines végétales texturées sont souvent identifiées par le sigle PVT.

Les PVT proviennent très souvent du haricot de soya. Celui-ci possède les qualités idéales pour ce genre de transformation : abondance, coût peu élevé, richesse et équilibre de ses acides aminés et facilité avec laquelle ses protéines peuvent être isolées. D'autres végétaux aux qualités semblables, dont le blé, le tournesol et la luzerne, se prêtent aussi à ce genre d'opération. Les protéines du soya se dissolvent rapidement lorsqu'elles sont mises en contact avec une substance alcaline et elles deviennent insolubles dans une substance acide.

La première phase du procédé de fabrication consiste à isoler les protéines ; de la farine de soya est plongée dans une solution alcaline puis est neutralisée avec un acide. Il en ressort un caillé de couleur blanc ou crème qui est resolubilisé par centrifugation ou à l'aide de soude caustique. Cette substance est ensuite séchée. À ce stade, les protéines isolées ont la texture de la viande, mais elles sont incolores et insipides. Selon le procédé de fabrication utilisé, les protéines sont plus ou moins gélatineuses, visqueuses et solubles. Leur valeur nutritive est variable.

Il est possible de fabriquer à la maison un produit semblable aux protéines végétales texturées, et ce, sans l'apport de produits chimiques. Utiliser du tofu congelé, le décongeler dans une passoire et en extraire l'eau le plus possible. Écraser le tofu égoutté soit à la fourchette, soit à l'aide d'un pilon à pommes de terre, l'assaisonner d'ingrédients variés (bouillon, jus de tomate, tamari, fines herbes, etc.). Bien mélanger puis s'en servir tel quel ou le déshydrater (120 à 135 °C) pour une utilisation future.

 ACHAT ◆ Il est préférable de vérifier la liste des ingrédients sur l'étiquette si on se préoccupe d'éviter les additifs chimiques, car leur nombre varie selon les produits.

PRÉPARATION ◆ Pour réhydrater les protéines, leur incorporer de l'eau bouillante (210 ml par 240 ml de granules) et laisser reposer de 10 à 15 minutes. Il vaut mieux se mouiller les mains pour empêcher les protéines réhydratées de coller lorsqu'on les façonne.

UTILISATION ◆ Les protéines végétales texturées peuvent facilement adopter diverses formes (granules, poudre, cubes, tranches) ; elles sont disponibles naturelles ou aromatisées. Elles absorbent très efficacement les saveurs. Elles peuvent être aromatisées à presque tout (poulet, jambon, bacon, bœuf, porc, pepperoni, légumes, noix, poisson, fruits de mer, saucisse, charcuterie, etc.). Elles entrent dans la préparation de nombreux mets cuisinés (sauces, ragoûts, lasagnes, hamburgers, desserts congelés, céréales préparées, etc.). On peut facilement consommer des protéines végétales

VALEUR NUTRITIVE

La composition des protéines de soya texturées est très variable, car elle dépend des procédés de fabrication et des ingrédients avec lesquels on cuisine les protéines. Dans les préparations commerciales cuisinées, l'écart est tellement grand qu'il est très difficile de connaître la valeur nutritive à moins que l'étiquette ne la révèle.

On peut s'interroger sur la valeur nutritive réelle de cet aliment créé par la technologie. Il a subi divers traitements qui le mettent en contact avec de nombreuses substances chimiques, notamment des alcalis, des solvants, des détergents, des agents de conservation, des colorants, des émulsifiants et des agents aromatiques. Il n'en reste pas moins que les protéines végétales texturées contiennent très peu de matières grasses et qu'elles sont riches en protéines.

sans s'en rendre compte, dans les restaurants et les hôpitaux, par exemple, ou si on ne lit pas les étiquettes des produits alimentaires, car elles remplacent la viande ou peuvent y être combinées.

⌛ **CONSERVATION** ◆ Les protéines de soya texturées déshydratées peuvent être laissées à la température de la pièce. Si elles sont réhydratées, les placer au réfrigérateur, où elles se conserveront environ 1 semaine.

PRUNE

Prunus spp, **Rosacées**
Nom anglais : *plum*

📜 **HISTORIQUE** ◆ Fruit du prunier, un arbre qui serait originaire de Chine. Le pays d'origine du prunier est incertain, car on le cultivait en maints endroits dès la préhistoire. Les premières variétés de prunes avaient une saveur aigre. On connaissait plus de 300 variétés de prunes du temps des Romains ; il en existe maintenant plus de 2 000. Le prunier pousse sous les climats chauds et tempérés. Il atteint habituellement de 4 à 6 m de hauteur, mais des variétés naines, qui facilitent la cueillette des fruits, ne mesurent que 2 à 3 m. Les feuilles sont généralement ovales et les fleurs sont blanches.

La prune peut être ronde, sphérique ou ovale, selon les variétés. Sa taille aussi est variable tout comme sa couleur, qui peut être jaune, pourpre, rouge, verte, bleu foncé ou noire. Sa peau luisante est plus ou moins tendre et aigrelette. Sa chair prend des teintes de rouge, de jaune ou de jaune verdâtre. Elle peut adhérer au noyau ou s'en détacher plus ou moins facilement. Elle peut être plus ou moins juteuse et parfumée, sucrée ou acidulée, croustillante ou farineuse. Une prune à la chair brunie est moins savoureuse parce qu'elle a souffert du froid.

On divise habituellement les prunes en trois espèces principales :

la **prune européenne** *(P. domestica)*, de couleur foncée (pourpre à noir), de taille moyenne, à peau épaisse et à chair ferme ;

―――――――

la **prune japonaise** *(P. salicina)*, de couleur plus pâle (jaune à cramoisi), plus grosse, à chair pâle, ferme et juteuse, et dont le sommet plus prononcé donne une forme de cœur ;

―――――――

la **prune sauvage** *(P. spinosa, P. nigra)*, petite, globulaire, bleu noirâtre et acide.

―――――――

En Amérique du Nord, une grande quantité de prunes provient de la Californie. Cet état produit plus de 140 variétés, et l'espèce japonaise domine ; la Santa Rosa est une des plus connues. En France, les variétés les plus courantes sont la **reine-claude** (ainsi nommée parce que la femme du roi François 1er l'aimait tant qu'elle lui a légué son nom), la **mirabelle** (mot qui vient du grec et qui signifie gland parfumé), la **quetsche** (mot d'origine alsacienne) et la **prune d'ente**.

ACHAT ◆ Rechercher des prunes parfumées, à la peau luisante et bien colorée, qui cède sous une légère pression des doigts. Délaisser les prunes excessivement dures et peu colorées, car elles sont immatures, ou les prunes très molles ou meurtries.

PRÉPARATION ◆ Il n'est pas nécessaire de peler les prunes, mais si on désire le faire, les plonger une trentaine de secondes dans de l'eau bouillante, puis les refroidir immédiatement à l'eau froide afin d'arrêter l'effet de la chaleur. Ne pas les laisser tremper. Éviter de trop cuire les prunes, car elles tournent vite en bouillie.

UTILISATION ◆ La prune fraîche est excellente nature. On la mange entre autres telle quelle ou on la met dans les salades de fruits. Cuite, elle s'apprête de diverses façons, notamment en confiture, en gelée et en compote. Elle est délicieuse dans les tartes, les gâteaux, les puddings, les muffins et la crème glacée. Elle peut remplacer la cerise dans la plupart des desserts. Les prunes sont mises en conserve, confites, déshydratées, mises en jus, transformées en eau-de-vie (prunelle, mirabelle) ou en vin.

VALEUR NUTRITIVE	
La prune contient	
Eau	85 %
Protéines	0,8 g
Matières grasses	0,6 g
Glucides	13 g
Fibres	1,6 g
55 calories/100 g	

Elle est une bonne source de potassium et contient de la vitamine C et de la riboflavine, ainsi que des traces de thiamine, de vitamine A, d'acide pantothénique et de cuivre. La prune est réputée pour son pouvoir laxatif, qui est encore plus grand lorsqu'elle n'est pas mûre. On la dit énergétique, diurétique, stimulante et désintoxicante.

Les prunes déshydratées sont appelées «pruneaux» (voir Pruneau). On peut aussi déshydrater de la purée de prunes. Cuire d'abord les prunes dénoyautées une vingtaine de minutes dans une petite quantité d'eau. Puis les passer au mélangeur électrique ou dans une passoire. Étendre la purée sur une plaque à biscuits, légèrement huilée ou recouverte d'une feuille de papier paraffiné, puis la mettre à sécher au soleil ou dans un four à 55 °C. On mange ensuite cette mince feuille de pâte de prune telle quelle ou on s'en sert pour cuisiner.

CONSERVATION ◆ La prune est moyennement périssable. La laisser à l'air ambiant si elle a besoin de mûrir. La placer au réfrigérateur lorsqu'elle est mûre, elle se conservera alors de 3 à 5 jours. La prune se congèle bien à condition qu'on enlève le noyau, qui lui confère un goût amer.

PRUNEAU

Prunus domestica, **Rosacées**
Nom anglais : *prune*

HISTORIQUE ◆ Prune déshydratée. Seulement certaines variétés de prunes sont déshydratées, dont la prune d'ente. Les prunes furent longtemps séchées au soleil. Les méthodes industrielles actuelles utilisent des fours, ce qui accélère le processus qui ne dure plus que de 15 à 24 heures. Avec 3 kg de prunes, on obtient 1 kg de pruneaux.

ACHAT ◆ Les pruneaux sont vendus dénoyautés ou non. Leur grosseur et leur qualité sont variables. Choisir des pruneaux bien noirs, charnus, ni poisseux ni moisis. S'ils sont secs, c'est qu'ils sont vieux. Ce peut aussi être un indice que les pruneaux n'ont pas été traités avec des additifs.

UTILISATION ◆ Les pruneaux sont souvent mangés tels quels ou cuits en compote. On les met dans les sauces, les gâteaux, les biscuits, les muffins, les puddings. Les pruneaux accompagnent viande, volaille et poisson ; le lapin aux pruneaux est une recette classique. Faire tremper les pruneaux dans de l'eau, du jus ou de l'alcool peut remplacer ou raccourcir leur cuisson. L'amande nichée dans le noyau du pruneau contient de l'acide cyanhydrique, une substance toxique. On peut la consommer, mais en petite quantité.

CONSERVATION ◆ Conserver les pruneaux à l'abri de l'air et des insectes, dans un endroit frais et sec. Les réfrigérer prolonge leur conservation.

VALEUR NUTRITIVE

Les pruneaux contiennent

Eau	32 %
Protéines	2,6 g
Matières grasses	0,5 g
Glucides	63 g
Fibres	7 g
239 calories/100 g	

Ils sont une excellente source de potassium et une bonne source de cuivre, de vitamine A, de fer, de magnésium et de vitamine B_6; ils contiennent de la vitamine B_{12}, de la niacine, de l'acide pantothénique, du phosphore, du zinc, de la vitamine C et du calcium ainsi que des traces d'acide folique. Les pruneaux ont une action laxative, particulièrement efficace si les fruits ont trempé quelque temps dans de l'eau et sont mangés avant le coucher (deux ou trois). Le jus a aussi des propriétés laxatives.

QUINOA

Chenopodium quinoa, **Chénopodiacées**
Nom anglais : *quinoa*

HISTORIQUE ◆ Plante annuelle originaire d'Amérique du Sud, plus particulièrement de la région andine. Le quinoa est cultivé en Amérique du Sud depuis plus de 8 000 ans. Il constituait la base de l'alimentation des peuples andins avec la courge et le maïs. Il était considéré comme sacré par les Incas, qui l'appelaient «le grain mère». Les envahiseurs espagnols interdirent la culture du quinoa, faisant détruire les champs et coupant même les mains aux récalcitrants ou les condamnant à la peine de mort. Ces mesures extrêmes réussirent et le quinoa devint une plante marginale pendant des siècles. Il a été réhabilité par des Américains intéressés par le grand potentiel de cette plante nourrissante, dont les graines et les feuilles sont comestibles. Deux Américains notamment jouèrent un rôle important : Stephen Gorad et Don McKinley décidèrent, en 1982, d'implanter la culture du quinoa au Colorado. Depuis ce temps, grâce à une meilleure connaissance des méthodes de culture et à un marketing efficace, le quinoa gagne lentement en popularité.

Le quinoa atteint de 1 à 3 m de hauteur. Il produit d'abondantes graines minuscules qui ressemblent aux graines de millet, tout en étant légèrement aplaties. Cette plante pousse dans des conditions que la plupart des autres végétaux ne supportent pas, notamment des terrains arides et sablonneux, des températures froides, la sécheresse et l'altitude.

Traité comme une céréale, le quinoa est en réalité le fruit d'une plante appartenant à une tout autre famille, qui comprend entre autres la bette, la betterave et l'épinard. Il en existe plusieurs milliers de variétés, ce qui se reflète notamment sur la couleur des grains. Ceux-ci sont rouges, jaunâtres, orangés, roses, pourpres ou bleu noirâtre. Le quinoa sur le marché est habituellement jaunâtre. Il est commercialisé surtout dans les magasins d'alimentation naturelle. Le grain de quinoa contient un germe volumineux, l'embryon, qui donnera éventuellement naissance à une nouvelle plante. C'est la partie du grain qui contient le plus d'éléments nutritifs. Ce germe volumineux permet au quinoa de pousser dans des conditions difficiles et lui confère une grande valeur nutritive. Les grains de quinoa sont recouverts de saponine, une substance amère. La saponine mousse lorsqu'elle entre en contact avec de l'eau et elle doit être enlevée pour que les grains soient comestibles. On lave les grains dans une solution alkaline ou on les nettoie par frottage à sec.

PRÉPARATION ◆ Rincer le quinoa à l'eau courante et le laisser égoutter. S'il laisse un goût amer dans la bouche quand il est cru, c'est qu'il contient encore de la saponine. Le laver soigneusement en le frottant pour faire disparaître toute trace de cette substance, jusqu'à ce que l'eau ne mousse plus.

CUISSON ◆ Le quinoa cuit en une quinzaine de minutes; mettre 2 parties de liquide pour 1 partie de grains. Ceux-ci restent légèrement croquants après la cuisson et ne collent pas. Leur saveur rappelle la noisette.

UTILISATION ◆ Le quinoa peut être substitué à la plupart des céréales. On le cuit comme le gruau ou on l'incorpore à divers aliments, en particulier aux potages, aux tourtières et aux croquettes. Moulu, le quinoa est mis notamment dans les pains, les biscuits, les puddings, les crêpes, les muffins et les pâtes alimentaires. Les grains peuvent être germés. On les utilise comme les germes de luzerne. En Amérique du Sud, on utilise souvent le quinoa pour préparer de la *chicha*, une boisson alcoolisée appréciée depuis des milliers d'années. On cuisine les feuilles de quinoa comme les épinards.

CONSERVATION ◆ Placer le quinoa dans un contenant hermétique et le conserver dans un endroit frais et sec. S'il est moulu, le mettre au réfrigérateur pour en retarder le rancissement; il se conserve de 3 à 6 mois.

VALEUR NUTRITIVE	
Le quinoa cru contient	
Eau	9 %
Protéines	5,2 g
Matières grasses	2,3 g
Glucides	27,6 g
150 calories/100 g	

Il est une excellente source de magnésium, de fer et de potassium et une bonne source de cuive, de zinc et de phosphore; il contient de la riboflavine, de la thiamine et de la niacine ainsi que des traces de calcium. Le quinoa contient plus de protéines que la plupart des céréales, et ses protéines sont de meilleure qualité car ses acides aminés sont plus équilibrés. La lysine notamment y est plus abondante, ainsi que la méthionine et la cystine. C'est un aliment qui complète bien les céréales, les légumineuses, les noix et les graines (voir Théorie de la complémentarité).

RADICCHIO

Cichorium intybus var. *foliosum*, **Composées**
Autres noms : *salade de Trévise, salade de Vérone*
Nom anglais : *radicchio*
Autres noms : *red chicory, red-leafed chicory,*
red Treviso chicory, red Verona chicory

HISTORIQUE ◆ Plante potagère originaire de la province du Veneto dans le nord de l'Italie. Le radicchio est une variété de chicorée rouge. Il est cultivé en Italie depuis le XVIᵉ siècle, et ce pays en est le plus grand producteur.

Le radicchio ressemble à un chou, mais il est moins pommé et ses feuilles sont plus tendres. Ses feuilles, lisses et lustrées, sont nervurées de blanc ou de rouge. D'abord vertes, elles rougissent à mesure que la température rafraîchit. Au moment de la récolte, leur coloration varie du rouge foncé éclatant au rose, selon les variétés. Dans certaines variétés cependant, les feuilles demeurent vertes malgré le froid ou ne sont ornées que de petites taches roses ou rouges. Le radicchio peut avoir la taille d'une laitue Boston ou d'une endive. Sa saveur est légèrement amère.

ACHAT ◆ Rechercher un radicchio avec une base ferme et intacte, et des feuilles compactes sans décoloration brunâtre à leur pointe.

PRÉPARATION ◆ Retirer le cœur. Séparer les feuilles et enlever toute partie brunâtre. Laver, puis assécher les feuilles.

UTILISATION ◆ Le radicchio se mange cru ou cuit. Cru, il est très décoratif et peut servir assiette pour contenir notamment crudités, olives, fromage, salade de patates, salade de riz ou fruits, etc. Il ajoute une note croustillante et colorée aux salades. Cuit, il colore soupes, riz, légumineuses, pâtes alimentaires, omelettes, tofu. Il peut être cuit à la broche. Il peut remplacer l'endive ou la scarole dans la plupart des recettes.

VALEUR NUTRITIVE	
Le radicchio cru contient	
Eau	93 %
Protéines	0,6 g
Matières grasses	0,2 g
Glucides/40 g (250 ml)	1,8 g
20 calories/100 g	

Il contient de l'acide folique, du potassium, du cuivre et de la vitamine C. On le dit apéritif, dépuratif, diurétique, stomachique, reminéralisant et tonique.

CONSERVATION ◆ Conserver le radicchio au réfrigérateur. Le mettre dans un sac de plastique perforé sans le laver, il se gardera de 1 à 2 semaines. Il est plus savoureux et plus ferme cependant la première semaine.

RADIS

Raphanus sativus, **Crucifères**
Nom anglais : *radish*

HISTORIQUE ◆ Plante potagère à racine probablement originaire de l'est de la région méditerranéenne. Le radis fut un des premiers légumes à être cultivé. Il était un aliment important en Égypte il y a plus de 3 500 ans. Il était particulièrement apprécié pour ses propriétés médicinales. Son nom latin est dérivé du grec *raphanos* signifiant « qui lève facilement », et fait référence au fait que ce légume pousse à peu près n'importe où.

Le radis est un légume annuel ou bisannuel, selon l'époque des semis. Il exite plusieurs espèces de radis, comprenant les radis rouges, les radis noirs et les radis orientaux (ou blancs). Il existe différentes variétés de radis rouges. La couleur de leur peau peut être rouge écarlate, rouge cerise, cramoisie ou rose. La peau est parfois teintée de deux ou trois couleurs (bout blanc, haut rouge, cramoisi ou violet). La chair blanche, crème ou parfois rouge est juteuse et croquante. Les radis rouges sont ronds ou légèrement allongés ; ils mesurent habituellement de 2 à 2,5 cm de diamètre. Leur saveur est généralement moins piquante que celle des radis noirs et celle des radis blancs. Leurs fanes rugueuses sont comestibles.

ACHAT ◆ Choisir des radis fermes, à la peau lisse, exempte de taches et de meurtrissures. Éviter les gros radis, car ils risquent d'être fibreux et plus piquants. Les feuilles, si elles sont encore présentes, devraient être non fanées et d'un vert éclatant.

PRÉPARATION ◆ Les radis n'ont pas besoin d'être pelés sauf si on désire qu'ils soient moins piquants. La saveur piquante des radis provient de leur huile essentielle concentrée principalement à la surface du légume. Les radis peuvent être laissés entiers, tranchés, coupés en bâtonnets ou en dés, hachés ou râpés.

CUISSON ◆ La cuisson avive et même restaure la couleur du radis rouge si un ingrédient acide est ajouté au liquide de cuisson. Par contre, un ingrédient alcalin comme le bicarbonate de soude (soda à pâte) décolore le radis rouge et diminue son contenu en vitamine B_1.

UTILISATION ◆ Le radis se mange cru ou cuit. En Occident, on le consomme surtout cru. On le mange tel quel ou on le met dans les hors-d'œuvre, les trempettes, les salades ou les sandwichs. On l'utilise aussi comme décoration. En Orient, on aime bien le mariner ou le cuire. La saveur du radis s'adoucit à la cuisson et rappelle légèrement celle des petits navets. On met le radis dans les soupes, les pot-au-feu, les omelettes ou on le cuit à la chinoise. Les fanes s'apprêtent comme l'épinard lorsqu'elles sont fraîches et tendres. Elles peuvent aussi être séchées puis infusées.

VALEUR NUTRITIVE	
Le radis cru contient	
Eau	95 %
Protéines	0,6 g
Matières grasses	0,5 g
Glucides	3,6 g
Fibres	2,2 g
17 calories/100 g	

Il est une bonne source de vitamine C et de potassium ; il contient de la folacine ainsi que des traces de vitamine B_6, de zinc, de fer, de calcium et de niacine. Il a diverses propriétés médicinales ; on le dit notamment antiseptique, antiarthritique, antiscorbutique, antirachitique, antirhumatismal et apéritif. En phytothérapie, on utilise le radis pour faire tomber la fièvre, faciliter la digestion, soigner bronchites, asthme, scorbut, rachitisme, déminéralisation et pour traiter le foie et la vésicule biliaire. Certaines personnes ont de la difficulté à digérer le radis.

Les germes de radis contiennent	
Eau	90 %
Protéines	3,8 g
Matières grasses	2,5 g
Glucides	3 g
41 calories/100 g	

Ils sont riches en vitamine A, en vitamine C, en vitamines du complexe B, en calcium, en magnésium, en phosphore, en potassium, en sodium et en zinc.

Les graines de radis peuvent être mises à germer. Leur saveur est piquante, un peu comme celle du cresson. Les germes de radis s'ajoutent aux soupes, sandwichs et omelettes. Elles assaisonnent tofu et poisson. Ne les ajouter qu'au dernier moment afin qu'ils conservent leur croquant et leur saveur.

CONSERVATION ◆ Le radis se conserve assez bien, surtout s'il n'a plus ses fanes, qui accélèrent la perte d'humidité. Le mettre dans un sac de plastique perforé et le réfrigérer sans le laver, il se conservera environ 1 semaine.

RADIS NOIR

Raphanus sativus var. *niger*, **Crucifères**
Nom anglais : *black radish*

HISTORIQUE ◆ Plante potagère à racine probablement originaire de l'est de la région méditerranéenne. Le radis noir peut être presque aussi piquant que le raifort, un proche parent. Il est particulièrement apprécié en Europe de l'Est et en Russie.

Le radis noir ressemble au navet. Il mesure généralement de 5 à 7 cm de diamètre et peut peser plus de 500 g. Sa peau noirâtre recouvre une chair blanche, ferme, moins juteuse que la chair du radis rouge. Le radis noir se conserve facilement.

ACHAT ◆ Choisir des radis noirs très fermes, exempts de taches et de craquelures. Les fanes, si elles sont encore présentes, devraient être fraîches et d'un vert éclatant.

PRÉPARATION ◆ Les radis noirs doivent être grattés, brossés ou pelés.

Le choix de les peler dépend de l'usage projeté, si on désire en diminuer la saveur piquante (une huile essentielle concentrée principalement à la surface du légume est responsable de la saveur piquante) et si la peau est épaisse.

VALEUR NUTRITIVE
Le radis noir est riche en cellulose, en vitamine C, en niacine, en potassium et en sodium. On dit le jus du radis noir antiscorbutique et anti-allergique. On l'utilise comme sédatif nerveux et comme tonique respiratoire. On s'en sert pour traiter le foie, la dyspepsie, les lithiases biliaire et urinaire, les affections pulmonaires (toux, bronchites chroniques, asthme), la coqueluche, les rhumastismes, la goutte, les arthrites chroniques et l'eczéma.

UTILISATION ◆ Le radis noir est rarement consommé tel quel parce qu'il est trop piquant. Il est habituellement mis à dégorger ou cuit. Pour le faire dégorger, râper grossièrement le radis noir ou le couper en minces tranches ou en bâtonnets, le saupoudrer de sel (environ 5 ml de sel [1 c. à thé] pour un peu plus d'une tasse), bien mélanger, couvrir le bol le plus hermétiquement possible car l'odeur qui se dégage est très forte, laisser le tout reposer environ 1 heure, rincer, bien égoutter, puis préparer selon la recette choisie. Le radis qui a dégorgé est souvent assaisonné d'échalote et de crème sure ou mis dans les salades. Il est très décoratif lorsqu'on lui laisse sa peau. Cuit, le radis noir a une saveur qui rappelle le rutabaga. On le met dans les soupes, les ragoûts, les omelettes et le tofu ; on le cuit à la chinoise. Il nécessite de 10 à 25 minutes de cuisson, selon sa fraîcheur.

CONSERVATION ◆ Placer le radis noir au réfrigérateur dans un sac de plastique perforé. Il se conserve plusieurs semaines mais perd de la fermeté. Ne le laver qu'au moment de l'utiliser. Enlever ses fanes (si elles sont encore présentes naturellement !), car elles accélèrent la perte d'humidité.

RADIS ORIENTAL

Raphanus sativus, var. *longipinnatus,* **Crucifères**
Autres noms : *daïkon, radis du Japon, radis de Satzouma*
Nom anglais : *oriental radish*
Autre nom : *daikon*

HISTORIQUE ◆ Plante potagère à racine probablement originaire de l'est de la région méditerranéenne. Le radis oriental est une variété de radis qui gagna la Chine il y a environ 2 500 ans. Il est très populaire en Asie, où on l'apprête à toutes les sauces. On consomme également ses feuilles et ses graines germées.

Le radis oriental a une chair blanche, recouverte d'une mince peau lisse, habituellement blanchâtre, mais pouvant être noire, rose ou verte. Sa chair croquante et juteuse a une saveur relativement douce. Dans plusieurs variétés, elle est sucrée. Le radis oriental est facile à cultiver. Il en existe plusieurs variétés. La variété la plus courante sur les marchés occidentaux a la forme d'une grosse carotte et mesure habituellement 30 cm de long. Le radis oriental peut cependant mesurer de 10 à 60 cm de long et de 2,5 à 10 cm de diamètre.

ACHAT ◆ Choisir des radis orientaux fermes et luisants, exempts de taches et de meurtrissures. Éviter les très gros radis, car ils sont souvent fibreux, spongieux et moins savoureux. Délaisser les radis dont la peau est opaque, car ils manquent de fraîcheur. Les fanes, si elles sont encore présentes, devraient être fraîches et d'un beau vert.

PRÉPARATION ◆ Gratter le radis oriental ou l'éplucher, mais en prenant soin de n'enlever qu'une petite partie, car sa peau est mince. Le radis oriental peut être râpé, coupé en bâtonnets, en dés ou en fines tranches, ou mis en purée après la cuisson. Éviter de trop le cuire, car il perd son croquant et sa saveur.

VALEUR NUTRITIVE	
Le radis oriental cru contient	
Eau	94,5 %
Protéines	0,3 g
Matières grasses	0 g
Glucides	1,8 g
8 calories/44 g (125 ml)	

Il contient de la vitamine C et du potassium ainsi que des traces de magnésium, de fer, de calcium et de niacine. On le dit notamment antiseptique, diurétique, apéritif et tonique. En phytothérapie, on l'utilise entre autres pour faire tomber la fièvre, arrêter la toux et les hémorragies, faciliter la digestion et soigner le foie et la vésicule biliaire.

UTILISATION ◆ Le radis oriental se mange cru ou cuit. Cru, on le consomme tel quel en hors-d'œuvre ou en trempette, ou on le met dans les salades et les sandwichs. Râpé puis arrosé de vinaigrette ou simplement de vinaigre ou de jus de citron, il accompagne légumes, volaille, fruits de mer ou poisson. Au Japon, le daïkon râpé est souvent servi avec le sashimi. Le radis oriental peut aussi être utilisé à des fins décoratives. En Asie, on aime bien mariner le radis ou le cuire. On le met notamment dans les soupes ou on le fait frire avec d'autres aliments. Sa saveur s'adoucit à la cuisson. Ses fanes s'apprêtent comme l'épinard. Crues, on les met dans les salades, surtout lorsqu'elles sont fraîches et tendres ou dans les soupes. Ses graines sont mises à germer. Leur saveur est piquante, un peu comme celle du cresson. Les germes du radis oriental se mettent notamment dans les soupes, les sandwichs et les omelettes. Elles assaisonnent tofu et poisson. Ne les ajouter qu'au dernier moment afin qu'elles conservent leur croquant et leur saveur.

CONSERVATION ◆ Malgré son apparence, le radis oriental est un légume fragile, car il ramollit et se dessèche rapidement. Le conserver au réfrigérateur dans un sac de plastique perforé, sans ses fanes, qui accélèrent la perte d'humidité. L'utiliser dans les 3 ou 4 jours s'il est consommé cru. On peut le garder environ 1 semaine s'il est destiné à la cuisson.

RAIE

Raja spp, **Rajidés**
Divers noms et espèces : *manta, pastenague, torpille*
Nom anglais : *ray*
Autre nom : *skate*

HISTORIQUE ◆ Poisson qui a une forme très particulière à cause de ses nageoires pectorales reliées au tronc comme des ailes. La raie se déplace par des mouvements ondulatoires. Certaines espèces, parmi la centaine que comporte cette famille, peuvent transmettre des décharges électriques. La raie habite la plupart des mers. Elle se tient près du fond marin, dans lequel elle s'enfouit lorsqu'elle se repose afin de passer inaperçue. La raie peut créer un vide entre son corps et le fond de la mer par une succion qui la rend difficile à déloger. La plupart des espèces vivent dans les eaux peu profondes.

La raie a un squelette cartilagineux. Sa bouche, placée sur sa face ventrale blanchâtre, est située sous la tête, comme chez le requin. Sa peau démunie d'écailles est grise ou brune, et souvent tachetée. Son corps aplati en forme de losange, arrondi ou carré, se termine par une longue queue étroite hérissée d'épines ; quelques espèces, dont la raie épineuse, en ont plus que les autres. Certaines espèces ont un aiguillon vénéneux sous la queue. La raie peut mesurer de 30 cm jusqu'à plus de 6 m selon les espèces (la manta est la plus volumineuse et peut peser plus de 1 600 kg).

Les ailes, les joues et le foie de la raie sont comestibles. La chair rosée ou blanchâtre est dépourvue d'arêtes. Chez quelques espèces, elle ressemble à la chair des pétoncles.

ACHAT ◆ La petite raie est commercialisée entière et vidée, souvent sous le nom de raiteau ou de raiton. Les gros spécimens sont vendus en morceaux.

PRÉPARATION ◆ La raie contient de l'urée qui empêche les liquides de son corps, moins salés que l'eau de mer, de s'échapper dans l'eau de mer par osmose. L'urée se

VALEUR NUTRITIVE	
La raie contient	
Protéines	22 g
Matières grasses	0,7 g
98 calories/100 g, crue	
Elle est riche en potassium et en vitamines du complexes B.	

transforme en ammoniaque au fil des heures après sa mort. L'ammoniaque disparaît à la cuisson, mais la raie est meilleure 1 ou 2 jours après avoir été tuée. La rincer avant la cuisson. Pour améliorer la saveur, tremper la raie 2 heures dans de l'eau citronnée, de l'eau vinaigrée ou du lait. Pour dépouiller la raie, la recouvrir d'eau bouillante et la pocher de 1 à 2 minutes (plus, elle cuira). La déposer ensuite à plat puis gratter la peau avec un couteau ; la retourner et répéter l'opération. Procéder délicatement, car l'extrémité des ailes contient des épines orientées vers le dedans. Pour éviter de se blesser, on peut couper les bords.

UTILISATION ◆ La raie doit être cuite sans sa peau. Elle est souvent pochée (une quinzaine de minutes), cuite au four (de 15 à 25 minutes) ou apprêtée au beurre noir (cuire de 4 à 6 minutes de chaque côté). Elle peut être cuisinée comme les pétoncles. La cuire suffisamment, sinon elle est visqueuse, et la servir très chaude pour éviter qu'elle ne soit gélatineuse.

RAIFORT

Armoracia rusticana, **Crucifères**
Nom anglais : *horseradish*

HISTORIQUE ◆ Plante potagère originaire de la grande région qui comprend l'est de l'Europe et l'ouest de l'Asie. Le raifort est consommé en Europe depuis les temps les plus reculés. Il fut d'abord populaire en Europe centrale et en Allemagne, puis en Scandinavie et en Angleterre. Il contient plus de vitamine C que l'orange, c'est pourquoi les marins anglais et allemands eurent l'intuition de l'utiliser à profusion bien avant que ne soit reconnu scientifiquement son effet contre le scorbut. Le raifort a une forte saveur brûlante dont rendent compte ses appellations française et anglaise. Le mot « raifort » vient de *raiz fort*, signifiant « racine forte », tandis qu'en anglais le mot *horseradish* signifie littéralement « radis de cheval ».

Le raifort appartient à la grande famille des Crucifères, qui comprend notamment le chou, la moutarde, le navet et le radis. C'est un légume vivace, cultivé en annuel. Charnu, il ressemble au panais, tout en étant plus volumineux et en ayant des protubérances à une extrémité. Il peut mesurer jusquà 50 cm de long et de 2 à 7 cm de diamètre. Sa peau brunâtre est rugueuse et plissée ; elle recouvre une chair très ferme, de couleur blanc crème. Le raifort contient une huile essentielle, semblable à celle de la moutarde, qui lui donne son goût épicé, plus fort près de la pelure.

ACHAT ◆ Rechercher des raiforts fermes, exempts de moisissures et de parties molles.

PRÉPARATION ◆ Laver le raifort puis le peler. Si de la chair verte apparaît lorsqu'on pèle le légume, l'enlever car elle est amère. Il est parfois nécessaire de jeter le cœur d'un gros raifort, lorsqu'il semble très dur et ligneux. La chair du raifort noircit lorsqu'elle entre en contact avec l'air. Pour empêcher ce phénomène, arroser la chair de jus de citron, de vinaigre ou de vinaigrette dès qu'on la coupe ou qu'on la râpe. Utiliser une râpe en acier inoxydable. Lorsqu'on râpe le raifort avec un robot culinaire ou un mélangeur, le couper en petits morceaux, car sa chair est très ferme. Le râper juste au moment de le consommer pour obtenir le maximum de saveur.

VALEUR NUTRITIVE	
Le raifort contient	
Protéines	0,2 g
Matières grasses	aucune
Glucides	1,4 g
Calcium	9 mg
Phosphore	5 mg
Fer/15 ml (15 g)	0,1 mg
6 calories/15 ml (15 g)	

On dit le raifort antiseptique, anti-goutteux, antiscorbutique, antispas-modique, antirhumatismal, stoma-chique, expectorant, cholagogue, diurétique et stimulant. Consommé en quantité, il devient purgatif.

UTILISATION ◆ Le raifort peut être mangé cru, mariné ou cuit. La cuisson atténue sa saveur piquante cependant, et le raifort goûte plutôt comme le navet. Éviter une cuisson excessive, qui lui fait perdre beaucoup de saveur. On utilise le raifort comme légume, mais on s'en sert beaucoup plus comme condiment. Il peut facilement remplacer la moutarde. Râpé la plupart du temps, il peut aussi être coupé en dés, en julienne ou en tranches. Le saupoudrer à la manière du poivre dans les sauces, les vinaigrettes, les soupes et les ragoûts, sur les sandwichs, la viande, le poisson et les fruits de mer. Le raifort se marie bien également avec les pommes de terre, le céleri, le panais, le thon, les légumineuses, la charcuterie et les œufs. L'ajouter à de la crème, du yogourt ou de la mayonnaire adoucit sa saveur et donne de délicieuses sauces. Ses feuilles peuvent être mangées crues ou cuites, comme les feuilles des autres crucifères.

CONSERVATION ♦ Le raifort frais se conserve quelques semaines au réfrigérateur. L'envelopper dans du papier absorbant légèrement humide, puis dans du papier absorbant sec. Le placer dans le bac à légumes. Si des taches molles apparaissent ou que la racine ramollit, enlever les parties molles et apprêter le raifort immédiatement. Le raifort se congèle; le râper, il se transformera en petits flocons faciles à séparer et à prélever selon l'usage désiré. On peut aussi le déshydrater. La sauce de raifort se conserve au réfrigérateur. Elle se conserve longtemps mais perd graduellement sa saveur.

RAISIN

Vitis spp, **Vitacées**
Nom anglais : *grape*

HISTORIQUE ♦ Fruit de la vigne, un arbuste grimpant. On ignore le lieu d'origine exact du raisin. Ce pourrait être la région de la mer Caspienne. Le raisin est un des fruits les plus anciens et les plus répandus dans le monde. Il existe depuis des milliers d'années. En Égypte, des dessins dans des tombes indiquent qu'on cultivait le raisin il y a plus de 2 375 ans av. J.-C. En Chine, la culture du raisin est aussi et peut-être même plus ancienne. Le raisin est l'ingrédient de base du vin et de diverses boissons alcoolisées (armagnac, cognac, brandy, porto, champagne, etc.). La fabrication du vin remonte à des temps immémoriaux et cette boisson a toujours été fort prisée tout au long des siècles. Les Grecs et les Romains, notamment, consommèrent le vin en abondance et chantèrent ses louanges. Après la chute de l'Empire romain, les monastères continuèrent la fabrication du vin.

Le raisin appartient à une famille qui comprend 12 genres. L'espèce *Vitis vinifera* produit le meilleur raisin pour la fabrication du vin. C'est l'espèce la plus souvent cultivée (environ 90 % des raisins proviennent de cette espèce). Il en existe de 60 à 70 variétés. En Amérique du Nord poussent des espèces différentes, dont la *Vitis lambrusca*, la *V. aestivalis* et la *V. rotundiflora*. Le raisin concorde (noir), le niagara (vert) et le catawba (rouge), notamment, sont des variétés *lambrusca*. Le raisin delaware (rouge) est un croisement de l'espèce *vinifera* avec l'espèce *lambrusca*. La peau des raisins de l'espèce *lambrusca* se sépare facilement de la pulpe. L'espèce *Vitis vinifera* a presque disparu en France en 1863. Ce désastre national, dans le plus grand pays producteur de vin, fut causé par l'importation accidentelle d'Amérique du Nord d'un puceron, le *phylloxera*, qui se nourrit sur les racines des vignes et les fait mourir. On calcule qu'environ 2 500 000 acres de vignes furent détruites. Seule la décision désespérée de greffer une vigne américaine, la *Vitis labrusca*, résistante à ce puceron, permit de sauver les vignes non encore contaminées. Le Chili est maintenant le seul pays où pousse l'espèce *Vitis vinifera,* car elle y fut introduite avant le désastre de 1863.

La vigne peut mesurer plus de 17 m de long. On la taille cependant pour faciliter la récolte. Elle développe des vrilles qui se lignifient et qui peuvent se fixer très solidement à peu près partout. Ces vrilles permettent aux tiges de bien supporter les grappes de fruits. Les grappes, parfois jusqu'à une cinquantaine par vigne, sont peu visibles lors de leur apparition parce qu'elles sont dissimulées par des feuilles à cinq lobes, longues de 10 à 20 cm.

Les raisins sont des baies, couramment appelées grains. Ronds ou légèrement allongés, ces grains sont plus ou moins charnus. Leur couleur est variable : vert (en Europe on dit blanc), jaune verdâtre, rougeâtre ou bleu tirant sur le noir. Leur pulpe juteuse et sucrée est recouverte d'une mince pellicule pruineuse. Elle abrite de 2 à 4 pépins ou en est exempte, selon les variétés, au nombre de plusieurs milliers.

Les raisins sont divisés en raisins de table et en raisins à vin. La plupart des variétés poussent mieux dans les climats chauds. Certaines supportent les climats tempérés. Parmi les variétés européennes les plus connues se trouvent le cardinal et le tonkay (rouges), le ribier (noir), le muscat (noir ou vert), le gros vert et le chasselas (vert). En Amérique du Nord ce sont le concorde (bleu), le thompson sans pépins (vert), l'empereur (Rouge), le cornichon (noir), le niagara (vert) et le delaware (rouge).

Les **raisins de Corinthe** se distinguent des autres raisins par leur taille minuscule. Ces raisins sont également appelés **raisins de Zante** ou **raisins à champagne**. *Corinthe* est le nom d'une ville grecque et *Zante* le nom d'une île grecque où s'effectuait le commerce intensif de ces raisins il y a très longtemps. Quant à l'appellation «raisins à champagne», elle prévient des États-Unis, plus particulièrement de Californie. Dans cet État, on sert le champagne dans des verres ornés de petites grappes de ces raisins. Ces raisins décoratifs sont dépourvus de pépins. Ils sont très sucrés et très savoureux.

ACHAT ◆ Choisir des raisins fermes, intacts, bien colorés et solidement attachés à la grappe. Les raisins verts sont plus sucrés s'ils ont des teintes jaunâtres. Délaisser les raisins mous, ridés, tachés ou blanchis à l'extrémité rattachée à la tige, car ils manquent de fraîcheur.

PRÉPARATION ◆ Laver soigneusement le raisin parce qu'il a presque toujours été traité avec des produits chimiques (sulfate de cuivre et hydrate de calcium). Détacher des petites grappes de raisins de la grosse grappe. Se servir de ciseaux facilite la tâche. Ne pas retirer quelques raisins ici et là, en les choisissant, sinon les tiges se déshydratent et les raisins qui restent ramollissent et se ratatinent.

VALEUR NUTRITIVE	
Le raisin de type américain contient	
Eau	81 %
Protéines	0,7 g
Matières grasses	0,3 g
Glucides	17 g
Fibres	0,9 g
63 calories/100 g	
Le raisin de type européen contient	
Eau	81 %
Protéines	0,7 g
Matières grasses	0,6 g
Glucides	18 g
Fibres	1,2 g
71 calories/100 g	

Le raisin des deux types est une bonne source de potassium, il contient de la vitamine C, de la thiamine et de la vitamine B_6 ainsi que des traces de riboflavine et de cuivre. Ses glucides sont surtout composés de glucose et de fructose, sucres rapidement assimilables. On attribue de nombreuses propriétés médicinales au raisin. On le dit notamment diurétique, énergétique, cholagogue, laxatif, reminéralisant et tonique. Le raisin noir, plus particulièrement, est un excellent tonique à cause de son colorant, l'œnocyanine. On fait des cures de raisins pour désintoxiquer l'organisme.

UTILISATION ◆ Le raisin est délicieux nature, cuit, déshydraté (voir Raisin sec) et en jus. On le mange tel quel ou incorporé aux salades de fruits et autres desserts. On en fait de la confiture et de la gelée. On le met dans les sauces, les farces, les currys, les ragoûts, les salades de riz. Il se marie bien avec la viande, la volaille, le gibier, le lapin, le poisson et les fruits de mer. Le jus de raisin est des plus appréciés, nature et fermenté! Des pépins on extrait une huile de table (voir Huile). Les feuilles de vigne sont comestibles. Elles sont utilisées notamment en Afrique du Nord, en Grèce, en Israël et en Iran. Elles enveloppent souvent riz et viande.

CONSERVATION ◆ Les raisins sèchent et fermentent s'ils sont laissés à la température de la pièce. Les placer au réfrigérateur dans un sac de plastique perforé, ils se conserveront alors quelques jours. Enlever préalablement les raisins abîmés. Sortir les raisins du réfrigérateur une quinzaine de minutes avant de les consommer afin qu'ils aient plus de saveur. Le raisin supporte mal la congélation. La déshydratation et la macération dans de l'alcool lui conviennent parfaitement.

RAISIN SEC

Nom anglais : *raisin*

HISTORIQUE ◆ Raisin déshydraté. La déshydratation des raisins remonte aux temps anciens. Depuis toujours ce procédé permet de consommer le fruit en dehors de la saison. Plusieurs pays produisent des raisins secs, dont les États-Unis, l'Australie, l'Afrique du Sud, la Grèce, l'Espagne, la Turquie et le Chili. On déshydrate le plus souvent les raisins de table (rarement les raisins à vin). Les raisins de type muscat, monika, malaga, sultana et thompson seedless (ce dernier représente plus de 95 % de la production américaine) sont parmi les plus courants. Les raisins secs contiennent ou non des pépins, selon les variétés utilisées.

Le **raisin de Corinthe** et le **raisin Zante** sont des raisins noirs miniatures, sans pépins, particulièrement recherchés en pâtisserie. Ils portent le nom d'une ville et d'une île grecques où s'effectuait jadis le commerce intensif de ces raisins.

ACHAT ◆ Les raisins secs sont habituellement vendus en paquets scellés, ce qui ne donne pas une bonne idée de leur état. Quand l'empaquetage est transparent, s'assurer que les raisins sont intacts et pas trop secs.

UTILISATION ◆ Les raisins secs se mangent tels quels, souvent en collation. On s'en sert aussi bien comme condiment que comme ingrédient. On les met dans à peu près tous les aliments : céréales, salades, sauces, fricassées, farces, pains de viande, pâtés, pilafs, couscous, tartes, pains, muffins, biscuits, brioches, puddings, crème glacée ou

VALEUR NUTRITIVE		
Comme tous les fruits déshydratés, les raisins secs sont nourrissants puisque leurs éléments nutritifs sont concentrés. Ils fournissent rapidement de l'énergie.		
Les raisins secs contiennent généralement		
Eau		15 à 19 %
Protéines		3 à 4 g
Matières grasses	0,3 à 0,5 g	
Glucides		74 à 80 g
Fibres		3,7 à 6,8 g
283 à 302 calories/100 g		
Qu'il s'agisse des raisins de Corinthe, de Smyrne ou des raisins dorés, ils sont une excellente source de potassium et une bonne source de fer, de magnésium et de cuivre ; ils contiennent du calcium, du phosphore, du zinc, de la vitamine C ainsi que des traces de vitamine A. Les raisins jaune doré sont traités aux sulfites, ce qui les empêche de noircir mais détruit certains éléments nutritifs.		

autres desserts. On les emploie directement ou on les réhydrate dans de l'eau, du jus ou de l'alcool.

 CONSERVATION ♦ Les raisins déshydratés se conservent environ 1 an. Les placer à l'abri de l'air dans un endroit frais et sec.

RAMBOUTAN

Nephelium lappaceum, **Sapindacées**
Autres noms : *palussant, litchi chevelu*
Nom anglais : *rambutan*
Autre nom : *hairy lychee*

 HISTORIQUE ♦ Fruit originaire de Malaysia. Le ramboutan pousse en grappes sur un petit arbre à feuilles persistantes. Il est apparenté au litchi et au longane. Il est très répandu dans le Sud-Est asiatique, notamment en Indonésie. Il en existe une cinquantaine de variétés. Le ramboutan est muni de nombreuses pointes crochues, longues de 1 à 1,5 cm, qui le font ressembler à un oursin. Son apparence hérissée est à l'origine de son nom, car *rambout* signifie «cheveux» en malais.

Le ramboutan est un fruit ovoïde ou sphérique de petite taille, mesurant de 5 à 6 cm de diamètre. Il est recouvert d'une coque fragile, habituellement rouge ou pourpre, qui se fend facilement. Sa pulpe blanchâtre et translucide a une consistance similaire à celle du litchi. Elle recouvre comme ce dernier une unique graine non comestible, plate et pointue. Le ramboutan a une saveur tantôt sucrée, douce et parfumée, tantôt aigrelette ou acidulée, selon les variétés.

ACHAT ♦ Choisir un fruit bien coloré, dont la pelure est exempte de taches humides. Délaisser un fruit terne ou qui sent le suri, car il manque de fraîcheur.

PRÉPARATION ♦ Le ramboutan se pèle facilement. Fendre sa coque délicatement avec les doigts ou un couteau, en évitant de couper la chair, puis la retirer. Pour une présentation originale, laisser le ramboutan dans sa coque, en n'enlevant que la moitié supérieure. Selon l'usage projeté, dénoyauter le ramboutan ou laisser la personne qui mangera le fruit se charger de l'opération !

VALEUR NUTRITIVE	
Le ramboutan contient	
Eau	82 %
Protéines	1 g
Matières grasses	0,1 g
Glucides	16,5 g
Fibres	1,1 g
64 calories/100 g	
Il est riche en vitamine C, contient du fer et du potassium ainsi que des traces de riboflavine, de calcium et de niacine.	

UTILISATION ♦ On utilise le ramboutan comme le litchi, qu'il peut d'ailleurs remplacer. Il est délicieux tel quel, dans la salade de fruits ou avec de la crème glacée. On le cuit avec des légumes et de la viande ou on s'en sert pour farcir de la viande.

CONSERVATION ♦ Le ramboutan est un fruit fragile, plus savoureux lorsqu'il est très frais. Le placer au réfrigérateur s'il n'est pas consommé immédiatement, il se conservera alors quelques jours.

RAPINI

Brassica rapa, var *parachinensis,* **Crucifères**
Autre nom : *brocoli chinois, choy sum*
Nom anglais : *rapini*
Autres noms : *broccoli raab, broccoli rabe, choy sum, brocoletto*

HISTORIQUE ◆ Plante potagère originaire de la région méditerranéenne. Le rapini appartient au genre *Brassica,* il est donc apparenté au brocoli, au chou et aux nombreux autres membres de cette importante espèce. On le consomme en Italie depuis des centaines d'années. Les immigrants italiens lui firent traverser l'Atlantique lorsqu'ils s'intallèrent aux États-Unis au début du XXᵉ siècle. Le rapini demeure relativement peu connu en Amérique du Nord.

Le rapini est formé de minces tiges vertes, qui se terminent par des feuilles dentelées. Il n'a pas de tête comme le brocoli, mais certaines tiges sont ornées d'une grappe de boutons floraux. Ces boutons floraux éclosent parfois, donnant naissance à de petites fleurs jaunes. Les tiges, les feuilles, les boutons floraux et les fleurs sont comestibles. Le rapini a une saveur légèrement amère. Les tiges sont souvent préférées aux feuilles parce que leur saveur est moins prononcée.

ACHAT ◆ Choisir des rapinis aux tiges petites et fermes, contenant relativement peu de boutons floraux ou de fleurs écloses. Délaisser des rapinis aux tiges molles et aux feuilles fanées ou jaunies.

PRÉPARATION ◆ Bien laver les rapinis à l'eau courante. Couper le bas des tiges, puis laisser les rapinis entiers ou les couper. Si désiré, séparer les tiges des feuilles, car elles nécessitent un peu plus de cuisson. Cuire les tiges 1 minute dans très peu d'eau bouillante, puis ajouter les feuilles et les boutons floraux et cuire de 2 à 4 minutes. On peut aussi blanchir les rapinis 1 minute si on préfère atténuer leur saveur.

VALEUR NUTRITIVE	
Le rapini cru contient	
Eau	89 %
Protéines	3,6 g
Matières grasses	traces
Glucides	5,9 g
32 calories/100 g	
Il est riche en vitamine A, en vitamines du complexe B, en vitamine C, en potassium, en phosphore, en calcium, en fer et en sodium.	

UTILISATION ◆ Le rapini peut se manger cru, mais sa forte saveur n'est pas toujours appréciée. Il s'apprête comme le brocoli, qu'il peut remplacer dans la plupart des recettes. Il cuit plus rapidement que le brocoli, en 2 à 5 minutes. Cuit, on le mange chaud ou froid. Il est délicieux arrosé de vinaigrette. Le rapini ajoute une note piquante aux aliments qui ont peu de saveur, tels le tofu, les pâtes alimentaires et les pommes de terre. Il arrive qu'il soit amer lorsqu'il est cuit à l'étuvée.

CONSERVATION ◆ Le rapini se conserve environ 1 semaine au réfrigérateur. Le placer dans un sac de plastique perforé sans le laver. Le consommer le plus rapidement possible, car plus il est frais, plus il est savoureux.

RÉGLISSE

Glycyrrhiza glabra, **Papilionacées**
Nom anglais : *licorice*
Autre nom : *liquorice*

HISTORIQUE ◆ Rhizome ligneux d'une plante vivace buissonneuse originaire du sud de l'Europe et de l'ouest de l'Asie. La réglisse est connue pour ses propriétés médicinales depuis les temps anciens. Son nom scientifique, *Glycyrrhiza*, est dérivé du grec *glukurrhiza* signifiant « racine douce ». La réglisse préfère les sols sablonneux. Elle est cultivée dans plusieurs pays, notamment en Turquie, en Iran, en Inde, dans la CÉI, en Espagne, en Italie, en Grèce et en Afrique.

Le rhizome ligneux mesure de 1 à 2 m de long. Il est pourvu de 3 à 5 longues racines latérales, des stolons, qui peuvent mesurer plusieurs mètres de long. La plante, qui mesure généralement 180 cm de haut, est ornée de feuilles composées. Les fleurs, qui poussent en grappes, sont d'un bleu violacé. On cueille le rhizome et les stolons des plantes âgées de 3 à 4 ans. Ces tiges dont le centre est jaune sulfureux, sont entourées d'une enveloppe gris brunâtre. Rhizomes et stolons sont lavés puis épluchés. On en extrait le jus ou on les déshydrate avant de les réduire en poudre. Le jus de réglisse est une substance caoutchouteuse gris foncé de saveur douce.

ACHAT ◆ L'extrait de réglisse et la réglisse en poudre sont généralement vendus dans les épiceries spécialisées tout comme les bonbons fait avec de la réglisse naturelle.

UTILISATION ◆ La réglisse n'est pas très utilisée en cuisine : elle n'aromatise que les pâtisseries. On l'emploie surtout en confiserie, en liquoristerie et en brasserie, pour aromatiser des bonbons, certaines bières et liqueurs. Elle parfume aussi le tabac à priser et divers médicaments.

CONSERVATION ◆ La réglisse se conserve à la température ambiante. Placer la réglisse moulue dans un contenant hermétique.

VALEUR NUTRITIVE

La réglisse est reconnue pour être diurétique, antispasmodique, expectorante, digestive, anti-inflammatoire et laxative. On l'utilise notamment pour soigner toux, et ulcères gastriques ainsi que pour réduire la fièvre. Le principe actif de la réglisse est la glycyrrhizine, qui est 50 fois plus sucrée que le sucre ; sa concentration dans la racine varie de 5 à 9 %. à cause de sa teneur en acide glycyrrhizique ou glycyrrhizine, la réglisse consommée à l'excès peut causer de la rétention d'eau, des maux de tête, de l'hypertension et de l'insuffisance cardiaque.

REQUIN

Sélaciens
Nom anglais : *shark*

HISTORIQUE ◆ Le requin est un poisson cartilagineux dépourvu d'arêtes, habitant la plupart des mers. Il existe environ 225 espèces de requins classées dans 80 genres, 14 familles et 3 à 7 sous-ordres. Certaines espèces, dont la roussette et l'aiguillat, sont couramment appelées « chiens de mer ». Des espèces ont des nageoires anales, d'autres, tel l'aiguillat, en sont dépourvues. Certaines, dont la roussette, se distinguent par le fait que la femelle est vivipare. Les requins ont une très mauvaise vision, mais leur odorat est extrêmement développé. Ils peuvent détecter une goutte de sang dans 115 litres d'eau, soit une partie de sang dans un million de parties d'eau.

Le requin laisse rarement les gens indifférents; la seule évocation de son nom fait habituellement penser immédiatement à la mort. Mais les requins ne sont pas toujours aussi voraces ni aussi imposants qu'on les imagine généralement. Plusieurs ne mesurent que de 1 à 1,5 m de long, certains peuvent même n'avoir que 50 cm tandis que d'autres font près de 15 m de long. Même si des espèces peuvent avoir jusqu'à 3 000 dents disposées sur 6 à 20 rangées, toutes n'ont pas une dentition aussi impressionnante et leurs dents ne sont pas toujours puissantes. Ainsi, les dents des espèces qui se nourrissent de mollusques et de crustacés, comme l'émissole, sont plates et petites.

Parmi les espèces les plus courantes se trouvent le requin marteau, l'aiguillat, l'émissole lisse, la grande roussette et la lamie.

Le **requin marteau** (*Sphyrna zygaena*, famille des Sphyrnidés) atteint une longueur maximale de 4 m. Son nom lui vient de la forme très particulière de sa tête, qui ressemble à un marteau. Son dos est gris brunâtre ou brun verdâtre. Le requin marteau habite les eaux chaudes des mers tempérées; il est présent notamment des deux côtés de l'Atlantique et dans le Pacifique. Sa chair blanche est excellente.

L'**aiguillat** (*Squalus acanthias*, famille des Squalidés) mesure généralement de 60 cm à 1 m de long et atteint une longueur maximale de 1,25 m. Son dos gris brunâtre est parsemé de taches blanchâtres. La dure épine de sa nageoire dorsale est à l'origine du nom « aiguillat ». L'aiguillat est présent dans la plupart des mers froides. Sa chair rosée est souvent commercialisée sous le nom de saumonette. Sa saveur est peu prononcée.

L'**émissole** (*Mustelus vulgaris*, famille des Triakidés) mesure généralement de 50 cm à 1 m de long et pèse de 3 à 4 kg. Elle atteint une longueur maximale de 1,5 m. La couleur de son dos diffère selon les variétés. L'émissole habite notamment la Méditerranée, l'Atlantique et le Pacifique. Elle est souvent commercialisée sous le nom de poisson citron, notamment en Nouvelle-Zélande. Sa chair blanche sent passablement l'ammoniac.

La **grande roussette**, (*Scyliorhinus stelleris*, famille des Scyliorhinidés) atteint une longueur maximale de 1,6 m. Son dos, généralement gris ou sable, est parsemé de grosses taches noires. La grande roussette est courante dans la Méditerranée et l'Atlantique. Sa chair gagne à être cuite très fraîche, accompagnée d'une sauce relevée.

La **lamie** ou **touille** (*Galeorhinus galeus* de la famille des Triakidés) mesure généralement de 1,4 à 1,8 m de long et pèse de 5 à 15 kg. Son dos est gris brunâtre. La lamie habite les mers tempérées et subtropicales; elle vit notamment des deux côtés de l'Atlantique et dans la Méditerranée. Sa chair blanche est ferme.

ACHAT ◆ Le requin est généralement commercialisé dépouillé, ce qui est pratique car sa peau très rugueuse s'enlève difficilement. Il est coupé en filets, en darnes ou en morceaux.

VALEUR NUTRITIVE	
Le requin contient	
Protéines	24 g
Matières grasses	1 g
106 calories/100 g, cru	

PRÉPARATION ◆ Il est plus facile de dépouiller le requin dès qu'il est tué. Pour effectuer cette opération plus facilement, congeler le requin rapidement, puis le plonger dans de l'eau bouillante. Le requin contient de l'urée qui empêche les liquides de son corps, moins salés que l'eau de mer, de s'échapper dans l'eau de mer par osmose ; l'urée se transforme en ammoniaque dans les heures qui suivent sa mort. Le requin est meilleur 1 ou 2 jours après avoir été tué. Toute trace d'ammoniaque disparaît cependant à la cuisson. Passer le poisson sous l'eau froide avant la cuisson. Pour améliorer sa saveur, tremper la chair 2 heures dans du lait, de l'eau citronnée ou de l'eau vinaigrée.

CUISSON ◆ La chair du requin est dépourvue d'arêtes et cuit sans perte et sans se défaire. Selon les espèces, elle est ferme, plus ou moins humide, parfois même légèrement gélatineuse et plus ou moins savoureuse (la chair de l'aiguillat est souvent considérée comme la meilleure). Plus le requin est gros, plus sa saveur est corsée. La plupart des modes de cuisson lui conviennent. Il peut notamment être grillé, braisé, frit, cuit au court-bouillon ou au four.

UTILISATION ◆ Le requin est délicieux arrosé d'une sauce relevée qui atténue sa forte saveur ou qui lui confère de la saveur selon les espèces.

Dans les pays asiatiques, on consomme les ailerons de requin. Ils sont d'abord salés puis séchés. Ils donnent une consistance gélatineuse aux bouillons. En Chine en particulier, les ailerons de requin sont fort recherchés. La peau de requin est parfois tannée, elle porte alors le nom de « galuchat ». Dans certains pays, la peau de requin sert à polir fusils et meubles.

RHUBARBE

Rheum rhapoticum, **Polygonacées**
Nom anglais : *rhubarb*
Autre nom : *pie plant*

HISTORIQUE ◆ Plante potagère qui serait originaire du Tibet ou de la Mongolie. La rhubarbe est habituellement consommée comme fruit, mais elle est classée avec les légumes. Elle appartient à la même famille que l'oseille et le sarrasin. Le mot rhubarbe vient du latin *reubarbarum* signifiant « racine barbare ». Autrefois, on appelait barbare ce qui était étranger. La rhubarbe était inconnue en Occident et les peuples qui la consommaient étaient appelés barbares. La rhubarbe fut d'abord utilisée pour ses propriétés médicinales. Elle ne fit réellement son entrée dans les préparations culinaires en Europe qu'au XVIIIe siècle. L'Amérique du Nord la découvrit un siècle plus tard.

La rhubarbe est une plante vivace qui peut atteindre plus de 1 m de haut. Il en existe une vingtaine de variétés. Seules sont comestibles les tiges, des pétioles robustes, épais et croquants, qui peuvent mesurer de 2 à 7 cm d'épaisseur. Ces tiges rouges, rosées ou vertes, se terminent par des feuilles nervurées qui peuvent avoir 75 cm de large. Les feuilles ne sont pas comestibles, car elles contiennent diverses substances toxiques, dont l'anthraquinone et l'oxalate. La rhubarbe est meilleure au printemps.

 ACHAT ◆ Choisir des tiges fermes et cassantes, exemptes de taches.

PRÉPARATION ◆ La préparation de la rhubarbe est simple : couper les deux extrémités de la tige pour enlever la feuille et la base, laver les tiges puis les sectionner en morceaux d'environ 2 cm. Peler la tige si elle est trop fibreuse ; procéder comme avec le céleri en tirant sur les fibres.

CUISSON ◆ Cuire la rhubarbe une vingtaine de minutes à feu modéré, dans une petite quantité d'eau. Arrêter la cuisson quand les fibres sont molles ; il est inutile d'attendre que la rhubarbe tourne en purée.

UTILISATION ◆ La rhubarbe est parfois mangée crue, trempée dans du sucre ou du sel. Elle est plus souvent cuite. On en fait de la compote, de la marmelade ou des marinades. On la met dans les gâteaux, les muffins, les punchs, les sorbets, la crème glacée ou les tartes. Elle est délicieuse combinée à d'autres fruits, en particulier des fraises ou des pommes (on peut n'ajouter les fraises qu'en fin de cuisson). Elle se marie bien avec la cannelle. La rhubarbe peut être associée aux mets salés et accompagner viande et poisson. Elle peut remplacer la canneberge dans la plupart des recettes. Le jus de rhubarbe sert parfois à la fabrication de vin.

CONSERVATION ◆ La rhubarbe se conserve quelques jours au réfrigérateur. Elle se congèle facilement, simplement coupée en morceaux, sans sucre ni blanchiment, ou encore en compote. On peut la mettre en conserve non stérilisée ou stérilisée à chaud. La mise en conserve non stérilisée est très simple : mettre la rhubarbe coupée en morceaux dans des bocaux, remplir les bocaux d'eau froide, bien les fermer et les entreposer renversés.

VALEUR NUTRITIVE

La rhubarbe crue contient

Eau	94 %
Protéines	0,9 g
Matières grasses	0,2 g
Glucides	4,5 g
21 calories/100 g	

Elle est riche en potassium et contient de la vitamine C et du calcium ainsi que des traces de sodium et d'acide folique. On consomme rarement la rhubarbe nature, car elle est très acide. Comme on lui ajoute presque toujours une grande quantité de sucre, elle devient calorifique. La rhubarbe est réputée pour ses propriétés laxatives et toniques. On la dit également apéritive, chélagogue, antiputride et vermifuge.

RILLETTES

Nom anglais : *potted meat*

HISTORIQUE ◆ Les rillettes sont une charcuterie faite de viande coupée ou hachée plus ou moins finement. Cette viande est assaisonnée, puis cuite doucement dans de la graisse jusqu'à consistance onctueuse. Elle est ensuite refroidie dans sa graisse, mise dans des pots et recouverte de saindoux. Traditionnellement à base de porc ou d'oie, les rillettes peuvent être faites avec du lapin, de la volaille, du bœuf, du canard, du veau ou du poisson. Diverses parties de l'animal sont utilisées, dont le foie et la poitrine.

UTILISATION ◆ Les rillettes sont toujours consommées froides, généralement en hors-d'œuvre ou en sandwichs.

CONSERVATION ◆ Non entamées, les rillettes se conservent plusieurs semaines au frais. Entamées, elles sont très périssables et ne se conservent que quelques jours.

RIS

Nom anglais : *sweetbread*

HISTORIQUE ◆ Ris est le nom donné au thymus du veau et de l'agneau, une glande blanchâtre présente seulement chez les jeunes animaux, car elle s'atrophie avec l'âge. Située à l'entrée de la poitrine, devant la trachée, elle comporte 2 parties ; la seule comestible est la noix fortement plissée et de forme arrondie ; l'autre, plus allongée, est nommée gorge. Le ris de veau est le plus apprécié.

ACHAT ◆ Choisir un ris dodu, lustré et de bonne odeur, d'un blanc crémeux tirant sur le rose.

PRÉPARATION ◆ Toujours mettre le ris à dégorger 1 heure ou 2 dans de l'eau froide légèrement salée ou du lait pour enlever toute trace de sang. Le blanchir au court-bouillon, l'égoutter, puis le refroidir avant de le cuire (blanchir le ris d'agneau de 5 à 7 minutes et le ris de veau de 2 à 3 minutes). Retirer la membrane, les veinules et la graisse qui le recouvrent.

CUISSON ◆ Le ris peut être grillé (6 à 8 minutes), sauté (3 à 5 minutes), braisé (30 à 40 minutes), poché (20 à 30 minutes) ou frit (3 à 4 minutes). On le cuisine en vol-au-vent, en brochettes ou au gratin. On le met dans les farces. Éviter une cuisson prolongée, qui le dessèche.

CONSERVATION ◆ Le ris étant très périssable, il vaut mieux le cuisiner le plus rapidement possible après l'achat. Il se conserve 1 ou 2 jours au réfrigérateur et se congèle après avoir été blanchi.

RIZ

Orysa sativa, **Graminées**
Nom anglais : *rice*

HISTORIQUE ◆ Le riz est une des plus anciennes céréales, il est cultivé en Chine depuis plus de 6 000 ans. Avec le blé, c'est la céréale la plus consommée dans le monde. Pour plus de la moitié de la population mondiale, le riz fournit au moins 50 % des calories de l'alimentation. Le riz occupe une place tellement importante en Asie que cela se reflète jusque dans la langue. En chinois classique, le même terme sert pour désigner à la fois «riz» et «agriculture». Dans plusieurs autres langues orientales, les mots «riz» et «nourriture» sont équivalents. Le riz demeure toujours la principale céréale cultivée en Asie. Même si d'autres pays, dont les États-Unis, sont devenus d'importants producteurs, une grande partie de la production reste concentrée en Inde, en Chine, en Thaïlande, au Viêtnam, au Japon et en Indonésie.

Le riz est une plante annuelle qui croît plus facilement sous les climats tropicaux. Il pousse cependant dans des environnements fort divers. Cette plante a des tiges très ramifiées dressées à la verticale. Elles se terminent en grappes d'épillets (des panicules) mesurant de 20 à 30 cm de long. Chaque épillet contient de 30 à 100 grains. La plupart des variétés de riz poussent dans des champs inondés où le niveau d'eau doit atteindre 10 à 15 cm. La culture du riz, qui est millénaire, requiert de nombreuses heures de travail car elle exige plusieurs manipulations. Ce travail est souvent fait dans des conditions difficiles, les gens étant pliés en deux et pataugeant dans l'eau. Le riz est semé à la main. Il est repiqué quand il atteint une certaine hauteur, puis la rizière est inondée. Quand la floraison est terminée, la rizière est asséchée (ce qui met souvent à nu des poissons venus avec l'eau d'irrigation ou par ensemencement) et le riz est récolté manuellement. De 4 à 6 mois s'écoulent entre les semailles et la récolte. De nouvelles méthodes ont révolutionné les procédés ancestraux. On sème le riz par avion. On n'a plus besoin que de 2,5 cm d'eau, car la plante est plus courte. La transplantation est inutile. On fait la cueillette à l'aide de machines. Cette nouvelle technologie est surtout accessible aux pays les plus riches.

Le riz se divise en 2 grands groupes. Le plus important est le genre *sativa,* nommé «riz blanc», originaire d'Asie. Le genre *glabrima,* dit «riz rouge», est originaire d'Afrique de l'Ouest. Ce riz plus récent est moins répandu car il s'adapte plus difficilement aux diverses conditions climatiques. Il existerait environ 120 000 variétés de riz, dont 40 000 en Chine et 25 000 en Inde. Ce que l'on nomme «riz sauvage» provient d'une espèce différente (voir Riz sauvage).

Le riz peut être à grain court, à grain moyen ou à grain long. Le riz à grain court est presque rond; il a un contenu plus élevé en glutine, une substance féculente responsable du fait que les grains collent entre eux à la cuisson. Le riz à grain moyen est plus court et plus dodu que le riz à grain long. Le riz à grain long est plus sec après la cuisson, car il contient une plus grande proportion d'amidon nommé amylose. Le grain de riz est recouvert d'une enveloppe dure et non comestible, la balle; il doit donc être décortiqué. Le procédé employé a une influence déterminante sur la saveur, la valeur nutritive et la durée de conservation, car le riz est composé de plusieurs couches qui n'abritent pas les mêmes éléments nutritifs. Ainsi, plus de 80 % de la thiamine, 56 % de la riboflavine, 65 % de la niacine, 60 % de l'acide pantothénique et 85 % des matières grasses se trouvent près de la surface. Les pertes de nutriments sont plus ou moins grandes selon le nombre de couches qu'on enlève au riz. Il existe plusieurs procédés de décorticage, à partir du traditionnel battage, piétinage ou pilage, jusqu'au décorticage industriel à l'aide de brosses ou de solvants.

Le riz est commercialisé sous plusieurs formes, notamment en riz brun, riz brun à cuisson rapide, riz étuvé, riz blanc, riz camolino, riz aromatique, riz blanc précuit et riz assaisonné.

Riz brun (riz complet ou riz naturel). Riz entier débarrassé de son écorce extérieure fibreuse et non comestible. En Europe, on appelle souvent le riz brun «riz cargo», car autrefois c'est sous cette forme que les navires venant d'Extrême-Orient le livraient. Le riz brun contient presque toujours des grains verts, grains qui n'étaient pas encore arrivés à pleine maturité au moment de la récolte. Cela est inévitable puisque les grains ne mûrissent pas au même rythme et les trier avant ou après la moisson s'avère difficile et coûteux. Ces grains verts sont aussi présents dans le riz blanc, mais on ne le remarque pas à cause du décorticage poussé. Le riz brun est le plus complet des riz sur le marché. Sa saveur, qui rappelle la noisette, est plus prononcée que celle du riz blanc.

Riz brun à cuisson rapide. Riz traité afin que sa cuisson soit écourtée. Les types de traitement sont variés. On expose par exemple le riz à la vapeur puis on l'écrase à l'aide de rouleaux qui projettent de la vapeur. On peut aussi déshydrater le riz à l'aide d'un bref jet d'air chaud ; ainsi, à mesure que l'humidité s'échappe, il se crée des fissures microscopiques qui permettront à l'eau de cuisson d'entrer plus rapidement dans le grain.

Riz blanc étuvé (*parboiled, converted* en anglais). Riz ayant subi un traitement à la vapeur avant d'être décortiqué. Le riz est parfois préalablement mis à tremper avant d'être exposé à la vapeur. Ce traitement à l'étouffée permet aux éléments nutritifs hydrosolubles contenus dans le germe et les deux enveloppes (minéraux et vitamines) de s'infiltrer à l'intérieur du grain ; ainsi, la valeur nutritive n'est pas autant affectée par le polissage. Le riz étuvé est légèrement translucide et jaunâtre, mais il blanchit à la cuisson, conserve son apparence et ne colle pas. Il est plus léger et de saveur plus délicate que le riz brun. C'est le riz le plus nourrissant après le riz brun. À quantité égale, il donne un meilleur rendement après la cuisson que le riz brun. Le riz étuvé se conserve facilement, car le rancissement est retardé grâce à l'étuvage, les insectes ainsi que leurs œufs ayant été détruits.

Riz blanc. Riz décortiqué et poli. Le riz blanc a perdu une grande partie de ses éléments nutritifs. Il possède notamment beaucoup moins de niacine, de thiamine, de magnésium, de zinc et de fer que le riz brun. Dans certains pays, dont les États-Unis, on l'enrichit de fer, de niacine et de thiamine afin qu'il retrouve une partie de sa valeur nutritive. Le riz blanc peut être enduit de paraffine ou d'huile de vaseline, ou recouvert d'un mélange composé de glucose et de talc («riz poli», «riz glacé»). Plusieurs peuples préfèrent le riz glacé, qu'ils trouvent plus attirant visuellement parce qu'il est très blanc et luisant.

Riz blanc précuit (**riz instantané**). Riz blanc ayant été cuit, puis déshydraté afin que soit raccourci son temps de cuisson. Après la cuisson, ce riz a une apparence sèche et légère. Il a peu de goût et encore moins de valeur nutritive que le riz blanc. Le riz blanc précuit coûte plus cher que le riz blanc.

———————

Riz camolino. Riz blanc légèrement enrobé d'huile. Le riz camolino est surtout vendu en Italie.

———————

Riz aromatiques. Riz beaucoup plus savoureux que les autres variétés de riz. Le riz **basmati** est l'un des plus connus. Le **riz au citron** et le **riz thaïlandais**, appelé aussi **riz jasmin**, sont également des riz parfumés.

———————

Riz assaisonnés. Ce sont presque toujours des riz précuits, fortement assaisonnés et salés, contenant un nombre plus ou moins important d'additifs.

———————

PRÉPARATION ◆ Doit-on laver le riz avant de le cuire ? Quand il est rempli de terre ou d'écorce, la question ne se pose pas. Mettre le riz sous l'eau courante jusqu'à ce que l'eau qui s'en écoule devienne limpide. Avec le riz étuvé, cela n'est pas nécessaire. Ne pas laver le riz enrichi, car les éléments nutritifs ajoutés disparaissent dans l'eau.

CUISSON ◆ La cuisson du riz demande un certain soin pour donner de bons résultats, sauf si on utilise un cuiseur à riz, appareil simple à manier. Lorsque l'on cuit le riz dans une cassserole :

- ne pas cuire à grande ébullition, car celle-ci provoque l'éclatement des grains ;

- ne pas trop cuire si on préfère le riz ferme et diminuer la quantité d'eau ;

- pour obtenir du riz plus tendre, augmenter légèrement la quantité de liquide ;

- si le riz n'est pas servi immédiatement, raccourcir légèrement le temps de cuisson. Plus la quantité de riz est élevée, plus la chaleur reste emprisonnée longtemps et plus il faut écourter la cuisson. Découvrir la casserole à moitié une fois la cuisson terminée, sinon le riz continuera de cuire dans la casserole ;

VALEUR NUTRITIVE

Le riz brun à grains longs cuit contient

Eau	73 %
Protéines	2,6 g
Matières grasses	0,9 g
Glucides	23 g
Fibres	1,7 g
111 calories/100 g	

Il est une bonne source de magnésium ; il contient de la niacine, de la viamine B_6, de la thiamine, du phosphore, du zinc et du cuivre ainsi que des traces d'acide pantothénique et de potassium.

Le riz blanc à grains longs étuvé cuit contient

Eau	72,5 %
Protéines	2,3 g
Matières grasses	0,3 g
Glucides	24,7 g
Fibres	0,5 g
114 calories/100 g	

Il contient de la niacine, du magnésium, du cuivre et de l'acide pantothénique ainsi que des traces de phosphore, de zinc et de potassium.

Le riz blanc à grains longs cuit contient

Eau	68,7 %
Protéines	2,7 g
Matières grasses	0,3 g
Glucides	27 g
Fibres	0,4 g
129 calories/100 g	

Il contient de l'acide pantothénique, de la vitamine B_6, du magnésium et du zinc ainsi que des traces de phosphore, de niacine et de potassium.

Le riz blanc à grains longs précuit contient

Eau	76,4 %
Protéines	2,1 g
Matières grasses	0,2 g
Glucides	21,3 g
Fibres	0,8 g
98 calories/100 g	

Il contient de la niacine ainsi que des traces de thiamine, de riboflavine et de cuivre.

Le riz est une des céréales les plus pauvres en protéines (certaines variétés améliorées en renferment cependant jusqu'à 14 g/100 g). Comme toutes les céréales, il a des protéines incomplètes (voir Céréales). Son amidon, composé d'amylose et d'amylopectine, a la propriété de gonfler à la cuisson. Il est très digestible. À l'exception du riz brun, le riz ne contient que des traces de thiamine (vitamine B_1).

- s'il reste un peu de liquide après la cuisson, enlever le couvercle et augmenter la chaleur pour que le liquide s'évapore rapidement (attention, le riz risque de coller) ;
- si la quantité est plus grande, égoutter le riz (ne pas jeter le liquide, qui contient des nutriments, le boire ou s'en servir pour cuisiner [soupe, sauce, ragoût]). Si désiré, chauffer le riz quelques instants pour qu'il s'assèche ;
- ne pas remuer le riz lorsqu'il cuit si on ne veut pas qu'il devienne gluant.

Une déficience sévère en thiamine est la cause d'une grave maladie (le béri-béri) fréquente dans les pays où le riz blanc non enrichi constitue la base de l'alimentation. Les principaux symptômes de cette maladie sont l'œdème, l'insuffisance cardiaque ou une forme de paralysie. Un manque de thiamine peut aussi entraîner une faiblesse musculaire, une neuropathie périphérique et centrale et un mauvais fonctionnement du système gastro-intestinal. Le riz est reconnu pour son effet positif contre la diarrhée (son eau de cuisson est particulièrement efficace). On le dit alcalinisant et efficace pour combattre l'hypertension, l'œdème et les maladies rénales et cardiaques.

Les méthodes de cuisson du riz sont variées :

- le riz peut-être cuit à l'eau, au bouillon, au jus ou au lait (la cuisson au lait sert surtout à confectionner des desserts) ;
- on fait parfois revenir le riz préalablement dans un corps gras (c'est l'apprêt traditionnel du risotto, de la paella, du riz à la grecque, du riz pilaf, du riz créole) ;
- on peut mettre le riz dans un liquide froid (il sera plus collant) ou chaud ;
- la quantité de liquide peut être grande ou petite. Lorsqu'on cuit le riz dans une petite quantité d'eau, se servir d'une casserole épaisse possédant un bon couvercle pour que la vapeur reste emprisonnée (sinon la recouvrir d'un papier d'aluminium) ;
- le riz peut être mis à tremper, ce qui prévient son éclatement, le rend moins collant et diminue la quantité de liquide nécessaire à la cuisson (sauf le riz brun qui nécessite la même quantité de liquide) ; se servir du liquide de trempage pour cuire le riz ou pour cuisiner.

Ces divers procédés n'ont pas tous la même valeur si on tient compte de leurs effets sur la santé. Ainsi, faire revenir le riz dans un corps gras augmente l'apport de gras et de calories dans l'alimentation.

Cuisson à l'eau. On peut utiliser diverses méthodes :

Méthode 1 – mesurer le riz et deux fois son volume de liquide (ou moins si on veut du riz plus sec), mettre le tout dans une casserole, amener à ébullition, baisser le feu, couvrir et cuire doucement ;

Méthode 2 – amener d'abord le liquide à ébullition avant d'y plonger le riz, qui sera ainsi moins collant ;

Méthode 3 – mettre le riz dans une casserole, le recouvrir abondamment d'eau, amener à ébullition, baisser le feu, cuire à découvert, égoutter (conserver l'eau). Si désiré, assécher le riz au four (150 °C) de 7 à 15 minutes ;

Méthode 4 – mettre à tremper du riz brun une heure (si on désire un riz non collant). Le cuire dans son eau de trempage 35 minutes, éteindre le feu et laisser la casserole 10 minutes de plus sans l'ouvrir ou cuire 45 minutes.

Le temps de cuisson est fonction du riz utilisé, du mode de cuisson et des préférences personnelles. Les indications suivantes sont approximatives : riz brun, 35 à 45 minutes – riz étuvé, 25 minutes – riz blanc, 15 minutes – riz minute, 5 minutes.

Cuisson à la vapeur. Mettre le riz dans un panier, le déposer au-dessus de l'eau bouillante, couvrir et maintenir l'ébullition à feu moyen fort. On peut blanchir préalablement le riz quelques minutes, mais cela l'appauvrit.

Cuisson au gras. Cuire d'abord le riz quelques minutes dans un corps gras en le remuant constamment. Puis lui ajouter une fois et demie son volume de liquide, couvrir la casserole et laisser la cuisson se poursuivre. Ce riz reste ferme et plus formé.

Cuisson dans une marmite à pression. En général, la quantité de liquide est un peu moindre, car l'évaporation dans la marmite à pression est minime. Plus il y a de riz, moins il y a d'évaporation ; ainsi le 240 ml de riz brun (200 g) demandant 480 ml de liquide, alors qu'il ne faut que 840 ml de liquide pour 480 ml de riz (400 g). Voici trois méthodes de cuisson :

Méthode 1 – amener le liquide à ébullition, ajouter le riz brun et couvrir. Cuire 20 minutes (pression à 103 kPa). Passer immédiatement la marmite sous l'eau froide dès que la cuisson est terminée pour empêcher le riz de coller ou de trop cuire ;

Méthode 2 – le riz peut être cuit dans un bol déposé au fond de la marmite à pression ; il sera moins collant. Verser de 5 à 7 cm d'eau et l'amener à ébullition. Mettre le riz dans un bol en acier inoxydable. Y ajouter du liquide en dépassant le niveau de riz de 2 cm. Cuire comme dans la méthode 1. On peut profiter de l'occasion pour cuire des légumes secs en les mettant dans l'eau où baigne le bol. Choisir des légumes secs qui ont le même temps de cuisson que le riz ;

Méthode 3 – faire d'abord revenir le riz dans un corps gras puis ajouter le liquide bouillant. Cuire 20 minutes.

Certains riz demandent un traitement spécial. C'est le cas notamment du **riz basmati**. Ce riz délicat et très aromatique nécessite moins de liquide (environ 300 ml par 240 ml de grains [200 g] s'il a trempé, un peu plus non trempé) et une cuisson à feu doux. Voici une méthode de cuisson classique pour le riz basmati brun :

- mettre le riz à tremper 30 minutes dans 600 ml d'eau, l'égoutter, le laisser reposer 10 minutes. Remettre le riz dans la casserole, ajouter de l'eau (ou du lait), environ 300 ml pour 240 ml de grains (200 g), couvrir et cuire 20 minutes à feu très doux. Éteindre le feu et laisser reposer 10 minutes.

Pour réchauffer le riz cuit, séparer délicatement les grains à l'aide d'une fourchette, verser 30 à 60 ml (2 à 4 cuillerées à soupe) de liquide, couvrir et placer sur un feu doux.

UTILISATION ◆ L'utilisation du riz est des plus variées. On met le riz dans les soupes, les croquettes, les farces, les salades, les puddings, les tartes et les gâteaux. On en fait des pâtes alimentaires, des céréales sèches, du sirop, du vinaigre, du miso. Le riz remplace la pomme de terre et accompagne notamment viande, volaille, poisson et fruits de mer. Il peut être servi au naturel ou être cuit puis sauté à l'orientale.

Le riz peut être moulu en farine (le mettre dans un mélangeur électrique ou un moulin à farine). Cette farine délicatement sucrée reste granuleuse ; elle confère une texture légèrement croquante aux gâteaux et pâtisseries. Elle n'est pas panifiable, car elle est dépourvue de gluten.

Le riz entre dans la fabrication de boissons alcoolisées comme le saké et le mirin japonais. Le saké est une boisson habituellement sucrée qui se boit chaude, tiède ou froide, dans de très petites coupes. Le mirin est un vin plus ou moins alcoolisé (certaines variétés ont 8 % d'alcool), salé, sucré ou les deux à la fois et qui est utilisé comme condiment.

CONSERVATION ◆ Conserver le riz brun au réfrigérateur, car ses matières grasses s'oxydent à la température de la pièce. Le placer dans un récipient hermétique afin qu'il n'absorbe pas les odeurs. Conserver le riz blanc à l'abri de la chaleur, de l'humidité et des insectes. Dans une boîte non entamée, il peut se conserver 1 an ou 2. Placer le riz cuit dans un contenant fermé au réfrigérateur, il s'y conservera près de 1 semaine. Le riz cuit peut aussi se congeler ; sa durée de conservation est alors de 6 à 8 mois. Cuire plus de riz que nécessaire et en congeler une partie pour une utilisation future est souvent pratique.

RIZ SAUVAGE

Zizania aquatica, **Graminées**
Autres noms : *zizanie aquatique, folle avoine*
Nom anglais : *wild rice*
Autres noms : *Indian rice, water oats*

HISTORIQUE ◆ Graine d'une plante aquatique originaire d'Amérique du Nord. Le riz sauvage croît dans les marais et les lacs calmes aux eaux fraîches et aux fonds boueux. Il pousse principalement au Canada et aux États-Unis. Les Amérindiens le cueillent et l'apprécient depuis plusieurs siècles. Certaines tribus indiennes se sont fait la guerre pendant de nombreuses années pour pouvoir récolter le riz sauvage. Celui-ci pousse sur une plante annuelle qui mesure de 2 à 4 m de haut. Il est très recherché et fait maintenant l'objet d'une commercialisation poussée. Il coûte cher parce que la plante, sensible aux variations climatiques, aux changements de niveaux d'eau et aux parasites, ne produit pas beaucoup. De plus, le riz n'est pas facile à récolter. La méthode ancestrale consiste à pencher les longues tiges de la plante au-dessus du canot et à les battre. On se sert maintenant de plus en plus souvent de ventilateurs mécaniques qui soufflent les grains sur une moustiquaire sans que l'on ait besoin de plier les tiges.

Les grains du riz sauvage sont de couleur noirâtre. Plus longs que les grains de riz, ils mesurent souvent plus de 1 cm de long. Ils possèdent une saveur de noisette assez prononcée et une texture croustillante. Ils sont facile à décortiquer, leur écorce s'enlevant aisément lorsque les grains sont secs. Les étendre sur une plaque à biscuits et les faire sécher de 2 à 3 heures dans un four à 95 °C, en brassant de temps en temps, ou les laisser 2 ou 3 jours dans un endroit chaud. On peut aussi les faire sécher dans un poêlon sur la cuisinière en brassant continuellement.

Les décortiquer en les battant, en les frottant entre les mains ou en les foulant. Les vanner en les transvidant de paniers à l'extérieur lors d'un jour venteux ou face à un ventilateur. L'écorce légère s'envole et les grains tombent au fond du panier. Sécher de nouveau les grains en les mettant 1 heure dans un four à 120 °C.

PRÉPARATION ◆ Laver le riz sauvage en prenant soin d'enlever tout corps étranger.

CUISSON ◆ On cuit le riz sauvage à l'eau ou au bouillon. On le cuit directement ou après l'avoir fait tremper. On peut le laisser tremper plusieurs heures (une nuit par exemple) ou effectuer un trempage rapide d'une heure. Pour ce faire : laver le riz. Mettre 4 fois son volume d'eau dans une casserole et l'amener à ébullition. Ajouter le riz puis faire bouillir pendant 5 minutes. Retirer du feu. Laisser tremper à couvert pendant une heure. Égoutter le riz. Remettre la casserole sur le feu, ajouter 3 fois le volume d'eau (ou moins si on désire du riz plus sec) et mettre 2 ml (une demi-cuillerée à café) de sel. Amener à ébullition, ajouter le riz, baisser le feu et laisser mijoter jusqu'à tendreté (environ 20 minutes).

VALEUR NUTRITIVE	
Le riz sauvage cuit contient	
Eau	73,9 %
Protéines	4 g
Matières grasses	0,3 g
Glucides	21,3 g
101 calories/100 g	

Le riz sauvage a une grande valeur nutritive. Il renferme plus de protéines que le riz et ses protéines sont de meilleure qualité, car elles contiennent plus de lysine (voir Théorie de la complémentarité). Le riz sauvage est une bonne source de zinc ; il contient du magnésium, de la folacine, de la niacine, du potassium, de la vitamine B_6, du phosphore, du cuivre et de la riboflavine ainsi que des traces de fer, de thiamine et d'acide pantothénique.

Éviter de trop cuire le riz sauvage, car il perd sa saveur et son croquant. Le temps de cuisson des grains non trempés est d'environ 40 minutes (cuire le riz dans 3 fois son volume d'eau). Les grains triplent de volume en cuisant.

UTILISATION ◆ Le riz sauvage accompagne souvent la volaille, les fruits de mer et le gibier ; sa couleur foncée et son goût prononcé font un contraste fort apprécié. On le sert tel quel ou cuit avec du riz. Cuit, on met le riz sauvage dans les farces et les crêpes. Il se marie bien avec les champignons, les légumes, les fruits et les noix. On peut le souffler comme le maïs ou le moudre en farine.

ROCOU

Bixa orellana, **Bixacées**
Nom anglais : *annatto*
Autre nom : *achiote*

HISTORIQUE ◆ Fruit d'un arbre originaire d'Amérique centrale, d'Amérique du Sud et des Antilles. Le rocou est utilisé depuis les temps lointains tant comme colorant que comme aromate. Il teint de rouge aliments et tissus. Les peuples autochtones s'en servaient aussi pour colorer leur corps et pour peindre. Les Aztèques mettaient du rocou dans le *xocoatl,* un breuvage chocolaté qu'ils appréciaient énormément. Le rocou est toujours un ingrédient important dans la cuisine mexicaine. Le mot rocou vient de *urucu,* le nom de ce fruit dans une langue parlée par une tribu brésilienne. Au XVIIe siècle, les Espagnols introduisirent le rocou aux Philippines, une de leurs colonies. Le rocou est maintenant cultivé intensivement en Asie et en Afrique. C'est un colorant naturel que l'industrie alimentaire utilise fréquemment en remplacement de colorants des synthèse. Il colore notamment la margarine, le beurre, le fromage et les bonbons

Le rocouyer, qui atteint 10 m de haut, a des feuilles en forme de cœur. Les graines sont logées dans des gousses épineuses. Ces dures graines de forme triangulaire ont une saveur légèrement poivrée. Elles sont recouvertes d'une pulpe rouge foncé, qui est séchée puis pulvérisée.

ACHAT ◆ Le rocou est généralement vendu dans les épiceries spécialisées.

 UTILISATION ◆ Le rocou est très utilisé en Asie et au Mexique pour colorer et assaisonner les sauces. Ces dernières nappent souvent des aliments blanchâtres tels le riz, le poulet, le porc et le poisson. En Chine, le rocou donne aux rôtis de porc leur couleur caractéristique.

 CONSERVATION ◆ Le rocou se conserve de 2 à 3 ans. Le placer dans un contenant hermétique.

ROGNON

Nom anglais : *kidney*

 HISTORIQUE ◆ En cuisine, le rognon est le nom donné au rein des animaux. Les rognons du porc et du mouton sont formés d'un seul lobe, tandis que ceux du veau et du bœuf en ont plusieurs. Les rognons de veau et d'agneau sont les plus appréciés car venant de bêtes jeunes, ils sont tendres et savoureux. Les rognons de porc, de mouton et de bœuf sont âcres, de texture plus ferme et de saveur plus prononcée. Les rognons de bœuf sont les plus coriaces.

ACHAT ◆ Choisir des rognons dodus et fermes, de coloration vive et brillante, sans odeur d'ammoniac.

PRÉPARATION ◆ Retirer la fine pellicule qui entoure les rognons, la graisse logée au centre et les parties nerveuses. Pour enlever l'odeur d'urine, ébouillanter brièvement

VALEUR NUTRITIVE			
	Protéines (g)	Matières grasses (g)	Cholestérol (mg)	Calories (/100 g)
Rognons d'agneau, braisés	24	4	565	137
Rognons de bœuf, mijotés	26	3	387	144
Rognons de porc, braisés	25	5	480	151
Rognons de veau, braisés	26	6	791	163

Les rognons sont riches en protéines, en vitamine A (ceux de bœuf), en vitamine B (dont la vitamine B_{12}, la riboflavine, la niacine et, pour les rognons d'agneau et de bœuf, l'acide folique), en fer, en phosphore et en zinc. Ils contiennent relativement peu de matières grasses mais beaucoup de cholestérol. Ils répandent souvent une odeur d'urine en cuisant, car ils renferment un haut taux d'acide urique (autour de 300 mg/100 g).

les rognons, puis les égoutter avant de les cuire. Les rognons de porc et de bœuf gagnent à tremper plusieurs heures dans de l'eau salée ; cela atténue leur saveur prononcée.

UTILISATION ◆ Les rognons les plus tendres peuvent être grillés ou sautés (6 à 8 minutes) dans très peu de gras ; les autres sont meilleurs braisés (30 à 40 minutes). Les rognons entiers de bœuf et d'agneau nécessitent un braisage de plusieurs heures. Éviter une cuisson excessive, qui rend les rognons caoutchouteux. Les rognons se marient particulièrement bien avec les tomates, les champignons, la moutarde, le jus de citron, le vin rouge, le madère et le sherry.

CONSERVATION ◆ Les rognons sont très périssables : ils se conservent 1 jour seulement au réfrigérateur. Ils se congèlent ; les utiliser immédiatement après la décongélation.

ROMARIN

Rosmarinus officinalis, **Labiacées**
Nom anglais : *rosemary*

HISTORIQUE ◆ Feuilles très parfumées d'un arbrisseau vivace originaire de la région méditerranéenne. Le nom latin du romarin signifie « rosée *(ros)* de mer *(marinus)*» et fait référence au lieu de croissance que préfère cette plante. Le romarin est reconnu pour ses propriétés médicinales depuis l'Antiquité. Certains peuples, dont les Égyptiens et les Romains, le considéraient comme une panacée. Le romarin est un excellent agent de conservation naturel. Il peut remplacer des additifs de synthèse, tels les antioxydants BHA (hydroxyanisol butylé) et BHT (hydroxytoluène butylé).

Le romarin peut atteindre jusqu'à 2 m de haut lorsque les conditions lui sont favorables. En général cependant, il mesure de 60 cm à 1,5 m. Les feuilles persistantes ressemblent à de fines aiguilles ; leur face supérieure est vert foncé et leur face inférieure blanchâtre. De minuscules fleurs bleues ou parfois blanches, regroupées en petits bouquets, attirent les abeilles, qui en tirent un miel exquis. Le romarin a une saveur légèrement camphrée.

UTILISATION ◆ Le romarin a une saveur piquante et parfumée assez prononcée. L'utiliser à petites doses, surtout au début, pour s'y habituer et afin de ne pas masquer la saveur des aliments. Le romarin est particulièrement populaire dans le sud de la France, où on l'incorpore dans une foule d'aliments tels les soupes, les farces, les sauces, les marinades, les pâtes alimentaires, les ragoûts, le poisson, l'agneau, la volaille et le gibier. Les fleurs de romarin aromatisent vins et salades. Quelques feuilles infusées dans du lait le parfument légèrement ; ce lait peut par la suite servir à confectionner divers desserts, dont des crèmes.

Le romarin est très utilisé en parfumerie. Il sert également de base à la composition d'onguents, de savons et de shampoings.

VALEUR NUTRITIVE	
Le romarin séché fournit	
Calcium	15 mg
Potassium	11 mg
Vitamine A	4 ER
Magnésium	3 mg
Vitamine C	1 mg
Fer/5 ml (2 g)	0,35 mg

On dit le romarin antispasmodique, antirhumatismal, antiseptique, diurétique, stimulant, sudorifique, stomachique, carminatif, cholagogue et emménagogue. Il atténuerait les rides. La phytothérapie fait un grand usage du romarin. À forte dose, celui-ci peut causer des vertiges et un état semblable à l'ivresse. En tisane, mettre 5 ml (1 cuillerée à café) de feuilles par tasse d'eau, faire bouillir de 2 à 3 minutes, puis laisser infuser 10 minutes.

ROQUETTE

Eruca sativa, **Crucifères**
Autres noms : *arugula, cresson de terre*
Nom anglais : *arugula*
Autres noms : *rocket, roquette, Italian cress*

HISTORIQUE ◆ Plante herbacée originaire de la région méditerranéenne. La roquette est apparentée au cresson, au radis, à la moutarde et aux nombreux membres de la famille des Crucifères. Ce légume est particulièrement populaire dans le sud de la France, en Grèce et en Italie.

Le plant de roquette atteint généralement 50 cm de hauteur. Ses tendres feuilles vertes très découpées, de forme irrégulière, ressemblent aux feuilles de radis. Leur saveur est très prononcée.

ACHAT ◆ Choisir de la roquette aux feuilles fraîches, tendres et bien vertes. Délaisser des feuilles molles, jaunies ou tachées.

VALEUR NUTRITIVE	
La roquette crue contient	
Eau	93 %
Protéines	0,6 g
Matières grasses	traces
Glucides/100 g	4,1 g
Elle est riche en vitamine A, en vitamine C, en niacine, en calcium, en fer et en phosphore. On la dit stimulante, diurétique, apéritive, dépurative, expectorante, reminéralisante, antiscorbutique et vermifuge.	

PRÉPARATION ◆ Enlever les racines et couper les tiges qui semblent fibreuses. Laver la roquette soigneusement, car elle emprisonne sable et terre. La mettre dans un récipient assez grand pour permettre de la recouvrir d'eau et de la secouer doucement ; changer l'eau autant de fois que cela est nécessaire. Ne pas laisser tremper la roquette. La laver seulement avant de la consommer, sinon les feuilles perdent leur belle apparence.

UTILISATION ◆ La roquette se mange crue ou cuite. Il est préférable de l'utiliser avec modération, car elle a une forte saveur, même après la cuisson. Elle décore et assaisonne salades, soupes, mayonnaises, sandwichs, salades de patates et pâtes alimentaires. Elle est excellente en purée incorporée dans les potages ou les sauces.

CONSERVATION ◆ La roquette est très fragile et se conserve mal, même réfrigérée. Enrouler un papier humide autour de ses racines, mettre le tout dans un sac de plastique perforé et le placer au réfrigérateur ; la roquette se conservera alors 1 jour ou 2. Consommer la roquette le plus tôt possible. On peut aussi la conserver en mettant ses tiges dans un récipient contenant de l'eau fraîche, que l'on changera chaque jour.

ROUGET / BARBET

Mullus spp, **Mullidés**
Autres noms : *rouget de roche, surmulet*
Nom anglais : *red mullet*
Autre nom : *goatfish*

HISTORIQUE ◆ Poisson qui préfère l'eau chaude peu profonde. Le rouget est présent dans le Pacifique, la Méditerranée, l'Atlantique et l'océan Indien. Il a de gros yeux placés sur le sommet de sa tête volumineuse. Sa première nageoire dorsale est épineuse et sa queue est fourchue. Deux longs barbillons, qui ont des fonctions tactiles et gustatives, sont attachés à sa mâchoire inférieure. Ces barbillons donnent au rouget une ressemblance avec la chèvre, caractéristique retenue par la langue anglaise qui nomme ce poisson *goatfish* (« poisson-chèvre »).

La peau du rouget est couverte de grandes écailles. Sa couleur, variable, est souvent dans les teintes de rouge ou de rose, surtout lorsque le poisson est excité ou frais écaillé. Elle perd vite de son éclat cependant, ce qui devient un indice précieux pour connaître la fraîcheur du poisson. Ce poisson perciforme est peu courant dans les eaux froides, d'où sa rareté près des côtes canadiennes. Parmi les espèces les plus courantes dans la Méditerranée se trouvent le rouget de roche, le rouget doré et le rouget de vase.

Le **rouget de roche** *(Mullus surmuletus)* atteint une longueur maximale de 40 cm, mais mesure généralement de 20 à 25 cm. Il a deux écailles sous les yeux. Son corps rougeâtre a une bande brune allant de l'œil à la queue et plusieurs bandes jaunes. Sa première nageoire dorsale est garnie d'épines.

Le **rouget doré** *(Mullus auratus)* ressemble au rouget de roche. Sa couleur va de l'écarlate au cramoisi et sa première nageoire dorsale est ornée d'une bande orange à sa base et d'une bande jaune un peu plus haut. Ses flancs portent deux rayures longitudinales. Il peut atteindre 20 cm de long.

Le **rouget de vase** *(Mullus barbatus)* mesure généralement de 10 à 20 cm de long. Il a trois écailles sous les yeux. Sa peau est rosée.

La chair de ces poissons est ferme. Elle contient une foule de petites arêtes.

PRÉPARATION ◆ Écailler le rouget délicatement, car sa peau est fragile.

UTILISATION ◆ Le rouget est très recherché, notamment dans le sud de la France, car sa saveur est particulièrement fine ; l'apprêter simplement pour ne pas la masquer. Il peut être cuit tel quel (lorsqu'il est petit) ou vidé ; ne pas enlever le foie cependant, très savoureux.

VALEUR NUTRITIVE	
Le rouget contient	
Protéines	20 g
Matières grasses	2 g
88 calories/100 g, cru	
Il est maigre.	

Rutabaga

Brassica napobrassica, Brassica napus var. *napobrassica,* **Crucifères**
Autres noms : *chou-navet, navet de Suède*
Nom anglais : *rutabaga*
Autres noms : *swede, Swedish turnip, turnip-rooted cabbage*

HISTORIQUE ◆ Plante potagère qui serait le résultat d'une hybridation du chou et du navet. Le rutabaga aurait été développé en Scandinavie. Un botaniste suisse fut le premier à mentionner l'existence de ce légume au XVIIᵉ siècle. Le rutabaga fut un aliment de base en Europe durant la Deuxième Guerre mondiale et depuis, pour plusieurs personnes, il symbolise le temps de guerre et la disette. Certaines variétés de rutabagas servent à nourrir le bétail.

Le rutabaga est un légume racine. Il est plus volumineux que le navet et ses fanes (son feuillage) sont plus grandes et plus charnues. La chair et la peau du rutabaga sont habituellement de couleur jaunâtre, mais une variété a la chair blanche. La saveur du rutabaga est plus prononcée que celle du navet.

ACHAT ◆ Choisir un rutabaga ferme et lourd, exempt de taches et pas trop volumineux (un gros rutabaga risque d'être dur et fibreux). Ce légume est habituellement vendu sans son feuillage (fanes), qu'on enlève à la cueillette pour diminuer la perte d'humidité.

PRÉPARATION ◆ Éplucher le rutabaga puis le couper. Enlever le cœur s'il est brunâtre, ce qui est causé par un manque de bore dans le sol. Plus le rutabaga a une odeur forte, plus son goût est piquant. Pour en atténuer la saveur, blanchir le rutabaga une dizaine de minutes avant de le cuire. Le rutabaga nécessite plus de cuisson que le navet ; calculer environ 20 minutes pour la cuisson à l'eau et un peu plus pour la cuisson à la vapeur.

VALEUR NUTRITIVE	
Le rutabaga cuit contient	
Eau	90 %
Protéines	1,1 g
Matières grasses	0,2 g
Glucides	7,7 g
Fibres	1,1 g
34 calories/100 g	

Il est une excellente source de potassium et une bonne source de vitamine C ; il contient du magnésium, de la folacine et du phosphore ainsi que des traces de calcium, de niacine, de fer, de zinc et d'acide pantothénique. On le dit reminéralisant et diurétique.

UTILISATION ◆ Le rutabaga se mange cru ou cuit. On le met dans les soupes et les ragoûts. Il est particulièrement délicieux en purée et en soufflé. Il peut remplacer le navet dans la plupart des recettes. Les sauces et les crèmes l'avantagent. Les fanes font d'excellents potages ou aromatisent salades, sauces, tofu, ragoûts.

CONSERVATION ◆ Le rutabaga se conserve environ 3 semaines au réfrigérateur. Le placer dans un sac de plastique perforé sans le laver. Enlever les fanes (si elles sont encore présentes !), les placer dans un sac de plastique perforé et les réfrigérer ; elles se conservent de 4 à 5 jours. On peut enfouir le rutabaga dans du sable comme la carotte. Le rutabaga se congèle facilement après un blanchiment de 2 minutes ou cuit en purée.

SAFRAN

Crocus sativus, **Iridacées**
Nom anglais : *saffron*

HISTORIQUE ◆ Variété de crocus originaire d'Asie dont les stigmates des fleurs sont utilisés comme assaisonnement et comme colorant. Le safran était connu des Égyptiens, des Grecs et des Romains. Au VIIIᵉ siècle, les Arabes l'introduisirent en Espagne. Le safran ne devint vraiment populaire en Europe qu'après le retour des Croisés, qui avaient pris goût à cet aromate en Terre sainte. Il existe plusieurs variétés de safran. La plus réputée vient d'Espagne.

Le crocus atteint environ 15 cm de hauteur. Le bulbe souterrain donne naissance à de longues feuilles filiformes de couleur gris-vert. Les fleurs violettes veinées de rouge sont également rattachées au bulbe. Chaque fleur produit 3 stigmates, des filaments brun-orangé. Ces filaments sont cueillis à la main puis séchés. Ils ont une odeur piquante et une saveur chaude et amère. Il faut 100 000 stigmates pour obtenir 500 g de safran, ce qui explique le coût élevé de cette épice. Le safran est fréquemment « rehaussé » ou falsifié ; on y mêle des fleurs de carthame, des pétales d'arnica et de calendule ou encore on l'humidifie avec de l'eau ou de l'huile pour en augmenter le poids.

ACHAT ◆ Se procurer des filaments de safran plutôt que de la poudre, qui est souvent trafiquée. Le meilleur safran est orangé et son odeur est doucement épicée. En vieillissant, le safran dégage une odeur de moisissure.

PRÉPARATION ◆ Il est préférable de faire tremper le safran une quinzaine de minutes dans un liquide chaud avant de l'incorporer aux aliments pour obtenir une meilleure répartition du colorant. Se servir d'une petite partie du liquide utilisé dans la recette.

UTILISATION ◆ Utiliser le safran avec parcimonie ; une petite pincée suffit pour aromatiser tout un plat. L'incorporer en début de cuisson. Éviter de le faire revenir dans du beurre ou de l'huile à haute température pour préserver son arôme. Le safran est un élément important dans les cuisines arabe et indienne. Il assaisonne et colore potages, ragoûts, riz, currys, couscous, pâtisseries, liqueurs et fromages. En Europe, le safran est indispensable dans la bouillabaisse, la paella et le risotto. On le met dans certains desserts au lait et des brioches. Il colore et aromatise volaille, fruits de mer et poisson.

CONSERVATION ◆ Placer le safran dans un contenant hermétique et le conserver à l'abri de la lumière, de la chaleur et de l'humidité.

SAINT-PIERRE

Zeus faber, **Zeidés**
Nom anglais : *John Dory*

 HISTORIQUE ◆ Le saint-pierre est un poisson extrêmement comprimé de forme ovale et d'aspect étonnant. Il vit dans les mers tempérées des deux hémisphères, notamment dans l'Atlantique, de la Norvège jusqu'à l'Afrique du Sud, dans la Méditerranée, dans l'océan Indien et dans le Pacifique, en particulier près des côtes du Japon, de l'Australie et de la Nouvelle-Zélande. Ce poisson porte une tache arrondie sur les deux côtés de son corps. Elles sont à la source de légendes qui expliquent l'origine de son nom. Une de ces légendes raconte que saint Pierre captura ce poisson et le prit entre ses mains pour le tuer, mais qu'il décida de le relâcher parce que le poisson poussait de bruyants grognements (ce qu'il fait hors de l'eau) ; il laissa toutefois l'empreinte de son pouce et de son index sur sa peau. Une autre légende dit que ces taches représentent l'empreinte du pouce et de l'index de saint Pierre, qui prit le poisson entre ses mains sur l'ordre du Christ afin de tirer de sa bouche de la monnaie pour payer un tribut.

Le saint-pierre mesure généralement de 20 à 50 cm de long et pèse de 800 à 900 g. Il peut atteindre une longueur de 66 cm. Il a une énorme tête, des yeux haut placés, une mâchoire proéminente et une grande bouche. Son corps a des reflets dorés, caractéristique retenue par la langue anglaise qui nomme le poisson *John Dory*. Sa chair blanche et ferme est savoureuse.

UTILISATION ◆ Apprêter le saint-pierre simplement afin de ne pas masquer la finesse de sa chair. Les recettes de sole et de turbot lui conviennent très bien. Ses arêtes saillantes sont gélatineuses et donnent un excellent fumet.

 CONSERVATION ◆ Le saint-pierre se congèle, mais sa durée de conservation n'est que de 3 mois.

VALEUR NUTRITIVE	
Le saint-pierre contient	
Protéines	18 g
Matières grasses	1 g
80 calories/100 g, cru	
Il est maigre.	

SALSIFIS / SCORSONÈRE

Tragopogon porrifolius, *Scorzonera hispanica*, **Composées**
Autres noms : salsifis noir, vipérine
Noms anglais : *salsify, scorzonera*
Autres noms : black oyster, black salsify, viper grass

HISTORIQUE ◆ Plantes potagères à racines originaires du sud de l'Europe. Le salsifis et la scorsonère sont de proches parents, tant par leur forme que par leur saveur.

Cette saveur douce et sucrée est souvent comparée à la délicate saveur de l'huître (ce qui explique pourquoi on appelle parfois ces légumes « oyster plant » et « black oyster » en anglais). On dit aussi qu'ils ont un goût d'asperge ou d'artichaut, avec en plus un arrière-goût de noix de coco. Leur chair devient plus sucrée si le salsifis et la scorsonère subissent un peu de gel lorsqu'ils sont encore en terre, car le froid transforme leur amidon en sucre. Le salsifis est connu dans le sud de l'Europe depuis plus de 2 000 ans. Il semble que la culture de la scorsonère soit beaucoup plus récente, à peine 250 ans. Le salsifis noir était parfois appelé « vipérine » parce qu'on croyait qu'il était un antidote aux piqûres de serpent. Il fut introduit en Amérique du Nord par les premiers colons, mais n'y est jamais devenu aussi populaire qu'en Europe. Même de nos jours, il y demeure un légume fort méconnu. Un des plus importants pays producteurs de salsifis noir est la Belgique.

Le **salsifis** ressemble au panais, sauf que sa forme est irrégulière du fait qu'il est formé de plusieurs racines. Sa chair blanchâtre est recouverte d'une mince peau d'un brun crème. Le salsifis peut atteindre 30 cm de long et 5 cm de diamètre. Ses longues feuilles étroites sont comestibles. Les jeunes pousses surtout sont délicieuses ; leur saveur rappelle celle de l'endive.

La **scorsonère**, ou **salsifis noir**, ressemble à une longue carotte, mais sa chair est de couleur crème et sa pelure brun noirâtre. Elle est plus facile à peler que le salsifis, moins fibreuse et plus savoureuse.

 ACHAT ◆ Choisir des légumes fermes (ils sont un peu moins fermes que les carottes cependant), de grosseur moyenne (ils sont moins fibreux), et sans parties détrempées.

PRÉPARATION ◆ Contrairement à la carotte, ces légumes noircissent au contact de l'air lorsqu'on les pèle et qu'on les coupe. Pour empêcher ce phénomène, les tremper dans une eau acidulée (15 ml [1 cuillerée à soupe] de vinaigre ou de jus de citron par litre d'eau). On peut aussi les faire bouillir entiers 15 minutes avant de les peler et de les préparer selon la recette choisie. Ces légumes tachent temporairement les mains, ce qu'il est possible d'éviter en portant des gants de caoutchouc.

CUISSON ◆ Il est préférable de ne pas trop cuire ces légumes, car leur chair se transforme facilement en une bouillie peu savoureuse. La cuisson à la vapeur leur convient mieux que la cuisson à l'eau ; calculer environ 15 minutes.

VALEUR NUTRITIVE	
Le salsifis cuit contient	
Eau	81 %
Protéines	2,7 g
Matières grasses	0,2 g
Glucides	15,4 g
Fibre/100 g	3,1 g

Le salsifis est une bonne source de potassium ; il contient de la vitamine B$_6$, de la vitamine C, du magnésium, de l'acide folique et du phosphore. Il renferme de l'inuline, un glucide voisin de l'amidon, que les diabétiques peuvent consommer car il n'aurait pas d'effet sur le taux de glucose sanguin. L'inuline provoque des gaz chez certaines personnes. Les personnes fragiles ou celles qui mangent des salsifis pour la première fois devraient n'en consommer qu'une petite portion. On dit ces légumes draineurs sanguins et décongestionnants du foie et des reins.

UTILISATION ◆ Le salsifis et la scorsonère sont facilement interchangeables même si leur saveur et leur texture diffèrent légèrement. Ils sont délicieux dans les soupes et les ragoûts, ou gratinés, nappés de béchamel ou de sauce au fromage. Ils se mangent aussi froids, arrosés de vinaigrette, par exemple.

CONSERVATION ◆ Ces légumes se conservent plusieurs jours au réfrigérateur. Les placer dans un sac de plastique perforé sans les laver.

SAPOTILLE

Achras sapota, **Sapotacées**
Autres noms : *nèfle d'Amérique, sawo manilla, abricot de Saint-Domingue*
Nom anglais : *sapodilla*
Autre nom : *naseberry*

HISTORIQUE ◆ Fruit du sapotillier, un arbre originaire du Mexique et de l'Amérique centrale. Le sapotillier sécrète un latex blanc, le chiclé, substance qui entre dans la fabrication de la gomme à mâcher. *Chiclé* est un mot d'origine aztèque qui aurait donné naissance aux termes «chiquer» et «chique». Le sapotillier était apprécié par les Aztèques. Ils nommaient le fruit *tzapotl*, nom qui fut transformé en *sapodilla* par les Espagnols. Ceux-ci introduisirent la sapotille aux Philippines. La sapotille est très fragile et se transporte mal ; c'est pourquoi elle est peu connue en dehors des pays producteurs. Le sapotillier est un arbre imposant aux feuilles persistantes. Il atteint une vingtaine de mètres de haut et produit de 2 000 à 3 000 fruits par année. Son bois répand une odeur d'encens lorsqu'il brûle. Le sapotillier est cultivé surtout au Mexique, en Amérique centrale, en Inde, en Indonésie, en Californie et en Australie.

La sapotille est oblongue ou ronde. Elle mesure généralement de 4 à 7 cm de diamètre. Sa peau fine légèrement rugueuse est de couleur dorée, rouille ou brun roux. Elle se pèle facilement. Sa chair translucide, jaune rougeâtre ou jaune brunâtre, est parfois légèrement granuleuse, comme celle de la poire. Elle est juteuse, fondante, sucrée et très parfumée. Sa douce saveur est souvent comparée à celle du miel ou à celle de la cassonade. Une dizaine de graines oblongues et aplaties logent au centre du fruit. Ces graines luisantes contiennent une amande amère blanche utilisée en tisane. La sapotille doit être mangée lorsqu'elle est très mûre sinon son contenu en tannin est trop élevé et la saveur est déplaisante.

ACHAT ◆ Choisir des sapotilles fermes et intactes.

PRÉPARATION ◆ Laver la sapotille, la peler, puis la manger telle quelle ou couper la chair et enlever les graines. On peut aussi couper la sapotille en deux et la manger à la cuiller ou retirer la chair à l'aide d'une cuiller.

UTILISATION ◆ La sapotille se mange crue ou cuite. On la consomme telle quelle ou on la met dans les salades de fruits. On la transforme en purée ou en jus. Elle est délicieuse dans les sauces, la crème glacée et les sorbets. Elle donne un excellent vin. On cuit la sapotille en confiture ou on la fait pocher.

CONSERVATION ◆ Laisser mûrir la sapotille à la température de la pièce. La conserver au réfrigérateur.

VALEUR NUTRITIVE	
La sapotille contient	
Eau	78 %
Protéines	0,4 g
Matières grasses	1,1 g
Glucides	20 g
Fibres	5,3 g
82 calories/100 g	

Elle est une source élevée de fibres et une bonne source de potassium ; elle contient de la vitamine C, du sodium et du fer ainsi que des traces d'acide pantothénique et de calcium.

SARDINE

Sardina pilchardus (Europe), **Clupéidés**
Nom anglais : *sardine*

HISTORIQUE ◆ La sardine est un petit poisson au corps élancé qui vit par bancs dans les mers tempérées, notamment dans l'Atlantique, la Méditerranée et le Pacifique. Ce poisson a été nommé sardine parce qu'il était abondant près des côtes de la Sardaigne, une île de la Méditerranée. Il fut un temps où les sardines formaient d'énormes bancs. À la fin du XIXᵉ siècle, un auteur anglais rapporte qu'un bateau avait pêché 80 000 poissons en une seule nuit. Aujourd'hui, les sardines ont dangereusement diminué à cause de la pêche intensive. Il existe 6 espèces de sardines qui appartiennent à la grande famille des Clupéidés ; ce poisson est donc apparenté notamment au hareng, au sprat et à l'alose. En Amérique du Nord, ce que l'on vend sous le nom de sardine est en réalité un petit hareng. En France, on nomme souvent la très petite sardine « pilchard ». Dans plusieurs pays, dont les États-Unis, le Canada, l'Angleterre, l'Australie et la Nouvelle-Zélande, « pilchard » est le nom de la sardine adulte. La sardine fut le premier poisson à être mis en conserve au début du XIXᵉ siècle. Le Portugal, la France, l'Espagne et la Norvège sont d'importants pays producteurs de sardines en conserve.

La sardine mesure de 10 à 25 cm de long. Elle est recouverte de minces écailles. Son dos est bleu verdâtre, ses flancs et son ventre sont argentés. Sa queue est fourchue. Sa mâchoire inférieure est proéminente. La chair semi-grasse est délicieuse.

ACHAT ◆ La sardine est rarement commercialisée fraîche, car elle se conserve mal. Elle est surtout étêtée, éviscérée et cuite, habituellement à l'étuvée, puis mise en conserve (à l'huile, à la tomate ou au vin blanc). La sardine à l'huile présente le rare avantage de s'améliorer en vieillissant.

UTILISATION ◆ La sardine fraîche est souvent grillée. Éviter les modes de cuisson qui augmentent sa teneur en matières grasses. La sardine en conserve est générale-

VALEUR NUTRITIVE	
La sardine contient	
Protéines	19 g
Matières grasses	5 g
85 calories/100 g, crue	
Elle est riche en calcium (lorsqu'elle est mangée avec les arêtes), en phosphore, en vitamine B$_6$ et en niacine. Elle est semi-grasse.	

ment consommée telle quelle, arrosée ou non de jus de citron et accompagnée de pain beurré. Elle est aussi marinée ou transformée en pâté dans lequel on ajoute du jus de citron, un peu de beurre ou du fromage à la crème et des épices.

CONSERVATION ◆ Retourner de temps en temps la conserve non entamée pour que les sardines baignent toujours dans le liquide. Conserver les sardines au réfrigérateur lorsque la boîte de conserve est ouverte.

SARRASIN

Fagopyrum esculentum, F. emarginatum et *F. tataricum*, **Polygonacées**
Nom anglais : *buckwheat*

HISTORIQUE ◆ Considéré comme une céréale et souvent nommé « blé noir », le sarrasin est en réalité le fruit d'une plante appartenant à une tout autre famille. Il est apparenté notamment à l'oseille et à la rhubarbe. Le sarrasin est originaire d'Asie centrale, une vaste région qui s'étend de la Sibérie jusqu'à la Mandchourie. Cette plante occupait une place de choix chez les Sarrasins, les populations musulmanes d'Afrique, d'Orient et d'Espagne. Il semble que c'est pour cette raison qu'on la baptisa « sarrasin ». Elle devint un aliment important en Russie, en Chine, au Japon et en Inde. Elle fut introduite en Europe de l'Ouest à la fin du Moyen-Âge. En France, la Bretagne est la région qui produit et qui consomme le plus de sarrasin, notamment sous forme de crêpes. En Europe de l'Est, on consomme principalement le sarrasin en grains. En Amérique du Nord, l'utilisation la plus répandue du sarrasin est la crêpe (galette).

Cette plante annuelle buissonnante atteint de 30 à 70 cm de haut. Elle produit des grappes de fleurs blanches ou roses très odorantes, qui fleurissent presque continuellement. Les abeilles les affectionnent et en fabriquent un miel foncé au goût prononcé. Les fruits sont des akènes presque noirs, formés de 3 arêtes. Le sarrasin s'adapte aux terrains appauvris et au manque d'eau (en produisant moins cependant). Son cycle végétatif court permet sa culture dans les régions tempérées.

La graine de sarrasin doit être décortiquée. Sa forme particulière à 3 coins complique l'opération et nécessite un outillage spécial. Les graines sont d'abord nettoyées et triées par grosseur, puis elles passent au travers de 8 tamis, dont 6 sont équipés d'aspirateurs qui attirent l'écorce. Elles sont par la suite laissées telles quelles, sectionnées en différentes grosseurs, rôties ou non. Le sarrasin rôti, appelé « kacha », acquiert une saveur et une coloration plus prononcées. Le sarrasin est également transformé en farine, dont la valeur nutritive est influencée par le taux d'extraction. Cette information étant rarement disponible, la couleur de la farine est un bon indice : plus la farine est foncée, plus elle a conservé de nutriments.

CUISSON ◆ Le sarrasin entier cuit en une trentaine de minutes, les grains concassés en une vingtaine de minutes. Ajouter le sarrasin à un liquide bouillant (2 parties de liquide par partie de sarrasin) ; il nécessite moins de liquide s'il a été préalablement sauté dans un corps gras. Le sarrasin devient facilement une bouillie insipide s'il est mal cuit. Une façon d'y remédier est de lui adjoindre un

VALEUR NUTRITIVE

La farine de sarrasin contient

Eau	11,2 %
Protéines	15,1 g
Matières grasses	3,7 g
Glucides	84,7 g
402 calories/120 g (250 ml)	

Cette farine est une excellente source de magnésium, de potassium, de zinc, de vitamine B$_6$, de thiamine, de phosphore, de fer, de niacine, de cuivre et de folacine ; elle contient de la riboflavine, de l'acide pantothénique et du calcium.

Le gruau de sarrasin cuit renferme

Eau	75,7 %
Protéines	3,4 g
Matières grasses	0,6 g
Glucides	19,9 g
92 calories/100 g	

Il est une bonne source de magnésium et contient du potassium, du cuivre, du zinc, du phosphore, de la folacine, du fer et de l'acide pantothénique. Le profil d'acides aminés essentiels démontre que la lysine est présente en plus grande quantité mais que la méthionine représente le facteur limitant. Le sarrasin contient de la rutine (1 à 6 %) utilisée dans le traitement de certaines formes d'hémorragies, d'engelures et d'exposition à des radiations atomiques. On le considère comme digestible, nourrissant, et reconstituant. Les macrobiotiques affirment que, s'il est mangé d'une façon régulière, il rend les gens impatients.

œuf battu avec lequel on enrobe les grains avant de les cuire ; l'albumine de l'œuf les scelle et les rend moins pâteux. On peut cuire ensemble sarrasin et riz blanc.

UTILISATION ◆ Le sarrasin concassé (appelé aussi « kacha ») peut être utilisé comme le riz ou les pommes de terre. On le sert notamment en mets d'accompagnement ou on le met dans les soupes, les ragoûts et les muffins. Non grillé, il a une saveur plus délicate que le sarrasin grillé et il convient mieux aux aliments à saveur fine, tels le poisson et les desserts. On le cuit aussi comme le gruau ou on le combine à des céréales pour varier la saveur. La farine de sarrasin est dépourvue de gluten et ne lève pas à la cuisson. On doit la combiner à de la farine de blé si on l'intègre à du pain, à des gâteaux ou à d'autres aliments levés. La farine de sarrasin sert à confectionner nouilles, galettes, polentas, gâteaux et biscuits.

CONSERVATION ◆ Réfrigérer la farine de sarrasin non raffinée en retarde le rancisse-ment. Il est préférable de la placer dans un contenant hermétique. Conserver le kacha dans un contenant hermétique, dans un endroit sec et frais.

SARRIETTE

Satureia hortensis, **Labiacées**
Nom anglais : *savory*

HISTORIQUE ◆ Plante aromatique originaire de la région méditerranéenne. La sarriette est consommée depuis plus de 2 000 ans. Elle a la réputation d'être aphro-disiaque. Son nom latin *satureia*, signifiant « herbe à satyre », fait référence à cette propriété.

Il existe 2 espèces de sarriette, une vivace et une annuelle. La sarriette annuelle, dite sarriette d'été, est la plus courante. Elle mesure environ 25 cm de hauteur. Ses feuilles vertes très odorantes ressemblent à de larges aiguilles. Des fleurs mauve pâle apparaissent aux aisselles des feuilles. Celles-ci ont un parfum plus prononcé avant la floraison.

UTILISATION ◆ La sarriette peut être utilisée fraîche ou séchée. Elle ne devrait être ajoutée qu'en fin de cuisson afin de conserver toute sa saveur. En trop grande quantité, cette fine herbe peut rendre l'aliment amer. Une pincée de sarriette séchée suffit pour parfumer agréablement un plat. La sarriette rehausse à merveille non seulement les légumi-neuses mais aussi sauces, salades, potages, ragoûts, marinades, viande, gibier, farces, pâtés, légumes et vinaigrettes. C'est la compagne idéale du cerfeuil et de l'estragon.

VALEUR NUTRITIVE	
La sarriette moulue fournit	
Calcium	30 mg
Potassium	15 mg
Vitamine A	7 ER
Magnésium	5 mg
Phosphore	2 mg
Fer/5 ml (1 g)	0,53 mg

On dit la sarriette carminative, antispasmodique, antiseptique, expectorante et stimulante. Cette fine herbe est souvent associée aux légumineuses, car elle combat la flatulence. En tisane, mettre 5 ml (1 cuillerée à café) par tasse d'eau et laisser infuser 10 minutes.

SAUCE TABASCO

Nom anglais : *tabasco*

HISTORIQUE ◆ Le tabasco est une variété de piment qui a donné son nom à une sauce très piquante. D'origine américaine, cette sauce fut inventée en Louisiane en 1868 par M. Edmund McIlhenny. Le nom tabasco est tirée d'une langue parlée par les Indiens d'Amérique centrale. Il existe plusieurs imitations de cette sauce, appelée parfois « sauce piquante aux piments » *(hot pepper sauce)*.

Les piments rouges *(Capsicum annuum, Capsicum frutescens)* sont moulus et salés, puis placés dans des barils en chêne où ils macèrent 3 ans dans de la saumure (les imitations ne macèrent que quelques mois). Ils séjournent ensuite jusqu'à 4 semaines dans du vinaigre épicé, puis ils sont filtrés et embouteillés dans de minuscules bouteilles.

 ACHAT ◆ La sauce tabasco est vendue dans les épiceries fines et les supermarchés.

UTILISATION ◆ La sauce tabasco aromatise soupes, vinaigrettes, sauces, trempettes, salades composées, haricots, lentilles, ragoûts, viande, volaille, poisson et fruits de mer. Une très petite quantité (1 à 3 gouttes) suffit pour assaisonner tout un plat.

VALEUR NUTRITIVE
La sauce tabasco est dépourvue de matières grasses et de calories, et elle ne contient que 2,5 mg de sodium par 3 gouttes.

CONSERVATION ◆ La sauce tabasco se conserve indéfiniment à la température de la pièce parce qu'elle contient de la capsicine, un alcaloïde qui agit comme préservatif.

SAUCISSE ET SAUCISSON

Nom anglais : *sausage*

HISTORIQUE ◆ Les saucisses et saucissons sont des produits à base de viande hachée, de gras animal et de sel. Les termes « saucisse » et « saucisson » sont dérivés du latin *salsus* signifiant « salé ». Les saucisses ont été inventées il y a très longtemps. Elles constituaient et constituent toujours un intéressant moyen de conservation ainsi qu'un excellent débouché pour les parties moins appréciées de l'animal, tels certains abats. Sa popularité s'est perpétuée tout au long des siècles.

Il existe un nombre incalculable de variétés de saucisses et de saucissons. C'est en Allemagne que la variété est la plus grande, soit plus de 1 500. Plusieurs noms de saucisses ont d'ailleurs une origine allemande ; c'est le cas notamment quand apparaît le suffixe *wurst* signifiant « saucisse ». Les procédés de fabrication, qui diffèrent d'un pays à l'autre, ont une influence non seulement sur la composition mais également sur la taille, la grosseur, la saveur et la valeur nutritive de ces produits.

Traditionnellement faites de porc, les saucisses sont maintenant fabriquées à partir de divers autres ingrédients, tels du bœuf, du veau, de l'agneau, du cheval, de la volaille, des protéines de farine de blé modifiées ou du tofu. Diverses parties de l'animal peuvent être utilisées en dehors du maigre et du gras, dont le cœur, le diaphragme, l'œsophage, les tripes, la langue, le foie, le sang et le plasma sanguin. Les saucisses et saucissons peuvent aussi contenir des agents liants, des stabilisants, des épices et des édulcorants. Parfois, quand la viande est désossée mécaniquement, il peut y avoir des résidus formés de lambeaux de peau, de nerfs, de tendons ou de vaisseaux sanguins et des fragments d'os.

Les ingrédients forment ce que l'on appelle le hachis. Le hachis est malaxé plus ou moins finement selon le résultat final désiré. Il est ensuite le plus souvent inséré dans une enveloppe comestible naturelle ou synthétique. Les enveloppes synthétiques à base de collagène remplacent presque toujours les enveloppes naturelles constituées du boyau d'un animal (intestin) ou de la crépine (membrane graisseuse, fine et transparente, parfois appelée coiffe).

On distingue fréquemment 3 types de produits, soit les saucisses crues, les saucisses cuites et les saucissons.

Les **saucisses crues** (saucisses longues, merguez, crépinettes, chipolatas, etc.) sont périssables, car elles n'ont pas été traitées par fumage, par salage ou par dessiccation. Elles constituent souvent un plat principal ou servent d'accompagnement.

À l'achat, choisir des saucisses lisses et non poisseuses, de couleur uniforme.

Ces saucisses peuvent être grillées, cuites à la poêle, bouillies ou frites. Les piquer avec une fourchette avant de les cuire permet au gras qui fond de s'écouler. Commencer la cuisson doucement. Ajouter si désiré une petite quantité d'eau en début de cuisson si les saucisses risquent de coller. L'ajout de matière grasse est inutile puisque les saucisses en perdent sous l'effet de la chaleur.

Les **saucisses cuites** ont habituellement été cuites à la vapeur, cuites et fumées, ou partiellement cuites et fumées. Certaines, dont les gendarmes, sont mangées telles quelles, d'autres, dont la saucisse de Francfort, doivent d'abord être réchauffées à l'eau, à la vapeur, par friture ou au gril.

Comme son nom l'indique, la saucisse de Francfort est d'origine européenne; elle a été inventée en Allemagne. On la connaît surtout à cause de son association avec le **hot dog**, une création américaine qui date du début du XXe siècle. C'est sûrement la saucisse la plus consommée au monde; seulement aux États-Unis, on a ingéré 20 milliards de hot dogs en 1995.

À peu près n'importe quelle partie de l'animal peut entrer dans la composition d'une saucisse de Francfort. Celle-ci contient également de l'eau, des agents liants (souvent de la farine de blé), des aromates, du sel, des édulcorants (glucose ou dextrose) et des additifs. La fabrication des saucisses de Francfort est hautement mécanisée. Les ingrédients sont broyés et malaxés en une pâte homogène. Cette pâte est versée dans un poussoir mécanique qui remplit des files d'enveloppes de cellulose reliées entre elles et qui forment une chaîne ininterrompue de saucisses. Ces dernières sont acheminées vers l'unité de cuisson, habituellement un fumoir, où elles acquièrent leur saveur caractéristique. Une fois cuites, les saucisses sont refroidies à l'eau fraîche, pelées, puis transportées par un tapis roulant vers l'unité d'emballage, où elles sont empaquetées sous vide, puis réfrigérées.

La valeur nutritive des saucisses de Francfort dépend des ingrédients utilisés et de leur proportion. C'est en général un aliment gras et calorifique qui contient moins de protéines que la viande.

Vérifier la date de péremption inscrite sur l'emballage scellé est l'unique façon de connaître la fraîcheur des saucisses, qui conservent longtemps une belle apparence. Délaisser un emballage endommagé qui n'est plus sous vide, car les saucisses ne sont plus protégées et on ne peut pas savoir depuis quand elles ont commencé à se détériorer.

Les saucisses fumées se conservent environ 1 semaine au réfrigérateur quand l'emballage est ouvert. Elles supportent 1 mois de congélation. Les congeler telles quelles si l'emballage est scellé, sinon les envelopper soigneusement.

Les **saucissons** sont plus volumineux que la saucisse. Leur enveloppe peut être comestible ou non et ils sont prêts à manger. Il existe 2 grandes variétés : le saucisson sec et le saucisson cuit.

Le **saucisson sec** a subi une longue dessiccation qui commence par la fermentation (sous l'effet d'un étuvage), laquelle est suivie du séchage et de la maturation. La consistance du hachis varie de fine à grossière. Lorsqu'elle est fine, le saucisson a un aspect homogène ; lorsqu'elle est grossière, on peut voir les morceaux de viande, le gras et les épices. Dans cette dernière catégorie se trouvent notamment le saucisson de montagne, le saucisson d'Arles, le pepperoni, le cervelas et le jésus.

Le **saucisson cuit** (ou **demi-sec**) a seulement subi la cuisson ; il n'a pas été séché et il conserve au moins 80 % de son humidité. Comme pour le saucisson sec, son hachis peut être composé de viandes diverses, ce qui influence sa consistance, sa saveur et sa couleur. La mortadelle est souvent classée avec les saucissons cuits, catégorie qui comprend notamment les saucissons de Paris, de Cambridge, de veau et porc, de foie et de langue. Le salami peut être sec ou cuit.

UTILISATION ◆ Plusieurs saucissons sont généralement servis coupés en fines tranches. On les sert en hors-d'œuvre ou comme mets principal. Ils garnissent canapés et sandwichs. Comme toutes les charcuteries, les saucisses et les saucissons sont des aliments riches en matières grasses, en cholestérol, en calories, en sel et souvent en additifs, qu'il est préférable de consommer avec modération.

CONSERVATION ◆ Les saucissons secs peuvent se conserver jusqu'à 3 mois dans un endroit frais et sec. Lorsqu'ils sont à point ou entamés, ils deviennent plus périssables ; on peut les conserver à la température ambiante environ 15 jours, mais il est préférable de les réfrigérer. Les couvrir et les tenir éloignés des aliments qui absorbent facilement les odeurs.

Les saucissons mi-secs se conservent plusieurs semaines au réfrigérateur.

SAUGE

Salvia officinalis, **Labiacées**
Nom anglais : *sage*

 HISTORIQUE ◆ Plante aromatique vivace originaire de la région méditerranéenne. La sauge est réputée pour ses propriétés médicinales. Le mot sauge vient d'ailleurs du latin *salvus* signifiant « sauf », « bien portant ».

La sauge est également connue sous le surnom d'« herbe sacrée ». Elle est consommée depuis des milliers d'années. Les Grecs et les Romains vantaient déjà ses propriétés médicinales, et disaient qu'elle aidait à prolonger la vie. Au XVIIIᵉ siècle, les Chinois préféraient la tisane de sauge à leur thé et ils acceptaient de troquer un quart de sauge contre trois quarts de thé.

Il existe plusieurs centaines d'espèces de sauge ; certaines sont des herbes, d'autres des arbrisseaux. La plus commune est la sauge officinale. Elle atteint de 40 à 90 cm de hauteur. Les feuilles oblongues, d'un vert grisâtre, sont nervurées, lancéolées et velues. Les fleurs violettes forment des grappes de petites clochettes aux extrémités des tiges. Les feuilles et les tiges sont recouvertes de poils argentés hérissés qui leur ont valu, en arabe, le surnom de « langue de chameau ».

 ACHAT ◆ Les feuilles de sauge déshydratées sont commercialisées entières, émiettées ou moulues.

UTILISATION ◆ La saveur piquante, corsée et légèrement camphrée de la sauge aromatise agréablement une multitude d'aliments (viande, volaille, charcuteries, jambon, farces, légumes, omelettes, soupes, ragoûts, fromages). La sauge parfume aussi vins, bières, thés et vinaigres. La cuisine de plusieurs pays lui fait une place de choix, notamment les cuisines de France, d'Allemagne, d'Angleterre, d'Italie et de Chine. Utiliser la sauge avec discrétion, surtout au début, pour s'y habituer et afin de ne pas masquer la saveur des aliments. L'ajouter en fin de cuisson seulement parce qu'elle supporte mal l'ébullition et la chaleur. La sauge facilite la digestion des aliments gras ; aussi est-elle souvent employée avec le porc, l'oie et le canard.

CONSERVATION ◆ La sauge se conserve facilement sans grande perte de saveur.

VALEUR NUTRITIVE	
La sauge moulue fournit	
Calcium	12 mg
Potassium	7 mg
Vitamine A	4 ER
Magnésium	3 mg
Fer/5 ml (1 g)	0,2 mg

On considère souvent la sauge comme une panacée : on affirme qu'elle est bonne pour tout parce qu'elle possède à elle seule les vertus d'une vingtaine de plantes. Un proverbe dit : « Qui a de la sauge dans son jardin n'a pas besoin de médecin. » En tisane, mettre 15 ml (1 cuillerée à soupe) de feuilles par tasse d'eau et laisser infuser 10 minutes.

SAUMON

Oncorhynchus spp et *Salmo salar*, **Salmonidés**
Nom anglais : *salmon*

HISTORIQUE ◆ Le saumon est un magnifique poisson fort apprécié depuis longtemps aussi bien pour sa chair que pour le plaisir de le pêcher. Cinq espèces vivent dans le Pacifique *(Oncorhynchus spp)* et une dans l'Atlantique *(Salmo salar)*. Une variété habite les eaux douces en permanence (la ouananiche, *Salmo salar ouananiche)*. Pendant longtemps le saumon fut très abondant. Il est maintenant beaucoup plus rare à cause de la pêche intensive et de la pollution. Le saumon de l'Atlantique fut le premier à être menacé d'extinction. L'élevage du saumon et une stricte gestion des stocks ont permis d'assurer sa survie.

Le saumon naît en eau douce, vit dans la mer de 1 à 4 années selon la rapidité de son développement, et revient à son lieu d'origine pour frayer. Il arrive fréquemment qu'il se déplace sur plus de 1 500 km pour retourner où il est né. Les espèces du genre *Oncorhynchus* meurent après la période de reproduction. Leur aspect physique se modifie considérablement lors du frai, surtout chez les mâles où le museau se déforme, la mâchoire s'allonge et les dents deviennent proéminentes. La femelle pond environ 1 500 à 1 800 œufs par kilomais seulement 15 % arrivent à maturité.

Le saumon se distingue de la truite, une proche parente, par sa nageoire anale qui compte 12 ou 19 rayons. Son corps allongé et légèrement comprimé diffère légèrement de forme selon les espèces. Sa tête est petite et sa bouche est grande. Sa peau recouverte d'écailles lisses est souvent parsemée de taches, variables selon les espèces. Sa couleur dépend des espèces et de la période de l'année.

Les espèces les plus fréquentes dans le Pacifique sont le saumon royal, le saumon rouge, le saumon coho, le saumon rose et le saumon keta.

Le **saumon royal** (ou **saumon chinook**, voire aussi **saumon quinnat**, *Oncorhynchus tshawytscha)* mesure généralement de 84 à 91 cm de long et peut peser de 13,5 à 18 kg. Son dos vert olivâtre est parsemé de nombreuses petites taches noires. Ses flancs et son ventre sont argentés, l'intérieur de sa bouche est noir brunâtre. La couleur de sa chair varie de rose clair à orange foncé. Elle est surtout commercialisée fraîche, congelée ou fumée ; on la met rarement en conserve. Elle est très recherchée fumée.

Le **saumon rouge** (ou **saumon sockeye**, *Oncorhynchus nerka)* est l'espèce la plus recherchée après le saumon royal. En moyenne, il mesure de 61 à 71 cm de long et pèse de 2 à 3 kg. Son dos est vert bleuté, ses flancs et son ventre sont argentés. Sa chair rouge mat est ferme et très savoureuse. Elle garde sa belle coloration rouge même lorsqu'elle est mise en conserve. Ce poisson plutôt mince, élancé et de taille uniforme est facile à mettre en conserve.

Le **saumon coho** (ou **saumon argenté**, *Oncorhynchus kisutch)* mesure en moyenne de 46 à 61 cm de long et pèse de 2 à 4,5 kg. Son dos bleu métallique est orné de taches noires irrégulières. Ses flancs et son ventre sont argentés. Le saumon coho est la troisième espèce pour son importance commerciale. Sa chair rouge orangé égale presque celle du saumon rouge ou celle du saumon royal. Elle se défait aussi en gros morceaux. Elle est plus pâle que la chair du saumon rouge. Très utilisé pour les conserves, le saumon coho est également beaucoup vendu frais, congelé ou fumé. Il est aussi commercialisé légèrement saumuré.

Le **saumon rose** *(Oncorhynchus gorbuscha)* est le plus petit des saumons du Pacifique en Amérique du Nord. Il atteint sa maturité très tôt (2 ans). En moyenne, il mesure de 43 à 48 cm de long et pèse de 1,5 à 2 kg. Son dos vert bleuté est parsemé de nombreuses taches noires. Le saumon rose a longtemps été considéré comme une espèce de qualité inférieure (tout comme le keta), car sa chair rosée est plutôt molle et se défait en petits morceaux. Il est surtout mis en conserve.

Le **saumon keta** (ou **saumon chum**, *Oncorhynchus keta*) mesure en moyenne 64 cm de long et pèse de 5 à 6 kg. Son dos bleu métallique a des reflets pourpre. Ses flancs et son ventre sont argentés. Le saumon keta a la moins belle et la moins bonne chair. À peine rosée, elle est spongieuse, molle et se défait en petits morceaux ; elle a cependant l'avantage d'être moins grasse. Elle est meilleure fraîche et se vend souvent comme telle. Elle est aussi mise en conserve, congelée, salée à sec ou fumée. C'est la moins coûteuse.

VALEUR NUTRITIVE

Le saumon royal contient

Protéines	20 g
Matières grasses	10 g
180 calories/100 g	

Il est mi-gras. C'est le plus gras des saumons du Pacifique.

Le saumon rouge contient

Protéines	21 g
Matières grasses	9 g
168 calories/100 g	

Il est mi-gras.

Le saumon coho contient

Protéines	22 g
Matières grasses	6 g
146 calories/100 g	

Il est mi-gras.

Le saumon rose contient

Protéines	20 g
Matières grasses	3 g
116 calories/100 g	

Il est maigre.

Le saumon keta contient

Protéines	20 g
Matières grasses	4 g
120 calories/100 g	

Il est maigre.

Le saumon de l'Atlantique contient

Protéines	20 g
Matières grasses	6 g
142 calories/100 g	

Il est mi-gras.

Le **saumon de l'Atlantique** *(Salmo salar)* est le seul saumon qui vit dans l'Atlantique. Il est différent du saumon du Pacifique et il ne meurt pas après le frai ; il peut se reproduire 2, 3 ou 4 fois. Le saumon de l'Atlantique est renommé mondialement pour sa combativité et sa chair rose délicieusement parfumée. Son corps ressemble à celui des autres salmonidés, sa couleur varie avec l'âge. En moyenne, le saumon de l'Atlantique mesure de 80 à 85 cm et pèse 4,5 kg, mais il peut atteindre une taille beaucoup plus grande et peser jusqu'à 28 kg. Le saumon de l'Atlantique est commercialisé frais, congelé ou fumé. L'apprêter le plus simplement possible afin de ne pas en masquer la saveur.

La **ouananiche** *(Salmo salar ouananiche)* est un délicieux petit saumon d'eau douce. Elle a été emprisonnée à l'intérieur des terres après l'époque glaciaire, ne pouvant pas retourner à la mer lorsque les eaux se sont retirées. Elle demeure maintenant dans les eaux douces de façon permanente même si, bien souvent, les cours d'eau qu'elle fréquente ont un accès facile à la mer. *Ouananiche* signifie «le petit égaré» en montagnais, la langue des Montagnais, des autochtones qui habitent le Québec. Ce poisson forme une espèce à part entière, tant par son changement d'habitat maintenant volontaire que par certaines modifications corporelles qui le distinguent du saumon. Il est plus petit et pèse rarement plus de 6 kg. Ses nageoires plus longues et plus fortes et sa queue grosse et puissante se sont développées à cause des eaux vives de son environnement. Ses yeux ainsi que ses dents sont plus grands. Son dos noir a des taches plus rapprochées et mieux définies. Ses flancs sont gris bleuâtre et son ventre est argenté. La ouananiche s'apprête comme le saumon ou la truite.

 ACHAT ◆ Le saumon est commercialisé frais, congelé, fumé, salé, séché et en conserve. Ses œufs sont souvent vendus dans des pots en verre.

Le **saumon frais ou congelé** est vendu entier, en darnes, en morceaux, en tronçons ou en filets.

Le **saumon fumé** est souvent vendu scellé sous plastique ou congelé. Il est préférable de l'acheter dans un magasin où le roulement est rapide afin de s'assurer le maximum de fraîcheur. Délaisser du saumon fumé dont le pourtour est desséché ou bruni, dont l'aspect est brillant et légèrement vernissé, ou si un léger écoulement est visible; cela signifie que la fraîcheur laisse à désirer. Du saumon foncé risque d'être très salé.

PRÉPARATION ◆ Écailler et vider le saumon avant de l'apprêter. On peut s'abstenir de le laver et se contenter de l'essuyer.

UTILISATION ◆ Le saumon supporte tous les modes de cuisson. Il est souvent cuit en steak. Il est aussi bon chaud que froid. La chair du côté de la tête est plus délicate que celle près de la queue.

Le saumon fumé est souvent accompagné de câpres et d'oignons doux tranchés minces. On l'utilise pour donner une touche spéciale aux aliments, tels les sandwichs, les salades, les omelettes, les pâtes alimentaires, les mousses et les quiches. Éviter de masquer sa saveur.

Le saumon en conserve est cuit et mis en boîte dans son propre jus. Ses arêtes et ses vertèbres sont souvent présentes. On peut facilement les manger, car elles sont très friables et constituent une importante source de calcium. Le saumon en conserve a une utilisation très variée. On le met notamment dans les sandwichs, les salades, les sauces, les omelettes et les quiches. On le cuisine en mousse, en soufflé, en pâté et en crêpes. Le saumon en conserve peut aussi être sous forme de pâté, utilisé principalement pour tartiner sandwichs et canapés.

Les œufs des saumons sont délicieux. On les appelle souvent à tort «caviar rouge», le véritable caviar provenant uniquement des œufs d'esturgeon.

 CONSERVATION ◆ Le saumon rancit rapidement, car sa chair est grasse. Il se conserve de 2 à 3 jours au réfrigérateur.

SÉBASTE

Sebastes spp, **Scorpénidés**
Autres noms et espèces : *rascasse, scorpène*
Nom anglais : *redfish*
Autres noms : *rascasse, ocean perch*

HISTORIQUE ◆ Poisson qui habite les eaux peu profondes des mers du Nord et les profondeurs des mers du Sud. Le sébaste fait partie d'une famille comprenant près de 60 genres et 310 espèces. Plus de 100 espèces vivent dans le Pacifique près des côtes canadiennes et plusieurs dans l'Atlantique et la Méditerranée.

Le sébaste a un corps comprimé latéralement et un dos légèrement bossu. Il mesure généralement de 20 à 55cm de long et pèse de 0,5 à 2 kg. Plusieurs de ses nageoires sont épineuses. Sa peau recouverte d'écailles irrégulières est souvent dans les teintes de rouge, de rose ou d'orangé. Le sébaste a une grande bouche et une mâchoire inférieure proéminente. Sa grosse tête hideuse est ornée d'une ou de deux paires d'aiguillons, parfois venimeux ; ses yeux sont exorbités. Sa chair parfois rosée est ferme, floconneuse et très savoureuse.

Le grand sébaste, la rascasse rouge et la rascasse brune sont des espèces courantes de la famille des Scorpénidés.

Le **grand sébaste** *(Sebastes marinus)* mesure le plus souvent de 35 à 55 cm de longueur mais peut atteindre 1 m. Son corps est rouge vif avec une tache sombre sur chaque opercule. Il habite des deux côtés de l'Atlantique Nord.

La **rascasse rouge** *(Scorpaena scrofa)* atteint une longueur maximale de 50 cm. Son dos est habituellement rouge ou orangé. La rascasse rouge habite les eaux profondes de la Méditerranée. Elle porte les surnoms de «diable de mer» et de «scorpion de mer» parce que sa nageoire dorsale est venimeuse. Elle est incorporée à la bouillabaisse et à la matelote, sauf si elle est charnue ; dans ce cas on la cuisine de façon plus élaborée.

La **rascasse brune** *(Scorpaena porcus)* est un petit poisson qui atteint une longueur maximale de 25 cm. Son dos foncé est parsemé de taches foncées. La rascasse brune habite les eaux peu profondes de la Méditerranée. On la cuisine en bouillabaisse.

PRÉPARATION ◆ Enlever le plus tôt possible les nageoires épineuses.

UTILISATION ◆ Ces poissons peuvent être cuits entiers ou en filets. Ils sont aussi bons crus, cuits, fumés que froids. Ils supportent tous les modes de cuisson. Laisser la peau lors de la cuisson au court-bouillon ou au gril, ainsi la chair se défait moins. Dans le sud de la France, on considère qu'une bouillabaisse est incomplète sans la rascasse.

VALEUR NUTRITIVE	
Le sébaste de l'Atlantique contient	
Protéines	19 g
Matières grasses	2 g
94 calories/100 g, cru	
Il est maigre.	

SEICHE

Sepia officinalis, **Sépiidés**
Autre espèce : *sépiole*
Nom anglais : *cuttlefish*
Autre nom : *cuttle*

HISTORIQUE ◆ La seiche est un mollusque céphalopode qui habite la plupart des mers. Elle vit dans les eaux profondes ou peu profondes. Elle se déplace rapidement par propulsion. Elle est très courante en Europe et en Asie. Les Romains croyaient qu'elle était aphrodisiaque. La seiche est particulièrement appréciée en Italie, en Grèce, en Espagne et au Japon.

Le corps de la seiche est plus ovale et plus aplati que celui du calmar, une espèce voisine. Il renferme une coquille interne calcifiée en forme de bouclier. Cet os est souvent placé dans les cages des oiseaux afin qu'ils s'y aiguisent le bec. Du temps des Romains, il était moulu et les femmes l'utilisaient pour se laver les dents, se poudrer et polir des bijoux. La seiche prend la couleur de son environnement pour passer inaperçue. Elle est souvent d'une couleur gris beige ou brun noirâtre, teintée de pourpre. Elle est fréquemment rayée. Elle a 10 tentacules, dont 2 très longs. Comme le poulpe, elle a de petits yeux qui ressemblent aux yeux des vertébrés. Elle possède une poche remplie de sépia, un liquide brun foncé qu'elle éjecte pour couvrir sa fuite lorsqu'elle est attaquée. La matière colorante de la sépia est utilisée en dessin. La seiche mesure de 15 à 25 cm de long. Elle est plus grosse que la sépiole, une espèce voisine, qui ne mesure que 3 ou 4 cm de long.

ACHAT ◆ Choisir de la seiche à la chair ferme déga-geant une bonne odeur de mer.

PRÉPARATION ◆ La seiche se prépare comme le poulpe. Elle est difficile à dépouiller, car sa peau est glissante. Sa chair blanche est très ferme. Comme la chair du poulpe, il est nécessaire de la battre avant de la cuire (voir Poulpe).

VALEUR NUTRITIVE	
La seiche contient	
Protéines	16 g
Matières grasses	1 g
81 calories/100 g, crue	

CUISSON ◆ Cuire ce mollusque rapidement, car il durcit facilement. La seiche pochée ou frite doit être cuite de 2 à 3 minutes de chaque côté ; poêlée, de 1 à 2 minutes de chaque côté, et à l'étuvée, de 30 à 60 minutes.

UTILISATION ◆ La seiche est savoureuse. On l'utilise comme le poulpe et le calmar, qu'elle peut remplacer dans la plupart des recettes. Elle est délicieuse farcie. La sépia («l'encre») est parfois récupérée et utilisée dans certaines recettes.

CONSERVATION ◆ La seiche se conserve 2 jours au réfrigérateur et 3 mois au congé-lateur. La laver avant de la réfrigérer ou de la congeler.

SEIGLE

Secale cereale, **Graminées**
Nom anglais : *rye*

HISTORIQUE ♦ Céréale originaire d'Asie, probablement d'Afghanistan et du Turkestan. Le seigle semble être apparu tardivement dans l'alimentation humaine ; son existence n'est signalée que 1 000 ans av. J.-C. Ce n'est qu'avec les Romains qu'il gagne en popularité et se répand en Europe. Il devient alors une nourriture de base dans de nombreux pays, notamment en Scandinavie et en Europe de l'Est. Encore aujourd'hui, le seigle demeure très important en Europe puisque 90 % de la production mondiale y est concentrée, dont plus de la moitié en Russie. Mondialement, la consommation du seigle est à la baisse. Cette céréale est plus populaire en temps de disette. Le seigle sert surtout à nourrir le bétail.

Il existe une dizaine d'espèces de seigle et plusieurs variétés qui se divisent en seigle d'hiver et en seigle d'été. Certaines sont vivaces alors que d'autres sont annuelles. Légèrement buissonnant à sa base, le seigle atteint de 60 cm à 2 m de hauteur. Il pousse facilement dans les terrains pauvres et il supporte le froid, conditions néfastes à la plupart des autres céréales.

Le grain de seigle ressemble au grain de blé, tout en étant moins dodu et plus long. Il mesure de 6 à 8 mm de long et de 2 à 3 mm de large. Il est légèrement comprimé latéralement et une touffe de poils coiffe son sommet. Il prend des teintes allant du brun jaunâtre au gris verdâtre. Il doit être décortiqué. Une fois libéré de son enveloppe, il est laissé entier, concassé, mis en flocons ou en farine.

La farine de seigle est panifiable, mais son gluten est moins élastique que celui du blé et retient moins l'humidité. Le pain de seigle lève peu et est plus dense et plus compact que les pains de blé. Il se conserve plus longtemps, car il se dessèche moins rapidement. Le taux d'extraction de la farine (qui détermine la proportion de germe et de son présents dans la farine) influence sa valeur nutritive. Il est particulièrement important dans le seigle, car les éléments nutritifs de ce dernier sont plus difficiles à extraire et une plus grande partie reste dans le son et le germe. Plus la farine est raffinée, plus elle est blanche et plus la perte de valeur nutritive est élevée (voir Farine).

La farine peu ou pas raffinée donne un pain presque noir, à saveur prononcée. Ce pain est souvent moins apprécié qu'un pain plus léger ; aussi se sert-on fréquemment de farine de seigle avec un haut taux d'extraction ou on incorpore une partie de farine de blé. Il arrive aussi que

VALEUR NUTRITIVE

La farine de seigle foncée contient
Eau	11 %
Protéines	14 g
Matières grasses	2,6 g
Glucides	68,8 g
324 calories/100 g	

Elle est une excellente source de magnésium, de potassium, de zinc, de phosphore, de fer, de cuivre, de folacine et de vitamine B_6 ; elles est une bonne source de thiamine, d'acide pantothénique, de niacine et de riboflavine et elle contient du calcium.

La farine de seigle pâle contient
Eau	8,8 %
Protéine	8,4 g
Matières grasses	1,4 g
Glucides	80,2 g
Fibres	14,6 g
367 calories/100 g	

Elle est une excellente source de magnésium et de thiamine et une bonne source de potassium, de zinc et de phosphore ; elle contient du fer, de la vitamine B_6, du cuivre, de la folacine, de l'acide pantothénique, de la riboflavine et de la niacine. Comme toutes les céréales, le seigle a des déficiences en acides aminés essentiels (voir Céréales). C'est cependant la céréale qui contient le plus de lysine.

Le seigle contient de l'acide phytique, que son enveloppe riche en phytase neutralise (voir Blé). Il renferme de la rutine, qui aurait le pouvoir de faciliter la circulation sanguine, ce qui aiderait à protéger de l'artériosclérose et des maladies cardio-vasculaires.

seigle et blé soient moulus ensemble. Autrefois il était courant de semer conjointement ces deux céréales dans le même champ ; ce mélange de céréales portait le nom de « méteil ».

ACHAT ◆ À l'achat, s'assurer qu'il s'agit de pain de seigle véritable en lisant la liste des ingrédients. Souvent ce pain est fait principalement avec de la farine de blé colorée de caramel.

UTILISATION ◆ Les grains de seigle entiers peuvent être cuits et consommés tels quels comme les grains des autres céréales. Ils sont très nourrissants. Les flocons sont utilisés comme les flocons d'avoine. On les cuit en gruau ou on les met dans les mueslis et les granolas. C'est sous forme de farine cependant que le seigle est utilisé le plus couramment. Lorsqu'elle est grossièrement broyée et qu'elle renferme tous ses éléments nutritifs, la farine donne notamment le fameux pain « pumpernickel » d'origine allemande. La farine de seigle entre également dans la préparation de biscottes, de pains d'épice, de pâtés et de muffins. Les grains de seigle entrent dans la fabrication de boissons alcoolisées (whisky, bourbon, certaines vodkas). Ils sont mis à germer et utilisés comme les germes de blé.

CONSERVATION ◆ Placer les grains de seigle et la farine dans un contenant hermétique et les conserver dans un endroit frais et sec.

SEITAN

Nom anglais : *seitan*

 HISTORIQUE ◆ Aliment spongieux fait à partir des protéines du blé (gluten). Ces protéines sont extraites de la farine. La farine de blé est débarrassée de l'amidon et du son par pétrissage au-dessus de l'eau jusqu'à ce qu'il ne reste plus que le gluten. Cette pâte est ensuite mise à cuire une heure ou deux dans un bouillon assaisonné de tamari et d'algue kombu. Il est important que le concentré de protéines absorbe les sels minéraux du bouillon ; ainsi, il devient très digestible et de grande valeur nutritive (un concentré de protéines pauvre en sels minéraux se digère difficilement). Plus le gluten cuira longtemps, plus il sera ferme.

Fabrication du seitan

Avec de la pratique, faire du seitan prend environ une heure. Parce que le processus est plutôt long, il est intéressant de préparer une plus grande quantité de seitan et d'en congeler une partie. Se servir de préférence de blé dur.

Pétrissage

- Mettre 1920 ml (1 kg) de farine de blé entier dans un grand bol ; cette quantité donnera de 600 à 720 ml (2 1/2 à 3 tasses) de seitan cru qui prendra de l'expansion lorsqu'il sera cuit et donnera 1 080 à 1 200 ml (4 1/2 à 5 tasses) ;

- Ajouter 960 ml (4 tasses) d'eau mais en n'en verser que 240 ml (1 tasse) à la fois ;

- Pétrir cette pâte collante énergiquement 2 à 3 minutes (cette opération est importante, car le pétrissage agglomère les molécules du gluten et leur permet de rester liées lorsque l'amidon disparaît dans l'eau) ;

- Laisser reposer la pâte de 45 à 60 minutes en la recouvrant d'eau froide (cette étape n'est pas indispensable, mais elle permet de raccourcir le temps de rinçage, facilitant la séparation de l'amidon et du gluten).

Trempage

- Remplir un grand bol d'eau froide ;

- Placer une passoire au-dessus de l'eau et y déposer la pâte ;

- Pétrir doucement cette pâte dans l'eau jusqu'à ce que l'eau épaississe et devienne blanchâtre ;

- Conserver l'eau de rinçage, car elle contient l'amidon et le son. S'en servir pour épaissir soupes, sauces, mets cuits à l'étuvée, desserts. On peut jeter l'eau lentement et ne garder que l'amidon qui s'est accumulé dans le fond du récipient, qu'on utilise comme la fécule de maïs lorsqu'il est séché ;

- Couvrir de nouveau la pâte d'eau et continuer à pétrir ;

- Cesser le rinçage de la masse lorsqu'elle devient une pâte caoutchouteuse dépourvue d'amidon. Ne pas craindre de trop travailler la pâte, elle reprend facilement son élasticité ;

- Changer l'eau au besoin.

Cuisson

- Préparer un bouillon avec 2 l d'eau, 240 ml de tamari, 15 à 20 cm d'algue kombu et une pincée de sel ;

- Aromatiser le bouillon si désiré avec des légumes, des épices et des fines herbes (ail, oignon, gingembre, thym, laurier, etc.) ;

- Découper le gluten en morceaux de la grosseur désirée ou le laisser entier (le gluten gonfle à la cuisson, aussi est-il préférable de le séparer si la masse est imposante) ;

- Ajouter le gluten dans le bouillon, couvrir la casserole et cuire à feu moyen une heure ou deux ;

- Remuer de temps en temps et ajouter de l'eau si nécessaire.

UTILISATION ◆ Le seitan a le même usage que la viande, qu'il peut d'ailleurs remplacer dans la plupart des recettes. Il peut même en avoir l'aspect. Si on le hache par exemple, il peut passer pour du steak haché dans les plats cuisinés. On l'apprête en particulier en escalope, en rôti, en pain de viande, en hamburger et en brochettes. Le seitan est mis dans les soupes, les farces, les tourtières, les ragoûts, les croque-monsieur, les lasagnes et les tacos. On peut aussi le cuire à l'orientale.

CONSERVATION ◆ Le seitan se conserve quelques jours au réfrigateur ou se congèle.

VALEUR NUTRITIVE	
Le seitan frais contient	
Protéines	18 g
118 calories/100 g	

Il contient une faible quantité de matières grasses et de glucides. Étant d'origine végétale, le seitan ne contient pas de cholestérol. Le seitan est une céréale non complète du point de vue des acides aminés essentiels étant donné que seul le gluten de blé est utilisé pour sa fabrication (voir Théorie de la complémentarité).

SEL

Nom anglais : *salt*

HISTORIQUE ◆ Substance inodore et friable au goût piquant, soluble à l'eau. Le sel est composé de sodium (40 %) et de chlore (60 %), et son nom chimique est *chlorure de sodium*. Le sel est essentiel pour le bon fonctionnement du corps humain et il est précieux comme condiment et comme agent de conservation des aliments. Il est associé depuis toujours à l'histoire des sociétés humaines, et son importance fut telle qu'on l'a même nommé « or blanc ». Le sel est réparti inégalement sur la planète et il fut très longtemps un produit de luxe rare, fréquemment accessible seulement aux riches. Il fut un prétexte de guerre, les sociétés qui en étaient dépourvues cherchant souvent à s'en assurer un approvisionnement stable. Le commerce du sel fut un facteur qui contribua au développement de civilisations et qui permit l'établissement de routes. Le sel était utilisé dans des rituels religieux et on s'en servait à des fins médicinales, usages qui se sont perpétués jusqu'à nos jours. En Chine, le sel fut mis en tablettes qui portaient le sceau de l'empereur et qui servirent de monnaie. En France, il donna lieu à un impôt, la gabelle, qui forçait les gens à acheter chaque année du sel dont le commerce était un monopole d'État. De nos jours, le sel est abondant et bon marché.

L'importance du sel se retrouve dans le langage. Le mot sel apparaît dans diverses expressions telles que « le sel de la terre », « mettre son grain de sel », « une histoire salée ». *Sal*, le nom latin du sel, est à l'origine de plusieurs mots tels que « salaire », de *salarium* qui désignait la ration de sel payée aux soldats romains, « saucisse », formée du mot *salsus* qui signifie salé, « salami », de *salame* (chose salée en italien), « saumure », « saler », « salage », « salaison », « salade » ou encore « saupoudrer ».

Le sel est tiré de la mer. Il provient de mines, apparues naturellement après le retrait de la mer, ou de marais salants, bassins où l'on emprisonne l'eau de mer afin qu'elle s'évapore. Le sel des mines se nomme sel gemme. Il coûte moins cher à produire que le sel des marais. Il est souvent extrait sous forme de solution obtenue après l'ajout d'eau dans des trous creusés à cette fin. Cette eau, qui devient saumurée, est ensuite pompée puis chauffée pour qu'elle s'évapore. Le sel qui en résulte est blanc, car il a perdu presque tous les minéraux qu'il contenait, à l'exception du chlore et du sodium. Le sel des marais est souvent mis en tas puis recueilli à la pelle. Ce sel non raffiné est grisâtre, car il renferme divers minéraux en quantité infime, entre autres du calcium, du magnésium, du potassium, des bromures et des oligo-éléments. Il arrive de plus en plus fréquemment cependant qu'on lui enlève ces éléments parce que la demande pour ces substances est forte, et que les industriels en retirent un meilleur prix en les vendant séparément.

ACHAT ◆ Le sel est généralement commercialisé sous forme de gros sel, de sel fin et de sel en cristaux. Le sel de table peut comprendre du sel gemme et du sel des marais salants. Il est très souvent iodé, c'est-à-dire qu'on lui ajoute de l'iodure de potassium. Cette pratique a débuté aux États-Unis en 1924 quand on découvrit qu'une déficience en iode causait le goitre, une maladie qui était endémique depuis le début du siècle. Le sel est presque toujours traité à l'aide d'additifs (carbonate de magnésium, oxyde de magnésium, silicate de calcium) afin qu'il n'absorbe pas l'humidité et qu'il demeure granuleux.

On trouve sur le marché plusieurs sels spéciaux, dont le sel attendrisseur, sel additionné d'enzymes, habituellement de la papaïne, et qui sert à attendrir la viande, le sel nitrité, contenant un mélange de nitrate de sodium ou de nitrate de potassium et de nitrite de sodium, utilisé particulièrement en charcuterie et en conserverie, ainsi que le sel aromatisé (à l'ail, au céleri, à l'oignon, etc.), qui contient souvent plus de sel que d'assaisonnements.

Le marché offre aussi des succédanés de sel, partiellement ou totalement dépourvus de sodium. Le sodium est souvent remplacé par du chlorure de potassium, une substance qui laisse un arrière-goût amer dans la bouche et qui pourrait occasionner des déséquilibres dans l'organisme, surtout lorsqu'elle est prise en grande quantité.

UTILISATION ◆ Le sel joue plusieurs rôles en alimentation. Il inhibe l'action des bactéries et des moisissures, ce qui en fait un excellent agent de conservation (charcuterie, marinades, fromages, poisson, etc.). Il stabilise la couleur, la saveur et la texture des aliments (notamment des légumes). Il contrôle le développement des levures (pains, gâteaux, biscuits, etc.). Il cache l'amertume des aliments et en relève la saveur. Il stimule l'appétit.

Pour diminuer sa consommation de sel :

- éviter le plus possible les aliments très salés, tels la charcuterie, les marinades, la viande et le poisson salés, les chips et autres amuse-gueule ainsi que la plupart des *fast-foods*;

- lire attentivement les étiquettes, bien que cette lecture soit souvent compliquée du fait qu'il existe plus de 60 substances contenant du sodium (monoglutamate de sodium, carboxyméthyl cellulose de sodium, pyrophosphate acide de sodium, etc.) et que très souvent les étiquettes sont muettes sur leur quantité;

- bannir l'usage des aromates salés (sel au céleri, à l'ail, à l'oignon, etc.), ce qui permettra aussi d'assaisonner plus efficacement et d'économiser;

- ne pas utiliser de glutamate monosodique;

- ne pas mettre de salière sur la table ou en boucher quelques trous;

VALEUR NUTRITIVE

Le sodium remplit de nombreuses fonctions vitales dans le corps humain. Il joue notamment un rôle dans le métabolisme des protéines et des glucides, la transmission d'influx nerveux, la contraction des muscles, la régulation des hormones, la consommation de l'oxygène par les cellules et la production des liquides (sang, salive, larmes, sueurs, sucs gastriques, bile). L'ingestion d'aliments très salés fait apparaître la soif, car le corps humain réagit au surplus de sel par un besoin accru de liquide.

La consommation de sel est très élevée dans les pays industrialisés, dépassant souvent plus de 5 fois la dose recommandée par les professionnels de la santé. Or, la surconsommation de sel a fréquemment des répercussions négatives sur la santé, contribuant entre autres à l'hypertension et aux maladies cardiovasculaires. Il est donc souhaitable de consommer le sel modérément. On n'a pas à se préoccuper de manquer de sel, car celui-ci est présent dans l'eau potable et dans la plupart des aliments naturels, et ce seul apport est suffisant pour satisfaire aux besoins normaux de l'organisme.

Pour diminuer sa consommation de sel, il convient de surveiller particulièrement les aliments usinés, ceux qu'on prend au restaurant et certains médicaments riches en sel, tels les médicaments brevetés, les laxatifs, les analgésiques et certains antiacides. La plus grande partie du sel provient des aliments produits par l'industrie alimentaire (77 %). On dit ce sel « invisible » parce qu'on ignore souvent la quantité de sel ajoutée dans les aliments, et parce qu'on finit par ne plus se rendre compte de la présence du sel vu que la capacité de distinguer le degré de salinité des aliments s'émousse en même temps que s'installe l'accoutumance au sel. Le sel ajouté à la cuisson ou avant de manger ne représente qu'environ 11 % du sel ingéré et le sel présent naturellement dans les aliments 11,6 %. Il est généralement préférable de diminuer graduellement sa consommation de sel ; ainsi, notre goût et notre corps ont le temps de s'habituer. Une diminution rapide peut créer une réaction de sevrage, surtout lorsqu'on salait beaucoup, entraînant l'apparition de divers symptômes, dont des maux de tête et une sensation de faiblesse.

- ne saler qu'après avoir goûté ;
- ne pas saler à la cuisson, tout spécialement les pâtes alimentaires, les légumes, les viandes grillées et les viandes rôties, ou ne saler qu'en fin de cuisson ;
- utiliser modérément le tamari, le shoyu et la sauce soya ou se servir de produits dont la teneur en sel est réduite ;
- utiliser plus d'assaisonnements (fines herbes, épices, ail, oignon) ;
- augmenter légèrement la teneur en acidité des aliments (ajout de vinaigre, de jus de citron ou de jus de tomate dans les soupes et les sauces, par exemple) ; cette mesure peut permettre de diminuer jusqu'à 50 % du sel tout en satisfaisant le goût.

CONSERVATION ◆ Conserver le sel à l'abri de l'air et de l'humidité. Mettre quelques grains de riz cru dans la salière aide à éviter la formation de grumeaux, car le riz absorbe l'humidité.

SÉSAME

Sesamum indicum, **Pédaliacées**
Nom anglais : *sesame*

HISTORIQUE ◆ Plante annuelle probablement originaire d'Asie ou d'Afrique de l'Est. Le sésame est cultivé dans ces pays depuis plus de 5 000 ans. C'est un aliment de base. Il est très apprécié pour ses graines comestibles qui contiennent environ 55 % d'huile, laquelle rancit peu vite. On utilise le sésame à plusieurs autres fins, notamment en cosmétologie et pour nourrir le bétail. Les esclaves africains introduisirent le sésame dans le sud des États-Unis. Sa culture est demeurée modeste et dans ce pays le sésame est surtout utilisé comme condiment. Les plus grands pays producteurs de sésame sont la Chine, l'Inde et le Mexique.

Le sésame est une plante touffue qui atteint de 0,5 à 2,5 m de hauteur. Ses fleurs blanches ou roses donnent naissance à des gousses mesurant 1 cm de large et 3 cm de long. Elles renferment plusieurs graines plates minuscules de couleur blanc crème, jaune, rougeâtre ou noirâtre, selon les variétés. Ces petites graines ovales au goût de noisette sont recouvertes d'une mince écorce comestible.

ACHAT ◆ Les graines de sésame sont commercialisées entières ou décortiquées, crues ou rôties. Les acheter dans un magasin où le roulement est rapide pour s'assurer un maximum de fraîcheur.

UTILISATION ◆ Les graines de sésame peuvent être utilisées telles quelles, crues ou rôties. Elles garnissent souvent pains et gâteaux. Elles constituent la base du halva, une friandise indienne agrémentée de miel et d'amandes. On peut moudre les graines de sésame en farine. Celle-ci

VALEUR NUTRITIVE	
La graine de sésame séchée et entière contient	
Eau	4,7 %
Protéines	13,3 g
Matières grasses	37,3 g
Glucides	17,6 g
Fibres/75 g	7,6 g
La graine de sésame séchée est une excellente source de cuivre, de magnésium, de fer, de calcium, de zinc, de phosphore, de thiamine, de niacine, de vitamine B$_6$, d'acide	

est dépourvue de gluten, donc elle ne lève pas. On la combine avec d'autres farines ou on l'utilise seule.

Crues ou rôties, les graines de sésame sont broyées et transformées en pâte plus ou moins liquide. Lorsqu'elle est épaisse, elle porte le nom de **beurre de sésame,** qu'on tartine comme le beurre d'arachide. Lorsqu'elle est coulante, c'est le **tahini** (appelé **tahin** en Europe), ce condiment particulièrement estimé au Moyen-Orient et en Asie. Le tahini assaisonne notamment sauces, mets principaux et desserts. Il est souvent additionné de jus de citron, de poivre, de sel et d'épices et sert de vinaigrette qui rehausse légumes, salades et hors-d'œuvre.

On extrait des graines de sésame une huile épaisse dont la couleur va du jaune à l'ambré et dont la saveur est prononcée. Cette huile excellente pour la friture rancit très peu.

folique et de potassium ; elle contient de la riboflavine et est une source très élevée de fibres. Ses matières grasses sont composées à 82 % d'acides non saturés (38 % d'acides monoinsaturés et 44 % d'acides polyinsaturés [voir Huile]). On dit la graine de sésame laxative, émolliente, antiarthritique et bénéfique pour le système nerveux. On l'utilise pour faciliter la circulation sanguine et la digestion. L'huile est excellente pour les massages.

Il est préférable de moudre la graine de sésame, car il est difficile de bien la mastiquer vu sa petitesse et elle passe directement dans le système digestif sans être assimilée. Ses éléments nutritifs sont mieux absorbés lorsqu'elle est transformée en huile, en pâte et en beurre.

CONSERVATION ◆ Conserver les graines de sésame décortiquées au réfrigérateur, car elles rancissent rapidement. Placer les graines non décortiquées dans un contenant hermétique, à l'abri de la chaleur et de l'humidité. Les graines de sésame se congèlent.

SHIITAKE

Lentinus edodes, **Polyporées**
Autres noms : *champignon de forêt, champignon noir*
Nom anglais : *shiitake*
Autre nom : *black mushroom*

HISTORIQUE ◆ Champignon comestible qui pousse sur le bois et qui peut être cultivé. Le shiitake est originaire d'Asie, où il est consommé depuis des milliers d'années. Il est parfois appelé champignon noir, ce qui crée de la confusion avec le champignon noir chinois. Plusieurs pays, dont la Chine, la Corée et le Japon, font la culture intensive du shiitake. Au Japon, ce champignon est l'équivalent du champignon de couche du monde occidental. Le Japon est un important pays exportateur et le terme japonais désignant ce champignon s'est imposé un peu partout dans le monde.

Le shiitake est cultivé sur des bûches ou sur de la sciure de bois dans laquelle on incorpore divers nutriments. Le moment de la cueillette est important, car le chapeau du champignon cueilli trop tard est fendu et il a perdu ses spores, ce qui donne un shiitake plat, mince et peu savoureux. Le shiitake est formé d'un chapeau charnu brunâtre qui mesure généralement de 5 à 20 cm de diamètre. Les tiges sont plus ligneuses que celles de la plupart des autres champignons. Le shiitake a une saveur légèrement aillée et résineuse. En Occident, ce champignon est surtout vendu déshydraté.

PRÉPARATION ◆ Nettoyer les shiitakes frais avec un linge, un papier absorbant humide ou une brosse soyeuse. On peut aussi les laver brièvement à l'eau courante. Ne pas les laisser tremper, sinon ils se gorgent d'eau. Les assécher immédiatement.

Recouvrir d'eau tiède les shiitakes déshydratés et les laisser tremper environ 1 heure. Ne pas jeter l'eau de trempage, qui peut parfumer et enrichir bouillons, soupes et sauces. Les shiitakes déshydratés ont une saveur plus prononcée que les shiitakes frais.

Hacher ou couper les tiges finement et les cuire séparément, car elles sont fibreuses et fermes.

VALEUR NUTRITIVE	
Le shiitake déshydraté contient	
Protéines	9 g
Matières grasses	1 g
Glucides	75 g
Fibres	12 g
293 calories/100 g	

Il est une bonne source de potassium. Il contient de la vitamine B_{12}. Les Asiatiques attribuent au shiitake de nombreuses propriétés médicinales. Ils s'en servent notamment pour traiter l'hypertension, la grippe, les tumeurs, les ulcères d'estomac, le diabète, l'anémie, l'obésité et les calculs biliaires.

CUISSON ◆ La cuisson rehausse la saveur des shiitakes. Les sauter ou les griller (les badigonner d'huile) de 5 à 7 minutes. Les cuire de 15 à 20 minutes à l'étuvée ou de 15 à 20 minutes au four.

UTILISATION ◆ Les shiitakes peuvent être utilisés comme les autres champignons qu'ils remplacent avantageusement. Ces champignons savoureux absorbent la saveur des mets dans lesquels on les ajoute. Ils sont délicieux dans les soupes, les sauces, les pâtes alimentaires, le riz, les ragoûts et les mets cuits à l'orientale.

CONSERVATION ◆ Les shiitakes sont un peu moins fragiles que les autres champignons. Conserver les champignons frais dans un sac de papier au réfrigérateur; ils s'y garderont au moins 1 semaine.

SHOYU / TAMARI / SAUCE SOYA

Noms anglais : *shoyu, tamari, soy sauce*

HISTORIQUE ◆ Condiments originaires de Chine, où ils sont connus depuis plus de 2 000 ans. Ces sauces occupent une place de choix dans les cuisines des pays asiatiques. «Shoyu» et «tamari» sont des mots japonais. Leur usage s'est imposé dans plusieurs pays, car le Japon est un important exportateur de ces sauces.

Traditionnellement, shoyu et tamari désignent le liquide qui se forme lors de la fabrication du miso qui fermente de nombreux mois (voir Miso). «Tamari», est d'ailleurs dérivé de *tamaru*, signifiant «s'accumuler». Au Japon, à une certaine époque, shoyu et tamari étaient synonymes, puis ils en vinrent à désigner des sauces différentes. En Occident, shoyu et tamari sont souvent équivalents.

Le **shoyu** traditionnel est fabriqué avec des haricots de soya entiers et des céréales (blé ou orge) tandis que le **tamari** est fait presque exclusivement avec des haricots de soya ou du tourteau de soya (le résidu du pressage des haricots lors de la fabrication de l'huile). Les haricots de soya sont cuits et les céréales sont rôties puis concassées. Haricots et céréales sont ensuite combinés, puis le mélange est ensemencé avec un ferment *(Aspergillus oryzae)* et on lui ajoute de la saumure. Le shoyu fabriqué traditionnellement est placé dans des barils de cèdre où il fermentera de 18 à 24 mois, tandis que le tamari (et le shoyu moderne) séjournera de 4 à 6 mois dans d'immenses cuves métalliques. Des additifs sont parfois ajoutés au tamari, tels le glutamate monosodique et le caramel.

Le shoyu et le tamari sont de couleur chocolat foncé.

Le shoyu a une consistance moins épaisse que le tamari et une saveur moins prononcée. Il contient de l'alcool produit lors de la fermentation des céréales, tandis que le tamari est dépourvu d'alcool puisqu'il est fabriqué principalement avec des haricots de soya. Lorsque le tamari contient de l'alcool, c'est parce qu'on lui a ajouté 2 % d'alcool d'éthyle à la fin de la production afin de prévenir le développement de moisissures et de champignons.

Ce que l'on nomme **sauce soya** désigne habituellement un produit synthétique qui est une pâle imitation du produit original. Il n'a ni la même valeur nutritive ni la même saveur. La fermentation est remplacée par l'hydrolysation des tourteaux de soya à l'aide d'acide chlorhydrique bouillant. Le mélange obtenu est ensuite neutralisé au carbonate de sodium, puis on lui ajoute du caramel et du sirop de maïs pour lui donner de la couleur et de la saveur. Du benzoate de sodium ou d'autres additifs peuvent aussi être ajoutés.

 ACHAT ◆ Le shoyu et le tamari sont surtout vendus dans les magasins d'alimentation naturelle. Aux États-Unis, ils sont disponibles dans la plupart des supermarchés.

UTILISATION ◆ Le shoyu, le tamari et la sauce soya ont une utilisation variée. Ils peuvent remplacer le sel, conférant aux plats une saveur nouvelle. Comme l'alcool s'évapore à la cuisson, n'ajouter le shoyu qu'à la fin de celle-ci pour conserver sa saveur et sa valeur nutritive. Ces sauces peuvent servir de marinades ou de trempettes et elles assaisonnent et colorent les aliments. Elles sont tout à fait désignées pour donner du goût au tofu ; elles en constituent d'ailleurs l'accompagnement minimal traditionnel. On peut leur ajouter divers ingrédients, tels de l'ail, de l'oignon, du gingembre frais, du vinaigre et de l'huile. Le shoyu, le tamari ou la sauce soya sont l'ingrédient de base de nombreuses sauces, dont la sauce teriyaki et la sauce Worcestershire.

VALEUR NUTRITIVE
La plupart de ces condiments sont très salés, car ils renferment environ 6 % de sel (15 ml [1 cuillerée à soupe] de tamari contiennent 810 mg de sodium, tandis que 15 ml de shoyu en contiennent 829 mg). Depuis quelques années, on produit des sauces qui ont une teneur en sel moins élevée afin de répondre aux besoins des consommateurs préoccupés d'en diminuer leur consommation. Certaines renferment 479 mg de sodium/15 ml (1 cuillerée à soupe). La soif apparaît souvent après l'ingestion d'aliments assaisonnés avec ces condiments, car le corps humain réagit au surplus de sel par un besoin accru de liquide. Le tamari et le shoyu fabriqués selon les méthodes ancestrales possèdent des propriétés identiques au miso et qui sont dues à la fermentation (voir Miso).

CONSERVATION ◆ Le shoyu et le tamari se conservent au réfrigérateur lorsque la bouteille est entamée. La sauce soya (synthétique) se conserve indéfiniment à la température de la pièce.

SIROP D'ÉRABLE

Nom anglais : *maple syrup*

HISTORIQUE ◆ Le sirop d'érable est un édulcorant obtenu par la réduction de la sève de certaines espèces d'érables *(Acer saccharum, Acer rubrum et Acer nigrum)*. Ces arbres ne se trouvent qu'en Amérique du Nord, principalement au Québec et au Vermont, de très importants centres de production du sirop d'érable.

La sève est recueillie à la fin de l'hiver, en période de dégel. Ce procédé ancien était pratiqué par les Indiens et étonna les Français lorsqu'ils débarquèrent en Amérique. Les autochtones entaillaient les arbres en V quand la sève commençait à monter, ils suspendaient des récipients aux arbres pour la recueillir, puis ils condensaient la sève en sirop. Ils utilisaient deux méthodes pour condenser la sève : ils plongeaient des pierres brûlantes dans la sève, qui épaississait par évaporation (le sirop était foncé) ; ou ils congelaient la sève à plusieurs reprises, en jetant chaque fois la glace qui se formait sur le sirop, lequel devenait progressivement plus épais au fil des nuits (le sirop était plus transparent). Les Indiens se servaient du sirop d'érable à la fois comme médicament et comme aliment.

On récolte toujours la sève en perçant les arbres, sauf qu'au lieu de la recueillir dans des chaudières, on utilise de plus en plus souvent un système de tubes qui aspirent la sève et qui l'amènent directement à l'endroit où elle est bouillie, la cabane à sucre. Cette technique augmente la quantité d'eau d'érable recueillie tout en diminuant les coûts de main-d'œuvre. Il se pourrait qu'elle soit dommageable pour les arbres, qui perdent ainsi une plus grande quantité de sève ; seul le temps le dira. Plusieurs facteurs mal connus, dont les conditions climatiques, jouent sur la quantité de sève que fournit un arbre. Un réchauffement le jour et du gel la nuit contribuent à augmenter le volume de la coulée.

La sève est un liquide transparent presque sans goût. Elle contient de 1,5 à 3 % de matières solides, principalement du sucrose. Il faut généralement de 30 à 40 l de sève pour obtenir 1 l de sirop. La conversion de l'eau en sirop représente une dépense énergétique considérable. C'est un facteur qui contribue au prix élevé du sirop d'érable. Un nouveau procédé, l'osmose inversée, est en train de remplacer l'ancien ; la sève subit une première concentration avant d'être évaporée par ébullition et il ne faut plus que 10 l de liquide pour obtenir 1 l de sirop.

ACHAT ◆ L'achat du sirop d'érable nécessite une certaine vigilance afin de déjouer les fraudes et de pouvoir reconnaître les qualités du sirop. Les fraudes sont faciles et assez fréquentes ; elles consistent à ajouter du sirop de maïs, du sucrose ou du glucose, de l'essence artificielle, du colorant, et à jouer sur la densité. Les gouvernements légifèrent pour éliminer les fraudes. C'est au Québec que les normes sont les plus sévères : elles définissent la couleur, la saveur, le pourcentage de matières solides et l'appellation. La mention « sirop d'érable » ne peut apparaître que sur des produits purs à 100 %. La qualité du sirop d'érable

VALEUR NUTRITIVE	
Le sirop d'érable contient	
Eau	34 %
Glucides	65 g
(dont environ 60 g sont du sucrose)	
252 calories/100 g (80 ml)	

Il a moins de calories que le miel à quantité égale, soit 49 par 15 ml contre 64 calories par 15 ml de miel. Il renferme plus de minéraux que le miel et ceux qui sont présents (calcium, fer, phosphore et potassium) sont légèrement plus concentrés.

est déterminée par la densité et la couleur. Un sirop peu dense sera instable et aura tendance à fermenter et à surir, tandis qu'un sirop trop dense cristallisera plus facilement. La couleur du sirop varie de l'extra-clair au foncé en passant par le clair, le médium et l'ambré. La saveur diffère autant que la couleur. Quant à savoir quel sirop est le meilleur, c'est souvent une question de goût.

UTILISATION ◆ La sève d'érable peut être transformée en sirop, en tire, en sucre (dur ou mou) et en beurre. Le sirop a un usage très diversifié ; on s'en sert aussi bien pour remplacer le sucre que pour donner une saveur caractéristique à une grande variété de desserts (tarte au sirop d'érable, soufflé, mousse, gâteaux). On l'utilise pour cuire le jambon et les œufs, pour sucrer le thé, le café et les tisanes, pour arroser les crêpes et les gaufres. On le mange seul ou sur du pain, tout comme le sucre d'érable. Au Québec, un dessert traditionnel consiste à râper du sucre dur et à le saupoudrer sur une tranche de pain de ménage imbibée de crème. La tire d'érable est mangée surtout durant la saison des sucres, et principalement à la cabane à sucre où on la verse encore chaude sur de la neige, ce qui la fait durcir immédiatement.

Pour remplacer le sucre par du sirop d'érable, réduire la quantité de liquide de la recette de 115 ml par 240 ml de sirop utilisés.

CONSERVATION ◆ Le sirop d'érable non entamé se conserve dans un endroit frais et sec. Réfrigérer le sirop d'érable lorsque le contenant est ouvert et bien le couvrir. Si des moisissures apparaissent, il est préférable de jeter le produit parce que des toxines nocives peuvent se développer et on ne peut les détruire par ébullition. La cristallisation du sirop d'érable dans le fond et sur les parois du contenant, c'est-à-dire l'apparition de cristaux durs et transparents due au fait qu'une partie du sucrose se sépare et durcit, peut être causée par une falsification ou un long entreposage, surtout si le sirop a subi une cuisson prolongée. Le sirop d'érable se congèle tout comme le beurre, le sucre et la tire d'érable (le sirop reste liquide mais se verse difficilement, car il est trop épais ; il redevient liquide lorsqu'il est décongelé).

SORGHO

Sorghum vulgare, **Graminées**
Nom anglais : *sorghum*

HISTORIQUE ◆ Céréale probablement originaire d'Afrique. Le sorgho était déjà connu en ancienne Égypte il y a plus de 4 000 ans. C'est la quatrième céréale la plus consommée mondialement après le blé, le riz et le maïs. Elle est particulièrement importante en Afrique, en Inde et en Chine. On l'appelle souvent « gros mil », par opposition au millet, qui est le « petit mil ». On en a recensé 70 espèces, la plupart annuelles, certaines vivaces.

Le sorgho est une plante tropicale qui se cultive facilement dans les régions trop sèches pour le riz, le blé et le maïs. Elle supporte aussi bien les climats semi-arides que les climats à forte pluviosité. La plante peut atteindre de 60 cm à plus de 4 m de hauteur. Elle ressemble beaucoup au maïs. Elle produit des épis de 2 à 3 cm de large, abritant de 800 à 3 000 petits grains jaunes, blancs, gris perle, rouges, bruns ou noirs. Ces grains de forme sphéroïdale mesurent souvent 4 mm sur 2,5 ou 3,5 mm.

UTILISATION ◆ La farine de sorgho n'est pas panifiable, car elle est dépourvue de gluten. On s'en sert néanmoins pour fabriquer du pain en la mélangeant avec de la farine de blé. On consomme le sorgho entier ou en semoule et on l'utilise comme le riz ou le millet. On le cuit en bouillie ou en galettes. On le met dans les gâteaux ou on le transforme en bière et en boissons alcoolisées. On en extrait de l'amidon qui a un usage identique à l'amidon de maïs. En Amérique du Nord, le sorgho sert surtout à nourrir le bétail.

CONSERVATION ◆ Placer le sorgho dans un contenant hermétique et le conserver dans un endroit frais et sec.

VALEUR NUTRITIVE	
Le sorgho contient	
Eau	9,2 %
Protéines	3,4 g
Matières grasses	0,9 g
Glucides	22,4 g
Fibres	0,6 g
102 calories/30 g	

La valeur nutritive du sorgho est semblable à celle du maïs; toutefois le sorgho contient plus de protéines, moins de matières grasses et plus de glucides. Ses matières grasses sont composées de 41 % d'acides gras polyinsaturés et de 30 % d'acides gras monoinsaturés. Comme toutes les autres céréales, sa principale déficience en acides aminés essentiels est la lysine (voir Céréales). Le sorgho contient du fer, du potassium, du phosphore, de la niacine et de la thiamine ainsi que des traces de riboflavine et de calcium.

SOYA (OU SOJA)

Glycine max, **Légumineuses**
Noms anglais : *soybean, soya bean, soja bean*

 HISTORIQUE ◆ Fruit d'une plante annuelle originaire d'Asie, probablement de Mandchourie. Le soya pousse mieux dans les pays chauds, mais il croît aussi dans les régions chaudes des pays tempérés. Les francophones vivant en Amérique du Nord nomment cette légumineuse « soya » alors que ceux de l'Europe l'appellent « soja ». Le terme « soya » est inspiré de l'anglais *soy*, lui-même emprunté au japonais, tandis que le terme « soja » vient de l'allemand.

La culture du soya est ancienne en Asie, particulièrement en Corée, en Mandchourie, au Japon et en Chine. Elle est mentionnée dans un écrit chinois vieux d'environ 3 000 ans. Dans ce pays, on considérait le soya comme l'un des 5 grains sacrés, avec le riz, l'orge, le blé et le millet. Ce n'est qu'au XVIIe siècle qu'il fut introduit en Europe. En Amérique du Nord, la culture intensive du soya débuta avec le XXe siècle. Les Américains sont maintenant les plus grands producteurs mondiaux de soya. Ils ont créé une industrie puissante et florissante qui transforme le soya en huile et utilise le résidu de pressage (tourteau) pour nourrir le bétail, chambardant ainsi les méthodes d'élevage partout dans le monde. Elle est également à l'origine de l'invention de la margarine, une substance créée lors de recherches afin de trouver un débouché pour l'huile produite en abondance.

Le soya pousse sur une plante fortement ramifiée atteignant de 30 cm à 2 m de haut. Les gousses oblongues et légèrement courbées mesurent de 2 à 10 cm de long et de 8 à 15 mm de large. Elles sont recouvertes d'un doux duvet verdâtre ou brun jaunâtre qui peut atteindre de 3 à 5 mm de long. Elles abritent de 1 à 4 graines très dures, légèrement ovales et plutôt petites, mesurant de 6 à 11 mm de long et de 5 à 8 mm de large. Les graines peuvent être jaunes, vertes, brunes, rouges ou noires, selon les variétés, fort nombreuses.

UTILISATION ◆ Le haricot de soya contient des substances toxiques, que la cuisson et la fermentation neutralisent. Il est donc particulièrement important de bien le cuire. Les Asiatiques consomment surtout le soya transformé, principalement sous forme de miso, de tamari, de lait et de tofu ; ainsi les éléments toxiques sont inactivés. En outre, le soya se digère et s'assimile plus facilement. Le haricot de soya est la seule légumineuse dont on peut extraire un liquide nommé « lait » (« filtrat de soja » en Europe), dont on se sert entre autres pour fabriquer du tofu.

Ce haricot peut être consommé non seulement frais ou séché, mais également concassé, germé, rôti (en « noix »), moulu (farine), pressé (voir Huile) et fermenté (voir miso, natto, shoyu, tempeh). On l'utilise aussi comme substitut de café et on le transforme en protéines texturées, qui remplacent la viande et avec lesquelles on prépare divers autres produits (voir Protéines végétales texturées).

Haricot frais et haricot séché. Le haricot frais est cueilli jeune, avant qu'il devienne huileux et amidonneux. On le mange seul ou avec ses gousses. Il sert souvent de légume ou peut être cuisiné comme le haricot séché. Pour l'écosser plus facilement, on peut le blanchir environ 5 minutes en le plongeant dans de l'eau bouillante.

Le haricot séché est préparé et utilisé comme les autres légumineuses. Il est important de bien le cuire pour détruire les substances toxiques, lesquelles disparaissent à la chaleur. Il nécessite au moins 3 heures de cuisson, parfois jusqu'à 7 ou 9 heures, selon les variétés. Utiliser un peu plus d'eau que pour les autres légumineuses et veiller à ce qu'il n'en manque pas, car le soya en absorbe beaucoup. Il forme beaucoup d'écume à la cuisson, ce qui est dangereux dans la marmite à pression puisque la soupape et la valve de sécurité peuvent bloquer (voir Légumineuses, *Cuisson*).

Temps de cuisson dans la marmite à pression (103 kPa) :

- avec trempage, 30 minutes ;
- sans trempage, 35 à 40 minutes.

Le soya est excellent dans les mets mijotés ; il reste ferme et confère au plat sa saveur de noisette. Il peut être difficile à digérer.

VALEUR NUTRITIVE	
Le soya bouilli contient	
Eau	62,5 %
Protéines	16,6 g
Matières grasses	9 g
Glucides	9,9 g
Fibres	2 g
173 calories/100 g	

Il est une excellente source de potassium, de magnésium, de fer et de folacine et une bonne source de phosphore, de cuivre, de niacine et de riboflavine ; il contient de la vitamine B_6, du zinc, de la thiamine et du calcium ainsi que des traces d'acide pantothénique. Il est une source de fibres. C'est la plus nourrissante des légumineuses, car elle contient plus de protéines et de calories que toutes les autres. Ainsi, 250 ml de haricots de soya cuits contiennent autant de protéines que 100 g de viande, de volaille ou de poisson cuits. De plus, ses protéines sont d'excellente qualité, ses acides aminés étant plus équilibrés, même si la méthionine demeure le facteur limitant. La lysine est présente en abondance, faisant du haricot de soya un complément idéal des céréales, car la lysine constitue le facteur limitant des céréales (voir Théorie de la complémentarité). Ses matières grasses sont non saturées à 78 %, elles sont dépourvues de cholestérol et contiennent de la lécithine. On dit le haricot de soya bénéfique pour le foie et il serait reminéralisant et énergétique. Des études effectuées jusqu'à présent démontrent que les fibres contenues dans les haricots de soya abaisseraient le taux de cholestérol des personnes ayant un taux de cholestérol sanguin élevé mais auraient peu d'effet chez les personnes ayant un taux de cholestérol sanguin normal. Des recherches expérimentales indiquent que le soya contiendrait plusieurs composés potentiellement anticancérigènes, et que la consommation de soya réduirait les risques de cancer du côlon.

Haricot de soya concassé. Haricot moulu en granules plus ou moins fins. Le haricot concassé cuit beaucoup plus rapidement que le haricot entier (une trentaine de minutes); utiliser 4 parties d'eau pour 1 partie de soya. Le haricot concassé est ajouté à une variété de mets qu'il enrichit (soupes, ragoûts, sauces à spaghetti, biscuits, pains). Selon l'usage prévu, le recouvrir préalablement d'eau bouillante ou le faire bouillir quelques minutes, cela le rend plus digestible et aide à détruire les substances toxiques. Cette précaution est inutile s'il cuit longtemps, dans les soupes par exemple.

Soya germé. Haricot prêt à manger après une germination de quelques jours, lorsque les germes atteignent entre 4 et 7 cm de long. Le soya germé est plus nourrissant et plus savoureux que le haricot mungo (chop suey). Il est utilisé de la même façon. Il est préférable de le consommer légèrement cuit.

«Noix» de soya. Haricot rôti après avoir été légèrement cuit ou trempé longtemps (éviter la fermentation en le plaçant au réfrigérateur). La cuisson peut s'effectuer dans une marmite à pression :

- faire tremper tout d'abord les haricots toute la nuit;

- les égoutter, les mettre dans la marmite à pression, les recouvrir d'eau, verser 15 ml (1 cuillerée à soupe) d'huile, couvrir et amener à pleine pression;

- retirer immédiatement la marmite du feu et laisser la pression tomber d'elle-même, puis égoutter;

- déposer les haricots sur une tôle à biscuits huilée et les dorer à four modéré (180 °C) de 30 à 45 minutes, en brassant de temps en temps. Saler si désiré;

- conserver à l'abri de l'air.

On peut frire les haricots à grande friture, mais cela augmente considérablement leur contenu en gras.

Farine de soya. On utilise beaucoup la farine de soya pour lier les sauces ou pour confectionner gâteaux, muffins et biscuits, qu'elle enrichit. Comme elle ne lève pas, elle ne peut pas remplacer totalement la farine de blé entier. De plus, parce que sa saveur est assez prononcée, on préfère souvent n'en ajouter qu'une petite quantité, surtout au début, afin de s'y habituer.

La farine de soya dégraissée peut se conserver à la température de la pièce, tandis que la farine non dégraissée et la farine à faible teneur en gras doivent être réfrigérées, car elles rancissent rapidement.

Substitut de café. Haricots moulus après rôtissage et infusés comme le café, dont ils imitent plus ou moins la saveur.

VALEUR NUTRITIVE

La farine de soya est dépourvue de gluten, donc ne lève pas. La farine de soya contient 2 à 3 fois plus de protéines que la farine de blé et 10 fois plus de matières grasses dans le cas de la farine de soya non dégraissée.

Non dégraissée, la farine de soya contient

Eau	5,2 %
Protéines	34,5 g
Matières grasses	20,6 g
Glucides	35,2 g
436 calories/100 g	

Elle est une excellente source de potassium, de magnésium, de folacine, de cuivre, de riboflavine, de niacine, de fer, de phosphore, de thiamine, de zinc et de vitamine B_6 ainsi qu'une bonne source de calcium et d'acide pantothénique.

La farine de soya est parfois dégraissée ou à faible teneur en gras. Elle ne contient alors que de 1 à 6 % de matières grasses.

Une fois dégraissée, la farine de soya contient

Eau	7,2 %
Protéines	47 g
Matières grasses	1,2 g
Glucides	38,4 g
329 calories/100 g	

Dégraissée, elle est une excellente source de potassium, de cuivre, de folacine, de magnésium, de fer, de phosphore, de niacine, de thiamine, de vitamine B_6, d'acide pantothénique et de zinc ainsi qu'une bonne source de calcium et de riboflavine.

Rôtir les haricots crus au four (150 °C) jusqu'à ce qu'ils brunissent (ne pas les laisser noircir et ne mettre qu'une couche de haricots). Si possible, les moudre lorsqu'ils sont encore chauds, puis les conserver à l'abri de l'air. Mettre 15 ml (1 cuillerée à soupe) de poudre par tasse d'eau frémissante (ne jamais faire bouillir, car le «café» sera amer).

SUCRE

Nom anglais : *sugar*

HISTORIQUE ◆ Le sucre est une substance soluble dans l'eau et de saveur douce. Il est extrait de la canne à sucre (Graminées) et de la betterave à sucre (Chénopodiacées). Son nom scientifique est «saccharose». La canne à sucre *(Saccharum officinarum)* pousse dans les régions tropicales. C'est une plante qui exige beaucoup d'eau et d'engrais. Cette graminée vivace mesure de 2 à 5 m de hauteur et de 3 à 5 cm de diamètre. Elle est cueillie de 8 à 16 mois après son apparition. Maintenant, la cueillette est généralement très mécanisée. Les glucides de la canne à sucre sont logés dans la moelle des tiges. Ils contiennent de 12 à 15 % de saccharose. La betterave à sucre *(Beta vugaris spp)* est une parente de la betterave consommée comme légume. C'est une grosse racine bulbeuse qui peut croître sous les climats nordiques. Elle pèse en moyenne 800 g et contient de 12 à 15 % de saccharose.

La culture de la canne à sucre serait apparue entre le XVe et le Xe siècle av. J.-C. Les premières traces de l'exploitation de la canne à sucre ont été retrouvées au Bengale. Les Arabes auraient développé le raffinage et l'exploitation de la canne à sucre sur une grande échelle, faisant connaître la culture de la canne à sucre ou son commerce dans les pays qu'ils conquéraient.

Pendant des millénaires, le seul édulcorant connu en Occident fut le miel. Les Européens découvrirent le sucre de canne principalement lors des Croisades. En Europe, cette denrée de luxe, rare et chère, resta longtemps sous le contrôle des apothicaires.

Au XVe siècle, la découverte des Amériques et la présence des Européens aux Indes orientales et dans les îles de l'océan Indien devaient marquer le début d'une grande expansion de la culture sucrière ; les Antilles notamment furent et demeurent un important centre de production. La France devait cependant favoriser l'extraction du sucre de la betterave sucrière sur son sol au début du XVIIIe siècle, en réponse au blocus anglais sur le sucre en provenance des Antilles. Napoléon, qui aimait les sucreries, décora même de la Légion d'honneur le Français Delessert pour avoir inventé un procédé de raffinage rentable. La consommation du sucre devait connaître par la suite un essor considérable.

Les habitudes alimentaires concernant l'ingestion du sucre se sont considérablement modifiées au cours du XXe siècle. La consommation du sucre a atteint un niveau jamais égalé auparavant. Alors que pendant des siècles la quantité de sucre qu'une personne consommait par année se situait au-dessous de 2 kg, durant la deuxième moitié du XXe siècle, elle s'est approchée des 50 kg et les a même dépassés pendant un certain temps, dans plusieurs pays industrialisés. Le sucre est souvent qualifié d'«invisible» parce qu'on le consomme sans se rendre compte de sa présence. On estime que de 75 à 80 % du sucre ingéré provient des aliments usinés, alors qu'en 1910 c'était le contraire, 75 % du sucre simple était ajouté aux aliments à la maison et les 25 % restants se trouvaient dans les produits alimentaires achetés. Le sucre est mis dans des aliments où l'on ne s'attend pas à en trouver tels la charcuterie, les pizzas, la sauce soya, le bouillon en cubes, les sauces, le beurre d'arachide et la mayonnaise. Même quand on sait que le produit est sucré, on n'a pas toujours une idée juste de la quantité de sucre employée parce que l'industrie alimentaire a trouvé un moyen ingénieux pour la camoufler : quand la loi l'oblige à indiquer la liste des ingrédients par ordre d'importance, elle utilise souvent divers glucides et ainsi, comme la quantité de chacun est moindre que leur somme, la quantité réelle du sucre est moins évidente.

Chimie alimentaire

Une centaine de substances sucrées ont été identifiées en chimie alimentaire (glucose, fructose et maltose, entre autres). On les regroupe sous le terme de « glucides » ou d'« hydrates de carbone ». Il n'y a pas que les aliments sucrés qui contiennent des glucides ; les céréales, les pâtes alimentaires, les légumes, les fruits, en fait la plupart des aliments en ont des proportions plus ou moins importantes. Le miel, le sirop d'érable, le sirop de maïs, le sucre et la mélasse en sont presque exclusivement formés.

Les principales formes de glucides sont les sucres simples, les sucres complexes, les fibres et les alcools de sucre ou polyols : le sorbitol, le mannitol et le xylitol. Chaque source fournit des glucides qui diffèrent essentiellemeent par la grosseur de leurs molécules et par leur facilité d'assimilation par l'organisme.

Les **sucres simples** sont divisés en monosaccharides et en disaccharides. Les monosaccharides sont composés d'une seule molécule de sucre. Ils ne sont donc pas décomposables en d'autres sucres, c'est pourquoi ils sont directement assimilables ; ils sont solubles dans l'eau et sont susceptibles de fermenter sous l'action d'une levure pour donner de l'alcool. Les monosaccharides incluent le glucose, le fructose, le galactose et le mannose. Quant aux disaccharides, ils sont formés de deux monosaccharides et ont une molécule d'eau de moins. Ils sont également solubles dans l'eau. Les disaccharides les plus courants sont le sucrose, le lactose et le maltose. Les sucre simples peuvent être isolés sous une forme cristalline.

Le **glucose** (ou **dextrose**) est le monosaccharide le plus abondant dans la nature ; il est présent notamment dans les fruits, les céréales, le miel, les noix, les fleurs et les feuilles. C'est aussi la forme principale sous laquelle les autres glucides sont convertis par l'organisme humain.

Le **fructose** (ou **levulose**) est un monosaccharide qui se trouve sous une forme naturelle dans les fruits (2 à 7 %), le miel (40 %) et divers autres aliments, dont le maïs. C'est le plus sucré de tous les sucres, son pouvoir sucrant étant une fois et demie à deux fois plus élevé que celui du sucre blanc (sucrose), et il est environ trois fois plus sucré que le glucose. On raffine le fructose sous forme cristalline ou sous forme de sirop (sirop de maïs à forte concentration de fructose, par exemple). En cristaux, le fructose est pur. En sirop de maïs à forte concentration de fructose, l'amidon du maïs a été traité à l'aide d'enzymes afin d'augmenter la proportion de fructose. Le sirop qui en résulte est plus sucré que le sirop de maïs normal ; il peut contenir de 42 à 90 % de fructose, le reste étant du glucose. Le sirop à forte concentration de fructose est abondamment utilisé par l'industrie alimentaire.

D'une manière générale, toute solution de sucre chauffée en présence d'un acide ou additionnée d'enzymes entraînera le bris de la molécule de sucre en glucose (dextrose) et en fructose (lévulose) ; ce mélange s'appelle **sucre inverti** ou **sucre liquide**. Le sucre inverti, tout comme le sirop de maïs, résiste à la cristallisation et possède la propriété de retenir l'humidité ; tous les deux sont utilisés à profusion par l'industrie de la confiserie et de la boulangerie. On les utilise aussi dans les boissons, les conserves et les glaçages. Le sucre inverti n'est vendu que sous forme liquide. Il est aussi plus sucré que le sucrose, et il a la propriété de retenir l'humidité et d'empêcher la cristallisation.

Le **sucrose** (ou **saccharose**) est un disaccharide composé de glucose et de fructose. Le sucrose est présent dans toutes les plantes faisant de la photosynthèse. Il est particulièrement abondant dans la canne à sucre, la betterave sucrière et le sirop d'érable. C'est le sucre blanc commun ou sucre de table.

Le **lactose** est un disaccharide composé de glucose et de galactose. Il est présent seulement dans le lait (de 5 à 8 % dans le lait humain et de 4 à 6 % dans le lait de vache). Le lactose est converti en acide lactique par la flore intestinale ; l'acide lactique a la propriété d'inhiber la croissance de bactéries pathogènes. Le lactose ne cristallise pas et est utilisé comme additif dans plusieurs produits alimentaires, pour rehausser le goût.

Le **maltose** est un disaccharide composé de 2 molécules de glucose. Il ne se trouve pas dans les aliments à l'état naturel. Il est créé lorsque de l'amidon fermente sous l'action d'enzymes ou de levures. Le maltose est couramment utilisé par l'industrie alimentaire, qui l'incorpore notamment à la bière, au pain, aux aliments pour enfants et aux substituts de café.

Les **sucres complexes** (qui comprennent par exemple l'amidon) sont des polysaccharides ou glucides complexes. Ils sont constitués d'un grand nombre de molécules de sucres simples liées entre elles de façon complexe. Les molécules qui en résultent sont plus grosses que celles des sucres simples. Les polysaccharides ne sont pas solubles à l'eau et ils ne peuvent pas être extraits sous une forme cristalline. Ils peuvent cependant être « cassés » par hydrolyse en des sucres simples (ce qui implique l'addition d'une molécule d'eau). On trouve des sucres complexes notamment dans les céréales, les légumineuses, les noix et certains légumes telles la pomme de terre et la patate.

Les **fibres** sont aussi des polysaccharides. Les fibres les plus connues sont la cellulose, la pectine et les mucilages. Le système digestif humain ne peut pas dégrader la totalité des fibres, en particulier celles de la cellulose, car il ne possède pas les enzymes nécessaires. Par contre, il a besoin des fibres, notamment pour accélérer le transit intestinal. Une alimentation pauvre en fibres est un facteur important dans l'apparition de maladies du système digestif tels le cancer du côlon, la colite, la diverticulose et la constipation, maladies fréquentes dans les sociétés occidentales où l'ingestion de fibres est généralement déficiente.

La cellulose provient essentiellement des fruits et des légumes tout comme la pectine, abondante dans les pommes et dans la membrane de la pelure des agrumes. La pectine est métabolisée presque totalement par le corps humain. Contrairement aux autres polysaccharides, la pectine est soluble et devient gélatineuse au contact d'un liquide.

Les graines sont riches en mucilages, substances qui contiennent de la pectine et qui ont la propriété de gonfler dans l'eau.

Cueillette et raffinage

La canne à sucre est cueillie encore verte et débarrassée de ses feuilles, qui sont laissées dans le champ afin de servir de paillis pour la prochaine récolte. Elle est parfois brûlée avant la cueillette pour que disparaissent les feuilles.

La canne à sucre est immédiatement coupée en tronçons, appelés «billettes», par la machine qui la cueille. Ces billettes sont entassées dans des wagons qui sont dirigés vers la raffinerie où elles sont écrasées, puis passées dans des cylindres qui en extraient le jus (vesou) de couleur noirâtre, dont on tire le sucre. Le résidu (bagasse), constitué d'écorce, de moelle et de fibres, est principalement utilisé comme combustible à l'usine.

Le jus de canne subit ensuite divers traitements. Il est notamment bouilli afin d'être concentré, puis il est épuré, généralement avec de la chaux et du gaz carbonique (la chaux prévient également la fermentation du jus). L'épuration s'effectue parfois à l'aide de phosphates solubles ou d'anhydride sulfureux. Le sirop, qui est d'un jaune plus ou moins foncé, est décoloré à l'aide de charbon d'os afin d'être transformé en cristaux de sucre blancs. Le sirop est ensuite chauffé dans d'immenses cuves sous vide jusqu'à ce que s'évapore environ 70 % de l'eau, ce qui permet d'extraire de l'épais sirop du sucre pur par cristallisation. De petits grains de sucre sont ajoutés afin d'accélérer la cristallisation. Le procédé prend fin lorsque les cristaux atteignent 1 mm de longueur.

Le sirop cristallisé, appelé masse cuite, contient environ 50 % de cristaux, le reste, nommé eau-mère, continue à être liquide. La masse cuite passe ensuite dans des centrifugeuses qui séparent les cristaux de l'eau-mère, liquide qui prend alors le nom d'«égout pauvre». Une mince pellicule reste sur les cristaux qui sont pulvérisés d'eau chaude (clairçage), ce qui les fait fondre légèrement et donne un liquide nommé «égout riche». Ce liquide renferme encore une certaine quantité de sucre cristallisable et peut être encore traité deux autres fois; chaque «égout» donne une mélasse à teneur en sucre différente. Le sucre est ensuite séché à l'air chaud puis calibré.

La betterave à sucre est découpée en lanières (cossettes), puis on en extrait le jus par un procédé de diffusion où l'eau circule dans le sens contraire des lanières (le jus de la canne à sucre peut aussi être extrait par diffusion). L'eau devient de plus en plus sucrée et prend une couleur bleu noirâtre. Les résidus de cossettes, lorsqu'ils sont vidés de sucre, sont utilisés pour nourrir le bétail. Le jus de la betterave à sucre subit un traitement semblable à celui de la canne à sucre, bien qu'il soit un plus compliqué à traiter.

Plusieurs produits résultent du raffinage du jus de canne et du jus de betterave, dont le sucre brut, la cassonade, le sucre blanc, le sucre glace, la mélasse et le sucre liquide.

Le **sucre brut** est le résultat de la première extraction. Il est recouvert d'une mince pellicule de sirop et peut contenir des impuretés comme de la terre, des débris de plante, des fragments d'insectes, des moisissures, des bactéries ou de la cire. C'est un produit qui contient de 96 à 99 % de sucrose. Le sucre brut provenant de la betterave à sucre est de couleur jaunâtre, celui de la canne à sucre est gris verdâtre. Le sucre brut est peu (ou pas) disponible sur le marché (il est illégal aux États-Unis). Le sucre brut peut être décontaminé à la vapeur et vendu en pain (sucre « turbinado ») ; il contient alors autour de 95 % de sucrose. La publicité vante souvent le côté naturel et peu traité de ce sucre, ce qui est exagéré. La présence de sels minéraux y est si infime qu'elle est insignifiante du point de vue nutritif.

La **cassonade** ou **sucre brun**, autrefois nommé sucre roux, consiste en de fins cristaux peu raffinés encore recouverts d'une mince couche de mélasse. De nos jours, la cassonade est presque toujours du sucre blanc auquel on a ajouté de la mélasse et parfois aussi de la saveur et de la couleur artificielles. Un de ces colorants, le colorant caramel, n'est en fait que du sucre brûlé. La cassonade est pâle ou foncée selon la quantité de mélasse encore présente, la cassonade brun foncé a une saveur plus prononcée que la cassonade brun pâle. Ces sucres sont interchangeables dans la plupart des recettes. La cassonade contient de 91 à 96 % de sucrose.

Le **sucre blanc** est le sucre de table que l'on connaît bien. Il est constitué de cristaux de sucre pur séchés obtenus après un raffinage total. Il contient 99,9 % de sucrose et est dépourvu de vitamines et de sels minéraux.

Le **sucre glace** que l'on nomme au Québec « sucre en poudre », un calque de l'anglais, est du sucre blanc pulvérisé auquel on ajoute environ 3 % de fécule de maïs afin d'empêcher la formation de grumeaux.

La **mélasse** est un résidu du raffinage du sucre. La couleur et la teneur en sucre de la mélasse sont variables, car elles dépendent du nombre d'extractions que la mélasse a subies. La mélasse de première extraction est pâle et très sucrée ; celle de deuxième extraction est plus foncée et modérément sucrée ; la mélasse de troisième et dernière extraction est noire *(black-strap)*, moins sucrée et de saveur prononcée ; c'est celle qui contient le plus d'éléments nutritifs. La mélasse de canne contient 35 % de sucrose et 20 % de glucose et de fructose. La mélasse de betterave contient environ 50 % de sucrose et 33 % d'autres substances constituées principalement de matières azotées et de sels minéraux (fer, calcium, zinc, cuivre et chrome). Leur concentration varie selon les conditions de culture (entre autres le degré de fertilisation du sol). La mélasse de betterave a une odeur assez forte. Certains fabricants produisent un substitut de mélasse (quelquefois appelé mélasse non sulfurée) constitué d'un mélange de sucrose, de glucose et de fructose.

UTILISATION ◆ Le sucre raffiné a de multiples usages dans la cuisine. On s'en sert notamment pour changer la texture des aliments, pour relever leur saveur, pour adoucir les aliments au goût acide ou aigrelet, pour nourrir la levure (lors de la fabrication du pain par exemple) et comme moyen de conservation. Le sucre est indispensable pour confectionner divers aliments, notamment les meringues, les crèmes glacées, les sorbets, les sirops et les bonbons.

Si on désire diminuer sa consommation de sucre, on peut :

- réduire progressivement le sucre jusqu'à l'éliminer complètement dans les aliments où il n'est pas essentiel, par exemple dans le café et le thé, dans la vinaigrette, les jus, le yogourt et sur les pamplemousses ;

- camoufler la diminution du sucre à l'aide d'épices, en ajoutant par exemple de la cannelle, du gingembre ou de la muscade aux aliments ;

- attendre une quinzaine de minutes avant de manger un dessert sucré ; la faim disparaît souvent et le dessert s'avère alors superflu ;

- couper le sucre de moitié ou parfois plus dans la plupart des recettes de gâteaux, de pâtisseries et des desserts en général ;

- éviter les aliments usinés ou s'en méfier ; lire les étiquettes : en général, les mots qui finissent en « ose » indiquent la présence de sucre ;

- ne pas se décourager, le goût est un sens qu'on peut éduquer et après un certain temps les préférences changent ; on croyait ne pas pouvoir se passer de tels aliments et voilà qu'on les trouve trop sucrés ;

- ne pas craindre de manquer de sucre, il y en a suffisamment dans les aliments naturels sans qu'il soit nécessaire d'aller en chercher ailleurs ;

- ne pas s'étonner si des rages de sucre ou certains symptômes telles l'irritabilité et la fatigue apparaissent : la consommation du sucre crée une dépendance semblable à celle du café et du sel ; le corps vit donc une période de sevrage qui dure habituellement une semaine.

CONSERVATION ◆ Les divers sucres peuvent se conserver indéfiniment s'ils sont à l'abri des insectes et de l'humidité. Les placer dans des récipients hermétiques et dans un endroit sec. La mélasse peut moisir si elle est dans un endroit chaud et humide ; la conserver dans un lieu sec et frais. On peut aussi la placer au réfrigérateur, ce qui l'épaissira cependant et la rendra difficile à verser.

VALEUR NUTRITIVE

La valeur nutritive du sucre est très limitée. Le sucre ne contient ni protéines, ni matières grasses, ni fibres et il est dépourvu de vitamines et de sels minéraux ; c'est pourquoi on appelle souvent le sucre un aliment à calories vides à cause de l'absence d'éléments nutritifs. Il est composé essentiellement de glucides et fournit 4 calories par gramme (16 calories par c. à thé) pour le sucre granulé et 9 calories par c. à thé pour le sucre glace. Une surconsommation de sucre serait un phénomène déterminant dans l'apparition de la carie dentaire et de diverses maladies, tels l'obésité, l'artériosclérose, les maladies coronariennes et le diabète. Comme le sel, le sucre a un pouvoir de rétention des liquides, c'est pourquoi on peut ressentir de la soif après l'ingestion d'aliments sucrés.

SUCRES ARTIFICIELS

Nom anglais : *artificial sugar*

HISTORIQUE ◆ Les sucres artificiels sont des édulcorants de synthèse au pouvoir sucrant élevé, utilisés pour remplacer le sucre parce qu'ils sont dépourvus de calories ou n'en contiennent que très peu. Dans plusieurs pays, certains sucres artificiels font l'objet de restrictions ou sont interdits, car il n'a pas encore été prouvé qu'ils n'ont pas d'effets nocifs sur la santé.

Les principaux sucres artificiels sont la saccharine, les cyclamates et l'aspartame.

La **saccharine** fut découverte par un Allemand en 1879. C'est un dérivé de la houille. La saccharine ne contient aucune calorie et son pouvoir sucrant est 500 fois supérieur à celui du sucre.

L'usage de la saccharine a été restreint au Canada et aux États-Unis en 1977 à la suite de recherches qui démontraient que ce sucre causait le cancer de la vessie chez les rats. Dans divers pays, la vente de la saccharine n'est permise qu'en pharmacie. Aux États-Unis, après un tollé de protestations venues de l'industrie des boissons gazeuses, du fabricant et des consommateurs que l'absence d'un édulcorant de remplacement non nocif dérangeait, le Congrès a décidé d'appliquer un moratoire de 2 ans, moratoire qui a été régulièrement reconduit depuis.

Les **cyclamates** ont été découverts accidentellement en 1937 par un universitaire américain quand sa cigarette, qu'il avait déposée par mégarde sur un dérivé de l'acide cyclohexylsulfamique, une poudre cristalline, acquit une agréable saveur sucrée. Dépourvus de calories, les cyclamates possèdent un pouvoir sucrant équivalant à 30 fois celui du sucre.

Les cyclamates furent fréquemment utilisés en combinaison avec la saccharine ; ce mélange permettait de rehausser leur saveur sucrée respective, d'améliorer leur stabilité et leur durée de conservation, et de masquer l'amertume de la saccharine. Les États-Unis ont resteint l'usage des cyclamates en 1969, puis les ont interdits en 1970, à la suite de recherches qui jetèrent des doutes sur leur innocuité ; des tests sur des animaux avaient causé le cancer de la vessie et divers autres effets toxiques, dont l'atrophie des testicules.

Les cyclamates sont vendus dans environ 40 pays. Plusieurs, dont le Canada et la France, en limitent l'usage. Les fabricants et l'industrie alimentaire font régulièrement des pressions pour que soient levées les restrictions, arguant que le caractère nocif des cyclamates n'a jamais été prouvé de façon satisfaisante. Ils citent diverses études visant à démontrer leur innocuité. La question reste encore en suspens ; le gouvernement américain a établi que si les recherches ne prouvent pas sans contredit que les cyclamates sont cancérigènes, elles ne réussissent pas non plus à démontrer qu'ils ne sont pas susceptibles de causer le cancer ou des problèmes génétiques. Il maintient donc l'interdit.

L'**aspartame** fut découvert par accident aux État-Unis en 1969 lors de recherches effectuées sur des médicaments contre les ulcères. L'aspartame résulte de la combinaison de deux acides aminés, l'acide aspartique et l'acide phénylalanine (on lui ajoute parfois du glucose ou du lactose). Il contient un nombre de calories identique à celui du sucre à poids égal (4 calories par gramme). Son pouvoir sucrant est cependant de 180 à 200 fois plus élevé ; il faut donc beaucoup moins d'aspartame pour arriver au même résultat qu'avec le sucre.

L'aspartame est un objet de controverse depuis sa création. Son approbation par la FDA américaine (Food and Drug Administration) nécessita plusieurs années et fut davantage une décision économique qu'une décision scientifique. L'interdiction des cyclamates et la menace de bannissement qui pesait sur la saccharine laissaient d'énormes besoins insatisfaits et promettaient des profits considérables. La seule contre-indication à l'aspartame officiellement reconnue concerne les personnes souffrant de phénylcétonurie, une maladie héréditaire du métabolisme relativement rare, dans laquelle se produit une accumulation excessive dans le sang de phénylalanine, un des principaux composants de l'aspartame, ce qui peut provoquer des lésions au cerveau et de l'arriération mentale. Le problème, c'est qu'environ 2 % de la population (près de 4,5 millions de personnes aux États-Unis seulement) est porteuse d'un des deux gènes qui causent la maladie sans en avoir les symptômes, donc sans le savoir. Ces personnes risquent d'être affectées par l'augmentation du taux de phénylalanine dans leur sang.

Aux États-Unis, plusieurs personnes ont rapporté avoir été affectées de divers symptômes après l'ingestion d'aliments sucrés à l'aspartame. Les principaux symptômes mentionnés sont des démangeaisons, des lésions de la peau, des désordres menstruels, des maux de tête, des nausées, des troubles de la vue, des pertes de connaissance, de l'irritabilité et de la dépression, allant parfois jusqu'au désir de suicide.

L'aspartame est commercialisé sous le nom de *Nutrasweet*. Il fut d'abord autorisé dans les aliments secs en 1981, puis permis dans les boissons gazeuses en 1983, malgré le fait qu'il est peu stable dans les liquides, qui altèrent relativement vite sa composition chimique ; après douze semaines d'entreposage à température élevée (30 °C, température facilement atteinte en été), près de 50 % de l'aspartame peut être décomposé. La dégradation de l'aspartame entraîne, outre la perte de son pouvoir sucrant, la formation de méthanol, une substance nocive pour la santé.

L'usage de l'aspartame ne cesse de croître. Cette substance entre dans une multitude de produits dont des médicaments, des vitamines et une quantité impressionnante d'aliments, notamment céréales, jus, biscuits, puddings, gâteaux, pâtisseries, tartes, crème glacée, yogourt, vinaigrette, gomme à mâcher et bonbons. En 1992, 4 200 produits différents étaient sucrés à l'aspartame aux États-Unis.

Les risques pour les gens de subir des effets nocifs s'amplifient à mesure que l'aspartame gagne en popularité. Plus il y a de produits qui en contiennent, plus il devient difficile de l'éviter et plus la dose ingérée peut augmenter. Plusieurs chercheurs recommandent aux femmes enceintes et aux enfants de moins de 6 ans d'éviter l'aspartame, car il peut causer des dommages irréparables au cerveau. Pour la population en général, on conseille d'en limiter l'ingestion. Si des symptômes apparaissent, éliminer l'aspartame complètement pour un certain temps, au moins une semaine, et observer ce qui se passe. Si les symptômes ont disparu puis qu'ils reviennent quand l'ingestion de l'aspartame reprend, la situation devient claire.

L'usage d'édulcorants chimiques soulève plusieurs questions troublantes, dont certaines reçoivent très peu d'attention. La consommation d'aliments sucrés artificiellement a-t-elle une réelle influence sur l'obésité ou ne donne-t-elle pas bonne conscience, entraînant l'ingestion d'aliments peu valables nutritivement (je peux tricher, vu qu'il n'y a pas de sucre) ? Le pancréas est-il mis en alerte quand la langue détecte l'ingestion de sucre ? Si oui, que se passe-t-il quand il ne reçoit pas ce qui lui était promis et qu'il n'a pas besoin d'utiliser le mécanisme mis en marche pour métaboliser le sucre ? Se pourrait-il qu'il s'ensuive une baisse du sucre dans le sang, créant de nouveau le désir de manger ? Les substituts de sucre ne font pas maigrir, ils n'entretiennent que le goût du sucre.

SUREAU

Sambucus spp, **Caprifoliacées**
Nom anglais : *elderberry*

HISTORIQUE ◆ Fruit originaire d'Europe et d'Asie. Le sureau pousse sur des arbustes buissonnants qui mesurent généralement de 2 à 3 m de haut. Leurs grandes feuilles sont finement dentées. Leurs fleurs blanchâtres sont odorantes. Elles poussent en ombelles et donnent naissance à des grappes de petits fruits. Le sureau préfère les endroits humides. Les tiges des sureaux sont creuses. Depuis des siècles, les enfants s'en servent pour lancer des projectiles et faire de la musique. Le nom latin du sureau, *sambucus,* vient d'ailleurs de « sambuque », un mot désignant un instrument de musique de la Grèce antique. Dans certains pays, on croit que la croix sur laquelle le Christ fut crucifié a été faite avec du sureau. En Allemagne, la coutume voulait qu'on enlève son chapeau par respect en passant devant un sureau.

Les fruits sont de petites drupes rondes regroupées en grappes fournies. Ils ressemblent aux bleuets et, comme ces derniers, ils sont remplis de minuscules graines. Il existe 3 principales espèces de sureaux : le sureau blanc, le sureau bleu et le sureau rouge. Les fruits du sureau blanc sont violet foncé, ceux du sureau bleu sont bleu noirâtre tandis que les fruits du sureau rouge sont écarlates ou noirâtres. Les fruits de la variété bleue et ceux de la variété blanche sont les plus recherchés. Ceux du sureau rouge sont très acides et ne sont comestibles qu'après la cuisson, car ils contiennent des substances toxiques que la chaleur détruit.

PRÉPARATION ◆ Pour égrener les baies de sureau, se servir de ses doigts, d'une fourchette ou d'un peigne à larges dents.

CUISSON ◆ Cuire les baies à feu doux une vingtaine de minutes dans une petite quantité d'eau (environ 1/4 de leur volume), bien les écraser, puis les égoutter à l'aide d'un tamis.

UTILISATION ◆ Les fruits du sureau ont une saveur légèrement prononcée, ils sont plus savoureux après la cuisson. Ils sont délicieux cuits avec d'autres fruits, particulièrement avec du citron, des pommes, des raisins ou des groseilles. On les met dans les tartes et les muffins. Ils sont

VALEUR NUTRITIVE	
Le fruit du sureau contient	
Eau	80 %
Protéines	0,7 g
Matières grasses	0,5 g
Glucides	18 g
Fibres	7 g
73 calories/100 g	

Il est riche en vitamine A, en niacine, en vitamine B_6, en calcium, en fer, en phosphore et en potassium. Il est très riche en vitamine C. Il a la réputation d'être sudorifique et laxatif, parfois même purgatif s'il y a abus. Il serait efficace pour soigner la grippe et les rhumatismes.

excellent en jus, en gelée (ajouter de la pectine ou des pommes) ou en vin. Les fleurs des sureaux peuvent être utilisées comme les fleurs des courges. On les cuisine notamment en beignets ou on les incorpore dans les crêpes et les muffins. Les pousses nouvelles renferment une moelle qui est comestible seulement après la cuisson, car elles sont purgatives. On les cuit comme les asperges.

 CONSERVATION ◆ Conserver les baies de sureau au réfrigérateur.

TAMARILLO

Cyphomandra betacea, **Solanacées**
Autre nom : *tomate en arbre*
Nom anglais : *tamarillo*
Autre nom : *tree tomato*

HISTORIQUE ◆ Fruit originaire d'Amérique du Sud, plus particulièrement de la région andine. Le tamarillo appartient à la grande famille des Solanacées, il est donc apparenté notamment à la tomate, au piment, à l'aubergine et à la pomme de terre. Il pousse sur un arbuste atteignant de 2 à 3 m de haut. Cette plante commence à donner des fruits après 18 mois d'existence seulement et sa production est maximale après 3 ou 4 ans. Ce fruit fut longtemps appelé «tomate en arbre». En 1967, des producteurs néo-zélandais lui donnèrent un nom plus exotique pour mousser leurs ventes. La Nouvelle-Zélande cultive ce fruit commercialement depuis le début du XXe siècle et elle est un important pays producteur. Le tamarillo est aussi cultivé en Amérique du Sud, en Amérique centrale, en Australie, en Inde, dans le Sud-Est asiatique et dans certains pays d'Afrique, notamment au Kenya. Parmi les variétés de tamarillos, 2 ont une grande importance commerciale : une variété à fruits jaunes avec une chair jaunâtre et une variété à fruits rouge foncé dont la chair est orangée.

Le tamarillo est une baie ovale. Il a la forme d'un œuf, mais ses extrémités sont plus pointues. Il mesure de 5 à 10 cm de long. Sa peau lisse et satinée n'est pas comestible, car elle est amère. Sa chair est ferme et acidulée. Elle renferme de nombreuses petites graines comestibles noirâtres, semblables à celles de la tomate.

ACHAT ◆ Choisir des tamarillos intacts et fermes, mais qui cèdent sous une légère pression des doigts.

 PRÉPARATION ◆ Peler les tamarillos avec un couteau ou les blanchir, la peau s'enlève ensuite très facilement. Pour les blanchir, les faire bouillir 1 ou 2 minutes, puis les passer immédiatement sous l'eau froide pour arrêter l'action de la chaleur. Ne pas les laisser tremper. Pour faciliter l'opération, mettre les tamarillos dans une passoire ou un panier à salade. Le jus du tamarillo rouge laisse des marques indélébiles.

VALEUR NUTRITIVE	
Le tamarillo contient	
Eau	86 %
Protéines	2 g
Matières grasses	0,9 g
Glucides	10 g
Fibres	1,6 g
50 calories/100 g	

Il est riche en vitamine A, en vitamine C, en calcium, en potassium, en phosphore, en sodium et en magnésium.

UTILISATION ◆ Le tamarillo est prêt à manger quand il cède sous une légère pression des doigts. Il se mange cru, souvent simplement coupé en deux, salé ou sucré, parfois arrosé de jus de citron ou de lime. On le met aussi en purée, laquelle aromatise notamment yogourt, sorbets, crème glacée et boissons.

Le tamarillo est plus souvent cuit. L'utiliser avec modération lorsqu'on le cuit avec d'autres fruits, sinon sa saveur dominera. On le cuisine comme la tomate, qu'il peut remplacer dans la plupart des recettes. Il est délicieux dans les sauces et cuit en confiture, en gelée ou en marinades.

Le tamarillo ajoute une note inhabituelle aux salades; le faire mariner 1 heure ou 2 dans de la vinaigrette avant de l'y incorporer.

CONSERVATION ◆ Laisser les tamarillos à la température de la pièce s'ils ont besoin de mûrir. Les réfrigérer lorsqu'ils sont mûrs, ils se conserveront 1 semaine ou plus. Les placer dans un sac de plastique perforé. Les tamarillos se congèlent facilement. Les peler puis les congeler entiers ou les couper puis les saupoudrer de sucre avant de les congeler. On peut aussi les cuire en purée puis les congeler lorsque la purée est bien refroidie.

TAMARIN

Tamarindus indica, **Légumineuses**
Nom anglais : *tamarind*

HISTORIQUE ◆ Fruit du tamarinier, un arbre imposant aux feuilles persistantes. Le tamarinier mesure jusqu'à 25 m de hauteur; il est apparenté au caroubier et pousse sous les climats tropicaux et subtropicaux. On le trouve notamment en Afrique, en Asie du Sud-Est, aux Antilles, en Amérique du Sud et dans le sud des États-Unis. Le mot tamarin vient de l'arabe *tamar hindi* signifiant «datte de l'Inde», pays où ce fruit est cultivé depuis les temps préhistoriques et qui pourrait être son lieu d'origine. Les cuisines de plusieurs pays asiatiques et du Moyen-Orient font une large place au tamarin.

Le tamarin est enfermé dans des gousses presque cylindriques de couleur brun rougeâtre, qui mesurent de 10 à 15 cm de long et de 1 à 2,5 cm de large. Ces gousses abritent de 1 à 12 graines dures et luisantes de couleur cannelle foncée. La pulpe des graines est compacte et contient quelques filaments fibreux. De saveur amère, elle est à la fois sucrée et très acidulée.

ACHAT ◆ Le tamarin est surtout vendu dans les épiceries spécialisées souvent en pâte ou pressé en bloc compact.

PRÉPARATION ◆ Mettre à tremper une quinzaine de minutes de 5 à 15 ml (de 1 à 3 cuillerées à café) de tamarin séché dans une tasse d'eau (la quantité dépend

VALEUR NUTRITIVE	
Le tamarin cru contient	
Eau	31,4 %
Protéines	2,8 g
Matières grasses	0,6 g
Glucides	62,5 g
Fibres	3 g
239 calories/100 g	

Il est une excellente source de potassium, de magnésium et de thiamine et une bonne source de fer; il contient du phosphore, de la riboflavine, de la niacine, du calcium et de la vitamine C ainsi que des traces d'acide pantothénique. Il est une source de fibres. On dit le tamarin cholérétique et laxatif. On s'en sert pour stimuler la sécrétion biliaire.

de l'usage et des goûts de chacun) jusqu'à ce qu'il ramollisse. Le délayer dans l'eau puis le tamiser pour enlever les fibres.

 UTILISATION ◆ Le tamarin peut être utilisé frais, déshydraté, confit, saumuré, en jus, en pâte ou en sirop. Il sert d'aliment ou de condiment. On le met dans les soupes, les sauces, les marinades, les ragoûts, les gâteaux et les friandises. Il accompagne viande, gibier et poisson. On le cuit en confiture ou en gelée. On en fait des boissons désaltérantes. Les fleurs et les feuilles se consomment comme légume, on les met notamment dans les salades. On peut remplacer le tamarin par du jus de citron dans la plupart des recettes, mais le résultat est différent. Le jus d'un citron équivaut à 15 ml (1 cuillerée à soupe) de pulpe dissoute dans 60 ml d'eau.

CONSERVATION ◆ Le tamarin se conserve à la température de la pièce.

TARO

Colocasia esculenta, **Aracées**
Autres noms : *dachine* (dans les Caraïbes), *eddo (Chine)*
Nom anglais : *taro*
Autre nom : *dasheen*

HISTORIQUE ◆ Tubercule d'une plante probablement originaire du Sud-Est asiatique et de l'Inde. Le taro pousse dans les régions tropicales et subtropicales; on le cultive aussi dans les régions tempérées assez chaudes. Les forêts vierges constituent son habitat naturel. Il constitue un aliment de base dans plusieurs pays tropicaux, notamment dans les îles du Pacifique, dans les Caraïbes et en Asie. Le taro appartient à une famille de plantes décoratives; il est apparenté au philodendron et au dieffenbachia. Il en existe plus de 100 variétés. Certaines variétés sont de forme allongée et ressemblent à la patate, tandis que d'autres sont arrondies et ressemblent au céleri-rave. Les variétés arrondies mesurent de 13 à 20 cm de haut et ont de 8 à 13 cm de diamètre.

Le plant de taro peut atteindre 1,8 m de haut. Ses imposantes feuilles vert foncé peuvent mesurer de 20 à 50 cm de long et de 10 à 25 cm de large. Les feuilles et les jeunes pousses blanchies sont comestibles; elles sont rarement disponibles sur les marchés occidentaux. Les tubercules sont recouverts d'une épaisse peau, rugueuse et velue, ornée de minces cercles. Cette peau brunâtre recouvre une chair de couleur crème, blanche ou lilas grisâtre, qui est parfois veinée de rose ou de brun. La chair farineuse est sucrée.

 ACHAT ◆ Rechercher des taros très fermes, exempts de moisissures et de parties molles. Faire une petite incision dans la chair avec l'ongle pour vérifier si elle est bien juteuse. Idéalement, un taro devrait être présenté coupé en deux afin qu'on puisse juger de la qualité de la chair.

PRÉPARATION ◆ Peler le taro, puis le recouvrir d'eau fraîche s'il n'est pas utilisé immédiatement. Le taro

VALEUR NUTRITIVE	
Le taro cuit contient	
Eau	64 %
Protéines	0,45 g
Matières grasses	0,15 g
Glucides	34,5 g
142 calories/100 g	

Il est riche en potassium; il contient du magnésium, du phosphore et du fer ainsi que des traces de niacine et de calcium.

contient un liquide âcre et collant qui peut irriter la peau. Mettre des gants de caoutchouc pour le peler ou s'enduire les mains d'huile si on est très sensible.

UTILISATION ◆ Le taro se consomme cuit parce qu'il est riche en amidon non digestible, et qu'il contient des substances amères et irritantes détruites par la cuisson. Celle-ci change la couleur de sa chair, qui devient grisâtre ou mauve. Le taro est utilisé comme la pomme de terre. Il est meilleur servi très chaud. Il épaissit soupes et ragoûts, dont il absorbe la saveur. Il est délicieux frit ou nappé de sauce. Il peut être cuit au four (cuire environ 25 minutes), mais sa saveur s'intensifie et sa chair se dessèche considérablement. Le badigeonner fréquemment de beurre, de margarine ou de sauce et le servir très chaud. Il devient gluant lorsqu'il est mis en purée; aussi est-il préférable de cuire celle-ci en croquettes ou en soufflé par exemple. Le taro peut être bouilli (cuire une vingtaine de minutes), cuit à la vapeur ou au four à micro-ondes. On peut le râper puis le cuire en crêpes. Il est parfois servi en dessert : on le coupe en morceaux que l'on cuit dans un sirop, comme les marrons glacés. Le taro est aussi broyé en fécule surtout utilisée dans la cuisine asiatique. Les feuilles peuvent être cuisinées comme les épinards ou peuvent servir à envelopper des aliments qui seront cuits au four. Elles aussi contiennent une substance acre détruite par la cuisson.

CONSERVATION ◆ Le taro se conserve dans un endroit frais, sombre, sec et aéré. Il est préférable de le consommer le plus rapidement possible, sinon il ramollit. Les feuilles du taro se conservent plusieurs jours au réfrigérateur. Les essuyer avec un linge humide et les placer dans un sac de plastique

TASSERGAL

Pomatomus saltator, **Pomatomidés**
Nom anglais : *bluefish*
Autres noms : *skipjack, tailor (Australie et Nouvelle-Zélande)*

HISTORIQUE ◆ Le tassergal est un poisson vorace et combatif. Il se déplace en immenses bancs dans le sillage d'autres bancs de poissons, notamment de maquereaux et de harengs. Il habite principalement l'Atlantique, de l'Amérique du Nord jusqu'en Amérique du Sud, et le Pacifique. C'est un proche parent de la palomine et sa chair est autant appréciée, particulièrement des Nord-Américains et des Australiens.

Le tassergal a un corps allongé et une queue fourchue. Il est couvert de petites écailles. Il a une grosse tête et une grande bouche. Son dos est bleu-vert et son ventre argenté. Il atteint une longueur maximale de 1,2 cm et peut peser 23 kg mais il mesure généralement de 40 à 60 cm de long et pèse de 4,5 à 6,8 kg. Sa chair grasse est savoureuse.

PRÉPARATION ◆ Saigner le tassergal dès sa capture pour que sa chair conserve toute sa saveur et demeure ferme. Les poissons mesurant de 10 à 15 cm de long n'ont pas besoin d'être écaillés.

VALEUR NUTRITIVE	
Le tassergal contient	
Protéines	20 g
Matières grasses	4 g
124 calories/100 g, cru	
Il est maigre.	

UTILISATION ◆ Le tassergal est souvent grillé, braisé ou poché. Il s'apprête comme le maquereau, qu'il peut remplacer. Parce que sa chair est grasse, éviter de le frire, sauf s'il est petit.

CONSERVATION ◆ Consommer le tassergal immédiatement, car sa chair se détériore rapidement, ou le réfrigérer le plus rapidement possible. Le tassergal se congèle mais sa durée de conservation n'est que de 3 mois.

TEFF

Eragrostis abyssinica, **Graminées**
Nom anglais : *teff*

HISTORIQUE ◆ Céréale originaire d'Afrique, probablement d'Éthiopie. Le teff est la céréale de prédilection dans ce pays, où il est consommé depuis des millénaires. Les grains de teff sont tellement petits qu'il en faut environ 150 pour atteindre le poids d'un seul grain de blé. Ils se récoltent difficilement et, à maturité, ils ont tendance à tomber au lieu de demeurer sur la plante.

Le nom scientifique de cette céréale, *Eragrostis,* est dérivé des mots *eros*, nom du dieu grec de l'amour, et *agrostis*, signifiant « herbe ». Quant au mot *tef,* il signifie « perdu » dans la langue amharique parlée par la majeure partie des Éthiopiens habitant les hauts plateaux. Il se rapporte au fait que les grains de cette céréale se perdent facilement. L'apparition du teff sur les marchés occidentaux est récente. Jusqu'en 1988, le teff n'était cultivé comme céréale qu'en Éthiopie. Dans quelques autres pays, dont l'Inde, le Kenya et l'Afrique du Sud, il servait de fourrage. Des Américains intéressés par la saveur et les possibilités d'utilisation de cette céréale l'ont introduite aux États-Unis. Le teff se taille lentement une place dans l'alimentation des Occidentaux.

Cette plante très décorative, classée avec le millet, pousse dans des conditions que la plupart des autres végétaux ne supportent pas, notamment en altitude et dans des terrains arides et sablonneux. Les minuscules grains blancs ou rouge-pourpre ont une douce saveur.

PRÉPARATION ◆ Cette céréale se moud facilement dans le moulin à café ou le mélangeur électrique.

 CUISSON ◆ Pour cuire les grains en gruau, ajouter 3 parties d'eau ou de lait et cuire une quinzaine de minutes.

UTILISATION ◆ Le teff est utilisé en grains ou moulu. La farine légèrement granuleuse ne lève pas, mais elle

VALEUR NUTRITIVE

Le teff rouge à grains entiers non cuit contient

Eau	12,5 %
Protéines	2,7 g
Matières grasses	0,7 g
Glucides	20,2 g
Fibres	0,8 g
92 calories/30 g	

Le teff rouge est une excellente source de fer; il contient du phosphore et du calcium ainsi que des traces de thiamine, de niacine et de riboflavine.

Le teff blanc à grains entiers non cuit contient

Eau	11 %
Protéines	2,4 g
Matières grasses	0,5 g
Glucides	21,1 g
Fibres	0,6 g
93 calories/30 g	

Le teff blanc est une excellente source de fer, il contient du phosphore et de la thiamine ainsi que des traces de calcium, de riboflavine et de niacine. Le teff est déficient en lysine comme les autres céréales, mais il est plus riche dans les autres acides aminés essentiels. Une alimentation variée permet de compléter la carence en lysine (voir Céréales).

donne de délicieux pains plats ou des pains desserts. En Éthiopie, on fabrique un pain plat nommé *injera*. Cet aliment de base est fabriqué avec de la farine qui a fermenté 3 à 4 jours (la farine délayée dans un liquide commence à fermenter après une heure car, fait inhabituel pour une céréale, le teff contient de la levure). Il a un goût de fromage suri et une texture spongieuse qui ne plaisent pas toujours aux Occidentaux, du moins les premières fois qu'ils y goûtent. Ce pain atteint facilement une grande circonférence (environ 60 cm), car la pâte prend facilement de l'expansion.

TEMPEH

Nom anglais : *tempeh*

HISTORIQUE ◆ Produit fermenté dont la texture est légèrement caoutchouteuse et la saveur prononcée. Le tempeh serait originaire d'Indonésie, où il constitue un aliment de base des plus nourrissants depuis près de 2 000 ans. Il est fait traditionnellement avec des haricots de soya. On peut aussi le préparer avec d'autres légumineuses (arachide, haricot rouge, petit haricot blanc), des céréales (riz étuvé, blé concassé) et de la noix de coco.

Les haricots doivent d'abord être cassés en deux et débarrassés de leur peau, puis ils subissent un début de cuisson avant d'être ensemencés. Les ferments *(Rhizopus oligosporus)* sont des champignons filamenteux qui ne se développent adéquatement qu'à une température se situant entre 30 et 35 °C. La fermentation prend habituellement 24 heures (et peut durer jusqu'à 48 heures selon la température environnante). Des moisissures blanches se développent de part en part du produit, qui ressemble alors à du nougat et dont l'aspect extérieur rappelle le camembert.

Fabrication maison

La fabrication du tempeh est à la fois simple et exigeante. Il est important de suivre attentivement toutes les étapes de la préparation, sinon les résultats seront décevants. Veiller aussi à laver méticuleusement mains et ustensiles et à toucher le moins possible aux légumineuses, sinon diverses bactéries risquent de se développer et le tempeh sera immangeable.

La température d'incubation est aussi un élément crucial parce que, dans de mauvaises conditions, des ferments indésirables croissent et le tempeh n'est pas comestible. L'étendue des écarts possibles de température est peu élevée. Après une quinzaine d'heures de fermentation, la température interne de la préparation augmente ; il faut alors abaisser la température ambiante au risque d'obtenir du tempeh non comestible.

Le temps nécessaire à la préparation du tempeh s'étend sur plusieurs heures si on utilise des haricots entiers. Une partie de ce temps sert à enlever la peau des légumineuses. Il est possible de le raccourcir si on se sert de haricots de soya décortiqués. On peut même utiliser des haricots rôtis, ce qui abrège encore plus la préparation (et la valeur nutritive est identique). Choisir des haricots non salés, car le sel ralentit l'action des ferments.

- Mettre à tremper les haricots de soya ;

- Casser les grains en deux et enlever la peau, en se servant d'un pilon ou en malaxant vigoureusement avec les mains ;

- Rincer avec soin et veiller à ce qu'il ne reste plus de peaux (ces deux opérations sont supprimées si on utilise des haricots décortiqués) ;

- Couvrir les haricots d'eau froide et cuire une heure à feu doux (avec des haricots rôtis, amener de l'eau à pleine ébullition puis y plonger les haricots et les remuer pour qu'ils ne collent pas, amener de nouveau au point d'ébullition, baisser le feu et laisser mijoter 10 minutes en brassant fréquemment) ;

- Égoutter les haricots puis les essorer soigneusement ; les étendre en une couche mince entre deux feuilles de papier ou de tissu absorbant jusqu'à ce qu'ils deviennent presque secs (environ 15 minutes) ; les haricots ne doivent être ni trop secs ni trop humides ;

- Ensemencer les haricots quand leur température atteint 30-31 °C ; bien répartir la culture pour que le résultat soit uniforme (les ferments habituellement disponibles dans des magasins d'aliments naturels sont vendus sous deux formes : une culture vivante qui se présente dans une boîte de culture (rare), et une culture déshydratée, poudre blanche qui ressemble à de la fécule de maïs) ;

- Mettre la préparation dans un plat aux bords peu élevés et l'égaliser avec le dos d'une cuiller pour qu'elle ait de 2 à 3 cm d'épaisseur ;

- Recouvrir le plat avec une feuille de papier d'aluminium ou de plastique ; veiller à ce qu'elle ne touche pas les haricots et la perforer avec les dents d'une fourchette à tous les 2 ou 3 cm ;

- Faire incuber environ 24 heures à 31-33 °C ; on peut construire un incubateur ou en improviser un : par exemple, placer la préparation sur le dessus d'un réfrigérateur (si la température n'est pas trop élevée) ou près d'un poêle à bois ; une ampoule de 40 watts dans un four ou un placard fournit une chaleur suffisante (surveiller la température cependant puisqu'après une quinzaine d'heures de fermentation, le tempeh commence à produire sa propre chaleur : il faut alors ventiler l'endroit pour abaisser la température si elle devient trop élevée ou mettre une ampoule moins forte) ;

- Le tempeh est prêt lorsqu'il forme une sorte de gâteau recouvert d'une mince couche blanchâtre et qu'il dégage une bonne odeur de champignon ; ne pas s'inquiéter s'il contient des taches noires ou grises, ce sont seulement des endroits qui ont fermenté davantage ; s'il est orné de taches roses, jaunes ou bleues et si le dessous sent le pourri,

VALEUR NUTRITIVE

Le tempeh de soya contient

Eau	55 %
Protéines	18,9 g
Matières grasses	7,7 g
Glucides	17 g
Fibres	3 g
199 calories/100 g	

Il est une excellente source de vitamine B_{12}, de niacine, de cuivre, de potassium et de magnésium et une bonne source de folacine, de zinc, de phosphore, de vitamine B_6 et de fer ; il contient de la thiamine, du calcium, de la vitamine A, de la riboflavine et de l'acide pantothénique. Il est une source de fibres.

Le tempeh est un des rares aliments d'origine végétale contenant des quantités importantes de vitamines B_{12}, ce qui est dû à la fermentation. Comme tous les aliments fermentés, le tempeh a une grande valeur nutritive, car la fermentation transforme les nutriments. Ainsi, les protéines sont partiellemet hydrolisées, ce qui les rend plus faciles à digérer et augmente leur taux d'assimilation. La fermentation permet d'éliminer des goûts ou des textures indésirables. De plus, le stachyose et le raffinose, des glucides à l'origine de la flatulence, sont partiellement hydrolisés et deviennent moins actifs. La teneur en vitamines et en minéraux est augmentée.

c'est différent : il a mal fermenté et n'est pas comestible ; le jeter et bien laver le contenant.

 ACHAT ◆ Le tempeh est vendu dans les épiceries asiatiques ou les magasins d'alimentation naturelle.

UTILISATION ◆ Le tempeh doit toujours être mangé cuit. Il est très souvent sauté ou frit (5 à 10 minutes), il devient alors doré et croustillant (l'égoutter sur du papier avant de le servir). Il peut remplacer le tofu ou y être combiné dans beaucoup de recettes. Comme le tofu, il est plus savoureux s'il a mariné (au moins une vingtaine de minutes). Le tempeh peut être ajouté aux soupes, sauces, farces, trempettes, sandwichs, salades composées, ragoûts, lasagnes et pizzas.

CONSERVATION ◆ Le tempeh se conserve au réfrigérateur. Il peut être congelé.

THÉ

Camellia sinensis, **Théacées**
Nom anglais : *tea*

 HISTORIQUE ◆ Feuilles séchées du théier, un arbre touffu originaire de Chine. On tire des feuilles du théier une boisson d'origine très ancienne et qui est plus populaire mondialement que le café. L'origine de la découverte de cette boisson se confond avec les débuts de la civilisation chinoise et donne lieu à plusieurs légendes. La plus connue la situe en l'année 2 374 av. J.-C. Le souverain régnant, Chen Nung, aurait donné l'ordre à ses sujets de faire bouillir leur eau pour s'assurer qu'elle soit potable. Il s'adonnait lui-même à cette activité à l'ombre d'un arbre sauvage, quand le vent détacha des feuilles qui se déposèrent sur l'eau chaude. Goûtant l'eau, il fut conquis par la saveur qu'elle avait acquise.

Vers le Xe siècle de notre ère, le thé était connu au Japon, en Mongolie, au Tibet et dans le monde arabe. Au Japon, il resta longtemps l'apanage des souverains et des prêtres bouddhistes. Au XVe siècle, des moines bouddhistes inventèrent le *chanoyu*, une cérémonie qui avait lieu dans une salle particulière. On y fouettait du thé vert jusqu'à ce qu'il devienne une purée épaisse, en suivant un rituel fort détaillé et passablement compliqué.

L'Europe se mit réellement à la mode du thé en 1610, année où les Hollandais en commencèrent le commerce. En Angleterre, le thé devint une véritable institution, et au XVIIIe siècle toutes les classes de la société arrêtaient leurs activités deux fois par jour pour prendre le thé. En Amérique du Nord, la forte immigration en provenance de l'Angleterre et de l'Irlande rendit le thé fort populaire jusqu'en 1773, année où eut lieu ce que l'on nomma le *Boston Tea Party*. Cette année-là, des Bostoniens en colère contre les fortes taxes imposées par l'Angleterre prirent d'assaut trois navires chargés de thé et balancèrent à la mer 342 caisses de thé. Les Américains se mirent ensuite au café.

L'Angleterre demeure, encore aujourd'hui, le plus grand pays consommateur de thé. Celui-ci est également très populaire dans les autres pays anglo-saxons, dont l'Australie et la Nouvelle-Zélande, dans le monde arabe, grand amateur du thé à la menthe, et en

Chine. Les plus grands pays producteurs de thé sont la Chine, l'Inde, le Sri Lanka, l'Indochine et le Japon.

On estime généralement qu'il existe 3 variétés principales de théiers, originaires respectivement de Chine, d'Indochine et de l'Inde. Ces variétés ont donné naissance à un nombre incalculable de sous-variétés. Le théier atteint de 2 à 17 m de hauteur selon les variétés, mais on le rabat à environ 1,5 m pour faciliter la cueillette. Les feuilles persistantes d'un vert brillant sont charnues, légèrement poilues, de forme elliptique et partiellement dentelées. Elles sont parsemées de glandes huileuses contenant une huile essentielle. Une fois l'an naissent de petites fleurs blanches faiblement parfumées, vendues à fort prix.

La cueillette des feuilles de thé, qui peut avoir lieu jusqu'à 20 ou 30 fois par année, s'effectue traditionnellement à la main. Elle est de plus en plus souvent remplacée par la cueillette mécanique. On ne récolte que les jeunes feuilles à l'extrémité des branches. Les meilleurs thés proviennent du bourgeon et des deux feuilles qui le suivent. On cueille aussi la troisième, la quatrième et parfois la cinquième feuille, ce qui donne des thés moins fins.

Le bourgeon terminal est appelé «pekoe», terme dérivé du chinois et signifiant «duvet blanc», car le bourgeon est recouvert d'un mince duvet sur sa face inférieure quand il commence à se dérouler pour devenir une feuille. Le terme «pekoe» ne désigne donc pas une variété de thé mais bien la partie d'où il provient. Les feuilles de thé subissent divers traitements avant d'être prêtes pour la consommation. Selon le procédé utilisé, on obtient du thé noir (fermenté), du thé oolong (semi-fermenté) et du thé vert (non fermenté).

Thé noir. Les feuilles qui donneront le thé noir subissent 5 traitements, soit le flétrissage, le roulage, la fermentation, la dessiccation et le triage.

- Le flétrissage vise à faire disparaître par évaporation une partie de l'humidité des feuilles, afin qu'elles perdent leur fermeté et leur rigidité;
- Le roulage sert surtout à détruire les membranes intérieures des feuilles, ce qui agit sur la composition du thé en libérant les huiles essentielles;
- La fermentation développe la saveur; sa durée dépend des résultats recherchés;
- La dessiccation a pour but principal de mettre un terme à la fermentation;
- Le triage permet de séparer les feuilles selon leur grosseur.

———————

Thé oolong. Thé à demi fermenté, ayant été flétri et fermenté moins longtemps que le thé noir. Le thé oolong est à mi-chemin entre le thé noir et le thé vert aux points de vue de sa saveur et de ses caractéristiques.

———————

Thé vert. Thé non fermenté. Les feuilles de thé vert sont seulement chauffées quelques minutes à la vapeur afin que leurs enzymes soient inactivées, puis elles sont roulées et desséchées. Le thé vert est plus astringent que le thé noir parce que ses tannins sont moins oxydés. Sa saveur est plus fine. Longtemps le plus consommé, le thé vert a maintenant perdu sa suprématie au profit du thé noir, qui accapare plus de 98 % de la production mondiale.

Il existe également du thé parfumé, du thé soluble et du thé décaféiné.

Thé parfumé. Il s'agit de feuilles aromatisées d'huile essentielle ou agrémentées d'épices ou de fleurs de plantes (jasmin, gardénia, rose, lotus, cannelle, menthe, lavande, orange, etc.). Le populaire thé Earl Grey est parfumé à l'huile de bergamote. La légende dit que ce thé porte le nom d'un comte auquel un mandarin chinois aurait fait cadeau de ce thé.

Thé soluble. Poudre de thé à laquelle il suffit d'ajouter de l'eau pour reconstituer immédiatement la boisson. Le procédé de fabrication du thé soluble existe depuis longtemps, en particulier au Japon. Le thé est d'abord infusé, puis le liquide est déshydraté. Les Américains sont particulièrement friands du thé instantané sucré et aromatisé au citron, consommé froid.

Thé décaféiné. Thé dont une partie de la caféine (appelée aussi théine) a été enlevée afin que son effet soit moindre. La teneur en caféine du thé décaféiné est cependant très variable et il n'est pas rare qu'elle soit presque aussi élevée que celle du thé régulier.

ACHAT ◆ Acheter le thé dans un magasin où le roulement est rapide afin de s'assurer un maximum de saveur.

L'achat du thé en vrac est presque toujours plus économique que l'achat du thé en sachet. De plus, ce thé est souvent meilleur, car les feuilles sont plus complètes (les sachets ne contiennent pas les plus belles feuilles). En outre, les sachets renferment de la poudre et de la poussière de feuilles ainsi que des débris de branches.

PRÉPARATION ◆ Le mode de préparation du thé a subi plusieurs transformations à travers les âges. Il fut un temps où l'on faisait bouillir le thé. On l'a aussi battu puis on en est venu à l'infuser. C'est cette dernière méthode qui est la plus courante de nos jours.

Il est facile de préparer du bon thé. Réchauffer la théière en y versant de l'eau bouillante, puis jeter cette eau. Mettre 5 ml (1 cuillerée à café) de thé par tasse, plus 5 ml pour la théière (ou mettre les sachets), verser l'eau, laisser infuser

VALEUR NUTRITIVE

Le thé renferme plusieurs substances dont les plus importantes sont la théine (caféine), des huiles essentielles, des enzymes, des tannins et des composés phénoliques. Il ne fournit que 2 à 3 calories par 180 ml (6 oz), s'il ne contient ni sucre ni lait. Il contient du potassium et du magnésium.

La théine est identique à la caféine; c'est un alcaloïde de la famille des méthylxanthines. Deux autres méthylxantines, présentes en faible dose, se retrouvent dans le thé, soit la théophylline et la théobromine. La teneur en caféine du thé varie selon le type de feuilles de thé et le temps d'infusion; plus l'infusion se prolonge, plus le taux de caféine est élevé.

Les feuilles de thé renferment plus de caféine (de 2,5 à 4,5 %) que les feuilles de café (1,2 %); toutefois, la quantité de thé utilisée est moindre, ce qui fait que la teneur en caféine d'une tasse de thé est moins importante. Une tasse de thé noir infusée entre 3 à 5 minutes contient généralement de 40 à 60 mg de théine. Le thé est un stimulant qui a plusieurs effets sur l'organisme (voir Café). Il aurait cependant moins de répercussions négatives que le café, car l'action de la caféine est atténuée par certains nutriments du thé. Le thé faciliterait la digestion.

Contrairement à la caféine pure, l'absorbtion de thé entraîne une légère chute de tension artérielle. Selon certaines recherches japonaises et des études épidémiologiques effectuées durant les années 80, le thé vert serait une protection naturelle pour lutter contre le cancer. Une consommation de 5 tasses de thé vert par jour protégerait contre les accidents cardiovasculaires. Cependant, d'autres recherches sont nécessaires afin de confirmer ou d'infirmer ces résultats.

Les tannins du thé, comme ceux du café, diminueraient l'absorption du fer que l'on trouve dans les légumes, les fruits, les céréales, les noix, les œufs et les produits laitiers. On dit du thé qu'il est l'ennemi du fer et son action défavorable serait plus prononcée que celle du café. Si l'infusion dure plus de 5 minutes, les tannins seront concentrés et conféreront au thé un goût amer. L'habitude d'ajouter du lait au thé a une action bénéfique sur les tannins, car cela les neutralise.

de 3 à 5 minutes, puis retirer le thé. Si désiré, recouvrir la théière durant l'infusion. La température de l'eau joue un rôle capital ainsi que le temps d'infusion ; bouillie trop longtemps, l'eau devient plate et donne un thé décevant. Verser l'eau dès qu'elle atteint le point d'ébullition. L'utilisation d'une eau trop calcaire et d'une théière en métal sont déconseillées, les polyphénols du thé réagissant au contact du métal, ce qui rend le thé amer. Le temps d'infusion influence non seulement la teneur en théine mais aussi la saveur ; plus il est long, plus le thé est âcre.

UTILISATION ◆ Le thé est bien connu comme breuvage chaud que l'on boit tel quel ou agrémenté notamment de sucre, de lait, de citron, d'orange, d'une goutte de vanille, d'extrait d'amande ou de clou de girofle. Il peut aussi être pris froid. Les Nord-Américains sont particulièrement friands du thé froid au citron, une boisson désaltérante si elle n'est pas trop sucrée. Pour préparer le thé froid, faire infuser 5 minutes une quantité un peu plus grande de thé que pour le breuvage chaud. Retirer ensuite les sachets ou les feuilles de thé, puis sucrer et aromatiser avec des rondelles de citron ou d'autres fruits. Le thé peut devenir légèrement brouillé sous l'action des tannins quand il refroidit, surtout si on le met encore chaud au réfrigérateur ; l'ajout d'un peu d'eau bouillante lui rend sa limpidité. On peut aussi laisser infuser le thé avec de l'eau froide, en mettant de 8 à 10 sachets pour un litre d'eau et en plaçant le récipient au réfrigérateur pendant au moins 6 heures.

Comme le café, le thé aromatise certains aliments, particulièrement la crème glacée et des pâtisseries. Des pruneaux et autres fruits secs trempés dans du thé froid acquièrent une saveur très agréable.

Le thé a de multiples emplois non culinaires tels les soins de la peau et des cheveux, ainsi que le polissage de la verrerie, des miroirs et des planchers vernis.

CONSERVATION ◆ Le thé se conserve à l'abri de l'air, de la chaleur et de la lumière. L'idéal est de le mettre dans une boîte de métal hermétique, qui le protège aussi de l'humidité et des odeurs. Le thé est moins fragile que le café. Il peut se conserver environ 18 mois, quoiqu'il soit préférable de ne pas dépasser 6 mois. Introduire dans le récipient une substance aromatisante, tels un bâton de cannelle, du zeste de citron ou d'orange, des feuilles de menthe ou une gousse de vanille, pour conférer au thé une saveur inhabituelle.

THÉORIE DE LA COMPLÉMENTARITÉ

HISTORIQUE ◆ La théorie de la complémentarité est surtout connue depuis 1972, à la suite de la parution du livre de Frances Moore Lappé intitulé *Diet for a small planet* (traduit en français sous le titre de « Sans viande et sans regrets »). Cette théorie dit que les végétariens doivent inclure dans leur alimentation des aliments qui se complètent sur le plan de leurs acides aminés. Les acides aminés sont les principaux constituants des protéines. Les protéines contiennent 20 acides aminés, dont 8 sont dits essentiels parce que le corps humain ne peut pas les synthétiser ; il doit donc aller les chercher dans les aliments. Les acides aminés de la viande diffèrent de ceux des végétaux parce qu'ils contiennent les acides aminés essentiels. Depuis le début du XXe siècle, on qualifie les protéines animales de complètes et les protéines végétales d'incomplètes.

Frances Moore Lappé a formulé sa théorie de la complémentarité principalement pour rassurer les personnes désireuses de délaisser la viande. Elle voulait démontrer qu'on pouvait être végétarien sans qu'il en découle une déficience en protéines. À cette époque, le mythe selon lequel la viande constituait l'unique façon d'ingérer des protéines de haute qualité était encore plus fort que maintenant. La connaissance de la composition des aliments a permis de comprendre comment les déficiences d'un aliment en acides aminés sont compensées par la richesse d'un autre. Ainsi, la plupart des légumineuses manquent de méthionine, de cystine et de tryptophane tout en étant bien pourvues en lysine ; elles complètent et enrichissent les céréales, les graines et les noix, pauvres en lysine. Quant aux céréales, graines et noix, elles sont riches en méthionine et en tryptophane et elles complètent les légumineuses.

Combler la déficience en acides aminés essentiels d'un végétal en lui combinant un aliment qui contient ce qui lui manque (aliment qui devient complémentaire) a été fait instinctivement depuis des millénaires par de nombreux peuples. C'est le cas notamment des peuples qui combinent légumineuses et maïs (notamment les Mexicains), pois chiches et boulghour (les Arabes), lentilles et riz (les Indiens), pâtes alimentaires et légumineuses (les Italiens dans leur soupe minestrone).

Lorsque Frances Moore Lappé a formulé sa théorie, elle a beaucoup insisté sur l'importance de la complémentarité, donnant l'impression qu'il fallait presque mesurer les aliments à chaque repas pour combler les besoins nutritifs quotidiens et qu'une grande connaissance en nutrition était quasiment indispensable. Elle a révisé sa position par la suite dans une version corrigée de son livre parue en 1982, version qui n'a malheureusement pas été traduite en français. Elle prend une position plus réaliste et moins médicalisée, et elle explique qu'avec une alimentation végétarienne variée, l'équilibre s'effectue naturellement, tout au moins pour la population moyenne. Font exception surtout les jeunes enfants et les femmes enceintes, qui ont des besoins particuliers.

Réussir à bien s'alimenter tout en étant végétarien est donc beaucoup plus simple qu'on ne le croit généralement. Il importe surtout de varier notre alimentation et de manger des aliments sains, c'est-à-dire non transformés.

THON

Thunnus spp, **Scombridés**
Autres noms et espèces : *bonite, pelamide, albacore, germon*
Nom anglais : *tuna*

HISTORIQUE ◆ Grand poisson migrateur au corps allongé et robuste familier des mers chaudes. Le thon est fréquent dans la Méditerranée, le Pacifique, l'Atlantique et l'océan Indien. Dans l'Atlantique Nord, il remonte jusqu'à Terre-Neuve durant l'été. Le thon se déplace en bancs. Sa vivacité et sa puissance en font un poisson très agile qui nage vite. Il offre une des meilleures pêches sportives, les plus gros résistant aux pêcheurs des heures durant, traînant parfois les bateaux vers le large sur plusieurs kilomètres. Le thon est pêché depuis des temps immémoriaux. On le pêche à la ligne, au harpon ou à la madrague, une enceinte de filets à compartiments installés en permanence près de la côte. Dans l'Antiquité, on appréciait le thon particulièrement s'il était fumé ou saumuré.

Les thons sont classés en plusieurs espèces aux noms distinctifs selon leurs particularités. Ces poissons ont cependant en commun 2 nageoires dorsales dont 1 épineuse, 2 nageoires anales et une série de petites nageoires situées entre la deuxième nageoire dorsale et la deuxième nageoire anale. Parmi les espèces les plus communes se trouvent le thon rouge, le germon, la bonite à dos rayé et l'albacore.

Le **thon rouge** (ou **thon commun**, *Thunnus thynnus*) est le géant de la famille. Il mesure généralement de 1 à 2 m de long et pèse de 100 à 180 kg. Il peut atteindre une longueur de 4 m et un poids de près de 900 kg. Il a une tête en cône, une grande bouche et une mince queue en forme de croissant. Son dos est bleu foncé, ses flancs et son ventre sont gris argenté. Sa chair, d'un rouge brunâtre, a une saveur prononcée.

———————

Le **germon** (ou **thon blanc**, *Thunnus alalunga*) a de longues nageoires pectorales en forme de sabre et une étroite bande de couleur blanche le long de la queue. Il mesure généralement de 55 cm à 1 m de long et pèse de 30 à 40 kg. Son dos est bleu noirâtre, ses flancs et son ventre sont gris argenté. Le thon blanc est appelé *albacore* en anglais, ce qui cause de la confusion car en français « albacore » est le nom donné au thon à nageoires jaunes. Sa chair blanche à peine rosée est très appréciée ainsi que ses œufs.

———————

La **bonite à dos rayé** *(Sarda sarda)* a un corps allongé plutôt petit ; elle n'atteint habituellement que 50 cm de long et un poids de 2 kg. Ses rayures obliques bleu foncé aident à la reconnaître facilement. C'est l'espèce la plus pêchée dans le monde. Au Japon, on l'utilise beaucoup séchée sous forme de flocons qui se conservent indéfiniment. Comme le thon rouge et l'albacore à nageoires jaunes, la bonite à dos rayé est principalement destinée à la conserverie. Sa chair est rouge foncé.

———————

L'**albacore à nageoires jaunes** *(Thunnus albacores)* est l'espèce la plus courante, en particulier dans l'Atlantique. Ce poisson de forme élancée mesure généralement de 60 cm à 1,5 m de long. Son dos est bleu métallique foncé, ses flancs et son ventre sont blanc argenté. L'extrémité de ses nageoires est colorée de jaune. Sa chair pâle est très bonne. Elle est surtout mise en conserve.

La chair de ces poissons est ferme et dense. Sa couleur varie selon les espèces tout comme sa saveur, qui peut être très prononcée. La partie entre les flancs est très recherchée parce que c'est la plus fine, et c'est aussi la plus chère.

ACHAT ◆ Le thon frais est commercialisé en steaks, en filets ou en tronçons.

Plusieurs variétés de thon sont rarement vendues à l'état frais mais plutôt en conserve. Le thon en conserve peut baigner dans de l'huile végétale, du bouillon ou de l'eau. Le thon à l'huile est moins sec, mais sa teneur en matières grasses est plus élevée. L'achat du thon en conserve constitue souvent un casse-tête, car le thon peut être entier, en morceaux, en flocons ou émietté. De plus, une dizaine d'espèces sont mises en conserve et l'étiquette des boîtes précise très rarement l'espèce ; elle n'indique généralement que thon blanc ou thon pâle (l'albacore forme une catégorie à part, car sa chair très cotée est plus coûteuse ; il se vend habituellement entier ou en morceaux et son nom est indiqué). Le thon entier est presque toujours très cher. Le thon émietté est souvent meilleur marché, mais c'est aussi la préparation dans laquelle on trouve le plus de débris de peau et d'arêtes. Tester plusieurs marques permet de découvrir celles qui en contiennent le moins. Un facteur qui peut guider l'achat est l'utilisation projetée. Si l'apparence du thon est importante, on choisira du thon entier, ce qui devient inutile quand le thon se perd dans une sauce ou se cache sous de la mayonnaise.

VALEUR NUTRITIVE
Le thon frais contient environ

Protéines	23 g
Matières grasses	1 à 5 g
105 à 145 calories/100 g, selon les espèces	

Il est maigre ou mi-gras.

Le thon à chair pâle en conserve, à l'huile, contient

Protéines	29 g
Matières grasses	8 g
198 calories/100 g, égoutté	

Il est mi-gras.

Le thon à chair pâle en conserve, à l'eau, contient

Protéines	30 g
Matières grasses	0,5 g
131 calories/100 g, égoutté	

Il est maigre.

PRÉPARATION ◆ Le thon frais pêché doit être saigné le plus rapidement possible, ce qu'on effectue en pratiquant une incision de quelques centimètres au-dessus de la queue. Le thon a une rangée d'arêtes qui jaillissent au milieu de ses côtes et que l'on sépare de la chair en glissant entre les deux un bon couteau. Une bande plus foncée, plus grasse et de saveur très prononcée est située près des flancs. L'enlever aide à atténuer la saveur du poisson.

UTILISATION ◆ Le thon frais peut être poché, braisé, grillé, rôti au four ou cuit en papillotes. La cuisson à l'étuvée, au court-bouillon et à la vapeur lui conviennent particulièrement bien. Les espèces à forte saveur gagnent à tremper plusieurs heures avant la cuisson dans de l'eau légèrement salée et à être marinées dans du jus de citron aromatisé de fines herbes. Le thon sera plus digestible s'il est poché une dizaine de minutes avant d'être cuisiné. Éviter d'augmenter sa teneur en matières grasses en le cuisinant. Le thon entre dans la préparation du *vitello tonnato*, un mets italien qui comprend aussi du veau froid, des anchois, des câpres et de la mayonnaise. Le thon cru est fort apprécié des Japonais, qui l'apprêtent en sashimis et en sushis. Le thon en conserve a une utilisation variée ; on le met notamment dans les salades, les sandwichs, les sauces, les omelettes, les plats au gratin et les quiches.

CONSERVATION ◆ Le thon frais se conserve environ 6 jours au réfrigérateur. La durée de conservation du thon congelé est de seulement 3 mois parce que la chair est grasse. Transvider tout restant de thon en conserve dans un contenant hermétique et réfrigérer.

THYM

Thymus vulgaris, **Labiacées**
Nom anglais : *thyme*

HISTORIQUE ◆ Plante aromatique ligneuse originaire de la région méditerranéenne. Le thym est un arbuste buissonneux, vivace sous les climats chauds et annuel sous les climats tempérés, qui mesure de 10 à 30 cm de haut. Le thym est consommé comme fine herbe et pour ses propriétés médicinales depuis des millénaires. Les Égyptiens se servaient du thym pour embaumer leurs morts. Les Grecs le brûlaient comme encens dans leurs temples. Au Moyen-Âge, on croyait que le thym donnait du courage.

Le thym a des feuilles allongées plus ou moins étroites d'un vert grisâtre sur le dessus et blanchâtres en dessous. Ces feuilles dégagent une odeur pénétrante et produisent une huile essentielle au goût chaud et piquant. Des fleurs roses ou violettes poussent à la base des feuilles. Il existe une soixantaine d'espèces de thym, comprenant le serpolet et le thym citronné. Le thym commun, surnommé farigoule en Provence, est cependant l'espèce la plus usuelle.

Le **serpolet** *(Thymus serpyllum)* est une variété sauvage à tige rampante. Cette tige est munie de feuilles ovales plus petites que les feuilles du thym et non blanches dessous. Le serpolet dégage une odeur fortement aromatique. Sa saveur épicée est légèrement amère.

―――――――――

Le **thym citronné** *(Thymus citriodorus)* est une espèce particulièrement intéressante, car il ajoute une touche de citron aux mets qu'il assaisonne. Il se marie bien avec la volaille, le veau et les fruits de mer. Il ne supporte pas la cuisson.

ACHAT ◆ Les feuilles de thym entières ont plus de saveur que les feuilles moulues.

UTILISATION ◆ Le thym se marie particulièrement bien avec la viande, le gibier, le poisson, les haricots secs, les sauces, les œufs, les légumes et les farces. Il résiste bien aux longues cuissons, c'est donc un compagnon idéal des ragoûts, civets, soupes, sauces tomate et courts-bouillons. Lorsqu'on l'utilise entier, retirer les tiges avant de servir. Le thym est un des composants du bouquet garni. Ses propriétés antiseptiques en font une herbe recherchée pour la confection de la charcuterie et des marinades.

L'huile essentielle sert à parfumer savons, huiles de bain et autres produits cosmétiques.

VALEUR NUTRITIVE	
Le thym moulu fournit	
Calcium	26 mg
Potassium	11 mg
Vitamine A	5 ER
Magnésium	3 mg
Phosphore	3 mg
Fer/5 ml (1 g)	1,73 mg

On dit le thym diurétique, stimulant, antispasmodique, carminatif, emménagogue, aphrodisiaque, sudorifique, vermifuge et expectorant. L'huile essentielle contient du thymol ainsi que du carvacro (jusqu'à 60 %), tous deux d'excellents antiseptiques et vermifuges. Plusieurs sirops contre la toux contiennent du thymol. En tisane, mettre 15 ml (1 cuillerée à soupe) de feuilles par tasse d'eau, faire bouillir de 2 à 3 minutes, puis laisser infuser 10 minutes.

TOFU

Nom anglais : *tofu*

HISTORIQUE ◆ Nom japonais du caillé obtenu avec le liquide laiteux extrait des haricots de soya. Cet aliment nommé *doufu* (dow-foo) en Chine, d'où il est originaire, est connu depuis plus de 2 000 ans. Il occupe une place importante dans la cuisine asiatique. Le Japon découvrit ce produit vers le VIIIᵉ siècle lorsque des moines japonais revinrent de Chine. Les Japonais devaient, beaucoup plus tard, le faire connaître au monde occidental. Le tofu est parfois désigné sous le nom de pâté, de caillé ou de fromage de soya. Ce dernier terme porte à confusion parce que le tofu n'est ni fermenté, ni vieilli, ni mûri et qu'il existe un véritable fromage de soya.

Généralement disponible en blocs rectangulaires, le tofu a une consistance quelque peu gélatineuse mais ferme. Celle-ci surprend la première fois, mais on s'y habitue rapidement. On compare souvent la texture du tofu à celle d'un flan assez ferme. Sa saveur est fade, mais elle peut se modifier à volonté puisque le tofu absorbe la saveur des aliments avec lesquels il est préparé.

Fabrication du tofu. La première étape de la fabrication du tofu est identique à celle du lait de soya (voir Lait de soya), à ceci près que le lait doit être plus épais que celui destiné à être bu. Vient ensuite le caillage, effectué à l'aide de sel ou d'acide. Parmi les sels, le nigari est traditionnellement utilisé. C'est un extrait de sel de mer disponible sous sa forme naturelle, une poudre de cristaux de couleur beige ou blanchâtre. Le chlorure de magnésium (extrait du nigari), le chlorure de calcium (un produit tiré d'un minerai extrait de la terre), le sulfate de calcium (gypse) et le sulfate de magnésium (sel d'Epsom) sont aussi utilisés. On peut également se servir de vinaigre, de jus de citron ou de limette et de lactone (difficile à trouver). Le coagulant est ajouté au lait chaud et 15 à 20 minutes plus tard un caillé blanchâtre se forme. Le caillé est par la suite égoutté et débarrassé de son petit-lait à l'aide de coton à fromage. Puis il est habituellement pressé dans un boîtier où il acquiert sa forme familière et de la consistance. Le tofu est laissé nature ou il est assaisonné.

Chaque coagulant influence à sa façon la texture et la saveur du tofu. Les experts parviennent d'ailleurs à identifier le coagulant utilisé par l'aspect du tofu et sa saveur. Ainsi, le tofu est plus léger et de saveur plus délicate et plus douce avec le chlorure de magnésium, le nigari et l'eau de mer. Il est plus fade et de texture plus molle avec le gypse, et il est plus ferme et de saveur plus délicate avec les sels d'Epsom. La texture et la saveur du tofu sont aussi influencées par la durée de l'égouttage ; plus elle se prolonge, plus le tofu est ferme et compact.

ACHAT ◆ Le tofu peut être vendu en vrac, baignant dans de l'eau, ou emballé (le plus souvent dans un emballage sous vide) ; il est également disponible déshydraté ou congelé. S'il est en vrac, s'assurer qu'il est bien frais et que les conditions d'hygiène sont adéquates, par exemple que personne ne touche le tofu avec ses mains et que l'eau est propre. L'emballage scellé élimine les risques de contamination et prolonge la durée du tofu. Une date d'expiration doit toujours y être imprimée ; elle indique jusqu'à quand le tofu peut rester enveloppé. Lorsque cette date est passée, le tofu est toujours comestible mais un peu moins savoureux.

CUISSON ◆ Le tofu est l'aliment caméléon par excellence. Non seulement absorbe-t-il la saveur des aliments avec lesquels on le combine, mais il peut aussi en quelque sorte adapter sa texture à celle des aliments pour mieux s'y intégrer. On peut l'égoutter, le presser, l'émietter, le broyer et l'étuver. Il fonctionne comme une éponge ; plus on l'égoutte, plus il absorbera les saveurs. Le tofu peut être plus ou moins humide, plus ou moins granuleux selon les méthodes de préparation. Pour l'affermir, l'assécher à feu doux ou le laisser s'égoutter en mettant une assiette puis un poids sur l'assiette. On peut aussi placer le tofu sur un linge absorbant et presser doucement, ou le laisser plusieurs heures dans une passoire placée au-dessus d'un récipient (si possible le réfrigérer).

Le tofu ferme garde mieux sa forme, il est plus facile à trancher et à mettre en cubes que le tofu mou, mais il est plus difficile à émietter et à piler. La congélation rend le tofu plus charnu, plus caoutchouteux, plus spongieux et plus perméable aux sauces et aux saveurs. L'ébullition a un effet semblable ; la consistance du tofu dépendra de la durée de l'ébullition. Celle-ci permet aussi de rafraîchir du tofu trop vieux, dont on a oublié de changer l'eau et qui dégage une odeur sure. Laisser le tofu entier ou le couper en cubes puis le faire bouillir de 4 à 20 minutes, selon la taille des morceaux et la texture désirée.

Le tofu frais, consommé le plus tôt possible après sa fabrication ou son achat, a plus de goût, car chaque jour qui passe provoque une transformation de la texture et de la saveur. Le tofu âgé étant plus ferme et d'un goût plus prononcé, il gagne à être bien assaisonné.

UTILISATION ◆ L'utilisation du tofu est très vaste. On l'emploie de l'entrée au dessert, et même dans les boissons. On le met notamment dans les céréales, les spaghettis, les pizzas, les omelettes, les gâteaux, les tartes, les biscuits et les muffins. Cru, broyé et bien assaisonné, le tofu peut être mis dans les sandwichs, les salades et les hors-d'œuvre. Le tofu broyé peut aussi remplacer la crème sure, le yogourt et le fromage (cottage, ricotta, en crème). Le tofu peut être cuit de diverses façons : sauté, braisé, mijoté, frit, grillé. Sa cuisson est rapide (quelques minutes suffisent). Le tofu est l'ingrédient de base d'un produit semblable à de la crème glacée, souvent commercialisé sous le nom de tofutti (voir Crème glacée).

CONSERVATION ◆ Le tofu frais se conserve au réfrigérateur ou au congélateur. Pour le réfrigérer, le faire baigner dans de l'eau que l'on changera tous les jours ou aux deux jours. Le congeler sans eau dans un récipient hermétique. La décongélation peut s'effectuer à la température de la pièce ou dans de l'eau bouillante. Presser ensuite le tofu pour bien l'égoutter, si désiré.

VALEUR NUTRITIVE	
Ferme, le tofu contient	
Eau	69,8 %
Protéines	14,2 g
Matières grasses	7,8 g
Glucides	3,9 g
Fibres	0,1 g
130 calories/90 g	

Le tofu est un aliment nourrissant. Il est une excellente source de fer et de magnésium et une bonne source de potassium, de niacine, de cuivre, de calcium, de zinc et de phosphore ; il contient de la folacine, de la thiamine, de la riboflavine et de la vitamine B_6 ainsi que des traces d'acide pantothénique et de vitamine A. Les protéines, riches en lysine, font du tofu un complément idéal des céréales (voir Soya). Ses matières grasses sont non saturées à 78 % et ne contiennent pas de cholestérol puisqu'elles sont d'origine végétale. La quantité de glucides est minime, car la majeure partie reste dans le petit-lait lors du caillage.

Le tofu dans un emballage hermétique est encore comestible lorsque la date de péremption est passée. Il est cependant moins savoureux. S'il n'est pas consommé immédiatement, le retirer de l'emballage et le mettre dans un récipient qui ferme hermétiquement. Recouvrir le tofu d'eau, que l'on changera tous les jours ou aux deux jours.

TOMATE

Lycopersicum esculentum, **Solanacées**
Nom anglais : *tomato*

HISTORIQUE ◆ Fruit d'une plante dont on a longtemps cru qu'elle était originaire d'Amérique du Sud, plus particulièrement de la région andine. Des découvertes archéologiques récentes donnent à penser qu'elle viendrait plutôt du Mexique et de l'Amérique centrale. Le mot tomate est dérivé de *tomatl*, le nom de ce légume en nahuatl, la langue parlée par les Aztèques.

Consommée par les peuples autochtones, la tomate intrigua les Espagnols et les Portugais qui la découvrirent lorsqu'ils envahirent l'Amérique du Sud. Ils la transplantèrent en Europe où elle souleva longtemps la méfiance. On croyait qu'elle rendait malade, ce qui n'est pas surprenant quand on sait que les feuilles, les tiges et les fruits immatures contiennent un alcaloïde toxique. Plus tard, la perception de la tomate changea radicalement, on la nomma « pomme d'amour » et elle devint un symbole de richesse. Quiconque se targuait d'être riche se devait d'inclure la tomate au menu du repas nuptial.

La tomate, qui est consommée comme légume, pousse sur une plante buissonnante, parfois rampante. Annuelle sous les climats tempérés et vivace à courte vie sous les climats tropicaux, elle nécessite toujours une longue période de chaleur et d'ensoleillement. Il en existe plus d'un millier de variétés, incluant la tomate cerise, la tomate prune (variétés *cerasiformes*) et la tomate biotechnologique, une tomate dont les gènes ont été altérés afin qu'elle se conserve plus longtemps. Une telle diversité a une incidence sur la forme, la taille, la couleur, la fermeté, la saveur et la valeur nutritive de la tomate. Celle-ci peut être arrondie, ovale, globulaire et même carrée. Cette dernière variété fut créée par des agronomes américains en 1984 pour répondre aux besoins de l'industrie, qui voulait une tomate facile à cueillir et à empaqueter.

La taille des tomates varie autant selon les espèces qu'à l'intérieur d'une même variété. Ainsi, la tomate cerise est aussi minuscule que la cerise ; elle mesure de 2,5 à 3 cm de diamètre. La tomate prune ressemble à une petite poire ; elle mesure de 5 à 10 cm de long et a de 3 à 5 cm de diamètre. Quant à la tomate arrondie, elle mesure habituellement entre 6 et 12 cm de diamètre et peut peser entre 75 g et 1 kg, parfois plus. Certaines variétés de tomates sont vertes, même mûres, mais la plupart deviennent rouges, roses, orangées ou jaunes. La saveur des tomates est loin d'être uniforme et dépend entre autres du degré d'acidité, du contenu en sucre et en eau, de la texture de la chair (parfois assez farineuse) et de la peau ainsi que du moment de la cueillette. De nos jours, les tomates sur le marché sont presque toujours du type ferme et leur peau est épaisse.

ACHAT ♦ Choisir des tomates intactes, fermes mais cédant un peu sous une légère pression des doigts, d'une belle coloration et dégageant une bonne odeur. Délaisser les tomates très molles, tachées ou meurtries : elles sont plus aqueuses, ont moins de saveur et se conservent difficilement. C'est à la fin de l'été que l'achat des tomates fraîches est le plus satisfaisant, car les tomates locales sont disponibles et elles sont cueillies plus à maturité.

Les tomates en conserve ont souvent un goût métallique déplaisant et nocif parce que l'acidité des tomates a un effet corrosif sur le métal des boîtes de conserve. Il est donc préférable d'acheter les tomates cuites et les produits à base de tomates (sauce, pâte, jus) dans des contenants de verre ou de carton.

PRÉPARATION ♦ On prépare les tomates en les lavant puis, si désiré, en les pelant, les épépinant et les mondant.

- Pour **peler** les tomates, les plonger 5 secondes dans de l'eau bouillante, puis les passer immédiatement sous l'eau froide ; l'opération doit s'effectuer rapidement, car la chaleur détruit la vitamine C et les tomates ne doivent ni cuire ni tremper. Pour faciliter l'opération, on peut mettre les tomates dans une passoire ou un panier.

- Des tomates très mûres peuvent être pelées directement ; faire des incisions sur la peau, saisir cette dernière entre le pouce et la lame d'un couteau, puis l'arracher.

- Pour **épépiner** les tomates, il suffit de les couper horizontalement en deux et de les presser pour faire sortir le jus et les graines.

- Pour **monder** les tomates, enlever la partie dure qui retenait la queue en coupant un cercle tout autour.

CUISSON ♦ Éviter de cuire les tomates dans des casseroles en aluminium vu que l'acidité de ces fruits a un effet corrosif et qu'ils prennent un goût métallique déplaisant et nocif. Ajouter un peu de sucre ou de miel lors de la cuisson permet de neutraliser l'excès d'acidité des tomates ; la quantité nécessaire dépend du degré d'acidité, fort variable. Une cuisson prolongée des tomates à feu intense n'est pas à conseiller. C'est souvent une cuisson à feu vif qui rend la sauce à spaghetti indigeste ; il vaut mieux la cuire à feu très lent au four (120 à 135 °C) ou sur la cuisinière.

UTILISATION ♦ La tomate se mange aussi bien crue que cuite et ses possibilités d'utilisation sont variées. Crue, on la consomme telle quelle, arrosée ou non de vinaigrette, ou on la met dans les salades, les hors-d'œuvre et les sandwichs. La tomate cerise, entre autres, est très utilisée crue, souvent à des fins décoratives. La tomate peut être cuisinée de multiples façons : on la farcit, on la cuit en confiture ou on la met dans les soupes, les sauces, les omelettes, les risottos, les pot-au-feu et les marinades. La tomate est particulièrement délicieuse en croûte ; mettre 1 ou 2 tranches de bacon croustillant sur du pain rôti, recouvrir d'avocat tranché mince, déposer des tranches de tomates, parsemer de fromage râpé et gratiner de 10 à 15 minutes. Les tomates vertes sont comestibles mais doivent être cuites. Elles sont souvent sautées, frites ou mises en marinades.

La tomate est souvent transformée en jus, en sauce, en purée et en pâte. Ces divers produits sont souvent interchangeables dans les recettes. Si on effectue une substitution, il peut être nécessaire de changer aussi la quantité de liquide et d'assaisonnements. Ainsi, on peut remplacer :

- 125 ml (8 cuillerées à soupe) de pâte de tomates par 240 ml de purée, en enlevant 120 ml du liquide dans la recette et en omettant les épices et le sel ;

- 240 ml de jus de tomates par 125 ml de sauce de tomates diluée dans 125 ml d'eau ou de bouillon, ou par 60 ml (4 cuillerées à soupe) de pâte de tomates mêlée à 180 ml de liquide.

CONSERVATION ◆ Garder les tomates à la température de la pièce et à l'abri du soleil ; elles se conserveront environ 1 semaine. Ne les laver qu'au moment de les utiliser. Réfrigérer les tomates très mûres pour ralentir leur détérioration. Sortir les tomates à l'air ambiant une trentaine de minutes avant de les consommer, elles auront plus de saveur. Les tomates vertes peuvent mûrir à la température de la pièce ; les envelopper individuellement dans du papier journal ou les recouvrir d'un linge accélère le processus. Ne pas les exposer à des températures au-dessous de 10 °C, car le froid arrête le mûrissement. À l'abri du soleil, elles peuvent rester quelques semaines à l'air ambiant.

Les tomates se congèlent mais s'affaissent et perdent leur jus à la décongélation ; on les utilise surtout pour la cuisson et si possible encore congelées. Les congeler entières, mais les mettre d'abord dans de l'eau bouillante 5 secondes afin de pouvoir enlever leur peau avec facilité, et les refroidir sous l'eau froide avant de retirer la peau. Éviter de laisser tremper longtemps les tomates dans l'eau, sinon elles perdent saveur et valeur nutritive. On peut congeler les tomates avec leur peau, après les avoir seulement lavées, mais elles ne se conserveront que 6 mois, et il est plus pratique d'enlever la peau avant de les congeler. On peut aussi cuire les tomates doucement de 5 à 6 minutes avec du sel et du sucre (5 ml [1 cuillerée à café] de chacun) avant de les congeler.

Les tomates sont souvent mises en conserve à la maison. La mise en conserve maison est efficace seulement si les pots sont bien stérilisés et si les tomates ont un taux d'acidité suffisant. Le pH doit être de 4,6 ou moins (plus les tomates sont acides, plus le chiffre est petit), sinon il y a risque d'empoisonnement du fait que des bactéries nocives peuvent se développer. L'acidité varie selon la variété des tomates, les conditions climatiques dans lesquelles elles ont été cultivées et le moment de la cueillette. L'acidité diminue au fur et à mesure que l'été avance ; les tomates très mûres en ont peu. Connaître le taux d'acidité des tomates n'étant guère facile, il est préférable d'ajouter du jus de citron en bouteille (le jus de citron frais n'est pas assez concentré) ou de l'acide citrique ; calculer 15 ml

(1 cuillerée à soupe) de jus de citron pour 500 ml (2 tasses) de tomates ou 1 ml d'acide citrique. Ajouter aussi 2 ml (¹/₂ cuillerée à café) de sel pour une meilleure conservation. Verser ces ingrédients quand les tomates sont dans le récipient.

TOMATILLE

Physalis ixocarpa, **Solanacées**
Autre nom : *tomate de Cascara*
Nom anglais : *tomatillo*
Autre nom : *Mexican husk tomato*

HISTORIQUE ◆ Fruit d'une plante annuelle probablement originaire du Mexique. La tomatille est cultivée au Mexique depuis le temps des Aztèques. En Amérique, elle est relativement peu connue en dehors du Mexique et du sud de la Californie, région où vivent de très nombreux Mexicains. La tomatille appartient à la grande famille des Solanacées, elle est donc apparentée notamment à la tomate, à l'aubergine, au piment et à la pomme de terre.

Il existe une centaine de variétés de *physalis*. On appelle souvent ces plantes « lanternes chinoises », car leurs fruits sont recouverts d'une fine membrane de la consistance d'une mince feuille de papier, comme les abat-jour chinois. Le nom latin *physalis* vient de *phusalis*, du grec *phusan* qui signifie « gonfler ». La tomatille pousse sur une plante qui atteint de 1 à 1,3 m de haut. Ce fruit est une baie qui peut être aussi petite qu'une tomate-cerise ou aussi grosse qu'une prune. La tomatille est plus ferme et plus lustrée que la tomate. Habituellement cueillie verte, elle peut devenir pourpre ou jaunâtre à maturité. Sa fine membrane (calice) de couleur orange brunâtre est veinée de pourpre. La tomatille est légèrement gélatineuse et acidulée. Sa saveur est un peu plus prononcée que celle des autres variétés de *physalis*, notamment celle de l'alkékenge. On l'utilise surtout comme légume.

ACHAT ◆ Choisir des tomatilles fermes et de coloration uniforme. Si elles sont vendues avec leur calice, ce dernier devrait être cassant, signe que les fruits sont mûrs et exempts de moisissures.

PRÉPARATION ◆ Enlever la membrane puis laver le fruit, en prenant soin de laver autour de la tige car il s'y loge une substance résineuse.

UTILISATION ◆ La tomatille est le plus souvent cuite, mais elle peut aussi se manger crue. On la consomme telle quelle ou on la met dans les salades. Elle est plus ferme que la tomate. C'est l'ingrédient parfait des sauces ; cette utilisation est courante au Mexique. Le fameux *mole verde* à base de tomatille assaisonne à peu près tout (viande, tacos, burritos, enchiladas, etc.).

VALEUR NUTRITIVE	
La tomatille crue contient	
Eau	91,7 %
Protéines	0,88 g
Matières grasses	1,2 g
Glucides	5,9 g
32 calories/100 g	

Elle est une bonne source de potassium ; elle contient de la vitamine C, du magnésium, de la niacine et de la thiamine ainsi que des traces de cuivre, de phosphore et de folacine. On la dit fébrifuge, diurétique, antirhumatismale et dépurative.

La tomatille est délicieuse dans les tartes. Grâce à son apparence inusitée, elle peut être utilisée à des fins décoratives. Entrouvrir légèrement sa membrane.

CONSERVATION ◆ La tomatille se conserve plusieurs semaines au réfrigérateur. La placer dans le bac à légumes. Elle se congèle aussi facilement que la tomate.

TOPINAMBOUR

Helianthus tuberosus, **Composées**
Autre nom : *artichaut d'hiver*
Nom anglais : *Jerusalem artichoke*
Autre nom : *sunchoke*

HISTORIQUE ◆ Tubercule d'une plante potagère vivace originaire d'Amérique du Nord. Le topinambour était cultivé par les Indiens qui habitaient ce que l'on nomme maintenant la Nouvelle-Angleterre. L'explorateur français Samuel de Champlain trouva que ce légume avait une saveur semblable à celle de l'artichaut et il l'introduisit en France, où on le nomma topinambour. On dit que le mot topinambour aurait pour origine *topinambus*, le nom d'une tribu brésilienne qui visitait la France au moment où les Français découvrirent ce légume. Les Français se servirent de ce nom exotique pour mousser la vente du tubercule en question. Le topinambour est nommé «artichaut de Jérusalem» en anglais ; cependant, ce n'est pas un artichaut qui viendrait de Jérusalem. Le nom artichaut lui fut donné parce que ce légume a une saveur semblable à celle de l'artichaut, et Jérusalem serait une déformation de l'italien *girasole*, littéralement «tourne autour du soleil», car la partie aérienne du topinambour tourne vers le soleil comme celle du tournesol, dont il est un proche parent.

Le plant de topinambour mesure entre 1 m 80 et 4 m de haut. Il est tellement grand et décoratif que dans certaines parties du globe, tels le Moyen-Orient et le sud des États-Unis, on s'en sert pour clôturer les terrains. Il pousse facilement et on peut difficilement s'en débarrasser, car il est très résistant.

Les topinambours sont des tubercules aux formes irrégulières et noueuses, mesurant de 7 à 10 cm de long et de 3 à 6 cm de diamètre. Ils ressemblent au gingembre. Leur chair blanc jaunâtre est croquante, juteuse, sucrée et de saveur délicate. Elle est recouverte d'une mince peau comestible, d'une couleur beige parfois teintée de rouge ou de violet. La saveur des topinambours s'améliore avec le temps, surtout si on les récolte après un léger gel.

 ACHAT ◆ Choisir des topinambours fermes, avec une peau intacte. Délaisser les tubercules qui sont teintés de vert ou qui ont commencé à germer.

CUISSON ◆ Les topinambours noircissent au contact de l'air lorsqu'ils sont coupés. Pour les empêcher de noircir, les tremper dans une eau acidulée (15 ml [1 cuillerée

VALEUR NUTRITIVE
Le topinambour cru contient

Eau	78 %
Protéines	2 g
Matières grasses	traces
Glucides	17,4 g
Fibres	1,6 g
76 calories/100 g	

Il est une excellente source de potassium et une bonne source de fer et de thiamine ; il contient de la niacine, du phosphore, du cuivre, du magnésium, de la folacine et de l'acide pantothénique ainsi que des traces de vitamine B$_6$ et de zinc. Le topinambour renferme de l'inuline, un glucide voisin de l'amidon, qui se transforme en fructose et que les diabétiques peuvent consommer. L'inuline provoque des gaz chez certaines personnes. Les personnes fragiles ou qui mangent des topinambours pour la première fois devraient n'en consommer qu'une petite portion. On dit le topinambour désinfectant, galactogène et énergétique.

à soupe] de vinaigre ou de jus de citron par litre d'eau). Les topinambours sont difficiles à éplucher, aussi sont-ils souvent cuits non pelés, après un brossage minutieux. Si désiré, ôter la pelure après la cuisson, sans trop attendre cependant car lorsqu'elle est refroidie, elle se retire plus difficilement. Il est préférable d'abréger la cuisson du topinambour parce que sa chair se transforme facilement en une bouillie peu savoureuse. La cuisson au four, à la vapeur et au wok lui conviennent bien. À la vapeur, calculer 10 à 15 minutes ; au wok, l'ajouter en dernier. Éviter de cuire le topinambour dans une casserole en aluminium ou en fer car il noircit au contact de ces métaux.

UTILISATION ◆ Le topinambour se mange cru, cuit ou mariné. Il s'apprête de diverses façons, notamment en purée, au gratin ou à la crème. Cru, il confère une touche rafraîchissante aux salades ; on le sert aussi en hors-d'œuvre (l'arroser avec un ingrédient acide pour l'empêcher de noircir). Cuit, il remplace agréablement les châtaignes d'eau et les pommes de terre. On peut le cuire entier au four comme la pomme de terre : calculer de 20 à 30 minutes selon la grosseur. On l'incorpore aux soupes, ragoûts, crêpes et beignets. Il se marie bien avec le poireau et le poisson. Le topinambour peut être transformé en alcool ou, lorsqu'il est séché, en une farine très nourrissante.

CONSERVATION ◆ Manipuler le topinambour avec soin, car il est fragile et se meurtrit facilement. Le mettre dans un sac de plastique perforé sans le laver et le placer au réfrigérateur, où il se conservera plusieurs jours. On peut l'enfouir dans du sable comme la carotte ; il se conservera alors de 1 à 2 mois. Le topinambour supporte très mal la congélation et la mise en conserve, car sa chair noircit et sa texture se détériore. On peut le mariner.

TRIPES

Nom anglais : *tripes*

HISTORIQUE ◆ Tripes est le nom donné à l'estomac des ruminants, bœuf, mouton et veau. Le mot tripes désigne également les boyaux de l'animal et certains mets à base de cet abat, le plus connu étant les tripes à la mode de Caen.

L'estomac des ruminants comprend 4 parties nommées panse, bonnet, feuillet et caillette. Chez le bœuf, on appelle ces quatre estomacs gras-double.

ACHAT ◆ Les tripes sont vendues blanchies. Choisir celles qui ont une couleur blanche ou jaunâtre et une bonne odeur.

PRÉPARATION ◆ Avant de cuire les tripes, les rincer ou les mettre à tremper une dizaine de minutes dans de l'eau froide, les rincer, les brosser pour enlever la graisse et les couper.

UTILISATION ◆ Les tripes peuvent être pochées pendant 1 heure ou 2 puis sautées ou frites une dizaine de minutes. Elles peuvent aussi être blanchies une quinzaine de minutes puis braisées de 3 à 4 heures. Bien les cuire

VALEUR NUTRITIVE		
Les tripes de bœuf crues contiennent		
Protéines		15 g
Matières grasses		4 g
Cholestérol		95 mg
98 calories/100 g		
Elles sont riches en vitamine B_{12} et en zinc.		

sinon elles restent dures. Elles sont souvent servies accompagnées de pommes de terre. On les cuisine avec une grande variété d'ingrédients, tels les pieds de bœuf, de porc ou de veau, la tête de porc, du lard, des légumes, du vin, de la crème et des assaisonnements.

On fait souvent mariner le gras-double avant de le griller ou de le frire. On le sert aussi en ragoût, en gratin ou braisé. On peut le braiser une vingtaine d'heures, ce qui le rend très tendre.

 CONSERVATION ◆ Les tripes se conservent 1 ou 2 jours au réfrigérateur et 3 mois au congélateur.

TRITICALE

Triticale, Triticum X Secale, **Graminées**

Nom anglais : *triticale*

 HISTORIQUE ◆ Céréale créée par hybridation au XXᵉ siècle. Le triticale est issu d'un croisement du blé et du seigle. Son nom lui vient d'ailleurs de la combinaison d'une partie des termes latins identifiant ces céréales, ***Triticum*** (blé) et *Secale* (seigle).

Résultat de plusieurs années de recherches, le triticale combine certaines qualités de ses deux parents, en particulier la haute teneur en protéines du blé et la richesse en lysine du seigle. Cela lui confère une grande valeur nutritive. Il existe divers cultivars de triticale qui ont des caractéristiques variées ; les recherches se poursuivent pour les améliorer. Le triticale est moins fragile que le blé. Il a la résistance du seigle et s'adapte à plusieurs environnements dans les régions aussi bien tempérées que tropicales.

CUISSON ◆ Cuire les grains de triticale dans 2 ou 3 fois leur volume d'eau de 45 à 60 minutes.

UTILISATION ◆ On utilise le triticale comme le blé ou le seigle. Le grain est consommé entier, concassé, germé, en flocons ou moulu. La farine a une saveur qui rappelle celle de la noisette. Elle contribue à augmenter la teneur en fibres et en nutriments des préparations dans lesquelles on l'emploie. La composition de son gluten rend plus délicate la fabrication de pain à 100 % de triticale. Le gluten ne peut supporter qu'un seul pétrissage, car il est fragile, et le pain qui ne peut lever qu'une seule fois est moins volumineux. Dans la plupart des recettes, la farine de triticale peut remplacer jusqu'à 50 % de la farine de blé sans aucune difficulté. On se sert du triticale pour fabriquer notamment des pâtes alimentaires, des tortillas, des crêpes, des muffins, des gâteaux et des tartes. On utilise aussi le triticale pour fabriquer de l'eau-de-vie et de la bière.

VALEUR NUTRITIVE	
La farine de triticale à grains entiers contient	
Eau	10 %
Protéines	17 g
Matières grasses	2,4 g
Glucides	95,1 g
Fibres	19 g
440 calories/130 g (250 ml)	

Le triticale possède un peu plus de protéines que le blé ; ses acides aminés essentiels sont plus équilibrés, notamment en lysine (voir Céréales). Sa concentration en gluten est moyenne et se situe à peu près entre celle du seigle et celle du blé. Son gluten n'a cependant pas la même qualité que celui du blé et il est donc plus difficilement panifiable. La farine du triticale à grains entiers est une excellente source de magnésium, de potassium, de folacine., d'acide pantothénique, de zinc, de phosphore, de thiamine, de cuivre, de fer et de vitamine B₆; elle est une bonne source de niacine et contient de la riboflavine et du calcium. Elle est plus riche que la farine de blé entier en certains nutriments, notamment en folacine, en cuivre, en acide pantothénique et en vitamine B₆, mais légèrement plus pauvre en niacine.

TRUFFE

Tuber spp, **Eutubéracées**
Nom anglais : *truffle*

HISTORIQUE ◆ Champignon comestible difficile à trouver parce qu'il est souterrain ; il pousse en effet sur les racines des arbres, particulièrement celles des chênes. La truffe a longtemps intrigué, car on ne savait pas comment elle poussait ni à quelle classe d'aliments elle appartenait. On croyait qu'elle se formait lors d'orages électriques, ce qui n'était pas si bête puisque de fortes pluies remuaient la terre et la mettaient à découvert.

La truffe occupe une place particulière parmi les champignons, car aucun ne jouit d'une aussi grande réputation. Dès l'Antiquité, on vantait l'excellence de sa saveur. Relativement rare et perçue comme un aliment de prestige, la truffe a toujours été coûteuse. De nos jours, elle est presque inabordable, sa rareté étant accentuée par une hausse de la demande et par une baisse notable de la production depuis le début du XXe siècle, à cause notamment du déboisement et de l'utilisation de pesticides.

La cueillette des truffes s'effectue très souvent à l'aide d'animaux. On s'est longtemps servi de porcs muselés (on les muselait pour les empêcher de se battre entre eux, car ils raffolent des truffes et ne se contentent pas de les détecter). On utilise de plus en plus souvent des chiens dressés. Parfois, c'est l'observation d'une espèce particulière d'insecte qui pond ses œufs sur les truffes qui permet d'en découvrir l'emplacement. La trufficulture permet d'augmenter la production de truffes. On inocule du mycélium de truffe (des filaments très fins) sur des racines de jeunes chênes blancs. La plupart de ces filaments se développeront et la récolte de truffes pourra avoir lieu environ 5 ans après l'ensemencement.

Il existe plusieurs espèces de truffes. La plus recherchée est la **truffe du Périgord** *(Tuber melanosporum)*, truffe globuleuse recouverte de petites verrues noirâtres, dont la chair noirâtre marbrée de veines blanchâtres est très parfumée. Cette espèce abondante au Périgord ne pousse pas exclusivement dans cette région cependant.

La **truffe blanche** *(Tuber magnatum)*, connue sous divers noms (truffe du Piémont, truffe des Grands), jouit également d'une grande réputation, spécialement celle qui pousse à Alba, en Italie. Passablement rugueuse, elle ressemble à un tubercule irrégulier. Sa chair ocre veinée de blanc a une saveur aillée et fromagée.

La **truffe d'été** (ou **truffe de la Saint-Jean**, *Tuber aestivum*) est moins savoureuse. Sa chair jaune brunâtre ou noirâtre est légèrement épicée.

ACHAT ◆ La truffe n'est généralement vendue fraîche que dans les régions où on la récolte. Choisir des truffes fermes, charnues et exemptes de meurtrissures.

PRÉPARATION ◆ Ne pas laver les truffes, mais les frotter doucement avec une brosse douce. Les couper en tranches, en lamelles, en dés ou en pelures.

VALEUR NUTRITIVE	
La truffe contient	
Eau	76 %
Protéines	6 g
Matières grasses	0,5 g
25 calories/100 g, crue	
Riche en potassium, elle est aussi une bonne source de fer.	

CUISSON ◆ Sauter les truffes de 2 à 3 minutes, les cuire de 10 à 15 minutes à l'étuvée ou encore les braiser de 45 à 60 minutes.

UTILISATION ◆ On utilise les truffes crues, cuites, sous forme de concentré, de jus, de fumet ou d'essence. Les truffes entrent dans une multitude d'apprêts, les plus connus étant les pâtés, les terrines et les foies gras. Elles parfument aussi notamment les salades, les sauces, les pâtes alimentaires, le riz et les œufs. Elles sont délicieuses cuites au naturel. Les truffes sont associées à la volaille, tout spécialement à la dinde de Noël.

CONSERVATION ◆ Placer les truffes fraîches au réfrigérateur, elles s'y conserveront environ 1 semaine. Les consommer le plus rapidement possible. Si les truffes sont coupées, les mettre dans un contenant hermétique et les recouvrir de Madère ou de vin blanc avant de les réfrigérer. Conserver les truffes en conserve au réfrigérateur lorsque le bocal est ouvert. Recouvrir les truffes de madère ou d'un peu d'huile, elles se garderont environ 1 mois.

TRUITE

Salmo spp, **Salmonidés**
Nom anglais : *trout*

HISTORIQUE ◆ La truite vit dans les lacs et les rivières aux eaux froides ; une espèce habite la mer. Elle appartient à la grande familles des salmonidés et elle est une proche parente des ombles, des ombres et du touladi. Tous ces poissons ont en commun un corps plutôt allongé et légèrement comprimé latéralement, des dents pointues et une chair très fine et très recherchée. Ils sont très prisés des pêcheurs sportifs. La truite fut le premier poisson à être reproduit en captivité. La truite arc-en-ciel est très populaire chez les truiticulteurs.

Parmi les espèces d'ombles, d'ombres et de truites les plus courantes se trouvent la truite brune, la truite arc-en-ciel, le touladi, l'omble de fontaine, l'omble chevalier et l'ombre arctique.

La **truite brune** ou **truite d'Europe** *(Salmo trutta)* est originaire d'Europe et a été ensemencée en Amérique du Nord. Elle mesure de 30 à 40 cm de long et pèse de 1 à 6 kg, parfois plus. Elle a une grande bouche munie de plusieurs dents. Son dos est brunâtre, ses flancs sont plus pâles et son ventre est blanchâtre ou crème. Sa nageoire dorsale, son dos et la partie supérieure de ses flancs sont parsemés de grandes taches noires et de quelques taches jaune doré aux contours flous. Sa queue carrée est presque démunie de taches. Sa chair rosée est délicieuse.

La **truite arc-en-ciel** *(Salmo gairdneri)* est originaire de la côte occidentale du continent nord-américain. Elle fut introduite en Europe à la fin du XIXe siècle. Elle ressemble à la truite brune et a un poids similaire. Ses flancs sont ornés d'une bande horizontale de couleur allant du rose pâle au rouge vif ou même au pourpre, ce qui lui a valu son nom.

Son corps et sa queue sont tachés de noir. La truite arc-en-ciel préfère les eaux froides et claires mais peut tolérer les eaux chaudes. C'est l'espèce la plus répandue en Amérique du Nord et celle dont l'élevage est le plus fréquent dans le monde.

Le **touladi** ou **omble d'Amérique** (*Salvelinus namaycush*) se distingue des autres par son corps plus allongé, habituellement moucheté de taches pâles parfois jaunâtres et par sa queue fourchue. Sa couleur est variable (de gris à brun foncé, à noir ou vert). C'est un des plus gros poissons d'eau douce, il pèse généralement de 2 à 3 kg mais peut peser jusqu'à 35 kg. Il a de fortes dents.

L'**omble de fontaine** ou **saumon de fontaine** *(Salvelinus fontinalis)* est plus petit, pesant généralement de 250 g à 1,5 kg. Son corps est souvent olive foncé ou noir, marbré de lignes foncées. Ses flancs sont parsemés de petites taches rouges. Une variété d'omble de fontaine s'aventure parfois jusque dans la mer.

L'**omble chevalier** ou **omble arctique** *(Salvelinus alpinus)* se distingue par la beauté de ses coloris, souvent d'un bleu foncé ou bleu-vert sur le dos, argentés sur les flancs et blancs sur le ventre. Ses flancs sont parsemés de grandes taches généralement rose violet. Sa taille varie selon l'habitat (entre 1 et 5 kg, parfois plus). Une variété appelée «truite de mer» vit principalement dans la mer et ne remonte les fleuves que pour frayer.

L'**omble arctique** *(Thymallus arcticus)* sent le thym lorsqu'il est frais pêché, d'où son nom latin *thymallus*. Son corps allongé et légèrement compressé se termine par une queue fourchue ; ses nageoires dorsales sont très longues. Sa tête et sa bouche sont petites. Sa peau est recouverte d'écailles plus grandes que celles de la truite. Son dos légèrement arrondi est bleu foncé, bleu gris ou d'un pourpre bleuté tirant sur le mauve. Tout son corps est parsemé d'une quantité variable de taches en forme de V ou de losange. C'est un très beau poisson pouvant mesurer de 40 à 50 cm de long.

La chair des truites est très fine et très parfumée. Sa saveur particulièrement délicate varie légèrement selon les espèces. Sa coloration diffère également : elle peut être blanche, ivoire, rose ou rougeâtre.

 ACHAT ◆ Les truites sont commercialisées fraîches ou congelées, entières, parées, en filets et quelquefois en darnes. Une très petite quantité est mise en conserve.

VALEUR NUTRITIVE	
La truite contient	
Protéines	21 g
Matières grasses	7 g
148 calories/100 g, crue	
Elle est mi-grasse.	

 PRÉPARATION ◆ On peut laisser les minuscules écailles qui recouvrent la peau. Il est très facile de lever les filets.

 UTILISATION ◆ Apprêter la truite le plus simplement possible afin de ne pas en masquer la finesse. La truite est délicieuse fumée.

VANILLE

Vanilla planifolia, **Orchidacées**
Nom anglais : *vanilla*

HISTORIQUE ◆ Fruit d'une orchidée grimpante originaire du Mexique ou d'Amérique centrale. La vanille est consommée depuis des temps immémoriaux. Elle fut introduite en Europe par les Espagnols, qui avaient été impressionnés par un breuvage chocolaté aromatisé de vanille (ainsi que de piments, de poivre, de rocou et parfois de maïs) dont se régalaient les Aztèques. Dès la fin du XVIe siècle, des usines espagnoles produisaient du chocolat à la vanille. Plusieurs pays tropicaux cultivent la vanille, dont le Mexique, le Brésil, le Paraguay, Tahiti, les Seychelles, l'île Maurice, Java, Ceylan et Madagascar (le plus important pays producteur). Il existe une cinquantaine d'espèces de vanilliers.

Les vanilliers ont des tiges qui se suspendent aux arbres ou à d'autres supports et qui peuvent monter jusqu'à 30 m de haut. Leurs feuilles coriaces sont oblongues et lancéolées et leurs fleurs éphémères sont blanches ou vert pâle. Leurs fruits, de longues gousses étroites et charnues, sont d'un vert jaunâtre. Ces gousses mesurent de 10 à 30 cm de long et de 8 à 10 mm d'épaisseur. Elles contiennent une pulpe aromatique et de nombreuses petites graines. On cueille les gousses avant leur pleine maturité, c'est-à-dire avant qu'elles éclatent. On les fait sécher jusqu'à ce qu'elles deviennent brun foncé, molles et recouvertes d'une pellicule de cristaux de vanilline, substance responsable de la saveur caractéristique de la vanille. La vanilline est également produite synthétiquement à partir de l'eugénol, l'essence du giroflier. Elle remplace souvent la vanilline du vanillier bien qu'elle n'ait pas sa finesse.

On dit la vanille tonique, stimulante, digestive et antiseptique.

ACHAT ◆ La vanille se vend en gousses, en poudre, en liquide ou en sucre vanillé. Le produit n'est pas toujours pur, aussi est-il important de lire attentivement les étiquettes pour s'en assurer. La vanille pure a meilleur goût que la vanille artificielle. Son coût est beaucoup plus élevé.

UTILISATION ◆ La vanille joue un rôle important dans les desserts ; elle parfume notamment tapioca, compotes, crèmes glacées, yogourts, puddings, bonbons et chocolats. Elle est presque indispensable en pâtisserie. La vanille peut relever certains mets salés, notamment soupes et volailles. L'utiliser en très petite quantité. On la met aussi dans les boissons (punchs, vins, sangria et chocolat chaud) et on s'en sert en distillerie. L'extrait de vanille liquide n'est souvent qu'une pâle imitation de la véritable vanille. Il perd beaucoup d'arôme à la cuisson. L'ajouter si possible hors du feu, une fois la cuisson terminée. La vanille en gousse peut être utilisée telle quelle, réduite en poudre (un mélangeur électrique facilite la tâche) ou hachée finement. On peut réutiliser les gousses de 3 à 4 fois. Les retirer en fin de cuisson, les rincer puis les sécher soigneusement.

CONSERVATION ◆ La vanille se conserve à la température de la pièce, dans un endroit sec. Placer les gousses dans un contenant hermétique. On peut recouvrir les gousses de sucre, qu'elles aromatisent.

VEAU

Bos, **Bovidés**
Nom anglais : *veal*

HISTORIQUE ◆ Nom du petit de la vache entre 0 et 1 an. Lorsque l'animal est plus âgé, on nomme le mâle «bouvillon» et la «femelle génisse». En boucherie, le veau est tué très jeune, parfois vers 2 semaines, le plus souvent entre 4 et 6 mois.

La consommation du veau est relativement récente dans l'histoire humaine. Cet animal fut longtemps trop important et trop rare pour qu'on le tue jeune. Le mâle adulte fournissait la viande, et la femelle assurait la reproduction et donnait du lait. Ce n'est qu'avec l'apparition d'une classe aisée qu'on a commencé à tuer ce jeune animal. Manger du veau devint un symbole de richesse, car seuls les riches pouvaient se permettre de tuer des bêtes peu fournies en chair. Cela donna lieu à des pratiques aberrantes : on alla jusqu'à donner au veau 10 œufs par jour pour que sa bouche se colore de jaune ; on disait alors qu'il avait un palais royal. On le nourrissait aussi de biscuits trempés dans du lait pour que sa viande soit la plus blanche possible.

La pratique de manger du veau finit par se généraliser, quoique sur une base saisonnière, puisque le veau n'apparaissait sur le marché qu'au printemps. De nos jours, le veau est disponible toute l'année depuis l'apparition de la congélation et des nouvelles méthodes d'élevage.

Le veau nourri exclusivement de lait est nommé «veau de lait» ou «veau blanc», car sa chair est très pâle. Quand l'animal est tué trop jeune (avant 14 semaines), sa chair est flasque, presque gélatineuse et peu savoureuse. Un veau plus âgé est dit de «lait lourd», sa chair est plus ferme et plus savoureuse. Du veau à la chair teintée de rouge ou d'un blanc grisâtre a reçu d'autres aliments que le lait de sa mère, en particulier du lait reconstitué.

Le veau amené au pâturage est nommé «broutard», sa chair est rose foncé. Le veau de grain a une chair encore plus foncée, tirant sur le rouge ; elle se situe à mi-chemin entre celle du veau de lait et celle du bœuf. Ses fibres sont plus formées, mais parce que l'animal est jeune, la chair est tendre et délicate. La découpe de ce veau est différente, car l'animal est plus volumineux, donc plus charnu ; on peut en tirer une variété plus grande de coupes.

Au Québec, on a inventé une nouvelle technique d'élevage dite au grain. On nourrit tout d'abord les veaux au lait, puis on les met au grain et à la poudre de lait lorsqu'ils ont à peu près 6 à 8 semaines. Tués vers 18 à 20 semaines, ces animaux pèsent autour de 155 kg, soit beaucoup plus que les veaux élevés différemment. Le veau de grain est moins dispendieux à produire que le veau nourri au lait de sa mère.

CUISSON ◆ La cuisson du veau exige certaines précautions, car cette viande fragile est riche en eau (jusqu'à 75 %) et pauvre en gras. Les températures élevées la dessèchent et la durcissent, raisons pour lesquelles les recettes disent souvent de barder le veau ou de l'enduire de corps gras. La cuisson lente lui convient mieux; au four, saisir un rôti de veau seulement une quinzaine de minutes (150 °C) afin de détruire les bactéries, puis diminuer la température. L'arroser de temps en temps. Éviter de rôtir un morceau très mince.

UTILISATION ◆ Le veau peut être apprêté de multiples façons. Il est souvent cuit en escalope ou en paupiette. Il entre dans la préparation de plats élaborés, tel le sauté marengo. Il se marie particulièrement bien avec la crème, le fromage, l'aubergine, l'épinard, l'oignon, la tomate et l'alcool.

VALEUR NUTRITIVE

La valeur nutritive du veau est liée à l'âge, à l'alimentation et aux conditions de vie de l'animal. De façon générale, la viande de veau fournit moins de gras et de calories mais un peu plus de cholestérol que celle du bœuf, du porc ou de l'agneau.

Cru, le maigre de la longe contient
Protéines	20 g
Matières grasses	3 g
Cholestérol	80 mg
116 calories/100 g	

Rôti, il renferme
Protéines	26 g
Matières grasses	7 g
Cholestérol	106 mg
175 calories/100 g	

La chair du veau de grain contient plus de fer que celle du veau de lait lourd, ce qui explique sa teine plus rosée.

Il arrive encore trop souvent qu'on administre au veau des hormones qui stimulent sa croissance malgré le fait que cette pratique soit illégale dans la plupart des pays.

VIANDE

Nom anglais : *meat*

HISTORIQUE ◆ La viande est la chair des animaux, en particulier des animaux de boucherie, mais également des mammifères et des oiseaux que l'être humain utilise pour se nourrir. Le mot « viande » a aussi une signification beaucoup plus large quoique moins en usage de nos jours et qui désigne toute nourriture nécessaire à la vie. Ce mot est tiré du latin *vivenda*, de *vivere* signifiant « vivre ».

La viande est consommée depuis la nuit des temps. On croit qu'à l'origine les êtres humains disputaient aux animaux vivants les bêtes que ces derniers avaient tuées. La consommation de viande resta longtemps sporadique, influencée notamment par les rencontres, les saisons, puis par le succès de la chasse. La viande acquit un statut différent des autres aliments parce qu'elle n'était ni aussi accessible ni aussi abondante. Le fait qu'elle provenait d'animaux tués à la chasse, une activité réservée aux hommes et dont ils tiraient du pouvoir, fut aussi un facteur déterminant. La viande finit par symboliser la richesse, car elle donnait une indication du statut social, les riches pouvant s'en offrir alors que les pauvres s'en passaient. Elle en vint aussi à acquérir la réputation de jouer un rôle prépondérant dans le maintien d'une bonne santé. L'attrait spécial pour la viande s'est perpétué jusqu'à nos jours.

Presque de tout temps, l'alimentation humaine a été constituée principalement de végétaux (l'immense majorité de la population de la Terre est toujours végétarienne).

Même si la possibilité d'ingérer de la viande à profusion a existé à certaines époques, à certains endroits et dans des milieux restreints, en Europe par exemple, à la Cour et dans la noblesse, du Moyen-Âge au XVIIe siècle, elle est relativement récente dans l'histoire humaine. Elle a réellement pris de l'ampleur à mesure que des peuples s'industrialisaient, que s'élevait leur niveau de vie et que se développaient les moyens de conserver la viande (réfrigération, congélation), de la transporter sur de longues distances (chemins de fer, avions) et de la produire massivement.

Dans les pays industrialisés, la consommation de viande est généralement fort différente de celle qui prévalut durant des millénaires. Il n'est pas rare que la viande apparaisse au menu de plusieurs repas dans la même journée, que ce soit le matin, le midi, le soir et même avant le coucher. Bien qu'on ne s'entende pas encore quant à savoir si l'être humain est carnivore, herbivore ou omnivore, il semble que l'alimentation actuelle impose au système digestif un travail pour lequel il n'a pas été conçu, surtout si elle est combinée à un mode de vie sédentaire. En effet, la viande est métabolisée plus lentement que les végétaux (raison pour laquelle elle procure une sensation de satiété qui dure plus longtemps); elle transite donc plus lentement dans le système digestif. Comme la viande laisse peu de résidus dans les intestins et qu'une alimentation fortement carnée conduit à une pauvreté en fibres, il n'est pas rare que la constipation survienne.

La place que la viande devrait occuper dans l'alimentation humaine est un sujet controversé. D'une part, il y a les inconditionnels de la viande, les gens qui l'apprécient et qui ne veulent pas s'en passer, ainsi que toutes les personnes rattachées de près ou de loin à sa production, tels les éleveurs, les vétérinaires, l'industrie pharmaceutique, l'industrie chimique, les meuneries et l'industrie de la transformation de la viande. D'autre part, il y a un nombre de plus en plus grand de personnes qui remettent en question leur consommation de viande. Diverses considérations peuvent motiver leur désir de consommer modérément de la viande ou même de l'exclure de leur alimentation, soit des raisons médicales, écologiques, éthiques, économiques et de solidarité.

Les éleveurs ont entrepris plusieurs actions pour susciter la consommation de viande. Ils ont créé de puissantes organisations dotées de fonds considérables et qui constituent d'efficaces lobbies auprès des gouvernements. Ils font pression sur les gouvernements afin de faire modifier les recommandations qui leur sont défavorables et ils associent les gouvernements à la promotion de leurs produits. Ils cherchent à convaincre les professionnels de la santé et le public en général des bienfaits de leurs produits. Ils publient des études niant les effets négatifs de la viande, mais leur information est sélective, mettant l'accent sur certains aspects et laissant de côté ceux qui sont moins favorables.

Les personnes qui remettent en question leur consommation de viande sont motivées notamment par la question des résidus médicamenteux. Ceux-ci sont des traces de médicaments qui restent dans les animaux et que la cuisson ne détruit pas. Ces résidus sont ingérés involontairement par les personnes qui consomment les produits animaux et ils peuvent avoir des répercussions négatives sur la santé. Les résidus d'antibiotiques surtout sont nocifs puisqu'ils causent une résistance aux antibiotiques. Une autre motivation médicale est le fait que les animaux contiennent du cholestérol et des acides gras saturés, des substances dénoncées par les professionnels de la santé. Une troisième source de préoccupations est la contamination de plus en plus fréquente de la viande par des bactéries (contamination E. coli). Aux États-Unis, entre 1993 et 1995, 48 cas de viande contaminée furent rapportés, affectant des centaines de consommateurs, certains au prix de leur vie.

La préoccupation écologique est surtout reliée au problème du déboisement, effectué pour créer des champs où pourra se nourrir le bétail, et de l'érosion qu'il entraîne, de la pollution engendrée par les animaux et de l'effet de serre auquel ils contribuent : le bétail produit environ 20 % du méthane libéré dans l'atmosphère, un gaz qui contribue au réchauffement de l'air.

L'éthique concerne l'attitude face à la violence faite aux animaux et les méthodes d'abattage dans les abattoirs. La mise à mort des animaux est une réalité dont presque tout le monde fait abstraction, mais qui n'en demeure pas moins bien réelle. Si chaque consommateur visitait un abattoir, la consommation de viande subirait une chute dramatique, à tout le moins aussi longtemps que les images persisteraient dans sa mémoire.

La question monétaire est reliée au fait que cela coûte plus cher de consommer de la viande que d'être végétarien, et l'aspect solidarité prend en considération le problème de la faim dans le monde. Depuis que Frances Moore Lappé a dénoncé en 1972, dans son livre *Diet for a small planet* (traduit en français sous le titre de « Sans viande et sans regrets »), l'énorme quantité de grains destinés à nourrir les animaux, quantité qui pourrait nourrir un nombre considérable d'êtres humains qui actuellement souffrent de malnutrition, plusieurs se sentent mal à l'aise de consommer de la viande.

VALEUR NUTRITIVE

La composition de la viande dépend de plusieurs facteurs, notamment de l'espèce, de la race, du sexe de l'animal, de son âge et de son alimentation. Ces facteurs influencent l'intensité de la couleur de la myoglobine, une protéine pigmentaire qui donne à la viande sa couleur rouge.

- La partie maigre de la viande (le muscle), crue, contient approximativement 75 % d'eau ; la viande maigre en contient plus que la viande grasse ;
- la viande contient de 14 à 22 g de protéines/100 g ; la viande grasse en contient moins que la viande maigre ;
- la teneur en matières grasses est fort variable (5 à 30 g/100 g), ce qui a une incidence directe sur le nombre de calories ; ainsi, la viande maigre renferme habituellement entre 160 et 200 calories/100g, et la viande grasse de 250 à plus de 400 calories/100 g ;
- la viande contient rarement des glucides, sauf notamment la viande chevaline et certains abats comme le cœur, les rognons et surtout le foie. Les glucides sont présents sous forme de glycogène. Le glycogène est responsable de la saveur douceâtre. Il se transforme en acide lactique après l'abattage, acide qui cause la rigidité après la mort ;
- la viande est dépourvue de fibres non digestibles.

La viande est une excellente source de certaines vitamines du complexe B, comme la vitamine B_{12} (le bœuf, le veau et l'agneau en particulier) et la niacine (le porc surtout). Elle est également une excellente source de zinc et de potassium, et une bonne source de phosphore et de fer ; le zinc et le fer sont présents en plus grande quantité dans le bœuf, le veau et l'agneau. Les abats renferment de la vitamine A et ont une teneur élevée en fer. La cuisson laisse intacte la plus grande partie des vitamines et des sels minéraux présents dans la viande.

Les protéines de la viande sont dites complètes, par opposition à celles des végétaux, dites incomplètes. La différence réside dans leur teneur en acides aminés essentiels, des substances que l'organisme humain ne peut fabriquer et qu'il doit par conséquent trouver dans les aliments. Huit des vingt acides aminés sont essentiels chez l'adulte. Or ces acides aminés essentiels sont tous présents dans les protéines de la viande et dans des proportions dites idéales, alors qu'un ou plusieurs d'entre eux se retrouvent en faibles proportions par rapport aux autres dans les végétaux (voir Théorie de la complémentarité). Dans les pays occidentaux, la plupart des gens consomment trop de protéines. Idéalement, une portion de viande ne devrait pas dépasser 115 g.

La teneur en matières grasses varie selon les espèces, la partie de l'animal et les méthodes d'élevage. Les viandes maigres (blanc de poulet et de dindon, pintade, filet de porc, intérieur de ronde de bœuf, etc.) contiennent 3 g ou moins de matières grasses/100 g, les viandes modérément maigres (la majorité des volailles et les coupes d'agneau, de bœuf, de veau et de porc), de 3 à 10 g, et les viandes grasses (la plupart des parties du mouton, certaines parties du bœuf, du porc et de la dinde), plus de 10 g. Le gras joue un rôle dans la saveur ; ainsi, une viande maigre a moins de goût qu'une viande grasse.

Le gras animal est composé en bonne partie d'acides gras saturés et il contient du cholestérol (environ 45 à 75 mg de cholestérol/100 g de maigre de viande crue, environ 300 mg, 150 mg et 100 mg pour la même quantité de foie, de cœur et de langue respectivement). Choisir une viande maigre et enlever le gras visible permettent de diminuer l'ingestion de ces substances, dont une trop grande consommation risque d'entraîner l'apparition de diverses maladies.

Une viande est généralement agréable à consommer si elle a vieilli au moins 48 heures. Le bœuf et le porc nécessitent une période de vieillissement plus longue. En Amérique du Nord, elle dure habituellement de 8 à 14 jours, temps minimal pour l'acquisition de la tendreté et d'une saveur agréable.

Lorsque du petit ou du gros gibier est mis à vieillir, on parle de **faisandage**. Cette opération consiste à suspendre l'animal afin que s'effectue un commencement de décomposition des protéines, ce qui attendrit la chair et lui confère du fumet. Très utilisé autrefois, le faisandage est moins populaire maintenant parce qu'il rend la viande indigeste et peut occasionner des intoxications alimentaires. Du gibier blessé ou tué au plomb ne doit pas être faisandé, car il se putréfie. Un animal d'élevage supporte mal le faisandage ; en fait, il n'en a pas besoin ; si on veut l'attendrir, il est préférable de le faire mariner. Lors du faisandage, le vieillissement de la viande peut durer de 1 à 8 jours selon l'espèce. En général, le gibier à plumes n'est suspendu que 1 ou 2 jours dans un endroit frais et sec, de préférence enveloppé d'un linge ou d'une mousseline et placé dans un courant d'air.

ACHAT ◆ En général, de 35 à 65 % du poids de la carcasse d'un animal est constitué de muscles – la chair – sauf si l'animal est très gras. Les muscles sont principalement composés de longues fibres musculaires retenues par du tissu conjonctif. La qualité d'une viande dépend de sa teneur en tissu conjonctif, car ce tissu est composé de deux substances qui réagissent différemment à la chaleur : le collagène qui fond et l'élastine qui reste intacte. Plus un muscle aura travaillé fort et longtemps, plus le tissu conjonctif se sera développé, élargi et durci, et plus la viande sera coriace (plus aussi elle aura de saveur). Toutes les parties de l'animal ne travaillant pas également, la tendreté de la viande dépendra de l'endroit d'où cette viande provient. Le dessus du dos, incluant les côtes, fournit les coupes les plus tendres ; c'est surtout l'arrière de l'animal qui donne les coupes moyennement tendres, tandis que les coupes plus coriaces viennent du flanc, du jarret, de la poitrine, de l'épaule, du collier et du bout des côtes. Il est préférable d'acheter sa viande en fonction de l'apprêt qu'elle subira, car il est inutile de payer pour un morceau tendre s'il est mijoté longtemps.

Choisir une viande au grain fin, c'est-à-dire ferme et onctueuse au toucher. Le bœuf doit être d'un rouge vif et brillant, le mouton d'un rose foncé, l'agneau d'un rose plus pâle, le porc rosé, et le veau plus ou moins rosé, selon que sa diète contenait du fer ou en était exempte (animal élevé au lait). Délaisser une viande flasque et de couleur inhabituelle, elle risque de provenir d'un animal malade ou elle manque de fraîcheur.

La viande est classifiée d'après des normes gouvernementales qui varient selon les pays. Au Canada, on fonctionne avec des catégories identifiées par des lettres de différentes couleurs ; il existe des subdivisions à l'intérieur des catégories (ex. : A1, A2). Aux États-Unis, on se sert de mots (*Prime, Choice, Select, Standard, Commercial*). En Europe, on fait une distinction entre l'état de la viande (la qualité) et la destination culinaire (les catégories, au nombre de 3 et indiquées par des chiffres : 1re catégorie, pièces à griller ou à rôtir ; 2e catégorie, pièces moins tendres à cuisson mixte ; 3e catégorie, pièces à bouillir). La classification est généralement basée sur la maturité des carcasses, leur rendement, la couleur du gras et du maigre, l'épaisseur de la couche de graisse et la texture de la viande.

Comparer les prix des différentes coupes ne suffit pas pour effectuer l'achat le plus avantageux ; il faut aussi tenir compte du nombre de portions que l'on obtient, nombre qui dépend de la proportion d'os et de gras. En général, une viande désossée donne plus de portions qu'une viande avec os. Pour calculer le coût par portion, diviser le prix au kilo par le nombre de portions obtenues.

PORTION PAR KG DE CERTAINES COUPES LES PLUS COURANTES		
6 - 7 portions	**5 - 6 portions**	**3 - 5 portions**
biftecks désossés	rôtis de porc désossés	cuisses de poulet
foie	biftecks	dindes entières
viande en cubes	rôtis avec os	poulets entiers
viande hachée	côtelettes avec os	bouts de côte
	poitrines de poulet	
	viande froide	

Les carcasses des animaux sont débitées en nombreuses coupes qui varient selon les espèces. En Amérique du Nord, seulement pour le bœuf, il en existe plus de 25. Les coupes peuvent aussi différer selon les pays ; ainsi, la découpe nord-américaine est moins raffinée que la découpe française, à cause d'impératifs monétaires. Il est plus rapide et donc plus économique pour les marchands de couper la viande plus sommairement avec des scies électriques que d'effectuer une découpe minutieuse le long des muscles et des os, qui tient compte davantage des multiples variations dans la tendreté de la viande.

L'achat d'une carcasse entière ou d'une demi-carcasse pour le congélateur ne constitue pas automatiquement une bonne transaction. Plusieurs facteurs sont à prendre en considération :

- calculer le rendement en viande, qui dépend de la catégorie de la carcasse et de la qualité de la découpe ; le prix est presque toujours basé sur le poids de la carcasse au crochet, c'est-à-dire avant désossage et parage ; les pertes sont d'environ 25 % pour le bœuf, de 15 % pour le porc (en incluant les os du cou, les pieds et la queue) et un peu moins pour le veau et l'agneau ;

- comparer le prix réel avec le prix des aubaines offertes par les supermarchés ;

- s'informer si le prix comprend la découpe et un emballage imperméable ;

- additionner le coût de l'énergie nécessaire pour faire fonctionner le congélateur ;

- chercher un fournisseur qui livre la viande déjà congelée ; la congélation commerciale donne de meilleurs résultats que la congélation maison, car elle est plus rapide et permet de conserver la viande plus longtemps ; elle permet aussi d'économiser sur les coûts de fonctionnement du congélateur ;

- se demander s'il sera possible de consommer la viande durant la période où elle est à son meilleur (avant 3 mois pour le bœuf, 5 mois pour les rôtis de veau et les côtelettes, 10 mois pour le porc, les rôtis et les côtelettes d'agneau et 12 mois pour les biftecks de bœuf), sinon il s'ensuit une perte de qualité et une perte d'argent si des morceaux deviennent inutilisables ;

- tenter de trouver un fournisseur qui accepte les spécifications personnelles concernant l'épaisseur des rôtis et des biftecks et la répartition de viande à ragoût et de viande hachée, qui identifie clairement les morceaux, et qui permet d'être sur place lors de la découpe de la viande.

CUISSON ◆ La cuisson peut attendrir ou durcir la viande, selon le degré de chaleur utilisé. Le secret d'une cuisson réussie consiste à amollir les protéines contenues dans les fibres musculaires et à rendre le collagène gélatineux. Une trop grande chaleur liquéfie le collagène, et le jus qui s'écoule entraîne vitamines et sels minéraux, ce qui diminue la valeur nutritive si le jus s'évapore à la cuisson ou s'il est jeté ; en outre, la viande se dessèche et diminue de volume, ce qui la durcit et affecte sa saveur.

Au four, cuire à basse température permet de réchauffer graduellement le tissu conjonctif, qui devient gélatineux et qui continue à retenir fibres musculaires et jus, ce qui donne une viande tendre, juteuse et savoureuse. De plus, cela simplifie la cuisson, car il n'est pas nécessaire alors de surveiller, et cela élimine le risque de trop cuire. Toujours cuire une heure à 175 °C afin de détruire les bactéries qui se trouvent à la surface de la viande. Régler ensuite le four à la chaleur désirée. La cuisson à base température nécessite de 2 à 3 fois plus de temps que la cuisson habituelle selon le degré choisi. Elle peut être risquée si la température est trop basse, car cela favorise le développement de bactéries nocives.

La viande est cuite dès que sa température interne atteint un certain degré. Pour le bœuf, ce degré varie puisqu'il dépend du goût de chaque personne, ce qui n'est pas le cas pour les autres viandes :

On peut difficilement prévoir avec exactitude le temps de cuisson, qui dépend d'un trop grand nombre de facteurs, dont l'âge de l'animal, la coupe et l'efficacité de la source de chaleur. Les coupes tendres demandent moins de cuisson que les coupes dures.

CUISSON DE LA VIANDE	
Animal	Température interne
bœuf saignant	58 à 60 °C
bœuf à point	65 à 68 °C
bœuf bien cuit	71 à 74 °C
veau	82 à 85 °C
agneau	68 à 71 °C
porc	74 à 77 °C
jambon	73 à 77 °C
lapin	82 à 85 °C

Un thermomètre à viande est très utile pour connaître le degré de cuisson ; l'insérer au centre de la chair et s'assurer qu'il ne touche ni os ni gras. Le placer de façon à pouvoir le lire sans avoir besoin d'ouvrir la porte du four.

Cuire de préférence dans des casseroles épaisses qui conduisent mieux la chaleur. Insérer des tiges de métal dans la viande accélère la cuisson d'un tiers ou plus et diminue le dessèchement. Par contre, cela durcit la viande légèrement.

Saler en fin de cuisson, car le sel fait ressortir le jus de la viande, qui perd ainsi de la saveur. Saler en début de cuisson n'est indiqué que pour obtenir une sauce ou un bouillon savoureux, comme dans les potages ou les bouillis.

Pour diminuer l'ingestion de matières grasses, enlever le gras visible, cuire sans ajouter de corps gras et dégraisser la sauce, soit en la mettant au réfrigérateur (il se forme alors une couche de gras facile à enlever), soit en se servant de papier absorbant que l'on dépose délicatement sur la sauce et qui s'imbibe de gras (répéter l'opération plusieurs fois si nécessaire).

La viande peut être attendrie mécaniquement avant la cuisson, par un outil qui brise les fibres, ou naturellement avec l'aide d'enzymes ou d'un ingrédient acide. Certains fruits contiennent des enzymes qui attendrissent (papaye, kiwi, figue et ananas); on s'en sert tels quels ou en jus, ou, quand c'est possible, on utilise leurs feuilles; les attendrisseurs commerciaux sont souvent à base de papaye. L'ingrédient acide peut être du vinaigre, du vin, du jus d'agrume ou de la bière; il constitue souvent la base d'une marinade dans laquelle la viande est mise à macérer plusieurs heures.

Il existe diverses méthodes de cuisson dans lesquelles on utilise tantôt la chaleur sèche, tantôt la chaleur humide, tantôt une combinaison des deux. On peut rôtir, griller, faire sauter, braiser, étuver ou faire bouillir la viande.

Rôtissage. Cuisson à la chaleur sèche, au four ou à la broche. Au four, placer la viande sur un gril et déposer un plateau dessous afin de recueillir le gras et le jus qui s'écoulent, ou la déposer sur des os ou des parures de viande. Ne pas la mettre dans le fond d'une lèchefrite et ne pas la couvrir puisqu'une partie cuira par le gras et la chaleur humide du jus qui s'accumule.

Pour obtenir la viande la moins grasse possible, enlever le gras visible; si désiré, enduire très légèrement la viande d'huile pour prévenir l'évaporation. Le degré de température dépendra du résultat recherché; une température élevée saisit la viande et permet l'obtention d'une couche extérieure plus sèche; par contre, elle entraîne une plus grande perte de volume qu'une cuisson à basse température, car elle dessèche la viande.

Le temps de cuisson est difficile à déterminer avec précision, car il dépend de nombreux facteurs, dont certains concernent les caractéristiques de la viande. La cuisson est plus rapide avec de la viande peu marbrée, peu épaisse, contenant des os minces et longs et qui est à la température de la pièce. Les temps donnés dans les recettes ne le sont qu'à titre indicatif.

Une fois cuite, laisser la viande reposer de 5 à 15 minutes dans le four réglé à la température interne de la viande; cela permet au jus de se répartir également et à la viande de devenir plus savoureuse. Un rôti prêt à servir ou une volaille peuvent rester un bon moment à cette température.

Cuisson au gril. Cuisson à feu découvert qui sert surtout à cuire volaille, côtelettes et biftecks tendres. Si la viande manque de tendreté, la faire mariner quelques heures ou l'attendrir.

La viande est placée sur un gril et est retournée une fois à la mi-cuisson, ou elle est mise sur une broche. La cuisson au four égale difficilement la cuisson au barbecue, car le four emprisonne l'humidité qui se dégage de la viande, même si la porte est entrouverte, ce qui donne une viande plus pâle et moins sèche.

On conseille souvent de cuire à haute température et de saisir la viande, ce qui l'assèche, la durcit, diminue son volume et peut même la carboniser. Il vaut mieux cuire à une chaleur soutenue mais pas trop vive (à 10 ou 13 cm des éléments du four) ou par la braise du barbecue, non par les flammes. Inciser le gras afin d'empêcher la viande de rouler, huiler légèrement celle-ci et, si désiré, l'assaisonner. La placer dans un four pré-chauffé. Ne pas piquer la viande, pour éviter la perte de jus, et attendre quelques instants avant de la servir afin que le jus se répartisse mieux.

Cuisson à la poêle. Ce procédé est une variation de la grillade mais il s'effectue dans une poêle. Il peut facilement se transformer en friture si on utilise trop de corps gras.

Inciser le gras de la viande, mettre très peu de gras dans la poêle (omettre le gras si une poêle antiadhésive est utilisée). Faire brunir à découvert à feu moyen-fort ; éviter de faire bouillir la viande (feu trop bas) ou de la faire coller (feu trop chaud). Tourner une fois à la mi-cuisson, quand des gouttes perlent à la surface si on désire la viande saignante, ou un peu plus tard si on la veut bien cuite. Si la viande adhère au récipient, retirer la poêle du feu et la laisser refroidir légèrement, la viande se décollera d'elle-même.

Ne pas entasser trop de morceaux à la fois et éviter qu'ils se touchent. Si du gras fond et s'accumule, il est préférable de l'égoutter, sinon la cuisson se transforme en friture.

Braisage. Cuisson à basse température et à la chaleur humide (obtenue par la vapeur qui se dégage du liquide ajouté). La casserole doit être épaisse et munie d'un bon couvercle qui garde la vapeur à l'intérieur. Ce procédé est idéal pour les viandes moyennement épaisses et peu tendres qui ont besoin de la chaleur humide pour que leur collagène devienne gélatineux. Plus les morceaux sont petits, plus la cuisson est rapide, mais plus il y a de jus qui s'écoule de la viande ; on peut les enrober de farine pour réduire l'écoulement au minimum.

Dans un premier temps, dégraisser la viande, puis la faire revenir sur toutes ses faces pour qu'elle se colore ; utiliser très peu de corps gras. Si désiré, retirer la viande, égoutter le gras, puis faire revenir brièvement des légumes coupés finement. Déposer la viande sur ces légumes, assaisonner (sans saler ni poivrer, sauf si la viande est panée ou enfarinée), puis ajouter du liquide (bouillon, eau, vin, bière ou jus de pomme). Plus la quantité de liquide est importante, plus le risque que la viande bouille est grand, ce qui donne un bouillon délicieux mais une viande aux fibres plus sèches et à la saveur amoindrie. Pour être sûr que la viande ne bouillira pas, on peut la placer sur une grille, ce qui permet également d'uniformiser et de raccourcir la cuisson. Cuire en mijotant doucement (four réglé entre 160 °C et 175 °C). Éviter une cuisson trop longue qui laisse la viande fibreuse et moins savoureuse. Dégraisser le bouillon avant de servir. S'il n'est pas assez concentré, l'amener à ébullition (après avoir enlevé la viande).

Pochage. Ce procédé ressemble au braisage, mais la quantité de liquide y est plus importante ; c'est le pot-au-feu français ou le bouilli nord-américain (le terme bouilli n'est pas adapté, car il faut éviter l'ébullition qui dessèche la viande et l'effiloche). La viande subit une perte de saveur, qui est transférée au bouillon ; c'est pourquoi il est important de choisir le morceau le plus savoureux possible, correspondant à une partie de l'animal qui a beaucoup travaillé comme le cou, le jarret, l'épaule, la poitrine ou les pattes.

Pour minimiser la perte de saveur, faire sauter la viande sur tous ses côtés à feu moyen-vif avant de la plonger dans le liquide frémissant (cela emprisonne le jus à l'intérieur) ; ne saler qu'en fin de cuisson. Pour obtenir un bouillon plus riche, saler au début de la cuisson, ne pas faire revenir la viande dans un corps gras et la déposer dans un liquide froid.

Écumer dès que les protéines se coagulent et apparaissent à la surface du bouillon, ou laisser l'écume (ce qui rendra le liquide moins limpide mais plus nourrissant). Ajouter les assaisonnements désirés et cuire plusieurs heures en laissant mijoter doucement; dégraisser avant de servir. Intégrer de la farine épaissit le bouillon (15 ml [1 cuillerée à soupe] par tasse de liquide); s'assurer que la farine a le temps de cuire pour que disparaisse sa saveur peu agréable. Ajouter un ingrédient acide (si le bouilli contient un os) aide à attendrir la viande et à diminuer le temps de cuisson.

Cuisson au four à micro-ondes. La plupart des viandes peuvent être cuites dans le four à micro-ondes. Il est préférable de les rôtir, de les griller ou de les faire sauter dans un four conventionnel cependant.

Décongeler la viande complètement avant la cuisson, elle sera plus savoureuse et cuira plus uniformément. Couvrir la viande pour la faire cuire et choisir des morceaux de grosseur uniforme. Réduire la quantité de liquide dans les pot-au-feu, car l'évaporation est minime.

La plupart des viandes peuvent être cuites à la chaleur maximale, mais les viandes dures gagnent à être cuites lentement; elles auront plus de saveur et seront plus tendres. Les gros morceaux peuvent brunir parce que leur temps de cuisson est suffisamment long, mais pas les viandes minces, car elles cuisent rapidement. Badigeonner les viandes minces de marinade, de sauce soya, de beurre fondu, de sauce barbecue ou de sauce Worcestershire améliorera leur saveur et leur apparence.

UTILISATION ♦ La viande est pratique car elle peut être cuisinée rapidement et simplement. Elle peut aussi être cuite longtemps et apprêtée de façon élaborée. La viande est habituellement cuite, mais parfois aussi elle est mangée crue (steak tartare, carpaccio [hors-d'œuvre italien]). S'assurer qu'elle est bien fraîche et exempte de bactéries et de parasites, que seule la cuisson détruit.

Généralement, on connaît bien les diverses utilisations de la viande. On est souvent moins familier avec la façon dont on peut s'alimenter en consommant moins de viande. Cuisiner à l'asiatique en incorporant une petite quantité de viande à des légumes et des céréales (ex. : riz ou nouilles) est une solution intéressante.

CONSERVATION ♦ La viande est très périssable; si elle est laissée à l'air ambiant, microbes et enzymes s'y développent très rapidement, la rendant impropre à la consommation. Elle se conserve quelques jours si elle est fraîche, non hachée et placée à une température de 0 à 2 °C; hachée, elle se conserve 1 jour ou 2. La viande cuite se conserve un peu plus longtemps, sauf si elle baigne dans de la sauce, auquel cas ne pas la garder plus de 24 heures. Envelopper la viande pour éviter son dessèchement.

Divers procédés tels le fumage, le salage, le séchage, la mise en conserve, la lyophilisation, l'irradiation et la congélation visent à prolonger la durée de conservation. Pour obtenir des résultats satisfaisants, la viande doit être de bonne qualité et en bon état.

Le **fumage** consiste à imprégner la viande de fumée, qui est produite lors de la combustion de bois résineux ou aromatique (bouleau, pin, sapin, hêtre, etc.). Cette fumée contient diverses substances soupçonnées d'être cancérigènes, dont du benzopyrène et du goudron. Traditionnellement, le procédé s'effectuait à basse température (durant 3 à 4 semaines) ou à haute température (seulement quelques heures). Le fumage artificiel a presque totalement remplacé le fumage naturel ; il est le plus souvent effectué à partir d'extraits de fumée traités afin qu'ils aient moins de substances cancérigènes ; ce sont des produits classés comme additifs (arôme de fumée, fumée d'érable, de hickory, etc.). La viande légèrement déshydratée peut se conserver plusieurs mois.

Le **salage** consiste à saler de la viande crue. Il existe divers procédés, dont le salage dit à « sec », où le sel est intercalé entre des morceaux plats, peu épais, le salage en saumure, où la viande est immergée dans une solution liquide, et le salage par injection, où l'on introduit un mélange à base de nitrates ou de nitrites, substances fort controversées (voir Légumes). La viande doit être dessalée avant la cuisson.

Le **séchage**, qui à l'origine s'effectuait au soleil dans les pays où l'air est sec et chaud, peut se pratiquer industriellement par lacryo-dessiccation, un procédé relativement peu utilisé parce qu'il est assez coûteux, et qui consiste à congeler la viande puis à enlever la glace qui s'est formée entre ses fibres.

La **lyophilisation** est un nouveau procédé qui traite la viande coupée en tranches minces, tout d'abord en la congelant, puis en la séchant par sublimation, faisant passer l'eau de la viande à l'état gazeux.

L'**irradiation**, procédé inventé vers 1950, traite l'aliment par des rayons gamma émis habituellement par le cobalt 60, lequel est produit par un réacteur nucléaire. Les rayons pénètrent les cellules, détruisant ou neutralisant les agents pathogènes de la viande. Le procédé est relativement peu utilisé encore, car il suscite de nombreuses réticences de la part des consommateurs, inquiets de ses répercussions sur la santé ; malgré cela, son utilisation se répand graduellement.

La **congélation** conserve la viande mais n'agit pas sur son vieillissement, on doit l'effectuer rapidement pour éviter la formation de gros cristaux de glace. Bien envelopper la viande, séparer la viande tranchée par des feuilles de papier sulfurisé ou de cellophane pour les empêcher de coller. Décongeler la viande lentement, de préférence au réfrigérateur, pour éviter la perte de jus qui peut atteindre 20 %, entraînant une diminution de saveur et de valeur nutritive. Ne jamais recongeler une viande totalement dégelée. La teneur en gras influence la durée de conservation de la viande congelée. Plus une viande est grasse, moins elle se conserve longtemps, car le gras rancit rapidement.

VIANDE HACHÉE

Nom anglais : *minced meat*

On peut hacher de la viande crue ou cuite, ce qui permet d'utiliser les restes, les parties moins tendres et les parties peu appétissantes. Une bonne viande hachée doit être bien fraîche et exempte de cartilage, de tendons et de nerfs.

Le gras joue un rôle déterminant dans la saveur ; ainsi, une viande maigre a moins de goût qu'une viande grasse. La viande hachée contenant plus de gras coûte moins cher qu'une viande hachée maigre, mais elle a un rendement moindre puisqu'une partie du gras fond sous l'action de la chaleur.

La meilleure façon de contrôler la qualité, la fraîcheur et la teneur en gras de la viande hachée est de la hacher soi-même ou de demander au boucher de la hacher devant soi.

 ACHAT ◆ Sur le marché, le contenu en gras de la viande hachée est très variable, ce qui en complique l'achat. Il est habituellement réglementé par les gouvernements. Au Canada, par exemple, la loi exige que le bœuf haché extra-maigre renferme au plus 10 % de gras,

VALEUR NUTRITIVE
La valeur nutritive de la viande hachée est fortement influencée par sa teneur en gras; plus elle en contient, plus elle est calorifique.

le bœuf haché maigre, 17 % ou moins de gras, le bœuf haché mi-maigre, 23 % ou moins de gras, et le bœuf haché ordinaire, 30 % ou moins. Plus une viande est parsemée de taches blanches, plus elle contient de gras.

La couleur de la viande hachée peut être une indication de sa fraîcheur car une viande contaminée a une teinte brunâtre. Cet indice est malheureusement trop souvent faussé par l'utilisation de sulfite, qui garde la viande rouge plus longtemps. Il est normal qu'une viande soit plus foncée à l'intérieur d'un paquet qu'à l'extérieur, car elle pâlit à l'air ambiant.

UTILISATION ◆ La viande hachée peut être cuisinée de multiples façons, aussi bien simplement qu'avec raffinement. Elle constitue un aliment de base dans la cuisine de nombreux pays.

CONSERVATION ◆ La viande hachée est très fragile, car les microbes y prolifèrent rapidement. Elle ne se conserve que 1 jour ou 2 au réfrigérateur et de 2 à 3 mois au congélateur. Bien l'envelopper.

VINAIGRE

Nom anglais : *vinegar*

HISTORIQUE ◆ Fluide obtenu par l'action de bactéries qui transforment une solution alcoolisée en acide acétique. Les matières premières les plus diverses servent à la fabrication du vinaigre : vin, alcool éthylique (vinaigre blanc), cidre, canne à sucre, malt, vin de palme, dattes, oranges, bananes, riz, lait de coco.

L'origine du vinaigre est probablement aussi vieille que celle du vin, car du vin laissé à l'air libre devient rapidement acide. Le mot « vinaigre » fut d'ailleurs créé à partir des termes « vin » et « aigre ». On trouve mention du vinaigre dans la Bible et on sait que les Grecs et les Romains lui attribuaient des propriétés médicinales. Au XIVe siècle, la ville d'Orléans en France devint un important centre de production du vinaigre, car des péniches effectuant le transport des vins sur la Loire s'y échouaient souvent. Orléans est toujours un haut lieu de production.

L'obtention du vinaigre est fort simple puisque l'acidification de l'alcool se produit spontanément au contact de l'air. Elle s'effectue quand apparaît un mince voile qui recouvre le liquide. Ce voile se transforme petit à petit en une masse gélatineuse appelée « mère », qui s'enfonce graduellement dans le liquide.

Même s'il se produit naturellement, le vinaigre est le plus souvent fabriqué à partir d'une culture. Le procédé traditionnel, dit à « l'ancienne », subsiste encore de nos jours, mais il est beaucoup plus rare que le procédé industriel.

Procédé traditionnel. Le vinaigre est produit dans des barils de chêne où il est ensemencé avec la mère de vinaigre. Il fermente plusieurs semaines, parfois jusqu'à 6 mois, après quoi il est mis en bouteille. Non pasteurisé, ce vinaigre conserve tout son arôme et sa couleur. Il arrive après un certain temps qu'il s'y reforme de la mère, substance comestible que l'on peut laisser, filtrer ou utiliser pour fabriquer son propre vinaigre.

Procédé industriel. Le liquide est mis dans de vastes cuves métalliques chauffées, munies de générateurs et de pompes. Il est ensemencé à l'aide de bactéries. Il subit ensuite une fermentation accélérée qui peut durer aussi peu que 24 heures. Cette fermentation requiert parfois l'ajout de produits chimiques tels de la potasse, du phosphate d'aluminium, de l'anhydride sulfureux et des sulfites. Le liquide est ensuite pasteurisé et parfois distillé ; il en résulte un vinaigre clarifié qui a perdu une partie de son bouquet et qui ne peut contenir de mère de vinaigre.

Fabrication maison

Pour faire son propre vinaigre, verser le liquide choisi dans un récipient de bois, de verre ou de grès et le laisser à la température ambiante. Recouvrir le récipient, mais laisser passer l'air pour qu'il se forme une mère de vinaigre. On peut commencer avec un mélange à part égale de vinaigre et d'alcool (vin blanc ou rouge, cidre, etc.), mais ce procédé prend de 3 à 4 mois. Il est raccourci à 1 mois ou 2 si on dépose délicatement la mère de vinaigre sur le dessus. Quand la mère de vinaigre devient trop volumineuse, en enlever une partie, dont on peut se servir pour fabriquer un autre vinaigre.

Pour préparer du vinaigre de fruits, de fines herbes, d'épices, d'ail, de pétales de rose, etc., porter du vinaigre au point d'ébullition, éteindre le feu, puis ajouter l'ingrédient choisi. Couvrir et laisser reposer quelques semaines avant de tamiser (si désiré) et de mettre dans un récipient. Utiliser la même quantité de fruits que de vinaigre, 4 à 5 branches de fines herbes fraîches, 15 ml (1 cuillerée à soupe) d'épices ou 3 à 4 gousses d'ail par litre de vinaigre. Écraser les fruits, l'ail et les épices donne plus de saveur au vinaigre. On peut aussi mettre les ingrédients directement sans chauffer le vinaigre.

UTILISATION ◆ Le vinaigre a un usage varié en cuisine. Il sert de condiment pour assaisonner vinaigrettes,

VALEUR NUTRITIVE .

Le vinaigre est composé en grande partie d'eau (environ 95 %). Il ne contient ni protéines, ni matières grasses, ni vitamines, presque pas de glucides et très peu de calories (2 calories/15 ml). Le vinaigre non pasteurisé contient plusieurs minéraux en quantité infime, sauf le potassium et le phosphore dont la concentration est plus élevée. Le vinaigre pasteurisé est presque dépourvu de sels minéraux. Plus son degré d'acide acétique est élevé, plus le vinaigre est acide. Le vinaigre contient habituellement entre 4 et 12 % d'acide acétique. On attribue au vinaigre diverses propriétés médicinales, particulièrement s'il n'est pas pasteurisé. On l'utilise pour soulager blessures, piqûres d'insectes, brûlures, maux de tête et fatigue chronique. On croit qu'il est bénéfique pour le système digestif, favorisant l'appétit et la digestion et permettant d'éviter les gastro-entérites ou de les soigner. En usage interne, on recommande d'en diluer 10 ml (2 cuillerées à café) dans un verre d'eau, d'y ajouter si désiré un peu de miel et d'en prendre avant chaque repas ou au besoin. Consommé en trop grande quantité, le vinaigre peut irriter les muqueuses. Il est préférable de le remplacer par du jus de citron dans les cas de problèmes du tube digestif.

mayonnaises et moutardes. Son action acidifiante est mise à profit pour empêcher l'oxydation des fruits et des légumes (pommes, bananes, aubergines, etc.), pour retarder l'action des enzymes qui détruisent la vitamine C, pour prolonger la durée des aliments en prévenant le développement de bactéries nuisibles (marinades, cornichons, câpres, chutney) et pour donner aux aliments une saveur aigre-douce. Le vinaigre sert aussi pour attendrir la viande, la volaille, le gibier et les haricots secs, qui nécessitent moins de cuisson et qui sont plus savoureux. Il augmente la valeur nutritive des sauces, des soupes et des ragoûts dans lesquels entrent des os, car il en dissout le calcium, et il est utile pour déglacer. On l'emploie pour la cuisson des œufs en le versant dans l'eau, ce qui fait coaguler le blanc.

La plupart des vinaigres sont interchangeables, ce qui permet de jouer avec les saveurs. Ils ont cependant des utilisations plus spécifiques. Ainsi le vinaigre blanc, le moins parfumé, est l'ingrédient idéal des marinades et autres conserves, contrairement aux vinaigres de cidre et de vin qui transmettent leur couleur et leur saveur et qui ne devraient être utilisés que dans les marinades et les chutneys foncés et épicés. Les vinaigres de cidre et de vin blanc sont plus doux que le vinaigre de vin rouge. Ils sont excellents quand il ne faut pas masquer la finesse des aliments, avec le poisson et les crustacés par exemple, les fruits et les sauces fines. Le vinaigre de vin met du piquant et relève le goût des aliments fades.

CONSERVATION ◆ Le vinaigre se conserve indéfiniment à la température de la pièce. Il est toujours comestible même s'il devient brouillé et qu'il s'y forme une mère de vinaigre.

VIOLETTE

Viola odorata, **Violacées**
Nom anglais : *violet*

HISTORIQUE ◆ Plante ornementale vivace, dont les feuilles et les fleurs servent à des fins culinaires et médicinales. La violette odorante est la plus utilisée en cuisine. Elle appartient à une grande famille qui comprend 500 espèces, incluant notamment les pensées. Les pensées sauvages aussi ont des feuilles comestibles. La violette atteint environ 15 cm de hauteur. La violette odorante a des fleurs blanches et des feuilles en forme de cœur. Ses feuilles et ses fleurs ont une saveur suave et délicate.

ACHAT ◆ Ne pas acheter les violettes chez les fleuristes parce que ces fleurs ne sont pas destinées à la consommation humaine et elles contiennent des produits chimiques nocifs ; acheter les feuilles et les fleurs de violette dans les épiceries.

VALEUR NUTRITIVE
La violette aurait plusieurs propriétés médicinales ; on la dit notamment expectorante et elle pourrait soulager les migraines et la fièvre. En infusion, elle aurait des propriétés légèrement sédatives. Les feuilles en cataplasme auraient des propriétés émollientes.

UTILISATION ◆ Les feuilles et les fleurs de violette peuvent être utilisées fraîches, séchées ou confites. Elles décorent salades, soupes, légumes, volaille, poisson, plats de viande, pâtisseries et boissons. Dans les salades, incorporer la vinaigrette avant de déposer les fleurs afin que celles-ci ne s'imbibent pas d'huile. La violette fait de délicieuses tisanes ; mettre 5 ml

597

(1 cuillerée à café) de feuilles ou de fleurs par tasse d'eau et laisser infuser 10 minutes. On extrait de la violette une huile qui sert à parfumer gâteaux, crème glacée, bonbons et liqueurs. Cette huile est très utilisée par l'industrie cosmétique.

CONSERVATION ◆ Les feuilles et les fleurs de violette sont fragiles. L'idéal est de les cueillir soi-même ou de les consommer dès qu'on les achète. Elles se conservent cependant quelques jours au réfrigérateur.

VOLAILLE

Nom anglais : *poultry*
Autre nom : *fowl*

HISTORIQUE ◆ Le mot volaille est dérivé du latin *volatilia,* signifiant « oiseaux », et désigne les animaux de basse-cour (canard, dinde, poule, poulet, pigeon, coq, oie, pintade). En cuisine, le mot a un usage plus spécifique et désigne la chair de poulet et de poule, parfois même de dinde ; les autres animaux sont nommés expressément. La plupart de ces volatiles sont domestiqués depuis fort longtemps. Certains sont parfois élevés dans des buts très précis : le canard et l'oie pour leur foie que l'on transforme en foie gras, la poule pour ses œufs, la pintade pour la chasse. Le poulet est le plus populaire, car il est économique à produire, agréable au goût et il peut être apprêté de multiples façons. Tous ces volatiles sont commercialisés à longueur d'année depuis qu'ils sont élevés industriellement, même la pintade, difficile à domestiquer.

Un problème particulièrement aigu avec la volaille est la contamination à la salmonelle, une bactérie qui se transmet aux humains et qui provoque une maladie, la salmonellose. Cette contamination bactériologique est fréquente dans plusieurs pays, et les poulets en sont particulièrement affectés. Aux États-Unis, cette contamination est tellement fréquente que les experts gouvernementaux ont reconnu qu'elle constituait un danger pour la santé publique. La salmonelle constitue la plus grande cause des dérangements intestinaux. Très souvent elle n'est pas diagnostiquée cependant, les gens ne faisant pas le lien entre leur dérangement intestinal et l'aliment ingéré. Aux États-Unis, le National Institute of Health a estimé en 1994 que 2 000 000 de personnes avaient souffert de salmonellose durant l'année, certaines aux dépens de leur vie. Cette infection est de plus en plus difficile à soigner parce que les antibiotiques sont souvent inefficaces, les bactéries s'étant adaptées à ces médicaments trop fréquemment utilisés tant chez les êtres humains que chez les animaux.

La production massive et le désir d'abaisser les coûts de production ont entraîné divers changements qui contribuent à la contamination. Ainsi, les conditions matérielles ne sont plus les mêmes, les animaux étant entassés dans un espace restreint. Le rythme de production dans les abattoirs est accéléré (il n'est pas rare qu'une ouvrière vide 3 000 poulets à l'heure), ce qui fait que l'eau dans laquelle est plongée la volaille avant d'être plumée est plus rapidement contaminée, et le nombre d'inspections est réduit pour des motifs d'économie. On retrouve la salmonelle dans d'autres produits animaux (ex. :

viande des animaux de boucherie, lait, œufs, fromage) mais moins souvent. En réalité, une centaine de bactéries différentes sont regroupées sous le terme de salmonelle. Ces bactéries s'attaquent au système digestif; elles occasionnent divers malaises dont les plus fréquents sont la diarrhée, les vomissements, les maux de tête, les crampes abdominales et la fièvre.

 ACHAT ◆ Les volailles sont classifiées par catégories selon des normes qui diffèrent d'un pays à l'autre. Ces catégories servent à déterminer l'état extérieur du volatile mais non la qualité de la chair, qui est influencée notamment par l'âge. Un volatile à qui il manque une aile ou une cuisse est aussi savoureux qu'un volatile entier, mais il est classé dans une catégorie inférieure et coûte moins cher. La volaille est vendue fraîche ou congelée, crue ou cuite. La dinde et le poulet sont disponibles non seulement entiers, coupés en moitiés ou en quarts, mais aussi notamment en morceaux désossés, en escalopes et en rôtis. En règle générale, la volaille est moins chère entière. Si elle est fraîche, la choisir charnue, avec une peau souple, humide et intacte, exempte de duvet et de plaques foncées ou sèches. Lorsqu'elle est congelée, délaisser la volaille desséchée et placée dans un emballage givré, endommagé ou contenant de la glace rosée, signe qu'il y a eu décongélation puis recongélation.

PRÉPARATION ◆ La volaille peut être consommée dès qu'elle est tuée puisque sa chair n'a pas besoin de vieillir; on la mange uniquement cuite. Avant de la cuire, vérifier si des plumes sont encore présentes. S'il y en a, les brûler avec la flamme du gaz, d'un alcool, d'une chandelle ou d'une allumette, ou les enlever à l'aide d'une pince ou en les brossant. Rincer l'intérieur et l'extérieur de la volaille, puis l'assécher. Si désiré, frotter la peau avec du citron pour que la chair reste blanche. Enlever le croupion, qui donne une saveur amère. On peut enlever le bréchet (l'os en forme de V également nommé fourchette), la chair de la poitrine sera ainsi plus facile à couper.

La volaille cuit plus rapidement si elle est en morceaux ou en crapaudine, c'est-à-dire entière mais aplatie. Pour l'aplatir, sectionner la colonne vertébrale à l'aide de ciseaux à volaille ou d'un grand couteau tranchant. Couper à environ 6 mm du centre de la colonne vertébrale tout au long du dos, à l'endroit où les os forment une jonction. Mettre la volaille à plat côté poitrine sur le dessus et l'écraser avec la main.

La volaille étant très souvent porteuse de salmonelle, sa manipulation et sa cuisson demandent certains soins :

VALEUR NUTRITIVE

La volaille a un contenu en protéines équivalent à celui des animaux de boucherie. La teneur en matières grasses de sa chair est très variable; elle change selon les espèces (le canard et l'oie sont plus gras que la caille et le poulet), les parties de l'animal (la chair de la poitrine est légèrement moins grasse que celle des cuisses et la peau est très grasse) et les méthodes d'élevage.

Les matières grasses des volailles sont moins saturées et contiennent moins de cholestérol que celles des animaux de boucherie. Une partie du gras est intramusculaire, une autre est logée dans la peau (la peau est riche en gras saturé et en cholestérol), et une part importante est localisée sous la peau, où elle forme une masse jaunâtre qui peut représenter jusqu'à 2,5 % du poids du poulet. Une grande teneur en matières grasses rend la volaille moins intéressante sur le plan de la santé et moins profitable sur le plan financier, car le gras a la propriété de retenir l'eau. Comme on plonge la plupart des volailles dans de l'eau afin d'en faciliter le plumage (voir Poulet), ils en absorbent une certaine quantité qui est incluse dans le poids à l'achat. Au Canada, la loi permet jusqu'à 8 % du poids en eau pour le poulet congelé et jusqu'à 12 % pour le poulet frais.

La poitrine est plus tendre, plus sèche et de saveur plus délicate que la cuisse. Elle est aussi généralement plus appréciée, ce qui n'est pas sans causer des surplus de viande brune depuis que plusieurs restaurants de «fast food» ont mis à leurs menus divers produits à base de blanc de poulet. Pour pouvoir écouler les gigantesques surplus de chair brune, les Américains ont mis au point un procédé pour la blanchir. La viande est mise dans une solution de peroxyde d'hydrogène ou d'acide ascorbique, bain qui est parfois précédé d'un lavage qui fait disparaître une partie de la myoglobine, protéine qui donne à la viande sa couleur rouge.

- jeter son emballage dès qu'il est retiré ;

- travailler la volaille sur un espace restreint pour contaminer le moins d'endroits possibles ;

- nettoyer à fond à l'eau chaude savonneuse tous les ustensiles et les surfaces qui ont été en contact avec la volaille et son emballage ;

- veiller particulièrement à laver le couteau avant de l'utiliser pour couper tout autre aliment, surtout si cet aliment est consommé cru ;

- bien se laver les mains après avoir fini de cuisiner la volaille ;

- éviter de laisser la volaille crue ou cuite à la température de la pièce pour une longue période (pas plus de 2 heures) ;

- ne pas cuire la volaille à basse température, car elle doit atteindre 60 °C le plus rapidement possible puisque c'est à ce degré de cuisson que la salmonelle est détruite ; le four devrait idéalement être réglé entre 150 et 160 °C ;

- dégeler complètement la volaille avant de la cuire.

CUISSON ◆ Le mode de cuisson peut influencer la teneur en matières grasses ; ainsi, cuire la volaille sans la peau, enlever avant la cuisson le gras qui forme une masse visible et piquer la volaille pour que le jus s'écoule à la cuisson diminuent considérablement la quantité de gras.

Il est préférable de décongeler complètement la volaille avant de la cuire, surtout la dinde entière, afin que la cuisson soit uniforme. On peut décongeler la volaille de 4 façons, la décongélation au réfrigérateur et au four à micro-ondes étant la meilleure :

1 – la décongelation au réfrigérateur permet de conserver le maximum de saveur et d'éviter la prolifération de bactéries ; c'est la plus longue cependant. Laisser la volaille dans son emballage, percer quelques trous sous le dos pour que le liquide s'écoule ;

2 – pour la décongelation au four à micro-ondes, laisser la volaille entière dans son emballage, mais retirer l'attache de métal et percer l'emballage pour que le liquide puisse s'écouler. Placer la volaille sur un support et cuire au cycle de dégel (30 %) selon le temps indiqué par le manufacturier. Lorsque la volaille est décongelée à moitié, retirer le sac de plastique et couvrir le dessus de la volaille avec du papier d'aluminium pour l'empêcher de cuire. Bien rincer l'intérieur et l'extérieur de la volaille à l'eau froide avant de la cuire.

3 – pour la décongélation par trempage dans l'eau froide, laisser la volaille dans son emballage hermétique et la mettre dans de l'eau froide. Changer l'eau plusieurs fois afin d'éviter que la chair du dessus ne soit à la température ambiante et ne s'avarie ;

4 – la décongélation à la température de la pièce est la méthode la moins bonne, car l'extérieur de la volaille décongèle plus vite que l'intérieur et peut se détériorer. Couper l'emballage le long du dos et placer la volaille sur une grille déposée au-dessus d'une lèchefrite ; celle-ci recevra le liquide qui s'écoule. Pour une décongélation plus uniforme, recouvrir la volaille de papier brun. Compter 3 heures par kilogramme et ne laisser le volatile à l'air ambiant que le temps nécessaire. Si la cuisson est prévue pour le lendemain, terminer la décongélation au réfrigérateur. Dès que la volaille est décongelée, la déballer,

la laver et l'essuyer. Si elle n'est pas cuite immédiatement, la recouvrir d'un papier ciré afin d'éviter que la peau ne sèche et pour permettre à l'air de circuler, puis la réfrigérer.

Avant la cuisson, retirer le gras sous la peau pour diminuer la teneur en matières grasses. Si désiré, enduire la peau d'une mince couche d'huile ou de beurre fondu, ce qui en accélère la coloration (tout comme de l'arroser durant la cuisson). Ficeler la volaille (la brider) si on veut qu'elle conserve sa forme. Quand la peau risque de brûler avant la fin de la cuisson, recouvrir la volaille d'un papier d'aluminium. Ne farcir la volaille qu'au moment de la cuire, car introduire la farce plus tôt, même si elle est refroidie, peut être une cause d'empoisonnement, les bactéries y proliférant facilement. Éviter de tasser la farce, qui gagne en volume à la cuisson et qui risque de déborder ou de faire éclater la volaille. Toujours retirer les abats avant la cuisson. La cuisson entraîne une perte de poids qui peut atteindre de 30 à plus de 60 % selon les parties, ce qui se répercute sur le coût et sur le nombre de portions que l'on obtient.

La volaille est cuite quand sa température interne atteint 85 °C (au moins 70 °C pour la farce). Un thermomètre à viande permet de savoir avec exactitude quand la cuisson est terminée ; l'insérer dans la partie la plus charnue de la cuisse sans toucher l'os. Une viande peut demeurer rosée même si elle est cuite à cause d'une réaction entre les pigments de la volaille et certains composés présents dans l'air du four. Ce rosissement n'est pas dangereux pour la santé ; il est plus fréquent chez les jeunes volatiles. De jeunes volailles peuvent aussi avoir des os qui foncent à la cuisson ; cette réaction ne présente pas de danger.

La chair de la volaille âgée est ferme et a une saveur prononcée ; elle est meilleure cuite à la chaleur humide (voir Viande). On cuit souvent la volaille jeune et tendre par rôtissage ou par grillage. Ces modes de cuisson donnent un volatile à la peau croustillante.

Le **rôtissage** s'effectue à la chaleur modérée ou intense. Une chaleur intense pendant une courte période permet l'écoulement d'une partie du gras. Une chaleur intense pendant une longue période raccourcit considérablement le temps de cuisson, mais demande plus de surveillance car la viande peut brûler ; en plus cela encrasse le fourneau.

La **grillade** demande plus de soin que le rôtissage parce que la chair peut facilement se dessécher ou carboniser. Ne pas mettre la volaille trop près de la source de chaleur, éviter de la piquer afin qu'elle ne perde pas son jus et l'arroser quelques fois durant la cuisson.

Laisser reposer la volaille cuite quelques minutes pour que son jus se répartisse également, elle aura ainsi plus de saveur.

Cuisson au four à micro-ondes. La cuisson au four à micro-ondes donne de bons résultats, car la chair de la volaille reste tendre et humide. La volaille cuit beaucoup plus rapidement que dans le four conventionnel. Par contre, sa peau ne grille pas et ne devient pas croustillante. Pour améliorer l'apparence de la peau, l'enduire de marinade, de beurre fondu, de sauce barbecue, de sauce soya ou de sauce Worcestershire. Décongeler la volaille complètement avant la cuisson. Pour une cuisson plus uniforme, recouvrir le bout des ailes, l'os de la poitrine et les os des cuisses avec du papier d'aluminium, et trousser la volaille en rapprochant les membres près du corps et en les attachant. Placer la volaille sur un support afin que le gras s'égoutte lors de la cuisson, et dégraisser le jus qui s'est écoulé avant d'y ajouter des ingrédients ou de servir. Cuire la volaille en morceaux avec la peau sur le dessus et mettre les morceaux les plus épais à l'extérieur du récipient.

Calculer de 10 à 12 minutes de cuisson par 500 g à la chaleur maximale pour la volaille la volaille entière et de 8 à 10 minutes pour la volaille en morceaux. Laisser reposer la volaille entière de 10 à 15 minutes avant de servir et la volaille en morceaux de 3 à 5 minutes.

UTILISATION ◆ La volaille se mange chaude ou froide, mais toujours après cuisson. Elle s'apprête d'une multitude de façons. La volaille froide est délicieuse dans les salades et les sandwichs.

CONSERVATION ◆ La volaille fraîche est hautement périssable, des bactéries nocives y prolifèrent facilement car elles y trouvent un fort pourcentage d'humidité et un bas taux d'acidité. Retirer les abats (ils se détériorent plus vite) et réfrigérer la volaille le plus rapidement possible en la plaçant à l'étage le plus froid. La cuire dans les 2 ou 3 jours suivants. Il arrive qu'une volaille vendue comme fraîche soit en réalité une volaille décongelée. Cela peut causer des ennuis lorsque ce n'est pas indiqué car une volaille décongelée est encore plus périssable qu'une volaille fraîche et doit être mise à cuire dans les 24 heures.

Retirer la farce avant de réfrigérer ou de congeler la volaille cuite pour éviter les risques d'empoisonnement. Laisser le moins longtemps possible à la température de la pièce farce et volaille cuites (pas plus de 2 heures). La volaille cuite se conserve de 3 à 4 jours au réfrigérateur. La durée de conservation de la volaille entière congelée est de 12 mois, de la volaille coupée 6 mois, et de la volaille cuite 1 ou 2 mois.

Se méfier des sandwichs et des salades qui contiennent de la volaille et et de la mayonnaise qui ont séjourné un bon moment à la température ambiante : ils présentent un risque élevé d'empoisonnement.

YOGOURT

Nom anglais : *yogourt*

HISTORIQUE ◆ Le yogourt est du lait caillé par l'action de ferments lactiques. Le terme *yogourt* (ou *yoghourt*) vient de *yoghurmak*, un mot turc signifiant *épaissir* ; il est couramment utilisé en Amérique du Nord. En Europe, on emploie plutôt le mot *yaourt*, tiré de *jaurt*, un terme bulgare signifiant *caillé*.

Le yogourt serait originaire de Bulgarie. Dans ce pays où les gens consomment du yogourt sur une base régulière, le nombre de centenaires est élevé. Au début du siècle, Metchnikoff, un collaborateur de Pasteur, attribua cette longévité au yogourt et depuis ce temps, et bien que cette affirmation soit parfois contestée, le yogourt jouit d'une excellente réputation.

Le caillage du lait fut sûrement découvert par hasard ; il s'est révélé un précieux procédé de conservation. Son origine remonterait aux tout débuts de l'agriculture, soit à la Haute Antiquité. Dans plusieurs régions du monde (en Grèce, en Turquie, au Moyen-Orient et dans certaines parties de l'Asie), la consommation du yogourt fait partie de la tradition ; en Inde, on le considère comme un aliment des dieux. En Europe de l'Ouest et en Amérique du Nord, le yogourt est connu depuis moins longtemps. Sa commercialisation, qui remonte à la première moitié du XXe siècle, connut peu de succès au début, car le goût suret du yogourt déroutait. Les ventes du yogourt se mirent à croître lorsqu'on aromatisa le caillé avec des fruits et du jus de fruits. En Amérique du Nord, où l'adhésion fut plus lente, la consommation démarra vraiment dans les années 70, à la suite d'une publicité qui présentait le yogourt comme un aliment de santé et après qu'on eut lancé un plus grand choix de saveurs.

Le yogourt se prépare avec du lait (de vache, de chèvre, de brebis, de soya) dans lequel on incorpore des ferments qui convertissent une partie du lactose (le principal glucide du lait) en acide lactique. Ces ferments, différents de ceux qui donnent le fromage, sont deux bactéries, *Lactobacillus bulgaricus* et *Streptococcus thermophilus*, dont l'action simultanée produit plus d'acide lactique que chacune d'elles prise séparément. Au début de la fermentation, ce sont surtout les *streptococcus* qui agissent ; ils acidifient le lait, puis laissent progressivement la place aux *lactobacillus*, plus résistants en milieu acide. Idéalement, on devrait utiliser les deux bactéries en proportions égales. Il arrive souvent que le yogourt commercial contienne moins de *Lactobacillus bulgaricus,* car cette bactérie est plus acidifiante et donne un yogourt plus aigre.

Le lait coagule quand une quantité suffisante d'acide lactique est produite. D'autres transformations biologiques s'effectuent en parallèle, ce qui rend les protéines plus facilement assimilables. L'action des bactéries est optimale à une température se situant entre 40 et 50 °C. Quand le yogourt a suffisamment fermenté, il suffit de le refroidir pour arrêter le travail des bactéries. Contrairement au fromage, le yogourt n'est pas égoutté.

Dans la fabrication commerciale, le mélange lacté, qui se compose de lait (entier, partiellement écrémé, écrémé, évaporé ou déshydraté) et de solides du lait, est pasteurisé et homogénéisé, ce qui donne un yogourt plus ferme et moins susceptible d'expulser le lactosérum, le liquide jaunâtre qu'on trouve parfois à la suface des yogourts naturels. Le sérum n'affecte pas la qualité du yogourt, mais il est jugé indésirable par les fabricants.

Fabrication maison

La fabrication maison du yogourt est facile, économique et permet d'obtenir du yogourt exempt d'additifs et de sucre ajouté.

- Laver d'abord soigneusement les ustensiles et bien les rincer à l'eau très chaude ou les stériliser ;

- chauffer le lait, sauf si du lait UHT (ultra-haute température) est utilisé (ce qui n'est guère recommandable, ce lait ayant été dénaturé par la chaleur) ;

- la teneur en matières grasses et en solides du lait influence la texture, la saveur et la valeur nutritive du yogourt. Du lait entier donne un yogourt plus ferme, plus savoureux, plus gras et plus calorifique qu'un yogourt au lait écrémé. L'ajout de poudre de lait (45 à 125 ml [3 à 8 cuillerées à soupe] par litre de lait) épaissit le yogourt et augmente sa valeur nutritive ;

- plusieurs recettes disent de faire bouillir le lait alors que d'autres ne parlent que de l'amener juste au-dessous du point d'ébullition (82 °C) et de l'y laisser de 2 à 5 minutes. L'ébullition est préférable avec le lait cru, mais elle n'est pas souhaitable avec le lait pasteurisé ou homogénéisé, car elle détruit des éléments nutritifs. Elle est inutile avec le lait en poudre, qui a déjà subi un traitement thermique ;

- laisser refroidir le lait jusqu'à 44 ou 45 °C, puis l'ensemencer ;

- le ferment peut être une culture déshydratée (lyophilisée), du yogourt commercial nature (de 30 à 75 ml par litre de lait) contenant des bactéries vivantes, donc non pasteurisé, le plus naturel et le plus frais possible, ou du yogourt maison. Pour minimiser la contamination, prendre soin, avant de commencer à consommer le yogourt, de mettre de côté la quantité nécessaire au prochain ensemencement. Le yogourt fait avec une culture déshydratée est plus crémeux, plus épais et moins acide qu'un yogourt fait avec du yogourt commercial ; en outre, il conserve ces qualités plus longtemps et on peut donc l'utiliser plus de fois pour refaire du yogourt. Après environ 1 mois ou après 15 à 20 utilisations, le yogourt est détérioré ; se servir alors d'un nouveau ferment ;

- ajouter si désiré de la gélatine (5 ml par litre de lait). S'assurer qu'elle soit bien fraîche et la faire gonfler complètement dans un peu de lait avant de l'incorporer (la gélatine est superflue si une culture déshydratée est utilisée, car le yogourt obtenu est ferme);

- bien mélanger la culture au lait, puis verser le liquide dans un récipient, incorporer si désiré des fruits (75 ml par 240 ml de yogourt) et laisser fermenter;

- éviter de remuer le yogourt en cours de coagulation, sinon il se sépare et devient aqueux;

- la température d'incubation du yogourt est un élément crucial. La température idéale se situe entre 40 et 46 °C. La multiplication des bactéries est impossible au-dessus de 46 °C, car la chaleur détruit les bactéries et empêche la coagulation. Elle est plus lente au-dessous de 40 °C, car une température trop basse prolonge le temps de coagulation et rend le yogourt plus suret;

- se servir d'un thermomètre permet de contrôler l'ébullition et de connaître le moment exact où il faut ajouter le ferment;

- l'emploi d'une yaourtière est pratique mais non essentiel. Toute source de chaleur constante à l'abri de courants d'air remplit la même fonction. On peut faire incuber le yogourt dans un four, s'il se règle au-dessous de 46 °C ou s'il possède une lumière qu'on laisse allumée et qui fournit la chaleur nécessaire. On peut aussi se servir d'une bouteille isolante (thermos) préalablement réchauffée, d'un plat ou d'une poêle à frire remplis d'eau chaude et recouverts d'un linge épais afin que la chaleur se conserve, ou d'un récipient enveloppé d'une couverture et placé dans un four éteint, sur un radiateur ou près de toute autre source de chaleur;

- lorsque le yogourt est coagulé, ce qui nécessite au moins 3 heures et peut exiger jusqu'à 6 ou 10 heures, le réfrigérer immédiatement pour arrêter l'action des bactéries;

- si le yogourt n'épaissit pas, un ou plusieurs facteurs peuvent en être la cause : une culture trop vieille, l'oubli d'incorporer la culture, une température trop haute ou trop basse, le temps d'incubation trop court, le manque de fraîcheur de la poudre de lait, ou du lait contenant trop de pénicilline. Remettre un ferment, ajouter si désiré de la poudre de lait (fraîche) et laisser incuber de nouveau;

- si le yogourt est sur ou que le sérum se sépare, l'incubation peut avoir été trop longue ou le refroidissement trop lent. Réincorporer le sérum au yogourt en le battant (la préparation sera cependant plus liquide).

Il existe toute une gamme de yogourts commerciaux, dont le yogourt ferme (le plus ancien), le yogourt brassé (procédé inventé en Suisse) et divers produits comme le yogourt congelé, le yogourt à boire, le yogourt à tartiner pressé et le yogourt déshydraté.

Le **yogourt ferme** a l'aspect d'une gelée compacte. Il est fermenté à même le contenant, puis refroidi; s'il est aromatisé, les ingrédients sont déposés au fond.

Le **yogourt brassé** est mélangé après la fermentation et le refroidissement, ce qui affecte la fermeté du produit; des agents solidifiants, telles la carraghénine ou la gélatine, sont souvent ajoutés alors. Le yogourt brassé est aromatisé avec des produits naturels ou artificiels.

Parmi les autres produits, le **yogourt à boire** se veut un substitut aux boissons gazeuses, le **yogourt pressé** peut remplacer la crème sure et le **yogourt congelé** est semblable à la crème glacée. La publicité vante souvent ces aliments parce qu'ils sont à base de yogourt. Or, plusieurs de ces produits ont été pasteurisés ou traités à ultra-haute température (UHT), ce qui inactive les bactéries et fait disparaître les bienfaits de la fermentation. De plus, plusieurs contiennent des additifs; ainsi, on trouve dans le yogourt glacé de la gomme à base de cellulose modifiée, de la gomme de guar, du polysorbate 80, de la carraghénine, des mono et diglycérides, du sorbate de potassium, des colorants et des arômes artificiels.

Le yogourt n'est qu'une des nombreuses formes que prend le lait fermenté; il existe aussi notamment du lait caillé, du kéfir et du koumis.

Le **lait caillé** est du lait qui a fermenté à la température de la pièce sans l'ajout de culture bactérienne, seulement par l'action de la flore lactique présente dans le lait. La chaleur active cette flore qui produit de l'acide lactique, ce qui entraîne le caillage du lait. Le lait caillé se sépare en deux parties distinctes, comprenant le caillé et le lactosérum. Il est consommé tel quel après avoir été brassé ou après égouttage.

Autrefois très populaire, le lait caillé a presque disparu maintenant, car la pasteurisation et l'homogénéisation du lait détruisent la flore lactique, ce qui rend impossible la fabrication du caillé. Le lait caillé étant très périssable, il doit être consommé le plus tôt possible et conservé au réfrigérateur.

Le **kéfir** (**kéfyr** ou **képhir**) est du lait fermenté légèrement gazeux et alcoolisé. Le taux d'alcool est généralement de 1 %, mais il peut atteindre jusqu'à 2 %. Le kéfir serait originaire du Caucase; le mot est d'ailleurs emprunté au caucasien. Cette boisson est bien connue en Europe de l'Est, en Russie et au Moyen-Orient. Les ferments du kéfir sont des levures *(Saccharomyces kefir* et *Candida kefir)* et diverses bactéries (ex. : *Lactobacillus caucasicus, L. casei, Streptococcus lactis* et *Streptococcus diacetilactis*). Les bactéries effectuent une fermentation d'acide lactique qui donne un goût suret semblable à celui du yogourt, tandis que les levures transforment une partie du lactose en gaz carbonique et l'autre partie en alcool éthylique. Le kéfir est plus ou moins liquide, onctueux et alcoolisé, selon sa durée de fermentation. Le kéfir peut être préparé avec des fruits déshydratés ou du citron, mais la culture utilisée est alors différente.

La préparation du kéfir est plus simple que celle du yogourt, car le lait n'a pas besoin d'être chauffé et la fermentation s'effectue à la température de la pièce (par contre elle prend un peu plus de temps, un jour ou deux; elle est plus rapide quand la température se situe autour de 22 °C). Traditionnellement, on ensemence le kéfir avec de minuscules grains de couleur jaune (rares sur le marché), qui deviennent blanchâtres lorsqu'ils sont mis en contact avec le lait. On les récupère après chaque utilisation et on les conserve au froid recouverts de lait frais. On utilise aussi une culture en poudre ou du kéfir d'une préparation précédente, faite depuis moins d'un mois. Le kéfir est utilisé comme le yogourt.

Il se conserve au réfrigérateur et il est plus périssable que le yogourt. Lorsqu'il a suri, il peut encore servir, surtout pour la cuisson.

Le **koumis** (ou **koumys**) ressemble au kéfir, mais il contient jusqu'à 2,5 % d'alcool. Il est fabriqué avec du lait de jument. Sa saveur rappelle parfois le vin blanc. Courante dans les steppes russes et en Asie depuis fort longtemps, cette boisson fut très appréciée par Marco Polo, qui en révéla l'existence aux Occidentaux.

ACHAT ◆ Vérifier la date de péremption sur le contenant lors de l'achat afin d'acheter le yogourt le plus frais possible. Après la date mentionnée, le yogourt est encore comestible tant qu'il a bon goût, mais ses ferments sont moins actifs.

UTILISATION ◆ Le yogourt se mange tel quel et peut être cuisiné. Ses possibilités d'utilisation sont vastes car on ajoute le yogourt aux mets salés aussi bien que sucrés (soupes, salades, viande, volaille, poisson, riz, pâtes alimentaires, pains, gâteaux, tartes, brioches, entremets, boissons). On s'en sert pour mariner la viande, la volaille et le gibier, qu'il attendrit.

Le yogourt est un ingrédient important dans la cuisine de plusieurs pays, notamment au Moyen-Orient et en Inde. Dans la cuisine indienne, il accompagne les currys et il assaisonne en particulier les *raïtas*, fruits ou légumes baignant dans du yogourt aromatisé. Nature, le yogourt remplace la crème, tant liquide ou fouettée que sure, et il peut être ajouté à la mayonnaise ou à la vinaigrette, ce qui permet de diminuer l'ingestion de calories et de matières grasses. Quand on l'emploie à la place de la crème dans les préparations qui cuisent, il peut être nécessaire de le stabiliser en lui ajoutant un peu de fécule de maïs ou de blanc d'œuf, car la cuisson le décompose. Le réchauffer 1 heure ou 2 à la température de la pièce avant de l'incorporer aux plats chauds et, si possible, l'ajouter à la toute fin pour que ses ferments demeurent intacts.

CONSERVATION ◆ Laisser le yogourt le moins longtemps possible à la température de la pièce et le conserver au réfrigérateur. Il semble que le froid de la congélation n'affecte pas les ferments du yogourt. La durée de conservation idéale du yogourt congelé est de 1 mois. La décongélation lente du yogourt au réfrigérateur est préférable à la décongélation à la température de la pièce. Les

VALEUR NUTRITIVE

Le yogourt est une excellente source de protéines, de calcium, de phosphore, de potassium et de vitamines A et B. La valeur nutritive du yogourt nature non sucré et exempt d'additifs équivaut à peu de choses près à celle du lait qui entre dans sa préparation avec, en plus, les bienfaits dus à la fermentation. La valeur nutritive des yogourts commerciaux diffère beaucoup; la teneur en matières grasses, en glucides, en calories et en additifs est particulièrement variable. Certains yogourts contiennent jusqu'à 10 % de matières grasses, soit beaucoup plus que le lait entier, qui n'en a en moyenne que 3,44 %. Selon les règlements sur les aliments et drogues et les règlements sur les produits laitiers canadiens, la teneur en matières grasses n'est pas définie pour le yogourt. Pour ce qui est de la teneur en cholestérol du yogourt, elle varie entre 7,5 et 12,5 mg pour les versions nature et aromatisées. La teneur en glucides est généralement de 7 % pour le yogourt nature et atteint 11 à 18 % pour les yogourts aux fruits, ce qui les rend énergétiques (habituellement entre 79 et 144 calories/125 g). Environ 30 % du lactose contenu dans le yogourt est hydrolisé sous forme de glucose et de galactose. Par contre, étant donné qu'on lui ajoute des matières sèches du lait, la teneur en lactose du yogourt n'est que légèrement inférieure à celle du lait. Toutefois, avec le temps la teneur en lactose des produits fermentés diminue. Certains yogourts contiennent des additifs alimentaires (stabilisants, épaississants, arômes, colorants), additifs non essentiels puisque certaines marques en sont dépourvues.

De nombreuses propriétés médicinales sont attribuées au yogourt; non seulement croit-on qu'il favorise la longévité s'il est consommé sur une base régulière, mais on dit qu'il est bénéfique pour le système digestif, restaurant entre autres la flore intestinale après un traitement aux antibiotiques, qu'il aide à prévenir le cancer et que, pris avant le coucher, il favorise le sommeil. On s'en sert aussi pour soigner les infections vaginales (on introduit directement du yogourt naturel dans le vagin) et les maladies de peau.

ferments déshydratés du yogourt se conservent 6 mois à la température de la pièce, 12 mois au réfrigérateur et 18 mois au congélateur.

YUBA

Nom anglais : *yuba*

HISTORIQUE ♦ Nom japonais donné à la peau qui se forme à la surface du lait de soya lorsqu'il est chauffé. Le yuba a la forme d'une mince feuille de papier. C'est un aliment particulièrement apprécié au Japon et en Chine. Les feuilles fraîches ont l'apparence d'un voile crémeux translucide. On compare d'ailleurs leur saveur riche et légèrement sucrée à celle de la crème fraîche. Une fois séchées, les feuilles acquièrent une coloration beige et deviennent cassantes et croustillantes.

PRÉPARATION ♦ Pour obtenir le yuba :

- verser du lait de soya dans une casserole peu profonde (il sera plus facile de soulever la peau) ;

- chauffer le lait à 80 °C sans le déposer directement sur le feu, sinon il va coller (glisser une feuille d'amiante, une plaque de métal ou un gril sous la casserole) ; une peau assez épaisse pour être soulevée se formera environ toutes les 7 minutes ; plus on lui laisse le temps de se former, plus elle devient épaisse ;

VALEUR NUTRITIVE
Sous sa forme la plus couramment vendue, c'est-à-dire séché, le yuba renferme environ
Protéines   52 g
Matières grasses   24 g
(pour la plupart polyinsa-
turées)
Glucides   12 g
432 calories/100 g
Il est très nourrissant.

- détacher la peau délicatement le long des parois de la casserole avec la pointe d'un couteau ;

- la soulever légèrement avec les doigts puis glisser une baguette mouillée de part en part et la soulever ;

- laisser la peau s'égoutter quelques secondes, puis déposer la baguette sur les bords d'un récipient qui sera assez large pour accueillir la feuille sur toute sa longueur sans l'endommager (on peut soulever la peau par le milieu ou par une extrémité, il faut alors laisser un rebord assez grand pour qu'elle ne glisse pas) ; la durée de l'égouttement dépend de l'usage projeté ; après 4 ou 5 minutes, la peau peut être consommée ; après 20 minutes, elle est plus résistante ;

- quand tout le lait est évaporé, le fond et les côtés de la casserole sont recouverts d'une couche épaisse et savoureuse, appelée *amayuba* ; la décoller à l'aide d'une spatule de métal ou d'un couteau.

ACHAT ♦ En Asie, le yuba est commercialisé frais, mi-séché ou séché, en feuilles, en grand rouleau ou en morceaux.

UTILISATION ♦ On peut reconstituer le yuba séché pour qu'il reprenne sa souplesse en le trempant dans de l'eau. Dans les soupes, bouillons et ragoûts, il reprend de lui-même sa texture initiale. Étant très flexible, le yuba est apprêté de maintes façons. Au

Japon, on le roule comme une crêpe que l'on farcit d'aliments salés ou sucrés. On s'en sert pour fabriquer des rouleaux de toutes sortes ou pour envelopper maints aliments que l'on fait ensuite frire (légumes, noix, fruits, etc.). On l'utilise aussi dans les omelettes, les sashimis, les plats de légumes et les gâteaux au riz. En Chine, le yuba remplace ou accompagne la viande. Une façon très populaire de l'utiliser consiste à faire frire les feuilles séchées, qui deviennent alors croustillantes comme des croustilles de pommes de terre *(chips)*.

 CONSERVATION ◆ Le yuba frais doit être consommé le jour même. Séché, il se conserve au réfrigérateur.

INDEX GÉNÉRAL

Index par sujets

CÉRÉALES

CHAMPIGNONS

FROMAGES ET PRODUITS LAITIERS

LÉGUMINEUSES

SUCRE ET SUCRES ARTIFICIELS